ABÍLIO MADEIRA BORDALO
CRISTINA BORDALO DE MATOS

ANTOLOGIA DE ACÓRDÃOS

DO
SUPREMO TRIBUNAL ADMINISTRATIVO
E
TRIBUNAL CENTRAL ADMINISTRATIVO

ÍNDICES

ANO IX

ALMEDINA

Índices do Ano IX

TRIBUNAL DE CONFLITOS

SUPREMO TRIBUNAL ADMINISTRATIVO PLENO

1.ª SECÇÃO

2.ª SECÇÃO

SUPREMO TRIBUNAL ADMINISTRATIVO

1.ª SECÇÃO

2.ª SECÇÃO

TRIBUNAL CENTRAL ADMINISTRATIVO

1.ª SECÇÃO

2.ª SECÇÃO

ABÍLIO MADEIRA BORDALO
Juiz Conselheiro Jubilado

CRISTINA BORDALO DE MATOS
Licenciada em Direito

ANTOLOGIA DE ACÓRDÃOS DO SUPREMO TRIBUNAL ADMINISTRATIVO E TRIBUNAL CENTRAL ADMINISTRATIVO

ANO IX – N.º 3

Abril a Julho
2006

ALMEDINA

ANTOLOGIA DE ACÓRDÃOS DO SUPREMO TRIBUNAL ADMINISTRATIVO
E TRIBUNAL CENTRAL ADMINISTRATIVO

AUTORES
ABÍLIO MADEIRA BORDALO
CRISTINA DE MATOS

EDITOR
EDIÇÕES ALMEDINA, SA
Rua da Estrela, n.º 6
3000-161 Coimbra
Tel.: 239 851 904
Fax: 239 851 901
www.almedina.net
editora@almedina.net

PRÉ-IMPRESSÃO • IMPRESSÃO • ACABAMENTO
G.C. – GRÁFICA DE COIMBRA, LDA.
Palheira – Assafarge
3001-453 Coimbra
producao@graficadecoimbra.pt

Janeiro, 2007

DEPÓSITO LEGAL
124927/98

Acórdãos do Supremo Tribunal Administrativo Pleno

1.ª Secção (Contencioso Administrativo)

ACÇÃO PARA RECONHECIMENTO DE DIREITO. TÉCNICO DE REINSERÇÃO SOCIAL. SUBSÍDIO DE RISCO. INUTILIDADE SUPERVENIENTE DA LIDE.

(Acórdão de 22 de Junho de 2006)

SUMÁRIO:

Intentada acção para reconhecimento de direito (ao subsídio de risco previsto no DL n.º 204/83, de 20 de Maio), e reconhecido esse direito pelo DL n.º 204-A/2001, de 26 de Julho, entrado em vigor já depois de instaurada aquela acção, a lide continua a ter utilidade para se discutir se ao A. assiste ainda o direito àquele subsídio relativamente ao período entre a entrada da petição inicial no tribunal e a entrada em vigor do novo diploma.

ACORDAM, EM CONFERÊNCIA, NO PLENO DA 1ª SECÇÃO DO SUPREMO TRIBUNAL ADMINISTRATIVO:

RELATÓRIO

I. Maria de Fátima da Silva Rodrigues Seixas, Técnica de Reinserção Social, identificada a fls. 2, intentou no TAC do Porto acção para reconhecimento de direito contra o MINISTRO DA JUSTIÇA, o MINISTRO DAS FINANÇAS e o PRESIDENTE DO INSTITUTO DE REINSERÇÃO SOCIAL, pedindo a condenação dos Réus a reconhecerem-lhe o direito a receber o subsídio de risco previsto no DL n.º 204/83, de 20 de Maio (LOIRS), em igual montante ao dos funcionários que exercem iguais funções e oriundos da DGSP, até à sua regulamentação.

Por sentença daquele tribunal, de 11.02.2003 (fls. 76 e segs.), foi julgada extinta a instância por inutilidade superveniente da lide, ao abrigo do disposto no art. 287.º, al. e) do CPCivil, com fundamento na entrada em vigor, entretanto ocorrida, do DL n.º 204-A/2001, de 26 de Julho, que aprovou a nova LOIRS.

Esta decisão foi confirmada, em sede de recurso jurisdicional, por Acórdão do Tribunal Central Administrativo Sul (1.º Juízo Liquidatário), de 28.04.2005 (fls. 137 e segs.).

É deste Acórdão que vem interposto para o Pleno do STA recurso por oposição de julgados, alegando a recorrente estar o mesmo em oposição com o Acórdão daquele mesmo TCA Sul de 13.05.2004, proferido no Proc. n.º 07486/03 – 1ª Secção (cópia a fls. 154 e segs.).

Por despacho do relator, de fls. 189 e segs., foi julgada verificada a oposição de acórdãos e determinado o prosseguimento do recurso.

Na sua alegação final, formula a recorrente as seguintes conclusões:

1. O despacho de Admissão de Recurso já admite a Oposição dos Acórdãos Recorrido e Fundamento;

2. E divergem estes quanto à superveniente utilidade, após a entrada em vigor do Dec. Lei 204-A/2001, em apreciar a questão levantada;

3. Que se prende com o direito a receber o instituído subsídio de risco pela Recorrente, como já sucede com os seus colegas com igual categoria mas originários da DGSP;

4. sendo manifestamente útil apreciar se a Recorrida tem ou não direito a ser tratada da mesma forma que o seu colega e com direito a receber igual subsídio de risco.

5. Sendo que o recurso impugnatório foi proposto antes da entrada em vigor do Dec. Lei 204-A/2001, sendo, por tal sorte, mesmo possível à Recorrente vir a ser paga do subsídio em falta.

6. Não sendo, por tal sorte, como doutamente decidiu o Acórdão Fundamento, útil[1] a apreciação da questão de fundo pelo tribunal de 1ª instância.

Termos em que deve ser dado provimento ao presente recurso, como é de Justiça.

---

[1] É evidente lapso. A alegante quererá dizer "inútil".

II. As entidades recorridas não contra-alegaram e o Exmo magistrado do Ministério Público neste Supremo Tribunal emitiu o seguinte parecer:

"Decidida que já foi a questão da verificação da oposição de julgados, importa agora analisar a questão de mérito, apreciando qual dos dois acórdãos deve ser seguido: se o acórdão recorrido que decidiu que a instância era supervenientemente inútil com a entrada em vigor do DL 204-A/2001, de 26/07, ou o acórdão fundamento que concluiu que a instância ainda tinha utilidade.

Ora, como o Pleno da Secção do CA deste Supremo Tribunal já se pronunciou em situação em tudo similar, no Ac. de 16/02/2005, proferido no Recurso de Oposição de Acórdãos com o n° 624/04, intentada acção para reconhecimento de direito (subsídio de risco) e reconhecido esse direito pelo DL 204-A/2001, de 26/07, já depois de instaurada aquela, a lide continua a ter utilidade para discutir se ao A. assiste ainda o direito ao mesmo, relativamente ao período compreendido entre a data da entrada da petição inicial no tribunal e a da entrada em vigor desse DL.

Assim e não havendo razões para divergir do citado Acórdão do Pleno, creio dever também aqui concluir-se que a acção mantém utilidade para apurar se à A. assiste o direito ao subsídio de risco, desde a data da entrada da acção no tribunal (2/07/2001) e a data da entrada em vigor do citado DL 204-A/2001 (27/07/2001).

Sou, pois, de parecer que o presente recurso merece provimento, revogando-se o acórdão recorrido e ordenando-se a baixa dos autos ao TAF do Porto para aí ser decidida a questão de mérito, se outra causa a tal não obstar."

* * *

Colhidos os vistos, cumpre decidir.

FUNDAMENTAÇÃO

OS FACTOS

Ao abrigo do disposto no art. 713.°, n.° 6 do CPCivil, e porque sobre ela não foi suscitada qualquer controvérsia, considera-se reproduzida a matéria de facto fixada na decisão impugnada.

O DIREITO

A questão que vem colocada a este Pleno é a de saber se o acórdão recorrido fez correcta aplicação da lei ao decidir, na situação *sub judice*, pela inutilidade superveniente da lide, com fundamento na entrada em vigor do DL n.° 204-A/2001, de 26 de Julho, que aprovou a nova LOIRS, sustentando a recorrente que tal decisão se encontra em oposição com o decidido no acórdão fundamento, onde se considerou que a lide mantinha utilidade, e que é esta última a decisão correcta.

1. Dir-se-á, desde já, que se reitera inteiramente a decisão interlocutória de existência da invocada oposição entre os dois arestos.

Na verdade, estando em causa, em qualquer deles, a questão de saber se, numa acção para reconhecimento de direito intentada por um técnico de reinserção social, pedindo o reconhecimento do direito ao subsídio de risco previsto no DL n,° 204/83, de 20 de Maio (Lei Orgânica do IRS), de igual montante ao dos funcionários com idênticas funções, oriundos da DGSP, até à sua regulamentação, a entrada em vigor (entretanto ocorrida) do DL n.° 204-A/2001, de 26 de Julho (nova LOIRS), que prevê no seu art. 67.°, n.° 6 um suplemento remuneratório, determina a inutilidade superveniente da lide, a essa questão fundamental de direito foram dadas soluções absolutamente divergentes.

Enquanto o acórdão recorrido entendeu que a nova LOIRS revogou o direito ao subsídio de risco previsto na anterior lei orgânica, criando um novo suplemento remuneratório pelo desempenho de funções, com o que "*veio dar satisfação à pretensão da recorrente, na medida em que lhe conferiu o subsídio que pretendia*", pelo que tal circunstância era determinante da inutilidade superveniente da lide, já o acórdão fundamento entendeu que a atribuição do suplemento remuneratório previsto na nova LOIRS não tem efeitos retroactivos, pelo que, pretendendo a A. receber um subsídio de risco idêntico ao que receberam os técnicos oriundos da DGSP que exercem as mesmas funções, "*tal declaração abrangerá consequentemente, e a decisão produzirá efeitos, desde a data em que cada um teve direito a esse subsídio, logo a acção mantém interesse nessa medida, apenas se podendo questionar se com a saída da nova Lei Orgânica se mantém o mesmo direito, ou este passa a ser a limitação temporal para aquele reconhecimento...*", assim concluindo pela manutenção da utilidade da lide.

Perante o mesmo quadro jurídico, os dois acórdãos perfilharam soluções opostas, estando pois configurados os pressupostos da oposição de julgados, assim se impondo conhecer do mérito do recurso.

2. A questão em análise foi já conhecida e decidida por este Tribunal Pleno nos Acórdãos de 05.07.2005 – Rec. 948/04, e de 16.02.2005 – Rec. 624/04, em casos inteiramente iguais ao dos presentes autos, neles se tendo sufragado a posição contrária à que foi acolhida no acórdão ora recorrido, ou seja, a de que, nas referidas circunstâncias, a lide mantém utilidade.

Escreveu-se nos referidos acórdãos:

"Decidida a questão da verificação da oposição dos julgados cumpre agora apreciar e decidir qual dos dois arestos é o mais conforme ao direito ou aos princípios jurídicos: se o que decidiu que a instância era supervenientemente inútil com a entrada em vigor do DL n.° 204-A/ /2001 (...), ou o que concluiu que a instância ainda tinha alguma utilidade (...).

Ora, considerando que os diplomas legais regem apenas para o futuro, salvo excepção neles prevista, o que não é o caso, e que a acção intentada pela A. para reconhecimento do seu direito o foi algum tempo antes da entrada em vigor do diploma que o veio a reconhecer, forçoso é concluir que a acção mantém utilidade para apurar se lhe assiste ainda o direito cujo reconhecimento reclama, desde a data da entrada da petição inicial no tribunal e a data da entrada em vigor do DL n.° 204-A/ /2001, ou seja: entre 22 de Junho de 2001 e 27 de Julho seguinte."

Não se vê razão para dissentir desta orientação jurisprudencial, inteiramente aplicável ao caso dos autos, com as necessárias adaptações, pelo que procedem as alegações da recorrente, impondo-se, deste modo, a revogação da decisão recorrida.

DECISÃO

Com os fundamentos expostos, acordam em conceder provimento ao recurso, revogando o acórdão recorrido, devendo o TCA Sul ordenar a baixa do processo ao TAF do Porto para aí ser decidida a questão de mérito, se outra causa a tal não obstar.

Sem custas por não serem devidas.
Lisboa, 22 de Junho de 2006.

Pais Borges (Relator)
Jorge de Sousa
Costa Reis
Adérito Santos
António Samagaio
Azevedo Moreira
Santos Botelho
Rosendo José
Maria Angelina Domingues

Recurso n.º 1055/05-20

ADMISSIBILIDADE DE RECURSO PARA O PLENO. RECURSO PARA O TRIBUNAL CONSTITUCIONAL. INTERRUPÇÃO DE PRAZOS. VONTADE DE RECORRER.

(Acórdão de 22 de Junho de 2006)

SUMÁRIO:

I – É admissível recorrer para o Pleno do acórdão da conferência confirmativo do despacho do relator que não admitira um recurso, interposto para o mesmo Pleno, de um acórdão da Subsecção.

II – A interposição de recurso para o Tribunal Constitucional interrompe o prazo para a se interporem outros recursos e, não sendo aquele recurso admitido, o «dies a quo» do prazo para a interposição de outro recurso coincide com o trânsito em julgado daquele despacho de não admissão.

III – Assim, interposto recurso para o Tribunal Constitucional de um acórdão proferido pela Subsecção em 1.ª instância, a não admissão desse recurso não impedia a recorrente de recorrer para este Pleno.

IV – A circunstância de a recorrente, no seu tempestivo requerimento de interposição de recurso, ter dito que pretendia convolar o anterior recurso para o Tribunal Constitucional «em recurso para o Pleno» não suprimia a certeza de que ela estava aí a manifestar a vontade inequívoca de recorrer para este Pleno, ainda que reportando essa sua vontade actual a um momento anterior.

V – Adquirido que a recorrente manifestou, no sobredito requerimento, a sua vontade de recorrer, não pode pôr-se o acento tónico no momento pretérito a que ela erroneamente reportou aquela sua vontade actual e recusar-se, por isso, a admissão do recurso.

ACORDAM NO PLENO DA 1.ª SECÇÃO DO SUPREMO TRIBUNAL ADMINISTRATIVO:

Alphine Creek, Limited, interpôs o presente recurso do acórdão da 1.ª Subsecção que, indeferindo uma reclamação para a conferência, manteve o despacho do relator que não admitira um recurso jurisdicional dirigido a este Pleno e cujo objecto seria o aresto que negara provimento ao recurso contencioso dos autos.

A recorrente terminou a sua alegação de recurso oferecendo as conclusões seguintes:

1 – O despacho do relator e o acórdão da conferência, que indeferiram sucessivamente o recurso para o Pleno da Secção de Contencioso Administrativo, não fizeram adequada interpretação do art. 24.º, al. a), do ETAF, conjugado com o art. 102.º da LPTA e o art. 687.º, n.º 3, 2. parte, do CPC.

2 – Aquele despacho e o subsequente acórdão da conferência não tiveram na devida conta, além disso, os arts. 75.º, n.º 1, e 80.º, n.º 4, da LOOFPTC, os quais determinam inequivocamente que a interposição do recurso de inconstitucionalidade interrompe os prazos dos recursos ordinários que caibam da decisão, só começando esses prazos a correr de novo no momento do trânsito em julgado da decisão que não admitiu o recurso de inconstitucionalidade.

3 – O despacho e o acórdão são, por conseguinte, ilegais.

4 – A não se entender assim, isto é, concluindo-se que a interpretação e a aplicação daquelas normas é juridicamente correcta, cairíamos numa situação de inconstitucionalidade por violação do direito ao recurso de inconstitucionalidade previsto no art. 280.º, n.º 1, al. b), da CRP, bem como do direito à tutela jurisdicional efectiva do art. 20.º, ns.º 1, 4 e 5, da CRP.

5 – Na verdade, se da aplicação combinada, em sucessivos momentos do «iter» processual, das normas do art. 24.º, al. a), do ETAF, do art. 102.º da LPTA, do art. 687.º, n.º 3, 2.ª parte, do CPC e dos arts. 70.º, ns. 2 e 4, 75.º, n.º 1, e 80.º, n.º 4, da LOOFPTC resultar, em última instância e definitivamente, a impossibilidade de recurso para o Tribunal Constitucional e também de recurso em 2.ª instância para o Pleno da Secção, há uma clara postergação daqueles direitos constitucionalmente consagrados.

O Ministro do Ambiente, do Ordenamento do Território e do Desenvolvimento Regional contra-alegou na qualidade de recorrido, defendendo a bondade do acórdão «sub censura» e a sua consequente manutenção na ordem jurídica.

O Ex.º Magistrado do M.ºP.º junto deste Pleno emitiu douto parecer no sentido do não provimento do recurso.

A fls. 406, o relator do recurso neste Pleno proferiu o seguinte despacho:

«É possível entender que o acórdão da conferência, ora recorrido, equivale à decisão do "presidente do tribunal superior" e que, por isso, o presente recurso jurisdicional é inadmissível (cfr. o art. 689.º, n.º 2, do CPC).

Sobre esta questão, ouçam-se a recorrente e a autoridade recorrida, pelo prazo de 10 dias.»

Então, o ora recorrido opinou pela rejeição do recurso jurisdicional e a recorrente defendeu a admissibilidade dele.

Por sua vez, o Ex.º Magistrado do M.ºP.º, em douto e desenvolvido parecer, pronunciou-se no sentido de o presente recurso ser conhecido por este Pleno.

A matéria a que se refere o recurso jurisdicional é de direito adjectivo. E o aresto ora impugnado discriminou correctamente os passos processuais relevantes para a decisão a proferir, fazendo-o do modo seguinte:

«Pelo acórdão de fls. 260 e ss., foi negado provimento ao recurso contencioso interposto pela recorrente do despacho ministerial que determinou a demolição da sua moradia construída na praia da Falésia, Albufeira.

Desse acórdão, proferido em primeiro grau de jurisdição, interpôs a recorrente recurso para o Tribunal Constitucional, recurso esse que não foi admitido (despacho do relator de fls. 303) por falta do pressuposto de admissibilidade previsto no n.º 2 da Lei n.º 28/82, de 15 de Novembro (LTC).

Notificada desse despacho, veio a recorrente requerer "que o recurso interposto seja convolado em recurso para o Pleno da Secção de Contencioso Administrativo, nos termos do art. 24.º, alínea a), do ETAF".

Este requerimento foi indeferido pelo despacho de fls. 311, objecto da presente reclamação para a conferência.»

Ao «iter» processual anterior resta acrescentar algo que já acima dissemos – que a Subsecção, através do acórdão aqui recorrido, indeferiu a reclamação do despacho de fls. 311.

Passemos ao tratamento «de jure» dos assuntos que vêm suscitados.

Por ser prejudicial em relação à problemática posta no recurso, há que imediatamente enfrentar e resolver a questão colocada no despacho do relator, de fls. 406. Relembremos que essa questão consiste em determinar se o acórdão da conferência – que ora vem impugnado e que indeferiu a reclamação deduzida do despacho que não admitira um recurso antes interposto – equivale à «decisão» do «presidente do tribunal superior», aludida no art. 689.º, n.º 1, do CPC, caso em que não seria impugnável, «ex vi» do n.º 2 do mesmo artigo.

Em favor dessa equivalência, só é possível argumentar, em termos minimamente consistentes, de dois modos: um modo directo, fundado na semelhança de naturezas, que logo se revelaria na identidade de nome, entre a reclamação para aquele presidente e a reclamação para a conferência; e um modo indirecto (ou «a contrario»), fundado na dissemelhança entre os efeitos previstos no art. 689.º, n.º 2, do CPC e os que resultariam de o presente recurso jurisdicional obter provimento neste Pleno. Descrevamos melhor e ponderemos esses dois argumentos.

O art. 688.º do CPC chama «reclamação» («para o presidente do tribunal que seria competente para conhecer do recurso») ao meio que culmina no pedido de que se revogue o despacho que não admitiu o recurso jurisdicional. «In casu», dir-se-ia que também essa mesma «reclamação» foi formulada; mas a circunstância (assinalada por uma jurisprudência antiga e pacífica) de não haver um «tribunal superior» à Subsecção do STA – e de não haver, portanto, o presidente respectivo, que seria o destinatário normal da reclamação – obrigara a que o meio impugnatório fosse dirigido à conferência. Assim, a conferência teria agido na vez do «presidente do tribunal superior» que, nas presentes circunstâncias, inexistia; mas, ainda assim, o despacho de não admissão do recurso continuara a ser objecto de uma reclamação de idêntica índole e esta fora decidida – pelo que haveria de se entender que a conferência decidira com o alcance definitivo que a lei reconhece à similar decisão do «presidente do tribunal superior».

Mas a anterior argumentação peca por simplismo e não convence. Aliás, é facílimo demonstrar que não há, entre a reclamação prevista no art. 688.º do CPC e a reclamação para a conferência (referida no art. 700.º, n.º 3, do CPC), uma qualquer identidade de natureza, jacente «sub nomine». Com efeito, e como este STA já teve ocasião de dizer «expressis verbis» («vide» os acórdãos de 25/2/98 e de 8/2/2001, proferidos, respectivamente, nos recursos ns. 41.251 e 37.070-A), aquela reclamação é, na sua essência, um recurso – o que, aliás, explica que ela fosse inicialmente designada como «recurso de queixa». Por isso, a reclamação aludida no art. 688.º, apesar das especialidades que apresenta relativamente aos demais recursos no tocante aos seus trâmites e ao seu alcance, tende, como eles, a obter de uma entidade colocada num patamar superior uma decisão que reveja a bondade do que se decidiu numa instância inferior. Ao invés, toda a reclamação para a conferência faz jus ao nome por que é referida, já que se destina a conseguir, sempre no mesmo plano em que se situava a decisão reclamada e ainda com o concurso activo de quem a proferira, a mera substituição da posição individual do relator pela posição colectiva da conferência.

Ora, este propósito substitutivo evidencia que a normal reclamação para a conferência não serve as finalidades perseguidas pela reclamação prevista no art. 688.º do CPC. Na verdade, o art. 700.º, n.º 5, do CPC mostra que tal reclamação – para além de possibilitar um primeiro controle do que se decidira em despacho – é um passo indispensável no «iter» conducente a que se possa recorrer do sentido decisório acolhido no acto singular do relator. Portanto, esta reclamação visa tornar firme ou adquirida a posição do próprio tribunal emissor da pronúncia decisória (já que esse tribunal é, em bom rigor, um tribunal colectivo); e só depois disso é que o prejudicado pela decisão ficará em condições de a atacar pela via do recurso – se a este houver lugar. E, como toda a natureza é um princípio de acção, é impossível afirmar a mesma natureza a propósito de coisas que naturalmente prossigam fins diferenciados.

Portanto, não colhe uma argumentação fundada na pretensa identidade de natureza entre as duas reclamações em cotejo. E resta agora atentar na outra razão que poderá levar-nos a concluir pela inadmissibilidade do presente recurso jurisdicional – razão essa que, como atrás dissemos, se prende com uma dissemelhança de efeitos. De facto, o deferimento da reclamação prevista no art. 688.º do CPC é meramente provisório, não obstando a que o tribunal «ad quem» venha a decidir em sentido contrário (cfr. o art. 689.º, n.º 2, do CPC); ora, se o presente recurso obtiver provimento, tornar-se-á certo que o recurso jurisdicional não admitido pela conferência deveria tê-lo sido, não podendo o Pleno regressar mais tarde (quando receber o recurso expedido) ao assunto, desdizendo o que antes dissera.

Não há dúvida de que este argumento é sério, pois assinala a perda, pelo tribunal «ad quem», da prerrogativa normal e natural de ele julgar da inadmissibilidade do recurso sobre que concretamente se debruce. No entanto, cumpre frisar que essa perda é mais aparente do que real, dado que o juízo que assevere da admissibilidade do recurso provém do mesmo tribunal – o Pleno do STA – que irá ulteriormente decidi-lo. Sucede apenas que as duas pronúncias (a que admita o recurso e a que o decida) mostram-se distanciadas no tempo e, sobretudo, enraizadas em diferentes suportes processuais, por cada uma aparecer proferida num recurso determinado. Mas este pormenor parece ser acidental, já que a essência do problema – que consiste em o tribunal «ad quem» poder avaliar da admissibilidade do recurso antes de passar ao momento em que tenha de o resolver – está garantida através do desdobramento da actividade do Pleno pela apreciação dos dois recursos.

Não obstante, concede-se que há aqui, por comparação com as regras normais ou típicas dos recursos, algo de extravagante – motivo por que o argumento fundado na dissemelhança de efeitos continua a impressionar. Mas a estranheza em face do hiato aberto entre a admissão e a decisão do recurso não é fruto da mera fantasia do intérprete; advém, sim, da circunstância de o CPC não haver previsto um modo particular de reacção contra o despacho do relator que, no STJ, negasse a admissibilidade do recurso interposto para o Pleno (nos termos do entretanto revogado art. 765.º). De todo o modo tal estranheza, que aliás – e como já dissemos – parece corresponder a algo de simplesmente acidental, há-de ceder se porventura existir uma imperiosa razão de fundo que imponha a admissibilidade do presente recurso.

E é notório que essa razão existe. Vimos que a reclamação para a conferência, prevista no art. 700.º do CPC, se destina a substituir a vontade do relator pela do colectivo que ele integra, aliás com preponderância activa e prática; e vimos também que a decisão da conferência se situa no mesmo plano em que o relator actuara, de modo que só «contra naturam» (e, sejamos claros, também «contra nominem») se poderá defender que a dedução da reclamação transfere o respectivo problema para uma diferente instância decisória. Ora, e a respeito da pronúncia a emitir sobre a interposição de recursos jurisdicionais, o nosso processo civil contém o irrecusável e básico princípio geral de que não incumbe ao tribunal «a quo» decidir definitivamente sobre a admissibilidade dos recursos deduzidos das suas próprias decisões. E este princípio não pode admitir excepção alguma, já que é necessário que se evite a situação processualmente absurda de ficar na exclusiva disponibilidade do autor de uma pronúncia permitir ou impedir que os vencidos dela recorram.

Sendo assim, o presente recurso jurisdicional tem de ser conhecido. É que a decisão oposta traduziria o reconhecimento, por este Pleno, de que a conferência da Subsecção tinha o poder de julgar inadmissível, em termos derradeiros, um recurso interposto de uma decisão que ela mesma proferira. Ora, uma tal solução é de recusar pelo óbvio motivo de que não pode ter validade universal; pois, se porventura a tivesse, também acolheria hipóteses inaceitáveis e extremas – como a hipótese de a conferência, de entre as suas decisões, eleger as recorríveis conforme o que momentaneamente lhe apetecesse.

E – agora de um modo positivo – resta mostrar que o conhecimento do recurso não envolve uma anomalia repulsiva das disposições processuais, e que antes corresponde a uma respeitosa e exacta aplicação da lei. Com efeito, na ausência de regras que especialmente prevejam o modo de reacção contra o despacho do relator que, num Supremo Tribunal, repute de inadmissível um recurso interposto da Subsecção para o Pleno, hão-de funcionar as regras gerais. E o que estas nos dizem é que, de um qualquer despacho do relator – a que agora assimilamos aquele despacho, por ele não caber em nenhuma outra previsão típica – reclama-se para a conferência como preliminar do recurso que, da decisão de indeferimento da mesma reclamação, se interporá de seguida.

Mostra-se, assim, ultrapassada a questão prejudicial que esteve em apreço, pelo que passaremos de imediato ao conhecimento do presente recurso.

A recorrente acomete o acórdão recorrido por duas ordens de razões: «primo», e a título principal, porque entende que o recurso jurisdicional que interpôs devia ter sido admitido à luz da legislação ordinária aplicável; «secundo», e a título subsidiário, porque considera que aquela admissão, mesmo que fosse impedida pela lei de processo, haveria de resultar de princípios constitucionais proeminentes. Sendo as coisas assim, começaremos por ver se as regras processuais aplicáveis impunham a admissão do recurso; e, só na hipótese de concluirmos que não, é que abordaremos as questões de inconstitucionalidade suscitadas pela recorrente.

Convém ainda notar que o problema da admissibilidade do recurso se desdobra em duas diversas questões – a da tempestividade da interposição dele e a da adequada manifestação da vontade de recorrer. E é pela primeira delas que importa começar.

É indubitável que o despacho reclamado partiu da ideia primaz de que a recorrente quisera recorrer para o Pleno «depois de expirado o prazo de interposição de recurso». Com efeito, o despacho não hesitou sobre a intenção da recorrente de recorrer para o Pleno – razão porque disse que estava «em causa (...) um recurso para um tribunal diferente» daquele que fora visado no requerimento de interposição inicial (o Tribunal Constitucional); e, assim sendo, temos que aquele despacho indeferiu «o requerido» por razões de extemporaneidade.

Todavia, só por um infeliz lapso o despacho reclamado concluiu que o requerimento de interposição do recurso era intempestivo. É que a recorrente interpusera, aliás em tempo oportuno, recurso do acórdão da Subsecção para o Tribunal Constitucional; e essa interposição interrompera o prazo para ela recorrer para o Pleno (art. 75.º, n.º 1, da LTC), prazo esse que só começou a correr depois do trânsito do despacho que não admitiu o recurso para aquele Tribunal Constitucional (art. 80.º, n.º 4, da LTC). Ora, tendo em conta que o requerimento indeferido pelo despacho reclamado entrou neste STA dois dias depois da data da expedição do ofício que notificava a recorrente da não admissão do recurso para o Tribunal Constitucional, é absolutamente certo que a inadmissibilidade do recurso dirigido a este Pleno não se podia fundar numa sua hipotética extemporaneidade.

Isto mesmo foi compreendido pela Subsecção, ao decidir em conferência – o que explica que o aresto em crise tivesse abandonado qualquer referência à extemporaneidade da interposição do recurso e fundasse o indeferimento da reclamação no facto de não ter sido interposto «qualquer recurso para o Pleno», mas antes um outro recurso (para o Tribunal Constitucional) insusceptível da pretendida «convolação». Ora, tudo isto nos remete de imediato para a segunda questão que atrás identificámos, a qual nos obriga a apurar se a recorrente manifestou suficientemente nos autos a vontade de recorrer para este Pleno.

Para tanto, temos de remontar ao requerimento indeferido pelo despacho reclamado. Aí, a recorrente disse que, «tendo sido notificada» do despacho que não admitira o recurso para o Tribunal Constitucional, e «por ainda caber recurso ordinário», vinha «requerer, em cumprimento desse despacho, que o recurso interposto» fosse «convolado em recurso para o Pleno da Secção»; e terminava requerendo que fosse admitido «o presente recurso», a subir «com o efeito próprio».

Capta-se «de visu» que a recorrente, através do sobredito requerimento, intentava recorrer para o Pleno do acórdão da Subsecção que negara provimento ao seu recurso contencioso. É certo que ela aludiu a uma «convolação» – cujo alvo necessário era o anterior requerimento de interposição de recurso para o Tribunal Constitucional. Mas a circunstância de a recorrente falar em «convolação» não pode distrair-nos da certeza de que ela, mediante o aludido requerimento, manifestou a vontade inequívoca e actual de recorrer para o Pleno. Sendo assim, a referência à «convolação» foi um modo de a recorrente reportar essa vontade actual a um momento anterior; mas o que decisivamente importa é que ela tenha manifestado aquela vontade actual – e não o momento pretérito a que erroneamente a tenha reportado.

Nesta conformidade, o aresto recorrido não pode manter-se. Confrontada com uma oportuna e clara manifestação da vontade de recorrer para este Pleno, a Subsecção tinha de se ater a essa dimensão nuclear do requerimento de interposição do recurso, em vez de proceder como fez – pois, esquecendo o essencial, o acórdão acabou por se cingir ao pormenor meramente acidental introduzido pela referência à «convolação».

Procedem, assim, as três primeiras conclusões da alegação de recurso, ficando prejudicado o conhecimento das demais.

Nestes termos, acordam em conceder provimento ao presente recurso jurisdicional, em revogar o acórdão recorrido e em determinar a remessa dos autos à Subsecção a fim de que aí seja proferido novo despacho acerca da admissibilidade do recurso interposto a fls. 306.

Sem custas.

Lisboa, 22 de Junho de 2006.

Madeira dos Santos (Relator)
António Samagaio
Azevedo Moreira
Maria Angelina Domingues
Costa Reis
Santos Botelho (Vencido nos termos da declaração do Sr. Cons. Jorge de Sousa)
Rosendo José (Vencido. Entendo que a reclamação para a conferência substitui o recurso de queixa, conforme as razões apontadas pelo Exm.º Cons. Jorge de Sousa)
Pais Borges (Vencido, nos termos da declaração de voto do Cons. Jorge de Sousa)
Jorge de Sousa (Vencido, conforme declaração junta).

Votei vencido por entender que o acórdão da conferência que aprecia despacho do relator é proferido em 2.º grau de jurisdição: o despacho do relator, proferido no exercício de uma competência própria [art. 9.º, n.º 1, alínea j,) da LPTA) integra, naturalmente, um grau de jurisdição sobre a questão jurídica da admissibilidade do recurso jurisdicional que, frequentemente, é mesmo o único; a intervenção da conferência, também naturalmente, constitui um grau de jurisdição, diferente do primeiro, que, por isso, é o segundo.

Não afecta esta incontornável realidade o facto de o relator poder integrar a conferência (pode nem sequer a integrar se deixar, entretanto de exercer funções, por qualquer motivo), onde está em minoria, como não afecta estar-se perante uma diferença de grau de jurisdição quando a formação que no Pleno aprecia o recurso jurisdicional interposto de acórdão da Secção for integrada, em minoria ou mesmo maioria, por juízes que proferiram o acórdão recorrido [por exemplo, é possível que três juízes que intervieram na Secção na prolação de um determinado acórdão, integrem, com maioria, a formação de cinco juízes que no Pleno aprecia a existência de oposição de julgados, para efeitos de seguimento do recurso (art. 25.º, n.º 2, do ETAF de 1984]. Isto, naturalmente, para não falar já de casos em que a formação global do Pleno mesmo para a apreciação do mérito do recurso seja integrada maioritariamente por juízes que intervieram na decisão da Secção, como sucede presentemente com a Secção do Contencioso Tributário deste Supremo Tribunal Administrativo, cujo Pleno é formado apenas por quatro juízes, que intervêm também, em formações de três, na respectiva Secção.

Assim, é de concluir que o facto de quem intervém na decisão do recurso (ou reclamação) ter tido intervenção na decisão recorrida não obsta a que se considere que a segunda decisão constitui um segundo grau de jurisdição.

Nestes termos, sendo o acórdão recorrido proferido em 2.º grau de jurisdição, ele é inadmissível, por força do disposto na alínea a) do n.º 1 do art. 103.º da LPTA, em que se estabelece, precisamente, que não é admissível recurso para o Pleno de acórdãos da Secção proferidos em segundo grau de jurisdição.

Por outro lado, considero que não é constitucionalmente imposto nem vigora no nosso direito, fora do domínio do direito sancionatório, o princípio do segundo grau de jurisdição, pelo que é perfeitamente admissível que a lei preveja a possibilidade de decisões, de mérito ou de forma, mesmo proferidas por tribunais de 1.ª instância, de que não é admissível recurso. Por evidente maioria de razão, a admissibilidade de decisões inimpugnáveis impor-se-á no Supremo, em face, por um lado, da presumível superior qualidade dos respectivos magistrados, e por outro lado, pelas acrescidas garantias de qualidade que fornece a colegialidade. A hipótese pretensamente assustadora a que se alude na tese que fez vencimento de poder «a conferência, de entre as suas decisões, eleger as recorríveis conforme o que momentaneamente lhe apetecesse» fica desprovida de qualquer carácter aterrador por ter de se considerar IMPOSSIVEL, por razões que não podem deixar de ser óbvias, que três juízes do Supremo pudessem aferir a admissibilidade ou não de recursos jurisdicionais em função de apetites momentâneos em vez de a apreciarem com base em critérios de legalidade.

Por último, parece-me ser manifestamente exagerado em termos garantísticos e incongruente que se entenda que não bastem três juízes do Supremo para resolver uma questão jurídica de admissibilidade de um recurso jurisdicional que, relativamente a decisões da 1.ª, é decidida sem possibilidade de recurso, por um só juiz desembargador, presidente de um Tribunal de 2ª instância (art. 689.º, n.º 2, do CPC). Essa falta de congruência, ofensiva do princípio da unidade do sistema jurídico, obsta a que se possa aceitar a interpretação adoptada pela tese que fez vencimento, pois esta unidade é o primacial elemento a atende na interpretação jurídica (art. 9.°, n.° 1, do Código Civil).

A esta luz, o invocado «básico princípio geral de que não incumbe ao tribunal «a quo» decidir definitivamente sobre a admissibilidade dos recursos deduzidos das suas próprias decisões», pode constituir um princípio aplicável às instâncias, mas, relativamente ao Supremo, será inadequado, nos casos em que não é, pura e simplesmente, de aplicação praticamente impossível (decisões do Pleno ou do Plenário).

Lisboa, 22 de Junho de 2006

Jorge de Sousa

Recurso n.° 873/03-20

AUDIÊNCIA DOS INTERESSADOS. ART. 100.° CPA. POSSIBILIDADE DE APROVEITAMENTO DO ACTO. RESERVA MUNICIPAL DE CAÇA.

(Acórdão de 23 de Maio de 2006)

SUMÁRIO:

I – A audiência dos interessados representa uma garantia da participação dos cidadãos na tomada de decisões que lhes dizem respeito e cumpre a directiva constitucional que dimana do art. 267.°/5 da CRP (cf. também os arts. 7.° e 8.° do CPA), pelo que não deve aceitar-se a sua degradação.

II – Por isso, só se admite que o tribunal administrativo deixe de decretar a anulação do acto que não deu prévio cumprimento ao dever de audiência, aproveitando-o, quando ele, de tão impregnado de vinculação legal, não consente nenhuma outra solução (de facto e de direito) a não ser a que foi consagrada, isto é, quando esta se imponha com carácter de absoluta inevitabilidade: um tipo legal que deixe margem de discricionariedade, dificuldades na interpretação da lei ou na fixação dos pressupostos de facto, tudo são circunstâncias que comprometem o aproveitamento do acto pelo tribunal.

III – O acto que cria uma reserva municipal de caça ao abrigo do preceituado na al. b) do art. 14.° da Lei n.° 173/99, de 21.9, compreende uma forte margem de discricionariedade, não se apresentando como a única solução legalmente possível face aos interesses em presença, pelo que a preterição da formalidade da audiência tem de possuir carácter invalidante.

ACORDAM NO PLENO DA 1ª SECÇÃO DO SUPREMO TRIBUNAL ADMINISTRATIVO:

– I –

A ASSOCIAÇÃO DE CAÇADORES DE QUINTOS recorre para o Pleno da Secção do acórdão da 3ª Subsecção deste S.T.A. de fls. 105 que anulou, por vício de forma resultante do incumprimento do preceituado no art. 100.° do C.P.A., a Portaria do Ministro da Agricultura, do Desenvolvimento Rural e das Pescas, n.° 1060/2002, de 20.8, que criou a zona de caça municipal de Quintos por um período de 6 anos e transferiu a sua gestão para a Associação de Caçadores de Quintos.

Nas suas alegações a recorrente enunciou as seguintes conclusões:

"1° A decisão tomada é a única concretamente possível de ser tomada.

2° A decisão tomada tem o único conteúdo legalmente possível.

3° O Ministério da Agricultura Pescas e Florestas, pode praticar outro acto com o mesmo conteúdo do primeiro, de acordo com o princípio do aproveitamento do acto administrativo.

4° Inexiste causa de invalidade do acto administrativo impugnado, uma vez que, conforme é pacificamente aceite pela jurisprudência, este vício de forma não tem carácter invalidante.

5° A situação anteriormente descrita justifica a omissão do cumprimento do disposto no art. 100.° do CPA".

A recorrida Maria Leonor de Sttau Monteiro Ferreira da Silva contra-alegou, defendendo a manutenção do acórdão.

O Ministério Público emitiu parecer no sentido de ser negado provimento ao recurso.

O processo foi aos vistos, cumprindo agora decidir.

– II –

A matéria de facto a levar em conta na decisão do presente recurso jurisdicional é a constante do acórdão recorrido a fls. 107/108, para onde se remete nos termos do preceituado no n.° 6 do art. 713.° do C.P.C.

O acórdão recorrido anulou, com fundamento em vício de forma por preterição da audiência prévia imposta pelo art. 100.° do CPA, o acto constante da Portaria n° 1060/2002, de 20.8, que criou a zona de caça municipal de Quintos (município de Beja).

A audiência prévia omitida fora a da recorrente contenciosa, proprietária dos terrenos integrantes da referida reserva de caça.

Nas suas alegações, procura a recorrente sustentar que a Administração, mesmo que tivesse procedido a essa audiência, teria em todo o caso tomado a mesma decisão, que era a única possível de ser tomada, pois tem o único conteúdo legalmente possível. Este vício de forma não tem carácter invalidante e o acto deve ser aproveitado, já que a audiência dos interessados seria "uma inutilidade".

Esta argumentação tem de improceder.

Mais do que constituindo uma simples emanação do princípio do contraditório, a formalidade imposta pelo art. 100.° do CPA, enquanto figura geral do procedimento administrativo decisório de 1° grau, representa, como este Supremo Tribunal vem afirmando, "o cumprimento da directiva constitucional de "participação dos cidadãos na formação das decisões ou deliberações que lhes disserem respeito" (art. 267.°, n.° 5 da CRP), determinando para o órgão administrativo competente a obrigação de associar o administrado à tarefa de preparar a decisão final, permitindo-lhes chamar a atenção para a relevância de certos interesses ou pontos de vista adquiridos no procedimento" – Ac. de 2.6.04, proc.° n.° 1591/03.

A mesma filosofia transparece, aliás, dos preceitos dos arts. 7.° e 8.° do CPA (princípios da colaboração entre a Administração com os particulares e da participação destes na formação das decisões que lhes digam respeito).

À vista da numerosa Jurisprudência deste S.T.A sobre a matéria, não é lícito afirmar que o vício resultante do incumprimento do dever de audiência não tem carácter invalidante, ou que a simples possibilidade (que realmente existe) de a Administração renovar o acto com igual sentido em fase subsequente à anulação contenciosa traz como consequência inutilidade desta, que por tal motivo devia ser evitada.

Muito pelo contrário, o Tribunal sempre reconheceu à imposição legal a dimensão garantística que apresenta, nunca deixando que a mesma se degradasse.

O que tem sido dito – mas isso corresponde a uma perspectiva totalmente diferente da que a recorrente apresenta – é que nos casos em que o poder para praticar o acto, de tão impregnado de vinculação legal, não consente nenhuma outra espécie de solução a não ser aquela que o acto consagrou, embora obliterando a audiência do interessado, é possível aproveitar o acto assim nascido com essa deficiência procedimental, em vez de ditar a respectiva anulação.

Mas isso no entendimento de que, então sim, ela não passaria de um mero *pro forma*, insusceptível de trazer uma verdadeira transformação ao mundo do Direito ou de acudir à tutela jurisdicional efectiva de direitos ou interesses.

Este S.T.A. tem sido, por conseguinte, bem claro na restrição expressa que faz das hipóteses em que a anulação não deve ter lugar, apresentando-as como aquelas em que a emissão doutro acto "não era legalmente possível" (Ac. de 14.7.05, proc.° n.° 352/05). Ou sublinhando que sempre que, "*legal e factualmente*", sejam "de admitir soluções diversas da adoptada nunca pode intervir no caso um juízo de certeza sobre a desnecessidade, por completa e segura inutilidade, da audiência prévia, capaz de conduzir ao aproveitamento do acto sem aquela formalidade ter sido cumprida. (Ac. de 19.6.01, proc.° n.° 39.128).

Ou, como se escreveu no Ac. de 28.11.2001, proc.° n.° 46.586: "sempre que exista a possibilidade de os interessados, através da audiência prévia, influírem na determinação do sentido da decisão final, não haverá que retirar efeitos invalidantes ao vício de preterição da referida formalidade". Ou ainda, utilizando uma fórmula ainda mais incisiva, quando a decisão se imponha "com carácter de absoluta inevitabilidade" (Ac. de 13.2.03, proc.° n.° 46.979).

Concretizando melhor as possíveis limitações ao aproveitamento do acto, o Ac. de 7.11.01 disse:

"... (esse princípio) só pode ser convocado quando o juiz possa estar seguro – sem margem para a menor dúvida – de que o acto, com o sentido e conteúdo com que foi praticado, era a única decisão admissível à luz da vinculação legal: um tipo legal que consinta margem de discricionariedade, dificuldades na interpretação da lei ou na fixação dos pressupostos de facto – tudo são circunstâncias que comprometem o aproveitamento do acto pelo tribunal – ponto V do sumário do Ac. de 7.11.01, proc.° n.° 47.857.

Ora, olhando ao tipo legal do acto que a subsecção anulou (al. a) do art. 14° da Lei n° 173/99 de 21.9), facilmente se constata que essa anulação não podia deixar de ser decretada. A prática de tal acto – a criação da reserva municipal de caça – não era de modo algum um acto desprovido de margem de discricionariedade, não se apresentava à luz da lei e do interesse público como a única alternativa decisória, absolutamente inevitável e incapaz de ser influenciada pelo contributo do contra-interessado, seja no carreamento de factos para o procedimento, de matéria probatória, ou mesmo de alegações de direito. Como bem salienta a recorrida, a Administração está obrigada a fazer uma ponderação dos interesses em presença, e nessa medida não lhe pode ser indiferente, com vista à decisão a tomar, ouvir o dono dos terrenos abrangidos pela reserva.

Atinge-se, deste modo, a conclusão de que o acórdão impugnado decidiu bem, sendo como são improcedentes os argumentos que contra ele são lançados pela recorrente.

Termos em que acordam em negar provimento ao recurso.

Custas pela recorrente, com taxa de justiça e 400,00 € e procuradoria de 50%.

Lisboa, 23 de Maio de 2006.

Simões de Oliveira (Relator)
António Samagaio
Azevedo Moreira
Santos Botelho
Rosendo José
Angelina Domingues
Pais Borges
Jorge de Sousa
Costa Reis

Recurso n.° 1618/02-20

CONTRATO ADMINISTRATIVO DE ASSOCIAÇÃO. PODERES DA ADMINISTRAÇÃO.

(Acórdão de 4 de Maio de 2006)

SUMÁRIO:

I – No contrato administrativo de associação entre os serviços do Ministério da Educação e um Colégio para este prestar serviços de ensino em substituição do ensino público, a Administração tem, nos termos da alínea a) do artigo 180.° do CPA, o poder de modificar unilateralmente o conteúdo da sua prestação como contrapartida da modificação da prestação do Colégio que não realizou o serviço nos termos da estrutura de custos prevista no orçamento que serviu de base ao cálculo das importâncias entregues como preço.

II- O artigo 186.° do CPA não obsta ao exercício do poder da parte pública de alterar a sua prestação e ordenar a reposição do indevidamente pago, porque não está em causa uma controvérsia sobre a validade do contrato ou a interpretação de cláusulas contratuais, mas a decisão vinculativa de reposição do indevidamente prestado em dinheiros públicos, como modificação unilateral da prestação, dentro do objecto do contrato e decorrente da antecedente alteração das condições estabelecidas no contrato para a prestação do serviço devido à gestão da execução do contrato que foi efectuada pelo Colégio.

ACORDAM EM CONFERÊNCIA NO PLENO DA SECÇÃO DE CONTENCIOSO ADMINISTRATIVO DO STA:

I - RELATÓRIO

COLÉGIO LUÍS PEREIRA DA COSTA, Ld.ª. Inconformado com a decisão do Acórdão da Subsecção deste STA de 4 de Outubro de 2005 que negou provimento ao recurso contencioso que interpusera do despacho, de 17 de Junho de 2002, da autoria do SECRETÁRIO DE ESTADO DA ADMINISTRAÇÃO EDUCATIVA, recorre agora para o Pleno da Secção.

Alegou e formula as seguintes conclusões:

I. O contrato sub-judice celebrado entre a Direcção Regional de Educação do Centro (DREC) e o "COLÉGIO DR. LUIS PEREIRA DA COSTA, LDA". Integra-se na modalidade de contratos de associação;

II. O contrato de associação é um contrato administrativo, bilateral de colaboração e tem por objecto a prestação de um serviço público, do "COLÉGIO" ao Estado (DREC);

III. A quantia recebida pelo "COLÉGIO", no âmbito deste contrato, não pode ser configurada como um subsídio ou "apoio financeiro", mas representa a prestação pecuniária auferida pelo contraente privado a título de "preço";

IV. Esse "preço" é estabelecido contratualmente como um "montante global" (sic) – um valor *"a forfait"*

V. A Administração Educativa (DREC) calculou esse preço – aproximando-o do custo de manutenção e funcionamento por aluno das escolas públicas de nível e grau equivalente – de acordo com os critérios administrativamente fixados no Despacho n.° 256-A/ME/96.

VI. Esse preço, embora calculado pela DREC mediante a adição de várias parcelas ou factores, não foi externado ou exteriorizado dessa forma;

VII. A Administração Educativa (DREC) não transpôs para a letra (texto) do Contrato nem para a sua execução prática, a obrigação de desmembramento do montante global a que se reconduziu o preço da prestação dos serviços.

VIII. O "COLÉGIO DR. LUÍS PEREIRA DA COSTA" não foi chamado a participar na construção do preço que lhe era devido por força do contrato de associação n.° 33/99 que celebrou com a Direcção Regional de Educação do Centro;

IX. As parcelas representativas dos parâmetros que serviram de base ao cálculo do preço de acordo com tal Despacho, não tiveram efeitos externos, nem foram erigidas em rubricas orçamentais rigidamente cabimentadas.

X. Por seu lado, o "COLÉGIO DR. LUÍS PEREIRA DA COSTA" em momento algum se obrigou a dar um destino parcelar e cabimentado à verba global recebida, que nunca foi objecto de fraccionamento;

XI. Ao "COLÉGIO DR. LUÍS PEREIRA DA COSTA" em momento algum lhe foi solicitado que apresentasse os justificativos das despesas que teve de suportar para ministrar o ensino gratuito aos 868 alunos do ano lectivo de 1998/1999;

XII. Ao "COLÉGIO DR LUÍS PEREIRA DA COSTA" não foi solicitado pela Administração Educativa que apresentasse qualquer "orçamento de gestão para o ano seguinte";

XIII. Ao "COLÉGIO DR. LUÍS PEREIRA DA COSTA" não foi solicitado pela Administração Educativa que periodicamente procedesse à apresentação de qualquer tipo de demonstração financeira;

XIV. Ao "COLÉGIO DR; LUÍS PEREIRA DA COSTA" não foi solicitado pela Administração Educativa que apresentasse uma "conta de gestão com justificativos das despesas efectuadas" (aliás, sem orçamento inicial não podia haver conta de gerência);

XV. O "COLÉGIO DR. LUÍS PEREIRA DA COSTA" agiu sempre na convicção (que resultava directamente do comportamento contratual da DREC) de que podia gerir aquele preço ou "montante global" com a discricionariedade inerente a uma receita ou remuneração de uma actividade privada.

XVI. Em face destes factos, a Administração Educativa, que foi parte co-outorgante deste Contrato de Associação (e que, quer por intermédio da letra do contrato que unilateralmente concebeu, quer pela inalterada prática que sempre incutiu à sua execução, no sentido da liberdade gestionária do preço que pagava) não pode agora, por mero acto administrativo (contrário a tudo o que sempre fez acreditar), impor uma pretensa obrigação contratual fazendo prevalecer uma interpretação do contrato ou das suas cláusulas, agindo como juiz em causa própria, em desrespeito pelo objecto do contrato e do seu equilíbrio financeiro.

XVII. Fazendo-o como fez, no caso "sub-judice", incorre no vício de usurpação de poderes.

XVIII. No caso vertente, a Administração Educativa não, dispunha de poderes de auto-tutela administrativa que lhe permitissem declarar, como força executiva, uma situação de incumprimento contratual por parte da contratante "COLÉGIO DR LUIS PEREIRA DA COSTA", quando tal pretenso incumprimento nunca existiu;

E pois,

XIX. Não podia a Administração Educativa decidir e exigir mediante acto administrativo as prestações ou restituições contratuais em falta.

XX. A pretendida execução forçada de uma prestação contratual como aquela que é imputada à recorrente "COLÉGIO DR LUÍS PEREIRA DA COSTA", só pode ser obtida pela Administração Edut1va, através dos tribunais administrativos, no âmbito do n.° 2 do Art. 55.° do ETAF e nas condições previstas no Art. 187.° do CPA.

XXI. Acresce que, em condição alguma a "ordem de reposição" pode ser considerada emitida ao abrigo de um poder de modificação de contratos administrativos, nos termos do Art. 180.° do CPA (como o douto Acórdão recorrido pretende) nem por aplicação do regime de reposições referido no Estatuto Disciplinar dos Funcionários Públicos.

XXII. Os poderes exorbitantes contidos no Art. 180° do CPA só podiam ser exercidos relativamente a um contrato administrativo que ainda estivesse a produzir efeitos jurídicos, mas não já relativamente a um contrato caduco, que cessou os seus efeitos, por já não vigorar.

XXIII. O acto administrativo praticado ao abrigo do referido Art. 180.° do CPA que alterou cláusulas contratuais já extintas e pretendeu impor a obrigação de reposição de prestações contratuais recebidas pelo "COLÉGIO" é nulo, por falta de objecto.

XXIV. O douto Acórdão recorrido que sancionou o despacho de 17 de Julho de 2002 do Senhor Secretário de Estado da Administração Educativa que impôs ao "COLÉGIO" o dever de restituir a importância de € 329.148,98, enferma de vício de usurpação de poderes e violou designadamente o disposto no Art. 178.°, 180.° e 187.° do CPA.

O Secretário de Estado Adjunto e da Educação contra alegou sustentando a manutenção do decidido.

O Exm.° Magistrado do Ministério Público emitiu parecer no sentido do não provimento do recurso conforme jurisprudência corrente deste STA.

II – A MATÉRIA DE FACTO

O Acórdão recorrido deu como provado:

a) A recorrente e o Estado celebraram em 14 de Maio de 1999, ao abrigo dos artigos 14.°, 15.° e 16.° do DL n.° 533/80, de 21 de Novembro, o contrato de associação n.° 33/99 (documentado a fls. 30 a 32 do apenso);

b) Por despacho de 30.4.2001, e na sequência de uma acção de controlo efectuada pela Inspecção-Geral de Educação (IGE), a Secretária de Estado da Administração Educativa ordenou a instauração de processo disciplinar à ora recorrente (fls. 4 do apenso);

c) No relatório final do respectivo processo disciplinar concluiu-se e propôs-se: "6. Conclusões:

Em resultado do explicitado nos capítulos anteriores e da prova produzida, formulam-se as conclusões que se seguem:

6.1. Em 15 de Novembro de 2000, a Inspecção-geral da Educação levou a cabo no A..., em Monte Redondo, uma acção inspectiva no âmbito do Contrato de Associação n.° 33/99 que esta entidade celebrou com a DREC (fls. 24);

6.2. Em 11 de Dezembro de 2000 é enviado ao Delegado Regional do Centro da Inspecção – Geral da Educação o relatório que foi produzido em resultado da referida acção inspectiva (fls. 12 a 24);

6.3. que por sua vez, em 18 de Dezembro de 2000, exara despacho no sentido do referido relatório ser remetido à Entidade Proprietária para esta exercer o seu direito ao contraditório (fls. 21);

6.4. o que veio a acontecer em 29 de Dezembro de 2000 conforme documento a fls. 8 e 9 dos autos, que não mereceu a concordância da equipa inspectiva (fls. 6 e 7);

6.5. em 22 de Janeiro de 2001, a referida equipa elabora informação confirmando os indícios de irregularidade vertidos no já referido relatório (fls. 6 e 7);

6.6. em 30 de Abril de 2001, a Inspectora-geral da Educação, atendendo ao exposto na informação a fls. 4 e 5, propõe instauração de processo disciplinar à entidade proprietária do A..., Monte Redondo;

6.7. que é aceite pela Secretária de Estado da Administração Educativa que exara despacho em 30 de Abril de 2001 (fls. 4);

6.8. ora, é partir da informação que faz o enquadramento disciplinar das anomalias/desvios identificados na auditoria que se faz a contagem do prazo prescricional de 3 meses;

6.9. pelo que não se encontra prescrito o direito de acção disciplinar;

6.10. quanto à extinção do procedimento disciplinar por força da Lei 29/99, de 12 de Maio, tal não se verifica dado que só há amnistia se a pena aplicável não for superior à multa e não haja continuidade ou permanência da infracção para além de 16 de Março de 1999;

6.11. no que concerne à matéria de facto constatou-se que a arguida celebrou com a DREC, para o ano lectivo de 1989/1999, o contrato de associação n.° 33/99, ao abrigo do Despacho 256/A/ME/96, de 19/12 (fls. 30 a 32);

6.12. Despacho que define os critérios de apoio financeiro a prestar aos estabelecimentos de ensino particular e cooperativo (fls. 213 a 215);

6.13. que são esclarecedores quanto à utilização das verbas concedidas pela DREC à arguida, no ano lectivo de 1998/99, nomeadamente no seu ponto 3 (fls. 213);

6.14. verbas que são subsídios de acordo com a alínea f) do art. 4.° do Dec. Lei 553/80, de 21 de Novembro (fls. 206) e que constituíram os recursos financeiros que fizeram face aos custos vertidos nos pontos 3.1. e 3.2. do já referido Despacho (fls. 213 e 214);

6.15. custos que são calculados em função de indicadores que foram fornecidos pela arguida, em mapas próprios, no início do ano lectivo de 1998/99;

6.16. e que são os referenciados no Contrato de Associação, na alínea c), ponto 1, "Das Obrigações das Partes" – Do segundo outorgante (fls. 30);

6.17. foi em função destes dados que a DREC calculou os subsídios que atribuiu à arguida para o ano lectivo de 1998/99;

6.18. não se conhece reclamação por parte da arguida relacionada com qualquer incumprimento por parte da DREC, quer quanto à forma como foram calculadas as referidas verbas, quer quanto ao montante global concedido para o ano lectivo de 1998/99;

6.19. ou seja, no final do ano lectivo de 1998/99, os montantes previstos pela arguida para Encargos com pessoal docente, correspondiam aos montantes calculados pela DREC;

6.20. donde se conclui que o que está em causa neste processo é, por um lado, a veracidade dos dados vertidos nos mapas que a arguida entregou na DREC e por outro, a afectação dada às verbas recebidas no ano lectivo de 1998/99;

6.21. embora não se compreenda, que as importâncias entregues à arguida não tenham sido objecto de qualquer tipo de controlo periódico por parte da DREC, quanto à sua aplicação;

6.22. o que para tanto bastava fazer cumprir o estipulado na alínea a) ponto 1 – obrigações do 2.° outorgante do Contrato de Associação "apresentar os elementos de carácter financeiro, nomeadamente balancetes trimestrais, balanço de contas anuais, contas de gestão ou outros que forem vertidos no decurso do ano" (fls. 30);

6.23. o incumprimento por parte da arguida do estipulado no já referido Contrato de Associação, sem reparo da Direcção Regional, podem ter sido as causas fundamentais para a utilização indevida dos montantes recebidos para pagamento dos encargos do Pessoal Docente;

6.24. desvios que resultam, fundamentalmente, da requisição indevida de horas para professores;

6.25. assim, a arguida ao receber Euros: 1406030,12 para pagamento dos Encargos c/ Pessoal Docente, calculados e disponibilizados pela DREC e tendo utilizado apenas Euros: 1220698,47, só compreensível à luz do exposto em 6.24. apropriou-se indevidamente de Euros: 185331,65;

6.26. requisitar 33 horas semanais para um docente, isto como um exemplo entre outros a fls. 136, a que corresponde Euros: 48551,39 e tendo-lhe pago apenas 26 horas, Euros: 20442,07 (fls. 140), retracta a natureza dos desvios verificados;

6.27. do somatório de tais desvios, Euros: 185331,65, referidos no art. 7.° da acusação a fls. 144, resulta uma diminuição dos encargos sociais de Euros: 37066,33 e das despesas de funcionamento de Euros: 106751, conforme o vertido nos artigos 9.° e 14.° da acusação a fls. 144 e 145;

6.28. pelo que, em relação ao montante global concedido pela DREC, para pagamento de encargos com pessoal Docente, a arguida utilizou indevidamente Euros: 329148,98

Em face das conclusões que antecedem proponho que:

7. Proposta.

7.1. seja aplicada a pena de multa de vinte salários mínimos nacionais, nos termos do art. 99.°, n.° 1 alínea b) do Estatuto do Ensino Particular e Cooperativo, aprovado pelo Dec. Lei n.° 533/80, de 21 de Novembro e os arts. 1.°, al. b) e 3.° alíneas c) e g) da Portaria n.° 207/98, de 28 de Março;

7.2. seja ordenada a devolução aos cofres do Estado do montante em que o mesmo foi lesado, ou seja, Euros: 329148,98;

Em face das infracções cometidas e nos termos do art. 1.° da Portaria n.° 207/98, de 28 de Março, tem competência para aplicação desta pena o Ex.mo Senhor Ministro da Educação.

Coimbra, 1 de Abril de 2002".

d) Sobre esse processo disciplinar foi produzida, na IGE, a Informação n.° 117/2002, subscrita por inspector principal, do seguinte teor (cfr. doc. de fls. 120 a 122 destes autos):

"Assunto: PROCESSO DISCIPLINAR INSTAURADO À ENTIDADE PROPRIETÁRIA DO A... EM MONTE REDONDO. PRESCRIÇÃO DO PROCEDIMENTO DISCIPLINAR. CURTO PRAZO DE PRESCRIÇÃO. ARQUIVAMENTO DOS AUTOS NA VERTENTE DISCIPLINAR. RESPONSABILIDADE FINANCEIRA E REPOSIÇÃO DE DINHEIROS PÚBLICOS.

1. Analisado o presente processo disciplinar, verifica-se que à data da sua instauração já se encontrava prescrito o direito de se reagir disciplinarmente contra a entidade proprietária do A... em Monte Redondo, subsistindo, contudo, a sua responsabilidade financeira pela reposição nos cofres do Estado da quantia de 329 148,98 Euros.

2. Na verdade, e no que concerne à vertente disciplinar, impunha-se que a Administração tivesse decidido pela instauração do competente processo disciplinar no prazo de 3 meses a partir da entrega da resposta ao projecto de relatório da acção de controlo do contrato de associação (princípio do contraditório).

3. Ora, tal data ocorreu em 03.01.01, pelo que, em 30.04.01, já se encontrava esgotado o citado prazo de 3 meses para o exercício da acção disciplinar.

4. Não sendo correcto, como se pretende, que o prazo de prescrição se inicie apenas com o enquadramento jurídico-disciplinar que é feito na Informação n.° 114/NIPT/ /01. de 30.04. das anomalias e desvios identificados, pois já era possível a partir das próprias conclusões do relatório da auditoria, sem mais, formular um juízo de censura disciplinar reconduzindo tais factos à prática de infracções disciplinares.

5. Impunha-se, pois, uma rápida acção disciplinar a partir do conhecimento das conclusões deste relatório, após o contraditório, daqui decorrendo o carácter desnecessário, em termos da prescrição, do reconhecimento afirmado na informação posterior dos serviços de que tais factos indiciavam efectivamente a prática de infracção disciplinar.

6. Vejamos, pois. Atento o exposto, se a autoridade competente para instaurar ou mandar instaurar o processo disciplinar conhecida a falta, tem de agir no prazo de 3 meses (n.° 2 do art. 4.° do ED), mal se compreenderia que, apurados os factos – e não simplesmente conhecidos – no relatório da IGE aquela autoridade não ficasse sujeita ao mesmo prazo, podendo se afirmar que, nesta matéria, a lei estabelece uma presunção juris et de jure de desinteresse, decorrido que seja o prazo de prescrição, no respeito do primado da certeza do direito e do princípio da legalidade.

7. Para além disso, o prazo de 3 meses inculca o inequívoco propósito de o processo disciplinar ser rapidamente instaurado, o que também constitui ingrediente essencial no instituto da prescrição do procedimento disciplinar.

8. Nunca poderia ter estado na previsão do legislador de 1984, ao impor o novo prazo de prescrição (curto prazo de 3 meses), que, terminado o relatório da IGE com indícios claros da prática de infracção disciplinar, e realizado o contraditório, este demorasse mais de 3 meses a ser submetido a despacho da entidade com competência para ordenar a instauração do necessário processo disciplinar, deixando a definição da relação jurídico-administrativa, que no domínio disciplinar se pretende célere, à mercê do andamento mais ou menos rápido (e quantas vezes demasiadamente lento) dos serviços.

9. Em conformidade com o que fica exposto, proponho:

a) o arquivamento dos autos na vertente disciplinar, por prescrição do procedimento disciplinar ex vi do n.° 2 do art. 4.° do ED, aplicável ao caso em apreço (art. 12.° da Portaria n.° 207/98. de 28.03);

b) Obrigação de reposição nos cofres do Estado da importância de 329148,98 Euros.

10. Nos termos do art. 1.° da Portaria n.° 207/98, de 28.03, é competente para decidir este processo o Ministro da Educação".

e) Sobre essa Informação, a Directora do GAJ da IGE emitiu: "Com o meu parecer favorável, à consideração da Senhora Inspectora-Geral";

f) Sobre esse parecer, a Inspectora-Geral da Educação emitiu: "Concordo. À consideração do Sr. Secretário de Estado da Administração Educativa";

g) E, no mesmo documento, o Secretário de Estado da Administração Educativa exarou, em 17 de Julho de 2002, o seguinte despacho: "Analisado todo o processo, a presente informação e os pareceres nela apostos, determino a reposição identificada";

h) O despacho acabado de transcrever é o despacho recorrido.

III – APRECIAÇÃO. O DIREITO

1. O primeiro grupo de conclusões do recorrente é no sentido de qualificar o contrato que celebrou com a Direcção Regional de Educação do Centro como um contrato de associação em que a prestação pecuniária recebida pelo Colégio é o preço do serviço público de ensino que foi prestado.

Neste aspecto a decisão recorrida teve por assente que estava perante um contrato de associação e refere-se à contrapartida que foi paga ao Colégio como "verbas atribuídas pela Administração" e também "subsídio", mas estas designações não significam senão uma adesão à linguagem pouco precisa pela qual era designada a contrapartida estipulada para a prestação do serviço de ensino, sendo a própria DREC que referia aquela provisão como "apoio financeiro às escolas particulares" e os colégios contratantes que se referiam àquela contraprestação como um subsídio.

Mas estas designações não significam que a contraprestação paga pelo Estado não fosse efectivamente o preço pelos serviços contratados e prestados no âmbito do contrato de associação, nem estas diferentes designações têm como consequência que a solução alcançada pelo Acórdão recorrido tenha sido afectada por algum erro relevante.

2. As conclusões do recorrente orientam-se depois para a afirmação de que o contrato não contém a obrigação de desmembramento do montante global atribuído como preço do serviço de ensino, pelo que era um montante não sujeito a acerto dependente da execução do contrato, designadamente das despesas efectuadas e sua composição.

Sobre este ponto não pode deixar de se ter em conta que o artigo 15.°, n.° 1 do Dec. Lei 535/80 determina que "O Estado concederá às escolas que celebrem contratos de associação, além dos benefícios fiscais e aduaneiros gerais, um subsídio por aluno igual ao custo de manutenção e funcionamento por aluno das escolas públicas de nível e grau equivalente".

Por seu lado o Despacho 256/A/ME/96, de 11-1-1997 (...) estabelece no art. 3.° que nestes contratos será pago pelo contratante público o custo integral dos encargos com pessoal docente necessário para os alunos admitidos no regime contratado, um director pedagógico e um psicólogo e ainda o pessoal não docente, como o pessoal da cantina. O custo do pessoal não docente era pago por uma percentagem a calcular em função das despesas, número de professores profissionalizados e outros índices.

O pessoal docente entrava no cálculo segundo as indicações do Colégio e para ser pago de acordo com a respectiva habilitação e escalões de vencimentos.

O preço global transferido antes da realização da prestação do serviço de ensino, ou da respectiva conclusão e antes do controlo da despesa efectiva estava sujeito à realização da despesa esperada, era o preço definitivo apenas em termos parcelares, ou por preços unitários, de modo que o preço global final resultava da verificação e acerto de acordo com a execução efectuada em relação a cada item.

O custo de manutenção de cada aluno é, assim, a proporção encontrada entre o custo total da estrutura de ensino e serviços complementares considerados relevantes em termos previsionais pela Administração e cada um dos alunos em causa. E, multiplicando o "custo de manutenção de cada aluno" pelo número de alunos teríamos o valor global estimado e pago, mas sujeito ao controlo e acerto de acordo com os preços unitários, os índices e a execução efectuada.

Em segundo lugar tem de dizer-se que a afirmação do Colégio recorrente de que o preço não estava sujeito a acerto carece inteiramente de base factual e contraria a matéria que foi dada como provada, designadamente que o Colégio e o Estado celebraram o contrato n.° 33/99 documentado a fls. 30-32 do apenso, ao abrigo dos arts. 14.°, 15.° e 16.° do DL 533/80 e do Despacho 256-A/ME/ /96, de 19.12, do qual consta que o segundo – Colégio – cumprirá as obrigações que para ele resultam daquele Decreto Lei e Despacho, bem como as especificadas sob os n.ºs 1 e 2 e recebe como pagamento um montante global em função da frequência do estabelecimento de ensino e de acordo com critérios superiormente fixados.

Esta é matéria de facto definitivamente fixada e assente, sendo que neste recurso não há lugar a conhecer senão de questões de direito.

E, o Colégio não suscita a este propósito uma interpretação das cláusulas diferente daquela que foi efectuada no Acórdão recorrido, antes se limita a negar a existência de vinculações que derivam directamente do contrato e das remissões dele constantes, pelo que não cabe em recurso desta natureza efectuar outra apreciação e manter o decidido no Acórdão recorrido.

3. Devemos, portanto, passar às conclusões que suscitam questões de direito.

É o que sucede com as conclusões em que o recorrente sustenta que a Administração Educativa não tem fundamento legal para impor a correcção do preço que determinou através do despacho recorrido por actuar no domínio do contrato em relação de paridade com o contratante privado, pelo que, tendo agido através de acto de autoridade incorre em usurpação de poderes (conclusões XVI a XXI e XXIV).

A este propósito o Acórdão recorrido considerou:

"O primeiro argumento, segundo o qual, do regime jurídico dos contratos de associação não resulta a atribuição de um poder de definição autoritária da presente situação, não tem em conta que estão cometidos à Administração claros poderes de autoridade na fiscalização da execução dos contratos de associação. Tal resulta do art. 12.°, n.° 5 do Dec. Lei 553/80, de 21 de Novembro, que sob epígrafe "dos contratos" dispõe que as escolas que celebrem contratos de associação fiquem sujeitas às inspecções administrativas e financeiras. O direito de fiscalizar o cumprimento dos contratos de associação tem o âmbito que, além do mais, decorre do art. 58.°, n.° 2 da Lei 46/86, que dispõe: "o Estado apoia financeiramente as iniciativas e os estabelecimentos de ensino particular e cooperativo quando, no desempenho efectivo de uma função de interesse público, se integrem no plano de desenvolvimento da educação, fiscalizando a aplicação das verbas concedidas".

Parece-nos assim que o regime legal da atribuição de incentivos através de um módulo contratual, não afasta (pelo contrário consagra) uma reserva de autonomia administrativa a exercer por acto administrativo no que diz respeito à fiscalização da aplicação das verbas concedidas.

O regime legal da fiscalização dos contratos de associação tem ainda uma marca clara de reserva de autonomia administrativa ao remeter para o procedimento disciplinar dos funcionários e agentes do estado – art. 12.º da Portaria 207/98, de 28 de Março. O art. 180.º do C.P.Adm. admite expressamente a reserva de autonomia administrativa, isto é, a possibilidade de praticar actos administrativos, no que respeita à fiscalização da execução (al. d)) e aplicação de sanções pela inexecução do contrato (al. e), bem como a possibilidade de modificação unilateral do conteúdo das prestações (al. a)). Finalmente, o art. 65.º do Estatuto Disciplinar (Dec. Lei 24/84, de 165/01) aplicável por força do referido art. 12.º da Portaria 207/98, de 28 de Março, atribui ao inspector o dever de se referir às importâncias "que porventura haja a repor e o seu destino".

Não pode, assim, dizer-se, que o regime legal não atribui à Administração um poder de definir autoritariamente as situações em causa nos autos, sendo certo que em causa nos autos está a reposição de verbas atribuídas pela Administração. A existência de um contrato administrativo é perfeitamente compatível com este regime de fiscalização autoritária – por acto administrativo – e, se, nos termos da lei, a fiscalização compreende a aplicação das verbas recebidas, tal âmbito há-de estender-se ao cumprimento das obrigações contratualmente assumidas quanto ao destino a dar a tais verbas.

O segundo argumento, extraído do art. 187.º do C.P.Adm. não é concludente, uma vez que o art. 187.º do C.P.Adm. não nos diz quais os actos administrativos que a Administração pode praticar na vigência de um contrato administrativo. A resposta a esta questão encontra-se na adequada articulação dos artigos 186.º e 180 do C.P.Adm – uma vez que é desta articulação que há-de decorrer o âmbito da reserva de autonomia administrativa e a sua aplicação ao caso dos autos.

O art. 187.º, segundo Esteves de Oliveira (e outros) C.P.Adm. pág. 855 também é aplicável aos casos em que tenha sido a Administração "a definir, unilateral e vinculadamente, a existência de uma situação de incumprimento", embora a forma de processo executivo seja, segundo o autor, uma das previstas no Código de Processo Civil.

O terceiro argumento invoca a inexistência de cláusulas contratuais atribuindo a reserva de autonomia administrativa, também não é concludente. Nas obrigações contratualmente assumidas encontra-se obrigação da Administração de "fazer cumprir os termos do presente contrato procedendo por intermédio da inspecção-geral da Educação à fiscalização do estabelecimento de ensino". A expressa sujeição à fiscalização deve ser completada com as disposições legais, acima referidas, sobre o âmbito da fiscalização, pelo que também não podemos invocar o texto contratual para afastar a reserva de autonomia administrativa, quanto à fiscalização do cumprimento da execução do contrato de associação.

Finalmente, o quarto argumento assenta na qualificação dos actos em causa como dando por certa a "ilegalidade de uma cláusula". Reconduz, assim, o acto recorrido a um acto que se pronuncia sobre a "validade" de uma dada cláusula contratual. Se a qualificação estiver certa – ou seja, se estiver em causa a ilegalidade de uma cláusula – o argumento é irrepreensível, uma vez que esta matéria não pode ser alvo de reserva de autonomia administrativa, nos termos do art. 180.º do C.P.Adm. Porém, julgamos – aceitando que a fronteira não seja nítida – que o acto que ordena a reposição de quantias que não foram gastas nos termos acordados não põe em causa a validade da cláusula que define o montante dos subsídios a pagar. É certo que a reposição se funda numa ilegal afectação dos subsídios, mas a ilegalidade da afectação das verbas tem a ver com a má execução do contrato, ou seja, com o incumprimento das cláusulas que impõem uma concreta afectação das verbas. Não foi assim, a nosso ver, a cláusula que se refere ao montante do subsídio que foi considerada ilegal, como se argumentou. O acto recorrido baseou-se numa situação de incumprimento das obrigações legais que impunham uma afectação das verbas recebidas. Foi o uso dos subsídios de forma divergente da contratualmente assumida, que esteve na base do acto administrativo, pelo que a nosso ver não está em causa a validade, de cláusulas contratuais, mas sim o seu incumprimento. É certo que o referido incumprimento unilateralmente decretado assentou na interpretação de uma cláusula contratual, e portanto, neste sentido, também na afirmação da sua validade. Mas este tipo de actividade é aceite pela doutrina como podendo ser prosseguida através de actos administrativos. Como referem Esteves de Oliveira e outros, (C.P.Adm pág. 850) "a grande questão que se levanta é saber se a regra estabelecida (art. 186.º do CPA) vale apenas para os actos que tenham por objecto a interpretação ou validade do contrato ou vale também para aqueles que, tendo outro objecto, assentam em determinada interpretação do contrato ou da sua validade. Sendo esta interpretação ampla a teoricamente preferível – até para evitar que a Administração abrisse a janela àquilo que o legislador fechou a porta – a verdade, porém, é que a ser aceite ela inviabilizaria, e não pode inviabilizar, a prática de qualquer acto administrativo (por exemplo, em matéria de direcção e sanções contratuais) que estivesse ligado a uma cláusula contratual, já que chamar esta à baila, aplicá-la, representa sempre um acto da sua interpretação e uma afirmação da sua validade".

Também nos parece que é assim. O art. 180.º não pode inviabilizar a prática de actos administrativos decorrentes do poder de fiscalizar, mesmo que para tanto tenha que dar-se por assente a interpretação e a validade das cláusulas contratuais – sem prejuízo, claro do recurso contencioso.

Note-se que o próprio art. 180.º, al. d) e e) do CPA consagra expressa reserva de autonomia para a prática de actos administrativos relativamente à fiscalização do modo de execução e aplicação de sanções para a inexecução do contrato. Uma interpretação de ambos os preceitos que não inviabilize qualquer deles parece limitar o âmbito do art. 186.º do CPA aos casos em que o acto administrativo tenha por objecto apenas a interpretação ou a validade da cláusula. Nada obsta, assim, segundo cremos, a que seja possível a prática de um acto administrativo que tenha por assente uma dada interpretação e validade de uma cláusula contratual, invocada como pressuposto de uma das actividades prosseguidas ao abrigo do art. 180.º do C.P.Adm. Daí que, em nosso entender, não seja suficiente para caracterizar o vício de usurpação de poder a afirmação unilateral de uma dada interpretação do contrato, para fins de fiscalização do seu cumprimento e de aplicação de sanções.

Aderimos, assim, à outra tese sustentada neste Supremo Tribunal que não reconhece o vício de usurpação de poder. Julgamos, com efeito, que na modificação unilateral das prestações a que alude o art. 180.º, al. a) do C.P.Adm se inclui a modificação das prestações quer da

Administração, quer do contraente particular, devida à deficiente execução das prestações assumidas pela outra parte. A lei não restringe a reserva de autonomia e, em nosso entender, se a Administração pode modificar o conteúdo das prestações, apenas por razões de interesse público, também o pode fazer por razões de incumprimento – desde que a lei lhe atribua o poder de fiscalizar o respectivo cumprimento. Não faria sentido a fiscalização do cumprimento (atribuído por lei), se não pudesse impor a correcta execução do contrato. Admitindo – como por exemplo Esteves de Oliveira e outros, ob. cit. pág. 855 – que a administração possa decidir unilateralmente a existência de incumprimento de prestações em falta, julgamos que tal poder subsiste no caso de "mau cumprimento" ou cumprimento defeituoso de prestações já executadas. E, finalmente, admitindo a definição de situações de incumprimento de prestações já executadas, na pendência do contrato, também por identidade de razões se deve admitir tal poder no caso do contrato já estar cumprido, ou dito de outro modo, quando ambas as partes já tenham efectuado as prestações a que se obrigaram. Na verdade poderíamos ser levados a admitir a reserva de autonomia administrativa (prática de actos administrativos) apenas quando a mesma fosse justificada, pela finalidade do objecto do contrato (conteúdo das prestações), isto é, satisfazer da melhor forma o interesse público. E, assim, os actos administrativos surgiam apenas na vigência do contrato e enquanto fosse possível modificar os deveres de cumprimento (alteração das prestações em dívida: v.g. não pagar a totalidade da última tranche, em virtude do incumprimento defeituoso). Por outro lado, depois de cumpridas as obrigações contratualmente assumidas o mau cumprimento ou incumprimento, são geradoras de responsabilidade contratual, e não faz sentido que o apuramento desta responsabilidade contratual possa ser unilateralmente fixada e executada: a Administração entende que houve incumprimento, adequa a sua prestação em função desse incumprimento e pede a repetição do indevido.

Julgamos, todavia, que mesmo estes dois argumentos ((i) limitação dos actos destacáveis aos casos em que pudessem influir na realização da prestação, afastando os casos em que houve cumprimento da mesma (ainda que imperfeito); (ii) impossibilidade de definir por actos administrativos a responsabilidade civil contratual) não são decisivos.

Quanto ao primeiro argumento, julgamos que do art. 179.° e art. 185.°, 3 do C.P.Adm. resulta que a Administração pode celebrar contratos administrativos "na prossecução das suas atribuições", com a maior das amplitudes em matérias reguláveis por acto administrativo do que em matérias reguláveis por contratos de direito privado. Nos casos em que a Administração tenha por força da lei poderes de autoridade sobre determinada matéria e mesmo assim opte por celebrar um contrato, o poder de praticar actos administrativos, nessa matéria, mantém-se em tudo aquilo que não for regulado de modo diverso no contrato e na lei (art. 187.° do C.P.Adm.). Daí que, o poder de praticar actos administrativos que subsiste apesar da celebração do contrato, tanto subsiste enquanto o contrato estiver a vigorar, como depois de cumprido. Estes poderes exorbitantes, atribuídos à Administração, não têm a sua fonte no contrato mas na lei: "são e continuam a ser actos extracontratuais, incidindo sobre o procedimento de execução a partir de uma posição de exterioridade, porque é exterior a sua origem", como diz Luís Sousa Fábrica, Dicionário Jurídico da Administração Pública, pág. 532.

No caso dos autos, a Administração tem o poder de fiscalizar a utilização dos montantes (subsídios) entregues à Administração, poder esse que subsiste na pendência do contrato e depois deste findo. A finalidade deste poder não é ajustar a melhor forma do contraente privado satisfazer o interesse público (que este redunda essencialmente em ensinar gratuitamente os alunos que estariam sob a alçada do ensino público), mas sim em certificar-se de que o dinheiro público foi efectivamente gasto nos termos legal e contratualmente definidos.

O segundo argumento apenas impede a Administração de impor unilateralmente o dever de indemnizar. Não impede a Administração de modificar o dever de prestar (designadamente o seu). Estes dois deveres não são idênticos, no sentido de podermos considerar que o dever de indemnizar é um prolongamento do dever de cumprir. Uma das diferenças relevantes é que o dever de indemnizar tem por pressuposto um dano, enquanto o dever de prestar tem a sua fonte no contrato: "O dever de indemnizar, não constituindo prolongamento ou modificação do dever de prestar, e tendo por objecto reparar os danos, só do facto de estes se produzirem pode resultar" – Gomes da Silva, Dever de Prestar, dever de Indemnizar, pág. 229). No caso dos autos não foi o dano ou qualquer prejuízo que esteve na base da ordem de reposição, mas apenas a utilização inadequada de dinheiros públicos. Não estando em causa a existência do dever de indemnizar, mas apenas a modificação do dever de prestar, também por esta via se não afasta o poder de praticar actos administrativos. É claro que haverá, neste último caso, de colocar a questão da prescrição ou caducidade de tal direito (de exigir a reposição) – mas esta questão já se prende com a validade dos actos administrativos nesse âmbito praticados e não com a reserva de autonomia para a prática desses actos administrativos. Estas razões tanto valem para a modificação das prestações devidas pela Administração, ao reduzir o montante da prestação de acordo com a execução do contrato (com a forma como foram gastos os dinheiros públicos) como para a prestação do contraente particular na parte em que exigiu pagamento aos encarregados de educação, quando se comprometeu contratualmente a prestar o serviço gratuitamente.

Por isso entendemos que no caso se não verifica o vício de usurpação de poder invocado pela recorrente".

Concorda-se com esta análise, apenas havendo de sublinhar a anterior afirmação de que não se trata de incentivos ou subsídios, mas de prestações contratuais a título de contrapartida ou preço do serviço público de educação prestado pelo Colégio.

Em sentido idêntico se pronunciou o Ac. deste STA de 11.05.2004, P. 02054/02.

Seguindo a mesma linha de raciocínio ali expressa pode dizer-se que a prestação do contratante privado não foi executada nas condições inicialmente previstas e contratadas e, em virtude desse facto a Administração decidiu modificar, em conformidade, o conteúdo da sua prestação ordenando a reposição de parte da provisão calculada à partida com base em dados previsionais sobre o número de alunos e a estrutura de meios de ensino e complementares a afectar ao serviço e utilizar durante o período de um ano escolar.

A ordem de reposição não foi emitida com fundamento em cláusulas contratuais cuja interpretação e aplicação estivessem em litígio entre as partes, nem a ordem foi emitida tendo em vista a fixação de indemnização por cumprimento defeituoso, mas para fazer face à falta de causa para a transferência da parte da verba que não foi utilizada conforme o previsto, ou como refere o Ac. de 22.04.04, Proc. 2052-02, a ordem da Administração refere-se "à mera reposição do que a mais foi indevidamente recebido".

O que está em causa é saber se o regime legal deste contrato de associação confere à parte pública a prerrogativa de declarar certas quantias indevidamente recebidas em função de não terem sido gastas conforme estava previsto no contrato de apoio financeiro e nos instrumentos para os quais aquele remetia, como o orçamento das despesas e, em consequência desta diferente forma de execução do contrato pela contraparte, se a parte pública pode modificar o conteúdo (montante) do preço pré-calculado.

No sentido de que nos contratos qualificados como administrativos pelo artigo 178.° n.° 2 a lei é fonte imediata dos poderes do artigo 180.° mesmo que o contrato nada estabeleça pronunciou-se o Acórdão do Pleno da Secção do C.A. de 19.02.2004 no Proc. 42938.

O acto que ordena a devolução de montantes financeiros adiantados para uma certa execução do serviço público de ensino através de escola privada, como os pagamentos a professores com certa qualificação e escalão de vencimentos, mas que foi afinal executado de forma diferente da orçamentada e por via dessa diferente execução com custos menores, é dotado de poder vinculativo por aplicação da al. a) do art.° 180.° do CPA, independentemente de o contrato ou outra norma disporem nesse sentido.

O acto unilateral em apreciação, fazendo uso de um poder vinculativo unilateral não se reconduz a simples opinião sobre os direitos e deveres das partes, antes constitui o exercício da competência para administrar os dinheiros públicos, efeito para o qual a lei dota determinados órgãos do poder de exigir a reposição do indevidamente pago através de acto de autoridade com efeitos vinculativos para os particulares, precisamente no domínio da execução de um contrato administrativo, como instrumento indispensável ao bom exercício daqueles poderes de administração e gestão que estão a seu cargo.

Não é demais acentuar que o acto administrativo não recai sobre a interpretação ou validade de cláusulas contratuais, pelo que não lhe é aplicável o regime do artigo 186.° n.° 1 do CPA, o que significa que não pode ser qualificado como acto opinativo.

Quanto a saber se o acto da Administração é dotado de poderes vinculativos autónomos e pode ser considerado de administração e não (invasão) de jurisdição, parece seguro que o artigo 180.° do CPA ao dispor que a Administração pode, salvo se da lei ou da natureza do contrato resultar coisa diferente, modificar unilateralmente o conteúdo das prestações, dirigir a execução das prestações e aplicar sanções previstas para a inexecução, está a conferir um instrumento de prossecução dos fins públicos inerentes aos contratos a que se aplica e não a conferir poderes de decidir litígios entre as partes.

No caso a ordem de devolução de quantias provisionais surge como consequência da utilização das importâncias adiantadas no pagamento de encargos de forma ou por montantes diferentes dos previstos no contrato e de uma estrutura de custos diferente dos orçamentados pela escola privada para obter o montante inicialmente orçado e entregue, pelo que as verbas não utilizadas conforme o previsto não eram devidas e foram, afinal, recebidas sem justificação.

O que pode ser questionado, é se a Administração tem de limitar-se a exigir perante os tribunais, como qualquer privado, o que foi recebido indevidamente ou se tem algum poder de autotutela para declarar essa transferência como indevida e ordenar, com poder vinculativo, a devolução, porque, tendo este poder, logo que consolidado o acto administrativo assim formado terá também eventualmente direito a uma especial tutela executiva, se os privados não repetirem as quantias em causa, mas não é este último aspecto que está em causa neste recurso.O que vimos afirmando é que a lei, como forma de modificar o conteúdo da prestação pública, em função da diferente execução do contrato pelo particular, prevê na alínea a) do artigo 180.° do CPA, como poder da Administração relativo à execução dos contratos administrativos, uma ordem de reposição que corresponde à redução do pagamento público na medida em que o serviço não foi prestado nas condições inicialmente previstas, nisto consistindo a modificação unilateral do conteúdo das prestações que é próprio de um contrato de associação deste tipo para prestação de serviço de ensino e com pagamento das verbas previstas antes da realização e controlo da prestação a que a parte privada se acha vinculada.

A posição das partes no contrato de associação para prestação de ensino público pelos estabelecimentos privados é praticamente a inversa da que é habitual nos contratos de obra pública e de aquisição de bens e serviços pela Administração, porque nestes a alteração da prestação da parte privada é usualmente, uma iniciativa ou imposição da parte pública que só num segundo momento dá lugar a alteração do montante a pagar, quase sempre para mais. No contrato que as partes neste processo celebraram opera-se a entrega de meios financeiros públicos por conta da despesa prevista do colégio e a alteração da prestação que teve lugar, iniciou-se e deveu-se inteiramente à acção da parte privada que, por razões de autonomia de gestão que lhe são próprias e que a parte pública não tinha poderes para reger, de modo que executou as despesas de forma diferente e por quantias diferentes das previstas e a parte não executada ficou sem cobertura contratual e sem justificação para a transferência da correspondente quantia.

Nestas circunstâncias a redução da prestação da parte pública (preço) surge como contrapartida à prestação do colégio diferente da prevista e contratada.

Este excurso permite-nos entender melhor como é que a quantia a repôr e a ordem para o fazer surgem perfeitamente integradas na previsão da alínea a) do art. 180.° do CPA.

Assim, o facto de a Administração ser parte no contrato não significa que não disponha de poderes de autotutela declarativa, quando estes se referem precisamente a aspectos específicos de execução do contrato que estão previstos no artigo 180.° do CPA, de tal modo que se não fossem os poderes de praticar actos administrativos no domínio da execução do contrato a que se refere aquela norma o contrato não seria administrativo, não teria cláusulas exorbitantes do direito comum, ficando a Administração pura e simplesmente na posição de qualquer outro contratante da realização de uma acção educativa ou formativa.

A imposição dos deveres de repôr e de restituir por execução do contrato diferente da prevista ou pela respectiva inexecução parcial compreendem-se nos poderes de autotutela declarativa previstos na alínea a) do artigo 180.° do CPA.

Este poder de a Administração declarar unilateralmente a situação de incumprimento está, evidentemente, sujeito ao controle dos tribunais administrativos caso se venha a concluir que não se verificavam os pressupostos em que assentou o uso desse poder.

A Administração, por razões de prossecução do interesse público tem, nesta leitura da lei, poderes no âmbito da execução dos contratos administrativos que são regulados como poderes de administrar, sem que tal signifique invasão do espaço reservado aos tribunais, uma vez que a questão do controle dos deveres e direitos das partes e o respectivo equilíbrio continuam a ser, em última instância, da competência do tribunal, ainda que pela via da acção contra o acto vinculativo emitido pela Administração e não por via de acção independente ou acção comum.

A Administração quando actua estes poderes aparece a agir com base na lei que estabelece a respectiva competência e não à margem, ou sem lei. É que existe no artigo 180.° do CPA um efectivo fundamento para a actuação por acto administrativo nos termos em que ocorreu.

O que por vezes tem impressionado o intérprete contra este entendimento é sobretudo o disposto no artigo 187.° n.° 1 do CPA.

Diz-se nesta norma:

"Salvo disposição em contrário, a execução forçada das prestações contratuais em falta só pode ser obtida através dos tribunais administrativos."

A primeira dúvida que este texto suscita é se a ressalva inicial tem ou não alguma relação com a ressalva inicial do artigo 180.°.

A letra do preceito é suficientemente expressa para nos apercebermos de que os poderes a que se reporta o art. 187.° são de autotutela executiva da Administração, pelo que não existe uma relação directa com o artigo 180.°.

Assim, a expressão "salvo disposição em contrário, significa que a parte da norma que se segue é a regra geral, mas que existem ou podem existir regulamentações diferentes em contrário, seja no próprio CPA seja em outras disposições legais, desde que restritas a situações recortadas como excepções à regra geral contida no preceito. E a regra geral enunciada no art. 187.° é a de que as prestações contratuais em falta só podem ser obtidas – executadas – através dos tribunais administrativos.

Enquanto reportada a prestações contratuais não há dúvida alguma de que esta regra não sofre excepções.

E, se as prestações não forem as prestações contratais, mas as prestações que em execução do contrato foram alteradas por acto administrativo, em aplicação da al. a) do art. 180.° ainda se aplicará a regra do artigo 187.°?

Ou, expresso de outro modo, importa saber é quais serão as relações entre a norma sobre poderes executivos do artigo 187.° no domínio dos contratos e as normas dos artigos 149.° a 157.° do CPA sobre poderes executivos da Administração no domínio dos actos administrativos, sendo certo que no âmbito do contrato podem ser emitidos actos administrativos destacáveis.

Os artigos 155.°; 156.° e 157.° mostram-nos que o Código confere à Administração amplos poderes de execução dos seus actos administrativos que definam a obrigação de quantia certa, para entrega de coisa certa e para prestação de facto fungível.

Apenas no domínio das obrigações positivas de prestação de facto infungível o CPA coloca como limite à coacção directa sobre os obrigados que esta esteja expressamente prevista na lei e respeite sempre os limites decorrentes dos direitos fundamentais constitucionalizados e o respeito devido à pessoa humana.

Se na execução de um contrato a lei conceder à Administração o poder de praticar um acto administrativo e se em concreto for adoptada essa definição autoritária da situação jurídica dos intervenientes na relação, tal acto separa-se do regime normal dos contratos para passar a tratado legalmente como acto administrativo.

E, por esta via, acaba afinal por existir uma relação entre o artigo 180.° e o artigo 187.° porque o primeiro prevê os casos restritos em que a Administração pode praticar actos administrativos no âmbito da execução do contrato, os quais, pela sua natureza específica de actos administrativos passam, no que respeita a "Execução", a ser regulados, como actos administrativos que são, pelo disposto na Secção V do Capítulo II do CPA, arts. 149.° a 157.°, maxime os artigos 155.°; 156.° e 157.°.

Por seu lado a interpretação e validade dos actos contratuais (art. 186.°), tal como a generalidade das obrigações resultantes do contrato não podem ser objecto de acto administrativo pelo que também só podem ser objecto de execução através dos tribunais administrativos (art. 187.°).

A este regime escapam os actos administrativos praticados ao abrigo do art. 180.° do CPA e a respectiva execução.

Nos casos e na medida em que o contratante público pode modificar o conteúdo da prestação da contraparte, ou reduzir a sua prestação por a contraparte não ter executado o contrato como previsto, tem também o poder de conseguir a execução forçada da prestação assim alterada, pois de contrário a modificação autoritária e directamente vinculativa teria alcance extremamente limitado e o poder concedido de definição unilateral do direito não seria consequente. Aplicam-se então pela própria natureza do acto a executar as normas sobre execução dos actos administrativos pela própria Administração.

O que acaba de dizer-se não contende com a aplicação potencial do artigo 180.° aos contratos administrativos não excluídos de forma expressa ou pela sua natureza, só que o seu âmbito de actuação apenas marca presença efectiva quando se tratar dos exclusivos segmentos ou estratos relativos a execução do contrato enunciados nas alíneas do artigo 180.°.

De modo que tudo vai no sentido de o artigo 187.° n.° 1 seguir, nos aspectos executivos, solução idêntica à do n.° 1 do artigo 186.° para a definição declarativa da posição das partes com o objectivo de proibir a execução forçada de prestações contratuais como consequência de controvérsias em que a Administração tenha tomado posição sobre a validade e interpretação de cláusulas contratuais.

Tudo será diferente quando a Administração tenha alterado o conteúdo das prestações, seja para afeiçoar melhor a execução do contrato ao interesse público, seja para ajustar as prestações e contraprestações em que consiste a execução, desde que estas alterações não sejam o resultado de controvérsia sobre validade ou interpretação de cláusulas contratuais.

É o caso presente, em que a recorrente pretende discutir a falta de poder de decisão unilateral do contratante público, mas a controvérsia não abrange saber se uma certa cláusula do contrato é inválida ou foi mal interpretada, ou está a ser interpretada para além do que é normal ou razoável.

As dificuldades do aplicador do direito resultam de existirem aspectos em que a execução se prende directamente com a validade e interpretação de cláusulas contratuais ao lado de outras situações em que a controvérsia se situa apenas no modo de executar cláusulas que as partes consideram válidas e em cuja interpretação não existem divergências.

Assim, temos que distinguir, apesar das dificuldades que esta distinção comporta, entre dois tipos de controvérsias relativas à execução dos contratos administrativos: as questões de execução do contrato que configuram litígio sobre validade e interpretação de cláusulas contratuais e as questões de execução do contrato que não entroncam em nenhuma controvérsia daquele tipo, mas resultam de alterações da prestação imposta pela parte pública para melhor realização do interesse público ou da realização pela parte privada de prestação diferente da prevista como devida de modo que justifique alteração da prestação da contraparte, devido a circunstâncias concretas da própria execução.

E temos também de ter sempre presente que não podemos confundir aspectos relativos à execução do contrato com execução de definições dos direitos das partes seja por acto administrativo, seja por acto jurisdicional.

No caso presente a ordem de reposição contém em si apenas a definição das posições jurídicas das partes.

Da interpretação adoptada resulta necessariamente que os poderes do artigo 180.° têm de ser vistos sempre como poderes cuja fonte imediata é a lei, pelo que, mesmo quando o contrato os explicite em cláusulas próprias não serão poderes derivados do clausulado, mas concretização "in loco" do regime legal. E, as questões relativas à fase executiva das obrigações fixadas não estão em apreciação nestes autos, apenas se invocaram como auxiliares de interpretação do regime jurídico dos poderes de tutela declarativa da Administração no contrato administrativo.

O exposto permite concluir que é de manter a decisão recorrida quanto a este ponto.

4. Nas conclusões XXII e XXIII o Colégio recorrente sustenta que os poderes exercidos apenas o podiam ser relativamente a um contrato administrativo em vigor e não em relação a um contrato caduco, que tinha cessado efeitos, estava extinto e já não se encontrava em vigor.

Porém, esta questão não foi abordada pelo Acórdão recorrido pelo que dela não cabe também conhecer como questão nova.

IV – DECISÃO

Em conformidade com o exposto acordam em negar provimento ao recurso.

Custas pelo recorrente, fixando-se a taxa de justiça de 450 € e a procuradoria de 300 €.

Lisboa, 4 de Maio de 2006.

Rosendo Dias José (Relator)
Maria Angelina Domingues
Luís Pais Borges
Jorge Manuel Lopes de Sousa
Alberto Acácio de Sá Costa Reis
Adérito da Conceição Salvador dos Santos
António Fernando Samagaio
Fernando Manuel Azevedo Moreira
José Manuel da Silva Santos Botelho

Recurso n.° 1985/02-20

EMBARGO DE OBRA. PRESIDENTE DA CCDR. COMPETÊNCIA PRÓPRIA. COMPETÊNCIA EXCLUSIVA. ACTO LESIVO. ACTO DE EXECUÇÃO. RECURSO CONTENCIOSO.

(Acórdão de 4 de Julho de 2006)

SUMÁRIO:

I – **No sistema constitucional vigente o Governo é o órgão superior da Administração Pública, a quem cabe dirigir os serviços e a administração directa do Estado (artigos 182.° e 199.° alíneas d) e e) da C.R.P.).**

II – **As CCDR são serviços desconcentrados do Ministério das Cidades, do Ordenamento, do Território e do Ambiente dotados de autonomia administrativa e financeira, a quem cabe executar as políticas de planeamento e desenvolvimento regional e que exercem as suas funções na dependência directa do membro do Governo responsável a quem se subordinam e prestam contas.**

III – **E, sendo assim, as decisões proferidas pelos seus órgãos dirigentes não serão, por via de regra, verticalmente definitivas e, por isso, imediatamente sindicáveis no plano contencioso.**

IV – **O Presidente de uma Comissão de Coordenação de Desenvolvimento Regional tem, nos termos do art. 61.° do DL 448/91, de 29/11, competência própria mas não exclusiva para embargar obras de construção e operações de loteamento urbanização executadas com desrespeito das normas legais e regulamentares em vigor.**

V – **Os actos de execução, porque se destinam a pôr em prática a determinação contida no acto exequendo, não assumem autonomamente a natureza de actos lesivos dos direitos e interesses legalmente protegidos e, porque assim, não são contenciosamente impugnáveis.**

VI – Nesta conformidade e existindo acto ministerial a ordenar ao Presidente da CCDR que proceda ao embargo de uma determinada obra será aquela ordem ministerial o acto contenciosamente recorrível e não o acto do Presidente da CCDR que se limita a executá-la.

ACORDAM EM CONFERÊNCIA NO PLENO DA SECÇÃO DE CONTENCIOSO ADMINISTRATIVO DO STA:

RETUR – RESIDÊNCIAS TURÍSTICAS S.A. interpôs, neste STA, **recurso contencioso pedindo a anulação do acto de embargo das obras** que efectuava no Pinhal do Gancho, em Castro Marim, da autoria do Sr. MINISTRO DAS CIDADES DO ORDENAMENTO DO TERRITÓRIO E DO AMBIENTE, alegando que o mesmo era **ilegal por ter sido fundamentado em errados pressupostos de facto** – ter sido entendido que o terreno onde as obras se realizavam não estava inserido em estrutura urbana consolidada nem servido pelas necessárias articulações viárias e demais infra-estruturas, o que não correspondia à verdade já que para além de se encontrar em área qualificada no PDM como de ocupação turística, logo zona urbana, dispunha da rede viária e infra-estruturas necessárias – e por ter **violado o princípio da proporcionalidade** – o embargo era desnecessário à correcção que se queria fazer e, para além disso, os seus benefícios eram muito inferiores aos custos e sacrifícios dele decorrentes.

Respondendo, **a Autoridade Recorrida sustentou**, por um lado, que o embargo tinha sido decretado pelo Presidente da CCR do Algarve, por nele residir a respectiva competência, e que, sendo assim, o STA era incompetente para conhecer deste recurso contencioso e, por outro, e a não se entender assim, que nenhuma ilegalidade fora cometida uma vez que a licença de loteamento concedida à Recorrente era nula.

Por Acórdão de 12/07/2005 (fls. 674/689) o recurso foi rejeitado por ter sido entendido que a sua interposição era ilegal.

Inconformada a Recorrente dirigiu-se a este Tribunal Pleno pedindo a revogação desse julgamento para o que formulou as seguintes conclusões:

1. Na presente data e decorridos mais de dois anos sobre a decretação do embargo, a Recorrente permanece sem saber qual foi o acto lesivo dos seus direitos e interesses e qual é, afinal, o processo judicial em que poderá ver discutida a legalidade substantiva do embargo decretado em 29/10/2003.

2. Mas mais grave ainda a Recorrente vê-se confrontada com a hipótese de nenhum Tribunal apreciar a validade intrínseca do embargo, com o argumento da irrecorribilidade do respectivo acto impugnado.

3. Em face das circunstâncias do caso concreto e em obediência à garantia da tutela judicial efectiva, pode lograr-se entender que o Acórdão recorrido incorre em erro de julgamento ao julgar irrecorrível o acto recorrido, assim se negando o direito de acesso à justiça por parte da Recorrentes.

4. Noutra leitura possível, o Acórdão recorrido incorre em erro de julgamento ao julgar irrecorrível o acto recorrido mas sem indicar qual o acto verdadeiramente lesivo dos direitos e interesses da Recorrente, dando, assim, azo a que nos restantes processos judiciais em curso se possa decidir no mesmo sentido da irrecorribilidade ou da inimpugnabilidade dos respectivos actos em apreciação, assim também se negando o direito de acesso à justiça por parte da Recorrente.

Não foram apresentadas contra alegações.

O Ilustre Magistrado do M.P. emitiu parecer no sentido do não provimento do recurso.

Colhidos os vistos cumpre decidir.

FUNDAMENTAÇÃO
I – MATÉRIA DE FACTO

A decisão recorrida julgou provados os seguintes factos:

A) A Câmara Municipal de Castro Marim emitiu a favor da RETUR o alvará de loteamento n.º 1/70, ao abrigo do qual foram efectuadas infra-estruturas no prédio do Pinhal do Gancho e construídos cerca de 120 fogos na década de 70.

B) Deficiências e faltas de infra-estruturas conduziram à deliberação da mesma Câmara de 18/7/84, em que foi declarada a caducidade do alvará n.º 1/70 (doc. de fls. 304 e 308 e 313).

C) A caducidade foi comunicada à RETUR pelo ofício de 3/08/84, de fls. 301.

D) Em 14 de Fevereiro de 2001 foi requerida pela RETUR informação prévia de viabilidade do loteamento do mesmo prédio no Pinhal do Gancho conforme os doc. de fls. 326 a 354.

E) Pela informação de fls. 323 a Divisão de Administração Urbanística da CMCM emitiu a opinião de que a pretensão poderia enquadrar-se no n.º 10 do artigo 43.º do Regulamento do PDM.

F) Em reunião de 5/9/2001 foi aprovada por maioria informação prévia favorável nos termos de fls. 320-321.

G) A RETUR apresentou e pediu a aprovação de projecto de loteamento para o prédio em questão a qual, votada em reunião de 17/4/2002, foi aprovada por maioria em conformidade com a informação da DAU e com as condições referidas no doc. de fls. 286/288.

H) Para titular a autorização foi emitido o alvará de loteamento n.º 1/2003 no Proc. Camarário 3/2001, nos termos documentados a fls. 31/32 e acompanhado da ficha e condições de fls. 33 a 37.

I) Em inspecção realizada pela IGAT à CMCM foi considerado que a deliberação de 17.4.2002 que aprovou o loteamento da RETUR violou os parâmetros urbanísticos dos n.ºs 6 e 9 do art.º 43.º do Regulamento do PDM, sendo por isso nula, não se preenchiam os requisitos do n.º 10 do mesmo artigo, a área não se inseria em estrutura urbana consolidada, nem estavam garantidas as infra-estruturas exigíveis e sugeriu o embargo das obras que se estavam a realizar ao abrigo daquela deliberação e respectivo alvará.

J) Em 26/09/2003 o Ministro das Cidades do Ordenamento do Território e do Ambiente proferiu o despacho de fls. 55 pelo qual concordou com o relatório da IGAT e determinou o envio de cópias do relatório e de parecer jurídico respeitante ao mesmo assunto ao Presidente da ex-CCR Algarve e que este uma vez na posse de tais elementos "*deverá ... com urgência, dar execução às propostas 1.ª e 2.ª contidas no Parecer jurídico n.º 145, de 12.9.2003, da IGAT*" e também "*deverá o senhor Director da ex.-DRAOT do Algarve, com urgência dar execução à proposta 3.ª contida no Parecer Jurídico ... da IGAT*"

K) Mais adiante no n.º 6 do mesmo despacho determina-se que "*Caso os factos supervenientes de que venha a ter conhecimento o justifiquem, deverá o sr. Inspector-geral do Território propor-me as acções tutelares que considerar adequadas.*"

L) O Parecer jurídico de 12/9 a que se refere o despacho propunha nos n.os 1 e 2 o seguinte: "1.º *Que se solicite ao Sr. Ministro das Cidades ... que ordene ao Presidente da CCR Algarve o embargo das obras de urbanização que ao abrigo do alvará 1/2003 se encontram em curso na zona do Pinhal do Gancho, em Castro Marim; 2.º Para efeitos de fundamentação do despacho de embargo deverá o referido despacho sustentar-se no relatório desta IGAT e no parecer jurídico posteriormente emitido sobre o mesmo*".

M) Pelo auto de fls. 29, lavrado em 29/10/2003 por agente da CCDR do Algarve foram embargadas as obras de urbanização que a RETUR efectuava no Pinhal do Gancho (doc. de fls. 29-30).

N) A RETUR dirigiu ao Ministro das Cidades Ordenamento do Território e do Ambiente impugnação administrativa do acto que ordenou o embargo das obras, mas aquela entidade negou provimento à impugnação, conforme doc. de fls.588 que se dá por reproduzido.

O) A RETUR intentou acção administrativa especial em que impugna o acto ministerial indicado na alínea antecedente, pendente no TAF de Lisboa, com o n.º 812/04. 6BELSB.

P) A RETUR pediu no TAC de Lisboa a suspensão de eficácia do acto do Presidente da CCR Algarve que ordenou o embargo tendo o processo corrido sob o n.º 2071/03 e interpôs como processo principal daquele procedimento cautelar o recurso contencioso de anulação n.º 16/2004 pendente na 4.ª Secção do TAF de Lisboa, conforme a informação de fls. 671.

II. O DIREITO

1. O presente recurso jurisdicional pretende a revogação do Acórdão da Secção que rejeitou o recurso contencioso dirigido contra o acto do Sr. Ministro das Cidades, do Ordenamento, do Território e do Ambiente (doravante MCOTA), que ordenou o embargo das obras que a Recorrente levava a cabo no Pinhal do Guincho, em Castro Marim, rejeição essa que se fundamentou na irrecorribilidade do acto impugnado.

Para assim decidir aquele Aresto considerou que o referido embargo era da autoria do Presidente da CCDR/Algarve e que o facto do mesmo ter sido determinado por uma ordem proferida pela Autoridade Recorrida não queria significar que esta ordem tivesse definido para o exterior a situação ora controvertida e, portanto, que a mesma constituísse o acto lesivo e, por isso, o acto recorrível.

Com efeito, "*a ordem de embargo emanada do Presidente da CCDR e cumprida pelo funcionário que lavrou o auto foi emanada por órgão dependente directamente do Ministro (MCOTA) ao abrigo de competência própria do órgão subordinado, a qual se encontra enunciada no art. 61.º do DL 448/91 e foi mantida pelo art. 128.º do DL 555/99.*

Essa competência foi exercida no cumprimento de uma ordem específica, comando individual e concreto nesse sentido, dada directamente pelo Ministro ora recorrido no uso do poder de direcção. Isto apesar de o Ministro afirmar no processo que apenas recomendou o embargo porque o Presidente da CCRA tinha competência própria para o efectuar. Porém, numa organização hierarquizada como a que ocorre entre o Ministro e o presidente da CCRA a competência própria deste último não é, em princípio exclusiva, pelo que o órgão hierarquicamente superior tem o poder de direcção e as suas determinações têm o valor de ordens e não de recomendações.

As ordens do superior a um órgão inferior para praticar um acto administrativo susceptível de ter eficácia externa não é em si mesmo um acto com efeitos externos à organização em que é produzido e em cujo interior vai operar.

.....

..... o que caracteriza as ordens e instruções é serem dirigidas a outro órgão ou escalão da hierarquia, pelo que os seus efeitos externos não vão além da relevância probatória, nunca são determinantes para definir a posição do particular, poder que é exercido, em exclusivo, pelo acto com eficácia externa, praticado pela entidade competente e dirigido ao particular.

Logo, o poder de direcção sendo a mais importante situação jurídica activa de um superior hierárquico sobre os serviços e organismos na sua dependência não tem como efeito transformar a ordem do superior ao subalterno em acto vinculativo para os particulares desde que não lhes seja dirigido.

É precisamente o que acontece com o acto objecto do presente recurso do qual não resultou uma imediata e directa vinculação para a esfera jurídica do particular.

....

Ora, o presente, dirigido contra acto sem eficácia externa não tem condições para prosseguir por um acto com estas características ou natureza, não ser objecto válido do meio impugnatório.

O recurso contra acto cujos efeitos se reconduzem às relações que ocorrem entre órgãos hierarquizados da Administração ainda não atingem a esfera jurídica dos particulares pelo que não podem constituir objecto válido de impugnação contenciosa, pelo contrário, como seria inútil a actividade processual dispendida contra tal acto, a lei considera o recurso ilegal, conforme dispõe o artigo 25.º da LPTA."

Ou seja, **o Acórdão recorrido entendeu** que, muito embora as CCDR fossem serviços da Administração directa do Estado e funcionassem na dependência e sob a direcção do MCOTA e, no caso, o seu Presidente tivesse agido por ordem deste, certo era que essa ordem se quedou dentro dos muros da Administração, sem reflexos externos e, por isso, sem capacidade de afectar a Recorrente a quem se destinava. E, porque assim, **era o acto do subalterno** – o Presidente da CCDR – que concretizara o embargo e que, por isso, tivera efeitos lesivos na esfera jurídica da Recorrente **que devia ser objecto de sindicância contenciosa e não a ordem do Ministro**. Daí a rejeição do recurso contencioso.

A questão que se nos coloca é, pois, como se vê, a de saber se a ordem do MCOTA que obrigou o Presidente da CCDR a praticar o embargo ora em causa é lesiva dos direitos e interesses legítimos da Recorrente e, consequentemente, é susceptível de impugnação contenciosa – como esta sustenta – ou se, pelo contrário – como se decidiu no Acórdão recorrido – tal acto não passa de uma determinação emitida dentro de uma cadeia hierárquica pelo superior ao inferior, sem repercussão externa e, por isso, irrecorrível.

2. A Jurisprudência deste Supremo Tribunal vem repetidamente afirmando que, no nosso direito administrativo, **a regra é a de os órgãos subalternos terem competência separada e não reservada e exclusiva** e de, por causa disso, não poderem praticar actos verticalmente definitivos judicialmente sindicáveis ou – na terminologia adoptada pela revisão constitucional de 1989 – actos lesivos dos direitos e interesses legalmente protegidos, e que daí resulta **a inimpugnabilidade contenciosa dos actos por eles praticados e a necessidade do seu ataque se fazer através da prévia interposição de recurso hierárquico.**

Com efeito, para efeitos de impugnação contenciosa, tem-se entendido que a **lesividade do acto administrativo só se concretiza quando este se traduzir na última palavra da Administração**, isto é, quando o mesmo for verticalmente definitivo e, por isso mesmo, já não for possível por via da impugnação administrativa alterá-lo ou revogá-lo.

A interposição do recurso hierárquico constituirá, assim, **condição indispensável à abertura da via contenciosa relativamente aos actos que careçam dessa definitividade** só assim não acontecendo nos casos em que a lei, contrariando a mencionada regra geral, especificamente atribuir aos subalternos competência exclusiva para a prática do acto. Só nestes casos, e apenas neles, será possível aqueles poderão praticar actos com reflexos externos lesivos e, por conseguinte, só nesses casos será possível impugná-los imediatamente pela via contenciosa. – vd., entre muitos outros, Acórdãos do Pleno de 9/12/98 (rec. 37.428) e de 1/04/2004 (rec. 41.160) e Acórdãos da Secção de 29/2/96 (rec. 34.996), de 24/11/99 (rec. 43.961), de 19/06/01 (rec. 43.961), de 29/11/01 (rec. 40.865), de 6/03/02 (rec. 45.314), de 2/05/02 (rec. 47.947), de 18/12/02 (rec. 1318/02), de 20/12/02 (rec. 467/02) e de 29/1/03 (rec. 1.133/02).

"Se assim não fosse, então, o vértice do actividade administrativa deixaria de ser o Governo e os seus membros para passarem a ser os Directores-Gerais, aos quais caberia, em regra, a última palavra em nome da Administração, ao arrepio do preceituado no artigo 182.° e nas als. d) e e), do art. 199.° da CRP, de onde resulta que, no figurino constitucional, o Governo é o órgão superior da administração pública, a ele lhe incumbindo dirigir os serviços e actividades da administração directa do Estado e praticar todos os actos exigidos pela lei respeitantes aos funcionários e agentes do Estado.

Temos, assim, que na Administração Pública portuguesa vigora, em regra, o princípio da competência separada. Só quando a lei o disser, é que o acto do subalterno cabe imediatamente apreciação jurisdicional, seja por atribuição expressa de recurso, seja porque este decorrerá de competência exclusiva.

A competência exclusiva é, assim, excepcional, só o Legislador podendo criar uma competência desse tipo." – Acórdão do Pleno de 1/04/2004 (rec. 41.160).

Nesta conformidade, e tendo em conta que, *in casu*, o recurso contencioso se dirige contra o acto ministerial que ordenou ao Presidente do CCDR o embargo das obras que a Recorrente levava a cabo haveria que concluir que aquele acto só não seria judicialmente sindicável se a lei, especificamente, tivesse atribuído ao Presidente daquele organismo competência exclusiva para ordenar o embargo de obras de construção ou urbanização. Ou seja, e dito de outro modo, **o acto ora recorrido só não seria sindicável se o Presidente da CCDR tivesse, por lei, competência exclusiva para a prática do embargo** que a Recorrente quer ver anulado. Só neste caso é que seria de sufragar a decisão jurisdicionalmente posta em causa.

Todavia, e como se verá, **o Presidente da CCDR/ /Algarve não dispõe de tal competência** e, por conseguinte, e como se verá, o acto que o Tribunal recorrido declarou ser o recorrível não o é.

3. As CCDR *"são serviços desconcentrados do Ministério do Planeamento[1], dotados de autonomia administrativa e financeira, incumbidos de, na respectiva área de actuação, executarem as políticas de planeamento e desenvolvimento regional"* – n.° 1 do art. 1.° do DL 224/01, de 9/08 – que *"exercem as suas funções na dependência directa do membro do Governo responsável pela área do planeamento, com faculdade de delegação nos membros do Governo que o coadjuvam."* – n.° 4 do referido art. 1.° do DL 224/01 – o que significa que as mesmas, apesar da mencionada desconcentração e autonomia, não deixam de ser serviços administrativos que **funcionam numa relação directa com o Governo** de quem directamente dependem e a quem se subordinam e prestam contas.

E, porque assim, **as decisões proferidas pelos seus órgãos dirigentes não serão, por via de regra, verticalmente definitivas** e, por isso, imediatamente sindicáveis no plano contencioso.

É certo que a lei atribuiu aos Presidentes das CCDR competência *"para embargar operações de loteamento, obras de construção e urbanização, executadas com desrespeito das normas legais e regulamentares em vigor"* (art. 61.° do DL 448/91, de 29/11), o que poderia levar-nos a crer que, nessa matéria, a competência daquelas entidades era exclusiva e que, por isso, os embargos que as mesmas ordenassem eram actos de que se podia recorrer contenciosamente.

Só que uma leitura mais atenta daquele preceito faz-nos concluir que **a atribuição da competência para decretar tais embargos não equivale à atribuição de uma competência própria e exclusiva para esse efeito**, uma vez que a integração das CCDR na estrutura hierárquica de um ministério e a sua subordinação ao poder e direcção do respectivo Ministro impede que a atribuição daquela competência possa ser qualificada como exclusiva. E, tanto assim, que uma das competências do Presidente das CCDR é a de *"definir e propor ao Ministro do Planeamento as orientações a adoptar nas actividades das CCR e respectivos serviços"* – al. a) do n.° 1 do art. 6.° do DL 224/01.

Ou seja, por um lado, o disposto no art. 61.° do DL 448/91, de 29/11, por si só, não determina que o Presidente da CCDR fique subtraído à direcção ministerial para os efeitos ora em causa e, por outro lado, a atribuição da referida competência é perfeitamente compatível com o facto daquele não dispor de competência própria e exclusiva.

[1] A partir da publicação do DL 97/2003, que aprovou a Lei Orgânica do MOCTA, passaram a fazer parte integrante deste Ministério, pois que por força do n.° 5 do seu art. 4.° o mesmo passou a compreender *"as comissões de coordenação e desenvolvimento regional (CCDR), sem prejuízo da participação do Ministro das Finanças na definição das suas linhas de orientação, que constituem serviços desconcentrados dotados de autonomia administrativa e financeira, cujas áreas geográficas de actuação correspondem às unidades do nível II da Nomenclatura das Unidades Territoriais para Fins Estatísticos (NUTS) do continente."*

Deste modo, não é com fundamento naquele preceito que se poderá concluir que a citada entidade, nesta matéria, tinha competência para proferir actos judicialmente sindicáveis, designadamente o de embargar as obras que a Recorrente levava a cabo.

Acresce que logo no artigo imediato – isto é, no art. 62.º do DL 448/91 – se encontra atribuída ao Ministro do Planeamento e da Administração do Território a competência para ordenar a demolição das referidas obras de construção e urbanização e a reposição do terreno nas condições em que se encontrava antes da infracção o que só pode querer significar que **a competência atribuída por lei ao Presidente da CCDR para o embargo das operações de loteamento e de construção e urbanização não é uma competência exclusiva.** Com efeito, se o Ministro tem competência para ordenar a demolição daquelas obras necessariamente também a terá para ordenar o respectivo embargo. Quem tem competência para o mais (a demolição) também terá competência para o menos (o embargo). – Vd. a este propósito o Acórdão da Secção de 6/03/2002 (rec. 45.314).

E não se argumente com o facto das CCDR terem autonomia administrativa e financeira e serem serviços desconcentrados, uma vez que a atribuição destas características a tais organismos teve como **finalidade obter uma maior racionalidade na sua organização e uma maior eficiência na sua capacidade de resposta** e, porque assim, as referidas características organizacionais não são fonte da competência para a prática de actos administrativos passíveis de imediato recurso contencioso. Sendo certo, por outro lado, como assinalam V. Moreira e G. Canotilho, que a desconcentração administrativa prevista no n.º 2 do art. 267.º da CRP "*traduz-se simplesmente numa deslocação de competência no âmbito da própria organização administrativa do Estado, dos órgãos centrais para os órgãos periféricos, dos órgãos superiores parar os órgãos inferiores*", e que tal terá de ser feito "*sem prejuízo da necessária eficácia e unidade de acção e dos poderes de direcção e superintendência do Governo*".

"Do exposto se pode concluir que não é seguramente com base no fenómeno da desconcentração que se pode ver um argumento decisivo para a tese da existência de competência própria e exclusiva dos Directores-Regionais, não sendo a desconcentração, nos moldes em que ela se verificou no caso em discussão, suficiente para, por si só, transformar um órgão subalterno em órgão dotado da competência exclusiva, tanto mais que não decorre do já citado diploma legal uma desconcentração absoluta susceptível de fazer cessar a relação hierárquica com o Governo." – Acórdão do Pleno de 1/04/2004 (rec. 41.160) já citado.

Em suma, não é o disposto no art. 61.º do DL 448/91 nem o facto das CCDR disporem de autonomia e financeira e constituírem serviços desconcentrados que pode, só por si, servir de fundamento à tese de que os seus Presidentes dispõem de competência exclusiva para a prática de embargos a obras de construção e urbanização.

Aliás, o Acórdão sob censura não põe em causa estas conclusões, o que significa a aceitação de que, nesta matéria, a competência do Presidente do CCDR, era separada o que, implicitamente, constituiu a admissão de que a competência exclusiva para esse efeito radicava no MOCTA.

E, se assim é, concluímos nós, só o acto deste podia ser judicialmente sindicado.

Todavia, e apesar disso, aquele Aresto entendeu que a ordem da Autoridade Recorrida que determinou a prática do embargo não era lesiva dos direitos e interesses legítimos da Recorrente e não o era porque a mesma se reconduzia "*às relações que ocorrem entre órgãos hierarquizados da Administração*" e, por isso era insusceptível de atingir a esfera jurídica daquela, pelo que não podia ser objecto de impugnação contenciosa.

No entanto, e salvo o devido respeito, não se pode acompanhar este entendimento.

Na verdade, e desde logo, **o acto ora recorrido**, por ser da autoria da entidade situada no topo da cadeia hierárquica onde o Presidente da CCDR se integrava **é que definiu a situação jurídica da Recorrente.**

Por outro lado, e, correspondentemente, o acto do Presidente da CCDR, que o pôs em prática, não só não atingiu a esfera jurídica da Recorrente como se configura como um mero acto de execução desse acto.

E daí que, **a haver lesão, ela resultará da referida ordem ministerial e não do acto do Presidente da CCDR** que se limitou a cumprir uma determinação de um superior hierárquico.

Poder-se-á dizer que a exigência da interposição de recurso hierárquico da decisão do Presidente da CCDR que embarga as obras, como condição da impugnação contenciosa, significa a desprotecção do interesse público – uma vez que aquela interposição implica a suspensão da execução do acto e, consequentemente, permite a continuação daquelas – e que, sendo assim, se impõe considerar que, nesta matéria, os actos daquele são imediatamente recorríveis, pois a lei, ao conferir-lhe competência para proceder àqueles embargos teve em vista proteger o interesse público.

Só que este argumento é improcedente porque, nos termos do n.º 1 do art. 170.º do CPA, o autor do acto tem a possibilidade de atribuir efeito meramente devolutivo ao recurso hierárquico dele interposto se considerar que "*a sua não execução causa grave prejuízo ao interesse público*" e, porque assim, o invocado perigo estava afastado.

Face ao exposto, resta concluir que, não se configurando o acto do Presidente da CCDR como verticalmente definitivo, **o ataque que haveria de ser feito passava pela impugnação contenciosa do acto ministerial que o determinou.** Tal como, de resto, foi feito.

O **acto impugnado é**, pois, **recorrível e nenhuma ilegalidade foi cometida na sua interposição**.

Termos em que acordam os Juízes que compõem este Tribunal em **conceder provimento ao recurso** e, revogando-se o douto Acórdão recorrido, ordenar a baixa dos autos à Secção para que, se nada o impedir, se conheça do mérito do recurso contencioso.

Sem custas.

Lisboa, 4 de Julho de 2006.

Costa Reis (Relator)
António Samagaio
Azevedo Moreira
Pais Borges
Maria Angelina Domingues
Santos Botelho
Adérito Santos
Rosendo José (Vencido conforme declaração junta)

Jorge de Sousa (Vencido pelas razões invocadas no voto de vencido do Exm.° Conselheiro Rosendo José)

Voto de vencido

Continuo a pensar que a solução do Acórdão recorrido está correcta.

Efectivamente, o acórdão agora prolatado parte do entendimento de que estava conferida uma competência primária ao Presidente da CCR Algarve. Ora, segundo a jurisprudência deste Tribunal que tem acolhido esta ideia de competências primárias de órgãos subalternos a disposição sobre a matéria por parte do órgão superior sem ser exercida a competência primária constitui vício de incompetência. Ora, na lógica do Acórdão agora proferido a competência do membro do Governo ao ordenar o embargo sendo o acto que preveniu desde logo o interesse público incorreria pela construção jurídica subjacente no aludido vício.

Mas, as coisas não se passam assim.

No caso, a competência do Presidente da CCR para determinar, ou realizar o embargo é uma competência separada cujo exercício define desde logo a situação sem qualquer necessidade de recurso administrativo para o membro do governo em cuja dependência se encontrava a CCR.

É assim, porque a lei ao conferir urna competência desta natureza teve em vista prevenir o interesse público no ordenamento equilibrado do território, o qual não seria prosseguido se exercida a competência se seguisse a necessidade de um recurso administrativo que, segundo o direito aplicável ao caso, suspendia de imediato e automaticamente o embargo e deixava de novo desacautelados os valores que o acto visava preservar, porventura de modo irreversível se a situação fosse de molde a, durante o período de suspensão de efeitos se produzirem factos ou alterações ambientais insusceptíveis de retorno a situação antecedente.

Ou seja, a natureza do acto de embargo e os seus fins não se coadunam com a concessão de uma competência para embargar logo neutralizada pelo enfraquecimento dessa competência através de um recurso administrativo necessário. Esta posição fez algum caminho na jurisprudência deste STA e esteve aliás na base de alguns Acórdãos da 2. Subsecção com os quais concordei.

Portanto, a competência para exercer um acto de prevenção urgente do interesse público que decorre directamente de uma norma não podia considerar-se sujeita a recurso administrativo necessário, mesmo no momento em que aquele era considerado como condição de acesso ao recurso contencioso.

E, repare-se que se tratava de uma condição de acesso ao recurso contencioso e o que está em causa quando se discute a competência não é isso, mas a organização, o modo de funcionamento e a forma de exercício dos poderes administrativos.

Como o Presidente da CCR, ou não tinha competência para o embargo na tese que me parece correcta, ou não a tinha para o efectuar primariamente na tese do Acórdão, então sempre conterá erro a conclusão de que a ordem dada ao Presidente da CCR foi o acto que para o particular definiu a situação de modo autoritário.

De resto, uma vez que a ordem foi cumprida e, na tese do Acórdão o acto do Presidente da CCR carece de recurso administrativo para se tomar impugnável contenciosamente (apesar de lesivo), então o Ministro irá reapreciar o seu próprio acto em recurso como se fosse uma reclamação para o A. do acto o que desvirtua toda a construção do Acórdão quanto à necessidade da intervenção da hierarquia para se formar a vontade administrativa.

De resto, a ordem dada a outro órgão é um acto interno ou relacional que não se destina a produzir efeitos externos, pelo que não pode ser o Tribunal a conferir-lhe esses efeitos que nem sequer fazem parte do conteúdo voluntário do acto.

Manteria pois, a decisão da Subsecção.

Rosendo Dias José

Recurso n.° 2071/03-30

EXPROPRIAÇÃO. PATRIMÓNIO CULTURAL. PROTECÇÃO. PDM.

(Acórdão de 4 de Julho de 2006)

SUMÁRIO:

I – Nos termos da Lei n.° 13/85 de 6 de Julho, a protecção do património cultural imóvel assenta na *classificação*, de acordo com as categorias de bens *classificados* e *em vias de classificação*, não existindo a categoria de bens a proteger.

II – Por contrariar a referida Lei do Património Cultural, deve rejeitar-se a aplicação da norma do art. 53.°/2 do PDM que, independentemente de procedimento adequado e de acto de classificação, inclui certos imóveis na categoria de *bens a proteger* e os sujeita ao conjunto de restrições de utilidade pública típicas da propriedade privada de bens culturais que aquela lei reserva aos imóveis *classificados* ou *em vias de classificação*.

III – A violação daquela norma não é, pois, fonte de invalidade de acto expropriativo que com ela se não conforma.

ACORDAM NO PLENO DA SECÇÃO DO CONTENCIOSO ADMINISTRATIVO DO SUPREMO TRIBUNAL ADMINISTRATIVO

1. RELATÓRIO

António de Miranda Alves, já identificado nos autos, intentou, neste Supremo Tribunal, recurso contencioso de anulação do despacho do Secretário de Estado das Obras Públicas n.° 13.562-B/2002 de 31.5.02, publicado no DR., II Série, suplemento ao n.° 135, de 14.6.02, pelo qual foi declarada a utilidade pública urgente da expropriação por utilidade pública das parcelas de terreno n.os 514 e 514 S, com a área de 19.878 m2 que fazem parte do prédio de que é proprietário, denominado Quinta do Paço de Santa Maria de Silvares, freguesia de Silvares e concelho de Guimarães.

Por acórdão de 28 de Julho de 2004, a Secção concedeu provimento ao recurso, anulando o acto impugnado.

1.1. Inconformada, a interessada particular "AENOR – AUTO – ESTRADAS, SA." interpõe recurso para o Pleno da Secção do Contencioso Administrativo, apresentando alegações com as seguintes conclusões:

a) A questão central em discussão nos autos reside num eventual conflito entre a localização do traçado de uma estrada nacional e as disposições regulamentares de um PDM;

b) O acórdão recorrido contraria a jurisprudência constante do STA – designadamente, a dos acórdãos de 6.12.2001, Proc n.º 44016, de 12.12.2002, Proc. 46.819, e de 29.04.2003, Proc. 47.545 – a qual, quando confrontada com a alegada incompatibilidade de traçados de vias nacionais com disposições de planos directores municipais, não vislumbrou a violação destes;

c) Tal como o STA tem vindo a resolver a questão, o potencial conflito entre a localização dos traçados das vias nacionais – quer por via do acto que aprova a localização, quer por via do acto expropriativo – e as disposições de um PDM, resolve-se em primeira instância pelo apelo à supremacia hierárquica, quer das normas legislativas nacionais que aprovam o Plano Nacional Rodoviário, quer das que os determinam as competências dos organismos da Administração Central no que se refere ao planeamento e localização das estradas nacionais;

d) Entendimento diferente deste, tal como é implicitamente assumido pelo acórdão recorrido, acarretaria consequências nefastas para a correcta prossecução do interesse público subjacente ao desenvolvimento e à implantação da rede rodoviária nacional, porquanto se a classificação dos espaços e respectivos usos adoptados pelos vários planos directores municipais condicionassem a localização dos traçados das vias nacionais, a Administração Central estaria irremediavelmente manietada quanto à escolha das soluções concretas a perfilhar;

e) Não colhe o argumento de que o próprio art. 8.º do DL 222/98 impõe a articulação dos traçados com os instrumentos de planeamento e de ordenamento do território, de âmbito regional e municipal, dado que o acórdão recorrido esquece-se que os "traçados" a que esse art. 8.º alude são os relativos apenas a circulares e variantes dentro dos centros urbanos e já não aos traçados da rede nacional de estradas;

f) Deste modo, no caso concreto, deverá concluir-se que, ainda que o disposto nos n.os 2 e 3 do art. 53.º do Regulamento do PDM de Guimarães fosse incompatível com a localização do traçado para o local em causa, sempre essas normas seriam inaplicáveis por prevalência do Plano Nacional Rodoviário e das normas nacionais determinantes das competências dos organismos da Administração Central no que se refere ao planeamento e localização das estradas nacionais, como sucede com a estrada nacional em causa nos presentes autos;

g) O acórdão recorrido enferma de outro erro de julgamento ao considerar que aplicação das regras ínsitas nos n.os 2 e 3 do Regulamento do PDM de Guimarães impõe preservação física do prédio em causa;

h) Nos termos constitucionais, só o legislador pode circunscrever no ordenamento jurídico as categorias de bens que devam ser objecto de protecção legal específica enquanto parte do património cultural português, até porque, no caso de bens privados, estão em causa restrições ao direito de propriedade, matéria de reserva de lei nos termos da Constituição;

i) Sob pena, não só de ilegalidade mas também, principalmente, de inconstitucionalidade formal e orgânica, não pode uma qualquer norma regulamentar "emprestar" o regime legal de protecção de bens culturais a um categoria de bens – bens a proteger – que a própria Lei 13/85 não previu no seu âmbito de aplicação;

j) Sendo a norma do n.º 2 do art. 52.º do Regulamento do PDM de Guimarães ilegal e inconstitucional – por violação dos arts. 18.º, n.º 2 e 165.º, n.º 1, alíneas b) e g), da Constituição – deveria o acórdão recorrido ter recusado a sua aplicação e concluído pela inexistência de qualquer norma que impeça a destruição física do imóvel em causa por força de um acto expropriativo;

k) Não o tendo feito, incorreu o acórdão recorrido em erro de julgamento ao considerar o acto recorrido violador das prescrições dos arts. 52.º e 53.º do Regulamento do PDM de Guimarães;

l) Aplicando por analogia à interpretação dos regulamentos as regras da interpretação das leis, dir-se-á que, por força da regra do n.º 2 do art. 9.º do Código Civil, no pode ser considerado pelo intérprete o pensamento normativo que não tenha na letra do regulamento um mínimo de correspondência verbal, ainda que imperfeitamente expresso;

m) A interpretação que o acórdão recorrido faz da norma do n.º 2 do art. 52.º do Regulamento do PDM de Guimarães – considerar-se que se deu início ao respectivo procedimento de classificação – extravasa por completo o teor literal da mesma;

n) No afã de salvar a norma ao crivo do juízo de ilegalidade e de inconstitucionalidade a que a mesma está irremediavelmente sujeita, o acórdão recorrido acaba por interpretar a norma com um sentido que jamais se vislumbra para quem lê o n.º 2 do art. 52.º do Regulamento do PDM de Guimarães;

o) Em todo o caso, ainda que tal interpretação estivesse correcta, o simples desencadear de um procedimento de classificação era insuficiente para que o imóvel ficasse abrangido pelo regime de protecção dos bens culturais porquanto, de acordo com o art. 18.º, n.º 1, da Lei, só se consideravam em vias de classificação os bens em relação aos quais houvesse despacho do IPPC a determinar a abertura do respectivo processo de instrução, o que não sucede in casu;

p) Deste modo, à luz do disposto na Lei 13/85, o início do procedimento de classificação que se possa hipoteticamente vislumbrar no n.º 2 do art. 52.º do Regulamento do PDM de Guimarães não tem a virtualidade de qualificar os imóveis abrangidos por essa norma como bens em via de classificação e dotá-los assim do respectivo regime de protecção legal;

q) Sendo esse, todavia, o entendimento do acórdão recorrido, tal significa que a interpretação perfilhada por este quanto ao disposto na norma do n.º 2 do art. 52.º do Regulamento do PDM de Guimarães, ao reconduzir implicitamente o imóvel em causa à categoria de bem em vias de classificação ao arrepio do regime legal vigente, sofre igualmente de ilegalidade e inconstitucionalidade, por violação dos arts. 18.°, n.° 2, e 165.°, n.° 1, alíneas b) e g), da Constituição;

r) Acresce ainda que o estatuto de imóvel classificado ou em vias de classificação, não é incompatível com a possibilidade da sua demolição, quer de acordo com o disposto no art. 14.° da Lei 13/85, quer com o art. 49.° da Lei 107/2001;

s) Ora, se a própria Lei prevê a possibilidade de demolição de imóveis classificados ou em vias de classificação, seria absolutamente contraditório e ilógico admitir-se que uma norma regulamentar tivesse o condão de, por si só, inviabilizar a demolição de determinados imóveis cuja denominação "a proteger" é, além do mais, legalmente inexistente;

t) Tal é, contudo, a consequência a que leva a interpretação perfilhada pelo acórdão recorrido, o que é também demonstrativo do erro de julgamento em que o mesmo incorre.

1.2. Não foram apresentadas contra-alegações.

1.3. O Exm.° Magistrado do Ministério Público emitiu o seu douto parecer nos seguintes termos:

"O acórdão recorrido, com fundamento na violação das prescrições resultantes dos artigos 52.° e 53.° do PDM de Guimarães, anulou o despacho do Secretário de Estado das Obras Públicas, datado de 31-5-02, nos termos do qual foi declarada a utilidade pública urgente de parcelas de terreno integrante de um prédio denominada "Quinta do Paço de Santa Maria de Silvares"

Para tanto, em síntese, ponderou-se no aresto que a ilegalidade do despacho contenciosamente impugnado decorreria do facto da expropriação, visando a construção de uma estrada (via de ligação à EN 101 da A 11-IP9 – lanço Braga Guimarães – A4-IP, sublanço Guimarães--Oeste), implicar a destruição física de um prédio incluído numa zona de protecção como "imóvel ou conjunto imóvel a proteger", com expressa referência para os n.ºs 2 e 3 do artigo 52.° do citado PDM.

Inconformada como o decidido, vem a recorrente, AENOR – Auto – Estradas de Portugal, S.A., nas suas alegações de recurso tentar colocar em crise o entendimento jurídico perfilhado no acórdão segundo o qual a administração central ao definir o traçado das estradas nacionais teria necessariamente de respeitar as disposições regulamentares dos PDMs, defendendo ainda que, de todo o modo, da aplicação das regras ínsitas nos n.ºs 2 e 3 do art. 52.° do PDM de Guimarães não resultaria a obrigatoriedade da preservação física do questionado prédio.

Vejamos.

Pese embora a douta e ponderosa argumentação jurídica que serve de suporte ao entendimento perfilhado no acórdão sob recurso, afigura-se-nos que a razão se encontra do lado da recorrente.

De facto, acompanhando o que por ela vem alegado, as prescrições dos planos directores municipais, enquanto planos de ordenamento do território de âmbito municipal, devem, em caso de conflito, ceder perante as definições estratégicas de âmbito nacional constantes do Plano Rodoviário Nacional, da competência da Administração Central, no que tange à localização das grandes vias de comunicação integrantes desse programa nacional de política de ordenamento do território, como sucede na situação em apreço (confrontar jurisprudência citada pela recorrente).

O estrito condicionamento da administração central à definição normativa constante dos PDMs conduziria, na verdade, a graves prejuízos do interesse público no âmbito das suas competências no que se refere à implantação da rede rodoviária nacional.

Mas ainda que se perfilhe o entendimento que a Administração Central deve estrita obediência às prescrições normativas constantes dos PDMs, cumpre assinalar que, a nosso ver e ainda com a recorrente, o disposto nos n.ºs 2 e 3 do artigo 52.° do PDM de Guimarães não contempla a preservação física do prédio em questão.

Com efeito, muito embora se reconheça que constitui um dos objectivos dos PDMs a salvaguarda e valorização do património cultural, a verdade é que as respectivas prescrições não podem subverter o regime legal de protecção dos bens culturais consagrado na Lei n.° 13/85, de 6/7, sob pena da ilegalidade e inconstitucionalidade que vêm arguidas pela recorrente, o que aconteceria acaso se considerasse aplicável esse regime a uma categoria de bens (bens a proteger) que o próprio diploma não prevê.

Termos em que se é de parecer que o recurso deverá obter provimento, revogando-se, em consequência, o acórdão recorrido"

Colhidos os vistos legais, cumpre decidir.

2. FUNDAMENTAÇÃO

2.1. OS FACTOS

No acórdão recorrido foram dados como provados os seguintes factos:

1. Pelo despacho n.° 13 562-B, de 31.5.02, do Secretário de Estado das Obras Públicas, Transportes e Habitação foi declarada a utilidade pública, com carácter de urgência, da expropriação das parcelas de terreno consideradas necessárias à execução da obra A 11-IP-lanço Braga – Guimarães Oeste, ligação EN 101, identificadas no mapa e na planta em anexo ao mesmo despacho, entre as quais a parcela de terreno n.° 514, 514 S, com a área de 19.878 m2, fazendo parte do prédio misto de que é proprietário, denominado Quinta do Paço de Santa Maria de Silvares, sito na freguesia de Silvares, concelho de Guimarães.

2. Esse prédio encontra-se descrito na Conservatória do Registo Predial de Guimarães sob o n.° 00332/Silvares e definitivamente registado a favor do recorrente naquela Conservatória (inscrição G-2 de 119 de Novembro de 1991).

3. O despacho referido em 1. é do seguinte teor:

"Nos termos do disposto na alínea a) do n.° 1 do art. 14.° e no n.° 2 do art. 15.° do Código das Expropriações, aprovado pela Lei n.° 168/99, de 18 de Setembro, atenta a resolução do conselho de administração do Instituto das Estadas de Portugal de 25 de Fevereiro de 2002, que aprovou a planta parcelar e o mapa de expropriações das parcelas necessárias à construção da obra da A 11-IP9-lanço Braga-Guimarães – A4-IP 4, sublanço Celeiros-Guimarães Oeste, ligação EN 101, com início previsto no prazo de seis meses, declaro, ao abrigo do art. 161.° do Estatuto das Estradas Nacionais, aprovado pela Lei n.° 2037, de 19 de Agosto de 1949, atendendo ao interesse público subjacente à célere e eficaz execução da obra projectada, a utilidade pública, com carácter de urgência, da expropriação das parcelas de terreno necessárias à execução da obra da A11-IP9 – lanço Braga-Guimarães-A4-IP4, sublanço Celeiros – Guimarães Oeste, ligação EN 101, identificadas no mapa e na planta em anexo com os elementos constantes da descrição predial e da inscrição matricial e dos direitos e ónus que sobre elas incidem e os nomes dos respectivos titulares.

Os encargos com as expropriações em causa serão suportados pelo Instituto das Estradas de Portugal".

4. Na parcela de terreno expropriado existe uma casa solarenga em pedra, de rés-do-chão e primeiro andar, actualmente em ruínas (vistoria *ad perpetuam rei memoriam*, a fls. 81 do apenso).

5. Das obras a levar a efeito para a realização dos fins da expropriação resultará a destruição física dessa casa.

6. No Plano Director de Guimarães tal prédio está incluído na "Zona de Protecção de Imóvel ou conjunto classificado, em vias de classificação ou a proteger", previsto na Secção II, n.os 2 e 3 do art. 53.º do Capítulo VII do respectivo Regulamento.

7. O PDM de Guimarães foi ratificado pela Resolução do Conselho de Ministros n.º 101/94 de 15 de Setembro de 1994, publicada no DR, 1ª Série B, n.º 237, de 13.10.94.

8. O recorrente foi notificado do acto recorrido em 9.7.02, através do envio, sob registo com aviso de recepção, do ofício n.º 280/AE/31/02, de 28.6.02.

9. A petição de recurso foi expedida por correio registado em 12.9.02, tendo dado entrada no tribunal em 13.9.02.

2.2. O DIREITO

2.2.1. No recurso contencioso, com fundamento em violação do PDM de Guimarães, desrespeito do princípio da proporcionalidade e falta de fundamentação, vem impugnado o despacho ministerial que declarou a utilidade pública urgente da expropriação de uma parcela de terreno a destacar dum prédio misto do recorrente, por ter sido considerada necessária à execução da obra de construção de determinado lanço de estrada.

O acórdão recorrido, com invocação do disposto no art. 57.º LPTA, conheceu apenas do primeiro daqueles vícios e concedeu provimento ao recurso contencioso, sendo a decisão justificada com os seguintes argumentos essenciais:

(i) a situação em análise põe em confronto uma norma de génese municipal (do PDM de Guimarães) e um acto administrativo emitido pelo Governo (a declaração de utilidade pública);

(ii) à luz da planta de ordenamento do PDM de Guimarães, o prédio em causa está indicado na categoria de "imóvel a proteger", categoria essa à qual se aplica o disposto nos n.os 2 e 3 do art. 53.º do Regulamento do PDM;

(iii) a submissão a essa categoria impõe a preservação física do prédio o que é incompatível com a sua demolição, consequência do acto recorrido;

(iv) no caso concreto, havendo uma norma regulamentar a impor a preservação do prédio e um acto administrativo que implica a demolição desse mesmo prédio – o princípio da legalidade impõe a prevalência da norma sobre o acto, pelo que a declaração de utilidade pública é inválida por violação do PDM de Guimarães.

A recorrida particular AENOR – AUTO ESTRADAS, S.A., ora recorrente, discorda, em síntese, por várias ordens de razões.

Primeira, a norma do art. 52.º do Regulamento do PDM de Guimarães é ilegal e inconstitucional, devendo ser rejeitada a respectiva aplicação, porque só o legislador pode circunscrever no ordenamento jurídico as categorias de bens que devam ser objecto de protecção legal enquanto parte do património cultural, estando vedado a qualquer norma regulamentar "emprestar" o regime legal de protecção de bens culturais a uma categoria de bens – bens a proteger – que a própria Lei 13/85 não previu no seu âmbito de aplicação.

Segunda, a interpretação de considerar que a inclusão do prédio numa *zona de protecção* como imóvel a proteger significa que, desse modo, se deu início ao respectivo procedimento, extravasa, por completo, o teor literal daquela norma.

Terceira, ainda que tal interpretação estivesse correcta, o simples desencadear de um procedimento de classificação era insuficiente para que o imóvel ficasse abrangido pelo regime de protecção dos bens culturais, porquanto, de acordo com o art. 18.º, n.º 1 da Lei 13/85 só se consideravam em vias de classificação os bens em relação aos quais houvesse despacho do IPPC a determinar a abertura do respectivo processo de instrução, o que não sucede *in casu*. Deste modo, à luz do disposto na Lei n.º 13/85, o início do procedimento de classificação que se possa hipoteticamente vislumbrar no n.º 2 do art. 52.º do Regulamento do PDM de Guimarães não tem a virtualidade de qualificar os imóveis abrangidos por essa norma como bens em vias de classificação e dotá-los assim do respectivo regime de protecção legal.

Quarta, acresce ainda que o estatuto de imóvel classificado ou em vias de classificação, não é incompatível com a possibilidade da sua demolição, quer de acordo com o disposto no art. 14.º da Lei n.º 13/85, quer com o art. 49.º da Lei 107/2001. Ora, se a própria lei prevê a possibilidade de demolição de imóveis classificados ou em vias de classificação, seria absolutamente contraditório e ilógico admitir-se que uma norma regulamentar tivesse o condão de, por si só, inviabilizar a demolição de determinados imóveis cuja denominação "a proteger", é, além, do mais, legalmente inexistente.

Quinta, tal como o STA tem vindo a resolver a questão, o potencial conflito entre a localização dos traçados das vias nacionais – quer por via do acto que aprova a localização, quer por via do acto administrativo de expropriação – e as disposições de um PDM, resolve-se em primeira instância pela supremacia do Plano Rodoviário Nacional e das normas nacionais determinantes das competências dos organismos da Administração Central no quer se refere ao planeamento e localização das estradas nacionais, como sucede com a estrada nacional em causa nos presentes autos

Vejamos.

2.2.2. A questão da legalidade do acto contenciosamente impugnado foi abordada pela Secção enquanto confronto entre uma norma regulamentar e um acto administrativo.

Ora, nessa linha, começaremos por apreciar da (i)legalidade das normas regulamentares que o acórdão recorrido considerou violadas. Entende a recorrente que a decisão judicial enferma de erro de julgamento, pois deveria ter sido rejeitada a aplicação de tais normas, por desrespeitarem a Lei do Património Cultural.

Alegação esta que, a proceder, dispensará outras indagações, mormente as que se justificariam em face do disposto no art. 35.º/2/c) do DL n.º 380/99 de 22/9 que, para efeitos deste diploma, considera como planos sectoriais *"as decisões sobre a localização e a realização de grandes empreendimentos públicos com incidência territorial"*, norma que ao designar estas decisões, que são actos administrativos, como planos sectoriais, submetendo-as às regras das relações dos planos entre si e não ao regime de sujeição dos actos aos instrumentos de gestão territorial (cfr. arts.102.º/1 e 103.º do DL n.º 380/ /99, Fernanda Paula Oliveira in "Direito do Ordenamento do Território", cadernos CEDOUA, p. 81 e acórdão deste Pleno de 2006.07.02 – rec.º n.º 47545) poderia levantar também, por outra razão, o problema da desaplicação do PDM, agora por força da supremacia hierárquica do plano sectorial.

Está assente que a parcela expropriada se insere, como "imóvel ou conjunto de imóvel a proteger" na área abrangida pela "Zona de protecção de imóvel ou conjunto classificado, em vias de classificação ou a proteger", prevista na Secção II, n.ºs 2 e 3 do art. 53.º do Regulamento do PDM de Guimarães.

E as normas que o acórdão recorrido considerou desrespeitadas pelo acto expropriativo têm o seguinte teor:

Artigo 52.º

Designação

Estão incluídos nesta secção os imóveis e conjuntos classificados, ou em vias de classificação, os indicados na carta arqueológica do concelho e todos aqueles julgados de interesse por este Plano.

Artigo 53.º

1 – Aos imóveis e conjuntos classificados e em vias de classificação aplica-se a respectiva legislação em vigor.

2 – Aos restantes imóveis e conjuntos a proteger, que vêm indicados na planta de ordenamento, aplicam-se os princípios da legislação geral em vigor, nomeadamente no que respeita à definição das zonas de protecção.

3 – A Câmara Municipal criará uma comissão específica para a gestão destes casos, constituída por técnicos dos vários sectores com eles relacionados, podendo alargar o seu âmbito de acção a imóveis ou conjuntos que posteriormente se venha a considerar de interesse preservar.

O acórdão impugnado considerou improcedente a arguição de ilegalidade destas normas, por falta de habilitação legal, entendendo que a mesma é conferida pelo DL n.º 69/90 de 2 de Março e pela Lei 13/85 de 6 de Julho, justificando a decisão deste modo:

(...) Não é exacto que a salvaguarda do património cultural constitua um objectivo a que os PDM são alheios. Desde logo, o art. 5.º, n.º 1, al. a) indica como princípios e objectivos gerais dos planos municipais a salvaguarda e valorização do património cultural.

Depois, e ao contrário do que os recorridos supõem, o estabelecimento de determinada zona a preservar, podendo incluir uma antiga casa solarenga, de modo algum extravasa daquilo que são, para o art. 9.º do mesmo diploma, os poderes dos planos municipais para reger em matéria de transformação do solo nas áreas abrangidas. Do que se trata é, justamente, de impedir determinada intervenção sobre o terreno pela qual se destrua uma construção que oferece interesse do ponto de vista municipal. Concomitantemente, o art. 10.º, n.º 1, manda que a planta de implantação indique as construções existentes a manter ou a reabilitar.

Por outro lado, e nos termos da Lei n.º 13/85, de 6.7, em vigor ao tempo em que o PDM iniciou a sua vigência, as autarquias locais compartilham com o Estado e as regiões autónomas a maior quota-parte de responsabilidade no "levantamento, estudo, protecção, valorização e divulgação do património cultural"

A classificação dos bens do património cultural pode ser desencadeado pelas autarquias locais – art. 9.º, n.º 1. O n.º 2 deste artigo considera até que "cabe, em especial, às autarquias locais o dever de promover a classificação de bens culturais nas respectivas áreas".

Quanto á decisão de classificação, o art. 12.º confia a sua competência, por regra, ao Governo, com ressalva do disposto no art. 26.º, que estabelece o seguinte:

Artigo 26.º

1 – As regiões autónomas e as assembleias municipais, por proposta da câmara, podem classificar ou desclassificar como de valor cultural, depois de ouvido o respectivo proprietário e em conclusão do processo adequado, os bens culturais imóveis que, não merecendo classificação de âmbito nacional, tenham, contudo, assinalável valor regional ou municipal.

2 – A classificação de imóveis de valor local terá de ser fundamentada segundo critérios que estabeleçam de forma inequívoca a relevância cultural do imóvel em causa e de ser precedida de parecer dos serviços regionais do Ministério da Cultura.

3 – As câmaras municipais são obrigadas a enviar ao Ministério da Cultura, para efeitos de registo e coordenação, cópia dos processos de classificação e desclassificação dos bens de interesse local e a dar conhecimento das decisões sobre eles tomadas.

4 – Para efeitos de eventual recurso das decisões das câmaras municipais relativas às classificações ou desclassificações, bem como às intervenções nos bens de interesse local, podem os interessados solicitar o parecer dos serviços competentes do Ministério da Cultura sobre quaisquer aspectos genéricos ou pontuais da classificação ou intervenção em causa.

Ora, nada parece obstar a que, tendo em vista o conjunto de normas da Lei n.º 13/85 e do DL n.º 69/90, um PDM inclua a classificação de determinado bem como de valor local ou concelhio. Nesse sentido, existe jurisprudência deste S.T.A. a mostrar que essa conclusão é aceitável, como o Ac. de 25.5.04, proc.º. n.º 1615/02, em que se decidiu que *"não está inquinado de invalidade absoluta o acto de classificação de imóvel como de interesse concelhio contido em PDM regularmente aprovado pela Assembleia Municipal"*, e se reconheceu expressamente que o art. 26.º/1 daquela primeira Lei serve de norma habilitante para o exercício da competência para classificar, distinta da do Governo.

Mas seguramente que a inclusão da propriedade do recorrente na zona em questão não produziu o efeito de consumar, por essa via, a sua classificação como bem do património cultural.

A recorrida AENOR alega, como se viu, que não existe a categoria dos bens *a proteger*, mas sim, unicamente, a dos bens classificados e em vias de classificação. Mas, não podendo ser intenção de um PDM estabelecer por aquela forma uma classificação definitiva do bem em causa (muito embora o procedimento de elaboração dos PDM também preveja garantias substanciais em matéria de audiência e participação dos interessados), deve entender-se que a inclusão do prédio numa zona de protecção como imóvel a proteger não corresponde à criação de uma categoria nova – que seria efectivamente ilegal – significando antes que desse modo se quis reservá-lo para classificação, dando início ao respectivo procedimento.

Deste modo, improcede a tese de que o art. 53.° do PDM incorpora uma restrição sem base legal habilitante, pois a mesma é proporcionada, como vimos, pelas disposições do Dec-Lei n.° 69/90 (hoje revogado pelo Dec-Lei n.° 380/99, de 22.9) e da Lei n.° 13/85. É certo que, como refere a mesma recorrida, esta lei deixou uma lacuna de regulamentação que nunca veio a ser preenchida. Mas a ausência de uma clara fixação de critérios de delimitação entre os bens susceptíveis de uma classificação pelo Governo e pelas autarquias não pode ter a virtude de suprimir por completo a competência que a lei lhes veio reconhecer neste campo, regressando ao exclusivo governamental de classificação que decorria de uma disciplina jurídica anterior alvo de uma revogação de sistema (art. 62.°) e que, além do mais, mal se acomodaria aos novos princípios constitucionais em matéria e autonomia municipal. Existindo como existe a questionada base legal habilitante, improcede também a arguição de inconstitucionalidade material feita pela 2ª recorrida.

Atinge-se, deste modo, a conclusão de que o acto impugnado violou as prescrições resultantes dos arts. 52.° e 53.° do PDM de Guimarães."

Esta decisão tem por base alguns fundamentos que, igualmente, subscrevemos.

Falamos de que *(i)* os artigos 5.°/1/a) da Lei n.° 69/90 e 26.° da Lei n.° 13/85, no seu conjunto, contêm uma habilitação legal para que as assembleias municipais salvaguardem e valorizem o património cultural, que *(ii)* a inclusão da propriedade do recorrente contencioso na zona em questão não produziu o efeito de consumar, por essa via, a sua classificação como bem do património cultural, que *(iii)* não existe a categoria de bens a proteger, mas sim, unicamente a dos *bens classificados* e *em vias de class*ificação, que *(iv)* é ilegal a criação de uma nova categoria de bem a proteger e que *(v)* o PDM quis salvaguardar o imóvel.

Porém, salvo o devido respeito, não concordamos com a interpretação da Secção no sentido de que a inclusão do prédio na zona de imóvel *a proteger* não corresponde à criação de uma categoria nova, não prevista na lei, significando antes que desse modo se quis reservá-lo para classificação, dando início ao respectivo procedimento.

Na verdade, antes de mais, o art. 53.°/1/2 do PDM não alude a qualquer procedimento em curso, nem ao carácter provisório da protecção tendo em vista uma futura classificação. Note-se, aliás, que desde a data da publicação do PDM até à data da prática do acto impugnado decorreram mais de 7 anos sem que o imóvel tivesse sido alvo de classificação.

Depois, a abertura do procedimento, por si só, a exemplo do que se passa com os bens de valor nacional (cf. art. 18.° /1 da Lei n.° 13/85) incluiria o imóvel, na categoria dos bens *em vias de classificação.*

Ademais, a letra daquele artigo do PDM, no seu contexto significativo, inculca a ideia que a autarquia não quis apenas reservar o imóvel para classificação. Quis mais do que isso, uma vez que não se limitou a manifestar esse propósito, mas submeteu o imóvel, de imediato e sem limite temporal "aos princípios da legislação geral em vigor, nomeadamente no que respeita à definição das zonas de protecção". Isto é, criou mesmo uma nova categoria de protecção que, ao arrepio do disposto na Lei do Património Cultural (art. 7.°/1 da Lei n.° 13/85 de 6 de Julho), não assenta na classificação dos imóveis. Ou dito de outro modo, o plano municipal, que tem a natureza de regulamento administrativo (art. 4.° do DL n.° 69/ /90), contrariando a habilitação legal e o princípio da prevalência da lei (art. 112.°/7 da CRP), independentemente do procedimento adequado e de acto de classificação, sujeitou o imóvel em causa ao conjunto de restrições de utilidade pública típicas da propriedade privada de bens culturais que a Lei do Património Cultural reserva para os imóveis *classificados* ou *em vias de classificação* (cf. arts. 16.° a 17.° e 22.° e 23.° da Lei 13/85 e Fernando Alves Correia, "Propriedade de bens culturais – restrições de utilidade pública, expropriações e servidões administrativas" in *Direito do Património Cultural*, p. 400 e segs)

Assim, tem razão a recorrente enquanto alega que deveria ter sido recusada a aplicação da norma do art. 53.°/2 do PDM de Guimarães e que, por consequência, o acto expropriativo não deveria ter sido julgado inválido com fundamento na violação de tais prescrições.

3. DECISÃO

Pelo exposto, acordam em conceder provimento ao recurso, revogar o acórdão recorrido e ordenar a baixa dos autos à Secção para que conheça dos demais vícios alegados.

Sem custas.

Lisboa, 4 de Julho de 2006.

Políbio Henriques (Relator)
António Samagaio
Azevedo Moreira
Santos Botelho
Angelina Domingues
Pais Borges
Adérito Santos
Costa Reis

Recurso n.° 1403/02-20

OPOSIÇÃO DE JULGADOS. RECOMENDAÇÕES DA ALTA AUTORIDADE PARA A COMUNICAÇÃO SOCIAL (AACS). ACTO ADMINISTRATIVO.

(Acórdão de 4 de Maio de 2006)

SUMÁRIO:

I – As recomendações da AACS, embora dotadas de um conteúdo não vinculativo, tinham uma dimensão impositiva que se traduzia em obrigar os respectivos destinatários a difundi-las, sob a ameaça de sanção.

II – Assim, tais recomendações eram actos administrativos «proprio sensu», já que autoritariamente impunham aos órgãos de comunicação social a assunção de um comportamento particular – não o de eles ulteriormente observarem o conteúdo da recomendação, mas o de a divulgarem gratuitamente, ainda que isso lhes pudesse acarretar prejuízos em termos de imagem ou de credibilidade junto do público.

ACORDAM NO PLENO DA 1.ª SECÇÃO DO SUPREMO TRIBUNAL ADMINISTRATIVO:

TVI – Televisão Independente, SA, interpôs para este Pleno recurso do acórdão da 1.ª Secção do STA, constante de fls. 158 e ss. do processo, dizendo-o em oposição quanto à mesma questão fundamental de direito com o aresto da mesma Secção proferido em 23/5/96, no recurso n.º 39.516.

Através do despacho de fls. 201 e v., o relator considerou existir a invocada oposição de julgados e ordenou o prosseguimento do presente recurso.

A recorrente apresentou a alegação a que se refere o art. 762.º, n.º 2, do CPC – que continua a ser aplicável a esta espécie de recursos – na qual, depois de defender a solução acolhida no acórdão fundamento, ofereceu a conclusão seguinte:

A recomendação da AACS, em que é visado um órgão de comunicação social, proferida ao abrigo do art. 23.º, n.º 1, da Lei n.º 43/98, é contenciosamente impugnável e pode ser objecto de medidas cautelares, nos termos consagrados no art. 268.º, n.º 4, da CRP, uma vez que é susceptível de lesar directamente os interesses do administrado.

A AACS contra-alegou, tendo formulado as seguintes conclusões:

A – As recomendações da AACS são meros actos opinativos e, como tal, não são contenciosamente impugnáveis.

B – Não têm força executória, visto que nem o órgão de comunicação social está obrigado a acatá-las, nem a AACS tem meios de a fazer cumprir.

C – Não é posto em causa o princípio da tutela jurisdicional efectiva, visto que o órgão de comunicação social poderá sempre, por outra via, defender os seus interesses em tribunal e aí fazer valer a sua interpretação da lei.

D – Assim sendo, deve ser seguida a orientação preconizada pelo STA no recurso n.º 1234/04.

O Ex.º Magistrado do M.ºP.º junto deste Pleno emitiu douto parecer no sentido do provimento do recurso.

A matéria de facto pertinente é aquela que o acórdão recorrido considerou provada, pelo que procedemos aqui, com as necessárias adaptações, à remissão genericamente permitida pelo art. 713.º, n.º 6, do CPC.

Passemos ao direito.

A primeira tarefa a empreender consiste em apurar se, entre os dois arestos em confronto, existe a oposição denunciada pela aqui recorrente, já que o despacho do relator, assertivo da existência de tal oposição, não resolveu definitivamente o assunto (cfr. o art. 766.º, n.º 3, do CPC).

O problema que os dois arestos teriam solucionado em sentidos díspares consistiu em saber se as recomendações da AAC, que são dirigidas a órgãos de comunicação social e a que legalmente se segue a obrigatoriedade de estes as divulgarem, são actos administrativos contenciosamente recorríveis. O acórdão fundamento afirmou essa recorribilidade e o acórdão recorrido negou-a – o que logo mostra a enunciação, nos dois arestos, de proposições contrárias a propósito do mesmo problema jurídico fundamental. E essa oposição não se desvanece pela circunstância de os acórdãos em confronto terem aplicado diplomas legais diferentes – a Lei n.º 43/98, de 6/8, no caso do acórdão recorrido, e a Lei n.º 15/90, de 30/6, revogatória e substitutiva da primeira, no caso do acórdão fundamento. É que, nesses dois diplomas, o problema solucionado pelos arestos apresenta-se com o mesmo enquadramento normativo, na medida em que, no preciso domínio de que os acórdãos se ocuparam, ambas as leis trataram de modo essencialmente igual as questões das atribuições e competências da AACS, da índole das recomendações dela provindas, da obrigatoriedade de tais recomendações serem difundidas pelos órgãos de comunicação social visados e das consequências, de índole contra-ordenacional, resultantes da ofensa desse dever de divulgação.

Portanto, os acórdãos ora em paralelo solucionaram a mesma questão jurídica fundamental em sentidos reciprocamente contrários, pelo que existe entre eles a oposição de julgados justificativa de recursos como o presente. Estamos, assim, em condições de passar ao conhecimento do recurso.

Ambos os acórdãos convêm em que as recomendações da AACS sobre que se debruçaram, enquanto encaradas exclusivamente em si próprias – na sua «estrutura», disse o acórdão fundamento, no seu «conteúdo», afirma o acórdão recorrido – não cabem na previsão do art. 120.º do CPA e não são, nessa medida, qualificáveis como actos administrativos «sensu stricto».

E isso é seguramente assim. Com efeito, a recomendação em causa nestes autos, que é assimilável à ponderada no acórdão fundamento, foi emitida pela AACS no exercício da sua competência prevista no art. 4.º, al. n), da Lei n.º 43/98, de 6/8 – a competência para «apreciar, por iniciativa própria ou mediante queixa, e no âmbito das suas atribuições, os comportamentos susceptíveis de configurar violação das normas legais aplicáveis aos órgãos de comunicação social, adoptando as providências adequadas, bem como exercer as demais competências previstas noutros diplomas relativas aos órgãos de comunicação social». Ora, o art. 23.°, n.° 2, do mesmo diploma dispunha que «as deliberações produzidas no exercício das competências previstas nas alíneas a), b), c), d), i) e o) do artigo 4.° têm carácter vinculativo», donde «a contrario» decorre que a recomendação ora em apreço não detinha tal carácter. Deste modo, é certo que a TVI não estava obrigada a futuramente acatar o que a AACS lhe recomendara através do acto contenciosamente recorrido, pois nenhuma sanção sofreria se porventura o não fizesse.

Portanto, e olhada apenas em si mesma, a recomendação aparece-nos imediatamente como algo que fazia jus ao sentido semântico do nome que a designava – seria apenas uma opinião, uma advertência ou um conselho; e, nesta perspectiva, a recomendação não podia ser qualificada como um acto administrativo, já que intrinsecamente se distinguia dos casos em que a Administração, de um modo autoritário, produz definições jurídicas reguladoras de casos individuais e concretos (art. 120.° do CPC).

Contudo, não podemos pretender que uma análise exclusivamente focada no mero conteúdo da recomendação nos traga, «recte et simpliciter», a solução do problema em apreço, visto que este emerge de algo exterior àquilo que até agora considerámos. Na verdade, à existência da recomendação e ao conhecimento dela pelo órgão de comunicação social visado, seguia-se a obrigatoriedade de este proceder à sua «divulgação obrigatória e gratuita», sob pena de praticar uma contra-ordenação (arts. 24.°, n.° 2, e 27.° da Lei n.° 43/98). E é a partir daqui que os arestos em confronto se separam, pois o acórdão fundamento entendeu que este momento vinculativo (e lesivo) faz parte do «regime legal» da recomendação, contribuindo para a qualificar como um acto administrativo contenciosamente impugnável, enquanto o acórdão recorrido vê a obrigatoriedade da divulgação como uma consequência exterior ao acto recomendatório e, portanto, estranha à sua natureza.

Antes do mais, convém notar que a obrigatoriedade de divulgação das recomendações prossegue um fim diferente da simples comunicação do conteúdo delas ao órgão de comunicação social visado; pois a recomendação, encarada em si própria, visa instar o órgão a adoptar ulteriormente um certo comportamento, enquanto aquela difusão intenta elevar a consciência crítica do público, habilitando-o a que melhor ajuíze acerca dos procedimentos do órgão de comunicação social em causa e de outros congéneres. Enquanto opera nas relações que internamente se estabelecem entre a AACS e o órgão de comunicação social, uma recomendação que porventura enferme de alguma patologia – v.g., à qual falte justeza, equilíbrio ou sensatez – será inócua, já que não é vinculativa para o seu destinatário. Mas, ao ser divulgada ao público, uma tal recomendação já transporta uma ameaça de lesão para o mesmo órgão, pois induzirá o seu auditório a encará-lo depreciativamente, tendo até em conta a especial credibilidade atribuível à AACS.

O acórdão recorrido reconhece haver aqui uma possibilidade de dano, justificativa da existência de quaisquer meios de defesa pelo órgão de comunicação social. Mas entende que essa defesa passará, «primo», pela recusa de divulgar a recomendação e, «secundo», pela prova, já no processo de contra-ordenação, de que havia uma causa excludente do dever legal de difundir a recomendação recebida. Ao invés, o ataque directo à recomendação, tal e qual a aqui recorrente fez no recurso contencioso dos autos, estaria liminarmente excluída.

Todavia, a solução proposta pelo acórdão recorrido transforma uma defesa que se dirigiria contra os efeitos nefastos de uma recomendação ilegal numa defesa relacionada com a imputação da prática de uma omissão ilícita. E isto traz uma inconveniência óbvia – a de o órgão de comunicação social só poder discutir a legalidade da recomendação depois de se colocar numa situação objectiva de incumprimento. Mas, para se permitir ao dito órgão que se defenda com a devida latitude («rectior», que aceda aos tribunais administrativos) antes de lhe ser instaurado um processo de contra-ordenação, é necessário que a recomendação possa ser encarada como um acto administrativo, isto é, que se possa asseverar que ela veicula uma estatuição autoritária susceptível de impugnação – apesar de, como vimos «supra», tal elemento coercivo claramente faltar no respectivo conteúdo.

Ora, a cisão entre a recomendação, por um lado, e a sua divulgação obrigatória, por outro, constitui uma análise que facilita num primeiro momento a inteligibilidade do problema, mas que reclama uma síntese posterior. E, a partir do momento em que a realizemos, percebe-se que as recomendações da AACS, embora dirigidas em primeira linha aos órgãos de comunicação social, não deixam de estar intencionalmente inclinadas à sua difusão pública obrigatória. Sendo assim, cada recomendação, apesar de dotada de um conteúdo não vinculativo para o destinatário imediato, envolve «a silentio» uma dimensão de obrigatoriedade – pois transporta em si a ordem, «ex vi legis», de que o órgão visado a divulgue gratuitamente.

Nesta conformidade, as recomendações emanadas da AACS não se limitam a recomendar, instar ou opinar – como o seu nome inocentemente sugere; e antes apresentam uma dimensão impositiva, ainda que implícita ou oculta, pois cada uma delas obriga o seu destinatário a difundi-la sob a ameaça de sanção. Ora, isto evidencia que as recomendações do género da dos autos são actos administrativos «proprio sensu», pois que autoritariamente impõem aos órgãos de comunicação social a assunção de um comportamento particular: não o de ulteriormente eles observarem o conteúdo da recomendação, já que este não é vinculativo; mas o de a divulgarem gratuitamente, ainda que isso lhes possa acarretar prejuízos em termos de imagem ou de credibilidade junto do público.

Ante o exposto, vemos que o acórdão recorrido não surpreendeu a exacta natureza do acto contenciosamente impugnado, o que se deve ao facto de haver tratado como exterior a ele algo que lhe era inerente – já que a emissão da recomendação continha a ordem implícita de que ela fosse gratuitamente divulgada pela aqui recorrente. Assim, o aresto «sub censura» tem de ser revogado; e dessa revogação resulta a similar supressão do acórdão, proferido em 1.ª instância, sobre que a Subsecção se debruçara; pelo que os autos devem baixar ao TCA Sul a fim de aí se dar prossecução ao recurso contencioso.

Nestes termos, acordam em:

a) Conceder provimento ao presente recurso por oposição de julgados;

b) Revogar o acórdão recorrido e, por via disso, também o acórdão do TCA que ele mantivera na ordem jurídica;

c) Ordenar a baixa do processo ao TCA-Sul a fim de que o recurso contencioso dos autos aí prossiga os seus normais termos, se nenhuma questão prévia a tal obstar.

Sem custas.

Lisboa, 4 de Maio de 2006.

Madeira dos Santos (Relator)
António Samagaio
Azevedo Moreira
Santos Botelho
Rosendo José
Maria Angelina Domingues
Pais Borges
Jorge de Sousa
Costa Reis

Recurso n.º 1234/04-20

PRINCÍPIO DA IMPARCIALIDADE. PRINCÍPIO DA BOA FÉ. CRITÉRIOS DE AVALIAÇÃO. MATÉRIA DE FACTO. RECURSO PARA O PLENO.

(Acórdão de 23 de Maio de 2006)

SUMÁRIO:

I- O quadro normativo específico que regula o ingresso na jurisdição administrativa e fiscal ao abrigo do regime transitório previsto no artigo 7.º Lei 13/2002, é o que decorre, para além do CPA (n.º 5 do art. 2.º), desse próprio dispositivo legal, do ETAF (cf. v.g. art. 61.º), do Regulamento aprovado pela Portaria n.º 386/2002, e do que o júri do curso de formação tenha prescrito, e não a regulação dos concursos da função pública vertida no Dec. Lei 204/98.

II- Tendo sido realizadas as provas durante o curso em epígrafe, e feita a respectiva correcção, e tendo apenas sido estabelecido posteriormente na altura da classificação pelo júri, os critérios em que assentaria o juízo negativo de não apto (com a consequente exclusão da lista de graduação), tal actuação corporiza violação do princípio da transparência concursal, que constitui uma garantia preventiva da imparcialidade.

III- A interpretação do acto administrativo, feita pela Subsecção, através dos elementos factuais da sua literalidade e das circunstâncias em que foi proferido constitui matéria de facto que o Pleno, funcionando como tribunal de revista tem de acatar (art. 21.º, 3 do ETAF).

ACORDAM NO PLENO DA 1ª SECÇÃO DO SUPREMO TRIBUNAL ADMINISTRATIVO

1. RELATÓRIO

O CONSELHO SUPERIOR DOS TRIBUNAIS ADMINISTRATIVOS E FISCAIS, inconformado com o acórdão da 2ª Subsecção que, no RECURSO CONTENCIOSO DE ANULAÇÃO interposto por LEOCÁDIA MARIA DE CAMPOS FLORES e outros, anulou a sua deliberação de 26 de Maio de 2003, recorreu para o Pleno da 1ª Secção, formulando as seguintes conclusões:

1. A deliberação sub judice não pode ser pautada pelos critérios gerais dos concursos da função pública, uma vez que se trata de um concurso com carácter excepcional, sendo-lhe aplicadas normas especiais, conforme resulta do aviso de abertura n.º 4902/2002;
2. O concurso em causa destinou-se ao ingresso num curso de formação e estágio, com vista ao preenchimento de vagas de juízes nos tribunais administrativos e fiscais, e não ao preenchimento das vagas em si;
3. Só no termo desse curso de formação – frequentado pelos Recorrentes por terem sido graduados nos 93 primeiros lugares do concurso – e em sede de avaliação dos seus conhecimentos, é que podiam (e deviam) ser considerados "não aptos", como efectivamente aconteceu;
4. Ou seja, a classificação de "não apto" não foi atribuída no âmbito do concurso, mas sim num momento posterior, já na fase terminal do curso de formação;
5. A enunciação de um critério pelo júri – serem considerados "não aptos" os candidatos que tivessem obtido média final negativa ou negativa em três ou mais testes realizados, sem arredondamentos – representa uma garantia de objectividade e não uma violação do princípio da imparcialidade, tendo todos os candidatos sido tratados de forma igual;
6. Acresce que o CSTAF não fez apelo a este critério quando homologou a lista de graduação final dos candidatos;
7. Não foi a circunstância de terem obtido três ou mais negativas nos testes realizados que, automaticamente, e sem mais, levou à exclusão dos candidatos, mas sim uma apreciação casuística da prestação de cada candidato no âmbito do curso de formação teórica;
8. Também não se tratava da introdução de um "critério surpresa", pois de outro modo seria necessário admitir que, caso tivessem sabido ser esse o critério de exclusão, os candidatos teriam sido mais aplicados na aquisição de conhecimentos, o que é intolerável, tratando-se, como se trata de candidatos a juízes;
9. Nunca foi dada aos candidatos qualquer esperança ou expectativa – aliás, nem podia ser dada, atenta a natureza da formação em causa – no sentido de bastar média final positiva para revelarem a exigida aptidão para o desempenho do cargo de juiz dos tribunais administrativos e fiscais.

Não foram produzidas contra alegações.

O Ex.mo Procurador-geral Adjunto emitiu parecer no sentido de ser dado provimento ao recurso.

Colhidos os vistos legais foram os autos submetidos ao Pleno da 1ª Secção para julgamento do recurso.

2. FUNDAMENTAÇÃO

2.1. MATÉRIA DE FACTO

O acórdão recorrido deu como assente a seguinte matéria de facto:

a) Por aviso (n.º 4902/2002) publicado no Diário da República, II Série, de 11-4-2002, aqui dado por reproduzido, foi aberto concurso de ingresso em curso de formação e estágio com vista ao preenchimento de vagas nos tribunais administrativos de círculo e tribunais tributários de 1ª instância;

b) No âmbito desse concurso, os requerentes foram graduados nos primeiros 93 lugares postos a concurso, tendo consequentemente sido admitidos a frequentar o curso de formação teórica organizado pelo Centro de Estudos Judiciários (CEJ) em colaboração com a Faculdade de Direito da Universidade Nova de Lisboa;

c) Em 3-01-2003 foi elaborado pelo júri do concurso o Regulamento do aludido curso de formação, documentado nos autos a fls. 55-56, aqui dado por reproduzido, e em cujo ponto 8.3 se estipulava: "no termo do curso, o Júri procederá à avaliação final de cada Auditor, expressa sob a forma de "Apto" ou "Não Apto".

d) Dá-se por reproduzida a acta do júri de 17/MAR//2003, documentada a fls.57-58.

e) Em 14-04-03, já depois de realizados e corrigidos todos os testes, o júri reuniu para aprovar as classificações correspondentes ao terceiro mês de formação. Deliberou então o júri o que segue, e como se dá nota na respectiva acta. "Apreciadas as classificações propostas pelos correctores das provas...considerando que as classificações propostas relativamente aos testes de Procedimento e Processo Tributário e de Direito do Ambiente eram acentuadamente elevadas...sendo por isso, passíveis de conduzir a distorções quanto ao juízo a formular sobre o mérito dos Auditores, deliberou por maioria...reduzir em 2 (dois) valores as classificações propostas relativamente a cada um dos dois referidos testes. Foi decidido que, para efeito da elaboração da lista de classificação valorimétrica dos Auditores a que se refere o art. 15.º, n.º 1, do Regulamento do concurso, se procederia ao cálculo da média aritmética das classificações atribuídas a cada Auditor nos onze testes efectuados durante o curso, expressas em unidades e décimas, sem arredondamentos, devendo ser julgados não aptos, para efeitos do n.º 3 do mesmo artigo, os Auditores que obtenham média inferior a 10 valores, sem arredondamento, assim como aqueles que devam ser objecto de um juízo negativo por terem obtido classificação inferior a 10 valores, sem arredondamento, em pelo menos três testes realizados" (cf. acta documentada a fls. 36-37).

f) Em 15-04-03 o júri reuniu para aprovar a lista de classificações dos referidos Auditores, e, "ao abrigo do disposto no art. 15.º, n.º 3, do Regulamento do concurso, o Júri deliberou considerar não aptos os Auditores que obtiveram classificação final inferior a 10 valores, sem arredondamento, assim como aqueles que, embora tendo obtido classificação final igual ou superior a 10 valores, tenham tido classificação inferior a 10 valores, sem arredondamento, em pelo menos três dos testes realizados, o que o júri, tudo ponderado, considera traduzir deficiências significativas em várias matérias jurídicas essenciais, inaceitáveis do ponto de vista da formação científica minimamente exigível para se poder ser nomeado juiz dos tribunais administrativos e fiscais" (cf. acta documentada a fls. 38-40).

g) Dá-se por reproduzida a acta do júri de 19/MAI//2003, documentada a fls.64-67.

h) Em conformidade com o entendimento vertido nas referidas actas, foram os recorrentes considerados como não aptos:

– O José Alexandre Caldas Ribeiro, por ter tido quatro negativas nos testes;

– O José Carlos Pinto Embaixador, por ter tido três negativas nos testes;

– O José Marques Flores Baptista, por ter tido cinco negativas nos testes;

– A Leocádia Maria de Campos Flores, por ter tido classificação final inferior a 10 valores;

– O Lúcio Augusto Pimentel Lourenço, por ter tido três negativas nos testes;

– O Narciso Cordeiro Fernandes, por ter tido classificação final inferior a 10 valores;

– E o Vítor Augusto Gouveia da Silva Rodrigues, por ter tido seis negativas nos testes (cf. mesma acta).

i) A 26 de Maio de 2003 o CSTAF homologou a aludida decisão do júri, e, em consequência, excluiu-os da lista de graduação final (cf. acta documentada a fls. 18-27, de onde constam os fundamentos da referida deliberação, aqui dada por reproduzida).

j) De tal deliberação foram os recorrentes notificados através de ofícios do Secretário do CSTAF datados de 27 de Maio de 2003, e registados a 28 de Maio de 2003, tudo como se alcança do que se mostra documentado a fls. 144 a 150v.º, e aqui se dá por reproduzido.

k) De tal decisão reclamaram os recorrentes para a AR, a qual, por deliberação de 30 de Junho de 2003, foi desatendida, e assim mantida a mencionada deliberação de 26 de Maio de 2003 (cf. acta documentada a fls. 28-34, e a fls. 163 e segs., aqui dada por reproduzida).

l) As retro mencionadas deliberações (de 26 de Maio de 2003 e de 30 de Junho de 2003 do CSTAF) constituem os actos contenciosamente impugnados.

m) A petição de recurso deu entrada no STA a 14.7.03 (cf. fls 2).

2.2. MATÉRIA DE DIREITO

O acórdão recorrido anulou a deliberou impugnada por entender que a mesma violou o principio da transparência, com a seguinte argumentação:

"(...) Importa que se recorde que o que acima se deixou exposto, constitui doutrina firme. Citam-se no aresto os Acs. do STA, de 21/6/94, in Ap. ao DR de 31.12.96, pag. 4999; ainda Acs. STA/Pleno, de 16/11/95, Ap. ao DR de 30/9/97, pag. 788; de 14/5/96, in AD n.º 419/1265; do Pleno de 19/12/97, Proc. N.º 28.280; do Pleno de 21/1/98, Proc. N.º 36.164; de 2/7/98, Proc. N.º 42.302, e ainda os do Pleno de 20.01.98, in Proc. N.º 36.164; também, o Ac do STA de 14.05.96, in AD n.º 419/1265.

Mas, muitos outros se podem ver, citando-se entre apenas os seguintes os acórdãos: de 13-01-2005 (Rec. 0730/04), de 12-11-2003 (039386 PLENO), de 01-04--2003 (Rec.), de 24-9-96 (Rec. 36719), de 15-01-2002 (Rec.047615), de 30-3-93 (Rec. 28031), de 12-4-94 (Rec. 30968), de 24-9-96 (Rec. 36719) e de 2-4-98 (Rec. 41906) deste STA, e que pode resumir-se à asserção de que nos procedimentos concursais não devem modificar-se as regras do jogo, uma vez definido o quadro de um concurso e conhecidos que sejam (ou que possam sê-lo) os curricula dos seus oponentes, ou, como no caso, as suas classificações; regras essas que, por outro lado, terão que estar definidas antes da possibilidade de serem conhecidos aqueles curricula, ou, como no caso, as classificações obtidas pelos candidatos.

Ora, não se vê razão para que tais princípios não devam transpor-se para a situação em apreço, como irá ver-se.

Efectivamente, a salvaguarda do princípio da transparência concursal, que constitui uma garantia preventiva da imparcialidade, impõe que a Administração actue de forma a dar uma imagem de objectividade, isenção e equidistância dos interesses em presença, de molde a projectar para o exterior um sentimento de confiança, tudo de molde a que nenhuma dúvida possa subsistir relativamente à sua actuação A propósito, cf. Esteves de Oliveira e outros in Código do Procedimento Administrativo em anotação ao art. 6.º.

Ora, podendo considerar-se como legítima a aludida ponderação do Ministério Público, e devendo aceitar-se sem esforço como aplicável à situação em apreço a disciplina legal acima referida, decorrente, nomeadamente do citado art. 7.º da Lei 13/2002, do ETAF (n.º 3 do art. 61.º), da citada Portª 386/2002, e bem assim do CPA, como decorre do n.º 5 do seu art. 2.º (e, portanto, como excluída, no geral, a aplicação do aludido regime do Dec. Lei 204/98 referente aos concursos na função pública), um evento sobreveio no procedimento em causa e que é repelido pelo que está implicado na observância devida ao princípio da imparcialidade que rege a actuação administrativa, plasmado no art. 6.º do CPA, como decorrência do enunciado no art. 266.ºda CRP.

Foi ele que, só depois de "apreciadas as classificações propostas pelos correctores das provas, o júri" (cf. acta referida no ponto e da Mª de F.º), tenha decidido do modus faciendi sobre quem deveria considera-se como não apto.

Mas, assim sendo, o que essencialmente está em causa não é a circunstância de os candidatos poderem (ou não) ter sido eventualmente mais aplicados na aquisição dos sobreditos conhecimentos se aquela deliberação tivesse sido tomada anteriormente ao início do curso, ou o facto de o júri não ter deixado de acatar a especial regulação do concurso (que no entanto, realce-se, omitiu de todo qualquer prévio enunciado sobre os critérios que deveriam presidir à formulação do referido juízo negativo de não apto).

O punctum saliens reside sim no que antes se registou, ou seja, no respeito pelo dever imposto à Administração de que actue por forma a que nenhuma dúvida possa subsistir relativamente aos seus procedimentos, tudo de molde a dar a falada imagem de objectividade, isenção..., sem o que o princípio da transparência não poderia no caso ter funcionado como garantia preventiva da imparcialidade.

Deste modo, e em suma, o júri, ao ter elaborado os critérios que deveriam presidir à formulação do aludido juízo negativo de não apto, nas descritas circunstâncias, não acatou um princípio estruturante da actividade administrativa, o princípio da imparcialidade."

O motivo determinante da anulação foi a circunstância do júri ter elaborado os critérios que deveriam presidir à formulação dos juízos negativos (não aptos), *depois de realizadas os testes de avaliação e de serem conhecidos os respectivos resultados.* O conhecimento prévio dos resultados dos testes, no entender do acórdão recorrido, pôs em causa o princípio da imparcialidade, na justa medida em que este princípio impõe à Administração uma actuação de molde a transmitir uma "*imagem de objectividade e isenção*", uma vez que sem tal transparência, não existe uma "*garantia prévia de imparcialidade*".

A entidade recorrida defende que a enunciou do critério pelo júri não violou o princípio da imparcialidade e ainda que não fez apelo a este critério quando homologou a lista de graduação final .

São, assim, duas as críticas dirigidas ao acórdão recorrido: o critério enunciado pelo júri é um critério válido, que não viola o princípio da imparcialidade; em todo o caso tal critério não foi seguido pela recorrida ao homologar a lista de graduação final.

Vejamos, cada uma delas.

(i) Legalidade do critério

O recorrente, no essencial, entende que o critério definido pelo júri do concurso não ofende o *princípio da imparcialidade*, por ser objectivo e igual para todos, por não serem aplicáveis as regras gerais dos concursos para a função pública, por não se tratar de um critério surpresa; e, por não ter sido dada aos candidatos qualquer expectativa no sentido de que bastaria uma média final positiva para serem considerados "aptos".

Em primeiro lugar, deve referir-se que estas críticas não atingem o âmago da decisão, uma vez que a mesma não pôs em causa os referidos atributos (objectividade, igualdade, boa fé).

O que se decidiu foi haver uma violação do principio da imparcialidade/transparência em virtude do critério em causa (objectivo sem dúvida, e aplicável a todos sem dúvida também), <u>ter sido criado numa fase do procedimento</u> de escolha dos candidatos em que <u>já eram conhecidas as classificações dos candidatos</u>. Foi a circunstância do critério ter sido definido depois de se conhecerem os resultados dos testes que levou o acórdão a considerar violado o princípio imparcialidade. Decisivo para o acórdão não foi o <u>conteúdo</u> do <u>critério</u> (a sua substância), mas o <u>momento temporal</u> (o tempo) em que foi definido que afectou a transparência do procedimento.

Por outro lado, o acórdão recorrido, quanto à caracterização da violação do princípio da imparcialidade, através da frustração *da garantia prévia da imparcialidade*, acolheu entendimento consolidado no que respeita ao recorte do princípio da imparcialidade, na modalidade de protecção em abstracto da imparcialidade.

Na verdade, a Constituição, no art. 266.º, 2 subordina *toda a actividade administrativa* à Constituição e à lei, com respeito – além de outros – pelo princípio da *imparcialidade.* O Código de Procedimento Administrativo no art. 6.º, de acordo com o preceito constitucional citado, também impõe à Administração Pública o dever de tratar de "forma justa e *imparcial* todos os que com que ela entrem em relação".

A dimensão da imparcialidade está ligada "a uma postura da Administração", com uma natureza instrumental e de *garantia* da "objectividade final" (ESTEVES DE OLIVIERA, e outros, Código de Procedimento Administrativo, Coimbra, 1997, pág. 107).

A dimensão do princípio da imparcialidade, assim, definida não é apenas aplicável aos concursos da função pública, sendo um princípio constitucional e legal aplicável à actividade administrativa em geral.

Estando, no caso dos autos, em curso um procedimento de selecção de candidatos, as regras gerais sobre a imparcialidade aplicáveis aos demais concursos têm pleno cabimento, pois está em causa a mesma "postura" da Administração, como garante de uma tal transparência na escolha, que não deixe lugar à possibilidade da dúvida sobre a respectiva imparcialidade.

Como tem sublinhado a jurisprudência deste Supremo Tribunal, o princípio da imparcialidade, impõe nestes casos, que os critérios de avaliação, não possam ser criados depois de conhecidos os "factos" a que se vão aplicar. Está em causa afastar o perigo da parcialidade: "O simples risco de lesão e o perigo de parcialidade, constituem fundamento bastante para a anulação, mesmo que se desconheça em concreto a efectiva violação dos interesses de algum concorrente" (sumário do Acórdão de 9-12-2004, recurso 594/04) – cfr., por todos, o acórdão do Pleno da 1ª Secção, proferido no recurso 01126/02, remetendo para o acórdão de 9-12-2004, proferido no recurso 594/04: "...*Por outro lado, sob pena de suspeição, falta de transparência e de parcialidade, não pode o órgão estabelecer essas regras e critérios depois de conhecer as candidaturas dos concorrentes. Para que não haja a tentação de afeiçoar os critérios à situação particular de um ou outro interessado e, portanto, ao resultado que se pretenda obter, devem eles ser estabelecidos antes de conhecido o currículo de cada candidato – Ac. do STA, de 21/6/94, in Ap. ao DR de 31.12.96, pag. 4999; ainda Acs. STA/Pleno, de 16/11/95, Ap. ao DR de 30/9/97, pag. 788; de 14/5/96, in AD n.º 419/1265; do Pleno de 19/12/97, Proc. N.º 28.280; do Pleno de 21/1/98, Proc. N.º 36.164; de 2/7/98, Proc. N.º 42.302*".

Mostra-se, no presente caso, violado o principio da imparcialidade (através da degradação da transparência) pelo facto do júri ter considerado que devem "...*ser julgados não aptos (...) os auditores que obtenham média inferior a 10 valores, sem arredondamento, assim como aqueles que devem ser objecto de um juízo negativo por terem obtido classificação inferior a 10 valores, sem arredondamento, em pelo menos três dos testes realizados*", numa altura em que os candidatos já tinham realizado todos os testes e já eram conhecidas as respectivas classificações.

São, finalmente, inconcludentes os argumentos, segundo os quais não se criou qualquer "critério surpresa", e que não tinham sido criadas expectativas no sentido de bastar a média final (conclusões 8ª e 9ª), uma vez que não foram esses atributos do critério que, segundo o acórdão, afectaram a imparcialidade. O que aí foi considerado ilegal – recorde-se – radicou na criação *desfasada no tempo* do critério, como acima se demonstrou.

Daí que, nesta parte, o recurso não mereça provimento.

(ii) (Não) aplicação do critério

Defende a entidade recorrida que não fez apelo a este critério quando homologou a lista de graduação final (conclusão 6). Não foi – continua na conclusão 7ª – a circunstância de terem obtido três ou mais negativas nos testes realizados que, automaticamente, e sem mais, levou à exclusão dos candidatos, mas sim uma apreciação casuística da prestação de cada candidato no âmbito do curso de formação teórica".

Ao insurgir-se contra o acórdão recorrido, nestes termos, o recorrente está a por em causa a interpretação do acto. Em termos claros e simples, a controvérsia é a seguinte: o acórdão recorrido anulou o acto por ele ter aplicado um critério ilegalmente criado e a entidade recorrida defende (como já defendia na subsecção) que não aplicou esse critério.

Impõe-se saber, antes de mais, se a decisão da subsecção, nesta matéria, pode ser controlada pelo Pleno.

O art. 21.º, n.º 1 e 2 do ETAF, limitam o âmbito de conhecimento do Pleno a matérias de direito. Por outro lado, o art. 722.º, 2 do C. P. Civil estabelece que o erro na apreciação das provas e na fixação dos factos materiais da causa não pode ser objecto de recurso de revista, "*salvo havendo ofensa de uma disposição expressa de lei que exija uma espécie de prova para a existência do facto ou que fixe a força de determinante meio de prova*".

Como distinguir, então, se estamos perante matéria de direito ou matéria de facto, tendo em vista a delimitação do âmbito de cognição do Pleno, como Tribunal de Revista?

MIGUEL TEIXEIRA DE SOUSA, Estudos Sobre o Novo Processo Civil, Lisboa, 1997, pág. 422, faz apelo a um critério gnoseológico, em detrimento de uma discussão estritamente ontológica, dada a interpenetração reconhecida entre o facto e o direito:

"*A distinção entre matéria de direito e de facto é dificultada pela interdependência que se verifica na sua delimitação recíproca e, em especial, pela sua confluência para a obtenção da decisão de um caso concreto. (...) Apesar da referida interdependência, é possível, mais numa perspectiva gnoseológica do que ontológica, estabelecer a distinção entre as matérias de facto e de direito nos seguintes termos:*

– *a matéria de facto respeita à averiguação dos factos e o resultado dessa actividade exprime-se numa afirmação susceptível de ser considerada verdadeira ou falsa (aconteceu o facto x; o facto y não se realizou);*

– *a matéria de direito refere-se à aplicação das normas aos factos e o resultado dessa actividade pode ser avaliado segundo um critério de correcção ou de justificação ("a norma x regula a situação y; a norma z é aplicável ao facto i*".

O mesmo autor invoca a favor deste critério a jurisprudência do Supremo Tribunal de Justiça, para a qual é questão de facto "*o apuramento das ocorrências da vida real, dos eventos materiais e concretos, de quaisquer mudanças operadas no mundo exterior, bem como do estado, qualidade ou situação real das pessoas ou das coisas*" – Acórdão de 8-11-995, CJ 95/3, 293.

São factos e, portanto, podem ser objecto de prova, as declarações reais ou hipotéticas, como por exemplo a vontade hipotética ou conjectural das partes para efeitos, por exemplo da redução ou conversão de negócios jurídicos – MANUEL DE ANDRADE, Noções Elementares de Processo Civil, Coimbra 1979, pág. 194.

Este Supremo Tribunal tem tomado posição sobre o problema por diversas vezes, designadamente quando está em causa a interpretação dos actos administrativos, como decorre do acórdão do Pleno da 1ª Secção, de 12-11-2003, proferido no recurso 041291:

"Como vem sendo jurisprudência deste Pleno, «*a interpretação do acto administrativo feita pela Secção, através dos elementos factuais da sua literalidade e das circunstâncias em que foi proferido, constitui matéria de facto, que o Pleno, funcionando como tribunal de revista, tem de acatar (art. 21.º, n.º 3 do E.T.A.F.)*». «*Quando para o resultado interpretativo do acto, alcançado pelo acórdão da Secção, foram também decisivos o tipo legal do acto, ou a interpretação de normas, princípios ou conceitos jurídicos, a que aquele acórdão fez apelo, nada impede, nesse domínio estrito, o exame crítico do Pleno, como tribunal de revista*» – Acórdão deste Pleno de 28-3-96, proferido no recurso n.º 32268, publicado em Apêndice ao Diário da República de 30-1-98, página 271. Em sentido idêntico, podem ver-se os seguintes acórdãos deste Pleno: – de 1-10-97, proferido no recurso n.º 12047, publicado em Apêndice ao Diário da República de 11-1-2001, página 1830; – de 10-11-98, proferido no recurso n.º 40848, publicado em Apêndice ao Diário da República de 12-4-2001, página 1275; e – de 6-6-2002, proferido no recurso n.º 45074, publicado em Acórdãos Doutrinais do Supremo Tribunal Administrativo, n.º 492, página 1650."

Vejamos, de acordo com estes princípios, o caso dos autos.

Um acto administrativo tem como elemento essencial uma declaração de vontade. A existência dessa declaração de vontade desencadeia efeitos jurídicos. Deste modo, um acto administrativo – enquanto declaração de vontade que desencadeia efeitos jurídicos – pode gerar controvérsia em muitos aspectos, não sendo de excluir que essa controvérsia radique na fixação de factos, ou em aspectos de direito, designadamente em aspectos de direito quanto à fixação de factos. Por isso, para a questão que nos ocupa, devemos em primeiro lugar, evidenciar qual o aspecto do acórdão recorrido posto em causa, pois só desse modo podemos saber se a mesma diz respeito ao apuramento da matéria de facto, e se, nesse apuramento, foram decididas questões de direito.

A crítica ao acórdão da subsecção, neste ponto, é feita através da imputação de *um erro na interpretação do acto impugnado*. O acórdão entendeu que a entidade recorrida fez uso do critério estabelecido pelo júri, o recorrente diz que homologou a lista de classificação final, sem fazer apelo ao referido critério, apreciando casuisticamente cada um dos candidatos classificados de "não apto".

Tendo em atenção a actividade desenvolvida pelo Tribunal para concluir se o recorrido aplicou, ou não, o critério definido pelo júri, facilmente concluímos que *resultado dessa actividade se exprime numa afirmação susceptível de ser considerada verdadeira ou falsa*. Ao afirmar que a entidade recorrida aplicou o critério definido pelo júri, estamos efectivamente perante um juízo que é verdadeiro, ou é falso, reportado à existência, ou não, de uma vontade expressa (declarada).

Recorde-se que a concreta questão que se colocava (neste ponto) ao tribunal era a de delimitar com precisão e rigor o conteúdo da vontade real e declarada pela entidade recorrida. Ao decidir, como decidiu, nesta parte, o acórdão recorrido tinha de optar perante uma alternativa: ou a entidade recorrida fez uso do critério, ou não; ou a vontade manifestada no acto aplicou o critério, ou não. O juízo do acórdão ao concluir que o acto impugnado fez uso do aludido critério é, neste sentido, um juízo sobre a verificação de um determinado dado, sendo por isso mesmo susceptível de estar certo ou errado. Erro esse que se traduziria numa divergência entre a vontade declarada e a representação que dela é feita no acórdão (erro, portanto, sobre pressupostos de facto).

Do exposto, atendendo à natureza da actividade levada a cabo pelo tribunal para se pronunciar sobre o conteúdo do acto impugnado (vontade real declarada) – segundo o critério acima referenciado por Miguel Teixeira de Sousa – estamos perante uma questão de facto.

Se atentarmos, agora, ao modo como a questão é posta em crise na motivação da alegação do recurso para o Pleno também constatamos claramente que não é posta em causa a aplicação de qualquer regra ou princípio jurídico.

Nos artigos 31.° e seguintes, o recorrente defende que "*a exclusão dos candidatos baseou-se nas notas atribuídas pelos docentes que corrigiram os testes, tendo procedido à sua análise, caso a caso, motivo pelo qual cada candidato excluído viu fundamentada concretamente a respectiva decisão*", sem apontar ao acórdão recorrido a violação de qualquer regra ou princípio jurídico. Nem poderia ser de outro modo, pois o vício imputado ao acórdão traduzia-se em este ter entendido erradamente que aos candidatos fora aplicado o critério definido pelo júri. A interpretação dos actos administrativos sindicada pelo Pleno, como vimos acima, restringe-se aos aspectos em que o tribunal se tenha socorrido de regras, ou princípios jurídicos, pelo que a *ausência* da respectiva indicação, nas alegações de recurso, é um indício muito claro de que a violação desses comandos (inaplicados) não estava a ser posta em causa.

Finalmente, o acórdão recorrido relativamente a este aspecto da questão também não fez apelo a qualquer norma ou princípio jurídico. A fls. 198/199, o acórdão depois de enumerar as regras legais e regulamentares aplicáveis, disse o seguinte:

"(...)Tendo já sido realizados e corrigidos todos os testes, e reunido o Júri para aprovar as classificações correspondentes ao terceiro mês de formação, foi decidido que, se procederia ao cálculo da média aritmética das classificações atribuídas a cada Auditor nos onze (11) testes efectuados durante o curso, expressas em unidades e décimas, sem arredondamentos, devendo ser julgados não aptos, para efeitos do n.° 3 do mesmo artigo (15.° do Regulamento), os Auditores que obtenham média inferior a 10 valores, sem arredondamento, assim como aqueles que devam ser objecto de um juízo negativo por terem obtido classificação inferior a 10 valores, sem arredondamento, em pelo menos três testes realizados, o que o júri, tudo ponderado, considera traduzir deficiências significativas em várias matérias jurídicas essenciais, inaceitáveis do ponto de vista da formação científica minimamente exigível para se poder ser nomeado juiz dos tribunais administrativos e fiscais.

Ora, tendo os recorrentes frequentado as sessões de formação, e realizado os 11 testes escritos, sucedeu que obtiveram, pelo menos, três resultados inferiores a 10 valores, sem arredondamentos (cf. acta documentada a fls. 18 e segs.), embora a média aritmética dos mesmos resultados por eles obtidos no conjunto dos testes, segundo alegam, tivesse sido igual ou superior a 10 valores, o que no entanto é contestado pela AR relativamente à candidata A..., visto que quanto a ela a referida média terá sido inferior a 10 valores.

Foi então que, de harmonia com tais ponderações e avaliações, e atentos os resultados especificados na alínea h) da Mª de F.°, que o júri deliberou considerar os recorrentes como "não aptos", o que foi homologado pelo CSTAF".

Embora sem uma *refutação muito desenvolvida* da tese defendida pela entidade recorrida, sobre a não aplicação em concreto do critério em causa, é indiscutível que o acórdão considerou que tal interpretação do conteúdo do acto não era verdadeira. Da parte final do acórdão, acima transcrita, mais concretamente com a expressão "*...de harmonia com tais ponderações e avaliações, e atentos os resultados especificados na alínea h) da Mª de F.°, que o júri deliberou considerar os recorrentes como "não aptos", o que foi homologado pelo CSTAF*" resulta que o acórdão entendeu que a homologação se limitou a considerar os candidatos não aptos, mas estendeu-se a toda a "*deliberação do júri*", feita de harmonia com as referidas ponderações e avaliações.

Para chegar a esta conclusão, o acórdão não apelou a qualquer regra ou princípio jurídico, não extravasando a mera *literalidade* do acto e a *descrição das vicissitudes* que o precederam.

A não indicação de qualquer regra ou princípio jurídico é também um indício claro e seguro de que, nesta interpretação culminando com a fixação da vontade declarada através do acto impugnado, não apelou, nem aplicou, qualquer regra, princípios ou conceitos jurídicos.

Assim e em resumo, (i) estando em causa o apuramento da vontade real constante de um acto administrativo (que é matéria de facto); (ii) não tendo a entidade recorrida ora recorrente imputado ao acórdão a violação de qualquer regra, princípio ou conceito jurídico no apuramento e recorte dessa vontade; (iii) não tendo o acórdão, por seu turno, aplicado qualquer regra, princípio ou conceito jurídico para concluir pela existência da referida vontade declarada; e, finalmente (iv) não podendo o Pleno da 1ª Secção, controlar a prudente convicção do julgador quanto à fixação da matéria de facto *deve ter-se por assente que a entidade recorrida ao homologar a deliberação do júri, através do acto impugnado contenciosamente, aplicou o critério que este definira.*

Deve, em consequência, negar-se provimento ao recurso pois, como acima se viu, o critério em causa foi ilegalmente criado.

3. DECISÃO

Face ao exposto, os juízes do Pleno da 1ª Secção do Supremo Tribunal Administrativo acordam em negar provimento ao recurso.

Sem custas.

Lisboa, 23 de Maio de 2006.

António São Pedro (Relator)
António Samagaio
Rosendo José
Maria Angelina Domingues
Luís Pais Borges
Jorge de Sousa
Alberto Costa Reis
Adérito Santos

Recurso n.º 1328-03-20

PROCESSO DISCIPLINAR. ILÍCITO CRIMINAL. CLASSIFICAÇÃO DE FACTO COMO CRIME. PRINCÍPIO DA EXCLUSIVIDADE DA JURISDIÇÃO PENAL. PRESUNÇÃO DE INOCÊNCIA DO ARGUIDO.

(Acórdão de 4 de Maio de 2006)

SUMÁRIO:

I – O CSMP ao referir no acordão punitivo que "os factos praticados pelo arguido ...revelam grave violação dos deveres gerais de isenção e lealdade e integram a prática de ... crimes ... que demonstram além de falta de lisura, uma definitiva incapacidade de adaptação às exigências da função", está tão só, no exercício do poder disciplinar que lhe compete – artigo 27, al. a), da LOMP, redacção da Lei n.º 60/98, de 27-08 – a qualificar, a título incidental e no âmbito do procedimento disciplinar, certo comportamento como integrando ilícito criminal para efeitos de avaliar da viabilidade ou não da manutenção da relação funcional do arguido.

II – Não está, pois, a invadir a reserva de jurisdição dos tribunais criminais para a qualificação e punição de tais condutas como crimes, nem está a afirmar que a conduta do arguido cai no âmbito do direito penal ou, sequer, que deve ser punida como crime, razão por que é de todo indiferente, para os efeitos que vimos tratando, que tais factos tenham ou não sido objecto de decisão, condenatória ou absolutória, de um tribunal criminal transitada em julgado, como pretende o recorrente.

III – Assim, a Administração ao formular o juízo referido em I, ponderando o desvalor daqueles factos na aplicação da sanção disciplinar, não está a violar o princípio da presunção de inocência do arguido ou o princípio da separação de poderes e exclusividade da jurisdição penal, decorrentes dos artigos 2 e 32, n.ºs 2 e 9, da CRP.

ACORDAM EM CONFERÊNCIA NO PLENO DA 1ª SECÇÃO DO CONTENCIOSO ADMINISTRATIVO DO SUPREMO TRIBUNAL ADMINISTRATIVO

F(..........................), magistrado do Ministério Público, identificado nos autos, recorre do acórdão de fls. 66 e seg.s, que negou provimento ao recurso contencioso que interpusera da deliberação de 14-06-2000, do Plenário do Conselho Superior do Ministério Público, que lhe aplicou a pena disciplinar de aposentação compulsiva.

I.I. O recorrente formula as seguintes conclusões:

1. A decisão punitiva entendeu que o magistrado recorrente não se adaptava às funções que desempenhou, porquanto havia cometido três crimes – cfr. decisão recorrida.

2. O magistrado recorrente à data da prática do acto (o que sucede ainda na actualidade) estava simplesmente pronunciado pela prática de tais crimes.

3. Foi assim assacado ao acto vício de violação de lei (por erro de facto nos pressupostos), decorrente da circunstância daquela decisão punitiva ter sido proferida com fundamento em pressupostos errados e estranhos ao processo disciplinar, tendo-se adiantado que deve ser tida por irrelevante qualquer consideração que se faça em função de juízos do foro criminal, sobretudo quando o magistrado recorrente apenas está pronunciado pelos crimes que a administração diz que o mesmo praticou.

4. O Tribunal recorrido, depois de concluir connosco no sentido de que os ilícitos, disciplinares e criminais, são efectivamente diferentes, julgou que, do ponto de vista da reserva de relevância em sede disciplinar da ilicitude penal, seriam três as razões pelas quais não se verificaria a ilicitude assacada ao acto.

A primeira dessas razões é a seguinte:

5. É a distinção de ilícitos que justifica a implicação disciplinar dos factos passíveis de sanção disciplinar e penal em simultâneo."

6. Face a estes dizeres, até algo genéricos, importa concluir, com rigor e precisão, que os mesmos não têm qualquer força justificativa lógica que seja apta a contrariar o vício de violação de lei assacado ao acto.

7. Ou seja, ninguém nega ou negou que a distinção de ilícitos justifica a implicação disciplinar dos factos simultaneamente justificadores de uma sanção disciplinar e penal em simultâneo.

8. Só que... isso, como defende a lei, só ocorre depois da condenação criminal que se não verificou!!!!

A segunda das razões é a seguinte:

9. "... sem unidade de ilicitude, o desvalor jurídico de natureza penal, releva no ilícito disciplinar como mero índice de qualificação da infracção disciplinar, pelo alarme social que provoca e pela danosidade associada que, em regra terá para a eficácia funcional do serviço a prática de uma falta disciplinar que seja, ao mesmo tempo, tipificada como crime."

10. Se o desvalor jurídico de natureza penal revela? (releva) no ilícito disciplinar como mero índice de qualificação da infracção disciplinar, então não pode o mesmo, como se frisou no recurso contencioso e sob pena de ocorrer violação de lei, fundar uma condenação disciplinar.

A terceira das razões é a seguinte:

11. "... porque no quadro de autonomia dos ilícitos e independência dos processos, justificados pela diferenciação dos bens a proteger, os comportamentos são apreciados à luz de normativos diversos, a partir de enfoques distintos, com critérios de prova diferentemente orientados, sem perigo de contradição entre a decisão disciplinar e a sentença penal, em termos que ponham em causa a unidade da ordem jurídica."

12. A aludida inexistência de contradição, a insusceptibilidade de poder ocorrer quebra da unidade da ordem jurídica, não invalida, comprime, prejudica, ou sequer... belisca a conclusão de que não se afigura possível concluir que um funcionário não se adapta definitivamente à função, com fundamento no alegado, mas suposto, cometimento de crimes relativamente aos quais o arguido apenas se encontra pronunciado!!!

13. Numa palavra, não é possível aceitar uma campanuda qualificação jurídico administrativa de uma conduta como tendo constituído crime apenas para efeitos disciplinares, quando o arguido na sede própria apenas foi pronunciado por esse crime que a administração diz que o magistrado supostamente cometeu.

14. A administração poderia ter entendido fundadamente que as condutas subjacentes aos ilícitos (também eventualmente passíveis de uma qualificação jurídico-criminal) eram de molde a revelar a inadaptação para o exercício da função, nunca poderia era ter dito expressa e literalmente que essa inadaptação se verificou em virtude de o magistrado recorrido ter cometido crimes, conforme se lê da decisão punitiva.

15. Entender que a administração pode qualificar como crime uma determinada conduta, para efeitos estritamente disciplinares, sem atender à qualificação criminal que está a ser levada a efeito na jurisdição penal onde o arguido apenas está pronunciado por esse crime, ofende o princípio da separação de poderes e a exclusividade da jurisdição penal (cfr. art. 2.° e 32.°, n.° 9 da CRP).

16. Entender que a administração pode aplicar uma sanção disciplinar qualificando as condutas como constituindo crimes ofende o princípio da presunção da inocência, plasmado no art. 32.°, n.° 2 da CRP.

Não houve contra alegações a Exm.ª Procuradora Geral Adjunta emitiu o seguinte parecer :

"Somos de parecer que não assiste razão ao Recorrente.

Decorre da independência dos procedimentos criminal e disciplinar (art. 7.°, do E.D.) a possibilidade de a Administração desencadear o procedimento disciplinar antes da apreciação dos factos pelos tribunais, não tendo, em princípio, a absolvição em processo penal, relevância no processo disciplinar – cfr. Acs. de 23.06.1999, Proc. no 37.812; de 29.02.2000, Proc. n.° 31.130; de 3.04.2001, Proc. 29.864 e de 24.01.2002, Proc. n.° 48.147.

Conforme tem vindo a ser considerado, o princípio da presunção de inocência do arguido (art. 32.°, n.° 2, da C.R.P.), entendido à letra, conduziria até «à própria proibição de antecipação de medidas de investigação e cautelares, inconstitucionalizando o inquérito disciplinar em si mesmo, e à proibição de suspeitas de culpabilidade». – cfr. Gomes Canotilho e Vital Moreira, Constituição da República, anotada, 3 edição, pág. 203, e Acs. de 21.03.95, Proc. n.° 37.146 e de 18.12.2002, Proc n.° 1859/02.

Assim, a consequência que dele decorre para os processos disciplinares reduz-se ao facto de impender sobre a Administração o ónus da prova dos factos constitutivos das infracções, impondo-se que Aquela, na aplicação da sanção disciplinar, tenha por base factos que permitam um juízo de certeza sobre a sua prática (cfr. Ac. de 27.11.2002, Proc. n.° 125/02).

Foram imputadas ao Recorrente factos que, em abstracto, integram ilícito do foro penal.

Tendo resultado provada a exactidão material de todos os factos constantes da acusação – cfr. n.ºs 2.1.2. da matéria de facto dada como assente no acórdão recorrido, e 2.2.2, último parágrafo.

O acórdão do Plenário do Conselho Superior do Ministério Público faz assentar o juízo sobre a incapacidade de adaptação às exigências da função, não da prática de crimes, mas da prática de «factos» que analisa de forma circunstanciada no seu ponto n.° 5 (fls. 16).

Deverá, em consequência, ser negado provimento ao recurso jurisdicional."

II. Ao abrigo do disposto no art. 713.°, n.° 6 do CPCivil, e porque sobre ela não foi suscitada qualquer controvérsia, considera-se reproduzida a matéria de facto fixada na decisão impugnada

III. O recorrente insurge-se contra a decisão recorrida pelo facto de esta ter julgado improcedente o vício de violação de lei por erro nos pressupostos decorrente do facto de, em seu entender, a decisão punitiva ter concluído pela definitiva incapacidade de adaptação do recorrente às exigências da função de Magistrado com base em factos que considerou integrarem a prática de crimes de prevaricação, abuso de poder e denúncia caluniosa, objecto de um processo crime ainda pendente e, por isso "externos ao processo disciplinar".

Na sua perspectiva, a decisão punitiva ao fazer relevar tais factos, que qualifica como crimes pelos quais o recorrente havia sido tão só pronunciado, socorre-se de elementos estranhos ao processo disciplinar, o que não é lícito porque ainda não existe condenação pela prática dos mesmos, pelo que viola o princípio da presunção de inocência do arguido e o princípio da separação de poderes e exclusividade da jurisdição penal, decorrentes dos artigos 2.° e 32.°, n.ºs 2 e 9, da CRP.

Vejamos, em primeiro lugar, o que sobre a matéria aqui em análise, a entidade recorrida refere na decisão punitiva objecto do recurso contencioso.

Diz-se no acórdão do CSMP, transcrito na al.h), da matéria de facto:

"Os factos praticados pelo arguido, que assim se têm como provados, conforme os elementos do processo e a explicitação constante de fls. 314 a 328 do relatório do inquérito, para que remete o relatório final de fls. 424 a 432, revelam grave violação dos deveres gerais de isenção e lealdade e integram a prática e quatro crimes de prevaricação, p. e p. pelo artigo 369.°, n.° 4 do Código Penal, um crime de abuso de poder, p. e p. pelo artigo 382.°, do mesmo diploma, e um crime de denúncia caluniosa p. e p. pelo artigo 365.°, também do Código Penal, que demonstram além de falta de lisura, uma definitiva incapacidade de adaptação às exigências da função.

Nestes termos, e ainda pelos demais fundamentos que constam o aludido relatório final, considera-se o arguido incurso nas infracções disciplinares previstas e punidas pelas disposições conjugadas dos artigos 138.°, 141.°, alínea, 146.°, 152.°, 159.°, alíneas a) e b), e 163° da Lei n° 47/86, de 15 de Outubro, a que se referem agora as disposições dos artigos 163.°, 166.°, alínea f), 171.°, 177.° e 184.°, alíneas a) e b), e 188.° do Estatuto dos Magistrados do Ministério Público, aprovado pela Lei n.° 60/98, de 27 de Agosto, por referência ainda aos artigos 3.°, nos 1, 2, 3, 4, alíneas a) e d), 5 e 8 do Estatuto Disciplinar dos Funcionários e Agentes da Administração Central, Regional e Local, aprovado pelo Decreto-Lei no 24/84, de 16 de Janeiro, pelo que acordam em aplicar ao Lic(.........) a pena de aposentação compulsiva."

Tal acórdão foi objecto de reclamação necessária para o Plenário do mesmo Conselho que, apreciando o segmento que recorrente agora põe em causa – incapacidade de adaptação às exigências da função –, indeferiu a reclamação, mantendo a pena de aposentação compulsiva aplicada ao recorrente, referindo na sua parte final:

"..., é patente que um magistrado que se socorre da sua função e da sua categoria profissional para fazer valer os seus próprios direitos não demonstra isenção, característica necessária para o exercício do seu cargo. Tal falta de isenção torna-se ainda mais patente quando os factos não ocorrem na área da comarca onde presta serviço; quando, necessitando do auxílio duma força policial, depois de invocar a sua qualidade de Delegado do Procurador da República, lhe transmite uma versão dos factos que não corresponde à verdade; finalmente, quando se faz valer da sua função e do auxílio que a força policial lhe estava a prestar para ilegalmente apreender uma máquina e para dar voz de prisão a diversas pessoas. Toda a conduta do arguido, que está minuciosamente descrita na acusação e que foi dada como provada no acórdão reclamado é, assim, demonstrativa da sua falta de capacidade para o exercício do cargo, que, aliás, as classificações de serviço nas inspecções a que foi sujeito tornam bem patente.

8. Termos em que, acordam no plenário do Conselho Superior do Ministério Público em indeferir a reclamação apresentada pelo arguido Lic. (................) mantendo, pelas razões invocadas no acórdão da Secção Disciplinar de fls. 435 a 437, e com fundamento nas normas legais ali indicadas, a pena de aposentação compulsiva." – cfr. fls. 18 e 19, dos autos.

No recurso contencioso o raciocínio lógico do recorrente, com vista à demonstração da existência do alegado vício de violação de lei, assenta nas seguintes considerações:

– "os pressupostos de que depende o processo criminal são diversos daqueles que encerram o processo disciplinar" – concl. 23;

– "são diversos os bens jurídicos que se visam salvaguardar nos dois processos" – concl. 24;

– "pelo que é irrelevante toda e qualquer consideração que se faça dos factos descritos em função de juízos do foro jurídico-criminal e, agravadamente, quando o recorrente não foi condenado pelos mesmos" – concl. 25.

O acórdão recorrido, depois se concordar com as duas primeiras afirmações do recorrente – da diferenciação entre ilícito disciplinar e criminal e a possibilidade de os mesmos factos integrarem simultaneamente responsabilidade e disciplinar – rejeita a alegação contida na terceira afirmação – da irrelevância da ilicitude penal no processo disciplinar – com base no seguinte discurso argumentativo:

"Antes de mais porque é, precisamente, a distinção de ilícitos que justifica a implicação disciplinar dos factos passíveis de sanção penal e disciplinar em simultâneo.

Depois, porque, sem unidade de ilicitude, o desvalor jurídico de natureza penal, releva no âmbito disciplinar como mero índice de qualificação da infracção disciplinar, pelo alarme social que provoca e pela danosidade associada que, em regra terá para a eficácia funcional do serviço a prática de uma falta disciplinar que seja, ao mesmo tempo, tipificada como crime.

Finalmente, porque no quadro da autonomia de ilícitos e independência de processos, justificados pela diferenciação dos bens a proteger, os comportamentos são apreciados à luz de normativos diversos, a partir de enfoques distintos, com critérios de prova diferentemente orientados, sem perigo de contradição entre a decisão disciplinar e a sentença penal, em termos que ponham em causa a unidade da ordem jurídica.

Assim se compreende, por um lado, que não haja norma expressa que determine a suspensão do processo disciplinar quando este e o processo criminal corram em paralelo, com incidência sobre os mesmos factos e que, portanto, em princípio, o procedimento disciplinar não tenha que aguardar o desenrolar do processo penal (acórdão STA de 2000.02.29 – rec° n.° 31 130) e, por outro lado, se justifica a jurisprudência deste Supremo Tribunal no sentido que "o facto de o arguido ser absolvido em processo crime, não obsta, em princípio, à sua punição em processo disciplinar instaurado com base nos mesmos factos" (acórdão de 2002.01.24 – rec° n.° 48 147).

Em suma: o acto punitivo não enferma do vício de violação da lei alegado pelo recorrente, nem por ter qualificado como crime, para efeitos estritamente disciplinares, os factos por ele praticados, nem por ter dado relevância a essa qualificação, antes da condenação penal, ponderando-a como índice de qualificação da infracção disciplinar, no juízo que formulou, de definitiva incapacidade de adaptação do arguido à função de Magistrado do Ministério Público".

Ora, o recorrente está de acordo que os factos que lhe são imputados na decisão disciplinar são verdadeiros e estão demonstrados no processo; não põe em causa que os mesmos são subsumíveis aos vários tipos legais de crime previstos nos artigos 369.°, n.° 4, 382 e 365 do Código Penal; o que não aceita é que tal juízo subsuntivo possa ser efectuado por outra entidade que não o tribunal criminal, questionando tão só o facto de ser a Administração a fazer o juízo integrativo de tais factos no tipo legal de crime.

Não lhe assiste, porém razão.

Na verdade, o CSMP ao referir que "**os factos praticados** pelo arguido ...revelam grave violação grave violação dos deveres gerais de isenção e lealdade e **integram a prática de** quatro **crimes** de prevaricação, p. e p. pelo artigo 369.°, n.° 4 do Código Penal, um crime de abuso de poder, p. e p. pelo artigo 382.°, do mesmo diploma, e um crime de denúncia caluniosa p. e p. pelo artigo 365.°, também do Código Penal, **que demonstram além de falta de lisura, uma definitiva incapacidade de adaptação às exigências da função**", está apenas a dizer, no exercício do poder disciplinar que lhe compete – artigo 27.°, al. a), da LOMP, redacção da Lei n.° 60/98, de 27-08 – que a gravidade dos factos praticados é de tal modo elevada que atinge bens e valores jurídicos protegidos pelo direito penal, o que demonstra a inadaptação do recorrente à função de magistrado do Ministério Público, a quem compete, além do mais, perseguir e prevenir a prática de ilícitos dessa natureza.

A Administração ao formular esse juízo não está a violar o princípio da presunção de inocência do arguido ou o princípio da separação de poderes e exclusividade da jurisdição penal, decorrentes dos artigos 2.° e 32.°, n.os 2 e 9, da CRP, mas tão só a qualificar, a título incidental e no âmbito do procedimento disciplinar, certo comportamento como integrando ilícito criminal para efeitos de avaliar (da repercussão da gravidade dos factos concretos) da viabilidade ou não da manutenção da relação funcional do arguido.

Não está, pois, a invadir a reserva de jurisdição dos tribunais criminais para a qualificação e punição de tais condutas como crimes, nem está a afirmar que a conduta do arguido cai no âmbito do direito penal ou, sequer, que deve ser punida como crime, razão por que é de todo indiferente, para os efeitos que vimos tratando, que tais factos tenham ou não sido objecto de decisão, condenatória ou absolutória, de um tribunal criminal transitada em julgado, como pretende o recorrente.

O facto de a Administração na avaliação dos factos provados no âmbito de um processo disciplinar, ponderar que determinada infracção daquela natureza integra também uma infracção criminal, não envolve a prática de acto materialmente jurisdicional ou a invasão da esfera de atribuições dos tribunais – neste sentido cfr. o acórdão do Pleno de 5-05-92. Proc.° n.° 25349, in Ap DR de 29-11-1994, pág. 387, onde, a propósito de caso idêntico, se escreve: " *o que, com o acto de imposição da pena de aposentação compulsiva a Administração teve em vista foi o exercício do poder disciplinar que indiscutivelmente lhe compete. É certo ter referido que uma das condutas, além de integrar infracção disciplinar, configura também o crime de falsificação previsto e punido pelo artigo 228.°, n.os 1 al. a) e 3 do Código Penal, mas daí não partiu para impor à ora recorrida uma condenação penal. Limitou-se antes a afirmar que essa infracção, como as restantes que lhe vêm imputadas, revela falta de idoneidade moral para o exercício das funções próprias do cargo em que estava investida. Foi com esse fundamento que, ao abrigo do no 3 do artigo 26.° do Estatuto Disciplinar, a puniu com pena de aposentação compulsiva.*

Assim decidindo, a autoridade recorrida mais não fez do que prosseguir interesse a seu cargo, a disciplina dos serviços, para defesa da dignidade e prestígio destes e dos que os servem, de todo se abstendo de punir o ilícito pena."[1]

Assim, não corresponde à verdade afirmar-se, como faz o recorrente, que a decisão punitiva fundamente a inadaptação do recorrente à função no facto de o mesmo "ter cometido crimes"; o que dela consta, como se viu, é que os factos praticados pelo arguido que, em abstracto, integram crimes – "demonstram (são indiciadores) além de falta de lisura, uma definitiva incapacidade de adaptação ás exigências da função".

A conclusão que o arguido retira da diversidade dos pressupostos da responsabilidade disciplinar e criminal, bem como da diversidade de bens jurídicos que uma e outra tutelam – de que, por isso, não é licito utilizar juízos do foro jurídico-criminal no processo disciplinar – não é, pois, correcta.

Do mesmo modo, e pelas razões acima expostas, o n.° 2, do artigo 32.°, da CRP, que estatui que " todo o arguido se presume inocente até ao trânsito em julgado da sentença de condenação ... " não impede a ponderação do desvalor, para efeitos de aplicação de sanções disciplinares, de factos praticados pelo arguido que podem integrar, também ilícitos criminais, quer antes daqueles serem objecto de condenação por um tribunal criminal quer mesmo depois de sentença absolutória dos crimes que tais factos consubstanciariam – acórdão do Pleno de 03-04-2001, Proc. n.° 29864.

O princípio da presunção da inocência ali consagrado, embora previsto para o processo penal é aplicável a todos os processos sancionatórios como é o caso dos processos disciplinares, tem como um dos seus principais corolários a proibição de inversão do ónus da prova em detrimento do arguido, não impendendo sobre este, mas sobre a Administração, o ónus de reunir as provas indispensáveis para a decisão a proferir, em especial, em sede da comprovação dos factos que lhe são imputados e da respectiva ilicitude – acórdão do Pleno de 17-05-2001, Proc. n.° 40528.

Ora no caso em apreço, como bem se refere na decisão recorrida a prova dos factos da acusação deduzida contra o recorrente, com base nos quais lhe foi aplicada a sanção disciplinar que impugnou contenciosamente, foi carreada para o processo disciplinar e consta dos

[1] "*o mesmo acontece, em matéria da prescrição da obrigação de indemnizar resultante da responsabilidade civil com base em ilícito civil que também constitua crime: aí o tribunal comum não está inibido, para esse restrito fim, de conhecer da qualificação de certo facto como criminoso, sem que com isso invada a competência dos tribunais criminais, se estes na matéria nada houveram decidido*" – acordão da 1ª Secção do S.T.A. de 27-5-97, Proc. n.° 40 969, confirmado pelo Pleno em acórdão de 21-9-00.

Ver, também, Parecer n.° 241/95, de 7-12-1995, do Conselho Consultivo da Procuradoria-Geral da República n.° 241/95, de 7-12-95, onde se escreve: "... a entidade detentora do poder disciplinar ao examinar a relevância criminal dos factos para efeitos de amnistia não tem, desde logo, por fim a resolução imparcial de qualquer conflito de interesses visando especificamente a realização do direito e da justiça, mas a prossecução do interesse público implicado no exercício do ius puniendi disciplinar".

documentos e dos depoimentos das testemunhas ouvidas – cfr. ponto 2.1.2. e ponto 2.2.2. do acórdão recorrido.

Conclui-se, assim, ao contrário do alegado, que não se mostram violados os princípios da separação de poderes e exclusividade da jurisdição penal decorrentes dos artigos 2.° e 32.°, n.° 9, da CRP, bem como o princípio da presunção de inocência consagrado no n.° 2, do artigo 32.°, do mesmo diploma fundamental, pelo que improcedem todas as conclusões da alegação do recorrente.

IV. Nos termos e com os fundamentos expostos, acordam em negar provimento ao recurso, mantendo-se a decisão recorrida.

Custas pelo recorrente, fixando-se em 400 euros (taxa de justiça) e 200 euros (procuradoria).

Lisboa, 4 de Maio de 2006.

José António de Freitas Carvalho (Relator)
António Fernando Samagaio
Fernando Manuel Azevedo Moreira
José Manuel da Silva Santos Botelho
Rosendo Dias José
Maria Angelina Domingues
Luís Pais Borges
Alberto Acácio de Sá Costa Reis
Adérito da Conceição Salvador dos Santos

Recurso n.° 47146-20

RECURSO CONTENCIOSO. PRAZO. CONTAGEM DE PRAZO.

(Acórdão de 4 de Maio de 2006)

SUMÁRIO:

I – O prazo de 2 meses fixado na alínea a) do n.° 1 do art. 28.° da LPTA conta-se desde o dia da respectiva notificação ou publicação, quando esta for imposta por lei, e expira, por força do estabelecido na alínea c) do art.° 297.° do C. Civil, no dia correspondente do segundo mês seguinte.

II – A contagem deste prazo legal, porque fixado em meses, não é aplicável a regra fixada na alínea b) do referido art. 279.° do C. Civil, pois a regra aplicável, a da alínea c), já tem ínsito o que naquela se estabelece. (v. entre muitos outros ac.°s da 1ª Secção de 11-7-00, rec. 46.010; de 19-12-01, rec. 47.911; do Pleno, de 27-6-01, rec. 21.638).

ACORDAM EM CONFERÊNCIA NO PLENO DA 1ª SECÇÃO DO SUPREMO TRIBUNAL ADMINISTRATIVO

1.1. Maria Luísa Lacerda Andrade Velez recorreu contenciosamente, no T.C.A., do despacho, de 23/7/01 do Ministro do Equipamento Social, que lhe indeferiu o recurso hierárquico interposto do acto homologatório da classificação de serviço atribuída à recorrente e respeitante ao ano de 1999.

1.2. Por acórdão do Tribunal Central Administrativo, proferido a fls. 61 e segs, foi rejeitado, por intempestivo, o recurso contencioso referido em 1.1, ao abrigo do disposto no art. 57 § 4.° do RSTA.

1.3. A Recorrente contenciosa, inconformada com a decisão referida em 1.2, interpôs recurso jurisdicional para este S.T.A., o qual, por acórdão proferido a fls. 100 e segs, da 2ª Subsecção, 1ª Secção, deste S.T.A., lhe negou provimento, confirmando a decisão do T.C.A.

1.4. Discordando da decisão referida em 1.3, a recorrente recorreu para este Pleno com fundamento em oposição de julgados.

Indicou como acórdão fundamento o proferido em 23.5.89, no rec. 24.882, pela 1ª Subsecção, 1ª Secção deste S.T.A.

1.5. Por acórdão de fls. 147 e segs, foi reconhecida a existência de oposição de julgados entre o acórdão recorrido e o acórdão fundamento e ordenado o prosseguimento do recurso.

1.6. A R^te^ Maria Luísa apresentou as alegações de fls. 112 e segs, que concluiu do seguinte modo:

a) O Acórdão recorrido e o Acórdão fundamento abordam a mesma questão de direito.

b) Resolvem-na, no entanto, em sentidos diversos.

c) Não ocorreu entre o proferir de ambos qualquer alteração legal com interesse para a questão controvertida.

d) O Acórdão recorrido mantém a decisão recorrida que rejeitou o recurso por intempestivo

e) O Acórdão fundamento revoga a decisão recorrida que deverá ser substituída pela que se imponha na consideração de que o prazo de 2 meses para a impugnação contenciosa de acto administrativo anulável só começa a correr no dia seguinte ao da notificação.

f) O Acórdão fundamento aplicou correctamente o direito.

g) O Acórdão recorrido fez errada aplicação dos artigos 28.°, n.° 2 e 29.°, n.° 1 da LPTA e 279.°, al. b) e c) do CC.

h) O Acórdão recorrido fez improceder a alegação do recorrente sem se pronunciar sobre a sua confissão de que a data por si indicada como dizendo respeito à sua notificação estava errada, facto que gera a nulidade do acórdão por ofensa do disposto no artigo 668.° do CPC, justificando que se requeira a reforma do acórdão nessa matéria com a concomitante alteração do sentido da decisão.

i) Todas estas questões o Acórdão fundamento resolveu em sentido favorável à recorrente, aplicando correctamente o direito.

j) Só o decidido pelo Acórdão fundamento respeita a lei e resolve a questão jurídica em causa de acordo com o direito aplicável."

1.7. O M.° Público emitiu o parecer de fls. 158 v., 159 e 159 v., do seguinte teor:

"Somos de parecer que o recurso deverá improceder.

Nos termos do art. 279.°, al. c) do C. Civil, «o prazo fixado em semanas, meses ou anos, a contar de certa data, termina às 24 horas do dia que corresponda, dentro da última semana, mês ou ano, a essa data ....»

Face ao disposto no art. 9.°, n.° 3, do C. Civil, deverá presumir-se que «o legislador consagrou as soluções mais acertadas e soube exprimir o seu pensamento em termos adequados»

Assim, afigura-se-nos que o legislador no art. 279.°, al. c), do C. Civil, utilizou a palavra «data» na referência ao início da contagem do prazo, precisamente por esta ser inequívoca.

Ela reporta-se a um dia civil, entendido como período de tempo que começa 12 horas antes da passagem superior do sol e termina 12 horas depois.

Pelo que se nos afigura encontrar-se prejudicada a consideração de um período de 24 horas, sobre a ocorrência do evento indicado na lei, a completar no dia civil seguinte, a partir do qual se contariam as semanas, meses ou anos.

Face ao exposto, somos de parecer que deverá decidir-se em conformidade com o acórdão recorrido, confirmando-se o mesmo, negando-se, assim, provimento ao recurso.

Embora não tenham sido apresentadas alegações na sequência do ordenado no ponto n.° 3, do acórdão de fls. 147 e segs. (art. 767.°, n.° 2, do C.P.C., na redacção anterior à Reforma), emitimos parecer sobre o objecto do recurso, por se nos afigurar que a Recorrente na alegação apresentada nos termos do art. 765.°, n.° 3, do C.P.C., tomou já posição quanto à questão de fundo, manifestando o sentido em que o acórdão recorrido deve ser revisto, aderindo ao acórdão fundamento, conforme decorre da citação no mesmo sentido dos ac.s de 12.10.88 e de 27.1.87 e das conclusões f) e segs."

1.8. A fls. 160, foi proferido, pela Relatora, o seguinte despacho:

"Ouça-se a entidade recorrida para, em 10 dias, se pronunciar sobre a última parte do parecer do M.° Público que antecede (fls. 159 e 159 v.)"

1.9. A entidade recorrida nada disse sobre a questão aludida no parecer do M.° Público e, em alegações, ofereceu o merecimento dos autos.

2. Colhidos os vistos legais, cumpre apreciar e decidir.

2.1. Dá-se como reproduzida a matéria de facto constante do acórdão recorrido.

2.2. O Direito

2.2.1. Preliminarmente, cabe deixar assente que, embora a R^te^ apenas tenha apresentado as alegações de fls. 145 e segs, nada mais alegando após a notificação do acórdão que julgou verificada a existência de oposição de julgados e ordenou o prosseguimento do recurso, se entende dever conhecer-se do mérito do mesmo, tal como sustenta o M.° Público no seu parecer – sem oposição da entidade recorrida.

De facto, a R^te^ , naquelas alegações, tomou também posição quanto ao fundo, pugnando pela revogação do acórdão recorrido, pelas razões constantes do acórdão fundamento, pelo que, em aplicação do princípio "pro actione", aproveitar-se-á o alegado pela Recorrente a tal propósito. (Posição semelhante tem sido adoptada, ultimamente, pela jurisprudência deste Pleno em casos similares).

2.2.2. O acórdão recorrido confirmou a decisão do T.C.A., pela qual havia sido rejeitado, com fundamento em intempestividade, o recurso contencioso interposto pela Recorrente, através da petição entrada no T.C.A., em 28.9.01, do despacho do Ministro do Equipamento Social, de 23.7.01, notificado à Recorrente por ofício de 25.7.01, recebido em 26.7.01.

Para assim decidir, o acórdão recorrido considerou que, o prazo do recurso contencioso, de dois meses, fixado no art. 28.°, n.° 1, a) da L.P.T.A., se conta nos termos do art. 279.°, c) do Código Civil, não sendo aplicável a alínea b) do mesmo artigo, pelo que, termina no dia do segundo mês seguinte correspondente àquele em que ocorreu a publicação ou notificação.

O acórdão fundamento, perante situação em que também se questionava a tempestividade da interposição do recurso contencioso, decidiu que a contagem do prazo em questão só se inicia no dia seguinte à notificação ou publicação do acto, por força da aplicação das alíneas b) e c) do art. 279.° do Código Civil.

Perfilharam, pois, soluções opostas entre si para a mesma questão fundamental de direito, conforme se considerou no acórdão de fls. 147 e segs, urgindo agora decidir qual delas merece aqui ser adopta

2.2.3 Desde já se adianta que a orientação tida por correcta é a perfilhada pelo acórdão recorrido, na linha de entendimento jurisprudencial sedimentado deste S.T.A., pelo menos a partir do acórdão do Pleno da 1ª secção, de 28.5.92, proferido no recurso 26.478.

Posteriormente, além de numerosos arestos das subsecções, vários outros acórdãos do Pleno consagraram a mesma orientação, de que se citam, a título exemplificativo, os ac^os^ de 28.6.94, rec. 28.858, de 12.10.95, rec. 37.197, de 10.7.97, rec. 32.349.

Escreve-se, com efeito, no ac. do Pleno da 1ª secção de 28.6.94, rec. 28.858.

"Deste modo, tratando-se de um prazo de dias ou de horas, entendeu o legislador (cfr. a referida alínea b) do artigo 279.° citado), para esse efeito, não dever contar-se o dia ou a hora em que ocorre o evento que marca o início do prazo, beneficiando assim (necessariamente) o interessado com a fracção restante da unidade de tempo em que se verificou o mencionado evento.

De forma diferente se passam as coisas no caso previsto na alínea c) do mesmo artigo, dos prazos fixados em semanas, meses ou anos em que afixação do termo do prazo no fim do dia que corresponda, dentro da última semana, mês ou ano, a essa data, assegura já por si ao interessado, com o aludido beneficio, a disponibilidade do prazo por inteiro, pois a consideração de dois dias – o primeiro e o último – com a mesma ordem na semana ou mês oferece, sem mais, a segurança que se pretende alcançar quanto aos outros prazos através da aplicação da norma da alínea b).

Cumular a aplicação, no mesmo caso, destas duas regras que tem campos de aplicação distintos e que se orientam pela ideia básica atrás referida, significaria aumentar em um dia os prazos fixados em semanas, meses ou anos, resultado para o qual não se encontra qualquer justificação material e quebraria ostensivamente a coerência do sistema gizado pelo legislador."

É esta orientação, também perfilhada no aresto recorrido e de que não se vê razão para divergir, que aqui se reitera.

3. Nos termos e pelas razões expostas, acordam em negar provimento ao recurso, confirmando o acórdão recorrido.

Custas pela R^te^, fixando-se:
Taxa de justiça: € 350
Procuradoria: € 175
Lisboa, 4 de Maio de 2006.

Angelina Domingues (Relatora)
Azevedo Moreira
António Samagaio
Santos Botelho
Rosendo José
Jorge de Sousa
Adérito Santos
Costa Reis

Recurso n.º 46/04-20

REFORMA AGRÁRIA. CORTIÇA. CÁLCULO DA INDEMNIZAÇÃO. INCONSTITUCIONALIDADE.

(Acórdão de 23 de Maio de 2006)

SUMÁRIO:

I- No caso de prédio expropriado no âmbito da reforma agrária e ulteriormente devolvido, a indemnização devida pela cortiça extraída durante a ocupação deverá ser calculada nos termos do art. 5.º, n.º 2, al. d), do DL n.º 198/88, de 31/5, com referência aos critérios insertos na legislação para que o preceito remete.

II- Segundo a Lei n.º 80/77, de 26/10 («maxime» os seus artigos 18.º e 24.º), tal indemnização haverá de ser reportada à data da expropriação ou da ocupação efectiva, realizando-se a actualização do montante indemnizatório, com vista ao pagamento, através do cálculo e capitalização dos juros que os títulos de dívida pública, representativos daquele capital, vencessem depois daquela data.

III- O regime indemnizatório que resulta dos normativos legais aplicáveis e que acima ficou esboçado não viola o princípio da igualdade, consagrado no art. 13.º da Lei Fundamental, nem o direito constitucional a uma justa indemnização.

ACORDAM NO PLENO DA 1ª SECÇÃO DO SUPREMO TRIBUNAL ADMINISTRATIVO

1. RELATÓRIO

A SOCIEDADE AGRÍCOLA DE CORTIÇAS FLOCOR, SA, devidamente identificada nos autos, inconformada com o acórdão da 1ª Secção deste Supremo Tribunal Administrativo que negou provimento ao RECURSO CONTENCIOSO DE ANULAÇÃO por si interposto do despacho conjunto do MINISTRO DA AGRICULTURA DO DESENVOLVIMENTO RURAL E DAS PESCAS e SECRETÁRIO DE ESTADO DO TESOURO E FINANÇAS, respectivamente de 9-8-03 e de 6-10-03, recorreu para o Pleno da 1ª Secção, concluindo em síntese:

– o acórdão recorrido incorreu em erro de pressupostos de facto e de direito quando relativamente aos montados de sobro, procedeu ao cálculo da indemnização pelas culturas constantes das cadernetas prediais e não segundo a capacidade de uso dos solos do prédio, conforme está previsto na lei;

– o acórdão ao excluir da indemnização as áreas de montando de sobro do rendimento liquido das culturas de sequeiro, por erro nos pressupostos de facto e de direito, violou o disposto nos artigos 5.º, n.º 1 e 2 a) e b) do Dec. Lei 199/88, de 31/5, na redacção do Dec. Lei 38/95, de 17/2 e o art. 2.º, n.º 1 e 3 da Portaria 197-A/95 de 17/03 e quadro anexo 4, e ainda o art. 13.º da CRP;

– o acórdão recorrido ao não considerar a cortiça extraída entre 76 e 83 como fruto pendente e em criação à data da expropriação do prédio violou o art. 1.º, n.º 3 da Lei 80/77, os artigos 1, n.º 2, 9 n.º 1, 3, 4 e 5 e 10 do Dec. Lei 2/79, de 9/1, o art. 3 c) da Portaria 197/A/95 de 17/03 e os artigos 212.º e 215.º do C.civil;

– o acórdão recorrido ao não proceder à actualização da cortiça considerada como fruto pendente para valores de 94/95 violou o disposto no art. 1.º, n.º 1 e n.º 2 e art. 7.º do Dec. Lei 199/88 de 31/05 e art. 3 c) da Portaria 197/A/95, de 17/3, não assegurando a justa indemnização e assim violando também o art. 62.º, 2 e 13.º, 1 da Constituição.

Respondeu o Ministro da Agricultura do Desenvolvimento Rural e das Pescas, sublinhando que as três questões essenciais em discussão (exclusão pelo acto impugnado da indemnização do rendimento liquido das culturas de sequeiro das áreas do descoberto do montado de sobro; critério da fixação e respectiva actualização da indemnização pela tiragem da cortiça dos prédios durante o período em que a recorrente esteve deles desapossada) têm vindo a ser decididas pelo Supremo Tribunal Administrativo, nos termos seguidos no acórdão recorrido.

O Ex.mo Procurador-geral Adjunto emitiu parecer no sentido de ser negado provimento ao recurso.

Colhidos os vistos é o processo submetido ao Pleno da 1ª Secção para julgamento do recurso.

2. FUNDAMENTAÇÃO

2.1. MATÉRIA DE FACTO

O acórdão recorrido deu como assentes os seguintes factos:

a) A ora recorrente é dona e legítima possuidora dos prédios rústicos denominados Várzea Cruz do Norte, Sabachão de Cima, no concelho de Coruche e Panasqueirinho, no concelho de Portel, que, no âmbito da Reforma Agrária, estiveram ocupados entre 19-11-75 a 31-8-87.

b) De tais prédios, nas campanhas de 1976, 1979, 1981, 1983 e 1984, foi extraída cortiça.

2.2. MATÉRIA DE DIREITO

O acórdão recorrido sintetizou a controvérsia do recurso contencioso em duas questões essenciais: (i) a ressarcibilidade autónoma da privação de rendimentos auferidos das culturas realizadas no sobcoberto vegetal do montado de sobro e regime do ónus da prova de tal rendimento; (ii) a indemnização relativa a produtos florestais (cortiça), abrangendo aqui quer a fixação do critério de indemnização, quer a respectiva actualização.

Vejamos, então, se a decisão de cada uma dessas questões deve ser mantida.

(i) Ressarcibilidade autónoma da privação de rendimentos relativos a culturas realizadas no sobcoberto vegetal do montado de sobro e regime de ónus da prova.

O acórdão recorrido aceitou a ressarcibilidade autónoma dos prejuízos decorrentes da privação temporária do uso do coberto vegetal do montado de sobro, quando neste eram à data da ocupação praticadas culturas arvenses de sequeiro. Também deu como certo que a indemnização de tal privação de rendimento era feito, nos termos da al. a) do n.º 2 do art. 5.º do Dec. Lei 199/88, de 31 de Maio, com a redacção introduzida, pelo Dec. Lei 38/95, de 14/2, ou seja, tendo como base "apenas as culturas efectivamente praticadas à data da ocupação". Porém, entendeu não ser nestes pontos que radicava a divergência. A divergência radicava, em seu entender, na determinação do ónus da prova e respectivas consequências. O despacho recorrido, por não se ter provado que ao tempo da ocupação existisse nos terrenos qualquer cultura arvense de sequeiro no sobcoberto do montado de sobro, não atribuiu qualquer indemnização a esse título. A recorrente, pelo contrário, afirmava que a prova dessa inexistência cabia à Administração. O acórdão recorrido, depois de ter delimitado a questão nos termos acima expostos, decidiu-a, nos seguintes termos:

"(...) *A existência de culturas arvenses no sobcoberto do montado de sobro é um facto constitutivo do direito à indemnização pedida no procedimento administrativo pela ora recorrente. Assim, em consonância com o regime geral traçado no art. 342.º, 1 do C. Civil, mas nos mais precisos termos do p. no art. 88.º do CPA caber-lhe-ia, como interessada o ónus da prova dos factos alegados e constitutivos dos seus direitos, não obstante e sem prejuízo do dever de averiguação oficiosa de todos os factos que é imposto à administração por força do art. 87.º, 1 do CPA. Verificando-se, como acontece no caso presente, o non liquet quanto aos pressupostos de facto da pretensão, nos termos e pela razão mencionada, a pretensão teria que, na parte em análise, ser rejeitada, como efectivamente foi*" – cfr. fls. 94 dos autos

A recorrente vem dizer que, no recurso, que nunca colocou a questão em termos de ónus da prova. A recorrente, como constava dos artigos 24.º e 25.º das alegações e pelas conclusões 8.º e 9ª, defendia que a indemnização das culturas arvenses de sequeiro deveria ser calculada "em função das classes de solo, como é referido no art. 2.º, n.º 1 da Portaria 197/A/95, de 17/3, quadro anexo n.º 4 e não em função das culturas efectivamente praticadas, como foi decidido". Se a indemnização é calculada em função das culturas tradicionais para cada tipo de solos indicados no quadro anexo n.º 4 à Portaria 197/A/75 e tendo em conta as rotações culturais, é por demais evidente – concluía a recorrente – que a indemnização não depende da cultura de sequeiro efectivamente praticada à data das ocupações. Só para culturas de regadio, pomares, olivais e outras culturas permanentes, a lei faz depender a atribuição da indemnização da existência de culturas à data da ocupação.

Desta feita, a crítica ao acórdão não se refere à repartição do ónus da prova, e suas consequências – que nem sequer põe em causa – mas sim a uma questão logicamente anterior, que é a de saber se é, ou não, relevante a existência efectiva de culturas arvenses de sequeiro, na data da ocupação; ou se, pelo contrário e como defende, tal existência é irrelevante. Está posta em causa, assim, a tese defendida no acórdão recorrido, segundo a qual, "*nada obsta à ressarcibilidade autónoma dos prejuízos decorrentes da privação temporária do uso do sobcoberto vegetal do montado de sobro quando neste eram, à data da ocupação, praticadas culturas arvenses de sequeiro*".

Vejamos, então, se este requisito (existência de cultura arvense de sequeiro, na data da expropriação ou acto equivalente) é, ou não, um pressuposto do direito à indemnização, pela privação dos inerentes rendimentos.

O art. 5.º, n.º 1 do Dec. Lei 199/88, de 31 de Maio, com a redacção introduzida pelo Dec. Lei 38/95, de 14 de Fevereiro, estabelece que:

"*A indemnização pela privação temporária do uso e fruição prevista na alínea c) do n.º 1 do art. 3.º, corresponderá ao valor do rendimento líquido dos bens durante o período em que o seu titular tiver ficado privado do respectivo uso e fruição, tendo em conta a exploração praticada nos prédios rústicos à data da sua expropriação ou nacionalização, ou da sua ocupação, no caso de essa a ter precedido*".

O n.º 2, al. a) do mesmo diploma, relativamente às culturas arvenses de sequeiro, diz-nos que o valor ou rendimento líquido, "*para as rotações culturais tradicionais, em cada tipo de solos*", é calculado "*com base nos valores médios por hectare e por ano de privação*".

A Portaria 197/A/95, de17 de Março, no quadro anexo n.º 4 estabeleceu os valores médios dos rendimentos líquidos de sequeiro, em função da capacidade do solo, de acordo com as classes A a F, em escudos por hectare.

Decorre do exposto (e nesta medida a recorrente tem razão) que para as culturas arvenses de sequeiro está estabelecido um método de apuramento do rendimento líquido diferente das culturas arvenses de regadio – cfr. em especial o confronto entre as alíneas a) e b) do Dec. Lei 199/88, de 31 de Maio, na redacção do Dec. Lei 38/95, de 14 de Fevereiro.

Julgamos, todavia, que a diferença não tem o alcance pretendido pela recorrente.

O art. 5.º, n.º 1, Dec. Lei 199/88, de 31 de Maio, manda ter em conta a "*exploração praticada à data da expropriação ou nacionalização ou da ocupação, no caso de esta a ter precedido*".

O sentido da expressão "*tendo em conta a exploração praticada nos prédios rústicos à data da sua exploração*", só pode ser o defendido no acórdão recorrido, ou seja, que nessa data deve estar a ser praticada alguma exploração. Se não houver no prédio qualquer exploração, designadamente, qualquer *cultura arvense de sequeiro na data da perda da posse*, não haverá lugar a qualquer privação do rendimento. A razão é, segundo julgamos, muito simples: não havendo exploração também não havia perda do rendimento dessa (inexistente) exploração.

Portanto, segundo decorre do mencionado preceito legal, é efectivamente pressuposto *da constituição do direito à indemnização*, pela privação da posse a título de "culturas arvenses de sequeiro", a existência dessa exploração, na altura da referida privação.

Irrelevante – para efeitos de cálculo do rendimento liquido – é tão só a concreta exploração de sequeiro praticada, uma vez que para este efeito o legislador optou por um método objectivo atendendo aos valores médios em função do tipo de solo, e não como pretende a recorrente a existência ou inexistência de qualquer exploração. Ao proceder deste modo, isto é, ao mandar a atender aos valores médios em função das rotações culturais tradicionais, o legislador está apenas reportar-se à quantificação do direito, pressupondo – como parece óbvio – que tal direito exista.

Logo, e concluindo, andou bem o acórdão recorrido ao colocar a controvérsia no domínio do ónus da prova. A génese do direito à indemnização, no que respeita à privação do rendimento líquido das culturas arvenses de sequeiro, dependia da prova da existência de uma efectiva afectação do prédio a uma exploração arvense de sequeiro na ocasião da perda da posse. Não se tendo provado no processo administrativo, que o prédio em causa estivesse afecto a qualquer exploração arvense de sequeiro, no sobcoberto vegetal dos montados de sobro, tornava-se necessário saber quais as consequências de tal "non liquet", uma vez que o acto impugnado decidiu-o contra a interessada.

Como a recorrente não pôs em causa, no recurso do acórdão da subsecção, a decisão recorrida relativamente à repartição do ónus da prova e suas consequências, formou-se caso julgado sobre essa parte – cfr. art. 684.° 2 e 4 do C. P. Civil.

Do exposto resulta claro, que o recurso não merece provimento.

(ii) fixação do critério e respectiva actualização, pela privação da cortiça

Relativamente ao critério de fixação da indemnização pela privação da cortiça nos anos em causa e respectiva actualização, a questão tem sido apreciada e decidida no Pleno deste Supremo Tribunal de modo uniforme e no sentido acolhido no acórdão recorrido.

Como se pode ver, por exemplo, no acórdão do Pleno da 1ª Secção de 10-11-2005, proferido no processo 01066/02:

"(...) De facto, o decidido no aludido aresto enquadra-se na jurisprudência constantemente afirmada por este STA, não se vendo razões suficientes para dela divergir, tanto mais que o núcleo essencial da argumentação aduzida pelos Recorrentes já foi objecto de consideração por este STA, em variadíssimos Acórdãos, de que se destacam, entre outros, e, apenas para citar alguns dos mais recentes, os Acs. deste Pleno, de 13-10-04 – Rec. 0324/02, de 13-10-04 – Rec. 01109/02, de 13-10-04 – Rec. 046416, de 13-10-04 – Rec. 047465 e de 25-10-05 – Rec. 340/02.

Tratando-se, como se trata, de uma jurisprudência já consolidada, passaremos, de seguida, a transcrever alguns dos passos mais significativos de um dos Acórdãos já atrás citados, concretamente, do Ac. de 13-10-04, proferido no Rec. n.° 0324/02:

(...) No essencial, «o cálculo das indemnizações definitivas devidas pela nacionalização e expropriação de bens e direitos ao abrigo da legislação sobre a reforma agrária» faz-se «de acordo com os critérios e normas» do DL n.° 199/88, de 31/5 (sucessivamente alterado pelo DL n.° 199/91, de 29/5, e pelo DL n.° 38/95, de 14/2), «e com observância das disposições da Lei n.° 80/77, de 26 de Outubro» (art. 1.° daquele decreto-lei). Um dos prejuízos a compensar através dessas indemnizações definitivas consiste na «privação temporária do uso e fruição» dos prédios rústicos ocupados ao abrigo da legislação sobre a reforma agrária, «no caso de devolução desses bens em momento ulterior ao da sua nacionalização ou expropriação» (art. 3.°, n.° 1, al. c), do DL n.° 199/88). Assim o art. 5 deste diploma diz-nos, no seu n.° 1, que a indemnização por essa privação temporária de uso e fruição «corresponderá ao valor do rendimento líquido dos bens durante o período em que o seu titular tiver ficado privado do respectivo uso e fruição, tendo em conta a exploração praticada nos prédios rústicos à data da sua expropriação ou nacionalização, ou da sua ocupação, no caso desta a ter precedido». E, a propósito do modo como se deverá determinar o valor das várias parcelas componentes desse rendimento líquido, o n.° 2 do mesmo artigo, na sua alínea d), dispõe que o «rendimento florestal líquido do prédio», em que insofismavelmente se inclui o valor da cortiça que dele tenha sido extraída, haverá de ser «calculado de acordo com os critérios do DL n.° 312/85, de 31 de Julho, e do DL n.° 74/89, de 3 de Março, cujo apuramento será efectuado pelo Instituto Florestal».

Evidentemente que este modo de determinar a importância da indemnização, prevista no art. 5.° do DL n.° 199/88, está em harmonia com a necessidade de se fixar um montante correspondente ao «valor real e corrente» dos bens ou direitos a que a indemnização respeitava, a fim de garantir «uma justa compensação pela privação dos mesmos bens e direitos» – como dispõe o art. 7.°, n.° 1, do mesmo diploma. Se essa harmonia não existisse, teríamos que a previsão daquele art. 5.° colidiria com o disposto no art. 7, o que seria fonte de absoluta perplexidade. Por outro lado, o n.° 2 deste art. 7 estabelece que «o valor atrás indicado» – que é aquele «valor real e corrente» – «deve referir-se à data da ocupação, nacionalização ou expropriação, consoante o acto que tenha ocorrido em primeiro lugar». Trata-se de mais um afloramento da regra segundo a qual as indemnizações devem ser calculadas por referência à data da nacionalização, expropriação ou ocupação efectiva dos prédios, para efeitos de pagamento, através do apuramento e capitalização dos juros que os títulos de dívida pública, representativos daquele capital inicial, ulteriormente vençam (cfr. a Lei n.° 80/77, de 26/10, «maxime» os seus artigos 18.° e 24.°).

(...) a indemnização a satisfazer «in casu» destina-se a compensar uma perda de rendimento («rendimento florestal líquido do prédio»), e não a entregar agora aos lesados a cortiça que fora extraída no passado ou o seu equivalente actual em numerário. Se o propósito é devolver um rendimento líquido que se não recebeu, é forçoso que se determine que rendimento foi esse, deflacionando-o depois por forma a ajustá-lo ao momento anterior a que se reporta o dever de indemnizar – que vimos ser a data da nacionalização, ou da expropriação, ou da ocupação efectiva desse prédio) (...)

A pretensão (...), de que a cortiça em causa deva ser havida como fruto pendente, (...) não é persuasiva. Como prédio foi ocupado em 1975, é óbvio que a cortiça em causa, apenas extraída em anos futuros, não existia como fruto pendente à data da ocupação – atenta a periodicidade da produção dos frutos (artigo 212.° do Código Civil). Portanto, e no que respeita à cortiça, o que há a indemnizar é o rendimento florestal líquido que o prédio produziu durante o tempo em que o respectivo beneficiário dele esteve privado, o que se consegue segundo a directriz do art. 5.°, n.° 2, al. d), do DL n.° 199/88, e não nos termos do n.° 3, al. c) da Portaria n.° 197-A/95, de 17/3, ou de outro preceito qualquer (...).

(...)

No Acórdão que temos vindo a transcrever, a alegação de violação da CRP por parte do critério seguido na Secção, é afastada nos seguintes termos:

"Contudo, as indemnizações derivadas de nacionalizações, expropriações ou ocupações no âmbito da reforma agrária não se regem por aquele art. 62.°, mas pelo estabelecido nos actuais artigos 83.° e 94.°, n.° 1, da Constituição. E as indemnizações a que estas normas se referem apenas têm minimamente de cumprir as exigências de justiça, inerentes a um Estado de Direito, pelo que a Lei Fundamental, para este género de casos, nem sequer prevê que as indemnizações devam ser calculadas por equivalente, bastando-se com a garantia de que elas não sejam irrisórias (...). Ora, a certeza de que a indemnização atribuída pela cortiça, embora apurada por referência à data da ocupação, tem legalmente de ser alvo de um processo de cálculo que leva a que o seu efectivo pagamento integre os juros que aquele capital geraria desde aquela data, dá resposta suficiente, sobretudo em face das mencionadas exigências constitucionais, à manifesta necessidade de se actualizar a indemnização reportada a 1975 (cfr. a título ilustrativo, o acórdão do STA de 4/6/02, rec. n.° 47420).

A recorrente diz-se colocada «numa situação particularmente desfavorável e sem qualquer fundamento legal relativamente a outros cidadãos que receberam os valores dos bens indemnizáveis por valores de 94/95 e as cortiças após a devolução dos prédios», donde se concluiria que fora violado, neste ponto, o princípio da igualdade, consagrado no art. 13.° da Constituição. A propósito deste denúncia, a aresto recorrido entendeu que a ocorrência dessa violação é impossível, porque o acto foi praticado no exercício de poderes vinculados, em que a consideração desse princípio não intervinha. E, realmente, assim é. Já constatámos que o acto, ao calcular a indemnização dos produtos florestais, exerceu (...) poderes vinculados, pelo que não havia espaço para a ponderação autónoma do princípio da igualdade nem existe motivo para que a recorrente se julgue vítima de uma solução discriminatória (...).

Dado o que «supra» ficou exposto, a recorrente também não tem razão quando afirma que a indemnização estabelecida não satisfaz o princípio da actualização e quando diz que a Lei 80/77 é estranha à hipótese dos autos (...)".

Pode, assim, concluir-se que os artigos 13, 19 e 24.° da Lei 80/77, não são inconstitucionais, não violando os artigos 62.°, n.° 2 e 13.°, n.° 1, da CRP."

Este entendimento, claramente consolidado, e que novamente se sufraga, é aplicável mutatis mutandis ao caso dos autos, onde as questões suscitadas eram idênticas, pelo que, também nesta parte, o recurso não merece provimento.

3. DECISÃO

Face ao exposto os juízes do Pleno da 1ª Secção acordam em negar provimento ao recurso.

Custas pela recorrente, fixando a taxa de justiça em 400 euros e a procuradoria em 50%.

Lisboa, 23 de Maio de 2006.

António São Pedro (Relator)
António Samagaio
Azevedo Moreira
Maria Angelina Domingues
Santos Botelho
Rosendo José
Luís Pais Borges
Jorge de Sousa
Alberto Costa Reis

Recurso n.° 2000/03-20

2.ª Secção (Contencioso Tributário)

RECURSO PARA O TRIBUNAL PLENO. OPOSIÇÃO DE ACÓRDÃOS. SOLUÇÕES OPOSTAS.

(Acórdão de 21 de Junho de 2006)

SUMÁRIO:

I – São três os requisitos de admissibilidade de recurso (por oposição de acórdãos) para o Tribunal Pleno, a saber: que os acórdãos tenham sido proferidos no domínio da *mesma legislação*; que respeitem à *mesma questão fundamental de direito*; e que assentem sobre *soluções opostas*.

II – Não há oposição de acórdãos se no acórdão recorrido se decidiu que o reclamante tinha que alegar prejuízo irreparável como condição para a subida imediata da reclamação a Tribunal e no acórdão fundamento não se tomou qualquer posição sobre esta questão, ou seja, se o reclamante deve ou não alegar esse prejuízo irreparável, decidindo-se apenas que o tribunal de recurso pode oficiosamente conhecer de tal questão.

ACORDAM NO PLENO DA SECÇÃO DE CONTENCIOSO TRIBUTÁRIO DO SUPREMO TRIBUNAL ADMINISTRATIVO:

1. Herculina Martins Gonçalves Arroja Damas, identificada nos autos, veio, junto do TAF de Loures, reclamar de uma decisão do Chefe do Serviço de Finanças de Azambuja, que lhe indeferiu o pedido de anulação de processado do processo executivo, pedindo a subida a tribunal do processo, que tem carácter urgente, face ao princípio constitucional do direito à tutela judicial efectiva,

O Mm. Juiz daquele Tribunal julgou procedente a questão prévia consistente na "inexistência de pressupostos para a subida imediata da presente reclamação a

Tribunal", ordenando a remessa dos autos ao serviço de finanças de Azambuja.

A reclamante interpôs recurso para o TCA.

Este, por acórdão de 29/8/2005, negou provimento ao recurso neste ponto específico, confirmando a decisão de 1ª Instância.

A reclamante interpôs então recurso para o Pleno deste STA, alegando oposição com dois acórdãos que identificou.

O Mm. Juiz relator reconheceu apenas haver contradição com um dos acórdãos indicados (concretamente o acórdão do TCA de 6/5/2003 – rec. n. 224/03).

A recorrente alegou de fundo.

A Fazenda Pública contra-alegou, sustentando que não há oposição de acórdãos. A não se entender assim, defende que o recurso deve ser julgado improcedente.

O EPGA junto deste Supremo Tribunal emitiu douto parecer, nos termos do qual conclui que o recurso deve ser julgado findo.

Colhidos os vistos legais, cumpre decidir.

2. Há uma questão prévia a decidir, que tem a ver com a apontada oposição de acórdão.

Tal questão justifica imediata resposta por parte deste Supremo Tribunal.

É certo que o Exm.º Juiz relator do TCA já decidiu haver oposição de acórdãos. Mas tal decisão não vincula este Supremo Tribunal – art. 687.º, 4, do CPC.

Vejamos então.

São três os requisitos, previstos na lei, para que seja admissível o recurso para o Tribunal Pleno, com base em oposição de acórdãos, a saber:

– que tenham sido proferidos no domínio da *mesma legislação*;

– que respeitem à *mesma questão* fundamental de direito;

– que assentem sobre *soluções opostas* – vide art. 30.º, b), do anterior ETAF, aqui aplicável.

Requisitos cumulativos, entenda-se.

Veja-se, do mesmo modo o art. 765.º do CPC, que se mantém em vigor no tocante aos recursos para o Pleno deste Supremo Tribunal.

Exige-se também, e obviamente, identidade de situações de facto, já que, sem esta, não tem sentido a discussão dos referidos requisitos.

Ou seja, e para que exista oposição é necessária tanto uma identidade jurídica como factual.

Por outro lado, e como é óbvio, torna-se necessário que o acórdão fundamento tenha transitado em julgado, pois, até aí, não há decisão definitiva, não podendo falar-se em oposição de julgados.

Mas será que estamos perante uma oposição de acórdãos?

Adiantamos desde já a nossa posição, que é esta: não há qualquer oposição.

Vejamos porquê.

Escreve a recorrente o seguinte:

"O acórdão recorrido considerou e decidiu o seguinte: *É certo que o recorrente afirmou o dever de subida imediata da reclamação e o carácter urgente do processo sem mais fundamentos que a citação do princípio do direito constitucional do direito à tutela efectiva constante do art. 268.º, n.º 4, da CRP deixando de destacar o prejuízo irreparável que é pressuposto da subida imediata da reclamação mas tal insuficiência não vemos que devesse ser suprida oficiosamente ou que devesse gerar o direito à contra argumentação ao parecer do MP. Praticada que foi tal insuficiência tem de ficar com quem a praticou.*

"Diferentemente, decidiu-se no acórdão fundamento: *O conhecimento dos requisitos legais para efeitos de subida imediata do recurso, pode ser feito oficiosamente pelo Tribunal Central Administrativo, em sede de recurso interposto para este Tribunal da decisão do tribunal de 1ª instância sobre decisão do órgão de execução fiscal, pelo que entendendo este que não devia ter lugar a subida imediata, deve revogar a decisão do tribunal*".

E conclui:

"A questão fundamental decidida nos dois acórdãos é a mesma: saber se o conhecimento dos requisitos legais para efeitos de subida imediata do recurso, pode ser feita oficiosamente pelo Tribunal.

O acórdão recorrido decidiu que sim. O acórdão fundamento decidiu que não. Assim assentam ambos os acórdãos em soluções opostas".

O recorrente não tem qualquer razão.

Não há patentemente qualquer oposição de acórdãos quanto à mesma questão fundamental de direito.

Na verdade, no acórdão recorrido decidiu-se que o recorrido tinha que alegar o prejuízo irreparável como condição para a subida imediata da reclamação a Tribunal.

Por sua vez, o acórdão fundamento não tomou qualquer posição sobre esta questão, ou seja, se o reclamante deve ou não alegar esse prejuízo irreparável.

O que disse é que o tribunal de recurso pode oficiosamente conhecer de tal questão.

O que é coisa diferente.

Na verdade, no acórdão fundamental não se diz que o reclamante não tinha que alegar o prejuízo irreparável.

Diz, isso sim, outra coisa: é que o conhecimento, em sede de recurso, desse prejuízo pode ser conhecida oficiosamente.

Em suma: não ocorre a alegada oposição de acórdãos.

3. Face ao exposto, acorda-se em julgar findo o recurso.

Custas pela recorrente, fixando-se a taxa de justiça em 400 € e a procuradoria em 50%.

Lisboa, 21 de Junho de 2006.

Lúcio Barbosa (relator)
Baeta de Queirós
Pimenta do Vale
Brandão de Pinho

Recurso n.º 1288/05-50

RECURSO PARA O TRIBUNAL PLENO. OPOSIÇÃO DE JULGADOS. MESMA QUESTÃO FUNDAMENTAL DE DIREITO.

(Acórdão de 21 de Junho de 2006)

SUMÁRIO:

I – Não ocorre oposição de acórdãos quando no acórdão recorrido se discute a reclamação e graduação de juros de mora relativos a contribuição autárquica e no acórdão tido por fundamento se trata de reclamação e graduação de créditos de contribuição predial, sendo que no acórdão recorrido se invocaram os arts. 24.°, n.° 1 do CCA e 230.°, parágrafo 2° do CCP, que não têm paralelo no acórdão fundamento.

II – Nesta hipótese, devemos concluir que não se está perante a mesma questão fundamental de direito.

ACORDAM NO PLENO DA SECÇÃO DO CONTENCIOSO TRIBUTÁRIO DO SUPREMO TRIBUNAL ADMINISTRATIVO:

1 – A Caixa Geral de Depósitos, S.A., recorre para este Pleno do acórdão da Secção do Contencioso Tributário deste Supremo Tribunal Administrativo, de fls. 283 e segs., que negou provimento ao recurso jurisdicional que interpusera de uma sentença do Tribunal Administrativo e Fiscal de Lisboa-2.

A recorrente invoca como fundamento do recurso a oposição entre o acórdão recorrido e o acórdão desta mesma Secção de 2/3/88, prolatado no recurso n.° 4.951.

Por despacho do Exm.° Relator, a fls. 319, foi decidido existir a invocada oposição de acórdãos.

A recorrente formulou as seguintes conclusões:

a) A questão suscitada reside no facto de considerar haver oposição entre acórdãos – Acórdão proferido pelo STA, em 02.03.1988, no recurso 4 951 – in "Acórdãos Doutrinais", 325, pág. 67-68 e o Acórdão proferido pelo STA – 2ª Secção, nos presentes autos em 27.09.05;

b) A oposição decorre de divergente interpretação da norma constante do n.° 1 do artigo 744.° do Código Civil, com referência aos artigos 230.° § 2° do CCP, *ex vi* do disposto no artigo 24.° do CCA: circunscreve-se ao facto de, no acórdão de 27.09.05, se considerar gozarem de privilégio creditório imobiliário, também, os créditos de contribuição predial/contribuição autárquica, inscritos para cobrança em data posterior ao do ano da data da penhora, pelos meses decorridos até à data da venda;

c) 1) **Sustenta-se no Acórdão proferido pelo STA, em 02.03.1988, no recurso 4.951:**

"I. Presentemente só os créditos assistidos de garantia real sobre os bens penhorados e arrematados podem ser reclamados – art. 865.° do CPC e 230° do CPCI.

II. Nos termos expressos do art. 744.°, n.° 1, do C. Civil, os créditos por contribuição predial só gozam do privilégio imobiliário sobre os respectivos bens praceados, se inscritos para cobrança no ano da penhora ou nos dois anteriores."

2) **Sustenta-se no Acórdão proferido pelo STA, em 27.09.05 no processo n.° 383/05:**

"..... No caso vertente a Recorrente Caixa Geral de Depósitos não questiona a graduação dos créditos de contribuição autárquica mas os juros. Todavia, conforme prescreve o art. 8.° do DL 73/99 de 16.03 as dívidas provenientes de juros de mora gozam dos mesmos privilégios que por lei sejam atribuídos às dívidas sobre que recaírem. Assim sendo não pode deixar de se concluir que os juros em causa foram correctamente graduados pela sentença recorrida, sendo certo que a jurisprudência deste Supremo Tribunal Administrativo dos últimos anos tem estado em conformidade com o decidido não havendo razões para o alterar."

d) Os artigos 733.° e 735.°, ambos do Código Civil, aprovado pelo Decreto Lei n.° 47.344, de 25 de Novembro de 1966, em vigor a partir de 1 de Junho de 1967 – artigo 2.° n.° 1, dispõem que privilégio creditório é a faculdade que a lei, em atenção à causa do crédito, concede a certos credores, independentemente do registo, de serem pagos com preferência a outros, que são de duas espécies – mobiliários e imobiliários sendo que os imobiliários são sempre especiais – artigo 735.° do mesmo diploma;

e) E o n.° 1 do artigo 744.° que:

"1. Os créditos por contribuição predial devida ao Estado ou às autarquias locais, inscritos para cobrança no ano corrente na data da penhora, ou acto equivalente, e nos dois anos anteriores, têm privilégio sobre os bens cujos rendimentos estão sujeitos àquela contribuição.

f) Vigorava, à data, o Código da Contribuição Predial e do Imposto sobre a Indústria Agrícola, aprovado pelo Decreto Lei n.° 45.104, de 1 de Junho de 1963, cujo artigo 230.°, § 2.° dispunha:

"§ 2.° Na verificação e graduação dos créditos atender-se-á não só à contribuição constante da certidão a que se refere este artigo, mas ainda à que deva ser liquidada *até* à data da venda ou da adjudicação do prédio."

Parágrafo cuja redacção foi alterada através do Decreto Lei 764/75, de 31 de Dezembro, que passou a ser:

"§ 2.° Na verificação e graduação dos créditos atender-se-á não só à contribuição constante da certidão a que se refere este artigo, mas ainda à que deva ser liquidada *pelos meses decorridos* até à data da venda ou da adjudicação do prédio.

g) O artigo 1.° do Decreto Lei n.° 442-C/88, de 30 de Novembro, que aprovou o Código da Contribuição Autárquica, dele fazendo parte, para entrar em vigor em 1 de Janeiro de 1989, dispunha no seu artigo 24°, n° 1:

"1 – A contribuição autárquica goza das garantias especiais previstas no Código Civil para a contribuição predial."

h) Confrontando a redacção do § 2.° do artigo 230.° do Código da Contribuição Predial e do Imposto sobre a Indústria Agrícola, na versão de 1 de Julho de 1963 e a que lhe foi introduzida pelo Decreto Lei n.° 765/75, de 31 de Dezembro, portanto em sede de contribuição predial, ambas se limitam a referir o momento a atender para o cálculo dizendo que se atenderá à contribuição que deva ser liquidada até à data da venda ou, versão do citado Decreto Lei n.° 764/75, à que deva ser liquidada pelos meses decorridos até à data da venda;

i) Em sede de contribuição autárquica, o artigo 24.° do respectivo Código limita-se a consagrar, apelando a garantias, o que antes não sucedia, às previstas no Código Civil para a contribuição predial;

j) Nas referidas disposições legais e ao longo da evolução legislativa o legislador remeteu o reconhecimento do privilégio creditório da contribuição predial, agora da contribuição autárquica, para a lei geral – para as normas constantes dos artigos 733.° e seguintes do Código Civil, em particular, no que tange à contribuição predial, agora autárquica, para a norma constante do n.° 1 do artigo 744.° do C. Civil;

k) O Dec. Lei n.° 442-C/88, de 30 de Novembro, que aprovou e determinou a entrada em vigor do Código da Contribuição Autárquica, a partir de 1 de Janeiro de 1989, no que tange à garantia que inseriu no artigo 24.°, não se reportou directamente a quaisquer privilégios;

l) A Lei 106/88, de 17 de Setembro, diploma ao abrigo do qual emergiu e foi publicado o citado Dec. Lei n.° 442-C/88, de 30 de Novembro, aboliu a contribuição predial, a partir de 1 de Janeiro de 1989 – n.° 2 do artigo 35.°, da referida Lei 106/88, de 17 de Setembro ressalvando, apenas, quanto à contribuição predial, as situações de pretérito, nessa data;

m) O Código da Contribuição Predial e do Imposto sobre a Indústria Agrícola não dispunha de norma específica que conferisse privilégio creditório à contribuição predial o mesmo sucedendo no que tange à sucedânea contribuição autárquica cujo Código, a ele aludia no seu artigo 24.° remetendo-se, porém, para as normas constantes do Código Civil;

n) O reconhecimento do privilégio creditório conferido à contribuição predial e à contribuição autárquica encontra-se, assim, ínsito na lei geral, constando do n.° 1 do artigo 744.°, do C. Civil;

o) A letra e o espírito do n.° 1 do artigo 744.° do C.Civil apenas consentem interpretação de que só têm privilégio sobre os bens cujos rendimentos estão sujeitos àquela contribuição, os créditos por contribuição predial/c. autárquica devida ao Estado ou às autarquias locais, inscritos para cobrança no ano corrente na data da penhora ou acto equivalente, e nos dois anos anteriores;

p) Esta interpretação recolhe ainda a seu favor o contributo da mais recente jurisprudência emanada dos tribunais superiores, decorrente da protecção que entende ser devida ao credor do executado, por referência ao princípio da confiança;

q) O Tribunal Constitucional já se pronunciou por diversas vezes sobre a correlação entre tais créditos e respectivas garantias/privilégios creditórios subjacentes, que se afiguram semelhantes com o em causa nos citados acórdãos, com aquele principio – principio da protecção da confiança de um credor, de natureza constitucional que parece, no caso, apresentar toda a pertinência.

r) O Tribunal Constitucional tem vindo a reconhecer, em sede de verificação e graduação de créditos garantidos por hipoteca anteriormente constituída e registada que o reconhecimento desses privilégios, conferidos àqueles créditos, ofende o referido princípio da confiança do credor.

s) Tem decidido pela prevalência do principio da confiança, daí concluindo pela graduação prioritária do crédito hipotecário (cfr. acórdão do Tribunal Constitucional n.° 160/2000, de 22 de Março de 2000, sufragado não só pelo acórdão do mesmo Tribunal com o n.° 354/2000, de 5 de Julho de 2000, publicado no D. da República, II série, de 7.11.2000, este centrado na apreciação do artigo 11° do Dec. Lei n.° 103/80, de 9 de Maio mas, também, n.° 109/2001, de 05.03.2002 – Proc.° n.° 381/01, publicado no DR n.° 96-II série de 24.04.2002).

t) As razões subjacentes que se objectaram ao reconhecimento de tais privilégios, foram enunciadas no acórdão do Tribunal Constitucional n.° 354/2000, sumariadas no acórdão do Tribunal da Relação de Lisboa, de 14.02.2002 – Proc.° 9193/01 da 2ª Secção, que se afiguram de toda a pertinência quanto à dilucidação da boa jurisprudência a extrair dos citados acórdãos, nos seguintes termos:

– tal reconhecimento viola o princípio da protecção da confiança, ínsito na ideia de Estado de direito democrático, que implica um mínimo de certeza nos direitos das pessoas e das expectativas jurídicas criadas, pondo em causa afectações inadmissíveis, arbitrárias ou excessivamente onerosas;

– certeza que não existe se hipotecas registadas podem ser neutralizadas ao abrigo de disposição legal, ainda que esta seja anterior ao registo daquelas, sabendo-se que o registo predial tem uma finalidade que se reconduz à segurança e protecção dos particulares, evitando ónus ocultos e sabendo-se ainda que o principio da confidencialidade tributária impossibilita os particulares de averiguarem se as entidades com quem contratam são ou não devedoras ao Estado ou à segurança social;

– que o reconhecido privilégio, não tendo limite temporal e não pressupondo, por ser geral, qualquer conexão entre os imóveis onerados e penhorados e o facto gerador da dívida garantida, implica uma lesão desproporcionada do comércio jurídico;

– tanto mais que a Segurança Social dispõe da possibilidade de proceder ao registo de hipoteca legal.

Concluindo, na esteira do citado acórdão do T.C. e a propósito do caso nele apreciado que "*.... a tutela dos interesses do terceiro adquirente do imóvel impedirá que este venha a ser inesperada e imprevisivelmente confrontado com a existência de um privilégio oculto. Por outro lado, nenhuma das finalidades prosseguidas pela segurança social legitima ou exige o beneficio de um privilégio desta natureza*".

u) Tais considerações, mais do que uma vez enunciadas pelo Tribunal Constitucional são corroboradas ainda com a ideia de que os direitos de carácter patrimonial, designadamente os de crédito, se integram no conceito jurídico constitucional do direito de propriedade, assim se caindo no âmbito da tutela dos direitos fundamentais argumentos que, somados, conduziram à declaração de inconstitucionalidade das citadas normas.

v) Afigura-se-nos que a questão subjacente é idêntica à apreciada em sede constitucional e, tendo-se fixado jurisprudência no apontado sentido de protecção do credor, parece-nos que a mais sã jurisprudência será a que decorre o acórdão de 02.03.1988.

w) Ambos os acórdãos foram proferidos no domínio da mesma legislação – n.° 1 do artigo 744°, do C.Civil;

Pelo que se expendeu, afigura-se que a mais sã interpretação das normas em causa será a que está vertida no acórdão proferido por essa Veneranda formação, em 03.03. 1988, no recurso 4.951.

Termos em que deverá ser proferido acórdão uniformizador que fixe jurisprudência no sentido de que a interpretação do artigo 230.° § 2° do C. Contribuição Predial, aprovado pelo Dec. Lei n.° 45.104, de 1 de Junho de 1963, na redacção do Dec. Lei n.º 764/75, de 31 de Dezembro, conjugado com o n.º 1 do artigo 24.º do C. Contribuição Autárquica, aprovado pelo Dec. Lei n.º 442-C/88, de 30 de Novembro e do n.º 1 do artigo 744.º, do C. Civil é a de que, apenas:

Os créditos por contribuição autárquica devida ao Estado ou às autarquias locais, inscritos para cobrança no ano corrente da penhora, ou acto equivalente, e nos dois anos anteriores, têm privilégio sobre os bens cujos rendimentos estão sujeitos àquela contribuição.

A Fazenda Pública contra-alegou nos termos que constam de fls. 338, que se dão aqui por integralmente reproduzidos para todos os efeitos legais, para concluir pela improcedência do recurso, confirmando-se a decisão de que, os créditos por contribuição autárquica posteriores à data da penhora, mas anteriores à venda ou adjudicação do prédio, beneficiam do privilégio imobiliário previsto no artigo 774.º, n.º 1 do Código Civil.

O Exm.º Procurador-Geral Adjunto emitiu douto parecer no sentido de ser negado provimento ao recurso e, em consequência, confirmado o julgado, "por seguir a jurisprudência mais recente da Secção", que cita, "na qual se faz a melhor interpretação do quadro legal aplicável".

Colhidos os vistos legais, cumpre decidir.

2 – O aresto recorrido fixou a seguinte matéria de facto:

1 – Em 2/12/1977, foi registada, definitivamente, uma hipoteca a favor da exequente "Caixa Geral de Depósitos, S.A.", incidente sobre o imóvel descrito no auto de penhora de fls. 47 do processo de execução, com vista à garantia de empréstimo concedido pela mesma a Martinho Feliciano Augusto e Esmeralda da Costa Feliciano Augusto no montante de € 2.244,59, juro anual até 13,25% e despesas emergentes do contrato de mútuo (cfr. cópia do mútuo com hipoteca junta a fls. 25 a 31 dos presentes autos; certidão junta a fls. 48 a 50 do processo de execução);

2 – Em 21/10/1985, foi registada, definitivamente, uma hipoteca a favor da exequente "Caixa Geral de Depósitos, S.A.", incidente sobre o imóvel descrito no auto de penhora de fls. 47 do processo de execução, com vista à garantia de empréstimo concedido pela mesma a Martinho Feliciano Augusto e Esmeralda da Costa Feliciano Augusto no montante de € 39.903,83, juro anual até 30% e despesas emergentes do contrato de mútuo (cfr. cópia do mútuo com hipoteca junta a fls. 6 a 8 do processo de execução; certidão junta a fls. 48 a 50 do processo de execução);

3 – Em 10/2/1992, a "Caixa Geral de Depósitos, S.A." instaurou contra Martinho Feliciano Augusto e esposa Esmeralda da Costa Feliciano Augusto, por dívida derivada do empréstimo identificado no n.º 2, no montante de € 52.113,46, acrescida de juros vincendos, a execução fiscal n.º 1538 92/100006.3, a qual corre actualmente termos no Serviço de Finanças de Lourinhã, e de que os presentes autos de reclamação de créditos constituem apenso (cfr. documentos juntos a fls. 2, 3 e 12 do processo de execução);

4 – Em 16/4/2003, no âmbito do processo de execução identificado no n.º 3, para pagamento da dívida nele referida, foi penhorado o imóvel devidamente identificado no auto de penhora de fls. 47 do processo de execução, o qual se dá aqui por integralmente reproduzido;

5 – Em 29/4/2003, a penhora identificada no n.º 4 foi registada a favor da Fazenda Nacional, tudo conforme cópia de certidão da C.R.P. junta a fls.48 a 50 do processo de execução, a qual se dá aqui por integralmente reproduzida;

6 – Em 18/3/2004, foi realizada a venda judicial através de propostas em carta fechada do imóvel identificado no n.º 4, pelo montante de € 84.700,00, através do exercício do direito de remição, tudo conforme documentos juntos a fls. 218 a 220 dos presentes autos, os quais se dão aqui por integralmente reproduzidos;

7 – Os executados são devedores à Fazenda Nacional de créditos de contribuição autárquica, incidentes sobre o imóvel penhorado e vendido no processo de execução, relativos aos anos de 2000 a 2002, e inscritos para cobrança nos anos de 2001 a 2003, no montante global de € 291,60, acrescido de juros de mora computados a partir das datas constantes da certidão junta aos presentes autos (cfr. certidão junta a fls. 59 e 60 dos presentes autos);

8 – Os executados são devedores à exequente e reclamante "Caixa Geral de Depósitos, S.A.", de crédito no montante de € 1.698,26, acrescido de juros de mora vencidos e vincendos, derivado do empréstimo identificado no n.º 1 (cfr. documentos juntos a fls. 25 a 31 e 33 a 36 dos presentes autos).

3 – Em primeiro lugar e ainda que a título prejudicial, não obstante o Relator do acórdão recorrido ter proferido despacho em que a reconhece, importa reapreciar se se verifica a alegada oposição de acórdãos, já que tal decisão, como vem sendo jurisprudência pacífica e reiterada deste STA, não só não faz caso julgado, como não impede ou desobriga o Tribunal de recurso de a apreciar (cfr. art. 687.º, n.º 4 do CPC).

Posto isto, vejamos, então, se existe ou não a alegada oposição de acórdãos.

Como é sabido, para se poder falar em oposição de julgados legitimadora de recurso para o Pleno da Secção, nos termos do disposto no art. 30.º, al. b) do ETAF, na anterior redacção e 284.º do CPPT, aqui aplicável ex vi do disposto no art. 12.º da Lei n.º 15/01 de 5/6, necessário se torna que os acórdãos considerados em oposição hajam decidido sobre a mesma questão fundamental de direito, aplicando os mesmos preceitos legais de forma diversa a idênticas situações de facto.

4 – Desde logo, afigura-se-nos óbvio que não existe identidade de questão fundamental de direito.

Com efeito, no acórdão recorrido o que se discute não é a reclamação e graduação de créditos respeitantes a contribuição autárquica, mas sim os respectivos juros de mora, decidindo que os juros relativos a créditos de contribuição autárquica gozam dos mesmos privilégios e são graduados nos mesmos termos do imposto respectivo, pelo que devem assim ser liquidados pelos meses decorridos até à venda ou adjudicação do bem imóvel penhorado, tudo de harmonia com o disposto nos arts. 24.º, n.º 1 do CCA, 230.º, parágrafo 2.º do CCP e 744.º, n.º 1 do CC.

Por sua vez, no acórdão tido por fundamento o que está em causa é saber se só os créditos assistidos de garantia real sobre os bens penhorados e arrematados podem ser reclamados, concluindo afirmativamente (arts. 865.º do CPC e 230.º do CPCI) e, consequentemente, se o crédito por contribuição predial, por ter sido inscrito para cobrança já no ano posterior ao da penhora, não era abrangido pelo privilégio imobiliário à base do art. 744.º do CC, concluindo que esse crédito só goza de privilégio imobiliário sob os respectivos bens praceados, se inscritos para cobrança no ano da penhora ou nos dois anos anteriores.

Sendo assim e ao contrário do acórdão recorrido, no acórdão tido por fundamento não está, pois, em causa, a reclamação e graduação dos juros de mora relativos a contribuição autárquica, mas a reclamação e graduação de créditos de contribuição predial.

Além do mais, no acórdão recorrido invocaram-se os arts. 24.º, n.º 1 do CCA e 230.º, parágrafo 2.º do CCP, que não têm paralelo no acórdão fundamento.

Pelo que não pode, assim, falar-se em oposição de acórdãos.

5 – Nestes termos, acorda-se em julgar findo o presente recurso.

Custas pela recorrente, fixando-se a taxa de justiça em € 400 e a procuradoria em 60%.

Lisboa, 21 de Junho de 2006.

Pimenta do Vale (Relator)
Brandão de Pinho
Lúcio Barbosa
Baeta de Queiroz

Recurso n.º 383/05-50

Acórdãos do Supremo Tribunal Administrativo

1.ª Secção (Contencioso Administrativo)

ACÇÃO PARA RECONHECIMENTO DE DIREITO. CONSTRUÇÃO DE UMA PASSAGEM SUPERIOR. ACTO DISCRICIONÁRIO. ACTO CONSTITUTIVO DE DIREITO. ACTO ADMINISTRATIVO CONSOLIDADO. REVOGAÇÃO DE ACTO ADMINISTRATIVO. INTERESSE LEGALMENTE PROTEGIDO. MEIO PROCESSUAL ADEQUADO.

(Acórdão de 30 de Maio de 2006)

SUMÁRIO:

I – Uma deliberação de um órgão da Administração decidindo favoravelmente uma pretensão que lhe foi apresentada por particulares e que a eles aproveita exclusiva ou primacialmente, no âmbito de matéria incluída nas suas competências de direito público, constitui um acto administrativo, à face do preceituado no art. 120.° do CPA).

II – Tendo-se consolidado na ordem jurídica essa deliberação, por falta de oportuna impugnação ou revogação, os particulares que formularam tal pretensão têm o direito de exigir o seu cumprimento.

III – No regime anterior ao CPTA, não existindo norma equivalente ao seu art. 157.°, n.° 3, a forma de os particulares obterem a possibilidade de execução coerciva de um acto administrativo consolidado era a propositura de uma acção para reconhecimento de um direito ou interesse legítimo, seguida do requerimento de execução da decisão favorável que nela fosse proferida.

ACORDAM NA SECÇÃO DO CONTENCIOSO ADMINISTRATIVO DO SUPREMO TRIBUNAL ADMINISTRATIVO:

1 – JOSÉ NUNES e MARIA GENEROSA SILVA GRAÇA. com os sinais dos autos. intentaram, no Tribunal Administrativo do Círculo de Coimbra. acção de reconhecimento de direito contra o Instituto de Estradas de Portugal e contra o presidente do seu Conselho de Administração.

Alegaram ser proprietários dos prédios descritos na Conservatória do Registo Predial de Sardoal com os n.os 1344/1203, denominado Marco, com a área de 190.380 m2, e 1345/1203/92, denominado Zambujeira, com 200 m2.

Entretanto, foi construído o lanço da estrada entre Vila de Rei e Abrantes, na E.N. n.° 2 – variante entre a E.N. e o IP6 – que dividiu estas propriedades, deixando de um lado a residência e do outro lado as propriedades onde os animais se alimentam.

Esta situação determina que tenham de atravessar a estrada, diariamente, acompanhados de dezenas de animais.

Desde a construção do troço, há cerca de 10 anos, que a J.A.E. assumiu a obrigação de construir uma passagem superior ao km 21+425, mas tal construção ainda não foi realizada.

Terminaram pedindo que se lhes reconhecesse o direito à construção da passagem superior, em conformidade com a deliberação do Conselho de Administração do ICERR (ICERR que se fundiu no IEP) de 22.3.2000, em prazo a fixar.

Os RR contestaram invocando a inadequação do meio processual e a ilegitimidade passiva.

Pelo despacho de fls. 175-179, as excepções foram desatendidas, salvo quanto à ilegitimidade passiva do presidente do conselho de Administração do IEP.

O IEP interpôs recurso daquele despacho, concluindo nas respectivas alegações:

"1. A sentença não considerou toda a matéria fáctica que resulta provada dos autos, nomeadamente que foi expropriada uma parcela de terreno do prédio dos autores – Proc. exp. N.° 95/96 da 2.ª Secção do 2.° Juízo do Tribunal de Círculo da Comarca de Abrantes, da qual resultou a divisão do prédio dos Autores e a sua constituição em duas parcelas sobrantes.

2. O direito e a fixação da indemnização pelos prejuízos decorrentes da expropriação. foi apreciada naquele processo de expropriação.

3. Se as parcelas resultantes da expropriação ficaram depreciadas, os Autores expropriado deveriam requerer a expropriação total ou ser fixada indemnização por depreciação da parcela remanescente (se não o foi já) (artigo 3.° e 29.° do Código de Expropriações) disposições que assim se mostram violadas.

4. Sentença que fixa a indemnização pela expropriação constitui caso julgado, relativamente aos prejuízos decorrentes de expropriação, pelo que a decisão viola igualmente o princípio do caso decidido, artigo 677.°, in fine outros, do CPC.

5. A presente acção, carece de causa de pedir, pois não mostram os autos o direito ou interesse legítimo violado.

6. A apreciação do presente pedido, deve ser objecto de acção de condenação e não de acção de reconhecimento de um direito, pelo que se mostra igualmente violado o n.° 2 do artigo.69.° do CPTA, então vigente".

Não foram apresentadas contra-alegações.

Prosseguindo os autos, veio a ser produzida a sentença de fls. 201-207, que julgou a acção parcialmente procedente, por provada, e em consequência reconheceu aos AA o direito de "verem construída a passagem superior à E.N. n.° 2 (variante à EN 241 e o IP6), tal como está assumido na deliberação do I.C.E.R.R. de 2000/03/22".

Inconformado, o IEP vem impugnar aquela sentença, concluindo nas respectivas alegações:

"A sentença recorrida ao decidir como decidiu, fê-la em flagrante violação da lei, pois que:

1) Nunca o IEP assumiu qualquer obrigação ou proferiu qualquer declaração susceptível de ser interpretada como promessa de prestação perante os AA., designadamente da construção da passagem aérea.

2) Tão pouco impende sobre ele – IEP – tal obrigação decorrente da lei, negócio jurídico, ou decisão judicial.

3) Enquanto Instituto Público – não sujeito de direito privado – que é, com as inerentes competências e obrigações, está-lhe totalmente vedada a possibilidade de se vincular por aquela forma, já que,

4) Compete-lhe a prossecução do interesse público, maximizando os recursos que são escassos, através do cumprimento rigoroso dos seus procedimentos.

5) Tem por isso que hierarquizar os numerosos interesses, em função desses recursos escassos.

6) Os factos dados como provados em 4. 5, 6 e 7 da sentença ora em crise não permitem concluir que o IEP se comprometeu perante os AA a construir a referida passagem, desde logo porque,

7) São meras informações, declarações de intenção prestadas pelas diversas entidades e até contraditórias entre si, incapazes de consubstanciar conscientemente qualquer promessa, vontade expressa de se vincular.

8) Por outro lado o art. 458 do C. C. não é aplicável ao caso concreto, e isto porque, inexiste relação fundamental, ou seja, decisão judicial, lei, ou qualquer causa que impunha ao IEP a obrigação de construção da passagem em questão, razão porque não se pode presumir o que não existe.

9) De todo o exposto decorre que a sentença recorrida fez incorrecta aplicação do art. 458 do C.C. entre outros e violou os estatutos dos IEP considerados na sua generalidade.

Os AA contra-alegaram, sustentando a manutenção da sentença.

O Excelentíssimo Procurador-Geral Adjunto emitiu douto parecer nos seguintes termos, no sentido do provimento dos dois recursos, dizendo:

Vista a matéria de facto apurada, importa saber se, não tendo os Autores requerido a expropriação total do prédio, nos termos do n.° 2 do art. 3.° do Código das Expropriações – Dec. Lei N.° 438/91, de 9 de Novembro – "aquilo que está em causa nesta acção não se prende com a expropriação invocada", conforme se diz na douta sentença recorrida.

Efectivamente, como se alega, os Autores, aquando da expropriação tinham ao seu alcance o disposto no n.° 2 do referido artigo 3.°, designadamente, a sua alínea a). E tendo optado por não requerer a expropriação total, "a sentença que fixa a indemnização pela expropriação constitui caso julgado, relativamente aos prejuízos decorrentes da expropriação...", o que, só por si, determinaria a procedência do recurso.

Na douta sentença recorrida que veio a reconhecer "o direito dos autores a verem construída a passagem superior à EN n.° 2 (variante à EN 241 e o IP6), diz-se que "é verdade que não existe lei que imponha a construção de uma passagem superior quando, como sucedeu aos autores, o seu prédio fique dividido por uma estrada."

Assim, o direito reconhecido teria fonte obrigacional, assumida pela promessa que constaria da deliberação de 2000.03.22.

Diz a Recorrente que o art. 458.° do CC não é aplicável porque inexiste relação fundamental, ou seja, decisão judicial, lei, ou qualquer causa que imponha a obrigação de construção de passagem.

Assim se me afigura, efectivamente.

Se por um lado, à Recorrente, como diz, enquanto Instituto Público, está-lhe completamente vedada a possibilidade de se vincular por aquela forma, sendo certo, que a causa de pedir não é o cumprimento da promessa (que inexiste), por outro, pelo que se deixou dito, inexiste a relação fundamental, além de que, como é sabido, "a acção para reconhecimento de um direito ou interesse legitimo tem como limite a autonomia do poder administrativo, o que exclui condenações que ponham em causa o exercício de poderes discricionários."

Assim, mesmo a entender-se que a promessa existe, sempre a acção para o reconhecimento de um direito ou interesse legítimo seria meio inadequado para se reconhecer que os Autores têm o direito de ver construída a passagem superior.

Nos termos expostos é meu entendimento que os recursos merecem provimento.

Sob convite, o Recorrente veio especificar que mantinha interesse no recurso do despacho de fls. 175-179.

Cumpre apreciar e decidir.

2 – O despacho de fls. 175-179 julgou provado que:

"1.° – Os autores são proprietários dos prédios descritos na Conservatória do Registo Predial de Sardoal com os n.ºs 1344/1203, denominado Marco, com a área de 790.380 m2, e 1345/1203/92, denominado Zambujeira, com 200 m2.

2.° – Com a construção do lanço da estrada entre Vila de Rei e Abrantes. na E.N. n.° 2 variante entre a E.N. e o IP6 – estas propriedades dos autores foram divididas, ficando de um lado da estrada a residência e do outro lado as propriedades onde os animais se alimentam.

3.º – Pelo menos desde 1994 os autores vêm reclamando junto da J.A.E. que seja dada solução a este problema.

4.º – Pelo ofício 2040 a J.A.E. comunicou aos autores que a construção da passagem superior ao km 21 + 425 foi incluída no plano de Segurança Rodoviária 1998, sendo que o seu lançamento ainda ocorreria nesse ano de 1998.

5.º – Em 1998/11/04 a J.A.E. comunicou aos autores que o projecto das obras de arte a realizar na EN 2 – lanço Vila de Rei/Abrantes, do qual faz parte a passagem superior ao km 21+425, já estava aprovado e que as obras teriam inicio nesse ano.

6.º – Por ofício datado de 2000/11/16 o I.C.E.R.R. comunicou aos autores o seguinte:

Assunto: E.N. 2 – Variante entre a Vila de Rei e Abrantes

Passagens superiores aos kms 11+300 e 21+425

Confirma-se que sobre o mesmo foi tomada a seguinte deliberação do Conselho de Administração, de 22.03.2000, cujo teor se transcreve:

Deliberação

Autorizada a proposta para inclusão das duas passagens superiores em PIDDAC/2000.

Programa de Equipamento e Segurança, com um investimento global de 55 000 (cinquenta e cinco mil) contos, obras a lançar pela Direcção de Estradas de Santarém.

Caberá ao sr. Director de Estradas de Santarém, nos termos da mesma deliberação ... o início do adequado procedimento com vista ao lançamento da obra ... ».

7.º – Por ofício de 2003/01/30 o I.E.P. comunicou à Provedoria de Justiça o seguinte:

«Variante entre a EN 241 (Prox Sertã) e o IP6 (Abrantes) – lanço entre Vila de Rei e a zona de Abrantes. Parcela n.º 2102, expropriada ao Senhor José Nunes. Construção de Passagem Aérea.

... sobre o assunto acima referido informamos que a Direcção de Estradas de Santarém encontra-se a preparar o lançamento do concurso de construção da referida passagem aérea.

Contudo verificou-se a necessidade de adiar o concurso para dar prioridade ao lançamento de outros concursos relacionados com algumas pontes do distrito, designadamente a ponte de Agolada, a ponte de Santo Estevão e a ponte de Constância. Tratam-se de pontes com restrições à circulação ou acumulação de acidentes ou problemas de segurança estrutural num dos pilares, pelo que se revelavam da maior urgência na sua resolução.

Concluídos que foram os lançamentos destes concursos a Direcção de Estradas de Santarém está a ultimar o lançamento do concurso para a construção da passagem superior a fim de estabelecer a ligação entre as duas áreas em que a propriedade do sr. José Nunes ficou dividida após a construção da variante à EN 2. O lançamento do concurso está previsto para o primeiro trimestre do corrente ano ... »".

A sentença deu como assente a mesma factualidade considerada no despacho de fls. 175-179 e, ainda:

"8.º – Até ao momento nunca o réu tomou qualquer providência para a construção da passagem superior".

3 – Inicia-se a discussão pelo recurso do despacho de fls. 175-179, pois que da sua procedência resultará a anulação do processado posterior e a absolvição do R da instância. No caso de improcedência, apreciar-se-á o recurso da sentença.

O Recorrente começa por entender que além da matéria de facto fixada no despacho se devia ter atendido ao que foi alegado no artigo 6.º da contestação, em conjugação com o artigo 4.º da mesma, ou seja:

Para a construção do lanço de estrada referido em 2.º da matéria de facto. foi expropriada uma parcela de terreno do prédio dos Autores, ao abrigo do Dec. Lei n.º 438/91, de 9 de Novembro, sendo o respectivo processo de expropriação o n.º 95/96, da 2.ª secção, 2.º juízo, do Tribunal do Círculo de Abrantes.

Tal posição é alicerçada em essa matéria se encontrar documentada no doc. 1, junto com a contestação, cuja veracidade nunca foi posta em causa nos autos, e pois que interessa para conhecer do mérito do recurso, adita-se essa matéria [artigo 712, n.º 1, alínea a), do C.P.C.].

O Recorrente entende, no fundo, que tudo o que respeita a consequências da construção da estrada, para a qual foi necessário expropriar uma parcela de terreno dos Autores, tem que ser discutido no processo expropriativo, nomeadamente nesse processo é que os interessados poderiam pedir a expropriação total se se considerassem prejudicados pela divisão das suas propriedades.

A causa de pedir da acção não radica no procedimento expropriativo, antes, como epílogo de uma sequência de manifestações de pretensão por parte dos interessados e de manifestações de posições por parte do IEP ou entidades que lhe antecederam, numa deliberação de 22-3-2000 do Réu (então ICERR, a que sucedeu o IEP), que não vem indicada enquanto integrante daquele procedimento: depois, no processo expropriativo, ao abrigo do Código de Expropriações de 1991, não poderia ter sido pedido o que aqui é pedido, "o direito a ver executada a construção da passagem superior, ao Km. 21+425 da EN2-variante à EN n.º 241 e o IP6, lanço entre Vila de Rei e Abrantes" [já presentemente, e no quadro do Código de Expropriações aprovado pela Lei n.º 168/99, de 18 de Setembro, mas apenas no âmbito de expropriação amigável. podem ser acordadas "condições acessórias" – artigo 34.º, f)].

Ou seja, a acção radica numa deliberação do IEP, que os autores na petição qualificam como acto administrativo, cuja "exequibilidade prática e concreta (art. 139) pretendem (cfr. nomeadamente arts. 120, 121, 137, 138, 139).

Nos termos em que a acção se apresenta, a situação em que se encontram os Autores tanto poderia ocorrer tendo eles visto expropriada certa parcela de terreno, como tendo eles sido confrontados com uma dificuldade originada pela construção de uma estrada sem que nenhuma parcela de terreno sua tivesse tido que ser expropriada.

Para se verificar a inidoneidade do meio necessário era necessário que a causa de pedir radicasse na expropriação ou que o pedido devesse ser formulado no processo expropriativo, mas nada disso ocorre.

E, assim, também nada mais pode proceder do que alega o Recorrente, nem quanto a caso decidido nem quanto a outro tipo de acção pois que é justamente na acção de reconhecimento de direito que os autores podem obter a condenação que pedem.

Assim, nega-se provimento ao recurso do despacho de fls. 175-179.

4 – Como resulta do precedente, a acção apresenta-se desligada do processo expropriativo.

O que está em causa é a pretensão de que seja reconhecido aos AA "o direito a ver executada a construção da passagem superior, ao Km. 21+425 da EN2-variante à EN n.º 241 e o IP6, lanço entre Vila de Rei e Abrantes".

Por detrás da formulação, o que os AA verdadeiramente pedem é a condenação do R à construção, sendo por isso que na alínea c) da conclusão da petição peticionam "a determinação de prazo especificado para a execução da deliberação tomada" [a deliberação de 22.3.2000].

Não se trata, pois, de uma acção de simples apreciação, antes, de uma acção condenatória, uma acção de prestação.

O pressuposto do pedido centraliza-se na existência de um acto administrativo, ele já definidor do direito dos Autores e reflexo dever do Réu à prestação.

Diga-se que nem os Autores afirmaram nem a sentença detectou existir lei ou acto normativo de qualquer tipo de que derivasse, directamente, quer o direito, quer o dever; do mesmo modo, quanto a qualquer hipotético contrato ou prévia decisão judicial.

A sentença, porém, acabou por reconhecer a pretensão, não por entender que tinha existido acto administrativo constitutivo do direito dos AA e do dever do R, mas por entender que tinha existido por banda deste uma promessa unilateral, que o vinculava, nos termos do artigo 458.º do CC.

O Recorrente, e o Excelentíssimo Magistrado do Ministério Público opõem-se à interpretação feita pela sentença.

Os AA, ora recorridos, apoiam a sentença, se bem que ela se tenha fundado em qualificação jurídica diversa da que inicialmente apresentaram, e repetem, nas suas alegações, o historial que demonstraria a vinculação que foi detectada pela sentença.

5 – A questão essencial a decidir é a de saber se a Administração se vinculou a construir a passagem superior referida nos autos.

O facto de na sentença recorrida se ter entendido que não existia um acto administrativo mas sim uma promessa unilateral vinculante é um mero problema de qualificação jurídica para a mesma realidade, pois o que está em causa é apreciar se dos actos praticados ou algum deles resulta uma vinculação da Administração a construir a passagem superior reclamada pelos Autores.

Apreciando a matéria de facto fixada, constata-se que os Autores reclamaram junto da Administração que fosse dada solução ao problema da passagem entre as duas partes da sua propriedade, dividida pela estrada.

Em 22-3-2000, o Conselho de Administração do ICERR deliberou autorizar uma proposta de inclusão de uma passagem superior ao km 21+245, que se destinava a ligar as duas partes referidas da propriedade dos Autores.

Esta a finalidade é confirmada pelo ofício do IEP indicado no ponto 7 da matéria de facto fixada em que se refere que «a Direcção de Estradas de Santarém está a ultimar o lançamento do concurso para a construção da passagem superior a fim de estabelecer a ligação entre as duas áreas em que a propriedade do sr. José Nunes ficou dividida após a construção da variante à EN 2».

Neste contexto, destinando-se a passagem superior a ligar as duas partes da propriedade dos Autores, ela tem de ser considerada como um acto de deferimento da sua pretensão, tanto mais que o facto de ter sido reclamada a construção da passagem é expressamente referido na fundamentação da proposta aprovada naquela deliberação (fls. 100).

Por outro lado, as passagens superiores são justificadas por evidentes razões de segurança tanto do trânsito que se faz ao longo da estrada como na sua travessia por peões ou animais, pelo que a deliberação sobre a sua construção se enquadra entre as competências do conselho de Administração do ICERR de promover a segurança rodoviária [art. 4.º, n.º 2, alínea c), dos Estatutos do ICERR, aprovados pelo Decreto-Lei n.º 237/99, de 25 de Junho]. O próprio Réu IEP o confirma ao referir, no artigo 35.º da sua contestação que «vai preparar a documentação para o lançamento do concurso, não só da passagem superior ao km 21,245, para servir a propriedade do Sr. José Nunes, mas também uma outra ao km 11,300 para restabelecer a ligação entre outras propriedades».

Assim, aquela deliberação, tomada por um órgão da Administração decidindo favoravelmente uma pretensão que lhe foi apresentada por particulares e que a eles aproveita exclusiva ou primacialmente (a passagem superior, como o próprio Réu reconhece, destina-se a estabelecer uma ligação entre duas partes de uma propriedade dos Autores), no âmbito de matéria incluída nas suas competências de direito público, tem de ser qualificada como um acto administrativo, pois, têm tal natureza «as decisões dos órgãos da Administração que ao abrigo de normas de direito público visem produzir efeitos jurídicos numa situação individual e concreta» (art. 120.º do C.P.A.) e é isso que acontece com a referida deliberação.

6 – Tal acto administrativo não foi revogado e a possibilidade legal da sua revogação depende da sua qualificação ou não como acto administrativo constitutivo de direito ou de interesse legalmente protegido.

Na verdade, os actos administrativos válidos, quando são constitutivos de direitos ou interesses legalmente protegidos, apenas podem ser revogados na parte em que são desfavoráveis aos destinatários ou quando todos estes dêem a sua concordância [art. 140.º, n.os 1, alínea b), e 2, do C.P.A.).

No caso em apreço, não se pode falar de um direito dos Autores à construção de uma passagem superior, mas está-se perante um interesse legalmente protegido, pois os Autores têm interesse em que essa construção se efectue e esta está conexionada com a segurança rodoviária, que ao ICERR cabe promover, nos termos dos seus Estatutos. Na verdade, resultando inequivocamente da matéria de facto fixada que o ICERR acedeu a construir a passagem superior requerida pelos Autores e só podendo explicar-se a sua construção por razões de segurança rodoviária, tem de se concluir que o fez por entender que existiam razões desse tipo segurança rodoviária para a construir.

Assim, a referida deliberação constitui um acto administrativo constitutivo de um interesse legalmente protegido, que, neste momento, é irrevogável, independentemente de se entender que correspondem ou não à realidade as razões de segurança rodoviária referidas.

Na verdade, se se entender que o acto referido é válido, sendo ele constitutivo de um interesse legalmente protegido, não pode ser revogado, sem consentimento dos Autores [art. 140.º, n.º 1 alínea b), do CPA]. Os autos não mostram que tenha havido uma revogação, proveniente do Conselho de Administração do ICERR (que tinha competência para tal, à face do art. 142.º, n.º 1, do CPA) e mostram claramente que os Autores nunca concordaram com ela (ponto 3.º da matéria de facto fixada).

Se se entender que tal acto era inválido (nomeadamente por não haver razões de segurança rodoviária que justificassem a construção da passagem superior, o que não se concebe em face da repetidamente afirmada intenção de a construir que evidencia a matéria de facto) ele apenas poderia ser revogado com fundamento em invalidade e dentro do prazo do respectivo recurso contencioso ou até à resposta da entidade recorrida [art. 141.º, n.º 1, do C.P.A.]. Não tendo sido interposto recurso contencioso da referida deliberação de 22-3-2000, nem tendo ela sido revogada no prazo máximo em que podia ser impugnada contenciosamente, que era o de um ano previsto para interposição de recurso pelo Ministério Público [art. 28.º, n.º 1, alínea c), da LPTA, então vigente], a Administração deixou de ter a possibilidade legal de a revogar.

Assim, o acto administrativo que consubstancia a deliberação de 22-3-2000 consolidou-se na ordem jurídica, tendo-se através dele constituído um direito dos Autores a verem executada a passagem superior que reclamam.

Por isso, tem suporte fáctico e jurídico a pretensão dos Autores de verem reconhecido esse direito.

7 – Importa apreciar também a questão da adequação do meio processual utilizado, que foi suscitada pelo Réu e reafirmada pelo Excelentíssimo Magistrado do Ministério Público, no seu douto parecer.

Como se referiu, o que os Autores pretendem com a presente acção é ver judicialmente reconhecido um direito emergente de um acto administrativo que, no entendimento acima referido, deferiu a pretensão dos Autores de verem construída uma passagem superior entre as duas fracções do seu prédio.

Não se trata, assim, de determinar o conteúdo do direito de indemnização emergente do acto expropriativo, nem importa apurar se os Autores tinham ou não o direito a que fosse construída a referida passagem superior, mas apenas apurar se foi ou não deferida a sua pretensão pelo referido acto administrativo e se a decisão administrativa que a deferiu se consolidou na ordem jurídica, tornando-se irrevogável e gerando para os Autores um direito à construção dessa passagem superior.

Actualmente, no âmbito do CPTA, é possível requerer directamente a execução de actos administrativos inimpugnáveis (art. 157.º, n.º 3, do CPTA), conceito este em que se inserem os actos administrativos que se tenham tornado irrevogáveis.

No regime da L.P.T.A., tal não era possível, pois apenas se previa a possibilidade de obter a execução de **decisões judiciais**, nos termos dos arts. 95.º e 96.º daquela Lei e dos arts. 5.º e seguintes do Decreto-Lei n.º 256-A/77, de 17 de Junho, não se prevendo a aplicabilidade do mesmo regime à execução de **decisões administrativas**.

No entanto, estando constitucionalmente garantido o direito à tutela judicial efectiva dos direitos ou interesses legalmente protegidos dos administrados (art. 268.º, n.º 4, da CRP), o contencioso administrativo não podia, já antes do CPTA, de deixar de proporcionar aos particulares meios adequados à tutela eficaz dos seus direitos em relação à Administração que resultassem de actos desta consolidados na ordem jurídica.

Antes do CPTA, a via processual a utilizar para obter o direito à execução coerciva destes direitos emergentes de actos firmes da Administração era precisamente a que os Autores seguiram, de pedirem o reconhecimento judicial do direito emergente desses actos administrativos, através de uma acção para reconhecimento de um direito ou interesse legítimo, que podia proporcionar uma decisão judicial susceptível de execução coerciva, nos termos gerais previstos para a execução das decisões judiciais.

Assim, a acção para reconhecimento de um direito ou interesse legítimo é o meio processual adequado.

8 – Não se está também perante uma situação em que se coloque uma violação do princípio da separação de poderes, pois o Tribunal não está a decidir se a Administração, no âmbito dos seus poderes discricionários de gestão de interesses públicos, devia decidir construir uma passagem superior entre as duas fracções do prédio dos Autores.

Com efeito, o que está em causa é apenas apreciar a conduta que a Administração **já desenvolveu** no exercício do seu autónomo poder de decisão nessa matéria, relativamente à pretensão dos Autores, e determinar se dessa actuação surgiu ou não para estes algum direito, à face da legislação vigente.

Esta é uma questão puramente jurídica, a decidir apenas a face da lei, pelo que não há qualquer violação do princípio da separação dos poderes.

9 – Os Autores formularam vários pedidos, em suma:

a) reconhecimento do direito e interesse na execução e aplicabilidade da referida deliberação de 22-3-2000;

b) reconhecimento do direito e interesse dos Autores à prática pelos Réus dos actos necessários a tal construção;

c) fixação de prazo para execução da deliberação referida;

d) informação, esclarecimentos e cedência de documentos (quando peticionados) de tudo quanto seja necessário para a percepção da actuação dos Réus, reconhecendo aos Autores a qualidade de interessados no procedimento.

Destes pedidos, na sentença recorrida entendeu-se apenas ser de julgar procedente o pedido de reconhecimento do direito dos Autores a verem construída a passagem superior à EN n.º 2 (variante EM 241 e o IP6) tal com está assumido na deliberação do ICERR de 22-3-2000.

A sentença recorrida não foi impugnada pelos Autores, pelo que apenas a apreciação deste pedido está agora em causa.

Nestes termos, acordam neste Supremo Tribunal Administrativo em negar provimento aos recursos jurisdicionais e em confirmar o despacho e a sentença recorridos, com esta fundamentação.

Sem custas, neste Supremo Tribunal Administrativo, por o Réu estar isento (art. 2.º da Tabela de Custas), sem prejuízo do decidido na sentença recorrida.

Lisboa, 30 de Maio de 2006.

Jorge de Sousa (Relator)
São Pedro
Edmundo Moscoso

Recurso n.º 410/05-12

ACIDENTE DE VIAÇÃO. OBSTÁCULO NA ESTRADA. PRESUNÇÃO DE CULPA. SERVIÇO DE FISCALIZAÇÃO E «FAUTE DE SERVICE».

(Acórdão de 18 de Maio de 2006)

SUMÁRIO:

I – Nos termos do art. 493.°, n.° 1, do Código Civil, presume-se que a entidade pública com jurisdição sobre as estradas nacionais é culpada por, nessas rodovias, existirem quaisquer obstáculos não sinalizados, causadores de acidentes.

II – Para elidir essa presunção, tem a mesma entidade de demonstrar que fiscalizou adequadamente o estado da rodovia, pelo que o obstáculo surgiu imprevista ou fortuitamente.

III – A circunstância de a entidade pública provar que dispunha de uma brigada de conservação da estrada ainda consente dúvidas sobre o modo – eficaz ou ineficaz, sistemático ou esporádico – como ela vigiara as condições de circulação na rodovia.

IV – Só através de uma observação feita de perto se pode seguramente aferir da firmeza e da inamovibilidade de uma placa metálica que atravessava transversalmente a faixa de rodagem de um IC e que tinha acoplada uma caixa que a fixava ao solo.

V – Assim, não se mostra elidida a presunção de que a entidade pública ré teve a culpa do acidente originado no facto de a referida placa se haver soltado e de a dita caixa jazer por isso no pavimento, tornando-se um obstáculo à circulação rodoviária, se, apesar de provada a existência daquela brigada, por um lado se souber que os respectivos técnicos aferiam do estado da placa passando por sobre ela de automóvel e se, por outro lado, a ré nem sequer tiver conseguido provar que a mesma brigada, na via onde se deu o acidente, actuava «sistematicamente» e «pelo menos três vezes por semana».

ACORDAM NA 1.ª SECÇÃO DO SUPREMO TRIBUNAL ADMINISTRATIVO:

EP – Estradas de Portugal, EPE, interpôs recurso jurisdicional da sentença do 1.° Juízo Liquidatário do TAF de Lisboa que, julgando totalmente procedente a acção que lhe fora movida por Assicurazioni Generali, S.P.A, a condenou a pagar à autora a quantia de 972,69 euros, acrescida de juros moratórios, correspondendo aquela importância ao montante dos danos que um veículo segurado na autora sofreu por, ao circular no IC19, ter embatido num obstáculo originado pela ré.

A recorrente terminou a sua alegação de recurso enunciando as conclusões seguintes:

A – Não era previsível aos serviços do ex-ICERR, hoje EP-EPE, que sempre e periodicamente circulavam em serviço na estrada nacional dos autos que surgisse algum problema causado pela placa de sinalização.

B – Não era previsível para os técnicos da EP nem para a população e utentes da estrada que nunca expuseram ou alertaram para qualquer existência de perigo ou deficiência da placa.

C – O único carro afectado pelo deslocamento da placa foi o dos autos.

Deste modo, a conclusão jurídica a retirar dos autos, única compatível com a prova documental e testemunhal dos autos, é a de que não existe culpa do lado do organismo de Estado/EP-EPE.

A recorrida contra-alegou e, depois de defender que o recurso foi extemporânea e inadmissivelmente deduzido, ofereceu as seguintes conclusões:

1 – Resultou provado que, no dia 21/7/2000, pelas 14.15 horas, o veículo com matrícula 49-87-IF circulava no IC!) pela fila de trânsito da direita, sentido Lisboa-Sintra, um pouco antes da bifurcação desta artéria com o acesso da CRIL.

2 – No local existia uma placa metálica rectangular em toda a largura da faixa de rodagem, placa essa que se encontrava deslocada.

3 – O condutor do veículo seguro na autora, apercebendo-se das condições em que se encontrava a placa, tentou desviar-se com o intuito de evitar o acidente e não o conseguiu fazer, indo embater com o rodado de trás, lado direito, na caixa de encaixe dessa placa.

4 – Do embate descrito resultaram danos materiais no veículo segurado pela ora autora, nomeadamente na roda traseira do lado direito (pneu e jante), bem como danos no eixo traseiro do veículo.

5 – A EP (ex-ICERR) possui brigadas de conservação que fiscalizam o estado da estrada e dos elementos integrados na via rodoviária, o IC19.

6 – As referidas brigadas actuavam sob a direcção da ora agravante.

7 – A tarefa desempenhada pelas brigadas de conservação não era efectuada de forma sistemática e com todo o cuidado.

8 – Não resultou da matéria de facto provada que os serviços da ré, ora agravante, actuassem com a diligência possível e exigível, aferida em relação à via em causa.

O Ex.° magistrado do M.°P.° junto deste STA emitiu douto parecer no sentido do não provimento do recurso.

Tal como se estabelece no art. 713.°, n.° 6, do CPC, damos aqui por integralmente reproduzida a matéria de facto dada como provada na decisão «sub censura».

Passemos ao direito.

«Ante omnia», cumpre enfrentar as objecções de índole adjectiva que a recorrida esgrimiu contra o presente meio impugnatório, as quais se fundam no estatuído no CPTA e consistem em dois pontos – na extemporaneidade do oferecimento da alegação e no facto de esta não ter acompanhado o requerimento de interposição do recurso. Ora, é flagrante a falta de razão da recorrida quanto a qualquer dessas matérias, pelo singelo motivo razão de que o recurso jurisdicional dos autos não está submetido ao regime inserto no CPTA – cfr. o art. 5.°, n.° 1, da Lei n.° 15/2002, de 22/2, que aprovou aquele código. Com efeito, o presente recurso era e é disciplinado pela LPTA; e, à luz deste diploma, é inquestionável que ele foi deduzido e alegado em tempo oportuno e que a sua interposição não acarretava a junção simultânea da correspondente minuta.

Passemos, pois, ao conhecimento das questões de fundo. A sentença recorrida julgou a ré e aqui recorrente responsável pelo ressarcimento dos danos que um certo veículo sofreu por ter embatido num obstáculo – a «caixa de encaixe» de uma placa metálica posta ao nível do pavimento e entretanto desviada do seu sítio próprio – existente no IC19, que é uma rodovia sob a jurisdição da entidade demandada. Para assim decidir, a decisão «a quo» afirmou duas essenciais coisas: que, contra a ré, funcionava a presunção de culpa prevista no art. 493.º, n.º 1, do Código Civil; e que a ré não ilidira essa presunção, já que ela, tendo embora demonstrado que dispunha de brigadas de conservação que fiscalizavam o estado da via em causa, não persuadiu que essas brigadas actuaram «sistematicamente e com todo o cuidado» ou «com a diligência possível e exigível».

A recorrente aceita a existência daquela presunção de culpa – tal como não discute o montante dos danos ou o facto de eles terem sido causados pelo embate da viatura na referida caixa. Mas considera que elidiu a presunção porque haveria dois factos que, conjugados, mostrariam que o obstáculo causal do sinistro surgira súbita e fortuitamente: por um lado, o facto assente de que ela dispunha de brigadas de conservação que vigiavam a estrada e que nunca detectaram qualquer anomalia na aludida placa metálica; por outro lado, a circunstância de o veículo sinistrado ter sido o único a acidentar-se naquele obstáculo, apesar de serem milhares as viaturas que continuamente passavam no local.

É de notar que este último facto, concernente à singularidade e excepcionalidade do sinistro, não foi alegado nos autos e, portanto, não se provou. Daí que a tese da recorrente logo comece a claudicar, pois falta, afinal, um dos factos intervenientes na composição que ela apresentou como especialmente apta a elidir a presunção «juris tantum». Não obstante, temos ainda de ver se o outro facto, considerado verdadeiro pelo tribunal colectivo, é de per si bastante para afastar a culpa presumida em que a condenação se fundou – já que seria despropositado crermos que a recorrente só quisera servir-se desse facto em conjugação com outro, quando até constatamos que a própria sentença o ponderou isoladamente.

Ora, e a propósito desse facto, a sentença fez notar que o tribunal colectivo não dera como provado que as brigadas de conservação da ré fiscalizavam o estado do IC19 «três vezes por semana», aí passando «sistematicamente» de automóvel; e que, assim sendo, continuava a desconhecer-se o grau de diligência que a ré pusera no cumprimento do seu inquestionável dever de fiscalizar as condições de circulação da estrada – pelo que a presunção de culpa que sobre ela impendia não teria sido elidida.

E, no seu essencial, esta decisão está correcta. Ao afirmar que dispunha de brigadas tendentes a vigiar o estado da via, a aqui recorrente pretendeu dizer que nenhuma culpa teve na eclosão do sinistro – que terá advindo de causas fortuitas e imprevisíveis. Em princípio, a certeza de que existiam aquelas «brigadas» – mais do que uma e todas elas utilizadas na avaliação do estado do IC19, como nos diz a factualidade provada – aponta para que a recorrente se tenha dotado de uma organização formalmente adequada à observância do seu dever de fiscalização e que, portanto, ela não tenha incorrido na omissão censurável que costuma designar-se por «faute du service». Mas é claro que isto, por si só, não torna impossível a culpa da ré (pelo que não traz a imediata e forçosa elisão da presunção prevista no art. 493.º, n.º 1, do Código Civil); pois a simples existência das brigadas, continuando a possibilitar que a fiscalização fosse apenas esporádica ou ténue, ainda não esclarece o modo – cuidado ou descuidado, eficaz ou ineficaz – como, «in concreto», a ora recorrente cumpriu o dever de vigilância de que estava incumbida. Portanto, a alegação e prova de que existiam brigadas de conservação diz-nos algo sobre a organização interna que a recorrente criou com vista à fiscalização da estrada e à prevenção de acidentes; mas nada de firme, terminante e decisivo nos diz sobre o modo de funcionamento dessas brigadas em relação ao obstáculo causal do sinistro, pelo que a existência das brigadas continua a não nos dar a certeza de que a recorrente não incorreu em responsabilidade derivada de «faute de service». E é de lembrar que a elisão da presunção supõe que a recorrente haja demonstrado que nenhuma culpa se lhe pode atribuir na emergência do acidente, o qual teria assim advindo de causas que ela, num juízo de normalidade, não previra nem podia prever.

O obstáculo em que o veículo sinistrado embateu foi a caixa fixadora de uma placa metálica posta ao nível do pavimento do IC19. A placa e a respectiva caixa já estavam anteriormente na plataforma da estrada – a faixa de rodagem era atravessada pela placa em toda a sua largura, enquanto que a caixa, fosse qual fosse o modo preciso como fora inicialmente colocada (pormenor que não está esclarecido nos autos), não constituía então um obstáculo presente na mesma faixa e sobressaído em relação ao seu plano. É de sublinhar, todavia, que a placa metálica, por representar uma solução de continuidade na extensão do pavimento, constituía objectivamente um factor de risco para a circulação automóvel. Com efeito, a natural amovibilidade da placa possibilitava que ela, com a sucessão do tráfego, sofresse um deslocamento qualquer – movimento esse que, ademais, envolvia o perigo de trazer a caixa que lhe estava acoplada para a superfície da faixa de rodagem de modo que esta passasse a constituir um obstáculo à circulação dos veículos. Sendo as coisas assim, as sobreditas brigadas tinham o dever de vigiar especialmente aquela placa, constatando com regularidade e método até que ponto ela permanecia firme e presa ao local onde fora aposta. E é claro que, para o fazerem, os elementos componentes de tais brigadas teriam de se aproximar da placa metálica e observá-la de perto, atentando sobretudo na caixa que a fixava ao solo. Porém, foi a própria recorrente quem tomou a iniciativa de esclarecer o tribunal acerca do modo insuficiente como a placa foi vigiada: é que ela alegou que os seus técnicos se convenceram de que a placa não tinha anomalias porque nunca as viram nas várias vezes em que, por sobre ela, passaram de automóvel; e esta alegação induz a crer que os elementos componentes daquelas brigadas não realizaram uma fiscalização diferente da relatada – pois, se eles tivessem vigiado a placa de um modo mais próximo, atento e exigente, a recorrente decerto não deixaria de o referir.

Nesta conformidade, temos que a existência das brigadas de conservação, que parecia apta a elidir a presunção de culpa através do mero afastamento de uma «faute du service», não basta para afastar a culpa presumida. Pois os indícios de que tais brigadas agiram de um modo descuidado e insuficiente – o que configura uma «faute de service» – repõe a culpa da recorrente na produção do sinistro, persistindo a presunção «juris tantum» justificativa da procedência do pedido.

Aliás, a recorrente sentiu a necessidade de explicar com mais detalhe a maneira como, relativamente à via em causa, funcionavam aquelas brigadas de conservação, o que mostra que ela percebeu que só persuadiria da sua falta de culpa se convencesse que tais brigadas actuavam naquele local repetida e diligentemente. Mas as respostas restritivas aos quesitos 12.° e 14.° denotam que ela não logrou sequer provar que esse seu serviço vigiava o IC19 de um modo sistemático ou frequente; e tal falta de prova, apesar da sua negatividade (ou seja, apesar de não significar a prova do contrário), corrobora a conclusão a que acima chegámos – que ficou por demonstrar que a recorrente usara da diligência devida e que, por isso mesmo, nenhuma culpa tivera na eclosão dos danos.

Consequentemente, a ré não conseguiu elidir a presunção de culpa acolhida no art. 493.°, n.° 1, do Código Civil, motivo por que se justificava a sua condenação no pedido, como a 1.ª instância determinou. Improcedem, assim, todas as conclusões da alegação de recurso, merecendo a sentença «a quo» ser aqui confirmada, pelas razões sobreditas.

Nestes termos, acordam em negar provimento ao presente recurso jurisdicional e em confirmar a sentença recorrida.

Sem custas.

Lisboa, 18 de Maio de 2006.

Madeira dos Santos (Relator)
Freitas Carvalho
Pais Borges

Recurso n.° 222/06-11

APOIO AGRO-FLORESTAL. RESCISÃO DE CONTRATO. COMPETÊNCIA DO IFADAP.

(Acórdão de 16 de Maio de 2006)

SUMÁRIO:

I – As ajudas a conceder pelo IFADAP no âmbito do Reg. (CEE) n.° 2078/92, do Conselho de 30 de Julho, ao abrigo de contratos, tendo em vista a prossecução do interesse público ligado à protecção do ambiente e em que o interessado particular aparece a preencher as condições previamente fixadas pela Administração para a realização desse interesse público, inserem-se numa relação jurídica administrativa.

II – O IFADAP tem competência para celebrar contratos administrativos e exercer poderes de direito administrativo através de actos administrativos no âmbito de auto-tutela declarativa, desde que actue investido de prerrogativas de autoridade (art. 3.° n.° 2 do Estatuto do IFADAP aprovado pelo D.L. 414/93 de 23 de Dezembro):

III – Após a publicação do C.P.A. e de acordo com o seu art. 186.° cabe, em regra, recurso contencioso de todos os actos administrativos destacáveis respeitantes à formação e execução dos contratos administrativos (art. 9.° n.° 3 do ETAF), excepto dos que interpretem cláusulas contratuais ou se pronunciem sobre a respectiva validade.

IV – Os tribunais administrativos são competentes para apreciar o acto pelo qual o IFADAP rescindiu o contrato de atribuição de ajuda ao abrigo do Reg. (CEE) n.° 2078/92 e inibido um beneficiário de apresentar candidatura no âmbito daquele Regulamento, uma vez que tal acto reveste a natureza de acto administrativo destacável respeitante à execução de um contrato administrativo, nos termos dos artigos 9.° n.° 3 do ETAF e 186.° n.° 1 "a contrario" do CPA.

ACORDAM NA 1ª SECÇÃO DO SUPREMO TRIBUNAL ADMINISTRATIVO

1. RELATÓRIO

Moisés Gaspar, identificado nos autos, recorreu para este Supremo Tribunal da sentença do TAC de Coimbra que julgou os tribunais administrativos materialmente incompetentes para julgamento do RECURSO CONTENCIOSO DE ANULAÇÃO por si interposto contra o CONSELHO DE ADMINISTRAÇÃO DO IFADAP, formulando em síntese as seguintes conclusões:

– as ajudas concedidas pela Comunidade Europeia e pelo Estado Português, no âmbito do Regulamento CEE, tendo em vista a prossecução do interesse público ligado à protecção do ambiente e ao desenvolvimento da agricultura e do mundo rural, inserem-se numa relação jurídica administrativa;

– o IFADAP, enquanto pessoa colectiva de direito público, tem competência estatutária para celebrar contratos administrativos e exercer poderes de direito administrativo, através de actos administrativos, no âmbito de auto-tutela declarativa, desde que actue investido de prerrogativas de autoridade (art. 3.°, n.° 2 do Estatuto do IFADAP, aprovado pelo Dec. Lei 414/93, de 23 de Dezembro;

– no caso vertente esses poderes foram-lhe, em especial e sucessivamente conferidos, na matéria em causa pelos artigos 14.° a 17.° do Dec. Lei 8/2001;

– este diploma confere ao IFADAP poderes para rescindir unilateralmente os contratos de ajudas à agricultura, acrescidos esses poderes legalmente fixados, das prerrogativas de aplicação de sanções, fiscalização da execução dos contratos, suspensão do direito de apresentando de quaisquer novas candidaturas e exigência de devolução das quantias pagas com juros;

– no contrato que o recorrente celebrou com o IFADAP, estabeleceu-se a possibilidade deste o modificar ou rescindir unilateralmente, designadamente em caso de incumprimento de qualquer das obrigações assumidas pelo recorrente, ficando este obrigado a devolver o montante delas ao recorrido e se a devolução não ocorrer tempestivamente, o beneficiário/recorrente, para além de vir a pagar juros moratórios sobre a quantia em dívida, tem de satisfazer ao recorrido outros encargos e despesas;

– a lei e o clausulado contratual, atribuíram ao acto rescisório uma amplitude de efeitos só explicável por razões de interesse público;

– não há, assim dúvidas de que o acto recorrido é um acto administrativo destacável, praticado no decurso da execução de um contrato administrativo;

– assim, ao decidir pela natureza privada do contrato o Tribunal recorrido fez errada interpretação e aplicação da lei.

Não foram produzidas contra alegações.

Neste Supremo Tribunal o Exm.° Procurador-Geral Adjunto emitiu parecer no sentido de ser concedido provimento ao recurso. Em seu entender o contrato celebrado entre o recorrente e a recorrida contém marcas de administratividade e ambiência pública, sendo certo que as ajudas a conceder visam a prossecução de um interesse público ligado ao objectivo estratégico de protecção ambiental e em que o interessado particular aparece a preencher as condições previamente estabelecidas pela administração. Tal matriz de direito público é especialmente denunciada pela existência de poderes de fiscalização, bem como rescisão e modificação unilateral dos contratos em caso de incumprimento, a que acresce a circunstância da decisão rescisória conter uma componente sancionatória traduzida na incapacidade do contraente privado ulteriormente se candidatar a apoios do mesmo género – cfr. art.s 13.°, 14.° e 17.° do Dec. Lei 8/01 e art. 180.° do Cód. Proc. Adm.

Colhidos os vistos legais, foi o processo submetido à conferência para julgamento.

2. FUNDAMENTAÇÃO

2.1. MATÉRIA DE FACTO

A decisão recorrida deu como assente a seguinte matéria de facto:

a) O recorrente celebrou com o Instituto de Financiamento e Apoio ao Desenvolvimento da Agricultura e Pescas (IFADAP) contrato de atribuição de ajuda, respeitante à medida agro-ambiental 14 (Agricultura Biológica do RURIS, no montante de € 40.302,68 – processo n.° 2001.40.0055639.4.

b) Realizada em 11-12-2002, vistoria à exploração do recorrente (objecto das ajudas) e solicitados elementos ao mesmo, após confronto com as irregularidades detectadas, foi elaborado o Relatório n.° 4/2002, junto a fls. 128 a 133 dos autos e que aqui se dá como reproduzido para todos os efeitos legais, onde se propõe a rescisão unilateral do contrato, com suspensão do direito à apresentação de qualquer candidatura, no âmbito do Regulamento (CE) 1.257/1999, do Conselho, de 17 de Maio, de acordo com o estipulado no art. 17.° do Dec. Lei 8/2001, de 22 de Janeiro;

c) Por deliberação de dois vogais do Conselho de Administração do IFADAP, no uso de poderes delegados foi decidido: "Atendendo ao conteúdo do Relatório n.° 4/03 da DIC – SCII, de 10 de Março e uma vez que nunca foram efectuados quaisquer pagamentos, delibera-se rescindir unilateralmente o contrato acima identificado, com a suspensão do direito à apresentação de qualquer candidatura, no âmbito do Reg. (CE) 1 257/1999, do Conselho, de 17 de Maio, de acordo com o estipulado no art. 17.° do Dec. Lei n.° 8/2001, de 22 de Janeiro" – cfr. fls. 127 dos autos (deliberação recorrida).

2.2. MATÉRIA DE DIREITO

A decisão recorrida julgou o tribunal administrativo materialmente incompetente, considerando que a deliberação recorrida tem a natureza de uma declaração negocial no âmbito de um contrato de direito privado. Para tanto argumentou que o IFADAP "interveio no contrato de financiamento, ou seja, no contrato de atribuição de ajuda a que se refere a matéria de facto, despido de qualquer veste, em pleno pé de igualdade com o recorrente. Aliás o n.° 2 do art. 3.° do citado Estatuto, expressamente, postula que "O IFADAP está sujeito às normas de direito privado nas suas relações contratuais com terceiros sempre que não deva actuar investido de prerrogativas de autoridade. Deste modo, é de concluir que os contratos celebrados entre o recorrente e entidade recorrida não revestem a natureza de administrativos". Terminou concluindo, declarando "os tribunais administrativos incompetentes em razão da matéria para conhecer dos autos".

O recorrente, acompanhado pelo Exm.° Procurador-Geral Adjunto, neste Supremo Tribunal, defende que o contrato em causa tem evidentes marcas de direito público.

Vejamos a questão.

A definição legal de contrato administrativo acolhe como diferença específica a natureza da relação jurídica constituída, modificada ou extinta através do contrato (art. 178.° do CPA). E, se a lei enumera no n.° 2 algumas espécies de contratos expressamente qualificados como administrativos, tal não significa que apenas esses estejam subordinados à jurisdição administrativa. Uma relação jurídica é de direito público quando "confere poderes de autoridade ou impõe restrições de interesse público à Administração perante os particulares, ou que atribui direitos ou impõe deveres públicos aos particulares perante a Administração" – Freitas do Amaral, Direito Administrativo, III, pág. 439/440. E, portanto, é decisivo para a qualificação de um contrato como administrativo a ligação expressa do contrato "à realização de um resultado ou interesse especificamente protegido no ordenamento jurídico, se e enquanto se trata de uma tarefa assumida por entes da própria colectividade, isto é, de interesses que só têm protecção específica da lei quando são prosseguidos por entes públicos" – Esteves de Oliveira e outros, Código de Procedimento Administrativo, pág. 811.

A jurisprudência deste Tribunal, como se pode ver, entre outros, no Acórdão de 24-4-2002, (rec. 48.232), tem encontrado índices denunciadores da natureza administrativa do contrato na existência de clausulas exorbitantes, só justificáveis pela predominância do interesse público: "(...) Os limites do conceito de relação jurídica administrativa são controvertidos, mas são de considerar nele inseridas as relações que se estabelecem entre a Administração e os particulares em que há uma prevalência do interesse público sobre o particular que se traduz na atribuição de poderes de autoridade àquela ou imposição de deveres públicos a estes. (...) Serão, assim, contratos administrativos aqueles em que o interesse público prosseguido pela Administração Pública prevalecer sobre os interesses privados em presença, conduzindo a um afastamento do regime de direito privado traduzido na previsão de situações jurídicas activas ou na imposição de situações jurídicas passivas exorbitantes. (...) – Adoptando este entendimento, pode ver-se ainda o acórdão deste Supremo Tribunal Administrativo de 10-4-2002, proferido no recurso n.° 30/02.

No recente Acórdão do Tribunal de Conflitos de 9-3--2004 (proc. 4/3), reafirma-se a necessidade do contrato conter traços específicos denunciadores do seu regime de direito público, afastando a existência de uma presunção de sujeição ao direito público, dos contratos celebrados pela Administração, ou em que pelo menos uma das partes fosse um sujeito de Direito Público:

"(...) Sérvulo Correia – diz o aludido Acórdão – chama a atenção para uma categoria de contratos, que são os contratos com objecto passível de direito privado, ou seja, aqueles cujo objecto seria em princípio susceptível de ser enquadrado num negócio jurídico – típico ou atípico – celebrado entre os particulares. Para este autor, quando os deveres e direitos pactuados são neutros ou indiferentes, justifica-se a presunção de que as partes remeteram para a aplicação dos princípios gerais do contrato administrativo. Salvo prova de que a vontade real de ambas as partes era a oposta, partir-se-á do princípio de que celebraram um contrato administrativo. Na realidade, "nos nossos dias, o Direito geral da Administração é o Direito Administrativo..." – Legalidade e Autonomia Contratual nos Contratos Administrativos, pp. 403-406. Este entendimento é por diversas vezes citado em acórdãos do S.T.A., como os de 25.1.01, proc.° n.° 46.798, e de 7.3.01, proc.° n.° 46.049.

Apesar desta tendência, uma análise dos mais recentes arestos do S.T.A. e do Tribunal de Conflitos sobre a matéria permite constatar que a Jurisprudência não se vem limitando a aceitar a matriz administrativa do contrato em função da mera presença de um contraente público e de uma qualquer ligação do objecto do contrato a finalidades de interesse público que esse ente prossiga.

Ao contrário, não prescinde de, caso a caso, procurar detectar a presença de marcas de administratividade, de elementos exorbitantes, ou de traços reveladores de uma ambiência de direito público.

Recorde-se que relação jurídica de direito administrativo não é seguramente aquela que simplesmente envolve a Administração, é a que "confere poderes de autoridade ou impõe restrições de interesse público à Administração perante os particulares, ou que atribui direitos ou impõe deveres públicos aos particulares perante a Administração" – Freitas do Amaral, Lições, p. 439/40.

O critério estatutário pode considerar-se entre nós dominante. Nesta concepção, contrato administrativo é o que constitui um processo próprio de agir da Administração Pública e que cria, modifica ou extingue relações jurídicas, disciplinadas em termos específicos do sujeito administrativo, entre pessoas colectivas da Administração ou entre a Administração e os particulares (Sérvulo Correia, ob. cit., p. 396).

A preferência generalizada pelo critério estatutário – que, de resto, o acórdão recorrido compartilhou – tem um mérito indiscutível. É que, como salientam Mário Esteves de Oliveira e outros (Código do Procedimento Administrativo Comentado, II, p. 341) "trazer para o direito administrativo todos os contratos que tragam marcas – importantes e juspublicisticamente protegidas (específica ou exclusivamente) de administratividade – é a única (proposta) compatível com a imputação constitucional da jurisdição do direito administrativo e dos tribunais administrativos aos tribunais administrativos (...)".

Podemos, então, concluir que contrato administrativo é um acordo de vontades cujos efeitos queridos por ambas as partes são reconhecidos ou conferidos por normas de Direito Público.

Perante estes critérios, julgamos clara a natureza administrativa das regras que regulamentam a relação jurídica constituída pelo contrato em causa.

Vejamos porquê.

O contrato celerado entre o IFADAP e o recorrente, ocorreu no âmbito do Decreto – Lei 8/2001, de 22 de Janeiro. Através de tal diploma legal promoveu-se "*uma agricultura competitiva em aliança com o desenvolvimento rural sustentável*". Esse objectivo designado Plano de Desenvolvimento Rural (RURIS) era prosseguido através de quatro intervenções: "agro-ambientais; indemnizações compensatórias, florestação de terras agrícolas e reforma antecipada. O referido diploma, segundo o preâmbulo, visava a "operacionalidade destes objectivos" o qual previa ainda "a estrutura orgânica responsável pela gestão, acompanhamento, avaliação e controlo da execução do RURIS".

No art. 10.°, sob a forma das ajudas, refere-se que "*os apoios a conceder no âmbito do presente diploma assumem a forma de subsídios não reembolsáveis*", sendo a atribuição das ajudas previstas feita ao "abrigo de <u>contratos celebrados</u> entre os beneficiários e o IFADAP ou o INGA".

No art. 13.°, n.° 1 regula-se o "controlo", em três níveis, compreendendo o controlo de primeiro nível "...a fiscalização das candidaturas e dos projectos nas suas componentes material, técnica, financeira e contabilística, com vista, nomeadamente à verificação da existência e da manutenção das condições de acesso, ao cumprimento dos compromissos assumidos e à realização dos investimentos...".

No art. 14.° prevê-se a possibilidade de rescisão ou modificação unilateral do contrato:

"Artigo 14.°

Rescisão ou modificação unilateral do contrato

1 – O IFADAP ou o INGA pode rescindir unilateralmente os contratos em caso de incumprimento pelo beneficiário das suas obrigações ou da inexistência ou desaparecimento, que lhe seja imputável, de qualquer das condições que determinaram a concessão da ajuda.

2 – O IFADAP ou o INGA pode, também, em caso de incumprimento, modificar unilateralmente o contrato, designadamente quanto ao montante das ajudas, desde que tal se justifique face às condições verificadas ou à falta ou insuficiência de documentos comprovativos."

Sendo ainda de destacar o art. 17.°, n.° 1 do mesmo diploma:

"Artigo 17.°

Suspensão do direito de candidatura

1 – A rescisão do contrato pelo IFADAP ou pelo INGA determina para o beneficiário a suspensão do direito de se candidatar, individual ou colectivamente, às ajudas previstas no presente diploma durante o período de cinco anos."

Do exposto resulta que os contratos celebrados entre as partes para atribuição das ajudas, contém claros índices de Direito Público, no que respeita (i) à salvaguarda de um direito de fiscalização das condições de acesso às ajudas e ao "*cumprimento dos compromissos assumidos*"; (ii) à possibilidade de *rescisão ou modificação unilateral do contrato*, em caso de incumprimento ou desaparecimento das "condições que determinaram a ajuda" e (iii) à possibilidade de *imposição de sanções pela rescisão do contrato.*

Estes poderes especiais do contraente IFADAP (ou do INGA) são claras prerrogativas de Direito Público e têm a sua razão de ser nos objectivos públicos prosseguidos pelo Plano de Desenvolvimento Rural acima enunciados, ou seja, a *"promoção de uma agricultura competitiva em aliança com o desenvolvimento rural sustentável*". E são, por outro lado, prerrogativas típicas dos contraentes de direito público, como se depreende do art. 180.º, do C.P.A.

É igualmente inconcludente o argumento extraído do art. 3.º, n.º 2.º do Regulamento do IFADAP aprovado pelo Dec. Lei 414/93, de 23 de Dezembro, citado na decisão recorrida, com a seguinte redacção: "O IFADAP está sujeito às normas de direito privado nas suas relações contratuais *com* terceiros sempre que não deva actuar investido de prerrogativas de autoridade"

A parte final do preceito deixa clara a possibilidade do IFADAP celebrar contratos de Direito Público, sempre que *deva actuar investido de prerrogativas de autoridade.* Ora, como vimos acima o poder de fiscalizar o cumprimento do contrato, de o rescindir e modificar unilateralmente com a imposição de sanções, na prossecução do interesse público, traduzem uma actuação do IFADAP *investido de "prerrogativas de autoridade".*

Neste sentido decidiu este Supremo Tribunal no Acórdão de 2-5-2000, proferido no recurso 045774 (sumário): "As ajudas a conceder pelo IFADAP no âmbito do Reg. (CEE) n.º 2078/92, do Conselho de 30 de Julho, ao abrigo de contratos, tendo em vista a prossecução do interesse público ligado à protecção do ambiente e em que o interessado particular aparece a preencher as condições previamente fixadas pela Administração para a realização desse interesse público, inserem-se numa relação jurídica administrativa. II – O IFADAP tem competência para celebrar contratos administrativos e exercer poderes de direito administrativo através de actos administrativos no âmbito de auto-tutela declarativa, desde que actue investido de prerrogativas de autoridade (art. 3.º n.º 2 do Estatuto do IFADAP aprovado pelo D.L. 414/93 de 23 de Dezembro)"

3. DECISÃO

Face ao exposto os juízes da 1ª Secção do Supremo Tribunal Administrativo acordam em conceder provimento ao recurso, e ordenar o prosseguimento dos autos.

Sem custas.

Lisboa, 16 de Maio de 2006.

São Pedro (Relator)
Fernanda Xavier
João Belchior

Recurso n.º 193/06-12

ASSEMBLEIA DE FREGUESIA. JUNTA DE FREGUESIA. VOGAL. SUSPENSÃO DE MANDATO. RENÚNCIA AO MANDATO. SUBSTITUIÇÃO.

(Acórdão de 27 de Abril de 2006)

SUMÁRIO:

I – O legislador da Lei 169/99, de 18/09 (na redacção que foi dada pela Lei 5-A/2002, de 11/01) distinguiu a suspensão do mandato da renúncia ao mandato, sendo que essa distinção se faz em função das consequências da decisão de afastamento; se o afastamento do cargo autárquico for temporário e, portanto, supuser o regresso do eleito às suas funções estaremos em presença de uma suspensão do mandato; se for definitivo, ou ultrapassar 365 dias, ocorre a renúncia ao mandato. (vd. o n.º 4 do seu art. 77.º).

II – Verificando-se a renúncia de um vogal da Junta e, portanto, sabendo-se que o renunciante se afasta irremediavelmente das suas funções importa proceder a uma recomposição da Junta, com carácter de definitividade, o que passa pela realização de uma nova eleição, nos termos do art. 29.º da citada Lei.

III – Nos casos de mera suspensão do mandato, em que está em causa uma ausência temporária do seu exercício, rege o disposto no n.º 6 do referido art. 79.º que prescreve que "*enquanto durar a suspensão, os membros dos órgãos autárquicos são substituídos nos termos do art.* 79.º."

IV – O que significa que, a suspensão de mandato não desencadeia o regime previsto no citado art. 29.º, pois que este pressupõe a vacatura definitiva de um cargo da Junta de Freguesia e nos casos de suspensão do mandato tal se não verifica.

ACORDAM NA 1ª SECÇÃO DO SUPREMO TRIBUNAL ADMINISTRATIVO

JOAQUIM DANTAS AFONSO PERRE, Presidente da Junta de Freguesia de Darque, com fundamento em vício de violação de lei, intentou, no TAF do Porto, recurso contencioso de anulação da convocatória para a sessão extraordinária da ASSEMBLEIA DE FREGUESIA DE DARQUE do dia 29/10/2003, feita pelo Sr. Presidente da Mesa daquela Assembleia, e das deliberações tomadas nessa Assembleia.

Por sentença de 7/07/05 foi-lhe concedido provimento e, consequentemente, anulados os actos impugnados.

Inconformada a referida Assembleia de Freguesia agravou para este Tribunal tendo formulado as seguintes conclusões:

1. Apenas o art. 77.º, da Lei n.º 169/99, de 18/09, actualizada pela Lei n.º 5-A/2002, de 11/01, estabelece o *regime*

da suspensão do mandato, completada pelo art. 79.°, do mesmo diploma;

2. O pedido de suspensão do mandato, por parte dos vogais da Junta de Freguesia de Darque, não configura uma verdadeira *vaga,* no sentido do art. 29.°, n.° 1, al. b), e art. 24.°, n.° 1, daquela Lei;

3. Assim sucederia, apenas, se ocorresse um vazio técnico do órgão, como sucederá, nos casos de *renúncia ou perda de mandato por morte,* isto é, para os casos em que o membro em causa não volte a exercer o mandato;

4. De resto, a antecessora Lei 100/84, de 29/03, no seu art. 73.°, aludindo ao preenchimento de vagas ocorridas nos órgãos autárquicos, *ressalvava expressamente a sua aplicação a "membros eleitos directamente* aí, sim, fosse qual fosse a causa. a substituição efectuava-se através de nova eleição pela Assembleia de Freguesia – art. 22.°, n.° 2, al. b), dessa Lei.

5. Ora, ao banir, no art. 79.°, da Lei n.° 169/99, a expressão "membros eleitos directamente "q*uis o legislador que o art. 77.°, n. .° 6, da mesma Lei, fosse aplicável a todos os membros.*

6. Assim, ao decidir como decidiu, a douta decisão recorrida violou os art.s 77.°, com especial para o n.° 6, e 79.°, da Lei n.° 169/99, de 18 de Setembro.

O Recorrente concluiu as suas contra alegações do seguinte modo:

1. Os art.s 77.° e 79.° integrados nas "disposições comuns" da lei 169/99, de 18/09, actualizada pela Lei 5-A/2002, de 1/01, prevêem a substituição das vagas de presidente da Junta, e de membros da assembleia de freguesia, pelo cidadão imediatamente a seguir na ordem da respectiva lista.

2. Por sua vez, o art. 24.° da mesma Lei 169/99, estabelece o método legal de composição da Junta de Freguesia, segundo o qual os vogais acedem ao órgão executivo, se e quando eleitos pela assembleia de freguesia de entre os seus membros mediante proposta do presidente, e sem precedência de qualquer lista.

3. E, a al. b) do n.° 1 do art. 29.°, estabelece um regime especial de substituição das vagas ocorridas na Junta, que serão preenchidas *"através de nova eleição pela assembleia de freguesia",* nos termos do artigo 24.°

4. Nos termos do regime especial de constituição e substituição dos vogais da Junta de Freguesia consagrado nos art.s 24.° e 29.° da Lei 169/99, os elementos da assembleia só podem ser constituídos vogais, e eventualmente substituídos por eleição, mediante proposta do presidente.

5. Não faria sentido que um elemento da assembleia de freguesia ascendesse a vogal da junta pela via única da eleição mediante proposta do presidente – sem precedência de qualquer lista – e a sua eventual substituição ocorresse através de um mecanismo comum de substituição que afastasse de uma vez a eleição e a proposta prévia do presidente.

6. Se um vogal da junta requerer a suspensão do mandato por um reduzido número de dias, porventura absorvido pelos prazos normais da convocatória da assembleia extraordinária, impossibilitando tecnicamente a eleição do substituto, o presidente do executivo assumirá durante esses dias os pelouros do vogal suspenso, ou distribui-los-á pelos vogais em exercício.

7. O método legal e válido para preenchimento das vagas existentes no executivo está previsto nos artigos 24, n.° 2, e 29, n.° 1, al. b), da Lei 169/99, de 18 de Setembro, na redacção dada pela Lei 5-A/2002, de 11 de Janeiro.

8. Não há acesso ao lugar de vogal da junta de freguesia que não seja no respeito do regime especial previsto nos artigos 24.° e 29.° da Lei 169/99.

9. Andou bem o Tribunal "a *quo"* ao decidir conceder provimento ao recurso contencioso de anulação que Joaquim Dantas Afonso Perre deduziu contra a Assembleia de Freguesia de Darque, anulando o acto administrativo objecto do mesmo, por vícios de violação de lei do disposto nos artigos 24.° n.° 2, e 29.°, n.° 1, al. b), da Lei 169/99 de 18/09, na redacção dada pela Lei 5-A/2002.

A Ex.ma Procuradora Geral Adjunta emitiu parecer no sentido do provimento do recurso.

Colhidos os vistos cumpre decidir.

FUNDAMENTAÇÃO

I. MATÉRIA DE FACTO

A decisão recorrida julgou provados os seguintes factos:

1) Em 30 de Setembro de 2003, o Presidente da Junta de Freguesia de Darque António Carlos Pires Viana, pediu a suspensão do mandato por um período de 90 dias, a partir de 30.09.2003 (cfr. fls. 10 dos autos que aqui se dá por integralmente reproduzido);

2) Tendo então sido substituído pelo ora recorrente Joaquim Dantas Afonso Perre, nos termos da alínea a) do art. 29.°, e do art. 79.° da Lei n.° 169/ 99 alterado pela Lei n.° 5-A/2002 de 11/01;

3) Em 3 de Outubro de 2003, Rui Miguel Lima Lopes do Rego, membro executivo da Junta de Freguesia de Darque, pediu a suspensão do mandato por um período de 300 dias (cfr. fls. 11 dos autos que aqui se dão integralmente reproduzidas);

4) Em 14 de Outubro de 2003, Rui Manuel Souto Coelho, pediu a suspensão do mandato de membro do executivo da Junta de Freguesia de Darque um período provável de 260 dias (cfr. fls. 12 dos autos que aqui se dá integralmente reproduzida);

5) No sentido de promover a recomposição do executivo nos precisos termos da lei, um terço dos membros da Assembleia de Freguesia requereu ao Presidente da Assembleia de Freguesia de Darque uma sessão extraordinária ao abrigo da alínea b) do art. 14.° da Lei n.° 169/99, com alterações introduzidas pela Lei 5-A/ /2002, com a seguinte ordem de trabalhos:

"Ponto um – Análise da situação de funcionamento do executivo;

Ponto dois – Eleições de vogais da Junta em substituição dos vogais Rui Miguel Lima Lopes do Rego e Rui Manuel Souto Coelho, que se encontram em situação de suspensão de mandato." (cfr. fls. 13 dos autos que aqui se dá por integralmente reproduzida);

6) O Presidente da Assembleia de Freguesia de Darque promoveu a convocatória da sessão extraordinária para o dia 29 de Outubro de 2003 com a seguinte ordem de trabalhos:

"Ponto um – Análise da situação de funcionamento do executivo;

Ponto dois – Preenchimento de vagas dos vogais da Junta, em substituição dos vogais Rui Miguel Lima Lopes do Rego e Rui Manuel Souto Coelho, se encontram em situação de suspensão de mandato." (cfr. fls. 14 dos autos que aqui se dá por integralmente reproduzida);

7. Aos 29/10/2003 reuniu em sessão extraordinária a Assembleia de Freguesia de Darque tendo sob o ponto dois da ordem de trabalhos o Presidente da Mesa tecido algumas considerações sobre a convocatória da assembleia, tendo frisado que a alteração do termo "eleição" por "preenchimento" foi intencional e acatado unanimemente pelos membros da Mesa, de acordo com o entendimento, também unânime, sobre o modo de preenchimento das vagas dos vogais do executivo, conforme documento distribuído aos membros da assembleia. *"Após algum debate, o presidente da mesa pôs à votação a proposta da mesa, no sentido, como reza o documento, de que o preenchimento dos vogais da Junta de freguesia de Darque se fazia nos termos do art. 79.º, conjugado e por força do artigo 77.º, com especial realce do seu n.º 6, ambos, da Lei 169/99, de 18/09, pelo que tais vagas seriam preenchidas pelos membros seguintes da respectiva lista. Posta à votação da assembleia, foi a proposta da mesa acolhida por maioria, com oito votos a favor e cinco contra. Na sequência desta deliberação, o presidente da Mesa chamou os membros José Manuel Ferreira Maia e Ana Maria Branco Palhares Lopes de Lima, tendo esta de imediato renunciado ao cargo no executivo e, nos termos do art. 75.º, n.º 3, da Lei n.º 169/99, com a redacção dada pela Lei n.º 5-A//2002. Daí que tenha chamado o membro seguinte, Bruno Rafael Barbosa Silva, tendo ficado completo o elenco do executivo."* – ACTO RECORRIDO (cfr. fls. 25 e 26 autos que aqui se dão por integralmente reproduzidas);

8. O presente recurso contencioso foi instaurado em 6 de Novembro 2003;

II. O DIREITO

1. Resulta do probatório que, em 3 e 14 de Outubro de 2003, dois dos vogais eleitos da Junta de Freguesia de Perre – Rui Lopes do Rego e Rui Souto Coelho – pediram a suspensão dos seus mandatos pelos períodos de 300 e 260 dias, respectivamente, e que, em função desse pedido, o Presidente da Assembleia daquela Freguesia convocou uma reunião extraordinária desse órgão destinada ao *"preenchimento de vagas"* surgidas com aquelas suspensões e que tendo esta sido realizada, em 29//10/2003, nela se deliberou processar a essa substituição *"nos termos do art. 79.º, conjugado e por força do artigo 77.º, com especial realce do seu n.º 6, ambos, da lei 169/99, de 18/09"*, pelo que tais vagas foram preenchidas pelos membros seguintes da respectiva lista.

Deliberação que o Tribunal a quo considerou ilegal e, consequentemente, anulou pela seguinte ordem de razões:

"O n.º 2 do art. 24.º da Lei n.º 169/99, de 18/09, na redacção que lhe foi conferida pela Lei n.º 5-A/2002, de 11/01, estabelece que os vogais da Junta de Freguesia são eleitos pela Assembleia de Freguesia (ou pelo plenário de cidadãos eleitores), de entre os seus membros, mediante proposta do Presidente da Junta, nos termos do art. 9.º.

A alínea b) do n.º 1 do art. 29.º determina que ocorrendo uma vaga de vogal da Junta de Freguesia, esta terá de ser preenchida através de nova eleição pela Assembleia de Freguesia.

Assim sendo, dúvidas não restam, que a nova eleição se deverá processar nos mesmos termos, isto é, o vogal substituto será eleito pela Assembleia de Freguesia, na sequência de uma proposta pelo Presidente da junta, por força da conjugação do disposto no art. 24.º, n.º 2, 9.º, 17.º, n.º 1, al.ª, a) e 17.º, n.º 4, do citado diploma.

Não faria qualquer sentido que a lei exigisse apresentação de uma proposta por parte do Presidente da Junta para a constituição do executivo, nomeação a 1.º título dos vogais e que, para o seu preenchimento por vacatura do lugar de vogal, a mesma pudesse automaticamente ser feita pela Assembleia de Freguesia com recurso a sucessão de membros dentro da lista, como se estabelece em termos gerais nos art. 77.º e 79.º do da Lei n.º 169/99.

Concluindo, estamos perante um regime especial de constituição e substituição dos elementos que compõem a Junta de Freguesia, na qual se insere as referidas disposições art. 24.º e 29.º.

A Assembleia de Freguesia ao deliberar preencher as vagas de vogais ocorridas na Junta de freguesia de Darque, através do sistema consignado em termos gerais nos art. 77.º e 79.º em detrimento do regime específico, violou este último.

Nesta matéria a Assembleia de Freguesia não pode eleger o vogal ou vogais, no caso dos autos, sem que antes tenha sido apresentada uma proposta pelo Presidente da Junta de Freguesia, ao tê-lo feito, por via da deliberação de 29 de Outubro (reunião extraordinária) aqui objecto de recurso, violou os artigos 24.º, n.º 2, e 29.º n.º 1 da Lei n.º 169/99 (com a redacção dada pela Lei n.º 5-A/2002)."

A Assembleia de Freguesia de Darque – aqui Recorrente – rejeita este julgamento por entender que a substituição dos vogais que haviam suspendido os seus mandatos devia ser feita – como, de facto, foi – nos termos das disposições conjugadas dos art.s 77.º e 79.º da Lei 169/99 e que, sendo assim, nenhuma ilegalidade foi cometida.

A questão que se nos coloca é, pois, como se vê, a de saber se a vacatura temporária decorrente da suspensão de mandatos de membros eleitos da Junta de Freguesia se ultrapassa de acordo com o que se estipula nos art.s 77.º e 79.º Lei n.º 169/99 (na redacção dada pela Lei n.º 5-A/2002) ou se – como se entendeu na douta sentença recorrida – esse preenchimento deve ser feito com apelo ao disposto nos art.s 24.º e 29.º da mesma Lei.

Vejamos, começando-se, para uma melhor compreensão do problema, pela transcrição dos preceitos em causa.

2. Inserido na secção III, sob a epígrafe "Da Junta de Freguesia", o art. 24.º da Lei n.º 169/99, de 18/09, na redacção que lhe foi dada pela Lei n.º 5-A/2002, de 11/01, dispõe:

"1. – Nas freguesias com mais de 150 eleitores, o presidente da Junta é o cidadão que encabeçar a lista mais votada para a Assembleia de Freguesia e, nas restantes, é o cidadão eleito pelo plenário de cidadãos eleitores recenseados na Freguesia.

2. – Os vogais são eleitos pela Assembleia de Freguesia[1] *ou pelo plenário de cidadãos eleitores, de entre os seus membros, mediante proposta do presidente da Junta, nos termos do art. 9.º (....)"*

E, no que se refere ao regime de substituições, preceitua o art. 29.º:

"1. – As vagas ocorridas na junta de freguesia são preenchidas[2]:

[1] Sublinhados nossos.
[2] Idem.

a) A de presidente nos termos do art. 79.°
b) A de vogal, através de nova eleição pela assembleia de freguesia.
2. – ....
3. – ...."

Por seu turno o art. 77.° da mesma Lei, inserido no capítulo V sob a epígrafe "Disposições Comuns" dispõe:

"1 – *Os membros dos órgãos das autarquias locais podem solicitar a suspensão do respectivo mandato.*
2. – ....
3. – ....
4. – A suspensão que, por uma só vez ou cumulativamente, ultrapasse 365 dias no decurso do mandato, constitui, de pleno direito, renúncia ao mandato, salvo se ....
5. – ....
6 – Enquanto durar a suspensão, os membros dos órgãos autárquicos são substituídos nos termos do art. 79.°[3].

E, por sua vez, este art. 79.° preceitua:

"1 – *As vagas ocorridas nos órgãos autárquicos são preenchidas pelo cidadão imediatamente a seguir na ordem da respectiva lista ou; tratando-se de coligação; pelo cidadão imediatamente a seguir do partido pelo qual havia sido proposto o membro que deu origem à vaga.*

2 – *Quando, por aplicação da regra contida na parte final do número anterior, se torne impossível o preenchimento da vaga por cidadão proposto pelo mesmo partido, o mandato é conferido ao cidadão imediatamente a seguir na ordem de precedência da lista apresentada pela coligação."*

Os transcritos normativos revelam que o legislador distinguiu a suspensão do mandato da renúncia ao mandato, sendo que essa distinção se faz em função das consequências da decisão de afastamento; se o afastamento do cargo autárquico for temporário e, portanto, supuser o regresso do eleito às suas funções estaremos em presença de uma suspensão do mandato; se for definitivo, ou ultrapassar 365 dias, ocorre a renúncia ao mandato. – vd. o n.° 4 do transcrito art. 77.°

Distinção cujas consequências se projectam com particular relevância no modo como se fará a substituição dos autarcas que suspendam o seu mandato ou que a ele renunciam.

Com efeito, e muito embora seja verdade que na composição inicial da Junta de Freguesia os seus vogais são eleitos pela Assembleia de Freguesia – vd. al. b) do n.° 1 do transcrito art. 29.° – isso não significa que, havendo a suspensão de um mandato, a recomposição da Junta tenha de passar por uma nova eleição e, portanto, pela repetição do mecanismo previsto no citado art. 29.°.

E isto porque, desde logo, a suspensão de um mandato implica o regresso do vogal suspenso e se assim é não fará sentido que tenha de haver uma nova eleição para escolher o seu substituto temporário. Aliás, se a suspensão fosse de curta duração, provavelmente, nem sequer haveria tempo para que decorressem os prazos necessários ao cumprimento das formalidades necessárias a uma nova eleição.

Só assim não seria se a lei, de forma clara e sem hesitações, impusesse essa eleição. O que não acontece.

Diferente é a situação que ocorre quando se verifica a renúncia de um vogal, pois que neste caso sabe-se que o renunciante se afasta irremediavelmente das suas funções e, nestas circunstâncias, é razoável proceder a uma recomposição da Junta, com carácter de definitividade, o que passa pela realização de uma nova eleição.

Com efeito, se um vogal da Junta se afasta do executivo e se não projecta voltar a integrar a Junta justifica-se que a recomposição do elenco autárquico passe por uma nova eleição, pois que só assim se garante a necessária legitimidade ao novo elemento que irá integrar o executivo e só assim este poderá sentir-se membro de pleno direito daquele.

Nesta conformidade, é forçoso concluir que a eleição a que se refere o citado art. 29.° só pode ocorrer em duas especificas situações; após a realização das eleições para a Assembleia de Freguesia e, consequentemente, no início do mandato da Junta da Freguesia e quando haja renúncia (ou perda de mandato) de um dos membros eleitos pela Assembleia e, portanto, haja que integrar um novo elemento com a legitimidade indispensável ao exercício do cargo.

Nos casos de mera suspensão do mandato, em que está em causa uma ausência temporária do seu exercício, rege o disposto no n.° 6 do referido art. 79.° que prescreve que "*enquanto durar a suspensão, os membros dos órgãos autárquicos são substituídos nos termos do art.* 79.°."

Ou seja, a suspensão de mandato não desencadeia o regime previsto no citado art. 29.°, pois que este pressupõe a vacatura definitiva de um cargo da Junta de Freguesia e nos casos de suspensão do mandato tal se não verifica.

Ao assim não decidir, e ao considerar que a suspensão do mandato de um vogal da Junta seria ultrapassada com recurso ao disposto no art. 29.° da Lei 169/99, a sentença incorreu no erro que lhe é apontado neste recurso jurisdicional.

Termos em que acordam os Juízes que compõem este Tribunal em conceder provimento ao recurso e, revogando-se a decisão recorrida, anular as deliberações tomadas na Assembleia de Freguesia de 29/10/2003 ora impugnadas.

Custas pelo Recorrente, digo, sem custas.

Lisboa, 27 de Abril de 2006.

Costa Reis (Relator)
Rui Botelho
Azevedo Moreira

Recurso n.° 24/06-11

[3] Idem.

ESTATUTO DA CARREIRA DOCENTE. AQUISIÇÃO DE LICENCIATURA. ACELERAÇÃO NA CARREIRA. MUDANÇA DE ESCALÃO. EFEITOS.

(Acórdão de 7 de Junho de 2006)

SUMÁRIO:

I – Nos termos do artigo 55, número 1, do DL 139-A/90, de 28 de Abril (alterado pelo DL 1/98, de 2.1), que aprovou o Estatuto da Carreira dos Educadores de Infância e dos Professores dos Ensinos Básico e Secundário, a aquisição de licenciatura em domínio directamente relacionado com a docência, por professores profissionalizados integrados na carreira, determina a mudança para o escalão correspondente àquele em que o docente se encontraria, se tivesse ingressado na carreira com esse grau.

II – Assim, o direito de mudança para o escalão em que se encontraria o interessado, caso tivesse ingressado na carreira com esse grau, constitui-se, na esfera jurídica deste, com a aquisição de licenciatura.

III – Pelo que, deferido que seja o pedido de reposicionamento na carreira, por virtude da aquisição da licenciatura, os respectivos efeitos desse reposicionamento reportam-se à data dessa aquisição.

ACORDAM, NA SECÇÃO DO CONTENCIOSO ADMINISTRATIVO, DO SUPREMO TRIBUNAL ADMINISTRATIVO:

1. *Lígia Esteves dos Santos,* professora do 1.º ciclo do ensino básico e melhor identificada nos autos, veio interpor recurso do acórdão, de 22.9.05, Tribunal Central Administrativo Sul, que negou provimento ao recurso contencioso de anulação do despacho, de 13.2.02, do Secretário de Estado da Administração Educativa, que, indeferindo recurso hierárquico da recorrente, manteve a decisão do Director Regional de Educação de Lisboa, que, com base na habilitação da recorrente com a licenciatura, fixou em 1.11.01 a data do respectivo reposicionamento no 9.º escalão da carreira docente.

Apresentou alegação, na qual formulou seguintes conclusões:

1ª – A recorrente interpôs recurso contencioso do acto expresso de indeferimento proferido pelo Secretário de Estado da Administração Educativa, em 13-02-02.

2ª – Entende a recorrente que tal acto enferma do vício de violação de lei por contrariar o disposto no artigo 55.º do E.C.D., no Despacho n.º 243/ME/96 e nos artigos 3.º e 5.º do C.P.A. e 13.º da Constituição.

3ª – O acórdão proferido, em 22 de Setembro de 2005, pelo Tribunal Central Administrativo Sul viria a negar provimento ao recurso não procedendo à anulação do acto recorrido.

4ª – A recorrente entende, e salvo o devido respeito que tal acórdão não faz a correcta interpretação e aplicação da lei.

5ª – De facto, decorre dos dois primeiros diplomas citados que o facto determinante na progressão da recorrente ao 9.º escalão da carreira docente é a aquisição da licenciatura e não a data em que a mesma apresentou o requerimento a solicitar tal progressão.

6ª – Com esse regime de efeitos, o legislador pretendeu também salvaguardar os docentes de eventuais atrasos e omissões que não lhe podem ser imputáveis.

7ª – Nestes casos, a Administração apenas exerce uma função fiscalizadora sobre o cumprimento dos pressupostos do reposicionamento e é esse objectivo que se pretende atingir com a apresentação do requerimento a que se reporta o n.º 4 do Despacho n.º 243/ME/96.

8ª – Ao reconhecer razão ao recorrido que fundamentou a sua decisão numa circular e num despacho genérico, o acórdão recorrido encontra-se em manifesta desconformidade com a lei violando, com isso, o princípio da legalidade constante do artigo 3.º do C.P.A. 9ª – O acórdão recorrido também violou o princípio da igualdade tutelado pelos artigos 5.º do C.P.A. e 13.º da Constituição já que tratou de forma diferente uma situação que, em casos idênticos, já tinha merecido tratamento favorável.

10ª – A recorrente tem direito a ser reposicionada no 9.º escalão da carreira com efeitos à data da conclusão da licenciatura, que ocorreu em 2001 e não à data de 1-11-01, como decidiu o acto recorrido.

11ª – O douto acórdão recorrido padece de ilegalidade devendo, por isso, ser revogado.

Não foi apresentada contra-alegação.

O Exmo. Magistrado do Ministério Público emitiu o seguinte parecer:

Lígia Esteves dos Santos recorre do Acórdão do TCA Sul que negou provimento ao recurso contencioso do despacho, de 13.02.02, do Secretário de Estado da Administração Educativa, que indeferiu o recurso hierárquico da decisão do Director Regional de Educação de Lisboa que ordenou o seu reposicionamento na carreira, no 9.º escalão, com efeitos reportados a 1.11.2001, pedindo a sua revogação.

A questão fundamental a decidir é a de saber se o reposicionamento da Recorrente no 9.º escalão se há-de reportar a 1.11.2001 – dia seguinte ao do pedido da Recorrente para posicionamento nesse escalão – ou se deve operar em 8.8.01, data em que a Recorrente concluiu a licenciatura.

O douto Acórdão recorrido entendeu que, face ao disposto no art. 55.º n.º 1 do Estatuto da Carreira Docente, a mudança de escalão só pode ser efectuada pelo Director Regional de Educação a requerimento do interessado, nos termos do n.º 4 do Despacho n.º 243/ME/96.

E, tendo o requerimento da interessada sido apresentado em 31.10.01, não foi infringida a lei ao fixar-se o reposicionamento em 1.11.2001.

A Recorrente, em sede de conclusões das alegações do recurso, alega que o facto determinante na progressão da recorrente ao 9.º escalão da carreira é a aquisição da licenciatura e não a data em que a mesma apresentou o requerimento a solicitar tal progressão, dado o disposto no art. 55.º do E.C.D.

E, porque, assim é, o Acórdão recorrido encontra-se em manifesta desconformidade com a lei, com violação do princípio da legalidade constante do art. 3.° do CPA, ao reconhecer razão ao Secretário de Estado da Administração Educativa que fundamentou a sua decisão numa circular e num despacho genérico.

Afigura-se-me que assiste razão à Recorrente.

Pois que, o facto determinante na progressão ao 9.° escalão, em questão, é a aquisição da licenciatura, quer de acordo com o disposto naquele art. 55.° n.° 1 do ECD, quer, ainda, de acordo com o disposto no referido n.° 4 do citado Despacho que apenas veio atribuir competência aos directores regionais de Educação para a determinação de mudança de escalão, Despacho esse que é mera orientação para os Serviços tendo em conta aquela disposição legal.

Se é certo que essa mudança de escalão é efectuada a pedido da interessada, é certo, também, que a Administração, após verificação do requisito (licenciatura) para a mudança de escalão, estava vinculada à mudança de escalão para a data em que se verificara a licenciatura, por que a tal impõe o referido n.° 1 do art. 55.° do ECD.

A circunstância de tal mudança ser efectuada a pedido do interessado, em momento posterior – como é o caso – pode, eventualmente relevar para outros efeitos que não as da mudança de escalão.

Assim sendo, é meu entendimento que o recurso merece provimento.

Colhidos os vistos legais, vêem os autos à conferência.

Cumpre decidir.

2. O acórdão recorrido deu por assentes os seguintes factos:

a) Por certidão emitida em 29/10/2001 pela ESE de Lisboa, vem atestado que Lígia Esteves dos Santos concluíra naquela Escola em 8/8/2001 o curso de complemento de formação científica e pedagógica para professores do 1.° ciclo do Ensino Básico, no domínio da especialização de ensino de língua estrangeira e ensino de Português como 2ª língua, na opção de Francês, ficando habilitada com o grau de Licenciada (fls. 6).

b) Em 31/10/2001 a dita Lígia Esteves dos Santos, professora do quadro geral da EB 1 n.° 4 de Santo Antão do Tojal, requereu na DREL o reposicionamento na carreira, ao abrigo do artigo 55.° do ECD, com base na aquisição da habilitação supra referida (fls. 8 e 9).

c) Por ofício de 23/11/2001, a mesma foi informada que, por despacho de 15/11/2001 do DREL, fora-lhe autorizado o reposicionamento no 9.° escalão (índice 299), com efeitos a 1/11/2001 (fls. 10).

d) Em 8/1/2002, foi interposto pela interessada recurso hierárquico dessa decisão para o SEAE, aí requerendo que o reposicionamento tivesse efeitos à data da aquisição da licenciatura (8/8/2001) – fls. 12 a 13 verso.

e) Por informação da Directora Regional Adjunta de Educação de Lisboa recebida em 2/2/2002, esclareceu-se que a produção dos efeitos do reposicionamento requerido operou-se de acordo com a aplicação dos artigos 54.° a 56.° do ECD (fls. 15).

f) Sobre esta informação, foi lavrado o seguinte despacho, pelo SEAE: "Concordo. Indefiro o recurso. 13-02-02. a) *Domingos Fernandes (ibidem).*

g) Em 31/1/2002 e 9/2/2002, a DREL comunicou aos professores João José de Matos Bicho Sampaínho e Maria de Anunciação V. Gandarela ter sido autorizado pelo SEAE o respectivo reposicionamento no 10.° escalão (índice 340) – fls. 16 e 17.

3. A questão a decidir traduz-se em saber a que data devem reportar-se os efeitos da mudança de escalão na carreira docente de um professor, integrado nessa carreira, que adquire licenciatura em domínio directamente relacionado com a docência.

O acórdão recorrido decidiu, em consonância com o acto contenciosamente impugnado, que o reposicionamento da recorrente, por virtude da aquisição de habilitação com uma tal licenciatura, deverá fazer-se com efeitos a partir do dia seguinte (1.11.01) ao da apresentação de requerimento, dirigido ao Director Regional de Educação, em que solicitou esse reposicionamento na carreira.

Contra esse entendimento, alega a recorrente que tem direito a ser repovoada no 9.° escalão com efeitos reportados à data em que concluiu a respectiva licenciatura, o que ocorreu em 8.8.2001 [vd. al. a), da matéria de facto].

Como se verá, procede esta alegação.

Em causa está, essencialmente, a interpretação do artigo 55 do DL 139-A/90, de 28.4 (red. DL 1/98, de 2.1), que aprovou o Estatuto da Carreira dos Educadores de Infância e dos Professores dos Ensinos Básico e Secundário (ECD), e que dispõe:

Artigo 55.°

Aquisição de licenciatura por docentes profissionalizados

1 – A aquisição de licenciatura em domínio directamente relacionado com a docência por professores profissionalizados integrados na carreira determina a mudança para o escalão correspondente àquele em que o docente se encontraria se tivesse ingressado na carreira com esse grau, no qual o docente cumprirá o mínimo de um ano de serviço completo.

2 – As licenciaturas a que se refere o número anterior serão definidas por despacho do Ministro da Educação.

3 – ...

É clara a lei, no sentido de que é a aquisição da licenciatura que «*determina*» a mudança de escalão. Ou seja: com a aquisição de licenciatura constitui-se na esfera jurídica do interessado o direito de mudança para o escalão em que se encontraria caso tivesse ingressado na carreira com esse grau.

Assim, o requisito de que depende a aquisição do direito à mudança de escalão é a própria aquisição da licenciatura em domínio directamente relacionado com a docência e como tal definida por despacho do Ministro da Educação. E não o requerimento do interessado a solicitar o respectivo reposicionamento ao Director Regional de Educação, como parece ser o entendimento seguido no acórdão recorrido.

Nele se considerou, com efeito, que «*a mudança de escalão a que a recorrente tem direito face ao questionado artigo 55 n.° 1 do ECD, só pode ser efectuado pelo Director Regional de Educação a requerimento do interessado, nos termos do n.° 4 do Despacho n.° 243/ME/96.*

Ora – prossegue o acórdão –, *como a própria recorrente afirma e se mostra comprovado no processo (fl. 8 e 9), esse requerimento só foi aprestado em 31/10/2001, pelo que não foi infringida a lei*».

Mas, não é assim.

É certo que o indicado despacho ministerial, além de definir, em obediência ao disposto no n.° 2 do transcrito art. 55 ECD, as licenciaturas relevantes para a mudança de escalão a que se refere o preceito, estabelece que «*4*

– São competentes para determinarem a mudança de escalão no âmbito destes despachos os directores regionais de Educação, a requerimento dos interessados». O que apenas significa que um tal requerimento é condição de exercício do direito ao reposicionamento na carreira.

Porém, como se viu, esse direito constitui-se na esfera jurídica do interessado com a própria aquisição da licenciatura. É o que reconhece o referido despacho ministerial, que começa por afirmar, em conformidade com o estabelecido no reproduzido os termos do n.º 1 do transcrito art. 55 do ECD que «*1 – A aquisição de licenciatura ou de diploma de estudos superiores especializados em domínio directamente relacionado com a docência determina a mudança de escalão para aquele em que o docente se encontraria caso tivesse ingressado na carreira com esse grau ou diploma*».

Aliás, como refere o Director Regional de Lisboa, na informação em que directamente se baseou o acto impugnado, «*era procedimento desta DRE reposicionar os docentes à data em que estavam reunidos os pressupostos, ou seja no mês seguinte à data do terminus da licenciatura*» (n.º 3). Porém, como também esclarece essa informação, «*quando a docente requereu o seu reposicionamento, a 31/10/01, já esta DRE actuava de acordo com o despacho de 06/09/01 de Sua Excelência o Secretário de Estado da Administração Educativa, que visando a aplicação dos artigos 54.º, 55.º e 56.º do ECD, determina a produção dos efeitos à data da do requerimento do interessado, pelo que lhe foi dado tratamento em conformidade*» (n.º 4).

Neste invocado despacho, de 6.9.01, reproduzido no ofício circular n.º 53, de 15.10.01, da Direcção de Serviços de Recursos Humanos/Pessoal Docente do Ministério da Educação, estabeleceu-se, sob o alegado propósito de uniformização de critérios de aplicação do referenciado art. 55 do ECD, que «*1 – Para os docentes que concluíram, doutoramentos, mestrados, licenciaturas e diplomas de estudos especializados ... a produção de efeitos reporta-se à data do requerimento dos interessados; 2 – .... Relativamente à produção dos efeitos financeiros a mesma deverá ocorrer no dia 1 do mês seguinte, conforme o disposto no ponto 2 do art. 10 do Decreto Lei n.º 312/99, de 10.AGO.*».

Este diploma legal aprovou a estrutura da carreira docente a educação pré-escolar e dos ensinos básico e secundário e estabeleceu as normas relativas ao seu estatuto remuneratório (art. 1). E, depois de definir, no n.º 1 do art. 10, os requisitos da progressão nos 9 escalões da carreira docente (decurso de tempo de serviço efectivo prestado em funções docentes, avaliação do desempenho e frequência com aproveitamento de módulos de formação), fixou, no n.º 2, a data em que produz efeitos a progressão ao escalão seguinte: «*2 – A progressão ao escalão seguinte da carreira produz efeitos no dia 1 do mês seguinte ao da verificação dos requisitos referidos no número anterior*».

Desde logo, cabe referir que a aplicação deste regime ao caso que ora nos ocupa conduziria ao reposicionamento da recorrente na carreira com efeitos a partir de 1.9.01, e não 1.11.01, como decidiu o acórdão recorrido. Pois que a verificação do requisito de mudança de escalão, traduzido na aquisição da licenciatura, ocorreu em 8.8.01.

Para além disso, importa notar que esse regime não tem sequer aplicação no caso dos autos.

Com efeito, não está aqui em causa a normal progressão nos escalões da carreira docente, regulada naquele DL 312/99, mas, diversamente, uma «*aceleração na carreira*», prevista no próprio ECD, «*em virtude de ... aquisição de habilitações acrescidas*» (cf. preâmbulo do DL 139-A/90).

Neste caso, vale, como antes se apurou, o art. 55 do ECD (aprovado pelo DL 139-A/90, de 28.4, red. DL 1/98, de 2.1), por força do qual a aquisição da licenciatura em domínio directamente relacionado com a docência faz surgir na esfera jurídica do interessado o direito à mudança de escalão, nos termos ali definidos. Pelo que, deferido que seja o requerimento apresentado pelo interessado a solicitar o respectivo reposicionamento na carreira, os efeitos deste hão-de reportar-se à data da aquisição dessa licenciatura.

E nem se diga, como no acórdão recorrido, que tal implica, sem cobertura legal (vd. arts 127 e 128 CPA), retroactividade do acto de reposicionamento. Pois que, diferentemente do que sucede com a autêntica retroactividade, esse acto não visa influir sobre qualquer situação anteriormente constituída. Terá efeitos a partir da data em que a interessada adquiriu o direito à mudança de escalão, por ser essa a data em que, se fosse possível, deveria ter sido praticado. Estamos, assim, perante o que poderia designar-se por retrodatação e não de retroactividade do acto administrativo. Neste sentido, veja-se Rogério E. Soares, *in Direito Administrativo, Lições ao Curso Complementar de Ciências Jurídico-Politicas da Faculdade de Direito de Coimbra no ano lectivo de 1977/78*, Coimbra 1978, 185/6.

Assim sendo, e diversamente do que decidiu o acórdão recorrido, concluiu-se que o acto contenciosamente impugnado, ao indeferir o recurso hierárquico do despacho que fixou em 1.11.01 os efeitos do reposicionamento da recorrente no 9.º escalão (índice 299) da carreira docente, violou o disposto no art. 55.º, n.º 1 do ECD. Pelo que aquele acórdão não é de manter.

4. Nos termos e com os fundamentos expostos, acordam em conceder provimento ao recurso jurisdicional, revogando o acórdão recorrido, e em conceder provimento ao recurso contencioso, anulando o acto impugnado.

Sem custas.

Lisboa, 7 de Junho de 2006.

Adérito Santos (Relator)
Madeira dos Santos
Santos Botelho

Recurso n.º 180/06-11

ESTATUTO DOS MILITARES DA GNR (EMGNR). RECURSO HIERÁRQUICO. RECLAMAÇÃO NECESSÁRIA.

(Acórdão de 29 de Junho de 2006)

SUMÁRIO:

I- A reclamação graciosa consiste na impugnação do acto administrativo perante o seu próprio autor (artigo 158, n.º 1 e 2, al. a), do CPA), podendo revestir a natureza necessária - quando é pressuposto legal do recurso contencioso ou do recurso hierárquico de certos actos administrativos - ou facultativa, como é a regra.

II- Quando a lei prevê em termos expressos uma reclamação, inserida em determinado trâmite a seguir no respectivo processo, impõe-se considerá-la, na falta de outra explicação adequada resultante da lei, como reclamação necessária, constituindo pressuposto do uso de ulterior meio de impugnação graciosa ou contenciosa.

III- A reclamação prevista nos artigos 186.º e 187.º do Estatuto dos Militares da GNR, aprovado pelo DL n.º 265/93, de 31-07, é um pressuposto necessário do recurso hierárquico.

ACORDAM EM CONFERÊNCIA NA SECÇÃO DO CONTENCIOSO ADMINISTRATIVO DO SUPREMO TRIBUNAL ADMINISTRATIVO

Manuel da Silva Oliveira, identificado nos autos, recorre do acórdão de 16-03-2005, do Tribunal Central Administrativo, que negou provimento ao recurso contencioso do despacho de 22-09-2003, do Ministro da Administração Interna, que rejeitou o recurso hierárquico que havia interposto do despacho de 7-02-2003, do Comandante Geral da Guarda Nacional Republicana que indeferiu a pretensão que o recorrente lhe havia formulado para que mandasse proceder à numeração e rubrica de todas as folhas do seu processo de promoção, bem como à sua notificação para proceder à consulta daquele processo.

I. O recorrente formula as seguintes conclusões:

A. Andou mal o Tribunal a quo quando entendeu não dar provimento ao Recurso do ora recorrente.

B. A interpretação feita do art. 186.º e 187.º do EMGNR está errada pois só se aplica aos actos administrativos primários.

C. Actos esses cuja iniciativa parte da Administração

D. E não dos particulares.

E. Acresce ainda que, caso estivéssemos perante um acto primário então, teria de ter existido o cumprimento do disposto na lei no referente ao Direito de Audição dos interessados.

F. O que não aconteceu.

G. Pelo que ou o acto do Senhor General Comandante Geral é hierarquicamente recorrível.

H. Ou é ilegal por falte de audiência prévia.

I. Por ouro lado, a obrigatoriedade de numerar e rubricar todas as folhas de um procedimento administrativo decorre da natureza das coisas, isto é do conceito de processo.

J. Se assim não fosse lá, a certeza e a segurança jurídica do procedimento deixavam de existir.

K. E consequentemente o direito constitucionalmente reconhecido ao recurso dos actos administrativos, ficava ferido de morte.

Contra alegou a entidade recorrida formulando as conclusões seguintes:

1 – Por força do disposto nos artigos 186.º a 188.º, todos do Estatuto dos Militares da Guarda Nacional Republicana, o Recorrente apenas poderia recorrer, hierarquicamente, para o Senhor Ministro da Administração Interna, do despacho de 7.2.2003, do respectivo Comandante-Geral, caso tivesse reclamado, previamente, daquela decisão, junto desta última Autoridade — o que o mesmo não fez;

Pelo que antecede,

2 – O Douto Acórdão impugnado, que julgou improcedente o recurso contencioso que o Recorrente apresentou contra o despacho de 22.9.03, da Entidade Recorrida, que, com fundamento nas razões vertidas na conclusão anterior, rejeitou o recurso hierárquico ali assinalado, fez boa interpretação e correcta aplicação da lei, pelo que não enferma dos erros de julgamento que aquele lhe aponta.

O Exm.º magistrado do Ministério Público junto deste Supremo Tribunal Administrativo emitiu parecer no sentido do improvimento do recurso.

II. O acórdão recorrido considerou assentes os seguintes factos:

a) Em 24/1/2003, o recorrente solicitou, ao Comandante-Geral da G.N.R., que mandasse proceder à numeração e rubrica de todas as folhas do seu processo de promoção, bem como à sua notificação para proceder à consulta daquele processo;

b) Sobre esse requerimento foi emitido parecer, datado de 28/1/2003, onde se concluía pelo indeferimento do pedido e se apresentava a seguinte proposta de despacho:

"Considerando que o Código de Procedimento Administrativo (C.P.A.) não contém nenhuma norma que obrigue a Administração Pública a numerar ou a rubricar o processo administrativo (ao contrário do que acontece com o Código de Processo Civil e o Código de Processo Penal);

Considerando que o art. 189.º. do C.P.A. estabelece que são subsidiariamente aplicáveis apenas os princípios gerais do direito administrativo, bem como as disposições legais que regulam as despesas públicas, assim como as normas que regulem formas específicas de contratação pública;

Indefiro o requerimento apresentado pelo Ilustre mandatário do Ten. Cor. Silva Oliveira, por carecer de fundamentação legal;

Notifique-se o militar e respectivo mandatário judicial, indicando-se nova data e hora para consulta do processo";

c) Em 7/2/2003, o Comandante-Geral da G.N.R. proferiu o seguinte despacho, datado de 7/2/2003:

"Aprovo o despacho que me é proposto";

d) Em 3/3/2003, o recorrente interpôs, para o Ministro da Administração Interna, recurso hierárquico do despacho, de 7/2/2003, do Comandante-Geral da G.N.R.;

e) Sobre esse recurso hierárquico, a auditoria jurídica do Ministério da Administração Interna emitiu o parecer n.º 584-R/03, de 19/9/2003, onde se concluiu que o recurso hierárquico deveria ser rejeitado, nos termos do art. 173.º, al. e), do C.P.A., por o despacho de 7/2/2003 não ter sido objecto de reclamação – pressuposto processual necessário à abertura do direito de recurso hierárquico (arts. 185.º,186.º e 187.º, todos do E.M.G.N.R. aprovado pelo D.L. n.º. 265/93, de 31/7);

f) Sobre o parecer referido na alínea anterior, o Ministro da Administração Interna proferiu o seguinte despacho, datado de 22/9/2003:

"Concordo.

Nos termos e com os fundamentos do presente parecer rejeito o recurso do Ten. Cor. Manuel Oliveira id. nos autos.

Comunique-se ao C.G/GNR, que notificará o recorrente e o seu advogado".

III.1 – Antes de mais, importa lembrar que o objecto do recurso jurisdicional é a decisão recorrida que, no caso, circunscrevendo, expressamente, o recurso contencioso à questão da legalidade da rejeição, pela recorrida, do recurso hierárquico interposto do despacho do Comandante Geral da GNR, negou provimento ao recurso considerando que o acto administrativo em causa não era contenciosamente recorrível uma vez que não tinha sido precedido da reclamação necessária prevista no artigo 186 do EMGNR, aprovado pelo DL n.º 265/93, de 31-07, deixando, assim, de fora todas as questões relativas ao mérito daquele recurso.

A questão aqui a decidir é, pois, tão só a de saber se o acto administrativo contenciosamente impugnado – despacho de 22-09-03, do Ministro da Administração Interna, que rejeitou o recurso hierárquico do despacho de 7-02-03, do Comandante Geral da GNR com o fundamento que o mesmo não foi precedido da reclamação necessária, nos termos dos artigos 186 e 187, do EMGNR – fez ou não correcta interpretação e aplicação daquelas normas.

Ficam, assim, fora do âmbito do presente recurso jurisdicional, as questões constantes das conclusões H a K das alegações do recorrente, que têm a ver com a ilegalidade ou não (mérito) do despacho objecto do recurso hierárquico rejeitado.

III.2- O recorrente entende que o Tribunal a quo, ao não anular o acto contenciosamente impugnado, fez incorrecta interpretação e aplicação daquelas normas do EMGNR, pois, na sua perspectiva, o regime ali previsto – que estabelece a obrigatoriedade de reclamação preceder o recurso hierárquico de actos administrativos que o militar pretenda impugnar – só se aplica aos "actos primários" – entendendo por estes "os praticados pela Administração por sua própria iniciativa" – e não aos actos praticados na sequência de requerimentos de particulares, como é o caso dos autos, pelo que o acto do Comandante Geral da GNR não está sujeito à reclamação necessária prevista no artigo 186, do EMGNR, sendo susceptível de recurso hierárquico imediato.

Vejamos.

Actos primários, segundo Freitas do Amaral, Curso de Direito Administrativo, 4ª reimpressão, vol. II, pág. 253, são "aqueles que versam pela primeira vez sobre uma determinada situação da vida", independentemente de terem sido produzidos por iniciativa da própria administração ou na sequência de procedimento administrativo desencadeado por iniciativa de um particular.

Assim, a distinção estabelecida pelo recorrente não tem qualquer fundamento legal ou doutrinal, sendo, no caso, de todo irrelevante para efeitos da sua sujeição à reclamação prevista no artigo 186, do EMGNR.

Por outro lado, como é jurisprudência pacífica deste Supremo Tribunal Administrativo, os artigos 186.º e 187.º do Estatuto dos Militares da GNR estabelecem a reclamação necessária para o Comandante-Geral dos próprios actos desta entidade, só havendo lugar a recurso hierárquico para o MAI após a pronúncia, expressa ou tácita, daquele órgão – neste sentido, ver acórdãos de 9-12-1992, Proc.º n.º 29.991, in Ap DR de 17-05-1996, 6927, de 13-07-1995, Proc.º n.º 30307, in Ap DR de 27-01-98, 6408, confirmado pelo Pleno, de 8-02-2000, in Ap DR de AP DR 14-10-2002, 251 – todos proferidos na vigência dos artigos 140 e 141, do EMGNR aprovado pelo DL n.º 465/83, de 31-12 – e, ainda, os acórdãos de 13-11-2002, Proc.º n.º 362/02, e de 19-04-2005, Proc.º n.º 1043/04.

Como é sabido, a reclamação consiste na impugnação do acto administrativo perante o seu próprio autor (artigo 158, n.º 1 e 2, al. a), do CPA), podendo revestir a natureza necessária – quando é pressuposto legal do recurso contencioso ou do recurso hierárquico de certos actos administrativos – ou facultativa, como é a regra – neste sentido, Mário Esteves de Oliveira e outros, Código de Procedimento Administrativo, comentado, vol. II, pag. 282.

Dispõe o EMGNR, aprovado pelo DL 265/93, de 31.7, em sede de reclamações e recursos:

Artigo 186.º

1 – A reclamação contra um acto administrativo deve ser singular e dirigida por escrito, através das vias competentes, ao chefe que praticou esse acto, no prazo de 15 dias, contados a partir do seu conhecimento pelo reclamante.

2 – Considera-se como data de conhecimento do acto administrativo que dá origem à reclamação aquela em que o militar dele for pessoalmente notificado ou da publicação do mesmo em ordem de serviço.

Artigo 187.º

1 – Quando a reclamação, apresentada nos termos do artigo anterior, não for, no todo ou em parte, atendida, assiste ao reclamante o direito de recurso hierárquico para o chefe imediato daquele que proferiu o acto administrativo em causa, no prazo de 15 dias, contados a partir da data de notificação pessoal ou da publicação oficial da decisão proferida sobre a reclamação.

2 – Não sendo proferida decisão sobre a reclamação no prazo de 15 dias a contar da respectiva apresentação, a mesma é indeferida tacitamente, cabendo recurso hierárquico nos termos do n.º 1 do artigo seguinte.

3 – O recurso hierárquico deve ser decidido no prazo de 15 dias, a contar da data em que o mesmo for recebido pela entidade competente.

4 – Se, no prazo referido no número anterior, não for proferida decisão expressa, o recurso é tacitamente indeferido, cabendo recurso hierárquico para o chefe imediato, até esgotar todos os níveis da hierarquia.

Artigo 188.º

1 – Da decisão do Comandante-Geral cabe sempre recurso para o Ministro da Administração Interna.

2 – A decisão do recurso pelo Ministro da Administração Interna é definitiva e pode revogar, alterar ou manter a decisão recorrida, no todo ou em parte.

Como resulta da leitura das disposições transcritas, o legislador instituiu uma reclamação obrigatória, necessária, dos actos do Comandante-Geral da GNR, só havendo lugar a recurso hierárquico para o Ministro da Administração Interna do acto que decidir essa reclamação.

Na verdade, "quando a lei prevê em termos expressos uma reclamação graciosa, inserida em determinado trâmite a seguir no respectivo processo, impõe-se considerá-la, na falta de outra explicação adequada resultante da lei, como reclamação necessária, constituindo pressuposto do uso de ulterior meio de impugnação contenciosa"– cfr. acórdãos de 2-12-1999, Proc.° n.° 45243, in Ap DR de 23-09-2002, 7097, e de 17-01-2001, Proc.° n.° 40567, in Ap DR de 27-02-2003, 104, este do Pleno.

Trata-se duma estatuição excepcional, pois a regra é a da reclamação meramente facultativa, que pode ser deduzida sem prejuízo da interposição do recurso contencioso ou hierárquico, consoante os casos – ver Mário Esteves de Oliveira, obra e local citados

"A ideia do legislador, neste como nos outros raros casos em que obriga à reclamação prévia a outro meio impugnatório, é a de favorecer a reapreciação dos casos e a resolução de diferendos pelo próprio órgão que decidiu em primeiro grau. O que os preceitos estatutários aqui em causa pretendem é evitar que sejam levadas ao Governo questões que possam ser solucionadas ainda no seio institucional da GNR." – cfr. acórdão de 13-11--2002, Proc.° n.° 362/02.

Assim, no caso em apreço, o recorrente que pretendia impugnar o despacho do Comandante Geral da GNR que lhe indeferira a pretensão que lhe havia formulado, deveria, nos termos das disposições legais supra transcritas, ter, previamente ao recurso hierárquico que interpôs para o Ministro da Administração Interna, apresentado ao mesmo Comandante Geral uma reclamação do indeferimento em causa; não o tendo feito, o recurso interposto teria de ser rejeitado, como o foi, por falta desse pressuposto processual – artigo 173.°, al. e), do C.P.A.

Pelas razões expostas, o acórdão recorrido, ao julgar improcedente o recurso contencioso interposto pelo aqui recorrente, fez correcta interpretação e aplicação das supracitadas disposições legais, pelo que não merece reparo.

Improcedem, pois, as conclusões A a G das alegações, não se conhecendo das restantes pelas razões acima expostas (cfr. supra III.1).

IV – Nestes termos, acordam em negar provimento ao recurso, mantendo a decisão recorrida.

Custas pelo recorrente, fixando-se a taxa de justiça em 300 euros e a procuradoria em 150 euros.

Lisboa, 29 de Junho de 2006.

Freitas Carvalho (Relator)
Santos Botelho
Adérito Santos

Recurso n.° 838/05-11

FUNÇÃO PÚBLICA. CARREIRA DA FUNÇÃO PÚBLICA. QUADRO DE DOTAÇÃO GLOBAL.

(Acórdão de 25 de Maio de 2006)

SUMÁRIO:

I – O DL 141/01, de 24-04, visou, apenas, fixar "o regime de dotação global dos quadros de pessoal, para as carreiras de regime geral, de regime especial e com designações específicas" (art. 1).

II – O seu único objectivo foi o de transformar as dotações previstas para cada uma das diferentes categorias de uma carreira numa dotação global dessa carreira, sendo que o limite desta dotação global passou a ser a soma dos lugares anteriormente existentes nas diversas categorias da carreira. (art. 3, n.° 2).

III – O artigo 4.° daquele diploma, segundo o qual "o disposto no presente diploma não prejudica os concursos que se encontrem pendentes à data da sua entrada em vigor" é neutro em matéria de concursos e não pretendeu nem dar nada a mais, que já não existisse, nem retirar algo que já tivesse sido concedido e, por isso, é que afirmou que os concursos que estivessem a decorrer continuariam o seu curso normal, sujeitos às regras com base nas quais haviam sido lançados.

ACORDAM EM CONFERÊNCIA NA SECÇÃO DO CONTENCIOSO ADMINISTRATIVO DO SUPREMO TRIBUNAL ADMINISTRATIVO

O Ministro da Agricultura Pescas e Florestas recorre do acórdão de 8-07-2004, do Tribunal Central Administrativo, que, concedendo provimento ao recurso contencioso interposto por Maria José do Nascimento Silvino, identificada nos autos, anulou o seu despacho de 28-12-2001, que havia negado provimento ao recurso hierárquico do despacho do Director Regional de Agricultura que indeferira o pedido em que aquela solicitava a promoção à categoria de Técnica Profissional de 1ª classe, em regime de dotação global criado pelo DL n.° 141//2001, de 24-04.

I. A entidade recorrente fórmula as seguintes conclusões:

1 – A Administração está obrigada à gestão racional dos seus recursos humanos e financeiros, o que faz também através da abertura de concursos.

2 – Da abertura do concurso resultam direitos e obrigações recíprocas para a Administração e concorrentes os quais estão definidos nas normas vigentes à data da sua abertura.

3 – A alteração das normas vigentes à data da abertura, não pode impor maiores deveres e obrigações aos intervenientes sob pena de violação do princípio da irrectroactividade das normas.

4 – A interpretação perfilhada no douto acórdão relativamente à norma transitória consagrada no art. 4.º do D.L. n.º 141/2001, de 24 de Abril, no sentido de que os concorrentes admitidos a concursos pendentes à data da entrada em vigor daquele diploma devem ser providos, imediatamente, uma vez que a dotação da categoria passa a ser a da carreira, viola os princípios referidos na cláusula anterior.

5 – A interpretação a dar aquele preceito, e predominante no TCA é a de que se mantém válidos os concursos pendentes, mas apenas relativamente no número de lugares postos a concurso, sendo o provimento como lugar da carreira e não da categoria.

6 – O douto acórdão, por errónea Interpretação, viola o art. 4.º do D.L. n.º 141/01, de 24 de Abril e o art. 90 do C. Civil.

Não foram apresentadas contra alegações e o Exm.º magistrado do Ministério Público junto deste Supremo Tribunal Administrativo, apoiando-se na Jurisprudência deste Supremo Tribunal Administrativo, que cita, emitiu parecer no sentido do provimento do recurso.

II. A decisão recorrida considerou assentes os seguintes factos:

1. A recorrente, Técnica Profissional de 2ª classe do quadro de pessoal da DRATM, candidatou-se ao concurso aberto por Aviso n.º 4, para Técnico Profissional de 1ª classe, do Quadro de Pessoal da DRATM, tendo sido classificada em 17.º lugar. – (cf fls 17 a 20)

2. Com a publicação do Dcc. Lei n.º141/2001, de 24.04, foi fixado o regime de dotação global para as carreiras de regime geral, especial e com designações específicas.

3. Face as dúvidas surgidas, relativamente aos concursos pendentes, do diploma supra referido, foi emitida a Circular n.º1/DGAP/2001, junta a fls.23 e 24, aqui dada por integralmente reproduzida.

4. Em 17.09.2001, a recorrente e outros dirigiram ao Sr. Director de Agricultura de Trás-os-Montes o requerimento junto a fls. 21 solicitando que "... se digne mandar tomar posse aos concorrentes colocados a partir do número 15, inclusive, conforme lista classificativa homologada por V.Exa em 08/08/2001, em virtude do Decreto-Lei n.º 141/2001 de 24 de Abril (Dotações Globais) ser extensiva para todos os lugares."

5. Por oficio datado de 8.10.2001, do Director Regional foi a recorrente informada de que ".... de acordo com as recomendações relativas ao disposto no Dec.Lei n.º 141/2001 de 24 de Abril exaradas na Circular n.º 1/ /DGAP/2001 de 18 de Junho, não é possível satisfazer o pedido, dada a mesma conter uma orientação clara no sentido de ser observada para todos os serviços."

6. Deste despacho a recorrente interpôs recurso hierárquico dirigido ao Sr. Ministro da Agricultura do Desenvolvimento Rural e das Pescas. (cf fls.25 a 27)

7. Analisando esse recurso, em 6.12.2001, a Consultora Jurídica prestou a informação n.º430/2001, junta a fls. 29 a 32, aqui dada por reproduzida.

8. Com o parecer de "Concordo" do Auditor Jurídico, em 28.12.2001, no canto superior da referida informação, a autoridade recorrida exarou o despacho recorrido, do seguinte teor:

"Concordo. Indefira-se pelas razões aludidas."

III. Como resulta da matéria de facto, em 17.7.00 foi aberto concurso para o preenchimento de 14 vagas na categoria de Técnico Profissional de 1ª classe pela Direcção Regional da Agricultura de Trás-os-Montes, tendo-se a aqui recorrida candidatado ao referido concurso e ficado posicionada em 17.º lugar (ponto 1 da matéria de facto)

Com a publicação do Dec-Lei n.º 141/2001, de 24 de Abril, que fixou um novo regime de dotação global para os quadros de pessoal, em 17 de Setembro de 2001, a recorrida requereu ao Director Regional de Agricultura de Trás-os-Montes se dignasse "mandar tomar posse aos concorrentes colocados a partir do número 15, inclusive, conforme lista classificativa homologada..." (ponto 4), pedido que veio a ser indeferido, indeferimento confirmado pela autoridade recorrida (pontos 5 a 8 da matéria de facto).

O acórdão recorrido concedeu provimento ao recurso contencioso, anulando o acto recorrido por violação do DL n.º 141/01, de 24-04, com base no seguinte discurso argumentativo:

"O Dec. Lei n.º141/01, de 24.04, procedeu "à fixação do principio das dotações globais no que toca às carreiras do regime geral, de regime especial e com designações específicas. "E, também "a globalização das dotações das categorias da carreira técnico superior." – Cf preâmbulo e arts. 1.º e 2.º do mencionado diploma legal.

E, na sequência dessa globalização, os quadros de pessoal dos serviços e organismos da administração central, regional e local, bem como dos institutos públicos, sido automaticamente alterados, correspondendo, as dotações globais à das lugares das categorias abrangidas. – Cf art. 3 do mesmo diploma legal.

Nos termos do art. 4.º do diploma e análise "o disposto neste diploma não prejudica os concursos que se encontram pendentes à data da sua entrada em vigor."

A recorrente concorreu ao concurso interno de acesso limitado aberto por aviso fixado em 17.07.2000, para preenchimento de 14 vagas, mais as que ocorressem durante um ano a contar de 9.08.2002, data da publicação da lista de classificação final, na qual foi posicionada em 17.º lugar, para a categoria de Técnica Profissional de 1ª classe.

À data de abertura do concurso, a carreira onde se integrava a categoria de Técnico Profissional de 1ª classe, era uma carreira com dotação por categorias. Com a entrada em vigor do Dec. Lei n.º141/01, a dotação por categorias foi automaticamente convertida em dotação global, correspondente à soma dos lugares das categorias abrangidas. – art 3.º

E, relativamente aos concursos pendentes, não podem ser prejudicados com entrada em vigor do diploma em análise. – art. 4.º, isto é, não se pode considerar que o prazo de validade dos concurso pendentes, como é o caso dos autos, se extinguiu ou foram encurtados. Tanto as nomeações para as 14 vagas como as que viessem a ocorrer obedeceriam ao mesmo regime pois, à data das nomeações já não existiam as vagas na categoria, mas apenas as vagas na carreira, pela referida conversão automática mencionada no art. 3.º do mesmo Dec. Lei

...

Assim, tendo a recorrente sido submetida a concurso para a categoria de Técnica Profissional de 1ª classe e tendo ficado aprovada, não se vê razão para ser submetida a novo concurso, antes devendo haver uma conversão automática generalizada dos concorrentes aprovados ao regime de dotação global, sob pena de violação do Dec. Lei n.º 141/01 e do princípio de igualdade de oportunidades."

A única questão a decidir no presente recurso é a de saber em que termos é que o DL n.° 141/2001, de 24 de Abril (que procedeu à fixação do principio das dotações globais no que toca às carreiras de regime geral, de regime especial e com designações específicas), interfere com os concursos que se encontrem pendentes à data da sua entrada em vigor, o que passa, concretamente, pela interpretação a dar ao artigo 4.° desse diploma.

Sobre esta matéria já este Supremo Tribunal Administrativo se pronunciou em diversos arestos – nomeadamente nos Processos n.° 871/04, de 16/11/2004; n.° 967/04, de 24/11/2004; 1147/04, de 13/01/2005; n.° 1320/04, de 25/01/2005; n.° 1192/04, de 23/02/2005; n.° 280/05, de 11/05/2005; n.° 3/05, de 17/05/2005; e n.° 786/05, de 8/11/2005 – no sentido de que o DL n.° 141/2001, de 24-04, visou, apenas, fixar "... o regime de dotação global dos quadros de pessoal, para as carreiras de regime geral, de regime especial e com designações específicas", sendo seu único objectivo transformar as dotações previstas para cada uma das diferentes categorias de uma carreira numa dotação global dessa carreira, cujo resultado era a soma das parcelas correspondentes a cada uma delas, constituindo o seu artigo 4.° uma disposição neutra em matéria de concursos, não pretendendo nem dar nada a mais, que já não existisse, nem retirar algo que já tivesse sido concedido, querendo apenas dizer que os concursos a decorrer continuariam o seu curso normal, sujeitos às regras com base nas quais haviam sido lançados.

Por termos subscrito, como adjunto, o acórdão de 13-01-2005, Proc.° n.° 1147/04, que versa sobre situação idêntica à dos presentes autos, ocorrida no âmbito do mesmo concurso, e por se nos afigurar inteiramente transponível para o caso aqui em análise a argumentação ai expendida, passaremos a transcrevê-la, na parte útil:

"O recorrente contencioso, apesar de aprovado, não foi nomeado pretendendo, todavia, que o deveria ter sido à luz do art. 4 do DL 141/01, de 24.4, segundo o qual "O disposto no presente diploma não prejudica os concursos que se encontrem pendentes à data da sua entrada em vigor."

Este diploma legal visou, apenas, fixar ".. o regime de dotação global dos quadros de pessoal, para as carreiras de regime geral, de regime especial e com designações específicas" (art. 1) O que significa, por outras palavras, que o seu único objectivo foi o de transformar as dotações previstas para cada uma das diferentes categorias de uma carreira numa dotação global dessa carreira, cujo resultado era a soma das parcelas correspondentes a cada uma dessas categorias (art. 3, n.° 2).

Da simples leitura do referido art. 4[1] decorre, claramente, que o DL 141/01 é neutro em matéria de concursos e não pretendeu nem dar nada a mais, que já não existisse, nem retirar algo que já tivesse sido concedido. Assim, o que esse preceito veio afirmar foi que os concursos que estivessem a decorrer continuariam o seu curso normal, sujeitos às regras com base nas quais haviam sido lançados. Foi justamente isso que aconteceu. O concurso foi lançado para 14. Esses 14 candidatos foram nomeados, cumprindo-se integralmente as finalidades assinaladas no aviso de abertura do concurso. A nomeação de um candidato mais, o 15.°, seria, por isso, ilegal. Como seria ilegal a nomeação do recorrente, graduado em 18.° lugar.

Contrariamente ao defendido no acórdão recorrido, o preâmbulo do DL 141/01 não retira nem acrescenta nada ao que se disse. Em primeiro lugar, o preâmbulo de um diploma legal é algo que, seguramente, ajuda a interpretar o seu texto se aí se observarem dúvidas interpretativas consistentes, mas não pode pretender adulterar o seu sentido ou criar uma normatividade própria que se sobreponha à que decorre do preceito interpretando. Ora, no caso dos autos o texto a interpretar é claro não suscitando qualquer dúvida razoável. Em segundo lugar, o segmento que se refere a este assunto – "Mantêm-se válidos os concursos pendentes, com as adaptações decorrentes da globalização da dotação, uma vez que os lugares passam a ser previstos na carreira e não na categoria" – não infirma minimamente a interpretação a que se chegou antes se limitando a afirmar uma decorrência lógica resultante da alteração legislativa imposta por esse DL. Apenas significa isto: os lugares previstos nos concursos que estiverem em curso (e no caso dos autos eram apenas 14 como se viu) passam a ser providos como lugares da carreira e não como lugares da categoria.

Finalmente, a solução sustentada no acórdão conduziria a um resultado inadmissível, violador do próprio DL 141/01. Se, por mera hipótese, numa carreira com duas categorias cujo quadro previsse 10 lugares para cada uma delas, estivessem em curso dois concursos para cinco lugares (ou mesmo um só concurso com mais candidatos aprovados do que todos os lugares previstos no quadro para a soma das duas categorias da carreira), também em cada uma delas, com quinze candidatos aprovados em ambos os concursos, teriam que ser nomeados os 30, assim se ultrapassando os 20 lugares da carreira (10+10), e assim se violando o n.° 2, do art. 3 desse diploma legal quando dispõe "que as dotações globais resultantes do disposto no número anterior correspondem à soma dos lugares das categorias abrangidas."

Pelos fundamentos expostos, o acórdão recorrido, decidindo em contrário, fez incorrecta interpretação das disposições do DL n.° 141/2001, de 21-04, que aplicou erradamente, designadamente do seu artigo 4.°, pelo que não pode manter-se.

V. Nestes termos, acordam em conceder provimento ao recurso, revogando a decisão recorrida e negando provimento ao recurso contencioso.

Custas pela recorrida apenas no Tribunal Central Administrativo, fixando-se a taxa de justiça em 250 euros e a procuradoria em metade.

Lisboa, 25 de Maio de 2006.

Freitas Carvalho (Relator)
Santos Botelho
Adérito Santos

Recurso n.° 155/05-11

[1] Trata-se de uma norma semelhante a muitas outras que visa salvaguardar as expectativas de opositores a concursos no âmbito do funcionalismo público, que são apanhados a meio do processo por alterações legislativas de vária ordem (a do concurso dos autos é meramente formal) e que sem elas poderiam sair prejudicados.

HABITAÇÃO SOCIAL. CEDÊNCIA PRECÁRIA. DESOCUPAÇÃO DO PRÉDIO. AUDIÊNCIA DOS INTERESSADOS.

(Acórdão de 7 de Junho de 2006)

SUMÁRIO:

I- Mostra-se cumprido o imperativo que decorre do art. 100.° do CPA – direito de audiência – quando ao interessado são indicados os motivos determinantes, quer de facto quer de direito, reveladores das razões que no entender da administração conduzem, com uma forte probabilidade, a que a decisão a proferir venha a ter o sentido indicado na notificação (cf. art. 101.° n.° 2 do CPA).

II- Se o administrado nos termos e para efeitos de exercer o direito de audiência foi informado de que a Câmara Municipal pretendia, ao abrigo do disposto no n.° 5.1 do Despacho n.° 88/P/96, de 30 de Abril, ordenar a desocupação da habitação que ocupa a título precário, por considerar que não tem "*necessidade de residir em habitação Municipal*", por ser proprietária de uma outra habitação que identifica, mostra-se cabalmente cumprida a exigência formal – audiência dos interessados – nos termos do estabelecido nos art. 100.° e 101 n.° 2 do CPA.

III- O que releva para efeitos de desocupação de prédio municipal com fundamento na aludida "desnecessidade" na ocupação de habitação social é o regime legal vigente à data da prática do acto. Encontrando-se o Despacho 88/P/96 em vigor no momento em que foi determinada a desocupação da residência pertencente à C. M. com fundamento na aludida "desnecessidade", não ofende o princípio "tempus regit actum" o facto de a desocupação ter sido fundamentada no disposto no seu n.° 5.1, independentemente de a "desnecessidade" ter origem (ou não) em facto ou factos ocorridos anteriormente à publicação do Despacho n.° 88/P/96.

ACORDAM, EM CONFERÊNCIA, NA SECÇÃO DO CONTENCIOSO ADMINISTRATIVO DO SUPREMO TRIBUNAL ADMINISTRATIVO:

1 – VEREADOR DO URBANISMO DA CÂMARA MUNICIPAL DE LISBOA, interpõe recurso jurisdicional da sentença do TAC de Lisboa, que concedeu provimento ao recurso contencioso de anulação que MARIA DE LURDES FONSECA PIRES dirigira contra o seu despacho de 25.07.2002 que determinou a desocupação da recorrente contenciosa da residência que habitava, propriedade da CM, com fundamento na não necessidade, em virtude de ser proprietária de uma habitação em Brejos de Azeitão, Setúbal.

Na respectiva alegação, formulou as seguintes ***CONCLUSÕES:***

I – O que a lei determina que deve ser sujeita a audiência prévia é o projecto de decisão e não a decisão final;

II – Por conseguinte, não ocorreu a violação do art. 135.° do CPA;

III – O acto em crise fundou-se não no facto de a recorrida ter uma habitação no Concelho de Setúbal mas, no facto de a mesma não ter necessidade de habitação social;

IV – Não importa que a casa da recorrida tenha sido adquirida em 1993 e, logo antes do Despacho 88/P/96, importando isso sim que a mesma se colocou numa situação de não necessidade;

V – Consequentemente, não há violação do art. 12.° do Cód. Civil;

VI – O despacho 88/P/96 regulou e disciplinou a atribuição de casas de habitação social propriedade do Município podendo, como o fez, abranger também habitações sitas no Concelho de Setúbal;

VII – Assim sendo, a douta decisão em crise violou, por errada interpretação, o art. 12.° do Cód. Civil e o art. 135.° do CPA.

Termos em que deve ser concedido provimento ao presente recurso.

2 – Não foram apresentadas contra-alegações.

3 – O M.° P^a^ emitiu parecer a fls. 140/142, cujo conteúdo se reproduz, no sentido de que recurso merece obter provimento.

Cumpre decidir:

4 – Fundamentando de facto, a sentença recorrida deu como demonstrados os seguintes factos:

I – A recorrente foi notificada pela CML pelo ofício n.° 4562/DGP/01... (cf. fls. 45 e 45v do PA) do seguinte:

"(...)

No decurso da instrução do presente, apurou-se que V. Exª é proprietária de uma habitação alternativa na Rua Poeta do Bocage n.° 4, 6 e 8, 3.° andar Dto., no Pinhal de Negreiros, Brejos de Azeitão, concelho de Setúbal, não tendo, pois, necessidade de residir em habitação Municipal, factualidade que é enquadrável no n.° 5.1 do Despacho n.° 88/P/96 de 30 de Abril, publicado no Boletim Municipal n.° 115 da mesma data, e constitui fundamento para desocupação.

Pelo exposto, em face dos factos provados e após a necessária caracterização, é intenção do departamento... propor superiormente a desocupação deste fogo municipal, por posse de habitação alternativa no concelho de Setúbal e não necessidade de residir em fogo municipal, executando-se o despejo administrativo, nos termos legais.

Assim, nos termos do n.° 7.6 do Despacho n.° 88/P/96 e conforme do disposto no art. 101.° do CPA..." – cf. ainda doc. de fls. 23.

II – O Advogado da recorrente apresentou em 28 de Dezembro de 2001, na CML, reclamação resultante de não ser facultada a consulta do Processo (cf. fls. 24 a 26).

III – Em 11/01/2002 responde a recorrente, através do seu mandatário, à audiência dos interessados (cf. fls. 52 a 71 do PA);

IV – Em 17.07.2002, na Divisão de Gestão Patrimonial da CML é elaborada a informação n.° 645/DGP/01 (que se reproduz), na qual se propõe a desocupação do alojamento municipal (cf. fls. 140 a 152 do PA);

V – Em despacho, com assinatura ilegível, aposta na informação referida no número anterior, é proposta a aprovação dos pontos 1, 2 e 3 da proposta final da referida informação (cf. fls. 140 e 140v do PA);

VI – No verso da mesma informação despacha a Vereadora Maria Helena Lopes da Costa, em 25.07.2002 "*concordo e autorizo*" (cf. fls. 140v do PA);

VII – A recorrente, foi notificada através do seu mandatário, por ofício de 30/7/2002, do despacho de 25.07.2002 da Srª. Vereadora recorrida, para:

"(...)

Proceder à desocupação do alojamento municipal, sito na Quinta de Santo António, Rua de Baixo, n.º 16 R/C (à Rua Castelo Branco Saraiva) em Lisboa com o fundamento na não necessidade, uma vez que ficou provado que a sua cliente é proprietária de uma habitação de tipologia T3, sita na Rua Poeta do Bocage, n.º 4, 6 e 8, 3.º Dto., Pinhal de Negreiros, Brejos de Azeitão, em Setúbal, em condições de ser ocupada pelo agregado familiar da mesma, não se encontrando assim a família numa situação de carência económica e social que justifique a necessidade de ocupar uma habitação social, nos termos do n.º 5.1 (...);

A anulação da titularidade em vigor para este fogo, com o consequente cancelamento da conta em nome de Maria de Lurdes Fonseca Pires"

Mais fica notificado, que a sua cliente deverá desocupar o imóvel de forma voluntária, no prazo de 8 dias, a contar da data da recepção da presente notificação, sob pena de, não o fazendo, se proceder à desocupação coerciva pela Polícia Municipal, e consequentemente à demolição" – (cfr. fls. 27);

VIII – A recorrente, na qualidade de compradora, celebrou escritura pública de compra e venda, através de escritura pública exarada em 19/4/1993, declarando comprar a António Santos, pelo preço de 7 milhões de escudos, com todas as coisas acessórias e livre de quaisquer ónus ou limitações, a fracção autónoma destinada a habitação, com a letra "O", correspondente ao 3.º andar Dto. do lote 65, do prédio urbano em regime de propriedade horizontal, sito no Pinhal de Negreiros, em Brejos de Azeitão;

IX – A recorrente vem habitando na morada a desalojar, com um companheiro e sua filha de 21 anos de idade (cf. fls. 32).

5 – Como anteriormente se referiu, vem impugnado nos presentes autos o despacho de 25.07.2002 da Vereadora da C. M. de Lisboa que determinou a desocupação da recorrente contenciosa da residência que habitava, propriedade da CM, com fundamento na não necessidade, em virtude de ser proprietária de uma habitação em Brejos de Azeitão, Setúbal.

Antes de tomar posição sobre o objecto do recurso contencioso e atendendo aos fundamentos que foram invocados, a sentença recorrida "esquematizou" as seguintes questões:

– Convirá designadamente, verificar da conformidade argumentativa e legal, existente entre a audiência dos interessados e o Despacho final;

– Da inaplicabilidade do Despacho n.º 88/P/96 – por violação do princípio "tempus regit actum";

– Da inaplicabilidade do Despacho n.º 88/P/96 – à recorrente, pelo facto do acto recorrido não ser subsumível na previsão da norma invocada (Ponto 5.1 Despacho);

– Da propriedade do fogo da Rua do Poeta Bocage, concelho de Setúbal;

– Da Regulamentação Inovatória do Despacho Normativo;

Entrando na apreciação de mérito, a sentença recorrida anulou o despacho contenciosamente impugnado por entender, em suma, que:

a) – A decisão final recorrida acrescenta que o agregado familiar se não encontra "...*numa situação de carência económica e social que justifique a necessidade de ocupar uma habitação social..*." o que não constou da notificação, relativa à audiência dos interessados, não tendo esta parte da decisão sido sujeita a audiência dos interessados, dando origem à anulabilidade da audiência dos interessados neste aspecto, nos termos do art. 135.º do CPA;

b) – Inaplicabilidade do Despacho n.º 88/P/96 à situação dos autos por violação do princípio "tempus regit actum", violação do disposto no art. 12.º do Cód. Civil, já que a lei só pode dispor para o futuro, sendo certo que a casa de Setúbal foi adquirida pela recorrente em 1993, tendo aquele despacho sido proferido em 1996, o que determina igualmente a anulabilidade do despacho impugnado, nos termos do art. 135.º do CPA;

c) – "O despacho recorrido é ilegal na medida em que se baseia num regulamento (88/P/96) que é inovador relativamente ao Decreto 35.106 que visa regulamentar, por extravasar os seus pressupostos. Por outro lado, sendo o despacho 88/P/96 um despacho de âmbito regulamentar, não está demonstrado, terem sido adoptados, na sua elaboração, os princípios e requisitos plasmados nos art. 114.º e sgs. do CPA, no que aos regulamentos concerne".

Termina a sentença recorrida referindo que o acto recorrido, "*em face dos vícios dados como provados, deverá ser anulado nos termos do art. 135.º do CPA*".

5.1 – Antes de entrar propriamente na apreciação do objecto do recurso jurisdicional interessa ter presente o regime legal aplicável à situação dos autos.

5.1.a) – O *Decreto-Lei n.º 34486, de 6 de Abril de 1945*, determina, além do mais o seguinte:

Art. 1.º – O Governo promoverá no prazo de cinco anos, por intermédio dos corpos administrativos e Misericórdias, a construção de 5.000 casas destinadas ao alojamento de famílias pobres nos centros populacionais do continente e das ilhas adjacentes

Art. 3.º – A ocupação das habitações será concedida a título precário, mediante licença passada pelo corpo administrativo ou Misericórdia, nas condições expressamente consignadas em regulamento a publicar pelo Ministro do Interior.

5.1.b) – O *Decreto n.º 35106, de 6 de Novembro de 1945* emitido, como resulta do respectivo preâmbulo *"para execução do disposto no art. 3.º do Decreto-Lei n.º 34486, de 6 de Abril de 1945, sobre ocupação de casas destinadas a famílias pobres"*, determina o seguinte:

*Art. 1.º – A ocupação das habitações a que se refere o Decreto-Lei n.º 34486, de 6 de Abril de 1945, será concedida a **título precário**, mediante licença da entidade proprietária, sob a forma de alvará.*

Art. 2.º – As casas só podem ser atribuídas a famílias pobres ou indigentes...

Art. 8.º – Sempre que se verifique alteração sensível nas possibilidades económicas dos moradores, deverá a entidade proprietária promover que se proceda à revisão da renda...

Art. 12.º – Os ocupantes das casas podem ser desalojados sempre que se verifique não terem necessidade de ocupar a casa ou se tornem indignos do direito de ocupação que lhes foi concedido.

§ O disposto neste artigo aplica-se especialmente aos moradores:

1.º – (...)

2.º – Que possuírem casa própria na mesma localidade e tenham possibilidade legal de a ocupar;

(...)

5.1.c) – Por fim, o Despacho n.º 88/P/96, de 30 de Abril, publicado no Boletim Municipal n.º 115, de 30 de Abril de 1996, determina o seguinte:

1 – Âmbito de aplicação

O presente despacho aplica-se a todos os fogos propriedade do Município atribuídos por cedência a título precário, nos termos do Decreto n.º 35.106, de 6 de Novembro de 1945, ou seja em que não exista contrato de arrendamento celebrado.

5 – Regime aplicável às ocupações:

5.1 – Para além dos restantes casos em que seja determinada a desocupação, proceder-se-á sempre a esta quando se verificar que os titulares não têm necessidade de ocupar o fogo que lhes foi atribuído e, nomeadamente quando:

5.1.1 – Não tenham, no local atribuído, residência permanente

5.1.2 – Possuírem casa própria, ou arrendada e tenham possibilidade legal de a ocupar nos concelhos de Lisboa, Alcochete, Almada, Amadora, Barreiro, Cascais, Loures, Mafra, Moita, Oeiras, Seixal, Sintra e Vila Franca de Xira.

(...)

5.2 – Fixado o regime legal aplicável, vejamos se assiste razão à recorrente no tocante às críticas que em sede de alegação dirigiu à sentença recorrida por ter anulado o despacho contenciosamente impugnado nos autos com os aludidos fundamentos.

Começaremos por verificar se assiste razão à recorrente quando se insurge contra a sentença recorrida na medida em que nela se entendeu ter ocorrido violação do direito de audiência, previsto nos art. 100.º do CPA, disposição esta que determina que "*concluída a instrução... os interessados têm o direito de ser ouvidos no procedimento antes de ser tomada a decisão final, devendo ser informados, nomeadamente, sobre o sentido provável desta*".

Face ao estabelecido nesse preceito impõe-se que a administração, antes de proferir decisão final no procedimento, ouça o administrado dando-lhe oportunidade para se pronunciar sobre o sentido provável da decisão que, face ao factualismo apurado e aos pressupostos legais aplicáveis, considera ser aquela que em princípio irá proferir.

A resposta ao que a Administração deve comunicar ao administrado em cumprimento daquele imperativo, é-nos dada pelo art. 101.º n.º 2 do CPA ao referir que a notificação deve fornecer "*os elementos necessários para que os interessados fiquem a conhecer os aspectos relevantes para a decisão, nas matérias de facto e de direito*" ou seja, aquele imperativo considerar-se-á cabalmente cumprido se ao interessado forem indicados os motivos determinantes, quer de facto quer de direito, que lhe revelem as razões ou argumentos que no entender da administração conduzem, com uma forte probabilidade, a que a decisão a proferir venha a ter o sentido indicado na notificação.

Como resulta do ofício que lhe foi enviado, a recorrente contenciosa foi notificada para se pronunciar em termos de "audiência prévia", nos seguintes termos:

"No decurso da instrução do presente, apurou-se que V. Exª é proprietária de uma habitação alternativa na Rua Poeta do Bocage n.º 4, 6 e 8, 3.º andar Dto., no Pinhal de Negreiros, Brejos de Azeitão, concelho de Setúbal, não tendo, pois, necessidade de residir em habitação Municipal, factualidade que é enquadrável no n.º 5.1 do Despacho n.º 88/P/96 de 30 de Abril, publicado no Boletim Municipal n.º 115 da mesma data, e constitui fundamento para desocupação.

Pelo exposto, em face dos factos provados e após a necessária caracterização, é intenção do departamento... propor superiormente a desocupação deste fogo municipal, por posse de habitação alternativa no concelho de Setúbal e não necessidade de residir em fogo municipal, executando-se o despejo administrativo, nos termos legais:".

Deste modo foi a recorrente contenciosa informada de que a Câmara Municipal recorrente pretendia ordenar a desocupação da habitação que ocupa a título precário, por considerar que a ora recorrida não tem "*necessidade de residir em habitação Municipal*", por ser proprietária de uma outra habitação que identifica.

A recorrida é igualmente informada das normas legais ao abrigo das quais a Administração pretende alicerçar a decisão, ao referir que tal factualidade é enquadrável no n.º 5.1 do Despacho n.º 88/P/96.

E foi precisamente com fundamento no facto de a ora recorrida não ter necessidade de "*residir em habitação municipal*" ou de ocupar uma habitação social que ao abrigo do disposto no n.º 5.1 do Despacho n.º 88/P/96 foi ordenada a desocupação do imóvel camarário.

Foi assim cumprida a exigência formal – audiência escrita dos interessados – nos termos do estabelecido nos art. 100.º e 101.º do CPA.

Assim e neste concreto aspecto, por se mostrar em conformidade com as exigências decorrentes dos aludidos preceitos, ao decidir de modo diferente a sentença recorrida não pode ser mantida, dada a procedência das conclusões I) a III) da alegação.

5.3 – Uma vez que a sentença recorrida fundamentou a anulação do despacho contenciosamente impugnado em mais do que um fundamento, importa por conseguinte verificar ainda se assiste razão à recorrente quando se insurge contra a sentença recorrida por nela se ter concluído no sentido da "***violação do princípio "tempus regit actum", ou pela violação do disposto no art. 12.º do Cód. Civil"*** na medida em que determina que a lei só pode dispor para o futuro.

Isto por, no entender da sentença recorrida, a casa que a recorrente contenciosa possui em Setúbal ter sido adquirida em 1993 e, tendo o Despacho n.º 88/P/96 sido proferido posteriormente, não podia o mesmo ser aplicável à situação dos autos.

Visão diferente tem a ora recorrente argumentando que o "*o acto em crise fundou-se não no facto de a recorrida ter uma habitação no Concelho de Setúbal mas, no facto de a mesma não ter necessidade de habitação social*", sendo irrelevante "*que a casa da recorrida tenha sido adquirida em 1993 e, logo antes do Despacho 88//P/96, importando isso sim que a mesma se colocou numa situação de não necessidade*".

Como resulta das citadas disposições a ocupação das habitações a que se refere o decreto-lei n.° 34.486, de 6 de Abril de 1945, é concedida a título precário (art. 1.° do Decreto n.° 35.106). Este diploma legal, como resulta do respectivo preâmbulo, veio dar execução ao disposto no art. 3.° do Decreto-Lei n.° 34.486, de 06.04.1945 sobre ocupação de casas destinadas a famílias pobres, que igualmente dispunha que a ocupação das habitações era "*concedida a título precário*" nas condições estabelecidas no regulamento de execução.

Não vem questionado nos autos o facto de o fogo municipal aqui em causa ter sido cedido à ora recorrida a título precário e estar por conseguinte sujeito ao regime do Decreto-Lei n.° 35.106, de 06.11.45.

O regime aplicável será por conseguinte o definido no citado Decreto Lei n.° 34.486 e respectivos regulamentos de execução (Decreto n.° 35106 e, posteriormente, o Despacho n.°88/P/96, de 17.04.1996, em vigor à data da prática do despacho contenciosamente impugnado).

Daí o podermos desde logo concluir que o facto de as licenças de ocupação de habitações sociais serem concedidas a título precário, exista uma especial preocupação de a elas colocar fim em determinadas circunstâncias, nomeadamente quando deixem de se verificar os pressupostos que estiveram na base da concessão do direito. Como se entendeu no ac. deste STA de 29.03.2006, Rec. 1.203/05 "*o estabelecimento do regime excepcional da precariedade dos actos de concessão de licenças tem manifestamente em vista possibilitar a revogação desses actos a todo o tempo, pois é essa a característica que distingue os actos precários dos não precários...*".

Destinando-se as "casas económicas" "ao alojamento de famílias pobres" (art. 1.° do Decreto-lei 34.486) ou de famílias necessitadas, daí que se compreenda e se justifique, que o direito a habitar essas casas seja retirado àqueles a quem, em determinado momento e por qualquer motivo deixem de estar naquela situação de "necessidade" que em momento anterior lhes possibilitara o direito de ocuparem uma casa de renda económica.

É o art. 12.° do Decreto 35.106 que indica as situações em que é possível revogar ou fazer cessar o direito à habitação ao determinar, além do mais, que "*os ocupantes das casas podem ser desalojados sempre que se verifique não terem necessidade de ocupar a casa*" (cf. ainda ponto 5.1 do Despacho 88/P/96 que e no essencial determina nos mesmos termos).

Daí resulta que a citada disposição apenas estabelece como limite para o desalojamento a verificação da "desnecessidade" da casa, sem impor qualquer limite temporal, já que aquelas disposições permitem o desalojamento "*sempre que se verifique*" por parte de quem a habita, não ter necessidade, o que significa sem qualquer restrição ou limitação de ordem temporal no que ao desalojamento diz respeito.

Basta que se verifique uma alteração da situação económica reveladora de não haver "necessidade" de usufruir do direito concedido a título precário, para esse direito poder ser retirado a quem dele beneficia, independentemente do momento da ocorrência do facto que determinou ou fundamentou essa desnecessidade.

Como salienta a recorrente nas suas alegações, "*a aplicação à ora recorrida do Despacho 88/P/96 não decorre do facto de ter adquirido uma habitação própria em 1993, mas sim do facto de não ter necessidade de ocupar o fogo que lhe foi atribuído*" independentemente da data em que se colocou na situação de não necessidade.

Assim o que revela para o efeito, é o momento em que a C. M. verifica que a ora recorrida não tem necessidade de beneficiar de habitação social independentemente de tal verificação ter origem (ou não) em facto ou factos ocorridos anteriormente à publicação do Despacho n.° 88/P/96.

Por outra via, sendo ao acto administrativo aplicável o regime legal vigente à data da sua prática, daí que se não possa falar em violação do disposto no art. 12.° do Cód. Civil ou em violação do princípio "tempus regit actum", já que o Despacho 88/P/96 já se encontrava em vigor à data da prática do acto contenciosamente impugnado nos autos.

Face ao exposto temos igualmente de concluir no sentido da procedência das conclusões IV) e V).

5.4 – Resta por fim averiguar se assiste razão à recorrente quando se insurge contra a sentença recorrida na medida em que nela se entendeu que "*o despacho recorrido é ilegal na medida em que se baseia num regulamento (88/P/96) que é inovador relativamente ao Decreto 35.106 que visa regulamentar, por extravasar os seus pressupostos*".

Sustenta a recorrente que "*O despacho 88/P/96 regulou e disciplinou a atribuição de casas de habitação social propriedade do Município podendo, como o fez, abranger também habitações sitas no Concelho de Setúbal*".

Vejamos:

O art. 5.° do Despacho n.° 88/P/96, determina o seguinte:

"*5 – Regime aplicável às ocupações:*

5.1 – Para além dos restantes casos em que seja determinada a desocupação, proceder-se-á sempre a esta quando se verificar que os titulares não têm necessidade de ocupar o fogo que lhes foi atribuído e, nomeadamente quando:

5.1.1 – Não tenham, no local atribuído, residência permanente.

5.1.2 ***– Possuírem casa própria, ou arrendada e tenham possibilidade legal de a ocupar nos concelhos de Lisboa, Alcochete, Almada, Amadora, Barreiro, Cascais, Loures, Mafra, Moita, Oeiras, Seixal, Sintra e Vila Franca de Xira."***

Por sua vez o Decreto 35.106 estabelecia o seguinte:

"*Art. 12.° – Os ocupantes das casas podem ser desalojados sempre que se verifique não terem necessidade de ocupar a casa ou se tornem indignos do direito de ocupação que lhes foi concedido.*

§ O disposto neste artigo aplica-se especialmente aos moradores:

1.° – (...)

2.° – ***Que possuírem casa própria na mesma localidade e tenham possibilidade legal de a ocupar****;*

(...)".

Daí resulta que, enquanto o Decreto 35.106 estabelecia que a desocupação podia ser determinada sempre que se verifique que os ocupantes possuem *"casa própria na mesma localidade e tenham possibilidade legal de a ocupar"* ou seja na mesma localidade onde se situa a casa atribuída pela Câmara Municipal, o Despacho n.º 88/P/96, vai mais longe, possibilitando essa mesma desocupação sempre que se verifique que os ocupantes possuem *"casa própria, ou arrendada e tenham possibilidade legal de a ocupar nos concelhos de* ***Lisboa, Alcochete, Almada, Amadora, Barreiro, Cascais, Loures, Mafra, Moita, Oeiras, Seixal, Sintra e Vila Franca de Xira***.". E, sendo assim, neste aspecto teríamos que concordar que o despacho n.º 88/P/96, seria inovador relativamente ao que determina o art. 12.º/2.º do Decreto 35.107.

Só que, como resulta da notificação do acto a C. M. determinou a desocupação do alojamento municipal *"com fundamento na não necessidade... nos termos do n.º 5.1"* do Despacho n.º 88/P/96, disposição esta que, em moldes idênticos ao estabelecido no art. 12.º do DL determina que, proceder-se-á sempre à desocupação *"quando se verificar que os titulares não têm necessidade de ocupar o fogo que lhes foi atribuído"*.

De modo que o despacho n.º 88/P/96 ao determinar no seu art. 5.1 que se procederá sempre à desocupação *"quando se verificar que os titulares não têm necessidade de ocupar o fogo que lhes foi atribuído"*, nada de novo está a acrescentar ao que já então dispunha o art. 12.º do Decreto 35.106, cuja redacção é em tudo coincidente ao nele se determinar que *"os ocupantes das casas podem ser desalojados sempre que se verifique não terem necessidade de ocupar a casa"*.

Ou seja, no que respeita à disposição legal em que se alicerçou o despacho contenciosamente impugnado nos autos não se pode afirmar, como o faz a sentença recorrida, que o despacho 88/P/96 seja inovador relativamente ao que estabelece o Decreto 35.106.

Poder-se-á no entanto argumentar que o n.º 5.1.2 do Despacho n.º 88/P/96, ao delimitar a sua aplicação aos *"concelhos de* ***Lisboa, Alcochete, Almada, Amadora, Barreiro, Cascais, Loures, Mafra, Moita, Oeiras, Seixal, Sintra e Vila Franca de Xira***" é inovador em relação ao estabelecido no art. 12.º/2.º do Decreto 35.106.

Só que o despacho contenciosamente impugnado não se alicerçou, nem se podia ter alicerçado no ponto 5.1.2 do Despacho n.º 88/P/96, já que, situando-se a habitação adquirida pela ora recorrida *"na Rua Poeta do Bocage, n.º 4, 6 e 8, 3.º Dto., Pinhal de Negreiros, Brejos de Azeitão, em Setúbal"*, não se pode considerar que a situação se integre a previsão dessa disposição onde não vem incluído ou referenciado o concelho de Setúbal, onde se situa a casa da ora recorrida.

Daí que se depreenda que a alusão no acto impugnado à habitação adquirida pela recorrida no concelho de Setúbal apenas revele utilidade para suportar a conclusão a que a Administração chegou no sentido de a recorrida não ter necessidade de habitar a casa do município, por ter uma casa própria que eventualmente poderia habitar.

Temos pois de concluir que o despacho contenciosamente impugnado fundamentou-se apenas no disposto no n.º 5.1 do Despacho 88/P/96 que e no essencial acaba por integrar na sua previsão a mesma realidade que o art. 12.º do Decreto 35.106 já contemplava.

E, sendo assim, poderá eventualmente o acto contenciosamente recorrido sofrer de qualquer outro vício, mas o que se não pode afirmar, como o faz a sentença recorrida, é que o despacho 88/P/96 seja inovador em relação ao estabelecido, na parte aplicável à situação dos autos, ao que já determinava o art. 12.º do Decreto 35.106.

Daí que a sentença, no aspecto em apreciação, não possa igualmente ser mantida.

5.5 – As conclusões a que anteriormente se chegou não justificam no entanto que se possa concluir, desde já, no sentido da legalidade do despacho contenciosamente impugnado com a consequente improcedência do recurso contencioso.

Isto porque e entre o mais, argumentou a recorrente contenciosa no sentido "da inaplicabilidade do despacho 88/P/96, de 17 de Abril à recorrente" por, em seu entender, os factos em que se fundamentou o acto recorrido "não serem subsumíveis na previsão da norma invocada – o ponto 5.1 do referido despacho) – cf. nomeadamente art. 31 e sgs. da petição inicial.

Questão essa que, aliás, foi esquematizada na sentença como tratando-se de uma questão a decidir nos seguintes termos: *"Da inaplicabilidade do Despacho n.º 88/P/96 – à recorrente, pelo facto do acto recorrido não ser subsumível na previsão da norma invocada (Ponto 5.1 Despacho)* – cf. ponto 5 do presente acórdão)

Não se vislumbra que pelo menos essa questão tenha sido apreciada e decidida na sentença recorrida pelo que sobre ela terá que recair decisão a proferir no tribunal recorrido.

6 – Termos em que ACORDAM:

a) Conceder provimento ao recurso jurisdicional e revogar a sentença recorrida, devendo os autos baixar à primeira instância para aí serem conhecidos os demais vícios imputados ao acto impugnado e ainda não conhecidos, se eventual obstáculo de ordem legal a tal não obstar.

c) Sem custas.

Lisboa, 7 de Junho de 2006.

Edmundo Moscoso (Relator)
Jorge de Sousa
São Pedro

Recurso n.º 1133/05-12

JUIZ. LISTA DE ANTIGUIDADE. CONTAGEM DE TEMPO DE SERVIÇO.

(Acórdão de 12 de Julho de 2006)

SUMÁRIO:

I - A antiguidade dos juízes conta-se desde a publicação do provimento no Diário da República.
II - O prévio exercício de funções como juiz auxiliar nos Tribunais da Jurisdição Administrativa e Fiscal não releva para a ordenação da respectiva lista de antiguidade nessa categoria.

ACORDAM NA 1ª SECÇÃO DO SUPREMO TRIBUNAL ADMINISTRATIVO

1. RELATÓRIO

Maria Isabel Sousa Ribeiro Da Silva, identificada nos autos, intentou a presente ACÇÃO ADMINISTRATIVA ESPECIAL contra o CONSELHO SUPERIOR DOS TRIBUNAIS ADMINISTRATRIVOS E FISCAIS, pedindo a sua condenação à reordenação das listas de antiguidade, tendo em atenção, para todos os efeitos legalmente relevantes, o tempo de serviço prestado como juiz auxiliar na jurisdição administrativa e fiscal.

Formulou as seguintes conclusões finais:

a) a deliberação, ora impugnada, da aprovação das listas de antiguidade por parte do CSTAF, de 31 de Maio de 2004, padece do vício de falta de fundamentação, atenta a obscuridade e insuficiência das razões de facto e de direito em que se estriba, de harmonia com o disposto nos artigos 124.° e 125.°, n.° 2 do CPA, devendo por isso ser tida como anulável, em virtude do estatuído no art. 135.° do mesmo CPA;

b) acresce que a mesma repousa numa errada interpretação do disposto nos artigos 72.° e 76.° do EMJ (Estatuto dos Magistrados Judiciais) incorrendo assim em erro sobre os pressupostos de direito, o que determina, outrossim, a respectiva anulabilidade em face do regime contido no art. 135.° do CPA;

c) ainda que assim se não entenda, no que não se concede, sempre haveria que entender que os referidos preceitos legais – art. 72.° e 76.° do EMJ – caso interpretados no sentido propugnado pelo CSTAF, padeceriam do vício de inconstitucionalidade material, atenta a violação em que os mesmos incorreriam do princípio da igualdade constitucionalmente consagrado – art. 13.° da CRP;

d) nestes termos deve a presente acção administrativa especial ser julgado procedente por provada e, consequentemente, ser o CSTAF condenado a proceder à reordenação das listas de antiguidade tendo em atenção, para todos os efeitos legalmente relevantes, o tempo de serviço prestado como juiz auxiliar na jurisdição administrativa e fiscal pela ora alegante, o que implica, sem mais, que em lugar de 5 anos, 8 meses e 2 dias lhe seja definitivamente fixado o tempo de 7 anos e 14 dias de antiguidade, com a sua consequente graduação, nas listas a elaborar na sequência e em face dos dados actuais, não em 24.° mas sim em 13.° lugar.

O Conselho Superior dos Tribunais Administrativos pugna pela improcedência do pedido, alegando em síntese:

– a posição foi exaustivamente tratada, em sede de apreciação das reclamações apresentadas por vários magistrados, inclusive pela ora autora, onde se explicita em termos claros, precisos e inequívocos as razões de facto e de direito que levaram a proceder à graduação segundo o critério da antiguidade na categoria, por forma a permitir uma perfeita apreensão da respectiva motivação;

– uma coisa é antiguidade na categoria, que se conta desde a data da publicação em Diário da República do provimento como juiz efectivo (em comissão permanente de serviço ou a titulo definitivo) e outra a antiguidade na jurisdição, em que se conta todo o tempo de serviço prestado na jurisdição administrativa e fiscal, quer como efectivo quer como auxiliar.

– É esta a jurisprudência do Supremo Tribunal Administrativo – cfr. acórdãos de 25-11-2003, processo 1467/ /02, de 14-7-2005, processo 1705/03 e de 11-5-2005, processo 1025/04;

– É também este o entendimento do Pleno da Secção de contencioso Administrativo, no acórdão de 16-12-2004, processo 1467/02.

Proferiu-se despacho saneador.

Não havendo controvérsia sobre a matéria de facto as partes alegaram por escrito, mantendo as posições antes assumidas.

Colhidos os vistos legais, foi o processo submetido à conferência para julgamento do recurso.

2. FUNDAMENTAÇÃO

2.1. MATÉRIA DE FACTO

Com relevo para o julgamento consideram-se assentes os seguintes factos:

a) Em 31 de Maio de 2004, por deliberação do Conselho Superior dos Tribunais Administrativos e Fiscais foram aprovadas as listas de antiguidade dos juízes de cada quadro dos Tribunais Administrativos e Fiscais reportadas a 31 de Dezembro de 2003;

b) De harmonia com a referida deliberação a autora foi graduada em 24.° lugar na lista dos juízes dos Tribunais Administrativos e Fiscais de 1ª instância, a que se faz corresponder a data da colocação de 5-5-1998 e antiguidade na categoria de 5 anos, 8 meses e 2 dias;

c) A autora prestou serviço como juíza auxiliar, em comissão de serviço, no 1.° Juízo do Tribunal Tributário de 1ª instância do Porto entre 18-11-96 e 30-3-98.

2. MATÉRIA DE DIREITO

A autora considera que (i) a deliberação de 31 de Maio de 2004 não está fundamentada; (ii) enferma de erro nos pressupostos de direito e (iii) é inconstitucional por violação do princípio da igualdade.

Vejamos cada uma das questões.

i) *Falta de fundamentação*

A autora, juntamente com outros magistrados da Jurisdição Administrativa e Fiscal, reclamou da elaboração das listas de antiguidade de 31 de Maio de 2004, tendo o Conselho Superior dos Tribunais Administrativos e Fiscais, em 24 de Janeiro de 2005, deliberado indeferir tais reclamações, invocando – no que respeita ao relevo do tempo prestado na qualidade de juiz auxiliar, o seguinte:

"*Como decorre dos artigos 72.° e ss do Estatuto dos Magistrados Judiciais (aplicável subsidiariamente por força do disposto no art. 57.° do Estatuto dos Tribunais Administrativos e Fiscais) e, em particular do próprio artigo 72.° e do art. 76.°, as listas de antiguidade devem ser estruturadas de acordo com o critério da antiguidade na categoria, assumindo como elemento determinante a publicação oficial do provimento.*

É inequívoco e assim tem vindo a ser posto em prática para os diversos quadros da jurisdição administrativa e fiscal, que a antiguidade na categoria se conta desde o momento da publicação em Diário da República do provimento como juiz efectivo. Trata-se, como pretendeu o legislador, de um critério eminentemente formal já que atribui relevo à data da publicação do título jurídico e não ao momento do início das funções correspondentes à categoria. Deste modo, por exemplo, o tempo de serviço prestado no Supremo Tribunal Administrativo, na qualidade de auxiliar, por um juiz do quadro do Tribunal Central Administrativo, releva para a sua categoria formal e não para a correspondente ao exercício material de funções.

Na aplicação do critério da antiguidade à elaboração das respectivas listas tem este Conselho seguido, sem qualquer desvio, esta orientação. Também foi utilizado, no caso concreto"

A fundamentação da deliberação do CSTAF sobre a graduação da lista de antiguidade posta em causa pela autora deve ter em conta este esclarecimento, pois é aqui que se exteriorizam os motivos de tal deliberação, e foi esta linha argumentativa que a autora considerou obscura (cfr. art. 20.° da petição inicial).

Vejamos, a questão, tendo presente que a fundamentação é um conceito relativo, cuja densidade varia "*conforme o tipo de acto e as circunstâncias do caso concreto, mas que a fundamentação só é suficiente quando permite a um destinatário normal aperceber-se do itinerário cognoscitivo e valorativo seguido pelo autor do acto para proferir a decisão, isto é, quando aquele possa conhecer as razões por que o autor do acto decidiu como decidiu e não de forma diferente, de forma a poder desencadear dos mecanismos administrativos ou contenciosos de impugnação*"– Essencialmente neste sentido, podem ver-se os seguintes acórdãos deste Supremo Tribunal Administrativo: – de 25-2-1993, proferido no recurso n.° 30682, publicado no Apêndice ao Diário da República de 14-8-96, página 1168; – de 31-5-1994, proferido no recurso n.° 33899, publicado no Apêndice ao Diário da República de 31-12-96, página 4331;– de 4-5-1995, proferido no recurso n.° 28872, publicado no Boletim do Ministério da Justiça n.° 447, página 217, e no Apêndice ao Diário da República de 20-1-98, página 3831; – de 29-6-1995, proferido no recurso n.° 36098, publicado no Apêndice ao Diário da República de 20-1-98, página 5782; – de 7-12-1995, proferido no recurso n.° 36103, publicado no Apêndice ao Diário da República de 30-4-98, página 9649; – de 10-10-1996, proferido no recurso n.° 36738, publicado no Apêndice ao Diário da República de 15-4-99, página 6634; – de 2-12-1997, proferido no recurso n.° 37248, publicado no Apêndice ao Diário da República de 25-9-2001, página 8477; – de 4-11-1998, proferido no recurso n.° 40618; – de 10-12-1998, proferido no recurso n.° 31133; – de 21-1-1999, proferido no recurso n.° 41631; – de 10-3-1999, proferido no recurso n.° 32796; – de 6-6-1999, proferido no recurso n.° 42142; – de 9-2-2000, proferido no recurso n.° 44018; – de 28-3-2000, proferido no recurso n.° 29197; – de 16-3-2001, do Pleno, proferido no recurso n.° 40618; – de 3-7-2001, proferido no recurso n.° 45058; – de 14-11-2001, proferido no recurso n.° 39559.

Da parte acima transcrita da deliberação constam os motivos de facto e de direito que a determinaram. O CSTAF entendeu, como sempre o tinha feito, que as listas de antiguidade devem ser ordenadas de acordo com o tempo de serviço prestado na categoria em que o juiz tenha sido provido a título efectivo, ou em comissão permanente de serviço, o qual começa a contar a partir da publicação oficial do provimento. Para tanto invocou os artigos 72.° e seguintes, designadamente o art. 72.° e 76.° da Lei 21/85, de 30 de Julho – Estatuto dos Magistrados Judiciais. Ficou assim, claro que o tempo prestado como juiz auxiliar não era relevante para este efeito, situação que a entidade requerida procurou tornar mais clara e, portanto, mais acessível, através de um exemplo: "*Deste modo, por exemplo, o tempo de serviço prestado no Supremo Tribunal Administrativo, na qualidade de auxiliar, por um juiz do quadro do Tribunal Central Administrativo, releva para a sua categoria formal e não para a correspondente ao exercício material de funções*".

O <u>fundamento de facto</u> radica na prestação de serviço na qualidade de juiz auxiliar num tribunal da jurisdição Administrativa e Fiscal; o <u>fundamento de direito</u> radica nos artigos 72.° e seguintes do EMJ, segundo os quais tal tempo de serviço não conta para efeitos de elaboração das listas de antiguidade. O itinerário cognoscitivo do autor do acto é assim apreensível por um destinatário médio, que fica deste modo colocado em condições de poder desencadear os mecanismos da sua impugnação judicial.

Acresce que, no caso, a autora revelou na presente acção ter compreendido o critério que determinou a contagem do tempo de serviço. Tanto é assim que no art. 20.° da petição se referiu ao "*equívoco critério formal*", no art. 21.° chamou-lhe "*miraculoso critério formal*", sem deixar de reconhecer o apoio literal de tal critério: "*Contudo, e exceptuando o argumento literal extraído do art. 72.° do EMJ* ..." (art. 21.°). A autora invoca ainda a alteração do critério pelo CSTAF por este órgão ter aceite a relevo do tempo de serviço prestado como auxiliar na <u>graduação</u> dos juízes admitidos a concurso para os lugares do Tribunal Central Administrativo. E, atribui, a obscuridade do critério também a esta mudança de critério sem que "*a instância em apreço se mostre, de todo em todo, incapaz de iluminar, em termos minimamente razoáveis, quais os motivos, que levaram a que fosse abandonado o critério...*". Este modo de argumentar, denuncia um perfeito conhecimento do critério usado.

Assim, julgámos manifesto que não se verifica o vício de falta de fundamentação. Tal não significa que os fundamentos do acto sejam *exactos*, mas essa questão já nada tem a ver com a *clareza, suficiência e congruência da fundamentação.* Se o entendimento acolhido na fundamentação for ilegal e esses pressupostos estiverem errados não há falta de fundamentação, mas violação de lei de fundo (Acórdãos do Supremo Tribunal Administrativo de 28-11-2002, processo 01300/02 e de 11/4/91, Processo 28 406).

ii) *Violação de lei* (o critério da contagem do tempo de serviço).

A questão tem contornos muito simples: o tempo de serviço prestado na qualidade de juiz auxiliar, nos Tribunais Administrativos e Fiscais, conta, ou não, como tempo de serviço *nessa* categoria para efeitos de elaboração da lista de antiguidade?

Não está em causa a contagem do tempo de serviço como juiz auxiliar para outros efeitos, nomeadamente graduação em concursos, aposentação, etc. e, por isso, nos limitaremos a analisar a questão acima colocada.

A esta questão o Conselho Superior dos Tribunais Administrativos responde que o tempo prestado como juiz auxiliar não conta como tempo de serviço nessa categoria, para elaboração das listas de antiguidade, invocando para tanto o disposto nos artigos 72.° e seguintes do Estatuto dos Magistrados Judiciais, e o critério "formal" a que aí se recorta.

A autora considera que os referidos artigos não permitem tal leitura e que tendo em conta que os juízes auxiliares desempenham as mesmas funções que os juízes do quadro, não há a menor legitimidade para a distinção, sendo uma construção "*tendencialmente esquizofrénica*" aquela que faz dos juízes auxiliares ora juízes dos tribunais administrativos e fiscais de pleno direito (sempre que tal se mostre oportuno e conveniente) ora juízes unicamente adstritos aos mesmos (sempre que tal se revela fautor de perturbação), sendo já tempo de, sem margem para qualquer dúvida razoável, lhes ser reconhecido este estatuto para todos os efeitos jurídico – normativamente relevantes (– cfr. fls. 140).

Vejamos, começando por recortar o quadro legal aplicável.

Os artigos 72.°, 75.° e 76 .° do Estatuto dos Magistrados Judicias (Lei 21/85, de 30 de Julho) têm a seguinte redacção.

Artigo 72.°

(Antiguidade na categoria)

1. A antiguidade dos magistrados na categoria conta-se desde a data da publicação do provimento no Diário da República.

2. A publicação dos provimentos deve respeitar, na sua ordem, a graduação feita pelo Conselho Superior da Magistratura.

(...)

Artigo 75.°

(Contagem da antiguidade)

Quando vários magistrados forem nomeados ou promovidos por despacho publicado na mesma data observa-se o seguinte:

a) Nas nomeações precedidas de cursos ou estágios de formação findos os quais tenha sido elaborada lista de graduação, a antiguidade é determinada pela ordem aí estabelecida;

b)Nas promoções e nomeações por concurso, a antiguidade é determinada pela ordem de acesso;

c) Em qualquer outro caso, a antiguidade é determinada pela antiguidade relativa ao lugar anterior.

Artigo 76.°

(Lista de antiguidade)

1. A lista de antiguidade dos magistrados judiciais é publicada anualmente pelo Ministério da Justiça, no respectivo Boletim ou em separata deste.

2. Os magistrados judiciais são graduados em cada categoria de acordo com o tempo de serviço, mencionando-se, a respeito de cada um, a data de nascimento, o cargo ou função que desempenha, a data de colocação e a comarca de naturalidade.

3. A data da distribuição do Boletim ou da separata referidos no n.° 1 é anunciada no Diário da República.

É de referir ainda que o art. 108.° do ETAF, em vigor quando a autora foi nomeada, dispunha:

"Artigo 108.°

(Juízes auxiliares)

Podem ser nomeados juízes auxiliares:

a) Em comissão de serviço, os que reúnam os requisitos gerais exigidos para o concurso;

b) Por destacamento, sem abertura de vaga, juízes de tribunais da mesma categoria, ou da imediatamente inferior na mesma jurisdição".

Este Supremo Tribunal, no acórdão de 25-11-2003, proferido no processo 1467/02, disse o seguinte:

"(...) A antiguidade na categoria conta-se desde a publicação do provimento no Diário da República (72.°), mas dentro desta mesma antiguidade, em sentido amplo, é necessário definir precedências, é necessário estabelecer uma graduação, nomeadamente quando em relação a vários magistrados a publicação do provimento foi efectuada na mesma data.

Só perante casos de publicação na mesma data é que surge o problema que o artigo 75.° resolve. Este artigo 75.° dá por adquirido, e bem, que não se coloca o problema quando provimento foi publicado em datas diversas. E, em qualquer caso, ainda aí a antiguidade é determinada pela ordem de acesso.

Confirma-se, pois, que não há qualquer regra especial para a determinação da antiguidade na categoria, explicite-se, pelo menos em sede de graduação dos magistrados entre si, que é o que conta no que respeita ao artigo 76.° do EMJ.(...)"

Em recurso desse acórdão o Pleno da Secção confirmou tal entendimento (acórdão de 16-12-2004), acrescentando ainda que:

"*Este STA tem por diversas vezes vincado esta ideia central de que a antiguidade a ter em conta nas listas respectivas é referida aos lugares do quadro, como p.e. os Ac. de 1984.03.22, P. 017671 e do Pleno de 1977.01.27, P.009079. O sumário deste último refere que " As listas a que se refere o DL 348/70, de 27/7, reportam-se apenas a antiguidade na categoria ou classe no quadro de cada Direcção Geral ou organismo equiparado, salvo quando a lei disponha de forma diversa." E "A expressão (...) dos respectivos quadros (...) inserida no n.° 1 daquele diploma não significa que, para efeitos de antiguidade, deva contar-se o tempo de serviço prestado em quadro diferente.*"

Da leitura do art. 72.° decorre, a nosso ver, que a antiguidade dos magistrados se conta "*na categoria*". E é essa antiguidade *na categoria* que permite a graduação ou ordenação nas respectivas listas de antiguidade. Tal decorre do art. 76.°, n.° 2, quando diz que "*os magistrados judiciais são graduados em cada categoria de acordo com o tempo de serviço...*".

As regras legais da contagem são as seguintes: a contagem na categoria conta-se desde a data da *publicação do provimento* no Diário da República (art. 72.°, 1) dispondo ainda a lei quais regras de desempate em caso de nomeação no mesmo provimento, no art. 75.°.

Destas regras, o Conselho Superior dos Tribunais Administrativos e este Supremo Tribunal, nos acórdãos citados e em parte transcritos, extraíram argumentos, em nosso entender, decisivos para o julgamento da questão.

O CSTAF invocou, a favor da sua tese, a distinção entre o *exercício de funções* e *nomeação formal* para uma dada categoria (a publicação do provimento), e a circunstância da lei escolher como critério para o início da contagem do tempo de serviço, a nomeação formal. Se a lei, para efeitos de antiguidade, estabelece como critério um aspecto meramente formal (a data do respectivo provimento) é porque o *exercício efectivo das funções* não é o elemento relevante. Daí a sua conclusão (no exemplo dado na fundamentação do acto impugnado) segundo o qual, o tempo se serviço prestado por um juiz auxiliar no Supremo Tribunal Administrativo, conta como prestado na categoria de juiz do Tribunal Central Administrativo.

O Supremo Tribunal Administrativo, no acórdão da subsecção proferido no processo 1467/02, extraiu um outro argumento a favor do mesmo entendimento. O Supremo entendeu que nos casos duvidosos ou controversos sobre a contagem do tempo de juízes nomeados no mesmo provimento, para efeitos de elaboração das listas de antiguidade, não se incluíam os casos em que o juiz nomeado tivesse já prestado serviço nessa "categoria", mas como juiz auxiliar. Nos casos em que a nomeação é precedida de concurso a antiguidade é determinada pela *ordem de acesso*, nos termos do art. 72.°, b) do Estatuto do Magistrados Judiciais.

Assim, seguindo esta linha de raciocínio, se *num concurso para os Tribunais Administrativos* um dos concorrentes já for juiz auxiliar nesse Tribunal, tal tempo de serviço não é contado para efeitos de antiguidade na categoria, pois que, nos termos do citado art. 75, b) atender-se-á à *ordem de acesso*, o que equivale a dizer, segundo a respectiva graduação. O legislador não se refere ao tempo de serviço prestado como juiz auxiliar, ao referir-se à contagem do tempo de serviço para efeitos de listas de antiguidade, pela razão simples de que esse tempo não releva para tal efeito.

Há, de resto, segundo cremos, razões sólidas para ser assim.

A principal decorre da circunstância dos juízes auxiliares, poderem ser nomeados sem concurso, e, desse modo, sem que para a respectiva nomeação tenha sido garantida a igualdade de oportunidades aos potenciais interessados. Para além de ser possível não haver concurso e, portanto, igualdade de oportunidades, acresce ainda que, no *acesso* ao cargo, pode não haver o mesmo grau de exigência, como decorre claramente do art. 108.° do ETAF, então em vigor e acima transcrito, uma vez que se permitia o acesso ao cargo de juiz auxiliar de candidatos *sem os requisitos gerais exigidos para o concurso*.

Seria inaceitável que, num concurso de duas vagas por exemplo, no qual o concorrente que já era juiz auxiliar, ficasse graduado em terceiro lugar e desse modo sem ingressar no quadro, mas que, apesar disso, pudesse figurar na respectiva categoria como mais antigo, **sem uma clara e inequívoca indicação do legislador nesse sentido**.

Daí que o silêncio do legislador, no art. 75.° do Estatuto dos Magistrados Judiciais, sobre o relevo do tempo de serviço prestado como "juiz auxiliar" na categoria para onde se dê o provimento, seja um *silêncio concludente*, como certeiramente se argumentou no citado acórdão deste Supremo Tribunal de 25-11-2003, proferido no processo 1467/02.

No acórdão do Pleno de 16-12-2004, proferido no mesmo processo, é de alguma forma reconhecida a força do argumento, quando se invoca o sumário do acórdão deste STA (Pleno) de 1977.01.27, Processo 009079: *" As listas a que se refere o DL 348/70, de 27/7, reportam-se apenas a antiguidade na categoria ou classe no quadro de cada Direcção Geral ou organismo equiparado,* ***salvo quando a lei disponha de forma diversa****".*

Este silêncio concludente do art. 75.°, o elemento literal do art. 72.°, 1 do EMJ que manda contar o tempo de serviço para este efeito, desde "*a data da publicação do provimento*", e a circunstância do acesso aos lugares de juiz auxiliar e do quadro não depender da verificação dos mesmos requisitos (nem de igualdade de oportunidades, nem da posse de todas as condições de ingresso), tornam, a nosso ver, inequívoco o entendimento seguido pelo Conselho Superior dos Tribunais Administrativos e Fiscais.

Deste modo e quanto à definição e aplicação do critério legal de contagem do tempo de serviço para efeitos de elaboração das listas de antiguidade, a pretensão da autora deve ser julgada improcedente.

iii) *Violação do princípio da igualdade*

A invocada violação do princípio da igualdade pela autora assenta no seguinte princípio: o juiz auxiliar pratica exactamente as mesmas funções, pelo que deve ter o mesmo complexo de direitos e deveres que o juiz do quadro. Ou seja, e dito de outro modo, seria a *natureza das funções exercidas que determinava o estatuto jurídico, e não a forma de provimento.*

Julgamos, contudo, que a questão não é assim tão elementar.

Como vimos, na análise da questão anterior, há profundas diferenças nas condições de acesso a ambos os cargos (juiz auxiliar e juiz nomeado para o cargo a título definitivo ou em comissão permanente de serviço), uma vez que pode aceder-se às funções de juiz auxiliar, sem se reunir as condições exigidas para o concurso desse mesmo lugar, e sem garantia de plena igualdade de oportunidades (sem concurso público) A maior diferença, como também acentuamos, radica no essencial, na possibilidade de não ser respeitada a plena igualdade de oportunidades no acesso ao cargo de juiz auxiliar, dada a possibilidade da respectiva nomeação sem prévio concurso.

Parece, então, claro que o estatuto do juiz auxiliar e do juiz do quadro pode e deve reflectir as diferenças adequadas e compatíveis com as diferenças do respectivo título de nomeação, pois é ponto assente que o princípio da igualdade impõe *um tratamento igual do que é igual e diferente do que é diferente, na medida da diferença*.

É entendimento pacífico que o art. 13.° da CRP proíbe desigualdades que tenham como índice discriminatório a ascendência, o sexo, a raça, a língua, o território de origem, a religião, convicções políticas ou ideológicas, a instrução, a situação económica ou social. E proíbe também um tratamento desigual, cujo critério seja puramente arbitrário ou absurdo. Ou seja: deve tratar-se igual o que é igual e diferente o que é diferente, na medida da diferença. Como este Supremo Tribunal tem dito, por diversas vezes, "(...) o princípio da igualdade só se pode considerar violado quando se verifique uma diferenciação de tratamento irrazoável ou arbitrária, devendo entender-se que a discriminação é legítima sempre que a diferença de regime se baseia em dados objectivos e se reclama de distinções relevantes sob o ponto de vista dos princípios e valores constitucionais e seja adequado à sua realização" – cfr. Ac. do STA de 16-6-94, rec. 31319. de 7-2-95, rec. 33730; 30-4-96, rec. 36001; 7-11-96, rec. 32156; 22-11-96, rec. 35373.

A questão que se coloca é, pois, a de saber se a diferença estatutária dos juízes auxiliares face aos juízes do quadro, para efeitos de elaboração das listas de antiguidade em cada categoria de juízes é *racionalmente adequada*, ou se tal diferença é manifestamente arbitrária e sem qualquer suporte racional. Isto é, saber – utilizando as palavras do Tribunal Constitucional – se, no caso, se verifica "*uma razoável relação de adequação e proporcionalidade entre os fins prosseguidos pela norma e a concreta discriminação*" – Acórdão n.º 806/93, de 30 de Novembro, DR 2ª Série, n.º 24 de 29 de Janeiro de 1994, pág. 885, citado e parcialmente transcrito por Jorge Miranda, Manual de Direito Constitucional, Tomo IV, 3ª Edição, Coimbra, 2000, pág. 253.

A nosso ver, a autora não tem razão.

Há razões claras e perfeitamente razoáveis (não arbitrárias ou manifestamente desadequadas), como vamos ver, para que o tratamento das situações seja, neste caso diferente.

O Tribunal Constitucional apreciou, no acórdão de 6-12-2005, processo 610/02, a alegada violação do princípio da igualdade, num caso onde o estatuto do juiz auxiliar era muito diferente do estatuto de um juiz do quadro, designadamente por não se reconhecer aos juízes auxiliares na 1ª instância o direito a concorrerem a um lugar de juiz do Tribunal Central Administrativo, apenas pelo facto serem juízes auxiliares. Na parte que mais interessa para a nossa questão, argumentou o Tribunal Constitucional:

"*(...) Desde logo, não são estatutariamente idênticas as situações dos juízes de provimento definitivo (a que se equiparam os providos em comissão permanente de serviço) e dos juízes auxiliares. Como a entidade recorrida demonstra e o recorrente não contesta, só aqueles, e não estes, tinham capacidade eleitoral passiva para o CSTAF (artigo 99.º, n.º 1, alíneas e) e f)), podiam ser nomeados presidentes dos respectivos tribunais (artigo 91.º) e podiam ser transferidos nos termos do artigo 83.º, todos do ETAF.*

E mesmo que se admita que esses aspectos estatutários são menos relevantes para o caso ora em apreço, já que o que interessaria para efeitos de aquilatar da capacidade profissional para exercer funções na 2.ª instância seria tão só a duração e a classificação do exercício da função jurisdicional nos tribunais administrativos e fiscais de 1.ª instância, inde-pendentemente do regime do respectivo provimento, o certo é que restam ainda dois tipos de considerações que impedem que se tenha por desrazoável e arbitrária a solução adoptada. Por um lado, os juízes providos definitivamente ou em comissão permanente de serviço sujeita-ram se a um concurso curricular, com aceitação das eventuais consequências daí decorrentes, prova a que os juízes auxiliares se não submeteram, assentando o reconhecimento do seu mérito profissional apenas em classificações de serviço, baseadas em inspecções que, ao tempo, não eram efectuadas por um corpo de inspectores (como na magistratura judicial), mas por inspectores ad hoc (artigo 100.º do ETAF), com o inerente risco de oscilação de critérios classificativos. E, depois, é razoável que se haja entendido que o legislador, justamente preocupado com a instabilidade dos quadros de juízes da jurisdição administrativa e fiscal, recrutados predominantemente entre os magistrados judiciais, tenha privilegiado, no acesso a juiz do Tribunal Central Administrativo, aqueles que, para provimento nos tribunais de 1.ª instância, tenham optado por formas mais estáveis de ligação a essa jurisdição – o provimento definitivo ou em comissão permanente de serviço –, em detrimento dos que preferiram formas mais precárias (comissão ordinária de serviço).

O próprio recorrente reconhece que a sua situação é anómala, tendo permanecido durante sete anos em situação que não deveria ter excedido três anos, e que foi ele que optou por nunca se apresentar aos diversos concursos curriculares que foram abertos para provimento de lugares de juiz dos tribunais tributários de 1.ª instância e que, se o tivesse feito, estaria em condições de ser admitido ao concurso para juiz do Tribunal Central Administrativo.

A "injustiça" da situação, por terem sido admitidos a esse concurso juízes com idêntica classificação e menos tempo de serviço na jurisdição administrativa e fiscal, deriva, assim, em último termo, de uma opção do próprio recorrente, não podendo ser assacada a um critério legislativo, que, pelas razões expostas, não se pode considerar arbitrário, desrazoável ou irracional."

Como se vê, a diferença do estatuto dos juízes auxiliares e dos juízes do quadro, no que respeita ao acesso a um cargo de juiz num Tribunal Superior, não foi considerada arbitrária, desrazoável ou irracional. A irrelevância do tempo de serviço prestado como juiz auxiliar, para efeitos de graduação na lista de antiguidade de cada categoria do quadro é muito menos relevante que o acesso à categoria superior, pelo que, no seguimento da argumentação do Tribunal Constitucional e, por maioria de razão, não se verifica qualquer irracionalidade ou arbitrariedade em tal regime.

Como acima se demonstrou, apesar da *identidade de funções exercidas*, não existe *identidade no acesso ao cargo* (pode não haver concurso e os juízes auxiliares podem ser nomeados apesar de não reunirem os requisitos gerais exigidos para o concurso), diferença essa que constitui motivo suficiente para justificar uma desigualdade conexionada com as duas formas distintas de nomeação.

Deve, assim, ser julgada improcedente a acção e consequentemente absolvido do pedido o Conselho Superior dos Tribunais Administrativos e Fiscais.

3. DECISÃO

Face ao exposto, os juízes da 1ª Secção do Supremo Tribunal Administrativo acordam em julgar a acção improcedente, e consequentemente absolver do pedido o Conselho Superior dos Tribunais Administrativos e Fiscais.

Custas pela autora, fixando a taxa de justiça em 7 UC.

Lisboa, 12 de Julho de 2006.

São Pedro (relator)
Edmundo Moscoso
João Belchior

Recurso n.º 796/05-12

LICENCIAMENTO DE OBRA. PROJECTO DE ARQUITECTURA. DEFERIMENTO TÁCITO. ACTO NULO. REVOGAÇÃO. FUNDAMENTAÇÃO.

(Acórdão de 30 de Maio de 2006)

SUMÁRIO:

I- Com o silêncio da administração sobre um pedido de aprovação de projecto de arquitectura desconforme com as prescrições de PDM, forma-se um acto de deferimento tácito nulo.

II- O ulterior acto expresso de indeferimento do pedido de licenciamento da obra não pode conceber-se, por impossibilidade jurídica de objecto, como revogatório daquele acto silente.

III- A compreensibilidade do destinatário médio, postado na situação concreta, é o critério adequado para aquilatar da suficiência da fundamentação.

ACORDAM NA SECÇÃO DO CONTENCIOSO ADMINISTRATIVO DO SUPREMO TRIBUNAL ADMINISTRATIVO

1. RELATÓRIO

Texediprint – Consultoria Para os Negócios, Lda, já identificada nos autos, intentou, no Tribunal Administrativo do Círculo de Lisboa, recurso contencioso do despacho de 13 de Maio de 2003 do Presidente da Câmara de Sintra que indeferiu a aprovação do projecto de arquitectura no processo de construção OB200002223.

Por sentença de 8 de Julho de 2005, o Tribunal Administrativo e Fiscal de Lisboa 1, 1.° Juízo Liquidatário, negou provimento ao recurso contencioso.

1.1. Inconformada, a impugnante recorre dessa decisão para este Supremo Tribunal apresentando alegações com as seguintes conclusões:

1. O despacho do Senhor Presidente da Câmara Municipal de Sintra, de 2003.05.13, tem o texto e o teor de "Indefiro", tendo sido aposto sobre requerimento apresentado pela ora recorrente em 2000.09.07 (v. fls. 11 dos autos) – cf. texto n.°s 1 e 2;

2. O referido despacho não remete assim para qualquer anterior parecer, informação ou proposta dos serviços municipais de Sintra, que também não foi identificada no ofício n.° 5994, de 2003.05.16, que procedeu à notificação daquele acto à recorrente (v. fls. 10 dos autos) – cfr. texto n.ºs 2 e 3;

3. O pedido de licenciamento apresentado pela recorrente, em 2000.09.07, foi tacitamente deferido, pelo menos, em 2001.11.13, conforme se decidiu na douta sentença recorrida (v. arts. 671.° e segs do CPC), ex vi do disposto nos arts. 16.°, 47.° e 61.° do DL 445/91, de 20 de Novembro, na redacção do DL 250/94, de 15 de Outubro, pois a entidade recorrida não se pronunciou sobre a referida pretensão no prazo legal (v. art. 108.° do CPA) – cfr. texto n.° 4;

4. A recorrente nunca foi notificada para apresentar os projectos das especialidades, pelo que nunca se poderia verificar a extinção dos seus direitos pelo simples decurso de um prazo, cujo inicio não teve sequer oportunidade de conhecer (v. art. 268.°/3 da CRP; cfr. Ac. TC n.° 829/96, de 1996.06.26, DR, II Série, de 1998.03.04, p.p. 2778) – cfr. texto n.ºs 5 a 7;

5. O artigo 17.°-A do DL 445/91, de 20 de Novembro, interpretado no sentido de não se atender ao efectivo conhecimento pelos interessados do termo a quo do prazo de caducidade dos seus direitos – maxime mediante notificação adequada –, enferma de inconstitucionalidade material, por violação do disposto nos arts. 2.°, 9.°, 18.°, 20.°/1, 62.°/1, 266.° e 268.°/3 da CRP, pelo que tal normativo é inaplicável in casu (cfr. art. 204.° da CRP) – cfr. texto n.ºs 8 e 9;

6. O referido normativo sempre seria orgânica e formalmente inconstitucional, pois reduz as garantias dos particulares anteriormente consignadas na versão inicial do DL 445/91, de 20 de Novembro, tendo sido introduzido por diploma autorizado – DL 250/94, de 15 de Outubro – contra o sentido da respectiva lei de autorização legislativa (art. 2.°/1 da Lei 17/94, de 23 de Maio; cfr. art. 165.°/1/b) e s) e n.° 2 e segs. da CRP) – cfr. texto n.ºs 8 e 9;

7. Dos termos e circunstâncias em que o acto sub judice foi praticado – "indefiro" –, não resulta, de qualquer forma, o reconhecimento da existência de anterior acto constitutivo de direitos e a voluntariedade da sua revogação, faltando, desde logo, um dos elementos essenciais do acto em análise, que é assim nulo (v. arts. 123.°/1/e) e 133.°/1 do CPA) – cfr. texto n.ºs 10 a 13;

8. O despacho sub judice sempre teria revogado ilegal e intempestivamente anterior acto tácito constitutivo de direitos, violando frontalmente os arts. 140.°/1/b) e 141.° do CPA, pois não foi invocada e não se verifica in casu qualquer ilegalidade do acto revogado (cfr. art. 77.°/b) do DL 100/84, de 29 de Março) – cfr. texto n.ºs 14 e 15;

9. Contrariamente ao decidido na douta sentença recorrida, o despacho sub judice violou frontalmente o disposto no art. 266.° da CRP, no art. 3.° do CPA e no art. 63.° do DL 445/91, pois não foram invocadas quaisquer fundamentos integrantes de previsão de qualquer das alíneas deste normativo – cfr. texto n.ºs 16 e 17;

10. O acto sub judice violou ainda a presunção de boa instrução do processo, prevista no art. 16.°/6 do DL 445/91, de 20 de Novembro, pois a ora recorrente não foi notificada no prazo legal para suprir eventuais irregularidades da sua pretensão (cfr. art. 16.°/2 do DL 445/91, de 20 de Novembro) – cfr. texto n.ºs 18 e 19;

11. Contrariamente ao decidido na douta sentença recorrida, o despacho impugnado – "Indefiro" – não contém em si quaisquer fundamentos de facto e de direito da decisão tomada, nem remete expressa concreta e especificadamente para qualquer parecer, proposta ou informação anteriores – cfr. texto n.ºs 20 e 21;

12. No despacho sub judice não foram minimamente invocados quaisquer factos susceptíveis de fundamentar o indeferimento em análise ou a não consideração das questões suscitadas pela ora recorrente em sede de audição prévia, nem se demonstrou a aplicação in casu da norma jurídica com que se pretendeu fundamentar a decisão de indeferir a pretensão da ora recorrente – cfr. texto n.ºs 22 e 23;

13. Da informação de 2002.05.02 – para a qual o acto em análise não remete – apenas consta que o pedido da ora recorrente viria agravar a percentagem de ocupação do solo, o qual, para a classe em que o terreno se insere

é de 50%, o que integra um simples juízo conclusivo, não demonstrando minimamente qual o eventual agravamento verificado e se este é relevante – cfr. texto n.º 23;

14. O acto sub judice não contém também quaisquer razões de facto e de direito da revogação de anteriores actos constitutivos de direitos – cfr. texto n.os 24 e 25;

15. O acto em análise enferma assim de manifesta falta de fundamentação de facto e de direito, ou, pelo menos, esta é obscura, contraditória, insuficiente e incongruente, pelo que foram frontalmente violados o art. 268.º/3 da CRP e os arts. 103.º, 124.º e 125.º do CPA – cfr. texto n.os 20 a 26;

16. Contrariamente ao decidido na sentença recorrida, o despacho sub judice violou frontalmente o disposto no art. 267.º/4 da CRP e nos arts. 8.º e 100.º e segs. do CPA, pois não foi elaborado o necessário relatório do instrutor, nem foram minimamente ponderados os fundamentos de facto e de direito invocados pela ora recorrente em sede de audição prévia (v. art. 105.º do CPA) – cfr. texto n.os 27 a 30;

17. O despacho sub judice ofendeu frontalmente o conteúdo essencial do direito fundamental da propriedade privada da ora recorrente, consagrado nos arts. 61.º e 62.º da CRP, pois revogou anterior acto constitutivo de direitos e indeferiu as suas pretensões sem se basear ou invocar normativos válidos e eficazes, criando assim restrições ao referido direito mediante simples acto administrativo, pelo que a sua nulidade é inquestionável (v. art. 133.º/2/d) do CPA) – cfr. texto n.os 31 e 32;

18. O despacho sub judice, ao indeferir a pretensão da recorrente, violou os princípios da igualdade, justiça, boa-fé, confiança e respeito pelos direitos e interesses legalmente protegidos da ora recorrente, pois, perante o deferimento tácito da sua pretensão, impunha-se a respectiva aprovação – cfr. texto n.os 33 e 34;

19. A douta sentença recorrida enferma, assim de manifestos erros de julgamento, tendo violado frontalmente, além do mais, o disposto nos arts. 2.º, 18.º, 20.º, 61.º, 62.º, 204.º, 266.º, 267.º/4 e 268.º/3 da CRP, nos arts. 3.º, 105.º, 123.º a 125.º, 127.º, 133.º e 138.º e segs. do CPA e nos arts. 16.º, 17.º-A, 47.º, 61.º e 63.º do DL 445/91, de 20 de Novembro".

1.2. O Exm.º Magistrado do Ministério Público emitiu o seu douto parecer nos seguintes termos:

"Em nosso parecer, o recurso não merecerá provimento.

O alegado acto tácito de aprovação do projecto de arquitectura em causa mostra-se desconforme ao disposto no art. 29.º do PDM de Sintra, já então vigente, enfermando, por isso de nulidade, nos termos do art. 52.º, n.º 2, alínea b) do Decreto-Lei n.º 445/91, de 20 de Novembro, pelo que não produziu quaisquer efeitos jurídicos e era insusceptível de revogação, de acordo com os arts. 134.º, n.º 1 e 139.º, n.º 1, alínea a), ambos do CPA.

Improcederá assim, embora por razões diferentes das invocadas na sentença recorrida, o alegado erro de julgamento que lhe vem imputado por improcedência do suscitado vício de violação de lei, por ilegal revogação daquele acto tácito, alegadamente operada pelo acto contenciosamente impugnado, mostrando-se, em consequência, prejudicado o conhecimento dos demais alegados vícios com ele conexos.

Improcederá também o alegado erro de julgamento por improcedência do suscitado vício de forma, por falta de fundamentação.

Parece-nos pertinente clarificar, desde logo, face à matéria e facto provada, que o acto formal de indeferimento da pretensão da recorrente, de 13/5/03, aposto sobre o seu requerimento de 7/9/00, é substancialmente indissociável do acto de concordância com o parecer de tal indeferimento, aposto, na mesma data, na informação que o precedeu, configurando-se este como fundamentação integrante daquele, tendo ambos, aliás, sido objecto de notificação simultânea à recorrente – cfr. matéria de facto provada sob as alíneas O, M, N e P e docs. de fls. 1, 142/146 e 147 e segs do processo instrutor.

Assim, o acto recorrido indeferiu o pedido de licenciamento em questão, nos termos do precedente parecer, de 4/4/2003, aposto naquela informação, que propunha o indeferimento da pretensão da recorrente, nos termos do art. 63.º, n.º 1, alínea a) do Decreto-Lei n.º 445/91, de 20 de Novembro, redacção do Decreto-Lei n.º 250/94, de 15 de Outubro, com referência ao art. 29.º do PDM de Sintra, com o fundamento de que "a construção proposta vem agravar a percentagem de ocupação do solo, a qual para a classe de espaço em que o terreno se insere é de 50%", esclarecendo ainda que o projecto não cumpre o Regulamento do PDM porque "o proposto resulta em área de ocupação de solo total (somada às áreas das construções já existentes) que ultrapassa os 50% permitidos pelo PDM".

Por via de remissão expressa e inequívoca de concordância, o acto recorrido deu a conhecer ao seu destinatário, de modo claro, suficiente e congruente, as razões de facto e e direito que justificavam o indeferimento da pretensão formulada, em termos que o habilitavam a conformar-se com ele ou a decidir-se pela impugnação das razões invocadas para a sua prática.

Nesta perspectiva, entendemos que a invocada violação do art. 29.º do PDM se apoia, embora de forma sintética, em factos imediatamente inteligíveis para a recorrente cuja impugnação directa estava imediatamente ao seu alcance, não procedendo, por isso, a sua alegada natureza meramente conclusiva.

Improcederão também os demais erros de julgamento assacados à sentença recorrida, a qual revela ter feito adequada apreciação dos factos e correcta interpretação e aplicação de lei, não merecendo a censura que a recorrente lhe dirige.

Improcedendo, nestes termos, todas as conclusões das alegações da recorrente, deverá, em nosso parecer, ser negado provimento ao recurso."

Colhidos os vistos legais, cumpre decidir.

2. FUNDAMENTAÇÃO

2.1. OS FACTOS

Na sentença recorrida foram dados como provados os seguintes factos:

A. Em 07.09.00 a Recorrente requereu à CMS o licenciamento de obra de construção relativamente ao edifício sito na Estrada de Paço de Arcos, 39-41, 2735-336 Cacém, freguesia de Agualva, Município de Sintra, descrito na Conservatória do Registo Predial do Cacém sob o n.º 168 do Livro B-40, inscrito na matriz predial da freguesia de Agualva, sob o artigo 4900, juntando o respectivo projecto de arquitectura e outros documentos, requerimento que deu início ao processo de licenciamento OB200002223 (admitido por acordo; cf. doc. de fls. 11 dos autos e de fls. 1 a 68 e 72 a 77 do processo instrutor, que aqui se dão por integralmente reproduzidos).

B. Não foi comunicada pela CMS à Recorrente a existência de qualquer deficiência na instrução do seu pedido de licenciamento de obra (admitido por acordo; cfr. docs. de fls. 63 a 66 do processo instrutor, que aqui se dão por integralmente reproduzidos);

C. Em 02.05.02 foi elaborada uma Informação pela CMS que propõe o indeferimento do pedido de licenciamento apresentado pela Recorrente, por desconformidade com o art. 15.° do Decreto-Lei n.° 445/91, de 20.11. e nos termos do art. 63.°, n.° 1, alínea b) do mesmo diploma (cfr. doc. de fls. 117 a 118 do processo instrutor, que aqui se dá por integralmente reproduzido);

D. Em 17.07.02 foi proferido pelo Presidente da CMS um despacho que indefere o pedido de licenciamento apresentado pela Recorrente em 07.09.00, referido em A. (cfr. docs. de fls. 11 dos autos e de fls. 116 do processo instrutor, que aqui se dão por integralmente reproduzidos).

E. Através do ofício da CMS datado de 06.09.02 foi dado conhecimento à Recorrente do despacho de 17.07.02 do Presidente da CMS e da Informação de 02.05.02 (cfr. doc. de fls. 115 do processo instrutor, que aqui se dão por integralmente reproduzidos).

F. A Recorrente não foi ouvida pela CMS antes do despacho de 17.07.02 do Presidente da CMS, referido em D (cfr. doc. de fls. 119 a 121 do processo instrutor, que aqui se dá por integralmente reproduzido).

G. Em 06.11.02 a Recorrente interpôs recurso contencioso para o TAC de Lisboa do despacho de 17.07.02 do Presidente da CMS, recurso que corre termos pela 2ª Secção, Proc. n.° 544/02 (admitido por acordo; cfr. doc. de fls. 119 e 120 do processo instrutor, que aqui se dá por integralmente reproduzido):

H. Em 24.01.03 a Entidade Recorrida apresentou a contestação no supra – referido recurso contencioso.

I. Em 16.01.03 foi elaborada uma Informação pela CMS, que mereceu um despacho de concordância datado de 29.01.03 do Director Municipal do Planeamento Estratégico e Urbanismo da CMS, que aprecia o pedido de licenciamento e o correspondente projecto de arquitectura apresentados pela Recorrente em 07.09.00 e remete para os fundamentos expostos na Informação de 02.05.02, referida em C., propondo o indeferimento do mencionado pedido por desconformidade com o art. 29.° do PDM de Sintra, nos termos do art. 63.°, alínea a) do Decreto-Lei n.° 445/91, de 20.11 (cfr. docs. de fls. 121 a 127 do processo instrutor, que aqui se dão por integralmente reproduzidos).

J. Através do ofício da CMS datado de 18.02.03 foi dado conhecimento à Recorrente do teor da Informação datada de 16.01.03 e do despacho de 29.01.03 do Director Municipal do Planeamento Estratégico e Urbanismo da CMS e foi comunicado à Recorrente que poderia, nos termos dos artigos 100.° e 101.° do CPA, pronunciar-se no prazo de 10 dias (cfr. docs. de fls. 134 a 141 do processo instrutor, que aqui se dão por integralmente reproduzidos);

K. Em 23.02.03 foi proferido pelo Presidente da CMS um despacho que revogou o seu anterior despacho de 17.07.02 (cfr. doc. de fls. 11 dos autos).

L. Em 12.03.03 a Recorrente apresentou na CMS a sua resposta em sede de audiência prévia relativamente ao teor da Informação datada de 16.01.03 e do despacho de 29.01.03 do Director Municipal do Planeamento Estratégico e Urbanismo da CMS (cfr. docs. de fls. 147 e 148 do processo instrutor, que aqui se dá por integralmente reproduzido).

M. Em 21.03.03 foi elaborada pela CMS uma informação que aprecia o pedido de licenciamento e o correspondente projecto de arquitectura apresentados pela Recorrente em 07.09.00, que refere que o mencionado pedido «vem agravar a percentagem de ocupação do solo, o qual para a classe de espaço em que o terreno se insere é de 50%» sendo desconforme com os artigos 29.° do PDM de Sintra e 63.°, alínea a) do Decreto-Lei n.° 445/91, de 20.11, que «a exposição apresentada pelo requerente em sede de audiência prévia não vem alterar os fundamentos de facto que fundamentam a proposta de indeferimento» e que propõe o seu indeferimento pelos fundamentos expostos na Informação de 02.05.02, referida em C. (cf. docs. de fls. 142 a 146 do processo instrutor, que aqui se dão por integralmente reproduzidos).

N. Em 13.05.03 foi aposto sobre a Informação elaborada em 21.03.03 um despacho de concordância do Presidente da CMS (cfr. docs. 142 a 146 do processo instrutor, que aqui se dá por integralmente reproduzido).

O. Em 13.05.03 foi aposto sobre o pedido de licenciamento apresentado pela Recorrente em 07.09.00, referido em A., um despacho de indeferimento pelo Presidente da CMS, referindo-se estar o acto a ser praticado no âmbito da competência delegada pela deliberação de 15.01.02 (cfr.doc. de fls. 11 dos autos);

P. Através do ofício datado de 16.05.03 foi dado conhecimento à Recorrente que por despacho de 13.05.03 do Presidente da CMS «foi indeferido o projecto de arquitectura apresentado» e foram enviadas à Recorrente cópias do pedido de licenciamento por si apresentado em 07.09.00, sobre o qual estava aposto o mencionado despacho de indeferimento do Presidente da CMS de 13.05.03 e da Informação elaborada em 21.03.03 (cfr. docs. de fls 10 dos autos e de fls. 140 a 146 do processo instrutor, que aqui se dão por integralmente reproduzidos).

2.2. O DIREITO

A recorrente discorda da sentença impugnada e considera que a mesma errou no julgamento dos vícios de *(i)* "de violação dos artigos 140.°, 141.° do CPA e 47.° da LPTA e da falta de voluntariedade da revogação de anterior acto constitutivo de direitos, de *(ii)* violação dos artigos 266.° da CRP, 3.° do CPA e 63.° do Decreto-Lei n.° 445/91, de 20.11, de *(iii)* da violação dos princípios da segurança, protecção da confiança, legalidade, respeito pelos direitos e interesses legalmente protegidos, da igualdade, justiça, boa-fé, proporcionalidade e dos direitos de propriedade e de iniciativa económica privada da Recorrente, da *(iv)* presunção de boa instrução do processo, de *(v)* forma por violação dos artigos 267.°, n.° 4 da CRP, 8.° e 100 e segs do CPA.

Vejamos.

2.2.1. Da violação dos arts. 266.° da CRP, 3.° do CPA e 63.° do Decreto-Lei n.° 445/91

A sentença, nesta parte, considerou, em síntese, que, contrariamente ao alegado:

(i) decorre da matéria de facto provada que o acto recorrido foi fundamentado por remissão para a Informação de 21.03.03 que baseia o indeferimento no facto do pedido «*vir a agravar a percentagem de ocupação do solo, a qual para a classe de espaço em que o terreno se insere é de 50%*» sendo desconforme com o artigo

29.° do PDM e 63.°, alínea a) do Decreto-Lei n.° 445/91, de 20.11;

(ii) o motivo que determinou o conteúdo da decisão administrativa está previsto como fundamento legal de indeferimento.

A recorrente discorda, defendendo, em primeira linha (conclusões 1. e 2.) que o acto impugnado tem simplesmente o teor de "Indefiro", não remetendo concreta e especificadamente para qualquer parecer, informação ou proposta anteriores.

Sem razão, porém. Não há dúvida quanto à existência material da Informação de 21.03.03 e é inquestionável que sobre ela, a autoridade recorrida apôs, em 13 de Maio de 2003 despacho de concordância (alíneas M. e N. da discriminação dos factos provados). Certo é, também (alínea P. do probatório), que nessa mesma data, aquela autoridade, o Presidente da Câmara Municipal de Sintra, lançou no rosto do requerimento do licenciamento, com um carimbo, o despacho de "Indefiro", seguido da sua assinatura. Isto é, o autor do acto, formou a sua decisão administrativa através de dois despachos coevos e conexos, externados, embora, em locais distintos do processo administrativo, mas em termos que não deixam margem para perplexidade quer quanto ao sentido da decisão, quer quanto às razões que a determinaram. O pedido foi indeferido pelos fundamentos constantes da Informação de 21.03.03, cuja cópia foi remetida à recorrente com a comunicação do indeferimento e são os mesmos que lhe haviam sido já indicados, aquando da audiência prévia prevista no art. 100.° do CPA, como base da proposta de indeferimento.

Dito isto, não tem sucesso a alegação (conclusão 9.) de que a sentença errou no seu julgamento, por não ter considerado que a decisão administrativa contenciosamente impugnada desrespeitou as normas dos artigos 266.° da CRP, 3.° CPA e 63.° do DL n.° 445/91, radicando a violação de lei na circunstância de a sua pretensão não ter sido indeferida com base em qualquer motivo dos previstos no art. 63.° do DL n.° 445/91, preceito que contém uma enumeração taxativa dos motivos de indeferimento.

Não é assim, pois, à margem de quaisquer outras indagações e/ou ponderações a interpretação do acto evidencia que o pedido de licenciamento foi indeferido em razão da sua desconformidade com o PDM de Sintra, isto é, com fundamento no disposto no art. 63.°/1/a) do DL 445/91.

2.2.2. Da revogação de acto constitutivo de direitos

No recurso contencioso a recorrente havia invocado o incumprimento do regime legal de revogação, por duas ordens de razões: falta de voluntariedade revogatória, elemento essencial do acto, e/ou revogação intempestiva de anterior acto constitutivo de direitos.

A sua argumentação tinha como pressuposto que sobre o pedido inicial de aprovação do projecto de arquitectura se constituíra acto tácito de deferimento que inscrevera na esfera jurídica da requerente o direito ao licenciamento da obra.

A sentença, por um lado, concedeu que, na verdade, o pedido de aprovação do projecto de arquitectura foi tacitamente deferido, mas, por outro lado, considerou que, em razão do disposto no art. 17.°-A, n.os 1 e 4 do DL n.° 445/91, de 20.11 e da inércia do interessado em solicitar, no prazo de 180 dias, a aprovação dos projectos das especialidades, aquele acto tácito havia já caducado à data da prática do acto recorrido. Por consequência, julgou improcedentes as alegações da Recorrente "relativas à violação dos artigos 140.°, 141.° do CPA e 47.° da LPTA e à falta de um elemento essencial por parte do acto impugnado".

A recorrente, nesta sede de recurso jurisdicional (conclusões 3., 7 e 8.) reitera o seu entendimento de que o pedido foi tacitamente deferido, defende que não ocorreu a respectiva caducidade e diz que a sentença errou no seu julgamento, pois que:

– "dos termos e das circunstâncias em que o acto foi praticado não resulta, de qualquer forma, o reconhecimento da existência de anterior acto constitutivo de direitos e a voluntariedade da sua revogação, faltando, desde logo, um dos elementos essenciais do acto em análise, que é assim nulo (v. arts. 123.°/1/e) e 133.°/1 do CPA);

– " o despacho sempre teria revogado ilegal e intempestivamente anterior acto tácito constitutivo de direitos, violando frontalmente os arts. 140.°/1/b) e 141.° do CPA, pois não foi invocada e não se verifica *in casu* qualquer ilegalidade do acto revogado (cfr. art. 77.°/b) do DL 100/84, de 29 de Março).

Ora, embora por razões diversas das que justificaram a decisão judicial, entendemos que não lhe assiste razão.

Como vimos já, primeiro ponto, decorre da matéria de facto assente – alíneas M) e N) do probatório – que o projecto de arquitectura submetido à aprovação da autoridade recorrida foi indeferido com fundamento na sua desconformidade com o disposto no art. 29.° do PDM de Sintra por "agravar a percentagem de ocupação do solo, o qual para a classe de espaço em que o terreno se insere é de 50%"

E, segundo ponto, a razão de facto determinante da violação do PDM, isto é, que os 633 m2 da construção proposta, somados às áreas das construções já existentes importam uma ocupação do solo superior a 50% da área do lote, é uma realidade que está retratada nos documentos com que a requerente instruiu a sua proposta.

Sendo assim, como assinala o Exm.° Magistrado do Ministério Público, neste caso, de acordo com as disposições combinadas dos arts 61.°/1 e 52.°/2/b) do DL n.° 445/91 de 20.11, na redacção do DL n.° 250/94, de 15.10, com o silêncio sobre o pedido de aprovação do projecto de arquitectura constituiu-se um acto de deferimento tácito nulo (vide, a propósito, acórdão do STA de 1997.02.27 – rec. n.° 41 563, a respectiva anotação de Fernanda Paula Oliveira in *CJA*, n.° 4, pp. 63-65 e Mário Esteves de Oliveira, Pedro Costa Gonçalves e J. Pacheco de Amorim, "Código do Procedimento Administrativo", Comentado, 2ª ed., pp. 485-486) que, por sua natureza, não é susceptível de revogação – art. 139.°/1/a). Não pode, pois, o ulterior acto expresso de indeferimento do pedido de licenciamento – acto recorrido – conceber-se, por impossibilidade jurídica de objecto, como acto revogatório daquele acto silente. O mesmo é dizer que não há lugar à aplicação do regime jurídico da revogação e que, portanto, a sentença recorrida, ainda que por outras razões, julgou com acerto que improcediam os vícios alegados pela recorrente que àquele se reportavam.

Deste modo fica prejudicado o conhecimento do alegado erro de julgamento por incorrecta interpretação e aplicação do regime de caducidade do acto de deferimento tácito (conclusões 4., 5. e 6.).

2.2.3 Da violação de direitos e princípios fundamentais.

A sentença recorrida julgou improcedente a alegada violação dos princípios da segurança, protecção da confiança, legalidade, respeito pelos interesses legalmente protegidos, da igualdade, da justiça, boa-fé, proporcionalidade e dos direitos de propriedade e de iniciativa económica privada.

A Recorrente persiste na alegação da violação de tais direitos e princípios.

A sua argumentação não colhe, porém, uma vez que assenta, toda ela em motivos que não estão verificados, a saber: revogação de acto constitutivo de direitos, restrições ao direito de propriedade criadas por mero acto administrativo sem que se verificassem quaisquer fundamentos previstos na lei para o efeito, indeferimento da pretensão sem qualquer fundamento legal e fáctico.

Ao contrário, como decorre de tudo o que anteriormente se aduziu, o deferimento tácito que se constituiu era nulo, não aconteceu qualquer revogação de acto constitutivo de direitos e o acto administrativo de indeferimento do licenciamento, não só tem base legal, mas também, dada a situação de facto, se mostra sem alternativa juridicamente válida

2.2.4. Da falta de fundamentação (art. 125.º CPA)

Quanto à fundamentação, a sentença considerou, em resumo, que "dos factos provados resulta que o despacho ora impugnado está fundamentado por remissão para a Informação datada de 21.03.03 que, por sua vez, remete para a Informação de 02.05.02", que "tais informações passaram a ser parte integrante do acto impugnado" e que, dada a relatividade do conceito, no caso concreto, os motivos externados, dão satisfação ao dever legal de fundamentação, permitindo ao destinatário médio ou normal "compreender a motivação que subjaz ao raciocínio decisório".

A recorrente discorda, argumentando, em primeiro lugar, que o acto tem como única fundamentação a palavra "Indefiro" e não remete expressa, concreta e especificadamente para qualquer parecer, proposta ou informação anteriores.

Relembrando o que atrás dissemos, está assente que o Presidente da Câmara Municipal de Sintra, declarou expressamente concordar com os motivos de indeferimento constantes da Informação de 21.03.03 e, na mesma data em que emitiu essa declaração, proferiu aquele despacho de "Indefiro". O que a situação tem de menos vulgar é que a declaração de concordância foi aposta sobre a própria Informação e a palavra indefiro foi inscrita, por carimbo, noutra folha do processo administrativo, na circunstância a primeira, constituída pelo requerimento da interessada. Ora, se autoridade recorrida tivesse limitado a proferir a declaração de concordância, nenhuma perplexidade se levantaria. A Informação dava nota de que o projecto estava em desconformidade com o art. 29.º do PDM, vindo "agravar a percentagem de ocupação de solo, a qual, para a classe de espaço em que o terreno se insere é 50%", esclarecia que o proposto resultava " em área de ocupação de solo total (somada às áreas das construções já existentes) que ultrapassa os 50% permitidos pelo PDM" e, com os fundamentos descritos, propunha o indeferimento do pedido de licenciamento. Não se duvidaria, por certo, que com o despacho de "concordo" do Presidente da Câmara, a proposta estava aprovada e tomada a decisão de indeferimento de acordo com os requisitos prescritos no art. 125.º/1 do CPA, norma de acordo com a qual a fundamentação pode consistir "em mera declaração de concordância com os fundamentos de anteriores, informações ou propostas, que constituirão parte integrante do respectivo acto". As coisas não deixarão de ser assim, em razão de a mesma autoridade, no mesmo dia, ter seguido a prática burocrática convergente e redundante de, com carimbo e assinatura, fazer constar da primeira página do processo administrativo que o pedido estava indeferido.

Assim a sentença recorrida não merece censura na sua interpretação que o autor do acto aderiu integralmente à Informação anterior e que os fundamentos dela se incorporaram na decisão.

A Recorrente, ancorada à ideia central que o acto deveria interpretar-se como contendo apenas a singela expressão "Indefiro" e nada mais do que isso, sustenta a falta e/ou insuficiência de fundamentação.

Não se verifica, como vimos, a proposição de partida e a decisão judicial, de que, pelas razões nela enunciadas, o acto não padece do vício de falta de fundamentação, apresenta-se acertada.

O acto está motivado de facto e de direito, a sentença, lançou mão do critério da compreensibilidade do destinatário médio postado na situação concreta que é o ponto de vista relevante de acordo com a Jurisprudência deste Supremo Tribunal para aquilatar da suficiência da fundamentação (vide, por todos, os acórdãos de 2001.12.19 – rec. n.º 47 849 e 2003.05.27 – rec. n.º 1835/02) e, a essa luz, é inequívoco que a função garantística foi assegurada, uma vez que, embora sem ser muito rica em pormenores, a motivação dá a conhecer à requerente que o proposto somado ao existente resulta numa ocupação do solo superior a 50% e, por consequência, desrespeita o disposto no art. 29.º do PDM. Sendo ele conhecedor, quer da área de construção proposta, quer da área das construções já existentes, ficou em condições de, em consciência, se conformar com o acto ou, em alternativa, de contra ele reagir administrativa e/ou contenciosamente.

Improcede, pois, integralmente, a alegação da Recorrente, nesta parte.

2.2.5. Da violação da presunção de boa instrução do processo.

No recurso contencioso a Recorrente alegou que o despacho recorrido viola a presunção de boa instrução do processo, prevista no art. 16.º, n.º 6 do Decreto-Lei n.º 445/91, de 20.11.

O tribunal *a quo* julgou improcedente a alegação e justificou a decisão nos seguintes termos:

"(...) resulta dos factos provados que o indeferimento do pedido do Recorrente teve por fundamento a agravação da percentagem de ocupação do solo e a desconformidade com o art. 29.º do PDM de Sintra e 63.º, alínea a) do Decreto-Lei n.º 445/91, de 20.11. Assim sendo, não derivando o referido indeferimento de uma deficiência ou omissão de instrução passível de ser suprida ou sanável, não há lugar à aplicação do artigo 16.º, n.º 6 do Decreto-Lei n.º 445/91, de 20.11."

A decisão deve manter-se também nesta parte. É inequívoco que o motivo do indeferimento radicou na opção construtiva do projecto e não em qualquer irregularidade formal. Portanto, no caso em apreço, ou nada havia de processual a completar ou corrigir ou se havia, na ausência de despacho, o pedido passou a considerar-se correctamente instruído, de acordo com o disposto no art. 16.º/6 do DL n.º 445/91. Mas a deficiência era de fundo e não de instrução e persistiria, independentemente da correcta instrução, real ou presumida. A decisão de indeferimento não se baseou em qualquer motivo processual e, portanto, foi de todo estranha à presunção da boa instrução do processo.

2.2.6. Da não elaboração do relatório final do instrutor.

A Recorrente alega que o acto impugnado padece de vício de forma por não ter sido elaborado o necessário relatório do instrutor (conclusão 16.).

Esta questão, enquanto fonte autónoma de invalidade do acto (cfr. a propósito, Esteves de Oliveira, Pedro Gonçalves e Pacheco de Amorim, in Código do Procedimento Administrativo", Comentado, 2ª ed., p. 471) não foi apreciada pelo tribunal de 1ª instância.

Não pode conhecer-se dela, por extravasar o âmbito do recurso jurisdicional, pois este versa sobre a sentença e não sobre o acto impugnado e não é a sede própria para conhecer de questões sobre as quais o tribunal a quo não emitiu pronúncia (cfr. art. 676.º do C.P.Civil, acórdão do STA de 2004.10.06 – rec. n.º 722/04 e a numerosa e firme jurisprudência nele citada).

2.2.7. Da falta de audiência prévia

A sentença disse, a propósito:

"(...) dos factos provados resulta que a Recorrente foi ouvida em sede de audiência prévia antes da tomada de decisão ora impugnada.

De igual forma, verifica-se que na Informação de 21.03.03 é feita uma alusão expressa à exposição apresentada pela Recorrente em sede de audiência prévia, referindo-se designadamente que «a exposição apresentada pelo requerente em sede de audiência prévia não vem alterar os fundamentos de facto que fundamentam a proposta de indeferimento». Daqui resulta, portanto, que os argumentos apresentados pela Recorrente foram ponderados pelo órgão decisor"

A Recorrente discorda e considera que, contrariamente ao decidido, não foram minimamente ponderados os fundamentos invocados pela interessada em sede de audição prévia.

Vejamos.

Antes de mais, a alegação não concretiza os factos que supostamente foram invocados pela recorrente quando convidada a pronunciar-se nos termos do art. 100.º do CPA. Limita-se a afirmar, genericamente, que aqueles não foram ponderados.

Depois, o único facto verdadeiramente relevante que poderia determinar um outro sentido da decisão final e que descortinamos no ofício através do qual exerceu o seu direito de audiência (fls. 146-147 do P.A apenso) foi o de que o projecto de arquitectura apresentado se conformava com o artigo 29.º do PDM, pois respeitava a volumetria das antigas construções existentes no local.

Ora, a Informação que passou a integrar o acto impugnado, não só refere que a exposição apresentada pela requerente em sede de audiência prévia não alterou os dados de facto que fundamentam a proposta de indeferimento, mas também esclarece que "o proposto resulta em área de ocupação de solo total (somada às áreas das construções já existentes) que ultrapassa os 50% permitidos no PDM, sinal claro que, não obstante não ter sido considerada relevante, a alegação da interessada na fase de audiência prévia, no essencial, foi efectivamente ponderada na decisão final.

Assim, o recurso jurisdicional claudica ainda nesta outra parte.

Em suma: improcedem todas as conclusões da alegação da recorrente.

3. DECISÃO

Pelo exposto, acordam em negar provimento ao recurso.

Custas pela recorrente.

Taxa de justiça: 400 € (quatrocentos euros)

Procuradoria: 200 € (duzentos euros)

Lisboa, 30 de Maio de 2006.

Políbio Henriques (Relator)
Jorge de Sousa
Edmundo Moscoso

Recurso n.º 71/06-12

LOTEAMENTO. ABERTURA DE ESTRADA. ACORDO CAMARÁRIO COM O PARTICULAR.

(Acórdão de 18 de Maio de 2006)

SUMÁRIO:

I – Podendo o direito de propriedade comportar limitações, restrições ou condicionamentos no domínio do urbanismo e do ordenamento do território, o *jus aedificandi* não faz parte do acervo de direitos constitucionalmente reconhecidos ao proprietário, sendo antes o resultado de uma atribuição jurídico-pública decorrente do ordenamento jurídico urbanístico pelo qual é modelado.

II – Assim, se particular e Câmara Municipal acertaram a abertura de uma estrada no terreno do primeiro, não podia a segunda vincular-se à prática de acto administrativo futuro de deferimento de pedido de loteamento para o terreno confinante à estrada independentemente do ordenamento jurídico em vigor na altura em que viesse a tomar a decisão.

III – Neste campo, portanto, de um acordo desse tipo não derivam obrigações contratuais por não ser discricionário o poder administrativo em matéria de urbanismo, construção e planeamento do território.

ACORDAM NA 1ª SUBSECÇÃO DA 1ª SECÇÃO DO STA

I – RELATÓRIO

HÉLDER NEVES SANTOS e MÓNICA NEVES SANTOS FONTOURA, que para a acção foram habilitados por despacho de fls.

164 em virtude do falecimento da A., recorrem da sentença do TAC de Coimbra que julgou improcedente a acção para reconhecimento de direito que os seus pais **Amaro de Oliveira Santos** e **Júlia Neves Santos** ali intentaram contra a **Câmara Municipal de Ourém**.

Nas alegações, apresentaram as seguintes conclusões:

«*A – A R., através da deliberação de 21/09/1992, criou uma situação jurídica em proveito dos AA, constituindo-lhes os inerentes direitos e gerando interesses que, desta sorte, passaram a usufruir da tutela do Direito.*

B – Este acto deliberatório constituiu o corolário de um processo negocial e a inequívoca manifestação de vontade da Administração.

C – E foi precedido, através dos serviços técnicos e do colégio de vereadores da R, de uma análise que serviu para verificar e ponderar (como não podia deixar de o ser) da compatibilidade da pretensão do primitivo A com a lei, com os regulamentos e com a própria realidade física do seu objecto.

D – Estes direitos, para serem concretizados, não dispensam os seus titulares de formularem uma concreta pretensão construtiva, ao abrigo da legislação urbanística em vigor à data em que for apresentada.

E – Mas com o recurso ao presente meio jurisdicional, pretendem os AA, tão só, que seja a R compelida a reconhecer os direitos de construção de que os AA entendem ser titulares por lhes terem sido conferidos pela própria R, no exercício das suas competências c depois de ter apreciado a compatibilidade da pretensão do primitivo A com a lei, com os regulamentos e com a própria realidade física do seu objecto.

F – Aliás, esse direito, surge reconhecido na própria sentença recorrida, que também reconhece que caso a sua objectivação não seja possível, assiste aos AA o direito a obterem uma outra contrapartida».

* * *

Alegou, igualmente a **Câmara Municipal de Ourém**, formulando as seguintes conclusões:

«*a) A decisão não padece de qualquer vício e deve ser mantida.*

b) A Câmara não pode ter outra deliberação sem violar o Plano de Urbanização ou o Plano Director Municipal.

c) A violação destes instrumentos urbanísticos gera a nulidade da deliberação.

e) Assim não pode o tribunal substituir-se à Câmara».

O digno Magistrado do MP opinou no sentido do improvimento do recurso.

Cumpre decidir.

II – OS FACTOS

A sentença recorrida deu por assente a seguinte factualidade:

«**1**. O A. Amaro de Oliveira Santos e sua mulher Júlia Maria Pereira Neves Santos, são proprietários de um prédio rústico, sito no lugar de Pregueira Lomba da Égua, inscrito na matriz predial da freguesia de Fátima, sob o art. 22 781 e descrito na CRP de Ourém, sob o art. 02382/920914.

2. Na sequência de contactos entre AA e Ré, formalizados pela carta de fls. 15 dos autos, por parte daqueles, datada de 21/9/1992, em sessão de 21/9/1992, a Câmara Municipal de Ourém, "...***deliberou, por unanimidade, informar o interessado de que concorda com o pedido, devendo, todavia, serem mantidos os afastamentos previstos nas alíneas A) e B) do número dois da Informação***" 93/92, sendo que esta refere que "*Conforme discutido e acordado em reunião de 92-08-31, os termos de ocupação do terreno do Sr. Amaro de Oliveira Santos, com vista à realização da Estrada Municipal Ourém-Fátima, por Alvega, deverão ser os seguintes:*

1. ***Tipo de construção*** *– O Plano de Urbanização de Fátima em aprovação prevê, em quarteirões onde já existia esta tipologia, 4 (quatro) pisos em habitação plurifamiliar (prédio urbano), o que se verifica na zona.*

2. ***Implantação*** *– distâncias – A implantação deverá obedecer ao previsto no PU em aprovação com a condição de serem respeitadas as seguintes condições:*

a) 5 (cinco) m para estacionamento à face da nova estrada;

b) 1,5 m para passeio;

c) Índice de ocupação – previstos no PU em aprovação.

3. ***Infra-estruturas*** *– A construção da Estrada Municipal é a infra-estrutura em causa pelo que mais nenhuma outra está considerada. Sugerimos que todas as infra-estruturas sejam analisadas caso a caso, conforme é usual, aquando da apresentação dos respectivos projectos de construção.*

3. Em relação ao prédio, dito em 1, em 23/08/2000, os AA requereram *aprovação de loteamento* para aquele prédio, que deu origem ao **Proc. 3 037/00** (fls. 187).

4. Por deliberação de 31/10/2000, a CM de Ourém decidiu manter anterior decisão de 25/7/2000, pela qual a apreciação do processo ficava suspensa até aprovação da revisão do Plano Urbanização de Fátima (fls. 188/190).

5. Interposto recurso contencioso da deliberação, referida em 4 – RCA 33/2001 –, por douta sentença de 25/5/2002, foi anulada a mesma deliberação (fls. 191).

6. Nos presentes autos, os AA pretendem que a Ré seja condenada reconhecer-lhes o direito, emergente da deliberação de 21/9/1992, a erigirem no seu prédio construções de quatro pisos (rés do chão mais três pisos) em habitação plurifamiliar, implantadas com os seguintes afastamentos:

– cinco metros para estacionamento à face da nova estrada;

– 1,5 metros para passeio».

Nos termos do art. 712.° do CPC aditam-se ainda os seguintes elementos:

7 – No STA, nos autos n.° 1646/03, em 3/02/2005, foi lavrado acórdão de improvimento do recurso jurisdicional interposto da sentença referida no ponto 5 supra (fls. 301/306).

8 – O Plano de Urbanização que vem referido no ponto 2.1 e 2.2 da matéria de facto foi aprovado em 21 de Junho de 2005 (Portaria n.° 633/95).

9 – A deliberação da Câmara de 25/07/2000 (*ponto 4 supra*) foi praticada no âmbito de anterior *processo de loteamento* apresentado em 15 de Março de 1999 pelos interessados e a que tinha sido dado o **n.° 1/99** (cf. fls. 289 a 294).

10 – Em 14/06/2004 a Câmara, relativamente ao mesmo prédio referido em 1., deliberou deferir o projecto de arquitectura – agora apresentado pelos filhos dos primitivos AA – com vista à construção de um edifício destinado a habitação, comércio, serviços e estabelecimento de hospedagem *no pedido de licenciamento* a que fora dado o **n.° 2444/02** (fls. 286 e 313, 320, 332/335).

III – O DIREITO

A sentença recorrida considerou que, independentemente da deliberação de 21/09/2002, os AA, para levarem a cabo com sucesso uma operação de loteamento, deveriam acatar o disposto nos arts. 9.° e 10.° do DL n.° 555/99, de 16/12. Neste sentido, diz, o **acordo** emergente de tal deliberação, por si só, não poderia conferir o direito de que se arrogam na acção, «*ainda que a mesma lhes confira, em contrapartida com a cedência de uma parcela de terreno para construção de uma estrada municipal, determinado direito, que contudo tem de ser objectivado de acordo com os processos legais previstos para as operações de loteamento e licenciamento de obras particulares, ou, eventualmente, se tal não for possível, obter uma outra contrapartida*» (sic).

Estes os fundamentos essenciais que levaram à improcedência da acção.

Pensamos que o tema nuclear do recurso passa, de permeio, pela análise de algumas questões essenciais.

Uma delas tem que ver com o direito de propriedade e com o *ius edificandi* que lhe anda associado.

Das palavras dos recorrentes depreende-se que se arrogam titulares de um direito de edificar na sequência da deliberação de 21/09/92 e que, na sua perspectiva, constitui o corolário de um processo negocial em que a vontade da Câmara se teria tornado inequívoca e manifesta.

E, portanto, constituído desse modo o direito – que agora dizem ser-lhes negado – a acção teria por objectivo compelir a Câmara a reconhecê-lo na medida exacta do compromisso assumido.

Em primeiro lugar, importa estudar muito bem a referida deliberação.

Constituirá um contrato? Dela resultarão verdadeiras obrigações contratuais?

Recordemos que os então AA deram o seu «*acordo*» (fls. 15) à abertura de uma estrada e que, em contrapartida, a Câmara concordava com o «*pedido*» daqueles (fls. 18) no sentido de lhes permitir a «*construção contínua de uma fila de prédios de rés-do-chão, mais três pisos ao longo de toda a propriedade*» (fls. 15), «*respeitando os afastamentos previstos nas alíneas A) e B)do número dois da informação 93/92*» (fls. 18).

Como é sabido, em matéria de ordenamento do território os instrumentos jurídicos existentes definem com a precisão e o rigor possíveis os limites da intervenção humana. Há a esse nível um universo de normas e regras que disciplinam a acção do homem nos mais variados aspectos, em particular no que respeita à gestão e utilização do espaço no âmbito da actividade construtiva.

Costuma dizer-se que, nesse plano, a vinculação constitui a principal parcela dos poderes administrativos, reservando-se à discricionariedade um papel pouco mais que residual.

Se o particular quer construir no seu terreno, o seu *interesse legítimo* só se tornará *direito* após uma análise feita com sucesso pelos poderes públicos da conformação da sua pretensão aos mecanismos legais e regulamentares em vigor. O licenciamento assume neste contexto o reconhecimento administrativo da adequação da pretensão à ordem legal vigente.

Por conseguinte, a faculdade de construir apresenta-se como o resultado de uma concessão jurídico-pública em face dos planos urbanísticos.

É este o sentido de um aresto deste tribunal sobre o tema relacionado com o *ius edificandi*, a que totalmente aderimos, e de que transcrevemos o seguinte trecho:

«No que concerne à vertente relacionada com a hipotética protecção constitucional considera-se que não se trata de direito que se encontre abrangido pela tutela, fundamentalmente subjectiva, do direito de propriedade privada, tal como acolhido no artigo 62.° da CRP, não se entendendo, por isso, que o direito de construir se apresente, à luz do texto constitucional, como parte integrante do direito fundamental de propriedade privada.

(...) entendemos que se trata aqui de um direito de natureza jurídico-pública, não existindo um direito originário à construção. Cfr., neste sentido, Rogério Soares, in "Direito Administrativo", a págs. 116-117.

O "*jus aedificandi*" não é, por isso, uma faculdade ínsita no conteúdo prévio e substancial do direito de propriedade, podendo dizer-se que a realidade constitucional do direito de propriedade em matéria urbanística, de direito de construção, é juspublicisticamente condicionável e regulável.

Vide, neste sentido, Osvaldo Gomes, in "Plano Director Municipal", a págs. 197-198.

Esta é, também, a posição de Alves Correia, in "O Plano Urbanístico e o Princípio da Igualdade" e de Carlos Ferreira de Almeida, in "Direito Económico", II Parte, 1979, a págs. 455-457.

O Tribunal Constitucional tem, também, defendido a tese antes enunciada, como se pode constatar dos seus Acs. n.ºs 115/88, in DR, II Série, de 5-9-88, n.° 131/88, in Revista da Ordem dos Advogados, ano 48, Dezembro de 1988, a págs. 895 e segts., n.° 52/90, in DR, de 2-4-92, n.° 329/99/T, de 2-6-99, in DR, II Série, de 20-7-99 e n.° 517/99/T, de 22-9-99, in DR, II Série, de 11-11-99.

Esta tem sido, aliás, a posição seguida por este STA.

Cfr., entre outros, os Acs. de 18-6-98 – Rec. 41653, de 13-1-00 – Rec. 44287, de 15-10-98 – Rec. 42683, de 4-4-00 – Rec. 42438 e de 12-12-00 – Rec. 46738

(...) propendemos para uma perspectiva juspublicista desta questão, partindo-se, essencialmente, do texto constitucional, para se sustentar que o "*jus aedificandi*" não faz parte do direito constitucional de propriedade, tal como consignado no art. 62.° da CRP.

De facto, a aptidão construtiva dos solos urbanos e não urbanos não está desligada do que em matéria de planeamento e ordenamento do território está previsto na CRP (cfr., em especial, os art. 65.° e 66.°).

O direito de construir não pode, consequentemente, ser visto apenas numa perspectiva que tenha unicamente em conta os interesses privados, impondo-se a consideração de outros interesses constitucionalmente condicionantes do direito de propriedade acolhido no art. 62.° da CRP.

É que, tal como decorre do preceito acabado de citar, o direito de propriedade é para ser gozado "nos termos da Constituição".

A consagração constitucional do direito de propriedade não obsta à existência de limites a este direito, resultantes, de resto, de outros direitos e princípios constitucionalmente consagrados. Cfr., neste sentido, em especial, Luís Cabral de Moncada, in "Direito Económico", 2ª edição, a págs. 152, G. Canotilho e Vital Moreira, in "Fundamentos da Constituição", 1991, a págs. 164.

Pode, assim, concluir-se que o uso e fruição, pelos respectivos titulares, do direito de propriedade não é livre e absoluto, antes se apresentando como juspublicisticamente enquadrado e condicionado. Ou, noutra formulação, podemos dizer não ser livre o modo de uso e fruição do direito de propriedade, na vertente relacionado com o direito de construir, dado que este direito está dependente de uma permissão administrativa prévia, que se destina, em larga medida, a aferir da compatibilidade da pretensão de construir com os interesses e necessidades públicas legalmente protegidas neste domínio, como é o caso, por exemplo, da REN.

A edificabilidade potencial dos terrenos terá, assim, de se concretizar legalmente através da emissão dos competentes alvarás, na sequência dos pertinentes pedidos de licenciamento». (*Ac. do STA de 10/10/2002, Proc. n.º 0912/02*).

Em suma, o direito de propriedade não é um direito absoluto, podendo comportar limitações, restrições ou condicionamentos, particularmente importantes no domínio do urbanismo e do ordenamento do território, em que o interesse da comunidade tem que sobrelevar ao do indivíduo, não fazendo o *jus aedificandi* parte do acervo de direitos constitucionalmente reconhecidos ao proprietário, antes sendo o resultado de uma atribuição jurídico-pública, decorrente do ordenamento jurídico urbanístico pelo qual é modelado (apud, *Ac. do STA de 3/12/2002, Proc. n.º 047859*; neste mesmo sentido: ac. de 11/11//2004, *Proc. n.º 0873/03; e de 3/3/2004, Proc. n.º 048296*, entre outros).

Tudo isto para dizer, enfim, que a pretensão de construir por banda dos recorrentes não poderia, em princípio, passar ao lado do crivo juspublicístico em vigor e sem a prévia definição do direito através de um *acto administrativo*.

Mas também é certo que no nosso ordenamento jurídico, o artigo 179.º do Código do Procedimento Administrativo acolhe o princípio da autonomia pública contratual da Administração, estatuindo que «*os órgãos administrativos, na prossecução das atribuições da pessoa colectiva em que se integram, podem celebrar quaisquer contratos administrativos, salvo se outra coisa resultar da lei ou da natureza das relações a estabelecer*».

Isto significa que, como é sublinhado em recente parecer da PGR, «... *a Administração Pública pode «usar a forma do contrato para produzir o efeito jurídico de um acto administrativo (contratos decisórios que substituem actos administrativos), assim como celebrar contratos em que se compromete a praticar ou a não praticar um acto administrativo com um certo conteúdo (contratos obrigacionais)» [...], apenas com as limitações decorrentes da lei ou da natureza das relações a estabelecer [...].*

E continua o dito parecer: «*O princípio da legalidade administrativa reclama aqui uma exigência de conformidade do contrato com a lei, já que a Administração não pode servir-se dos contratos administrativos para se subtrair ao cumprimento da lei ou para produzir efeitos de direito administrativo que, quando conformados em acto administrativo, lhe estariam vedados.*

Mas o princípio da conformidade do conteúdo do contrato à lei, ou seja, a exigência de que o conteúdo inserido nas cláusulas contratuais encontre correspondência numa norma legal, não pode abranger todo o contrato [sic]; se for esse o caso, e, portanto, se à Administração não for reconhecido pelo legislador um poder próprio para desenhar certos aspectos do concreto conteúdo de uma relação jurídica (poder discricionário), não há espaço para negociação, e o contrato não é aí, em princípio, possível. A Administração pode, por conseguinte, usar o contrato administrativo no âmbito das relações jurídicas administrativas também conformáveis por acto administrativo quando for titular de um poder discricionário, em cujo exercício pode estipular o designado conteúdo administrativo extra-típico do contrato.»[...]

Por conseguinte, esse tipo de vinculação contratual é possível no quadro dos pressupostos da discricionariedade da decisão.

Sintetizando, dir-se-á que a permissibilidade geral da celebração de contratos administrativos obrigacionais mediante os quais a Administração Pública se compromete juridicamente a praticar ou a não praticar um acto administrativo com certo conteúdo apenas pode operar em espaços em que existam poderes discricionários e, como salienta Sérvulo Correia *[144], no contexto de um exercício antecipado do poder discricionário, que não se confunde com uma disposição do poder discricionário, de onde decorre que a Administração só pode assumir essa vinculação com efeitos externos, quando os pressupostos abstractos e concretos do acto que se obriga a praticar ou a não praticar estejam já verificados*» (*Parecer da PGR n.º P001152003, de 23/09/2004*).

E no que respeita, concretamente, ao domínio de construção e urbanismo, reflecte ainda o parecer que vimos citando:

«... *deve sublinhar-se que a regra geral da admissibilidade jurídica do contrato administrativo, como forma típica da actividade administrativa pública, suscita alguma perplexidade no âmbito do ordenamento do território e do urbanismo [146], domínio jurídico que prima, como se evidenciou supra, pela densidade e detalhe da regulamentação aplicável.*

O certo é que o recurso a formas de concertação de interesses através da celebração de contratos entre a Administração e os particulares está expressamente previsto na Lei de Bases da Política de Ordenamento do Território e de Urbanismo (artigos 5.º, alínea h), 16.º, n.º 2).

Também o Decreto-Lei n.º 380/99, de 22 de Setembro, que define o regime de coordenação dos âmbitos nacional, regional e municipal do sistema de planificação territorial, o regime geral de uso do solo e a disciplina jurídica do procedimento de elaboração, aprovação, execução e avaliação dos instrumentos de gestão territorial, faz referência à contratualização entre a Administração municipal e os particulares a propósito da execução dos instrumentos de gestão territorial (artigos 123.º, n.º 2, alíneas a) e b), e 131.º, n.º 8).

A questão fundamental é a de saber como conciliar a contratualização do ordenamento do território e do urbanismo com o princípio da legalidade, sendo que a Administração Pública não pode renunciar aos seus poderes de planeamento por via contratual – «indisponibilidade, por via contratual, do poder de planeamento» [147] –, afirmando-se a este propósito que o poder de planeamento nunca pode estar condicionado para o futuro através da celebração de contratos administrativos e deve exercitar-se conforme as exigências do interesse público com independência daqueles».

Quer dizer, em tese, não está afastada a possibilidade abstracta de se assumir obrigações contratuais entre Câmaras Municipais e particulares, nomeadamente com vista à emissão de um acto administrativo com um determinado objecto.

Todavia, essa possibilidade restringe-se a dois casos:

a) Àqueles em que a Administração dispõe de um poder discricionário e apenas quando os pressupostos (abstractos e concretos) do acto que ela se obriga a praticar, ou a não praticar, estão já verificados (neste sentido, **Pedro Gonçalves**, "***O Contrato Administrativo***", pág. 98) – o que, manifestamente, não é o caso vertente, uma vez que o licenciamento de construções e a ocupação do solo traduzem o exercício de poderes vinculados;

b) Ou àqueles outros em que a lei prevê que as *obras de urbanização* sejam realizadas por contrato (art. 25.° do D-L n.° 448/91, de 29.11), sendo isso sinal de que lhe não repugna que, após a prática do acto administrativo de licenciamento, a execução das infra-estruturas seja regulada por um título obrigacional donde constem as prestações a que a Administração e o empreendedor se vinculam (sobre caso em que a Câmara se comprometeu com o particular a realizar obras de urbanização*: Ac. do STA de 16/06/2004, Proc. n.° 01126/03*).

Ora, se à vontade da Câmara de abrir uma estrada correspondeu da parte do proprietário do terreno uma vontade de autorizar a abertura, nesse aspecto houve um acertamento. Limitado o consenso a esse aspecto, não se vê qualquer entrave: a Câmara solicitou; o particular, no uso dos seus poderes de proprietário sobre a terra, acedeu.

Mas quanto à 2ª parte, e pelo que acima se disse, é assaz problemática a questão.

Com efeito, não foi formalmente celebrado nenhum "*protocolo*", "*acordo*" ou "*convénio*". E mesmo que fosse, estaríamos aí, em princípio, perante aquilo a que se designa «*actividade administrativa informal*», caracterizada por *actuação informal* de cooperação dominada por um contacto entre a Administração e os particulares ou entre entidades públicas e culminada num "acordo" que do contrato se distingue, precisamente, pela ausência de "vinculatividade ou obrigatoriedade jurídica" (Parecer da PGR).

É verdade que, através da tarefa de interpretação da vontade, lá vamos descobrindo, de vez em quando em certos "acordos" mais do que simples actividade informal. Tudo dependerá das conclusões extraídas da análise da estrutura do documento, do objecto da negociação, das obrigações expressas para cada uma das partes, da exorbitância dos poderes da parte pública, da assunção das responsabilidades decorrentes da celebração e do incumprimento, etc, etc. Nalgumas dessas hipóteses haverá, porventura, um verdadeiro contrato que, frequentemente, terá natureza administrativa.

Sucede que na situação em apreço não houve qualquer documento escrito a selar a "negociação".

Os particulares consentiram na utilização do seu terreno para a construção da estrada com esta condição: loteamento com vista à construção em banda contínua de prédios de 4 pisos ao longo de toda a propriedade.

O que fez a Câmara?

A Câmara limitou-se a concordar com a exigência através de uma deliberação, isto é, através de um acto administrativo. Só que este acto não acolheu integralmente a exigência dos particulares. Disse que concordava com o pedido, porque o Plano de Urbanização em aprovação previa para a zona a construção de prédios de quatro pisos (rés-do-chão e três andares) devendo, todavia, ser mantidos os afastamentos referidos nas alíneas a) e b) do n.° 2 da Informação 93/92.

Ora, este n.° 2 dispõe que: «*A implantação deverá obedecer ao previsto no PU em aprovação com a condição de serem respeitadas as seguintes condições: a) 5 (cinco) m para estacionamento à face da nova estrada; 1,5 m para passeio...*».

Ou seja, em lado nenhum a Câmara assumiu a obrigação de permitir o loteamento exactamente como o pretendiam os interessados naquele momento, antes se comprometeu a autorizá-lo no futuro de acordo com as estipulações do Plano de Urbanização que se encontrava em fase de aprovação, o que só se verificaria em Junho de 1995 (ponto 8 da matéria de facto).

E não o fez porque, sob pena de nulidade (*Ac. do STA de 21/04/2005, Proc. n.° 01671/02*), a pretensão de construir por banda dos recorrentes não poderia, em princípio, passar ao lado do crivo juspublicístico em vigor e sem a prévia definição do direito através de um *acto administrativo,* como acima dissemos.

Portanto, e em conclusão:

1 – Não houve, nem podia haver acordo contratual a respeito do loteamento, já que este não pode ser objecto de estipulações contratuais, mas de acto administrativo unilateral de licenciamento;

2 – A Câmara não assumiu a obrigação de emitir no futuro um acto administrativo com um determinado conteúdo, já que sobre o assunto não dispunha de poderes discricionários, e porque em matéria de licenciamento de construções e de ocupação do solo com operações urbanísticas a actuação administrativa é de natureza vinculada;

3 – Aos particulares foi apenas reconhecida a edificabilidade *potencial* do seu terreno, mas, ainda assim, sujeita às regras que viessem a ser incluídas no Plano de Urbanização em aprovação e, por conseguinte, só concretizada futuramente através de um pedido de licenciamento;

4 – A tais particulares não lhes foi conferido nenhum direito actual, mas somente uma expectativa legítima, da qual, porém, não poderia resultar em caso algum uma alteração da ordem jurídica estabelecida em matéria do ordenamento do território.

Ora, sendo isto assim, isto é, se a recorrida desde sempre relegou para o Plano de Urbanização (ainda em aprovação em 1992) a apreciação da pretensão dos AA, parece evidente que não poderão obter, pela presente via da acção de reconhecimento de direito, aquilo que só por acto pode ser conferido.

IV – DECIDINDO

Face ao exposto, acordam em negar provimento ao recurso, confirmando a sentença recorrida.

Custas pelos recorrentes.

Taxa de justiça: 400 euros.

Procuradoria: 200 euros.

Lisboa, 18 de Maio de 2006.

Cândido de Pinho (Relator)
Azevedo Moreira
Costa Reis

Recurso n.° 167/05-11

MAGISTRADO DO MINISTÉRIO PÚBLICO. PROMOÇÃO A PROCURADOR DA REPÚBLICA. CONSIDERAÇÃO DE FORMAÇÃO ESPECIALIZADA. DIREITO DE AUDIÇÃO. FORMALIDADES NÃO ESSENCIAIS. PRINCÍPIO DA INDERROGABILIDADE DOS REGULAMENTOS.

(Acórdão de 7 de Junho de 2006)

SUMÁRIO:

I – A promoção de procuradores-adjuntos à categoria de procurador da República faz-se por via de concurso ou segundo a ordem da lista de antiguidade, sendo as vagas preenchidas, por ordem de vacatura, sucessivamente na proporção de três por via de concurso e duas segundo a ordem da lista de antiguidade (art. 121.°, n.os 3 e 5, do Estatuto do Ministério Público) e na promoção por concurso é provido o magistrado com melhor classificação e, em caso de igualdade, o mais antigo (n.° 7 do mesmo artigo).

II – Sendo estas regras especiais sobre a promoção de procuradores-adjuntos à categoria de procurador da República é a elas que há que atender, prioritariamente, no seu específico domínio de aplicação, não sendo de dar relevo para determinação dos magistrados a promover, à sua formação especializada.

III – Em sintonia com o princípio da máxima efectividade das normas constitucionais, que impõe que lhes seja atribuído o sentido que lhes der maior eficácia, o direito não poderá deixar de ser assegurado sempre que não seja de afastar a possibilidade de a decisão do procedimento administrativo ser influenciada pela intervenção do interessado e não haja outros valores constitucionalmente relevantes que se lhe contraponham, designadamente os que estão subjacentes às situações de previstas no n.° 1 do art. 103.° do C.P.A..

IV – No entanto, os vícios de forma não impõem, necessariamente, a anulação do acto a que respeitam e as formalidades procedimentais essenciais degradam-se em não essenciais se, apesar delas, foi dada satisfação aos interesses que a lei tinha em vista ao prevê-las.

V – É irrelevante a falta de observância de qualquer das formas de notificação previstas no art. 70.° se se demonstra que, com a divulgação através da Internet, o interessado teve conhecimento de um projecto de movimento de magistrados do Ministério Público.

VI – O facto de a antecedência da divulgação através da Internet ser inferior ao prazo mínimo previsto no CPA para o exercício do direito de audição não tem eficácia invalidante do acto final do procedimento, se os factos provados permitem concluir que o interessado exerceu efectivamente o direito de audição e a não observância desse prazo não afectou o exercício do direito.

VII – Por outro lado, vigorando no nosso direito o *princípio da inderrogabilidade singular dos regulamentos*, nos termos do qual a Administração pode modificar, suspender ou revogar um regulamento anterior por via geral e abstracta, mas não pode derrogá-los, sem mais, em casos isolados, não se pode concluir pela possibilidade de relevância do exercício do direito de audição se a única questão sobre a qual o interessado se pronunciou está expressamente já decidida pela Administração por via regulamentar.

ACORDAM NA SECÇÃO DO CONTENCIOSO ADMINISTRATIVO DO SUPREMO TRIBUNAL ADMINISTRATIVO:

1 – José Elísio d'Ávila Martins da Fonseca propôs a presente acção administrativa especial contra o CONSELHO SUPERIOR DO MINISTÉRIO PÚBLICO impugnando a sua deliberação n.° 1242/2005, publicada no *Diário da República*, II Série, de 14-9-2005, através da qual foi determinado movimento de magistrados do Ministério Público.

O Autor termina a petição pedindo a anulação do acto impugnado e a condenação do Réu a praticar o acto que deveria ter praticado se tivesse aplicado correctamente os critérios de colocação.

O Réu contestou, defendendo que o acto impugnado não enferma dos vícios que o Autor lhe imputa.

Foram indicados cinco contra-interessados:

– Álvaro de Lemos Fonseca e Cruz;

– Luís Anselmo Vieira Ribeiro Soares;

– Maria Filomena Manso Agostinho;

– Ana Paula Felga Vitorino;

– José Manuel Gonçalves Oliveira da Fonseca.

Estes contra-interessados não contestaram.

O Autor apresentou alegação em que concluiu da seguinte forma:

I. O acto impugnado é inválido por dois motivos:

a) por vício de violação de lei, pelo que deve ser anulado nos termos do previsto no artigo 135.° do Código de Procedimento Administrativo;

b) por vício de forma, por preterição de formalidade essencial de audiência dos interessados, pelo que deve ser anulado também nos termos do previsto no artigo 135.° do Código de Procedimento Administrativo.

II. O Estatuto do Ministério Público prevê um conjunto de critérios de acesso à categoria de procurador da República:

a) o artigo 116.° prevê que as promoções se fazem por um de dois meios: por mérito ou por antiguidade;

b) nas situações de promoção por mérito, nos termos do n.° 2 do artigo 117.°, é exigido que o candidato tenha classificação de Muito Bom ou Bom com distinção;

c) por outro lado, o artigo 121.° n.° 4 prevê que apenas podem ser promovidos à categoria de procurador da República, os procuradores-adjuntos que exerçam funções há mais de 10 anos;

d) as vagas serão preenchidas na proporção de três por via de concurso e duas segundo a lista de antiguidade;

e) por último, cumulativamente com os critérios gerais acima identificados, nos provimentos (por transferência ou promoção) para tribunais de competência especializada, o artigo 136.° considera que a competência específica no ramo de direito em questão é também atendível.

III. À data do concurso, o Autor exercia funções há 17 anos, 9 meses e 18 dias, com classificação de Muito Bom, e formação específica nas áreas de Direito Administrativo e em Direito do Trabalho, resultante da frequência de duas pós-graduações nestas áreas e do exercício de funções no Tribunal de Trabalho do Porto, durante 4 anos.

IV. No requerimento enviado à Procuradoria-Geral da República, o Autor informou de todos os dados acima descritos e manifestou a sua intenção de vir a ser promovido à categoria de procurador da República, indicando uma lista de 76 de tribunais de competência especializada e de círculo preferidos.

V. Esta pretensão não foi atendida, acabando por ser transferido para a comarca de Matosinhos, pretensão subsidiária deduzida pelo Autor.

VI. O Conselho Superior do Ministério Público fundamentou a sua decisão num conjunto de critérios relativos ao movimento dos magistrados do Ministério Público, invocando como habilitação o n.° 4 do artigo 20.° do Regulamento Interno da Procuradoria-Geral da República.

VII. O ponto 5.7 dos referidos critérios exclui expressamente a formação específica enquanto critério a ponderar para efeitos de acesso à categoria de Procurador da República, o que não se pode aceitar.

VIII. O Estatuto do Ministério Público foi aprovado pela Lei n.° 60/98, de 27 de Agosto, acto com forma e força de lei, nos termos e para os efeitos do artigo 112.° da Constituição da República Portuguesa.

IX. O artigo 27.°, alínea b), do Estatuto do Ministério Público concede competência ao Conselho Superior do Ministério Público para aprovar o Regulamento Interno da Procuradoria-Geral da República. Com efeito, o Estatuto do Ministério Público é a norma de habilitação e o Regulamento Interno da Procuradoria-Geral da República é um regulamento de execução.

X. O Estatuto do Ministério Público é o critério, o fundamento e o limite do regulamento interno, que apenas pode desenvolver o regime criado pelo primeiro, mas nunca alterá-la, sob pena de ilegalidade, é o que resulta do artigo 112.° n.° 8, da Constituição e dos princípios fundamentais da ordem jurídica portuguesa.

XI. O artigo 266.°, n.° 2, da Constituição que aduz o princípio da conformação à legalidade dos órgãos da Administração Pública, obriga à subordinação do poder regulamentar ao poder legislativo, ao mesmo tempo que se assume garantia dos interesses tutelados dos particulares face à discricionariedade da Administração Pública.

XII. Ora, o Regulamento Interno, ao afastar o critério da formação específica no acesso à categoria de Procurador da República, viola os artigos 134.° e 136.° do Estatuto do Ministério Público.

XIII. Face ao exposto, o Autor tem por seguro que os critérios relativos ao movimento dos magistrados do Ministério Público e consequentemente o acto impugnado padecem de vício de violação de lei, pelo que deve ser anulado nos termos do artigo 135.° do Código do Procedimento Administrativo.

XIV. Quanto à invalidade do acto por preterição de formalidade essencial de audiência prévia dos interessados, o Réu considera que por ter sido divulgado na Internet, a 4 de Julho de 2005, o projecto de decisão e uma vez que o Autor se pronunciou a propósito deste, a exigência do artigo 100.° do Código de Procedimento Administrativo foi cumprida. Porém, não será certamente assim.

XV. A notificação de qualquer acto instrutória deve ser feita por meio de qualquer uma das formas previstas no artigo 70.° do Código de Procedimento Administrativo, que não exclui a divulgação na Internet, mas com ela não se basta.

XVI. Por outro lado, o artigo 71.° n.° 2 do Código de Procedimento Administrativo concede aos interessados prazo de pelo 10 dias (úteis) para responderem sobre assuntos acerca dos quais se devam pronunciar.

XVII. Tendo em conta a exiguidade dos prazos, nem os interessados tiveram tempo legalmente adequado para se pronunciarem sobre o projecto de decisão, nem o Réu teve tempo para proceder a uma efectiva ponderação das objecções. Dada a sua posição, o Réu não deveria recorrer a este tipo de expedientes.

XVIII. Desta forma, o Autor reputa o acto é inválido por preterição de formalidade essencial de audiência prévia dos interessados, pelo que, nos termos do artigo 135.° do Código de Procedimento Administrativo, deve ser anulado.

Nestes termos e nos demais de Direito que V. Exa. doutamente suprirá, deve a presente acção ser considerada procedente e o acto impugnado anulado, por vício de violação de lei e por preterição de formalidade essencial de audiência dos interessados, condenando-se o Réu a praticar o acto que deveria ter praticado, promovendo o Autor a Procurador da República e colocando-o num dos tribunais de competência especializada preferidos.

O Réu contra-alegou, apresentando as seguintes conclusões:

A) A promoção a procurador da República obedece aos critérios fixados nos artigos 116.°, 117.° e 121.°, todos do Estatuto do Ministério Público, ocorrendo por via de antiguidade e de concurso.

B) Respeitando estes critérios o CSMP procedeu ao provimento de 20 lugares de Procurador da República através da promoção de 20 Procuradores Adjuntos, todos detentores de lugares mais antigos da que o do Autor e de mérito adequado.

C) Concretamente, os Senhores Procuradores contra-interessados Álvaro, Luís, Maria Filomena, Ana Paula e José Manuel detêm, respectivamente, os 3.°, 27.°, 39.°, 55.° e 88.° lugares na Lista de Antiguidade, tendo o primeiro e os três últimos sido promovidos por mérito com a classificação profissional de "MUITO BOM" e o segundo por antiguidade, respeitando-se a sequência prevista nos artigos 116.° e 117.°, ambos do EMP.

D) Só após a concretização da promoção se atende, como é óbvio, à formação especializada dos Senhores Procuradores que a invoquem para efeito de colocação nos Tribunais de competência especializada postos a concurso.

E) Assim, o Autor não podia ser promovido, em detrimento de todos os seus Colegas mais antigos e com classificação de "MUITO BOM", ainda que sem formação especializada.

F) A aplicação, em sede de promoções a Procurador da República, do critério defendido pelo Autor (formação especializada prevista no artigo 136.° do EMP) esvaziaria de conteúdo, de campo de aplicação e de sentido as normas dos artigos 116.°, 117.°, e 126.° do EMP, que foram respeitadas pela Deliberação impugnada.

G) Por isso, não foi violado o artigo 136.° do EMP.

H) Por outro lado, a divulgação antecipada do projecto do Movimento Extraordinário de Magistrados do Ministério Público, na Internet, na página da Procuradoria Geral da República, no dia 4 de Julho de 2005 tem o objectivo de levar ao conhecimento de todos os interessados a decisão prevista para as pretensões que formularam.

I) O Autor não só teve conhecimento do Projecto do Movimento, mas também a ele reagiu – cfr. Doc. N.° 7 junto com a petição inicial –, invocando as razões pelas quais devia ser atendido o seu requerimento para promoção a Procurador da República.

J) Acresce que o CSMP não tinha de responder individualmente a cada um dos Senhores Magistrados que tivesse reagido, nem fazer constar da Deliberação que aprovou o Movimento a ponderação feita sobre cada um dos argumentos que todos – e o Autor – tivessem aduzido. De resto,

K) E caso assim se não entendesse, a omissão dessa concreta e individual ponderação constituiria, quando muito, falta de fundamentação – vício gerador de mera anulabilidade, que não vem sequer alegado – se – e só se – a decisão pudesse ser diferente da projectada, se pudesse, sem incorrer em violação de lei, acolher a pretensão do Autor, o que, de todo, não ocorre na situação em apreço.

Pelas razões expostas entende o CSMP que a Deliberação ora em causa não padece dos vícios que lhe são imputados, devendo pois ser mantida.

Nestes termos deve julgar-se improcedente a acção, quer QUANTO ao pedido impugnatório, quer quanto ao pedido condenatório.

Corridos os vistos legais, cumpre decidir.

2 – Consideram-se provados os seguintes factos, com relevo para a decisão:

a) Em 25-5-2005 foi publicado no Diário da República, II Série, o Aviso n.° 5394/2005 (2.ª série), emitido pelo Conselho Superior do Ministério Público, cujo teor se dá como reproduzido, de que consta, além do mais o seguinte:

Nos termos do artigo 133.°, n.° 2, do estatuto do Ministério Público (Lei n.° 60/98, de 27 de Agosto) e do artigo 20.° do regulamento interno da Procuradoria-Geral da República, publicado no Diário da República, 2.ª série, n.° 50, de 28 de Fevereiro de 2002, faz-se público que no dia 5 de Julho de 2005 se procederá a movimento extraordinário de magistrados do Ministério Público, abrangendo transferências de procuradores-gerais-adjuntos, bem como eventuais promoções a procurador-geral-adjunto, transferências e promoções a procurador da República e, ainda, transferências e nomeação de procuradores-adjuntos.

(...)

Lugares de Procurador da República a serem eventualmente preenchidos para além dos que resultarem do próprio movimento:

Círculo Judicial de Abrantes – um (auxiliar);
Círculo Judicial de Barcelos – um (auxiliar);
Círculo Judicial de Coimbra – um;
Círculo Judicial de Faro – um;
Círculo Judicial de Leiria – um;
Círculo Judicial de Lisboa:
Área de jurisdição criminal – um (auxiliar);
Área de jurisdição de família e menores – um;
Área de jurisdição laboral – dois [um (efectivo) e um (auxiliar)];
Círculo Judicial de Oeiras – um (auxiliar);
Círculo Judicial de Oliveira de Azeméis – um;
Círculo Judicial de Santa Maria da Feira – um (auxiliar);
Círculo Judicial de Torres Vedras – um (auxiliar);
Tribunal Administrativo e Fiscal de Almada – um;
Tribunal Administrativo e Fiscal de Braga – um;
Tribunal Administrativo e Fiscal de Leiria – um (contencioso tributário);
Tribunal Administrativo e Fiscal de Lisboa – um (auxiliar) (contencioso tributário);
Tribunal Administrativo e Fiscal do Porto – um (auxiliar) (contencioso tributário);
Tribunal Administrativo e Fiscal de Sintra – um;
Tribunal Administrativo e Fiscal de Viseu – um (contencioso administrativo).

b) O Autor é magistrado do Ministério Público;

c) Em 11-7-2005, o Autor tinha a categoria de procurador-adjunto, classificação de «Muito Bom» e 17 anos, 9 meses e 18 dias de antiguidade, estando posicionado no lugar 133 da lista de antiguidades de procuradores-adjuntos;

d) Em requerimento apresentado para concorrer ao referido movimento de magistrados do Ministério Público, datado de 6-6-2005, cuja cópia consta de fls. 16-23 e que se dá como reproduzido, o Autor declarou concorrer a qualquer título (efectivo ou auxiliar) à promoção a Procurador da República, indicando preferência, prioritariamente, pelos seguintes lugares, por esta ordem:

1.° T.A.F. do Porto;
2.° Círculo Judicial do Porto
a) Área de Jurisdição Laboral;
b) Área de Jurisdição Cível;
c) Área de Jurisdição de Família/Menores;
d) Área de Jurisdição Criminal;
3.° Círculo Judicial de Oliveira de Azeméis;
4.° Círculo Judicial de Matosinhos.

e) No requerimento referido em d) o Autor incluiu ainda uma «informação adicional», indicando que é pós-graduado em Direito do Trabalho e Direito Comunitário do Trabalho, pela Faculdade de Direito da Universidade Católica do Porto, com a classificação de 17 valores, e em Direito Público – Contencioso Administrativo, pela Faculdade de Direito da Universidade Católica do Porto, com a classificação de 16 valores, e que esteve colocado no Tribunal do Trabalho do Porto entre Junho de 1992 e Março de 1996, juntando os certificados que constam de fls. 24-25, cujo teor se dá como reproduzido;

f) Em requerimento datado de 7-6-2005, que consta de fls. 26 e cujo teor se dá como reproduzido, o Autor requereu, com referência ao mesmo aviso, a sua transferência para a comarca de Matosinhos, requerendo que este requerimento só fosse tomado em consideração no caso de não ser promovido a Procurador da República nesse movimento;

g) O projecto de movimento de magistrados do Ministério Público relativo ao aviso referido em a) foi divulgado na Internet, na página da Procuradoria-Geral da República, em 4-7-2005;

h) Em 11-7-2005, foi deliberado pelo Conselho Superior do Ministério Público o movimento de magistrados a que se reporta o aviso referido em a), que foi divulgado na página da Procuradoria Geral da República na Internet no dia 12-7-2005 e publicado no Diário da República, II Série, de 14-9-2005;

i) Neste movimento, o Autor não foi incluído entre os magistrados promovidos a Procurador da República;

j) Os contra-interessados foram promovidos a Procurador da República no referido movimento sendo colocados nos seguintes lugares, com fundamento nas seguintes disposições legais, indicadas na proposta de movimento aprovada pela Deliberação impugnada:

– Álvaro de Lemos Fonseca e Cruz, posicionado então no lugar 11 da lista de antiguidades de procuradores-adjuntos, com classificação de «Muito Bom»: Lisboa, Área de Jurisdição Laboral, Auxiliar, com base nos arts. 27.º, alínea a), 121.º, n.os 2, 3, 4, 5 e 7 e 138.º da Lei n.º 60/98, de 27 de Agosto;

– Luís Anselmo Vieira Ribeiro Soares, posicionado então no lugar 27 da lista de antiguidades de procuradores-adjuntos, com classificação de «Bom»: Tribunal Administrativo e Fiscal de Ponta Delgada, com base nos arts. 27.º, alínea a), 121.º, n.os 2, 3, 4, 5 e 7 da Lei n.º 60/98, de 27 de Agosto;

– Maria Filomena Manso Agostinho, posicionada então no lugar 39 da lista de antiguidades de procuradores-adjuntos, com classificação de «Muito Bom»: Lisboa, Área de Jurisdição Laboral, Auxiliar, com base nos arts. 27.º, alínea a), 121.º, n.os 2, 3, 4, 5 e 7 e 138.º da Lei n.º 60/98, de 27 de Agosto;

– Ana Paula Felga Vitorino, posicionada então no lugar 55 da lista de antiguidades de procuradores-adjuntos, com classificação de «Muito Bom»: Área de Jurisdição Laboral, Auxiliar, com base nos arts. 27.º, alínea a), 121.º, n.os 2, 3, 4, 5 e 7 e 138.º da Lei n.º 60/98, de 27 de Agosto;

– José Manuel Gonçalves Oliveira da Fonseca, posicionado então no lugar 88 da lista de antiguidades de procuradores-adjuntos, com classificação de «Muito Bom»: Tribunal Administrativo e Fiscal do Funchal, com base nos arts. 27.º, alínea a), 121.º, n.os 2, 3, 4, 5 e 7 da Lei n.º 60/98, de 27 de Agosto.

l) O Autor teve conhecimento do projecto de movimento divulgado através da Internet e pronunciou-se sobre ele, antes de o movimento se concretizar, nos termos que constam do documento de fls. 31, cujo teor se dá como reproduzido;

m) O Conselho Superior do Ministério Público aprovou, em sessão de 9-1-2002, um Regulamento Interno da Procuradoria-Geral da República, que foi publicado no Diário da República, II Série, de 28-2-2002;

n) Na sua sessão de 29-9-1999, o Conselho Superior do Ministério Público aprovou os Critérios Relativos ao Movimento de Magistrados, que foram publicados no Boletim Informativo do Conselho Superior do Ministério Público, n.º 34 [1]*, que estão reproduzidos a fls. 39-40, de que consta, além do mais, que «a formação especializada não constitui critério a ponderar para efeitos do acesso a categoria de Procurador da República» (ponto 5.7).*

3 – O Autor imputa ao acto impugnado vício de violação de lei, por ofender os arts. 134.º e 136.º do Estatuto do Ministério Público.

A posição do Autor é, em suma, a de que devem ser atendidas na promoção de procuradores-adjuntos à categoria de Procurador da República, as regras de preferência previstas nos n.os 2 e 3 deste art. 136.º, derivadas da formação especializada, para colocação de magistrados em tribunais especializados.

O Réu defende que a promoção à categoria de Procurador da República obedece aos critérios fixados nos arts. 116.º, 117.º e 121.º do Estatuto do Ministério Público e que só após a concretização da promoção se atende à formação especializada para efeitos de colocação em tribunais de competência especializada.

Estes arts. 116.º, 117.º, 121.º, 134.º e 136.º estabelecem o seguinte:

Artigo 116.º

Acesso

1 – O acesso aos lugares superiores do Ministério Público faz-se por promoção.

2 – Os magistrados do Ministérios Público são promovidos por mérito e por antiguidade.

3 – Faz-se por mérito e por antiguidade a promoção à categoria de Procurador da República e por mérito a promoção à categoria de procurador-geral-adjunto.

Artigo 117.º

Condições gerais de acesso

1 – É condição de promoção por antiguidade a existência de classificação de serviço não inferior a Bom.

2 – É condição de promoção por mérito a existência de classificação de serviço de Muito Bom ou Bom com distinção.

3 – Havendo mais de um magistrado em condições de promoção por mérito, as vagas são preenchidas sucessivamente, na proporção de três para classificados com Muito Bom e uma para classificados com Bom com distinção, e, em caso de igualdade de classificação, prefere o mais antigo.

Artigo 121.º

Procurador da República

1 – O provimento de vagas de Procurador da República faz-se por transferência ou por promoção, de entre procuradores-adjuntos.

2 – As vagas que não sejam preenchidas por transferência são preenchidas por promoção.

3 – A promoção faz-se por via de concurso ou segundo a ordem da lista de antiguidade.

4 – Apenas podem ser promovidos por via do concurso procuradores-adjuntos que tenham, no mínimo, 10 anos de serviço.

5 – As vagas são preenchidas, por ordem de vacatura, sucessivamente na proporção de três por via de concurso e duas segundo a ordem da lista de antiguidade.

6 – Os magistrados candidatos ao concurso que não sejam providos por essa via também podem ser promovidos segundo a ordem da lista de antiguidade, caso não tenham apresentado declaração de renúncia.

7 – Na promoção por concurso é provido o magistrado com melhor classificação e, em caso de igualdade, o mais antigo.

8 – Devendo ser provida uma vaga por concurso, e não havendo concorrentes, a promoção efectua-se segundo a ordem da lista de antiguidade.

9 – Havendo lugar a promoção segundo a ordem da lista de antiguidade, as vagas são preenchidas sucessivamente, na proporção de três por mérito e uma por antiguidade.

[1] Disponível na página da Procuradoria-Geral da República na Internet, em www.pgr.pt.

Artigo 134.°

Preparação de movimentos

1 – Os magistrados que, por nomeação, transferência, promoção, termo de comissão ou regresso à efectividade, pretendam ser providos em qualquer cargo enviarão os seus requerimentos à Procuradoria-Geral da República.

2 – Os requerimentos são registados na secretaria e caducam com a realização do movimento.

3 – São considerados em cada movimento os requerimentos cuja entrada se tenha verificado até 15 dias antes da data da reunião do Conselho Superior do Ministério Público.

4 – Relativamente a comarcas sede de distrito judicial, os magistrados podem concorrer para tribunais ou para departamentos específicos, nos termos de Regulamento aprovado pelo Conselho Superior do Ministério Público.

Artigo 136.°

Regras de colocação e preferência

1 – A colocação de magistrados do Ministério Público deve fazer-se com prevalência das necessidades de serviço e de modo a conciliar a vida pessoal e familiar dos interessados com a sua vida profissional.

2 – No provimento de lugares em tribunais de competência especializada é ponderada a formação especializada dos concorrentes.

3 – Se a formação especializada decorrer da prestação de serviço em tribunal especializado, exige-se dois anos de exercício de funções.

4 – Sem prejuízo do disposto nos números anteriores, constituem factores atendíveis nas colocações, por ordem decrescente de preferência, a classificação de serviço e a antiguidade.

De harmonia com aquele art. 116.°, a promoção à categoria de Procurador da República faz-se por mérito e antiguidade.

A promoção faz-se por via de concurso ou segundo a ordem da lista de antiguidade, sendo as vagas preenchidas, por ordem de vacatura, sucessivamente na proporção de três por via de concurso e duas segundo a ordem da lista de antiguidade (art. 121.°, n.os 3 e 5).

Na promoção por concurso é provido o magistrado com melhor classificação e, em caso de igualdade, o mais antigo (n.° 7 do mesmo artigo).

Estas são regras especiais sobre a promoção de procuradores-adjuntos à categoria de Procurador da República pelo que, por terem essa natureza, é a elas que há que atender, prioritariamente, no seu específico domínio de aplicação.

Entre elas não se inclui qualquer regra atribuindo preferência na promoção a procuradores-adjuntos com formação especializada e, por isso, ela não é atendível para determinar quem deve ser promovido.

O Autor candidatou-se à promoção por via de concurso e, por isso, desde logo, não poderia a sua promoção ser efectuada com preterição do contra-interessado Luís Anselmo Vieira Ribeiro Soares, que foi promovido por antiguidade.

A promoção dos procuradores-adjuntos que se candidataram por concurso aplica-se a referida regra do n.° 7 do art. 121.°: em caso de igualdade de classificação, é promovido o magistrado mais antigo.

No caso em apreço, os primeiro, terceiro, quarto e quinto contra-interessados candidataram-se à promoção por via de concurso e têm todos classificação de «*Muito Bom*», idêntica à do Autor, pelo que são promovidos os mais antigos. O Autor era menos antigo do que qualquer destes contra-interessados e, por isso, tinham de ser eles e não o Autor, os magistrados a promover.

Assim, havendo colegas do Autor com a mesma classificação e mais antigos, eles tinham de ser promovidos prioritariamente, pelo que, não havendo vagas em número suficiente para o Autor ser abrangido pela promoção, tem de concluir-se que não podia ser promovido no referido movimento.

Sendo assim, não se coloca a questão da preferência na colocação em função da formação especializada, pois, naturalmente, só se pode equacionar uma questão de preferência em movimento de magistrados no preenchimento de lugares de Procurador da República relativamente aos que tenha essa categoria ou, pelo menos, que sejam a ela promovidos.[2]

Assim, o acto impugnado não enferma do vício de violação de lei que o Autor lhe imputa.

4 – O Autor imputa ainda ao acto recorrido vício de violação do direito de audiência.

O direito audiência no procedimento administrativo, assegurado pelo art. 100.° do C.P.A., é uma concretização do direito de participação dos cidadãos na formação das decisões administrativas que lhes digam respeito, garantido pelo art. 267.°, n.° 5, da C.R.P., visando assegurar-lhes uma tutela preventiva contra lesões dos seus direitos ou interesses.

Por isso, mesmo que não se considere o direito de audiência como um direito com natureza análoga a um direito fundamental[3], em sintonia com o princípio da máxima efectividade das normas constitucionais, que impõe que lhes seja atribuído o sentido que lhes der maior eficácia[4], aquele direito não poderá deixar de ser assegurado sempre que não seja de afastar a possibilidade de a decisão do procedimento administrativo ser influenciada pela intervenção do interessado e não haja outros valores constitucionalmente relevantes que se lhe contraponham, designadamente os que estão subjacentes às situações previstas no n.° 1 do art. 103.° do C.P.A..

No entanto, em harmonia com esta linha de pensamento sobre a indispensabilidade do direito de audiência dever ser aferida à face da possibilidade de relevância da intervenção procedimental do interessado, este Supremo Tribunal Administrativo tem vindo a entender que os vícios de forma não impõem, necessariamente, a anulação do acto a que respeitam, e que as formalidades procedimentais essenciais se degradam em não essenciais se, apesar delas, foi dada satisfação aos interesses que a lei tinha em vista ao prevê-las[5], o que, no caso do

[2] Não se toma aqui posição, por não interessar à face do decidido sobre a não promoção do Autor no movimento referido, sobre a questão de saber se, entre os magistrados abrangidos pela promoção é de atender às regras de colocação e preferência que constam do art. 136.° do Estatuto do Ministério Público.

[3] Esta natureza de «direito de natureza análoga aos direitos, liberdades e garantias» é defendida por Marcelo Rebelo de Sousa, *Lições de Direito Administrativo*, I, página 449, o que implicaria uma «*visão restritiva das restrições*».

[4] Gomes Canotilho, *Direito Constitucional – Teoria da Constituição*, 3.ª edição, página 1149.

[5] Neste sentido, podem ver-se os seguintes acórdãos:

– de 17-10-1989, recurso n.° 25294, publicado no *Apêndice ao Diário da República* de 30-12-94, página 5755;

– de 13-7-1989, recurso n.° 18270, publicado no *Apêndice ao Diário da República* de 30-4-91, página 676;

direito de audiência, só ocorre quando for seguro que o seu exercício não pode ter qualquer relevância na decisão procedimental.

No caso em apreço, está-se perante numa situação em que deveria ser assegurado o direito de audiência, o que, aliás, o Conselho Superior do Ministério Público terá procurado assegurar através da publicação do projecto de movimento na sua página na Internet.

Trata-se de uma forma de comunicação não prevista no CPA (art. 70.º) e, por outro lado, esta divulgação foi feita em 4-7-2005 [alínea g) da matéria de facto fixada], com antecedência em relação à data do movimento inferior aos prazos mínimos assegurados para o exercício do direito de audiência, que são de 10 dias, para a audiência escrita e 8 dias para a audiência oral (arts 101.º, n.º 1, e 102.º, n.º 1, do CPA).

Por isso, é manifesto que não foi assegurado o direito de audiência, nos termos previstos na lei e pela forma prevista na lei.

No entanto, constata-se que, por um lado, o Autor teve conhecimento da divulgação do projecto de movimento através da Internet, pelo que a não observância de uma forma de comunicação prevista na lei não obstou a que fosse atingida a finalidade visada com os requisitos formais das notificações procedimentais que é a de fazer chegar ao conhecimento dos interessados o conteúdo dos actos praticados nos procedimentos administrativos.

Assim, a forma de comunicação a observar, nos termos da lei, degrada-se em formalidade não essencial, pelo que a sua não observância não tem eficácia invalidante do acto final do procedimento.

Quanto ao prazo em que foi possível exercer o direito de audição, inferior ao mínimo de 8 dias previsto no art. 102.º, n.º 1, do CPA., não pode deixar de se ter em conta que os prazos mínimos previstos nos referidos arts. 101.º e 102.º têm em vista a generalidade dos cidadãos, inclusivamente aqueles que não têm conhecimentos jurídicos, pelo que a observância de qualquer desses prazos não pode considerar-se formalidade necessariamente essencial, tendo de admitir-se que também ela possa degradar-se em não essencial se se demonstrar que, apesar de ter sido concedido um prazo menor, os interessados não deixaram de se poder pronunciar eficazmente, manifestando perante a Administração a sua posição.

No caso em apreço, constata-se que o Autor se pronunciou, efectivamente, sobre o projecto de movimento, através do documento cuja cópia consta de fls. 31, em que refere a sua posição sobre o alcance do art. 136.º do Estatuto do Ministério Público e o essencial da sua argumentação sobre a questão, sem por qualquer forma deixar entrever que se sentiu limitado nesse exercício. Perante esta constatação, e tendo em mente que o Autor possui manifestamente uma qualificação jurídica muito superior à da generalidade dos cidadãos (a que é própria da condição de magistrado do Ministério Público com mais de 17 anos de serviço e classificação de «Muito Bom») e possui formação especializada em contencioso administrativo, é possível concluir dos factos provados, com base nas regras da experiência, que o prazo reduzido de que desfrutou não o afectou no exercício do direito de audição. Por isso, a concessão de um prazo inferior ao mínimo legal para exercício do direito de audição, se bem que constitua um vício de forma, não possui, no caso, eficácia invalidante, por ser de concluir que essa ilegalidade não afectou o exercício daquele direito e, consequentemente não teve reflexos na decisão final.

Por outro lado, a questão sobre a qual o Autor se pronunciou, que é a mesma que trouxe à presente acção como vício de violação de lei, estava já expressamente decidida pelo Réu por via regulamentar.

Na verdade, no Regulamento Interno da Procuradoria-Geral da República, publicado no *Diário da República*, II Série, de 28-2-2002, estabelece-se, no n.º 4 do art. 20.º, que «*nos movimentos consideram-se os critérios aprovados pelo Conselho*», pelo que, se os critérios que haviam sido aprovados na sessão do Conselho Superior do Ministério Público de 29-9-1999, referida na alínea n) da matéria de facto fixada não tivessem já natureza regulamentar, sempre essa natureza lhe adviria da remissão feita no referido Regulamento Interno.

Por outro lado, embora o referido regulamento tenha a denominação de «*interno*», a natureza jurídica das suas disposições que visam regular situações exteriores ao próprio Conselho Superior do Ministério Público é a de normas regulamentares externas, assumindo essa natureza, designadamente, as que regulam os critérios das promoções e movimentos de magistrados.

Existindo normas regulamentares externas emitidas pelo Conselho Superior do Ministério Público, este órgão estava obrigado a adoptá-la nas suas deliberações, enquanto não as revogasse, pois vigora no nosso direito o ***princípio da inderrogabilidade singular dos regulamentos***, nos termos do qual a Administração pode modificar, suspender ou revogar um regulamento anterior por via geral e abstracta, mas não pode derrogá-los, sem mais, em casos isolados.[6]

Ora, entre esses critérios aprovados pelo Conselho Superior dos Tribunais Administrativos e Fiscais para que remete aquele art. 20.º, n.º 4, inclui-se, no ponto 5.7. o de que «*a formação especializada não constitui critério a ponderar para efeitos do acesso a categoria de Procurador da República*».

– de 5-2-1987, recurso n.º 22390, publicado no *Apêndice ao Diário da República* de 7-5-93, página 609;
– de 29-1-1991, recurso n.º 24417, publicado no *Apêndice ao Diário da República* de 14-7-95, página 289;
– de 27-6-1991, recurso n.º 28819, publicado no *Apêndice ao Diário da República* de 15-9-95, página 4204;
– de 17-12-1997, recurso n.º 36001, publicado no *Boletim do Ministério da Justiça* n.º 472, página 246, e em *Cadernos de Justiça Administrativa* n.º 12, página 3;
– de 20-11-1997, recurso n.º 41719, publicado em *Cadernos de Justiça Administrativa* n.º 13, página 14;
– de 16-6-1998, recurso n.º 39946;
– de 9-5-2001, recurso n.º 44341;
– de 3-10-2001, recurso n.º 36037, publicado em *Acórdãos Doutrinais do Supremo Tribunal Administrativo* n.º 485, página 609, e no Apêndice ao Diário da República de 23-10-2003, página 6051;
– de 31-10-2001, recurso n.º 37594, publicado em *Apêndice ao Diário da República* de 23-10-2003, página 7283.

Essencialmente no mesmo sentido, pode ver-se Barbosa de Melo, *O vício de forma no acto administrativo (Algumas considerações)*, páginas 138-139, citado por Pedro Machete, a *Audiência dos interessados no procedimento administrativo*, página 525, que refere que «*a mais elementar regra de economia impõe que um acto administrativo não seja anulado só porque violou um preceito legal, quando dessa violação não resultou qualquer lesão efectiva, real dos interesses ou valores protegidos pelo preceito violado*».

[6] Freitas do Amaral, *Curso de Direito Administrativo*, volume II, páginas 197-198.

Sendo assim, enquanto não revogasse esta norma regulamentar, o Conselho Superior dos Tribunais Administrativos e Fiscais estava obrigado a adoptá-la, pois «*o regulamento que derroga outro para um caso concreto e individual não é um regulamento, é um acto administrativo e um acto administrativo ilegal por violação de regulamento*».[7]

Nestas condições, é de concluir com segurança que o exercício do direito de audição sobre a referida questão, não poderia conduzir a uma deliberação diferente quanto à pretensão do Autor, pelo que também por esta via se conclui pela irrelevância da não observância da lei, no caso concreto.

Nestes termos, acordam em julgar a acção improcedente.

Custas pelo Autor.

Lisboa, 7 de Junho de 2006.

Jorge de Sousa (Relator)
Políbio Henriques
António Samagaio

Recurso n.º 1260/05-12

RECURSO CONTENCIOSO. LEGITIMIDADE. PUBLICAÇÃO OBRIGATÓRIA DEFICIENTE. PRAZO DO RECURSO.

(Acórdão de 25 de Maio de 2006)

SUMÁRIO:

I – A legitimidade é um pressuposto processual e não uma condição de procedência do recurso contencioso.

II – Assim, a legitimidade activa no recurso contencioso tem de se aferir pelos próprios termos da petição, independentemente do conteúdo concreto da relação jurídico-administrativa, existente na realidade.

III – Uma firma que explora posto de abastecimento de combustíveis líquidos tem legitimidade para impugnar contenciosamente despacho que licenciou a construção, em local próximo, de um outro posto de combustíveis, pondo em causa a viabilidade económica daquela exploração.

IV – Nos termos do artigo 31 da LPTA, se a publicação obrigatória de um acto administrativo for omissa sobre elementos que legalmente deva conter, pode o interessado, dentro de um mês, solicitar os elementos omitidos (n.º 1), contando-se o prazo do recurso contencioso a partir da entrega dos elementos solicitados (n.º 2).

[7] Freitas do Amaral, *obra citada*, página 198.

ACORDAM, NA SECÇÃO DO CONTENCIOSO ADMINISTRATIVO, DO SUPREMO TRIBUNAL ADMINISTRATIVO:

1. *O.R.C. – ORGANIZAÇÃO REVENDEDORA DE COMBUSTÍVEIS, LDA.*, com sede na Estrada Nacional, n.º 3, Posto de Abastecimento, em Vila Chã de Ourique, concelho do Cartaxo, interpôs no Tribunal Administrativo do Circulo de Coimbra recurso contencioso de anulação da decisão do Presidente da Câmara Municipal do Cartaxo, de 11.10.02, que concedeu a Jacinto Marques Henriques licença de construção de uma estação de serviço de abastecimento de combustíveis líquidos, no lote 63 da Urbanização Quinta da Cabreira, situada na referida Estrada Nacional n.º 3, Km 25,1, naquele concelho do Cartaxo.

A fundamentar o recurso, alegou a recorrente que a decisão impugnada padece dos vícios de incompetência absoluta, de forma, designadamente, por falta de fundamentação, e, ainda, de violação dos princípios da igualdade, equilíbrio concorrencial, confiança proporcionalidade e boa fé.

A autoridade recorrida respondeu, tendo suscitado a questão prévia da extemporaneidade do recurso contencioso e defendido a legalidade do acto impugnado.

Os recorridos particulares, Jacinto Marques Henriques e Quinta da Cabreira-Área de Serviço de Combustíveis, Lda., apresentaram contestação, na qual defenderam que a recorrente carece de legitimidade para o recurso contencioso e que o mesmo deveria ser julgado improcedente.

Por sentença de fls. 384 e segts dos autos, foi julgada improcedente a questão prévia da ilegitimidade activa e procedente a questão prévia da extemporaneidade do recurso, quanto aos vícios geradores de mera anulabilidade do acto impugnado (vícios de forma, falta de fundamentação e violação dos princípios da igualdade, equilíbrio concorrencial, tutela da confiança, proporcionalidade e boa fé).

Inconformados com essa decisão, dela interpuseram recurso quer os recorridos particulares Jacinto Henriques e Quinta da Cabreira, quer a recorrente.

Aqueles Jacinto Henriques e Quinta da Cabreira, no recurso que interpuseram da decisão de improcedência da questão prévia relativa à ilegitimidade activa, apresentaram alegação (fls. 446,ss.), na qual formularam as seguintes **conclusões**:

1ª – O despacho recorrido não está ferido de incompetência absoluta em razão da matéria.

2ª – Os documentos juntos aos autos principais e aos autos apensos, mostram que foi a entidade competente – a DROAT – que licenciou a utilização privativa do domínio hídrico, dando cumprimento ao disposto no D.L. 46/94, de 22/2.

3ª – A ora recorrida, O.R.C., não é proprietária de quaisquer bombas de combustível na área do Concelho do Cartaxo, designadamente, não é titular das bombas de combustíveis instaladas na E.N. n.º 3, ao Km 25,600, em Vila Chã de Ourique, concelho do Cartaxo.

4ª – Conforme mostram os autos, o alvará que licenciou a instalação das bombas de combustível referidas na cláusula 3ª foi concedido a Rui Manuel da Silva Duarte Gerald Oliveira e a Manuel Afonso Dias e não à O.R.C..

5ª – O terreno onde estão instaladas as referidas bombas de combustível é propriedade dos mesmos Rui Manuel da Silva Duarte Gerald Oliveira e Manuel Afonso Dias.

6ª – Não sendo a O.RC. titular do posto de combustíveis, nem do terreno onde o mesmo está instalado, não tem interesse processual em agir e, consequentemente, não tem interesse que legitime o recurso ao Tribunal e daí a sua ilegitimidade nos presentes autos de recurso de anulação.

7ª – Nos termos do artigo 46.º, n.º 1, do R.S.T.A. os recursos podem ser interpostos pelos que tiverem interesse directo, pessoal e legítimo na anulação do acto administrativo.

8ª – A O.RC. não tem qualquer interesse directo, pessoal e legítimo na anulação do acto, nem, sequer, qualquer interesse indirecto, mediato ou longínquo, não existindo, consequentemente, lesão de qualquer interesse, legitimante da tutela jurisdicional.

9ª – Os princípios consagrados no artigo 46.º do R.S.T.A., foram consagrados no artigo 55.º, n.º 1, al. a) do actual C.P.T.A.

10ª – O M.º Juiz a quo ao declarar que a recorrente, aqui recorrida. O.R.C., tem legitimidade activa, violou o artigo 46.º, n.º 1 do R.S.T.A., cujos princípios continuam consagrados no artigo 55.º, n.º 1, al. a) do actual C.P.T.A.

Termos em que deverá a douta decisão que decidiu pela legitimidade activa da recorrente, ser revogada e, consequentemente, declarar-se que a mesma recorrente não tem legitimidade activa para pedir, quer a nulidade, quer a anulação do acto recorrido, fazendo-se deste modo inteira,

JUSTIÇA.

A recorrente O.R.C. apresentou contra-alegação (fls. 493, ss.), com as seguintes **conclusões**:

a) Na perspectiva da argumentação adoptada neste recurso jurisdicional, também os próprios Recorrentes – recorridos particulares no recurso contencioso – veriam certamente comprometida a sua legitimidade processual, seja porque a licença controvertida nos autos não foi emitida a favor de ambos, seja porque o posto de abastecimento de combustíveis está licenciado a favor de uma terceira entidade, a BP Portuguesa, S.A..

b) A contradição na posição da Recorrente Quinta da Cabreira assenta em que, para a sua pessoa, aceita a livre transmissibilidade de licenças emitidas em nome de terceiras entidades, mas já não o aceita em relação à aqui Recorrente; e aceita que a simples detenção da propriedade do Lote 63 faz presumir a propriedade da estação de serviço que ali se está a construir, mas não aceita realidades análogas para o caso da aqui Recorrente.

c) No entanto, tendo as licenças da Recorrente e dos Recorridos por objecto principal terrenos e/ou instalações a construir nos mesmos, presume-se a sua transmissão juntamente com a transmissão dos direitos reais ou obrigacionais que conferem aos transmissários o respectivo direito de uso ou gozo.

d) Quer isto dizer, que traduzindo-se a licença na remoção de uma proibição ou obstáculo ao exercício de um direito, esta transmite-se com o direito.

e) De qualquer forma, se assim não fosse, a Quinta da Cabreira seria igualmente parte ilegítima, uma vez que a sua situação jurídica não difere, neste ponto, da posição da própria Recorrente.

f) A conjugação dos artigos 26.º, n.º 3 do C PC, aplicável ao contencioso administrativo por força do artigo 1.º da LPTA, e 46.º do RSTA, impõe que o Tribunal atenda ao interesse directo, pessoal e legítimo tal como este foi configurado pelo recorrente na petição de recurso (neste sentido, veja-se um dos mais recentes Acórdãos do STA, proferido em 21/10/2004, no processo 1750/ /2003 – que se pode consultar em http://www.dgsi.pt/jsta/, com o n.º de doc. SA12004102101750).

g) A ORC invocou a titularidade de um posto de abastecimento de combustíveis a uma distância próxima do posto licenciado através do acto administrativo impugnado, e fundou o seu interesse pessoal e legítimo na anulação daquele acto na esfera de protecção concorrencial da sua própria licença (princípios do equilíbrio concorrencial e da tutela da confiança).

h) Invocou ainda a ORC que o acto impugnado violou o princípio da igualdade, na medida em que tratou a aqui contra-interessada Quinta da Cabreira de forma mais favorável, nomeadamente ao dispensá-la da exigência de contra partidas impostas no passado à ORC para o mesmo fim (licenciamento no mesmo local).

i) Ou seja, a ORC invocou regras e princípios que são, inequivocamente, de direito público constituindo aliás manifestações legais do seu direito fundamental de livre empresa (artigo 61.º da CRP).

j) A impugnação da compressão ilegal do núcleo de direitos subjectivos fundados na licença (acto constitutivo de direitos) da Recorrente no recurso contencioso constitui um interesse directo, pessoal e legítimo na anulação do acto aqui recorrido – o benefício não é pois mediato, eventual ou meramente possível, mas actual, directo e imediato, correspondendo a uma satisfação imediata da Recorrente ORC.

k) No caso em apreço, o benefício imediato e actual da Recorrente com a anulação reside na prevenção da ocorrência de um prejuízo grave – perda de clientela e manutenção das condições económicas mínimas para a continuidade do exercício da actividade – prejuízo potencial que, aliás, foi reconhecido e aceite pelo TCA no Acórdão proferido no processo de suspensão.

l) A questão (diversa) de saber se assiste ou não razão à Recorrente no mérito desta sua pretensão, e designadamente a de saber se existe ou não tutela legal para a mesma, já pressupõe a apreciação do mérito do recurso contencioso.

m) No tocante à lesividade para o ambiente, importa dizer que para além dos interesses difusos que lhes estão subjacentes, a violação daquelas normas também pode ofender simultaneamente interesses próprios de determinadas pessoas, ou seja, interesses directos, pessoais e legítimos, que se repercutem na esfera jurídica daquelas pessoas, como acontece no caso vertente com a Recorrente no recurso contencioso (neste sentido, cf. Acórdão da 1ª Subsecção do CA deste STA, proferido em 02/12/ /2004 no Recurso n.º 1031/04, em www.dgsi.pt, com o número de documento SA12004120201031).

n) A concessão de uma licença violadora das normas ambientais à Quinta da Cabreira constitui um tratamento discriminatório em termos concorrenciais – nomeadamente por violação do princípio da igualdade no acesso e exercício de determinada actividade económica –, podendo mesmo configurar-se como um auxílio público ilegal.

o) Aliás, não deixa a este propósito de ser significativo recordar o despacho de licenciamento recorrido foi proferido antes da necessária autorização da DRALVT.

p) Em face do exposto, o despacho judicial recorrido não merece qualquer censura, devendo manter-se.

Nestes termos, nos demais de Direito aplicáveis, e com o douto suprimento de V. Exa., requer-se que o presente recurso seja julgado improcedente, e em consequência, mantido o douto despacho que julgou a Recorrente ORC parte legítima, seguindo-se os ulteriores termos legais.

No recurso que interpôs da decisão de procedência da questão prévia da extemporaneidade do recurso contencioso, a recorrente O.R.C. apresentou alegação (fls. 464, ss.) com as seguintes **conclusões**:

a) Não assiste razão ao Mmo. Juiz do Tribunal *a quo* no despacho recorrido, desde logo, por ali se reconhecer que *"do edital de* 14/10/2002 *(fls.* 52 *e* 53 *do Proc. Susp. de Eficácia) não resultam minimamente as razões que estribam a decisão impugnada";* e que assim se poderá entender, que *"o requerimento de* 13/11/2002, *onde* [a Recorrente] *pede elementos adicionais, que lhe foram fornecidos em* 27/11/2002, *pelo ofício n.º* 1998/9625, *(que) justificariam a extemporaneidade do recurso, por via do disposto no art. 31.º – da LPTA, como, aliás, defende a recorrente, na resposta a esta questão prévia.*

b) O Edital n.º 220/2002 da Câmara Municipal do Cartaxo, através do qual se notificou o acto aos interessados, não cumpre os requisitos mínimos de conteúdo das notificações exigidos pelo artigo 68.º, n.º 1 do CPA, nomeadamente, não identifica o autor do acto e não indica – nem sequer resumidamente – o seu conteúdo, que necessariamente inclui a sua fundamentação.

c) Entende a Recorrente que a sua carta de 25/10//2002 – uma reclamação graciosa não limitou os direitos que lhe assistiam em obter uma decisão administrativa devidamente fundamentada.

d) Acresce que a Recorrente solicitou informação adicional à Autoridade Recorrida com invocação expressa do artigo 31.º da LPTA; em 13/11/2002, e precisamente depois de ser confrontada com uma notificação para se pronunciar em sede de audiência prévia que indiciava uma avaliação e uma realidade diversa da que havia sido assumida na sua referida carta de 25/10/2002 (nomeadamente, quanto à implantação geográfica efectiva do posto licenciado).

e) O facto de, *a posteriori,* se poder ajuizar sobre o carácter certeiro da maioria da argumentação utilizada na carta de 25/10/2002, não invalida que a Recorrente continuasse sem conhecer os contornos mínimos fundamentais do acto que pretendia impugnar contenciosamente.

f) Por outro lado, e para efeitos contenciosos, a ausência de informação sobre a fundamentação concreta do acto recorrido nestes autos justificaria sempre o recurso ao direito previsto no artigo 31 o da LPTA para efeitos de apuramento de outros eventuais e diferentes vícios do acto a impugnar contenciosamente.

g) Neste contexto, a jurisprudência do Supremo Tribunal Administrativo é bem clara no sentido de afirmar que a posição mais conforme ao texto constitucional e seus princípios é a que consagra que o conhecimento global do acto, e nomeadamente dos respectivos fundamentos, é fundamental para que o particular possa avaliar o alcance integral do seu conteúdo, a fim de poder decidir do recurso aos meios de impugnação adequados.

h) Como garantia da tutela jurisdicional efectiva dos artigos 20.º, n.º 1 e 268.º n.º 4 da CRP, e em aplicação do principio geral dos artigos 306.º n.º 1 e 329.º do C. Civil, de que a prescrição corre apenas a partir do momento em que o direito puder ser exercido, os particulares têm direito, não só a pedir e obter certidão da fundamentação dos actos administrativos que afectem direitos ou interesses protegidos, mas também, a ver contado o início do prazo para o recurso contencioso a partir do efectivo conhecimento dos elementos elencados no artigo 68.º do CPA como devendo constar da notificação, *maxime* a fundamentação.

i) Enquanto o recorrente não tiver acesso ao raciocínio argumentativo que subjaz à decisão tomada, não pode formar a sua vontade de recorrer, porque não dispõe dos elementos que lhe permitam avaliar a justeza da decisão.

j) Nessa medida e tendo presente a eficácia persuasiva intra-processual da fundamentação das decisões, pode afirmar-se que antes de se dar a conhecer os fundamentos decisórios, não pode haver, porque do ponto de vista da racionalidade comunicativa não é concebível, uma legítima intenção de recorrer.

k) Assim sendo, a exigência da interposição de um recurso num momento em que se desconhecem os fundamentos da decisão a impugnar não é equiparável à necessidade de interposição de recurso dentro de prazo razoável; diferentemente, tal exigência traduz-se antes na imposição de uma formalidade limitadora do efectivo exercício do direito ao recurso e absolutamente alheia ao que possa ser a prossecução de um interesse racional e teleologicamente justificado.

l) Para beneficiar de faculdade idêntica à do n.º 2 do artigo 31.º da LPTA o interessado deve requerer – tal como aconteceu no caso sub judice – a notificação completa, ou a passagem de certidões, dentro do prazo previsto para o recurso administrativo, só assim podendo interromper o prazo para este recurso.

m) O recurso contencioso pode, assim, ser interposto em prazo, desde que este seja contado a partir do momento em que se teve conhecimento da fundamentação do acto, e não e fatalmente, a partir da sua mera publicação (cf. neste sentido Acórdão do TC, de 23/10/2002, que transcreve o decidido no seu acórdão n.º 384/98).

n) Neste mesmo sentido pronunciaram-se, entre outros, os Acórdãos da 1ª subsecção do CA, proferido em 14/03//2002, no processo 276/02 (cf. www.dgsi.pt, com o n.º de documento SA1200203140276), do Pleno da Secção do CA, proferido em 30/04/2003, no processo 128/02 (cf. www.dgsi.pt, com o n.º de documento SAP200304300128), do Pleno do STA, proferido em 9/03/2004, no processo no 01509/02 (cf. www.dgsi.pt, com o n.º de documento SAP2004030901509), e da 2ª Subsecção do CA, proferido em 18/01/2005, no processo 418/03 (cf. www.dgsi.pt, com o n.º de documento SA2200501180418).

o) O despacho judicial recorrido, ao violar os artigos 68.º do CPA e 31.º da LPTA, nos termos referidos, violou também os citados artigos 20.º, n.º 1 e 268.º, n.º 4 da CRP.

Nestes termos, nos demais de Direito aplicáveis, e com o douto suprimento de v. Exa., requer-se que o presente recurso seja julgado procedente, e em consequência, anulado o douto despacho que julgou intempestiva a interposição do recurso contencioso do acto administrativo de licenciamento deferido por despacho do Presidente da Câmara Municipal do

Cartaxo de 11 de Outubro de 2002, no uso de competência delegada pela Câmara Municipal do Cartaxo, publicado no Edital da Câmara Municipal do Cartaxo n.º 220/2002, através da qual se licenciou ao Recorrente Jacinto Marques Henriques a construção de uma estação de serviço de combustíveis líquidos, situada no Lote n.º 63 da Urbanização da Quinta da Cabreira, na E.N. n.º 3, ao km 25,1, seguindo-se os ulteriores termos legais.

Os recorridos Jacinto Henriques e Quinta da Cabreira apresentaram contra-alegação (fls. 511, ss.), na qual formularam as seguintes **conclusões**:

1ª – O M.º Juiz a quo decidiu bem, ao declarar o recurso contencioso de anulação extemporâneo, quanto aos vícios que poderiam determinar, no entender da recorrente, a anulação do despacho do Presidente da Câmara Municipal do Cartaxo, de 11 de Outubro de 2002.

2ª – Os vícios apontados pela recorrente como sendo determinantes da anulação do despacho do Presidente da Câmara Municipal do Cartaxo, de 11/10/2002, há mais de dois meses que eram conhecidos da recorrente, relativamente à data de interposição do recurso.

3ª – Esses vícios apontados na petição de recurso são os mesmos vícios que a recorrente apontou no seu requerimento dirigido ao Presidente da Câmara Municipal do Cartaxo, em 25 de Outubro de 2002.

4ª – Tendo a petição de recurso dado entrada na secretaria do Tribunal em 7 de Janeiro de 2003, a mesma petição entrou fora de prazo.

5ª – A recorrente não é proprietária de qualquer posto de combustíveis, no concelho do Cartaxo e, também, não é proprietária do posto de combustíveis, sito ao Km 25,6, E.N. 3, em Vila Chã de Ourique, concelho do Cartaxo, nem, sequer, é a titular do alvará concedido pela entidade competente para a abertura desse mesmo posto de combustíveis.

6ª – Não tem, consequentemente, a recorrente legitimidade para ser parte, nem tem qualquer interesse em agir.

Pelo que, o presente recurso deverá ser julgado improcedente, mantendo-se a douta decisão recorrida nos seus precisos termos, tal como doutamente foi decidido, quanto aos vícios determinantes da anulação.

O Ex.mo Magistrado do **Ministério Público** junto deste Supremo Tribunal emitiu o seguinte parecer (fls. 529/532):

A publicação do acto contenciosamente impugnado, efectuada através do Edital no 220/2002, de 14/10/02, da Câmara Municipal do Cartaxo, contém a identificação do seu autor, da respectiva data e a indicação sumária do seu sentido – Doc. n.º 8 , a fls. 52 e segs do Vol.I.

Na sequência do pedido formulado pela recorrente contenciosa à autoridade recorrida, em 13/11/02, foram-lhe enviadas, em 27/11/02, entre outros elementos solicitados, fotocópias do acto recorrido e da deliberação camarária de delegação de competências de licenciamento no Presidente de Câmara – cfr n.º 6 da matéria de facto provada e fls 54/55, Vol.I.

A nosso ver, estes elementos foram obtidos pela recorrente a coberto do Art. 31.º, n.º 1 da LPTA, visando suprir as deficiências da publicação obrigatória do acto, em face do disposto no Art. 91.º, n.º 1 da Lei n.º 169/99, de 18 de Setembro, redacção dada pela Lei n.º 5-N2002, de 11 de Janeiro; 131 .º e 123.º, no 1, alíneas a) e d) do CPA, com efeito interruptivo no prazo de interposição do recurso contencioso, nos termos do n.º 2 daquele Art. 31.º da LPTA.

Não relevará em contrário o eventual conhecimento particular do teor do acto recorrido, por parte da recorrente contenciosa ou, como considerou a decisão recorrida, *"o conhecimento de todos os elementos relevantes para poder* (...) *intentar o recurso contencioso"*, já que só o perfeito conhecimento do conteúdo do acto, revelado pelo interessado no procedimento, tem como efeito a dispensa da sua notificação, nos termos do Art. 67.º, n.º I, alínea b) do CPA, que não também a da sua publicação ou, consequentemente, a do suprimento das deficiências desta, sendo certo que desse acto a recorrente não tinha de ser notificada.

O conhecimento particular do acto não obstará à faculdade do Art. 31.º, n.º 1 da LPTA, cuja finalidade visa a perfeição da comunicação oficial dos actos administrativos aos interessados, na perspectiva da garantia da tutela jurisdicional efectiva dos seus direitos e interesses legítimos, sempre e quando lhes devam ser notificados ou publicados.

Assim, interposto o recurso em 7/1/03, mostra-se observado o prazo legal previsto para a sua interposição no Art. 28.º (por lapso, refere-se 27.º), n.º 1, alínea a) da LPTA.

Procederá, então, o alegado erro de julgamento, por indevida interpretação e aplicação do Art. 31.º da LPTA, devendo, consequentemente, conceder-se provimento ao recurso interposto pela recorrente contenciosa e revogar-se a decisão de rejeição do recurso contencioso, por extemporaneidade na sua interposição.

* * *

Relativamente à questão da legitimidade da recorrente contenciosa, entendemos que o recurso interposto pelos recorridos particulares não merece provimento.

A este respeito, salienta-se não ter sido impugnada a matéria de facto provada sob o n.º 4 da decisão recorrida, ou seja, o de que *"A recorrente explora, desde 1998, sob a marca ESSO, um posto de abastecimento de combustíveis, localizado na EN n.º 3, ao Km. 25,5, a cerca de 500/700 metros do licenciado e referido em 2 supra, no mesmo sentido de trânsito e estando este mais próximo da cidade do Cartaxo"*, em conformidade, aliás, com os factos invocados na petição do recurso contencioso – Cfr Art. 2.º.

Perante este facto, não assume relevância a alegação dos ora recorrentes de que aquela não é titular do posto de combustíveis nem proprietária do terreno onde está instalado – alegação na qual alicerçam a falta de interesse processual em agir da recorrente contenciosa – uma vez que a qualidade de exploradora do referido posto é suficiente para fundar a sua titularidade da relação jurídica controvertida, tal como ela é apresentada na petição do recurso.

Nesta, a recorrente fundamenta a sua pretensão de eliminação da Ordem Jurídica do acto de licenciamento, em favor do recorrido particular, da construção de uma estação de serviço de combustíveis líquidos, sito na EN n.º 3, ao Km 25,1, em vício de incompetência absoluta do autor do acto, em vício de forma por omissão de formalidade essencial e falta de fundamentação, e em violação dos princípios da igualdade e do justo equilíbrio concorrencial decorrente dos princípios gerais da protecção dos direitos e interesses dos cidadãos, de proporcionalidade e da boa fé – Art.s 48.º, 25.º e 40.º, designadamente.

Na mesma petição, a recorrente imputa, com verosimilhança, ao acto recorrido, a produção de previsíveis danos na sua actividade comercial, emergentes do licenciamento de construção de um novo posto de abastecimento de combustíveis, muito próximo do seu, que determinará um desvio da clientela da recorrente, com redução inevitável das receitas, em termos que poderão colocar em causa a viabilidade económica do posto de abastecimento de combustíveis que explora – Cf. Art.s 37.°, 38.°, 44.° e 45.°, designadamente.

Ora, se é certo que os princípios e as normas alegadamente violadas não visam proteger directamente o interesse específico da recorrente de equilíbrio concorrencial relativo à exploração comercial daquele posto, o certo é que o eventual provimento do recurso contencioso, com base na respectiva violação, instrumentaliza a defesa *simultânea* desse seu interesse, embora de forma indirecta e reflexa, por via da tutela primacial, directa e imediata, do interesse público subjacente ao licenciamento de construção de postos de abastecimento de combustíveis líquidos.

Nesta perspectiva, a recorrente detém um interesse legalmente protegido na impugnação contenciosa do acto em causa, o qual se configura – em razão da possibilidade de eliminação dos efeitos lesivos dele alegadamente emergentes para a actividade da recorrente – como uma vantagem ou beneficio *directo, pessoal e legítimo,* por se repercutir imediatamente na respectiva esfera jurídica e em decorrência da especial, diferenciada e relevante posição jurídica substantiva de que é titular, no âmbito do desenvolvimento da actividade administrativa.

Neste sentido, *"Direito Administrativo",* Mário Esteves de Oliveira, Vol.I, Almedina, 1984, págs 350/354 e Acórdão deste STA, de 28/3/01, rec. 27016.

Improcedendo, pelo exposto, todas as conclusões das alegações dos recorrentes, deverá, em nosso parecer, ser negado provimento ao recurso e reconhecida legitimidade à recorrente contenciosa.

Colhidos os vistos legais, cumpre decidir.

2. A sentença recorrida considerou provados os seguintes **factos**:

1. Por deliberação da Câmara Municipal do Cartaxo, de 19/1/98, foi aprovado o pedido de loteamento do requerido particular Jacinto Marques Henriques, nos termos do extracto da acta n.° 2/98.

2. Por despacho de 11/10/2002, a entidade recorrida aprovou o licenciamento da construção de uma estação de serviço de combustíveis líquidos, situada no lote 63 da Urbanização da Quinta da Cabreira, na EN 3, ao Km. 25,1 ***[acto recorrido].***

3. Em 22 e 27 de Novembro de 2002, a Directora Regional do Ambiente e Ordenamento do Território de Lisboa e Vale do Tejo, emitiu, a favor de Jacinto Marques Henriques, as licenças de construção ns. 793/C/DSCA//DDH/02 (referente a um arruamento no lote 63) e 794/C//DSGA/DDH702 (atinente à construção de loja de apoio a posto de abastecimento de combustíveis).

4. A recorrente explora, desde 1998, sob a marca ESSO, um posto de abastecimento de combustíveis, localizado na EN n.° 3, ao Km. 25,5, a cerca de 500/700 metros do licenciado e referido em 2 supra, no mesmo sentido de trânsito e estando este mais próximo da cidade do Cartaxo.

5. A recorrente teve conhecimento do acto recorrido, pelo menos desde 25/10/2002, nos termos do requerimento de fls. 128 a 131 dos autos de suspensão de eficácia e que aqui se dá como reproduzido para todos os efeitos legais, onde peticiona à entidade recorrida a revogação do acto impugnado nestes autos.

6. Em 13 de Novembro de 2002, a recorrente solicitou informações adicionais em relação ao acto recorrido, as quais lhe foram dadas pelo ofício n.° 1998/9625, de 27/II/2002 – *cfr. fls.* 54 *e* 55 *dos autos.*

7. Os presentes autos deram entrada em 7 de Janeiro de 2003, no TAC de Lisboa.

3. Como ser relatou a sentença recorrida decidiu que à recorrente O.R.C. assistia legitimidade para o recurso contencioso interposto e, por outro lado, que este, relativamente aos vícios geradores de mera anulabilidade do acto impugnado, foi extemporaneamente interposto.

3.1. Os recorridos, ora recorrentes, Jacinto Henriques e Quinta da Cabreira impugnam aquela primeira decisão, persistindo em defender que a falta de legitimidade activa daquela O.R.C., por não ser proprietária do posto de abastecimento já existente em local próximo do posto licenciado pelo acto impugnado, não ser proprietária do terreno em que aquele está instalado, nem titular da correspondente licença de exploração.

Mas, não lhes assiste razão.

Conforme dispõe o art. 821, n.° 2 do Código Administrativo, à semelhança do preceituado no art. 47, n.° 1 do Regulamento do Supremo Tribunal Administrativo, têm legitimidade para interpor recurso contencioso os titulares de interesse directo, pessoal e legítimo no respectivo provimento.

E, como reiteradamente tem afirmado a jurisprudência deste Supremo Tribunal[1], «*a legitimidade tem que ser ajuizada face aos próprios termos da petição de recurso, independentemente do conteúdo concreto da relação jurídico-administrativa, tal como esta na realidade existe*» (sum. ac. de 13.12.94 – R.° 35242).

Com efeito, a legitimidade é um *pressuposto processual* e não uma condição de procedência do recurso contencioso. Pelo que não se confunde com a questão de fundo (vd. Cons. Santos Botelho, *Contencioso Administrativo Anotado,* 4.° ed., 860).

No caso sujeito, a recorrente afirma, na petição de recurso (n.° 2), que «*explora desde 1998, sob a marca ESSO, um posto de abastecimento de combustíveis localizado na EN n.° 3, ao km 25,5, ou seja, a cerca de 500 metros do local previsto para a construção do novo posto de abastecimento de combustíveis licenciado pelo aqui controvertido*». E, em conformidade com o assim peticionado, deu a sentença como provado, sem impugnação dos ora recorrentes, que «*A recorrente explora, desde 1998, sob a marca ESSO, um posto de abastecimento de combustíveis, localizado na EN n.° 3, ao Km. 25,5, a cerca de 500/700 metros do licenciado e referido em 2 supra, no mesmo sentido de trânsito e estando este mais próximo da cidade do Cartaxo*» – n.° 4 da matéria de facto provada.

Para além disso, a como bem nota o Exmo. Magistrado do Ministério Público, na mesma petição (n.ºs 37.°, 38.°, 44.° e 45.°), a recorrente invoca danos que, previsivelmente, decorrerão para a sua actividade comercial do licenciamento e exploração de um novo posto de um

[1] Vd., entre outros, os acórdãos de 12.6.91, de 8.10.92, de 15.10.96, de 111.2.99 e de 8.3.01, proferidos, respectivamente, nos recursos n.° 25576, 28947, 39483, 44032 e 41893.

novo posto de abastecimento de combustíveis, em local próximo daquele que explora e cuja viabilidade económica ficará em causa.

Assim sendo, a recorrente O.R.C. tem interesse pessoal, directo e legítimo no provimento do recurso contencioso. O mesmo é dizer que, de acordo com a perspectiva atrás enunciada, tem legitimidade para esse recurso.

É, pois, de manter a sentença impugnada, na parte em que decidiu pela improcedência da questão prévia da ilegitimidade activa, suscitada pelos ora recorrentes, cuja alegação se mostra improcedente.

3.2. Passemos, agora, à apreciação do recurso interposto pela recorrente O.R.C., da decisão que julgou extemporâneo o recurso contencioso, quanto aos vícios geradores de mera anulabilidade do acto impugnado.

Para assim decidir, a sentença recorrida considerou que, no requerimento de 25.10.02, em que pediu a revogação do acto impugnado, a recorrente evidenciou já conhecimento de todos os elementos relevantes para a interposição do recurso contencioso.

Pelo que, ainda segundo o entendimento seguido na sentença, «*não se pode justificar a apresentação do recurso com base na possibilidade prevista no art. 31.º da LPTA*».

Assim, concluiu a sentença, o recurso contencioso tem de se considerar extemporâneo, por ter sido apresentado, em 7.1.03, para além de dois meses, contados da data (25.10.02) daquele requerimento de revogação.

Contra tal entendimento da sentença, alega a recorrente, essencialmente, que o pedido que formulou, em 25.10.02, não lhe retirou nem limitou o direito que, nos termos do art. 31 da LPTA, lhe assistia a obter da entidade recorrida os elementos da decisão administrativa, e m ordem à utilização informada dos adequados meios de impugnação dessa mesma decisão. E que só a partir da data em que lhe foi dado conhecimento da fundamentação integral do acto se iniciou o prazo do recurso contencioso. O qual, conclui a recorrente, foi, assim, tempestivamente interposto.

E procede esta alegação.

Vejamos.

Está em causa o prazo de interposição de impugnação contenciosa dos actos anuláveis, que é de dois meses (art. 28, n.º 1, al. a) LPTA). E que, no caso do acto a que respeitam os autos, se contava da respectiva publicação, por esta ser obrigatória (art. 29, n.º 1[2] da LPTA e 91, n.º 1[3] da Lei 169/99, de 18.9, red. da Lei 5-A/2002, de 11.1).

Saliente-se que, face ao preceito daquele art. 29, n.º 1 da LPTA, e diversamente do que entendeu a sentença recorrida, é irrelevante para a contagem do prazo do recurso a data do conhecimento particular ou acidental do acto[4].

Ora, como, sem controvérsia, reconhece a própria sentença recorrida, do edital de 14.10.02, que publicitou o acto impugnado, «*não resultam minimamente as razões que estribam a decisão impugnada*».

Com efeito, desse edital consta (fl. 54, dos autos), apenas, que

«Por despacho de 11 de Outubro do corrente ano foi deferido:

PROCESSO **N.º 193/2001**

REQUERENTE: JACINTO MARQUES HENRIQUES

TIPO E NATUREZA DA OBRA: Construção de estação de serviço de combustíveis líquidos

LOCAL: Urbanização da Quinta da Cabreira – Lote n.º 63-CARTAXO»

Nessa publicação faltam, manifestamente, menções obrigatórias (cf. arts 131 e 123 CPA), designadamente, a respectiva fundamentação. Pelo que, conforme o direito que lhe assistia (art. 31[5] LPTA), a recorrente tenha solicitado, em 13.11.02, informação sobre os elementos omitidos. Pedido que foi satisfeito, pelo ofício n.º 1998/ /9625, de 27.11.02 (n.º 6, da matéria de facto). Desta última data se contava, pois, o prazo para o recurso, conforme dispõe o n.º 2 do art. 31 LPTA.

Assim, tendo sido interposto em 7.1.03 (n.º 7, da matéria de facto), o recurso deve considerar-se tempestivo, mesmo quanto aos vícios geradores de mera anulabilidade do acto impugnado.

Daí que, também na parte em que decidiu pela extemporaneidade do recurso contencioso, não seja de manter a sentença recorrida.

4. Por tudo o exposto, acordam em negar provimento ao recurso jurisdicional interposto por Jacinto Marques Henriques e Quinta da Cabreira-Área de Serviço de Combustíveis, Lda. e em conceder provimento ao recurso jurisdicional interposto por O.R.C.-Organização Revendedora de Combustíveis, Lda., ordenando a baixa dos autos ao tribunal recorrido, para aí se prosseguir no conhecimento do recurso contencioso, se a tanto nada mais obstar.

Custas pelos recorrentes Jacinto Marques Henriques e Quinta da Cabreira, Área de Serviço de Combustíveis, Lda., fixando-se, por cada um, a taxa de justiça e a procuradoria, respectivamente, em € 300,00 (trezentos euros) e € 150,00 (cento e cinquenta euros).

Lisboa, 25 de Maio de 2006.

Adérito Santos (relator)
Madeira dos Santos
Santos Botelho

Recurso n.º 911/05-11

---

[2] ***Artigo 29 (Recurso de acto expresso)***: ***1.*** *O prazo para interposição de recurso de acto expresso conta-se da respectiva notificação ou publicação, quando esta seja imposta por lei.* ***2.*** *...*

[3] ***Artigo 91***: ***1.*** *Para além da publicação no Diário da República quando a lei expressamente o determine, as deliberações dos órgãos autárquicos bem como as decisões dos respectivos titulares, destinadas a ter eficácia externa, devem ser publicadas em edital afixado nos lugares de estilo durante 5 dos 10 dias subsequentes à tomada da deliberação ou decisão, sem prejuízo do disposto em legislação especial.* ***2.*** *...*

[4] Neste sentido, S. Botelho, loc. cit., 379, e demais doutrina e jurisprudência aí referida.

[5] ***Artigo 31.º (Notificação ou publicação insuficiente)***: ***1.*** *Se a notificação ou a publicação não contiver a fundamentação integral da decisão e as demais indicações a que se refere o artigo anterior, pode o interessado, dentro de um mês requerer a notificação dos que tenham sido omitidas ou a passagem de certidão que as contenha.* ***2.*** *Se o interessado usar da faculdade concedida no número anterior, o prazo para o recurso conta-se a partir da notificação ou da entrega da certidão que tenha sido requerida.*

RECURSO EXCEPCIONAL DE REVISTA. PRESSUPOSTOS DE ADMISSIBILIDADE. QUESTÃO DE IMPORTÂNCIA FUNDAMENTAL.

(Acórdão de 27 de Abril de 2006)

SUMÁRIO:

I - Nos termos do n.º 1 do artigo 150.º do Código de Processo nos Tribunais Administrativos (CPTA) pode haver recurso excepcional de revista para o Supremo Tribunal Administrativo (STA) das decisões do Tribunal Central Administrativo (TCA) proferidas em 2ª instância quando esteja em causa a apreciação de uma questão que, pela sua relevância jurídica ou social, se revista de importância fundamental ou quando a admissão do recurso seja claramente necessária para uma melhor aplicação do direito.

II - Reveste-se de importância fundamental, quer pela sua relevância jurídica quer social, a questão de saber se os órgãos de administração e gestão dos estabelecimentos de educação ou ensino mantêm o poder de autoridade sobre os alunos do ensino básico quando estes, durante o horário escolar, se ausentem da escola sem qualquer autorização.

ACORDAM NA 1ª SECÇÃO DO SUPREMO TRIBUNAL ADMINISTRATIVO (STA)

André Filipe Ferreira Gonçalves, com os sinais dos autos, inconformado com o acórdão do Tribunal Central Administrativo Sul (TCAS), que confirmou o decidido pelo Tribunal Administrativo e Fiscal (TAF) de Viseu, interpôs do mesmo o presente recurso excepcional de revista, nos termos do n.º 1 do art. 150.º do Código de Processo nos Tribunais Administrativos (CPTA).

Sobre a verificação dos pressupostos da admissibilidade desta revista, que é o que ora está em causa, o Recorrente sustenta que a questão a decidir assume relevância jurídica e social fundamental e reclama uma melhor aplicação do direito.

Já o Estado, através do Ex.º Magistrado do Ministério Público, é de opinião contrária, porquanto, acrescenta, não ocorre qualquer daqueles pressupostos de admissibilidade do recurso para além de que os argumentos formulados pelo Recorrente já obtiveram resposta clara e abundantemente fundamentada.

Vejamos:

O Recorrente, no ano lectivo de 1999/2000, então ainda menor de 16 anos, frequentava o 9.º ano na Escola José Macedo Fragateiro, em Ovar, juntamente com o seu colega, Hugo Miguel Almeida Teixeira, de 14 anos, integrados nas turmas A e B, respectivamente.

No dia 7/12/1999, no início da manhã, os dois alunos chegaram à escola para assistir às aulas em conformidade com os seus horários e cerca das 13 horas e 25 minutos o Hugo Miguel, em vez de entrar na sala para assistir à aula de português, saiu da escola com o ora Autor, que já não tinha mais aulas, e outros colegas do ensino básico, pelo portão principal sem aquele ter sido interpelado ou impedido por quem quer que fosse.

Os dois alunos em questão e os demais colegas, ultrapassado que foi o portão da escola, dirigiram-se para casa do Hugo Miguel onde este apontou uma arma de fogo ao pescoço do André Filipe e disparou.

Em consequência do disparo, uma bala que se encontrava no interior da arma penetrou no corpo do ora Autor ao nível da região cervical de que resultaram, como consequência directa e necessária, graves ferimentos determinantes de tetraplegia completa sensitiva e motora com incapacidade permanente e total para o trabalho com total dependência de terceira pessoa.

Propôs então a Acção Ordinária n.º 578/2000 no Tribunal Administrativo do Círculo de Coimbra (TACC), pedindo a condenação do Estado no pagamento de uma indemnização com fundamento na omissão do dever de vigilância – art. 491.º do Código Civil.

A acção foi julgada procedente mas, interposto recurso para este STA, foi a sentença recorrida revogada e o R. Estado absolvido totalmente do pedido.

Posteriormente, intentou a acção a que se referem os presentes autos, também contra o Estado Português, mas agora ao abrigo da Portaria n.º 413/99, de 8/06, que aprovou o Regulamento do Seguro Escolar, mais precisamente com fundamento na 1ª parte, n.º 2, do art. 13.º, daquele diploma, segundo o qual "O seguro escolar garante ainda os prejuízos causados a terceiros pelo aluno desde que sujeito ao poder de autoridade do órgão de administração e gestão do estabelecimento de educação ou ensino (...)"

O TAF de Viseu julgou improcedente a acção e o tribunal "a quo" (TCAN) confirmou o decidido, entendendo que aquele transcrito preceito não se aplica ao caso em questão mas tão só às situações previstas nas alíneas a) e b) do n.º 2 do art. 3.º do citado Regulamento, para além do aluno, na situação descrita, não estar sujeita ao poder de autoridade do órgão de gestão da escola.

Contra esta interpretação insurge-se o Recorrente para quem a mesma é excessivamente restritiva uma vez que o n.º 2 do art. 13.º do Regulamento do Seguro não estabelece qualquer conexão com as situações previstas nas alíneas a) e b) do n.º 2 do art. 3.º. Por outro lado, o facto do Hugo Miguel ter transposto o portão da escola para a rua, num momento em que o não podia fazer, não faz cessar o poder da autoridade que a escola tem sobre ele durante o período das aulas.

Quid juris?

Estatui o n.º 1 do art. 150.º do CPTA que *"Das decisões proferidas em 2ª instância pelo Tribunal Central Administrativo pode haver, excepcionalmente, revista para o Supremo Tribunal Administrativo quando esteja em causa a apreciação de uma questão que, pela sua relevância jurídica ou social, se revista de uma importância fundamental ou quando a admissão do recurso seja claramente necessária para uma melhor aplicação do direito.*

E o n.º 5 acrescenta: "A decisão quanto à questão de saber se, no caso concreto, se preenchem os pressupostos do n.º 1 compete ao Supremo Tribunal Administrativo, devendo ser objecto de apreciação preliminar sumária, a cargo de uma formação constituída por três juízes de entre os mais antigos da Secção de Contencioso Administrativo."

Trata-se, assim, de apreciar, preliminar e sumariamente, se se verificam os pressupostos referidos no n.º 1 para a admissibilidade do presente recurso, ou seja, se está em causa uma questão que, pela sua relevância jurídica ou social, assume uma importância fundamental, ou se a sua apreciação por este STA é manifestamente necessária para uma melhor aplicação do direito. Em caso afirmativo será admitido o recurso e, de seguida, o processo distribuído na Secção para o seu conhecimento. Estamos, portanto, na presença de um recurso excepcional que o legislador consagrou, não para criar um 3.º grau de jurisdição, mas para permitir que esta via funcione como uma válvula de segurança do sistema, pelo que a intervenção deste STA só se justificará relativamente a questões de grande relevância jurídica ou social ou quando se imponha uma melhor aplicação do direito sob pena de se generalizar este recurso de revista, o que, a acontecer, não deixaria de se mostrar claramente desconforme com os fins tidos em vista pelo Legislador – cfr., a este propósito, a "Exposição de Motivos", do CPTA. Como sustenta Vieira de Andrade, in "A Justiça Administrativa", Lições, 5ª edição, págs.394-395, *apud* acórdão deste STA, de 21 de Abril de 2005, Proc. n.º 435/05, o que aqui releva não é tanto o interesse prosseguido pelos Recorrentes mas "a realização de interesses comunitários de grande relevo".

No caso vertente, é fora de dúvida que a questão a decidir assume uma importância fundamental quer pela sua relevância jurídica quer social.

Efectivamente, a comunidade escolar, mormente os pais e encarregados de educação, tem interesse em saber se os seus filhos ou educandos, durante o período escolar, mas fora da escola sem autorização estão ou não ainda sujeitos ao poder de autoridade dos órgãos de gestão desta. Mas também a estes importa saber se tem esse poder em tais circunstâncias pois só assim sentirão o dever de o exercer.

Tudo está, pois, em saber em que circunstâncias os alunos estão sujeitos ao poder de autoridade dos órgãos de gestão das escolas a que alude a 1ª parte do n.º 2 do art. 13.º do Regulamento do Seguro Escolar. Da conclusão a que chegar depende ou não o direito ao seguro por parte de quem for vítima de acções ilegais de alunos, o que é de grande relevância social.

Por outro lado, a interpretação da referida norma, como se viu, não é isenta de dificuldades, e tem a virtualidade de se renovar num número indeterminado de casos futuros, o que revela que a questão a decidir é, juridicamente, de importância fundamental.

Acresce que este STA ainda não se pronunciou sobre tal questão sendo certo que é através das decisões deste que se sedimenta a melhor jurisprudência.

Verificando-se, assim, os pressupostos constantes do n.º 1 do art. 150.º do CPTA, acordam em admitir o presente recurso excepcional de revista, devendo os autos ser submetidos à distribuição.

Sem custas.

Lisboa, 27 de Abril de 2006.

António Fernando Samagaio (Relator)
Fernando Azevedo Moreira
José Manuel da Silva Santos Botelho

Recurso n.º 348/06-10

RESERVA AGRÍCOLA NACIONAL. PDM DE CASTELO DE VIDE.

(Acórdão de 2 de Maio de 2006)

SUMÁRIO:

I – Nas áreas incluídas na REN (Reserva Agrícola Nacional) são proibidas as acções de iniciativa pública ou privada que se traduzam em operações de loteamento, obras de urbanização, construção de edifícios, obras hidráulicas, vias de comunicação, aterros, escavações e destruição de coberto vegetal (art. 4.º do Dec. Lei 93/90, de 19/3 alterado pelo Dec. Lei 213/92 de 12/10).

II – As acções proibidas, em áreas abrangidas pelo regime da Reserva Ecológica Nacional previstas no PDM de Castelo de Vide não se circunscrevem às especialmente contidas nesse instrumento de ordenação urbanística, devendo aplicar-se o Dec. Lei 93/90, de 19 de Março e os diplomas que procederam á sua alteração.

ACORDAM NA 1ª SECÇÃO DO SUPREMO TRIBUNAL ADMINISTRATIVO

1. RELATÓRIO

ANTÓNIO CARLOS DE SOUSA MOEDA, devidamente identificado nos autos, recorre para este Supremo Tribunal da sentença proferida no Tribunal Administrativo de Círculo de Coimbra que declarou nulas a deliberação de 4 de Outubro de 2000 da Câmara Municipal de Castelo de Vide e a decisão de 4 de Novembro de 2002 do Presidente da mesma Câmara Municipal, no RECURSO CONTENCIOSO DE ANULAÇÃO oportunamente interposto pelo MINISTÉRIO PÚBLICO.

Terminou as suas alegações, formulando as seguintes conclusões:

a) o recorrido particular é titular dos direitos subjacentes ao licenciamento das obras de recuperação/ampliação de um imóvel preexistente, instalação agrícola, para habitação, no âmbito dos 31/99 e 7/00 da Câmara Municipal de Castelo de Vide, por força da aquisição em 7 de Outubro de 2002, do prédio misto denominado "Vale da Viola", sito na freguesia de Santa Maria da Devesa, concelho de Castelo de Vide, descrito na Conservatória do Registo Predial de Castelo de Vide, sob o n.º 775;

b) a Câmara Municipal de Castelo de Vide deliberou aprovar, em Março de 2000, o projecto de arquitectura de ampliação da habitação preexistente nesse imóvel, na reunião de 1 de Março de 2000, tendo os projectos de especialidades sido, igualmente, aprovados por deliberação de 4 de Outubro de 2000;

c) por despacho do Presidente da Câmara Municipal de Castelo de Vide foram aprovados:

– o projecto de arquitectura relativo à construção da ampliação do imóvel preexistente (em 19 de Dezembro de 2002);

– os projectos de especialidades (em 4 de Novembro de 2002);

d) as intervenções projectadas foram consideradas, pelos serviços do município, complementares à afectação do imóvel à residência do proprietário;

e) tal enquadramento é conforme as disposições do Regulamento do PDM de Castelo de Vide que permite a "remodelação, beneficiação, e ampliação de habitações para os proprietários", nos espaços naturais, conforme a alínea a) do n.º 3 do art. 40.º e admite habitações unifamiliares isoladas e admite novas construções destinadas ao uso definido ou a residência do proprietário, nas zonas de protecção por uso florestal e silvo-pastoril (art. 37.º);

f) a relação de absoluta complementaridade entre a preexistência edificada e a ampliação projectada, permitem concluir pela conformidade legal dos projectos aprovados pela Câmara Municipal de Castelo de Vide;

g) o âmbito da proibição contida no n.º 1 do art. 4.º do Dec. Lei 93/90, de 19 de Março, não inclui este caso, porquanto se circunscreve a novas construções;

h) excluem-se, deste modo, as intervenções relacionadas com a recuperação e ampliação de imóveis;

i) de acordo com este entendimento deverá ser revogada a douta sentença recorrida e declarada a validade da deliberação de 4 de Outubro de 2000 da Câmara Municipal de Castelo de Vide e a decisão de 4 de Novembro de 2002 do Presidente da Câmara Municipal de Castelo de Vide.

O Ministério Público contra alegou formulando, por seu turno, as seguintes conclusões:

1 – a deliberação da Câmara Municipal de Castelo de Vide de 4-10-2000 licenciou a ampliação e transformação de uma instalação agrícola (palheiro) em edifício habitacional;

2 – e o despacho do Presidente da Câmara Municipal de Castelo de Vide, de 4-11-2002, licenciou a construção de um outro edifício habitacional, totalmente novo, situado a cerca de 12 metros do primeiro;

3 – de acordo com a planta de condicionantes do PDM o local onde foram licenciadas as construções está integrado em área de REN;

4 – por isso o licenciamento era proibido por força do disposto no art. 4.º, n.º 1 do Dec. Lei 63/90;

5 – por outro lado, o art. 40.º, n.º 3, al. a) do Regulamento do PDM, só permite a remodelação, beneficiação e ampliação de instalações agrícolas e habitacionais para os proprietários, ou titulares dos direitos de exploração e trabalhadores permanentes, mas não autoriza a transformação de uma instalação agrícola em edifício habitacional;

6 – assim, nos termos do art. 52.º, n.º 2, b) do Dec. Lei 445/91, na redacção do Dec. Lei 250/94, e dos artigos 4.º, n.º 1 e 15.º do Dec. Lei 83/90, os actos impugnados são nulos e de nenhum efeito;

7 – por isso a douta sentença não padece de qualquer vício;

8 – pelo exposto, deve ser negado provimento ao recurso, mantendo-se a sentença, nos seus precisos termos.

Colhidos os vistos legais, foi o processo submetido à conferência para julgamento.

2. FUNDAMENTAÇÃO

2.1. MATÉRIA DE FACTO

A sentença recorrida deu como assente a seguinte matéria de facto:

1. Na sequência de deferimento (condicional) de informação prévia, o recorrido particular André Filipe Teixeira Barroso Watcher, em 17-2-2000, requereu à Câmara Municipal de Castelo de Vide o licenciamento das obras de recuperação/ampliação de um imóvel preexistente, instalação agrícola (palheiro), para habitação;

2. Por deliberação de 1 de Março de 2000 foi aprovado o projecto de arquitectura de 4/10/2000, aprovados os projectos de especialidade, referentes à mesma obra (1.º acto recorrido);

3. Em 22-3-2002, a licença de obras n.º 55/2001, referente à mesma recuperação/ampliação foi prorrogada até 22/9/2002, sem que, até Outubro de 2004, tenha sido iniciada a obra;

4. Por despacho de 19-12-2001, do Presidente da Câmara Municipal de Castelo de Vide, foi aprovado o projecto de arquitectura atinente à construção de uma habitação distante do imóvel, dito em 1, cerca de 12 metros (2ª fase);

5. Por decisão de 4-11-2002 do Presidente da Câmara Municipal de Castelo de Vide foram aprovados os projectos de especialidade, atinentes à construção, referida em 4 (2.º acto recorrido);

6. Em 13-11-2003, foi emitida a respectiva licença de obras, com validade até 25-10-2002, sendo que, até Outubro de 2002, não foi iniciada a sua construção.

7. Na sequência da celebração de contrato de compra e venda do prédio em causa entre o anterior recorrido particular André Filipe Teixeira Barroso Watcher e o actual António Carlos de Sousa Mendes, efectivado em 7-10-2002 (cfr. fls. 58 a 61 dos autos) em 25-10-2002, foi o processo camarário averbado a favor deste;

8. O prédio para onde foram licenciadas a reconstrução e construção requeridas pelo recorrido particular integra-se, de acordo com a planta de condicionantes do PDM de Castelo de Vide, ratificado por Resolução do Conselho de Ministros n.º 126/97, publicada no DR I Série – B, de 30/7/97, em zona de Reserva Ecológica Nacional (REN).

2.2. MATÉRIA DE DIREITO

António Carlos de Sousa Moeda, recorrido particular no recurso contencioso, insurge-se contra a sentença por entender que os actos declarados nulos não sofrem do vício que a sentença lhes apontou. Em seu entender o âmbito da proibição contido no n.º 1 do art. 4.º do Dec. Lei 93/90, de 19 de Março, não inclui as intervenções complementares à afectação do imóvel à residência do proprietário. É aplicável, segundo alega, o art. 40.º, n.º 3 do Regulamento do PDM de Castelo de Vide, que permite a "remodelação, beneficiação e ampliação de habitações para os proprietários" nos espaços naturais e o art. 37.º do mesmo Regulamento que permite "novas construções destinadas ao uso definido, ou a residência do proprietário, nas zonas de protecção por uso florestal e silvo pastoril.

A sentença, por seu turno, entendeu aplicável o art. 4.º do Dec. Lei 93/90, de 19/3 (na redacção do Dec. Lei 213/92, de 12/10, segundo o qual "*nas áreas incluídas na REN são proibidas as acções de iniciativa pública ou privada que se traduzam em operações de loteamento, obras de urbanização, construção de edifícios, obras hidráulicas, vias de comunicação, aterros, escavações e destruição de coberto vegetal*". Este regime, entendeu ainda a sentença recorrida, não era afastado pelo Regulamento do PDM de Castelo de Vide, nomeadamente o art. 37.º, uma vez que do respectivo preâmbulo se deixou claro que "(...) *as acções proibidas nas áreas abrangidas pelo regime da Reserva Ecológica Nacional não se circunscrevem às consagradas nos n.os 2 e 3 do art. 33.°, nos n.os 6,7 e 8 do art. 36.° e nos n.os 4,5 e 6 do art. 40.° do Regulamento, devendo aplicar-se o Dec. Lei 93/90 de 19 de Março e os diplomas que procederam à sua alteração*". Acresce, continua a sentença, que a situação concreta também não se subsume no disposto no art. 40.°, n.° 3, al. a) do referido Regulamento. Daí, ter concluído que os actos recorridos violavam o disposto no art. 4.°, n.° 1 do Dec. Lei 93/90, de 19/3, uma vez que dúvidas não existem quanto à inclusão do terreno em causa em zona qualificada como Reserva Ecológica Nacional (REN).

Que dizer?

A sentença recorrida entendeu que a proibição de construção constante do art. 4.°, n.° 1 do Dec. Lei 93/90 prevalecia sobre as disposições do PDM, invocando, para tanto o preâmbulo da Resolução do Conselho de Ministros n.° 126/97, de 30 de Julho de 1997, que aprovou o PDM de Castelo de Vide. No entanto, uma análise atenta do referido preâmbulo, mostra-nos que não é feita qualquer referência aos artigos *37.° e 40.°, n.° 3* do Regulamento, que são, precisamente os dispositivos do PDM que o ora recorrente invoca como permitindo licenciar os actos em causa.

Será, então, que o regime dos artigos 40.°, n.° 3 e 37 do PDM permite afastar as regras do Dec. Lei 93/90, nos casos em que os terrenos estejam implantados em área classificada como REN?

Vejamos o teor dos artigos 33.°, 36.° e 40.° do PDM, para compreendermos a razão de ser do preâmbulo e da sua ressalva quanto à aplicabilidade do Dec. Lei 93/90.

"Artigo 33.°

Disposições genéricas

1 – Nos espaços agrícolas, independentemente de coincidirem com áreas da REN, são permitidas as seguintes acções, com projecto aprovado pelas entidades com jurisdição na matéria:

a) Remodelação, beneficiação e ampliação de instalações agrícolas e de habitações para os proprietários ou titulares dos direitos de exploração e trabalhadores permanentes e as destinadas a turismo rural, turismo de habitação e agro-turismo, nos termos da legislação aplicável;

b) As infra-estruturas de abastecimento público de água e de condução e tratamento de esgotos, desde que não haja alternativa viável;

c) Infra-estruturas viárias integradas nas redes nacional e municipal, desde que não haja alternativa viável;

d) O arranque ou destruição da vegetação natural integrada nas técnicas normais de produção vegetal, com projectos devidamente aprovados pelo Instituto Florestal.

2 – Nos espaços agrícolas, sempre que coincidam com áreas da REN, são interditas as seguintes acções:

a) A florestação ou reflorestação com espécies de rápido crescimento, à excepção das do género Populus e seus híbridos, nas margens dos cursos de água e zonas ameaçadas por cheias;

b) A instalação de parques de sucata, lixeiras, depósitos de inertes e armazéns de produtos tóxicos e perigosos;

c) A instalação de pistas de provas de motocicletas e veículos todo o terreno.

3 – Nos espaços agrícolas, sempre que coincidam com áreas de infiltração máxima, definidas no âmbito da delimitação da REN, são interditas as seguintes acções:

a) A descarga de efluentes não tratados e a constituição de fossas e sumidouros de efluentes;

b) A rega com águas residuais sem tratamento primário;

c) A instalação de lixeiras e aterros sanitários;

d) A abertura de novas explorações de massas minerais, excepto as que forem consideradas de interesse público pelas entidades referidas no artigo 4.° do Decreto-Lei n.° 93/90, de 19 de Março, alterado pelo Decreto-Lei n.° 213/92, de 12 de Outubro;

e) O depósito de adubos, pesticidas, combustíveis e de outros produtos tóxicos e perigosos, à excepção dos situados nas explorações agrícolas e destinados a ser utilizados nas mesmas explorações;

f) A constituição de depósitos de materiais de construção;

g) Outras acções que criem riscos de contaminação dos aquíferos;

h) Outras actividades ou instalações que conduzam à impermeabilização do solo em área superior a 10% da parcela em que se situam;

i) A instalação de campos de golfe;

j) Construções e edificações, excepto as estritamente indispensáveis à actividade agrícola, as quais serão de admitir quando a totalidade do terreno se integrar nesta classe de espaço.

4 – Todos os efluentes domésticos, industriais ou pecuários serão obrigatoriamente objecto de tratamento adequado, em instalação própria, sem o que não poderão ser lançados na rede de drenagem natural.

5 – O licenciamento de novas actividades nestas áreas carece de apresentação prévia do projecto das instalações de tratamento de efluentes referidas no número anterior.

6 – As entidades responsáveis por instalações que contrariem o disposto nos dois números anteriores têm um prazo de um ano para apresentação de projecto das instalações adequadas e de mais um ano para a respectiva construção."

"Artigo 36.°

Disposições genéricas

1 – Nos termos do Decreto-Lei n.° 175/88, de 17 de Maio, carecem de licenciamento municipal as arborizações com espécies florestais de crescimento rápido em área inferior a 50 ha.

2 – Nos termos do mesmo diploma, carecem de prévio parecer da Câmara Municipal todas as acções de arborização abrangendo áreas superiores a 50 ha.

3 – As plantações das espécies dos géneros eucaliptos, acácia e ailanthus deverão respeitar as distâncias a terrenos cultivados, nascentes, terras de cultura de regadio, muros e prédios urbanos, previstas na Lei n.° 1951, de 9 de Março de 1937, alterada pelo Decreto-Lei n.° 28039, de 14 de Setembro de 1937, e regulamentada pelo Decreto-Lei n.° 28040, de 14 de Setembro de 1937, e Decreto-Lei n.° 175/88, de 17 de Maio, e Portaria n.° 528/89, de 11 de Julho.

4 – É permitida a utilização agrícola por vinha e olival.

5 – Nos espaços florestais, independentemente de coincidirem com áreas da REN, são permitidas as seguintes acções:

a) Remodelação, beneficiação e ampliação de instalações agrícolas e de habitações para os proprietários ou titulares dos direitos de exploração e trabalhadores permanentes e as destinadas a turismo rural, turismo de habitação e agro-turismo, nos termos da legislação aplicável;

b) As infra-estruturas de abastecimento público de água e de condução e tratamento de esgotos, desde que não haja alternativa viável;

c) Infra-estruturas viárias integradas nas rede nacional, municipal, desde que não haja alternativa viável;

d) O arranque ou destruição da vegetação natural integrada nas técnicas normais de produção vegetal.

6 – Nos espaços florestais, sempre que coincidam com áreas da REN, são interditas as seguintes acções:

a) A florestação ou reflorestação com espécies de rápido crescimento, à excepção das do género Populus e seus híbridos, nas margens dos cursos de água e zonas ameaçadas por cheias;

b) A instalação de parques de sucata, lixeiras, depósitos de inertes e armazéns de produtos tóxicos e perigosos;

c) A instalação de pistas de provas de motocicletas e veículos todo o terreno.

7 – Nos espaços florestais, sempre que coincidam com cabeceiras de linhas de água, definidas no âmbito da delimitação da REN, são interditas todas as acções que prejudiquem a infiltração das águas e acelerem o escoamento superficial e a erosão de forma significativa.

8 – Nos espaços florestais, sempre que coincidam com áreas de infiltração máxima, definidas no âmbito da delimitação da REN, são interditas as seguintes acções:

a) A descarga de efluentes não tratados e a constituição de fossas e sumidouros de efluentes;

b) A rega com águas residuais sem tratamento primário;

c) A instalação de lixeiras e aterros sanitários;

d) A abertura de novas explorações de massas minerais, excepto as que forem consideradas de interesse público pelas entidades referidas no artigo 4.° do Decreto-Lei n.° 93/90, de 19 de Março, alterado pelo Decreto-Lei n.° 213/92, de 12 de Outubro;

e) O depósito de adubos, pesticidas, combustíveis e outros produtos tóxicos e perigosos, à excepção dos situados nas explorações agrícolas e destinadas a ser utilizados nas mesmas explorações;

f) A constituição de depósitos de materiais de construção;

g) Outras acções que criem riscos de contaminação dos aquíferos;

h) Outras actividades ou instalações que conduzam à impermeabilização do solo em área superior a 10% da parcela em que se situem;

i) A instalação de campos de golfe.

9 – Todos os efluentes domésticos, industriais ou pecuários serão obrigatoriamente objecto de tratamento adequado, em instalação própria, sem o que não poderão ser lançados na rede de drenagem natural.

10 – O licenciamento de novas actividades nestas áreas carece de apresentação prévia do projecto das instalações de tratamento de efluentes referidas no número anterior.

11 – As entidades responsáveis por instalações que contrariem o disposto nos dois pontos anteriores têm um prazo de um ano para apresentação de projecto das instalações adequadas e de mais um ano para a respectiva construção.

"Artigo 40.°

Disposições genéricas

1 – Nos espaços naturais, as funções de protecção e recuperação prevalecem sobre as funções de produção, quando se verifique incompatibilidade.

2 – Sem prejuízo da legislação específica aplicável, são interditas as seguintes acções:

a) A instalação de parques de sucata, lixeiras, nitreiras e depósitos de materiais de construção;

b) A florestação ou reflorestação com eucaliptos.

3 – Nos espaços naturais, independentemente de coincidirem com áreas da REN, são permitidas as seguintes acções:

a) Remodelação, beneficiação e ampliação de instalações agrícolas e de habitações para os proprietários ou titulares dos direitos de exploração e trabalhadores permanentes e as destinadas a turismo rural, turismo de habitação e agro-turismo, nos termos da legislação aplicável;

b) As infra-estruturas de abastecimento público de água e de condução e tratamento de esgotos, desde que não haja alternativa viável;

c) As infra-estruturas viárias integradas nas redes nacional e municipal, desde que não haja alternativa viável;

d) O arranque ou destruição da vegetação natural integrada nas técnicas normais de produção vegetal.

4 – Nos espaços naturais, sempre que coincidam com áreas da REN, são interditas as seguintes acções:

a) A florestação ou reflorestação com espécies de rápido crescimento, à excepção das do género Populus e seus híbridos, nas margens dos cursos de água e zonas ameaçadas por cheias;

b) A instalação de parques de sucata, lixeiras, depósitos de inertes e armazéns de produtos tóxicos e perigosos;

c) A instalação de pistas para provas de motocicletas e veículos todo o terreno.

5 – Nos espaços naturais, sempre que coincidam com cabeceiras de linhas de água, definidas no âmbito da delimitação da REN, são interditas todas as acções que prejudiquem a infiltração das águas e acelerem o escoamento superficial e a erosão de forma significativa.

6 – Nos espaços naturais, sempre que coincidam com áreas de infiltração máxima, definidas no âmbito da delimitação da REN, são interditas as seguintes acções:

a) A descarga de efluentes não tratados e a constituição de fossas e sumidouros de efluentes;

b) A rega com águas residuais sem tratamento primário;

c) A instalação de lixeiras e aterros sanitários;

d) A abertura de novas explorações de massas minerais, excepto as que forem consideradas de interesse público pelas entidades referidas no artigo 4.° do Decreto-Lei n.° 93/90, de 19 de Março, alterado pelo Decreto-Lei n.° 213/92, de 12 de Outubro;

e) O depósito de adubos, pesticidas, combustíveis e outros produtos tóxicos e perigosos, à excepção dos situados nas explorações agrícolas e destinados a serem utilizados nas mesmas explorações;

f) A constituição de depósitos de materiais de construção;

g) Outras acções que criem riscos de contaminação dos aquíferos;

h) Outras actividades ou instalações que conduzam à impermeabilização do solo em área superior a 10% da parcela em que se situem;

i) A instalação de campos de golfe.

7 – Todos os efluentes domésticos, industriais ou pecuários serão obrigatoriamente objecto de tratamento adequado, em instalação própria, sem o que não poderão ser lançados na rede de drenagem natural.

8 – O licenciamento de novas actividades nestas áreas carece de apresentação prévia do projecto das instalações de tratamento de efluentes, referidas no número anterior.

9 – As entidades responsáveis por instalações que contrariem o disposto nos dois números anteriores têm um prazo de um ano para apresentação de projecto das instalações adequadas e de mais um ano para a respectiva construção."

Se atentarmos, agora, aos casos em que o preâmbulo tem o cuidado de sublinhar a prevalência das proibições constantes do Dec. Lei 93/90 – recorde-se que o preâmbulo diz o seguinte: "Acresce referir que as acções proibidas nas áreas abrangidas pelo regime da Reserva Ecológica Nacional não se circunscrevem às consagradas nos n.ºs 2 e 3 de artigo 33.º, nos n.os 6, 7 e 8 do artigo 36.º e nos n.os 4, 5 e 6 do artigo 40.º do Regulamento, devendo aplicar-se o Decreto-Lei n.º 93/90, de 19 de Março, e os diplomas que procederam à sua alteração" – constatamos que em todos eles se prevê uma situação de coincidência com a qualificação do terreno como zona REN.

– Nos espaços agrícolas, *sempre que coincidam com áreas da REN*, são interditas as seguintes acções, diz-se no art. 33.º, n.º 2;

– Nos espaços agrícolas, *sempre que coincidam com áreas de infiltração máxima, definidas no âmbito da delimitação da REN,* diz-se no art. 33.º, n.º 3;

– Nos espaços florestais, *sempre que coincidam com áreas da REN*, disse no art. 36.º, 6;

– Nos espaços florestais, *sempre que coincidam com cabeceiras de linhas de água, definidas no âmbito da delimitação da REN*, diz-se no art. 36.º, 7;

– Nos espaços florestais, *sempre que coincidam com áreas de infiltração máxima, definidas no âmbito da delimitação da REN*, diz-se no art. 36.º, 8;

– Nos espaços naturais, *sempre que coincidam com áreas da REN*, diz-se no art. 40.º, n.º 4;

– Nos espaços naturais, *sempre que coincidam com cabeceiras de linhas de água, definidas no âmbito da delimitação da REN*, diz-se no art. 40.º, n.º 5;

– Nos espaços naturais, *sempre que coincidam com áreas de infiltração máxima, definidas no âmbito da delimitação da REN*, diz-se no art. 40.º, n.º 6.

Ou seja, há o cuidado de sublinhar a prevalência das regras legais proibitivas constantes do Dec. Lei 93/90, sempre que haja coincidência da qualificação dos terrenos nas diversas áreas (espaço agrícola, florestal ou natural) com área de Reserva Ecológica Nacional (REN).

Quando não há essa coincidência o Regulamento do PDM utiliza outro tipo de linguagem, optando por dizer, como diz no art. 40.º, n.º 3: "Nos espaços naturais, *independentemente de coincidirem com áreas da REN*, são permitidas as seguintes acções". Técnica linguística também usada no art. 33.º, n.º 1, 36.º, n.º 5 do PDM. Deste modo "independentemente de coincidirem com a área da REN" abrange os terrenos que *não são qualificados como REN*. Para os casos em que os terrenos são também qualificados como REN usa-se a designação "sempre que coincidam com...", e para os demais casos utiliza-se a expressão: "independentemente de coincidirem com áreas REN".

Esta técnica harmoniza-se com as referências feitas no preâmbulo e acomoda-se ao princípio geral de subordinação do regulamento à lei.

Não é assim aplicável ao caso dos autos nem o art. 40.º, n.º 3 do Reg. do PDM, que apenas se aplica aos casos em que não haja coincidência de classificação do espaço natural com inclusão em zona REN.

Também o art. 37.º não tem aplicação, uma vez que em tal preceito apenas se prevêem condicionamentos á construção em espaços com aptidão florestal e silvo pastoril, o que pressupõe uma prévia possibilidade de aí construir. Tal possibilidade encontra-se nos termos do art. 36.º, e, como vimos, este preceito só admite tais construções sem prejuízo do disposto no Dec. Lei 90/93.

Desta feita, sendo clara a aplicação do art. 4.º, 1 do Dec. Lei 93/90, de 19/3, na redacção dada pelo Dec. Lei 213/92, de 12/10, que proíbe a construção de edifícios em áreas incluídas na REN e estando assente a inclusão do terreno em causa em tal área, andou bem a sentença em declarar nulos os actos administrativos que licenciaram os projectos em causa nos presentes autos.

Deve, portanto, negar-se provimento ao recurso.

3. DECISÃO

Face ao exposto, os juízes da 1ª Secção do Supremo Tribunal Administrativo acordam em negar provimento ao recurso.

Custas pelo recorrente, fixando a taxa de justiça em 300 € e a procuradoria em 50%.

Lisboa, 2 de Maio de 2006.

São Pedro (Relator)
António Samagaio
João Belchior

Recurso n.º 258/06-11

RESPONSABILIDADE CIVIL EXTRACONTRATUAL POR FACTOS ILÍCITOS. PRESCRIÇÃO. TERMO A QUO DO PRAZO PRESCRICIONAL.

(Acórdão de 30 de Maio de 2006)

SUMÁRIO:

I – O termo *a quo* do prazo de prescrição do direito à indemnização por responsabilidade civil extracontratual por factos ilícitos conta-se «*da data em que o lesado teve conhecimento do direito que lhe compete*» (art. 498.º, n.º 1 ex vi art. 71.º, n.º 2 da LPTA).

II – Tal expressão deve ser interpretada no sentido de que a data relevante é a do conhecimento, pelo lesado, dos *factos* constitutivos desse direito, ou seja, que foi praticado um acto que lhe causa prejuízos.

III – Sendo irrelevante que o lesado desconheça a *extensão dos danos* (cf. citado preceito legal), pois pode sempre exercer o seu direito, formulando um pedido genérico, cujo montante exacto poderá ser relegado para execução de sentença.

IV – Assim, tendo a Autora sido notificada pelo DAFSE do não pagamento do saldo solicitado, relativo a uma acção de formação profissional, por suspeita de irregularidades por si praticadas na realização da mesma, que deram origem a um processo crime, que veio a ser arquivado por prescrição, ficou a Autora a conhecer, desde essa notificação, os referidos factos que agora invoca como fundamento do pedido de indemnização formulado na presente acção.

V – Pelo que, face ao referido em I e II, podia desde a notificação referida em IV, exercer o direito de indemnização, independentemente do desenrolar e desfecho daquele processo crime, que apenas poderia influenciar quanto à extensão dos danos, o que é irrelevante para efeitos da contagem do prazo em causa, pelas razões referidas em III.

ACORDAM, EM CONFERÊNCIA, OS JUÍZES DA SECÇÃO DE CONTENCIOSO ADMINISTRATIVO DO SUPREMO TRIBUNAL ADMINISTRATIVO:

I – RELATÓRIO

TOSELMÓVEL – INDÚSTRIA DE MÓVEIS TOSEL LDA., com os sinais dos autos, interpõe recurso da sentença do Mmo. Juiz do Tribunal Administrativo de Círculo de Coimbra, que julgou improcedente a presente acção declarativa ordinária que propôs contra o ESTADO PORTUGUÊS, pedindo a sua condenação no pagamento da quantia de € 233.228,22, a título de indemnização por danos patrimoniais e não patrimoniais.

Termina as suas alegações de recurso, formulando as seguintes CONCLUSÕES:

1 – O prazo prescricional previsto no art. 498.° do C. Civil conta-se a partir da data em que o lesado teve conhecimento do seu direito de indemnização, ou seja, da data em que o lesado conhecendo a verificação dos pressupostos que condicionam a responsabilidade, soube ter direito à indemnização pelos danos patrimoniais e não patrimoniais.

2 – O art. 498.° do C. Civil consagra a teoria da realização, isto é, o prazo prescricional tem o seu início apenas a partir do momento em que o lesado é conhecedor com o mínimo de objectividade dos factos imputáveis aos órgãos ou aos agentes do Estado autores dos actos ou das omissões geradoras de responsabilidade civil extracontratual.

3 – A data invocada na sentença recorrida ignora a situação factual decorrente do trânsito em julgado do Acórdão do Tribunal da Relação de Coimbra ou, ao menos, a data da prolação do citado Acórdão que é a data a considerar segundo a teoria da realização aceite pela doutrina e jurisprudência como sendo a que se mostra consagrada na Lei.

4 – O início da contagem do prazo prescricional dos presentes autos ocorre a partir de 24 de Março de 1999, ou seja, com mais rigor, a partir do trânsito em julgado da decisão do Tribunal da Relação de Coimbra que confirma a decisão do Tribunal Judicial da Comarca de Pombal de não pronúncia da A. ora recorrente e dos seus legais representantes pela imputada prática de ilícitos penais por o respectivo procedimento se mostrar extinto pelo decurso do tempo.

5 – O Estado Português e os seus agentes deixaram transcorrer mais de nove anos sem que estes tivessem averiguado se as alegadas suspeitas sobre o comportamento da recorrente e dos seus legais representantes tinham qualquer fundamento factual e legal.

6 – O Estado Português aceitou, ele próprio, a decisão decorrente do Acórdão do Tribunal da Relação de Coimbra, porque só após conhecimento da mesma comunicou que havia cessado a presunção da existência de irregularidades, ou seja, que a sua comunicação de 9 de Julho de 1990 não tinha qualquer fundamento.

7 – A sentença recorrida julga a excepção invocada pelo R. sem que para tal tenha factos caracterizadores e demonstrativos da mesma e, consequentemente, não aplica o Direito vigente nem a Jurisprudência dos Tribunais Portugueses, mormente, a Jurisprudência do Supremo Tribunal Administrativo.

* * *

Contra-alegou o Ministério Público, em representação do Estado, concluindo pela improcedência do recurso.

Colhidos os vistos legais, cabe decidir.

II – OS FACTOS

A decisão recorrida considerou provados os seguintes factos:

A) A A. é uma sociedade por quotas que tem por objecto social a fabricação e comércio de móveis de madeira.

B) Foi constituída por escritura pública de 2 de Abril de 1981, no Cartório Notarial de Ansião, onde se encontra exarada a fls.130 v. do livro 175-A do referido Cartório, por Albertino Lopes Guapo, Virgínia da Glória Rodrigues e Maria Fernandes Guapo.

C) No ano de 1986, a então denominada Guapolin-Comércio e Indústria de Móveis Lda. e, posteriormente, Toselmóvel – Indústria de Móveis Tosel Lda., através da sociedade Anodipol – Anodização e Coloração de Alumínio de Pombal Lda. candidataram-se à obtenção de um subsídio do Fundo Social Europeu para uma acção de formação profissional a realizar no ano de 1987.

D) A candidatura foi apresentada pela sociedade Toselmóvel – Indústria de Móveis Tosel Lda, então denominada Guapolin – Comércio e Indústria de Móveis, Lda., num dossier agrupado e liderado pela já aludida Anodipol, dossier que veio a ser identificado com o n.° 870184P1//Anodipol – Anodização e Coloração de Alumínio de Pombal Lda.

E) No projecto para a formação profissional apresentado no âmbito do dossier identificado em D, a Guapolin e posteriormente a Toselmóvel, identificadas em C propuseram-se desenvolver uma acção de formação na área da marcenaria destinada a 43 jovens com menos de 25 anos, que se revelassem, face à experiência insuficientes e inadaptados, com o objectivo de os preparar para empregos qualificados que requeressem a aplicação de novas tecnologias ou para empregos que oferecessem perspectivas reais de colocação no mercado de trabalho.

F) O dossier referido em D foi aprovado por decisão da Comissão das Comunidades Europeias, em 30 de Abril de 1987.

G) Em 28 de Dezembro de 1987, a Guapolin – Comércio e Indústria de Móveis Lda, alterou a sua firma para Toselmóvel – Indústria de Móveis Tosel Lda.

H) Em 14 de Outubro de 1988, o Estado Português através do Departamento para os Assuntos do Fundo Social Europeu apresentou à Comissão Europeia o pedido de pagamento de saldo do dossier 870184P1, constando como custo global da acção os montantes de Esc. 71.247.768$00, correspondente a uma contribuição do Fundo Social Europeu de Esc. 35.267.645$00.

I) Porém, a contribuição FSE acabou por ser reduzida a Esc. 33.618.353$00, por não terem sido confirmadas, no âmbito do dossier, despesas no montante de Esc. 2.884.065$00.

J) Foi instaurado contra a A e seus sócios um inquérito que correu seus termos nos serviços do MP junto do Tribunal Judicial da comarca de Pombal, do qual resultou em 14.03.96, a acusação contra a A e sócios.

K) O não pagamento do saldo, referido em H e I, ocorreu porque o Réu comunicou, em 09.07.90, às Instâncias Comunitárias, no cumprimento do disposto no art. 7.° da Decisão da Comissão n.° 83/673/CEE, as suspeitas de existência de irregularidades na execução da acção de formação realizada pela A; tais suspeitas deram origem ao inquérito referido em J.

L) O A teve conhecimento da comunicação aludida em K), através do ofício 7512 também datado de 09.07.90.

M) Não reclamou nem interpôs qualquer recurso desse acto.

N) Em consequência da comunicação referida em K) as Instâncias Comunitárias concluíram que o Réu devolveu indevidamente a quantia de Esc. 3.899.460$00.

O) A devolução dos 3.899.460$00 foi realizada respeitando os procedimentos acordados com a CE.

P) Mesmo que o Réu não tivesse devolvido a aludida quantia ele não a podia entregar à A, enquanto a CE o não determinasse.

R) Por acórdão do Tribunal da Relação de Coimbra de 24 de Março de 1999, que confirmou a decisão judicial do Tribunal Judicial de Pombal, proferidos no Processo originado no Inquérito aludido em I, foi julgado extinto o procedimento criminal, por efeito da prescrição.

S) Perante a conclusão do processo-crime acabada de referir o DAFSE, em 21.03.2000, comunicou à CE a cessação da presunção da existência de irregularidades, efectuada em cumprimento do art. 7.° da Decisão da Comissão n.° 83/673/CEE e solicitou àquela instância comunitária a tomada de decisão sobre o pedido do pagamento de saldo relativo à acção de formação da A.

T) Em 21.08.00 deu entrada no DAFSE a decisão da CE sobre o pedido de pagamento de saldo referido em N, que foi notificado à A pelo ofício n.° 6061, de 06.1.00. Neste ofício o DAFSE comunicou à A, que teria a receber Esc. 3.899.460$00 do FSE, acrescida da quantia de Esc. 3.190.467$00 do orçamento da Segurança Social.

U) Em 20 e 27 de Dezembro de 2000, o Estado Português procedeu ao pagamento das quantias referidas em V.

V) No âmbito da acção de formação em causa, "*dossier*" 870184P1, para além das quantias referidas em V e das resultantes do pagamento dos primeiros adiantamentos, o A não recebeu do Réu outras quantias, nomeadamente respeitantes a juros.

W) O Departamento para os Assuntos do Fundo Social Europeu (DAFSE) é um organismo da Administração Central, integrado e dependente do Ministério do Trabalho e da Solidariedade, que é, no plano nacional, o interlocutor face às instâncias comunitárias dos promotores públicos e privados das acções apoiadas pelo FSE.

X) As instâncias comunitárias têm a função de fixar, em sede de saldo a contribuição do FSE e da correspondente comparticipação nacional das acções e, consequentemente, a determinação dos montantes a pagar ou a devolver.

III – O DIREITO

A única questão a decidir neste recurso jurisdicional é a de saber se o direito à indemnização peticionada pela Autora nos autos se encontra extinto, por *prescrição*, como se decidiu.

O pedido indemnizatório formulado contra o Réu nesta acção, assenta em alegados danos que o Réu teria causado à Autora com a sua conduta, ao imputar-lhe suspeitas e irregularidades numa acção de formação profissional que aquela realizou, *comunicadas à Comunidade Europeia e à Autora em 09.07.1990* e que deram origem ao não pagamento do saldo e à instauração de procedimento criminal contra a Autora e os seus sócios, mas que o Réu não logrou demonstrar uma vez que, por acórdão da Relação de Coimbra de 24.03.1999, transitado em julgado, foi julgado extinto, por prescrição, o referido procedimento criminal.

A decisão recorrida considerou prescrito o direito de indemnização invocado pela Autora, considerando que a mesma teve conhecimento desse direito, através da referida notificação que lhe foi efectuada em 09.07.1990 e, portanto, quando instaurou a acção em 20.02.2002, há muito tal direito estava prescrito, atento o disposto no n.°1 do art.498.° do CC.

A recorrente discorda da decisão recorrida, no que respeita ao termo *a quo* do prazo de prescrição do seu invocado direito indemnizatório, já que, contrariamente ao decidido, considera que o prazo se deve contar a partir do trânsito em julgado do referido acórdão da Relação de Coimbra e não do conhecimento, pela Autora, do não pagamento do saldo da acção de formação e da instauração do inquérito crime, ou seja, de 09.07.1990, como entendeu a decisão recorrida.

Alega, em síntese, que a sentença não esclarece minimamente a razão da escolha da referida data de 09.07.1990 para o início do prazo prescricional e defende que tal prazo se deve contar a partir do trânsito em julgado do acórdão da Relação de Coimbra, que foi quando a Autora teve conhecimento dos pressupostos em que se fundamenta o direito de indemnização invocado, ou seja, de que o Estado, através dos seus agentes do DAFSE, não quis ou não teve capacidade para demonstrar que a imputação e o labéu atirado à Autora e aos seus sócios tinha fundamento factual sério.

Só a partir do trânsito em julgado do acórdão que julgou extinto o procedimento criminal pelas alegadas suspeitas e irregularidades é que a Autora teve conhecimento de que a actuação do Réu não tinha fundamento, ou que o próprio Estado se demitiu da sua função averiguadora da existência de tais pressupostos, deixando extinguir o imputado procedimento criminal pelo decurso do tempo, isto é, deixando prescrever os imputados e alegados ilícitos penais, que haviam justificado, por um lado, o não pagamento do saldo e, por outro, o referido procedimento criminal.

Entende, pois, que o início da prescrição deve reportar-se não ao momento da violação, mas ao momento em que o direito podia ser exercido, que, a seu ver, é o trânsito em julgado do referido acórdão e que, assim sendo, à data da instauração da acção, em 20.02.2002, ainda não se encontrava prescrito o direito à indemnização peticionado.

Vejamos:

Estamos perante um pedido de indemnização por *responsabilidade civil extracontratual por factos ilícitos*, deduzido contra o Réu Estado, e, portanto, é-lhe aplicável, no que respeita ao prazo de prescrição, o que se dispõe no n.º 1 do art. 498.º do CC *ex vi* n.º 2 do art. 71.º da LPTA, no que, aliás, todos concordam.

Dispunha este último preceito legal, hoje revogado, que «*O direito de indemnização por responsabilidade civil extracontratual dos entes públicos e dos titulares dos seus órgãos e agentes por prejuízos decorrentes de actos de gestão pública, incluindo o direito de regresso, prescreve nos termos do art. 498.º do Código Civil.*»

Por sua vez, nos termos do citado n.º 1 do art. 498.º «*O direito de indemnização prescreve no prazo de três anos, **a contar da data em que o lesado teve conhecimento do direito que lhe compete,** embora com desconhecimento da pessoa do responsável e da extensão dos danos, sem prejuízo da prescrição ordinária se tiver ocorrido o respectivo prazo a contar do facto danoso.*»

Este preceito, aliás, está em consonância com o art.306.º, n.º1 do CC, que estipula que «*o prazo de prescrição começa a correr quando o direito puder ser exercido*».

A doutrina e a jurisprudência têm-se debruçado, ao longo dos anos, sobre a interpretação a dar à expressão contida no n.º 1 do art. 498.º – «*a contar da data em que o lesado teve conhecimento do direito que lhe compete*», podendo, hoje, considerar-se pacífico o entendimento de que o momento relevante para efeitos do termo *a quo* do referido prazo prescricional é o do *conhecimento, pelo lesado, dos pressupostos que condicionam a responsabilidade que pretende efectivar*, que são os mesmos que os previstos para idêntica responsabilidade na lei civil (ou seja, o *facto ilícito*, a *culpa*, o *dano* e o *nexo de causalidade entre o facto e o dano* – art. 483.º do CC) e isto porque o conhecimento desses pressupostos implica o conhecimento do direito à indemnização pelos danos que sofreu[1].

Mas o conhecimento dos pressupostos não tem que ser um conhecimento jurídico, uma consciência de possibilidade legal de ressarcimento, bastando que o lesado conheça os *factos* constitutivos do direito, isto é, esteja em condições de formular um juízo subjectivo, pelo qual possa qualificar aquele acto como gerador de responsabilidade e seja perceptível que sofreu danos em consequência dele.[2]

Ou seja, a partir do conhecimento dos factos constitutivos do direito a ser indemnizado, nada impede que o mesmo exercite esse direito, designadamente não é impeditivo desse exercício, o desconhecimento, pelo lesado, nesse momento, *da extensão dos danos*, como expressamente se fez constar do mesmo preceito legal.

É que, caso o lesado não conheça ainda a extensão dos danos, poderá sempre formular um pedido genérico de indemnização, cujo montante será, nesse caso, definido no momento posterior da execução da sentença.[3]

Ora, no caso *sub judicio*, a Autora assenta o seu pedido indemnizatório em alegados danos que lhe terá causado a actuação do Réu Estado, através do DAFSE, ao recusar-lhe o pagamento do saldo relativo a uma acção de formação profissional que a Autora realizou e ao instaurar procedimento criminal contra a Autora, por alegadas suspeitas e irregularidades cometidas por esta e seus sócios nessa acção, vindo o inquérito crime a ser arquivado por prescrição.

Segundo a Autora alegou na petição, a referida actuação do Réu, mostrou-se sem fundamento, ou pelo menos, aquele não usou da diligência necessária para provar em tempo oportuno as imputações feitas à Autora e que lhe causaram prejuízos patrimoniais, pela mora no pagamento do saldo em causa e não patrimoniais, por com tal actuação, o Estado ter colocado a Autora e os seus sócios gerentes numa situação de suspeição, que afectou o seu nome nas relações comerciais e diminuiu a sua capacidade de obtenção de crédito.

Mas sendo estes os factos em que assenta o direito à indemnização peticionada, há que concluir, como na decisão recorrida, que a Autora já tinha deles conhecimento, desde a notificação que lhe foi feita pelo DAFSE, em 09. 07.1990, através do ofício n.º 7512, de que o não pagamento do saldo em causa ocorreu porque o Réu comunicou, na referida data, às Instâncias Comunitárias, no cumprimento do disposto no art. 7.º da Decisão da Comissão n.º 83/673/CEE, as suspeitas de existência de irregularidades relativamente à referida acção de formação realizada pela A., suspeitas que deram origem ao inquérito crime instaurado contra esta e respectivos sócios (cf. alíneas J), K) e L) do probatório).

Ora, acolhendo o entendimento expresso por este tribunal em vários arestos, «*tratando-se de factos danosos decorrentes da instauração de um processo crime, bem como da sua publicitação, estamos perante factos relativamente aos quais qualquer cidadão médio minimamente informado ficaria, desde logo, em condições de formular um juízo sobre a qualificação de tais factos como geradores de responsabilidade civil, independentemente do desenrolar (e do desfecho) desse processo crime*»[4]

O facto do procedimento criminal ter prescrito, decorridos vários anos após a sua instauração, ainda que por negligência dos agentes do Réu, como alegado, é, assim, irrelevante para efeitos de definir o termo *a quo* do direito de indemnização que a Autora invoca, pois em nada altera o conhecimento, por esta, dos factos constitutivos desse direito que, como vimos, se reporta a 09.07.1990.

---

[1] Cf. Prof. Antunes Varela, Das Obrigações em Geral, 10ª ed., p. 626, Acs. STA de 27.06.00, rec.44214, 10.01.01, rec.45701, de 04.12.02, rec. 1203/02, de 21.01.03, rec. 1233/02, de 26.03.03, Rec. 1231/02, de 12.05.04, rec. 258/04 e também os Acs. STJ de 12.03.96, P.88081 e de 18.04.2002, P950/02.

[2] cf. entre muitos outros, Ac. STA de 21.01.03, rec. 1233/02, de 26.03.06, rec.1231/02

[3] Prof. Antunes Varela, ob.cit., p.626 e entre outros, o Ac. STA de 10.02.2002, rec. 39.011 e de 18.12.2002, rec. 219/02.

[4] cf. entre outros, o Ac. STA de 26.03.2003, rec. 121/02

Assim, tal facto apenas poderia relevar para efeitos de determinação da *extensão dos danos*, mas, como vimos, a lei tornou o início da contagem do prazo independente desse conhecimento, pois isso não prejudica o exercício do direito de indemnização, já que o apuramento do montante exacto dos danos sempre poderá ser relegado para a execução de sentença.

Há, pois, que concluir, face ao exposto, pela improcedência das conclusões das alegações do recorrente e, consequentemente, do presente recurso jurisdicional.

IV - DECISÃO

Termos em que acordam os juízes deste Tribunal em, com a supra apontada fundamentação, negar provimento ao recurso jurisdicional.

Custas pelo Autor.

Lisboa, 30 de Maio de 2006.

Fernanda Xavier (Relatora)
João Belchior
São Pedro

Recurso n.º 323/04-12

RESPONSABILIDADE CIVIL EXTRACONTRATUAL. EXCEPÇÃO PEREMPTÓRIA. ART. 7.º, DO DL N.º 48051, DE 21/11.

(Acórdão de 1 de Junho de 2006)

SUMÁRIO:

I- A 2ª parte do art. 7.º do DL n.º 48051, de 21 de Novembro não estabelece nenhuma excepção peremptória fundada na caducidade do direito de indemnização ou na figura do caso decidido.

II- Ela representa uma questão que se prende com a interrupção do nexo de causalidade e com a culpa do lesado na produção do dano, excluindo ou limitando o valor da indemnização.

III- Assim, se a questão é de concorrência de culpas, equiparável à situação do art. 570.º do C.C. – na medida em que a falta de recurso contencioso aliado a outros meios contenciosos, como a suspensão de eficácia e a execução de sentença, pode representar uma concausa na produção do dano – então estamos perante circunstâncias que servem de *impedimento* ou de *limitação* dos efeitos jurídicos dos factos articulados pelo A.

IV- Ao R. cumpre alegar e provar a culpa do A. na produção dos danos, porque a matéria é de defesa por excepção (arts. 487.º, n.º 2, 2ª parte, 493.º, n.º 2 e 3 e 496.º do CPC).

V- E mesmo que fosse matéria de defesa por impugnação, nem, por isso o R. deveria deixar de a invocar de forma a demonstrar que os factos vertidos na petição inicial da acção não podiam produzir os efeitos jurídicos pretendidos pelo A (art. 487.º, n.º 2, 1ª parte).

VI- Significa que, não tendo o R. invocado a respectiva matéria, o tribunal não a pode apreciar oficiosamente, sob pena de se estar a ocupar de uma questão que as partes não submeteram à sua apreciação, cometendo assim a nulidade a que respeitam os arts. 660.º, n.º 2 e 668.º, n.º 1, al. d), do CPC.

ACORDAM NA 1ª SUBSECÇÃO DA 1ª SECÇÃO DO STA

RELATÓRIO

"Sanfins e Ribeiro, Ldª", com sede na Rua da Praia, n.º 1274, Mindelo, recorre jurisdicionalmente da sentença proferida no TAF do Porto que julgou improcedente a acção que havia proposto contra o Instituto Portuário e dos Transportes Marítimos (IPTM) e o Estado Português (EP) para efectivação de responsabilidade civil extracontratual.

Nas alegações, concluir do seguinte modo:

«I – A sentença recorrida ao considerar que a impugnação contenciosa do acto apreciados na sentença, aliada ao pedido urgente da sua suspensão de eficácia, eram susceptíveis de evitar todos os danos patrimoniais que a Autora invoca na acção, viola o disposto no artigo 7.º do Decreto-Lei 48.051, de 21-11-1967.

II – Antes de mais, o Meritíssimo Juiz recorrido, ao decidir assim, conheceu de matéria que não foi trazida a juízo por nenhuma das partes, mormente pelos Réus, pelo que violou assim o disposto no artigo 660.º, n.º 2 do Código de Processo Civil (aplicável *ex vi* o disposto no artigo 72.º, n.º 1 e 73.º da LPTA).

III – A considerar-se que constitui esta questão um facto modificativo do direito do lesado, incumbia aos Réus o ónus de demonstrar que os danos invocados e decorrentes dos actos lesivos são consequência, no todo ou em parte, da conduta (alegadamente) omissiva da Autora, o que não lograram fazer, pelo que violou ainda a sentença recorrida o disposto no n.º 2 do artigo 342.º do Código Civil.

IV -Na sentença recorrida não se refere sequer como é que a Autora evitaria a produção dos danos que aqui invocou se tivesse proposto a suspensão de eficácia e o recurso contencioso, não se procedendo na sentença recorrida, portanto, ao concreto recurso contencioso, não se procedendo na sentença recorrida, portanto, ao concreto estabelecimento de um nexo de causalidade entre o facto e o dano – e para que se limite o direito de repartição torna-se sempre mister que se prove – ónus que, como acima vimos, impende sobre a Administração – que com uma conduta pré-processual ou endo-processual diligente o particular poderia ter evitado ou minorado o dano (Acórdão do Supremo Tribunal Administrativo (Pleno da 1ª Secção) de 27-02-1996, P. 23 058). Ora, ao não estabelecer concretamente o nexo de causalidade entre a alegada falta de recurso aos meios contenciosos e os danos produzidos, violou a sentença recorrida o disposto no artigo 7.º do Decreto-Lei 48051.

V – Os danos reclamados pela Autora nestes autos teriam sempre ocorrido da mesma forma, com ou sem interposição do recurso contencioso e respectiva suspensão de eficácia, peio que deve a Autora ser indemnizada pelos mesmos.

VI – De todo o modo, tendo em conta a factualidade dada como assente, a conduta processual da Autora não se revela negligente, nem resulta da mesma que os danos em causa decorram, no todo ou em parte, da sua conduta processual.

VII – Nada acrescentaria à situação da Autora a eventual impugnação contenciosa dos actos materiais em apreço nos autos, porquanto estes esgotaram os seus efeitos quando os veículos da Autora lhe foram devolvidos.

VIII – É um contra-senso impor à Autora o recurso a esses meios para a obtenção de uma indemnização pelos danos que, à data, já havia sofrido, impugnado actos que, à data, haviam cessado de produzir efeitos e que até, rigorosamente, haviam sido removidos da ordem jurídica com a produção de outros, posteriores, de sentido inverso – cfr. itens 3) e 7) da matéria assente – actos esses que, a se tratarem das concretas apreensões dos veículos, não eram até susceptíveis de impugnação judicial.

IX – Pelo que violou a sentença recorrida o citado artigo 7.° do Decreto-Lei 48.051, devendo ser anulada.

X – Verificam-se todos os pressupostos para que a recorrente seja indemnizada pelos prejuízos causados».

* * *

Apresentou contra-alegações o IPTM, pugnando pelo improvimento do recurso.

* * *

Cumpre decidir.

II – OS FACTOS

A sentença recorrida deu por assente a seguinte factualidade:

«1) Em 30 de Junho de 2001, pelas 11H15, no lugar da Junqueira – junta à margem esquerda do rio Ave – freguesia de Azurara, concelho de Vila do Conde, Afonso Amaral – agente de lª classe da PM de Vila do Conde – procedeu à apreensão dos veículos pesados de mercadorias da marca Volvo, matrícula (doravante apenas QN), propriedade da autora, e marca MAN, matrícula 88-78-QE (doravante apenas QE), propriedade de BPI Leasing Sociedade de Locação Financeira, com locação financeira em nome da autora, nos termos e com a motivação que consta do " Auto de Apreensão" de folha 8 dos autos – dado por reproduzido – alínea A) da matéria assente;

2) Na sequência dessa apreensão, o QN e o QE foram estacionados na área dos estaleiros navais de Vila do Conde, em terreno sob a jurisdição do IPN, ficando à guarda de um funcionário deste instituto, nomeado fiel depositário – alínea B) da matéria assente;

3) Por fax datado de 27 de Julho de 2001, assinado pelo Capitão do Porto e Comandante Local da PM – João Manuel de Matos Simões -a autora foi notificada de que o Conselho de Administração (CA) do IPN deliberou pelo "levantamento das viaturas removidas para as instalações do Instituto nos estaleiros navais de Vila do Conde, dado que com essa remoção se encontram esgotados os procedimentos previstos no artigo 30.° do DL n.° 468/71, de 5 de Novembro, que no caso era apenas respeitante à ocupação abusiva de parcela do domínio público marítimo" – tudo conforme consta de folha 9 dos autos, dada por reproduzida -alínea C) da matéria assente;

4) Entre a data da apreensão e o dia 27 de Julho de 2001, o QN e o QE permaneceram na área referida em B) supra – alínea D) da matéria assente;

5) O QN e o QE eram os únicos veículos que a autora tinha ao seu serviço para transporte de inertes, o que fazia entre as suas instalações e dos seus entre postos para os respectivos clientes – alínea E) da matéria assente;

6) Em 21 de Setembro de 2001, pelas 08HOO, junto à Capela da Senhora da Guia, na cidade de Vila do Conde, José Alberto de Oliveira Barbosa – agente de 1ª classe da PM de Vila do Conde – procedeu à apreensão de uma máquina da marca JOHN DEERE de matrícula 47-81-GO (doravante apenas GO), propriedade da autora, e novamente do camião QN, nos termos e com a motivação que consta do "Auto de Apreensão" de folhas 10 e 11 dos autos – dado por reproduzido – alínea F) da matéria assente;

7) Em 4 de Outubro de 2001, a GO e o QN foram devolvidos à autora pelo Chefe da PM do Comando Local de Vila do Conde – Fernando Granja Rodrigues cação – por determinação do CA do IPN que deliberou "afigurar-se ser desnecessária a manutenção apreensão/retenção dos equipamentos" – ver "termo de entrega" de folha 12 dos autos, dado por reproduzido – alínea G) da matéria assente;

8) Mediante o alvará de licença no5/97, datado de 4 de Março de 1997, a então Junta Autónoma dos Portos (JAP) concedeu à autora "licença para a dragagem de manutenção de fundos na barra e canal de acesso ao porto de Vila do Conde, bem como para a realização de estacada-cais com 50 metros de comprimento e para a ocupação de uma parcela dominial com a área de 1.000 m2, destinada à montagem de um escritórios e ao depósito dos inertes provenientes das dragagens, ficando o titular deste alvará sujeito ao disposto no DL n.° 468/71, de 5 de Novembro, demais legislação aplicável e conforme as condições especiais que, de primeira a vigésima sétima, são enumeradas nesse alvará – ver folhas 13 e 14 dos autos, dadas por reproduzidas – alínea H) da matéria assente;

9) Desde há vários anos que a autora utiliza como local de depósito e venda de inertes perfeitamente delimitada, situada junto ao Campo da Junqueira – freguesia de Azurara – resposta ao quesito 5.°;

10) Entre a apreensão e a restituição, o QN e o QE estiveram a descoberto – resposta ao quesito 9.°;

11) Cada um desses veículos percorria, ao serviço da autora, cerca de 300 Km por dia – resposta ao quesito 11.°;

12) O preço de aluguer diário de um veículo do mesmo género custa cerca de €150, a que acresce o pagamento de €0,70 por quilómetro – resposta ao quesito 12.°;

13) E O preço do aluguer diário de uma máquina do género da GO custa cerca de €100 – resposta ao quesito 13.°;

14) Devido às apreensões dos QN, QE e GO, a autora deixou de cumprir fornecimentos de inertes que havia contratado e perdeu grande parte dos seus clientes – resposta ao quesito 14.°;

15) As apreensões ocorreram em áreas pertencentes ao domínio público marítimo, sob a jurisdição da Capita-

nia do Porto de Vila do Conde e sujeita a fiscalização do Comando Local da PM – resposta ao quesito 16.°;

16) As áreas onde as apreensões ocorreram encontravam-se já sob o domínio da "Polis Vila do Conde SA" – resposta ao quesito 17.°;

17) Em Maio de 1999, o IPN concedeu à ARNOR-Arnor--Dragagens e Comercialização de Inertes Lda – licença para a dragagem do canal de acesso ao porto de Vila do Conde – resposta ao quesito 20.°;

18) E desta concessão à "Arnor" deu conhecimento à autora – resposta ao quesito 21.°;

19) A Junta de Freguesia de Azurara, a Câmara Municipal de Vila do Conde e organizações ambientalistas, queixaram-se ao IPN de que a autora estava a retirar da parcela dominial não só os inertes que aí depositava mas também areias próprias da mesma parcela, nela abrindo uma enorme cratera, alterando e destruindo as cotas naturais do terreno e a duna primária que o constituía – resposta ao quesito 22.°;

20) Estes factos foram confirmados *"in loco"* pelos serviços de fiscalização do IPN, e foram divulgados nos meios de comunicação social – resposta ao quesito 23.°;

21) O IPN ordenou à autora, por diversas vezes, que cessasse tais comportamentos – resposta ao quesito 24.°;

22) Porque a autora não acatou essas ordens, o IPN solicitou a intervenção da PM de Vila do Conde no sentido da protecção do domínio público marítimo no que se refere ao depósito e à extracção de inertes levados a cabo pela autora – resposta ao quesito 25.°;

23) A autora dispunha de autorização do IPN que lhe permitia a extracção de areias no molhe norte da Senhora da Guia, Vila do Conde – resposta ao quesito 26.°;

24) A devolução das viaturas apreendidas foi precedida da informação do IPN que consta de folha 62 dos autos – dada por reproduzida resposta ao quesito 27.°;

25) Em 8 de Junho de 2001, o IPN notificou a autora para proceder à remoção imediata de instalações e equipamentos que estavam a ocupar parcelas dominiais na margem esquerda do Rio AVE sob a sua jurisdição – resposta ao quesito 28.°;

26) Dando, na mesma ocasião, conhecimento do teor desta notificação à Capitania do Porto de Vila do Conde, a quem solicitou colaboração para – no âmbito das respectivas atribuições legais e por todos os meios ao seu alcance – assegurar o cumprimento da ordem de remoção, comprometendo-se o IPN a garantir o depósito dos equipamentos que viessem a ser apreendidos – resposta ao quesito 29.°».

III – O DIREITO

1 – *Da nulidade*

Considera a recorrente que a sentença conheceu de matéria que não foi trazida a juízo por nenhuma das partes, mormente pelos Réus, pelo que assim teria violado o art. 660.°, n.° 2, do CPC.

Referia-se ao conhecimento pelo tribunal *"a quo"* da matéria concernente ao art. 7.°, n.° 2, do DL n.° 48051, de 21/11.

Apreciando.

A sentença, na análise que fez dos actos que determinaram a apreensão dos veículos da autora em 30/06//2001 e em 21/09/2001, concluiu que o primeiro sofria de vício formal decorrente da sua *falta de fundamentação* (ver fls. 321) e que o segundo sofria de igual vício de forma por *falta de fundamentação* e, sem o caracterizar devidamente, também de *"falta de ordem do IPN"* que permitisse à PM de Vila do Conde agir como agiu (neste segundo caso, o IPN apenas havia solicitado que a PM assegurasse o cumprimento da ordem de remoção que tinha dado à autora, pelo que a apreensão por esta levada a cabo teria *excedido o cumprimento da solicitação*).

Ou seja, reconheceu a existência de ilegalidades nos actos em apreço. Porém, como se verá, e com fundamento naquele dispositivo legal, não retirou qualquer consequência de nível indemnizatório.

A propósito, pode ler-se na sentença quanto ao primeiro dos actos:

«*Sendo certo, no entanto, que, nestes casos, a ilicitude da conduta se esgota na ilegalidade do acto lesivo, a falta de impugnação contenciosa deste último veio retirar à autora qualquer utilidade na invocação daquele vício de forma em sede de responsabilidade extracontratual dos réus.*

Na verdade, a impugnação contenciosa do acto em causa, aliada ao pedido urgente da sua suspensão de eficácia, eram susceptíveis de evitar todos os danos patrimoniais que a autora vem agora invocar, motivo pelo qual estes nunca poderiam, nesta sede, vir a ser atendidos – artigo 7.° do DL n.° 48051 de 21 de Novembro de 1967».

E quanto ao segundo dos actos, disse:

«*Destarte, ao proceder à apreensão em análise, a PM de Vila do Conde excedeu-se no cumprimento da solicitação que lhe foi feita pelo IPN, e que consistia, tão somente, em assegurar o cumprimento da ordem de remoção que tinha sido dada à autora.*

Esta apreensão – de 21 de Setembro de 2001 – patenteia-se, pois, como ilegal, não só por falta total de fundamentação de direito – nos termos acima já expostos quanto à primeira apreensão – mas também por falta de ordem concreta do IPN nesse sentido.

Todavia, também aqui se impõe, em nosso entender, a invocação oficiosa da segunda parte do artigo 7.° do DL n.° 48051 de 21 de Novembro de 1967.

Na verdade, a impugnação contenciosa, atempada, do acto de apreensão lesivo, com fundamento nas referidas ilegalidades – meramente indutoras de anulação – aliado ao pedido urgente da respectiva suspensão de eficácia, mostra-se capaz de evitar a produção dos danos patrimoniais invocados pela autora».

Como se vê, a sentença em crise, mesmo sem qualificar o fenómeno jurídico contido no art. 7.° do diploma, ateve-se ao n.° 2 do preceito para extinguir o direito que a A. pretendia fazer valer, por considerar que o recurso contencioso aliado ao pedido de suspensão de eficácia evitaria a produção dos danos de que agora pretende ser ressarcido.

A ora recorrente vem, face ao discurso da sentença, arguir a nulidade desta, alicerçada no facto de ninguém ter suscitado tal questão, e por, com base nela, ter absolvido os RR do pedido.

Vejamos.

O art. 7.° do DL 48051 de 21 de Novembro de 1967 estatui o seguinte:

"O dever de indemnizar, por parte do Estado...não depende do exercício pelos lesados do seu direito de recorrer dos actos causadores do dano; mas o direito destes à reparação só subsistirá na medida em que tal dano se não possa imputar à falta de interposição de recurso

ou a negligente conduta processual da sua parte no recurso interposto".

Durante muito tempo a jurisprudência deste STA rumou no sentido de que a 2.ª parte do preceito transcrito impedia a subsistência do direito de indemnização relativamente aos danos que pudessem ser reparados através da impugnação contenciosa do acto ilícito também gerador da responsabilidade e da ulterior execução da sentença anulatória. O inciso legal plasmaria, assim, um regime de *caducidade do direito de indemnização,* ou então uma verdadeira "*excepção peremptória*" fundada na figura do "*caso decidido*" ou "*caso resolvido*" ou, por último, uma *excepção inominada* (v.g., *Acs, do STA de 12/07/88, Proc. n.º 020593; 4/10/89, Proc. n.º 027076; de 21/12/89, Proc. n.º 020653*).

A acção teria, assim, na prática uma feição meramente subsidiária ou residual em relação ao recurso contencioso (*Ac. STA, de 09/02/93, Proc. n.º 030806, in AD n.º 378; 17/02/1994,* in DR, Ap., de 20/12/1996, pag. 1315; tb. M. Caetano, *Manual de Direito Administrativo,* II, pag. 1238; Maria da Glória Garcia, In *Responsabilidade Civil do Estado e demais Pessoas Colectivas Públicas,* pag. 43/45).

Mas, em anotação ao acórdão do *STA de 14/10/1986 (Proc. 019946*), já Afonso Queiró opinava que o art. 7.º estabelecia uma solução idêntica à do Código Civil alemão, segundo a qual «*o dever de indemnizar não persiste quando o lesado, dolosa ou culposamente, não tenha impedido a verificação do dano mediante a utilização dos remédios jurídicos*».

Foi, porém, com o acórdão de *30/05/95 (Proc. n.º 033333)* que a posição jurisprudencial iniciou uma verdadeira viragem, ao considerar que a limitação do ressarcimento previsto na aludida norma não constitui excepção peremptória restritiva do direito de indemnização, caracterizando antes uma situação equivalente à do art. 570.º do Código Civil, que releva no plano do nexo de causalidade e da culpa. Ou seja, a segunda parte do art. 7.º citado apresenta-se como questão que tem que ver com a interrupção do nexo de causalidade e com a culpa do lesado na produção do dano, excluindo a indemnização ou limitando a sua extensão quando haja uma co-responsabilização do administrado na verificação do dano.

Daí em diante, passou a dominar esse entendimento, numa orientação que se tornou firme através do acórdão do *Pleno da Secção de 27/02/96* (*Proc.23058*), e que se acentuou em arestos posteriores, de que se destacam, entre outros, os acórdãos de *11/01/00, Proc. n.º 045240, de 3/02/00, Proc. n.º 044014, de 31/10/2000, Proc. n.º 046354, de 03/05/2001, Proc. n.º 047084, de 11/01/ /2001, Proc. n.º 044447; 10/10/2001, Proc. n.º 038714; 19/02/2002, Proc. n.º 040348; 25/06/2003, Proc. n.º 0495/03; 7/10/2004, Proc. n.º 069/04; 16/11/2004, Proc. n.º 048197; 15/12/2004, Proc. n.º 0992/04; 16/03/ /2005, Proc. n.º 0153/04.*

Portanto, sendo inicialmente tratado como excepção peremptória, a questão não era de conhecimento oficioso, incumbindo ao ente demando o ónus de demonstrar que os danos invocados e decorrentes do acto ilícito são consequência daquela conduta omissiva (neste sentido, *Ac. cit. de 21/12/89, Proc. n.º 020653; Ac. STA de 9/02/93, Proc. n.º 030806; 20/04/93, Proc. n.º 031527; 17/02/94, Proc. n.º 033167*).

Mas se, como se viu, perdeu a natureza de excepção fundada na *caducidade* ou no *caso decidido*, não deixou de ser encarada como matéria que *impede* ou *limita* o efeito jurídico dos factos articulados pelo autor na medida em que, ao conhecer do mérito do pedido, inibe a atribuição da indemnização ou reduz o valor do seu "quantum".

Sendo certo que a situação é de concorrência de culpas (do A. e R.), mesmo na óptica do art. 570.º do CC, e uma vez que culpa não se presume em matéria de responsabilidade civil (*art. 487.º, n.º 1, do CC*; ver também Pires de Lima e Afonso Varela, in C.C. anotado, vol. I, 2ª ed., pag. 423), para que a indemnização seja excluída ou reduzida em virtude da concausa do A. é necessário que o R. invoque e prove que a conduta omissiva daquele. esteve na origem total ou parcial dos danos sofridos. Nessa medida continua a ser *excepção peremptória* (*arts. 487.º, n.º 2, 2ª parte e 493.º, n.ºs 2 e 3, do CPC*), cujo conhecimento *depende da vontade e da invocação do interessado* (*art. 496.º do CPC*).

Portanto, para que proceda, tem que ser alegada pelo ente demandado, porque lhe cabe o respectivo ónus de alegar e provar que o autor infringiu um dever de diligência processual susceptível de evitar a produção ou o agravamento do dano, face ao disposto no art. 342.º, n.º 2, do Código Civil (neste sentido, *Acs. do STA de 30/05/95, Proc. n.º 033333; de 14/05/96, Proc. n.º 039734; 15/04/99, Proc. n.º 037995: 08/06/99, Proc. n.º 043994; Ac. 25/06/2003, Proc. n.º 0495/03*).

Por conseguinte, o lesado tem que demonstrar os pressupostos da responsabilidade, designadamente a ilicitude da acção administrativa danosa. Mas ele verá o conteúdo do direito de indemnização diminuído na medida em que a sua conduta culposa tiver concorrido para os danos ou para o agravamento dos danos que invoca. Ou seja, é preciso saber se a não interposição do recurso contencioso e a falta de pedido de suspensão de eficácia do acto (por o recurso não ter, em geral, efeito suspensivo) concorreu para os danos e em que medida.

E para esse apuramento, não bastará um juízo jurisdicional de prognose posterior por banda do tribunal da acção na análise dos pressupostos da responsabilidade civil, sendo ainda precisos factos a invocar pelo demandado.

Mas ainda que se entenda que a defesa nesse caso, em vez de exceptiva, tem uma natureza impugnativa (assim foi decidido em acórdão de *15/04/1986, Proc. n.º 023361, in BMJ n.º 356, pag. 170 e sgs.*), nem assim o réu deveria deixar de a invocar pertinentemente de forma a demonstrar que os factos vertidos na petição inicial da acção não podiam produzir os efeitos jurídicos pretendidos pelo A (*art. 487.º, n.º 2, 1ª parte do CPC*).

Ou seja, não podia o tribunal apreciar esta questão, seja ela de impugnação, seja de excepção (mesmo inominada), sem que o réu a invocasse (no sentido de que deve ser invocada pelos RR, ver *Ac. do STA de 15/04/99, Proc. n.º 037995*). Não a tendo invocado, apenas se pediria ao tribunal que averiguasse dos pressupostos da responsabilidade civil extracontratual e se, de acordo com os elementos obtidos, subsistiria ou não o direito à reparação indemnizatória.

E não se diga que esta é uma questão de direito. A circunstância da concorrência de culpa do A. na produção dos danos e na sua medida é uma questão de facto. Por isso, não se aplica aqui o preceituado no art. 664.º do CPC.

Ora, neste caso concreto, nenhum dos demandados suscitou a questão da concorrência de culpas do A., ou seja, nem o Estado, nem o IPT invocaram a questão pelo prisma da irrelevância da ilicitude, total ou parcial, face ao disposto na 2ª parte do art. 7.º do DL n.º 48051.

Logo, não o podia fazer o tribunal "a quo" "oficiosamente". Tendo-o feito, ocupou-se de uma questão que as partes não submeteram à sua apreciação, sendo certo, por outro lado, que ela não era de conhecimento oficioso imposto ou permitido por lei (*art. 660.º, n.º 2, do CPC*).

O que equivale a dizer que cometeu a nulidade do art. 668.º, n.º 1, al. d), do CPC.

Assim, uma vez que a 1ª instância não entrou no conhecimento de nenhuma outra questão, deverão, pois, os autos baixar à 1ª instância a fim de se apreciar o mérito do pedido de acordo com os pressupostos da responsabilidade civil extracontratual, tal como foram invocados pelo A. na petição.

IV - DECIDINDO

Face ao exposto, acordam em conceder provimento ao recurso, declarando nula a sentença recorrida e, em consequência, determinando a baixa dos autos ao tribunal recorrido para os fins acima referidos.

Sem custas.

Lisboa, 1 de Junho de 2006.

Cândido de Pinho (Relator)
Azevedo Moreira
Costa Reis

Recurso n.º 1186/05-11

TRANSIÇÃO DE PESSOAL. REESTRUTURAÇÃO DE CARREIRAS. PRINCÍPIO DA NÃO INVERSÃO DE POSIÇÕES RELATIVAS. PRINCÍPIO DA IGUALDADE. DIMENSÃO DIFERENCIANTE.

(Acórdão de 29 de Junho de 2006)

SUMÁRIO:

I- O n.º 4 do art. 21.º do DL n.º 404-A/98, de 18 de Dezembro, constitui um afloramento do princípio da não inversão das posições relativas de funcionários ou agentes por mero efeito da reestruturação de carreiras, princípio esse que é corolário do princípio da igualdade, consagrado nos art.s 13.º e 59.º, n.º 1, al. a) da CRP.

II- À luz deste princípio, não poderá admitir-se, por carência de justificação objectiva e racional, que funcionários dum mesmo serviço e da mesma categoria profissional, e posicionados em idêntico escalão e índice remuneratório, ao serem promovidos a uma mesma categoria, por virtude de reestruturação de carreiras, passem a auferir remunerações diferentes por efeito apenas do momento em que foram promovidos.

III- O princípio da igualdade, consagrado no art. 13.º e (no domínio das relações laborais) no art. 59.º, n.º 1, al. a) da CRP, enquanto limite à discricionariedade legislativa, não exige o tratamento igual de todas as situações, antes implica que sejam tratados igualmente os que se encontram em situações iguais, e tratados desigualmente os que se encontrem em situações desiguais, de maneira a não serem criadas discriminações arbitrárias e irrazoáveis, porque carecidas de fundamento material bastante.

IV- Não é igual, não sendo por isso merecedora do mesmo tratamento, a situação de funcionários que, antes da transição, embora providos na mesma categoria, se encontravam posicionados em escalão e índice diferentes.

ACORDAM, EM CONFERÊNCIA, NA SECÇÃO DO CONTENCIOSO ADMINISTRATIVO DO SUPREMO TRIBUNAL ADMINISTRATIVO:

RELATÓRIO

I. FRANCISCO EDUARDO MADEIRA DOS SANTOS, Assistente Administrativo Especialista, identificado a fls. 2, interpôs no Tribunal Central Administrativo recurso contencioso de anulação do acto de indeferimento tácito, que imputa aos Ministros da Saúde e das Finanças e ao Secretário de Estado da Administração Pública e da Modernização Administrativa, do recurso hierárquico para eles interposto da decisão do Coordenador Subregional de Saúde de Évora que o posicionara no escalão 2, índice 265, com violação dos arts 13.º, 52.º, 59.º n.º 1, al. a) e 266.º n.º 2 da CRP, e 9.º do CPA, bem como dos princípios constitucionais da igualdade e da justiça material.

Por acórdão daquele tribunal, de 14.04.2005 (fls. 81 e segs.), foi negado provimento ao recurso.

É desta decisão que vem interposto o presente recurso jurisdicional, em cuja alegação o recorrente formula as seguintes conclusões:

1. Nos autos pretendeu o ora recorrente a anulação do acto de indeferimento tácito imputado aos Ministros da Saúde e das Finanças e ao Secretário de Estado da Administração Pública e da Modernização Administrativa do recurso hierárquico que para eles interpôs da decisão do Coordenador Sub-Regional de Saúde de Évora que o posicionara no escalão 2, índice 265, com violação dos arts. 13.º, 52.º, 59.º/1, al. a) e 266.º/2 da CRP e 9.º do CPA, bem como dos princípios constitucionais da igualdade e da justiça material.

2. O Francisco Eduardo Madeira dos Santos foi provido na categoria de Oficial Administrativo Principal, em funções no Centro de Saúde do Redondo, ficando posicionado no 3.º escalão, índice 265, desde 7/9/90;

3. Por efeito do novo regime de carreiras da função pública, aprovado pelo Dec-Lei n.º 404-A/98, de 18 de Dezembro, transitou com efeitos desde 1/1/98 para a categoria de Assistente Administrativo Especialista, escalão 2, índice 265, por despacho do Coordenador Subregional de Saúde de Évora;

4. Outras funcionárias, colegas do recorrente, Maria Nascimento Concha, Alice Aurora Vilalva, Aurora Celeste Leonardo, Maria Lúcia Cupido e Miraldina António Zambujo, todas providas na categoria de Oficial Administrativo Principal e posicionadas no 4.º escalão, índice 280,

desde 6/3/96 (as primeiras duas) e 22/7/96 (as outras três), tendo transitado, por força da aplicação do art. 21.° n.° 4 daquele diploma, para o 3.° escalão, índice 285;

5. Assim, o recorrente encontra-se, relativamente a colegas com menos tempo na categoria, em igualdade de circunstâncias, e foi mesmo ultrapassado por outros na escala indiciária.

6. A aplicação do Dec-Lei n.° 404-A/98 devia ter sido feita por forma a respeitar os princípios constitucionais da igualdade e da justiça material, previstos nos artigos 13.°, 59.°/1/a) e 266.°/2 da Constituição da República Portuguesa.

7. A verdade é que da aplicação da lei resultou, em relação ao recorrente, uma situação de injustiça que permitiu um reposicionamento distorcido.

8. Tal viola os princípios da igualdade, da coerência e da equidade.

9. O posicionamento *sub judice* do recorrente pôs em causa toda a lógica de que numa escala indiciária se premeia a antiguidade na categoria através da atribuição de escalões, por ilegitimamente se colocar um trabalhador com menos tempo de serviço na categoria posicionado num escalão superior.

10. O acto de posicionamento do recorrente violou os citados princípios constitucionais, nomeadamente na sua vertente de igualdade e da justiça, na medida em que, como refere Freitas do Amaral in "Código do Procedimento Administrativo", 2ª Edição – Pág. 36, o princípio da Justiça compreenderia os seguintes valores: a igualdade, a proporcionalidade, a boa-fé, a razoabilidade e a equidade.

11.O acto sob censura de posicionamento do recorrente é um acto sem equidade e sem equilíbrio e, portanto, injusto.

12. É um acto ilegal, já que a injustiça é um vício de legalidade o que constitui violação de lei.

13. A Administração deve tratar por igual apenas o que é igual, emprestando tratamento diverso a situações desiguais.

14. Dispõe o n.° 4 do art. 21.° do Dec-Lei n.° 404-A/98 que "*Serão igualmente posicionados no escalão imediatamente superior os funcionários que na sequência de promoção ocorrida em 1997 sejam posicionados em escalão a que corresponda índice igual ou inferior ao atribuído a outros funcionários do mesmo organismo e com a mesma categoria e escalão que não foram promovidos ou o venham a ser durante 1998*".

15. Esta norma visou assegurar que funcionários com menor antiguidade na mesma categoria não possam auferir uma remuneração superior à de outros da mesma categoria, com maior antiguidade.

16. Não se funda em qualquer critério objectivo a aplicação ou interpretação da lei que restrinja o benefício conferido nessa norma de posicionamento no escalão imediatamente superior apenas a funcionários promovidos em 1997 e não a funcionários que foram promovidos antes, como é o caso do recorrente, permitindo que colegas com menor antiguidade aufiram remuneração superior.

17. Assim, o acto administrativo e o acórdão *sub judice* que não o anulou violam os princípios da igualdade e do direito à retribuição igual, consagrados nos art. 13.° e 59.°/l/a) da CRP, que proíbem a criação de medidas ou interpretações que estabeleçam distinções discriminatórias não fundadas em critério razoável ou objectivo.

18. À luz da lei não é admissível que o recorrente aufira remuneração inferior à auferida por outros colegas da mesma categoria profissional e que têm igual e mesmo menor antiguidade.

19. Nesse sentido vai a jurisprudência constitucional, que sobre a presente questão de constitucionalidade e outras idênticas se tem pronunciado no sentido da inconstitucionalidade, por violação do disposto no art. 59.°/l/a) da CRP enquanto corolário do princípio da igualdade consagrado no seu art. 13.°, das normas e interpretações da lei que permitem o recebimento de remuneração superior por funcionários com menor antiguidade na categoria (Ac. do Tribunal. Constitucional n.° 254/2000 (DR, I-Série A, de 23 de Maio e Ac. do Tribunal Constitucional n.° 646/04, por exemplo).

Termos em que ... deve o douto acórdão *sub judice* ser revogado e, em consequência, ser o presente recurso julgado procedente anulando-se o acto administrativo recorrido, com o que se fará Justiça!

II. Contra-alegou o Ministro das Finanças, referindo apenas o seguinte:

O recurso deverá ser rejeitado, em virtude de o douto Acórdão impugnado estar de acordo com a jurisprudência mais recentemente consolidada do Supremo Tribunal Administrativo (cfr. n.° 3 do art. 152.° do CPTA).

Mais se adere, nos respectivos termos e fundamentos, ao teor do douto Acórdão recorrido.

III. Contra-alegou igualmente o Ministro da Saúde, concluindo do seguinte modo:

1. O recorrente não se encontra em igualdade de circunstâncias relativamente às colegas, uma vez que, à data da entrada em vigor do Decreto-Lei n.° 404-A/98, de 18.12, o recorrente encontrava-se provido na categoria de oficial administrativo principal, 3.° escalão, índice 265, e as colegas no 4.° escalão, índice 280, da mesma categoria, conforme lista nominativa que, por aplicação do diploma supra mencionado, efectuou a transição do pessoal administrativo da Administração Regional de Saúde do Alentejo;

2. Assim, quando se operou a transição levada a cabo pelo Decreto-Lei n.° 404-A/98, de 18.12, aquelas funcionárias transitaram para o escalão 3, índice 285, da categoria de assistente administrativo especialista, tendo o ora recorrente transitado para o escalão 2, índice 265 da mesma categoria (art. 21.°, n.° 4).

3. Ora, só há violação do princípio da igualdade se as situações, sendo iguais, foram tratadas desigualmente, ou se, sendo diferentes, foram tratadas igualmente.

IV. O Exmo magistrado do Ministério Público neste Supremo Tribunal, invocando jurisprudência deste, no sentido de que o n.° 4 do art. 21.° do DL n.° 404/98, de 18 de Dezembro, constitui um afloramento do princípio da não inversão das posições relativas de funcionários ou agentes, por mero efeito da reestruturação de carreiras, conclui que não é admissível que o recorrente aufira uma remuneração inferior à auferida por outras colegas da mesma categoria profissional e que têm igual e mesmo menor antiguidade, pelo que entende que o presente recurso deve proceder.

Colhidos os vistos, cumpre decidir.

FUNDAMENTAÇÃO

OS FACTOS

O acórdão sob impugnação considerou provados, com relevância para a decisão da causa, os seguintes factos:

a) Francisco Eduardo Madeira dos Santos foi provido na categoria de Oficial Administrativo Principal, em funções no Centro de Saúde do Redondo, ficando posicionado no 3.° escalão, índice 265, desde 7/9/90 (fls. 54).

b) Por efeito do novo regime de carreiras da função pública, aprovado pelo Dec. Lei n.° 404-A/98, de 18 de Dezembro, transitou, com efeitos desde 1/1/98, para a categoria de Assistente Administrativo Especialista, escalão 2, índice 265, por despacho do Coordenador Subregional de Saúde de Évora (Proc. Adm).

c) Outras funcionárias, colegas do recorrente, Maria Nascimento Concha, Alice Aurora Vilalva, Aurora Celeste Leonardo, Maria Lúcia Cupido, e Miraldina Antónia Zambujo, todas providas na categoria de Oficial Administrativo Principal, e posicionadas no 4.° escalão, índice 280, desde 6/3/96 (as primeiras duas) e 22/7/96 (as outras três) – fls. 54.

d) Tendo transitado, por força da aplicação do artigo 21.° n.° 4 daquele diploma, para o 3.° escalão, índice 285 (*ibidem*).

e) Com data de 30/3/99, Francisco Madeira dos Santos interpôs recurso hierárquico para os Ministros da Saúde e das Finanças e o Secretário de Estado da Administração Pública e da Modernização Administrativa, pedindo a revogação do acto e o seu posicionamento no escalão e índice a que tivesse direito (fls. 6 e 7).

f) Esse recurso hierárquico só veio a ser rejeitado por despacho, de 26/11/99, do Secretário de Estado dos Recursos Humanos e da Modernização da Saúde, que não chegou a ser notificado ao recorrente (Proc. Adm).

O DIREITO

O acórdão impugnado negou provimento ao recurso contencioso de anulação do acto de indeferimento tácito, imputado aos Ministros da Saúde e das Finanças e ao Secretário de Estado da Administração Pública e da Modernização Administrativa, do recurso hierárquico para eles interposto da decisão do Coordenador Subregional de Saúde de Évora que posicionara o recorrente no escalão 2, índice 265, com alegada violação dos arts 13.°, 52.°, 59.° n.° 1, al. a) e 266.° n.° 2 da CRP, e 9.° do CPA, bem como dos princípios constitucionais da igualdade e da justiça material.

Entendeu o acórdão impugnado que não foram postergados, *in casu*, os dispositivos e princípios constitucionais invocados pelo recorrente, designadamente o princípio da não inversão das posições relativas, enquanto corolário do princípio da igualdade e da justiça material, pelo facto de as situações em confronto (a sua e a das suas colegas) não serem idênticas, e não serem, portanto, merecedoras do mesmo tratamento.

Afirmou o acórdão, a tal propósito:

"Como se observa da relação junta a fls. 54 (que o recorrente não contesta), aquelas identificadas funcionárias, à data da transição em 1/1/98, já se encontravam posicionadas na categoria de Oficial Administrativo Principal no 4.° escalão (índice 280), portanto acima do recorrente Francisco Madeira dos Santos, que se situava à época ainda no 3.° escalão, índice 265.

Ora, tendo as primeiras transitado, por força da aplicação do artigo 21.° n.° 4 do Dec-Lei n.° 404-A/98, para o escalão 3, índice 285, da categoria de Assistente Administrativo Especialista, e o segundo passado para o escalão 2, índice 265, não se pode concluir (como faz o recorrente) ter havido uma distorção do sistema.

Porquanto aquelas em 1/1/98 já se encontravam no 4.° escalão, e este apenas no 3.°, situando-se portanto em posições diferentes, e merecendo por isso tratamento diferente, com a transição."

Insurgindo-se contra o assim decidido, o recorrente reitera a sua alegação de que foram violados os referidos preceitos e princípios constitucionais, insistindo em que, estando provido na categoria de Oficial Administrativo Principal, e posicionado no 3.° escalão, índice 265, transitou, pelo despacho contenciosamente recorrido, e por força da aplicação do art. 21.° n.° 4 do DL n.° 404-A/98, para a categoria de Assistente Administrativo Especialista, escalão 2, índice 265, enquanto outras funcionárias suas colegas, igualmente providas na categoria de Oficial Administrativo Principal e com menor antiguidade, posicionadas no 4.° escalão, índice 280, transitaram, por força da aplicação do citado preceito, para o 3.° escalão, índice 285.

Não lhe assiste qualquer razão, como se verá de seguida.

O DL n.° 404-A/98, de 18 de Dezembro, que veio estabelecer as regras sobre o regime geral de reestruturação de carreiras da Administração Pública, dispõe no seu art. 21.°, n.° 4:

"*Serão igualmente posicionados no escalão imediatamente superior os funcionários que na sequência de promoção ocorrida em 1997 sejam posicionados em escalão a que corresponda índice igual ou inferior ao atribuído a outros funcionários do mesmo organismo e com a mesma categoria e escalão que não foram promovidos ou o venham a ser durante 1998.*"

E o n.° 5 do mesmo preceito prescreve que "*os recursos apresentados com fundamento na inversão das posições relativas detidas pelos funcionários ou agentes à data da publicação do presente diploma e que violem o princípio da coerência e da equidade que presidem ao sistema de carreiras serão resolvidos por despacho conjunto dos ministros da tutela, das Finanças e do membro do Governo responsável pela Administração Pública*".

A jurisprudência recente deste STA tem vindo a decidir uniformemente que o n.° 4 do art. 21.° do DL n.° 404-A/98, de 18 de Dezembro, constitui um afloramento do princípio da não inversão das posições relativas de funcionários ou agentes por mero efeito da reestruturação de carreiras, princípio esse que é corolário do princípio da igualdade, consagrado nos arts. 13.° e 59.°, n.° 1, al. a) da CRP, e que a referência feita no n.° 5 ao «*princípio da coerência e da equidade que presidem ao sistema de carreiras*» nos permite concluir que esse é um princípio geral da estruturação de carreiras na função pública, o que leva a interpretar aquele n.° 4 como um afloramento de um princípio geral de não inversão das posições relativas de funcionários ou agentes por mero efeito da reestruturação de carreiras (cfr. os Acs. de 17.11.2004 – Recs. 1.710/02, e 357/03, de 17.03.2004 – Rec. 1.315/03, de 20.03.2003 – Rec. 1.799/02, de 29.05.2002 – Rec. 46.544, e do Pleno de 19.02.2004 – Rec. 46.544).

E, nessa perspectiva, afirma-se nos referidos arestos:

"*À face deste princípio da não inversão das posições relativas de funcionários ou agentes por mero efeito da reestruturação de carreiras, não poderá admitir-se, por carência de justificação objectiva e racional, que funcionários da mesma categoria profissional que exercem funções num mesmo serviço público e sejam promovidos a uma mesma categoria passem a auferir remune-*

rações diferentes por efeito apenas do momento em que foram promovidos."

Convém, no entanto sublinhar (até porque estamos focalizados numa dimensão ou corolário do princípio da igualdade) que em todas as situações apreciadas naqueles arestos, estava em causa o confronto do recorrente com outros funcionários anteriormente providos na mesma categoria (Oficial Administrativo Principal) e posicionados no mesmo escalão e índice do recorrente, circunstância naturalmente decisiva para o juízo de afrontamento do princípio da igualdade, decorrente da efectiva inversão das posições relativas entre eles, que conduziu a que os ali recorrentes passassem a auferir, após a transição, remuneração inferior à de colegas com a mesma categoria e índice remuneratório e com menos antiguidade.

Com efeito, só nessas circunstâncias – de igualdade de situações – é legítimo afirmar a violação do referido princípio da não inversão de posições relativas, enquanto corolário do princípio da igualdade, consagrado no art. 13.º e (no domínio das relações laborais) no art. 59.º, n.º 1, al. a) da CRP, o qual, enquanto limite à discricionariedade legislativa, e como a jurisprudência tem repetidamente sublinhado, "*não exige o tratamento igual de todas as situações, antes implica que sejam tratados igualmente os que se encontram em situações iguais, e tratados desigualmente os que se encontrem em situações desiguais, de maneira a não serem criadas discriminações arbitrárias e irrazoáveis, porque carecidas de fundamento material bastante*" (Ac. de 10.11.2004, citado).

É a chamada *dimensão diferenciante* do princípio da igualdade, que manda tratar de forma desigual o que é desigual, contraposta à *dimensão igualizante*, que impõe o tratamento igual do que é igual.

Ora, na situação dos autos, como bem salienta a entidade recorrida, e como reconhece o próprio recorrente (cfr. conclusões 2.º e 4ª da alegação), este não se encontrava, anteriormente à transição, em situação de igualdade com as suas colegas, uma vez que, à data a que o DL n.º 404-A/98 reporta os seus efeitos (01.01.1998) o recorrente encontrava-se provido na categoria de oficial administrativo principal, 3.º escalão, índice 265, enquanto elas, embora providas na mesma categoria, estavam posicionadas no 4.º escalão, índice 280, conforme lista nominativa que, por aplicação do diploma mencionado, efectuou a transição do pessoal administrativo da Administração Regional de Saúde do Alentejo (cfr. matéria de facto).

Assim sendo, quando se operou a transição levada a cabo pelo DL n.º 404-A/98, de 18 de Dezembro, aquelas funcionárias transitaram para o escalão 3, índice 285, da categoria de assistente administrativo especialista, tendo o ora recorrente transitado para o escalão 2, índice 265 da mesma categoria, tudo nos termos e com inteira observância das regras constantes do art. 21.º, n.º 4 daquele diploma.

A decisão impugnada fez, pois, correcta subsunção do direito ao concluir pela não verificação, no caso dos autos, da alegada violação das normas e princípios constitucionais, assim improcedendo todas as conclusões da alegação.

DECISÃO

Com os fundamentos expostos, acordam em negar provimento ao recurso.

Custas pelo recorrente, fixando-se a taxa de justiça e a procuradoria, respectivamente, em 300 € e 150 €.

Lisboa, 29 de Junho de 2006.

Pais Borges (Relator)
Adérito Santos
Freitas Carvalho

Recurso n.º 967/05-11

VIA MUNICIPAL. CONSTRUÇÃO. IMPEDIMENTO.

(Acórdão de 26 de Abril de 2006)

SUMÁRIO:

I – Estabelecendo o art. 106.º da Lei 2110, de 19/08/61 que "*as Câmaras municipais podem impedir a execução de quaisquer obras na faixa de terreno que, segundo o projecto ou anteprojecto aprovado, deva vir a ser ocupada por um troço novo de via municipal ou uma variante a algum troço de via existente*", apresenta-se como ilegal o despacho do Vereador de uma Câmara Municipal que, com fundamento nessa disposição, indefere um pedido de licenciamento em terreno onde ainda não fora aprovado qualquer "projecto" ou "anteprojecto" da via que no local se pretende construir.

II – Se o indeferimento contido no acto contenciosamente impugnado se fundamentou em mais que uma razão de ordem legal, considerada a ilegalidade de um desses fundamentos que determinaram aquele indeferimento, tal não integra força suficiente para se decretar a anulação do indeferimento contido no acto impugnado, sendo necessário indagar sobre a legalidade dos outros fundamentos que igualmente estiveram na base daquele indeferimento.

ACORDAM, EM CONFERÊNCIA, NA SECÇÃO DO CONTENCIOSO ADMINISTRATIVO DO SUPREMO TRIBUNAL ADMINISTRATIVO:

1 – ANTÓNIO GUILHERME DOS SANTOS TOMÁS, id. a fls. 2, interpôs no TAF do Porto recurso contencioso de anulação do despacho de 11.02.2003 do **VEREADOR DO PELOURO DO URBANISMO DA CÂMARA MUNICIPAL DE VILA NOVA DE GAIA** que lhe indeferiu um pedido de licenciamento para construção de um edifício para armazém que pretendia levar a efeito em terreno sito na Rua Fonte dos Casados, Lugar de Alheira de Baixo, Pedroso, Vila Nova de Gaia.

2 – Por sentença de 17.01.05 (fls. 76/82) com fundamento em "*violação de lei por desrespeito ao disposto no art. 106.º da Lei 2110, de 19.08.61*" foi concedido provimento ao recurso contencioso e anulado o despacho recorrido.

Inconformado com tal decisão, dela veio a entidade autora do acto a interpor recurso jurisdicional que dirigiu a este STA tendo, na respectiva alegação, formulado as seguintes *CONCLUSÕES*:

A – Por deliberação de Câmara de 26.07.02 foi aprovado o traçado em planta e perfil longitudinal da VL4 entre o Km 0+000 e o Km 3+542,96.

B – O terreno onde o recorrido insere a pretensão de licenciamento da construção que projectou é atravessado pelo traçado da via em causa retirando-lhe qualquer capacidade construtiva.

C – O terreno em causa irá ser expropriado para ser integrado no leito da via a executar.

D – Está assim abrangido pelo disposto no art. 106.° da Lei 2110 de 19.08.61, no qual se fundamentou a decisão sob censura.

E – Assim o despacho posto em crise não enferma do vício de violação da lei que lhe foi assacado.

Termos em que deve ser dado provimento ao recurso, mantendo-se o despacho recorrido.

3 – O recorrido não apresentou contra-alegações.

4 – O Excelentíssimo Procurador-Geral Adjunto emitiu parecer a fls. 99 no sentido de ser negado provimento ao recurso *"já que manifestamente o recorrente não logrou infirmar a correspondência de aprovação do traçado em planta e perfil longitudinal da VL4 a uma fase preparatória de concepção – e consequentemente de aprovação – do respectivo anteprojecto, sobre a qual se fundou o juízo de procedência do alegado vício de violação do art. 106.° da Lei n.° 2110, de 19/08/61"*.

Cumpre decidir:

5 – A sentença recorrida deu como demonstrada a seguinte **MATÉRIA DE FACTO:**

I – Em 20.06.2002, o recorrente pediu à Câmara Municipal de Vila Nova de Gaia (CMVNG) o licenciamento da construção de um edifício destinado a servir de armazém, num terreno de que o recorrente é proprietário, sito na Rua Fonte dos Casados, Lugar de Alheira de Baixo, Pedroso, Vila Nova de Gaia, apresentando o correspondente projecto de arquitectura, a que correspondeu o processo administrativo n.° 981/02 – Pedroso.

II – O pedido referido em I) foi instruído com os documentos que constam de fls. 1 a 24 do PA, apenso cujo teor se reproduz.

III – Em 01.08.200, o Departamento de Urbanismo da CMVNG elaborou a informação que consta de fls. 34-36 do PA apenso (cujo teor se reproduz), onde se refere nomeadamente o seguinte:

"(...)

6 – Proposta/Conclusão

Uma vez que a construção verifica um afastamento de cerca de 3,5m ao limite da área cedida para domínio público (11 lugares de estacionamento organizados perpendicularmente à Rua Fonte dos Casados) e limite da sua propriedade, não dá cumprimento à alínea b) do ponto 2 do art. 14.° do Regulamento do PDM, que refere "afastamento mínimo de 10m das construções à frente do lote" pelo que se propõe o indeferimento da pretensão com base na alínea a) do ponto 1 do art. 24.° do DL 555/99, de 16 de Dezembro, alterado pelo Dec-Lei 177/01, de 4 de Junho.

De acordo com o parecer emitido pelo GVC referido no ponto 5, e da análise das peças constantes deste projecto verifica-se que o traçado da via VL4 colide com a pretensão. O desenho da via sobrepõe-se ao terreno onde se insere a pretensão atravessando-a longitudinalmente no sentido Sudoeste – Nordeste, não se verificando qualquer capacidade construtiva para o mesmo terreno.

Face ao exposto deixa-se à consideração superior se o requerente deverá ser notificado sobre a matéria referida anteriormente".

IV – Sobre a aludida informação, pelo Director de Gestão Urbanística foi emitido em 20.11.2002 o seguinte parecer:

"*Concordo. Com base na presente informação, proponho que se notifique o requerente que o processo se encaminha para o indeferimento com base na alínea a) do ponto 2 do art. 14.° do DL 555/99, de 16 de Dezembro, na redacção que lhe foi dada pelo DL 177/2001, de 4 de Junho, pelos motivos indicados no ponto 6 – proposta/ /conclusão e ainda com base no art. 106.° da Lei 2110, de 19 de Agosto de 1961, dado colidir com o troço da VL4 com o anteprojecto aprovado em reunião de Câmara de 26.07.2002*" – (fls. 36 do PA apenso).

V – Com referência à citada informação e aludido parecer, o recorrido, no uso de poderes delegados, proferiu em 25.11.2002 o seguinte DESPACHO:

"*Concordo. Notifique-se nos termos propostos*".

VI – Em audiência prévia, o recorrente ao mesmo tempo que apresentava uma nova versão (um aditamento) do projecto de arquitectura – que expurgava de qualquer desconformidade ao RPDMVNG, punha em causa a legalidade do segundo daqueles dois fundamentos da projectada decisão de indeferimento (fls. 16/18 dos autos cujo teor se dá por inteiramente reproduzido).

VII – Em 23.07.2002, a CM VNG deliberou aprovar o traçado em planta e perfil longitudinal da VL4 entre o Km 0+000 e o Km 3+542.96 (fls. 42/43 do PA).

VIII – Tal deliberação foi tomada tendo presente a Informação n.° 009/G.V.C. datada de 02.05.2002 do Gabinete de Vias de Comunicação, sobre a elaboração dos trabalhos de concepção do anteprojecto das vias VL1, VL2, VL3 (troço entre a EN1-15 e a EN1), VL4 (EN1-Nascente), VL5, VL6, VL7 e VL11– Traçado em planta e perfil longitudinal da VL4 entre o Km 0+000 e Km 3+542.96, para aprovação ao traçado em planta e perfil longitudinal da VL 4 entre o Km 0+000 e Km 3+542.96 (fls. 43 do PA).

IX – Em ***<u>11.08.2003</u>*** o recorrido, no uso de poderes delegados, proferiu o seguinte despacho:

"*Indefiro nos termos propostos. Notifique-se. Arquive-se*" – (fls. 54.° do PA).

X – O referido despacho foi antecedido do seguinte parecer datado de 08.08.2003 – (constante a fls. 54 do PA):

"*Proponho o indeferimento da pretensão com base no parecer emitido que deve ser transmitido ao requerente bem como o arquivamento do processo*".

XI – Tal parecer é emitido na sequência da informação de 07.07.2003 que consta de fls. 53/54 do PA, onde se refere que:

"Foi apresentada uma exposição registada com o n.° 9655/03 contestando o conteúdo do ofício n.° 11852/ /03, de 26.05.2003 através do qual foi comunicada a desconformidade da pretensão com o disposto no art. 106.° da Lei 2110, de 19 de Agosto de 1961.

Da análise da referida exposição verifica-se que o requerente apenas refere que "*reconhece-se que não há, efectivamente qualquer anteprojecto da VL4 – confessando-se inclusivamente que não existe ainda o parecer favorável da Administração Central (...) não logra o reque-*

rente entender o sentido da projectada decisão (...) a não ser a pretexto da (...) equiparação de um anteprojecto a uma fase procedimental anterior da sua aprovação, se queira explicar retroactivamente uma decisão que ainda não existe".

Relativamente ao teor da presente exposição, refere-se que, de acordo com o parecer jurídico Ref. 2-61/03, "*a aprovação do traçado e perfil longitudinal da VLA, em reunião de Câmara de 26 de Julho de 2002, faz parte integrante dos trabalhos de concepção do anteprojecto da VLA, pois esta corresponde a uma das fases da elaboração do anteprojecto, ficando com esta aprovação definida e estabilizada a plataforma de ocupação do solo, e definidos os limites da expropriação*".

Desta forma e atendendo a que não são apresentados dados relevantes que motivem a revisão da proposta de indeferimento com base no art. 106.° da Lei 2110, de 19 de Agosto de 1961, propõe-se que a pretensão seja indeferida e se proceda ao respectivo arquivamento do processo com base na alínea a) do n.° 1 do art. 24.° do DL 555/99, de 16 de Dezembro, com as alterações introduzidas pelo DL 177/2001, de 4 de Junho".

XII – O despacho identificado em IX) foi comunicado ao ora recorrente em 27.08.2003 (fls. 55/56 do PA).

6 – Vem impugnado nos presentes autos o despacho de 11.08.2003 que indeferiu ao ora recorrido o pedido de licenciamento de uma construção de um edifício destinado a servir de armazém, num terreno que lhe pertence sito na Rua Fonte dos Casados, Lugar de Alheira de Baixo, Pedroso, Vila Nova de Gaia.

Tal indeferimento, como resulta da parte final do parecer de 07.07.2003 a que aderiu o despacho impugnado nos autos, baseou-se quer "*no art. 106.° da Lei 2110, de 19/08/61*", quer "*na alínea a) do n.° 1 do art. 24.° do DL 555/99, de 16 de Dezembro, com as alterações introduzidas pelo DL 177/2001, de 4 de Junho*" (cf. ponto IX a XI da matéria de facto).

A sentença recorrida concedeu provimento ao recurso contencioso com os seguintes fundamentos:

"(...)

O recorrente aponta ao acto em crise vícios de violação de lei com referência ao disposto no art. 106.° da Lei 2110 (...) e ainda por infracção ao disposto no art. 24.° n.° 1 al. b) do RJUE dado que o prédio do recorrente não está abrangido por declaração de utilidade pública.

(...)

Tendo presente os critérios definidos, verifica-se que a ordem de arguição do recorrente se afigura correcta, pelo que se fará a análise dos vários vícios segundo aquela ordem, sendo que a ordem de conhecimento efectuada não implica que procedendo um dos vícios fundamento do recurso contencioso "sub judice" esteja o Tribunal vinculado a conhecer de todos os outros já que o conhecimento dos demais ficaria prejudicado.

A) – Do vício de violação de lei por desrespeito ao art. 106.° da Lei n.° 2110 de 19 de Agosto de 1961.

Neste domínio, dispõe o § 1.° do art. 106.° do RGCEM, que "as câmaras municipais podem impedir a execução de quaisquer obras na faixa de terreno que, segundo o projecto ou o anteprojecto aprovado, deva vir a ser ocupada por um troço novo de via municipal ou uma variante a algum troço de via existente".

Assim sendo, tal como defende o recorrente, tal poder de interdição assim conferido às Câmaras municipais dependia, pois, e desde logo, da verificação de um pressuposto indispensável: a existência de um projecto (ou, ao menos, de um anteprojecto) de construção da via municipal que fosse incompatível com a localização da operação urbanística pretendida pelo particular.

Ora, no caso dos autos, ao tempo da prática do acto recorrido... não havia, tendo em conta os elementos presentes nos autos, qualquer projecto ou anteprojecto aprovado de construção da denominada VL4.

Com efeito, apurou-se que apenas em reunião de Câmara extraordinária de 26.07.2002... foi deliberado, por unanimidade, aprovar o traçado em planta e perfil longitudinal da VL4 entre o Km 0+000 e o Km 3+542.96...

E, se assim é, tal equivale a dizer, como defende o recorrente, que a invocada aprovação daquela parte do traçado corresponde a uma fase preparatória do processo de concepção do referido anteprojecto, o qual não se encontrando ainda concebido, tão pouco se pode ter como aprovado.

Deste modo e porque se não mostra preenchido, em concreto, o pressuposto fixado no preceito legal em apreço (segundo o projecto ou o anteprojecto aprovado"), impossível se torna o recurso ao poder impeditivo concedido pelo aludido preceito legal.

(...)"

Em conformidade, julgando verificado o "*vício de violação de lei por desrespeito ao disposto no art. 106.° da Lei n.° 2110*", concedeu provimento ao recurso e anulou o despacho impugnado.

Ou seja, a sentença recorrida acabou por anular o acto contenciosamente impugnado conhecendo apenas do "*vício de violação de lei por desrespeito ao art. 106.° da Lei n.° 2110, de 19 de Agosto de 1961*".

Face às conclusões formuladas pelo recorrente jurisdicional, resulta desde logo que o pressuposto de facto considerado pela sentença recorrida como determinante para a procedência do recurso contencioso – não se mostrar aprovado à data da prática do acto contenciosamente impugnado o projecto ou anteprojecto a que se alude no citado art. 106.° – não foi minimamente colocado em crise pelo recorrente jurisdicional.

Com efeito, na respectiva alegação o recorrente limita-se essencialmente a referir que, do facto de ter sido aprovado o "*traçado em planta e perfil longitudinal da VL4...*" se infere "*que o terreno para o qual o Recorrido/Munícipe pediu o licenciamento da construção projectada irá ser expropriado a curto prazo, bem como os demais, que se localizem no leito da via cujo traçado foi aprovado. E caso nele se efective a construção que foi licenciada esta será demolida*".

Só que tal argumentação não abala minimamente os fundamentos em que se alicerçou a procedência do recurso contencioso já que, estabelecendo o art. 106.° da Lei 2110 que "*as Câmaras municipais podem impedir a execução de quaisquer obras na faixa de terreno que, segundo o projecto ou anteprojecto aprovado, deva vir a ser ocupada por um troço novo de via municipal ou uma variante a algum troço de via existente*", tal disposição exige desde logo que os poderes atribuída às Câmaras Municipais no sentido de impedirem a execução de uma determinada obra só possam ser exercitados quando previamente para o local tenha sido aprovado o "projecto" ou "anteprojecto" do troço novo de via municipal ou uma variante a algum troço de via existente a levar a cabo na faixa de terreno onde se pretenda executar a construção.

Ou seja a disposição em apreço apenas acolhe na sua previsão situações em que o indeferimento do licenciamento da construção requerida tenha efectivamente sido precedido de anterior aprovação do "projecto ou o "anteprojecto" da via projectada. Se no momento em que é decidido o pedido de licenciamento se não mostrar aprovado o "projecto" ou o anteprojecto" relativo à via, esse pedido de licenciamento não pode legalmente ser indeferido com fundamento no estabelecido na citada disposição.

E, embora o recorrente argumente na alegação que "*a aprovação do traçado da via define e estabiliza a plataforma de ocupação do solo e define os limites da expropriação*" e que "*a aprovação de tal traçado da via é sem dúvida a espinha dorsal, o cerne de tal projecto ou anteprojecto, o que cabe plenamente na letra e no espírito do art. 106 do RRGECM (Lei 2110, de 19.08.61)*" o certo é que, são os próprios serviços da CMVNG que acabam por reconhecer que o anteprojecto ainda não fora aprovado, ao comunicarem ao recorrente contencioso, por ofício remetido em 26.05.2003 (cf. doc. de fls. 50/51 do Proc. instrutor), o seguinte: "*Refere-se que o Anteprojecto da VL4 se encontra praticamente concluído, aguardando de momento o parecer do IEP relativamente à proposta de planta e perfil longitudinal do Nó da VL4 com o IP1 (Nó de S. Lourenço)*".

Assim sendo e não tendo o recorrente demonstrado que no terreno onde o ora recorrido pretende que seja licenciada a obra em questão, esteja prevista "em projecto ou anteprojecto aprovado" a sua ocupação por um troço da via municipal, temos de concluir que o decidido na sentença recorrida no tocante a este concreto aspecto, não comporta as críticas que o recorrente lhe dirige.

Pelo que e nesta parte o acto contenciosamente recorrido ao indeferir a pretensão do particular com fundamento no estabelecido no citado art. 106.°, não pode ser mantido.

Só que o indeferimento do pedido de licenciamento deduzido pelo ora recorrido, como resulta dos pareceres e informações em que se fundamentou o acto contenciosamente impugnado, suportou-se ainda na alínea a) do n.° 1 do art. 24.° do DL 555/99, de 16 de Dezembro, com as alterações introduzidas pelo DL 177/2001, de 4 de Junho, fundamento esse que não chegou a ser apreciado na sentença recorrida.

Donde resulta que, embora neutralizado um dos fundamentos em que se alicerçou o indeferimento contido no despacho contenciosamente impugnado, sempre fica subsistindo outro dos fundamentos em que igualmente se alicerçou aquele indeferimento e que e em princípio e só por si, aparenta ter força suficiente para manter em vigor o indeferimento do pedido de licenciamento que o ora recorrido dirigira à Administração.

Ou seja, subsistindo o indeferimento do pedido de licenciamento com fundamento naquela outra disposição em que o acto impugnado se fundamentou – alínea a) do n.° 1 do art. 24.° do DL 555/99 – não podia a sentença recorrida, nos termos em que o fez, anular o acto sem previamente aferir da legalidade ou ilegalidade daquele outro fundamento em que igualmente se alicerçou o indeferimento do pedido de licenciamento.

A sentença recorrida, como resulta do anteriormente referido, sobre a legalidade do indeferimento do pedido de licenciamento com aquele outro fundamento nada disse, sendo certo que, como nela se reconhece o recorrente contencioso imputara ao acto impugnado violação da alínea a) do n.° 1 do art. 24.° do DL 555/99.

Para se poder decretar a anulação integral do despacho contenciosamente impugnado, é necessário que o indeferimento do licenciamento nele contido, com fundamento naquela disposição legal – alínea a) do n.° 1 do art. 24.° do DL 555/99 – venha a ser apreciado, ainda que mais não seja para se averiguar se, como sustenta o recorrente no art. 12 da petição de recurso, é ou não "*desajustada a referência, no texto do acto recorrido*" a tal disposição, porque a manutenção do decidido no despacho contenciosamente impugnado depende ainda do que for decidido sobre tal questão.

Por outra via, a concluir-se que é legal o indeferimento do licenciamento com fundamento na alínea a) do n.° 1 do art. 24.° do DL 555/99, sempre o acto impugnado teria que ser mantido com base no indeferimento baseado nessa disposição, embora erradicada parte da sua fundamentação, ou seja da parte em que se baseou na violação do citado art. 106.° do RGCEM.

Termos em que, embora julgando improcedente o essencial das alegações do recorrente deve no entanto ser mantido o despacho contenciosamente impugnado nos autos na medida em que indeferiu o pedido de licenciamento deduzido pelo recorrente contencioso com fundamento no disposto alínea a) do n.° 1 do art. 24.° do DL 555/99, de 16 de Dezembro, com as alterações introduzidas pelo DL 177/2001, de 4 de Junho, devendo os autos baixar à primeira instância onde deverá ser conhecida nomeadamente a legalidade desse fundamento ou mesmo serem conhecidos os restantes vícios imputados ao acto impugnado se tal se vier a revelar necessário.

6 – Termos em que ACORDAM:

a) – Conceder provimento ao presente recurso jurisdicional, devendo os autos baixar à primeira instância para conhecimento, nos termos do supra referido, dos restantes vícios imputados ao acto se eventual motivo a tal não obstar.

b) – Sem custas.

Lisboa, 26 de Abril de 2006.

Edmundo Moscoso (Relator)
Rosendo José
São Pedro

Recurso n.° 731/05-12

2.ª Secção (Contencioso Tributário)

ACÇÃO ADMINISTRATIVA ESPECIAL. ARTIGO 69.° DO CIRC. FORMAÇÃO DE ACTO TÁCITO DE DEFERIMENTO. CONCEITOS INDETERMINADOS. MARGEM DE LIVRE APRECIAÇÃO.

(Acórdão de 5 de Julho de 2006)

SUMÁRIO:

I – A transmissibilidade dos prejuízos fiscais, prevista no artigo 69.° do CIRC, é um benefício fiscal que carece de reconhecimento e, como tal, está sujeita ao disposto no artigo 11.°-A, n.° 1, do Estatuto dos Benefícios Fiscais.

II – A formação do acto tácito está dependente do preenchimento dos requisitos de deferimento tácito da pretensão: se estes não estiverem reunidos, não pode haver formação do acto tácito.

III – "Razões económicas válidas" e "inserção numa estratégia de redimensionamento e desenvolvimento empresarial de médio ou longo prazo, com efeitos positivos na estrutura produtiva" são conceitos indeterminados cujo preenchimento cabe à Administração e que, ao contrário do poder discricionário verdadeiro e próprio, como poder de eleger uma de entre várias soluções igualmente válidas, só admitem uma solução justa no caso concreto.

IV – No preenchimento dos conceitos indeterminados pode existir, ou não, a chamada margem de livre apreciação ou discricionariedade técnica. Tanto a questão de saber se houve "razões económicas válidas" ou se a fusão "se insere numa estratégia de redimensionamento e desenvolvimento empresarial de médio ou longo prazo, com efeitos positivos na estrutura produtiva" é matéria de discricionariedade técnica, com uma longa margem de livre apreciação da Administração.

V – Nestes casos, o juízo discricionário da administração não pode ser fiscalizado, no ponto específico, pelos tribunais, salvo erro grosseiro ou manifesta desadequação ao fim legal.

ACORDAM NA SECÇÃO DO CONTENCIOSO TRIBUTÁRIO DO SUPREMO TRIBUNAL ADMINISTRATIVO:

O Ministério das Finanças, pelo Secretário de Estado dos Assuntos Fiscais, vem recorrer do acórdão do Tribunal Central Administrativo – Sul que julgou procedente a acção administrativa especial proposta pela Companhia Portuguesa de Seguros de Saúde, S.A., assim anulando o despacho da mesma autoridade, de 8 de Abril de 2004, que lhe indeferiu pedido de dedução de prejuízos fiscais, nos termos do artigo 69.° do Código do Imposto sobre o Rendimento das Pessoas Colectivas (CIRC) mais declarando "válido e legal o referido acto tácito de deferimento" (da apontada dedução).

Fundamentou-se a decisão em que, tendo-se formado este, o posterior acto expresso de sentido contrário é ilegal por erro nos seus pressupostos, sendo de anular e de declarar legal e válido o anterior acto de deferimento tácito; na verdade, a norma do artigo 69.° do CIRC impõe como requisito para o deferimento da transmissão dos prejuízos fiscais, no caso da entrada de activos, que a operação seja realizada por razões económicas válidas, como é o caso, não se mostrando que as respectivas operações pretendessem apenas obter um benefício puramente fiscal, como a compensação horizontal das perdas ou mera obtenção de vantagens fiscais.

O recorrente formulou as seguintes conclusões:

A) Da interpretação conjugada do n.° 3 do artigo 12.° da Lei Geral Tributária e do artigo 11.°-A do Estatuto dos Benefícios Fiscais resulta que não se formou acto tácito de deferimento;

B) Na situação em causa não se verificam os requisitos previstos no n.° 2 do artigo 69.° do Código do Imposto sobre o Rendimento das Pessoas Colectivas para a concessão de autorização de dedução de prejuízos fiscais por:

– a AA não ter demonstrado que a operação de fusão se realizou por razões económicas válidas, tais como a reestruturação ou racionalização das actividades das sociedades intervenientes, com efeitos na estrutura produtiva, resultando de todo o processo o inverso;

– existirem indícios de a operação de fusão ter sido realizada com fins fiscais;

C) O douto acórdão recorrido padece, assim, de erro na apreciação na matéria de facto e é ilegal por violação dos preceitos antes referidos, pelo que não merece ser confirmada.

Termos em que com o douto suprimento de V. Exas., deverá ser considerado procedente o recurso e revogado o acórdão recorrido.

Por sua vez, concluiu a autora:

Do exposto conclui a Autora não procederem os argumentos apresentados nas alegações de recurso apresentadas pela entidade recorrida, na medida em que, conforme mais uma vez se demonstrou:

– O requerimento apresentado em 3 de Fevereiro de 2003 fora já objecto de deferimento tácito à data em que foi notificado do despacho do Secretário de Estado dos Assuntos Fiscais, de 4 de Abril de 2004, que indeferiu aquele requerimento;

– O deferimento tácito traduziu um acto administrativo válido, por se verificarem no caso concreto as razões de que o artigo 69.° do Código do IRC faz depender a autorização da transmissão dos prejuízos fiscais em caso de fusão de sociedades, pelo que não pode tal acto ser revogado, nos termos dos artigos 140.° e 141.° do Código do Procedimento Administrativo.

Nestes termos, e nos demais de direito, deverá ser mantida a decisão do tribunal a quo, *com as demais consequências legais.*

E, colhidos os vistos legais, nada obsta à decisão.

Em sede factual, vem apurado que:

Com relevo para a apreciação do mérito da acção, pelos documentos e processo administrativo juntos e articulação das partes, encontra-se provada a seguinte factualidade:

1. Por requerimento entrado em 04.02.2003 na Direcção Geral dos Impostos e dirigido à Exma. Ministra das Finanças a ora autora veio peticionar lhe fosse concedida autorização para deduzir os prejuízos fiscais acumulados até 08.01.2003, no valor de € 4.138.113,05, pela Império Adeslas – Companhia de Seguros de Saúde, SA, aos seus lucros tributáveis, até à data em que se operou e ainda não utilizados – cfr. fls. 114 e ss do processo instrutor;

2. No âmbito deste procedimento, em 3 de Outubro de 2003, a Impugnante foi notificada do ofício n.º 32724, de I de Outubro de 2003, da Direcção de Serviços do IRC, mediante o qual lhe foi solicitada informação sobre "a possível existência de dívidas à Segurança Social, por falta de pagamento de impostos, bem como o respectivo montante, que não [tivessem] sido objecto de reclamação, impugnação ou oposição ou prestado garantia idónea", sendo o pedido justificado pela necessidade de "dar cumprimento" ao disposto no artigo 11.º -A do Estatuto dos Benefícios Fiscais, cfr. fls. 99 do mesmo processo instrutor e doc. de fls 41 destes autos, que a ora autora juntou como doc. 2;

3. Em 10 de Outubro de 2003, a Impugnante entregou, junto da Direcção de Serviços do IRC, uma declaração autenticada emitida pela Segurança Social, confirmando a regularidade da sua situação contributiva perante aquela entidade – conforme fls. 93 e 94 e cópia anexada a estes autos como Documento n.º 3.

4. Na informação n.º 83/2004, uma técnica economista emitiu parecer sobre tal pedido, tendo proposto a não concessão de autorização da transmissibilidade dos prejuízos fiscais, nos termos do disposto no art. 69.º do CIRC,... por de acordo com os elementos fornecidos, não se afigurar evidente que a operação se insere numa estratégia de redimensionamento e desenvolvimento empresarial de médio e longo prazo, com efeitos positivos na estrutura produtiva ... concluindo, assim, que "não se [pode] considerar que a operação foi realizada por motivos económicos válidos com efeitos positivos na estrutura produtiva" (cfr. "Projecto de decisão" constante de fls. 23 a 36 do p.a. e fls. 46 a 48 destes autos.

5. Parecer em que o Sr. Director de Serviços, o Sr. Subdirector-Geral do IR e o Exmo. Director-Geral apuseram despachos de Concordo, em 30.01.04, 04.02.04 e 12.02.04, respectivamente – cfr. mesmo processo;

6. Esse projecto de decisão foi notificado à A. através do ofício n.º 005533, de 18.02.04, cuja cópia se junta a fls. 46, para exercer o seu "direito de audição" nos termos do art. 60.º, n.º I, al. b) da LGT.

7. No exercício de tal direito, a ora A. apresentou em 11.03.2004 e a fls. 37 e ss do p.i. o requerimento que se encontra a fls. 49 e ss destes autos e não aceitando a validade da proposta de decisão relativamente aos prejuízos fiscais gerados pela sociedade absorvida no período anterior à aplicação do regime especial de tributação dos grupos de sociedades (2000, na opinião da Impugnante; 2000 e 2001, na opinião da Administração Tributária), e concluindo, que, em qualquer hipótese, o pedido apresentado fora já tacitamente deferido.

8. Por aquela mesma técnica economista foi emitido uma informação final em 23.03.04, tendo proposto, de novo, o indeferimento da dedução dos prejuízos, assente nos seguintes fundamentos:

B1) QUESTÃO RELATIVA AO DEFERIMENTO TÁCITO

10. Muito embora, no caso concreto, os Serviços só tenham solicitado à requerente a informação sobre a possível existência de dívidas junto da Segurança Social, em Outubro de 2003 (de acordo com as razões já referidas anteriormente), na verdade, de acordo com o disposto no artigo 11.º-A do Estatuto dos Benefícios Fiscais, aditado pelo DL 229/2002, de 31 de Outubro, a concessão deste beneficio fiscal está dependente do conhecimento das obrigações no domínio tributário e, no caso concreto, o cumprimento das obrigações perante a Segurança Social só foram conhecidas a 10 de Outubro de 2003.

Os Serviços têm entendido que, tratando-se de um requisito necessário para efeitos da concessão de autorização do regime de transmissibilidade de prejuízos, o prazo do deferimento tácito só deverá começar a contar quando o processo contém, para além dos elementos constantes da Circular n.º 6/2002, a informação da Segurança Social relativa à possível existência de dívidas.

11. Assim, a manter-se este entendimento, deve ser aplicado o prazo do deferimento tácito de seis meses, previsto no n.º 7 do artigo 69.º do Código do IRC, a contar da data de 10 de Outubro de 2003, pelo que se a decisão não for proferida até 10 de Abril de 2004, ocorre o deferimento tácito.

12. De qualquer modo, ainda que se considere que já ocorreu o deferimento tácito, refira-se que o mesmo consubstancia um acto administrativo, sendo, como qualquer outro acto administrativo, susceptível de ser revogado verificados os respectivos pressupostos. Desde logo, saliente-se que "a formação do acto tácito tem unicamente a ver com o preenchimento dos requisitos de deferimento tácito da pretensão e não com a legalidade do seu ficcionado conteúdo dispositivo" (como se afirma no Ac. do STA de 9.7.1996, Rec. 40 221). Assim, pois, um deferimento tácito é perfeitamente susceptível de ser objecto de revogação por ilegalidade. Necessário é apenas que essa possibilidade seja analisada no âmbito do regime da revogação dos actos administrativos, o que justamente deve ser efectuado considerando que se o órgão competente pretender indeferir a pretensão formulada, depois de formado o deferimento tácito, consubstancia-se um acto que constitui uma revogação de um acto constitutivo anterior, pelo que essa revogação só pode ocorrer com fundamento em ilegalidade e dentro do prazo de um ano previsto na lei para o efeito. (Parecer n.º 32/2002, de 17 de Maio de 2002, do CEF) – (v.d. artigo 141.º do Código do Procedimento Administrativo).

Deste modo, ainda que se considere que já ocorreu o deferimento tácito, julgamos que é possível proceder à respectiva revogação dentro do prazo legal e com fundamento em ilegalidade que, na situação em causa, se prende com a não verificação dos pressupostos, quais sejam, as razões económicas válidas e a inserção numa estratégia de redimensionamento e desenvolvimento empresarial de médio e longo prazo, com efeitos positivos na estrutura produtiva.

B2) QUESTÃO RELATIVA À DEMONSTRAÇÃO DAS RAZÕES ECONÓMICAS VALIDAS SUBJACENTES À OPERAÇÃO

13. No tocante ao argumento invocado pela recorrente segundo o qual a lei não exige a apresentação de qualquer estudo demonstrativo das vantagens da fusão, de facto, a lei não define quais os elementos necessá-

rios ou convenientes para a apreciação destes pedidos. A lei apenas refere que a concessão da autorização está subordinada à demonstração de que a fusão é realizada por razões económicas válidas, devendo ser fornecidos para esse efeito todos os elementos necessários ou convenientes ao perfeito conhecimento da operação visada, tanto nos seus aspectos jurídicos como económicos. Todavia, veio a Circular n.º 6/2002, de 2 de Abril, enumerar os elementos que deverão acompanhar os pedidos de transmissibilidade de prejuízos, podendo os Serviços, sempre que for necessário solicitar informações adicionais.

Dos elementos enumerados fazem parte o estudo demonstrativo das vantagens económicas da operação de fusão, pelo que, nestas circunstâncias, esta peça é necessária na apreciação destes pedidos de transmissibilidade de prejuízos.

De qualquer modo, independentemente do cumprimento ou não dos requisitos de natureza formal, o que a lei exige é que sejam demonstradas – ónus que impende sobre a requerente – as vantagens económicas da operação o que, no caso presente, não foi, manifestamente, efectuado.

14. No tocante à forma de demonstração das razões económicas e da estratégia subjacentes à operação, embora a Lei não defina a forma de demonstração, entende-se que consubstanciando o regime de reporte numa medida de afastamento excepcional do regime geral de intransmissibilidade dos prejuízos fiscais reportáveis, consagrado no artigo 47.º do Código do IRC, o legislador subordina a concessão do benefício à demonstração de determinados pressupostos, como sejam o de a operação subjacente ser realizada por motivos económicos válidos, tais como a reestruturacão ou racionalização das actividades das sociedades intervenientes, e se insere numa estratégia de redimensionamento e desenvolvimento empresarial de médio ou longo prazo, com efeitos positivos na estrutura produtiva.

15. De acordo com os elementos fornecidos constata-se que a seguradora Império Adeslas praticamente não desenvolveu qualquer actividade no ramo de seguros desde o ano em que foi constituída até ao exercício em que ocorreu a sua integração com a Companhia Portuguesa de Seguros de Saúde, SA, conforme se confirma pelos relatórios de gestão apresentados, transcrevendo-se as principais conclusões:

• A Império Adeslas foi constituída em 21 de Junho de 1999, para explorar os ramos de seguros de acidentes, doença e assistência;

• Durante o ano de 1999 foram aprofundados os estudos com vista à oferta de novos produtos, não se tendo concretizado o início da actividade da nova empresa em virtude de não ter sido possível estabelecer as condições para o desenvolvimento do negócio nas novas bases, não se tendo registado qualquer actividade no domínio dos seguros, limitando-se a empresa a cumprir o conjunto de obrigações legais da sociedade;

• Durante o ano de 2000 procedeu-se a integração das empresas financeiras do grupo José de Mello no grupo Banco Comercial Português e como consequência dessa integração o grupo BCP passou a ser accionista único. A actividade da Império Adeslas acabou por ser bastante reduzida;

• No exercício de 2001, a actividade da seguradora continuou bastante reduzida, prevendo-se para o exercício de 2002 o início dos procedimentos necessários com vista à fusão na Companhia Portuguesa de Seguros.

16. Por outro lado, os próprios balanços e as demonstrações de resultados apresentados também confirmam que a Império Adeslas não chegou a desenvolver praticamente a sua actividade, tendo apenas gerado elevados custos administrativos e de gestão que originaram o volume de prejuízos que agora se pretende transmitir, exemplificando-se algumas rubricas dessas peças, em euros:

	1999	2000	2001	2002
Devedores	0	9.208	0	316
Proveitos	0	299(1)	298(1)	298(1)
Rend. Investim.	0	0	12.361	37.893
Outros prov.	1.255	0	4.171.390(2)	26
Custos gestão	1.239	1.998.882	641.825	652.761
Cus. Administ.	0	4.305.793	1.435.264	1.459.736

(1) Prémios brutos

(2) Impacto do ajuste efectuado na amortização integral das imobilizações feito no exercício de 2000 – proveito extraordinário

17. Não restam dúvidas que a fusão poderá conduzir a uma redução dos custos de administração e de gestão e, nessa medida, é susceptível de consubstanciar um efeito positivo em termos de estrutura de custos do grupo conseguida à custa da eliminação de uma estrutura do grupo.

18. De facto, os efeitos positivos da fusão por incorporação que se tornam mais visíveis são sem dúvida a economia de custos mas, não se afigura ser evidente, na perspectiva da sociedade incorporante o interesse económico da Império Adeslas, tendo em conta que esta entidade não desenvolveu praticamente qualquer actividade no ramo de seguros nem adquiriu uma carteira de clientes durante os exercícios em que se manteve activa. O que, de facto, esta entidade vai transmitir para a sociedade incorporante são os elevados prejuízos. (Refira-se que no exercício de 2001 é registado um proveito extraordinário referente aos ajustamentos contabilísticos da Directriz Contabilística n.º 25)

19. Por outro lado, apesar de a requerente entender que não é importante o peso dos elementos patrimoniais da sociedade incorporada no valor do património da sociedade incorporante, por entender que a Lei não exige nenhuma regra e tal entendimento traduziria numa discriminação de tratamento entre fusões iguais e outras fusões, não se poderá concordar com este entendimento, isto porque, a proporção do património dá uma ideia dos efeitos da incorporação, na perspectiva da sociedade incorporante. (No caso em concreto, a proporção equivale a 10%)

20. Nestes termos, somos da opinião que não se poderá dar razão à recorrente, devendo ser indeferido o pedido de dedução de prejuízos aos lucros da sociedade incorporante, no tocante aos prejuízos apurados nos exercícios de 2000 e 2001.

À consideração superior." – cfr. p.i., fls. 8 a 21.

9. Sobre esta informação foi proferido pelo Exmo Secretario de Estado dos Assuntos Fiscais o despacho n.º 902/2004-XV, de 08.04.04, de "Concordo." – cfr. fls. 8 do mesmo processo;

10. O despacho supra foi notificado à ora autora por ofício datado de 14.04.04 – cfr. fls. 1 mesmo processo;

Vejamos, pois:

São duas as questões a resolver: por um lado, verificar se se formou o acto tácito de deferimento; por outro, saber quais os efeitos produzidos pelo acto expresso do Secretário de Estado dos Assuntos Fiscais.

QUANTO À FORMAÇÃO DO ACTO TÁCITO:

Nos termos do artigo 69.° do Código do Imposto sobre o Rendimento das Pessoas Colectivas (CIRC), o requerimento dos interessados para que seja concedida autorização para a transmissibilidade dos prejuízos fiscais das sociedades fundidas (n.° 1), quando acompanhado dos elementos previstos no n.° 2, considera-se tacitamente deferido se a decisão não for proferida no prazo de 6 meses a contar da sua apresentação (n.° 7).

A transmissibilidade dos prejuízos fiscais é um benefício fiscal já que se trata de uma «medida de carácter excepcional instituída para tutela de interesses públicos extrafiscais relevantes superiores aos da própria tributação que impedem» – cfr. artigo 2.°, n.ºs 1 e 2 do Estatuto dos Benefícios Fiscais (EBE).

Como afirma NUNO SÁ GOMES, *Teoria Geral dos Benefícios Fiscais in Ciência e Técnica Fiscal*, n.° 359, Julho-Setembro de 1990, p. 98, os benefícios fiscais são "*medidas impeditivas da tributação-regra*" – a regra no IRC é a tributação do lucro das sociedades comerciais – artigo 3.°, n.° 1, alínea *a*) do CIRC –, "*de carácter excepcional*" – i.e. "contrária[s] aos princípios da capacidade contributiva, da generalidade e da igualdade da tributação" – *ibidem*, p. 99 – e da especialização dos exercícios –, "*para tutela de interesses extrafiscais relevantes*" "*superiores ao da tributação-regra*" – ou seja, com fundamento em políticas de desenvolvimento económico e social, no caso as vantagens macroeconómicas que resultam dos efeitos produzidos pelo benefício fiscal na estrutura empresarial de uma sociedade comercial que deu prejuízo nos exercícios anteriores. Este autor apresenta, aliás, como exemplo de benefício fiscal o reporte de prejuízos – *ibidem*, p. 111 – ("mais amplos" na formulação do *Manual de Direito Fiscal*, edição de 2000), instituto que é semelhante ao da transmissibilidade dos prejuízos: a transmissibilidade dos prejuízos reporta prejuízos da sociedade fundida na sociedade incorporante.

É a natureza da transmissibilidade dos prejuízos que obriga à sua qualificação como benefício fiscal. Daí que não se possa acolher o argumento da contribuinte, no sentido de que este instituto não é um benefício fiscal, apresentado com base na técnica legislativa utilizada no artigo 86.°, n.° 1, do CIRC, na redacção dada pela Lei n.° 55-B/2004, de 30 de Dezembro, norma que nem sequer estava em vigor em 4 de Fevereiro de 2003, quando peticionou que lhe fosse concedida autorização para deduzir os prejuízos fiscais acumulados pela sociedade fundida.

Ora, tratando-se de um benefício fiscal, nos elementos previstos naquele n.° 2 do artigo 69.° do CIRC – "todos os (...) necessários ou convenientes para o perfeito conhecimento da operação visada, tanto dos seus aspectos jurídicos como económicos" – integra-se o ónus constante do artigo 11.°-A, n.° 1, do Estatuto dos Benefícios Fiscais que, na redacção dada pelo Decreto-Lei n.° 229/2002, de 31 de Outubro, em vigor na prática do facto, dispunha: "Os benefícios fiscais dependentes de reconhecimento não poderão ser concedidos quando o sujeito passivo tenha deixado de efectuar o pagamento (...) das contribuições relativas ao sistema da segurança social".

Ou seja, o contribuinte tinha que demonstrar que lhe poderia ser concedido o benefício fiscal, apresentando «todos os elementos necessários ou convenientes para o perfeito conhecimento da operação visada»: quer os constantes da Circular n.° 6/2002, de 2 de Abril, da Direcção-Geral de Serviços do IRC, que enumera os elementos que devem acompanhar os pedidos de transmissibilidade de prejuízos, quer o deste artigo 11.°-A, n.° 1, do EBE, que não consta daquela circular por ter entrado em vigor cerca de meio ano após aquela.

A 4 de Fevereiro de 2003, quando peticionou que lhe fosse concedida autorização para deduzir os prejuízos fiscais acumulados pela sociedade fundida, a contribuinte iniciou um procedimento administrativo que, nos termos do n.° 7 do artigo 69.° do CIRC, considerar-se-ia tacitamente deferido se, fornecidos os elementos previstos naquele n.° 2, a decisão não fosse proferida no prazo de 6 meses.

Mas este pedido de autorização não foi instruído com «todos os elementos necessários ou convenientes», já que a contribuinte não juntou a certidão de inexistência de dívidas à Segurança Social, ónus que teria que ser observado para que lhe pudesse ser reconhecido o benefício fiscal, i.e., para que lhe fosse concedida autorização para deduzir os prejuízos fiscais acumulados pela sociedade fundida.

Ora, à míngua de um dos pressupostos exigidos, o prazo para a formação do acto tácito não começa a correr já que, de acordo com a jurisprudência deste Tribunal, "a formação do acto tácito tem unicamente a ver com o preenchimento dos requisitos de deferimento tácito da pretensão e não com a legalidade do seu ficcionado conteúdo positivo" – acórdão do Supremo Tribunal Administrativo de 9 de Julho de 1996 – recurso n.° 40.221, citado pelo Tribunal *a quo* – fls. 141.

De outro modo, formar-se-ia um acto tácito de deferimento quando, dado o disposto no dito artigo 11.°-A, não poderia ser proferido acto expresso de igual natureza, o que é inaceitável.

Assim, não estando preenchidos os requisitos do deferimento tácito exigidos pela lei a quando do início do procedimento administrativo, em 4 de Fevereiro de 2003, o acto tácito não se poderia formar seis meses depois, a 4 de Agosto do mesmo ano.

E não se diga que, assim, a contribuinte nunca poderia obter uma decisão da administração, nem tácita – pelo exposto – nem expressa – pela inércia desta –, já que este entendimento não pode prevalecer pois tal resultado seria consequência da inexistência do ónus («fornecimento de todos os elementos necessários ou convenientes») que lhe cabia observar.

Nem a tal obsta o disposto no n.° 8 do mesmo artigo 69.° – suspensão do prazo – já que este nem sequer começou a correr, nos termos do referido n.° 7.

Não se formou, pois, acto tácito de deferimento.

Tal só poderia ocorrer em 10 de Abril de 2004, seis meses depois de a contribuinte ter apresentado a certidão de inexistência de dívidas em falta, o que aconteceu a 10 de Outubro de 2003. À formação deste acto tácito de deferimento, obsta a decisão do procedimento por acto expresso do Secretário de Estado dos Assuntos Fiscais, de 8 de Abril de 2004, dois dias antes do fim do prazo, pelo que nenhum acto tácito se formou.

QUANTO AOS EFEITOS PRODUZIDOS PELO ACTO EXPRESSO DO SECRETÁRIO DE ESTADO DOS ASSUNTOS FISCAIS:

Não se tendo formado qualquer acto tácito anteriormente, o acto expresso do Secretário de Estado dos

Assuntos Fiscais (SEAF) é um acto administrativo primário: é o acto que decidiu o procedimento, indeferindo a pretensão da contribuinte de ver autorizada a transmissibilidade dos prejuízos fiscais da sociedade fundida.

Nos termos do artigo 69.°, n.° 2, do CIRC, "a concessão da autorização está subordinada à demonstração de que a fusão é realizada por razões económicas válidas, tais como a reestruturação ou racionalização das actividades das sociedades intervenientes, e se insere numa estratégia de redimensionamento e desenvolvimento empresarial de médio ou longo prazo, com efeitos positivos na estrutura produtiva, devendo ser fornecidos, para esse efeito, todos os elementos necessários ou convenientes para o perfeito conhecimento da operação visada, tanto dos seus aspectos jurídicos como económicos".

A transmissibilidade dos prejuízos fiscais da sociedade fundida carece, pois, da autorização do Ministro das Finanças – cfr. n.° 1 daquele normativo – que só deferirá o pedido se entender "que a fusão é realizada por razões económicas válidas (...) e se insere numa estratégia de redimensionamento e desenvolvimento empresarial de médio ou longo prazo, com efeitos positivos na estrutura produtiva".

"Razões económicas válidas" e "inserção numa estratégia de redimensionamento e desenvolvimento empresarial de médio ou longo prazo, com efeitos positivos na estrutura produtiva", os dois requisitos cumulativos do artigo 69.°, n.° 2, do CIRC, são conceitos indeterminados cujo preenchimento cabe à Administração e que, ao contrário do poder discricionário verdadeiro e próprio, como poder de eleger uma de entre várias soluções igualmente válidas, só admitem uma solução justa no caso concreto – Cfr. Azevedo Moreira, *Conceitos indeterminados*, p. 35, citando Tesch.

Ora, o SEAF, após fazer a sua interpretação, concluiu que os requisitos não estavam verificados (cfr. pontos 13, 15, 16, 18 e 20 do probatório).

E, em sede de acção administrativa especial, o tribunal *a quo* decidiu pela verificação dos mesmos pressupostos: "Ora, num juízo de normalidade, tem de aceitar-se como um facto notório, que a existência, no Grupo Seguros e Pensões, de duas companhias de seguros para exercer actividade no âmbito dos seguros de saúde (...) prejudicava o objectivo de optimização daquela variável e das consequências dela decorrentes (...). Assim, (...), à partida, é razão económica válida a eliminação de estruturas duplicadas e de obrigações cujo cumprimento é exigido em duplicado" – fls. 153; "E o 'redimensionamento empresarial' que faz parte da estratégia na qual a fusão se insere, relevante para efeitos do n.° 2 do artigo 69.° do CIRC, consiste precisamente numa operação em que [todas] as sociedades intervenientes (...) desempenham um papel." – fls. 155.

Como escreve Freitas do Amaral, "o que importa é saber se a interpretação de conceitos indeterminados é uma actividade vinculada ou discricionária e, por conseguinte, sindicável, ou não, pelos tribunais" – *Curso de Direito Administrativo* – vol. II, p. 107.

Para este Autor, os conceitos indeterminados "não têm todos a mesma feição, e (...) alguns deles são, claramente, um instrumento de que a lei se serve para atribuir discricionariedade à Administração".

Assim, por um lado, temos os conceitos descritivos ou conceitos-classificatórios, como "período nocturno", "funcionário público" ou "casamento", conceitos indeterminados "cuja concretização envolve apenas operações de interpretação da lei e de subsunção". Nestes casos é "viável ao tribunal refazer posteriormente a decisão administrativa, ainda que apenas para a anular no caso de não se identificar com aquela que o tribunal tomaria se dispusesse de competência para praticar ou ordenar a prática do acto".

Por outro, "temos a situação daqueles conceitos indeterminados cuja concretização apela já para 'preenchimentos valorativos' por parte do órgão administrativo aplicador do direito". Freitas do Amaral distingue aqui duas hipóteses: os casos em que em que é exigido ao órgão administrativo uma valoração objectiva (ex: saber se os combates de boxe em recintos ao ar livre são compatíveis com os "bons costumes") e os casos "em que claramente o legislador remete para a Administração 'a competência de fazer um juízo baseado na sua experiência e nas suas convicções, que não é determinado, mas apenas enquadrado por critérios jurídicos" – "a Administração tem de, considerando as circunstâncias de interesse público, descobrir, segundo o seu critério, a solução mais adequada".

No primeiro caso é admissível a fiscalização judicial, no segundo já não.

Cfr. ibidem, pp. 108-111.

Ou seja, nos conceitos indeterminados pode existir, ou não, a chamada margem de livre apreciação ou discricionariedade técnica.

Para se determinar a que tipo se reconduzem os conceitos indeterminados em análise, há que interpretar a lei.

Por regra, "os proveitos e os custos, assim como outras componentes positivas ou negativas do lucro tributável, são imputáveis ao exercício a que digam respeito, de acordo com o princípio da especialização dos exercícios" – artigo 18.° do CIRC.

Contudo, em alguns casos é possível a dedução de prejuízos fiscais apurados em determinado exercício – artigo 47.° – aos lucros tributáveis de um ou mais dos seis exercícios posteriores.

E, nas circunstâncias do predito artigo 69.°, é mesmo possível transmitir estes prejuízos fiscais.

Ali, o legislador pretendeu contribuir para a saúde financeira do sujeito passivo, abatendo à matéria colectável os prejuízos obtidos há menos de seis exercícios, de maneira a permitir a consolidação da empresa (fenómeno micro-económico);

E aqui, a intenção do legislador foi a mesma: para potenciar a manutenção da estrutura produtiva de uma empresa que, nos últimos exercícios, obteve prejuízos, permite a transmissibilidade dos seus prejuízos fiscais em caso de fusão, desde que verificados os pressupostos respectivos.

Estes pressupostos – que a fusão tenha ocorrido por razões económicas válidas e se insira numa estratégia de redimensionamento e desenvolvimento empresarial de médio ou longo prazo, com efeitos positivos na estrutura produtiva – visam garantir que este regime excepcional de transmissibilidade de prejuízos fiscais só seja possível quando os interesses sacrificados sejam proporcionais aos salvaguardados, isto é, que a perda de receita fiscal, resultante da subtracção dos prejuízos da empresa fundida ao lucro tributável da sociedade incorporante, seja equivalente aos ganhos obtidos com a fusão (que se aferem pelas razões económicas e pela estratégia de redimensionamento e desenvolvimento empresarial).

Ponto é, portanto, que se trate de ganhos macro-económicos pois ao sacrifício de um interesse público tem que corresponder a salvaguarda de outro interesse público, que não meramente particular (micro-económico).

Ora, este ganho macro-económico é aferido pelo preenchimento daqueles conceitos indeterminados que, como afirma ENGISCH, citado por Freitas do Amaral (ibidem, p. 113), "autorizam o órgão aplicador do Direito a considerar como vinculante e "justa" a valoração por ele tida como justa. Nestes termos, cientemente se conformam com uma pluralidade de sentidos. Eles esperam uma tomada de posição individual, confiando em que seguir honestamente uma linha de orientação pessoal [do Ministro das Finanças] é de molde a assegurar melhores decisões do que o tactear inseguro na procura de pontos de vista "'objectivos'".

Tanto a questão de saber se houve "razões económicas válidas" ou se a fusão "se insere numa estratégia de redimensionamento e desenvolvimento empresarial de médio ou longo prazo, com efeitos positivos na estrutura produtiva" é matéria de discricionariedade técnica, com uma longa margem de livre apreciação da Administração, que poderá originar soluções diferentes, consoante o interesse que a Administração privilegie: uma fusão pode fundar-se numa razão económica válida para um interesse público de vitalidade da economia nacional, mas tal pode já não ocorrer em face dum interesse público de vitalidade de uma economia sectorial.

Como escreve FREITAS DO AMARAL: "Porque não se lhe pede um trabalho de subsunção, uma tarefa declarativa de coincidência com um esquema dado, mas se exige uma tensão criadora do direito no caso concreto, deve naturalmente entender-se que esta actividade que, por desejo do legislador, sofre um influxo autónomo da vontade do agente administrativo, deve escapar ao controlo do juiz, embora este tenha o dever de verificar se a solução encontrada obedeceu às exigências externas postas pela ordem jurídica".

CASALTA NABAIS – cfr. *Direito Fiscal*, 3.ª edição, pp. 143-144 –, considera, até, que, no caso do dito artigo 69.° do CIRC, se verifica a "concessão de uma margem de livre decisão à administração fiscal (...) através da concessão de verdadeiras faculdades discricionárias" por razões de "praticabilidade das soluções legais", com as respectivas consequências a nível de impugnação contenciosa, nos preditos termos.

O acto do SEAF fundamentou-se na inexistência dos requisitos exigidos pela lei para a concessão da autorização para deduzir os prejuízos fiscais acumulados pela sociedade fundida e o seu juízo discricionário não pode ser fiscalizado pelos tribunais, salvo, no ponto, erro grosseiro ou manifesta desadequação ao fim legal – que não vêm alegados nem se vislumbram.

Termos em que se acorda dar provimento ao recurso, revogar o acórdão recorrido e julgar improcedente a acção administrativa especial.

Custas pela recorrente, na instância e neste Supremo Tribunal Administrativo, fixando-se a procuradoria em 1/6.

Lisboa, 5 de Julho de 2006.

Brandão de Pinho (Relator)
Pimenta do Vale
Baeta de Queiroz

Recurso n.° 142/06-30

BENEFÍCIO FISCAL. CONTRIBUIÇÃO AUTÁRQUICA. EMIGRANTE. CONTA POUPANÇA EMIGRANTE. PRÉDIO RÚSTICO. TRANSFORMAÇÃO EM TERRENOS PARA CONSTRUÇÃO. CESSAÇÃO DO BENEFÍCIO FISCAL.

(Acórdão de 7 de Junho de 2006)

SUMÁRIO:

O benefício fiscal de isenção de contribuição autárquica relativamente a um prédio rústico concedido a um emigrante que o adquiriu com recurso à conta poupança emigrante não se transfere para os terrenos para construção em que aquele terreno depois foi transformado, com desaparecimento da inscrição matricial rústica e inscrição, na urbana, de onze novos prédios.

ACORDAM NA SECÇÃO DO CONTENCIOSO TRIBUTÁRIO DO SUPREMO TRIBUNAL ADMINISTRATIVO:

1.1. O SUBDIRECTOR-GERAL DOS IMPOSTOS recorre da sentença do Mm.° Juiz do Tribunal Administrativo e Fiscal de Mirandela que deu provimento ao recurso contencioso interposto por **JOSÉ DA CRUZ LOPES**, residente em Macedo de Cavaleiros, do acto que desatendeu o recurso hierárquico do indeferimento da reclamação de liquidação de contribuição autárquica relativa ao ano de 1999 e a um seu imóvel sito na mesma localidade.

Formula as seguintes conclusões:

«1. O recorrido beneficiou de uma isenção de contribuição autárquica rústica (relativa à alíquota de metade do prédio rústico por si adquirido).

2. Com a operação de loteamento deixou de existir o prédio rústico sujeito a contribuição autárquica rústica, pelo que esta se extinguiu.

3. Inerentemente extinguiu-se também a isenção em causa.

4. No artigo 54.° apenas se abrange o investimento inicial em prédios feito através da conta poupança-emigrante.

5. Não estão, assim, incluídos no âmbito da isenção prevista nesse preceito os prédios urbanos a que tenha dado origem a utilização do prédio rústico objecto do investimento inicial.

6. Por mal interpretar os artigos 1.° e 54.° do Código da Contribuição Autárquica (na redacção vigente à data dos factos), a douta sentença recorrida apresenta-se em desconformidade com os mesmos.

7. Deve, por isso, a douta sentença recorrida ser revogada.

Termos em que (...) deve ser lavrado acórdão alterando o efeito do recurso de devolutivo para suspensivo, e deve o presente Recurso Jurisdicional ser julgado procedente, revogando-se a douta sentença recorrida, com todas as consequências legais».

1.2. O recorrido contra-alega pugnando pela manutenção do julgado, concluindo deste modo:

«I – Por tudo o exposto, entende o agora recorrido que manifestamente não tem procedência, por não ter fundamento legal, o argumento da dita alteração da natureza do prédio, pois, uma vez reconhecida a isenção relativamente a um prédio rústico, independentemente da sua transformação quantitativa e qualitativa, os prédios urbanos que daí provierem beneficiam da mesma isenção, dado que, são parte de um prédio anteriormente inscrito na matriz e adquirido, isso sim relevante, no sistema poupança-emigrante;

II – É a isenção de Contribuição Autárquica que está em causa, e não a divisão da mesma conforme a classificação dos prédios sobre cujo rendimento tributável incide, classificação essa que apenas releva para efeitos de taxas a aplicar;

III – Não se verificou a extinção de imposto algum, a Contribuição Autárquica continua a existir, mas sim a alteração da sua incidência real, mantendo-se contudo a isenção concedida inicialmente;

IV – O benefício fiscal aqui em questão é temporário, só caduca com o termo do prazo por que foi concedido, ou, com a transmissão dos imóveis;

V – A decisão de que oportunamente se recorreu padece manifestamente de vício de violação de lei, devendo por isso ser anulada, como bem se fez na douta Sentença proferida nos autos.

Nestes termos e nos melhores de direito (...), deverá manter-se a decisão recorrida na sua integralidade, improcedendo as conclusões formuladas e bem assim também o pedido que se lhes seguiu».

1.3. O Exm.º. Procurador-Geral Adjunto junto deste Tribunal é de parecer que o recurso merece provimento.

Extracta-se do seu parecer:

«O que está em causa é o saber-se se o ora recorrido que beneficiou na compra do prédio rústico de isenção da contribuição autárquica por um período de 10 anos por ter adquirido tal prédio com recurso à conta poupança emigrante a perde com o loteamento desse mesmo prédio em 11 lotes urbanos.

O artigo 54 n.º 1 do EBF visa a captação das poupanças dos emigrantes para investimentos em prédios urbanos e rústicos.

O recorrido beneficiou dessa isenção.

O que não pode é transferi-la para novos prédios urbanos nascidos do loteamento.

O estímulo inicial é só para a primeira operação e não para as posteriores.

A isenção tem de cessar.

A isenção inicial da Contribuição Autárquica rústica extingue-se com a operação de loteamento que deu origem a novos 11 prédios urbanos que ficam sujeitos a Contribuição Autárquica urbana.

A sentença deveria ter negado provimento ao recurso, mantendo a decisão recorrida».

1.4. O processo tem os vistos dos Exm.ºs Adjuntos.

2. Vem estabelecida a seguinte factualidade:

«1. O Recorrente adquiriu em comum, por escritura pública de compra e venda celebrada em 10-12-1996 e lavrada a folhas vinte e três verso, a folhas vinte e cinco do livro de notas setenta – D para escrituras diversas do Cartório Notarial de Bragança, 3/4 de um prédio rústico, inscrito na respectiva matriz rústica da freguesia de Macedo de Cavaleiros sob o n.º 1379 e na competente Conservatória do Registo Predial descrito sob o n.º 00699, pelo montante global de € 399.038,00.

2. Em 19-12-1996 adquiriu, por escritura pública lavrada a folhas setenta e oito a folhas setenta e nove verso, do livro de notas para escrituras diversas setenta – D, do Cartório Notarial de Bragança, ¼ do mesmo prédio.

3. As aquisições referidas em 1) e 2) foram efectuadas com recurso à conta poupança emigrante, pelo que gozou da isenção da respectiva sisa e de isenção de contribuição autárquica, por dez anos, ao abrigo do n.º 1 do artigo 54.º (actual 44.º) do Estatuto dos Benefícios Fiscais, o que foi averbado na respectiva matriz rústica.

4. No decorrer do ano de 1999 o Recorrente e demais comproprietários procederam a uma operação de loteamento no referido prédio rústico que deu origem a onze terrenos para construção.

5. O artigo rústico foi suprimido e os novos prédios urbanos passaram a estar inscritos em novos artigos da matriz urbana respectiva, depois dos prédios serem descritos e avaliados.

6. Na sequência do descrito em 5), o Serviço de Finanças de Macedo de Cavaleiros procedeu à liquidação da respectiva contribuição autárquica correspondente ao ano de 1999, no montante de € 2.335,47.

7. O Recorrente deduziu reclamação graciosa, a qual foi indeferida por despacho datado de 10-12-2001 proferido pelo Chefe de Finanças de Macedo de Cavaleiros.

8. O Recorrente interpôs recurso hierárquico para Director-Geral das Contribuições e Impostos, o qual foi indeferido por despacho do Subdirector Geral das Contribuições e Impostos datado de 23-09-2002, por subdelegação de poderes.

9. O recurso foi interposto em 12-12-2002».

3.1. A primeira questão a decidir é a do efeito a atribuir ao recurso. A decisão que o admitiu outorgou-lhe efeito meramente devolutivo, sem apontar a(s) norma(s) legal(is) em que se apoiava, influenciada, talvez, pela leitura do artigo 286.º n.º 2 do Código de Procedimento e de Processo Tributário (CPPT). O recorrente reclama o efeito suspensivo, estribando-se no artigo 105.º da Lei de Processo nos Tribunais Administrativos (LPTA).

A razão assiste ao recorrente.

Uma vez que estamos perante um recurso contencioso, que não é processo judicial tributário regulado no CPPT, a norma que aqui interessa não é a do artigo 286.º n.º 2 deste diploma, atenta a delimitação do seu campo de aplicação feita pelo artigo 279.º.

Tratando-se de recurso que sobe imediatamente, nos autos, por interposto de decisão que pôs termo ao processo na instância, tem efeito suspensivo, por força do disposto no artigo 105.º n.º 1 da então vigente LPTA – artigos 734.º n.º 1 alínea a) e 736.º 687.º n.º 4 do Código de Processo Civil (CPC).

Esse o efeito que agora se lhe atribui, alterando-se o despacho de admissão, ao abrigo do disposto no artigo 703.º do CPC.

3.2. Emerge da matéria de facto provada que o recorrido adquiriu, no decurso do ano de 1996, com recurso à conta poupança emigrante, partes alíquotas de um prédio rústico, beneficiando de isenção de contribuição autárquica por dez anos, ao abrigo do disposto no artigo 54.º n.º 1 do Estatuto dos Benefícios Fiscais. Esse prédio foi objecto de uma operação de loteamento, em 1999, originando onze terrenos para construção, na sequência do que o artigo matricial rústico foi eliminado e aqueles terrenos, descritos e avaliados, foram inscritos em outros tantos artigos matriciais urbanos. Liquidada a contribuição autárquica relativa ao ano de 1999, e aos ditos prédios urbanos, o recorrido reclamou graciosamente e recorreu hierarquicamente da correspondente decisão desfavorável, sem sucesso. É do acto que decidiu o recurso hierárquico que interpôs recurso contencioso para a 1ª instância, e da decisão desta que traz o presente recurso jurisdicional, com os fundamentos que condensa nas conclusões acima transcritas.

3.3. O n.° 1 do artigo 54.° (actual 44.°) do Estatuto dos Benefícios Fiscais (EBF) dispunha, na redacção que tinha ao tempo que aqui importa:

«Ficam isentos de contribuição autárquica os imóveis adquiridos ou construídos, no todo ou em parte, através do sistema poupança-emigrante, por um período de 10 anos contados do ano de aquisição ou da conclusão das obras, inclusive».

Foi com base nesta norma que foi concedida a isenção de contribuição autárquica, por dez anos, relativamente a um prédio rústico de que o recorrido adquiriu, em 1996, em comum com outros, primeiro, ¾ indivisos; e, depois, mais ¼, com recurso à conta poupança-emigrante.

E de tal isenção terá, efectivamente, gozado nos anos de 1996 a 1998, inclusive.

Todavia, em 1999, o recorrido e seus consortes lotearam o prédio, dele resultando onze terrenos para construção. Deste modo, foi suprimido o artigo matricial rústico respeitante ao prédio inicial, e inscritos na matriz, depois de avaliados e descritos, onze prédios urbanos.

Entendeu a Administração Fiscal que o benefício fiscal de que gozava o recorrido se extinguira, pelo que liquidou contribuição autárquica relativamente ao ano de 1999 e àqueles prédios urbanos.

3.4. A actuação da Administração é conforme à lei.

No benefício fiscal atribuído ao recorrido surpreendem-se, simultaneamente, traços objectivos e subjectivos, na medida em que ele é concedido tendo em atenção a pessoa do beneficiário e sua circunstância pessoal de emigrante e o bem a que respeita – o imóvel que adquiriu com recurso à poupança-emigrante. Outro imóvel adquirido pelo mesmo indivíduo não goza, necessariamente, do mesmo benefício, se não for adquirido através do sistema poupança-emigrante. De acordo com a letra da lei, o benefício fiscal é reportado aos «imóveis», e não às pessoas dos seus adquirentes.

Ora, se, subjectivamente, o benefício fiscal não perde, imediatamente, razão de ser quando o bem se transforma noutro, já objectivamente é o contrário que se passa.

A contribuição autárquica respeita a todos e a cada um dos imóveis inscritos nas matrizes, e aquele que o recorrido adquiriu, e de cuja contribuição gozou de isenção, deixou de existir como tal. O benefício fiscal foi atribuído a um prédio rústico e essa realidade desapareceu, sendo substituída por outra bem diferente – o que a partir de 1999 temos são onze prédios urbanos.

Ainda do ponto de vista objectivo, não se compreende que alguém beneficie de isenção de um imposto relativo à detenção de um bem que, tendo deixado de existir, forçosamente deixou de gerar imposto. Do mesmo modo que não mais pode ser cobrada contribuição autárquica relativa ao prédio a que correspondia o artigo rústico n.° 1379 da freguesia de Macedo de Cavaleiros, pela óbvia razão de que tal artigo foi suprimido, mediante mudança da natureza do seu objecto, que passou a urbano, também se não pode mais falar de uma isenção relativa a tal inexistente contribuição.

Mas também do ponto de vista subjectivo o benefício perdeu razão justificativa, com a transformação do prédio rústico em terrenos para construção.

Confessadamente, a atribuição deste benefício fiscal tem em vista atrair o investimento em imóveis pelos emigrantes, fomentando, deste modo, a transferência para Portugal das suas poupanças obtidas no estrangeiro e a sua aplicação em bens de raiz.

Esse objectivo foi cumprido, e esgotou-se, com a aquisição efectuada em 1996. Não se noticia que, a partir de então, tenha havido, por parte do recorrido, novas aplicações através do sistema poupança-emigrante. As despesas a que, decerto, deu lugar o loteamento a que procedeu, terão sido suportadas com recurso a outros meios. O recorrido não adquiriu os actuais terrenos para construção de que presentemente é co-proprietário com recurso ao sistema poupança-emigrante. Esse investimento aquisitivo fê-lo em 1996, relativamente a um bem que, entretanto, por sua indústria transformou noutros.

Como assinala a Fazenda Pública, o entendimento adoptado pela sentença recorrida conduziria a que, «se em vez de lotear o recorrente tivesse construído novos prédios urbanos com centenas de fracções autónomas, teriam as mesmas de se considerar isentas pelo simples facto de estarem implantadas no terreno rústico inicialmente adquirido com isenção».

Na verdade, parece seguro que, se tal tivesse acontecido, a isenção de que gozou o recorrido não poderia abranger essas «centenas de fracções autónomas». E a situação figurada, de facto e de direito, não é substancialmente distinta de que realmente ocorre: a actividade do recorrido fez desaparecer o bem a que a contribuição e a isenção respeitavam, e em seu lugar nascer onze bens diferentes.

A sentença, para decidir que se mantinha a isenção, fundou-se, essencialmente, no artigo 12.° do EBF, que se ocupa da extinção dos benefícios fiscais: porque o benefício aqui em causa é temporário e não condicionado, só o decurso do tempo o extinguiria. O recorrido sustenta, também, igual entendimento.

Mas esta argumentação não atribui relevância a que o benefício só pode vigorar enquanto se mantenha o seu objecto. Se a lei extinguir um imposto, necessariamente deixam de operar os benefícios que a tal imposto se referiam; se o benefício se relaciona com a detenção de um determinado bem, só pode manter-se enquanto este durar. No nosso caso, o bem que originava a contribuição deixou de a ocasionar; não havendo lugar àquela contribuição (e era a essa, e só a ela, que se reportava o benefício), não pode haver lugar à respectiva isenção.

Outro argumento aduzido pela sentença e apoiado pelo recorrido esgrime com boa lâmina mas sem golpe certeiro. Diz-se que não há duas contribuições autárquicas, uma rústica e outra urbana, e que, consequentemente, a isenção acompanha o imóvel que a gera, mesmo que ele mude de natureza.

Mas, se é certo que a contribuição autárquica se não decompõe em rústica e urbana, também é verdade que ao recorrido não foi reconhecida a isenção de toda e qualquer contribuição autárquica, mas daquela que durante dez anos incidisse sobre o prédio rústico que adquiriu com as suas poupanças de emigrante. De fora ficaram todos os outros prédios, rústicos e urbanos, de que fosse ou viesse a ser proprietário, e, designadamente – como é o caso – aqueles que criasse por actividade sua, a partir de algo que transformasse em coisa diferente.

Procedem, pelo exposto, as conclusões das alegações de recurso.

4. Termos em que acordam, em conferência, os juízes da Secção de Contencioso Tributário deste Supremo Tribunal Administrativo em, concedendo provimento ao recurso, revogar a sentença impugnada, julgando improcedente o recurso contencioso.

Custas a cargo do recorrido, na 1ª instância e neste Supremo Tribunal Administrativo, fixando-se a procuradoria, aqui, em 50%.

Lisboa, 7 de Junho de 2006.

Baeta de Queiroz (Relator)
Pimenta do Vale
Brandão de Pinho

Recurso n.º 236/06-30

CÓDIGO DE PROCESSO TRIBUTÁRIO. CORRECÇÃO DA MATÉRIA COLECTÁVEL DE IRC. IMPUGNAÇÃO JUDICIAL. PRINCÍPIO DA IMPUGNAÇÃO UNITÁRIA. CONSTITUCIONALIDADE.

(Acórdão de 31 de Maio de 2006)

SUMÁRIO:

I – De harmonia com o disposto no art. 89.º do CPT, os actos de fixação da matéria tributável de IRC, apenas podem ser impugnados contenciosamente de forma autónoma nos casos em que constituam o acto final do procedimento, por não haver lugar a liquidação de imposto.

II – O afastamento da possibilidade de impugnação autónoma de actos procedimentais que não sejam imediata e directamente lesivos por si mesmos não contende com a garantia constitucional do acesso ao direito.

ACORDAM NA SECÇÃO DO CONTENCIOSO TRIBUTÁRIO DO SUPREMO TRIBUNAL ADMINISTRATIVO:

1 – ESTAMPATÊXTIL – ESTAMPARIA TÊXTIL, LDA, deduziu no Tribunal Tributário de 1.ª Instância de Braga impugnação judicial do acto da Direcção de Finanças de Braga que corrigiu o lucro tributável de I.R.C. relativo ao ano de 1990.

Por despacho do Meritíssimo Juiz, aquele Tribunal declarou-se incompetente em razão da matéria para conhecer da questão colocada.

Interposto recurso jurisdicional deste despacho, este Supremo Tribunal Administrativo veio a ordenar a ampliação da matéria de facto.

Baixando o processo ao Tribunal Tributário de 1.ª Instância de Braga, foi proferido novo despacho em que foi declarada a incompetência em razão da matéria para o conhecimento da questão colocada.

A impugnante interpôs novo recurso jurisdicional para o Tribunal Central Administrativo, que revogou o despacho recorrido.

Baixando os autos ao Tribunal Tributário de 1.ª Instância de Braga, veio a ser proferida sentença, em que foi absolvida da instância a Fazenda Pública, por se ter entendido ser ilegal o meio processual utilizado.

A impugnante interpôs novo recurso jurisdicional para o Tribunal Central Administrativo a que foi negado provimento.

Novamente inconformada, a impugnante interpôs o presente recurso jurisdicional para este Supremo Tribunal Administrativo, apresentando alegações com as seguintes conclusões:

1 – Veio o presente recurso interposto do, aliás, douto acórdão de fls..... que, abstendo-se de conhecer do mérito da causa, negou provimento ao recurso confirmando a decisão recorrida, considerando inimpugnável o acto recorrido.

2 – Com efeito, foi a recorrente notificada, pela Direcção Distrital de Finanças de Braga, da correcção do lucro tributável no exercício de 1990, da fixação da matéria colectável do exercício de 1990, do imposto e da derrama a pagar.

3 – Entendida a liquidação "como a aplicação de uma taxa a certo valor", houve, efectivamente, na sequência da fixação da matéria tributária, uma verdadeira liquidação, pois, a Direcção Distrital de Finanças de Braga fez aplicar as taxas de IRC de 36,5% e da derrama de 10% ao valor da matéria colectável fixada, tendo procedido ao cálculo do imposto e derrama a pagar.

4 – Em face de tal notificação, deduziu a recorrente a competente reclamação relativamente à qual não houve qualquer decisão, pelo que, decorridos 90 dias e constatado o seu indeferimento tácito (artigo 125.º do CPT), apresentou a competente impugnação judicial.

5 – A menção que é feita à impugnação do acto de revisão da matéria colectável na inicial deve-se apenas à circunstância de os actos de alteração da matéria colectável e de liquidação serem praticamente simultâneos e consequentes – dai a sua notificação conjunta –, sendo o vício de violação da lei que impende sobre o primeiro a razão da invalidade do segundo.

6 – Assim, o acto efectivamente visado pela recorrente, quando entendida a petição não apenas numa perspectiva literal, mas antes numa interpretação causal, tendo em conta o real interesse da recorrente, é o acto da liquidação contido no despacho em causa, inquinado pela frontal violação da lei contida na decisão administrativa de revisão da matéria colectável.

7 – É que, de outro modo, sempre se deverá entender que a mesma liquidação nunca foi levada a cabo ou, pelo menos, notificada à recorrente, como consta do ofício da Direcção Geral dos Impostos de fls. 189.

Sem Prescindir,

8 – Ainda que se considere que a recorrente foi tão só notificada do acto de fixação da matéria colectável, o que não se concebe, ainda assim o mesmo não deixa de ser judicialmente impugnável.

9 – A sobredita correcção, ainda que integre um acto preparatório do acto tributário, por ser dele destacável, deve ser impugnada contenciosa e autonomamente, sob pena do mesmo se consolidar na ordem jurídica como caso resolvido (vide: Acórdãos do Supremo Tribunal Administrativo de 08/05/91, 06/05/98 e 28/01/98, publicados in www.dgsi.pt).

10 – Na vigência do Código de Processo Tributário, os actos em matéria tributária (como é o caso) são sempre impugnáveis, podendo o contribuinte usar uma de duas vias: ou interpõe recurso hierárquico e, da decisão deste recurso, impugnação judicial para os tribunais tributários de 1ª instância; ou requer a revisado dessas correcções (José Casalta Nabais, Direito Fiscal, pág. 288).

11 – Qualquer outra interpretação sempre retiraria sentido e utilidade ao preceituado no n.º 5 do referido artigo 112.º do CIRC, visando tal normativo, tão só, evitar contradições de julgados entre a decisão da autoridade administrativa e qualquer decisão judicial.

12 – No mesmo registo, outro entendimento contenderia, ainda, com o estatuído na alínea c) do n.º 1 do artigo 62.º do ETAF – tido, ainda, como regime vigente para os processos que se encontrem pendentes à data da entrada em vigor da Lei n.º 13/2002, de 19 de Fevereiro.

13 – Do mesmo modo o acórdão recorrido, esbarrou na questão da lesividade do acto, procurando compaginar a sua interpretação das normas aplicáveis com a actual redacção do art. 268.º n.º 4 da Constituição, simplesmente negando ao mesmo os seus efeitos externos.

14 – É que, nos termos do preceituado no n.º 4 do artigo 268.º da Constituição da República Portuguesa exige-se apenas que o acto seja potencialmente lesivo para ser susceptível de recurso contencioso, sendo lesivo o acto que projecta os seus efeitos negativamente na esfera jurídica do administrado, violando direitos ou interesses deste legalmente protegidos,

15 – Ao que acresce o facto, indesmentível e confessado pela administração tributária no oficio de fls. 189, de não existir outro fundamento para que a recorrida seja hoje alvo de execução fiscal (Proc. n.º 4200199491008633).

16 – Por último, como se lê da alínea a) do artigo 120.º do CPT, constitui fundamento de impugnação judicial "qualquer ilegalidade", aí incluindo-se aquelas que decorrem "de erro na avaliação ou determinação da matéria colectável, quer esta seja susceptível quer não de impugnação autónoma" (Alfredo José de Sousa e José da Silva Paixão, Código de Processo Tributário, Anotado, pág. 225).

17 – Viola, pois, o acórdão recorrido, os artigos 111.º e 112.º do CIRS, 118.º e 120.º do CPT, artigo 62.º, n.º 1, alínea c) do ETAF e n.º 4 do artigo 268.º da CRP, pelo que não pode o mesmo manter-se.

Termos em que deve dar-se provimento ao presente recurso, revogar-se o, aliás, douto acórdão recorrido e substituir-se por outro em que se julgue o recurso inteiramente procedente, só assim se fazendo JUSTIÇA!

A Excelentíssima Representante da Fazenda Pública contra-alegou, concluindo da seguinte forma:

O art. 89.º do CPT consagrava o princípio da impugnação unitária só podendo, em regra, o acto de fixação da matéria colectável ser atacado na impugnação que se proponha quanto ao acto de liquidação, só podendo ser impugnável em si o acto de fixação que não der origem a liquidação de imposto.

Nesses termos, em sede de I.R.C., o artigo 111.º do CIRC previa a possibilidade de reclamar ou impugnar a liquidação (n.º 1);

A matéria colectável apenas poderia ser objecto de impugnação autónoma em casos em que não houvesse liquidação de IRC (n.º 3):

No caso sub judicio o acto impugnado foi o da "correcção do rendimento tributável", pedindo o recorrente expressamente a respectiva "anulação" pelo que a impugnação foi correctamente rejeitada;

A perda do direito à apreciação judicial da legalidade das decisões da Administração por incorrecta utilização dos meios e normas processuais não constitui qualquer violação das normas constitucionais;

O acesso ao direito é mediado pelo "direito à acção", em termos definidos pelo legislador ordinário;

Não é objecto dos presentes autos (nem no STA. nem nas instâncias) a averiguação da existência da notificação da liquidação não podendo decorrer deles quaisquer efeitos na execução.

Não tem qualquer cabimento a apreciação da correcção da execução fiscal para cobrança da divida tributária respectiva.

Nestes termos, deve ser negado provimento ao presente recurso.

O Excelentíssimo Procurador-Geral Adjunto emitiu douto parecer nos seguintes termos:

I. Nas conclusões das suas alegações de recurso a recorrente Estampatêxtil, vem alegar que:

A menção que é feita à impugnação do acto de revisão da matéria colectável na petição inicial deve-se apenas à circunstância de os actos de alteração da matéria colectável e de liquidação serem praticamente simultâneos e consequentes, sendo o vício de violação da lei que impende sobre o primeiro a razão da invalidade do segundo.

Assim, o acto efectivamente visado pela recorrente, quando entendida a petição não apenas numa perspectiva literal, mas antes numa interpretação causal, tendo em conta o real interesse da recorrente, é o acto da liquidação contido no despacho em causa, inquinado pela frontal violação da lei contida na decisão administrativa de revisão da matéria colectável.

Ainda que se considere que a recorrente foi tão só notificada do acto de fixação da matéria colectável o mesmo não deixa de ser judicialmente impugnável.

Na vigência do Código de Processo Tributário, os actos em matéria tributária são sempre impugnáveis, podendo o contribuinte usar uma de duas vias: ou interpõe recurso hierárquico e, da decisão deste recurso, impugnação judicial para os tribunais tributários de 1.ª instância ou requer a revisão dessas correcções.

II. A nosso ver o recurso não merece provimento, já que o douto acórdão recorrido interpretou correctamente as normas legais em causa e, por isso, não merece qualquer censura.

Com efeito, atento o disposto no art. 89.º do Código de Processo Tributário, o acto definido na petição inicial não é inimpugnável judicialmente.

Constitui o referido normativo uma concretização do princípio da impugnação unitária, nos termos do qual só há impugnação contenciosa do acto final do procedimento, que afecta imediatamente a esfera patrimonial do contribuinte, fixando a posição final da administração tributária perante este, e definindo os seus direitos e deveres – vide, neste sentido, Lei Geral Tributária, comentada e anotada, Diogo Leite de Campos, Benjamim Silva Rodrigues e Jorge Lopes de Sousa, reimpressão, pág. 292, anotação 1.

Só assim não seria quando a fixação da matéria colectável não desse lugar à liquidação do imposto. Não ficava, no entanto, impedido o contribuinte de invocar qualquer ilegalidade praticada na determinação da matéria colectável ou a sua errónea quantificação. Tê-la-ia que fazer, no entanto, em reclamação ou impugnação do acto tributário de liquidação (n.° 2 do artigo 89.° do Código de Processo Tributário).

No caso em apreço e, conforme resulta do probatório fixado nas instâncias, a recorrente veio «deduzir impugnação judicial do acto da Direcção de Finanças de Braga que alterou o resultado tributável em termos de IRC, referente ao exercício de 1990, para 119 550 968$00, por correcção do lucro tributável para 166 908 468$00», terminando a sua petição dizendo que «deve a presente impugnação ser julgada totalmente procedente, anulando-se a correcção do rendimento tributável referente ao exercício de 1990» – vide petição inicial de fls. 2 a 5 e Acórdão recorrido a fls. 197 v.

Dúvidas não há, pois, sobre a intenção da impugnante que era efectivamente a de impugnar a alteração ao rendimento colectável efectuada pela Direcção de Finanças de Braga, intenção essa já manifestada na reclamação prévia apresentada naquela Direcção de Finanças e a que alude o ponto b) da matéria de facto provada.

Daí que não possa proceder a argumentação da recorrente no sentido de que a sua verdadeira intenção era impugnar a liquidação, já que não é essa a realidade que transparece dos autos.

Como igualmente não deverá proceder a argumentação que a recorrente parece querer retirar das disposições conjugadas dos arts. 120.° do Código de Processo Tributário e 268.°, n.° 4 da Constituição da República Portuguesa, no sentido de que os actos em matéria tributária são sempre impugnáveis e no sentido de que basta que o acto seja potencialmente lesivo para ser susceptível de recurso contencioso.

Com efeito, e como vem sido repetidamente afirmado pela nossa jurisprudência do Tribunal Constitucional e do Supremo Tribunal Administrativo, o condicionamento da via contenciosa de impugnação de actos subalternos ou interlocutórios é compatível com a Constituição, nomeadamente com a garantia constitucional da admissibilidade de impugnação contenciosa, ínsita no seu art. 268.°, n.° 4.

Tal garantia só sairia violada se tal apreciação contenciosa ficasse de todo inviabilizada, o que não é o caso.

Nestes termos somos de parecer que o recurso não merece provimento, devendo ser confirmada a decisão sindicada,

As partes foram notificadas deste douto parecer, apenas se tendo pronunciado a Impugnante mantendo a posição assumida nas alegações do recurso jurisdicional.

Corridos os vistos legais, cumpre decidir.

2 – No acórdão recorrido deu-se como assente a seguinte matéria de facto:

a) No dia 18-8-1994, a ora recorrente, dirigindo-se ao Tribunal Tributário de 1.ª Instância de Braga, veio «deduzir impugnação judicial do acto da Direcção de Finanças de Braga que alterou o resultado tributável em termos de I.R.C., referente ao exercício de 1990 para 119 550 968$00, por correcção do lucro tributável para 166 908 468$00», terminando a sua petição dizendo que «deve e a presente impugnação ser julgada totalmente procedente, anulando-se a correcção do rendimento tributável referente ao exercício de 1990» – cf. a petição inicial de fls. 2 a 6.

b) No dia 23-3-1994, a ora recorrente havia apresentado ao Director de Finanças de Braga um requerimento, em que «vem nos termos do artigo 111.° do Código do I.R.C., reclamar da correcção da matéria colectável do exercício de 1990», terminando por «solicitar a revisão da correcção efectuada» – cf. a informação oficial de fls. 18, e o documento de fls. 6.

c) O requerimento dito em b) foi objecto de apreciação pela Direcção de Serviços do IRC, em que, com a data de 13-10-94, se concluiu que «essa Direcção distrital de finanças procedeu correctamente» – cf. a informação oficial de fls. 104, e o documento de fls. 25 e 26.

3 – No acórdão recorrido entendeu-se que tal acto não é autonomamente impugnável, só podendo sê-lo no âmbito de impugnação judicial do acto de liquidação que se baseie em tal acto de correcção.

Ao caso dos autos aplica-se o regime do C.P.T., pois a impugnação foi apresentada na sua vigência.

O Código de Processo Tributário prevê o procedimento de revisão da matéria colectável nos seus arts. 84.° a 89.°.

Neste art. 89.°, na redacção inicial, vigente à data em que foi apresentada a impugnação, estabelecia-se o seguinte:

Artigo 89.°

Inimpugnabilidade autónoma das decisões das comissões

1 – O acto de fixação da matéria colectável não é susceptível de impugnação judicial autónoma, salvo se não der origem à liquidação de imposto.

2 – Na reclamação ou impugnação do acto tributário de liquidação, pode ser invocada qualquer ilegalidade praticada na determinação da matéria colectável ou a errónea quantificação desta.

A referência feita na parte final deste n.° 1 aos casos em que a fixação da matéria colectável não dá origem à liquidação de imposto reporta-se às situações em que esse acto de fixação é o acto final do procedimento[1].

Este art. 89.° do C.P.T. adoptou, assim, o princípio da impugnação unitária, nos termos do qual só o acto final do procedimento é contenciosamente impugnável.

Este princípio, no entanto, tem de comportar excepções no que concerne a actos que são imediatamente lesivos, por força do direito constitucional de impugnação de todos os actos que lesem os particulares, assegurado pelo art. 268.°, n.° 4, da C.R.P., nas redacções de 1989 e posteriores.

É manifesto que o acto de correcção da matéria colectável, quando é fixado um valor positivo, não afecta, por si mesmo, a esfera jurídica do contribuinte, só podendo ter efeitos negativos sobre ele o acto de liquidação que, eventualmente, venha a ser praticado com base na fixação da matéria colectável.

[1] É isso que sucede, designadamente, quando for fixada a matéria colectável num valor negativo, que é relevante para efeito de dedução de prejuízos nos anos posteriores, nos termos do art. 46.° do C.I.R.C., na redacção inicial, e quando à matéria colectável do ano a que se refere a fixação deverem ser abatidos prejuízos de anos anteriores, de valor superior.

Por isso, nada obsta, no caso, à aplicação daquela regra do art. 89.°, n.° 1.

Por outro lado, esta regra é reafirmada nos n.os 1 e 6 do art. 111.° do CIRC, nas redacções introduzidas pelo Decreto-Lei n.° 138/92, de 17 de Julho, vigentes à data em foi apresentada a petição), em que se refere que «*os sujeitos passivos de IRC, os seus representantes e as pessoas solidária ou subsidiariamente responsáveis pelo pagamento do imposto poderão reclamar ou impugnar a respectiva liquidação, efectuada pelos serviços da administração fiscal, com os fundamentos e nos termos estabelecidos no Código de Processo Tributário*» e que «*as entidades referidas no n.° 1 poderão ainda reclamar e impugnar a matéria colectável que for determinada e que não dê origem a liquidação de IRC...*».

O art. 112.°, n.° 5, do CIRC, em que se estabelece que «*sempre que o contribuinte utilize o recurso previsto neste artigo, não poderá, em relação à matéria recorrida, socorrer-se dos meios de defesa previstos no artigo anterior*», para além de não se reportar a correcções do tipo da referida nos autos[2] e não ter sido utilizado pela própria Impugnante (deduziu uma reclamação graciosa e não um recurso hierárquico para o Ministro das Finanças) não pode contender com as regras do CPT e do CIRC que se referiram, pois aquele n.° 5 faz parte da redacção inicial do CIRC e as do CPT e do art. 111.° têm redacções posteriores. Por isso, se houvesse incompatibilidade entre estas normas do CPT e do art. 111.° do CIRC e a daquele n.° 5 do art. 112.°[3], seria este n.° 5 que se teria de considerar revogado tacitamente (art. 7.°, n.° 3, do Código Civil).

Por outro lado, o art. 62.°, n.° 1, alínea c), do ETAF de 1984, que estabelecia que «*compete aos tribunais tributários de 1.ª instância conhecer*» «*dos recursos dos actos preparatórios dos mencionados nas alíneas anteriores susceptíveis de impugnação judicial autónoma*», não impõe que todos os actos preparatórios sejam susceptíveis de serem impugnados autonomamente, apenas prevendo a competência para os apreciar nos casos em que na lei se preveja essa impugnabilidade autónoma, como, ressalta dos seus próprios termos.[4] Por isso, não pode com base nesta alínea c) concluir-se pela impugnabilidade dos actos de correcção da matéria colectável de IRC.

No que concerne aos arts. 118.° e 120.° do CPT, as referências que aí se fazem à impugnação dos actos tributários com fundamento em qualquer ilegalidade, inclusivamente errónea quantificação dos rendimentos, têm de ser interpretadas em consonância com o art. 89.° que constitui uma norma especial sobre a matéria: isto é, aquela impugnação pode fazer-se autonomamente nos casos em que não houver lugar a liquidação de imposto e através de impugnação de acto de liquidação nos casos em que haja lugar a essa liquidação.

4 – Como é óbvio, a situação não se alteraria, a nível da lesividade do acto impugnado, na eventualidade de a administração tributária não ter vindo a notificar à Impugnante um acto de liquidação, praticado tendo como pressuposto aquele acto de fixação da matéria colectável, pois, nesse caso, já não poderá vir a ser validamente praticado e notificado à Impugnante um acto de liquidação, por ter decorrido o prazo em que a administração tributária o poderia fazer (art. 33.°, n.° 1, do CPT).

Isto é, se nunca foi notificado à Impugnante qualquer acto de liquidação que tivesse por base o acto de fixação da matéria colectável, é seguro que já não poderá vir a ser praticado um acto de liquidação com efeitos na sua esfera jurídica, pelo que o acto impugnado, para além de não ter tido efeitos na sua esfera jurídica, não poderá já vir alguma vez a tê-los, mesmo indirectamente, através de um acto de liquidação que o tenha como pressuposto.

Por outro lado, se foi praticado um acto de liquidação e ele não foi notificado, a Impugnante pode opor-se à respectiva execução, ao abrigo da alínea i) do n.° 1 do art. 204.° do CPPT [equivalente à alínea n.° 1 do art. 286.° do CPT], pois «*os actos em matéria tributária que afectem os direitos e interesses legítimos dos contribuintes só produzem efeitos em relação a estes quando lhes sejam notificados*» (art. 64.°, n.° 1, do CPT, cujo regime foi mantido pelo art. 77.°, n.° 6, da LGT e 36.°, n.° 1, do CPPT).

Por isso, em nenhuma das situações equacionáveis, a impugnação directa do acto de fixação da matéria colectável é necessária para garantir a tutela judicial dos direitos da Impugnante.

Se, eventualmente, a Impugnante foi notificada de um acto de liquidação baseado no acto de fixação da matéria colectável, com a respectiva ordem de pagamento em determinado prazo, e não o impugnou ou não se opôs a execução fiscal baseada em acto de liquidação que não foi notificado anteriormente para pagamento voluntário da quantia liquidada, a si mesma terá de imputar a perda de acesso à tutela judicial, por não ter utilizado as faculdades previstas na lei para o efeito.

5 – O afastamento da possibilidade de impugnação autónoma de actos procedimentais não imediata e directamente lesivos por si mesmos não contende com a garantia constitucional do acesso ao direito, designadamente através da impugnação de actos administrativos, assegurado pelos arts. 20.° e 268.°, n.° 4, da CRP (nas redacções de 1989 e posteriores)

Com efeito, o acto procedimental de fixação da matéria colectável é impugnável mediatamente, através do acto de liquidação que vier a ser praticado, pelo que fica, desta forma, a possibilidade de controlar judicialmente a sua legalidade.

Por outro lado, se não vier a ser praticado um acto de liquidação, não pode ser reconhecida qualquer lesividade ao acto de fixação da matéria colectável, pelo que não há necessidade de reconhecer aos destinatários

---

[2] Como tem vindo a entender este Supremo Tribunal Administrativo, o art. 112.° do CIRC, ao referir-se a «*correcções de natureza quantitativa*» tem em vista as praticadas no uso de um poder discricionário ou margem de livre apreciação.

Neste sentido, podem ver-se os seguintes acórdãos:

– de 5-2-1997, proferido no recurso n.° 21176, publicado no *Apêndice ao Diário da República* de 14-5-99, página 391;

– de 23-9-1998, proferido no recurso n.° 21515, publicado no *Boletim do Ministério da Justiça* n.° 479, página 315, e no *Apêndice ao Diário da República* de 28-12-2001, página 2453;

– do Pleno do S.T.A. de 20-9-2000, proferido no recurso n.° 20128, publicado no *Apêndice ao Diário da República* de 10-8-2001, página 167, e no *Boletim do Ministério da Justiça* n.° 499, página 167

– acórdão do S.T.A. de 14-2-2001, proferido no recurso n.° 25773, publicado no *Apêndice ao Diário da República* de 27-6-2003, página 547.

[3] E não há incompatibilidade por, como se disse, o art. 112.° se aplicar a situações distintas.

[4] Essa impugnabilidade autónoma de actos preparatórios estava prevista, para a generalidade dos actos de correcção da matéria colectável praticados no âmbito dos impostos anteriores à reforma fiscal de 1988 (arts. 78.° do Código da Contribuição Industrial e 20.° do Código do Imposto Profissional, por exemplo).

desses actos o direito de recorrerem aos tribunais para discutir a sua legalidade.

Assim, a inimpugnabilidade de actos procedimentais do tipo do acto de fixação da matéria colectável não constitui uma restrição do direito de impugnação contenciosa, pois aquele acto é susceptível de ser apreciado contenciosamente, nas situações em que pode ter qualquer interesse para o destinatário impugná-lo.

Trata-se, antes, de um condicionamento daquele direito à impugnação contenciosa, que se traduz em permitir o controle judicial da legalidade daqueles actos apenas quando ele pode ser necessário.

Este condicionamento não é proibido pela Constituição, como o não são outros como a sujeição a prazos ou a imposição regras processuais, que em vez de restringirem o exercício do direito visam assegurá-lo eficazmente.

Como refere VIEIRA DE ANDRADE,

O exercício dos direitos fundamentais no espaço, no tempo e no modo, só será muitas vezes (inteiramente) eficaz se houver medidas concretas que desenvolvendo a norma constitucional, disciplinem o uso, previnam o conflito ou proíbam o abuso e a violação de direitos. Essa necessidade prática (que não se deve confundir com uma necessidade jurídica) é particularmente notória quando se trata de efectivar direitos em que predomina o aspecto institucional, mas pode ser referida à generalidade dos direitos fundamentais.

Nestes casos, as leis são leis regula(menta)doras (leis de organização), que organizam e disciplinam a «boa execução» dos preceitos constitucionais e que, com essa finalidade, poderão, quando muito, estabelecer condicionamentos ao exercício dos direitos. A sua intenção não é restringir, mas, pelo contrário, assegurar praticamente e fortalecer o direito fundamental constitucionalmente declarado.[5]

6 – No caso em apreço, a Impugnante apresentou à administração tributária uma reclamação graciosa, relativa à correcção da matéria colectável.

Não tendo sido apreciada tal reclamação, apresentou impugnação judicial pedindo a anulação da «*correcção do rendimento tributável*», pelo que é inequívoco que pretendeu impugnar o acto de fixação e não um acto de liquidação que se tivesse baseado no acto de fixação referido.

Por outro lado, a notificação efectuada (junta pela Impugnante a fls. 76) não faz qualquer referência a um acto de liquidação, tendo apenas uma referência, a título de «observação» (é esse o significado evidente da abreviatura «OBS») ao imposto a pagar com base na matéria colectável fixada, que tem o perceptível alcance de informar a Impugnante do alcance da correcção efectuada.

Não há nessa notificação algo que possa ser entendido como uma notificação de acto de liquidação de IRC efectuado pelos serviços da administração tributária, que se consubstancia no cálculo do imposto acompanhado de uma ordem para pagamento da quantia liquidada, em prazo determinado (art. 87.° do CIRC, na redacção dada pelo Decreto-Lei n.° 138/92, de 17 de Julho).

[5] *Os direitos fundamentais na Constituição Portuguesa de 1976*, páginas 226-229.

Sobre a distinção entre restrição e condicionamento de direitos, podem ver-se os acórdãos do Tribunal Constitucional n.° 74/84 (publicado no *Boletim do Ministério da Justiça*, n.° 351, página 172, e 201/86 (publicado em *Acórdãos do Tribunal Constitucional*, n.° 7, tomo II, página 933).

Por isso, não se pode entender que a Impugnante tenha impugnado um acto de liquidação com fundamento em erro na quantificação da matéria colectável.

Termos em que acordam em negar provimento ao recurso e em confirmar a decisão recorrida.

Custas pela Impugnante, com procuradoria de 50%.

Lisboa, 31 de Maio de 2006.

Jorge de Sousa (Relator)
Baeta de Queiroz
Pimenta do Vale

Recurso n.° 187/06-30

CONTRA-ORDENAÇÃO FISCAL. REQUISITOS DA DECISÃO ADMINISTRATIVA. NULIDADE INSUPRÍVEL.

(Acórdão de 28 de Junho de 2006)

SUMÁRIO:

I – Nos termos da al.ª d) do n.° 1, do art. 63.° do RGIT constitui nulidade insuprível, no processo de contra-ordenação tributário, "*a falta dos requisitos legais da decisão de aplicação das coimas...*", sendo que estes são os descritos no n.° 1 do art. 79.° do mesmo diploma entre os quais se encontra a "*descrição sumária dos factos e indicação das normas violadas e punitivas*" – sua al. b) – e a indicação da "*coima e sanções acessórias, com indicação dos elementos que contribuíram para a sua fixação*" – sua al. c).

II – E, se assim é, ter-se-á de entender que, quando naquela al.ª b) se diz que a decisão administrativa deve conter uma descrição sumária dos factos e a indicação das normas punitivas violadas, esta obrigação compreende não só os factos de que o arguido vem acusado como os factos que se julgaram provados e que fundamentam a punição aplicada.

III – Nesta conformidade, a não especificação, nessa decisão, dos factos que se julgaram provados e a não indicação dos elementos objectivos e subjectivos que contribuíram para a penalidade aplicada constitui nulidade.

ACORDAM, EM CONFERÊNCIA, NA SECÇÃO DE CONTENCIOSO TRIBUTÁRIO DO SUPREMO TRIBUNAL ADMINISTRATIVO:

1. Marina de Barlavento – Empreendimentos Turísticos, SA, inconformada com a decisão, de 20/12/2004, do Sr. Director de Finanças de Faro que, considerando que a mesma **havia praticado uma infracção** ao dis-

posto no art. 26.° e 40.° do CIVA, punível nos termos dos arts. 114.°, n.° 2, e 26.°, n.° 4, do RGIT, **a condenou no pagamento de uma coima de cem mil euros,** dela interpôs **recurso** para o Tribunal Administrativo e Fiscal de Loulé **alegando**, por um lado, a sua nulidade decorrente de não ter sido notificada para apresentar a sua defesa ou juntar quaisquer elementos probatórios e, por outro, o erro de julgamento já que para além de ter sido condenada com base em factos que não praticou foi-lhe aplicada uma coima superior à que resultava das disposições legais aplicáveis.

Tal recurso foi julgado procedente por ter sido entendido que a decisão recorrida era omissa no tocante à indicação dos factos que se tinham por provados e, em consequência, a mesma foi declarada nula.

Inconformado o Ilustre Magistrado do MP junto do Tribunal recorrido **agravou para este Supremo Tribunal**, tendo formulado as seguintes **conclusões**:

a) A decisão administrativa que aplicou a coima contém todos os requisitos legais enunciados nas alíneas do n.° 1 do art. 79.° do RG.I.T: concretamente, os da sua alínea b);

b) Já que ali se imputa à arguida a prática de uma conduta – acto/omissão – referenciada no tempo e no espaço, e a sua integração na norma violada e punitiva;

c) A não enumeração dos factos provados (ou não provados) não é requisito legal na decisão de aplicação da coima, nos termos do art. 79.° do RG.I.T.;

d) Pelo que a sua omissão, quanto à não indicação dos factos provados, não pode ser cominada de nulidade insuprível, nos termos do art. 63.°, n.° 1, al. d), do RG.I.T.;

e) A decisão de aplicação da coima não tem que obedecer às mesmas exigências de uma sentença criminal, pois, não sendo uma sentença, não implica uma audiência de julgamento, donde resulte a enumeração de factos provados e não provados;

f) Não enferma pois, de nulidade insuprível a decisão que aplicou a coima, por alegada ofensa ao disposto no art. 79.°, n.° 1, al. b), e 63.°, n.° 1, al. d), ambos do RG.I.T.;

g) Ao decidir como o fez a sentença a quo violou, por erro de interpretação, o disposto nos art.s 63.°, n.° 1, al. d) e 79.° do RGIT e os art.s 374.°, n.° 2, e 379.°, ambos do CPP.

Não foram apresentadas contra alegações.

Colhidos os vistos cumpre decidir.

2. O presente recurso jurisdicional **dirige-se contra a sentença do TAF de Loulé** que julgando assente que a decisão administrativa recorrida tinha, apenas, dado como provado que *"a arguida não apresentou defesa e requereu o pagamento voluntário da coima"* concluiu que dela *"não constavam quaisquer factos provados susceptíveis de integrarem uma contra ordenação"* e que, sendo assim, a mesma era *"nula e não podia ser suprida, como de resto estabelece o art. 63.°, n.° 1, al. d) do RGIT, sendo evidente que essa nulidade pode e deve ser decidida em recurso."*

Julgamento que **o Ilustre Magistrado do MP não aceita** por entender que decisão administrativa que aplicou a coima contém todos os requisitos legais e que, por isso, não havia que declarar a sua nulidade.

A única questão que se nos coloca é, pois, a de saber se as decisões administrativas proferidas em processo de contra ordenação tributário devem descrever a factualidade que se considera provada ou se – como defende o Recorrente – a legalidade fica salvaguardada se a Autoridade Administrativa se limitar a indicar sumariamente os factos imputados ao arguido e a aplicar-lhes a sanção correspondente.

3. Nos termos do art. 63.°, n.° 1, al., d) do RGIT, **constitui nulidade insuprível**, no processo de contra-ordenação tributário, *"a falta dos requisitos legais da decisão de aplicação das coimas..."*, sendo que estes são os descritos no n.° 1 do art. 79.° do mesmo diploma entre os quais se encontra a *"descrição sumária dos factos e indicação das normas violadas e punitivas"* – sua al. b) – e a indicação da *"coima e sanções acessórias, com indicação dos elementos que contribuíram para a sua fixação"* – sua al. c).

Tais requisitos visam, como assinalam Jorge de Sousa e Simas Santos, *"assegurar ao arguido a possibilidade de exercício efectivo dos seus direitos de defesa, que só poderá existir com um conhecimento perfeito dos factos que lhe são imputados, das normas legais em que se enquadram e condições em que pode impugnar judicialmente aquela decisão"*, pelo que tais exigências se devem considerar satisfeitas *"quando as indicações contidas na decisão sejam suficientes para permitir ao arguido o exercício desses direitos"*. – Vd. RGIT Anotado, 2001, pág. 435.

Deste modo, a finalidade da referida obrigação legal **funda-se na protecção dos direitos de defesa do arguido –** designadamente no direito de recurso, o qual supõe o indispensável conhecimento dos factos que determinaram a punição e justificaram a medida concreta da pena – direitos esses que não merecem menor tutela pelo facto da decisão condenatória ser proferida por autoridade administrativa em processo contra ordenacional e de, por via de regra, o processamento dos autos administrativos não estar sujeito ao apertado formalismo exigido nos autos judiciais.

E, porque assim, essa menor exigência formalista não consente que se condene o arguido sem que se o informe dos factos que se julgaram provados, dos normativos que se lhes aplicam e das razões que determinaram a concreta medida da pena. Ou, dito de outro modo, **a decisão condenatória administrativa só é legal se for devidamente fundamentada de facto e de direito,** exigência que decorre das transcritas al.ªs b) e c) do n.° 1, do art. 79.° do RGIT.

E, se assim é, ter-se-á de entender que, quando na mencionada al.ª b) se diz que a decisão deve conter uma descrição sumária dos factos e a indicação das normas punitivas violadas **esta obrigação compreende** não só os factos de que o arguido vem acusado como os factos que se julgaram provados e que fundamentam a punição aplicada. Ou seja – ao contrário do sustentado neste recurso – **a descrição sumária de que fala o preceito não se reduz à indicação dos factos acusatórios.**

É certo – como a jurisprudência tem afirmado – que a decisão de aplicação da coima não tem de satisfazer as mesmas exigências de uma sentença criminal e que **a tramitação processual contra-ordenacional deve ser reduzida ao mínimo necessário**, simplificando-se, sempre que possível, o formalismo processual, e isto porque o ilícito de mera ordenação social assume fundamentos éticos diversos e menos gravosos do que o ilícito criminal já que naquele se visa a *"protecção de bens jurídicos não fundamentais à vida em sociedade"*. – Vd., entre outros, Ac. da Relação do Porto de 19/03/97 (rec. 10.1789) e deste STA de 14/05/2003 (rec. 421/03).

Mas também o é que as coimas aplicadas podem atingir valores muito elevados (vd. o caso dos autos) e, por isso, a condenação numa coima pode ser bem mais gravosa do que a condenação em processo penal onde, na maioria das vezes, a pena é substituída por multa e esta acaba por ter dimensão bem menor do que algumas coimas. E, se assim é, **essa simplificação não pode ser de molde a privar o arguido dos seus direitos de defesa** como aconteceria se a descrição da factualidade que se julgou provada e que determinou a medida da pena fosse dispensada e omitida.

Aliás, se assim não fosse o art. 27.° do RGIT não prescreveria que *"a coima deverá ser graduada em função da gravidade do facto, da culpa do agente, da sua situação económica ..."*, o que obriga a autoridade administrativa a **definir e indicar com rigor, clareza e suficiente desenvolvimento os termos objectivos e subjectivos que o levaram a tomar uma determinada decisão.**

E não se argumente que a descrição da factualidade de que vem acusado e a indicação das normas violadas é suficiente para o arguido ficar a saber porque razão foi condenado, pois aquela descrição não quer – nem pode querer – significar que todos os factos imputados se têm por provados e, portanto, que todos eles contribuíram para a concreta medida da pena. Uma coisa é a indicação dos factos de que o arguido é acusado e outra é a descrição dos factos que se julgaram provados e que irão determinar a sua condenação.

4. Descendo ao caso dos autos verifica-se que **a decisão administrativa é do seguinte teor**:

"Pelo auto de notícia de fls. 2 e 2-A verifica-se que a arguida Marinas de Barlavento Empreendimentos, S.A., contribuinte Fiscal n.° 503306711, com residência/sede em Marina de Portimão Edif. Administrativo – Praia da Rocha em Portimão, com os demais sinais dos autos, responde pelos seguintes factos que lhe são imputados:

1. A arguida não fez a entrega nos cofres do Estado, no prazo legal do IVA do período de 0403, do montante de € 449.543,35.

Tal situação constitui infracção ao disposto nos artigos 26.° e 40.° do CIVA, a qual integra o delito de contra-ordenação prevista e punível pelos artigos 114.° n.° 2 e 26.° n.° 4 do RGIT.

A fls. 4 foi dado cumprimento ao disposto no artigo 70.° do RGIT.

Face às averiguações efectuadas e à prova produzida nos autos dá-se como provado que efectivamente a arguida não apresentou defesa, tendo no entanto requerido a fls. 5 o pagamento voluntário da coima nos termos do n.° 1 do art. 78.° do RGIT.

A arguida efectuou o pagamento do imposto em falta em 2004/09/11, conforme print de fls.11 junto aos autos.

Assim considerando os factos mencionados e provados, aplico a coima de cem mil euros.

Vigora o princípio da proibição da "Reformatio in pejus".

Custas pela arguida.

Notifique-se para pagamento da importância devida, ficando ciente que, se não for interposto recurso judicial ou efectuado o respectivo pagamento no prazo de 20 (vinte) dias a contar da notificação, se procederá à sua cobrança coerciva.

Faro, 20 de Dezembro de 2004.

Director de Finanças

Amâncio José Guerreiro Rodrigues."

Analisando a transcrita decisão logo se vê que **a mesma descreve sumariamente os factos imputados à Recorrente** – *a arguida não fez a entrega nos cofres do Estado, no prazo legal do IVA do período de 0403, do montante de € 449.543,35* – e indica a legislação punitiva correspondente a tal infracção, mas que, **no tocante à factualidade que considerou provada, se limitou a referir que, face à prova produzida, o que tinha resultado era** que *"a arguida não apresentou defesa e requereu o pagamento voluntário da coima"*.

O que quer dizer que não só **não se especificaram os factos que se julgaram provados como também se não indicaram os elementos objectivos e subjectivos que contribuíram para a penalidade aplicada.**

O que constitui nulidade por violação do disposto nas al.ªs b) e c) do n.° 1 do art. 79.° do RGIT, a qual é de conhecimento oficioso. – art. 63.°, n.° 1, al.ª d), e n.° 5 do mesmo diploma legal.

E se assim é, como é, **a sentença recorrida não incorreu em erro de julgamento.**

Termos em que acordam os Juízes que compõem este Tribunal **em negar provimento ao recurso confirmando-se, assim, a douta decisão recorrida.**

Sem custas.

Lisboa, 28 de Junho de 2006.

Costa Reis (Relator)
Lúcio Barbosa
Brandão de Pinho

Recurso n.° 144/06-30

DIRECTIVA N.° 90/435/CEE DE 23/7/90. ART. 69.°, 2, C) DO CIRC (NA REDACÇÃO DO DEC.-LEI N.° 123/92, DE 2/7). SOCIEDADES-MÃES. SOCIEDADES-AFILIADAS. DIVIDENDOS DAS SOCIEDADES-AFILIADAS.

(Acórdão de 07 de Junho de 2006)

SUMÁRIO:

I – A Directiva n.° 90/435/CEE, de 23/7/90, de 23/7/90, relativa ao regime fiscal comum aplicável aos lucros distribuídos por sociedades-afiliadas a sociedades-mães de Estados membros diferentes, tem como escopo que o Estado da sociedade-mãe se abstenha de tributar os lucros da sociedade-afiliada, e isentar de retenção na fonte os lucros que a sociedade-afiliada distribui à sociedade mãe, nos termos do art. 5.° dessa Directiva.

II – O art. 5.°, n.° 4, da Directiva criou para Portugal um regime excepcional a vigorar durante oito anos.

III – O DL n. 123/92, de 2/7, que visou adequar a ordem jurídica portuguesa àquela Directiva, alterou várias normas do IRC, nomeadamente o art. 69.°, 2, c).

IV – Este normativo contém uma dimensão dupla: por um lado, contempla as sociedades-mães que detenham uma participação no capital da sociedade-afiliada, não inferior a 25% durante dois anos consecutivos; por outro lado, contempla as sociedades-mãe que detenham essa participação no capital dessa sociedade-afiliada, desde a constituição desta, contanto que, neste caso, a participação seja mantida durante pelo menos dois anos.

V – Nesta última hipótese, os lucros da sociedade-afiliada estão sujeitos (no tocante à retenção na fonte) ao limite referido no art. 5.°, n.° 4, da Directiva, mesmo que digam respeito a um período anterior ao decurso de dois anos, se a sociedade-mãe mantiver essa participação durante dois anos consecutivos.

VI – Não se justifica, no caso, a consulta do TJCE para interpretação do texto comunitário, por isso que este último segmento normativo não traduz a transposição para a ordem jurídica portuguesa da norma comunitária.

ACORDAM, EM CONFERÊNCIA, NA SECÇÃO DE CONTENCIOSO TRIBUTÁRIO DO SUPREMO TRIBUNAL ADMINISTRATIVO:

1. CHARGEURS TEXTILES, sociedade comercial, com sede em 5 Boulevard Malesherbs 75008 Paris, impugnou judicialmente, junto do então Tribunal Tributário de 1ª Instância de Braga, a liquidação do imposto sobre sucessões, pago por avença, que foi retido na fonte, por ocasião do pagamento de dividendos.

O Mm. Juiz do TAF de Braga julgou a impugnação improcedente.

Inconformada, a impugnante interpôs recurso para este Supremo Tribunal.

Formulou as seguintes conclusões nas respectivas alegações de recurso:

1. Ao contrário do que ficou decidido na Douta Sentença recorrida, no caso em apreço, encontram-se preenchidos todos os requisitos impostos, para aplicação da Directiva n. 90/435/CEE, do Conselho, de 23/07/ /1990, publicada no JOCE, n. 255, série L, de 20/08/ /1990, designadamente no que respeita ao requisito da titularidade das participações por um período de dois anos.

2. O artigo 69.°, n. 2, alínea c), do CIRC, na redacção em vigor à data dos factos, claramente estabelece duas formas de contar o supra referido prazo de dois anos, consoante a sociedade-mãe participe na sociedade-afiliada desde a data da sua constituição, ou se essa participação se verifica depois da sociedade-afiliada estar constituída.

3. No caso da sociedade-mãe participar na sociedade-afiliada desde a data da sua constituição, como sucede no caso em apreço, a taxa de tributação máxima prevista na Directiva n. 90/435/CEE, do Conselho, de 23/07/1990, será sempre aplicável, ainda que no momento em que os dividendos são pagos ou colocados à disposição não tenha decorrido o prazo de dois anos, contando, i.e., desde que nesse caso, a participação seja mantida durante aquele período.

4. Ou seja, nas situações em que a sociedade-mãe participa na sociedade-afiliada, desde a constituição, as regras de tributação prevista na Directiva são sempre aplicáveis, sob, entanto, condição resolutiva, i. e., desde que a sociedade-mãe mantenha essa participação durante o período de dois anos.

5. No caso em apreço a Douta Sentença recorrida ao dar como assente o facto da recorrente ter participado na sociedade-afiliada desde a sua constituição, que aconteceu 26/06/1996, e ao dar como assente que a participação só foi alienada em 30/07/1999, claramente permite-nos concluir, face ao supra exposto, que o requisito do prazo de titularidade das participações encontra-se, no caso em apreço, verificado.

6. Pelo, que verificando-se que todos os requisitos impostos pela Directiva encontram-se preenchidos no caso em apreço, conclui-se que a liquidação de imposto sucessório por avença é manifestamente ilegal, por exceder o limite de tributação que a Directiva impõe aos Dividendos.

7. Deste modo, podemos e devemos concluir que a Douta Sentença Recorrida, ao decidir da forma como decidiu, claramente fez uma errada interpretação e aplicação do artigo 69.°, n.° 2, alínea c), do CIRC na redacção à data em vigor, bem como da Directiva n.° 90/435/ /CEE, de 23/07/1990.

Não houve contra-alegações.

Neste STA, o EPGA defende que o recurso merece provimento.

Colhidos os vistos legais cumpre decidir.

2. É a seguinte a matéria de facto fixada na instância:

1. A impugnante adquiriu 99,9% das acções nominativas na sociedade anónima portuguesa «GRAÇAFIL-Fiação de Lã e Mistos, S. A.», com sede no lugar da Veiga, freguesia de Padim da Graça, concelho de Braga, no momento da constituição desta que ocorreu a 26/06/ /1996;

2. A impugnante é uma sociedade comercial considerada residente no território francês para efeitos de tributação na União Europeia;

3. No ano de 1998 a «Graçafil» decidiu proceder à distribuição aos seus accionistas de dividendos relativos ao exercício de 1997, no montante total de € 438.942,15, cabendo à impugnante o valor de € 438.931,03;

4. A sociedade distribuidora de dividendos reteve na fonte à impugnante o IRC à taxa de 10% no montante de € 43.893,10, assim como o Imposto sobre Sucessões e Doações por avença à taxa de 5%, no montante de € 21.946,55;

5. A Impugnante manteve participação no capital social na «GRAÇAFIL – Fiação de Lã e Mistos, S. A.» de 99,9% até 30/07/1999, ocasião em que cedeu à sociedade «Chargeurs Tissus», com sede em Paris, as suas acções;

6. A impugnante apresentou em 23/04/2002 um pedido de revisão oficiosa relativamente ao Imposto sobre Sucessões e Doações que lhe foi retido na fonte em 29/4/98, por ocasião do pagamento de dividendos e que ascendeu ao montante de € 21.946,55;

7. Sobre o supra referido pedido de revisão oficiosa a Impugnante não obteve qualquer resposta;

8. Em 15/11/2002, deu entrada a Petição Inicial que originou a presente Impugnação.

3. A questão a decidir tem a ver com a interpretação da Directiva n.º 90/435/CEE, do Conselho de 23/7/90 (relativa ao regime fiscal comum aplicável aos lucros distribuídos por sociedades afiliadas a sociedades-mães de Estados-membros diferentes), e com a interpretação do art. 69.º, 2, c) do CIRC (na redacção do Dec.-Lei n.º 123/92, de 2/7), que transpôs para a ordem jurídica portuguesa o disposto naquela Directiva).

Vejamos então.

Atentemos primeiro no art. 3.º da citada Directiva, que dispõe:

"1. Para efeitos de aplicação da presente directiva:

"a) É reconhecida a qualidade de sociedade-mãe, pelo menos, a qualquer sociedade de um Estado-membro que satisfaça as condições enunciadas no artigo 2.º e que detenha no capital de uma sociedade de outro Estado-membro, que preencha as mesmas condições, uma participação mínima de 25%.

"b) Deve entender-se por "sociedade afiliada" a sociedade em cujo capital é detida a participação referida na alínea a).

"2. Em derrogação do disposto no n.º 1, os Estados-membros têm a faculdade:

"...

"– De não aplicar a presente directiva às suas sociedades que não conservem, por um período ininterrupto de pelo menos dois anos, uma participação que dê direito à qualidade de sociedade-mãe, ou às sociedades em que uma sociedade de outro Estado-membro não conserve essa participação durante um período ininterrupto de pelo menos dois anos".

Dispõe, por sua vez, o art. 5.º da citada Directiva:

"1. Os lucros distribuídos por uma sociedade afiliada à sua sociedade-mãe são, pelo menos quando esta detém uma participação mínima de 25% do capital da afiliada, isentos de retenção na fonte".

"...

"4. Em derrogação do disposto no n.º 1, a República Portuguesa pode cobrar uma retenção na fonte sobre os lucros distribuídos pelas suas sociedades afiliadas a sociedades-mães de outros Estados-membros até uma data que não poderá ser posterior ao fim do oitavo ano seguinte à data de entrada em aplicação da presente directiva.

"Sem prejuízo das disposições das convenções bilaterais existentes, celebradas entre Portugal e um Estado-membro, a taxa dessa retenção não pode exceder 15% durante os cinco primeiros anos do período referido no parágrafo anterior e 10% durante os três últimos anos.

"Antes do fim do oitavo ano, o Conselho decidirá por unanimidade, sobre proposta da Comissão, sobre a eventual prorrogação das disposições do presente número".

Por sua vez, o art. 8.º, n. 1, da mesma Directiva, estatui que "os Estados-membros porão em vigor as disposições legislativas, regulamentares e administrativas necessárias para se conformarem à presente directiva o mais tardar até 1 de Janeiro de 1992 ...".

Vejamos agora o art. 69.º, 2, c) do CIRC (na redacção do Dec.-Lei n. 123/92, de 2/7)

Dispunha a citada disposição legal:

"1. A taxa do IRC é de ... excepto nos casos previstos nos números seguintes:

"...

"2. ...

c) Lucros que uma entidade residente em território português, nas condições estabelecidas no artigo 2.º da Directiva n. 90/435/CEE, de 23 de Julho de 1990, coloque à disposição de entidade residente noutro Estado membro das Comunidades Europeias que esteja nas mesmas condições e que detenha directamente uma participação no capital da primeira não inferior a 25% durante dois anos consecutivos ou desde a constituição da entidade participada, contanto que, neste último caso, a participação seja mantida durante aquele período em que a taxa do IRC é de 15% até 31 de Dezembro de 1996, sem prejuízo do disposto nas convenções bilaterais em vigor, e de 10% desde 1 de Janeiro de 1997 até 31 de Dezembro de 1999 ...".

Por sua vez, o art. 75.º, que trata das "retenções na fonte", acrescentou ao seu articulado um n.º 7, para se adequar a tal normativo.

Isto, depois de se dizer, no preâmbulo do referido Decreto-Lei, e numa referência à citada norma comunitária, que "a directiva sociedades-mães e sociedades afiliadas ... prevê, em, geral, uma isenção de retenção na fonte para os lucros distribuídos por sociedades afiliadas às respectivas sociedades-mães ...".

Ora, já sabemos que está em causa a retenção na fonte do imposto sobre sucessões e doações pago por avença relativamente aos dividendos distribuídos.

Pois bem.

É inequívoco, face ao probatório, que estamos perante uma distribuição de dividendos de uma sociedade afiliada à sociedade-mãe, e que esta detém mais de 25% do capital daquela (concretamente 99,9% do capital).

É igualmente certo que a sociedade-mãe conservou essa participação na sociedade afiliada desde a constituição desta e durante mais de dois anos.

Parece pois unívoco que tendo a sociedade-mãe detido a participação de mais de 25% do capital da afiliada, desde a sua constituição e durante mais de 2 anos, que os dividendos estariam isentos de retenção na fonte, no tocante ao imposto em causa (imposto sobre sucessões e doações), já que, como consta do probatório, foi retido na fonte IRC à taxa de 10%.

Quer isto dizer que, ao reter na fonte IMSISSD à taxa de 5%, estaria assim ultrapassado o limite de 10% fixado no já transcrito n. 4 do art. 5.º da Directiva em causa.

E que assim é, resulta do acórdão do TJCE de 8/6//2000 – processo C-375/98, que se pronunciou do seguinte modo:

"O artigo 5.º, n. 4, da Directiva 90/435/CEE, de 23/6/90, relativa ao regime fiscal comum aplicável às sociedades-mães e sociedades afiliadas de Estados-membros diferentes, ao limitar a 15% e a 10% o montante da retenção na fonte do imposto sobre os lucros distribuídos pelas filiais estabelecidas em Portugal às suas sociedades-mãe de outros Estados-membros, deve ser interpretado no sentido de que essa derrogação não visa só o IRC, mas se aplica a qualquer imposição, qualquer que seja a sua natureza ou denominação, sob a forma de retenção na fonte sobre os dividendos atribuídos por essas filiais".

Como já referimos, após a vigência daquela Directiva, o Estado Português apenas alterou o art. 69.º do CIRC, nos termos que deixamos expostos, de passo que não alterou o art. 182.º do CIMSISD (inserido no capítulo XI, que trata do imposto sobre as sucessões e doações por avença). Mas, no caso, estando esta norma, na dimensão respectiva, em desobediência da citada Directiva, deve esta prevalecer.

Não pondo em causa a perspectiva jurídica acima exposta, mesmo assim a sentença recorrida negou provimento à pretensão da impugnante, por isso que, numa interpretação do citado art. 69.°, 2, c) do CIRC, considera que os dividendos respeitam a um exercício (1997), anterior ao decurso do prazo de 2 anos.

Ou seja: para o Mm. Juiz o referido prazo de dois anos aplica-se numa dupla dimensão, a saber: quer no tocante ao período de detenção da participação no capital da sociedade afiliada, quer no tocante ao período a que respeitam os dividendos.

Escreveu-se impressivamente o seguinte na decisão sob recurso:

"Na situação em análise nos autos verifica-se que a impugnante detinha desde a constituição da sociedade portuguesa "Graçafil" uma participação social que a considerava como sociedade-mãe desde Junho de 1996, tendo os lucros distribuídos dito respeito ao exercício de 1997; pelo que desde a constituição / participação da impugnante até ao exercício a que se reportam os lucros, não medeiam mais de dois anos.

"Assim, o Estado português podia cobrar o IRC sem ter que respeitar aquela regra, uma vez que a impugnante apenas deteve a sua participada por cerca de ano e meio, desde a constituição até à distribuição de lucros, porquanto os dividendos dizem respeito ao ano fiscal de 1997 e a detenção teve início em Junho de 1996, não tendo perdurado por mais de dois anos".

Daí que "sendo a tributação de IRC inaplicável para os efeitos pretendidos" (ao que se crê o art. 5.°, n. 4, da Directiva), e "não ultrapassando esta tributação a taxa de 10% relativamente à distribuição dos lucros (a taxa aplicada foi de 5%)", decorre que "a mesma não viola a Directiva em questão".

Que dizer?

Pois bem.

O raciocínio desenvolvido parece desde logo enfermar de um vício. Na verdade, se a tributação de IRC é inaplicável para os efeitos pretendidos, também parece que a tributação em Imposto sobre Sucessões (IS) o será.

De qualquer maneira, afigura-se-nos que a melhor interpretação do texto legal é aquela que defende que, no caso da sociedade-mãe deter a participação no capital da sociedade afiliada desde a constituição da entidade participada, a taxa de tributação máxima aplicável é a constante da Directiva em causa, desde que mantenha a participação por mais de 2 anos, ainda que não tenha decorrido esse prazo (2 anos) no momento em que os dividendos são pagos ou colocados à disposição.

Como bem refere o EPGA, esta interpretação é a que mais se coaduna com o tecido lógico-textual da norma em causa e com o significado que resulta expresso da conjunção disjuntiva "ou" e da locução conjuntiva "contanto".

E que isto é assim resulta da dicotomia da citada norma: detenção directa de uma participação no capital da primeira não inferior a 25% durante dois anos consecutivos, por um lado; ou detenção directa de uma participação no capital da primeira não inferior a 25%, desde a constituição da entidade participada, contanto que, neste último caso, a participação seja mantida durante aquele período, por outro lado.

Como é óbvio, se não houvesse diferença na tributação dos dividendos, não se justificava tal dicotomia, bastando-se o legislador com a primeira parte do preceito.

Depois há que fazer ressaltar um outro aspecto, que é este: a redacção do art. 69.°, 2, c) do Código do IRC, na redacção do Dec.-Lei n.° 123/92, não reflecte, com exactidão, o disposto no citado art. 3.°, n.° 2, 2ª parte, da referida Directiva.

Enquanto neste normativo da Directiva não há qualquer dicotomia entre detenção directa de uma participação no capital durante dois anos versus detenção desde a constituição da entidade participada durante dois anos essa dicotomia existe na norma interna do CIRC. E isso há-de ter implicações na interpretação das normas.

E, por outro lado, atendendo a essa não coincidência na transposição exacta da norma da directiva para a correlativa norma nacional, daí que não possa suscitar-se a questão perante o Tribunal de Justiça das Comunidades, na medida em que o trecho a interpretar da norma nacional não obtém tradução na dita norma comunitária.

Entretanto, e como bem observa a recorrente, este normativo (art. 69.°, 2, c) do CIRC) foi revogado pela Lei n. 30-G/2000, de 29 de Dezembro.

Mas, em contrapartida, o n. 3 do art. 14.° do mesmo Código, dá corpo ao artigo 2.° desta Directiva (n.° 90/435/CEE, de 23/7), nos seguintes termos:

"Estão isentos os lucros que uma entidade residente em território português, nas condições estabelecidas no art. 2.° da Directiva n. 90/435/CEE, de 23 de Julho, coloque à disposição da entidade residente noutro Estado membro da União Europeia que esteja nas mesmas condições e que detenha directamente uma participação no capital da primeira não inferior a 25% e desde que esta tenha permanecido na sua titularidade, de modo ininterrupto durante dois anos".

É esta já uma disposição mais conforme àquele normativo comunitário.

Afigura-se-nos assim que a interpretação que a recorrente faz dos textos legais é a que melhor se coaduna com a letra da lei.

A sua pretensão é assim de acolher.

4. Face ao exposto, acorda-se em conceder provimento ao recurso, revogar a decisão recorrida, julgando-se procedente a impugnação, com a consequente anulação da liquidação impugnada.

Sem custas.

Lisboa, 7 de Junho de 2006.

Lúcio Barbosa (Relator)
Baeta de Queiroz
Pimenta do Vale

Recurso n.° 1008/05-30

DUPLICAÇÃO DE COLECTA E DUPLA TRIBUTAÇÃO. CONVENÇÃO ENTRE A REPÚBLICA PORTUGUESA E A REPÚBLICA FEDERAL DA ALEMANHA PARA EVITAR A DUPLA TRIBUTAÇÃO EM SEDE DE IRS.

(Acórdão de 12 de Julho de 2006)

SUMÁRIO:

I – Ocorre a duplicação de colecta quando, estando paga por inteiro um tributo se exigir da mesma ou de diferente pessoa um outro, de igual natureza referente ao mesmo facto tributário e ao mesmo período de tempo, o que significa que esta figura só tem lugar quando se dê a reunião cumulativa dos seguintes requisitos: a) o facto tributário ser o mesmo, b) ser idêntica a natureza do imposto já pago e o que, de novo, se exige, c) referirem-se ambos os impostos ao mesmo período temporal.

II – Deste modo, a duplicação de colecta – que funciona como impedimento à possibilidade do contribuinte ser taxado, mais do que uma vez, pelo mesmo rendimento na mesma sede tributária – só ocorre quando se exija do contribuinte o pagamento de um imposto que este, ou um terceiro, já pagou.

III – Diferente da duplicação da colecta é a figura da dupla tributação pois que nesta, ao contrário daquela, são várias as normas de incidência que se aplicam ao mesmo facto tributário e, porque assim, esta, em abstracto, não só não é ilegal como pode ser desejada pelo legislador.

IV – Pago na Alemanha imposto sobre os rendimentos do trabalho aí auferidos por residente em Portugal deve esse tributo ser deduzido no IRS liquidado em Portugal.

ACORDAM, EM CONFERÊNCIA, NA SECÇÃO DE CONTENCIOSO TRIBUTÁRIO DO SUPREMO TRIBUNAL ADMINISTRATIVO:

António Fernando Sousa Gomes Lomba e mulher Maria de Fátima da Cruz Fiúza Lomba, residentes na Rua Luís de Camões, da freguesia de Vila Praia de Âncora do concelho de Caminha, deduziram, no Tribunal Administrativo e Fiscal de Braga, oposição à execução fiscal contra eles interposta para cobrança do IRS referente aos anos de 1998, 1999 e 2000, **alegando** que os rendimentos de trabalho correspondentes a esse imposto foram prestados na Alemanha nos referidos anos e que, por isso, foram aí tributados em sede de imposto sobre o rendimento, imposto esse que pagaram.

Sendo assim, atento o disposto na Convenção sobre dupla tributação celebrada entre os Estados Português e Alemão, não podiam aquelas remunerações serem tributadas, novamente, em sede de IRS em Portugal.

Concluíram pedindo a procedência da oposição e a extinção da execução contra eles instaurada.

Por sentença de 4/04/2005 (fls. 103 a 106) **a oposição foi julgada procedente** e foi ordenado o arquivamento da execução.

Inconformada a Fazenda Nacional **recorreu para o Tribunal Central Administrativo tendo formulado as seguintes conclusões:**

1. Existe uma distinção entre o conceito legal de duplicação de colecta, vertido no art. 205.°, n.° 1 do CPPT, e os conceitos de dupla tributação interna e de dupla tributação internacional (este *in casu*).

2. Para que ocorra duplicação de colecta é necessária a verificação integral do condicionalismo previsto no n.° 1 do art. 205.° do CPPT.

3. No caso *sub judicio,* não se aplicou mais do que uma vez a mesma norma de direito interno à mesma situação, antes a tributação operada decorre da aplicação de normas distintas de ordenamentos jurídicos estaduais distintos (do Estado Alemão e do Estado Português).

4. A dupla tributação internacional, pressupondo o concurso real de normas de vários ordenamentos jurídicos, origina nesses ordenamentos vários créditos tributários de que, *in casu,* seriam titulares o Estado português e o Estado alemão.

5. A invocada Convenção entre Portugal e a República Federal da Alemanha, aprovada pela Lei n.° 12/82, de 3/6, visa atenuar ou eliminar dos efeitos da cumulação de pretensões fiscais de ambos os Estados, eliminando a dupla tributação – internacional através da limitação do imposto (art. 24.° da CDT).

6. Essa convenção não se aplica à figura jurídico – fiscal de duplicação de colecta, definida no art. 205.°, n.° 1, do CPPT decorrente da aplicação plúrima e exclusiva de uma norma de direito português, que não de normas distintas de ordenamentos jurídicos estaduais distintos, *in casu,* da Alemanha e de Portugal.

7. Ao decidir, como decidiu, o M.mo Juiz a *quo* interpretou e aplicou indevidamente o art. 205.°, n.° 1 do CPPT.

Os Oponentes contra alegaram unicamente para suscitarem questão da incompetência do TCA, a qual tendo sido reconhecida pelo Acórdão deste Tribunal de 7/12//2005 (fls. 140 a 143) determinou a remessa dos autos para este Supremo Tribunal.

O Ilustre Magistrado do MP foi de parecer que o recurso merecia provimento por considerar que a situação retratada nos autos configurava a figura da dupla tributação e não, como foi decidido, de duplicação de colecta.

Colhidos os vistos **cumpre decidir**.

FUNDAMENTAÇÃO

I. MATÉRIA DE FACTO.

A decisão recorrida julgou **provados os seguintes factos**:

1. O Serviço de Finanças de Caminha instaurou contra os Oponentes uma execução fiscal por dívidas de IRS e juros compensatórios respeitantes aos anos de 1998, 1999 e 2000 no valor total de € 15.009,42;

2. Em 14/04/2003, foi penhorado um bem imóvel da propriedade dos Oponentes;

3. De 0110111998 a 31/12/2000, o Oponente encontrava-se a trabalhar para a firma alemã «Deutsche Fischfang-Union»;

4. No ano fiscal de 1998, o Oponente pagou na Alemanha € 7.326,00 de imposto sobre o rendimento;

5. No ano fiscal de 1999, o Oponente pagou na Alemanha € 8.714,00 de imposto sobre o rendimento;
6. No ano fiscal de 2000, o Oponente pagou na Alemanha € 4.809,72 de imposto sobre o rendimento.

II. O DIREITO

1. O relato antecedente informa-nos que **o Oponente residiu na Alemanha** nos anos de 1998, 1999 e 2000 e aí trabalhou como funcionário de uma empresa alemã e que os rendimentos auferidos por esse trabalho foram **sujeitos nesse país a tributação sobre o rendimento**, a qual foi paga.

Todavia, isso não impediu que a Administração Fiscal portuguesa **liquidasse o IRS sobre os mesmos rendimentos** e executasse o património dos Oponentes em virtude destes não terem atempadamente pago o imposto que lhes foi liquidado.

O que motivou a dedução desta **oposição, fundamentada** – no que ora interessa – **na duplicação de colecta,** a qual foi **julgada procedente** e, consequentemente, declarada extinta a execução pela seguinte ordem de razões:

"*Na situação em apreço ocorreu prestação de trabalho dependente nos anos em causa na Alemanha; caso tivesse havido prestação de trabalho dependente em Portugal a situação era a mesma, uma vez que sobre o mesmo facto tributário incidem duas liquidações de imposto sobre o rendimento.*

É indiferente saber se a liquidação é legal ou não, porquanto mostrando-se o imposto pago uma vez, não pode ser tributado segunda vez.

A questão que se poderá levantar é a de saber se nas situações abrangidas pelas convenções sobre dupla tributação, se poderá estar ou não perante casos de duplicação de colecta; isto porque, aquela é distinta desta.

Ocorre dupla tributação quando sobre a mesma realidade incidem dois impostos de tipo diferente – vg. Sisa (actual IMT) e Imposto de Selo sobre transmissão onerosa de bens imóveis; ou seja, a mesma realidade é tributada duas vezes por impostos de características diferentes.

Na situação em análise, muito embora se enquadre no âmbito das convenções sobre dupla tributação, não ocorre propriamente uma "dupla tributação" em sentido técnico, ou seja, incidência de dois impostos sobre a mesma realidade.

Cumpre ainda referir que as convenções sobre dupla tributação visam precisamente evitar a duplicação de colecta, não obstante se designarem como convenções sobre dupla tributação; porquanto o que está em causa não é uma tributação por dois distintos impostos, mas a tributação por imposto da mesma natureza.

Por seu turno, resultam da Convenção entre a República Portuguesa e a República Federal da Alemanha, que foi aprovada pela Lei 12/82, de 3 de Junho, as condições em que um trabalhador dependente pode beneficiar da não duplicação da colecta.

Estabelece o n.º 1 do seu artigo 15.º que: «... os salários, ordenados e remunerações similares obtidos de um emprego por um residente de um Estado contratante só podem ser tributados nesse Estado, a não ser que o emprego seja exercido no outro Estado contratante. Se o emprego for aí exercido, as remunerações correspondentes podem ser tributadas nesse outro Estado».

Não obstante o pagamento de IRS relativo aos anos fiscais em causa terem sido efectuados na Alemanha, o certo é que os mesmos se encontram validamente pagos para todos os legais efeitos.

Sendo assim, a Administração Fiscal (AF) portuguesa está a pretender cobrar duas vezes o mesmo imposto, ou seja, o imposto relativo aos rendimentos do trabalho do mesmo período de tempo, pelo que existe duplicação de colecta, conforme determina o art. 205.º do CPPT."

É contra este julgamento que o Representante da Fazenda Nacional se insurge argumentando ser errado qualificar a situação retratada nos autos como duplicação de colecta, visto que "*não se aplicou mais do que uma vez a mesma norma de direito interno à mesma situação, antes a tributação operada decorre da aplicação de normas distintas de ordenamentos jurídicos estaduais distintos (do Estado Alemão e do Estado Português)*" – vd. conclusão 3.ª.

A **única questão que se nos coloca** é, pois, como se vê, a de saber se a tributação em sede de IRS dos rendimentos auferidos pelo Oponente, nos anos de 1998, 1999 e 2000, na Alemanha, feita pela Administração Fiscal Portuguesa, é ilegal por a mesma se traduzir em duplicação de colecta.

2. Nos termos do art. 287.º do CPT (aplicável por vigorar ao tempo em que nasceram os controversos rendimentos) **ocorre a duplicação de colecta** "*quando, estando paga por inteiro uma contribuição ou imposto se exigir da mesma ou de diferente pessoa uma outra, de igual natureza referente ao mesmo facto tributário e ao mesmo período de tempo*", o que significa que **esta figura só tem lugar quando se dê a reunião cumulativa dos seguintes requisitos**:

a) ser o facto tributário o mesmo.

b) ser idêntica a natureza do imposto já pago e o que, de novo, se exige

c) referirem-se ambos os impostos ao mesmo período temporal.

Deste modo, a duplicação de colecta – que funciona como impedimento à possibilidade do contribuinte ser taxado, mais do que uma vez, pelo mesmo rendimento na mesma sede tributária – só ocorre quando haja a **aplicação repetida da mesma norma de incidência ao mesmo facto tributário e ao mesmo período de tempo,** ou seja, quando se exija do contribuinte o pagamento de um imposto que este, ou um terceiro, já pagou. – vd. A. Xavier no seu "Manual", a pg. 224.

Diferente da duplicação da colecta é a figura da dupla tributação pois que nesta, ao contrário daquela, são várias as normas de incidência que se aplicam ao mesmo facto tributário e, porque assim, esta, em abstracto, não só não é ilegal como pode ser desejada pelo legislador. – vd., a título de exemplo, Acórdãos deste Tribunal de 4/06/97, rec. 21.671 e de 29/01/97, rec. 21.135.

Nesta conformidade, importa apurar se a situação de facto retratada nos autos configura uma situação de duplicação de colecta, como decidiu o Sr. Juiz a quo, ou se a mesma, como defende o Recorrente, configura uma situação de dupla tributação.

3. É indiscutível que, *in casu*, os rendimentos sujeitos à tributação ora posta em causa foram auferidos pelo Oponente marido na Alemanha nos anos de 1998, 1999 e 2000, quando ele aí trabalhava e tinha residência e que os mesmos **foram objecto, em sede imposto sobre o rendimento, de tributação por duas vezes,** primeiramente na Alemanha e, depois, em Portugal.

E, porque esta tributação teve como fundamento duas ordens jurídicas distintas, o Recorrente – com apoio do Ilustre Magistrado do M.P. junto deste Tribunal – sustenta que não ocorre duplicação de colecta visto terem sido diferentes as normas de incidência que determinaram a tributação em cada um desses Estados.

O que nos remete para **a questão de saber em que termos se processa a tributação dos rendimentos auferidos pelos nacionais de cada um desses países que tenham residência no outro**.

Trata-se de questão que este STA já abordou por diversas vezes pelo que, não havendo divergência sobre o tratamento que lhe vem sendo dado, limitar-nos-emos a acompanhar essa jurisprudência.

Escreveu-se a esse propósito no Acórdão de 15/03//2006 (rec. 1.211/05):

"A Lei n.° 12/82, de 3 de Junho, aprovou a Convenção entre a República Portuguesa e a República Federal da Alemanha para Evitar a Dupla Tributação em Matéria de Impostos sobre o Rendimento e sobre o Capital, com aviso de troca de instrumentos de ratificação publicado no Diário da República, I Série, de 14 de Outubro de 1982.

Nos termos do art. 4.°, n.° 1, da Convenção, cumpre ao direito interno, – "à legislação" – de cada um dos Estados definir a residência do contribuinte, "devido ao seu domicílio, à sua residência, ao local de direcção ou a qualquer outro critério de natureza similar".

O seu n.° 2 dispõe para o caso de uma pessoa singular ser residente de ambos os Estados, enunciando vários critérios de "resolução" da situação; assim, nos termos da alínea a), "será considerada residente do Estado em que tenha uma habitação permanente à sua disposição" *e, se a tiver em ambos os Estados sê-lo-á* "do Estado com o qual sejam mais estreitas as suas relações pessoais económicas (centro de interesses vitais)".

No caso, o impugnante tinha habitação permanente em Portugal, onde residia a sua mulher e, consequentemente, o seu núcleo familiar que economicamente sustentava.

Ora, nos termos do art. 16.°, n.° 2, do Código do Imposto sobre o Rendimento das Pessoas Singulares (redacção vigente ao tempo), "serão sempre havidos como residentes em território português, as pessoas que constituem o agregado familiar, desde que naquele resida qualquer das pessoas a quem incumbe a direcção do mesmo".

O agregado familiar é constituído – nomeadamente – pelos cônjuges não separados judicialmente e seus dependentes [art. 14.°, n.° 3, al. a)] e àqueles cabe a respectiva direcção (art. 1671.°, n.° 2 do Código Civil).

Trata-se de uma presunção juris et de jure *de residência em Portugal das pessoas que constituem o agregado familiar, desde que aí resida qualquer das pessoas a quem incumbe a direcção do mesmo.*

Cf. Alberto Xavier, Direito Tributário Internacional, Tributação das Operações Internacionais, pg. 245 e ss.

"Esta última situação tem como consequência que basta a residência em Portugal, de um dos chefes do agregado familiar, aferido aos critérios do art. 16.° do CIRS, para que esta arraste, por um princípio de atracção da unidade familiar, a residência dos demais (residência por dependência). Assim, por exemplo, o emigrante português que reside efectivamente na Alemanha, mas cuja mulher permanece em Portugal, é aqui sujeito a tributação numa base universal, incluindo portanto os rendimentos obtidos na Alemanha".

Pelo que é de concluir, no ponto, terem os impugnantes residência em Portugal, para efeitos fiscais, nomeadamente de IRS.

Ainda que, face à lei alemã – pois que, como se disse, a caracterização de uma pessoa como residente cabe ao direito interno de cada país – também possa ser considerado como aí residente. É então função das convenções de dupla tributação definir, face a uma dupla residência, qual das duas residências deve prevalecer, sendo que a residência num dos Estados logo exclui a residência no outro.

Determinado o país de residência – Portugal –, diverso do país onde o rendimento é auferido – Estado da fonte –, há que estabelecer qual o competente para a tributação, sobre o que dispõe o art. 15.° da Convenção nos termos seguintes:

a) Competência exclusiva do país de residência se o emprego é aí exercido – n.° 1, primeira parte;

b) Competência cumulativa dos dois Estados se o emprego é exercido no outro Estado, (que não o da residência) – n.° 1, última parte.

Por sua vez, o n.° 2 do art. 15.° prevê a hipótese de competência exclusiva do Estado onde o emprego é exercido – não obstante o contribuinte aí não residir, uma vez verificados cumulativamente os três requisitos negativos aí referidos – "actividades temporárias".

Assim, ao contrário do sentenciado, a dita segunda parte do n.° 1 consagra uma competência cumulativa dos dois Estados para a tributação – cfr. cito pg. 434, Casalta Nabais, Direito Fiscal, 2.ª edição, pg. 232 e ss., Leite de Campos, Direito Tributário, 2.ª edição, pg. 332 e Fiscalidade n.os 17-61 e 18-61.

Ou seja, o Estado em que o emprego é exercido só tem competência cumulativa uma vez verificados os ditos requisitos, mas pela positiva e alternativamente.

Nos autos, aplica-se, assim, a última parte do n.° 1 do art. 15.° competência tributária cumulativa de Portugal e da Alemanha para tributação dos rendimentos em causa.

Cabendo, pois, ao Estado da residência – Portugal – eliminar a dupla tributação, nos termos do art. 24.° da Convenção – al. a) do n.° 1: dedução no imposto pago em Portugal, do imposto pago na Alemanha, não podendo contudo exceder a fracção do imposto, calculado antes da dedução, correspondente aos rendimentos auferidos no estrangeiro, exigindo-se documento comprovativo do imposto aí pago que, na hipótese dos autos, foi de € 2.362,37, montante que foi considerado na liquidação correctiva, atendendo parcialmente a pretensão dos impugnantes.

Cf. no sentido exposto os Acórdãos do STA, de 24 de Março de 2004, Recurso n.° 1872/03, de 15 de Dezembro de 2004, Recurso n.° 834/04 e de 20 de Abril de 2005, Recurso n.° 1254/04."

Nesta conformidade, e de acordo com o exposto, **só se verificará a invocada duplicação de colecta** se os Oponentes, nos anos em causa, tivessem residido unicamente na Alemanha e nesta tivessem auferido os rendimentos que determinaram a contestada tributação pois que, nessas circunstâncias, era esse Estado quem tinha a competência exclusiva para tal.

Diferente será a situação se, apesar da fonte desses rendimentos ser alemã, os Oponentes, ou um deles, tivessem tido residência em Portugal, pois que neste caso ambos os Estados tinham competência cumulativa para essa tributação, cabendo ao Estado da residência – neste caso Portugal – eliminar a dupla tributação nos termos do art. 24.º da Convenção.

Sendo assim, **é forçoso saber onde os Oponentes tinham residência naqueles anos e se, verificando-se uma situação de competência cumulativa, o Estado Português accionou os mecanismos destinados a evitar a dupla tributação.**

Matéria essa que não veio fixada na sentença recorrida nem pode neste STA ser recolhida nos elementos reunidos nos autos, como tribunal de Revista que é.

Impõe-se, pois, diligenciar no sentido de obter elementos que respondam àquelas interrogações a fim de se poder julgar de acordo com o direito ora fixado.

Termos em que acordam os Juízes que compõem este Tribunal em **conceder provimento ao recurso** e, revogando-se a decisão recorrida, **ordenar a remessa dos autos ao Tribunal recorrido para que se proceda àquela indagação e se decida tendo em conta os parâmetros supra fixados.**

Sem custas.

Lisboa, 12 de Julho de 2006.

Costa Reis (Relator)
Brandão de Pinho
Lúcio Barbosa

Recurso n.º 126/06-30

EXECUÇÃO FISCAL. DIREITO AO TRESPASSE E ARRENDAMENTO DE ESTABELECIMENTO COMERCIAL. EXERCÍCIO DO DIREITO DE REMIÇÃO. PRAZO.

(Acórdão de 28 de Junho de 2006)

SUMÁRIO:

I – A penhora do direito ao trespasse e arrendamento de estabelecimento comercial equivale à do estabelecimento, enquanto universalidade.

II – Constando do auto de penhora várias verbas, a primeira das quais o direito ao trespasse e arrendamento do estabelecimento, e os demais bens móveis que nele se encontravam, devem entender-se estas últimas como mera discriminação dos activos do estabelecimento, e não como verbas autónomas.

III – Nas circunstâncias descritas no número anterior, apresentando o proponente cuja proposta foi aceite um preço global para os bens em venda, não pode o titular do direito de remição pretender remir exclusivamente os bens móveis.

IV – O prazo para o exercício do direito de remição termina com a elaboração do auto de transmissão e entrega dos bens, e não com a da acta de abertura das propostas apresentadas em carta fechada.

ACORDAM, EM CONFERÊNCIA, NA SECÇÃO DE CONTENCIOSO TRIBUTÁRIO DO SUPREMO TRIBUNAL ADMINISTRATIVO:

1.1. DELFIM MANUEL ROCHA PEREIRA DA COSTA, residente no Porto, recorre da sentença da Mmª. Juiz do Tribunal Administrativo e Fiscal do Porto que julgou improcedente a reclamação do despacho do órgão da Administração que indeferiu «o pedido de remissão dos bens vendidos na execução fiscal».

Formula as seguintes conclusões:

«1 – Tendo apenas sido proferido despacho de arrematação e não de adjudicação, ou transmissão e entrega dos bens objecto de venda na execução supra vendida, é tempestiva a remição requerida pelo recorrente.

2 – Pelo que, com a devida vénia, o Meritíssimo Juiz "a quo", na decisão recorrida, faz errada interpretação e aplicação do disposto no art. 913.º al. c do C.P.Civil;

3 – Por outro lado, sendo do conhecimento do recorrente e dos demais intervenientes na execução, incluindo chefe da Repartição de Finanças e arrematante, não fazia qualquer sentido que se requeresse a remição de um bem (direito ao arrendamento e trespasse) objecto de venda em outros autos executivos, conforme se comprovou na própria execução.

Termos em que, nos melhores de direito (...), deve o presente recurso merecer provimento e consequentemente revogada a decisão recorrida, substituindo-a por outra que defira a remição requerida pelo recorrente, por legal e tempestiva (...)».

1.2. Não há contra-alegações.

1.3. O Exm.º. Procurador-Geral Adjunto junto deste Tribunal é de parecer que na 3ª conclusão o recorrente alega um facto não fixado na sentença recorrida, pelo que não é este o Tribunal competente para apreciar o recurso, que assim se não funda, exclusivamente, em matéria de direito.

1.4. Notificado deste parecer, o recorrente contraria-o, dizendo que o facto por si afirmado está demonstrado na execução fiscal.

1.5. O processo tem os vistos dos Exm.ºs Adjuntos.

2. A matéria de facto vem assim fixada:

«1 – No Serviço de Finanças do Porto 7 foi instaurado o processo de execução fiscal que corre termos sob o n.º 3387-91/101016.6 em que é executado Delfim Campos Pereira da Costa, para pagamento de dívidas à Segurança Social e IVA no valor de Esc: 1.610.430 (cfr. folhas 9 dos autos);

2 – Em 20/12/93 foram penhorados, para garantia da quantia exequenda, os bens descritos no auto de penhora a fls. 9 e 10 dos autos e que aqui se dá por integralmente reproduzido para todos os efeitos legais;

3 – Por despacho do Chefe dos Serviços de Finanças do Porto 7 de 06/06/95 foi designado o dia 11/07/95 para se proceder à venda dos bens penhorados por proposta em carta fechada e cujo valor base correspondia ao constante do referido auto.

4 – Em 11/07/95, tendo-se aberto a única proposta apresentada, na presença do executado e do proponente António Monteiro Marques Lda., procedeu-se à venda

dos bens pelo valor global de Esc.: 2.100.000$00, conforme "Acta de Abertura e Apreciação de Propostas" a fls. 39 dos autos, que aqui se dá por integralmente reproduzido para todos os efeitos legais.

5 – Em 11/07/95 o proponente/comprador procedeu ao depósito na Tesouraria da Fazenda Pública de Esc.: 700.000$00 correspondente a um terço do preço dos bens vendidos (cfr. fls. 47 dos autos);

6 – Em 26/07/95 o proponente/comprador procedeu ao depósito na Tesouraria da Fazenda Pública de Esc.: 1.400.000$00 correspondente à "*parte restante do preço respeitante as arrematação efectuada no processo de execução fiscal n.º 1016.6/91 ap. conforme Acta elaborada em 11 do corrente e constante a fls 39 da referida execução*" (cfr. fls. 66 dos autos);

7 – Em 15/09/95 o ora reclamante, Delfim Manuel Rocha Pereira da Costa, filho do executado, requereu, nos termos do disposto no artigo 2.º alínea f) do C.P.C. e artigos 912.º e 913.º al. c) do C.P.C. a remissão exclusivamente dos bens móveis vendidos nos referidos autos de execução (cfr. fls. 90 e 91 dos autos).

8 – Em 03/04/2003 o Chefe do Serviço de Finanças do Porto 7 proferiu o seguinte despacho "*A folhas 90 dos presentes autos vem Delfim Manuel Rocha Pereira da Costa, requerer a remissão dos bens móveis objecto da venda efectuada no dia 11 de Julho de 1995, excluindo desse pedido de remissão o direito ao arrendamento e trespasse.*

Dos elementos constantes do processo, verifica-se que os bens vendidos foram adjudicados em 26 de Julho de 1995, com o pagamento total do preço de aquisição (fls. 66), e que o pedido de remissão deu entrada no dia 15 de Setembro de 1995.

O artigo 913.º, alínea a) do C.P.Civil fixa como prazo para o exercício deste direito a data da adjudicação dos bens.

Verifica-se assim que tal prazo não foi cumprido o que, desde logo implica a improcedência do pedido.

Por outro lado a penhora do direito ao trespasse e arrendamento do estabelecimento constitui um todo que não permite separar o seu recheio, tal como consta na alínea a) do n.º 2 do art. 115.º do Regime do Arrendamento Urbano, aprovado pelo Dec. Lei n.º 301-B/90 de 15 de Outubro.

Ora fazendo os bens móveis parte integrante do estabelecimento, não é possível fazer na remissão a sua separação, até porque a compra foi feita globalmente.

Nestes termos indefiro o pedido.

Notifique-se.

Porto e Serviço de Finanças do Porto 7, 2003-04-03

O Chefe do Serviço de Finanças

Assinatura ilegível" (cfr. despacho a fls. 315 dos presentes autos)

9 – O Reclamante foi notificado em 10/04/2003 do despacho proferido pelo Chefe do Serviço de Finanças do Porto 7 datado de 03/04/2003 (cfr. aviso de recepção a fls. 316 verso dos presentes autos).

10 – A presente reclamação foi deduzida em 28/04//2003 (cfr. fls. 324 dos presentes autos)».

3.1. Importa começar por conhecer da questão suscitada pelo Exm.º. Procurador-Geral Adjunto, que questiona a competência do Tribunal para apreciar o recurso, por este se não fundar, exclusivamente, em matéria de direito.

A questão merece imediata e prioritária apreciação face ao disposto nos artigos 16.º n.º 2 do Código de Procedimento e de Processo Tributário (CPPT) e 13.º do Código de Processo nos Tribunais Administrativos (CPTA) aprovado pela lei n.º 15/2002, de 22 de Fevereiro (anteriormente, artigo 3.º da Lei de Processo nos Tribunais Administrativos (LPTA).

Na verdade, o Supremo Tribunal Administrativo (STA) só é competente para conhecer dos recursos jurisdicionais interpostos de decisões dos tribunais tributários de 1ª instância se em causa estiver, apenas matéria de direito. Versando o recurso, também, matéria de facto, competente é, não já o STA, mas o Tribunal Central Administrativo (TCA). É o que dispõem os artigos 26.º alínea b) e 38.º alínea a) do Estatuto dos Tribunais Administrativos e Fiscais (ETAF), aprovado pela lei n.º 107-D/2003, de 31 de Dezembro, e já antes estabeleciam os artigos 32.º n.º 1 alínea b) e 41.º n.º 1 alínea a) do anterior ETAF, aprovado pelo decreto-lei n.º 129/84, de 21 de Março, na redacção dada pelo decreto-lei n.º 229/96, de 29 de Novembro.

Diz o Exm.º. Procurador-Geral Adjunto que o recorrente invoca, na terceira conclusão retirada das suas alegações, «facto omitido na fundamentação fáctica de decisão, sujeito à formulação de um juízo pelo tribunal, expresso no binómio provado/não provado». Tal facto é que «o direito ao trespasse e arrendamento já tinha sido vendido em outro processo executivo na data da apresentação do pedido de remição (...). Salvo melhor compulsação não consta do processo qualquer documento oficial que comprove o facto».

Ora, acontece que tal documento está, efectivamente, junto ao processo, sob a forma de certidão emitida pelo Tribunal da execução, constituindo fls. 122 a 125.

Como assim, estamos perante um acto processual, ainda que praticado em outro feito que não o presente, neste documentado, pelo que a sua consideração se impõe a este Tribunal, muito embora não possua poderes de cognição sobre a matéria de facto.

Deste modo, o recorrente não controverte os juízos sobre a matéria de facto efectuados pelo Tribunal recorrido, antes se limita a invocar um facto que, porque adquirido para o processo, pode ser atendido por este Tribunal de recurso.

Improcede, pelo exposto, a questão suscitada pelo Exm.º Procurador-Geral Adjunto, sendo este Tribunal competente para apreciar o recurso.

3.2. A pretensão do recorrente, de ser admitido a remir parte dos bens vendidos, na sua qualidade de descendente do executado, foi indeferida por razões de duas ordens:

1ª – por ser intempestivo o seu pedido, dado a assinatura do título de transmissão ter sido efectuada em 11 de Julho de 1995 e o pedido de remição datar de 15 de Setembro seguinte;

2ª – por a adjudicação ter sido global, e o recorrente apenas pretender exercer o seu direito relativamente a uma parte dos bens.

Ambos os fundamentos foram acolhidos pela sentença recorrida, e foi com base neles que negou provimento à reclamação do despacho do órgão da Administração que dirige a execução fiscal.

3.3. O primeiro fundamento não se afigura pertinente.

A venda foi efectuada por propostas em carta fechada, cuja abertura ocorreu em 11 de Julho de 1995 – ponto 4 da matéria de facto fixada.

Como houvesse uma única proposta, «procede[u]-se à venda aceitando a proposta apresentada», conforme a acta de fls. 39, dada por reproduzida no ponto 4 da matéria de facto.

Mas, determinando o artigo 894.° do Código de Processo Civil (na redacção vigente ao tempo, que é a referida para todos os artigos que adiante se apontem), que «o auto de transmissão e entrega dos bens só será lavrado depois de paga ou depositada a totalidade do preço», não foi logo elaborado esse auto.

Na verdade, o preço só ficou integralmente pago em 26 de Julho de 1995, de acordo com o ponto 6 da matéria de facto.

Mas não se noticia que em momento algum tenha sido lavrado o referido auto de transmissão e entrega dos bens.

De resto, em 15 de Setembro de 1995, quando o recorrente pretendeu exercer o seu direito de remição, logo afirmou que «ainda não se procedeu à entrega dos bens móveis».

Informação que em 21 seguinte voltou a vir ao processo, desta vez com origem no proponente escolhido, que se queixou de que «ainda não lhe foram entregues os bens».

O que é credível, tendo em atenção que, de acordo com o já falado documento de fls. 122 a 125, o direito ao trespasse e arrendamento do mesmo estabelecimento fora adjudicado a outrem numa execução a correr num tribunal cível.

Atento este contexto, não podia afirmar-se, como se faz na sentença, que «tendo o título de transmissão sido assinado em 11 de Julho de 1995», o recorrente estava fora de tempo, em 15 de Setembro seguinte, para exercer o seu direito de remição.

Ao assim decidir, a sentença parece ter confundido a acta de abertura das propostas de fls. 39, documento a que se refere o n.° 4 do artigo 894.° do Código de Processo Civil, com o auto de transmissão e entrega de bens a que alude o n.° 6 do mesmo artigo, de que no processo não há rasto, e cuja emissão fixa o termo do prazo para exercer o direito de remição, conforme o disposto na última parte da alínea c) do artigo 913.° do mesmo diploma.

3.4. O bem penhorado – direito ao trespasse e arrendamento de um estabelecimento comercial – constitui uma universalidade, devendo entender-se as verbas descritas no auto de penhora, para além da primeira, como consubstanciando uma discriminação dos bens que integram o estabelecimento a que se refere a verba n.° 1, e não como enumeração de outras verbas autónomas, correspondentes a outros bens não incluídos no estabelecimento.

O proponente cuja proposta foi aceite apresentou um preço global, e de outro modo não podia ser.

Ao titular do direito de remição não atribui a lei a faculdade de, posteriormente, apresentar uma proposta sua, diferente da aceite, mas, tão só, a de se substituir àquele proponente fazendo seus os bens que ele ia adquirir, nas mesmas e precisas condições.

Assim, o recorrente não podia pretender remir parte dos bens, excluindo o direito ao trespasse e arrendamento.

Por um lado, porque esse direito consumia tudo quanto o proponente havia de adquirir por força da aprovação da sua proposta. Além desse direito, nada mais havia para alienar no âmbito da execução.

Por outro lado, porque, tratando-se de uma universalidade, relativamente à qual fora proposto um preço, para uma eventual remição parcial havia que calcular o preço de cada um dos bens – tarefa impossível, a que, de resto, o recorrente não meteu ombros.

Com este fundamento, que não com o antes apreciado, é de confirmar a sentença recorrida.

4. Termos em que acordam, em conferência, os juízes da Secção de Contencioso Tributário deste Supremo Tribunal Administrativo em, negando provimento ao recurso, manter a sentença impugnada.

Custas a cargo do recorrente, fixando-se em 50% a procuradoria.

Lisboa, 28 de Junho de 2006.

Baeta de Queiroz (Relator)
Pimenta do Vale
Brandão de Pinho

Recurso n.° 15/06-30

EXECUÇÃO FISCAL. DISPENSA DA PRESTAÇÃO DE GARANTIA. PENHORA JÁ EFECTUADA. ARTIGOS 52.°, N.° 4 DA LEI GERAL TRIBUTÁRIA E 170.° DO CÓDIGO DE PROCEDIMENTO E PROCESSO TRIBUTÁRIO.

(Acórdão de 19 de Abril de 2006)

SUMÁRIO:

A dispensa da prestação de garantia, prevista nos artigos 52.°, n.° 4 da Lei Geral Tributária e 170.° do Código de Procedimento e Processo Tributário, não prejudica a penhora já anteriormente efectuada no processo de execução fiscal, em termos de concretização do pagamento coercivo da dívida exequenda.

ACORDAM NA SECÇÃO DO CONTENCIOSO TRIBUTÁRIO DO SUPREMO TRIBUNAL ADMINISTRATIVO:

A Fazenda Pública vem interpor recurso da sentença do Tribunal Administrativo e Fiscal de Almada, que julgou procedente a reclamação interposta por Maria Madalena Silva Moreira e Carlos Castro Varela, assim anulando "o acto reclamado" e ordenando o "levantamento das penhoras" e o "cancelamento do registo efectuado".

Fundamentou-se a decisão em que, face ao disposto nos artigos 52.°, n.° 1 da Lei Geral Tributária (L.G.T.) e 170.° do Código de Procedimento e Processo Tributário (C.P.P.T.), beneficiando os reclamantes de dispensa de prestação de garantia, é incompatível, com aquela, a manutenção da penhora efectuada no respectivo processo de execução fiscal.

A recorrente formulou as seguintes conclusões:

A) A Sentença ajuizada, a fls. 398/905, não se encontra devidamente fundamentada.

B) Porque faz uma errada invocação do Art. 199.º/4 do CPPT.

C) Do elemento literal e sistemático dessa norma, conclui-se que a garantia relevante é uma penhora em valor suficiente para assegurar o pagamento da dívida exequenda e acrescidos legais, e valerá para efeitos de pagamento em prestações requerido pelo executado. O caso sub judice *não envolve qualquer questão relativa ao pagamento em prestações, porque o mesmo não foi pedido pelo executado no processo de execução fiscal.*

D) Porque faz uma errada aplicação do Art. 52.º/4 da LGT.

E) Da leitura dessa norma, os elementos literal e teleológico referem-se à dispensa de prestação voluntária de garantia, a prestar pelo executado e não pela AT.

F) A Penhora (efectuada pela AT) e a Prestação de Garantia (apresentada pelo executado) podem coexistir, por terem finalidades distintas. Aquela existe sempre e é um imperativo processual, enquanto esta existe se o executado assim o entender.

G) A Dispensa de Prestação de Garantia existe se se verificarem os seus pressupostos legais, e não implica, nem deve implicar, o levantamento das penhoras efectuadas, garante, mesmo que parcial, da dívida exequenda.

H) Com efeito, a dispensa de prestação voluntária de garantia legitima o prosseguimento do processo de reacção à execução com suspensão do processo de execução fiscal, sem a prestação de garantia pelo executado exigida para esse efeito (a suspensão da execução) pelos Art.s 52.º/1 da LGT e 169.º /1 do CPPT.

I) Logo, a dispensa de prestação voluntária de garantia, decidida pelo SF mas cujos pressupostos legais foram judicialmente reconhecidos (por 1ª Sentença), não implica como consequência necessária o levantamento das penhoras efectuadas pela AT.

J) Porque faz uma errada apreciação da 1ª Sentença, considerou erradamente como consequência necessária desta o levantamento das penhoras efectuadas.

K) A Sentença ajuizada esvazia o conteúdo e efeito útil das normas relativas à necessidade de realização da penhora e referidas nos Pontos 31.º a 33.º.

L) É ilegal a Sentença ajuizada.

M) Porque decide contra lei expressa, e tira uma consequência errada da 1ª Sentença.

NESTES TERMOS, nos melhores de Direito e com o sempre mui Douto Suprimento e Clarividência de V. Exas., afim de fazer a acostumada e objectiva Justiça, deverá ser concedido provimento ao presente recurso e, consequentemente, revogar-se a Sentença recorrida com as legais consequências.

Não houve contra-alegações.

O Exmo. Magistrado do Ministério Público emitiu parecer no sentido do provimento do recurso, já que o efeito suspensivo do processo de cobrança da prestação tributária, nos termos das disposições combinadas dos artigos 52.º da L.G.T. e 169.º do C.P.P.T., tem sempre a mesma natureza, quer seja, ou não, dispensada a garantia: "suspensão do procedimento executivo, no estado em que se encontrar, até decisão do pleito, sem que isso implique o levantamento de penhoras anteriormente efectuadas", como, aliás, resulta da actual redacção do artigo 235.º, n.º 1 daquele segundo diploma legal, que, dispondo, de forma muito clara, quanto às circunstâncias em que pode ocorrer o levantamento da penhora, não menciona a dispensa de prestação da garantia.

Sem vistos, vem o processo à conferência.

Em sede factual, vem apurado que:

A) Foi instaurado no Serviço de Finanças de Almada a execução fiscal n.º 3212-01/101283.5 e 3212-01/ /102069.2 contra a sociedade "Constropraia, Sociedade de Construção Civil Lda, no montante de € 1.219.381 (Cfr. fls 1 e ss).

B) Por despacho de 23/05/2002 foi a execução mencionada em A) revertida contra os ora reclamantes, na qualidade de responsáveis subsidiários (Cfr. fl. 117).

C) Foram assinados os avisos de recepção referente aos ofícios de citação dos Reclamantes para os termos da execução (Cfr. fls 29 e 31).

D) Os Reclamantes deduziram duas oposições à execução junto do Tribunal Tributário de Setúbal, processos n.º 212/2002, e 189/2002, este último ainda pendente no TAF de Almada (Cfr. fls 186, 339 e 340).

E) Em 5/09/2002 foi efectuada e registada a penhora do prédio urbano descrito na matriz sob o n.º 01186 da freguesia de S. Marcos (Cfr. fls 163 e ss).

F) Em 13/09/2002 foi efectuada a penhora do saldo da conta bancária do BES no montante de € 1.636,16 (Cfr. fls 151).

G) Em 18/11/2002 foi efectuada a penhora do saldo contas bancárias da CGD em nome do reclamante Carlos Castro Varela, no montante de € 1.767,17 (Cfr. fls 157).

H) Em 02/01/2003 os reclamantes requereram ao Chefe do Serviço de Finanças de Almada – 2, o levantamento das penhoras efectuadas e a suspensão da execução (Cfr. fls 177).

I) Em 17/01/2003 foi proferido despacho pelo Chefe do Serviço de Finanças que indefere o levantamento das penhoras (Cfr. fls 187).

J) Do despacho mencionado em I) os reclamantes deduziram em 6/02/2003 reclamação para o Tribunal Tributário de 1.ª Instância de Setúbal arguindo nulidades do procedimento (Cfr. fls 176).

K) Por Acórdão do TCA de 22/07/2003, as nulidades invocadas foram apreciadas e consideradas sanadas, foi declarada nula a sentença proferida a 1/04/2003 pelo Tribunal Tributário de 1.ª Instância de Setúbal, e ordenada a ampliação da matéria de facto e posterior decisão (Cfr. fls 244 e ss).

L) Na sequência de K) foi proferida sentença em 02/ /02/2004 no Processo de Reclamação n.º 111/2004, que decidiu estarem reunidos os pressupostos para a dispensa de garantia nos termos do n.º 4 do art. 52.º da LGT e art. 170.º do CPPT, sentença que transitou em julgado (Cfr. fls 305 e ss).

M) Os reclamantes em 13/04/2004, e na sequência da decisão mencionada em L), requereram ao Chefe do Serviço de Finanças de Almada – 2 o levantamento das penhoras mencionadas em E), F) e G) (Cfr. fls 323 e ss).

N) Em 29/06/2004 o Chefe de Divisão em substituição do Director de Finanças de Setúbal comunicou, por ofício n.º 19847, ao Chefe do Serviço de Finanças de Almada – 2 que as penhoras deverão ser mantidas com a seguinte fundamentação que se transcreve na parte com relevo para a decisão da causa: "Com efeito as mesmas foram efectuadas com vista ao pagamento da dívida exequenda, sendo que, não obstante haverem sido realizadas com violação do disposto nos art.s 189 e 203, ambos do CPPT, por não ter sido observado o prazo para a dedução de oposição, integram nulidade que, entretanto se mostra sanada, de harmonia com o entendimento firmado no douto Ac. do TCA, citado nos autos de reclamação n.º 111/2004, do Tribunal Administrativo e Fiscal de Almada. Acresce que, o que decorre dessa decisão, é que a execução fica suspensa, sem que seja prestada garantia bastante, por haver sido decidida a sua dispensa, nos termos do art. 52.º n.º 4 da LGT e 170.º do CPPT. ...considerando que os executados apresentaram um requerimento em 13/04/2004, em que solicitaram o levantamento das penhoras, sendo esta pretensão negada, poderão interpor reclamação...nos termos...art. 276.º e segs do CPPT" (Cfr. fls 323 e 324).

O) Em 06/07/2004 o Chefe do Serviço de Finanças de Almada – 2 proferiu despacho em que, com base na informação mencionada em N) manteve as penhoras efectuadas quer de imóveis, quer de depósitos em bancos com a fundamentação constante do mesmo ofício (Cfr. fls 325).

P) Em 7/07/2004 foi assinado o aviso de recepção referente ao ofício 6018 que notifica os reclamantes do despacho mencionado em O) (Cfr. fls 326 a 328).

Q) Em 21/07/2004 foi deduzida a presente reclamação (Cfr. fls 329).

Vejamos, pois:

A questão dos autos é a de saber se a dispensa de prestação da garantia – artigos 52.º, n.º 4 da L.G.T. e 170.º do C.P.P.T. – tem como consequência o levantamento da penhora já efectuada no processo de execução fiscal.

Adiante-se, desde já, que a resposta é seguramente negativa.

A penhora, como é sabido, tem em vista a posterior venda dos bens, no processo de execução fiscal, para pagamento coercivo da dívida do imposto – artigos 215.º e ss. do C.P.P.T..

Na verdade, respondendo todo o património do devedor pelas suas dívidas, há que concretizar – justamente pela penhora – os bens que hão-de ficar afectos – cfr. artigos 217.º e 219.º do C.P.P.T. – àquele pagamento.

Em rigor, a penhora funciona, assim, como meio de conservação dos bens penhorados, pelo que tem uma função conservatória, tanto material como jurídica.

Cfr. Duarte Morais, *A execução fiscal*, p. 92.

Aquela é a função subordinante da penhora.

Mas pode, contudo, ter também uma função de garantia.

É que, nos termos dos artigos 52.º da L.G.T. e 169.º do C.P.P.T., a execução suspende-se até à decisão de reclamação graciosa, impugnação judicial ou recurso (ou com o recebimento de oposição à execução) que tenham por objecto a ilegalidade (ou inexigibilidade) da dívida exequenda, uma vez constituída ou prestada garantia idónea "ou a penhora garanta a totalidade da quantia exequenda e do acrescido".

Dispondo os n.ºs 2 e 3 daquele último dispositivo legal que: "se não houver garantia constituída ou prestada, nem penhora, ou os bens penhorados não garantirem a dívida exequenda e acrescido, será ordenada a notificação do executado para prestar a garantia referida no número anterior dentro do prazo de 15 dias" (n.º 2); "se a garantia não for prestada nos termos do número anterior, proceder-se-á de imediato à penhora" (n.º 3).

Existindo, pois, a penhora, nenhuma garantia há mais a constituir ou a prestar, uma vez que ela não só é *iter* do procedimento tendendente a concretizar o pagamento, como o garante idoneamente.

Todavia, os artigos 52.º, n.º 4 da L.G.T. e 170.º do C.P.P.T. prevêem a dispensa da prestação da garantia, verificados certos requisitos que agora não cumpre examinar.

Como ficou dito, tal garantia não é constituída ou prestada desde que "a penhora garanta a totalidade da quantia exequenda e do acrescido".

O que significa que se concretiza então aquela dupla função acima referida: a de *iter* procedimental de concretização do pagamento coercivo e de garantia do mesmo.

Ora, aquele primeiro item mantém-se sempre no decurso da execução.

Pelo que a referida dispensa só pode valer para futuro: no caso, relativamente à parte da dívida ainda não garantida.

De outro modo, tal dispensa teria efeitos retroactivos, inutilizando actos processuais já validamente praticados no processo.

Como refere o Ministério Público, o efeito suspensivo da garantia, penhora incluída, significa que a execução fica suspensa, no estado em que se encontrar, até à decisão do pleito, o que, só por si, implica o não levantamento de penhoras anteriormente efectuadas, o que seria então, intoleravelmente retroactivo.

A tese exposta encontra, aliás, confortável apoio, como, bem assim, salienta este Magistrado, no artigo 235.º, n.º 1 do C.P.P.T., epigrafado "Levantamento da penhora".

Na verdade, a redacção do preceito, anteriormente à Lei n.º 15/2001, de 5 de Junho, não permitia o levantamento da penhora em circunstância alguma, sendo que a nova redacção o permite, "verificados os pressupostos previstos no artigo 183.º-A" – caducidade da garantia – em que se não inclui a dispensa referida.

É, assim, de concluir que a dispensa de garantia não prejudica nem invalida a penhora já efectuada no processo de execução fiscal nem, muito menos, a consequência automaticamente.

Termos em que se acorda conceder provimento ao recurso, revogando-se a sentença recorrida, com a consequente manutenção das penhoras efectuadas no processo executivo.

Custas pelos reclamantes solidariamente mas só em 1.ª instância, fixando-se aí a procuradoria em 1/6, não sendo devidas neste Supremo Tribunal Administrativo.

Lisboa, 19 de Abril de 2006.

Brandão de Pinho (Relator)
Pimenta do Vale
Baeta de Queiroz

Recurso n.º 238/06-30

EXECUÇÃO FISCAL. RECLAMAÇÃO. ART. 278.° DO CPPT. ACTO LESIVO. SUBIDA IMEDIATA. PREJUÍZO IRREPARÁVEL.

(Acórdão de 28 de Junho de 2006)

SUMÁRIO:

I – As decisões proferidas pelo órgão de execução fiscal só são susceptíveis de reclamação para o tribunal tributário de 1ª instância, nos termos do art. 276.° do CPT, quando afectem direitos e interesses legítimos do executado.

II – Nos termos do art. 278.° do CPPT, o tribunal só conhecerá da reclamação diferidamente, nos termos do n.° 1 do art. 278.° do CPPT.

III – Quando a reclamação se fundamentar em prejuízo irreparável, nos termos do n.° 3 do citado artigo, a subida da reclamação a tribunal será imediata.

IV – Quando não se verifica o referido prejuízo irreparável, não só por que a penhora e a venda dos bens ainda não foram efectivadas e o reclamante não invocou qualquer facto concreto integrador desse prejuízo, a reclamação não pode ter subida imediata, atento o disposto no art. 278.°, n.os 1 e 3 do CPPT.

ACORDAM, EM CONFERÊNCIA, NA SECÇÃO DE CONTENCIOSO TRIBUTÁRIO DO SUPREMO TRIBUNAL ADMINISTRATIVO:

1. CRUZ & COMPANHIA, SA, identificada nos autos, reclamou para o TAF de Viseu da decisão do órgão de execução fiscal competente que ordenou a instauração de uma execução fiscal contra o requerente.

Alegou a nulidade insanável da citação, que a dívida é incerta, ilíquida e inexigível, que há anatocismo e que há multiplicação de execuções com o mesmo objecto.

Pede assim a revogação do despacho que ordenou a instauração da execução.

Defende que se trata de um processo urgente, com subida imediata.

O Mm. Juiz do referido Tribunal entendeu que o momento para conhecer da presente reclamação é apenas após a penhora e venda dos bens, ordenando a remessa dos autos à repartição de finanças para prosseguimento da execução.

Inconformada com esta decisão, a reclamante interpôs recurso para este Supremo Tribunal.

Formulou as seguintes conclusões nas respectivas alegações de recurso:

1) A decisão recorrida faz aplicação da norma contida no art. 278.° do CPPT na dimensão normativa segundo a qual a subida imediata das reclamações se restringe aos caos taxativamente previstos no n.° 3.

2) Padecendo esta dimensão normativa encontrada e aplicada de inconstitucionalidade orgânica e material.

3) A sentença recorrida deverá, por isso, vir revogada substituída por o que é de Direito, com as legais consequências.

Não houve contra-alegações.

Neste STA, o EPGA defende que o recurso não merece provimento.

Com dispensa dos vistos cumpre decidir.

2. É a seguinte a matéria de facto fixada na decisão recorrida:

A. O Chefe do Serviço de Finanças de Tondela, com base em certidões de dívida que foram emitidas pelos Serviços de Cobrança da DGCI ordenou a instauração contra a reclamante do processo de execução fiscal n.° 2704200501017586.

B. A ora reclamante foi citada em 29/12/2005 para os termos da execução fiscal, conforme documentos de fls. 55 e ss. destes autos (citação que corrigia a citação efectuada em 21/12/2005).

C. Em 9/1/2006 apresentou a presente reclamação no Serviço de Finanças de Tondela, tendo-lhe sido atribuído o n.° de entrada 323.

D. Não foi efectuada a penhora ou a venda dos bens da reclamante.

3. Está em causa a subida imediata ao tribunal da presente reclamação.

Ou seja, e mais concretamente, está em causa o disposto no art. 278.°, n.° 3, do CPPT.

Dispõe o citado preceito:

"1 – O tribunal só conhecerá das reclamações quando, depois de realizada a penhora e a venda, o processo lhe for remetido a final.

"...

"3 – O disposto no n.° 1 não se aplica quando a reclamação se fundamentar em prejuízo irreparável causado por qualquer das seguintes ilegalidades:

"...".

O recorrente não invocou esse prejuízo irreparável.

E explica porquê, no n. 30 da sua petição inicial.

Escreveu ele:

"A reclamação sub specie iuditio sempre terá de subir imediatamente, independentemente da invocação dos aludidos prejuízos irreparáveis, porque a sua retenção e subida diferida, além de pôr em causa os legítimos direitos, liberdades e garantias da reclamante/recorrente, torná-la-ia inútil – o que se reconduz à denegação da possibilidade de reclamação em contravenção da Constituição e da Lei".

E indicou nessa petição os preceitos violados, se a interpretação for divergente da sua (art.s. 26.°, 103.° e 268.°, n.os 3 e 4 da CRP e 103.°, 2, da LGT (art. 24.° da petição), a que acrescenta o art. 95.°, n.os 1 e 2, al. j) da LGT (art. 28.° da petição).

E reitera este seu entendimento nas alegações de recurso.

Como é compreensível o recurso interposto pela recorrente só logrará êxito se a norma – art. 278.° do CPPT – (e quiçá a interpretação dela feita pelo Mm. Juiz a quo) for inconstitucional.

Vejamos então.

Desde logo, refere a recorrente que a norma em causa sofre de inconstitucionalidade orgânica, na medida em a mesma viola a Lei n. 87-B/98, de 31/12, que autorizou o Governo a aprovar o CPPT, já que, nos termos do art. 51.°, c) desta Lei, tal aprovação devia fazer-se "no respeito pela compatibilização das suas normas com as da lei geral tributária e regulamentação das disposições da referida lei que desta careçam".

O que, na sua perspectiva, não aconteceu.

E daí a apontada violação das ditas normas de LGT.

Não tem razão.

O art. 95.° da LGT regula o direito de impugnação ou recurso, referindo que "o interessado tem o direito de impugnar ou recorrer de todo o acto lesivo dos seus direitos e interesses legalmente protegidos, segundo as formas de processo prescritas na lei", incluindo "os actos praticados na execução fiscal".

Por sua vez, o art. 103.° trata do processo de execução, aí se dizendo que "é garantido aos interessados o direito de reclamação para o juiz da execução fiscal dos actos materialmente administrativos praticados pelos órgãos da administração tributária..." – n.° 2 do citado artigo.

Ora, o citado art. 278.° do CPPT apenas trata da subida da reclamação, o que não contende com as normas citadas.

Mas sendo embora certo que este normativo regula a tramitação do processo, não deixa de ser igualmente verdade que protege o contribuinte quando estiver em causa um prejuízo irreparável (vide n.° 3 deste artigo).

E o art. 276.° do CPPT (sob a epígrafe "reclamação das decisões do órgão da execução fiscal") dá corpo àqueles preceitos da LGT.

Nenhuma antinomia, nenhuma contradição, logo nenhuma inconstitucionalidade orgânica.

Nem qualquer inconstitucionalidade material.

Vejamos porquê.

Começando pelo art. 268.° da CRP, diremos desde logo que o n.° 3 não é ofendido, pois que ninguém disse que não é passível de recurso um acto não fundamentado que afecte direitos ou interesses legalmente protegidos, nem que um acto administrativo não esteja sujeito a notificação.

Também o n.° 4 não é afectado, pois, quer a administração tributária, quer o tribunal não recusaram ao interessado a "tutela jurisdicional efectiva dos seus direitos ou interesses legalmente protegidos".

Também patentemente não é afectado o comando constitucional do art. 103.° da CRP, por isso que não está aqui em causa a recusa do tribunal apreciar o pagamento de impostos que eventualmente "não hajam sido criados nos termos da Constituição, que tenham natureza retroactiva ou cuja liquidação e cobrança se não façam nos termos da lei".

Na verdade, o que aqui está em causa é o momento da apreciação das questões submetidas ao julgamento do Tribunal, o que é coisa diversa.

E que dizer da alegada violação do art. 26.° da CRP?

Este normativo reconhece a todos "os direitos ... ao bom-nome e reputação, à imagem ..., e à protecção legal contra quaisquer formas de discriminação".

Diferentemente do que refere o recorrente, não vemos como a instauração de uma execução fiscal ponha imediatamente em causa o bom-nome da recorrente, a sua reputação ou imagem.

E o recorrente, já o sabemos, pode reagir contra ela.

Ponto é saber quando pode – e deve – o tribunal conhecer dessa eventual ilegalidade. A resposta é dada pelo art. 278.° do CPPT.

E o recorrente – já o vimos – não alega qualquer prejuízo irreparável.

Defende isso sim que a reclamação sempre terá de subir de imediato, sem essa invocação de prejuízo irreparável, por isso que a sua retenção e subida a tornaria inútil.

Que dizer?

A este propósito e em situação em tudo idêntica à dos presentes autos, em que a recorrente era a mesma, escreveu-se no Acórdão desta Secção do STA de 25/2/05, in rec. n. 256/05, que "a questão da lesividade tem sido largamente abordada em acórdãos da Secção do Contencioso Administrativo, dos quais se respigam alguns excertos:

"Só os actos administrativos que operam, por si, a modificação da situação jurídica concreta dos recorrentes podem ser considerados lesivos" – acórdão 194/02 de 13/10/04;

O artigo 268.° n.° 4 da CRP assegura aos administrados o direito de impugnar contenciosamente quaisquer actos administrativos que lesem os seus direitos, devendo considerar-se imediatamente lesivos, e por isso imediatamente impugnáveis contenciosamente, todos os actos administrativos que tenham repercussão negativa imediata na esfera jurídica dos destinatários, quando a sua lesividade não puder ser diferida por meios administrativos de impugnação – acórdão 1999/03 de 6/10/04;

"I – A adopção pelo n.° 4 do art. 268.° da CRP do critério da lesividade do acto administrativo para a determinação da sua recorribilidade não implica que todo o acto lesivo seja imediatamente sindicável e que o interessado esteja dispensado do esgotamento dos procedimentos graciosos para a abertura da via contenciosa.

II – Só assim não será quando o percurso imposto por lei para a abertura da via contenciosa esteja de tal modo eriçado de dificuldades que, na prática, suprima, ou restrinja em medida intolerável, o direito ao recurso contencioso" – acórdão 202/02 de 16/10/02.

Do que se transcreve facilmente se concluirá que, mesmo para efeitos de inconstitucionalidade, não basta que um acto do chefe da repartição de finanças cause algum prejuízo ao interessado para que ele possa desde logo recorrer à reclamação a que se refere o artigo 276.° do CPPT. Se assim fosse esta via excepcional passaria a ser o meio ordinário de recurso. Ora no caso vertente o acto praticado consistiu na citação da interessada para, nos termos e com as formalidades prescritas no artigo 190.° do CPPT, deduzir oposição, requerer o pagamento em prestações ou a dação em pagamento relativamente a uma dívida não paga. Por isso a própria citação destina-se a que o executado se possa defender pelo que seria uma grave entorse à lógica considerar que tal citação era um acto lesivo dos direitos ou interesses legítimos da executada. Esta poderia, e para isso foi notificada, defender os seus direitos na oposição à execução. Do que temos vindo a referir teremos de concluir que o acto do chefe da repartição de finanças que mandou citar a recorrente não era susceptível de reclamação nos termos do artigo 276.° do CPPT, não violando tal entendimento a garantia constitucional de tutela jurisdicional efectiva dos direitos ou interesses legalmente protegidos dos administrados prevista no artigo 268.° n.° 4 da CRP".

A perspectiva acolhida neste aresto merece a nossa inteira concordância.

A pretensão da recorrente não pode assim obter acolhimento.

No sentido ora exposto, pode ver-se ainda o acórdão deste STA de 7/6/06 (rec. n.º 423/06).

4. Face ao exposto, acorda-se em negar provimento ao recurso.

Custas pela recorrente, fixando-se a procuradoria em um quinto da taxa de justiça devida.

Lisboa, 28 de Junho de 2006.

Lúcio Barbosa (Relator)
Brandão de Pinho
Pimenta do Vale

Recurso n.º 408/06-30

EXECUÇÃO FISCAL. REVERSÃO. MEIO PROCESSUAL ADEQUADO. IMPUGNAÇÃO JUDICIAL. OPOSIÇÃO À EXECUÇÃO.

(Acórdão de 7 de Junho de 2006)

SUMÁRIO:

I – A forma processual que a jurisprudência tem eleito como adequada para reagir contra o despacho que determina a reversão da execução fiscal é a de oposição à execução.

II – Sendo duvidoso que tal reacção possa concretizar-se mediante a reclamação a que se refere o artigo 276.º do Código de Procedimento e de Processo Tributário, é seguro que não é meio próprio a impugnação judicial.

ACORDAM, EM CONFERÊNCIA, NA SECÇÃO DE CONTENCIOSO TRIBUTÁRIO DO SUPREMO TRIBUNAL ADMINISTRATIVO:

1.1. Ricardo Jorge Coelho Brito Figueiroa, residente em Barcarena, Queluz, recorre da sentença da Mm.º Juiz do Tribunal Administrativo e Fiscal de Leiria que rejeitou liminarmente a petição de impugnação judicial do acto que determinou a reversão contra si de uma execução fiscal inicialmente instaurada a Fildoc – Sociedade Microfilmagens, Lda., com sede em Leiria.

Formula as seguintes conclusões:

«1. O M.º Juiz *a quo* não se pronunciou sobre questões relativamente às quais se deveria ter pronunciado, pelo que a sentença é nula, nos termos e de acordo com o disposto no art. 125.º do C.P.P.T..

2. Não existe erro na forma do processo, dado que as questões suscitadas pelo recorrente são fundamento de impugnação judicial e não de oposição à execução, nos termos e de acordo com o disposto no 99.º do C.P.P.T, que refere que constitui fundamento de impugnação qualquer ilegalidade, bem como as alegadas nulidades, nos termos e de acordo com o disposto 102.º n.º 3, também do C.P.P.T.

3. Não está aqui de facto a discussão, **em singelo** da existência ou não dos pressupostos de que depende a reversão da dívida exequenda.

4. Os aludidos pressupostos não existem porque, **em momento anterior**, e por consequência directa e única da actuação da própria Administração, *em clara violação da lei (preterição de formalidades legais ou seja, ocorrendo em vício de lei, considerou a existência de factos inexistentes – a gerência de direito – recorrendo a documento autêntico que atesta precisamente o contrário (!!!).*

5. Ora, fundamentando-se a decisão da Administração na existência da gerência de direito recorrendo ao registo comercial da sociedade que atesta precisamente o contrário, *deverá considerar-se como não escrita a referida existência da gerência de direito no despacho de reversão, dado que o aludido facto está em desconformidade com a realidade, e é inexistente* (*vide* artigo 646.º, n.º 4 do C.P.C. e art. 371.º, n.º 1 do Código Civil, bem como o artigo 3.º al. m) e artigo 11.º, ambos do Código do Registo Comercial).

6. A agravar, a gerência de facto é presumida (presunção legal) **com base na existência de direito.., que é inexistente**!!

7. O despacho de reversão não alega quaisquer factos donde se retire que o mesmo era gerente real ou de facto.

8. E, a aludida gerência de direito só poderia ser inferida ou retirada do próprio registo comercial, em conformidade com o disposto no art. 371.º do Código Civil, artigo 3.º, n.º 1, al. m) e artigo 11.º, ambos do Código de Registo Comercial (sendo que estes dois últimos preceitos foram referidos no próprio despacho de reversão para fundamentar a pretensa "existência" da gerência de direito).

9. Tais inexistências ou nulidades são de conhecimento oficioso, de forma a assegurar o princípio da verdade e justiça material, sendo que de outro modo estariam a ser violadas direitos e garantias constitucionalmente consagrados.

10. E o dever do conhecimento de tais nulidades sai mais reforçado quando o princípio do contraditório não foi observado e o impugnante não exerceu o seu direito de audição prévia, por impossibilidade imputável à Administração.

11. De facto, o impugnante não foi notificado do projecto do despacho de reversão.

12. Sendo que, se tivesse exercido o direito de audição prévia, em conformidade com o disposto no art. 23.º, n.º 4, da L.G.T., o impugnante poderia ter participado na formação da decisão da própria Administração, e poderia ter chamado à atenção da mesma para a incongruência/inexistência dos factos constantes do próprio despacho de reversão, pelo que o resultado da decisão da Administração seria diferente (e agora não estariam a ser penhorados bens do ora impugnante por uma dívida relativamente à qual o mesmo não é responsável, em virtude de preterição de formalidades legais).

13. Tal formalidade – o direito de audição prévia – destina-se a assegurar as garantias de defesa dos particulares, sendo que o referido preceito corresponde a direito constitucional concretizado.

14. E, no caso concreto, a violação de tal formalidade, a impossibilidade de exercício do direito de audição prévia à formação da decisão, mediante um juízo de pro-

gnose póstuma, teve consequências nefastas e violadoras dos direitos do impugnante/ora recorrente.

15. De facto, teve como consequência e resultado uma lesão efectiva e real "dos interesses ou valores protegidos pelo preceito violado".

16. Pelo que a cominação de tal falta só poderá ser a nulidade insuprível que torna todo o processo de reversão da responsabilidade ilegal, pelo que o ora recorrente não é responsável subsidiário, e deverão ser anuladas as penhoras indevidamente ordenadas com base no aludido despacho ilegal.

17. Face ao exposto, porque preteridas as aludidas formalidades legais e incorrendo o processo nos referidos vícios, a consequência só poderá ser a declaração de nulidade do despacho de reversão (porque ilegal), declarando-se, em consequência, que o ora recorrente não é responsável subsidiário,

18. Pelo que, revogando-se a sentença de que se recorre, deverá o processo de execução que corre contra o ora recorrente ser julgado extinto, dado que, conforme consta do documento autêntico junto aos autos (certidão comercial da sociedade Fildoc – Sociedade Microfilmagem, Lda), *o recorrente não é, nem nunca foi gerente da referida sociedade*».

1.2. Não há contra-alegações.

1.3. O Exm.° Procurador-Geral Adjunto junto deste Tribunal é de parecer que o Tribunal é competente para apreciar o recurso, por serem irrelevantes as afirmações sobre matéria de facto incluídas nas conclusões das alegações; mas deve negar-se-lhe provimento, por inexistir na sentença nulidade ou erro de julgamento.

1.4. O processo tem os vistos dos Exm.°s Adjuntos.

2. O despacho impugnado é deste teor:

«Na sua petição inicial, o impugnante limita-se a discutir os pressupostos de que depende reversão da dívida exequenda, fundamentos que, como constitui jurisprudência pacífica, são próprios do processo de oposição à execução fiscal e já não de impugnação.

Temos, assim, nulidade processual decorrente de erro na forma de processo que implica, necessariamente, a rejeição da presente impugnação.

É que o impugnante foi citado para a execução fiscal, na qualidade de responsável subsidiário, em 19/10/2004, e o prazo de 30 dias de que dispunha para deduzir oposição, nos termos do disposto no Art. 203.° do CPPT, já estava esgotado em 29.11.2004, data em que foi apresentada a petição de impugnação – razão pela qual não é possível a convolação da presente petição de impugnação em oposição à execução fiscal.

Face ao exposto, o tribunal rejeita liminarmente a presente impugnação.

Custas pelo impugnante».

3.1. O agora recorrente impugnou judicialmente, em 29 de Novembro de 2004, o despacho que determinou a reversão contra si de uma execução fiscal e lhe foi notificado em 19 de Outubro de 2004.

A impugnação foi liminarmente rejeitada por ocorrer erro na forma de processo – adequada seria a de oposição à execução – e não ser viável a convolação, uma vez que em 29 de Novembro de 2004 tinham decorrido mais do que os 30 dias, contados desde 19 de Outubro de 2004, fixados no artigo 203.° do Código de Procedimento e de Processo Tributário (CPPT).

É dessa decisão que vem o presente recurso jurisdicional, fundado nas razões condensadas nas conclusões acima transcritas.

3.2. O recorrente começa por acusar o despacho impugnado de nulidade por omissão de pronúncia, pois não se pronunciou sobre as nulidades invocadas na petição inicial, nos termos do artigo 125.° do CPPT.

Como é óbvio, as nulidades arguidas na petição inicial não se referem a este processo de impugnação judicial, que só com tal petição se iniciou, mas ao processo de execução fiscal. O que vale por dizer que tais nulidades haviam sido alegadas como matéria de fundo, para fundar a procedência da acção com tal petição intentada.

Nos termos dos artigo 660.° n.° 2 e 668.° n.° 1 alínea d) do Código de Processo Civil, «o juiz deve resolver todas as questões que as partes tenham submetido à sua apreciação, exceptuadas aquelas cuja decisão esteja prejudicada pela solução dada a outras», sob pena de incorrer em nulidade por omissão de pronúncia.

Tratando-se, no caso, de um despacho que julgou haver erro na forma de processo escolhida pelo Autor e não ser possível enveredar pela forma adequada, concluindo pela rejeição liminar da impugnação, tudo o demais, designadamente, as questões suscitadas na petição objecto do indeferimento, estava prejudicado. A consequência do indeferimento liminar é, precisamente, a não apreciação do mérito da acção.

Não foi, pelo exposto, cometida a nulidade acusada na primeira conclusão.

3.3. Com o tema do erro na forma de processo ocupa o recorrente as conclusões 2 e 3.

Aí defende que inexiste tal erro, pois «não está aqui de facto a discussão, em singelo, da existência ou não dos pressupostos de que depende a reversão da dívida exequenda».

Não é fácil alcançar o que pretende o recorrente com esta afirmação.

Mas a verdade é que ocorre o erro na forma de processo apontado pelo despacho recorrido.

Nesse sentido vai a jurisprudência firme deste Tribunal. Veja-se, a título de exemplo, o que se disse no acórdão de 8 de Março de 2006, no processo n.° 1249/05:

«Retoma-se aqui o que se escreveu no acórdão de 29 de Junho de 2005, proferido no recurso n.° 501/05 (...).

Nesse aresto, depois de se sublinhar que a questão tem merecido tratamento uniforme por parte do Tribunal, transcreveu-se o seguinte trecho do acórdão de 12 de Maio de 2005, proferido no recurso n.° 1229/04:

"(...) como este S.T.A. vem decidindo, o despacho de reversão da execução não é passível de impugnação judicial, mas sim de oposição à execução fiscal (v. entre outros, os Acs. S.T.A. de 4/11/98, rec. 22728, 24/1/01, rec. 25701 e 7/5/03, rec. 159/03 [...]).

Neste, a este propósito, referiu-se o seguinte:

"Porém, a impugnação apenas é admitida, como decorre do art. 97.° n.° 1 do citado compêndio normativo, nas situações previstas nas suas alíneas a) e g).

Significa isto que o revertido pode deduzir impugnação judicial, com fundamento em qualquer ilegalidade, porém, apenas naquelas situações; nelas não se inclui, todavia, o despacho que ordena a reversão da execução.

De concluir é, pois, que do despacho que ordena a reversão não cabe impugnação judicial.

Por outro lado, face ao disposto no art. 204.° n.° 1 al. b) do C.P.P.T., desde logo resulta que, quando o revertido pretenda discutir a responsabilidade pelo pagamento da divida, o meio próprio é a oposição.

O que também resulta do art. 151.° daquele Compêndio normativo (C.P.P.T.), na medida em que o afastamento da responsabilidade da pessoa citada pelo pagamento da dívida traduz-se na ilegitimidade daquela face à instância executiva, constituindo um dos pressupostos da responsabilidade subsidiária, o que, tudo, deve ser discutido em sede de oposição"».

Ora, quando o despacho determinativo da reversão assenta, como alega o recorrente, na «existência de factos inexistentes», o que se passa é, precisamente, a falta de pressupostos de facto para a reversão.

E, quando o recorrente alega que foi preterido o seu direito a ser ouvido antes da prolação do mesmo despacho, o que invoca é um vício procedimental com reflexo no dito despacho, ou seja, a ser evocado no mesmo meio processual através do qual se ataque o despacho de reversão. Meio esse que, apesar de ser discutível que possa ser a reclamação referida no artigo 276.° do CPPT, não é, seguramente, a impugnação judicial (neste sentido, veja-se o acórdão proferido no processo n.° 501/05, em 29 de Junho de 2005).

3.4. Quanto ao demais, que ocupa as conclusões 4 a 18, trata-se da questão que o recorrente pretendia discutir no presente processo, ou seja, é matéria respeitante à ilegalidade do despacho que determinou a reversão contra si da execução fiscal.

Sendo este processo um meio inadequado para atacar o despacho de reversão, tal como vem decidido e é de confirmar, não há que debater tais questões.

4. Termos em que acordam, em conferência, os juízes da Secção de Contencioso Tributário deste Supremo Tribunal Administrativo em, negando provimento ao recurso, confirmar a decisão impugnada.

Custas a cargo do recorrente, com 1/6 (um sexto) de procuradoria.

Lisboa, 7 de Junho de 2006.

Baeta de Queiroz (Relator)
Pimenta do Vale
Brandão de Pinho

Recurso n.° 313/06-30

IMPUGNAÇÃO JUDICIAL. INDEFERIMENTO LIMINAR. ACTO IRRECORRÍVEL. ACTO TÁCITO. FALTA DE OBJECTO DA IMPUGNAÇÃO CONTENCIOSA.

(Acórdão de 5 de Abril de 2006)

SUMÁRIO:

I – O despacho do Director Distrital das Finanças que, na sequência do procedimento de inspecção, fixa a matéria colectável, é irrecorrível contenciosamente por não lesivo, sendo a respectiva sindicância efectuada na impugnação contenciosa do acto final de liquidação.

II – Não é possível deduzir impugnação judicial de um pretenso acto tácito de indeferimento da reclamação, antes de decorrido o prazo de seis meses, nos termos do arts. 57.°, n.° 1 e 106 do CPPT.

III – Num tal circunstancialismo, a impugnação não tem objecto.

ACORDAM NA SECÇÃO DO CONTENCIOSO TRIBUTÁRIO DO SUPREMO TRIBUNAL ADMINISTRATIVO:

Teldeste – Telefones do Nordeste, Lda., recorre do despacho do Tribunal Administrativo e Fiscal de Mirandela, que indeferiu liminarmente, por manifesta ilegalidade, a impugnação judicial pela mesma deduzida, relativa a IVA e IRC.

Fundamentou-se a decisão na inimpugnabilidade autónoma do despacho da Senhora Directora Distrital das Finanças de Bragança, referente aos valores propostos pela Inspecção Tributária quanto às correcções aritméticas à matéria tributável e quanto aos impostos a liquidar, por não constituir o acto final do procedimento que é a liquidação do imposto, o que vale, *mutatis mutandis*, para a reclamação graciosa que "visa apenas a impugnação dos actos tributários", pois, muito embora possa ser deduzida na sequência do indeferimento (expresso ou tácito) daquela, funciona, aqui, como termo inicial para a contagem do prazo de apresentação da impugnação, sendo que, de qualquer modo, porque a impugnante pede a anulação das liquidações de IRC e IVA, sempre se estará perante uma cumulação ilegal de impugnações – art. 104.° do CPPT – conduzindo, de igual modo, ao indeferimento liminar da petição.

A recorrente formula as seguintes conclusões:

"1ª – No caso em concreto, uma vez que todos os pedidos formulados se encontram conexos e dependentes entre si e decorrem do Despacho da Senhora Directora Distrital de Finanças de Bragança, deveria ter sido admitida a impugnação judicial deduzida, por apropriada a cumulação de impugnações e pedidos nos termos do art. 4.°, n.° 1, do CPTA, exactamente por versarem sobre a apreciação dos mesmos factos e interpretação e aplicação dos mesmos princípios e regras de direito.

2ª – O Despacho da Senhora Directora Distrital, que incidiu sobre a Inspecção Tributária realizada, não pode ser visto como mero "Acto Interlocutório", do género dos aludidos no art. 54.°, do CPPT e art. 66.° da Lei Geral Tributária, mas antes como decisão final, constituindo acto passível de impugnação nos termos do art. 97.°, n.° 1, al. d) e art. 60.°, do CPPT.

3ª – Por se encontrarem imediatamente dependentes do mesmo despacho, também são impugnáveis nos termos do art. 97.°, n.° 1, al. a), do CPPT as liquidações adicionais que resultaram da prolação do mesmo, em sede de IVA e IRC, que deverão ser consideradas cumuláveis nos mesmos termos do art. 4.°, n.° 1, al. a), do CPTA.

4ª – Por sua vez, o acto tácito de indeferimento da reclamação graciosa apresentada na sequência da notificação de tais liquidações é impugnável, nos termos do art. 97.º, n.º 1, al. c), do CPPT e cumulável pela mesma ordem de razões invocadas.

5ª – De qualquer forma, tal cumulação de impugnações encontra-se sempre legitimada nos princípios da tutela jurisdicional efectiva e da promoção do acesso à justiça, consagrados especialmente no art. 96.º, n.º 1, do CPPT, arts. 9.º e 97.º da LGT e art. 7.º do CPTA.

6ª – Pelo contrário, a dedução de quatro impugnações diferentes em substituição da apresentada, nas quais se apreciassem os mesmos factos e se interpretassem e aplicassem os mesmos princípios e regras de direito, levaria necessariamente à consequente apensação de processos, o que traduziria uma evidente inutilidade de actos e desrespeito pelos princípios da simplicidade e celeridade processual.

7ª – Ao contrário do invocado no douto despacho recorrido, a reclamação graciosa pode ser também necessariamente anterior e conducente à própria impugnação judicial (cfr. arts. 97.º, n.º 1, al. c), 102.º, n.º 1, al. d) e n.º 2 e art. 106.º, do CPPT), podendo ter por fundamento qualquer dos fundamentos previstos para a impugnação judicial, que não "(...) apenas os actos de liquidação dos tributos" (cfr. arts. 70.º, n.º 1, 97.º, n.º 1 e 99.º, do CPPT).

8ª – Ao não admitir a impugnação judicial da forma apresentada, o douto despacho recorrido violou os arts. 4.º, n.º 1, al. b), do CPTA; art. 54.º, do CPPT e art. 66.º da Lei Geral Tributária; art. 97.º, n.º 1, al. d) e art. 60.º, do CPPT; art. 97.º, n.º 1, als. a) e c), do CPPT; art. 96.º, n.º 1, do CPPT, arts. 9.º e 97.º, da LGT e art. 7.º do CPTA; arts. 102.º, n.º 1, al. d) e n.º 2 e art. 106.º, do CPPT e arts. 70.º, n.º 1, 97.º, n.º 1 e 99.º, do CPPT.

9ª – Caso assim não se entendesse, sempre a recorrente deveria ter sido convidada a aperfeiçoar a petição, para indicar a causa de pedir e o pedido que pretenderia ver apreciado, nos termos do art. 4.º, n.ºs 1 e 3, do CPTA, art. 110.º, n.º 2, do CPPT, art. 97.º, n.º 3, da LGT, arts. 508.º, n.ºs 1, al. b), 2 e 3 e 266.º, n.º 2, ambos do CPC, que também resultaram violados.

10ª – E isto porque, valendo para todos os pedidos os respectivos fundamentos aduzidos na petição – como se demonstra na mesma –, sempre a impugnação deveria prosseguir para apreciação de pelo menos uma das causas de pedir e respectivo pedido.

Nestes termos e nos demais de direito doutamente supríveis, deve ser revogado o douto despacho recorrido, sendo admitida a petição da impugnação, com os legais efeitos."

Não houve contra-alegações.

O Exmo. Magistrado do Ministério Público emitiu parecer no sentido do provimento do recurso já que, sendo embora o despacho recorrido inimpugnável autonomamente, é inadmissível a cumulação de pedidos, por se tratar de tributos de diferente natureza – o IVA é um imposto indirecto sobre a despesa e o IRC é um imposto directo incidente sobre o lucro das sociedades comerciais –, a recorrente deve ser notificada para indicação do pedido que pretende ver apreciado no processo, sob cominação de absolvição da instância quanto a todos os pedidos.

E, corridos os vistos legais, nada obsta à decisão.

Vejamos, pois:

A recorrente deduziu impugnação judicial contra o despacho do Director Distrital das Finanças de Bragança, proferido em 29 de Setembro de 2004, que "manteve os valores propostos, no primeiro projecto de conclusões e relatório da inspecção tributária, para os exercícios analisados, ano fiscal de 2000, 2001, 2002, quer relativamente às correcções aritméticas realizadas à matéria tributável quer aos impostos em falta", "do qual resultaram as subsequentes liquidações relativas a IRC e IVA", por virtude da inspecção tributária a que foi sujeita.

Para, a final, pedir que se reconhecesse a ilegalidade do mesmo despacho e "das consequentes liquidações adicionais de IRC e IVA e ainda do acto de indeferimento tácito da reclamação graciosa apresentada em 23/04//2005 sobre tal matéria, declarando-os nulos ou determinando a sua anulação".

Mais resulta dos autos que a impugnação judicial foi deduzida em 14 de Setembro de 2005.

Todavia, e como vem decidido, aquele despacho não é autonomamente recorrível, devendo a sua legalidade ser apreciada na impugnação da liquidação – princípio da impugnação unitária – art. 54.º do CPPT.

Assim, como escreve Jorge de Sousa (*CPPT anotado*, 4ª edição, página 264), só haverá impugnação contenciosa "do acto final do procedimento, que afecta imediatamente a esfera patrimonial do contribuinte, fixando a posição final da administração tributária perante este, definindo os seus direitos ou deveres. Nos procedimentos tributários que conduzem a um acto de liquidação de tributo, a esfera jurídica dos interessados apenas é atingida por este acto e, por isso, em regra, será ele e apenas ele o acto lesivo contenciosamente impugnável".

Só não será assim no caso dos chamados actos destacáveis, sendo, todavia, tal destacabilidade excepcional, na medida em que o acto seja imediatamente lesivo ou perante previsão legal expressa.

Não é o caso dos autos, em que o acto recorrido se insere na marcha normal do procedimento, limitando-se a fixar os valores com base nos quais iriam ser liquidados os tributos.

A própria impugnante afirma, aliás, que, do aludido despacho, é que "resultaram as subsequentes liquidações".

Trata-se, assim, de um acto interlocutório do procedimento, directamente inimpugnável.

Ao contrário do que pretende a recorrente, o art. 60.º do CPPT tem em vista a definitividade material dos actos tributários, ou seja, aqueles que fixam direitos dos contribuintes, que definem a respectiva situação jurídica face à Administração Tributária.

E "são esses actos que têm directa intervenção na esfera jurídica dos contribuintes, que podem ser impugnados contenciosamente, o que constitui a satisfação de uma exigência constitucional (art. 268.º, n.º 4 da CRP)" – cfr. Jorge de Sousa, *cit.*, p. 288, nota 2.

Sobre o que sejam, em geral, actos materialmente definitivos, cfr. Freitas do Amaral, *Direito Administrativo – vol. III*, p. 214 e Mário Esteves de Oliveira, *eadem*, vol. I, p. 410.

O dito despacho é, pois, contenciosamente irrecorrível.

Por outro lado, e como se disse, a recorrente apresentou reclamação graciosa, em 23 de Abril de 2005, contra a referida liquidação de IRC e IVA.

Na sequência do que deduziu impugnação judicial do respectivo acto de indeferimento tácito.

Todavia, este não se chegou a formar.

Efectivamente, nos termos do art. 106.º do CPPT, "a reclamação graciosa presume-se indeferida para efeito de impugnação judicial após o termo do prazo legal da decisão pelo órgão competente". – cfr., aliás, o art. 57.° da LGT.

Tal prazo é de seis meses, segundo dispõe o n.° 1 do mesmo artigo 57.°.

Pelo que o indeferimento tácito se formaria em 23 de Outubro de 2005 – art. 279.°, al. c) do Código Civil, na falta de eventual acto expresso.

Todavia, a impugnação judicial foi deduzida em 14 de Setembro de 2005.

Mas, assim sendo, a presente impugnação não tem objecto, à míngua de formação do acto tácito impugnado.

É que, como sublinha Jorge de Sousa e é jurisprudência do STA – cfr., *cit.*, p. 474, nota 7, "na impugnação do indeferimento tácito de reclamação graciosa, este acto é o objecto imediato do processo; porém, o acto de liquidação continuará a ser objecto da impugnação judicial na medida em que se considera, por presunção, confirmado pela decisão tácita de indeferimento". Pelo que, inexistente este à data da apresentação da petição impugnatória, não se pode sequer falar em confirmação do acto de liquidação.

O exposto acolhe, aliás, considerável apoio no art. 51.°, n.° 1 da LPTA, subsidiariamente aplicável no contencioso tributário: por o objecto da impugnação contenciosa ser o acto tácito de indeferimento, é que aí se permite ao impugnante, quando for proferido acto expresso na sua pendência, pedir a ampliação ou substituição do respectivo objecto e com a faculdade, até, de invocar novos fundamentos, desde que tempestivamente.

Em suma: a presente impugnação judicial carece, no fundo, de objecto pelo que perfeitamente se justifica o seu indeferimento liminar.

Cfr., aliás, no sentido exposto e ainda que por diverso caminho, o Acórdão do STA de 01/10/2003 – recurso n.° 0893/03.

Não há, assim, lugar a convite para aperfeiçoamento da petição, dada a cumulação efectuada já que, como se disse, o acto tácito impugnado, que possibilitaria a sindicância da liquidação, não chegou a formar-se pelo que a impugnação judicial não tem, no ponto, objecto.

Termos em que, com a presente fundamentação, se acorda negar provimento ao recurso.

Custas pela recorrente, com procuradoria de 1/6.

Lisboa, 5 de Abril de 2006.

Brandão de Pinho (relator)
Baeta de Queiroz
Lúcio Barbosa

Recurso n.° 1286/05-30

IMPUGNAÇÃO. RECLAMAÇÃO GRACIOSA NECESSÁRIA. ART. 22.°, 2, DA LEI N.° 1/87, DE 6/1. INDEFERIMENTO DA RECLAMAÇÃO. PRAZO PARA IMPUGNAÇÃO.

(Acórdão de 24 de Maio de 2006)

SUMÁRIO:

I – Em caso de indeferimento, pelo órgão executivo da autarquia, da reclamação necessária apresentada contra a liquidação de uma taxa, cabia recurso para o tribunal tributário de 1ª instância – art. 22.°, 2, da Lei n. 1/87, de 6/1.

II – Tal recurso, que mais não era que uma impugnação, podia ser apresentado no prazo de 90 dias, nos termos do art. 123.°, 1, do CPT.

III – Não era aplicável, no caso, o disposto no art. 123.°, 2, do CPT.

ACORDAM, EM CONFERÊNCIA, NA SECÇÃO DE CONTENCIOSO TRIBUTÁRIO DO SUPREMO TRIBUNAL ADMINISTRATIVO:

1. SÃO JOÃO BOSCO – Investimento Imobiliário, SA, com sede no lugar de Meladas, freguesia de Mozelos, concelho de Santa Maria da Feira, impugnou judicialmente, junto do então Tribunal Tributário de 1ª Instância, a liquidação de uma taxa de rampa fixa, praticada pela Câmara Municipal do Porto.

O Mm. Juiz do 3.° Juízo do referido Tribunal julgou a impugnação procedente.

Inconformada, a Câmara Municipal do Porto interpôs recurso para o TCA.

Este, por acórdão de 26 de Abril de 2006, concedeu provimento ao recurso, revogou a decisão recorrida, por omissão de pronúncia, e, julgando em substituição, julgou procedente a excepção peremptória da caducidade do direito de impugnar, absolvendo a CMP do pedido.

Foi a vez da impugnante se insurgir contra esta decisão, dela interpondo recurso para o STA.

Formulou as seguintes conclusões nas respectivas alegações de recurso:

1. Em 06 de Dezembro de 1995 a Recorrente apresentou na C. M. do Porto uma reclamação da "taxa" de rampa fixa cobrada pela dita edilidade, nos termos do artigo 22.° /2 da Lei n. 1/87 de 06/01.

2. E em respeito ao artigo 21.° do Regulamento de Liquidação e Cobrança de Taxas e Licenças Municipais da Câmara Municipal do Porto (Aprovado na Assembleia Municipal de 27 de Julho de 1994 e tornado público pelo Edital n. 9/94 de 10/08: "As impugnações dos interessados contra a liquidação e cobrança de taxas, mais-valias e demais rendimentos gerados em relação fiscal, são deduzidos através do recurso para o Tribunal Tributário de 1ª Instância".

3. Ora, este regime especial da reclamação, perante a autarquia local, diverge do fixado para a reclamação graciosa previsto nos artigos 95.° e 120.° do CPT.

4. Pois, tendo em consideração a especificidade do sistema das finanças das Autarquias Locais, tornou-se necessário criar um procedimento adequado e especial relativamente às reclamações e impugnações dos demais actos tributários (DL 163/79 de 31/05) – artigo 123.º/1/e) do CPT.

5. Na verdade, os dois regimes seguem tramitações próprias e distintas, nomeadamente quanto à competência para instauração e instrução do processo, vide art. 22.º da Lei 1/87 e art.s. 23/a) e 95.º do CPT.

6. E o legislador teve a clara intenção de fazer a distinção entre o processo gracioso tributário e o processo administrativo tributário, vide nomeadamente os anos 19.º/c); 22.º/1; 23.º/a) e b); 49.º/1; 124.º/1/e) e 154.º/a) do CPT.

7. Deste modo, no que concerne ao acto administrativo praticado pela Câmara Municipal do Porto, ao efectuar a apreciação da legalidade do acto de liquidação da dita taxa, o meio processual foi adequado e intentado dentro do prazo que é de 90 dias por força do art. 123.º/ /1/e) e 118.º /3 do CPT.

8. Pelo que, a não ser reconhecido o dito prazo de 90 dias para a Recorrente apresentar o seu recurso, sempre seria de aplicar o prazo de 2 meses por força do disposto no art. 28.º/1/a) da LPTA ex vi do art. 22.º /2 (parte final "...com recurso para o tribunal tributário de 1ª instância territorialmente competente").

9. Tanto mais que a Recorrente a1egou – no artigo 6.º da sua petição, apresentada a 06/12/1995 – ter sido violado o direito à audição prévia prevista nos artigos 8.º, 100.º e 105.º do CPA e que o acto de liquidação da dita taxa consubstanciava uma verdadeira punição como contra-ordenação sem existir uma lei anterior;

10. Terminando a Recorrente a concluir e pedir a declaração de i1egalidade do acto de liquidação, por enferma de ilegalidade por violação da lei, preterição de formalidades legais, falta de fundamentação e violação de princípios constitucionais.

11. Assim, alegada pela Recorrente a nulidade (art.s 13 e 14.º da impugnação) do acto administrativo de liquidação da dita taxa, podia a mesma ser invocada e declarada a todo o tempo, por força dos artigos 134.º/1; als. d) e f) do n.º 2 do art. 133.º do CPA e 4 do artigo 1.º da citada Lei n.º 1/87.

12. Ou seja, uma vez que a liquidação efectuada pela C. M. do Porto é ilegal (ilegalidade abstracta) e inconstitucional (por violação do artigo 268.º/3 da CRP) a sua nulidade equivale à sua inexistência jurídica – Ac. do Pleno do STA de 13/04/1994 proferido no recurso n.º 12/ /2002, publicado em Ap. DR de 23/08/1996, pág. 69.

13. Por essa razão a Recorrente não estava sujeita ao dito prazo de caducidade para apresentar a dita impugnação em oito dias, nem tão pouco existe qualquer interesse de estabilidade ou segurança jurídica para que o mesmo fosse fixado;

14. E, a ser outro o entendimento, violar-se-iam os mais elementares princípios e direitos constitucionais vigentes, nomeadamente do acesso aos tribunais, da necessidade, da proporciona/idade e da proibição do excesso, art.s 18.º/2 e 20.º da CRP.

15. Tanto mais que defende o próprio aresto que caso a Recorrente apresentasse recurso hierárquico de tal indeferimento sempre poderiam os prazos ser ampliados.

16. Mais, mesmo que se entendesse que o prazo para a Recorrente apresentar a impugnação era de oito dias e terminava a 30 de Janeiro de 1996, sempre poderia a Recorrente apresentar a impugnação nos três dias úteis subsequentes ao termo do prazo, nos termos do artigo 145.º /5/6 do CPC ex vi do art. 49.º/3 do CPT.

17. A interpretação que fosse feita de não reconhecer à Recorrente tal direito, de apresentar a impugnação nos três dias úteis seguintes, considerando ter sido a impugnação apresentada extemporaneamente, violaria o direito de acesso aos tribunais e à garantia de recurso contencioso constitucionalmente consagrados.

18. Por outro lado, entende a Recorrente que, nesta data, nunca poderia ser julgada procedente a excepção peremptória de caducidade do direito de apresentar impugnação/recurso judicial, face à declaração da inconstitucionalidade formal do dito regulamento – art. 106.º /3; 268.º/4; 277.º; 280.º /5 e 282.º do CRP.

19. Na verdade a questão de extemporaneidade da apresentação da impugnação já tinha sido suscitada pelo Digno Representante da Fazenda Pública a fls. 19 dos autos (em 1996/01/22) e conhecida pela sentença do Tribunal Tributário.

20. Sendo certo que a douta sentença há muito que transitou em julgado e, quanto a essa questão, não foi objecto de qualquer recurso por parte da Recorrida ou do Digno Representante da Fazenda Pública.

21. Para além disso, o Art. 22.º/2 da Lei 1/87, de 6 de Janeiro, com a redacção que lhe foi dada pelo D.L. n.º 470-B/88, de 19 de Dezembro (em vigor à data), não faz depender a impugnação da liquidação de taxas à prévia reclamação das mesmas.

22. Nem a alínea a) do artigo 62.º/1, do DL n.º 129/84 de 27/04 faz depender o recurso ou a impugnação judicial, de qualquer decisão de reclamação ou recurso hierárquico.

23. Ora, a Recorrente apresentou reclamação da dita "taxa" para o Presidente da Câmara Municipal do Porto em 06 de Dezembro de 1995 e apresentou a impugnação judicial em 01 de Fevereiro de 1996.

24. Pelo que, sempre estava a Recorrente, em 01 de Fevereiro de 1996, dentro do prazo de 90 dias para apresentar a impugnação, por força dos artigos 120.º, 123.º e 154.º do CPT

25. Tanto mais que o art. 22.º da Lei n.º 1/87 não atribui, nem nunca poderia atribuir – sob pena de violação dos art.s 2.º, 20.º, 205.º e 268.º/4 da CRP – competência jurisdicional em 1.a Instância" aos órgãos executivos das autarquias locais" para apreciar o recurso que foi dirigido ao Tribunal Tributário de 1.a Instância.

26. Pelo que a taxa foi liquidada em 06 de Novembro de 1995, a Recorrida reclamou da mesma e apresentou a respectiva impugnação dentro do prazo de 90 dias que lhe é facultado para o efeito.

27. Dado que a Recorrente podia, em simultâneo, apresentar a reclamação e/ou deduzir impugnação judicial, sendo que os efeitos jurídicos de tal opção constam do artigo 130.º /5/6/7 do CPT.

28. Por outro lado, o indeferimento expresso ou tácito da reclamação não tem qualquer relevância, nem para a alegada extemporaneidade da apresentação da impugnação judicial, nem para a douta sentença que já julgou o dito regulamento municipal inconstitucional – sendo que o n.º 2 do artigo 123.º do CPT é inaplicável aos presentes autos.

29. Assim, a interpretação segundo a qual, a Recorrente ao apresentar o recurso fê-lo extemporaneamente encurtaria, sem qualquer justificação ou razoabilidade, o

prazo em curso de 90 dias para apresentar a impugnação, que teve início em 06 de Dezembro de 1995 – o que só por si violaria os artigos 20.º e 268.º/4, da CRP

Normas violadas:

Artigo 1.º/4 e 22.º/2 da Lei n.º 1/87 de 06/01; Artigos 19.º/c); 22.º /1; 23.º/a) e b); 49.º /1; 95.º, 118.º /3, 120.º, 123.º/1/e) e 124.º/1/e), 130.º /5/6/7 e 154.º/a) e) do CPT; Art. 28.º/1/a) da LPTA; Artigos 8.º, 100.º e 105.º; als. d) e f) do n.º 2 do art. 133.º e 134.º/1 do CPA; Artigo 145.º/ /5/6 do CPC (ex vi do art. 49.º/3 do CPT) Art.s. 2.º: 18.º/2, 20.º, 106.º/3; 268.º/3/4; 277.º ; 280.º /5 e 282.º da CRP (bem como os princípios da necessidade, da proporcional idade e da proibição do excesso).

Não houve contra-alegações.

Neste STA, o EPGA defende que o recurso não merece provimento.

Colhidos os vistos legais cumpre decidir.

2. É a seguinte a matéria de facto fixada no TCA:

1) A Impugnante solicitou em 29/06/1995 Junto da Câmara Municipal do Porto licença de colocação de uma rampa fixa na Rua S, João Bosco, 438, Porto, para fins particulares o que foi deferido em 06/10/1995.

2) A C.M.P. procedeu à liquidação da referida taxa de ocupação no valor global de 112.880$00 tendo sido enviados dois avisos postais, o segundo sob registo para informação do requerente do montante e prazo para pagamento em 95.11.08 e outro em 95.11.21, com aplicação do Regulamento de Liquidação e Cobrança das Taxas e Licenças Municipais, aprovado em 27 de Julho de 1994;

3) Em 95.12.06 a impugnante apresentou reclamação para o Presidente da CM.P. da liquidação da referidas taxas que foi indeferida em 06.01.18, pelo Director Municipal de Finanças e Património (fls. 7 do processo administrativo apenso), sendo que a impugnante foi notificada de ta1 indeferimento em 22/01/1996.

4) A presente impugnação foi apresentada em 01 de Fevereiro de 1996 nos serviços da Câmara do Porto não obstante só ter sido instaurada em 21/02/1996, no Tribunal Tributário de 1a Instância do Porto.

3. O tribunal recorrido decidiu haver caducidade do direito à impugnação.

Concretamente considera violado o disposto no art. 123.º, n.º 2, do CPT, que dispõe:

"Em caso de indeferimento de reclamação graciosa, o prazo de impugnação será de oito dias após a notificação".

Ora, sendo inequívoco, face à matéria dada como provada, que a recorrente apresentou a sua impugnação judicial para além do prazo de oito dias após a notificação do despacho de indeferimento, a razão está aparentemente do lado do acórdão recorrido, quando refere que a impugnação foi apresentada para além do prazo legal. Isto, como é bom de ver, se for aplicável este normativo legal.

Mas será assim?

Atentemos primeiro que o recorrente não tem qualquer razão quando diz que a questão da caducidade já estava definitivamente decidida, com trânsito em julgado da respectiva decisão.

Mas não é assim.

Na verdade, a questão foi suscitada na 1ª instância pelo representante da Fazenda Pública.

O Mm. Juiz não se pronunciou sobre a questão, tendo a Fazenda Pública, que ficou vencida, suscitado de novo a questão perante o TCA, que decidiu no sentido por esta pretendido.

Neste aspecto não tem a recorrente qualquer razão.

Vejamos então a questão central.

Dispõe o n.º 2 do art. 22.º da Lei n.º 1/87, de 6/1:

"As reclamações e impugnações dos interessados contra a liquidação e cobrança de taxas, mais-valias e demais rendimentos gerados em relação fiscal serão deduzidas perante os órgãos executivos das autarquias locais, com recurso para o tribunal tributário de 1ª instância territorialmente competente".

Anotemos primeiro que a lei fala em reclamação e impugnação, o que desde logo deixa uma dúvida, que é a de saber se estamos perante a reclamação graciosa a que alude o CPT.

É que se assim não for, já não tem aplicação o prazo de oito dias a que alude o n.º 2 do art. 123.º do CPT.

Estaríamos assim perante um recurso ou uma impugnação, com prazos substancialmente mais dilatados, sendo então a presente impugnação tempestiva.

E realmente o art. 123.º, n.º 2, do CPT não tem aplicação no caso dos autos. Na verdade, esta disposição tem o seu campo de aplicação circunscrito à impugnação judicial da reclamação graciosa decidida dentro da esfera de competência dos serviços integrados na Direcção Geral dos Impostos.

Na verdade, a reclamação graciosa a que se reporta o art. 123.º, 2, do CPT, é a reclamação de que se ocupam os arts. 95.º a 101.º do CPT, tendo por objecto actos tributários praticados pelos serviços integrados na Direcção-Geral dos Impostos.

Não é pois este o caminho a trilhar.

Não sendo esta a norma a aplicar, há que lançar mão do prazo legal da impugnação (90 dias), previsto no art. 123.º, 1, do CPT.

Vale isto por dizer, que, face ao probatório, a recorrente apresentou a sua impugnação dentro do prazo legal.

Não há assim caducidade do seu direito de impugnação.

No sentido ora exposto, pode ver-se o acórdão deste STA de 8/11/2000 (recurso n. 25.043).

4. Quanto à questão de fundo.

Como é compreensível, tendo o tribunal recorrido conhecido da caducidade do direito de impugnar, que era uma questão prévia, não conheceu das restantes questões alegadamente suscitadas no recurso.

Na verdade, escreveu-se no acórdão recorrido:

"Sendo um prazo substantivo é peremptório e de caducidade, a qual agora se declara, com a consequente absolvição da Câmara Municipal do Porto do pedido, ficando prejudicado o conhecimento das demais questões que se suscitavam".

Assim sendo, e suposto que o TCA deixou de conhecer do objecto do recurso, impunha-se a remessa dos autos ao mesmo TCA, para conhecer do referido objecto – art. 762.º, 2, do CPC.

Mas será que há questões que o TCA não conheceu? Será que não foi conhecido o objecto do recurso?

Para responder a esta pergunta, há que convocar as conclusões das alegações de recurso apresentadas pela então recorrente Câmara Municipal do Porto perante o TCA.

Que são do seguinte teor:

1. Não consta dos autos de impugnação ou do processo administrativo apenso a interposição de qualquer

recurso hierárquico ou despacho de indeferimento proferido pelo Senhor Presidente da CMP.

2. Encontra-se inserto no processo administrativo apenso o aviso de recepção relativo à notificação do indeferimento expresso da reclamação graciosa apresentada pela impugnante que comprova ter esta sido notificada em 22 de Janeiro de 1996.

3. A impugnação, conforme conhece a impugnante no seu articulado de resposta à contestação de fls. 22 e 23, foi apresentada em juízo em 1 de Fevereiro de 1996.

4. Há, em consequência, erro de julgamento da matéria de facto dada como provada, susceptível de influir a decisão da causa.

5. É pacífico, na jurisprudência do STA, que o acto de liquidação que aplica norma inconstitucional, quando não violador do conteúdo essencial de um direito, padece do vício de violação de lei e é meramente anulável.

6. Ora, nos termos do disposto no n.° 2 do art. 123.° do CPT, vigente à data dos factos, "em caso de indeferimento de reclamação graciosa, o prazo de impugnação será de oito dias após a notificação".

7. O prazo, contado de acordo com o art. 279.° do CC, terminava assim no dia 30 de Janeiro de 1996, pelo que a impugnação mostra-se extemporânea.

8. O referido prazo é peremptório, de caducidade e de conhecimento oficioso do Tribunal.

Em função destas conclusões, logo vemos que a então recorrente, Câmara Municipal do Porto, suscita duas questões à apreciação do Tribunal de 2ª Instância: o erro no julgamento da matéria de facto (conclusões 1ª a 4ª) e a caducidade do direito de impugnar (conclusões 5ª a 8ª).

Apenas estas questões e mais nenhuma.

Ora, o Tribunal de recurso decidiu a primeira questão, alterando expressamente o probatório.

E, como vimos, decidiu a segunda questão, nos termos que acima se deixaram expostos.

Assim, e diferentemente do que diz o TCA, não há outras questões a apreciar.

Não há pois que ordenar a baixa dos autos ao TCA, considerando que não há outras questões a conhecer.

5. Face ao exposto, acorda-se em conceder provimento ao recurso, revogando-se o acórdão recorrido, mantendo-se na ordem jurídica a sentença de 1ª instância que julgou procedente a impugnação, com a inerente anulação do acto de liquidação.

Sem custas.

Lisboa, 24 de Maio de 2006.

Lúcio Barbosa (Relator)
Baeta de Queiroz
Pimenta do Vale

Recurso n.° 1292/05-30

IRC. DECISÃO DA COMISSÃO EUROPEIA. ACTO DE LIQUIDAÇÃO PRATICADO EM CUMPRIMENTO DAQUELA DECISÃO. INEXISTÊNCIA DE VÍCIOS PRÓPRIOS NO ACTO DE LIQUIDAÇÃO.

(Acórdão de 24 de Maio de 2006)

SUMÁRIO:

I – Não é possível sindicar nos tribunais nacionais uma decisão da Comissão Europeia que considerou ilegais determinados benefícios previstos em Decreto Legislativo Regional, ordenando a sua recuperação pelas autoridades nacionais.

II – Assim, o acto de liquidação, que se limita a dar cumprimento a tal deliberação, e que não enferma de vícios próprios, não é susceptível de anulação.

ACORDAM, EM CONFERÊNCIA, NA SECÇÃO DE CONTENCIOSO TRIBUTÁRIO DO SUPREMO TRIBUNAL ADMINISTRATIVO:

1. BESLEASING E FACTORING – Instituição Financeira de Crédito, SA, com sede na Av. Álvares Cabral, 27 – 1.° andar – Lisboa, impugnou judicialmente, junto do TAF de Lisboa, a liquidação adicional de IRC, respeitante ao exercício de 1999.

O Mm. Juiz daquele Tribunal julgou a impugnação improcedente.

Inconformada, a impugnante interpôs recurso para o Tribunal Central Administrativo.

Formulou as seguintes conclusões nas respectivas alegações de recurso:

a) A correcção da liquidação de IRC referente ao exercício de 1999, e que se radicou na aplicação da taxa geral de imposto aos rendimentos imputáveis ao estabelecimento sito na Região Autónoma dos Açores, visou concretizar a Decisão da Comissão das Comunidades Europeias de 11 de Fevereiro de 2002, a qual declarou incompatível com as regras do mercado comum consagradas no artigo 87.° do Tratado que instituiu a Comunidade Europeia, a taxa reduzida de IRC consagrada no Decreto Legislativo Regional n.° 2/99/A, de 2 de Janeiro quando aplicáveis a empresas que exerçam actividades financeiras;

b) Não pode a recorrente conformar-se com a emissão da referida liquidação porquanto a mesma contende com princípios constitucionais inerentes à própria concepção do Estado de Direito, como os princípios da Segurança Jurídica, da Tutela da Confiança, vertidos no artigo 2.° da Constituição da República Portuguesa e da Proibição da Retroactividade da Lei Fiscal, postulado pelo n.° 3 do artigo 103.° da Constituição da República Portuguesa, os quais se sobrepõem necessariamente às regras comunitárias, seja qual for a sua hierarquia;

c) Efectivamente, a exigência feita à impugnante de restituição do imposto cuja redução havia beneficiado, nos termos da Lei, obvia de forma intolerável, arbitrária ou demasiado opressiva aqueles mínimos de certeza e segurança que as pessoas singulares ou colectivas, a comunidade tem de respeitar, com dimensões essenciais do Estado de Direito Democrático.

d) Exigência essa que produz efeitos jurídicos com os quais, razoável e justificadamente, os interessados nas decisões não deviam contar e que se traduzem, inevitavelmente, em repercussões económicas gravosas para eles;

e) Para além de que, o que está verdadeiramente em causa é a revogação retroactiva de um benefício concedido directamente pelo próprio Estado, através do seu poder legislativo, ao qual não pode deixar de ser associada, por parte dos seus destinatários, uma legítima presunção de que o mesmo respeita os Tratados e Convenções, às quais o mesmo Estado se vinculou;

f) Pelo que, a liquidação adicional de IRC ao violar de forma ostensiva tais princípios, os quais são, aliás, decorrentes da própria concepção e existência do Estado Democrático ínsito no artigo 2.° da Constituição da República Portuguesa, se afigura manifestamente ilegal;

g) Para além da exigência de restituição feita à recorrente do imposto cuja redução havia beneficiado, nos termos da Lei, acresce ainda, a imposição de uma absurda sanção traduzida na exigência de juros indemnizatórios, como se afinal, a culpa pela suposta concorrência desleal em que se consubstancia a aplicação da taxa reduzida possa ser assacada a quem se limitou a cumprir a lei;

h) Sem mais delongas conclui-se pois, em suma, que ao pretender exigir à recorrente o reembolso de um benefício, acrescido dos respectivos juros indemnizatórios, cujo direito esta havia adquirido de boa-fé, em justificadamente, os interessados nas decisões não deviam contar e que se traduzem, inevitavelmente, em repercussões económicas gravosas para eles;

i) Para além de que, o que está verdadeiramente em causa é a revogação retroactiva de um benefício concedido directamente pelo próprio Estado, através do seu poder legislativo, ao qual não pode deixar de ser associada, por parte dos seus destinatários, uma legítima presunção de que o mesmo respeita os Tratados e Convenções, ás quais o mesmo Estado se vinculou;

j) Pelo que a liquidação adicional de IRC ao violar de forma ostensiva tais princípios, os quais são, aliás, decorrentes da própria concepção e existência do Estado Democrático, ínsito no artigo 2.° da Constituição da República Portuguesa, se afigura manifestamente ilegal;

k) Para além da exigência de restituição do imposto cuja redução havia legalmente beneficiado, acresce a imposição de uma absurda sanção traduzida na exigência de juros indemnizatórios, como se afinal, a culpa pela suposta concorrência desleal em que se consubstancia a aplicação da taxa reduzida possa ser assacada a quem se limitou a cumprir a lei, o que viola claramente o disposto nos art.s 35.° da LGT e 80.° do CIRC;

l) Sem mais delongas conclui-se pois, em suma, que ao pretender exigir à o recorrente o reembolso de um benefício, acrescido dos respectivos juros indemnizatórios, cujo direito esta havia adquirido de boa-fé, em resultado da confiança na legalidade das normas jurídica emanada pelo próprio Estado, enferma a decisão da Comissão Europeia que motivou as correcções efectuadas de manifesta inconstitucionalidade, razão pela qual não pode a mesma ser aplicada, sofrendo, em consequência, a liquidação em questão de manifesta ilegalidade por violação dos princípios jurídicos previstos nos artigos 2.° e 103.°, n.° 3 da CRP.

Não houve contra-alegações.

Por acórdão de 5 de Julho de 2005, o TCA julgou-se hierarquicamente incompetente para conhecer do recurso.

Subiram os autos a este STA.

Aqui, o EPGA defende que o recurso não merece provimento. A não se entender assim, justifica-se e impõe-se o reenvio prejudicial.

Colhidos os vistos legais cumpre decidir.

2. É a seguinte a matéria de facto fixada na instância:

1) A ora impugnante é uma sociedade que se dedica à actividade de locação financeira mobiliária e imobiliária no território nacional.

2) No exercício de 1999, a ora impugnante mantinha, na Região Autónoma dos Açores, uma representação permanente, através da qual exercia a sua actividade naquela região.

3) Em Maio de 2000, a ora impugnante procedeu à auto-liquidação do imposto devido, com referência ao ano de 1999, tendo, para o efeito, aplicado aos rendimentos gerados pela actividade envolvida na já mencionada região, a taxa de IRC vigente à data, reduzida de 30%, conforme o art. 5.° do Decreto Legislativo Regional n.° 2/99/A, de 20/1.

4) Em 24/10/2003, a ora impugnante foi notificada do relatório de conclusões relativo à correcção da liquidação de IRC do exercício de 1999 (vd. fls. 61 e ss. do apenso processo instrutor).

5) Por documento de cobrança n.° 8310018844, de 4/11/ /2003, a ora impugnante é notificada para o pagamento de um montante impugnado de IRC de € 10.679,00.

6) A ora impugnante deduziu a presente impugnação em 15/3/2004.

3. Como vimos supra, a recorrente defende que o acto tributário sob recurso enferma de vícios de violação de lei.

Desde logo de lei constitucional.

Concretamente, viola, na sua óptica, os princípios da segurança jurídica e da confiança, vertidos no art. 2.° da Constituição, bem como o princípio da retroactividade da lei fiscal, consagrado no art. 103.°, 2, da Constituição.

A questão a dirimir também já está suficientemente recortada.

Diz ela respeito à decisão da Comissão Europeia (de 11/12/2002) que se pronunciou sobre a redução de 30% sobre o IRC, prevista no art. 5.° do Decreto Regional n.° 2/99/A, de 20/1.

Na verdade, o corpo do citado art. 5.° dispunha que "as taxas nacionais do imposto sobre o rendimento das pessoas colectivas, em vigor em cada ano, é aplicada uma redução de 30% ....".

Apreciando este normativo, a Comissão começou por dizer o seguinte:

"Por carta n.° 18, de 5 de Janeiro de 2000, da Representação Permanente de Portugal, registada na Comissão em 10 de Janeiro de 2000, as Autoridades Portuguesas notificaram à Comissão um regime que adapta o sistema fiscal nacional às especificidades da Região Autónoma dos Açores. Uma vez que a notificação foi efectuada tardiamente, em resposta a um pedido de informações dos serviços da Comissão constante da carta D/65111, de 7 de Dezembro de 1999, dirigida à Representação Permanente de Portugal, feito na sequência dos artigos que surgiram na imprensa, e que o regime em questão teria entrado em vigor antes de ser autorizado pela Comissão, o mesmo foi inscrito no registo dos auxílios não notificados".

Anotamos pois, e desde já, que a notificação feita pelo Governo Português foi-o tardiamente e que o regime entrou em vigor antes de ser autorizado pela Comissão, como esta expressamente o refere.

E depois de considerar que "os referidos auxílios foram postos ilegalmente em vigor e que não existe qualquer princípio de direito comunitário que se oponha a isso, os benefícios fiscais de que já terão beneficiado as empresas que operam no sector financeiro, bem como as que relevam das actividades do tipo "serviços intragrupo" (e relativos aos anos de 1999, 2000 e 2001) devem ser recuperados pelas Autoridades portuguesas".

E seguidamente a conclusão:

"A Comissão verifica que Portugal pôs em execução ilegalmente a parte do regime que adapta o sistema fiscal nacional às especificidades da Região Autónoma dos Açores, a que se refere a vertente relativa às reduções das taxas do imposto sobre o rendimento, em violação do disposto no n.º 3 do art. 88.º do Tratado. Contudo, ... e após ter examinado tal regime à luz das orientações relativas aos auxílios estatais com finalidade regional, a Comissão considera que os auxílios acima referidos satisfazem as condições para poderem ser considerados compatíveis com o mercado comum ... com excepção dos auxílios atribuídos a favor das empresas que exerçam actividades financeiras ou do tipo "serviços intragrupo...".

E depois a decisão, destacando-se o art. 3.º, do seguinte teor:

"1. Portugal deve adoptar as medidas necessárias para recuperar, junto das empresas que exercem as actividades mencionadas no artigo 2.º, os auxílios pagos a título da parte do regime de auxílios referido no artigo 1.º.

"2. A recuperação deve efectuar-se imediatamente e segundo as formalidades do direito nacional, desde que estas permitam a execução imediata e efectiva da presente decisão. Os auxílios a recuperar incluem juros a partir da data em que foram colocados à disposição dos beneficiários e até ao momento da sua recuperação. Os juros são calculados com base na taxa de referência utilizada para o cálculo do equivalente-subvenção no âmbito dos auxílios com finalidade regional".

Anote-se que a impugnante é uma empresa abrangida pelo art. 2.º da decisão em análise.

Concretamente, e como vimos, a Comissão considerou que o diploma regional violou uma norma comunitária (no tocante a empresas como a impugnante), ordenando a entrega das quantias que seriam devidas se não houvesse tal incentivo e juros calculados do modo aí referido.

E a AF limitou-se a cumprir o assim decidido.

Porém, como vimos, a impugnante defende que "enferma a decisão da Comissão Europeia que motivou as correcções efectuadas de manifesta inconstitucionalidade, razão pela qual não pode a mesma ser aplicada", pelo que a liquidação, nela baseada é manifestamente ilegal "por violação dos princípios jurídicos previstos nos arts. 2.º e 103.º, n. 3, da CRP".

Ou seja: o que está imediatamente em causa é a decisão comunitária, sendo que a liquidação, operada com base em tal decisão, só mediatamente é que enferma de ilegalidade.

Anote-se desde já que a decisão da Comissão Europeia foi tomada de acordo com uma Directiva comunitária, concretamente o Regulamento (CE) n.º 659/1999, do Conselho de 22/3/99, onde, depois de se definir o que é um "auxílio" (art. 1.º), diz-se que a Comissão deve ser notificada a tempo pelo Estado-membro dos projectos de concessão de novos "auxílios" (art. 2.º) e refere-se que os "auxílios a notificar não serão executados antes de a Comissão ter tomado, ou de se poder considerar que tomou, uma decisão que os autorize" (art. 3.º).

Depois, o art. 14.º, sob a epígrafe "recuperação do auxílio", determina no seu n. 2, que "o auxílio a recuperar mediante uma decisão de recuperação incluirá juros a uma taxa adequada fixada pela Comissão. Os juros são devidos a partir da data em que o auxílio ilegal foi colocado à disposição do beneficiário e até ao momento da sua recuperação".

Pois bem.

Foi na sequência deste normativo comunitário que a Comissão agiu.

Ou seja, o que está em causa é a decisão da Comissão Europeia.

E esta não é sindicável pelos tribunais portugueses. É sim sindicável pelos tribunais comunitários, seja pelo Tribunal de Justiça das Comunidades Europeias (art. 230.º do Tratado de Roma), seja pelo Tribunal de 1ª Instância da UE (art. 225.º do Tratado de Roma), não importando aqui precisar qual o órgão jurisdicional concretamente competente.

É certo que, como é óbvio, a pretensão do recorrente visa o acto de liquidação, porque é esse que o afecta directamente.

Mas o recorrente não assaca a esse acto de liquidação vícios próprios.

O que o recorrente defende é que o acto da Comisso Europeia, que está na base do acto de liquidação, é ilegal, violando normas constitucionais portuguesas.

Ou seja: a recorrente não vem dizer que o acto de liquidação impugnado contenha vícios próprios.

No caso concreto, o acto de liquidação não é mais do que um acto de execução da determinação comunitária.

É um acto de execução de uma decisão da Comissão Europeia.

Que não foi objecto de recurso perante os tribunais comunitários.

Assim, e porque o acto de liquidação não foi atacado por vícios próprios (sendo, como vimos, e na hipótese concreta, um acto executivo), e não excede a determinação comunitária, poderá fazer-se apelo à doutrina do art. 151.º, n.os 3 e 4, do CPA), defendendo-se aqui a irrecorribilidade do acto de liquidação. Acto ao qual não vêm assacados vícios próprios, antes se limitando tal acto a executar uma decisão comunitária definitiva e executória, contendo-se nos precisos termos e limites dessa decisão.

No caso concreto, e limitando-se a dar execução a uma decisão comunitária, e não mais do que isso, não enfermando de vícios próprios, poderemos dizer que o acto de liquidação não é mais do que um acto de execução dessa decisão.

Ora, os actos de execução que se limitam a pôr em prática o já decidido no acto exequendo são, em regra irrecorríveis, por serem meramente confirmativos, não assumindo autonomamente a natureza de actos lesivos ou interesses legalmente protegidos, lesão essa que, a existir, deriva do acto que anteriormente definiu a situação do interessado[1].

Transportando-nos à hipótese dos autos, logo vemos que o acto de liquidação, balizando-se pela decisão comunitária, não enferma de qualquer vício.

Coisa diversa é saber se a impugnante, aqui recorrente, pode pedir responsabilidades por um diploma que viola norma comunitária e que, revogado por decisão comunitária, lhe causa prejuízos. Mas sobre isto não tem o tribunal que se pronunciar.

4. Face ao exposto, acorda-se em negar provimento ao recurso.

Custas pela recorrente, fixando-se a procuradoria em 40%.

Lisboa, 24 de Maio de 2006.

Lúcio Barbosa (Relator)
Pimenta do Vale
Baeta de Queiroz

Recurso n.º 1091/05-30

IRC. INSTITUIÇÕES DE CRÉDITO. GRANDES REPARAÇÕES E BENEFICIAÇÕES. AMORTIZAÇÃO. DECRETO-REGULAMENTAR N.º 2/90, DE 12 DE JANEIRO.

(Acórdão de 17 de Maio de 2006)

SUMÁRIO:

I – As grandes obras de construção civil e de remodelação que contribuem para aumento do valor real e duração do imóvel, constituindo um todo por serem sua parte integrante, concretizam o conceito legal de «grandes reparações e beneficiações», nos termos do artigo 5.º, n.º 2, alínea *c*) do Decreto-Regulamentar n.º 2/90, de 12 de Janeiro.

II – Pelo que a respectiva amortização deve ser determinada de acordo com o período de desgaste ou utilidade esperada do bem que elas visaram beneficiar no seu todo.

ACORDAM NA SECÇÃO DO CONTENCIOSO TRIBUTÁRIO DO SUPREMO TRIBUNAL ADMINISTRATIVO:

Banco B.P.I., S.A., vem recorrer do acórdão do Tribunal Central Administrativo, que negou provimento ao recurso contencioso que aquele interpusera de despacho do Secretário de Estado dos Assuntos Fiscais, de 13 de Junho de 2002, "que lhe indeferiu o recurso hierárquico apresentado relativamente às correcções operadas à matéria colectável de IRC do exercício de 1998".

Fundamentou-se o aresto recorrido em que as reparações de construção civil operadas nas remodelações das agências da recorrente são de qualificar com "grandes reparações e beneficiações" que se integram nos edifícios, sendo, assim, de subsumir ao código 2015 da tabela II, grupo 1 – Imóveis comerciais e administrativos, a que corresponde a percentagem de 2, como período mínimo de vida útil, nos termos dos artigos 29.º, n.º 1 do Código do Imposto sobre o Rendimento das Pessoas Colectivas e 3.º, n.º 2, alínea *a*) do Decreto-Regulamentar n.º 2/90, de 12 de Janeiro, sendo, por isso, as respectivas taxas calculadas com base no correspondente período de utilidade esperada e as mesmas previstas para os próprios edifícios onde se integraram.

O Banco recorrente formulou as seguintes conclusões:

1.ª O recorrente contabilizou indevidamente, numa rubrica do imobilizado incorpóreo, pequenas obras de recuperação e manutenção de algumas das suas agências, procedendo à respectiva amortização, nos três exercícios seguintes ao da aquisição, nos termos prescritos no Decreto-Regulamentar n.º 2/90, de 12 de Janeiro, para as despesas de instalação;

2.ª Entenderam os Serviços de Prevenção e Inspecção Tributária da Direcção-Geral dos Impostos, no que foram secundados por Sua Excelência o Secretário de Estado para os Assuntos Fiscais, que, consistindo os supra referidos activos em grandes reparações, a sua reintegração deveria ser efectuada a uma taxa calculada em função do período de utilidade esperada para os imóveis em que se inseriam, nos termos do n.º 2 do artigo 5.º do citado Decreto-Regulamentar;

3.ª Para que determinada obra possa ser considerada como grande reparação ou beneficiação, para efeitos contabilísticos e fiscais, têm de lhe estar subjacentes, no essencial, duas qualidades, a durabilidade e a inamovibilidade, a par do aumento do período de vida útil do bem ou do seu valor;

4.ª Nenhuma das referidas características assiste, no entanto, às obras efectuadas pelo recorrente nas suas agências;

5.ª De igual modo também não se verifica nenhum dos aludidos efeitos;

6.ª Pelo que ao corrigir o valor das respectivas amortizações com fundamento na sua qualificação como "grandes reparações", enfermam tais correcções do vício de violação de lei por erro nos pressupostos de facto da aplicação do regime previsto no n.º 3 do artigo 5.º do Decreto-Regulamentar n.º 2/90;

7.ª Sendo ilegal pelas mesmas razões o acto tributário recorrido que, sem fundamento, indeferiu o recurso hierárquico deduzido contra as mesmas;

8.ª Mesmo que se entendesse como correcta aquela qualificação, ainda assim as referidas correcções se afigurariam ilegais, por erro grosseiro na aplicação do critério de determinação do período de vida útil dos mesmos activos no uso da faculdade conferida pelo citado n.º 3 do artigo 5.º do Decreto-Regulamentar n.º 2/90;

9.ª Vício que se estende ao acórdão recorrido, o qual também qualifica as obras em apreço como "Grandes

[1] Jorge de Sousa, CPPT Anotado, 4ª Edição, pág. 488, e jurisprudência aí citada.

reparações e beneficiações" e considera a quantificação efectuada pela Administração Tributária como a única válida.

Por todo o exposto, e o mais que o ilustrado juízo desse Venerando Tribunal suprirá, deve o presente recurso ser julgado procedente, por provado, anulando-se consequentemente o acórdão recorrido, assim se cumprindo com o DIREITO e a JUSTIÇA.

Concluindo, por sua vez, a autoridade recorrida:

1. Não podem ser dissociadas do imóvel em que são realizadas as obras diversas de remodelação de vários balcões de agências bancárias e que envolveram trabalhos de construção civil, alvenaria, betões, escavações para fundações, revestimentos, tectos, carpintarias, vidros, estores, demolições e desmontagens, instalações eléctricas, candeeiros, escavações e aterros, revestimentos de paredes e tectos, alcatifas, instalação/reparação de ar condicionado;

2. Tais obras, independentemente da razão de ser para a sua ocorrência, conferem ao imóvel respectivo um aumento de valor e influenciam inevitavelmente o seu período de vida útil;

3. Como se decidiu no acórdão recorrido, tais obras contêm as qualidades de durabilidade e inamovibilidade porque passam a fazer parte incindível do imóvel,

4. Face ao que as mesmas constituem grandes reparações cujas amortizações, seguem o regime aplicável ao imóvel onde são realizadas.

5. Perante esta conceituação, a DGCI considerou as amortizações pelas taxas que resultam do período de utilidade esperada, ou seja, as correspondentes às que são aplicadas aos próprios edifícios.

6. Não se verifica, portanto, o alegado vício de violação de lei porque a actuação da AF encontra apoio no Decreto-Regulamentar 2/90, como doutamente entendeu o acórdão recorrido.

7. O STA já se pronunciou sobre esta matéria, só que relativa a outro exercício, em que é recorrente o mesmo Banco, tendo o douto Acórdão mantido a decisão do TCA.

Nestes termos deve o presente recurso ser julgado improcedente, por não provado, com as consequências legais.

O Exmo. Magistrado do Ministério Público emitiu parecer no sentido do não provimento do recurso, já que a instância fez boa interpretação e aplicação da lei, considerando as obras em causa como "grandes reparações e beneficiações", na esteira, de resto, de jurisprudência do Supremo Tribunal Administrativo, que cita e para que remete *brevitatis causa.*

E, colhidos os vistos legais, nada obsta à decisão.

Em sede factual, vem apurado que:

a) O ora recorrente foi objecto de uma inspecção tributária realizada pela Direcção de Serviços de Prevenção e Inspecção Tributária (DSPIT) no ano de 2001, abrangendo os exercícios dos anos de 1997 e de 1998, onde foi detectado além do mais, que o banco havia praticado reintegrações do montante de Esc. 19.236.900$, relativas a custos suportados com empreitadas de construção civil realizadas em obras efectuadas em edifícios com remodelação das suas várias agências ao longo do País, em que praticou a taxa de reintegração de 33,33%, que não foram aceites pela AT por tais obras estarem associadas aos mesmos edifícios em que a taxa de reintegração deveria ser calculada em função do período de vida útil esperada – doc. de fls 205 destes autos e processo administrativo apenso;

b) Consequentemente, foi-lhe corrigida a matéria tributável do exercício, por correcções meramente aritméticas, e notificado em Fevereiro de 2001, de que poderia interpor recurso hierárquico para o Ministro das Finanças ao abrigo do disposto no art. 112.º do CIRC – mesmo processo administrativo;

c) Por requerimento entrado na 1.ª DDF de Lisboa em 21.3.2001, veio o ora recorrente interpor o recurso hierárquico necessário paro Exmo. Ministro das Finanças, que depois de informado, nele veio a ser proferido o despacho SEAF n.º 449/2002-XV, de 13.6.2002, do mesmo Exmo. Secretário de Estado dos Assuntos Fiscais, em que indeferiu tal recurso (despacho recorrido) – mesmo processo administrativo;

d) O recorrente havia registado tais gastos como "despesas de instalação", sem fazer qualquer discriminação entre os bens e serviços das várias facturas e nem procedeu à sua classificação segundo a tabela II do Dec-Reg. n.º 2/90 – mesmo processo administrativo;

e) Pela inspecção efectuada foram tais despesas consideradas com fazendo parte do edifício em que foram colocadas e enquadradas no "Código 2015 – imóveis comerciais e administrativos", da Tabela II, do referido Dec-Reg. n.º 2/90 – mesmo processo administrativo;

f) As citadas obras de reparação/remodelação das referidas agências bancárias consistiram em trabalhos de construção civil, alvenarias, betões, escavações para fundações, revestimentos, tectos, carpintarias, vidros e estores, demolições e desmontagens, tubagens eléctricas, candeeiros, escavações e aterros, revestimentos de paredes e tectos, alcatifas, instalação/reparação de ar condicionado, etc. – docs. de fls 24 e segs dos autos.

Vejamos, pois:

As enunciadas questões destes autos foram já objecto de pronúncias várias neste Supremo Tribunal Administrativo, em relação ao mesmo recorrente, com matéria factual semelhante e idênticas alegações e conclusões dos recursos, variando apenas os exercícios a que se reportam.

Sendo sempre as decisões respectivas – como, aliás, as do Tribunal Central Administrativo – uniformes.

A decisão jurisdicional ora recorrida recolhe até a fundamentação constante do acórdão do Tribunal Central Administrativo proferido no recurso n.º 7134/02, aliás, integralmente confirmado, por remissão, pelo Supremo Tribunal Administrativo.

Cfr. os acórdãos deste tribunal de 28 de Setembro de 2004 – recurso n.º 465/04, de 22 de Maio de 2004 – recurso n.º 917/04 e de 6 de Julho de 2005 – recurso n.º 323/05.

Assim sendo, nada mais há a fazer do que remeter para aquela decisão, por inteiramente se concordar com ela e seus fundamentos – artigos 713.º, n.º 5 e 726.º do Código de Processo Civil.

Termos em que se acorda negar provimento ao recurso.

Custas pelo recorrente, fixando-se a taxa de justiça em mil euros, digo, 500 €.

Lisboa, 17 de Maio de 2006.

Brandão de Pinho (Relator)
Lúcio Barbosa
Baeta de Queiroz

Recurso n.º 123/06-30

IRS. RECURSO DE DECISÃO QUE DETERMINOU A FIXAÇÃO DOS RENDIMENTOS TRIBUTÁVEIS EM IRS POR MANIFESTAÇÃO DE FORTUNA. PETIÇÃO INICIAL ENTREGUE NOS SERVIÇOS DE FINANÇAS. TEMPESTIVIDADE. APLICAÇÃO DO REGIME SUPLETIVO DO CÓDIGO DO PROCEDIMENTO ADMINISTRATIVO.

(Acórdão de 12 de Julho de 2006)

SUMÁRIO:

I- Mesmo que os art.s 103.°, n.° 6 do CPPT e 150.°, n.° 1, al. b) do CPC fossem aplicáveis nesta situação, sempre se exigiria, por força do disposto no art. 146.°-B, n.os 1 e 2 do CPPT, que a petição inicial fosse entregue no tribunal de 1ª instância e não em qualquer outra entidade e dentro do prazo ali estipulado.

II- O regime previsto nos art.s 34.°, n.os 1, al. b) e 2 e 77.° do CPA não é aqui aplicável supletivamente, não só porque não existe qualquer lacuna a este respeito no ordenamento jurídico tributário, mas também por que aquele regime apenas é supletivo em relação ao procedimento tributário e não também em relação ao processo judicial tributário.

ACORDAM NESTA SECÇÃO DO CONTENCIOSO TRIBUTÁRIO DO SUPREMO TRIBUNAL ADMINISTRATIVO:

1 – Manuel Simão Silvestre, melhor identificado nos autos, não se conformando com a sentença do Tribunal Administrativo e Fiscal de Loulé que julgou extemporâneo o recurso que interpôs da decisão do Director-Geral dos Impostos, que determinou a avaliação indirecta da matéria colectável, para efeitos de IRS, relativo aos anos de 2002 e 2003, por manifestações de fortuna, dela vem interpor o presente recurso, formulando as seguintes conclusões:

1ª – Em 22/12/2005, o recorrente interpôs recurso da fixação do rendimento tributável em IRS – Manifestação de Fortuna – efectuada pela Direcção-Geral de Impostos (n.° 7 do art. 89.°-A e art. 146-B do C.P.P.T.).

2ª – O recorrente entregou o requerimento de interposição de recurso na Repartição de Finanças de Faro em 22/12/2005 que, após analisar, o recebeu, sem qualquer reparo.

3ª – O Recorrente, ao entregar o requerimento no órgão Periférico Local foi na intenção de obter de imediato, o efeito suspensivo do acto de liquidação (n.° 7 do art. 89.°-A da L.G.T.) e o remeteu pelo correio, para o tribunal em 23/12/2005.

4ª – O requerimento foi dirigido ao órgão competente, o Tribunal Administrativo e Fiscal de Loulé.

5ª – A considerar-se haver erro do recorrente quanto ao serviço onde o requerimento deveria ser apresentado, tal erro deve ser considerado desculpável (art. 77.° do C. Pro. Adm. aplicável por força da al. d) do art. 2.° C.P.P.T.).

6ª – O Órgão Periférico Local, que recebeu o requerimento, deveria ter devolvido de imediato o requerimento e documentos anexos ao Recorrente, para que este o remetesse em devido tempo ao órgão competente, começando a correr novo prazo (al. b) do n.° 1 e n.° 2 do art. 34.° do C.P.A.), o que não aconteceu.

7ª – Não havendo disposição expressa acerca do regime dos requerimentos apresentados em serviço diverso daquele onde o devia ser, é entendimento dever ter lugar a aplicação analógica do disposto no art. 34.° C.P.A. respeitante aos erros sobre a competência para decidir sobre o requerido.

8ª – O recorrente interpretou o n.° 1 do art. 146.°-B do C.P.P.T, no sentido de o requerimento dever ser dirigido ao Tribunal de 1ª Instância.

9ª – Sobre esta matéria é esclarecedor o Ac. proferido pelo S.T.A. em 20/2/2002, p. 26600.

10ª – O Recorrente, ao apresentar o requerimento na Repartição de finanças de Faro, tinha um interesse efectivo, directo e legítimo em obter o imediato efeito suspensivo do acto de liquidação.

A entidade recorrida contra-alegou nos termos que constam de fls. 127 e segs., que aqui se dão por reproduzidos para todos os efeitos legais, para concluir que deve ser negado provimento ao recurso.

O Exm.° Procurador-Geral Adjunto emitiu douto parecer no sentido de que "o julgado é de confirmar, por nele se ter feito boa interpretação do art. 146.°-B n.os 1 e 2 do CPPTributário, de resto na linha da jurisprudência pacífica deste STA, que nele se cita", concluindo, assim, pela improcedência do recurso.

Não foram colhidos os vistos legais, atento o carácter urgente do processo.

2 – No que diz respeito à matéria de facto e uma vez que a mesma não vem posta em causa no presente recurso, remete-se para a fixada na sentença recorrida (cfr. art.s 713.°, n.° 6 e 726.° do CPC).

3 – A questão que constitui objecto do presente recurso consiste em saber se o recurso interposto pelo recorrente da decisão do Director-Geral dos Impostos, que determinou a avaliação indirecta da matéria colectável, para efeitos de IRS, por manifestações de fortuna, relativo aos anos de 2002 e 2003, é extemporâneo.

Desde logo, é inquestionável que o recorrente entregou, no dia 22/12/05, no serviço de finanças onde foi praticado o acto recorrido, embora dirigida ao "Mm.° Juiz do Tribunal Administrativo e Fiscal de Loulé" a petição inicial respectiva.

Esta petição foi depois remetida por aqueles serviços ao Tribunal Administrativo e Fiscal de Loulé, onde deu entrada no dia 27/12/05 (vide fls. 4).

Por outro lado, esse recurso foi interposto nos termos do disposto no art. 146.°-B do CPPT, como resulta do cabeçalho da mesma petição.

E, como vimos, tem por objecto um acto da Administração Tributária que, face aos termos daquele normativo, deve obedecer ao que nele vem regulamentado.

Daí que este recurso seja enquadrável nos meios processuais acessórios (art. 97.°, n.° 1, al. q) do CPPT), tenha um processamento próprio (art. 146.°-B do CPPT) e seja tramitado como processo urgente (art. 146.°-D do CPPT).

Ora, dispõe o predito art. 146.°-B, n.° 1 que "o contribuinte que pretenda recorrer da decisão da administração tributária que determina o acesso directo à informação bancária que lhe diga respeito deve justificar sumariamente as razões da sua discordância em requerimento apresentado no tribunal tributário de 1ª instância da área do seu domicílio fiscal".

E acrescenta no seu n.° 2 que "a petição referida no número anterior deve ser apresentada no prazo de 10 dias a contar da data em que foi notificado da decisão, independentemente da lei atribuir à mesma efeito suspensivo ou devolutivo".

Posto isto e voltando ao caso dos autos, resulta do probatório que a petição deu entrada no tribunal no dia 27/12/05, sendo certo que o último dia para interpor o referido recurso terminava em 22/12/05, uma vez que a notificação da decisão do Director-Geral dos Impostos ocorreu em 12/12/05, já que, tratando-se, como se trata, de processo urgente, aquele prazo corre em férias (art. 144.°, n.° 1 do CPC).

"Daí que se entenda que o requerimento de recurso seja "apresentado no tribunal tributário de 1ª instância da área do seu domicílio fiscal" tal como expressamente estabelece o n.° 1 do citado art. 146.° B do CPPT.

No caso em apreciação, em que está em causa um recurso interposto nos termos deste art. 146.° B do CPPT, não importa determinar se a petição pode ser remetida ao tribunal, sob registo, pois que na situação concreta dos autos a petição foi remetida aos serviços da Administração tributária.

Quer o art. 103.° 6 do CPPT que permite que a petição inicial da impugnação seja remetida a qualquer entidade referida no n.° 1 "sob registo, valendo, nesse caso, como data do acto processual a da efectivação do respectivo registo postal", quer o art. 150.° 1 b) do CPCivil que permite a remessa da petição pelo correio "valendo como data da prática do acto processual a da efectivação do respectivo registo postal" sempre exigiriam que a petição fosse remetida ao tribunal, por força do referido no art. 146.° B 1 do CPPT e não a qualquer outra entidade.

Com efeito qualquer daqueles preceitos legais (art. 103.° 6 do CPPT e art. 150.° 1 b) do CPCivil) não pode deixar de ser entendido como exigindo que a petição seja remetida ao tribunal ao qual o recurso deve ser apresentado ou à secretaria do tribunal onde podia ser entregue a petição.

Em tal situação o eventual risco do atraso do correio não é imputado à parte que opte por enviar a petição pelo correio.

Se a recorrente dirige tal requerimento a entidade diversa do tribunal ou da secretaria que a lei indica como o competente para receber a petição já o risco do atraso será imputável à parte que dirigiu a petição a entidade diversa" (Acórdão do STA de 25/5/05, in rec. n.° 310/05, tirado em caso idêntico e que vem citado na decisão recorrida e que, aqui, vimos seguindo de perto).

Ora, se a petição, ainda que tivesse sido entregue em entidade diversa, tivesse dado entrada na secretaria do tribunal até ao dia 22/12/05, "o envio para entidade diversa seria irrelevante".

Deste modo, sendo o atraso na entrada da petição em tribunal imputável ao recorrente, este não pode beneficiar do regime fixado nos preditos art.s 103.°, n.° 6 do CPPT e 150.°, n.° 1, al. b) do CPC, se o mesmo fosse aplicável à situação concreta dos presentes autos.

Assim sendo, não poderá deixar de se concluir, como o fez a sentença recorrida, que o recurso é extemporâneo.

4 – E não colhe aqui a pretensão do recorrente de fazer aplicar, ao caso em apreço, o regime consagrado nos art.s 34.°, n.os 1, al. b) e 2 e 77.° do CPA.

Desde logo, só é de se socorrer do regime supletivo no caso de existir uma lacuna, o que, como vimos, não acontece.

Por outro lado, o regime jurídico consagrado no Código do Procedimento Administrativo apenas é supletivo em relação ao procedimento tributário e não em relação ao processo judicial tributário, como é o caso dos autos.

5 – Nestes termos, acorda-se em negar provimento ao recurso e manter a sentença recorrida.

Custas recorrente, fixando-se a procuradoria em 1/6.

Lisboa, 12 de Julho de 2006.

Pimenta do Vale (Relator)
Baeta de Queiroz
Lúcio Barbosa

Recurso n.° 601/06-30

LICENCIAMENTO DE MÁQUINAS DE DIVERSÃO. EXPLORAÇÃO E INSTALAÇÃO. NORMA INTERPRETATIVA. INCONSTITUCIONALIDADE. IMPOSTO. TAXA.

(Acórdão de 7 de Junho de 2006)

SUMÁRIO:

I – O imposto do selo previsto no n.° 12.1 da Tabela Geral do Imposto do Selo, na redacção dada pela Lei n.° 150/99, de 11 de Setembro, incidente sobre a instalação de máquinas electrónicas de diversão, não pode ser exigido relativamente ao registo ou licença de exploração a que se reportam os arts. 17.° e 20.° do anexo ao Decreto-lei n.° 316/95, de 28 de Novembro.

II – Na ausência de outros elementos que permitam dar valor interpretativo a uma norma, o critério fundamental a utilizar para tal fim é o de que o princípio contido na nova lei possa considerar-se ínsito na lei anterior.

III – Sendo distintos os conceitos de «instalação» e «exploração», não pode entender-se que este último estivesse contido naquele, o que é confirmado pela redacção dada àquele art. 12.1 pelo Decreto-Lei n.° 287/2003, de 12 de Novembro, que utiliza, cumulativamente, os dois conceitos.

IV – Diferentemente do que sucedia com o referido art. 12.1, na redacção de 1999, relativamente às taxas previstas nos arts. 17.°, 20.° e 23.° do Decreto-Lei n.° 316/95, de 28 de Novembro, o facto relevante é a exploração e não a instalação.

V – Estas taxas têm realmente natureza de taxas e não de impostos, por se reportarem à remoção de um obstáculo jurídico ao comportamento dos particulares (art. 2.°, n.° 4, da LGT), em situação em há uma actividade da Administração que está numa relação de correspectividade com a prestação exigida ao contribuinte.

ACORDAM NA SECÇÃO DO CONTENCIOSO TRIBUTÁRIO DO SUPREMO TRIBUNAL ADMINISTRATIVO:

1 – C.D.L. – CENTRO DE DIVERSÕES E LAZER, LDA, deduziu impugnação judicial no Tribunal Tributário de 1.ª Instância de Aveiro, tendo por objecto liquidações de imposto de selo e taxas previstas no Regulamento anexo ao Decreto-Lei n.° 316/95, de 28 de Novembro.

O Tribunal Administrativo e Fiscal de Viseu, que sucedeu na competência daquele Tribunal, julgou procedente a impugnação.

Inconformada a Fazenda Pública interpôs o presente recurso para o Tribunal Central Administrativo Norte, que veio a declarar-se hierarquicamente incompetente para o seu conhecimento, na sequência do que o processo foi remetido a este Supremo Tribunal Administrativo, a requerimento da Recorrente.

A Excelentíssima Representante da Fazenda Pública apresentou alegações com as seguintes conclusões:

1) No presente caso o que está em causa é o deferimento da licença de exploração de máquinas de diversão pelo Governo Civil de Aveiro, e a consequente liquidação das taxas a que se refere o art. 23.° n.° 1 do DL 316/95 de 28/11, bem como da liquidação do imposto de selo do verba 12.1 da Tabela geral do imposto de selo.

2) Na douta sentença recorrida conclui-se que não deveria ter sido liquidado qualquer imposto de selo, em virtude de ter partido do pressuposto de que a instalação e exploração de uma máquina de diversão não são a mesma coisa, e como tal constituem factos tributários diferentes e de o facto tributário da exploração não estar previsto no n.° 12.1 da TGIS.

3) O imposto de selo do ponto 12.1 da Tabela incide sobre as licenças de que fala o DL 316/95 de 28/11, nomeadamente do art. 20.° (licença de exploração) no sentido de aí conter todos os actos de licenciamento necessários a que as máquinas electrónicas de diversão pudessem ser exploradas legal e economicamente.

4) Pois que uma das realidades que se visa tributar na verba 12.1 da Tabela do I.S., é precisamente a concessão da licença de exploração de tais máquinas.

5) O regime jurídico do licenciamento e de exploração de máquinas de diversão previsto no DL 316/95 de 28/11, já existia quando entrou em vigora verba n.° 12.1 tabela do imposto de selo.

6) Pelo que o termo instalação utilizado no ponto 12.1 da Tabela se reporta à exploração das máquinas visadas, pois que com toda a certeza o legislador da Tabela elaborou o seu ponto 12 tendo em conta a licença de exploração que se encontrava prevista no respectivo regime jurídico.

7) Não é razoável supor-se que o legislador tenha introduzido na incidência do imposto uma distinção entre a licença para instalação e exploração das máquinas de diversão, só sujeitando a tributação a instalação.

8) De realçar que na nova tabela do imposto de selo (que consta do DL. 287/2003 de 12 Novembro) foi corrigida a redacção acrescentando-se o termo exploração, a nosso ver com o sentido de que não fiquem quaisquer dúvidas que as licenças de exploração das máquinas aí visadas caiem nas regras da incidência desta verba.

9) Assim deve entender-se que esta nova redacção da tabela tem carácter interpretativa, uma vez que ao acrescentar o termo exploração, não está a elencar uma nova realidade sujeita a imposto, apenas visa dissipar quaisquer dúvidas que surgissem pela sua não consagração expressa na anterior redacção da Tabela Geral do Imposto de Selo.

10) O Meritíssimo Juiz do Tribunal a quo, não conheceu de todas as questões que lhe foram submetidas, pois que a douta sentença recorrida não indica em que se fundou para anular a liquidação das taxas previstas no art. 23.° n.° 1 do DL 316/95 de 28 de Novembro, no montante total de 510.000$00 que também foi objecto de impugnação, o que constitui nulidade da sentença (art. 668.° n.° b) e d) do CPC)

11) A douta decisão recorrida violou a verba n.° 12.1 da Tabela Geral do Imposto de Selo, aprovada pelo D. L. n.° 150/99 de 11/09 e o art. 668.° n.° 1 al. b) e d) do CPC.

Nos termos expostos deve ordenar-se a anulação da douta sentença recorrida, como é de LEI E JUSTIÇA

Não foram apresentadas contra-alegações.

O Excelentíssimo Procurador-Geral Adjunto emitiu douto parecer nos seguintes termos:

Conclusão n.° 10 – O representante da Fazenda Pública não tem legitimidade para alegar nulidade de sentença por omissão de pronúncia sobre questão posta pela impugnante na petição inicial, por falta de interesse em agir legalmente prosseguido (cfr. o art. 26.° do C.P.C. e, v.g., o ac. da 1.ª Secção de 4.4.2001, r. n.° 45221).

Conclusões n.° 8 e 9. Nada permite concluir que a nova redacção do n.° 12.1 da Tabela Geral do Imposto do Selo, introduzida pelo Decreto-Lei n.° 287/2003, de 12.11, tenha natureza interpretativa; pelo contrário: confrontando ambas as redacções e considerando que a jurisprudência deste S.T.A. (v. o ac. citado na sentença recorrida e, ainda, os de 12.1.05, r. 1179/04, e de 13.4.05, r. n.° 1088/04) sobre a interpretação da norma «velha», afasta expressamente a solução introduzida pela lei «nova», tem de se concluir que a norma «nova» só pode valer para o futuro (cfr. a doutrina invocada pela própria Recorrente nas suas alegações).

Restantes conclusões. Os seus fundamentos não procedem porque o Meritíssimo Juiz «a quo» fez boa interpretação da lei, na linha, de resto, da citada jurisprudência deste STA para cuja fundamentação remeto.

Termos em que sou de parecer que se confirme o julgado, negando-se, consequentemente, provimento ao recurso.

As partes foram notificadas deste douto parecer, apenas se tendo pronunciado a Excelentíssima Representante da Fazenda Pública dizendo, no essencial, o seguinte:

– Na conclusão 10ª das suas alegações a recorrente Fazenda Pública diz que «o M.mo Juiz do Tribunal a quo

não conheceu de todas as questões que lhe foram submetidas pois que a douta sentença recorrida não indica em que se fundou para anular a liquidação ... o que constitui nulidade da sentença (alínea b) e d) do n.º 1 do artigo 668.º do CPC)".

– O assim alegado, não obstante vir referido como sendo o não conhecimento de uma questão que fora submetida ao tribunal, configura a arguição de falta de fundamentação.

– Como tal, a nulidade arguida situa-se fora do âmbito de aplicação do entendimento sufragado no douto parecer por este entendimento se reportar à arguição da nulidade por omissão de pronúncia.

– Tem o representante da Fazenda Pública plena legitimidade para arguir a nulidade da sentença por falta de fundamentação.

Corridos os vistos legais, cumpre decidir.

2 – Na sentença recorrida deu-se como assente a seguinte matéria de facto:

a) A presente impugnação respeita à liquidação do Imposto de Selo previsto no número 12.1 da Tabela Geral do Imposto de Selo, no montante total de 510.000$00 e das taxas previstas no art. 23.º do Regulamento Anexo ao DL 316/95, de 28/11, no montante total de Esc. 510.000$00;

b) A impugnante efectuou em 29/01/2001 o pagamento do Imposto de Selo previsto no n.º 12.1 da Tabela Geral do Imposto de Selo, aprovada pela Lei n.º 150/99, de 11 de Setembro, no montante total de 510.000$00, imposto esse liquidado pelo Governo Civil de Aveiro (fls. 18 dos autos);

c) Na mesma data, efectuou ainda o pagamento das taxas previstas no art. 23.º, n.º 1 do Regulamento Anexo ao DL n.º 316/95, de 28/11, no montante total de Esc. 510.000$00, taxas essas liquidadas pelo Governo Civil de Aveiro, para emissão de licença de exploração prevista no art. 20.º do referido Regulamento (fls. 18 dos autos):

d) A petição inicial da presente impugnação deu entrada na 1.ª Repartição de Finanças de Aveiro no dia 03.04.2001.

3 – Importa apreciar em primeiro lugar a questão da nulidade da sentença recorrida, por ser logicamente prioritária.

Na conclusão 10.ª, a Recorrente refere que «*o Meritíssimo Juiz do Tribunal a quo, não conheceu de todas as questões que lhe foram submetidas, pois que a douta sentença recorrida não indica em que se fundou para anular a liquidação das taxas previstas no art. 23.º n.º 1 do DL 316/95 de 28 de Novembro, no montante total de 510.000$00 que também foi objecto de impugnação, o que constitui nulidade da sentença (art. 668.º n.º b) e d) do CPC)*».

Na sua resposta ao parecer do Excelentíssimo Magistrado do Ministério Público, a Excelentíssima Representante da Fazenda Pública veio esclarecer que é apenas a nulidade por falta de fundamentação que pretende imputar à sem recorrida, o que pode ser interpretado como uma desistência da arguição do vício de omissão de pronúncia.

De qualquer modo, o vício que pode consubstanciar a não indicação das razões em que se fundou a sentença para anular a liquidação é o de nulidade por falta de fundamentação, previsto naquela alínea b), e não de omissão de pronúncia previsto na alínea d) do n.º 1 daquele art. 668.º.

Por isso, é apenas relativamente ao vício de falta de fundamentação que há que tomar posição.

Relativamente a este vício não se coloca a questão da falta de legitimidade, uma vez que a fundamentação da sentença se destina a esclarecer ambas as partes sobre as razões que justificam a decisão, a fim de poderem, nomeadamente, decidir com adequada ponderação se se conformam com ela ou se a impugnam.

Como vem entendendo uniformemente este Supremo Tribunal Administrativo, só se verifica a nulidade de sentença por falta de fundamentação, prevista na alínea b) do n.º 1 do art. 668.º do C.P.C., quando ocorra falta absoluta de fundamentação.[1]

No entanto, atenta aquela finalidade da fundamentação, a falta de fundamentação deverá aferir-se relativamente a cada uma das questões decididas na sentença.

No caso em apreço, foram impugnadas liquidações de imposto do selo e de taxas previstas no art. 23.º, n.º 1, do Regulamento Anexo ao Decreto-Lei n.º 316/95, de 28 de Novembro.

Na sentença recorrida, depois de se indicarem os factos que se consideram provados, fez-se referência a um acórdão do STA sobre um caso semelhante, relativamente ao imposto do selo.

Desse acórdão, conclui-se na sentença recorrida que «*a Jurisprudência vai no sentido de que a instalação e a exploração de uma máquina de diversão não são a mesma coisa, sendo portanto factos tributários diferentes e que o facto tributário da exploração não está previsto no art. 12.1, da T.G.I.S.*».

Depois disso, escreveu-se na sentença recorrida o seguinte:

«*Igualmente, não se regula no anexo ao DL 316/85, de 28-11, qualquer licença de instalação, mas tão só, uma licença anual ou semestral de exploração – n.º 2 do art. 20*».

Assim, é manifesto que na sentença recorrida se trata da questão das taxas, entendendo-se aplicar-lhe um regime idêntico ao que se entendeu estar previsto para o Imposto do Selo, quanto à distinção entre os conceitos de exploração e instalação.

Não se está, assim, perante uma situação de falta absoluta de fundamentação quanto à questão das taxas referidas.

Por isso, não ocorre a nulidade de sentença invocada.

4 – Da matéria de facto indicada na sentença recorrida não consta explicitamente qual o facto em que se baseou a liquidação de Imposto do Selo, mas conclui-se da sua fundamentação que esse tributo foi liquidado relativamente à emissão de licença de exploração de máquinas de diversão, à semelhança do que se refere no na alínea C) da matéria de facto fixada para a liquidação das taxas.

Estão em causa factos ocorridos no ano de 2001.

5 – O art. 12.º da T.G.I.S., na redacção dada pela Lei n.º 150/99, de 11 de Setembro, vigente à data em que

[1] Neste sentido, entre muitos outros possíveis, podem ver-se os acórdãos do Supremo Tribunal Administrativo de 6-6-89 (recurso n.º 26268), de 10-10-90 (recurso n.º 11946), de 31-1-90 (recurso n.º 11921), de 29-5-91 (recurso n.º 24722), de 21-3-91 (recurso n.º 9034B) e de 15-5-91 (recurso n.º 13137).

ocorreram a emissão de licença de exploração de máquinas eléctricas de diversão estabelecia o seguinte:

12 – Licenças:

12.1 – Para instalação de máquinas electrónicas de diversão – por cada máquina ... 15000$00

Como resulta do texto desta disposição o Imposto do Selo era devido relativamente à ***instalação*** e não à ***exploração*** de máquinas electrónicas de diversão.

São factos distintos a instalação (facto instantâneo) e a exploração (facto permanente), que podem mesmo ser praticados por entidades diferentes relativamente a uma mesma máquina de diversão.

Por isso, é ilegal a liquidação de Imposto do Selo, com base no art. 12.°, 1 da T.G.I.S. vigente em 2001, tendo por base a emissão de uma licença de exploração de máquinas daquele tipo.

É nesse sentido que tem vindo a decidir uniformemente este Supremo Tribunal Administrativo, como pode ver-se pelo acórdão de 20-5-2003, parcialmente transcrito na sentença, e pelos acórdãos de 12-01-2005, recurso n.° 1179/04, e de 13-04-2005, recurso n.° 1088/04.

O facto de, na redacção do art. 12.1 da T.G.I.S. introduzida pelo Decreto-Lei n.° 287/2003, de 12 de Novembro, ter passado a incluir-se uma referência à exploração de máquinas electrónicas de diversão, a par da referência à instalação, não altera antes confirma a interpretação adoptada pelo STA à face da redacção anterior, pois a referência cumulativa à instalação e à exploração revela que, na perspectiva legislativa, a primeira expressão não englobava a segunda.

Por outro lado, não há elementos que permitam atribuir carácter interpretativo à nova redacção.

Segundo refere Ferrer Correia, em parecer publicado na *Colectânea de Jurisprudência*, ano XIV, tomo 4.°, página 35,

«Na ausência de outros elementos que permitam dar valor interpretativo a uma norma, o critério fundamental a utilizar para tal fim é "que o princípio contido na nova lei possa considerar-se ínsito na lei anterior. Ora esse requisito deve julgar-se satisfeito sempre que possa dizer-se que os tribunais decidiam normalmente, no domínio da legislação anterior, de acordo com tal princípio".

"É que, verificando-se este pressuposto, cessam as razões que estão na base do princípio da não-retroactividade da lei, que se consubstanciam na tutela dos direitos adquiridos e das expectativas concebidas pelos particulares ao agirem ao abrigo das normas da lei precedente. Se a jurisprudência era claramente favorável a um certo entendimento da legislação anterior, e a nova lei o vem confirmar de modo expresso não se vê razão para não definir esta lei como interpretativa e como tal aplicável mesmo para o passado. Em boas contas, ninguém poderá queixar-se de ofensas de direitos subjectivos ou de frustração de expectativas, já que os interessados, se tivessem recorrido aos tribunais para fazer valer um suposto direito ou ver esclarecida determinada situação, não teriam muito provavelmente obtido resultado diverso daquele que agora se tornou certo".

Em sentido semelhante, escreve Baptista Machado, em *Sobre a aplicação no tempo do novo Código Civil*, página 287:

«... para que a lei nova possa ser interpretativa de sua natureza, é preciso que haja matéria para interpretação. Se a regra de direito era certa na legislação anterior, ou se a prática jurisprudencial lhe havia de há muito atribuído um determinado sentido, que se mantinha constante e pacífico, a lei nova que venha resolver o respectivo problema jurídico em termos diferentes deve ser considerada uma lei inovadora».

No caso em apreço, não há conhecimento de qualquer controvérsia jurisprudencial sobre a interpretação do referido art. 12.1 da T.G.I.S., na redacção de 1999, sendo a única decisão do STA sobre a matéria em sentido oposto ao que veio a ser consagrado na redacção de 2003.

Por isso, não se vê qualquer razão para reconhecer natureza interpretativa à nova redacção.

Assim, é correcta a decisão recorrida sobre a impugnação da liquidação de Imposto do Selo.

6 – Diferente é a solução relativamente à liquidação das taxas previstas no art. 23.°, n.° 1, do Decreto-Lei n.° 316/95, de 28 de Novembro.

Com efeito, os arts. 17.° e 20.° deste diploma, estabelecem a obrigatoriedade de licenciamento da ***exploração*** das máquinas de diversão e a emissão de licenças de exploração está sujeita ao pagamento de taxas, nos termos do art. 23.°.

Os montantes destas taxas são indicados no Anexo à Portaria n.° 40/97, de 15 de Janeiro.

Não se trata, aqui, de licenciamento de instalação, mas sim de ***exploração*** e foi esse licenciamento que a impugnante requereu, pelo que a situação se enquadra na previsão destas normas.

Aliás, este enquadramento nem sequer é questionado pela Impugnante que alicerça a sua impugnação, quanto às taxas, apenas na invocação da sua inconstitucionalidade, por se tratar de tributos que têm a natureza de impostos, e não terem sido criados pela Assembleia da República ou pelo Governo no uso de autorização legislativa.

Efectivamente, a criação de impostos inclui-se na reserva relativa de competência legislativa da Assembleia da República [arts. 103.°, n.° 2, e 165.°, n.° 1, alínea i) da C.R.P., na redacção vigente e arts. 106.°, n.° 2, e 168.°, n.° 1, alínea i), na redacção de 1992, vigente ao tempo da aprovação do diploma que veio a ser o Decreto-Lei n.° 316/95] pelo que, não tendo este diploma sido emitido pelo Governo ao abrigo de autorização legislativa, a constitucionalidade do tributo criado pelo referido art. 23.° depende de ele não ter a natureza de imposto.

Assim, importa apreciar a natureza deste tributo.

A distinção entre imposto e taxa faz-se com base no carácter unilateral ou bilateral dos tributos: o imposto tem estrutura unilateral, a taxa tem carácter bilateral e sinalagmático.

Para um tributo ser qualificável como taxa terá de haver correspectividade entre a prestação paga pelo contribuinte e a prestação concreta de um serviço público ou utilização de um bem do domínio público ou remoção de um obstáculo jurídico ao comportamento dos particulares, como está hoje expressamente estabelecido no n.° 2 do art. 4.° da L.G.T.

«Tal relação sinalagmática entre a contrapartida e o montante a pagar não pode deixar de ter um carácter substancial ou material, e não meramente formal o que não implica, porém, que se exija uma equivalência económica rigorosa entre ambos, não sendo incompatível com a natureza sinalagmática da taxa o facto de o seu montante ser "superior (e, porventura, até consideravelmente superior) ao custo do serviço prestado" contudo o que não pode é ocorrer uma «desproporção intole-

rável»", ou seja, "manifesta" e comprometedora, "de modo inequívoco, da correspectividade pressuposta na relação sinalagmática", devendo a respectiva aferição tomar em conta, não apenas o valor da quantia a pagar, mas também a utilidade do serviço prestado».[2]

No caso em apreço, está-se perante a remoção de um obstáculo jurídico ao comportamento dos particulares, que é susceptível de se enquadrar no conceito de taxa, se existir uma actividade da Administração que esteja numa relação de correspectividade com a prestação paga pelo contribuinte.

Esta correspectividade existe, no caso em apreço, pois o licenciamento é precedido de uma análise da actividade lúdica proporcionada pela máquina de diversão, de forma a apreciar se ela não é susceptível de por em causa a protecção devida da infância e a juventude, a prevenção da criminalidade e a ordem ou tranquilidade públicas, como é imposto pelo art. 20.°, n.° 3, do Decreto-Lei n.° 316/95, que está em consonância com a protecção à infância e a política de juventude constitucionalmente impostas pelos arts. 69.° e 70.° da C.R.P. e com os deveres estaduais de assegurar a segurança e tranquilidade públicas (art. 272.° da C.R.P.).

Por outro lado, a exploração das máquinas deste tipo, exige uma contínua fiscalização, designadamente do cumprimento dos condicionamentos previstos no art. 22.° deste diploma, pelo que há necessidades especiais de policiamento gerados pela actividade de exploração de máquinas de diversão.

Por isso, não se pode afirmar, no caso em apreço, que se esteja perante a exigência de uma prestação sem qualquer contrapartida por parte da Administração.

Consequentemente, o tributo referido naquele art. 23.° deve ser qualificado como taxa.

Do exposto, conclui-se que não é correcta a posição assumida na sentença recorrida quanto à impugnação das taxas referidas, pelo que ela deve ser revogada nessa parte.

Termos em que acordam em

– negar provimento ao recurso jurisdicional quanto à impugnação do Imposto do Selo, conformando a sentença recorrida nesta parte;

– conceder provimento ao recurso jurisdicional quanto à impugnação das taxas previstas no Decreto-Lei n.° 316/ /95, revogando a sentença recorrida e julgando improcedente a impugnação nesta parte.

Custas pela Impugnante, apenas na 1.ª instância, na parte em que decaiu.

Lisboa, 7 de Junho de 2006.

Jorge de Sousa (Relator)
Baeta de Queiroz
Pimenta do Vale

Recurso n.° 242/06-30

[2] Neste sentido, entre vários outros, podem ver-se os acórdãos deste Supremo Tribunal Administrativo de 26-1-2005, proferido no recurso n.° 1167/04, e de 18-5-2005, proferido no recurso n.° 1176/04, este do Pleno da Secção do Contencioso Tributário.

MÚTUO. JUROS. PRESUNÇÃO. ESCRITURA PÚBLICA. FORÇA PROBATÓRIA.

(Acórdão de 31 de Maio de 2006)

SUMÁRIO:

I – A presunção de que os contratos de mútuo vencem juros é ilidível.

II – Beneficiando dessa presunção, a Administração Tributária não carece de demonstrar a percepção de tais juros.

III – Não ilide essa presunção a escritura pública em que os contraentes, rectificando a inicial, declararam não serem devidos juros.

IV – A força probatória plena da referida escritura não abarca as declarações prestadas pelos outorgantes perante o notário.

ACORDAM NA SECÇÃO DO CONTENCIOSO TRIBUTÁRIO DO SUPREMO TRIBUNAL ADMINISTRATIVO:

1.1. O MINISTÉRIO PÚBLICO recorre da sentença do Mm.° Juiz do Tribunal Administrativo e Fiscal de Braga que julgou procedente a impugnação da liquidação de imposto sobre o rendimento das pessoas singulares (IRS) relativo ao ano de 1997 deduzida por **MANUEL MARTINS DA CUNHA** e **HELENA MARTINS RODRIGUES**, residentes em Meadela, Viana do Castelo.

Formula as seguintes conclusões:

1. Os impugnantes, na qualidade de credores, e José Joaquim de Castro Lima Franco e mulher Maria da Conceição Rodrigues da Cunha Franco, na qualidade de devedores, por escritura pública de 19/12/1994, celebraram um contrato de mútuo, no montante de 35.000.000$00, pelo prazo de dez anos, ao juro anual de 15% ao ano;

2. Por escritura pública de 10/4/1996, os mesmos intervenientes rectificaram aquela escritura, declarando que o referido mútuo não vencia quaisquer juros;

3. Nos termos do n.° 2 do art. 7.° do CIRS, presume-se que os mútuos são remunerados, isto é, que vencem juros;

4. A força probatória das referidas escrituras, como documentos autênticos, é exactamente igual e abrange apenas os factos praticados pela autoridade ou oficial público respectivo, bem como os factos que aí são atestados com base nas percepções da entidade documentadora, nos termos do art. 371.°, n.° 1 do C. Civil;

5. A declaração feita pelos intervenientes na 2 escritura, no sentido de que o mútuo entre eles celebrado não vencia juros, não está abrangida pela força probatória dos documentos autênticos;

6. Tal declaração não tem a virtualidade de afastar a presunção legal estabelecida no n.° 2 do artigo 7.° do CIRS nem é suficiente para considerar instalada a dúvida sobre a existência do facto tributário, isto é, sobre a remuneração ou não do mútuo aqui em causa;

7. Considerando que a escritura celebrada a 10/4/ /1996, por ser um documento autêntico, faz prova plena dos factos dela constantes, inclusive que o capital mutuado pelos impugnantes não venceu juros, sem levar

em conta a igual força probatória da escritura celebrada a 19/12/1994, o M.mo Juiz *a quo* não apreciou correctamente a prova produzida nos autos;

8. Decidindo como decidiu, o M.mo Juiz violou o disposto nos arts. 6.º n.º 1, al. a) e 7.º, n.º 2 do CIRS, 344.º, n.º 1, 342.º, n.º 3 e 371.º, n.º 1 do C. Civil».

1.2. Não há contra-alegações.

1.3. O processo tem os vistos dos Exm.ºs Adjuntos.

2. A matéria de facto que vem provada é a seguinte:

«1. Em 19/12/1994, os Impugnantes celebraram uma escritura pública na qual declaram mutuar o capital de Esc.: 35.000.000$00, o qual vencia juros de 15% ao ano;

2. Por escritura pública celebrada a 10/04/1996, foi rectificada a escritura celebrada em 19/12/1994, ficando a constar que o referido mútuo não vencia quaisquer juros;

3. Relativamente aos anos fiscais de 1996, 1997, 1998, 1999 e 2000, a Administração Fiscal (AF) procedeu a uma inspecção tributária aos Impugnantes tendo efectuado uma correcção aritmética à matéria colectável dos referidos anos;

4. Em 22/09/2001 foi lançada a liquidação 5353701869, respeitante aos rendimentos em IRS do ano de 1997 e notificada aos Impugnantes».

3. Nos termos do disposto nos n.os 2 e 5 do artigo 7.º do Código do IRS (CIRS) presume-se que os mútuos são remunerados, podendo a presunção ser ilidida com base em decisão judicial, acto administrativo, declaração do Banco de Portugal ou reconhecimento pela Direcção-Geral dos Impostos.

Estamos, pois, perante uma presunção legal que, todavia, pode ser afastada mediante prova em contrário.

De acordo com o artigo 350.º n.º 1 do Código Civil (CC), «quem tem a seu favor a presunção legal escusa de provar o facto a que ela conduz».

Como assim, o mútuo celebrado pelos recorridos em 19 de Dezembro de 1994 presume-se oneroso. Todavia, no caso, a presunção não chegava a operar, perante a declaração inserida no contrato, segundo a qual o capital vencia juros à taxa de 15% ao ano.

Quando, em 10 de Abril de 1996, foi rectificada a escritura pública, dela passando a constar que o mútuo não vencia juros, a presunção actuou, ou seja, apesar da declaração em contrário, a Administração pode presumir que o contrato é oneroso, e não tem de o demonstrar. É aos recorridos que cabe o ónus de provar a gratuidade do mútuo.

Ora, a verdade é que o não fizeram, deixando de pé a presunção a favor da Administração.

Com efeito, a escritura pública rectificada não prova que o contrato seja gratuito – apenas que os declarantes produziram essa afirmação perante o Notário. Como, antes, haviam proferido outra, de sinal oposto – que eram devidos juros pelo mutuário.

Isto porque «os documentos autênticos fazem prova plena dos factos que referem como praticados pela autoridade ou oficial público respectivo, assim como dos factos que neles são atestados com base nas percepções da entidade documentadora» – artigo 371.º n.º 1 do CC.

No caso de escrituras públicas como aquela em que intervieram os recorridos, o facto praticado pela autoridade pública consiste na celebração do acto notarial. E os factos por ela percebidos são a comparência dos outorgantes, a sua identidade, e as declarações prestadas – que estabelecem entre si o contrato com o conteúdo que afirmam perante o Notário.

Deste modo, não pode afirmar-se, como a sentença, que «a escritura pública faz prova plena dos factos dela constantes», e que «deveria a AF ter dito algo mais do que invocar uma presunção legal», competindo-lhe «alegar factos, concretizar e fundamentar a sua posição, apresentar provas concretas, designadamente do pagamento dos referidos juros».

Ao invés, a Administração, enquanto beneficiária da falada presunção, nada tinha que provar; e os recorridos, desfavorecidos pela mesma presunção, não a ilidiram, pois a rectificação à escritura não prova mais do que já se disse: que, na presença do oficial público, afirmaram não serem devidos juros.

Nem cabe invocar a dúvida de que trata o n.º 3 do artigo 341.º do CC sobre se o facto é constitutivo, impeditivo, modificativo ou extensivo do direito. A presunção estabelecida no CIRS vale para qualquer dos casos, e faz com que o facto presumido – a percepção de juros –, por isso que se presume, se dê por provado mesmo que prova não seja feita, possibilitando-se, apenas, a demonstração do contrário.

Prova que, não tendo, no nosso caso, sido feita, impedia o êxito da impugnação judicial.

Procedem, pelo exposto, as conclusões das alegações do recurso.

4. Termos em que acordam, em conferência, os juízes da Secção de Contencioso Tributário deste Supremo Tribunal Administrativo em, concedendo provimento ao recurso, revogar a sentença recorrida, julgando improcedente a impugnação judicial e mantendo o acto de liquidação.

Custas a cargo dos recorridos, mas só na 1ª instância.

Lisboa, 31 de Maio de 2006.

Baeta de Queiroz (Relator)
Pimenta do Vale
Brandão de Pinho

Recurso n.º 200/06-30

NOTIFICAÇÃO DE ACTO TRIBUTÁRIO. CARTA REGISTADA COM AVISO DE RECEPÇÃO. RECUSA PELO DESTINATÁRIO. PRESUNÇÃO DE NOTIFICAÇÃO.

(Acórdão de 12 de Julho de 2006)

SUMÁRIO:

I – A recusa pelo destinatário de uma carta registada com aviso de recepção destinada a notificá-lo da prática de um acto tributário implica a remessa de uma nova carta registada com

aviso de recepção, só com a recusa desta podendo presumir-se efectuada a notificação, nos termos do artigo 39.° n.° 5 do Código de Procedimento e de Processo Tributário.

II – Se a primeira carta enviada pela Administração leva, por lapso, o endereço errado, e por isso vem devolvida, e a segunda, já devidamente endereçada, é recusada, impõe-se o envio de uma terceira, nos termos daquela disposição legal.

ACORDAM NA SECÇÃO DO CONTENCIOSO TRIBUTÁRIO DO SUPREMO TRIBUNAL ADMINISTRATIVO:

1.1. ROCA & FILHOS, COMÉRCIO GERAL IMPORTAÇÃO E EXPORTAÇÃO, LDA., com sede em Lisboa, recorre da sentença do Mm.° Juiz do Tribunal Administrativo e Fiscal de Lisboa que julgou improcedente a oposição à execução fiscal contra si instaurada para cobrança de dívida de imposto sobre o rendimento das pessoas colectivas (IRC) relativo aos exercícios dos anos de 1992 e 1993.

Formula as seguintes conclusões:

«– Ao decidir-se pela improcedência da oposição o Tribunal a quo fez incorrecta subsunção dos factos dados como provados ao direito em virtude de errada interpretação e aplicação do disposto nos artigos 36.°, 38.°, 39.° e 41.° do CPPT e violação do princípio constitucional consagrado no artigo 268.° n.° 3 da Constituição da Republica Portuguesa;

– Quer a decisão sobre a reclamação para a comissão, quer a liquidação adicional do imposto de IRC n.° 2000 8330014491 e n.° 2000 83300014490, respectivamente, deviam ter sido efectuadas através de carta registada com aviso de recepção, porque são actos ou decisões susceptíveis de alterarem a situação tributária da apelada;

– A notificação de fls. 28 e 29 dos presentes autos – ponto 3 dos factos assentes –, para morada diferente da recorrente não lhe pode ser oponível, sendo-lhe juridicamente inexistente, al. a) e e) do artigo 195.° CPC;

– Do ponto de vista da perfeição das notificações, só a consagrada no facto dado como provado em 4, pode ser havida como a primeira tentativa da Fazenda Nacional para notificar a recorrente da decisão sobre a reclamação apresentada;

– Só com a repetição da notificação que foi recusada a 25/10/2000 (fls. 33 e 34 dos autos, ponto 4 dos factos assentes), é que a Fazenda Pública podia, legalmente, presumir efectuada a notificação, por que na primeira das "notificações" a de fls. 28 e 29 dos autos, houve incorrecta identificação da morada do oponente;

– Não tendo a Fazenda Nacional repetido a notificação, no prazo previsto no n.° 5 do artigo 39.° do CPPT, a recorrente não carece de ilidir a presunção da parte final do número acima referido;

– A notificação das liquidações n.ºs 8330014490 e 8330014491, respectivamente, deveriam ter sido cumpridas mediante carta registada com aviso de recepção, nos termos do disposto nos artigos 36.°, 38.°, 39.° e 41.° do CPPT e artigo 268.° n.° 3 da Constituição da Republica Portuguesa, e não através de aviso postal simples;

– A Fazenda Nacional deveria ter feito prova que aquelas notificações chegaram à apelada! Mas não logrou provar, e estava em condições de o provar;

– A falta de notificação da decisão sobre a reclamação graciosa apresenta em sede de Comissão e, da liquidação adicional determina a inexigibilidade da dívida exequenda e a inexequibilidade da mesma, pois o recorrente ainda não está em mora, por não ter havido a notificação – interpelação devida.

Termos em que, deverá ser concedido provimento ao presente recurso, revogando-se a decisão proferida pelo tribunal a quo, por outra que outra que julgue procedente a oposição deduzida pela recorrente».

1.2. Não há contra-alegações.

1.3. O Exm.°. Procurador-Geral Adjunto junto deste Tribunal é de parecer que o recurso merece provimento, por a dívida exequenda ser inexigível, dado a Administração, que enviou uma só carta registada com aviso de recepção para notificar a recorrente, a qual não foi recebida, ter omitido a «prova da recepção das cartas enviadas mediante registo simples».

1.4. O processo tem os vistos dos Exm.°s Adjuntos.

2. Vem estabelecida a seguinte matéria de facto:

«1) A escrita da ora oponente foi objecto de uma acção de fiscalização efectuada por um funcionário do SPIT, tendo sido elaborado o relatório e consequentemente alterada a matéria colectável para efeitos de IRC do exercício de 1992 e 1993, dando origem às liquidações adicionais de 108.475.814$00 e de 34.794.709$00 (vd. fls. 37, 43 e 95 e ss. dos presentes autos). As liquidações foram efectuadas em 2/9/1997 (IRC 1992) e em 30/9/1997 (IRC 1993) – vd. fls. 37 e 43 dos autos.

2) A ora oponente apresentou as reclamações graciosas n.° 3301-98/400007.2 (IRC 1992) e n.° 3301-98/ /400026.9 (IRC 1993), autuadas em 20/1/1998 e 3/3/1998, respectivamente.

3) As notificações das decisões (parcial) das referidas reclamações (vd. ofícios n.° 27460 e 27461, de 15/9/2000) foram devolvidas ao serviço remetente com a indicação "não reclamado", dado que se constatou a existência de lapso na indicação da morada do destinatário (vd. fls. 28 e 29 dos presentes autos).

4) Em consequência, aquelas notificações foram novamente feitas para a morada, desta vez correcta, que consta no cadastro informático da DGCI com os ofícios n.° 31171 para o IRC do ano de 1992, e n.° 31170 para o IRC do ano de 1993, ambos de 24/10/2000 (vd. fls. 30 a 32 dos presentes autos). Estes ofícios foram devolvidos ao serviço remetente mas, desta vez, com a indicação de: "Informam na morada indicada, que [...] não podem receber o registo pois o gerente está ausente [...] 25/10/00 [assinatura ilegível]" (vd. fl. 34 dos presentes autos).

5) A ora oponente apresentou, posteriormente, também quanto ao mesmo facto tributário, impugnações judiciais, autuadas em 30/5/2001, com os n.ºs 3301-01/ /300008.7 – IRC 1992 e 3301-01/300009.5 – IRC 1993, as quais foram remetidas em 9/7/2001 à 2.ª DF do Distrito de Lisboa, para informação e seu posterior envio para o Tribunal Tributário de 1ª Instância de Lisboa, onde se encontram a aguardar decisão (vd. fls. 15, fls. 55 verso e ss., fls 76 e ss., e fls. 176 verso dos autos).

6) Conforme informação de fls. 51 dos autos, as notificações da liquidações n.° 2000 8330014491, de €164.324,19, e n.° 2000 83300014490, de €513.154,35, foram enviadas à ora oponente sob registos postais simples n.° 4056729 e 4056728, respectivamente, ambos

em 11/12/2000, seguindo a forma determinada no n.° 3 do art. 38.°, com os efeitos previstos no n.° 1 do art. 39.°, ambos do CPPT.

7) Em nome e contra a ora oponente foi instaurado, pelo Serviço de Finanças do 4.° BF de Lisboa, em 20/4/ /2001, o processo executivo n.° 3301-01/100662.2, com base nas certidões de dívida constantes de fls. 16 e 17 dos presentes autos.

8) A oponente foi citada, em 23/5/2001, da execução para pagamento do IRC ora em causa, conforme se verifica por fls. 18-9 dos presentes autos.

9) A ora oponente deduziu a presente oposição em 21/6/2001».

3. Nos termos do disposto no n.° 5 do artigo 39.° do Código de Procedimento e de Processo Tributário (CPPT) «em caso de o aviso de recepção ser devolvido (...) por o destinatário se ter recusado a recebê-lo (...), a notificação será efectuada nos 15 dias seguintes à devolução por nova carta registada com aviso de recepção, presumindo-se a notificação se a carta não tiver sido recebida ou levantada (...)».

No caso vertente, de acordo com a matéria de facto que vem provada, a Administração Tributária enviou uma primeira carta registada com aviso de recepção que veio devolvida por ter havido «lapso na indicação da morada do destinatário».

Esta carta, não tendo sido devidamente dirigida, por erro da própria Administração, não tem qualquer relevo, ou seja, tudo se passa como se não tivesse sido expedida. Na verdade, «as (...) sociedades serão citadas ou notificadas na pessoa de um dos seus administradores ou gerentes, na sua sede, na residência destes ou em qualquer lugar onde se encontrem», podendo, ainda, ser feitas na pessoa de um empregado «que se encontre no local onde normalmente funcione a administração (...) – artigo 41.° n.ºs 1 e 2 do CPPT.

Por isso mesmo, sempre de acordo com a factualidade estabelecida, foi enviada nova carta registada com aviso de recepção, desta vez para a morada correcta, mas também desta feita não surtiu efeito a notificação, já que foi recusada a recepção da correspondência.

Como assim, e por força do transcrito n.° 5 do artigo 39.° do CPPT, impunha-se à Administração remeter nova carta à notificanda.

Só esta última carta concretizaria a visada notificação, ainda que não fosse recebida, por força da presunção contida nesta última disposição legal.

Em consequência, na falta de expedição da segunda carta registada com aviso de recepção para a sede da recorrente, e sabendo-se que nenhuma carta para notificação foi recebida pela destinatária, nem há, de facto, notificação, nem ela se pode presumir.

A sentença recorrida ajuizou mal a situação por, ao que parece, ter atribuído efeitos à primeira carta com que a Administração quis notificar a recorrente. Mas, como já se viu, não tendo esta carta sido dirigida à morada da notificanda, por lapso na indicação do endereço, ela é absolutamente inconsequente.

E, perante a recusa de recepção da carta que cronologicamente é a segunda – mas que é a primeira endereçada à recorrente –, estava a Administração vinculada a enviar nova carta, só então ocorrendo a notificação, caso fosse recebida, ou presumindo-se essa mesma notificação, caso fosse recusada.

4. Termos em que acordam, em conferência, os juízes da Secção de Contencioso Tributário deste Supremo Tribunal Administrativo, em, concedendo provimento ao recurso, revogar a sentença impugnada, julgando procedente a oposição à execução fiscal.

Sem custas.

Lisboa, 12 de Julho de 2006.

Baeta de Queiroz (Relator)
Pimenta do Vale
Brando de Pinho

Recurso n.° 398/06-30

NULIDADES DE SENTENÇA. CONTRADIÇÃO ENTRE OS FUNDAMENTOS E A DECISÃO. GARANTIA DA COBRANÇA DA PRESTAÇÃO TRIBUTÁRIA. SUSPENSÃO. PAGAMENTO EM PRESTAÇÕES. ARTIGO 52.° DA LEI GERAL TRIBUTÁRIA. INCONSTITUCIONALIDADE. EXECUÇÃO FISCAL. PENHORA. SUFICIÊNCIA DOS BENS PENHORADOS.

(Acórdão de 19 de Abril de 2006)

SUMÁRIO:

I – A nulidade da sentença, por oposição entre os fundamentos e a decisão – artigo 668.°, n.° 1, alínea *c*) do Código de Processo Civil e 125.°, n.° 1 do Código de Procedimento e de Processo Tributário –, verifica-se quando aqueles deveriam logicamente conduzir à solução oposta à ali adoptada.

II – Nos termos do artigo 52.°, n.° 1 da Lei Geral Tributária só o pagamento em prestações – que não o mero requerimento para o efeito – suspende a cobrança da prestação tributária, no processo de execução fiscal.

III – Tal normativo não ofende o disposto no artigo 103.°, n.° 3 da Constituição (princípio da legalidade no pagamento e cobrança dos impostos).

IV – Nos termos do artigo 217.° do Código de Procedimento e Processo Tributário, a insuficiência dos bens penhorados, face ao montante da dívida exequenda, há-de reportar-se à data da penhora.

ACORDAM NA SECÇÃO DO CONTENCIOSO TRIBUTÁRIO DO SUPREMO TRIBUNAL ADMINISTRATIVO:

O Clube de Futebol Estrela da Amadora vem recorrer da sentença do Tribunal Administrativo e Fiscal de Sintra que julgou improcedente a reclamação que deduzira contra as penhoras efectuadas em 30 de Março de 2005 e 13 de Abril de 2005, no âmbito do processo de execução fiscal n.º 3611200501001957.

Fundamentou-se a decisão em não decorrer, dos autos, a verificação de qualquer circunstância susceptível de enquadramento nas situações previstas nos artigos 52.º da Lei Geral Tributária (L.G.T.) e 169.º, 195.º e 199.º do Código de Procedimento e Processo Tributário (C.P.P.T.), sendo que não é admissível a redução da extensão da penhora já que o montante global das dívidas exequendas excede manifestamente o valor dos bens penhorados, devendo o juízo de insuficiência destes reportar-se à data da efectuação da penhora.

O recorrente formulou as seguintes conclusões:

1 – Sobre o pedido principal, o ora recorrente reafirma em sede de recurso a violação dos seus direitos no que toca à forma de pagamento dos seus impostos, designadamente, porque a Administração fiscal ignorou o conhecimento que detinha dos pedidos de pagamento a prestações que o ora recorrente havia feito, prosseguindo a execução, mediante a realização das penhoras descritas nos autos não obstante esse conhecimento, facto que, ao contrário do que defende a sentença, considera susceptível de originar a suspensão da execução.

2 – Sustentando a sua defesa no disposto no artigo 103.º n.º 3 da CRP recorrente e no quadro legal vigente em termos de cobrança/pagamento das dívidas fiscais, mesmo admitindo poder ser controvertida a questão de saber se o efeito suspensivo pode ser atribuído a partir do momento em que o pedido é apresentado pelo contribuinte, na falta de disposição expressa nesse sentido, considera que negar esse efeito a partir desse momento (e pelo menos, até decisão de indeferimento do pedido de pagamento a prestações) poderá implicar uma visão restritiva e porventura inconstitucional na medida em que subverte as formas de pagamento admitidas por lei (admitindo, também, o recorrente a hipótese do artigo 52.º da LGT ser ele próprio inconstitucional, caso se considere que decorre deste o esvaziamento/diminuição do direito constitucional expresso no artigo 103.º n.º 3, naquilo que importa a sua articulação com as formas legais de pagamento admitidas por lei).

3 – O Acórdão do STA de 08-02-84 parece também acolher o sentido defendido pelo recorrido sobre os efeitos da apresentação do requerimento de pagamento a prestações.

4 – Considera ainda na defesa da sua posição que na situação dos autos é além do mais desproporcionado fazer ceder o direito do contribuinte em não ver perturbado o seu património perante o direito da Administração em garantir o pagamento da divida exequenda, quando, para evitar este conflito, em face do conhecimento que tinha dos requerimentos que haviam dado entrada, a Administração Fiscal teria apenas que apreciar e verificar do cumprimento dos requisitos legais referentes aos planos prestacionais propostos pelo contribuinte, e só então, se concluísse, por qualquer razão legal, pelo seu indeferimento, avançaria para a respectiva cobrança mediante a realização das penhoras, sendo que, nessa altura, restaria ao contribuinte reclamar dos referidos despachos, caso considerasse não assistir razão legal para os referidos indeferimentos.

5 – Pelo exposto, relativamente ao pedido principal, requer a anulação das penhoras efectuadas.

6 – No que concerne, ao pedido subsidiário, sem prejuízo do conhecimento oficioso por parte deste Alto Tribunal da questão à volta da problemática da suficiência da penhora, vem arguir-se a nulidade na medida em que existe oposição manifesta entre os fundamentos de facto em que assenta a decisão e a decisão propriamente dita, considerando que o valor dos bens penhorados não é aquele que é expresso nas conclusões, mas sim o valor resultante da soma dos bens considerados penhorados constantes da matéria probatória, nem o valor da divida exequenda é superior ao valor dos bens penhorados, porque, conforme referido nas alegações, só o bem referido no ponto G) da matéria probatória é por si só superior à divida exequenda.

Nestes termos, relativamente ao pedido principal, requer-se a V.Exas a anulação da decisão do tribunal a quo *pelos motivos supra expostos e, caso assim não se considere, que se reduza oficiosamente as penhoras efectuada nos termos pedidos nos presentes autos, reconhecendo-se ainda a nulidade da sentença de acordo com o disposto no artigo 668.º n.º 1 alínea c) por oposição dos fundamentos de facto considerados provados e a decisão propriamente dita, conforme explanado nas presentes alegações.*

Não houve contra-alegações.

O Exmo. Magistrado do Ministério Público emitiu parecer no sentido do não provimento do recurso por o artigo 52.º da L.G.T. não padecer de inconstitucionalidade por ofensa do artigo 103.º, n.º 3 da Constituição (garantia geral do princípio da legalidade do pagamento e cobrança de impostos), que nada tem a ver com a garantia bancária, mas sim com a legalidade fiscal, não sendo a decisão recorrida nula, por manifesta oposição entre os fundamentos e a decisão, já que a apreciação da suficiência dos bens tem de reportar-se à data da penhora – artigo 217.º do C.P.P.T. – e os identificados sob as alíneas *G*) e *H,1*) do probatório não tinham, aí, valor determinado "quer porque não estavam vencidos, quer porque dependiam de resultados desportivos imprevisíveis (receitas de jogos da Taça de Portugal dependentes de eventuais apuramentos nas sucessivas eliminatórias)".

Sem vistos, vem o processo à conferência.

Em sede factual, vem apurado que:

A) Pela Fazenda Pública foram instaurados contra o Clube de Futebol Estrela da Amadora as seguintes execuções fiscais:

1) Em 8.1.2005 a execução fiscal n.º 31662005010011957, para cobrança da quantia de € 203 467,90, correspondente a dívidas de IRS – retenções na fonte, do exercício de 2003, conforme consta dos documentos de fls. 42 e 43 que aqui se dão por integralmente reproduzidos.

2) Em 17.01.05 a execução fiscal n.º 3166200501003941, para cobrança da quantia de € 54 724,29, correspondente a dívidas de IRC, do exercício de 2000, conforme consta dos documentos de fls. 78 e 79 que aqui se dão por integralmente reproduzidos, e que corre por apenso à execução referida em 1).

3) Em 26.01.05 a execução fiscal n.º 3166200501005740, para cobrança da quantia de € 385 232,28, correspondente a dívidas de IRC, do exercício de 2001, conforme consta dos documentos de fls. 81 e 82 que aqui se dão por integralmente reproduzidos, e que corre por apenso à execução referida em 1).

B) O prazo de pagamento voluntário daquela dívida terminou em 6.12.2004, 15.12.2004 e 22.12.2004, respectivamente para as dívidas referidas em A), 1), 2) e 3), conforme documentos de fls. 43, 79 e 82.

C) Em 29.03.2005, na sequência da citação reclamante requereu o pagamento das dívidas em execução nos processos 3166200501003941 e 3166200501005740, conforme documentos de fls. 25 a 35 que aqui se dão por integralmente reproduzido.

D) Sobre este requerimento recaíram os despachos de indeferimento de fls. 38 e 39, proferidos pelo Chefe de Finanças, datados de 5 de Abril de 2005, que indeferiram o pedido de pagamento em prestações.

E) Na sequência de reclamações deduzidas contra os referidos despachos, foram os mesmos anulados judicialmente, conforme sentenças a fls. 127 a 138 que aqui se dão por integralmente reproduzidas.

F) Em 30.03.2005 foram penhorados os saldos das contas bancárias de que o reclamante é titular e todas as importâncias depositadas em quaisquer contas com elas relacionadas:

1) Conta n.° 0016/1470/1470/0122 – BIC, com saldo negativo no valor de € 4.065,91 (fls. 12);

2) Conta n.° 224/33830/000.7 – BES, com saldo negativo no valor de € 18,70 (fls. 13);

3) Conta n.° 45270589962 – Millennium, com saldo positivo no valor de € 39,67 (fls. 14);

4) Conta n.° 0215936-001-96 – BNC, com saldo positivo no valor de € 44,27 (fls. 15);

5) Conta n.° 000004233350001 – Banco Santander Totta, com saldo zero – € 0,0 (fls. 16);

6) Conta n.° 033400620003981 – Banco Santander Totta, com saldo zero – € 0,0 (fls. 17);

7) Conta n.° 000100200177192 – Banco Santander Totta, com saldo positivo no valor de € 29,41 (fls. 18);

8) Conta n.° 000100200488128 – Banco Santander Totta, com saldo negativo no valor de € 65,92 (fls. 19);

9) Conta n.° 000100200177184 – Banco Santander Totta, com saldo zero – € 0,0 (fls. 20);

10) Conta n.° 0033400620003361 – Banco Santander Totta, com saldo zero – € 0,0 (fls. 21).

G) Em 30.03.2005 foi penhorado o crédito, ainda não vencido que o reclamante detém sobre a empresa PPTV – Publicidade de Portugal e Televisão, S.A. relativo ao contrato de cedência de direitos ao espectáculo desportivo, conforme documentos de fls. 24 e 59 a 72, que aqui se dão por reproduzidos.

H) Em 13.04.2005 foram penhorados os seguintes créditos:

1) Crédito de valor não determinado resultante de qualquer receita proveniente de qualquer jogo da Taça de Portugal que a reclamante detém sobre a Federação Portuguesa de Futebol (fls. 22);

2) Crédito no montante de € 33 333, 33 que o reclamante detém sobre a Federação Portuguesa de Futebol (fls. 23).

I) Em 27.04.2005 foi deduzida a presente reclamação, conforme carimbo aposto na p.i. a fls. 2.

Vejamos, pois:

QUANTO À INVOCADA NULIDADE POR CONTRADIÇÃO ENTRE OS FUNDAMENTOS E A DECISÃO:

Tal nulidade dá-se quando aqueles deveriam conduzir, num processo lógico, à solução oposta à que foi adoptada nesta.

Aí, como refere ALBERTO DOS REIS, *Código de Processo Civil anotado*, vol. V, p. 141, "a construção da sentença é viciosa pois os fundamentos invocados pelo juiz conduziriam logicamente, não ao resultado expresso na decisão, mas a resultado oposto".

Ou, como mais recentemente escreve LEBRE DE FREITAS, *ibidem*, vol. II, p. 670, "entre os fundamentos e a decisão não pode haver contradição lógica; se, na fundamentação da sentença, o julgador seguir determinada linha de raciocínio, apontando para determinada conclusão e, em vez de a tirar, decidir noutro sentido, oposto ou divergente, a oposição será causa de nulidade da sentença. Esta oposição não se confunde com o erro na subsunção dos factos à norma jurídica ou, muito menos, com o erro na interpretação desta (...) A oposição entre os fundamentos e a decisão tem o seu correspondente na contradição entre o pedido e a causa de pedir, geradora de ineptidão da petição inicial (artigo 193.°, n.° 2, alínea *b*))".

Ora, na sentença, não se vislumbra tal contradição.

Na verdade, aí se diz que, reportados à data da penhora, o montante global das dívidas exequendas é de €643.424,47 e o valor dos bens penhorados é de €33.446,68 pelo que estes são manifestamente insuficientes para o pagamento da dívida.

Como, aliás, se constata por mera operação aritmética.

Certo que tal alegadamente não corresponde ao probatório.

Mas, então, estar-se-ia face a um erro de julgamento – o que adiante se apreciará –, não à invocada nulidade.

QUANTO AO MAIS:

Estabele o artigo 52.°, n.° 1 da L.G.T. que "a cobrança da prestação tributária suspende-se no processo de execução fiscal em virtude de pagamento em prestações ou reclamação, recurso, impugnação da liquidação e oposição à execução que tenham por objecto a ilegalidade ou a inexigibilidade da dívida exequenda".

No que à hipótese dos autos se reporta, verifica-se, assim, que, logo literalmente, é o "pagamento em prestações" e não o respectivo pedido, que suspende a cobrança da prestação tributária no processo de execução fiscal.

Assim e neste, a suspensão da execução tem como pressuposto o dito pagamento, que não o respectivo pedido.

Além de que – n.° 2 – depende da prestação de garantia idónea "nos termos das leis tributárias".

Objecta, todavia, o recorrente ter pedido a respectiva dispensa – artigo 170.° do C.P.P.T. – mas também este lhe não aproveita pois que se mostra tacitamente indeferido.

Na verdade, nos termos do n.° 4 do mesmo normativo, o pedido "será resolvido no prazo de 10 dias após a sua apresentação".

Não o tendo sido, forma-se acto tácito de indeferimento – artigo 109.°, n.° 1 do Código de Procedimento Administrativo, aplicável em termos de legislação subsidiária, dado aquele prazo específico de conclusão do respectivo procedimento tributário.

Cfr. JORGE DE SOUSA, *Código de Procedimento e Processo Tributário anotado*, 4ª edição, p. 793.

E o mesmo se diga, *mutatis mutandis*, no que se refere ao pedido de pagamento em prestações, face ao disposto no artigo 198.°, n.° 2 do mesmo Código, que estabelece dever aquele ser apreciado no prazo de 15 dias.

O mero pedido de pagamento em prestações não tem, aí, qualquer efeito suspensivo provisório da execução.

Sustenta, todavia, o recorrente que tal artigo 52.°, assim interpretado, padece de inconstitucionalidade, por ofensa ao artigo 103.°, n.° 3 da Constituição, por dele decorrer "o esvaziamento/diminuição" do direito constitucional aí expresso, "naquilo que importa a uma articulação com as formas legais de pagamento admitidas por lei", que subverteria.

Tal inciso normativo dispõe, para o que ora interessa, que ninguém pode ser obrigado a pagar impostos cuja cobrança se não faça nas formas prescritas na lei, referência que há-de entender-se "não apenas na perspectiva da garantia geral do princípio da legalidade, mas também de uma regra de reserva material de lei (lei em sentido formal ou decreto-lei), não podendo ser objecto de regulamento", como refere o Ministério Público, citando GOMES CANOTILHO e VITAL MOREIRA, *Constituição da República anotada*, 2ª edição, 1.º vol., p. 463.

Ora, não se vê nem o concretiza o recorrente, que a dita interpretação da referida norma contenda com a garantia geral aí expressa do princípio da legalidade no pagamento e cobrança de impostos.

É que tal n.º 3 não tem a ver com a garantia bancária mas, antes, com a legalidade fiscal.

Cf., aliás, no sentido da plena conformação constitucional do artigo 52.º da L.G.T., os Acórdãos do Supremo Tribunal Administrativo de 20 de Novembro de 2002 recurso n.º 526/02, de 16 de Outubro de 2002 recurso n.º 859/02 e de 30 de Outubro de 2002 recurso n.º 897/02.

QUANTO À PROBLEMÁTICA DA SUFICIÊNCIA DA PENHORA:

O artigo 217.º do C.P.P.T., epigrafado "Extensão da penhora", estabelece que esta se deve limitar ao necessário para pagamento da dívida exequenda e do acrescido.

Assim, o juízo sobre a suficiência dos bens é reportado à penhora, tenham eles ou não o valor predeterminado.

O montante global das dívidas exequendas é de €643.424,47.

Ora, o saldo das contas bancárias penhoradas é negativo, o crédito constante da alínea *G*) do probatório ainda não se encontra vencido, o constante da respectiva alínea *H*) n.º 2 é de € 33.333,33 e o do n.º 1 é imprevisível já que dependente de resultados desportivos (receitas de jogos da Taça de Portugal dependentes de eventuais apuramentos nas sucessivas eliminatórias e que, aliás, no presente, já não podem concretizar-se).

Não se vê, pois, como possa sustentar-se que a penhora é excessiva.

Termos em que se acorda negar provimento ao recurso, confirmando-se a sentença recorrida.

Custas pelo recorrente, com procuradoria de 1/6.

Lisboa, 19 de Abril de 2006.

Brandão de Pinho (Relator)
Pimenta do Vale
Baeta de Queiroz

Recurso n.º 197/06-30

PRESCRIÇÃO DA OBRIGAÇÃO TRIBUTÁRIA. INTERRUPÇÃO. SUSPENSÃO. CÓDIGO DO PROCESSO TRIBUTÁRIO. LEI GERAL TRIBUTÁRIA.

(Acórdão de 31 de Maio de 2006)

SUMÁRIO:

I – À sucessão de prazos de prescrição da obrigação tributária – artigos 34.º do Código de Processo Tributário e 48.º da Lei Geral Tributária – aplica-se o disposto no artigo 297.º do Código Civil.

II – Nos termos daquelas primeiras disposições legais, os factores interruptivos da prescrição inutilizam todo o tempo anteriormente decorrido.

III – Todavia, tal efeito interruptivo degenera-se em mera suspensão, reatando-se o curso do prazo de prescrição, se o processo estiver parado, por facto não imputável ao contribuinte, durante mais de um ano.

IV – Em tal hipótese, para cômputo do prazo prescricional, soma-se o tempo que decorreu após aquele ano, ao que tiver decorrido desde o início de tal prazo até à data da autuação do processo ou procedimento respectivo.

V – Tal é a consequência da cessação do efeito interruptivo, reconduzindo-se a situação a uma suspensão e reatamento do curso de prescrição.

ACORDAM NA SECÇÃO DO CONTENCIOSO TRIBUTÁRIO DO SUPREMO TRIBUNAL ADMINISTRATIVO:

A Fazenda Pública vem recorrer da sentença do Tribunal Administrativo e Fiscal de Castelo Branco, que julgou extinta a instância, por inutilidade da lide, ut artigo 287.º, alínea e), do Código de Processo Civil, na impugnação judicial deduzida por Predicados – Organização e Instalação Comercial em Supermercados, Lda., contra a liquidação adicional de IVA relativo ao ano de 1992.

Fundamentou-se a decisão na prescrição da dívida por "já atingido" "o prazo de 10 anos previsto no Código de Processo Tributário", prescrição "que aqui pode ser conhecida", em vista do referido efeito, pelo que "despicienda se torna maior averiguação".

A recorrente formulou as seguintes conclusões:

A) Foi violado o artigo 34/3 do CPT (actual artigo 49.º da Lei Geral Tributária)

B) Uma vez que, para além da impugnação, também a reclamação e a instauração da execução interrompem a prescrição, devendo considerar-se o prazo de prescrição da obrigação tributária interrompido logo desde 27/02/1996 – data de interposição da reclamação – sendo que, pelo menos até à data da dedução da impugnação judicial em 16/06/1998, quer o processo de reclamação, quer o processo de execução fiscal não estiveram parados, andaram normalmente, não se contando, nos termos do referido artigo 34/3 do CPT, para efeito da prescrição o período em que o processo andou normalmente.

Pelo que, com o mais que Vossas Excelências se dignarão suprir, deve ser dado provimento ao recurso e em consequência ser revogada a decisão recorrida.

Não houve contra-alegações.

O Exmo. Magistrado do Ministério Público emitiu parecer no sentido da incompetência hierárquica do Supremo Tribunal Administrativo, dado o facto referido na dita conclusão b) – paragem do processo de execução fiscal –, "não [estar] contemplado na fundamentação da decisão impugnada", pelo que "o recurso não tem, por exclusivo fundamento, matéria de direito".

E, corridos os vistos legais, nada obsta à decisão.

Em sede factual, vem apurado que:

1) A liquidação impugnada (n.º 95245888), respeita a IVA do ano de 1992, sob o n.º 96030854 (cfr. p.i., fls. 5 e 28 da recl. ap.);

2) A presente impugnação foi deduzida em 16/06/ /1998 (cfr. p.i.);

3) E nela desde 04/05/2001 a 17/12/2003 (sem causa imputável à impugnante), nenhum acto foi praticado (cfr. fls. 99-100);

4) Do que foi liquidado nada foi pago (cfr. fls. 106).

Vejamos, pois:

Quanto à incompetência hierárquica do Supremo Tribunal Administrativo:

Este Tribunal é competente já que o referido na dita alínea b) das conclusões não integra matéria de facto – como acontecimento da vida real – mas acto processual de conhecimento oficioso do Tribunal, dada a natureza judicial – logo do processo de impugnação – mas também da própria execução fiscal: artigo 103.º, n.º 1 da Lei Geral Tributária.

Quanto ao mais:

A possibilidade de conhecimento da prescrição da dívida tributária, em processo de impugnação judicial, não como fundamento desta – pois que se não refere à legalidade da liquidação – mas em termos da dita inutilidade da lide, constitui jurisprudência uniforme do Supremo Tribunal Administrativo, com eco na doutrina – Cfr., por todos, Jorge de Sousa, Código de Procedimento e Processo Tributário anotado, 4.ª edição, p. 494.

De modo que há que averiguar da respectiva existência, sendo que a sentença, nos referidos termos, se limitou a afirmar, sem mais, o decurso do prazo de dez anos previsto no Código de Processo Tributário (C.P.T.), considerando tornar-se "despicienda maior averiguação", não chegando sequer a fazer a contagem do dito prazo.

Ora, dado estar em causa o IVA de 1992, é aplicável, nos autos, o artigo 34.º do C.P.T. que dispõe:

Artigo 34.º

(Prescrição das obrigações tributárias)

1 – A obrigação tributária prescreve no prazo de 10 anos, salvo se outro mais curto estiver fixado na lei.

2 – O prazo de prescrição conta-se desde o início do ano seguinte àquele em que tiver ocorrido o facto tributário, salvo regime especial.

3 – A reclamação, o recurso hierárquico, a impugnação e a instauração da execução interrompem a prescrição, cessando, porém, esse efeito se o processo estiver parado por facto não imputável ao contribuinte durante mais de um ano, somando-se, neste caso, o tempo que decorrer após este período ao que tiver decorrido até à data da autuação.

A presente impugnação foi deduzida em 16 de Junho de 1998 e, nela, desde 4 de Maio de 2001 a 17 de Dezembro de 2003, nenhum acto foi praticado, "sem causa imputável à impugnante".

O prazo de prescrição começou a correr a 1 de Janeiro de 1993 – artigo 34.º, n.º 2 – tendo, pois, o processo estado parado mais de um ano "por facto não imputável ao contribuinte" pelo que há que, nos termos do mesmo normativo, somar o tempo decorrido após este período ao que tiver decorrido até à data da autuação.

Assim, de 1 de Janeiro de 1993 até 16 de Junho de 1998 (autuação da impugnação), decorreram 5 anos, 5 meses e 15 dias, havendo, todavia, que ter em conta a suspensão do prazo derivada da Lei Mateus – artigo 5.º, n.º 5 do Decreto-Lei n.º 124/96, de 10 de Agosto – de 12 de Março de 1997 a 30 de Junho de 1997 (3 meses e 18 dias), pelo que o prazo efectivamente a considerar, decorrido até à data da autuação é de 5 anos, 1 mês e 3 dias.

Assim, para que a prescrição se consuma, ainda têm de decorrer, após 4 de Maio de 2002, 4 anos, 10 meses e 27 dias.

Ou seja: não se verificou, ainda, a dita prescrição.

A tal não obsta a redução do prazo de prescrição da Lei Geral Tributária – artigo 48.º –, já que, por força do artigo 297.º, n.º 1, do Código Civil, é aplicável o dito prazo de 10 anos, uma vez que segundo a lei antiga – C.P.T. – faltava menos tempo para o prazo se completar.

Efectivamente, em 1 de Janeiro de 1999, segundo o C.P.T., faltavam apenas 4 anos, 10 meses e 27 dias para o prazo de prescrição se completar, sendo que a suspensão prescricional prevista no n.º 2 do artigo 34.º daquele código, o está igualmente no artigo 49.º, n.º 2, da L.G.T..

Certo que, como refere a Fazenda recorrente, para além da impugnação, também a reclamação e a instauração da execução anteriormente ocorridos interromperam a prescrição, logo em 27 de Fevereiro de 1996 – data da interposição da reclamação – sendo que, até à data da impugnação, eles não estiveram parados.

Mas tal não é relevante, por força do próprio mecanismo legal previsto no n.º 2 daquelas duas disposições legais que fazem cessar o efeito interruptivo no caso de paragem do processo de execução por mais de um ano, por facto não imputável ao contribuinte.

Quer dizer: esta paragem do processo provocou a inoperância daquelas anteriores interrupções.

Como referem Ruben Carvalho e Francisco Pardal, citando Manuel Andrade, face a idêntica disposição legal do Código de Processo das Contribuições e Impostos (artigo 27.º), a situação em causa "reconduz-se a uma suspensão e reatamento do curso da prescrição" – cfr. Código de Processo das Contribuições e Impostos anotado, 2.ª edição, pp. 182/183.

Em tal hipótese, e ao contrário do que acontece no Código Civil – artigo 326.º –, não começa a correr um novo prazo de prescrição a partir do acto interruptivo, inutilizando-se todo o tempo decorrido anteriormente.

Uma vez que a lei faz cessar o efeito interruptivo, não se inutiliza o prazo já decorrido, procedendo-se à contagem do prazo em termos da dita suspensão e reatamento do prazo prescricional.

Como refere Benjamim Rodrigues, Problemas Fundamentais de Direito Tributário, p. 285, na dita hipótese, o efeito interruptivo – que, de outro modo, inutilizaria todo o tempo decorrido anteriormente – degenerou-se em simples suspensão por um ano.

Ou, de outro modo: aí, a interrupção da prescrição converte-se em mera suspensão.

Em conclusão: não tendo, ainda, decorrido o prazo prescricional, não se verifica a sentenciada extinção da instância por inutilidade da lide.

Termos em que se acorda conceder provimento ao recurso, revogando-se a sentença recorrida e devendo o processo de impugnação judicial seguir seus legais termos.

Sem custas.

Lisboa, 31 de Maio de 2006.

Brandão de Pinho (Relator)
Lúcio Barbosa
Baeta de Queiroz

Recurso n.º 156/06-30

RECLAMAÇÃO GRACIOSA. FORMA. CONDIÇÃO DE PROCEDIBILIDADE.

(Acórdão de 19 de Abril de 2006)

SUMÁRIO:

I – Embora os meios tutelares não judiciais se rejam pelo princípio da informalidade, o interessado não pode deixar de manifestar, inequivocamente, a sua pretensão, de modo a que a Administração possa avaliar a tempestividade do pedido, adoptar a tramitação procedimental adequada, respeitar os direitos que a lei confere ao interessado no âmbito desse procedimento, instruí-lo adequadamente, e submetê-lo à decisão final do seu órgão para tanto competente.

II – Impondo a lei, como condição para a impugnação judicial de um acto, que o contribuinte reclame graciosa e previamente, não satisfaz essa condição um requerimento que, pelo serviço aonde foi entregue, pela entidade a quem foi dirigido, pelos termos em que foi redigido, e pela pretensão formulada, não dê a entender à Administração que se trata de uma reclamação graciosa – que é um dos procedimentos típicos regulado no Código de Procedimento e de Processo Tributário.

ACORDAM NA SECÇÃO DO CONTENCIOSO TRIBUTÁRIO DO SUPREMO TRIBUNAL ADMINISTRATIVO:

1.1. G. A. – FUND-L SICAV, FUNDO DE INVESTIMENTO, com sede no Luxemburgo, recorre da sentença da Mmª. Juiz do Tribunal Administrativo e Fiscal do Porto que absolveu da Instância a Fazenda Pública na «impugnação judicial versando sobre o indeferimento da reclamação graciosa apresentada contra retenção na fonte efectuada em 19/08/1999».

Formula as seguintes conclusões:

«1. O procedimento de Reclamação Graciosa abriu-se com a iniciativa do contribuinte traduzida na apresentação do respectivo requerimento, o que sucedeu em ... (cfr. doc....), e não em data não precisada como decorre do conteúdo da Douta Sentença Recorrida;

2. O requerimento apresentado claramente tem a natureza de "Reclamação Graciosa", na medida em que através do mesmo o substituído põe em causa a legalidade das retenções na fonte e através do mesmo, e com fundamento nessa ilegalidade, o substituído requereu o respectivo reembolso.

3. De facto, do conteúdo do Requerimento (cfr. doc. 4 junto à petição inicial) resulta claramente que o mesmo tem a natureza de Reclamação Graciosa.

4. Se o órgão a quem foi dirigido o requerimento não tinha competência para apreciar e decidir sobre requerimento de Reclamação Graciosa, *i. e.*, não tinha competência para apreciar a legalidade das retenções na fonte, e decidir sobre o seu reembolso, o mesmo deveria ter invocado a sua incompetência, e remetido o processo para o órgão competente.

5. Se o órgão a quem o requerimento de reclamação Graciosa foi dirigido e apresentado, assim não o fez, é porque reconheceu que teria poderes de cognição e de decisão sobre a matéria suscitada.

6. Pelo que ao decidir como decidiu, implicitamente, o órgão da Administração Tributária a quem o requerimento foi dirigido, reconheceu estarem reunidos os pressupostos básicos de que depende o seu dever de decidir, tendo-se consequentemente aberto o procedimento de Reclamação Graciosa, e sobre a mesma tomado uma decisão.

7. Deste modo, pode e deve-se concluir que a Douta Sentença Recorrida claramente violou o disposto nos artigos 33.º, 34.º 54.º, 74.º, 158.º do CPA, arts. 44.º, 68.º, 69.º, 70.º e 132.º do CPPT, e arts. 54.º e 61.º da LGT.

Nestes termos e nos melhores de direito (...), o presente recurso deverá ser considerado como procedente, por provado, revogando-se em consequência a Douta Sentença Recorrida, com as legais consequências».

1.2. Não há contra-alegações.

1.3. O Exm.º Procurador-Geral Adjunto junto deste Tribunal é de parecer que o recurso não merece provimento, pois o «requerimento/exposição documentado a folhas 23/24 [não tem] a natureza de uma "Reclamação Graciosa", como pretende o Impugnante/Recorrente, [mas a] de um simples requerimento a solicitar o reembolso», sendo «incontornável que a impugnação deduzida ao abrigo do artigo 132.º n.º 4 do CPPT só é admissível se precedida de reclamação graciosa para o órgão periférico regional da administração tributária, *ut* n.º 3 do mesmo preceito».

1.4. O processo tem os vistos dos Exm.ºs Adjuntos.

2. Sem apartar a matéria de facto em capítulo próprio, a sentença impugnada não deixou de estabelecer que «segundo o documento de fls. 23 dos autos, que aqui se dá como provado, a impugnante, em data que não é possível concretizar, expôs os seus fundamentos e requereu [ao Director do Serviço de Benefícios Fiscais] o reembolso do montante retido na fonte, correspondente aos juros de cupão dos valores imobiliários representativos da dívida pública nacional, no valor de 11.917,81€».

3.1. Partindo do facto transcrito no antecedente ponto 2., entendeu a sentença que à impugnação judicial deduzida pela recorrente faltava uma condição de procedibilidade, «porquanto a impugnação do acto de liquidação só pode ocorrer após reclamação graciosa para o órgão competente e respectiva decisão», reclamação que, no caso, não existiu, pois «não tendo [o requerimento da recorrente] sido dirigido ao órgão competente não deu início ao procedimento de reclamação graciosa respectivo. Não houve abertura do procedimento, pois nunca este foi instaurado, nem seguiu os trâmites normais da reclamação. Sem abertura do respectivo procedimento de reclamação graciosa tal como está prevista no CPPT, este nunca chegou a existir».

A recorrente diverge deste julgamento, embora aceite que é condição da impugnação a prévia reclamação graciosa, considerando que «o requerimento apresentado claramente tem a natureza de "Reclamação Graciosa", na medida em que através do mesmo o substituído põe em causa a legalidade das retenções na fonte e através do mesmo, e com fundamento nessa ilegalidade, o substituído requereu o respectivo reembolso».

3.2. A reclamação graciosa é um dos meios tutelares não judiciais, que serve para obter, pela via administrativa, o mesmo resultado a que pode chegar-se através da impugnação judicial dos actos tributários: a sua anulação, por qualquer dos fundamentos capazes de conduzir à sua anulação judicial.

Não se tratando de um processo judicial, o respectivo requerimento não é dirigido a um tribunal, mas a uma autoridade administrativa, que a lei não deixou à escolha do reclamante, antes expressamente aponta: é o «órgão periférico regional da administração tributária», sendo a reclamação, quando escrita, entregue «no serviço periférico local da área do domicílio ou sede do contribuinte, da situação dos bens ou da liquidação», (artigo 73.° do Código de Procedimento e de Processo Tributário – CPPT), e decidida, em princípio, pelo «dirigente do órgão periférico regional da área do domicílio ou sede do contribuinte, da situação dos bens ou da liquidação ou, não havendo órgão periférico regional, o dirigente máximo do serviço» – artigo 75.° n.° 2 do CPPT.

A apresentação de uma reclamação graciosa dá início a um procedimento típico, regulado nos artigos 68.° e seguintes do CPPT, que, além da instauração, compreende as fases da instrução e da decisão.

Apesar da informalidade que rege estes procedimentos, designadamente, a forma por que os interessados devem dirigir-se à Administração, o certo é que, para que a pretensão do particular seja devidamente autuada, instruída e decidida, é imprescindível que o requerimento inicial, quando escrito, deixe perceber o que pretende o seu autor, e através de que meio.

Porque, além dos meios tutelares tipificados – a revisão da matéria colectável (artigo 91.° e seguintes da Lei Geral Tributária – LGT), a dos actos tributários (artigo 78.° e seguintes da LGT), e do recurso hierárquico (artigo 80.° e seguintes da LGT) – o contribuinte é livre de dirigir exposições e requerimentos avulsos, solicitando uma qualquer providência da Administração, ou apresentando uma queixa, ou pedindo uma informação – vd., designadamente, o artigo 56.° n.° 1 da LGT. É preciso, pois, que o interessado faça transparecer com clareza bastante o que pretende, de quem, e por que modo, até para que a Administração possa avaliar a tempestividade do pedido, adoptar a tramitação procedimental adequada, respeitar os direitos que a lei confere ao interessado no âmbito desse procedimento, e submetê-lo à decisão final do seu órgão para isso competente.

A recorrente afirma, no artigo 6.° das suas alegações de recurso, que tudo o que contesta, na sentença impugnada, «é que se possa concluir sem mais, que a não apresentação da Reclamação Graciosa junto do órgão competente determina que o procedimento de reclamação graciosa não seja aberto».

Estamos perante uma visão algo redutora do que se diz na sentença e, até, do âmbito da discordância da própria recorrente, como no-lo revela o teor integral da sua alegação e das conclusões que dela retira.

Na realidade, a sentença foi mais além do que afirmar que não estava perante uma reclamação graciosa porque o requerimento não fora entregue ao órgão competente para o receber:

Caracterizou o procedimento pela natureza do pedido formulado – a «anulação total ou parcial dos actos tributários» –, pela identidade do órgão a quem é dirigido – o «órgão periférico regional da administração tributária» –, e pela daquele a quem é apresentado o requerimento e a quem cabe a instrução – o «órgão periférico local da área do domicílio, da situação dos bens ou da liquidação».

E, tendo presente que a agora recorrente dirigiu o seu «requerimento/exposição ao Director do Serviço de Benefícios Fiscais da DGCI», a quem «requereu o reembolso do montante retido na fonte», concluiu que «não tendo [o requerimento] sido dirigido ao órgão competente não deu início ao procedimento de reclamação graciosa respectivo», requisito necessário para a abertura da impugnação judicial (ponto este, último, em que a recorrente expressamente aceita o decidido).

Não foi, pois, só a circunstância de o requerimento da recorrente não ter sido apresentado «junto do órgão competente» que levou a concluir que se não estava perante uma reclamação graciosa. Foi todo um conjunto de factos que (embora alguns deles pela sentença deixados na sombra) a levou a tal conclusão: a entrega em órgão diverso do que o devia receber e instruir; o não estar dirigido ao órgão que o devia decidir; a formulação de um pedido atípico, diferente do próprio da reclamação graciosa.

Por isso a sentença não censurou o órgão da Administração que recebeu o requerimento por o não ter encaminhado para o órgão próprio, a fim de ser instaurado como procedimento de reclamação graciosa e merecer, a final, a devida decisão do órgão competente.

Ora, no caso, não se tratava, para a recorrente, de obter uma qualquer decisão administrativa sobre a sua pretensão, mas de percorrer uma via administrativa que a lei lhe impunha para poder impugnar judicialmente a retenção na fonte.

Sendo a reclamação graciosa configurada como necessária para abrir a via contenciosa pelo artigo 132.° do CPPT – e já se viu que, neste pormenor, a recorrente não diverge da sentença que ataca –, forçoso era que a recorrente apresentasse essa reclamação, e não um outro qualquer requerimento, (mesmo que com este pudesse obter decisão administrativa favorável à sua pretensão, o que dispensaria o recurso aos tribunais). Mais do que isso, era, também, imperioso que o fizesse dentro do prazo estabelecido no já referido artigo 132.°.

Estava, pois, a recorrente obrigada a iniciar, em devido tempo, o procedimento de reclamação graciosa, manifestando, de modo inequívoco, ser esse o seu desiderato.

E esse modo inequívoco passava por apresentar o requerimento no órgão que as disposições legais privativas da reclamação graciosa definem como competente para o receber e instruir; dirigi-lo ao órgão que as mesmas disposições indicam como competente para a decisão; e formular um pedido claramente coerente com o escopo da reclamação graciosa «a anulação total ou parcial dos actos tributários», na expressão do artigo 68.° n.° 1 do CPPT.

De outro modo, e ao não usar, sequer, a expressão «reclamação graciosa», a recorrente arriscava-se a que o seu requerimento não fosse interpretado como tal, e a que se lhe não abrisse a via contenciosa. Tudo sem que pudesse (possa) censurar-se a Administração, além do mais porque, como se lê no parecer do Ministério Público, «vários são meios previstos na lei para os sujeitos passivos apresentarem as suas pretensões à Administração», não sendo «exigível que a Administração Tributária adivinhe que o Sujeito Passivo tem intenção de utilizar um meio (no caso, a "Reclamação Graciosa"), se dos termos em que está vazada a pretensão – um simples requerimento a solicitar o reembolso – não se lobriga tal desiderato».

Não está aqui em causa a competência de quem decidiu: o que importa é saber se a recorrente despoletou um procedimento administrativo tipificado – a reclamação graciosa – como condição de acesso a um processo judicial também tipificado – a impugnação.

Pelas razões que se viram, os fundamentos do recurso, expressos nas conclusões formuladas pela recorrente, não são de molde a fazer-nos divergir da resposta dada pela sentença.

4. Termos em que acordam, em conferência, os juízes da Secção de Contencioso Tributário deste Supremo Tribunal Administrativo em, negando provimento ao recurso, confirmar a sentença impugnada.

Custas a cargo da recorrente, fixando-se em 50% a procuradoria.

Lisboa, 19 de Abril de 2006.

Baeta de Queiroz (Relator)
Brandão de Pinho
Lúcio Barbosa

Recurso n.° 668/05-30

REVISÃO DO ACTO DE LIQUIDAÇÃO DO IMPOSTO AUTOMÓVEL. CADUCIDADE. ARTIGO 101.° DA REFORMA ADUANEIRA (REDACÇÃO DO DECRETO-LEI N.° 244/87, DE 16 DE JUNHO). ARTIGO 236.°, N.° 2 DO CÓDIGO ADUANEIRO COMUNITÁRIO.

(Acórdão de 5 de Abril de 2006)

SUMÁRIO:

I – O Decreto-Lei n.° 40/93, de 18 de Fevereiro, determina que a liquidação do Imposto Automóvel seja efectuada pelos serviços aduaneiros.

II – A organização e funcionamento dos serviços aduaneiros estão previstos na Reforma Aduaneira, aprovada pelo Decreto-Lei n.° 46.311, de 27 de Abril de 1965, que no artigo 101.° impõe que a regulamentação comunitária regule o reembolso de quaisquer imposições que não constituam recursos próprios ou direitos residuais da Comunidade.

III – A legislação comunitária aplicável ao direito de reembolso é também aplicável ao direito de revisão de acto de liquidação do Imposto Automóvel, já que são direitos de idêntica natureza e este imposto é interno.

IV – O artigo 236.° do Código Aduaneiro Comunitário estatui que o prazo de caducidade do direito de reembolso é de três anos.

ACORDAM NA SECÇÃO DO CONTENCIOSO TRIBUTÁRIO DO SUPREMO TRIBUNAL ADMINISTRATIVO:

A Fazenda Pública vem recorrer da sentença do Tribunal Administrativo e Fiscal do Porto, que deu provimento ao recurso contencioso que Abel Cabral – Automóveis, Lda. interpusera de despacho do Sr. Director da Alfândega de Leixões, de 6 de Fevereiro de 2002, que indeferiu o pedido de revisão do acto de liquidação do Imposto Automóvel, relativo à Declaração de Veículos Ligeiros (DVL) n.° 96/0111654, considerando não existir dever legal de decisão, face ao disposto na al. b) do n.° 2 do artigo 56.° da Lei Geral Tributária (LGT), por os pedidos de revisão, por iniciativa do sujeito passivo, terem de ser apresentados no prazo de 90 dias, a contar do termo do prazo para pagamento voluntário.

Fundamentou-se o aresto recorrido na tempestividade do pedido de revisão, pois "face ao disposto no artigo 94.° do Código de Processo Tributário (...), não havia ainda decorrido o prazo de cinco anos, previsto no n.° 1, al. b) do referido artigo".

A Fazenda recorrente formulou as seguintes conclusões:

I. Entendeu a douta decisão recorrida julgar procedente o recurso contencioso relativo ao processo n.° 11/ /02/32 e, consequentemente, anular a decisão de arqui-

vamento do Director da Alfândega de Leixões por entender que a Revisão Oficiosa a favor do contribuinte com base em erro imputável aos serviços podia ter lugar, no caso em apreço, nos 5 anos posteriores ao termo do prazo de pagamento voluntário das liquidações efectuadas por força do disposto nos artigos 93.° e 94.° do Código de Processo Tributário.

II. As normas sobre caducidade do direito de liquidação de impostos estranhos à legislação aduaneira mas cobrados pelas alfândegas (receitas materialmente não aduaneiras) constituem normas especiais da legislação aduaneira que regulam o direito de liquidação das prestações tributárias aduaneiras.

III. E prevalecem sobre as normas gerais contidas nos artigos 93.° e 94.° do CPT, nos termos do artigo 98.° da Reforma Aduaneira na redacção que lhe foi dada pelo Decreto-Lei n.° 244/87, de 16 de Junho, à data aplicável.

IV. Apenas após a entrada em vigor do Decreto-Lei n.° 244/87, de 16 de Junho, a cobrança a posteriori *de quaisquer imposições que não constituíssem recursos próprios ou direitos residuais, nomeadamente o Imposto Automóvel, passou a regular-se pelas disposições da regulamentação geral tributária (Lei Geral Tributária).*

V. A douta decisão recorrida ao decidir anular a decisão de indeferimento do pedido de Revisão Oficiosa no pressuposto de que eram aplicáveis à Revisão Oficiosa de todos os actos tributários anteriores a 1/1/98, nomeadamente dos actos objecto do presente recurso contencioso, as normas previstas nos artigos 93.° e 94.° do Código de Processo Tributário fez errada aplicação das normas legais aplicáveis e deverá ser revogada e substituída por outra que reconheça a legalidade das decisões contenciosamente impugnadas.

VI. Norma violada: norma constante dos artigos 93.° e 94.° do CPT e artigo 98.° da Reforma Aduaneira, em vigor à data a que se reportam os factos.

O Exmo. Magistrado do Ministério Público emitiu parecer no sentido do não provimento do recurso, por ao caso não se aplicar o Código Aduaneiro Comunitário mas sim a legislação nacional que permite ao sujeito passivo solicitar "à administração tributária a revisão do acto tributário no prazo a que a esta é concedida para a revisão oficiosa (artigos 78.°, n.° 1 e 6.° da LGT; artigo 86.° do CPPT), [sendo] este prazo de 5 anos relativamente aos factos tributários verificados antes de 1 de Janeiro de 1998, iniciando-se após o termo do prazo para pagamento voluntário (artigo 94.°, al. b) do CPT e artigos 5.° e 6.° do Decreto-Lei n.° 398/98, de 17 de Dezembro".

E, corridos os vistos legais, nada obsta à decisão.

Em sede factual, vem apurado que:

– A recorrente apresentou o pedido de revisão do acto de liquidação do imposto automóvel em 11 de Junho de 2001;

– Tal pedido foi indeferido por despacho do Director da Alfândega de Leixões, de 6 de Fevereiro de 2002, que foi notificado à recorrente em 11 de Fevereiro de 2002;

– A Declaração de Veículo Ligeiro (DVL) foi objecto de liquidação (registo de liquidação RQL) em 22 de Novembro de 1996;

– O imposto automóvel em causa foi pago em 3 de Janeiro de 1997;

– O presente recurso foi instaurado em 2 de Abril de 2002.

Vejamos, pois:

Como resulta do probatório, a Declaração de Veículo Ligeiro (DVL) foi objecto de liquidação em 22 de Novembro de 1996, pelo que é esta a data relevante para o efeito.

Ao tempo, o artigo 94.°, n.° 1, al. b) do Código de Processo Tributário estabelecia a possibilidade de revisão no prazo de cinco anos.

Há, todavia, que ter em conta a Reforma Aduaneira, uma vez que se trata de imposto automóvel, assim, da dívida aduaneira liquidada pela Alfândega.

Ora, dispõe o artigo 101.° daquele diploma legal, na redacção do Decreto-Lei n.° 244/87, de 16 de Junho: "O reembolso ou a dispensa de pagamento de quaisquer imposições que não constituam recursos próprios ou direitos residuais regula-se pelas disposições da regulamentação comunitária em vigor".

Aquele Decreto-Lei, como resulta do seu preâmbulo, face à legislação comunitária em vigor que "veio estabelecer uma distinção entre as normas comunitárias e as normas nacionais aplicadas à cobrança *a posteriori* e ao reembolso de direitos constantes da Reforma Aduaneira", pretendeu "adoptar, sempre que possível, as normas comunitárias" quanto às decisões divergentes que os serviços tinham que tomar, sobre os mesmos factos e consoante a matéria das imposições em causa, designadamente no que diz respeito a fundamentos, prazos e formalidades.

E assim, nos termos do mesmo artigo 101.°, aplicam-se as "disposições da regulamentação comunitária em vigor" em relação ao reembolso de quaisquer imposições que não constituam recursos próprios (da Comunidade).

Ora, o imposto automóvel em causa não constitui um recurso próprio da Comunidade mas antes um imposto interno, apesar de ter adaptado, como logo resulta do preâmbulo do Decreto-Lei n.° 40/93, de 18 de Fevereiro, a sua estrutura "aos procedimentos aduaneiros decorrentes da realização do mercado interno" – cf., aliás, o seu artigo 1.°.

– Cfr., definindo os recursos próprios da Comunidade, o artigo 2.° da Decisão do Conselho da União Europeia, de 31 de Outubro de 1994, relativa ao sistema de recursos próprios das Comunidades Europeias, publicado no respectivo *Jornal Oficial* de 12 de Novembro de 1994, bem como a de 29 de Setembro de 2000, *ibidem* de 7 de Outubro de 2000.

Porém, esta norma do artigo 101.° da Reforma Aduaneira estende o âmbito de aplicação da legislação comunitária apenas ao reembolso e à dispensa de pagamento (das imposições que não constituem recursos próprios ou direitos residuais da Comunidade), e, na questão dos autos, está em análise o prazo de caducidade do direito à revisão de um acto de liquidação.

A revisão é "um meio de impugnação administrativa" que visa "obter a correcção de uma prévia decisão final de um procedimento de liquidação". A sua finalidade é, portanto, "a anulação do acto tributário anteriormente praticado e a prática de outro acto em que sejam tomados em conta os elementos apurados no procedimento de revisão".

Cfr. Leite de Campos, Benjamim Rodrigues e Jorge de Sousa *in Lei Geral Tributária – comentada e anotada*, 3.ª edição, em anotação ao artigo 78.° (Revisão dos actos tributários).

Já o reembolso, na definição legal do artigo 235.°, al. a) do Código Aduaneiro Comunitário (CAC), é "a restituição total ou parcial dos direitos de importação ou dos direitos de exportação que tenham sido pagos" e um dos seus fundamentos é, também, a liquidação ilegal – artigo 236.°, n.° 1, primeiro parágrafo *in fine* do CAC.

Ou seja, o pedido de revisão de um acto de liquidação por iniciativa do contribuinte é um pedido de reembolso do montante de imposto pago em excesso.

O direito de revisão e o direito de reembolso têm a mesma natureza, pelo que nada obsta a que, nos termos expostos do artigo 101.° da Reforma Aduaneira, ao direito de revisão de acto de liquidação a efectuar pelos serviços aduaneiros, se aplique a regulamentação comunitária em vigor, a ele respeitante.

De qualquer modo, o pedido de revisão, se conduzindo à anulação do acto de liquidação, não pode deixar de implicar o reembolso das quantias em causa – cfr., aliás, o artigo 100.° da Lei Geral Tributária que obriga à reconstituição plena da legalidade do acto ou situação objecto do litígio, compreendendo o pagamento de juros indemnizatórios se for caso disso.

Pelo que, em termos de direito comunitário, o pedido de reembolso corresponde, na sua finalidade, ao pedido de revisão do direito nacional.

Assim, a aplicação das ditas "disposições da regulamentação comunitária" concretizam-se no artigo 236.°, n.° 2 do Código Aduaneiro Comunitário, dispondo que "o reembolso ou a dispensa de pagamento dos direitos de importação ou dos direitos de exportação será concedido, mediante pedido apresentado na instância aduaneira competente, antes do termo do prazo de três anos a contar da data da comunicação dos referidos direitos ao devedor".

Dito de outro modo, o direito ao reembolso caduca se não for exercido no prazo de três anos, o mesmo se aplicando ao pedido de revisão do acto de liquidação do imposto automóvel, por força do citado artigo 101.° da Reforma Aduaneira.

Ora, a Declaração de Veículo Ligeiro foi objecto de liquidação (registo de liquidação) em 22 de Novembro de 1996 e o pagamento do imposto efectuado em 3 de Janeiro de 1997.

Sendo que o pedido de revisão foi efectuado em 11 de Junho de 2001.

Consequentemente, muito para além do dito prazo de três anos pelo que é efectivamente intempestivo.

Termos em que se acorda conceder provimento ao recurso, revogando-se a sentença recorrida e julgando improcedente o recurso contencioso.

Custas na instância, pela recorrente, fixando-se a taxa de justiça em €500,00 e a procuradoria em 50%, não sendo devidas no Supremo Tribunal Administrativo.

Lisboa, 5 de Abril de 2006.

Brandão de Pinho (Relator)
Lúcio Barbosa
Baeta de Queiroz

Recurso n.° 74/06-40

SEGURANÇA SOCIAL. JUROS DE MORA. PRESCRIÇÃO.

(Acórdão de 3 de Maio de 2006)

SUMÁRIO:

I – Para determinar se há prescrição dos juros de mora, referentes a dívidas à Segurança Social de 1994, 1995 e 1996, há que atender ao art. 14.° do DL n. 103/80, de 9/5, e ao art. 63.°, n.° 2, da Lei n.° 17/2000, de 8/8, norma que derrogou aquela, bem como ao art. 297.° do CC.

II – O referido art. 63.°, 2, da Lei n.° 17/2000 (que se reporta à prescrição da obrigação de pagamento das cotizações e das contribuições), abrange igualmente os juros de mora respectivos, apesar de o não referir expressamente.

III – As normas dos art.s. 44.° da LGT e 5.° do Dec.-Lei n.° 73/99, de 16/3, que são normas gerais, não derrogaram o citado art. 14.° do DL n. 103/80, que é uma norma especial.

IV – O DL n.° 103/80, de 9/5, não contempla qualquer prazo de caducidade.

ACORDAM, EM CONFERÊNCIA, NA SECÇÃO DE CONTENCIOSO TRIBUTÁRIO DO SUPREMO TRIBUNAL ADMINISTRATIVO:

1. PEDRAS D'EL REI – GESTÃO E TURISMO, SA, com sede na Rua Jacques Pessoa, 8, Tavira, reclamou judicialmente, junto do TAF de Loulé, a liquidação de juros de mora praticados pelo Chefe de Finanças de Tavira.

O Mm. Juiz daquele Tribunal julgou a reclamação parcialmente procedente, ordenando-se que se contassem juros de mora durante dez anos, relativamente às dívidas de Outubro a Dezembro de 1994, Outubro e Dezembro de 1995 e Janeiro de 1996, e sobre os restantes que se contassem juros de mora de cinco anos.

Inconformada, a reclamante interpôs recurso para este Supremo Tribunal.

Formulou as seguintes conclusões nas respectivas alegações de recurso:

1. A matéria respeitante a juros de mora a que estão sujeitas as dívidas ao Estado, aos seus Serviços e organismos autónomos e às autarquias locais aparece regulada, de forma inovadora, estruturada e cientificamente elaborada, com o Dec.-Lei n.° 49169 de 5 de Agosto de 1969.

2. No seu artigo 6.°, o Legislador estabeleceu um "prazo de liquidação" dos juros de mora, determinando que a liquidação de juros de mora não poderia ultrapassar os últimos cinco anos anteriores à data do pagamento da dívida sobre que incidem.

3. Com excepção do seu artigo 4.°, o Decreto-Lei n.° 49169 de 5 de Agosto de 1969 foi revogado pelo Decreto-Lei 73/99 de 16 de Março, que, na linha do diploma que revogou e no seu artigo 4.°, n.° 1, estabelece também um "prazo de liquidação" de juros de mora determinando que a liquidação de juros de mora a que estão sujeitas as dívidas ao Estado e a outras pessoas

colectivas públicas que não tenham forma, natureza ou denominação de empresa pública não poderá ultrapassar os últimos cinco anos anteriores à data do pagamento da dívida sobre que incidem, não contando para esse efeito os períodos durante os quais a liquidação de juros fique legalmente suspensa.

4. No n.º 2 do artigo 4.º do Decreto-Lei 73/99 de 16 de Março dispõe-se que o disposto no n.º 1 deste artigo não prejudica o disposto em legislação especial que fixe prazo diferente.

5. O prazo estabelecido nos normativos referidos nestes dois Diplomas, (neles expressamente qualificado como "prazo de liquidação") é um prazo de caducidade o que decorre de o legislador o ter definido como prazo de contagem ou liquidação, isto é, prazo de exercício do direito de liquidação dos juros de mora no momento do pagamento da dívida a que respeitem.

6. Por força da ressalva contida no n.º 2 do art. 40.º do Decreto-Lei 73/99 de 16 de Março manteve-se em vigor o prazo de liquidação, *agora especial,* de três anos previsto no n.º 2 do art. 44.º da Lei Geral Tributária aprovada pelo Dec.-Lei 398/98 de 17 de Dezembro (e que entrou em vigor em 1 de Janeiro de 1999) para a liquidação ou contagem dos juros de mora a que estão sujeitas as dívidas tributárias.

7. Face ao disposto no n.º 2 do art. 4.º do Dec.-Lei 73/99 de 16 de Março, a liquidação dos juros de mora que incidem sobre as dívidas por contribuições para a Segurança Social far-se-ia nos termos estabelecidos no n.º 1 daquele artigo se não existisse legislação especial que fixe prazo (de liquidação) diverso do ali fixado. Ora,

8. De todos os (inúmeros) Diplomas legais que, desde a Lei 2115 de 18 de Junho de 1962, têm moldado o regime jurídico da Segurança Social, apenas nos Dec.-Lei 511/76 de 9 de Junho e Dec.-Lei n.º 411/91 de 27 de Outubro o Legislador regulou, específica e especialmente, a matéria da liquidação dos juros de mora fixando um prazo para a liquidação ou contagem dos juros de mora a que estavam sujeitas as dívidas por contribuições para a Segurança Social. De facto,

9. O n.º 2 do artigo 7.º do Decreto-lei 511/76 de 9 de Junho dispõe que "a liquidação dos juros de mora não poderá ultrapassar os últimos cinco anos anteriores à data do pagamento da dívida sobre que incidem". E,

10. O art. 16.º do Decreto-Lei 411/91 de 17 de Outubro dispõe que:

1) pelo não pagamento das contribuições à Segurança Social nos prazos estabelecidos são devidos juros de mora por cada mês de calendário ou fracção.

2) a taxa de juros de mora é igual à estabelecida para as dívidas de impostos ao Estado e é aplicada da mesma forma.

11. Os Dec.-Lei 511/76 e 411/91 nunca foram expressamente revogados, sendo certo que o n.º 2 do art. 7.º do Dec.-Lei n.º 511/76 de 9 de Junho foi tacitamente alterado pelo disposto no art. 16 do Dec.-Lei n.º 411/91 de 17 de Outubro.

12. Por força da ressalva contida no n.º 2 do art. 4.º do Dec.-Lei 73/99 de 16 de Março é, assim, pelo disposto no art. 16.º do Dec.-Lei n.º 411/91 de 17 de Outubro que se deve fazer a liquidação ou contagem dos juros de mora que incidem sobre as dívidas por contribuições para a Segurança Social.

13. O que significa que, por força da regra de equiparação que este art. 16.º do Dec.-Lei 411/81 de 17 de Outubro consagra, essa liquidação ou contagem terá de fazer-se nos termos em que se faz para as dívidas de impostos, isto é, nos termos do disposto no n.º 2 do art. 44.º da Lei Geral Tributária. Aliás,

14. Sempre este dispositivo seria o aplicável e por via directa uma vez que as contribuições para a Segurança Social são tributos fiscais de natureza análoga aos impostos e, como tal, devem ser classificados e tratados.

15. Não sendo, por isto, sustentável a qualquer luz o entendimento de que os juros de mora que incidem sobre as dívidas por contribuições para a Segurança Social devem ser contados ou liquidados nos termos do disposto no art. 14.º do Dec.-Lei 103/80 de 9 de Maio. É que,

16. O art. 14.º do Dec.-Lei n.º 103/80 de 9 de Maio não dispõe sobre liquidação de juros de mora, não fixa qualquer prazo de liquidação ou contagem, não estabelece qualquer prazo para o exercício, pelo Instituto de Segurança Social, do seu direito de liquidação de juros de mora sobre as contribuições em dívida no momento em que o devedor as vem pagar.

17. O art. 14.º do Dec.-Lei n.º 103/80 de 9 de Maio não fixa um prazo de caducidade, fixa, apenas e só, um prazo de prescrição de dívidas e de dívidas já liquidadas.

18. Não estando, por isso, abrangido pela ressalva contida no n.º 2 do art. 40.º do Dec.-Lei n.º 73/99 de 16 de Março que, inequivocamente, se refere, apenas e só, a legislação especial que fixe prazo diverso do estabelecido no n.º 1, prazo este que é um prazo de liquidação ou contagem, isto é, um prazo de caducidade. E,

19. O art. 14.º do Dec.-Lei n.º 103/80 de 9 de Maio foi (tacitamente) alterado pelo art. 53.º da lei 28184 de 14 de Agosto, lei que foi também revogada pela lei n.º 17/00 de 8 de Agosto que, por sua vez, foi revogada pela lei 32/02 de 20 de Dezembro, que actualmente fixa as Bases da Segurança Social e que nada dispõe em matéria de liquidação ou contagem de juros de mora.

20. A douta Sentença recorrida violou o disposto no art. 6.º do Dec.-Lei 49.168 de 5 de Agosto de 1969, o disposto no art. 4.º do Dec.-Lei 411/91, de 17 de Outubro, o art. 44.º da Lei Geral Tributária e o n.º 2 do art. 298.º do Código Civil.

21. Deve a douta Sentença recorrida ser revogada e substituída por Acórdão que determine que o Serviço de Finanças de Tavira apenas pode liquidar e exigir a aqui recorrente juros de mora sobre as contribuições que constituem o objecto da execução pelo período de três anos a contar da data do pagamento voluntário já efectuado.

Não houve contra-alegações.

Neste STA, o EPGA defende que o recurso merece provimento parcial.

Com dispensa de vistos, cumpre decidir.

2. É a seguinte a matéria de facto fixada na instância:

– A execução fiscal foi instaurada no Serviço Local de Finanças de Tavira, para cobrança de contribuições para a segurança social relativas aos meses de Outubro, Novembro e Dezembro de 1994, Outubro e Dezembro de 1995, Janeiro, Fevereiro, Março, Maio, Outubro, Novembro e Dezembro de 1996, Outubro, Novembro e Dezembro de 1997 e Dezembro de 1998 que a executada Pedras D'el Rei – Gestão e Turismo, SA não pagara pontualmente.

– Pretendendo a executada pagar a quantia exequenda, o Exm.º Sr. Chefe do referido Serviço calculou os juros de mora devidos por dez anos.

3. O Mm. Juiz, no tocante aos juros de mora, decidiu o seguinte:

a) as relativas aos meses de Outubro, Novembro e Dezembro de 1994, Outubro e Dezembro de 1995 e Janeiro de 1996 deverá contar-se juros durante dez anos;

b) sobre os restantes, deverá contar-se cinco anos de juros de mora;

Pretende o recorrente, como vimos, que devem apenas ser liquidados três anos de juros de mora.

Quid juris?

Anotemos primeiro que a execução foi instaurada em 16/2/2000 e autuada em 30 de Março de 2000, tendo a executada sido citada por ofício datado de 30/03/2000.

Pois bem.

Apreciemos primeiro a alegada liquidação dos juros de mora relativas aos meses de Outubro, Novembro e Dezembro de 1994, Outubro e Dezembro de 1995 e Janeiro de 1996, que o Mm. Juiz a quo decidiu que "deverá contar-se juros durante dez anos" – alínea a) supra.

Vejamos.

À data vigorava o DL n. 103/80, de 9 de Maio.

Dispunha o art. 14.º do citado diploma legal:

"As contribuições e respectivos juros de mora prescrevem no prazo de dez anos".

Em 1 de Janeiro de 1999 entrou em vigor a LGT (art. 6.º do DL n. 398/98, de 17/12).

Dispõe o art. 44.º deste Diploma:

"1. São devidos juros de mora quando o sujeito passivo não pague o imposto devido no prazo legal.

"2. O prazo máximo de contagem dos juros de mora é de três anos, salvo nos caso em que a dívida tributária seja paga em prestações...".

Entretanto, em 1 de Abril de 1999 entrou em vigor o Dec.-Lei n.º 73/99, de 16/3 (vide o seu art. 12.º).

Dispõe o n.º 5 deste artigo:

"1. A liquidação de juros de mora não poderá ultrapassar os últimos cinco anos anteriores à data do pagamento da dívida sobre que incidem, não contando para este efeito os períodos durante os quais a liquidação de juros fique legalmente suspensa...".

Deve entender-se que esta norma (que se reporta nomeadamente a "contribuições" e "impostos" (vide art. 1.º, 1, a) do referido diploma legal) revogou, nesta parte a LGT. E a proximidade temporal dos dois diplomas não impede, a nosso ver, tal revogação.

Porém, afigura-se-nos que estas normas (da LGT e do Dec.-Lei n.º 73/99, de 16/3) não se aplicam aos juros de mora da Segurança Social.

Na verdade, a legislação da Segurança Social é uma legislação especial, inderrogável por estas (ou outras) normas gerais, nomeadamente as referidas pela recorrente.

Assim, aquela norma (art. 14.º do DL n.º 103/80), só é derrogada pelo art. 63.º, n.º 2, da Lei n.º 17/2000, de 8/8, que estatui que "a obrigação de pagamento das cotizações e das contribuições prescrevem no prazo de cinco anos a contar da data em que aquela obrigação deveria ter sido cumprida".

Deve considerar-se que esta disposição, apesar de o não referir expressamente, reporta-se igualmente aos juros de mora.

É certo que o referido art. 14.º do Dec.-Lei n.º 103/80 se reporta unicamente à prescrição.

Porém, não contempla este diploma legal qualquer prazo de caducidade, razão pela qual só pode ser considerado aquele prazo prescricional de 10 anos.

Assim, e para decidir sobre a data da respectiva prescrição há que considerar o art. 297.º do CC.

Haverá ainda que atentar que a execução foi instaurada em 16/2/2000, como resulta da informação de fls. 18.

Assim sendo, tendo em conta o referido art. 297.º do CC é de concluir, sem qualquer dúvida, que a posição assumida pelo Mm. Juiz é a correcta.

Isto, como é bom de ver, quanto à citada alínea a): juros de mora contados durante dez anos.

Mas também quanto à alínea b) (cinco anos de juros de mora) também a decisão não merece censura, face ao disposto no já citado art. 63.º, n.º 2, da Lei n.º 17/2000, de 8/8.

Aplicando-se aqui, *mutatis mutandis*, as considerações feitas sobre o referido Dec.-Lei n.º 103/80, de 9/5.

4. Face ao exposto, acorda-se em negar provimento ao recurso, com a presente fundamentação.

Custas pela recorrente, fixando-se a procuradoria em 50%.

Lisboa, 3 de Maio de 2006.

Lúcio Barbosa (Relator)
Brandão de Pinho
Pimenta do Vale

Recurso n.º 335/06-30

VERIFICAÇÃO E GRADUAÇÃO DE CRÉDITOS. LIQUIDAÇÃO DOS CRÉDITOS GRADUADOS. DEVER DE OBEDIÊNCIA À LEI.

(Acórdão de 5 de Abril de 2006)

SUMÁRIO:

I – Num Estado de Direito, assente na soberania popular e no primado da Lei (arts. 2.º e 3.º, n.os 1 e 2, da C.R.P.), na sua aplicação aos casos concretos têm de ser acatados os juízos de valor legislativamente formulados, quando não ofendam normas de hierarquia superior nem se demonstre violação de limitações legais de carácter geral (abuso do direito), não podendo o intérprete sobrepor à ponderação legislativa os seus próprios juízos sobre o que pensa que deveria ser regime legal, mesmo que os considere mais adequados e equilibrados que os emanados dos órgãos de soberania com competência legislativa.

II – Resultando do art. 247.º, n.º 2, do C.P.P.T. que liquidação dos créditos graduados é efectuada pelo tribunal tributário, se necessário solicitando elementos ao órgão da execução fiscal, não pode, com fundamento em pretensas razões pragmáticas, decidir-se que a liquidação seja efectuada por aquele órgão.

ACORDAM NA SECÇÃO DO CONTENCIOSO TRIBUTÁRIO DO SUPREMO TRIBUNAL ADMINISTRATIVO:

1 – A Excelentíssima Procuradora da República no Tribunal Administrativo e Fiscal de Loures requereu a reforma de uma conta elaborada num processo de verificação e graduação de créditos por não ter sido efectuada, cumulativamente com a conta do processo, a liquidação dos créditos graduados.

O Meritíssimo Juiz daquele indeferiu o requerido.

Inconformada, a Excelentíssima Magistrada do Ministério Público interpôs o presente recurso jurisdicional para este Supremo Tribunal Administrativo, apresentando alegações com as seguintes conclusões:

1 – Do disposto no art. 247.º, n.os 1 e 2, do C.P.P.T. e 21.º do Regulamento das Custas nos Processos Tributários, aplicável face ao artigo 14.º, n.º 1 do DL 324/2003, de 27 de Dezembro, decorre que, transitada em julgado a sentença proferida nos autos de reclamação de créditos, procede-se, no tribunal que proferiu a sentença à elaboração da conta do processo de verificação de créditos e à liquidação dos créditos de acordo com o decidido em tal sentença – conta-liquidação – devendo ser feitas na mesma altura, pelo que

2 – A decisão em apreço ao indeferir o requerimento do Ministério Público, de fls. 99 e seguintes dos autos, em que requeria a reforma da conta de forma que se procedesse à liquidação dos créditos graduados e decidindo. "Não se deve proceder à reforma da conta...» fez errada aplicação daqueles normativos e por conseguinte,

3 – Errado julgamento, pelo que,

4 – Deve ser revogada e substituída por outra que, deferindo aquele requerimento do Ministério Público, de fls. 70 e seguintes, ordene se proceda à elaboração da liquidação dos créditos verificados e graduados na sentença, de fls. 54 e seguintes, transitada em julgado.

5 – Normas jurídicas violadas: Artigos 247.º, n.os 1 e 2 do C.P.P.T., 21.º do R.C.P.T. e 9.º do Código Civil.

Não foram apresentadas contra-alegações.

Corridos os vistos legais, cumpre decidir.

2 – A questão que é objecto do presente recurso jurisdicional consiste em saber se a liquidação dos créditos graduados em processo de verificação e graduação de créditos deve ser efectuada no Tribunal ou no Serviço de Finanças onde corre termos o processo de execução fiscal.

O art. 247.º do C.P.P.T. estabelece o seguinte:

Artigo 247.º

Devolução do processo de reclamação de créditos ao órgão da execução fiscal

1 – Os processos que tiverem subido ao tribunal tributário de 1.ª instância para decisão da verificação e graduação de créditos serão devolvidos ao órgão da execução fiscal.

2 – No caso de o tribunal tributário de 1.ª instância não poder efectuar a liquidação por não dispor dos elementos necessários, solicitá-los-á ao órgão da execução fiscal para que lhes forneça no prazo que fixar.

Resulta inequivocamente do n.º 2 deste artigo que a liquidação dos créditos verificados e graduados é efectuada pelo Tribunal e não pelo Serviço de Finanças onde corre o processo de execução fiscal.

Na verdade, nem mesmo a situação que poderia aventar como entrave à efectivação da liquidação, que é a falta de elementos, constitui obstáculo a que ela seja feita pelo Tribunal, pois prevê-se expressamente que, em tal situação, devem ser solicitados os elementos necessários ao órgão da execução fiscal.

Por outro lado, a concomitância da realização da conta do processo de verificação e graduação de créditos e da liquidação destes está expressamente prevista no art. 52.º do C.C.J. (antes e depois da reforma operada pelo Decreto-Lei n.º 324/2003, de 27 de Dezembro).

Assim, o regime legal que resulta destas disposições é o de que será o Tribunal que fará a conta do processo de verificação e graduação de créditos bem como a liquidação destes, solicitando à administração tributária o envio dos elementos necessários, designadamente o montante da conta elaborada ou a elaborar por esta relativamente à fase administrativa do processo de execução fiscal[1], que será necessário considerar para efeito de liquidação.

No despacho recorrido não se põe em causa que o art. 247.º do C.P.P.T. determina que a liquidação seja efectuada pelo Tribunal, entendendo-se, porém, que não deve ser cumprido o que nele se estabelece sobre liquidação dos créditos pelo Tribunal, por pretensas razões pragmáticas.

Os Tribunais obrigados ao cumprimento da lei (arts. 203.º da C.R.P.).

Num Estado de Direito, assente na soberania popular e no primado da Lei (arts. 2.º e 3.º, n.os 1 e 2, da C.R.P.), na sua aplicação aos casos concretos têm de ser acatados os juízos de valor legislativamente formulados, quando não ofendam normas de hierarquia superior nem se demonstre violação de limitações legais de carácter geral (abuso do direito), não podendo o intérprete sobrepor à ponderação legislativa os seus próprios juízos sobre o que pensa que deveria ser regime legal, mesmo que os considere mais adequados e equilibrados que os emanados dos órgãos de soberania com competência legislativa.

---

[1] Os n.os 3 e 4 do art. 73.º do CCJ estabelecem que «*as receitas provenientes de taxas de justiça, emolumentos, reembolsos de despesa e actos avulsos respeitantes à fase administrativa do processo de execução fiscal revertem para os serviços competentes para a prática dos mesmos, nos termos legais*» e que «*a conta relativa às importâncias referidas no número anterior, a sua reforma e o respectivo pagamento são efectuados no serviço onde ocorrer o facto que determinou a sua elaboração*».

A letra destas normas aponta claramente no sentido de, no final de um processo de execução fiscal que não teve tramitação apenas perante os órgãos da administração, serem elaboradas **duas contas**, uma pelo tribunal e outra pela administração, cada uma relativamente à actividade que perante cada um destes órgãos se desenvolveu.

Com efeito, aquele n.º 3 reporta-se a um processo que teve, cumulativamente fase administrativa e judicial, pois a referência à «fase administrativa do processo de execução fiscal» só se justifica para a separar de uma fase **não** administrativa. Para além disso, se o processo não tiver qualquer contacto com o tribunal, é inquestionável que haverá uma única conta de custas a elaborar pela administração, pelo que a inclusão daquela norma no CCJ, diploma vocacionado para regular as custas derivadas de actividade dos tribunais e não da administração, tem subjacente a existência de um processo de execução fiscal que teve tramitação também perante os tribunais.

É para as receitas relativas à fase administrativa do processo de execução fiscal num processo que teve também fase judicial que o n.º 4, que se reporta às «*importâncias referidas no número anterior*», estabelece que a conta, «*sua reforma e respectivo pagamento são efectuados no serviço onde ocorrer o facto que determinou a sua elaboração*».

Há, assim, relativamente às custas da fase administrativa uma conta elaborada pelo serviço em que ocorreu o facto que determinou a sua elaboração e não pelo tribunal.

Sendo ponto incontroverso que, havendo actividade desenvolvida pelo tribunal, haverá uma conta de custas relativa a essa actividade, conclui-se que aquele n.º 4 aponta decisivamente para a existência de duas contas, em situações daquele tipo.

O dever de obediência à lei não pode ser afastado sob pretexto de ser injusto ou imoral o conteúdo do preceito legislativo (art. 8.º, n.º 2, do Código Civil) e muito menos por pretensas razões pragmáticas.

Assim, no caso em apreço, o que o Tribunal tem de fazer é cumprir a lei e não violá-la.

Nestes termos, acordam nesta Secção do Contencioso Tributário do Supremo Tribunal Administrativo em conceder provimento ao recurso jurisdicional, revogar o despacho recorrido e ordenar que os autos baixem ao Tribunal Administrativo e Fiscal de Lisboa-2 (Loures), a fim de ser ordenada a reforma da conta com liquidação dos créditos graduados, se necessário solicitando elementos ao órgão da execução fiscal, conforme foi requerido pela Excelentíssima Magistrada do Ministério Público.

Sem custas.

Lisboa, 5 de Abril de 2006

Jorge de Sousa (Relator)
Baeta de Queiroz
Pimenta do Vale

Recurso n.º 209/06-30

Tribunal Central Administrativo

1.ª Secção (Contencioso Administrativo)

ACÇÃO PARA RECONHECIMENTO DE DIREITO. MEIO INADEQUADO QUANDO O RECURSO CONTENCIOSO SE REVELA MAIS ADEQUADO PARA GARANTIA DA TUTELA JURISDICIONAL EFECTIVA DOS DIREITOS OU INTERESSES EM CAUSA.

(Acórdão de 22 de Junho de 2006)

SUMÁRIO:

I – Como vinha preceituado no artigo 69.° n.° 2 da LPTA, vigente ao tempo, as acções para reconhecimento de direito ou interesse legítimo só podem ser propostas no caso de os restantes meios contenciosos disponíveis não assegurarem a efectiva tutela jurisdicional do direito ou interesse em causa.

II – Mostra-se, assim, inadequado o uso desta acção quando o recurso contencioso e consequente execução da sentença se revelam os meios mais adequados para garantir a tutela jurisdicional efectiva dos direitos ou interesses em causa.

ACORDAM OS JUIZES DO 1.° JUÍZO, 1ª SECÇÃO, DO TRIBUNAL CENTRAL ADMINISTRATIVO SUL:

1. MARIA DE FÁTIMA VIEIRA DA SILVA, com os sinais dos autos, veio recorrer da sentença lavrada a fls 47 e seguintes dos autos no TAC do Porto que, na Acção para Reconhecimento de Direito que propusera contra a Empresa de Águas, Efluentes e Resíduos de Braga, EM, e a Câmara Municipal de Braga, julgou parte ilegítima a 1ª Ré e absolveu ambas as Rés da instância, por considerar não verificado o pressuposto mencionado no artigo 69.° da LPTA.

Em sede e alegações, formulou as conclusões seguintes:

A) Vem o presente recurso interposto da aliás douta sentença que absolveu as rés da instância, alegadamente pela sua ilustre autora julgar procedente a excepção da ilegitimidade passiva da ré – recorrida AGERE – Empresa de Águas, Efluentes e Resíduos de Braga, e por ter entendido não verificado o pressuposto do art. 69.° da LPTA.

B) Salvo melhor opinião, não procedem as razões invocadas na sentença recorrida quanto a qualquer dos motivos em que alicerça a absolvição das rés – recorridas da instância.

C) A ré – recorrida AGERE integrou no seu património os bens, direitos e obrigações dos SMAS de Braga, passando a exercer a actividade e a prestar os serviços que àqueles competiam, por força do disposto nos arts. 2°-2 e 25°-1 da Lei 58/98, de 18/8 (Lei das Empresas Municipais, Intermunicipais e Regionais).

D) Como tal, compete-lhe processar o pagamento à A. das importâncias por ela peticionadas.

E) Tem, pois, aquela ré – recorrida interesse em contradizer, pelo que é parte legítima nesta acção.

F) Por outro lado, ao contrário do entendimento perfilhado na sentença recorrida, os meros descontos nos salários da A. – recorrente e a redução do período de férias que lhe era devido, aqueles e esta processados nos recibos juntos com a petição, não cumprem os requisitos que conduzem à formação de "caso decidido".

G) É que tais actos, por um lado caracterizam-se por traduzirem uma pura omissão definidora duma situação concreta e não uma decisão voluntária e unilateral da Administração e, por outro, não cumprem os requisitos do art. 68.° do CPA, uma vez que são omissos quanto ao seu autor (cfr., por todos, os Acs. do STA de 30/5//2001 (Pleno) – Proc. n.° 40850 – de 21/3/2001 – Proc. n.° 46969 – de 27/3/2001 – Proc. n.° 46869; e a sentença proferida pelo Exm.° Juiz do 5.° Juízo do TAC do Porto no recurso contencioso de anulação n.° 192/99.

H) Sem conceder, ainda que assim não fosse, a A. – recorrente poderia lançar, como lançou, mão da acção para reconhecimento de direito ou interesse legítimo, nos termos do art. 69.° da LPTA, interpretado à luz do actualmente estabelecido nos n.os 4 e 5 do art. 268.° da CRP (cfr. Acs. do STA de 19/4/94 – Rec. n.° 33191 – de 4/5/93 – Rec. n.° 31976, e Vasco Pereira da Silva, "Cadernos de Justiça Administrativa, 16-42" e "Em Busca do Acto Administrativo Perdido", Almedina, 1996 – p. 666).

I) Julgando, como julgou, a sentença recorrida não interpretou nem aplicou correctamente as referidas disposições legais dos arts. 69.° da LPTA, 2.° – 2 e 25.° – 1 da Lei 58/98, de 18/8, 68.° do CPA e 268.° da CRP, devendo como tal ser revogada.

As recorridas não apresentaram contra alegações.

No seu douto parecer, o Exm.° Procurador Geral Adjunto suscitou a incompetência absoluta deste Tribunal em razão da hierarquia, para conhecer do recurso.

Notificada para responder à excepção suscitada, a recorrente nada veio dizer aos autos no prazo legal.

Colhidos os vistos legais, vem o processo à conferência.

2. OS FACTOS

Ao abrigo do disposto no artigo 713.° n.° 6 do CPC, remete-se para a matéria de facto assente na sentença recorrida, que não foi impugnada nem merece ser alterada.

3. O DIREITO

Antes de mais, há que conhecer da excepção deduzida pelo Ministério Público pois, como impõe o artigo 3.° da LPTA, esse conhecimento precede o de qualquer outra matéria.

A tese invocada para fundamentar a incompetência deste Tribunal Central para conhecer da presente acção deriva da doutrina expressa no Acórdão do Pleno do STA proferido em 29/6/2000, no Rec. n.° 45291, que a atribuía ao STA, e a diversos acórdãos do TCA que a seguiram na altura.

Sucede, porém, que em diversos acórdãos posteriores o Pleno do STA firmou orientação unânime no sentido de atribuir essa competência aos Tribunais Centrais se, como é o caso presente, a acção visar o reconhecimento de direitos consequentes do exercício da função pública.

Efectivamente, o artigo 40°, alínea a), do ETAF aprovado pelo DL n.° 129/84, de 27/4 (redacção do DL n.° 229/96, de 29/11), então em vigor, estipulava que à Secção do Contencioso Administrativo do TCA competia conhecer dos recursos de decisões dos TACs que versassem sobre matéria relativa ao funcionalismo público.

E o artigo 104.° do mesmo diploma acrescentava: *consideram-se actos e matéria relativos ao funcionalismo público os que tenham por objecto a definição de uma situação decorrente de uma relação jurídica de emprego público.*

Tratando-se, no caso, de uma acção que o reconhecimento do direito da A. a retribuições e férias como funcionária dos SMAS de Braga, há que reconhecer a competência do TCA para decidir o recurso interposto.

Vai, por isso, julgada improcedente a excepção deduzida pelo Ministério Público.

4. Maria de Fátima Vieira da Silva, ex – cantoneira de limpeza dos SMAS de Braga, veio intentar a presente acção para reconhecimento do seu direito à importâncias que, na sua óptica, lhe foram ilicitamente descontadas referentes aos meses de Maio de 1996 a Junho de 1997, totalizando 380.466$; bem como ao gozo de 14 dias de férias remuneradas, que deviam ter tido lugar em Junho de 1997.

A sentença recorrida julgou parte ilegítima a Ré Empresa de Águas, Efluentes e Resíduos de Braga, EM (AGERE) e não verificado o pressuposto previsto no artigo 69.° da LPTA, absolvendo ambas as recorridas da instância.

Inconformada, a recorrente insiste na falta de procedência das excepções em que se funde a sentença, pedindo a sua revogação.

Vejamos.

Como resulta da petição que apresentou, entrada no TAC do Porto em 16/4/99, a A. Maria de Fátima pretende obter da empresa AGERE (sucessora dos SMAS de Braga) e da C.M. de Braga o pagamento das importâncias que, segundo ela, lhe foram indevidamente descontadas aos vencimentos que lhe foram pagos entre Maio de 1996 e Junho de 1997, bem como a faculdade de gozar 14 dias de férias pagas correspondentes a Junho de 1997 (e não 8 dias de férias, como lhe foi na altura concedido).

Ora esses actos municipais, como se diz na sentença recorrida, constituiram actos administrativos definitivos e executórios, passíveis de impugnação através do competente e atempado recurso contencioso (artigo 51.° n.° 1, alínea c), do ETAF então em vigor), e não a utilizada Acção Para Reconhecimento de Direito ou Interesse Legítimo, meio processual inadequado para o caso *sub judicio.*

É que, como deriva do preceituado no questionado artigo 69.° n.° 2 da LPTA, estas acções *só podem ser propostas quando os restantes meios contenciosos, incluindo os relativos à execução de sentença, não assegurem a efectiva tutela jurisdicional do direito ou interesse em causa.*

No caso em análise, a recorrente tomou atempadamente conhecimento de que lhe estavam a subtrair parte do vencimento mensal pago pelos SMAS de Braga, bem como das férias atribuídas, no seu entender injustificadamente, pelo que poderia ter reagido em tempo oportuno, através do respectivo recurso contencioso desses actos.

E, como se sumariou no Ac. deste Tribunal de 5/6//2003 (Proc. n.° 6101/02), *é indevido o uso da acção para o reconhecimento de direito ou interesse legítimo se, perante a apreciação casuística da situação, o recurso contencioso, e a consequente execução do julgado, se revelam adequados a garantir a tutela jurisdicional efectiva do direito ou interesse em causa.*

O mesmo aresto pronunciou-se sobre a nova redacção do artigo 268.° da CRP, entendimento que aqui se reafirma: *A garantia contenciosa de reconhecimento de direitos ou interesses legalmente protegidos, consagrada no n.° 3 do artigo 268.° da Constituição – Revisão de 1982 – foi estabelecida pelo legislador constitucional não como meio alternativo, mas como meio complementar, face a condutas lesivas dos direitos ou interesses juridicamente tutelados.*

Ao estabelecer a regar da complementaridade do meio processual em causa, o n.° 2 do artigo 69.° da LPTA consubstanciou uma adequação dos meios de tutela processual aos fins a atingir, estabelecendo como que um nexo de correspondência entre o direito a defender e o meio processual a utilizar para o efeito.

Assim, actualmente continua a funcionar o pressuposto processual constante do n.° 2 do art. 69.° da LPTA sempre que o recurso e respectiva execução de sentença anulatória se apresente como via adequada a uma eficaz tutela jurisdicional dos direitos ou interesses legalmente protegidos, caso em que é injustificado e desnecessário o exercício do direito de acção.

Não se verificou, pois, qualquer erro de julgamento na sentença recorrida, já que o meio processual empregado pela recorrente era apenas complementar do normal uso do recurso contencioso e respectiva execução de sentença, capazes de obstar aos efeitos lesivos da conduta da administração municipal, se a A. lograsse comprovar os vícios que lhe imputava.

Improcedem, assim, as conclusões H e I das alegações de recurso, confirmando-se a decisão da Senhora Juíza *a quo* no que toca à inadmissibilidade do meio processual empregado, e com prejuízo do conhecimento da restante excepção deduzida.

5. Nesta conformidade, acordam no 1.º Juízo, 1ª Secção, do TCAS em negar provimento ao recurso interposto por Maria de Fátima Vieira da Silva, confirmando-se a sentença recorrida.

Custas a cargo da recorrente, com taxa de justiça que vai graduada em 150 € e procuradoria em metade.

Lisboa, 29 de Junho de 2 006

Mário Gonçalves Pereira
Fonseca da Paz
Magda Geraldes

Recurso n.º 6220/02

APOSENTAÇÃO ANTECIPADA. INEXISTÊNCIA DE PREJUÍZO PARA O SERVIÇO. DESPACHO N.º 867/03/MEF. SUA NATUREZA JURÍDICA.

(Acórdão de 1 de Junho de 2006)

SUMÁRIO:

I- O DL n.º 116/85, de 19-04, apenas condiciona o direito à aposentação antecipada à prova da inexistência de prejuízo para o serviço, independentemente da idade, desde que o funcionário possua, pelo menos, 36 anos de serviço.

II- A integração do conceito de inexistência de prejuízo para o serviço deve ser efectuada pelo órgão competente do serviço, onde o funcionário exercia a sua actividade.

III- O Despacho n.º 867/03/MEF de 05-08, emitido pela Ministra de Estado e das Finanças contém, tão somente, orientações internas relativas à actividade da CGA, não possuindo eficácia para restringir o conceito do direito à aposentação, tal como o mesmo é reconhecido pelo DL n.º 116/85.

ACORDAM OS JUIZES DO 1.º JUÍZO, 1ª SECÇÃO, DO TRIBUNAL CENTRAL ADMINISTRATIVO SUL:

Recorrente: João Carlos de Matos Garcia, divorciado, engenheiro técnico agrário, funcionário da Direcção Geral de Agricultura do Ribatejo e Oeste, residente na Avª 22 de Dezembro, 21-F, 5.º, Esq., 2900-669 Setúbal.

Recorrido: Caixa Geral de Aposentações (CGA).

O recorrente veio propor Acção Administrativa Especial de Impugnação, do despacho de 21-10-04, da Direcção da CGA.

A fls. 106 e ss, foi proferida douta sentença, no TAF de Almada, datada de 09-12-2005, pela qual foi anulado o despacho de 21-10-2004, proferido pela Direcção da CGA, que indeferiu o pedido de aposentação do A. e condenada a CGA a apreciar tal pedido.

Inconformada com a sentença, a CGA veio dela interpor recurso jurisdicional, apresentando as suas alegações de fls. 124 e ss, com as respectivas conclusões de fls. 129 a 131, que de seguida se juntam por fotocópia extraída dos autos.

O A., ora recorrido, veio apresentar as suas contra-alegações, com as respectivas conclusões de fls. 148 a 150, que de seguida se juntam por fotocópia extraída dos autos.

No seu douto e fundamentado parecer, o Sr. Procurador-Geral Adjunto entendeu que deve negar-se provimento ao recurso.

MATÉRIA DE FACTO

Com interesse para a decisão, considero provados e relevantes os seguintes factos constantes da sentença, de fls. 107 a 112, para cuja fundamentação se remete, nos termos do art. 713.º, 6, do CPC.

O DIREITO

Nas conclusões das suas alegações, a CGA refere, designadamente, que a sentença deverá ser revogada, por contrária ao disposto no DL n.º 116/85, de 19-04, nomeadamente nos seus arts. 1.º e 3.º, e Despacho n.º 867/03/MEF, de 05-08.

Deve ser concedido provimento ao recurso jurisdicional e revogada a douta decisão recorrida

O A., ora recorrido, veio contra-alegar dizendo que a sentença deve ser mantida e confirmada.

Entendemos que a douta sentença fez correcta aplicação do direito aos factos, pelo terá de ser mantida.

Na verdade, aí se refere que como resulta da al. j), do probatório, o Despacho n.º 867/03/MEF tem como destinatária a CGA e estabelece as condições em que aquela pode proceder à apreciação dos pedidos de aposentação apresentados ao abrigo do regime previsto no DL n.º 116/85, de 19-04, fixando os elementos que devem instruir o pedido, as situações em que se deve ter por inexistente o prejuízo para o serviço que, nos termos do n.º 1, do art. 1.º, daquele Diploma, constitui um dos requisitos de deferimento do pedido de aposentação antecipada e determinando a rejeição, por parte da CGA, de todos os pedidos que não cumpram os requisitos fixados no despacho n.º 867/03/MEF.

Trata-se, pois, de um despacho em que a Ministra de Estado e das Finanças veio estabelecer directrizes para aplicação do regime de aposentação antecipada previsto no supra referido diploma e dirigido a serviços desse Ministério.

Trata-se, por isso, de um acto interno que, por si só, não afecta a esfera jurídica dos particulares, a menos que, como no caso «sub judice», sirva de fundamento a um acto externo (cfr., entre outros o Ac. do TCAS, de 24-02-2005, in Proc. n.º 07501/03).

O Despacho 867/03/MEF, ao estabelecer as condições e parâmetros que devem integrar o conteúdo da inexistência de prejuízo para o serviço a que se refere o

DL n.º 116/85, de 19-04, e visando toda a Administração Pública, integra um conjunto de normas jurídicas de carácter geral e execução permanente, emitidas no desempenho do poder administrativo, revestindo natureza regulamentar.

Só que, como regulamento, não só o mesmo se não pautou no respeito pelos princípios da primariedade ou precedência, da preferência ou preeminência de lei (cfr. arts. 112.º, n.º 6 e 8, da CRP e n.º 6, do art. 9.º, da Lei n.º 74/98, de 11-11), segundo os quais, respectivamente devem ser indicadas, expressamente, a lei que visava regulamentar ou que defina a competência subjectiva e objectiva para a sua emissão, e apenas podem conter normas «secundum legem», como também deveria ter sido publicado como o determina o art. 119.º, alínea h), da CRP.

Conforme resulta do transcrito regime instituído pelo n.º 1, do art. 1.º, do DL n.º 116/85, de 19-04, assiste aos funcionários da administração local o direito a aposentarem-se, com direito à pensão completa e independentemente da respectiva idade, desde que se verifiquem duas condições:

– reunam 36 anos de serviço;

– não haja prejuízo para o serviço.

Os pedidos que deram entrada, na CGA, deverão ser submetidos a despacho, no prazo de 30 dias, «... para efeitos de desligação para aposentação e fixação da pensão provisória», sendo que tal prazo de 30 dias apenas pode ser interrompido «... quando os processos não venham instruídos com certidões que confirmem o tempo mínimo de 36 anos, casos em que serão pedidos os documentos necessários».

À CGA cabia, pois, apenas averiguar sobre a existência de documentos demonstrativos do tempo mínimo de serviço.

Havendo, pois, a concordância do membro do Governo, como se verificou no caso «sub judice», a CGA apenas terá de cumprir a tramitação estabelecida nos n.ºs 3, 4, 5, 6, 7 e 8, do art. 3.º, do DL n.º 116/85.

Não se verifica a violação do disposto no referido Diploma, designadamente, nos eus arts. 1.º e 3.º.

DECISÃO

Acordam os Juízes do TCAS, em conformidade, em negar provimento ao recurso jurisdicional, mantendo-se a sentença recorrida, nos seus precisos termos.

Custas pela entidade demandada, fixando-se a taxa de justiça em 6 UC, com o mínimo de procuradoria (cfr. art. 73.º, D, n.º 3, do CCJ) e com a redução a metade prevista no art. 73.º E, n.º 1, al. b), do mesmo Diploma.

Lisboa, 01 de Junho de 2006

António Forte
Carlos Araújo
Fonseca da Paz

Recurso n.º 01534/06

ART. 1.º N.º 1 DO D.L. 43/76, DE 20 DE JANEIRO. AC. DO T.C. DE 9.10.2001. QUALIFICAÇÃO COMO DFA. RELEVÂNCIA DO MOMENTO EM QUE OS PRESSUPOSTOS DE FACTO SE VERIFICARAM.

(Acórdão de 22 de Junho de 2006)

SUMÁRIO:

I – A norma constante do n.º 1 do art. 1.º do D.L. 43/76 veio a ser declarada inconstitucional, com força obrigatória geral, por Acórdão do T.C. de 9.10.2001, publicado no D.R. II Série, de 7.11.2001, na medida em que era reservada a cidadãos portugueses (excluindo cidadãos estrangeiros residentes) a qualificação como DFA.

II – Tendo sido o recorrente considerado DFA ao abrigo do disposto na alínea c) do art. 18.º do D.L. 43/76, este diploma deverá ser-lhe aplicável na sua totalidade, apesar do acidente que deficientou o militar ter ocorrido na vigência do Dec. Lei n.º 210/73, de 2 de Maio.

III – Com efeito, para a qualificação como DFA não releva o momento em que o militar assim é considerado, mas antes o momento em que os pressupostos de facto se verificaram.

ACORDAM NO 2.º JUÍZO DO TCA – SUL

1. RELATÓRIO

Afonso Quissimoço Mabote, Deficiente das Forças Armadas, intentou, no TAF de Lisboa, acção administrativa especial contra a Caixa Geral de Aposentações, pedindo a anulação do despacho de 29.03.2004, da Direcção Geral da CGA, na parte que lhe fixou o início do pagamento dos retroactivos da pensão de DFA e do abono suplementar de invalidez à data da homologação da Junta Hospitalar de Inspecção (JHI), e a condenação da entidade demandada à prática do acto administrativo devido em substituição do acto impugnado.

Por Acórdão de 14.12.06, a acção foi julgada improcedente, e a C.G.A. absolvida do pedido.

Inconformado, o recorrente interpôs recurso jurisdicional para este TCA, em cujas alegações enunciou as conclusões de fls. 532 e seguintes, cujo teor se dá por reproduzido.

A C.G.A contra-alegou.

O Digno Magistrado do MºPº, no douto parecer que antecede, pronunciou-se no sentido de ser concedido provimento ao recurso.

2. MATÉRIA DE FACTO

A matéria de facto é a fixada na decisão de 1ª instância, para cujos termos se remete na íntegra (art. 713.º n.º 6 do Cod. Proc. Civil).

DIREITO APLICÁVEL

A sentença recorrida considerou que a entidade demandada decidiu bem ao reconhecer o direito ao abono das prestações devidas reportado à data em que foi lavrado o registo de aquisição de nacionalidade portuguesa, ou seja, a 12.10.99, conforme assente na alínea f) do probatório.

Quanto ao pedido de reconhecimento do direito aos retroactivos da pensão de invalidez e do abono suplementar de invalidez desde 1.09.75 até 12.10.99, a decisão recorrida julgou-o improcedente, visto que "tendo ocorrido a independência da ex-Província Ultramarina, Moçambique, em 1975, e por força da aplicação do Dec. Lei n.º 308-A/85, de 24 de Junho, o A. perdeu, automaticamente, a nacionalidade portuguesa, e não a tendo adquirido entretanto, à data de 1.9.75, a que se reportam os efeitos do Dec-Lei 43/76, não era cidadão nacional português".

O recorrente alega, no essencial que o incidente que lhe provocou a deficiência (amputação do membro inferior esquerdo) no decorrer de uma emboscada, ocorreu no dia 2 de Janeiro de 1974 (conclusão 2ª) tendo sido instaurado o respectivo processo de averiguações e a deficiência considerada como ocorrida em serviço de campanha (conclusão 2ª).

Em consequência da sua qualificação como DFA foi reconhecido ao agravante o direito à pensão de invalidez como DFA, por despacho da Direcção da C.G.A datado de 29.03.2004;

Ocorre, porém, que na pendência da presente acção administrativa especial, a agravada anulou o seu despacho de 29.03.04 e reconheceu ao agravante o direito à pensão e ao abono suplementar de invalidez, mas apenas desde a data em que o agravante adquiriu a nacionalidade portuguesa (conclusões 3ª a 5ª)

Deste modo, e atento o disposto no n.º 1 do art. 91.º n.º 5 do CPTA, o agravante restringiu o seu pedido de abono dos retroactivos da pensão de DFA e do abono suplementar de invalidez ao período compreendido entre 1 de Setembro de 1975 e 12 de Outubro de 1999 (conclusão 7ª).

Refere, ainda, o recorrente que a agravada se baseou no Parecer n.º 74/98 da Conselho Consultivo da PGR para assim proceder, sendo certo, todavia, que a argumentação versada no referido parecer se encontra totalmente desactualizada, face à declaração, com força obrigatória geral, pelo Tribunal Constitucional (Ac. n.º 423/ /2001, D.R. I Série, n.º 258, de 7.11.2001), das normas constantes do n.º 1 do art. 1.º do Dec. Lei 43/76 (conclusões 7ª a 9ª)

Conclui o recorrente que o acórdão recorrido, ao decidir em sentido contrário ao da sua pretensão, violou as disposições legais do D.L. 43/76 de 20.1, os arts. 124.º e 125.º do CPA, e os arts. 13º, 15.º e 266.º da CRP.

Por sua vez, a CGA alega que o A. somente adquiriu a nacionalidade portuguesa em 12 de Outubro de 1999, tendo sido automáticamente qualificado DFA, e sendo-lhe reconhecido o direito às prestações devidas (pensão de DFA e abono suplementar de invalidez) desde aquela data, como decorre do art. 1.º n.º 1 do Dec. Lei n.º 43/76, de 20 de Janeiro, e do artigo 319/84, de 1 de Outubro, que restringem aos cidadãos portugueses o estatuto de DFA, bem como do Parecer n.º 74/98 do Conselho Consultivo da Procuradoria Geral da República. Tais fundamentos, segundo a agravada, continuam válidas mesmo depois do Acórdão n.º 423/2001 do Tribunal Constitucional, acima citado (conclusões 1ª a 3ª). Refere ainda a C.G.A que aqueles artigos foram declarados inconstitucionais apenas relativamente a estrangeiros que residam em Portugal, a partir de 7.11.2001, o que significa que os estrangeiros não residentes continuam a não beneficiar do regime de DFA (conclusão 4ª).

No caso concreto, a CGA mudou o sentido decisório tendo em consideração razões novas de direito (como a relevância do requisito da nacionalidade) e uma nova valoração do interesse público, após a publicação do referido Parecer n.º 74/98 do CCPGR (conclusão 7ª).

É esta a questão a analisar

A pretensão do recorrente consiste em ser-lhe atribuída a pensão, não apenas desde a data em que readquiriu a nacionalidade portuguesa, mas sim desde 1.09.75, data em que entrou em vigor o Dec-Lei 43/76, de 20 de Janeiro, por força do disposto na al. c) do art. 18.º do mesmo diploma.

Recordemos desde logo que, conforme decorre dos autos, à data da entrada em vigor do Dec-Lei n.º 43/76 de 20 de Janeiro, já o recorrente era DFA desde 28.03.74, data em que foi julgado incapaz para todo o serviço militar pela JHI do Hospital de Lourenço Marques, embora só tivesse sido declarado como tal em 19.01.04, e ao abrigo do art. 18 n.º 1, al. c), conforme se vê pela Informação n.º 323/2004 do Departamento de Assuntos Jurídicos do Ministério da Defesa Nacional (cfr. Doc. n.º 4, a fls. 11 dos autos).

A matéria de facto assente, a que se torna necessário aplicar o direito, é a seguinte: "O recorrente foi incorporado no Exercito Português na ex-Província de Moçambique, em 20.07.1972, na Escola de Administração Militar Militar de Boane; no dia 20.01.74 cumpria uma missão na 2ª Companhia de Caçadores no Batalhão de Caçadores n.º 20, em Cabo Delgado, quando, numa emboscada, foi atingido pelo rebentamento de uma mina que lhe causou a amputação do membro inferior esquerdo; em 28.03.1974, o recorrente foi considerado pela JHI incapaz para todo o serviço militar, com a desvalorização de 55%, tendo o acidente sido considerado como resultante de serviço de campanha; foi-lhe paga uma pensão de invalidez pelo Estado de Moçambique até 31.12.03; em 19.04.2000 requereu ao Chefe do Estado Maior do Exército a qualificação automática como DFA e a inerente actualização da pensão de invalidez; em 26.05.2002 foi presente à JHI/HMP, que o julgou incapaz de todo o serviço militar, com desvalorização de 60%, em consequência das lesões sofridas no acidente de 2.01.74 em Moçambique; por despacho de 19.01.2004, do Secretário de Estado da Defesa e Antigos Combatentes foi qualificado, automaticamente, como DFA, nos termos da alínea c) do art. 18.º do D.L. 43/76";

Por ofício de 29.03.04, a C.G.A. notificou o recorrente de que lhe foi reconhecido o direito à aposentação; Por despacho de 11.10.2004 foi reformado o despacho de 29.03.04, reconhecendo-se ao A. o direito às prestações devidas, mas apenas desde a data da reaquisição da nacionalidade portuguesa, ou seja, 12.10.99".

São estes os pontos essenciais da matéria de facto assente em 1ª instância (alíneas A) a L)

Ora, o n.º 1 do art. 1.º do D.L. 43/76, de 20 de Janeiro, prescreve o seguinte:

"O Estado reconhece o direito à reparação que assiste aos cidadãos portugueses que, sacrificando-se pela Pátria, se deficientaram ou se deficientem no cumprimento do serviço militar e institui as medidas e os meios que, assegurando as adequadas reabilitação e assistência, concorram para a sua integração social".

Por sua vez, o n.º 1 do artigo 18.º do mesmo diploma, aplicável aos cidadãos considerados automaticamente DFA, tem as seguintes alíneas:

a) "Os inválidos da 1ª Guerra Mundial de 1914-1918 e das campanhas ultramarinas anteriores;

b) Os militares no activo que foram contemplados pelo Dec. Lei n.º 44 995, de 24.04.1963, e que pelo n.º 18 da Portaria n.º 619/73, de 12 de Setembro, foram considerados abrangidos pelo disposto no Dec. Lei n.º 210/73, de 9 de Maio;

c) Os considerados deficientes ao abrigo do disposto no Dec. Lei n.º 210/73, de 9 de Maio.

Quando ocorreu o acidente em causa (20.01.1974), vigorava o Dec. Lei 210/73, de 9 de Maio. Todavia, este diploma foi revogado pelo D.L. 43/76, de 20 de Janeiro, segundo o qual a qualidade de DFA seria automaticamente reconhecida aos cidadãos que se encontrassem nas situações previstas no n.º 1 do art. 18º, acima transcritas.

Foi o que sucedeu ao A.

Sucede, porém, como tem sido anotado em diversos arestos do STA e do TCA, a norma constante do n.º 1 do artigo 1.º do Dec. Lei n.º 43/76 veio a ser declarada inconstitucional, com força obrigatória geral, por Acórdão do T.C. de 9.10.2001, publicado no D.R., II Série, de 7.11.2001, na medida em que abrangia apenas cidadãos portugueses, excluindo cidadãos estrangeiros residentes, como susceptíveis da qualificação como DFA ou equiparado.

Ora, o recorrente tornou-se DFA ao serviço das Forças Armadas Portuguesas, num momento inicial em que detinha a nacionalidade portuguesa, que entretanto perdeu em 1975 (por força da independência de Moçambique), mas que veio a readquirir em 12.10.99 (cfr. fls. 9 do processo instrutor).

De acordo com o doutamente expendido no Parecer do MºPº "parece-nos irrelevante – até pela filosofia posteriormente acolhida no Ac. do T.C. citado – que o recorrente tivesse perdido compulsivamente a cidadania portuguesa em 1.09.1975, por via do preceituado no Dec. Lei 308-A/75, de 24 de Julho".

É uma questão de elementar justiça, estando em causa a especial problemática dos militares deficientes que, por razões que lhe não podem ser imputadas, perderam a nacionalidade portuguesa (cfr. D.L. 348/82, de 3 de Setembro).

A nosso ver, e ainda de acordo com o parecer do MºPº, os direitos consignados no Dec. Lei 43/76 devem ser aplicados na íntegra ao caso concreto, tanto mais que o legislador, embora o pudesse ter feito expressamente, não declarou a vontade de os excluir em situações desta natureza.

Sendo o recorrendo considerado DFA ao do disposto na alínea c) do art. 18.º do D.L. 43/76, tal diploma deverá ser-lhe aplicável na sua totalidade, apesar do acidente que provocou a deficiência se ter verificado na vigência do Dec. Lei n.º 210/73, de 9 de Maio.

Na verdade, para a qualificação como deficiente, não releva o momento em que o militar assim é considerado, mas sim o <u>momento em que os pressupostos de facto se verificaram</u> (cfr. Ac. TCA de 18.01.2001; Proc. 612/98; Ac. TCA de 22.02.01, Rec. 145/00, in "Antologia de Acordãos do STA e do TCA, Ano IV, n.º 2, p. 273 e seguintes).

Finalmente, recordando ainda que, quando foi aplicado ao recorrente o D.L. 43/76 já o mesmo tinha readquirido a nacionalidade portuguesa, conclui-se que o mesmo não pode deixar de usufruir do acervo de direitos consignado no D.L. 43/76, desde 1 de Setembro de 1975, data a partir da qual terão eficácia os direitos que aquele diploma reconhece aos DFA, por força do estatuído no artigo 21º.

Procedem, pois, as conclusões do agravante, tendo o acordão recorrido efectuado errada interpretação das disposições legais constantes do D.L. 43/76, de 20 de Janeiro (art. 21º) e dos artigos 13º, 15.º e 266.º da C.R.P., por via da mudança de orientação da C.G.A. que acabou por se traduzir no tratamento diverso de situações análogas às dos autos, numa interpretação que o Parecer n.º 74/98 não consente.

4. DECISÃO

Em face do exposto, acordam em revogar a sentença recorrida e em anular o despacho de 29 de Março de 2004, devendo ser praticado acto subsequente com vista ao deferimento da pretensão do A., tal como formulada na petição inicial.

Sem custas em ambas as instâncias.

Lisboa, 22.06.06

as.) António de Almeida Coelho da Cunha (Relator)
Maria Cristina Gallego dos Santos
Teresa Maria Sena Ferreira de Sousa

Recurso n.º 01500/06

ART. 9.º N.º 2 DO CPTA. REAPRECIAÇÃO DE SITUAÇÕES JURÍDICAS. INEXISTÊNCIA DO DEVER LEGAL DE DECIDIR.

(Acórdão de 29 de Junho de 2006)

I – A norma do n.º 2 do art. 9.º do CPA visa consagrar os princípios da estabilidade e da segurança nas relações jurídico-administrativas, evitando o reexame de pretensões dos administrados antes de decorridos dois anos.

II – Se uma pretensão de um administrado se firmou na ordem jurídica por falta de atempada impugnação, o silêncio da Administração sobre a renovação da mesma, antes de decorridos dois anos e com o mesmo contexto fáctico e jurídico, não tem conteúdo inovatório.

III – Não havendo dever legal de decidir, verifica-se a inimpugnabilidade do acto, nos termos do art. 89.º n.º 1, al. c) do CPTA.

ACORDAM NO 2.º JUÍZO DO TCA SUL

1. RELATÓRIO

Sindicato Nacional dos Trabalhadores da Administração Local STAL intentou no TAF de Almada, em representação e defesa da sua associada ...., acção administrativa especial de impugnação de acto administrativo, de omissão legal, por falta do dever de decidir, que versou sobre o pedido apresentado em 20.06.03 pela referida associada, omissão essa imputada à Sra. Presidente da Câmara de Almada.

O Mmo. Juiz "a quo" absolveu a Ré da instância, por se verificar a inimpugnabilidade do acto, nos termos do art. 87 n.º 1, al. c) do CPTA Inconformado, o STAL recorreu jurisdicionalmente para este TCA, formulando as alegações de fls. 60, que aqui se dão por integralmente reproduzidas.

Não houve contra-alegações.

O MºP.º não emitiu parecer sobre o da causa.

Colhidos os vistos legais cumpre decidir.

2. MATÉRIA DE FACTO

A decisão recorrida considerou provada a seguinte matéria de facto:

a) A ora representada do STAL, em 20.06.03, requereu à Presidente da Câmara Municipal de Almada, "a correcção da sua situação profissional, em termos de posicionamento remuneratório, em ordem a não manter a discriminação existente, quando comparado com a situação de outros colegas do Município" (...) dado que "o novo regime de carreiras, veio produzir para a interessada uma inversão da sua posição relativamente a funcionários promovidos em data posterior, in casu, em 1997";

b) Sobre tal requerimento não recaiu qualquer despacho

c) Em 25.01.02, a mesma representada dirigiu à ora Ré um requerimento de teor idêntico, nos fundamentos e no pedido, sobre o qual recaiu despacho de indeferimento expresso da pretensão formulada.

3. DIREITO APLICÁVEL

Nas conclusões das suas alegações, a recorrente imputa à decisão recorrida a violação do artigo 9.º n.º 2 do C.P.A. e do art. 89.º n.º 1, al. c) do CPTA, alegando não se verificarem os requisitos cumulativos do acto confirmativo.

Segundo a recorrente, os pedidos constantes dos requerimentos de 25.01.2002 e de 20.06.2003 são diferentes.

No primeiro requereu-se o reposicionamento indiciário e o pagamento das correspondentes diferenças salariais, de harmonia com o disposto no artigo 21 n.º 2 do Dec. Lei n.º 404-A/98, e no segundo pediu-se a correcção da situação profissional da interessada, pela aplicação do mecanismo de correcção ínsito no artigo 21.º n.º 4 do Dec. Lei 404-A/98 (cfr. conclusões a) a d)).

Salvo o devido respeito, esta diferenciação é artificial

Como nota a decisão recorrida (...) "embora com linguagem diferente, o pedido é na prática e substancialmente o mesmo: o que a A. pretende é o seu reposicionamento em escalão superior por força da entrada em vigor do Dec-Lei 404-A/98, com a nuance do requerimento de 2002 ser mais vasto, pois além do reposicionamento que pede em 2003, também pediu diferenças salariais.

Ou seja, o requerimento de 2003 é aparentemente mais reduzido que o de 2002, mas o seu âmbito já estava englobado neste e as suas consequências acabam por ser iguais. E que assim é prova-o o pedido da A. feito na petição inicial, pois aqui já não se esqueceu das diferenças remuneratórias".

A pretensão formulada é, pois, substancialmente idêntica.

Ora, como dispõe o artigo 9.º n.º 2 do Cód. Proc. Administrativo, não existe o dever de decisão quando, há menos de dois anos contados da data da apresentação do requerimento, o órgão competente tenha praticado um acto administrativo sobre o mesmo pedido formulado pelo mesmo particular com os mesmos fundamento".

Com esta norma, o legislador pretendeu evitar a exigência de um reexame de anteriores actos consolidados na ordem jurídica, pois que, se de dois em dois anos, com base nas mesmas circunstâncias de facto ou de direito, fosse possível questionar anteriores decisões da Administração, criar-se-ia o caos, não só na Administração como na própria jurisdição administrativa (cfr. Ac. STA de 3.03.98 (1ª Secção), in Ac. Dout. n.º 445, p. 1 e seguintes; Ac. TCA de 16.06.2005, Proc. n.º 10907/01).

Deste modo, não se mostrando a ocorrência de qualquer alteração das circunstâncias de facto ou de direito, o silêncio da Administração sobre a pretensão ora renovada, não é gerador de acto tácito de indeferimento, sendo por isso impossível a sua impugnação ao abrigo do art. 109.º do C.P.A.

O acto lesivo da esfera jurídica da recorrente era o acto anterior, que não foi impugnado.

O pretenso acto tácito não poderia nunca, como diz a recorrente, considerar-se como confirmativo do acto expresso anterior, por a isso se opôr a peculiar natureza do acto tácito (mero expediente processual ou ficção legal), mas a verdade é que, como justamente concluiu a sentença recorrida, a Presidente da Câmara Municipal de Almada, por força do aludido art. 9.º n.º 2 do C.P.A não tinha a obrigação de se pronunciar sobre o requerimento de 20.06.03, visto já a ter apreciado menos de dois anos antes (cfr – Ac. STA de 17.04.86, Ac. Dout. 301, 22).

E a falta do dever de se pronunciar faz desaparecer a omissão legal do dever de decidir, verificando-se a inimpugnabilidade do acto, nos termos do art. 89 n.º 1, al. c) do C.P.T.A., como justamente se decidiu.

4. DECISÃO

Em face do exposto, acordam em negar provimento ao recurso e em confirmar a decisão recorrida.

Custas pela A. em ambas as instâncias.

Lisboa, 29 de Junho de2006

Coelho da Cunha
Cristina dos Santos
Teresa de Sousa

Recurso n.º 01097/05

CARREIRAS VERTICAIS. ART. 38.º N.º 1 DO D.L. 247/87, DE 17 DE JUNHO. ENUMERAÇÃO TAXATIVA.

(Acórdão de 20 de Abril de 2006)

SUMÁRIO:

As carreiras de condutores de máquinas pesadas e veículos especiais e de tractorista não são carreiras horizontais, visto que não constam da enumeração taxativa a que procedeu o art. 38.º nº 1 do Dec. Lei 247/87, de 17 de Junho; tais carreiras devem antes ser consideradas verticais.

ACORDAM NO 2.º JUÍZO DO TCA – SUL

1. RELATÓRIO

STAL Sindicato Nacional dos Trabalhadores da Administração Local, intentou no TAF de Sintra, em representação dos seus associados Adilson ... e outros, Condutores de Máquinas Pesadas e Veículos Especiais, e António Alves Pereira, Tractorista, funcionários dos SMAS de Oeiras, a presente acção administrativa especial de impugnação das deliberações da Câmara Municipal de Oeiras de 28.04.04 e de 23.06.04.

Por Acórdão de 11.02.2005, a acção foi julgada procedente, tendo-se considerado que a carreira de condutor de máquinas pesadas e veículos especiais deve ser considerada vertical, o que acarretaria a progressão automática ao fim de três anos, conforme resulta das disposições conjugadas dos artigos 19.º n.º 2, alínea b) e 20 n.º 1, ambos do Dec-Lei n.º 353-A/89, de 16 de Outubro.

O Município de Oeiras recorreu de tal decisão, nos termos das alegações de fls. 286 e seguintes, nas quais enunciou as conclusões seguintes:

a) A douta decisão em recurso não ponderou devidamente a existência de um quadro legal que dá corpo a uma certa orientação normativa quanto ao que significam as carreiras verticais e horizontais (art. 5.º do Dec-Lei 248/85 de 15 de Junho);

b) O critério legal de interpretação da lei (art. 9.º n.º 1 do Cód. Civil) mais do que a letra da lei é sobretudo o do "pensamento legislativo";

c) As carreiras que anteriormente eram carreiras mistas e que passaram a ser unicategoriais como a de tractorista reentram no conceito legal, a menos que a lei o exceptue, o que não acontece no caso;

d) As carreiras que sofreram agregação e que eram anteriormente mistas, tornaram-se carreiras horizontais, a menos que a lei o exceptue, com as legais consequências;

e) O disposto no art. 38.º do Dec. Lei 247/87 não pode ser entendido como taxativo quanto à enumeração das carreiras horizontais já que isso seria considerar ter o próprio legislador estabelecido um regime entre si contraditório, erro que a reconstrução do pensamento legislativo" à luz do art. 9.º do Cod. Civil permite evitar;

f) Ou seja teria em legislação posterior que não revogou o assinalado Dec-Lei n.º 248/85, considerado e desconsiderado carreiras como horizontais ou verticais ao arrepio do conceito legal que define claramente o que é uma carreira vertical e horizontal;

g) Como as carreiras horizontais pressupõe uma lógica unicategorial, a de condutor de máquinas pesadas e veículos especiais, só pode progredir como horizontal;

h) Assim, ao decidir como decidiu, a douta decisão em recurso violou a lei (art. 5.º do Dec-Lei 248/85), sendo em conformidade a decisão condenatória também ela ilegal.

O recorrido contra-alegou, pugnando pela manutenção do julgado.

O Digno Magistrado do M.º P.º emitiu parecer no sentido de ser negado provimento ao recurso.

Colhidos os vistos legais, cumpre dedidir.

2. MATÉRIA DE FACTO

Nos termos do disposto no art. 713.º n.º 6 do Cód. Proc. Civil, remete-se na íntegra para a matéria de facto fixada na sentença recorrida.

3. DIREITO APLICÁVEL

Considerou a decisão recorrida que a carreira de Condutor de Máquinas Pesadas e Veículos Especiais em que se encontram integrados os associados identificados nas alíneas A), C), D), E), F) e G) do probatório, e a carreira de tractorista em que se encontra integrado o associado identificado na alínea B) são carreiras verticais.

Contra este entendimento se insurgiu o recorrido Município de Oeiras, alegando, no essencial, que o disposto no art. 38.º do Dec. Lei 247/87 não pode ser entendido como taxativo quanto à enumeração das carreiras horizontais, já que isso seria considerar ter o próprio legislador estabelecido um regime entre si contraditório, erro que a reconstrução do "pensamento legislativo" à luz do art. 9.º do Cod. Civil permite evitar.

Trata-se de uma questão já por diversas vezes apreciada neste Tribunal (cfr. entre outros o Ac. TCA de 21.11.02, Rec. 6175/02, de 21.12.05, in Rec. 1104/05, publicado na "Antologia de Acórdãos do Supremo Tribunal Administrativo", Ano VI, n.º 1, p. 235 e 236), que consiste em saber se as carreiras acima aludidas são horizontais ou verticais.

Nesta óptica tem sido entendido que o art. 38 n.º 1 do Dec. Lei n.º 247/87, ao referir que são consideradas "carreiras horizontais" as que de seguida enumera, sem que se utilize qualquer advérbio, como designadamente ou nomeadamente, faz supor que se pretendeu efectuar uma enumeração taxativa e não meramente exemplificativa (cfr. Ac – TCA-Sul de 11.04.05 acima mencionado).

Acresce que uma enumeração tão extensa como a constante do preceito, que inclui vinte e sete carreiras, seria desnecessária se o legislador não pretendesse proceder à fixação taxativa das carreiras horizontais. Aliás, como escreve Paulo Veiga e Moura, "só ao legislador compete qualificar uma determinada carreira como vertical ou horizontal" (cfr. "Função Pública", 1.º vol. "Coimbra Editora, p. 69).

"Na verdade, o art. 19.º n.º 4 do Dec-Lei 191-C/79, de 25 de Junho, o art. 24.º do Dec. Lei 466/79 de 7 de Dezembro (ambos já revogados), o art. 38.º n.º 1 do Dec. Lei 247/87, de 17 de Junho e o n.º 4 do art. 15.º do Dec. Lei 404-A/98, de 18 de Dezembro permitem concluir que foi intenção do legislador definir pela positiva as carreiras horizontais e mistas e pela negativa as carreiras verticais" (ob. cit. p. 70).

Sendo inequívoca a letra da lei, ponto de partida de qualquer interpretação jurídica e elemento irremovível de toda a interpretação, não parece que se justifique o argumento expendido pelo R. em abono da tese do carácter não taxativo do art. 38.° n.° 1 do Dec-Lei, pretendendo interpretar aquela norma conjugadamente com o Dec. Lei 248/85 e o Dec-Lei 353-A/89, de 16 de Outubro.

Acrescenta ainda o recorrente que, para além do citado art. 38.° do Dec. Lei 247/87, também posterior legislação, como o artigo 15.° do Dec. Lei 404-A/98, de 15 de Dezembro, classificaram como horizontal outras carreiras, como a de operário semi-qualificado, e que se o citado art. 38.° for entendido como taxativo, não só não dá resposta a todas as situações, como se mostra em contradição com a mudança conceptual que o legislador considerou na definição das carreiras e categorias com o Dec. Lei n.° 353-A/89.

Todavia, e como justamente refere o recorri, o art. 15.° do Dec-Lei 404/A/98, de 18 de Dezembro, terá resultado do facto de, para esta carreira terem tramitado os anteriores operários não qualificados, n.° 6 do art. 20.° do Dec. Lei 404-A/98, de 18.12, pelo que o legislador terá entendido ser necessário clarificar qual o módulo de progressão.

E, mesmo assim, nessa carreira de operário qualificado, a categoria de capataz progride por módulos de 3 anos (n.° 5 do art. 6.°).

Entende assim o recorrido que "de tal qualificação expressa da carreira, ou melhor, de parte dela, de operário semiqualificado como horizontal até resulta consequência diferente, pois que a de que a inexistir essa classificação no art. 15.°, a carreira, por que não incluída no art. 38.° do Dec-Lei 247/87, de 17 de Junho, seria vertical (na totalidade)", entendimento esse que acompanhamos.

Acresce que o fundamento da diferença do tempo para progressão 3 anos nas verticais e 4 anos nas verticais não pode derivar da maior ou menor eficiência no desempenho, uma vez que os conteúdos funcionais elaborados pelo legislador o são sempre para cada carreira, e nunca por categoria.

Parece ainda convincente notar que os invocados conceitos de carreira do art. 5.° do Dec. Lei 248/85, de 15 de Julho, não correspondem à realidade criada após os Dec-Leis 184/89, de 2 de Junho e 353-A/89 de 16 de Outubro: nas carreiras unicategoriais não há mudança de categoria, ao contrário do que antes se passava com as carreiras horizontais, em que havia progressão com o sentido de subida de categoria (cfr. Paulo Veiga Moura, ob. cit., pág. 72, nota 103).

Improcede, assim, o entendimento de que todas as carreiras unicategoriais são horizontais, com progressão de 4 em 4 anos.

Finalmente, no que concerne em especial à carreira de tesoureiro, repete o recorrente a sua tese já vertida nas alegações proferidas no TAF de Sintra, baseando-se no n.° 2 do art. 9.° do Dec-Lei 404-A/98, de 18 de Dezembro, para daí concluir que da referência aos 3 anos resulta que todas as carreiras unicategoriais são horizontais. Esquecendo, todavia que também o n.° 2 do art. 7°, quanto ao chefe de secção, o faz, e, contudo, trata-se de <u>categoria de topo</u> ou de chefia, vertical (art. 36.° al. a) do Dec. Lei 404-A/98, de 18 de Dezembro e Dec-Lei 469/80, de 14 de Outubro), e que na Administração Local a carreira de Tesoureiro não é unicategorial (art. 7.° do Dec-Lei 412-A/98, de 30 de Dezembro), ao contrário do que sucede na Administração.

Não se vislumbra, portanto, qualquer argumento válido susceptível de nos afastar da jurisprudência uniforme seguida neste T.C.A., quanto à questão em causa.

4. DECISÃO

Custas pelo Réu, no montante de 8 UC, com redução a metade (art. 73°-D n.° 3 e 73-E n.° 1, al. b) do Cod. Custas Judiciais.

Lisboa, 20.04.06

António de Almeida Coelho da Cunha (Relator)
Teresa Maria Sena Ferreira de Sousa
Maria Cristina Gallego dos Santos

Recurso n.° 01013/05

CONCURSO DOCUMENTAL. AVALIAÇÃO CURRICULAR. EXPERIÊNCIA PROFISSIONAL.

(Acórdão de 25 de Maio de 2006)

SUMÁRIO:

I – Nos termos do disposto no art. 27.°, n.° 1-b) do DL 498/88, de 30.12, a avaliação curricular visa: "b) (...) – avaliar as aptidões profissionais dos candidatos, ponderando, de acordo com as exigências da função, a habilitação académica de base, a formação e a qualificação e experiência profissionais na área para que o concurso foi aberto;".

II – O art. 16.°, h) do DL 498/88, de 30.12, exige que a experiência profissional, enquanto factor de ponderação, conste do aviso de abertura do concurso, ao estipular que deste devem constar: "A especificação dos métodos de selecção a utilizar, com menção dos factores de apreciação, quando se trate de avaliação curricular ou entrevista profissional de selecção (...)"., em consonância com o previsto no já citado art. 27.°, n.° 1-b) do mesmo DL 498/88.

III – Não tendo sido divulgado no edital de abertura do concurso, como a lei o exige, tal factor experiência profissional, não ficou assegurado cabalmente o princípio da transparência e da isenção e da divulgação atempada de tal factor de ponderação.

IV – Tendo o júri do concurso fixado e valorado tal factor de ponderação na acta n°1, após o Edital do concurso já ter sido afixado, e em momento posterior à apresentação dos curricula dos candidatos, ocorre violação do disposto no art.

16.°, n.° 1-d) do DL 185/81, de 01.07, conjugado com o disposto nos arts. 5.°-c), 16.°-h) e 27.°, n.° 1-b) do DL 498/88, de 30.12, bem como dos princípios da divulgação atempada dos critérios e factores de ponderação, da imparcialidade e da transparência, previstos no art. 266-°, n.° 2 da CRP, para o que basta a mera ameaça de tal lesão.

ACORDAM NO TCAS, SECÇÃO CONTENCIOSO ADMINISTRATIVO, 2.° JUÍZO

A COMISSÃO COORDENADORA DO CONSELHO CIENTÍFICO DA ESCOLA SUPERIOR DE TECNOLOGIA DE VISEU interpôs recurso jurisdicional da sentença do TAF de Lisboa que concedeu provimento ao recurso contencioso de anulação interposto **LUÍS** ...da sua deliberação 21.02.97, pela qual foi homologada a lista de ordenação final dos candidatos admitidos ao concurso para recrutamento de um assistente para o Departamento de Engenharia Mecânica e Gestão Industrial da Escola Superior de Tecnologia do Instituto Politécnico de Viseu.

Em sede de alegações, formulou as seguintes conclusões:

"– O acto não é lesivo.

1) Verificado já que, cronologicamente, a lesão nasceu e criou-se, sem posterior alteração, em momento procedimental anterior ao do acto recorrido, é erróneo o julgamento que sustenta que a ilegalidade em causa, com as características abstractas e objectivas apontadas, poderá, ou não, vir a surgir posteriormente (e a afectar outros candidatos e interesses mormente públicos), ficando, assim, a impugnação dependente das frívolas conveniências do recorrente determinadas por outras razões que nada, mas mesmo nada, têm a ver com a ilegalidade de que se trata.

2) Ademais, os motivos que se vem de enunciar fazem-se sentir até talvez com mais acuidade no tocante à ocorrida revogação da homologação da lista de graduação, revelando-se, assim, ainda mais injustificado que, apesar desta revogação, apesar da ilegalidade já ter sucedido em toda a sua plenitude lesiva, apesar da natureza abstracta dessa ilegalidade, se continue a conferir ao recorrente a possibilidade de recorrer (ou não) contenciosamente por razões verdadeiras que, substancialmente, nada têm a ver com a ilegalidade cometida.

3) Com efeito, tratando-se de violação suposta da transparência e isenção, enquanto valores abstractos e *a se,* não se justifica que, por razões que nada têm a ver com aquela ilegalidade nem com os motivos que a determinam, se permita aos concorrentes frivolamente aproveitarem-se duma suposta violação para atingir outros fins que não aqueles que emolduram e explicam a ilegalidade.

4) Tanto mais que a intervenção hierárquica necessária que se vem de aludir é do tipo *reexame,* tendo ocorrido, assim, um *novum judicium,* em que o superior reexaminou toda a situação de facto e usando o seu poder de apreciar todos os vícios do acto do subalterno, ainda até os que não foram arguidos, entendeu que o vício de que aqui se trata não se verificava – cfr. Ac. STA de 27/4/95, da l.ª Subsecção do CA, proferido no proc. n.° 032603, em que foi relator o Juiz Conselheiro Mário Torres.

– O acto é transparente, isento e não ocorreu inovação.

5) De acordo com a própria jurisprudência citada pelo magistrado de cuja decisão se recorre deve entender-se que essa suposta criação de novo critério (a experiência profissional que, como concluiremos, é uma mera concretização de um macro critério) não será ilegal mesmo se levada a efeito após a publicação do aviso, se a mesma ocorreu, como no caso se verificou, francamente, antes do fim do prazo para apresentação das candidaturas ao concurso – cfr. Ac. STA citado na sentença, bem como, neste sentido, P. Veiga e Moura, *Função Pública,* l.° V. p. 91.

6) Não se verifica uma criação ilícita de critério de classificação, porquanto:

a) Por um lado, digamos assim negativamente, ao Juiz está vedado, em razão da divisão de funções em que o nosso sistema político assenta, sobrepor o seu entendimento do que seja a concretização mais adequada de um macro critério ao critério que a administração seguiu numa situação concreta, a não ser em situações, de erro grosseiro.

b) Por outro lado, positivamente, parece ser de todo ostensivo, às razões da normalidade e da experiência comum, que concretizar um macro critério, que se explica no mérito científico e pedagógico, num micro critério, que se resume à experiência profissional, não constitui um erro grosseiro – cfr. por todos, Ac. STA de 2/4/2003, da 3.ª subsecção, em que foi relator o Juiz Conselheiro Simões de Oliveira.

7) Antecipando um possível veio de crítica ao que vimos de concluir, diremos que a experiência profissional não só não tem uma pontuação autónoma, como vale mesmo metade da experiência pedagógica, sendo que a razão pela qual se introduz esta grelha de leitura tem a ver com a circunstância de se poder suspeitar que se quis afeiçoar a avaliação às características de alguns candidatos. Ora, no caso vertente está provado que tal não sucedeu de todo em todo – cfr. Ac. STA de 4/2//2004, da 3.ª subsecção, em que foi relator o Juiz Conselheiro Simões de Oliveira.

8) Acresce que a circunstância de em outros critérios se referir a experiência profissional não impede ou prejudica a existência de um critério *a se,* porquanto as alusões àquela experiência profissional relacionam-se manifestamente com outros critérios e considerações de avaliação e, assim, não têm a potencialidade avaliadora que aquele tem nos diversos domínios que encerra – concretizando o que vimos de alegar, basta ler os três graus gerais de experiência profissional em que se desdobra a experiência profissional, com as outras alusões mais específicas à experiência profissional, para compreendermos que os universos são diferentes e, todos eles, igualmente pertinentes e dignos de acordo com os interesses públicos subjacentes.

9) Não podemos terminar sem uma palavra de defesa da transparência, imparcialidade e isenção que a administração politécnica usou no caso vertente, porquanto antes de saber os candidatos e seus *curricula* concretizou os factores de diferenciação dos candidatos de uma forma perfeitamente clara e transparente, referindo, concretamente, o que valia percentualmente cada uma das possíveis razões de mérito dentro dos sub-factores que elegeu e fê-lo, aliás, em igualdade substancial no caso de que se trata com muitos outros concursos que teve

ocasião de abrir (cfr. docs. 1), fê-lo, coisa que nunca foi dita e que é importante para quem pretende fazer justiça, quando, na experiência politécnica, era absolutamente raro fazê-lo (lembre-se que se tratava de um concurso para assistentes e se tratava do ano de 1996).

FUNDAMENTAÇÃO

10) A sentença recorrida abre julgando que falta de fundamentação se deverá ter por verificada, na medida em que, se relativamente ao mérito científico e pedagógico ainda existirão elementos que poderiam evidenciar todo o concretíssimo raciocínio que a administração fez, outros domínios de avaliação existem em que, segundo a decisão recorrida, tal não seria possível – caso da entrevista e da relevância do *curriculum* para a área a que os candidatos concorrem.

11) Pois bem, em primeiro importa sublinhar que os elementos curriculares apresentados pelos candidatos também, *ex abundanti,* explicariam e evidenciariam *concretissimamente,* como parece pretender o tribunal recorrido, as razões pelas quais o Júri seriou os candidatos numa das três ordens de motivos atinentes à relevância do *curriculum* para a área a que os candidatos concorrem.

12) No que toca à entrevista importa sublinhar que a mesma foi desdobrada, já em fundamentação, na avaliação de comunicação e fluência na expressão oral e na adequação da expressão do candidato ao projecto da Escola Superior de Tecnologia de Viseu, acrescendo, também ainda em fundamentação que existe para cada uma destas matérias uma classificação máxima, média e mínima e, finalmente, que do quadro ou grelha de classificação consta precisamente a pontuação atribuída a cada um dos candidatos e ao candidato recorrente.

13) Ora, se, como vimos de concluir, pensarmos que aqueles elementos também constituem a fundamentação do acto e que, no tocante à classificação da "Entrevista", só há falta de fundamentação da deliberação do Júri quando da respectiva acta não conste qualquer elemento objectivo, por ausência absoluta dos parâmetros ou critérios de base determinantes da ponderação efectuada, facilmente se constata que não ocorreu qualquer parcial falta de fundamentação do acto susceptível de anular o seu todo.

14) A este propósito, não pode deixar de se conferir relevância, em abono da verdade e justiça, ao facto de, inclusivamente, na audiência oral, onde o recorrente esteve presente, tudo como consta literalmente da acta n.° 5, se ter explicado a cada um dos candidatos, de forma mais do que concreta, os critérios e as razões pelas quais foram pontuados na entrevista na medida que consta da grelha.

15) Ora, como consta da mesma acta nenhum dos candidatos e nomeadamente o recorrente declaram ter algo a acrescentar relativamente aos esclarecimentos prestados, revelando terem percebido o teor do acto, não se percebendo, isso sim, como é que se vem agora levantar desconhecimentos e arguir que se não compreenderam os motivos do acto e as razões pelas quais a classificação ocorreu da forma como consta da grelha, quando, imediata ou posteriormente, para tomar melhor consciência e suprir alguma obscuridade ou insuficiência até poderiam ter requerido a redução a escrito da fundamentação nos termos do estatuído no art. 126,° do C.P.A.

16) A este passo concluiremos, ademais, que fosse como fosse pontuada a entrevista (ou seja com a pontuação máxima), a verdade é que o mesmo nunca seria seriado em primeiro lugar, sendo assim o vício de forma que se discute, ao contrário do que em erro de julgamento foi decidido, perfeitamente irrelevante – cfr., por todos. Ac. STA de 26/11/03, proferido no proc. n.° 0292/03 da 3.a Subsecção, em que foi relator o Juiz Conselheiro Angelina Domingues.

17) Mais ainda mesmo que aquele obtivesse a pontuação máxima na entrevista e na relevância do *curriculum* a verdade é que, quando muito, empataria e... se lhe fosse aplicadas as insuspeitas regras que serviram para desempatar os dois concorrentes que foram classificadas com a mesma pontuação no concurso de que se trata, jamais seria graduado em primeiro lugar – a antiguidade na docência do recorrente contencioso é, manifestamente, inferior à do concorrente que ficou em primeiro no presente concurso (5 anos) – cfr. doc. n.° 2.

18) Ademais, importa sublinhar, como a jurisprudência tem acentuado, que importa não confundir fundamentação com fundamentação da fundamentação – cfr. texto do Ac. STA de 25/11/03, proferido no proc. n.° 01742/03, da 2.a subsecção, em que foi relator o Juiz Conselheiro Adelino Lopes.

19) Deve aliás considerar-se "... satisfeito o dever de fundamentação da classificação operada desde que se mostrem vertidas na grelha classificativa previamente elaborada pelo Júri as valorações atribuídas a cada "item", e que, posteriormente, seja consignada em acta a pontuação atribuída, sem necessidade de se justificar aquela pontuação, sob pena de se incorrer em fundamentação da própria fundamentação" – cfr. Ac. STA de 9/4/2003, proferido no proc. n.° 0299/03, da l.ª subsecção do CA, em que foi relator o Juiz Conselheiro Pais Borges.

20) Na verdade, e concretizando a conclusão contida no ponto anterior, foi precisamente em termos de facto o que sucedeu na situação vertente com a construção de uma grelha de classificação, com a especificação da valoração dos diferentes *item classificativos em cada um dos métodos,* com a consignação em acta da pontuação obtida relembrando-se a transparência, a igualdade e isenção da actuação da administração (que utilizou sem conhecer os candidatos os mesmos critérios e sub-critérios em vários concursos, como se provou) que se preocupou no cumprimento substancial da lei, como o espelha a audiência oral onde, com frontalidade e isenção, se explicou e se esclareceram *viva vox* os candidatos das razões que levaram à sua graduação.

21) E, ainda, foi precisamente isto que permitiu ao recorrente perceber onde tinha sido avaliado com menor intensidade relativa e onde foi melhor classificado, e, assim, poder reagir contenciosamente pelejando, todavia em perda abstracta, contra a experiência profissional, sub-critério onde obteve, simplesmente e sem crítica substancial séria, a pontuação de zero.

22) Interessa finalmente nesta sede concluir que o candidato que ficou graduado em primeiro lugar no presente concurso foi contratado como assistente de 1.° triénio de 9/04/97 até 24/02/98, tendo rescindido o contrato em 25/04/98 e tendo sucedido que este lugar de assistente que ocupava jamais foi substituído ou sequer existe actualmente como tal, posto que a disciplina é leccionada por professor adjunto – cfr. doc. n.° 3."

O recorrido não contra-alegou.

Neste TCAS, a Exmª Magistrada do MºP.º emitiu parecer no sentido de o recurso não merecer provimento.

OS FACTOS

Nos termos do disposto no art. 713.°, n.° 6 do CPC, remete-se a fundamentação de facto para a constante da sentença recorrida.

O DIREITO

Nas conclusões 1) a 4) das alegações de recurso a recorrente impugna a decisão recorrida defendendo a falta de lesividade do acto impugnado, o que já havia feito em sede de resposta ao recurso contencioso, na 1ª instância.

A decisão recorrida na pronúncia que efectuou sobre esta questão não merece qualquer reparo, designadamente quando se fundamenta no seguinte: "*Entende aquela que foi a deliberação do júri, tomada na sua primeira reunião, que está documentada na Acta n° 1 [alínea **h)** da matéria de facto] que, ao estabelecer os métodos de ponderação dos critérios de avaliação, neles incluindo a experiência profissional, se revelou realmente lesiva dos direitos e interesse legalmente protegidos do recorrente, sendo, por isso, se estiver ferida de ilegal, acto imediatamente recorrível contenciosamente.*

Acresce que, tendo o recorrente interposto reclamação hierárquica da decisão final sem efeitos suspensivos e tendo ela levado à revogação do acto homologatório da lista classificativa final, por razões diferentes da invocada violação de lei, deveria tal acto revogatório, por pressupor a improcedência parcial da reclamação, ter sido imediatamente impugnado, o que o recorrente não fez.

Daqui se pode concluir que, na perspectiva da autoridade recorrida (a perspectiva que resulta da lógica dos seus argumentos e não do nomen juris a que se ateve), o acto lesivo, seria, não o concretamente recorrido, mas actos anteriores, que, por deles não ter havido impugnação, teriam dado lugar à formação de caso decidido, consolidando-se na ordem jurídica, desse modo carecendo de lesividade o posterior acto, concretamente recorrido.(...)

Com efeito, não sendo o acto do júri definidor dos métodos de ponderação dos critérios de avaliação um acto definitivo, sequer horizontalmente ou materialmente, mas constituindo mero acto de trâmite, só se pudesse ser tido como destacável seria susceptível de imediato recurso contencioso.

Todavia, e como muito bem alegou o recorrente, não assume ele características que assegurem essa destacabilidade, para o que teria de ser, além de lesivo de direitos ou interesses legalmente protegidos, autonomamente condicionador do sentido desfavorável da decisão final, o que claramente não ocorre.

Efectivamente, poderia bem suceder que a alegada introdução pelo júri, à revelia do edital de abertura do concurso, de um novo critério de avaliação – o da experiência profissional – não viesse a prejudicar, em concreto, o recorrente, que apesar dele ficasse classificado em primeiro lugar.

Ora, a legitimidade dos administrados para a propositura de recurso contencioso não se situa no puro plano da defesa da legalidade, mas no da defesa dos seus direitos subjectivos e interesses legalmente protegidos.

Assim, só com a decisão final do concurso se poderia verificar se, em concreto, o recorrente ficava ou não lesado nesses planos.

O mesmo se passa com o facto de o acto revogatório se não ter fundado no reconhecimento da procedência do vício de violação de lei invocado, pois que, tendo o acto objecto da reclamação sido revogado, desapareceu da ordem jurídica o acto lesivo (o da homologação da lista classificativa final) nada assegurava antecipadamente que, na reavaliação subsequente dos concorrentes, o resultado final viesse a ser de novo desfavorável ao recorrente, em resultado da pontuação feita no âmbito do alegado critério da experiência profissional.

Entendemos, por isso, que o acto concretamente impugnado no presente recurso é recorrível contenciosamente, (...). "

Assim sendo, as conclusões 1) a 4) das alegações do presente recurso não procedem, estando a questionada falta de lesividade do acto recorrido afastada, desde logo, pois, atento o princípio da impugnação unitária nos procedimentos concursais apenas é recorrível, em princípio, o acto que põe fim ao processo, ou seja, o acto homologatório da lista de classificação final.

Deste modo e remetendo em parte para os fundamentos transcritos da sentença recorrida que as alegações de recurso não logram abalar, a mesma ao considerar improcedente a questão prévia da alegada falta de lesividade do acto recorrido merece confirmação, improcedendo tais conclusões.

As conclusões 5) a 9), das alegações do recurso da recorrente improcedem de igual modo.

Com efeito, assiste razão ao tribunal *a quo* quando na sentença recorrida considerou a impossibilidade de alteração dos critérios de avaliação já fixados no edital de abertura do concurso, em confronto com o disposto na alínea d) do n.° 1 do art. 16.° do DL 185/81, de 01.07, diploma que aprova o Estatuto da Carreira do Pessoal Docente do Ensino Superior Técnico e rege o concurso dos autos.

Dispondo este normativo que "*1. Dos editais dos concursos documentais deverão constar, além de outros julgados pertinentes pelos conselhos científicos das escolas interessadas, os seguintes: (...) d) Critérios de selecção e ordenação dos candidatos.*", consagrou aqui o legislador o princípios da imparcialidade e o princípio da transparência, princípios constitucionais que devem nortear toda a actividade da Administração, previstos no art. 266.°, n.° 2 da CRP, bem como o da divulgação atempada dos métodos de selecção, especialmente previstos em matéria de concursos na função pública nos art. 5.°, n.° 1c) e 16.°-h) do DL 498/88, de 30.12, diploma geral do recrutamento de pessoal na função pública à data em vigor.

Ora, de acordo com a matéria de facto apurada na 1ª instância e não posta em crise, do ponto 6. do Edital de abertura do concurso dos autos consta que "*Os critérios de selecção e ordenação dos candidatos basear-se-ão na análise curricular e na entrevista individual, tendo em conta o mérito científico e pedagógico dos candidatos, a respectiva relevância para a área a que concorrem e, bem assim, a adequação do seu perfil profissional aos objectivos e necessidades da Escola*" (cfr. al.a) do probatório).

Foram assim divulgados os critérios de selecção e ordenação dos candidatos que o júri do concurso estabeleceu para o concurso documental dos autos: *análise curricular e entrevista individual;* melhor dizendo, foram divulgados em tal edital aquilo que a lei geral apelida de *métodos de selecção*, pois a *avaliação curricular* e a *entrevista profissional de selecção* são métodos de selecção a utilizar no respectivo processo de recrutamento (cfr. art. 26.°, n.° 1-b) e d) do DL 498/88, de 30.12, à data em vigor).

Como também resulta da matéria de facto apurada, o júri do concurso, reunião de que a acta n.° 1 é relato, fixou a *experiência profissional* como factor de ponderação autónomo a considerar no leque dos métodos de selecção divulgados.

Importa aqui referir que, se atentarmos no disposto no art. 27.°, n.° 1-b) do DL 498/88, de 30.12, a que se vem fazendo referência por ser o diploma que estabelece os princípios gerais a que, à data do concurso dos autos, devia obedecer o regime de recrutamento e selecção de pessoal para a Administração pública, *a avaliação curricular* (no caso dos autos chamada de *análise curricular*) visa: "*b) (...) – avaliar as aptidões profissionais dos candidatos, ponderando, de acordo com as exigências da função, a habilitação académica de base, a formação e a qualificação e experiência profissionais na área para que o concurso foi aberto;*".

Assim sendo, a experiência profissional é um factor de ponderação a ter obrigatoriamente em conta quando o método de selecção definido para o concurso seja a avaliação curricular dos candidatos, já que tal exigência decorre directamente da lei.

Tal exigência está hoje contemplada no art. 22.°, nº 2-c) do DL 204/98, de 11.07, diploma que revogou o DL 498/88, de 30.12.

Como factor de ponderação, o art. 16.°, h) do DL 498/ /88, de 30.12, exige que o mesmo conste do aviso de abertura de concurso, ao estipular que deste devem constar: "*A especificação dos métodos de selecção a utilizar,* ***com menção dos factores de apreciação, quando se trate de avaliação curricular*** *ou entrevista profissional de selecção (...)*", em consonância com o previsto no já citado art. 27.°, n.° 1-b) do mesmo DL 498/88.

Ora, tal como a sentença recorrida refere, com o procedimento concretamente prosseguido, não ficou "assegurado cabalmente o princípio da transparência e da isenção" e da divulgação atempada de tal factor de ponderação.

Com efeito, para além de o factor experiência profissional não ter sido divulgado no edital de abertura do concurso, como a lei o exige, o júri, como resulta do constante na acta n.° 1, em 31.07.96, não se limitou a desenvolver um dos factores de ponderação previstos na lei, o da experiência profissional, como se pode concluir se se atentar apenas à letra do art. 27.°, n.° 1-b) do DL 498/88, e ao ponto 5 do Edital, como refere a sentença recorrida, antes introduziu tal factor de forma autónoma a par dos já anunciados no Edital, fixando uma "*repartição de valorações susceptíveis de modificar os resultados finais da avaliação e, por consequência, da graduação dos candidatos*", quando fixou e valorou tal factor de ponderação na acta n.° 1, após o Edital do concurso já ter sido afixado, ou seja em momento posterior à apresentação dos curricula dos candidatos.

Deste modo, tal como decidido pela 1ª instância, ocorre violação do disposto no art. 16.°, n.° 1-d) do DL 185/81, de 01.07, conjugado com o disposto nos arts. 5.°-c), 16.°-h) e 27.°, n.° 1-b) do DL 498/88, de 30.12, bem como dos princípios da divulgação atempada dos critérios e factores de ponderação, da imparcialidade e da transparência, previstos no art. 266.°, n.° 2 da CRP, para o que basta a mera ameaça de tal lesão.

Neste ponto, deve a sentença recorrida de ser igualmente mantida.

Quanto à verificação do vício de falta de fundamentação – conclusões 10) a 21).

Tal como se refere na sentença em crise, e tendo em atenção o constante da matéria de facto (cfr. al. n) do probatório), não é possível apurar, pela leitura da acta n.° 4, conjugada, com a leitura da acta n.° 1, quais os elementos concretos tomados em consideração pelo júri, com excepção do que se refere ao mérito científico e pedagógico, para a classificação de cada candidato, sendo certo que a mera informação oral a cada candidato, dos juízos sobre si emitidos, não lhes permite avaliar se foram bem ou mal classificados em comparação com a classificação atribuída aos outros candidatos, e cujos motivos não lhes foram comunicados, nem prejudica o efeito da falta de fundamentação do acto, de acordo com o disposto no art. 126.°, n.° 2 do CPA.

Ora, na alínea n) da matéria de facto consta o teor da acta de n.° 4, no essencial, o seguinte: "*Reunindo novamente em 17.1.1997, o júri fez lavrar a Acta n.° 4, com cópia a fls. 53-55 dos autos, em que designadamente consta que Nesta reunião, efectuada na sequência da deliberação do Conselho Científico de 8 de Janeiro, foram reavaliadas as pontuações atribuídas aos candidatos Ana Maria Simões Nossa de Oliveira, Maria Eduarda Fonseca Lopes e Costa e Paulo Alexandre Mira Mourão, quanto à experiência pedagógica e aos candidatos João Manuel Vinhas Ramos Marques, Paulo Alexandre Mira Mourão e Nuno Alexandre da Costa Machado, quanto à capacidade de comunicação e fluência na expressão oral, com base nos critérios de avaliação constantes do edital do concurso e nas respectivas ponderações estabelecidas na acta n.° 1.*

Na sequência da ponderação dos novos valores verificou-se que os candidatos João Manuel Vinhas Ramos Marques e Ana Maria Simões Nossa de Oliveira tinham a mesma pontuação global, existindo assim um empate.

Depois de estabelecer e aplicar um critério de desempate, o júri elaborou novo projecto de lista classificativa final, em que o ordenamento dos candidatos é igual ao feito inicialmente e que fora homologado pelo acto revogado.

Acrescentou o júri, na acta, que A justificação desta lista encontra-se expressa no quadro de resultados anexo (que está a fls. 55 e aqui se dá por inteiramente reproduzido), que traduz em termos quantitativos a aplicação dos critérios de avaliação supra-mencionados."

É patente a falta de fundamentação da classificação dos candidatos, ficando por entender qual o *iter* cognoscitivo e valorativo que o júri percorreu até atribuir as pontuações aos diversos candidatos, sem ter dado cumprimento às exigências contidas no art. 125.° do CPA, sendo que no caso dos autos se impunha uma fundamentação aprofundada visto estar-se no domínio de um procedimento concursal, onde os factores de valoração subjectiva se sobrepõem aos de índole objectiva, na apreciação e valoração dos candidatos, a exigirem maior e mais clara concretização dos fundamentos em que se baseia tal valoração.

Assim sendo, improcedem as referidas conclusões das alegações de recurso, tendo a sentença recorrida ajuizado bem quanto à verificação do vício de forma por falta de fundamentação.

Atentos os fundamentos invocados, improcedendo todas as conclusões das alegações o presente recurso não merece provimento.

Acordam, pois, os juízes do TCAS, Secção Contencioso Administrativo, 2.º Juízo, em:

a) – **negar provimento** ao recurso jurisdicional, confirmando a sentença recorrida;

b) – sem custas.

Lisboa, 25 de Maio de 2006

Magda Geraldes
Gonçalves Pereira
Rogério Martins

Recurso n.º 00539/05

CONCURSO INTERNO DE ACESSO LIMITADO. DIVULGAÇÃO ATEMPADA DOS CRITÉRIOS OU PARÂMETROS DO FACTOR FORMAÇÃO PROFISSIONAL NO MÉTODO DE AVALIAÇÃO CURRICULAR. PRINCÍPIO DA IMPARCIALIDADE. ANULAÇÃO DO ACTO HOMOLOGATÓRIO DA LISTA DE CLASSIFICAÇÃO FINAL.

(Acórdão de 18 de Maio de 2006)

SUMÁRIO:

I – Da conjugação das al. b) do n.º 2 do art. 5.º e da al. g) do n.º 1 do art. 27.º do DL 204/98 resulta que, no método da avaliação curricular, a divulgação atempada dos critérios de apreciação e ponderação do "factor formação profissional" se cumpre no aviso de abertura do concurso, quer incluindo logo os critérios e respectiva ponderação no próprio aviso, quer indicando a acta da reunião do júri em que estão definidos, acta que, por isso, tem de existir já na data da abertura do concurso.

II – A definição de um critério ou parâmetro do factor "formação profissional" depois do termo do prazo de apresentação das candidaturas e dos candidatos terem sido admitidos ao concurso viola aquelas disposições e o princípio da imparcialidade;

III – A natureza fundamentalmente preventiva da tutela dos princípios da imparcialidade e da transparência nos procedimentos concursais implica que a violação desses princípios ocorra com uma conduta da Administração adequada, segundo critérios de razoabilidade lógica e de experiência comum, a permitir actuações parciais, independentemente destas terem existido e/ou de algum dos opositores ao concurso ter sofrido prejuízo.

ACORDAM, EM CONFERÊNCIA, NA 1ª SECÇÃO DO 1.º JUÍZO DO TRIBUNAL CENTRAL ADMINISTRATIVO SUL

I – O VEREADOR DA CÂMARA MUNICIPAL DE VISEU veio interpor recurso jurisdicional da sentença proferida em 7-05-2002 pelo Tribunal Administrativo do Círculo de Coimbra que, no âmbito do recurso contencioso interposto por **MARIA ISABEL DE OLIVEIRA SALVADOR**, anulou o acto que, em 24-11-2000, homologou a lista de classificação final do concurso interno de acesso limitado para provimento de dois lugares de assistente administrativo especialista com fundamento em vício de violação de lei consubstanciado na violação dos arts. 5.º, n.º 2, al. b) e 27.º, n.º 1 al. f) do DL 204/98, de 11-06.

Nas suas alegações, o Agravante conclui que a sentença recorrida deve ser revogada por:

1) O aditamento feito ao aviso de abertura do concurso, pelo qual passaram a ser consideradas, em sede de avaliação curricular, todas as acções de formação profissional, não teve, na sua origem, o conhecimento dos candidatos e dos respectivos currículos;

2) Com esse aditamento, o júri do referido concurso ter pretendido adaptar o aviso em causa às exigências legais decorrentes do art. 22.º, n.º 2, al. b) do DL 204/98 em sede de avaliação curricular;

3) Ao fazê-lo ter concedido um prazo de 5 dias úteis, prazo igual ao concedido no aviso de abertura, que nenhum dos candidatos veio a utilizar;

4) Não ter a ora Agravada feito prova de que, em consequência de tal aditamento, ela ou outros candidatos foram prejudicados, tanto mais que também indicou acções de formação anteriores a 1992;

5) A sentença recorrida, ao decidir como decidiu, violou os arts. 22.º, n.º 2, al.b) e 5.º, n.ºs 1 e 2, al. b) do DL 204/98.

A ora Agravada não contra-alegou.

O Exm.º Magistrado do Ministério Público ofereceu parecer no sentido do improvimento do recurso.

Colhidos os vistos legais, foi o processo submetido à conferência para julgamento

II – OS FACTOS

A sentença recorrida deu por provada, com interesse para a decisão da causa, a factualidade seguinte:

a) «Em 14-06-1999 foi aberto concurso, por anúncio afixado, para provimento de dois lugares de assistente administrativo especialista do quadro de pessoal da Câmara Municipal de Viseu;

b) Os métodos de selecção previstos no aviso de abertura eram a prova de conhecimentos específicos, a avaliação curricular e a entrevista profissional de selecção;

c) Na avaliação curricular e no que concerne à formação profissional, as acções de formação a ponderar seriam, tão só, as frequentadas desde 1992;

d) Por adenda publicada 8-07-1999, a entidade recorrida determinou que passassem a ser consideradas também as acções de formação profissional frequentadas antes de 1992;

e) O júri do concurso agiu nesta conformidade, tendo em conta todas as acções de formação;

f) Vindo a ser graduados em 1.º e 2.º lugar os recorridos particulares Ana Filipa e Aníbal Corveiro dos Santos»;

Ao abrigo da al. a) do n.º 1 do art. 712.º do CPC, amplia-se a factualidade assente, com interesse para apreciar e decidir o presente recurso jurisdicional, nos seguintes termos:

g) Em 21-06-1999, alguns dos funcionários do quadro privativo da Câmara, alegando que agiam "na qualidade de diplomados com o curso de administração autárquica", requereram ao presidente do júri a rectificação do aviso de abertura do concurso, invocando que, no Ponto II – avaliação curricular", não se contemplava a formação adquirida antes de 1992 e, por consequência, aquele curso, que consideravam ser de reconhecido valor e vocacionado para a carreira;

h) Em 24-06-1999, o Júri reuniu para a apreciação das candidaturas e, após (...) apreciação dos requerimentos e dos documentos constantes dos respectivos processos individuais, deliberou admitir todos os concorrentes;

i) Em 6-07-1999, o júri reuniu de novo e deliberou considerar, no critério da formação profissional, todas as acções de formação frequentadas antes de 1992, atribuindo-lhes metade das unidades de crédito consideradas para as acções de formação frequentadas nos anos de 1992 a 1995, determinando a publicação dessa alteração ao aviso de abertura do concurso e concedendo um prazo de 5 dias úteis para apresentação dos documentos comprovativos das acções de formação anteriores a 1992, tendo o aditamento sido anunciado em 8-07--1999;

j) Em reunião de 6-10-2000, o Júri elaborou o projecto da lista de classificação final, tendo notificado os candidatos para os efeitos do art. 38.º do DL 204/98;

l) Em reunião de 17-11-2000, depois de apreciadas as reclamações dos candidatos e de ter procedido às correcções decorrentes dela, elaborou a lista definitiva de classificação final, tendo a Recorrente sido ordenada em 4.º lugar, com 14,58 valores.

m) A referida lista foi homologada por despacho da Autoridade Recorrida de 24-11-2000.

III – O DIREITO

Nos presentes autos, o Agravante impugna a sentença do Tribunal Administrativo do Círculo de Coimbra proferida em 7-05-2002 que, no âmbito do recurso contencioso interposto por **MARIA ISABEL DE OLIVEIRA SALVADOR**, anulou o acto que, em 24-11-2000, homologou a lista de classificação final do concurso interno de acesso limitado para provimento de dois lugares de assistente administrativo especialista.

Vejamos o que se nos oferece dizer.

A sentença recorrida decidiu nos seguintes termos:

«... *importa apreciar as ilegalidades imputadas ao acto impugnado, em primeiro lugar a resultante da arguida ponderação de todas as acções de formação, por virtude da alteração dos termos do aviso de abertura do concurso e uma vez que deste apenas havia ficado a constar que apenas relevavam as acções de formação frequentadas desde 1992, pretendendo-se que assim foi violada a previsão do art. 5.º n.º 2 al. b) do DL 204/98.*

E assim entendemos também.

Com efeito, estava em causa um dos métodos de selecção do concurso, a avaliação curricular num dos seus aspectos integrantes, a formação profissional na componente das acções de formação, nos termos do art. 22.º do n.º 2 do mesmo diploma, tendo sido determinado e publicitado quais as acções relevantes e tendo decorrido o prazo de apresentação das candidaturas, pelo que no termo deste prazo se consideraram fixados os termos do concurso no aspecto em causa, não sendo legítima qualquer alteração desses mesmos termos.

Já se afigura que seria uma situação diversa se dentro do prazo das candidaturas tivesse tido lugar uma alteração deste género, com novo prazo de candidaturas em face das alterações efectuadas, mas isso não se verificou no caso presente.

Efectivamente não se constata qualquer fundamento legal para uma alteração posterior como a que teve lugar e, assim sendo, verifica-se que o referido método de selecção não foi considerado tal como fora previsto no aviso de abertura do concurso, em violação do art. 5º, n.º 2, al. b) e do art. 27º, n.º 1, al. f) do DL 204/98, ou seja, por violação de um dos métodos de selecção a utilizar no concurso.

E tal alteração teve consequências na tramitação do concurso, salientando-se, como diz a recorrente, que a candidata Ana Filipa Gomes viu a sua classificação no domínio em causa passara de 18 para 20 valores.

(...)

Em face do exposto, por procedência da arguida ilegalidade, concedo provimento ao recurso, anulando o acto impugnado».

O agravante sustenta, em síntese, que esta decisão judicial violou os arts. 5.º, n.ºs 1 e 2, al. b) e 22º, n.º 2 al. b) do DL 204/98, de 11-06, porque o aditamento feito ao aviso de abertura do concurso, pelo qual passaram a ser consideradas, em sede de avaliação curricular, também as acções de formação anteriores a 1992, não teve, na sua origem, o conhecimento dos candidatos e dos respectivos currículos, mas a necessidade de adaptar esse aviso às exigências legais decorrentes da última disposição citada em sede de avaliação curricular, não provando a Agravada que, em consequência de tal aditamento, ela ou outros candidatos tivessem sido prejudicados, tanto mais que, quando se candidatou ao concurso, também indicou acções de formação anteriores a 1992.

Sem razão, no entanto.

Com efeito, o DL 204/98 dispõe:

Na al. b) do n.º 2 do art. 5.º que, «*Para respeito dos princípios referidos no número anterior, são garantidos*», «*A divulgação atempada dos métodos de selecção a utilizar, do programa das de conhecimentos e do sistema de classificação final*»; e na al. g) do n.º 1 do art. 27º, que o concurso é aberto por aviso que contém, designadamente, a «*Indicação de que os critérios de apreciação e ponderação da avaliação curricular e da entrevista profissional de selecção, bem como o sistema de classificação final, incluindo a respectiva fórmula classificativa, constam de actas de reuniões do júri do concurso* (...)».

Da conjugação das disposições transcritas resulta que a divulgação atempada dos critérios de apreciação e ponderação curricular e da entrevista se cumpre no aviso de abertura do concurso, quer incluindo logo os critérios e respectiva ponderação no próprio aviso, quer indicando nele a acta da reunião do júri em que estão definidos, acta que, por isso, tem de existir já na data da abertura do concurso, assim se assegurando, quer a definição dos critérios e sua ponderação antes do júri conhecer os candidatos, quer o seu conhecimento pelos interessados no prazo de apresentação das candidaturas, por forma a poderem elaborar os respectivos currículos tendo-os em devida consideração.

Ora, no caso "sub judice", verifica-se, no respeitante ao factor "formação profissional" do método de avaliação curricular, por um lado, que não foi divulgado, nem no aviso de abertura do concurso nem em acta do júri (já existente) a que os candidatos tivessem acesso naquele prazo (para a qual tal aviso tivesse remetido) – um dos parâmetros ou critérios de avaliação e respectiva ponderação (acções de formação anteriores a 1992) que veio a ser considerado naquele factor, e, por outro, que esse parâmetro foi definido (introduzido) e estabelecida a respectiva ponderação já depois da admissão dos candidatos ao concurso, isto é, depois da apreciação dos requerimentos e dos documentos constantes dos processos individuais dos concorrentes, ou seja, após o conhecimento dos respectivos currículos.

Portanto, dúvidas não podem existir de que foram violadas a al. b) do n.° 2 do art. 5.° e a al. g) – e não al. f) como consta da sentença recorrida – do n.° 1 do art. 27.° do DL 204/98, o que importa violação dos princípios da imparcialidade e transparência concursais.

O Agravante parece, no entanto, sustentar que a consequência dessa violação não é necessariamente a invalidade do acto de homologação da lista de classificação final, apenas se produzindo essa consequência quando cause uma efectiva lesão ao candidato, o que não resultou provado.

Não tem, porém, razão.

As disposições que foram violadas destinam-se, por um lado, a assegurar a igualdade de oportunidades entre os candidatos e, por outro, a garantir uma tutela efectiva da imparcialidade, transparência e isenção da Administração nos procedimentos concursais, sendo a tutela destes princípios prosseguida fundamentalmente de uma forma preventiva. *Esta natureza implica que a violação desses princípios ocorra com uma conduta da Administração adequada, segundo critérios de razoabilidade lógica e de experiência comum, a permitir actuações parciais, independentemente destas terem existido e ou de algum dos opositores ao concurso ter sofrido qualquer prejuízo.*

Conforme se pode ler no acórdão do STA de 23-03-2006, proc. 1057/04, «*De tal modo é assim que basta neste caso admitir a possibilidade de um tal desrespeito criar um perigo de lesão e de actuação parcial para constituir fundamento bastante para a anulação, mesmo que se desconheça em concreto a efectiva violação dos interesses de algum dos concorrentes (neste sentido, o Ac. do STA/Pleno, de 20.01.98, in Proc. N.° 36.164; também, o Ac do STA de 14.05.96, in AD n.° 419/1265)*" (Ver, ainda, os acórdãos de 21-03-2001, Proc.° n.° 29.139, in Ap DR de 21-07-2003, 2158, e de 30-04-2003, do Pleno, Proc.° n.° 32377, in Ap DR 12-5-2004, 473.)» – vide ainda acórdão do STA de 9-12-2004, Proc. n.° 594/04.

Improcedem, assim, as conclusões do Agravante.

Portanto, acordam manter, com a fundamentação de facto e de direito que se deixou antes exposta, a sentença recorrida que anulou o acto de homologação da lista de classificação final impugnado no recurso contencioso, negando, consequentemente, provimento ao recurso.

Sem custas, por delas estar isento o Agravante.

Lisboa, 18 de Maio de 2006

Elsa Esteves
Coelho da Cunha
Cristina Santos

Recurso n.° 6643/02

CONCURSO PÚBLICO PARA AQUISIÇÕES DE VALOR SUPERIOR A CINCO MIL (5 000) CONTOS. AUDIÊNCIA PRÉVIA OBRIGATÓRIA DOS CANDIDATOS. POSSIBILIDADE DE AJUSTE DIRECTO.

(Acórdão de 29 de Junho de 2006)

SUMÁRIO:

I – O artigo 159.° n.° 4 do DL n.° 197/99, de 8/6, impõe a audiência prévia dos candidatos a concurso público para aquisições de valor superior a 5000 contos.

II – Tal regra não conflitua com a possibilidade do ajuste directo permitido pelo artigo 86.° n.° 1, alínea a), do mesmo diploma, por as aquisições serem efectuadas ao abrigo de contratos públicos de aprovisionamento celebrados pela Direcção Geral do Património.

ACORDAM OS JUIZES DO 2.° JUÍZO, 1ª SECÇÃO, DO TRIBUNAL CENTRAL ADMINISTRATIVO SUL:

1. O Município de Almada vem recorrer de sentença lavrada a fls. 72 e seguintes dos autos no TAF de Almada que, julgando procedente a acção de contencioso pré-contratual proposta por CIL – Centro de Informática, S.A., anulou o despacho da Presidente da C.M. Almada de 22/12/2005 que adjudicara à contra interessada CPC – Companhia Portuguesa de Computadores, Informática e Sistemas, S.A., o contrato de fornecimento de Servidores SAN, no âmbito do Projecto Almada Cidade Digital.

Em sede de alegações, formulou as conclusões seguintes:

1 – Quanto ao alegado vício de preterição de audiência prévia a douta decisão ora recorrida fez errada interpretação e aplicação dos arts. 162°, 159.° e 206.° todos do DL n.° 197/99 de 8 de Junho que saem assim violados.

2 – Quanto ao alegado vício de falta de fundamentação, a decisão recorrida viola também o disposto no art. 8.° do DL n.° 197/99, bem assim como os arts.124.° a 126.° do CPA, por errada interpretação e aplicação daquelas disposições legais.

3 – Quanto à alegada violação dos princípios da imparcialidade e da estabilidade, o entendimento que se faz, na douta sentença, conduz a uma errada interpretação e aplicação daquelas disposições legais.

Contra alegou a empresa recorrida, pugnando pela confirmação do julgado.

O Exmo Procurador Geral Adjunto neste Tribunal pronunciou-se pelo improvimento do recurso.

2. OS FACTOS

Ao abrigo do disposto no artigo 713.° n.° 6 do CPC, remete-se para a matéria de facto assente na sentença recorrida (fls. 78 a 91), que não foi impugnada nem há necessidade de ser alterada.

3. O DIREITO

A Senhora Juíza *a quo* julgou procedente a acção e, em consequência, anulou os actos procedimentais relativos ao concurso dos autos, com base nos vícios de preterição de audiência prévia, falta de fundamentação e violação dos princípios da estabilidade e da imparcialidade.

Discordando, o Município recorrente alegou errada interpretação das disposições legais aplicáveis, pedindo a sua revogação.

Vejamos quem está com a razão, face à matéria de facto provada.

O DL n.° 197/99, de 8/6, diploma que estabeleceu o regime de realização de despesas públicas com locação e aquisição de bens e serviços, bem como de contratação pública relativa à locação e aquisição de bens móveis e serviços, contempla a regra de audiência prévia escrita dos concorrentes para aquisições de valor superior a 5.000 contos, no seu artigo 159.°, cujo n.° 4 dispensa tal formalidade apenas quando cumulativamente.

a) Sejam admitidas todas as propostas apresentadas.

b) O critério de adjudicação seja unicamente o do mais baixo preço.

Como se observa do programa do objecto do concurso para fornecimento de 8 servidores, 2 racks e 1 SAN para o Projecto Almada Cidade Digital, o valor de referência do procedimento foi de 140.000 € com IVA incluído (fls. 83) e a adjudicação seria feita de acordo com o critério da proposta economicamente mais vantajosa, tendo em conta os factores de preço; características técnicas e adequabilidade da solução; e contrato de manutenção e assistência técnica.

Isso implicava que, não sendo o critério de adjudicação unicamente o do mais baixo preço, tornava-se obrigatória a mencionada formalidade da audiência prévia, prevista no artigo 159.° n.° 4, alínea b).

Argumenta o recorrente, porém, que o artigo 86.° n.° 1 do DL n.° 197/99 permite o ajuste directo, independentemente do valor, em certas situações, inclusive quando: a) as aquisições sejam efectuadas ao abrigo de contratos públicos de aprovisionamento celebrados pela Direcção Geral do Património (DGP), como foi o seu caso.

Ora o que ressalta da acta da reunião da Comissão com as empresas concorrentes, ocorrida em 21/11/2005 (fls. 21 a 23), é que a mesma incidiu sobre a negociação em 3 rondas dos preços globais das propostas, acrescido de um ano de contrato de manutenção, permanecendo inalteradas todas as restantes condições das propostas.

Ou seja: quando a CIL foi notificada pela C.M. Almada que a respectiva Presidente "deliberara" em 22/12/2005 adjudicar o fornecimento à CPC pelo valor de 77.409,77 €, acrescido de IVA, conforme Relatório Final da Comissão de 23/11/2005 que se anexava, ficaram a recorrida e outras concorrentes impedidas de se pronunciarem sobre outras condições do concurso (para além do preço) que justificassem a escolha como sendo a da proposta economicamente mais vantajosa.

Esta regra de audiência prévia das concorrentes não conflitua com a possibilidade do ajuste directo permitido ao Município recorrente, pois ela justifica ter ocorrido a negociação efectuada (embora de modo incompleto, como vimos) com as empresas concorrentes, imposta pelo artigo 162.° n.° 1 do diploma.

Por isso, ao decidir a adjudicação preterindo essa regra, a Presidente da C.M. Almada infringiu efectivamente os citados preceitos legais, pelo que é anulável.

4. No que respeita à fundamentação da decisão municipal que, nos termos do artigo 8.° n.° 3 do DL n.° 197/99 é obrigatória, a Senhora Juíza *a quo* entendeu a decisão como insuficientemente fundamentada face aos termos do Relatório Final da Comissão, que não especificaram devidamente as razões que lhe fizeram atribuir de modo diferente as percentagens de avaliação e ponderação obtida às diversas concorrentes, no que respeita às alíneas B) e C) da Proposta do concurso, tal só sendo possível pela existência de subcritérios cuja existência não foi atempadamente divulgada às concorrentes.

A recorrente discorda deste entendimento, afirmando que se referira nesse Relatório Final apenas os requisitos mínimos para a admissão das empresas convidadas, avaliação fundada em critérios próprios da ciência e da técnica, mas não consegue refutar o decidido na sentença, quando aqui se afirma que as expressões usadas no citado Relatório Final (em que se fundamentou a decisão da adjudicante) não se mostram compreensíveis para um observador médio descortinar as razões que levaram a preferir a contra interessada, em prejuízo das restantes concorrentes.

Assim, a sentença recorrida interpretou correctamente os artigos 124.° a 126.° do CPA, ao considerar a decisão municipal impugnada como insuficientemente fundamentada.

5. Quanto aos princípios da imparcialidade e da estabilidade, previstos nos artigos 11.° n.° 1 e 14.° do DL n.° 197/99, a sentença recorrida considerou-os também violados, por utilização de factores de ponderação não especificados nem do prévio conhecimento das concorrentes, e alteração das regras procedimentais pré-definidas.

Não concorda a recorrente, por entender que as qualificações (como S+) utilizadas são insindicáveis pelos Tribunais e não existiu alteração das regras procedimentais.

Mas, como atrás se referiu, o resultado inexplicado do concurso demonstra sobremaneira a existência de subcritérios de avaliação não divulgados às concorrentes e que influíram na decisão final, violando assim esses princípios impostos por lei em defesa de todos os candidatos.

Mostram-se, pois, improcedentes todas as conclusões do recurso, não merecendo a sentença recorrida as críticas que lhe foram tecidas.

6. Pelo exposto, acordam no 2.° Juízo, 1ª Secção, do TCAS em negar provimento ao recurso interposto pelo Município de Almada, confirmando a sentença recorrida.

Custas a cargo do recorrente, com taxa de justiça reduzida nos termos do artigo 73.° E n.° 1, alínea d), do CCJ.

Lisboa, 29 de Junho de 2006

Mário Gonçalves Pereira
Rogério Martins
António Coelho da Cunha

Recurso n.° 1626/06

CONTENCIOSO PRÉ-CONTRATUAL. PROVIDÊNCIA CAUTELAR. PRAZO. CADUCIDADE. IMPROCEDÊNCIA.

(Acórdão de 27 de Abril de 2006)

SUMÁRIO:

I- Conforme resulta dos arts. 100.° e 101°, ambos do C.P.T.A., a impugnação de actos administrativos relativos à formação de contratos de prestação de serviços deva ter lugar "no prazo de 1 mês a contar da notificação dos interessados ou, não havendo lugar a notificação, da data do conhecimento do acto".

II- Se no processo cautelar os requerentes afirmam que este é dependência de uma acção administrativa especial que visa impugnar a legalidade do acto de admissão das propostas dos outros candidatos ao concurso, é com referência a este, e não ao acto de adjudicação, que se conta o prazo referido em I.

III- Tendo o processo cautelar sido intentado após o decurso do aludido prazo de 1 mês, deve ele ser julgado improcedente.

IV- Mas essa improcedência não decorre da verificação da caducidade da providência cautelar, nos termos do art. 123.°, n.° 1, al. a), do C.P.T.A. que pressupõe que esta já tenha sido decretada, mas da impossibilidade de a acção principal vir a proceder, dada a caducidade do direito que nela se pretendia fazer valer (cfr. arts. 132.°, n.° 6 e 120°, n.° 1, al. a), do mesmo diploma).

ACORDAM, EM CONFERÊNCIA, NA 1ª. SECÇÃO, 2°. JUÍZO, DO TRIBUNAL CENTRAL ADMINISTRATIVO SUL

1. A "GERTAL – Companhia Geral de Restaurantes e Alimentação, SA", com sede na Rua da Garagem n.° 10, em Carnaxide, Oeiras e a "SOCIGESTE – Serviços, Indústria e Comércio de Refeições, Lda.", com sede no Largo do Movimento das Forças Armadas, n.° 3, em Alfragide, Amadora, inconformadas com a decisão do T.A.F. de Loulé que, na providência cautelar que haviam intentado contra o Hospital Distrital de Faro, "Eurest Portugal", "Uniself – Gestão e Exploração de Restaurante de Empresas, Lda." e "Nordigal – Indústria de Transformação Alimentar, SA", decidiu não lhe "dar provimento", com fundamento na verificação da "excepção peremptória" da "caducidade da acção cautelar, dela recorreram para este Tribunal, formulando, na respectiva alegação, as seguintes conclusões:

"1ª) O contencioso pré-contratual regulado nos arts. 100.° a 103.° do C.P.T.A. tem por objecto a impugnação de actos administrativos praticados no âmbito dos procedimentos relativos à formação dos contratos especificamente referidos no n.° 1 do art. 100.°;

2ª) O processo do contencioso pré-contratual deve ser intentado no prazo de 1 mês a contar da notificação dos interessados ou, não havendo lugar a notificação, da data do conhecimento do acto;

3ª) Até à presente data, não foi praticado o acto final de adjudicação;

4ª) Não se tendo pois, e logicamente, iniciado qualquer prazo para a sua impugnação;

5ª) O que as requerentes visam na acção principal è obter a condenação do Hospital Distrital de Faro a adjudicar à "Gertal" a prestação de serviços objecto do concurso público n°. 30/2005;

6ª) O objecto do processo principal não é, assim, uma impugnação mas uma condenação à prática do acto de adjudicação devido;

7ª) Tem pois aqui aplicação a disposição do n.° 2 do art. 123°. do CPTA;

8ª) Não estando caduco o presente processo cautelar;

9ª) Ao não entender assim, violou a douta sentença recorrida, entre outras, as disposições do art. 101.° e do n.° 2 do art. 123.° do CPTA, devendo, por conseguinte, ser revogada, assim se fazendo justiça!".

Nas respectivas contra-alegações, tanto o Hospital Distrital de Faro como a "Eurest Portugal" concluíram pela improcedência do recurso.

O digno Magistrado do M.P. emitiu parecer sobre o mérito do recurso que concluíu nos seguintes termos:

"Parece-me, em face do exposto, que o presente recurso jurisdicional merece provimento, devendo ser revogada a sentença recorrida que, por erro de aplicação do art. 101.° conjugado com o art. 123.°, n.° 1, al. a), ambos do C.P.T.A., afectaria o direito fundamental à tutela cautelar. Porém, a procedência da acção cautelar não fica só por isso assegurada, devendo ainda apreciar-se a questão suscitada da inadmissibilidade da providência cautelar e, a improceder, conhecer-se do mérito daquela acção, nos termos do art. 132.°, n.° 6, após audição das partes, nos termos do art. 149°, n.° 5, do C.P.T.A"

Sem vistos, foi o processo submetido à Conferência para julgamento.

2.1. Consideramos provados os seguintes factos:

a) O Hospital Distrital de Faro lançou o concurso público n.° 30/2005 para prestação de serviços de alimentação, durante o ano de 2005, para esse Hospital;

b) Em 23/2/2005, realizou-se o acto público, tendo o júri do concurso deliberado admitir todos os concorrentes;

c) No acto público, a "Gertal" reclamou da admissão das concorrentes "Eurest" e "Uniself", por considerar que estas não estavam legalmente habilitadas a prestarem os serviços objecto do concurso;

d) Em 3 de Março de 2005, a "Gertal" foi notificada que o teor da sua reclamação seria tido em consideração aquando da análise das propostas, tendo o júri decidido admitir todas as propostas apresentadas;

e) Em 8/3/2005, a "Gertal" interpôs, para o Hospital Distrital de Faro, recurso hierárquico da deliberação referida na alínea anterior;

f) Em 1/4/2005, a "Gertal" foi notificada que o Conselho de Administração do Hospital Distrital de Faro deliberara negar provimento ao referido recurso hierárquico;

g) Em 6/5/2005, as recorrentes intentaram, no T.A.F. de Loulé, procedimento cautelar, invocando os fundamentos constantes da petição inicial de fls. 4 a 22 dos autos;

h) Em 30/9/2005, as recorrentes ainda não haviam intentado a acção administrativa especial que na petição inicial do procedimento cautelar afirmavam ir interpor.

2.2. As recorrentes intentaram, no T.A.F. de Loulé, um processo cautelar, pedindo a intimação do Hospital Distrital de Faro para se abster de adjudicar e de celebrar o contrato com qualquer dos outros concorrentes ao concurso público n.° 30/2005, bem como para aquele continuar a adquirir à "Gertal" a prestação de serviços de alimentação até à decisão final da acção principal.

No art. 14.° da sua petição, as recorrentes identificaram a acção principal de que dependia o processo cautelar, como visando:

"1. *a*) a declaração de ilegalidade da admissão das concorrentes "Eurest" e "Uniself" e, consequentemente, a condenação do Hospital Distrital de Faro a excluír tais concorrentes; ou, caso assim se não entenda,

b) a declaração de ilegalidade de admissão das propostas das concorrentes "Eurest" e "Uniself" e, consequentemente, a condenação do Hospital Distrital de Faro a excluir tais propostas;

2. a declaração de ilegalidade de admissão da proposta da concorrente "Nordigal" e, consequentemente, a condenação do Hospital Distrital de Faro a excluir tal proposta;

3. a condenação do Hospital Distrital de Faro a adjudicar à "Gertal" e à "Socigeste" a prestação de serviços objecto do concurso público n.° 30/2005".

A decisão objecto do presente recurso jurisdicional julgou improcedente o referido processo cautelar por entender que, nos termos dos arts. 101.° e 123, n.° 1, al. a), do CPTA, este caducara, em virtude de a acção principal não ter sido intentada no prazo de 1 mês

Contra este entendimento, as recorrentes invocam, por um lado, que, ainda não tendo sido praticado o acto de adjudicação, nem sequer se iniciara a contagem do prazo de 1 mês para a sua impugnação e, por outro, que o objecto da acção principal não era uma impugnação mas uma condenação à prática do acto de adjudicação devido pelo que ao caso era aplicável o disposto no n.° 2 do art. 123.° do C.P.T.A.

Vejamos se lhe assiste razão.

Conforme resulta dos arts. 100.° e 101°, ambos do C.P.T.A., a impugnação de actos administrativos relativos à formação de contratos de prestação de serviços deve ter lugar "no prazo de 1 mês a contar da notificação dos interessados ou, não havendo lugar a notificação, da data do conhecimento do acto".

No caso em apreço, infere-se do atrás transcrito art. 14.° da petição inicial, que a acção principal que os recorrentes se propunham intentar era uma acção administrativa especial que tinha como objecto a impugnação de um acto pré-contratual. Efectivamente, invocando a ilegalidade do acto que admitiu as propostas dos concorrentes "Eurest", "Uniself" e "Nordigal", o que os recorrentes pretendem é obter a anulação desse acto, com a consequente exclusão desses candidatos e a obtenção da adjudicação por não existirem outros concorrentes

Assim, porque o processo cautelar intentado pelos recorrentes constitui dependência de uma acção administrativa especial que tem por objecto a impugnação do acto de admissão das propostas é com referência a este e não ao acto de adjudicação que se conta o prazo de 1 mês a que alude o citado art. 101.°.

Ora, considerando que a "Gertal" foi notificada em 1/4/ /2005 da deliberação que negou provimento ao recurso hierárquico que interpusera do acto de admissão das propostas dos referidos concorrentes (cfr. als. c) a f) dos factos provados) e que a "Socigeste" pelo menos em 6/5/ /2005 (data da instauração do processo cautelar) já tinha conhecimento daquele acto, é evidente que decorreu o prazo de 1 mês sem que a acção principal fosse intentada.

E também não assiste razão aos recorrentes quando invocam que a acção principal a intentar seria de condenação à prática do acto de adjudicação devido não estando sujeita a prazo e sendo-lhe aplicável o disposto no n.° 2 do art. 123.°. do C.P.T.A. Efectivamente, ainda que se estivesse perante um pedido de condenação à prática de um acto administrativo legalmente devido – e não nos parece que assim seja, por este se apresentar como uma mera consequência da procedência do pedido principal de anulação do acto de admissão das propostas – estava a propositura da acção sujeita a prazo (cfr. art. 69.°, do CPTA), não sendo, por isso, aplicável o disposto no aludido art. 123.°, n.° 2

Portanto, improcedem todas as conclusões da alegação das recorrentes.

Afigura-se-nos, porém, que a decisão recorrida, ao concluir pela improcedência do processo cautelar, embora deva ser mantida, deve sê-lo com um fundamento jurídico distinto, por ao caso não ser aplicável o art. 123.°, n.° 1, al. a), do C.P.T.A.

Com efeito, este preceito, que se refere à caducidade das providências cautelares, pressupõe que estas já tenham sido judicialmente decretadas. No caso de elas ainda não terem sido decretadas, o decurso do prazo a que alude a citada al. a) do art. 123.°, n.° 1, tem como consequência ou a inutilidade superveniente da lide – se o prazo de instauração da acção principal decorrer na pendência do processo cautelar – ou a improcedência do processo cautelar – se a caducidade do direito que se pretende fazer valer na acção principal já ocorreu à data em que se propõe o processo cautelar, caso em que este se mostra "originariamente inútil".

Assim, porque, no caso em apreço, à data em que foi instaurado o processo cautelar já havia decorrido o prazo legal de 1 mês para intentar a acção principal sem que esta se mostrasse proposta, é manifesto que tal acção nunca poderia proceder por caducidade do direito que nela se pretendia fazer valer.

Nestes termos, e atento ao disposto nos arts. 132.°, n.° 6, 1.ª parte e 120.°, n.° 1, al. a), ambos do CPTA, nunca poderia ser decretada a requerida providência cautelar.

3. Pelo exposto, acordam em negar provimento ao recurso, confirmando a decisão recorrida, embora com um fundamento diverso.

Custas pelas recorrentes

Lisboa, 27 de Abril de 2006

José Francisco Fonseca da Paz (Relator)
António Paulo Esteves Aguiar de Vasconcelos
Magda Espinho Geraldes

Recurso n.º 1478/06

DENÚNCIA DE CONTRATO ADMINISTRATIVO DE PROVIMENTO. DECLARAÇÃO NEGOCIAL. MEIO PROCESSUAL ADEQUADO. ACÇÃO SOBRE CONTRATOS.

(Acórdão de 6 de Julho de 2006)

SUMÁRIO:

I – Não constitui acto administrativo, mas antes declaração negocial, a denúncia de um contrato administrativo de provimento celebrado entre a Administração e uma docente do ensino secundário, denúncia essa expressamente prevista no clausulado contratual e podendo ser exercida por ambas as partes, mediante aviso prévio.

II – O meio processual adequado para atacar tal declaração é a acção sobre contratos, e não o recurso contencioso de anulação (cfr. arts. 51.º n.º 1, al. g) do ETAF e 71.º da LPTA).

ACORDAM NO 2.º JUÍZO DO TCA – SUL

1. RELATÓRIO

Mónica ..., professora a exercer funções docentes no Colégio Pina Manique, interpôs, no TAC de Lisboa, recurso contencioso do acto praticado pelo Sr. Provedor da Casa Pia de Lisboa que a não reconduziu nas funções docentes que vem desempenhando naquela instituição, através de contrato administrativo de provimento, datado de 6.06.02.

A entidade recorrida defendeu a improcedência do recurso, dizendo que o contrato administrativo em causa caducou e não foi renovado pela Casa Pia de Lisboa, não havendo, aliás, um acto administrativo no caso dos autos.

A Mma. Juíza do TAC de Lisboa, por decisão de 22 de Fevereiro de 2005, julgou procedente a questão prévia da inexistência de acto administrativo e rejeitou o recurso por impropriedade do meio processual utilizado, nos termos dos arts. 57.º, par. 4.º do RSTA e 5.º, 6.º, 9.º e 51.º n.º 1, al. g) da LPTA.

Inconformada, a recorrente interpôs recurso jurisdicional para este TCA, enunciando nas suas alegações as conclusões seguintes:

1ª) O acto contenciosamente impugnado exprime uma conduta voluntária e unilateral da Administração, praticado no desempenho de actividade de natureza administrativa e visando produzir efeitos numa situação concreta;

2ª) O acto impugnado faz cessar, unilateralmente, o contrato administrativo da recorrente. Não se trata de denúncia oposição à renovação mas sim de uma cessação determinada unilateralmente, por motivos alegadamente disciplinares;

3ª) Tratando-se de acto administrativo definitivo e executório o acto objecto do recurso contencioso é impugnável contenciosamente;

4ª) Assim não o considerando, a sentença recorrida violou o disposto no artigo 25.º n.º 1 da LPTA.

Não houve contra-alegações

A Digna Magistrada do Ministério Público emitiu parecer no sentido de ser concedido provimento ao recurso.

Colhidos os vistos legais, cumpre decidir.

2. MATÉRIA DE FACTO

A sentença recorrida considerou provada a seguinte factualidade relevante:

a) A recorrente exerce funções docentes na Casa Pia de Lisboa, desde o ano lectivo de 1995/96, ao abrigo de um contrato administrativo de provimento, que teve início em 16.01.96, e que foi renovado para os anos lectivos de 1996/97, 1997/98, 1998/99, 1999/00, 2000/01 e 2001/02 (cfr. docs. de fls. 8 a 17 dos autos e diversos requerimentos apresentados pela recorrente a pedir a recondução nas funções docentes para os referidos anos lectivos e respectivas autorizações, insertas no processo instrutor);

b) Determina-se na última cláusula do referido contrato administrativo de provimento, designadamente, o seguinte: "A sua duração é de um ano, tácita e sucessivamente renovável por iguais períodos se não for oportunamente denunciado por qualquer das partes outorgantes, pela forma legalmente prevista no n.º 2 do artigo 30.º do Dec. Lei n.º 427/89, de 7 de Dezembro;

c) Por requerimento datado de 17.04.02, a recorrente solicitou à Casa Pia de Lisboa a sua recondução nas funções docentes para o ano lectivo de 2002/03 (cfr. doc. de fls. 16 a 17, que aqui se dá por integralmente reproduzido);

d) Por ofício da Casa Pia de Lisboa, datado de 6.06.02, com a referência n.º ST/DEF/Proc. n.º 0998, foi comunicado à recorrente, designadamente, o seguinte: «Assunto. Não recondução de docentes.

Para os devidos efeitos, informo V. Exa que não foi reconduzida para a prestação de Serviço Lectivo no ano 2002/2003, nesta instituição, por não terem sido preenchidos todos os requisitos cumulativos essenciais para essa recondução consignados na proposta ST/Proc. 15/488, de 15.01.02, superiormente homologada, em 16.01.02, nomeadamente a informação positiva do Colégio. A informação do Colégio é do seguinte teor:

«Fundamentos que justificam a recondução

1 – Dificuldade de relacionamento com a lógica hierarquica e funcional do estabelecimento;

2 – Dificuldade de assimilação das normas existentes;
3 – Absentismo prejudicial ao aproveitamento dos alunos e à relação encarregados de educação/colégio;
(...) O Provedor (cfr. docs. de fls. 7 e 13).

3. DIREITO APLICÁVEL

Louvando-se em jurisprudência do STA e do TCA, a sentença recorrida entendeu que "a denúncia de um contrato administrativo de provimento pela Administração traduz-se numa declaração negocial e não num acto administrativo", e isto porque, "ao praticar tal acto a Administração age como parte de um contrato e não como autoridade". Segundo a decisão "a quo", "a denúncia de um contrato administrativo de provimento por parte da Administração configura uma declaração unilateral receptícia, emitida ao abrigo das correspondentes cláusulas contratuais, logo ao abrigo de poderes que resultam (unicamente) do próprio contrato".

Deste modo, a decisão recorrida concluiu que o acto impugnado não consubstancia um acto administrativo, mas sim uma declaração de base negocial, não sendo o recurso contencioso de anulação o meio apropriado para impugnar o acto do Provedor da Casa Pia de Lisboa.

Inconformada com tal entendimento, a recorrente, nas conclusões das suas alegações, defende que o acto contenciosamente impugnado exprime uma conduta voluntária e unilateral da Administração, praticado no desempenho de actividade de natureza administrativa e visando produzir efeitos numa situação concreta. Segundo a recorrente, o acto em causa não foi praticado ao abrigo do clausulado do contrato, nem constitui uma denúncia, no sentido de oposição à renovação, mas sim uma cessação determinada unilateralmente, por motivos alegadamente disciplinares (conclusões 1ª e 2ª).

Tratando-se de acto administrativo definitivo e executório, conclui a recorrente, o acto em questão é impugnável contenciosamente, pelo que a sentença recorrida violou o disposto no artigo 25.º n.º 1 da L.P.T.A.

Por sua vez, a Digna Magistrada do Ministério Público, embora reconheça que a denúncia foi formulada nos termos do contrato, de acordo com o previsto no artigo 30.º do Dec. Lei n.º 427/89, entende que, no caso vertente, as razões da não renovação do contrato se prendem com a actuação da recorrente, que é sancionável ou através de classificação de serviço ou de processo disciplinar, pelo que, não concordando a recorrente com tais fundamentos, que diz não se verificarem, e invocando razões factuais e legais (e não contratuais), para o seu contrato dever ser renovado, para além de outros vícios típicos dos actos administrativos, "parece-nos que a decisão da Administração aqui em apreço deverá ser apreciada em recurso contencioso e não em acção sobre contratos" (cfr. o douto parecer de fls. 94 a 96).

É esta a questão a analisar.

O clausulado do contrato administrativo de provimento celebrado entre a Casa Pia de Lisboa e a recorrente Mónica ..., Licenciada em Biologia Marítima e Pescas, diz-nos, nomeadamente, o seguinte:

"É celebrado o presente contrato administrativo de provimento, nos termos do Dec. Lei n.º 427/89, de 7 de Dezembro, autorizado por despacho de 18.01.96, de Sua Excelência o Secretário de Estado da Inserção Social"

(...)

"O segundo outorgante é contratado ao abrigo da alínea b) do n.º 2 do art. 15.º do Dec. Lei n.º 427/89, de 7 de Dezembro, artigo 91.º do Dec. Lei n.º 18/88, de 21 de Janeiro, aplicável a C.P.L. pelo Dec. Lei n.º 409/89, de 18 de Novembro e n.º 2 do art. 3.º do Dec. Lei n.º 146C/80, de 22 de Maio, como Professora do 11.º Grupo B do Ensino Secundário"

(...)

"A sua duração é de um ano, tácita e sucessivamente renovável por iguais períodos, se não for oportunamente denunciado por qualquer das partes outorgantes, pela forma legalmente prevista no n.º 2 do artigo 30.º do Dec. Lei n.º 427/89, de 7 de Dezembro".

Das cláusulas contratuais transcritas resulta que o contrato administrativo de provimento em causa foi livremente celebrado entre as partes, inserindo-se uma cláusula que possibilita a não renovação anual do contrato, por qualquer das partes, mediante denúncia, nos termos previstos no n.º 2 do artigo 30.º do Dec. Lei n.º 427/89, de 7 de Dezembro, ou seja, desde que seja respeitado o prazo de 60 dias para o aviso prévio.

Embora no caso concreto tenham sido indicados fundamentos para a denúncia, relacionadas com o absentismo da recorrente e seu relacionamento com a hierarquia funcional do estabelecimento, a verdade é que a possibilidade de denúncia é formulada em termos muito amplos, exigindo-se, tão somente, que seja observado o prazo de aviso prévio acima referido.

Não estamos, portanto, perante um acto destacável, susceptível de recurso contencioso.

No caso concreto, a decisão de não renovação do contrato não resultou de um acto unilateral e autoritário, nem correspondeu ao exercício de qualquer poder especial de autoridade da Administração, como os poderes fixados no artigo 180.º do Código do Procedimento Administrativo, mas antes ao desenvolvimento normal da relação negocial estabelecida entre as partes, ao celebrarem o contrato administrativo (cfr. Ac. do Tribunal Central Administrativo de 28 de Setembro de 2002, in "Antologia de Acórdãos do Supremo Tribunal Administrativo e do Tribunal Central Administrativo", Ano VI, n.º 1, p. 254 e seguintes).

Ora, estando em causa declarações negociais das partes e interpretação das respectivas cláusulas, o meio processual adequado para atacar a decisão da autoridade recorrida, tomada em relação ao desenvolvimento "normal" do contrato estabelecido, só podia ser a acção sobre contratos, nos termos previstos nos artigos 9.º e 51.º n.º 1, alínea g) do E.T.A.F e 71.º da L.P.T.A

Concluí-se, pois, pela inadequação ao caso concreto do meio processual utilizado (recurso contencioso de anulação), devendo antes ter sido utilizada a acção sobre contratos, por estar em causa, tão somente, uma declaração negocial emitida no âmbito de um contrato administrativo livremente celebrado entre as partes, e no qual não são atribuídos à Administração poderes unilaterais de autoridade.

A decisão recorrida não merece, portanto, qualquer censura, devendo manter-se na ordem jurídica

4. DECISÃO

Em face do exposto, acordam em negar provimento ao recurso e em confirmar a sentença recorrida.

Custas pela recorrente, fixando-se a taxa de justiça em 200 euros e a procuradoria em 100 euros, sem prejuízo do apoio judiciário concedido.

Lisboa, 6.7.06

as.) António de Almeida Coelho da Cunha (Relator)
Maria Cristina Gallego dos Santos
Teresa Maria Sena Ferreira de Sousa

Recurso n.º 01231/05

INTIMAÇÃO PARA PROTECÇÃO DE DIREITOS LIBERDADES E GARANTIAS – ART. 109.º CPTA. PRIVATIZAÇÃO DO NOTARIADO. DL 26/04 DE 4.2. DIREITO À LIVRE ESCOLHA DE PROFISSÃO.

(Acórdão de 1 de Junho de 2006)

SUMÁRIO:

I– **Na acção de intimação para protecção de direitos liberdades e garantias para a emissão de sentença condenatória, é requisito essencial a existência de uma situação de urgência carecida de tutela no domínio dos direitos liberdades e garantias que "imponha à Administração a adopção de uma conduta positiva ou negativa" indispensável para assegurar o exercício em tempo útil do direito em causa – art. 109.º n.º 1 CPTA.**

II– **O direito à livre escolha de profissão na vertente negativa compreende o direito de não ser forçado a escolher a exercer determinada profissão, de não ser impedido de escolher ou exercer profissão para que se tenham os requisitos necessários, nem ser impedido de os obter.**

III– **No domínio da transição para o sistema de notariado liberal, o concurso aberto em Março de 2004 foi destinado a profissionais em funções nos Cartórios Notariais existentes, com direito de preferência absoluta na atribuição da licença ao notário concorrente ao lugar de que fosse titular – art. 123.º n.ºs 2 e 4 DL 26/04 de 4.2.**

IV– **O notário que não concorreu à atribuição de licença de instalação de cartório no Cartório Notarial de que era titular e, por isso, abriu mão do direito de preferência garantido no art. 123.º n.º 4 DL 26/04 de 4.2, exerceu o direito subjectivo de se determinar livremente no domínio do direito à livre escolha de profissão, na vertente da formulação negativa.**

V– **A Administração não está vinculada ao dever de agir na vertente de abertura de um segundo concurso sob idênticos pressupostos aos do concurso de Março de 2004 para atribuição de licença de instalação de cartório notarial aos notários que já o eram à data da entrada em vigor do novo regime de notariado como profissão liberal, porque tal não é imposto nem pela Constituição nem pela lei ordinária.**

ACORDAM NO 2.º JUÍZO DO TCA – SUL

António David Mendes de Sousa e Freitas, com os sinais nos autos, inconformado com a sentença proferida pelo Mmo. Juiz do Tribunal Administrativo e Fiscal de Lisboa que indeferiu o pedido de intimação para protecção de direitos, liberdades e garantias por si deduzido contra o Ministério da Justiça, dela vem recorrer concluindo como segue:

1. Está em causa um direito, liberdade e garantia individual – o direito ao exercício da profissão – art. 47.º da CRP;

2. A natureza da legítima pretensão do recorrente – abertura de concurso que lhe permita aceder a uma licença de Cartório Notarial Privado, impõe uma decisão de mérito;

3. A urgência justificava-se e justifica-se, porquanto os *"concursos subsequentes"* para os notários que transitavam do anterior regime, estavam legal e expressamente previstos para o *"período transitório"* de dois anos (art. 106.º do EN), cujo termo então se aproximava e que neste momento já foi ultrapassado;

4. Justificava-se e justifica-se igualmente a urgência, porquanto receava-se que a entidade recorrida, passado o *"período transitório"*, e para não cumprir o legalmente estabelecido para aquele período, viesse a abrir concurso, fixando regras que excluíssem a admissão do recorrente;

5. Tal receio e urgência comprovou-se com a abertura de concurso que foram excluídos os notários provenientes do anterior regime, que não lograram colocação no 1° concurso e para os quais estavam previstos os *"concursos subsequentes";*

6. O Tribunal *"a quo"* ao inclinar-se e ao decidir com base no entendimento de que não se justificava o presente processo urgente para tutela de direitos, liberdades e garantias com decisão de mérito, mas antes ser caso de providência cautelar comum, deveria ter oficiosamente convolado os autos para que o recorrente não ficasse privado da tutela que a lei lhe garante;

7. Justifica-se, pois, ou uma decisão de mérito, ordenando a abertura de concurso ao recorrente e demais notários do anterior regime na sua situação, ou a sua admissão em condições preferenciais ao concurso já aberto, ou ainda, em alternativa, a convolação em providência cautelar comum, decretando-se o mesmo, embora provisoriamente;

8. A douta sentença recorrida violou, entre outras disposições legais, os arts. 109.º e segs., do CPTA, e ainda os arts. 106.º, 123.º e 124.º do Dec-Lei n° 26/2004, de 4 de Fevereiro (Estatuto do Notariado), bem como o art. 47.º da Constituição da República.

O Recorrido contra-alegou, concluindo como segue:

A. A Informação dos serviços da DGRN, a pedido do interessado, ora recorrente, em que se afirma que os concursos subsequentes se destinam aos licenciados com o título de notário, é um acto meramente opinativo, sem efeitos lesivos imediatos na sua esfera jurídica, nos termos dos arts.120.º, 166.º e 173.º do CPA, sendo, por isso, insusceptível de impugnação jurisdicional;

B. A douta sentença recorrida que, nos termos da conclusão anterior, atenta a previsibilidade de concursos subsequentes, não obstante a não susceptibilidade de impugnação da Informação dos Serviços, indefere o pedido de intimação, considerando que não se vê como é que o alegado direito ao concurso é beliscado com uma decisão de mérito a proferir numa acção administrativa não urgente, cuja utilidade pudesse eventualmente ser assegurada pelo decretamento provisório de uma providência cautelar, nenhum reparo pode merecer, não ocorrendo qualquer violação de disposição legal, nomeadamente, dos arts. 109.° e segs., do CPTA, dos art.s 106°, 123.° e 124.° do E.N. e do art. 47.° da CRP.

Com substituição legal de vistos substituídos pelas competentes cópias entregues aos Exmos Juízes Desembargadores Adjuntos, vem para decisão em conferência.

Pelo Senhor Juiz foi julgada provada a seguinte matéria de facto:

A. Em 29.3.2004 António David Mendes de Sousa e Freitas era Notário do Cartório Notarial de Santana, Madeira (por acordo);

B. Por Aviso n.° 4994/2004, de 30.3., publicado no DR II Série, n.° 93, de 20.4.2004 foi aberto concurso para atribuição de licença de instalação de cartório notarial (por acordo e cfr. doc.s 2 e 3 de fls. 36 a 51 dos autos em suporte de papel que se dão por reproduzidos);

C. António David Mendes de Sousa e Freitas apresentou requerimento de admissão ao concurso que antecede, tendo concorrido a alguns cartórios mas não para o Cartório Notarial de Santana, Madeira em que era Notário titular (por acordo e doc. 3 de fls. 45 a 51 dos autos em suporte de papel que se dá por reproduzido);

D. Por Aviso n.° 9225/2004, de 29.9., publicado no DR II Série, n.° 235, de 6.10.2004 foi aberto concurso de provas públicas para atribuição do título de notário, nos termos do disposto no n.° 5 da Portaria n.° 398/2004, de 21 de Abril (cfr. doc. 3 de fls. 45 a 51 dos autos em suporte de papel que se dá por reproduzido);

E. Por Aviso n.° 491/2005, de 12.1., publicado no DR II Série, n.° 14, de 20.1.2005 foi tornado público o despacho do Ministro da Justiça de 11.1.2005 o que homologou a lista final concurso para atribuição de licença de instalação de cartório notarial a que se refere o ponto B. (por acordo e doc.s 1 e 3 de fls. 28 a 35 e 45 a 51 dos autos em suporte de papel que se dão por reproduzidos);

F. A António David Mendes de Sousa não foi atribuída licença de instalação de cartório notarial no referido concurso (por acordo e doc. 3 de fls. 45 a 51 dos autos em suporte de papel que se dá por reproduzido

G. António David Mendes de Sousa exerce funções de Notário no Cartório Notarial de Santana, Madeira

DO DIREITO

O discurso jurídico fundamentador em sede de sentença é o que de seguida se transcreve:

"(..)

IV. O artigo 109.° do CPTA permite o recurso ao processo urgente de intimação judicial para protecção de direitos, liberdades e garantias quando o mesmo se revele indispensável "à *célere emissão de uma decisão de mérito que imponha à Administração a adopção de uma conduta positiva ou negativa para assegurar o exercício, em tempo útil, de um direito, liberdade ou garantia, por não ser possível ou suficiente, nas circunstâncias do caso, o decretamento provisório de uma providência cautelar, prevista no artigo 131.° do mesmo Código*".

A doutrina refere a título de exemplo os casos em que está em causa a realização de uma greve ou de uma manifestação marcada para uma data muito próxima em que se revelará inútil a decisão que reconheça o direito à greve subjacente proferida em data muito posterior à do evento.

O Requerente alega que o seu direito de liberdade de escolha da profissão ou do género de trabalho, consagrado no n.° 1 do artigo 47.° da Constituição da República Portuguesa (CRP), se encontra ameaçado por o Ministério da Justiça lhe "vir negando [o] direito [que tem] de se apresentar novamente a concurso" quer por não abrir "concurso subsequente" dentro do período transitório de 2 anos previsto no Estatuto do Notariado (EN, aprovado pelo Decreto-Lei n.° 26/2004, de 4 de Fevereiro) quer pelo teor da informação que lhe foi prestada pela DGRN pelos fundamentos que reproduz, em síntese, no seu requerimento inicial.

O direito à livre escolha de profissão compreende duas vertentes:

a) A positiva, a de liberdade de escolha e de exercício de qualquer género ou modo de trabalho que não seja considerado ilícito pela lei penal que, por sua vez, compreende, designadamente, o direito à obtenção dos requisitos legalmente exigidos para o exercício de determinada profissão, nomeadamente as habilitações escolares e profissionais, o direito às condições de acesso em condições de igualdade a cada profissão e o direito de mudar de profissão;

b) A negativa, a de não ser forçado a escolher e a exercer determinada profissão (interdição de trabalho obrigatório), a de não ser impedido de escolher ou exercer qualquer profissão para a qual se tenham os requisitos necessários, bem como de obter esses requisitos.

A profissão que o requerente diz ter escolhido e pretender exercer é a de Notário.

O EN, aprovado pelo Decreto-Lei n.° 26/2004, de 4 de Fevereiro, privatizou a profissão de notário, fixando para a transição da carreira do regime da função pública para profissão liberal, um período de 2 anos, durante o qual o Ministério da Justiça promove concursos para atribuição de licenças de instalação de cartório notarial (artigo 106.°).

No artigo 123.° do EN prevê-se que o primeiro concurso se destine aos notários, conservadores de registo, adjuntos de conservador e de notário e aos auditores de registo e de notariado em funções nos Cartórios Notariais existentes.

Trata-se de um concurso documental que, na graduação dos concorrentes, tem em conta a classificação de serviço, a antiguidade, o currículo e estabelece a preferência absoluta na atribuição da licença ao notário que concorra ao lugar de que é titular (n.ºs 2 e 4 do referido artigo 123.°).

A opção pelo novo regime de notariado é feita pela apresentação de requerimento de admissão a este concurso (alínea a) do n.° 1 e n.° 2 do artigo 107.°).

O EN prevê ainda a realização de concursos subsequentes para atribuição de licenças de instalação de cartórios notariais de acordo com o número de lugares vagos e de localização (artigo 124.º) e, tendo em vista a implementação da reforma do notariado, a promoção da realização de cursos de formação de notariado com o objectivo habilitar os formandos com o título de notário (artigo 125.º).

Observando o previsto na lei, o Ministério da Justiça promoveu e abriu o primeiro concurso em Março de 2004 ao qual o Requerente concorreu mas, não tendo concorrido ao lugar de que era titular e tendo sido colocados, nos lugares a que concorreu, outros notários melhor classificados, não logrou obter licença para instalação de cartório.

O Requerente mantém-se a exercer funções no Cartório Notarial de Santana.

A saber, o Requerente escolheu de forma livre a profissão de notário em regime liberal, detendo os requisitos para o efeito concorreu ao concurso aberto para atribuição de licenças para instalação de cartório notarial e só não obteve a licença necessária para exercer a profissão escolhida porque, por um lado, não concorreu para o cartório de que era titular e, por outro, por força da aplicação estrita das regras de graduação dos candidatos.

O Requerente justifica a urgência do presente pedido de intimação no facto de o prazo de dois anos previsto para a transição estar a chegar ao seu termo.

Mas será que a abertura de novo concurso dentro do prazo de dois anos previstos para a transição para o novo regime de notariado "é indispensável para assegurar o exercício, em tempo útil" (artigo 109.º do CPTA) do direito de escolha da profissão de notário pelo Requerente?

Ou que a não abertura de concurso no prazo indicado coloca "definitivamente em causa o direito fundamental que lhe assiste ao exercício da profissão de Notário" (artigo 59.º do requerimento inicial)?

Salvo melhor entendimento, afigura-se-me que não.

O acesso ao exercício da profissão de notário é feito mediante concurso para atribuição de licenças de instalação de cartórios dos constantes do Mapa anexo ao EN.

Existindo ainda vagas para os mesmos (atenta a lista final de licenças atribuídas no 1° concurso e o teor do Mapa notarial referido) e estando a correr concurso para atribuição de títulos de notário, irá ser aberto concurso para o efeito ao qual o Requerente poderá candidatar-se desde que possua os requisitos para tanto exigidos.

Por outro lado, a informação da DGRN (doc. 1) é resposta a um pedido de esclarecimento formulado pelo Requerente, sendo, por isso, um acto meramente opinativo sobre o entendimento do serviço que a emitiu, relativamente a determinadas questões, que, por si, não tem carácter lesivo, não pode produzir efeitos imediatos na esfera jurídica do Requerente e, consequentemente, não pode ser objecto de recurso em sede administrativa ou de acção judicial.

O Requerente pretende, ao que se infere do seu posicionamento nos autos, tutelar o seu direito de admissão a concurso para atribuição de instalação cartório notarial em condições idênticas às previstas para o primeiro concurso aberto no período de transição, dado entender que efectivou o seu direito de opção pelo novo regime notarial.

Ora, não se vê como é que esse alegado direito é beliscado com uma decisão de mérito a proferir numa acção administrativa não urgente, cuja utilidade pudesse eventualmente ser assegurada pelo decretamento provisório de uma providência cautelar.

Considerando, pelos fundamentos supra expostos, que os "receios" alegados pelo Requerente não são minimamente justificados ou são justificativos do tipo de tutela urgente aqui em causa impõem-se o indeferimento do presente pedido de intimação.

Por força do disposto na alínea b) do n.º 2 do artigo 73.º-C do Código das Custas não há lugar a custas. (..)"

***

Diga-se, desde já, que a sentença é para confirmar.

O ora Recorrente instaurou a presente acção, em processo urgente, de intimação para protecção de direitos liberdades e garantias, pedindo a condenação do Ministério da Justiça a proceder à "*abertura de concurso ao recorrente e demais notários do anterior regime na sua situação, ou a sua admissão em condições preferenciais ao concurso já aberto*".

O principal requisito tipificado para a emissão de sentença condenatório é a existência de uma situação de urgência carecida de tutela no domínio dos direitos liberdades e garantias que "**imponha à Administração a adopção de uma conduta positiva ou negativa**" indispensável para assegurar o exercício em tempo útil do direito em causa – art. 109.º n.º 1 CPTA.

Todavia, esta ***deverosidade administrativa*** não existe na exacta medida em que para a Administração não decorre, nem da Constituição nem da lei ordinária, o dever de agir objectivado na abertura de um segundo concurso com os pressupostos de natureza excepcional inerentes ao primeiro concurso efectivado no domínio do período de transição para os notários que já o eram à data da entrada em vigor do novo regime de notariado como profissão liberal, para atribuição de licença de instalação de cartório notarial.

Como bem se afirmou na sentença sob recurso, "(..) O EN, aprovado pelo Decreto-Lei n.º 26/2004, de 4 de Fevereiro, privatizou a profissão de notário, fixando para a transição da carreira do regime da função pública para profissão liberal, um período de 2 anos, durante o qual o Ministério da Justiça promove concursos para atribuição de licenças de instalação de cartório notarial (artigo 106.º).

No artigo 123.º do EN prevê-se que o **primeiro concurso** se destine aos notários, conservadores de registo, adjuntos de conservador e de notário e aos auditores de registo e de notariado **em funções nos Cartórios Notariais existentes.**

Trata-se de um concurso documental que, na graduação dos concorrentes, tem em conta a classificação de serviço, a antiguidade, o currículo e estabelece a preferência absoluta na atribuição da licença ao notário que concorra ao lugar de que é titular (n.ºs 2 e 4 do referido artigo 123.º). (..)"

Observada a escolha política de privatizar o Notariado através do acto legislativo, o citado DL 26/04 de 4.2, a Administração cumpriu o ditame legal dando satisfação aos fins de ponderação de interesses entre os antigos notários funcionários públicos e os novos notários profissionais liberais através do regime de transição de dois anos, incluso com a estatuição de uma preferência legal a favor dos notários do antigo regime legal público.

O Ministério da Justiça dando execução ao disposto no art. 123.º do DL 26/04 de 4.2 promoveu e abriu o primeiro concurso em Março de 2004.

A matéria de facto fixada no probatório evidencia que o ora Recorrente renunciou às condições objectivas inerentes ao exercício do direito de preferência garantido no citado art. 123.º DL 26/04 de 4.2 na medida em que não concorreu à atribuição de licença de instalação de cartório notarial no Cartório Notarial de Santana de que era titular.

O que, de um ponto de vista estritamente jurídico, significa que exerceu o direito subjectivo de se determinar livremente no domínio do direito à livre escolha de profissão, na vertente da formulação negativa.

Dito de outro modo, o ora Recorrente **não estava obrigado** a concorrer ao lugar de que era titular no Cartório Notarial de Santana, onde se mantém em exercício.

Daqui se retira que não existe nenhuma situação de urgência carecida de tutela condenatória da Administração na medida em que, como também se diz em sede de sentença recorrida "(..) O acesso ao exercício da profissão de notário é feito mediante concurso para atribuição de licenças de instalação de cartórios dos constantes do Mapa anexo ao EN.

Existindo ainda vagas para os mesmos (atenta a lista final de licenças atribuídas no 1° concurso e o teor do Mapa notarial referido) e estando a correr concurso para atribuição de títulos de notário, irá ser aberto concurso para o efeito ao qual o Requerente poderá candidatar-se desde que possua os requisitos para tanto exigidos. (..)".

Pelas razões expostas, na circunstância não assiste ao Recorrente o direito a exigir que a Administração intervenha activamente no sentido de assegurar a repetição de condições concursais de excepção aos notários do antigo regime público para acesso ao novo regime notarial liberal, por decalque da previsão legal excepcional do art. 123.º n.º 4 EN no tocante ao primeiro concurso aberto em Março de 2004 para atribuição de licença de instalação de cartório notarial.

Pelo que vem dito conclui-se pela improcedência das questões suscitadas nos itens 1 a 8 das conclusões de recurso.

Termos em que acordam, em conferência, os Juízes Desembargadores da Secção de Contencioso Administrativo do Tribunal Central Administrativo Sul em negar provimento ao recurso e confirmar a sentença proferida.

Sem custas por isenção objectiva – art. 73.º-C, n.º 2 c) CCJ.

Lisboa, 1 de Junho de 2006

Cristina dos Santos
Teresa de Sousa
Xavier Forte

Recurso n.º 1657/06

JURISDIÇÃO ADMINISTRATIVA. COMPETÊNCIA MATERIAL. CESSÃO NOS ARRENDAMENTOS DO IGAPHE PARA A FUNDAÇÃO D. PEDRO IV. NATUREZA JURÍDICA DOS CONTRATOS.

(Acórdão de 18 de Maio de 2006)

SUMÁRIO:

I – **Por imperativo constitucional, a delimitação da competência dos tribunais administrativos exige que a actividade administrativa desenvolvida no caso concreto assuma a natureza de relação jurídica regulada pelo Direito Administrativo cfr. arts. 212.º n.º 3 e 268.º n.º 4 CRP.**

II – **O clausulado dos contratos de arrendamento celebrados entre o Fundo de Fomento da Habitação e os ora Recorrentes – vigentes aquando da sub-rogação da ora Recorrida Fundação D. Pedro IV na posição de senhorio do IGAPHE [conforme contrato de cessão de 1.2.2005, supra transcrito na alínea D do probatório], sendo o IGAPHE o instituto público com personalidade jurídica que sucedeu ao extinto FFH [pelo DL 214/82 de 29.5] na dominialidade do património e nos arrendamentos e demais contratos conforme art. 30.º n.º 1 DL 88/87 de 26.2 – não permite dúvidas no tocante à natureza administrativa de tais arrendamentos.**

ACORDAM NO 2.º JUÍZO DO TCA – SUL

Maria da Conceição Fernandim Bouça Ferreira e Outros (+ 48), todos com os sinais nos autos, inconformados com a sentença proferida proferida pela Mma. Juiz do Tribunal Administrativo e Fiscal de Lisboa que julgou os Tribunais Administrativos incompetentes em razão da matéria para conhecer do litígio, dela vêm recorrer concluindo como segue:

A) Os actos que determinam a aplicação de um regime da renda apoiada, previsto no Decreto-Lei 166/93, de um preço técnico dos fogos dos requerentes e do montante da renda apoiada são actos claramente administrativos pelo que sindicáveis perante os Tribunais Administrativos nos termos do disposto no artigo 51.º, n.º 2, do CPTA, e 1.º, e 4.º, n.º 1 (corpo e alínea d) do ETAF;

B) Efectivamente, "é recorrível o acto da Administração que determina a aplicação da renda técnica a um fogo municipal, uma vez que é só com tal acto que é definida, em concreto, a situação jurídica do interessado" – in www.dgsi.pt – documento número SA1200511030762 – Acórdão do Supremo Tribunal Administrativo, relatado pelo Exmo. Juiz Conselheiro São Pedro, de 03-11-2005;

C) O regime da renda apoiada é, claramente, um regime em que são atribuídas às entidades aí referidas, Estado, Municípios, Regiões Autónomas e Instituições Particulares de Solidariedade Social poderes de autoridade unilaterais de conformação da situação jurídica de terceiros, poderes esses que escapam a qualquer lógica de equilíbrio entre prestações, nomeadamente a alteração, determinada unilateralmente e sem o assentimento dos requerentes, do regime jurídico que regia as relações entre as partes;

D) O regime da renda dita apoiada não é uma mera especialidade do regime do arrendamento urbano;

E) É um regime com normas de direito administrativo ditado por imperativos de ordem pública e com uma clara finalidade e interesse público imanente à garantia do direito à habitação;

F) Para tanto, tais normas definem um sem número de obrigações à autoridade que as aplica e às pessoas às quais tal regime é aplicado, nomeadamente a existência e necessidade de publicações, anúncios, organização de um local onde podem ser concedidos esclarecimentos, obrigatoriedade de entrega de documentação de cariz absolutamente pessoal à autoridade sob pena de resolução imediata do contrato de arrendamento, possibilidade da autoridade determinar a transferência de fogo de um morador etc);

G) Estamos, assim, perante um regime jurídico totalmente estranho a uma relação jurídica de cariz privatístico;

H) Estamos, antes, perante uma autêntica relação jurídica administrativa, em que são concedidos poderes de autoridade unilaterais à entidade que as aplica (nomeadamente o de aplicar um regime jurídico totalmente estranho e alheio ao assentimento dado pelos visados, de fixação de preços técnicos e do valor de renda dita apoiada), por motivos e razões de ordem e interesse públicos, e na prossecução de poderes públicos dimanado de normas administrativas que estabelecem um iter procedimental também ele totalmente alheio às relações jurídicas privadas, como são os exemplos das normas contidas nos artigos 6.°, 9.° e 11.° do Regime da Renda Apoiada;

I) Ao considerar a Jurisdição Administrativa incompetente, em razão da matéria, para conhecer dos presentes autos, a mui douta sentença recorrida, violou, concomitantemente o disposto nos artigos 1.°, 4.°, n.° 1 (corpo e alínea d) do ETAF e 51°, n°2, do C.P.T.A. pelo que deve ser revogada e substituída por outra que julgue os Tribunais Administrativos competentes em razão da matéria para conhecer do presente pleito.

A Recorrida contra-alegou pugnando pela manutenção do julgado.

A EMMP junto deste Tribunal Central Administrativo Sul emitiu parecer no sentido que se transcreve:

"(..)

Vem o presente recurso jurisdicional interposto da sentença que considerou os Tribunais Administrativos incompetentes em razão da matéria para apreciar e decidir o pedido de suspensão de eficácia da deliberação de 8-6-2005, do Conselho de Administração da Fundação D. Pedro IV, que sujeitou os requerentes, arrendatários de fogos de habitação social pertencentes ao Estado, ao regime de renda apoiada previsto no DL n.° 166/93, de 7-5 e consequente fixação de novo montante de renda por aplicação de renda técnica.

Segundo a douta sentença recorrida, o objecto do presente processo cautelar respeita a uma alteração da renda, inicialmente fixada em contrato de arrendamento, pelo que não se estando perante uma questão emergente de relações jurídicas administrativas, mas emergente duma relação jurídica de direito privado, não são os Tribunais Administrativos os competentes para o apreciar.

Não concordaram, porém, os requeridos, alegando, essencialmente, que o regime de renda apoiada não é uma mera especialidade do regime de arrendamento urbano, mas sim um regime com normas de direito administrativo ditado por imperativos de interesse público com vista a garantir o direito à habitação.

Além disso, a Fundação requerida detém poderes de autoridade unilaterais que fogem à lógica do equilíbrio entre prestações, uma vez que os requerentes não deram o seu assentimento para a alteração das rendas.

Vejamos se têm razão.

O DL 166/93, que veio regular o regime de renda apoiada, que fora previsto no artigo 82.° do Regime do Arrendamento Urbano (RAU) aprovado pelo DL 321-B/90, de 15 de Outubro, dispõe:

"Artigo 1.°

1 – O presente diploma tem por objecto o estabelecimento do regime de renda apoiada.

2 – Ficam sujeitos ao regime de renda apoiada os arrendamentos das habitações do Estado, seus organismos autónomos e institutos públicos, bem como os das adquiridas ou promovidas pelas Regiões Autónomas, pelos municípios e pelas instituições particulares de solidariedade social com comparticipações a fundo perdido concedidas pelo Estado, celebrados após a entrada em vigor do presente diploma.

3 – Ficam igualmente sujeitos ao regime de renda apoiada os arrendamentos das habitações adquiridas ou promovidas pelas Regiões Autónomas, comparticipadas a fundo perdido pela respectiva Região, celebrados após a entrada em vigor do presente diploma".

Por sua vez, refere o citado artigo 82.° do DL 321-B/90, de 15 de Outubro:

"Renda apoiada

1 – No regime de renda apoiada, o montante das rendas é subsidiado, vigorando, ainda, regras específicas quanto à sua determinação e actualização.

2 – Ficam sujeitos ao regime referido no número anterior os prédios construídos ou adquiridos para arrendamento habitacional pelo Estado e seus organismos autónomos, institutos públicos e autarquias locais e pelas instituições particulares de solidariedade social com o apoio financeiro do Estado.

3 – O regime de renda apoiada fica sujeito a legislação própria, aprovada pelo Governo".

Segundo o acórdão do STA de 2-2-05, proferido no processo n.° 011/04,

"São actos de gestão privada os que se compreendem numa actividade em que o agente, despido de poder público, se encontra e actua numa posição de paridade com os particulares a que os actos respeitam e, portanto, nas mesmas condições e no mesmo regime em que poderia proceder um particular, com submissão a normas de direito privado. São actos de gestão pública os que se compreendem no exercício de um poder público, integrando eles mesmos a realização de uma função pública, independentemente de envolverem ou não o exercício de meios de coerção e independentemente ainda das regras, técnicas ou de outra natureza, que na prática dos actos devam ser observadas".

Os requerentes residem em fogos que lhe foram distribuídos pelo Fundo de Fomento de Habitação, com o qual celebraram contrato de arrendamento.

Este organismo foi extinto pelo DL n.º 214/82, de 29-5, tendo, o respectivo património sido transferido para o Instituto de Gestão e Alienação do Património Habitacional do Estado, nos termos do art. 30.º n.º 1 do DL n.º 88/87 e, mais tarde, sendo objecto de cessão à Fundação ora recorrida, pelo art. 4.º da Lei n.º 55-B/2004, DE 30-12, o qual estipula:

"Transferência de património edificado para os municípios

1 – O Instituto de Gestão e Alienação do Património Habitacional do Estado (IGAPHE) pode, sem exigir qualquer contrapartida e sem sujeição às formalidades previstas no artigo 3.º, transferir para os municípios, empresas municipais ou de capital maioritariamente municipal, para instituições particulares de solidariedade social ou para pessoas colectivas de utilidade pública administrativa, desde que prossigam fins assistenciais e demonstrem capacidade para gerir os agrupamentos habitacionais ou bairros a transferir, a propriedade de prédios ou suas fracções que constituem agrupamentos habitacionais ou bairros, incluindo os espaços existentes de uso público, equipamentos, arruamentos e restantes infra-estruturas, bem como os direitos e obrigações a estes relativos e aos fogos em regime de propriedade resolúvel.

2 – A transferência do património referida no número anterior efectua-se por auto de cessão de bens, o qual constituirá título bastante de prova para todos os efeitos legais, incluindo os de registo.

3 – Após transferência do património, poderão as entidades beneficiárias proceder à alienação dos fogos aos respectivos moradores nos termos do Decreto-Lei n.º 141/ /88, de 22 de Abril, com as alterações introduzidas pelo Decreto-Lei n.º 288/93, de 20 de Agosto.

4 – O arrendamento dos fogos destinados a habitação fica sujeito ao regime de renda apoiada, nos termos do Decreto-Lei n.º 166/93, de 7 de Maio".

Quanto à natureza das decisões e contratos celebrados pelas Instituições privadas de Solidariedade Social escreveu-se no acórdão do STA de 8-10-02, in rec° n.º 01308/02:

"I – As Instituições Particulares de Solidariedade Social são pessoas colectivas de direito privado, com autonomia, não administradas pelo Estado, que prosseguem os objectivos enunciados nas diversas alíneas do n.º 1 do artigo 1.º do Decreto-Lei n.º 118/93, de 25 de Fevereiro, que estabelece o seu Estatuto legal (artigos 1.º e 3.º desse diploma).

II – Estão sujeitas à tutela do Estado, cuja autorização dos serviços competentes é necessária para a prática de determinados actos, nomeadamente a aquisição de bens imóveis a título oneroso ou a alienação de imóveis a qualquer título (artigo 32.º, n.º 1), os seus orçamentos e contas carecem de vistos pelos serviços competentes (artigo 33.º), que poderão ordenar a realização de inquéritos, sindicâncias e inspecções a estas instituições e seus estabelecimentos (artigo 34.º). As empreitadas de obras de construção ou grande reparação deverão ser feitas em concurso ou hasta pública, conforme for mais conveniente (artigo 23.º, n.º 1).

III – Da conjugação da disciplina estabelecida nos preceitos enunciados no número anterior com a estabelecida no artigo 3.º, n.º 2, alínea b) do Decreto-Lei n.º 59/99, de 2 de Março, é de concluir que a sua gestão está sujeita a um controlo por parte do Estado, donde decorre que estas pessoas são de considerar donas de obras públicas, o que significa que os contratos por elas celebrados são contratos de empreitada de obras públicas, regulados pelo referido Decreto-Lei n.º 59/99. São contratos praticados a coberto de uma ambiência de direito público, resultante do predomínio de preocupações de interesse público, que prosseguem, que as leva a não poder adoptar procedimentos diferentes dos nele tipificados (artigo 7.º do mesmo diploma) e a actuar numa posição de supra ordenação que lhes possibilita o estabelecimento de cláusulas exorbitantes, ou seja, são contratos administrativos.

IV – As relações deles decorrentes são relações jurídicas administrativas, sendo o acto da Direcção de uma dessas instituições que procedeu à adjudicação de um contrato de empreitada um acto administrativo, para cujo conhecimento são competentes os tribunais administrativos (artigo 212.º, n.º 3 da CRP e artigo 3.º do ETAF) e, dentro destes, os tribunais administrativos de círculo (artigo 51.º, alínea j) do ETAF)" cfr, no mesmo sentido, o acórdão do STA de 14-3-06, in proc° n.º 0976/05.

Do que se acaba de transcrever, decorre, a nosso ver, que, também no caso vertente, os contratos de arrendamento celebrados entre os requerentes e o ex-Fundo de Fomento de Habitação, para ocupação de fogos para habitação social, "são contratos praticados a coberto de uma ambiência de direito público, resultante do predomínio de preocupações de interesse público, que prosseguem, que as leva a não poder adoptar procedimentos diferentes dos nele tipificados (artigo 7.º do mesmo diploma) e a actuar numa posição de supra ordenação que lhes possibilita o estabelecimento de cláusulas exorbitantes, ou seja, são contratos administrativos.

Assim, as relações deles decorrentes são relações jurídicas de direito administrativo por que formadas não no âmbito de qualquer contrato de arrendamento, mas dum contrato de arrendamento de um fogo para habitação social, com características específicas de eminente interesse social, já que têm em conta diversos factores personalizados em função das características de cada arrendatário, ficando o mesmo sujeito ao critério de fixação de cláusulas exorbitantes por parte da entidade arrendatária ou da entidade encarregada, por esta, de gerir o seu património.

De facto, atendendo ao carácter de cedência por uma entidade pública, com benefícios especiais por esta concedidos normalmente em função da situação de carência económica dos arrendatários, acarreta para estes também especiais deveres, com carácter de imposição, pela entidade proprietária.

Daí que a relação assim criada obedeça a normas também específicas que fogem às normas que regem o arrendamento urbano, nomeadamente quanto à fixação das rendas.

Nestes termos e independentemente da questão da adequação do meio processual utilizado, suscitada pela entidade requerida nas suas contra alegações e que foge ao âmbito deste recurso jurisdicional, parece-nos que são os tribunais administrativos os competentes para apreciar a questão suscitada nos autos.

Aliás, questões semelhantes correram termos na jurisdição administrativa, tal como aconteceu, por exemplo, nos processos n.ºs 0762/04, 01592/03 e 01203/05, todos do STA e ainda no processo n.º 00474/04, deste TCA Sul.

Termos em que emitimos parecer no sentido de ser revogada a sentença recorrida, baixando os autos à primeira instância para aí prosseguirem os seus termos. (..)".

Com dispensa de vistos substituídos pelas competentes cópias entregues aos Exmos Juízes Desembargadores Adjuntos, vem para decisão, em conferência – arts. 36.° n.os 1 e 2 CPTA e 707.° n.° 2 CPC, *ex vi* art. 140.° CPTA.

Para conhecimento da excepção de incompetência absoluta, pelo Senhor Juiz foi julgada provada a seguinte factualidade:

A) Todos os Requerentes firmaram contrato de arrendamento com o Fundo de Fomento de Habitação, nos termos das cláusulas contratuais, dos quais, abaixo, se transcreve um dos contratos de arrendamento (cfr. doc. 2, junto com o r.i., de fls. 173 a 174 – verso dos autos e admissão por acordo):

"(..)

FUNDO DE FOMENTO DA HABITAÇÃO
CONTRATO DE ARRENDAMENTO

Entre Maria José Cecília de Gomes Cabrita Bento Franco na qualidade de representante do Fundo de Fomento da Habitação, nos termos do artº. 4º do Decreto-Lei nº 214/73, de 9 de Maio e Adolfo Fernando Teixeira Pinto, casado [*ininteligível*], natural de Mões e residente em Lote 249, 3º C é celebrado o presente contrato de arrendamento nas condições a seguir indicadas:

I – O primeiro outorgante dá de arrendamento ao segundo outorgante o Fogo n.° 411 (413-A) do prédio Lote 249 – 3º C sito na Zona N/2 do Bairro de Chelas omisso na respectiva matriz e de que é proprietária o Fundo de Fomento da Habitação.

II – O arrendamento é pelo prazo de um ano, com início no dia um de Julho de mil novecentos e oitenta considerando-se sucessivamente renovado por iguais períodos se não for denunciado por qualquer dos outorgantes com a antecedência mínima de trinta dias em relação ao termo do prazo contratual.

III – A renda mensal é da quantia de quatro mil quatrocentos e quatro escudos, actualizável nos termos do artigo 21.° do Decreto Lei n.° 49 033 de 28 de Maio de 1969 e será paga nos primeiros oito dias de cada mês na Caixa Geral de Depósitos, à ordem do F. F. H..

IV – Quando a renda não for paga no prazo estabelecido no presente contrato, disporá o inquilino de quinze dias para efectuar o seu pagamento aumentada de l5% sobre o respectivo montante; decorrido este prazo ficará o arrendatário obrigado a pagar, além das rendas em atraso, uma indemnização igual a 50% do que for devido.

V – 1. A casa arrendada destina-se exclusivamente a habitação do arrendatário e do seu agregado familiar.

2. É proibida a sublocação, total ou parcial, sob pena de multa igual à renda de seis meses, e de despejo, em caso de reincidência.

VI – 1. O inquilino, não poderá efectuar na habitação quaisquer obras nem de qualquer forma, alterar as suas características nem consentimento escrito do senhorio.

2. No caso de infracção ao disposto no n.° 1, é notificado o inquilino para repor a casa no seu estado anterior; se não o fizer, poderá o senhorio rescindir o contrato, sem prejuízo da responsabilidade do inquilino pelas despesas que, para aquele fim tiveram de ser feitas.

VII – São ainda deveres do arrendatário:

1. Promover a instalação e ligação de contadores de água, gás e energia eléctrica, cujas despesas, bem como as dos respectivos consumos, são da sua conta;

2. Conservar no estado em que actualmente se encontram não só a instalação da luz eléctrica mas ainda todas as canalizações e seus acessórios, pagando à sua conta as reparações que se tornarem necessárias por efeito de incúria ou indevida utilização;

3. Não conservar na habitação animais que incomodem os vizinhos ou causem quaisquer danos;

4. Não fazer ruídos que incomodem os vizinhos;

5. Não depositar lixo senão nos locais para isso destinados.

VIII – No fim do arrendamento, o inquilino restituirá a casa limpa, com todas as portas, chaves, vidros, instalações, canalizações e seus acessórios ou dispositivos de utilização, sem quaisquer deteriorações, salvo as inerentes ao seu uso normal.

IX – Sem prejuízo dos casos já contemplados e dos expressos nas disposições legais aplicáveis, pode o senhorio resolver o contrato antes do termo nele previsto, quando se verifiquem os fundamentos seguintes;

1. Haver o inquilino incorrido em qualquer das irregularidades previstas no Decreto n.° 49 034, de 28 de Maio de 1969, para obtenção da casa;

2. Não aceitar a actualização da renda nos termos do artigo 21.° do Decreto-Lei n.° 49 033;

3. Não cumprir as obrigações impostas pela cláusula VII deste contrato.

X – Nos termos da Portaria n.° 386/77, de 25 de Junho, o inquilino poderá ter direito a um subsídio equivalente à diferença entre a Prestação pessoal de renda e a técnica, O senhorio e o inquilino comprometem-se, nesses casos, a ajustar os valores de acordo com o rendimento do agregado familiar, nos ter da legislação em vigor.

XI – Tudo o que não estiver expressamente regulado neste contrato sê-lo-á pelas disposições aplicáveis aos diplomas acima citados e demais legislação em vigor,

XII – O segundo outorgante declara aceitar o presente contrato de arrendamento nas condições nele estatuídas, que se obriga a cumprir pontual e integralmente.

Lisboa, 16 de Março de 1982 (assinaturas dos outorgantes) (..)"

B) Todos os Requerentes firmaram com o Fundo de Fomento de Habitação, contrato de arrendamento cujas cláusulas correspondem às do contrato transcrito em A (cfr. docs. n.os 1, 2, 3, 4 e 5 junto junto com o r.i., de fls. 169 a 184 dos autos, confissão dos Requerentes cfr. art. 7.° r.i. e admissão por acordo).

C) A Requerida outorgou com o IGAPHE auto de cessão, mediante o qual lhe foi transmitido património imobiliário, no qual se integram os fogos onde residem os ora Requerentes, que abaixo se transcreve na íntegra (cfr. doc. n.° 9 junto com o r.i., de fls. 246 a 261 dos autos e admissão por acordo).

"(...)

INSTITUTO DE GESTÃO E ALIENAÇÃO
DO PATRIMÓNIO HABITACIONAL DO ESTADO
TRANSFERÊNCIA DE PATRIMÓNIO, DIREITOS
E OBRIGAÇÕES DO IGAPHE
PARA A FUNDAÇÃO D. PEDRO IV
AUTO DE CESSÃO

Entre;

O Instituto de Gestão e Alienação do Património Habitacional do Estado, abreviadamente designado por

IGAPHE, Instituto Público com sede na Avenida 5 de Outubro, 153 em Lisboa, pessoa colectiva n.º 501 800 441, representado por João Paulo Sousa e Silva Zbyszewski, casado, natural da freguesia de Mercês, concelho de Lisboa, residente na freguesia de Santo Condestável, concelho de Lisboa, titular do Bilhete de Identidade n.º 8341916, emitido em 7 de Janeiro de 1999, pelos Serviços de Identificação Civil de Lisboa, na qualidade de Presidente do Conselho Directivo do IGAPHE com poderes para o acto conforme deliberação do Conselho Directivo do Instituto, de 25 de Janeiro de 2005, que igualmente aprovou a respectiva minuta; e,

A Fundação D. Pedro IV, pessoa colectiva n.º 502 7S9 492, representada por Vasco Manuel Abranches do Canto Moniz, divorciado, natural da freguesia de Bonfim, concelho do Porto, residente na freguesia de S. Pedro de Penaferrim concelho de Sintra, titular do Bilhete de Identidade n.º 713598, emitido em 17 de Fevereiro de 1997, pelos Serviços de Identificação Civil de Lisboa, na qualidade de Presidente do Conselho de Administração da Fundação D. Pedro IV, com poderes para o acto conforme deliberação, de 14 de Janeiro de 2005, do referido Conselho de Administração, que igualmente lhe deu poderes para aprovar a respectiva minuta.

É celebrado o presente auto de cessão patrimonial de direitos e de obrigações nos termos nas condições constantes dás cláusulas seguintes:

CLÁUSULA PRIMEIRA

Nos termos do artigo 4.º da Lei n.º 55-B/2004, de 30 de Dezembro, atenta a deliberação do Conselho Directivo do IGAPHE de 25 de Janeiro de 2005 que aprovou a proposta da Comissão de Avaliação nomeada aos termos e para os efeitos previstos na Resolução do Conselho de Ministros n.º 63/2004, de 21 de Maio, o IGAPHE transfere para a Fundação D. PEDRO IV, e esta aceita, sem quaisquer contrapartidas o direito de propriedade e os direitos e obrigações sobre:

a. Os prédios urbanos e fracções autónomas de prédios urbanos sitos aos Bairros de Chelas-Zona I, Chelas-Zona N 2, Academia das Ciências, Arco do Cego, Alto da Serafina, Madre de Deus, Calçada dos Mestres, Encarnação, Olivais Norte e Olivais Sul, todos situados no concelho de Lisboa, descritos no Anexo ao presente auto de cessão que dele faz parte integrante para todos os efeitos,

b. Os espaços exteriores de uso público, equipamento, arruamentos e restantes infra-estruturas que fazem parte integrante dos Bairros identificados na alínea nterior,

CLÁUSULA SEGUNDA

1. A Fundação D. Pedro IV, juntamente com a transferência dos bens referidos na cláusula primeira, aceita a partir da data da respectiva transmissão a responsabilidade pelos direitos e obrigações inerentes aos mesmos, nomeadamente:

a) Os contratos de arrendamento e de comodato escritos ou verbais, celebrados pelo IGAPHE ou pelas entidades que o antecederam na titularidade daquele património;

b) Os contratos-promessa de compra e venda celebrados pelo IGAPHE ou pelas entidades que o antecederam na titularidade daquele património, vigentes à data de produção de efeitos do presente auto;

c) Os compromissos de venda assumidos pelo IGAPHE nos termos do disposto no Decreto-Lei n.º 141/88, de 22 de Abril, com o direito ao recebimento dos respectivos pagamentos;

d) A titularidade das respectivas acções judiciais pendentes em 1de Fevereiro de 2005;

e) O direito ao recebimento das rendas em dívida, bem como o direito a quaisquer indemnizações devidas pelos respectivos moradores e ex-moradores;

f) Os acordos celebrados pelo IGAPHE com os respectivos moradores e ex-moradores relativos à regularização de rendas em dívida;

g) O direito a receber quaisquer indemnizações a pagar pelos ocupastes ilegais daquele património;

h) O encargo com as despesas de condomínio na quota parte que é devida;

i) Os contratos celebrados pelo IGAPHE para o fornecimento de energia eléctrica e água relativos ao património transferido, incluindo os recibos postos a pagamento a partir da data da transferência;

l) Os contratos relativos à conservação e manutenção de instalações eléctricas e mecânicas existentes;

k) As tarifas de conservação de esgotos relativas ao património transferido postas a pagamento posteriormente à data da transferência patrimonial.

2. Exceptuam-se do disposto no número UM todos os direitos e obrigações emergentes de contratos de empreitada e fornecimentos adjudicados pelo IGAPHE ou pelas entidade a quem este sucedeu.

CLÁUSULA TERCEIRA

1. A transferência de propriedade sobre os bens imóveis, bem como sobre os respectivos direitos e obrigações anteriormente identificador produz efeitos a partir do dia 1 de Fevereiro de 2005

2. Sem prejuízo do estipulado no número anterior, o IGAPHE procederá durante os meses de Fevereiro a Abril de 2005, inclusive, à cobrança das rendas e das prestações de acordos relativos à regularização de rendas em dívida, efectuando a transferência dos valores recebidos para a Fundação D. Pedro IV, oportunamente.

CLÁUSULA QUARTA

Após a transferência, a Fundação D. Pedro IV só poderá alienar os fogos identificados na cláusula primeira e no anexo ao presente auto aos respectivos moradores e nos termos e condições constantes do Decreto-Lei n.º 141/88, de 22 de Abril, com a redacção dada pelo Decreto-Lei n.º 288/93, de 20 de Agosto.

CLÁUSULA QUINTA

O arrendamento dos fogos destinados a habitação fica sujeita ao regime de renda apoiada, nos termos do disposto no Decreto-Lei n.º 166/93, de7 de Maio.

CLÁUSULA SEXTA

Para todos os fogos que venham a vagar a Fundação D. Pedro IV obriga-se a solicitar à Câmara Municipal de Lisboa e ao IGAPHE ou a entidade que lhe suceda, a indicação de agregados familiares a realojar nos mesmos, aos termos da legislação aplicável.

CLÁUSULA SÉTIMA

A Fundação D. Pedro IV obriga-se, caso as entidades referidas na cláusula anterior não indiquem agregados familiares para a ocupação daqueles fogos, a destiná-los prioritariamente ao realojamento de agregados familiares ou a arrendá-los de acordo com o disposto no Decreto-Lei n.º 797/76, de 6 de Novembro, no regime da renda apoiada, ou ainda a aliená-los ao Município de Lisboa.

CLÁUSULA OITAVA

A Fundação D. Pedro IV obriga-se a apresentar anualmente ao IGAPHE ou à entidade que lhe suceda, o relatório e contas do exercício das suas actividades do ano anterior, que demonstrem a gestão do património referido na cláusula primeira, designadamente no que respeita a novos arrendamentos e à alienação de fracções.

CLÁUSULA NONA

Em caso de incumprimento do estipulado nas cláusulas quarta a oitava do presente auto de cessão de bens, a Fundação D. Pedro IV incorre na obrigação de indemnizar o IGAPHE ou a entidade que lhe suceda, até ao montante equivalente ao valor patrimonial transferido, sendo a indemnização a pagar graduada conforme a gravidade da infracção.

CLÁUSULA DÉCIMA

Não obstante a indemnização prevista na cláusula anterior, ou verificando-se o incumprimento das obrigações previstas ao presente auto de cessão, o IGAPHE ou a entidade que lhe suceda, mantém a faculdade de resolver o presente contrato, revertendo o património em posse da Fundação D. Pedro IV para o mesmo ou para a entidade que lhe suceda.

Esta transmissão fica isenta do pagamento imposto de selo nos termos da alínea d) do artigo 6.º do respectivo Código, aprovado pelo Decreto-Lei n.º 287/2003, de 12 de Novembro.

Está dispensada à apresentação de licenças de utilização dos bens transferidos, nos termos do disposto nos artigos 12.º e 20.º do Decreto-Lei n.º 288/93, de 20 de Agosto.

A transferência de propriedade é celebrada mediante auto de cessão nos termos do n.º 2 do artigo 4.º da Lei n.º 55-B/2004, de 30 de Dezembro.

Feito em duplicado» e assinado em Lisboa, a 1 de Fevereiro de 2005.

Pelo IGAJPHE (assinatura) Pela Fundação D. Pedro IV (assinatura) (..)"

D) Os Requerentes foram notificados da sujeição dos fogos ao regime de renda apoiada nos termos da notificação – quanto a uma das notificações, por as demais terem conteúdo igual à excepção do valor da nova renda – que abaixo se reproduz na integra – cfr. docs. n.os 60 a 112, juntos com o r.i. de fls. 263 a 367 dos autos e admissão por acordo):

"(..)

Fundação D. Pedro IV

MARIA DA RESSURREIÇÃO RODRIGUES

RUA ADAES BERMUDES, LOTE 249-R/CD

1900-608 LISBOA

N/ Refª 1X3.2 – 952/05

Lisboa, 22 de Novembro de 2005

Assunto: Notificação da aplicação do regime de renda apoiada

Renda apoiada para o ano de 2006

Exma. Sra.

1. Em conformidade com o previsto no Art. 11.º do Decreto-Lei n.º 166/93, de 7 de Maio, na sequência da publicitação da aplicação do regime de renda apoiada nos Jornais "24 horas", "Diário de Notícias" e "Correio da Manhã", nos dias 10, 11 e 12 de Outubro de 2005, a Fundação D, Pedro IV comunica a V. Exa. que a partir do dia 1 de Janeiro de 2006, o fogo sito no LOTE 249 - R/C D na RUA ADAES BERMUDES, Concelho de Lisboa, fica sujeito ao regime de renda apoiada previsto no Decreto-Lei n.º 166/93, de 7 de Maio.

2. Ao abrigo dos Arts. 2.º, 3.º, e 5.º do Decreto-Lei n.º 106/93, de 7 de Maio, o valor mensal da sua renda apoiada, determinado pela aplicação da taxa de esforço ao rendimento mensal corrigido do agregado familiar, é de **245,6 euros**.

3. O montante da renda actualiza-se, anual e automaticamente, em função da variação do rendimento mensal corrigido do agregado familiar, conforme o previsto no Art. 8.º n.º 2, do Decreto- Lei n.º 166/93 de 7 de Maio.

4. Ao abrigo dos Arts. 2.º, 4.º do Decreto-Lei n.º 166/ /93 de 7 de Maio, **o valor do preço técnico do fogo que habita é de 246,6 euros.**

5. O pagamento do preço técnico por inteiro, é determinado pelo incumprimento injustificado da apresentação de documentos e esclarecimentos necessários para a instrução e ou actualização dos processos de arrendamento, tal como, por falta de declaração quer por falsa declaração dos rendimentos do agregado familiar, sem prejuízo de constituir fundamento de resolução do contrato de arrendamento e a eventual responsabilidade criminal do declarante (conforme o previsto no Art. 9.º n.º 3 e Art. 6.º n.º 5 e n.º 6 do Decreto Lei n.º 166/93 de 7 de Maio).

6. Conscientes das dificuldades que se vivem presentemente, nesta fase de mudança, durante todo o ano de 2006 não se aplicará o valor total da renda apoiada calculada de 245,6 euros, referido no ponto 2, mas apenas o valor de 171,92 euros, importância esta que deverá ser creditada na sua conta bancária mensalmente de 1 a 8 de cada mês.

Com os nossos melhores cumprimentos,

SERVIÇO DE HABITAÇÃO (Directora) (assinatura) (..)"

Nos termos do art. 712.º n.º 1 b) CPC *ex vi* art. 140.º CPTA, adita-se ao probatório a alínea E, com a seguinte matéria de facto:

E A publicitação da aplicação do regime de renda apoiada no jornal denominado "24 horas" foi feita no dia 11.Out.2005, terça-feira, na página nº 37 destinada a "Pub. – anúncios classificados", com o seguinte teor:

"(..)

24horas • Terça-feira, 11 de Outubro de 2005

PUB • ANÚNCIOS CLASSIFICADOS • 37

Fundação D. Pedro IV

Instituição Particular de Solidariedade Social

A FUNDAÇÃO D. PEDRO IV

Instituição Particular de Solidariedade Social

Na qualidade de locadora anuncia:

A aplicação do regime de renda apoiada a partir de 1 de Janeiro de 2006 conforme a deliberação de 8 de Julho de 2005 do Conselho de Administração desta Fundação, aos fogos abaixo citados:

a) Freguesia de Marvila, fogos sitos:

• Praceta André Vidal de Negreiros e Via Principal de Peões, Lote 105.

• Rua André Vidal de Negreiros e Av. Dr. Augusto de Castro, Lotes 9; 10; 11; 12; 13; 14.

• Via Principal de Peões e Rua André Vidal de Negreiro, Lote 30.
• Rua Aquilino Ribeiro, Lotes 15; 35.
• Rua Aquilino Ribeiro e Rua Eng. Ferreira Dias, Lote 1.
• Rua Eng. Rodrigues de Carvalho, Lote 2 Corpo A e B; 3 Corpo A e B; 4.
• Rua Manuel Teixeira Gomes, Lotes 60; 60 A; 66; 67.
• Rua Rui de Sousa e Rua Manuel Teixeira Gomes, Lote 68.
• Rua Paulo Dias de Novais, Lotes 17; 18; 19; 20; 34.
• Rua Rui de Sousa, Lotes 64; 65 A Corpo 1 e 2; 65 B; 65 Corpo 1 e 2.
• Rua Tomás Alcaide, Lotes 62; 63 Corpo 1e2.
• Rua Adães Bermudes, Lotes 249; 250; 251; 252; 253.
• Rua Cassiano Branco, Lote 221 Bl;221 B2.
• Rua Domingos Parente, Lote 247.
• Rua Luís Cristino da Silva, Lotes 200; 203; 222; 223 Bl; 223 B2; 224, 227 Hl; 227 H2; 248.
• Rua Norte Júnior, Lote 232.
• Rua Keil do Amaral, Lote 225Dl; 225D2; 226El; 226E2; 228Gl; 228G2; 228G3; 228G4; 228G5; 229Fl; 229F2; 229F3.

b) Freguesia de Santa Maria dos Olivais, fogos sitos:
• Largo I ° Tenente João Rodrigues de Moura, n.° 5, R/C Dto.
• Rua de Baixo Limpopo, n.° 5,3.° Esq.
• Rua Cidade da Beira, n.° 63, R/C Esq.
• Rua das Escolas, n.° 1;
• Rua do Poço Coberto, n.° 2.

Para efeitos de esclarecimentos sobre a aplicação do regime de renda apoiada, os arrendatários deverão dirigir-se à Travessa do Torel, I – 1150-347 LISBOA (..)" – fls. 262 dos autos.

DO DIREITO

Do ponto de visto do objecto da presente providência cautelar, os Requerentes ora Recorrentes pedem a suspensão de eficácia "(..) dos actos administrativos praticados pela Requerida Fundação D. Pedro IV – Instituição Particular de Solidariedade Social, que determinaram a aplicação do regime da renda apoiada aos fogos (..) do preço técnico que foi fixado para cada um destes fogos, respectivamente (..) e do montante da renda apoiada que foi considerado devido por cada um dos requerentes, respectivamente (..) bem como do valor exigido só para 2006 para alguns dos requerentes (..)

A pretensão dos Requerentes traduz-se, pois, na suspensão da decisão do senhorio de aumentar as rendas dos locados de 4 400$00 para 50 000$00, re*ctius*, 245,6 euros mensais [49 120$00], conforme alíneas A e D do probatório, enquanto aguardam o trânsito em julgado da decisão em sede da acção principal de que esta providência é dependente.

Concretizando, os actos jurídicos cuja suspensão é pedida são as novas rendas para 2006 objecto de notificação [em Novembro.2005] aos Requerentes ora Recorrentes na sequência da deliberação de 8.JUL.2005, [a cessão patrimonial do IGAPHE a favor da Fundação D. Pedro IV teve lugar por contrato de 1.FEV.2005], deliberação objecto de anúncio público, entre outros, na página 37 do dito jornal "24 horas" de 11.Out.2005, transcrito na alínea E do probatório supra.

Sabido que, por imperativo constitucional, cfr. arts. 212.° n.° 3 e 268.° n.° 4 CRP, a delimitação da competência dos tribunais administrativos exige que a actividade administrativa desenvolvida no caso concreto assuma a natureza de relação jurídica regulada pelo Direito Administrativo, importa qualificar a natureza do regime jurídico que compete à relação contratual controvertida subjacente ao objecto do procedimento cautelar em causa.

Cumpre evidenciar que o que está em causa é a suspensão do aumento da retribuição locatícia a cargo dos inquilinos ora Recorrentes, no domínio dos contratos de arrendamento para habitação, de renovação sucessiva e de que são titulares, contratos esses em que operou a regra da ***emptio non tollit locatum*** traduzida, no que respeita ao terceiro cessionário, ou seja, a Fundação D. Pedro IV, na transmissão da posição do locador detida pelo IGAPHE pela subsistência dos arrendamentos em face **de cláusula contratual expressa de sub-rogação na posição de senhorio**, não sendo de esquecer que se trata de regime de sub-rogação legal já decorrente do art. 1057.° C. Civil, cláusula cujo teor é o seguinte:

"(..) CLÁUSULA SEGUNDA:

1. A Fundação D. Pedro IV, juntamente com a transferência dos bens referidos na cláusula primeira, aceita a partir da data da respectiva transmissão a responsabilidade pelos direitos e obrigações inerentes aos mesmos, nomeadamente:

a) Os contratos de arrendamento e de comodato escritos ou verbais, celebrados pelo IGAPHE ou pelas entidades que o antecederam na titularidade daquele património; (..)".

Se os contratos de arrendamento em que a Recorrida é senhorio por sub-rogação do IGAPHE *ex vi* da cláusula 2ª do contrato de cessão de 1.2.2005, e sobre os quais pretende aumentar as rendas segundo o regime da renda apoiada do DL 166/93 de 7.5 evidenciarem marcas de administratividade o presente processo competirá à jurisdição administrativa por via do disposto do art. 4.° n.° 1 f) do ETAF.

a. art. 4.° n.° 1 f) do ETAF

Segundo o art. 4° n.° 1 f) do novo ETAF[1], ademais dos contratos administrativos por natureza e por determinação legal, cfr. art. 178.° n.° 2 CPA, compete à jurisdição administrativa apreciar as questões relativas à interpretação, validade e execução dos contratos,

– "de objecto passível de actos administrativo", v.g. art. 179.° CPA,

– "especificamente a respeito dos quais existam normas de direito público que regulem aspectos específicos do respectivo regime substantivo",

– "em que pelo menos uma das partes seja uma entidade pública ou concessionário que actue no âmbito da concessão"

– "que as partes tenham expressamente submetido a um regime substantivo de direito público".

À luz destes critérios concretamente quanto ao segundo, são dirimíveis pelos tribunais administrativos as situações emergentes tanto das relações contratuais típicas a que aludem os arts. 178.° n.° 2 e 179.° CPA como "(..) quaisquer outros contratos regulados, em aspectos "***substantivos***" do seu regime, por normas de direito público.

[1] Introduzido pela Lei 13/2002 de 19.02, republicado e em vigor desde 1.1.2004 conforme art. 1.° da Lei n.° 4--A/2003 de 19.02 que deu nova redacção ao art. 9.° da Lei 13/02.

Regimes substantivos de direito público, por nós, são aqueles em que a parte administrativa goza de poderes de autoridade e, em assim, aqueles cuja execução é fixada mediante "cláusulas" específicas de interesse público, postas pelo legislador em consideração do ente público contratante, ou, se se preferir, em consideração do objecto implicado no contrato.

Necessário é não esquecer que o que se deve discutir a este propósito é o regime do contrato em causa, não o regime legal do exercício de uma actividade profissional que seja objecto de uma prestação contratual, porque, hoje, praticamente todas as actividades de particulares para fins de mero interesse individual estão jurídico-publicamente condicionadas e reguladas. (..)

(..) por força deste segmento da alínea f) do art. 4.° /1 do ETAF, basta que um qualquer aspecto "substantivo" (não meramente procedimental) relevante do próprio contrato esteja sujeito – no que respeita aos direitos e deveres das partes, ou à sua direcção, modificação, fiscalização extinção ou sanção – a um regime específico, de direito público, para que o mesmo se considere (administrativo e) integrado na jurisdição administrativa.

Além de outros, até mais evidentes, é o que sucede com os contratos de arrendamento de imóveis do domínio privado do Estado e das autarquias locais (por força da remissão constante do art. 1.° do Decreto Lei n.° 45 133), os quais se encontram sujeitos, nos termos do Decreto Lei n.° 507/79 (de 24.XII) a ordem administrativa de despejo antecipado e à sua efectivação policial, se necessária, por razões de serviço (ou dos serviços). (..)".[2]

Compete, ainda, aos tribunais administrativos apreciar a conformidade da actuação das partes com o clausulado contratual e o complexo normativo aplicável no contexto e dirimir os litígios que possam surgir a propósito dos correspondentes contratos tendo em conta os factores que o **art. 4.° n.° 1 f) ETAF** prevê, no tocante à "(..) sempre aberta questão da delimitação da figura do contrato administrativo. Com efeito, a solução de se determinar que, para além dos casos de contrato típico ou de contrato com objecto passível de acto administrativo, só ficam submetidos à apreciação da jurisdição administrativa os litígios emergentes de contratos que as partes expressamente submetam a um regime de direito público [...] talvez possa constituir uma pista para que, no plano substantivo, se avenca para a delimitação da figura do contrato administrativo nos mesmo termos. (..)".[3]

De modo que "(..) Quando a lei não determina a natureza do contrato, tem então o intérprete de a "descobrir". Tendo em conta o critério da relação jurídica administrativa (art. 178.° n.° 1 do CPA) e os factores a que se refere o art. 4.° n.° 1 f) do ETAF, deverá então qualificá-lo como administrativo quando:

(..)

b) a lei, sem indicar a natureza jurídica, define um regime substantivo especial para um contrato (..) disciplinando aspectos da relação contratual, dos direitos e deveres das partes (..); em tal caso, o legislador quer regular em termos especiais o contrato *pelo facto de a Administração ser parte*; estaremos aí perante uma administrativização da relação contratual e a sujeição dessa relação a um regime substantivo de direito público, pelo que o contrato não deve deixar de ser qualificado como **administrativo**; trata-se do segundo tipo de contratos a que se refere o **art. 4.° n.° 1 f) do ETAF** ("contratos especificamente a respeito dos quais existam normas de direito público que regulem aspectos específicos do respectivo regime substantivo") (..)".[4]

b. recursos públicos e necessidades colectivas – art. 405.° C. Civil

O clausulado dos contratos de arrendamento celebrados entre o Fundo de Fomento da Habitação e os ora Recorrentes – vigentes aquando da sub-rogação da ora Recorrida Fundação D. Pedro IV na posição de senhorio do IGAPHE [conforme **contrato de cessão de 1.2.2005**, supra transcrito na alínea D do probatório], sendo o IGAPHE o instituto público com personalidade jurídica que sucedeu ao extinto FFH [pelo **DL 214/82 de 29.5**] na dominialidade do património e nos arrendamentos e demais contratos conforme **art. 30.° n.° 1 DL 88/87 de 26.2** – não permite dúvidas no tocante à natureza administrativa de tais arrendamentos.

Em primeiro lugar, pelas disposições de direito público a que nos mesmos se faz referência nas **cláusulas IX e X,** a saber, o **DL 49033 de 20.5.69**, o **Decreto 40064** da mesma data e a **Portaria 386/77 de 25.6** que em ordem à promoção da habitação social – objectivo dos arrendamentos em causa – determina o esquema de cálculo da **renda técnica**, com o objectivo de "(..) adequar a renda à dimensão e situação económica dos agregados familiares de menores recursos (..)".

Segundo, a cláusula 2ª do contrato de cessão do IGAPHE a favor da Recorrida em que esta expressamente "aceita a partir da data da respectiva transmissão a responsabilidade pelos direitos e obrigações inerentes aos mesmos, nomeadamente: *a*) Os contratos de arrendamento e de comodato escritos ou verbais, celebrados pelo IGAPHE ou pelas entidades que o antecederam na titularidade daquele património".

Terceiro, a cláusula 8ª do citado contrato de cessão, pela qual a Recorrida "Fundação D. Pedro IV obriga-se a apresentar anualmente ao IGAPHE ou à entidade que lhe suceda, o relatório e contas do exercício das suas actividades do ano anterior, que demonstrem a gestão do património referido na cláusula primeira".

Quarto, o teor das notificações de aumento de rendas aos ora Recorrentes, pela qual a Recorrida declara que o cálculo de aumento de rendas obedece às disposições do DL 166/93 de 7.5, no que tange à renda apoiada para "(..) os imóveis sujeitos ao regime de arrendamento social (..)".

Todo o contrário do que ocorre no domínio do direito civil, por força do estatuído no **art. 405.° Civil** em que rege o princípio da livre conformação do conteúdo dos contratos obrigacionais pelas partes outorgantes, tendo apenas como observância vinculada os chamados "limites da lei", isto é, ressalvadas as imposições de ordem

[2] Mário Esteves de Oliveira e Rodrigo Esteves de Oliveira, *Código de processo nos tribunais administrativos – Estatuto dos tribunais administrativos e fiscais – Anotados*, Vol. I, Almedina/2004, págs. 56/57.

[3] Mário Aroso de Almeida, *Implicações de direito substantivo da reforma do contencioso administrativo*, CJA n.° 34, pág. 78.

[4] Pedro Gonçalves, *O contrato administrativo – uma instituição do direito administrativo do nosso tempo,* Almedina/2004, págs.58/59.

pública, boa-fé e bons costumes, v.g., entre outros, as arts. 280.º n.º 2, 334.º n.º 2 e 762.º n.º 2 todos do C. Civil.

Em nosso critério e recorrendo às palavras de **Freitas do Amaral e Mário Aroso de Almeida**, o complexo normativo e contratual que regula os contratos de arrendamento e, concretamente, o aumento de rendas determinado pela Recorrida configura um regime jurídico de "(..) **regras específicas** que não podem deixar de ser qualificadas como **de direito público**, uma vez que têm em vista contratos celebrados por entidades que gerem recursos públicos para a satisfação de necessidades colectivas (..)" [5].

Recursos públicos constituídos pelo património imobiliário do Fundo de Fomento da Habitação, transmitido para o IGAPHE e para a Fundação D. Pedro IV, a título gratuito, note-se, e satisfação de necessidades colectivas que no caso se traduz na promoção da habitação social.

c. Reserva constitucional de direito administrativo

Em função da reserva constitucional a favor das autoridades públicas do exercício de poderes e prerrogativas de autoridade, as entidades privadas não são admitidas a exercer poderes públicos que se traduzam em prerrogativas de autoridade de carácter normal ou permanente **salvo** expressa disposição constitucional: "(..) possibilitar a escolha do Direito Administrativo por entidades privadas significaria permitir verdadeiros fenómenos de auto-atribuição de poderes de autoridade, mutilando-se, em consequência, o princípio da legalidade da competência e reserva constitucional do exercício normal de poderes de autoridade para as autoridades pública.

Não existe, por conseguinte, qualquer espaço de autonomia da vontade privada no sentido de habilitar a possibilidade de escolha da aplicação do Direito Público nas formas de actuação empresarial das entidades privadas (..) [e] não possa uma entidades privada, agindo enquanto tal, exercer prerrogativas de autoridade ou poderes exorbitantes sobre os outros sujeitos de direito, servindo-se para o efeito do Direito Administrativo.(..)"

Por outro lado, admitir o recurso a normas de Direito Administrativo sem, implícitamente, admitir também que tal pressupõe o exercício de competências e prerrogativas de autoridade – poderes exorbitantes se comparados com os poderes subjectivos normais nas áreas obrigacionais configuradas como lugares paralelos próprios do Direito Privado – traduz uma concepção em que o "(..) Direito Administrativo nega-se a si próprio, suicidando a sua autonomia e a sua própria razão de existência. (..) em síntese: não há Direito Administrativo sem a atribuição a um sujeito de poderes unilaterais de autoridade sobre vários sujeitos e cujo exercício está sempre teleologicamente vinculado à prossecução do interesse público. (..)[6].

Dada a indissociável ligação entre Direito Administrativo e jurisdição administrativa, como já acima posto em evidência, constitucionalmente firmada nos arts. 212.º n.º 3 e 268.º n.º 4 da CRP, a "(..) fuga generalizada da actividade administrativa para o Direito Privado, frustando a competência reservada dos tribunais administrativos, acabaria por mutilar todos os direitos subjectivos de natureza processual conferido pelo artigo 268.º n.º 4, enquanto formas específicas configuradas pela Constituição de concretização pelos administrados do direito geral de acesso aos tribunais, desvirtuando ou inutilizando o princípio do acesso à justiça administrativa (..)

Neste preciso sentido, pode extrair-se, em conclusão, a existência de uma reserva de Direito Administrativo garantida pela Constituição (..)" em que o Direito Privado "(..) expressa valores e interesses constitucionais decorrentes dos princípios da igualdade e da liberdade que, bem ao contrário do princípio da competência e da relação supra-ordenação/subordinação que caracteriza o Direito Administrativo, se mostram insusceptíveis de constituir a forma típica de actuação da Administração quando esta exerce prerrogativas de autoridade (..) poderes unilaterais de autoridade visando a prossecução do interesse público e cujo fundamento de conformidade não podia ter como padrão as soluções do Direito Civil (..)[7], com sublinhados nossos.

Com fundamento nas razões supra expostas entendemos que o regime jurídico dos contratos de arrendamento a que aludem os autos evidenciam um modo de normativização próprio do Direito Administrativo no domínio das relações jurídicas contratuais introduzindo, como diz a doutrina, "factores de administrativização" que patenteiam "marcas – importantes e juspublicisticamente protegidas (específica ou exclusivamente) – de administratividade"[8].

Em nosso critério, ao caso dos autos cabe inteiramente a seguinte proposição doutrinária, a que se adere e que se transcreve, na parte julgada relevante: "(..) As marcas de administratividade dos contratos administrativos não residem, portanto, só na atribuição ou assunção explícita da prerrogativa de autoridade (se bem que ela seja, claro, factor iniludível de administratividade): há casos em que se chega à existência da prerrogativa, precisamente, através da presença de outras marcas ou factores de administrativização jurídica da respectiva relação.

Pensamos, aliás, que essa proposta de trazer para o direito administrativo todos os contratos que tragam marcas – importantes e juspublicisticamente protegidas (específica ou exclusivamente) – de administratividade, é a única compatível com a imputação constitucional (art. 214.º n.º 3) da jurisdição do direito administrativo e das relações jurídico-administrativas aos tribunais administrativos.

Está aí assumido, como o está no art. 1.º do ETAF – e agora no Código de Procedimento Administrativo [178.º n.º 1 e 179.º] –, que o direito das relações jurídico-administrativas não é um direito que extravasa dos institutos ou categorias do direito privado, mas é um direito (potencialmente) concorrente com ele em todos os domínios, desde que esteja a regular a vida jurídica de entes encarregados da realização de tarefas da própria colectividade ou o modo de realização de interesses assumidos como sendo públicos, da própria colectividade. (..)

---

[5] Diogo Freitas do Amaral, Mário Aroso de Almeida, *Grandes linhas da reforma do contencioso administrativo,* Almedina/2003, págs. 39 e 40.

[6] Paulo Otero, *Vinculação e liberdade de conformação jurídica do sector empresarial do Estado*, Coimbra Editora/1998, págs. 265 e 266.

[7] **Autor** e *Obra* citada em (11), págs. 291 e 292.

[8] Mário Esteves de Oliveira, Costa Gonçalves, Pacheco de Amorim, *Código do Procedimento Administrativo – Comentado*, 2ª edição, Almedina, págs. 811 e 812.

(..) admite-se que, no caso de uma figura contratual prevista para ser utilizada por Administrações Públicas não ter disciplina específica na lei administrativa – como sendo um contrato exorbitante (do) ou inconcebível no direito privado ou, pelo menos, distinto os que lhe correspondem, quando celebrados entre particulares – ela (tal figura) possa, mesmo assim, ser reportada ao direito administrativo contratual, ao regime deste capítulo do Código, por decorrência de qualquer marca significativa de administratividade assumida e querida no respectivo título. (..)"[9].

Donde se conclui pela competência da jurisdição administrativa para conhecer do presente litígio.

Não se conhece desde já em substituição (art. 715.° n.° 2 CPC *ex vi* art. 1.° LPTA) na medida em que a matéria de facto constante do probatório, incluso a aqui aditada, não é suficiente para substanciar o conhecimento do peticionado, nem seria adjectivamente lícito assim proceder à fixação da factualidade por se traduzir na supressão de um grau de recurso no domínio da matéria de facto.

Devem os autos, assim, transitar para a 1ª Instância para fixação do pertinente probatório e julgamento devido.

Termos em que acordam, em conferência, os juízes da Secção de Contencioso Administrativo do Tribunal Central Administrativo Sul – 2° Juízo em, na procedência do recurso, julgar competente a 1ª Instância da jurisdição administrativa em razão da matéria suscitada nos autos, e, consequentemente, revogar a sentença proferida, devendo a instância prosseguir se nada mais obstar.

Sem custas por isenção subjectiva da Recorrida – art. 2.° n.° 1 c) CCJ.

Lisboa, 18 de Maio de 2006

Cristina dos Santos
Teresa de Sousa
António Forte

Recurso n.° 1620/06

NULIDADE. EFEITOS PUTATIVOS. OBJECTO DO RECURSO CONTENCIOSO. MEIO PROCESSUAL ADEQUADO.

(Acórdão de 11 de Maio de 2006)

SUMÁRIO:

I – Mesmo não havendo norma a cominar expressamente a nulidade, o acto de nomeação para lugar de acesso com preterição do procedimento de concurso legalmente exigido, é nulo por falta de procedimento, quer se entenda que essa falta se caracteriza como falta de um elemento essencial daquele acto, quer se entenda que consubstancia uma falta absoluta de forma (cfr., respectivamente, n.° 1 e al. f) do n.° 2 do art. 133.° do CPA).

II – Por ser de mera legalidade, o recurso contencioso de anulação tem por objecto o acto administrativo impugnado e por fim a anulação, declaração de nulidade ou de inexistência jurídica do mesmo.

III – Por isso, esse meio processual não é idóneo para conhecer o pedido, formulado na contestação (ou na resposta) pela autoridade administrativa ou pelo recorrido particular, de reconhecimento da legitimação jurídica de situações de facto pelo decurso do tempo a que se refere o n.° 3 do art. 134 do CPA.

ACORDAM, EM CONFERÊNCIA, NA 1ª SECÇÃO DO 1.° JUÍZO DO TRIBUNAL CENTRAL ADMINISTRATIVO SUL

I – O PRESIDENTE DA CÂMARA MUNICIPAL DE PENAMACOR veio interpor recurso jurisdicional da sentença proferida em 26-10-2001, no recurso contencioso interposto pelo Magistrado do Ministério Público, e na qual foi declarada a nulidade do despacho que, em 10-10-1994, promoveu à categoria de 1ª oficial e sem precedência de concurso, a funcionária Maria do Céu, pedindo que a decisão judicial seja revogada por aquele acto não ser nulo, mas anulável, estando a ilegalidade de que enfermou já sanada pelo decurso do tempo e, a não se entender assim, ter a funcionária direito a ser investida naquele lugar, nos termos do art. 134.° n.° 3 do CPA.

Nas alegações, o Agravante formulou as seguintes conclusões:

A) *O termo "nomeação" previsto na al. f) do n.° 1 do art. 88.° do Dec.-Lei n.° 100/84 de 29 de Março deve ser interpretado de forma restritiva, no sentido de nomeação para lugar de ingresso, donde deriva ser inaplicável ao caso em apreço, sendo o acto recorrido não nulo mas tão só anulável, encontrando-se pois sanado pelo decurso do tempo;*

B) *A Lei n.° 169/99, no n.° 1 do seu art. 95.°, apenas comina com a nulidade os actos a que falta qualquer dos elementos essenciais, não devendo ser considerado como tal um acto de nomeação não precedido de concurso, na medida em que, neste caso, apenas está em causa a não verificação de um pressuposto legal de um acto não qualquer seu elemento essencial;*

C) *Não obstante o princípio "tempus regit actus" este não é um princípio absoluto e não pode ser invocado quando outros princípios com o mesmo valor, como os princípios da boa fé, da igualdade e razoabilidade das soluções propugnam o entendimento de que o acto recorrido não seja nulo mas meramente anulável, estando sanado pelo decurso do tempo;*

CASO AINDA ASSIM SE NÃO ENTENDA E SEM CONCEDER:

D) *Mesmo que o acto recorrido fosse considerado nulo, as circunstâncias de boa fé, publicidade e estabilização por longo período de tempo devem determinar que, nos termos do n.° 3 do art. 134.°do CPA, o acto produzisse efeitos putativos, devendo considerar-se a funcionária investida no lugar para que foi nomeada;*

---

[9] Autores e *Obra* citada em (8), págs. 812 e 813, comentário ao art., 178.° CPA.

Devendo pois, pelos fundamentos de facto expostos e disposições legais referidas (...) ser revogada a douta sentença ...».

O ora Agravado, contra-alegou, concluindo:

«a) Nos termos dos arts 37.º, n.os 1 e 2 do DL 247/87 de 17/6 e 16.º n.os 1 e 2 do DL 353-A/89 de 16/10, a promoção a 1º Oficial depende de prévia aprovação em concurso,

b) Por isso, o despacho de 10 de Outubro de 1994 é nulo e de nenhum efeito, nos termos do art. 88.º n.º 1 al. f) do DL 100/84 de 29/3, então em vigor.

c) Este regime de nulidade aplica-se, quer se trate de mera nomeação para lugar de ingresso, quer se trate de nomeação para lugar de acesso.

d) E mesmo depois da revogação do DL 100/84 de 29/3, a nomeação de funcionários sem concurso, quando tal seja exigido, continua a ser sancionado com a nulidade, por força do disposto nos arts 95.º n.º 1 da Lei 169/99 de 18/9 e 133.º n.º 1 do CPA, uma vez que falta ao acto um dos seus elementos essenciais.

e) De qualquer forma, por força do princípio "tempus regit actum" o despacho impugnado teria sempre de ser sancionado com a nulidade.

f) A interessada particular não pode adquirir o estatuto de agente de direito nos termos do art. 134.º n.º 3 do C.P.A., não só porque tendo sido nomeada sem concurso não lhe é aplicável o instituto da prescrição aquisitiva, mas também porque ainda não decorreu o período mínimo de 10 anos de exercício de funções que a doutrina e a jurisprudência entendem ser necessário, para se tornar agente de direito.

g) De qualquer forma, o recurso contencioso nunca seria o meio próprio para obter a regularização da sua situação.

h) Nestes termos, deve manter-se a douta sentença que declarou nulo o despacho do Presidente da Câmara Municipal de Penamacor, de 10.10.1994, que promoveu a interessado particular como 1º Oficial do Quadro Privativo da Autarquia».

Colhidos os vistos legais, foi o processo submetido à conferência para julgamento.

II – OS FACTOS

A sentença recorrida, com base nos elementos que constam dos autos, designadamente dos documentos juntos e, com interesse para a decisão da causa, considerou provados, sem que tivessem sido postos em causa, os seguintes factos:

– Em 10-10-94, o Presidente da Câmara de Penamacor proferiu o seguinte despacho:

«Em face da informação e, verificando-se que existem mais vagas (2) no Quadro, do que funcionários em condições de promoção, promovo à categoria de 1º Oficial do Quadro Privativo desta Autarquia a funcionária Maria do Céu Gonçalves Clemente Lopes Crucho. Leve-se à próxima sessão da Câmara Municipal para ratificação" – cfr. teor de fls. 22 e respectiva publicação no DR, n.º 253, II Série, de 02-11-94.

2. Maria do Céu Gonçalves Clemente Lopes Crucho, tomou posse em 03-11-94 – cfr. teor de fls. 23 dos autos».

III – O DIREITO

O presente recurso jurisdicional vem interposto pelo Presidente da Câmara de Penamacor da sentença do Tribunal Administrativo do Círculo de Coimbra, de 26-10-2001, que, em conformidade com o art 88.º, n.º 1, al. f) do DL 100/84, de 29-03, declarou a nulidade do despacho de 10-10-1994, que promoveu a funcionária Maria do Céu Gonçalves Clemente Lopes Crucho à categoria de 1.º Oficial do Quadro Privativo da Autarquia, sem de prévia aprovação em concurso.

Apreciemos cada uma das conclusões das alegações do Agravante.

3.1 Defende o Recorrente que *«O termo "nomeação" previsto na al. f) do n.º 1 do art. 88.º do Dec.-Lei n.º 100/84 de 29 de Março deve ser interpretado de forma restritiva, no sentido de nomeação para lugar de ingresso, donde deriva ser inaplicável ao caso em apreço, sendo o acto recorrido não nulo mas tão só anulável, encontrando-se pois sanado pelo decurso do tempo.*

O Agravante apoia esta conclusão na argumentação seguinte:

Considerando, por um lado, que, no nosso ordenamento jurídico, a nulidade é uma sanção excepcional, a mais grave, severa e radical e, por outro, que a prévia aprovação em concurso é sempre obrigatória somente para a nomeação para lugar de ingresso, por, em certos casos, a nomeação para lugar de acesso não exigir concurso – casos de reclassificação profissional, cfr. art. 51.º, n.º 1 do DL 247/87 de 17-06, ou de atribuição de mérito excepcional, cfr. art. 30.º n.º 4 al. b) do DL 184/89 de 2-06, então só a nomeação, sem concurso, em lugar de ingresso, justifica a punição com aquela sanção, não se justificando punir a mesma sanção o acesso de funcionários sem concurso, mormente nos casos em que, como o vertente, o número de candidatos era igual ao número de vagas na categoria de acesso.

Em consonância com estas razões, defende que o termo "nomeação", usado na al. f) do n.º 1 do art. 88.º do DL 100/84, tem de ser entendido de forma restritiva, no sentido de "nomeação para lugar de ingresso", devendo considerar-se, em termos de interpretação da lei e da razoabilidade das soluções, que, já no domínio do DL n.º 100/84, a "nomeação para lugar de acesso" seria punida com a sanção genérica da anulabilidade.

Na sentença recorrida, o M.º Juiz "a quo" pronunciou-se sobre esta questão nos termos seguintes:

«Alegam os recorridos que o citado art., ao referir-se ao termo "nomeação", deverá ser interpretado em termos restritos, sancionando com nulidade apenas os actos de "nomeação para lugar de ingresso" e não já para os actos de " nomeação para lugar de acesso ", os quais apenas devem ser sancionados com a anulabilidade.

Contudo, não cremos que, lhes assista razão.

Na verdade, em parte nenhuma do citado art. existe qualquer referência que permita ao intérprete fazer a distinção que os recorrentes fazem quanto aos actos de nomeação, sendo que, como bem alega o Digno Magistrado do Ministério Público, o art. 4.º, n.º 1, do DL n.º 427/89 de 07-12 e art. 6.º do DL 184/89 de 02-06, ao referirem-se ao preenchimento de um lugar do quadro não distinguem entre lugares de ingresso e de acesso».

Adiantamos que o assim decidido não merece censura.

Com efeito, dispõem:

– O n.º 1 do art. 4.º do DL 427/89, de 7-12, que *«A nomeação é um acto unilateral da Administração pelo qual se preenche um lugar do quadro e visa assegurar, de modo profissionalizado, o exercício de funções próprias do serviço público que revistam carácter de permanência»*;

– O art. 16.°, n.° 1 do DL 353-A/89, de 16-10, que «*A promoção a categoria superior depende da existência de vaga, de concurso e da prestação de serviço na categoria imediatamente inferior durante o tempo e com a classificação de serviço legalmente previstos na regulamentação da respectiva carreira*»;

– A al. f) do n.° 1 do art. 88.° do DL 100/84 que «*São nulas, independentemente de declaração dos tribunais, as deliberações dos órgãos autárquicos:*

(....)

Que nomearem funcionários sem concurso, a quem faltem requisitos exigidos por lei, com preterição de formalidades essenciais ou de preferências legalmente estabelecidas».

Destas normas resulta com total clareza que a nomeação para lugar do quadro, quer no ingresso quer no acesso, é feita por concurso e, bem assim, que a nomeação efectuada sem precedência desse procedimento é nula.

Considerando que, em conformidade com os n.° 2 e 3 do art. 9.° do CC, o intérprete, na fixação do sentido e alcance da norma, presumirá que o legislador consagrou as soluções mais acertadas e soube exprimir o seu pensamento em termos adequados, não podendo ser considerado o pensamento legislativo que não tenha na letra da lei um mínimo de correspondência verbal, impõe-se concluir que bem andou a sentença recorrida ao não acolher a interpretação restritiva peregrina, sem qualquer correspondência na letra da lei, sustentada pelo Agravante.

Aliás, não temos notícia de que a interpretação pretendida tenha, alguma vez, sido acolhida pelos tribunais administrativos superiores e de 1ª instância, em qualquer das impugnações judiciais de actos administrativos de nomeação em lugar de acesso sem prévia aprovação em concurso. Em todas as decisões judiciais que se conhecem relativas àqueles actos, a sanção aplicada foi a nulidade. Aliás, este Tribunal Central, por Ac. de 9-01--2003, rec. n.° 11712, decidiu já uma situação muito semelhante (em que a nomeação foi feita não para a categoria de 1.° oficial, mas para a de 2.° oficial), aí se podendo ler, com referência à al. f) do n.° 1 do art. 88.° do DL 100/84, que «*A pretensão do Recorrente de que as nomeações para lugar de acesso apenas seriam punidas com a sanção genérica da anulabilidade (...) não encontra qualquer acolhimento legal, atenta a clareza do preceito, que não contém qualquer elemento que permita a distinção entre nomeação para lugar de ingresso e nomeação para lugar de acesso. Distinção essa que está, portanto, vedada ao intérprete, em face dos princípios gerais de interpretação ("Ubi lex non destinguit nec nos destinguire debemus") (....) que se nos afigura mera subtileza*».

Em face do exposto, improcede a primeira conclusão das alegações do Agravante.

3.2 Defende o ora Recorrente que «*A Lei n.° 169/99, no n.°1 do seu art. 95.°, apenas comina com a nulidade os actos a que falta qualquer dos elementos essenciais, não devendo ser considerado como tal um acto de nomeação não precedido de concurso, na medida em que, neste caso, apenas está em causa a não verificação de um pressuposto legal de um acto não qualquer seu elemento essencial*» e, por isso, apesar dos actos administrativos se regerem pelo princípio "tempus regit actus", deve ser aplicado aquele regime instituído na lei 169/99, sob pena de se chegar a uma solução absurda, como seja, a de uma nomeação sem concurso feita há 5 anos poder continuar a ser atacada por ser nula e outra, feita nos mesmos termos, mas no domínio da nova lei, ao fim de 1 ano deixar de poder ser impugnada por o vício ficar sanado por falta de impugnação.

A sentença recorrida, relativamente a esta argumentação, pronunciou-se da seguinte forma:

«*Igualmente, não procede o argumento de que, com a entrada em vigor da Lei n.° 169/99 que revogou o DL 100/84, o art. 95.° daquela lei excluiu da sanção da nulidade, os actos de nomeação de funcionários sem concurso, sancionando-o, agora, com a mera anulabilidade.*

É que, contrariamente ao alegado e, de acordo com o disposto no n.° 1, do art. 95.°, da Lei n.° 169/99, os actos de nomeação, sem precedência de concurso, continuam a ser sancionados com a nulidade, uma vez que, dispõe que são nulos, os actos a que falte quaisquer dos elementos essenciais ou para os quais, a lei comine expressamente essa forma de invalidade, nos termos previstos no CPA.

Sendo o acto praticado sem prévio concurso, como exige a Lei, é claro que foi praticado sem cumprimento de uma formalidade essencial.

De todo o modo, este argumento sempre faleceria, face ao princípio tempus regit actum, de acordo com o qual, o acto administrativo praticado tem de obedecer à Lei vigente à prática do mesmo».

De facto, entendemos também que, na Lei 169/99, apesar de ter deixado de existir uma previsão legal expressa cominando a nulidade para o acto de nomeação de funcionários sem precedência de concurso, quando este é legalmente exigido, essa tal nomeação continua, nos termos conjugados do art. 95.°, n.° 1 daquele diploma e 133.° do CPA, a ser nula, uma vez que está afectada não de uma falta de uma formalidade essencial, mas de falta total do procedimento que conduz ao acto de nomeação. É que essa situação não se reconduz a uma simples omissão de uma formalidade essencial, como a designa o Recorrente ao longo das suas alegações, porque as formalidades – essenciais ou não essenciais – compreendem-se dentro de um dado procedimento e o que aqui está em causa é a ausência do próprio procedimento.

A nulidade de nomeação de funcionários sem concurso apenas se encontrava expressamente prevista para as deliberações dos órgãos autárquicos no citado art. 88.° do DL 100/84. No entanto, a jurisprudência sempre considerou nulo o acto de nomeação dos funcionários da administração central praticado com ausência do procedimento de concurso, pelo que nenhuma razão existe para dar solução diferente no caso da nomeação dos funcionários da autarquia no âmbito da lei 169/99.

A questão que pode discutir-se será, isso sim, a de saber se a ausência do procedimento estabelecido na lei para o acto de nomeação se caracteriza, genericamente, como carência de um elemento essencial desse acto ou se corresponde a uma absoluta falta de forma. Contudo, em qualquer dessas qualificações do vício, a sanção que lhe corresponde é a nulidade do acto de nomeação. No primeiro entendimento, a situação é subsumível no n.° 1 do art. 133.° do CPA e, no segundo, é subsumível na al. f) do n.° 2 do mesmo preceito, isto sem prejuízo da possibilidade da doutrina e/ou da jurisprudência configurarem novos casos de nulidade por natureza, consentida pelo legislador, ao enumerar, no n.º 2 do citado art. 133.º, exemplificativamente, apenas alguns dos casos paradigmáticos de nulidade.

A respeito da qualificação jurídica do vício de falta de procedimento nos casos em que a lei o impõe e da sanção que lhe corresponde, pode ler-se no Ac. do STA de 11-11-2003, proc. n.º 1084, designadamente o seguinte:

«*2 (...)*

2.2.4. Procedimento administrativo e formalidades do procedimento administrativo são coisas diferentes.

As formalidades respeitam a um certo procedimento, e nesse procedimento podem ser essenciais ou não essenciais, mas só se compreendem dentro do cada procedimento em causa.

(...)

2.2.8. Deslocado, pois, o problema, como deve ser, da falta de formalidades, para a falta de procedimento, impõe-se descobrir em que forma de invalidade se integra a adjudicação impugnada.

(...)

No nosso ordenamento a invalidade do acto administrativo gera, em regra, a anulabilidade – artigo 135.º do CPA.

Por isso, o que haverá que averiguar é se para a invalidade em análise se prevê a nulidade. No caso de não se detectar essa sanção estar-se-á em sede de anulabilidade.

O CPA segue na indicação dos actos nulos a técnica de estabelecer uma cláusula geral, no n.º 1 do artigo 133.º, "São nulos os actos a que falte qualquer dos elementos essenciais ou para os quais a lei comine expressamente essa forma de invalidade", seguida de enumeração exemplificativa no n.º 2.

"(...) o legislador não quis autorizar qualquer dúvida quanto ao carácter não taxativo da enunciação das causas de nulidade, ao salientar no n.º 2 que são designadamente, actos nulos. Mantém-se, assim, em aberto a possibilidade de a doutrina ou a jurisprudência configurarem novos casos de nulidade por natureza, para além da possibilidade óbvia de, por via legislativa, se configurarem novos casos de nulidade" (José Manuel Santos Botelho, Américo Pires Esteves, José Cândido de Pinho, "Código do Procedimento Administrativo", 5.ª edição, Almedina, pág. 794).

Não se detecta uma previsão legal expressa cominando de nulidade o acto praticado nas condições mencionadas.

Segundo jurisprudência deste STA, "a omissão de processo disciplinar no caso de a medida aplicada pela sua qualidade o exigir, gera, não a simples anulabilidade do acto punitivo, mas a inviabilidade absoluta do mesmo por inobservância da forma legalmente prescrita para a produção do acto" (Ac. de 8.10.1992, rec. 28146, respectivo Apêndice Diário da República, pág. 5383; também, Ac. de 6.3.90, rec. 25131).

A nulidade advém não da omissão de certas formalidades mas da preterição das formalidades (e actos), no seu conjunto, que formam um certo procedimento (processo, na linguagem da época) administrativo.

A jurisprudência citada surge perante casos de violação evidente de direitos fundamentais, em matéria disciplinar. Mas na sede em que colocámos o problema, que é o da natureza do vício, e não do tipo de formalidade que em concreto falhou, a solução há-de ser a mesma (e é, aliás, o que, embora não assim explicitado, também está na génese da consideração pela jurisprudência como constituindo princípio geral a nulidade de nomeação de funcionários sem concurso, nulidade que só se encontrava expressamente prevista para as deliberações dos órgãos autárquicos, no artigo 88.º do DL n.º 100/84, de 29 de Março – a ausência do procedimento de concurso afecta de nulidade o acto de nomeação, ainda que outro procedimento tenha havido).

A partir do momento em que se adopta um procedimento administrativo diverso daquele que se encontra especial e formalmente estabelecido pela lei, toda a actuação administrativa pode ser questionada, pois está inquinada pela raiz. Trata-se de uma afronta intolerável às regras estabelecidas pela ordem jurídica (...)

Podendo discutir-se se a falta de procedimento corresponde a absoluta falta de forma, ou se tal falta se caracteriza, genericamente, como carência de elemento essencial, o certo é que a nulidade por ausência do procedimento é sufragada por doutrina autorizada. Assim, Mário Esteves de Oliveira, Pedro Costa Gonçalves, J. Pacheco de Amorim, "Código do Procedimento Administrativo, Comentado", 2.ª edição, em anotação ao artigo 133.º

"XIII. A fórmula da nulidade dos «actos que careçam em absoluto de forma legal" – da alínea f) deste n.º 2 – é a tradicional é certo, mas algo inexpressiva (senão mesmo equívoca), precisando de ser esclarecida.

Pode, talvez, dizer-se que um acto administrativo praticado sem procedimento nos casos em que este, por lei ou por natureza, não está excluído – é um acto destes (...)".

(...)

E Dimas de Lacerda (aliás, também relator do supra citado Ac. de 6.3.90):

"Se, porventura, violando-se o disposto no n.º 1 [do CPA] houver alteração da ordenação lógica, legal ou temporal, dos actos ou das formalidades, não estaremos perante um procedimento administrativo apenas irregular ou viciado, mas diante da sua inexistência, ou, de acordo com o disposto no art. 133.º, 1, do CPA, de um procedimento administrativo absolutamente nulo", "O procedimento administrativo constitui elemento essencial do acto administrativo de eficácia externa. Um acto deste tipo cometido sem procedimento administrativo, se verdadeiramente se pode dizer que existe um acto administrativo nessas condições, é nulo, nos termos, nos termos do disposto no art. 133/1 do CPA. Mas um acto administrativo de eficácia externa cometido num procedimento administrativo em que tenham sido praticadas simples violações das regras procedimentais é apenas anulável" (Revista de Direito Público, n.º 12, "Notas ao Código do Procedimento Administrativo", nota 001.01.04 e nota de rodapé 16).

Neste quadro, enferma de nulidade a adjudicação em crise neste processo, por praticada em procedimento pré-contratual de concurso limitado sem apresentação de candidaturas quando, atento o valor da adjudicação, se exigia, nos termos do DL 55/95, que tivesse sido seguido, pelo menos, o procedimento por negociação com publicação prévia de anúncio».

Depois de tudo o que se deixou dito, é de concluir, sem necessidade de outros desenvolvimentos, que, *independentemente da qualificação jurídica que se faça do vício por total preterição do procedimento de concurso previsto na lei para o acto de nomeação, a nulidade é também a sanção cominada para ele na vigência da Lei 169/99.*

Contudo, tendo a sentença recorrida declarado a nulidade do acto de nomeação praticado em 1994, a apreciação das condições da sua validade e do respectivo regime sancionatório são os da lei vigente nessa data, em conformidade com o princípio "tempus regit actus", ou seja, o DL 100/84 que, no seu art. 88.°, n.° 1, al. f) expressamente cominava a nulidade para a nomeação sem concurso.

Assim, improcedem também as 2ª e 3ª conclusões.

3.3 Por fim, o Agravante conclui, subsidiariamente, que «*Mesmo que o acto recorrido fosse considerado nulo, as circunstâncias de boa fé, publicidade e estabilização por longo período de tempo devem determinar que, nos termos do n.° 3 do art. 134.° do CPA, o acto produzisse efeitos putativos, devendo considerar-se a funcionária investida no lugar para que foi nomeada*».

A sentença recorrida conheceu o mérito desta pretensão, decidindo que "*a recorrida particular não adquiriu o estatuto de "agente de direito"*.

Portanto, o Agravante vem insurgir-se contra o facto da sentença não ter reconhecido a produção dos chamados "efeitos putativos" expressamente previstos no n.° 3 do art. 134.° do CPA.

Porém, o Agravado, nas suas contra-alegações, vem opor-se ao reconhecimento de tais efeitos alegando, designadamente, que o recurso contencioso nunca seria o meio processual idóneo para o Recorrente obter aquele reconhecimento, por o objecto do recurso ser o despacho do Presidente da Câmara e o pedido formulado ser a declaração de nulidade desse despacho, pelo que a pronúncia a efectuar pela sentença só podia ser essa declaração.

Em suma, pelo menos aparentemente, mostram-se simultaneamente invocados, por um lado, um "excesso de pronúncia" da sentença e, por outro, a questão prévia da inidoneidade do meio processual, o que poderia colocar algum embaraço na ordem do seu conhecimento.

Contudo, para além da excepção inominada da impropriedade do meio processual ser uma excepção dilatória de conhecimento oficioso, é dela que o Agravado faz derivar o "excesso de pronúncia", pois é da natureza do recurso contencioso (de mera legalidade), de que decorre a sua estrutura e tramitação específica, que o agravado extrai a conclusão de que "a pronúncia a efectuar na sentença só podia ser a declaração de nulidade".

Sendo assim, o que, no caso, se impõe conhecer é, antes de mais, a excepção de impropriedade do meio processual.

Vejamos o que se nos oferece dizer sobre ela.

De acordo com o preceituado no art. 6.° do ETAF, "*salvo disposição em contrário*" (que não existe para o caso), os recursos contenciosos de anulação são de mera legalidade e têm por objecto a anulação ou a declaração de nulidade ou de inexistência jurídica dos actos recorridos. Portanto, o seu objecto é o acto impugnado e em causa só pode estar uma daquelas pretensões, ficando, por isso, a apreciação de eventuais efeitos produzidos pelos actos nulos vedada ao tribunal.

Ora, no recurso contencioso em que foi proferida a sentença recorrida, o pedido formulado pelo aí Recorrente foi o de declaração de nulidade do despacho do Presidente da Câmara Municipal de Penamacor de 10-10-1994.

Na contestação desse recurso, o ora Agravante, Autoridade Recorrida nesse recurso, veio opor-se a essa declaração de nulidade e, para o caso de assim não ser entendido, veio pedir que fossem reconhecidos à funcionária os efeitos putativos decorrentes dessa declaração.

Portanto, de alguma maneira, este pedido configura-se como um pedido reconvencional.

Porém, a estrutura e a tramitação do recurso contencioso não admitem a figura da reconvenção, pois, como já se disse, são de mera legalidade, sendo o seu objecto o acto impugnado e só podendo estar em causa a sua anulação ou declaração de nulidade ou de inexistência, não sendo, assim, legalmente permitido ao tribunal apreciar eventuais efeitos produzidos "à sombra" de actos nulos.

Por ser assim, é de concluir que o recurso contencioso de anulação não é meio processual idóneo para se decidir a produção de efeitos putativos derivada do decurso do tempo, oferecendo o contencioso administrativo (anterior à reforma, porque é, com referência a ele que, aqui, a apreciação tem de ser feita) meios adequados ao reconhecimento da legitimação jurídica daquelas situações de facto. É o caso da acção para reconhecimento de direito, nos termos do art. 69.° da LPTA, e o processo de execução de sentenças. Neste sentido, quer este Tribunal, quer o STA, se pronunciaram repetidas vezes (p.e., Acs do STA de 6-07-89, proc. n.° 26865, de 2-10-1997, proc. 39277, de 12-02-2003, proc. n.° 48032, e de 11-10-2005, proc. 262/05, e do TCA Sul de 11-03-1999, proc. n.° 2202/98, e de 9-01-2003, proc. n.° 1172/02 já citado antes).

Assim, pelas razões expostas, *relativamente à parte da decisão judicial que*, apreciando o pedido do Agravante de que «*o acto produzisse efeitos putativos, devendo considerar-se a recorrida investida no lugar em que foi nomeada*», *considerou que a funcionária nomeada sem concurso "não adquiriu o estatuto de "agente de direito"*, impõe-se revogar a sentença por impropriedade do meio processual para apreciação conhecer dessa pretensão.

DECISÃO

Por todo o exposto, acordam em negar provimento ao recurso, confirmando parcialmente a sentença e revogando-a na parte em que conheceu o mérito do pedido de que «*o acto produzisse efeitos putativos, devendo considerar-se a recorrida investida no lugar em que foi nomeada*».

Sem custas, por delas estar isento o Recorrente.

Lisboa, 11 de Maio 2006

Elsa P. Esteves
Coelho da Cunha
Cristina Santos

Recurso n.° 12088

PENSÃO DE REFORMA. PEDIDO DE REANÁLISE. ACTO CONFIRMATIVO.

(Acórdão de 25 de Maio de 2006)

SUMÁRIO:

I – Da análise dos diversos requerimentos que dirigiu à entidade recorrida decorre que o recorrente sempre considerou que o cálculo da sua pensão de reforma estava incorrecto face à nota de cálculo que aquela Caixa de Previdência lhe havia remetido, e que determinou a sua intenção de passar à reforma, pedindo a reanálise do respectivo processo de determinação e fixação da pensão, o que nunca foi atendido pela entidade recorrida, que sempre considerou que a pensão atribuída ao recorrente em 1-8-95 havia sido calculada de acordo com as normas em vigor.

II – Uma vez que a resposta constante a um pedido concreto do recorrente, no sentido da reanálise do processo de determinação e fixação da pensão de reforma, lhe era desfavorável, porque de indeferimento desse pedido, a mesma era desde logo imediatamente recorrível contenciosamente, já que se mostrava apta a desencadear não só o efeito garantístico da determinação do termo "*a quo*" do prazo de recurso contencioso, como também o efeito estabilizador da situação jurídico-administrativa que se desencadearia com a inércia do recorrente durante esse tempo.

III – Dado que o recorrente, com o requerimento que dirigiu à entidade recorrida em 31-3-2000, não estava apenas a reclamar do valor da pensão desse mês, mas sim a pedir um novo cálculo da mesma, desde a respectiva fixação, de acordo com o valor a que se julgava com direito, a resposta a tal requerimento, nada inovando na sua esfera jurídica, reveste a característica de acto meramente confirmativo, logo irrecorrível.

ACORDAM, EM CONFERÊNCIA, NO 1.º JUÍZO DO TRIBUNAL CENTRAL ADMINISTRATIVO SUL

I. ANTÓNIO MANUEL BORGES DOS SANTOS, inconformado com a sentença do TAC de Lisboa, que rejeitou o recurso contencioso por si interposto do despacho datado de 5-5-2000, proferido pelo ***Presidente da Comissão Administrativa da Caixa de Previdência do Pessoal da Companhia Portuguesa Rádio Marconi***, que entendeu, conforme já havia sido dado conhecimento ao recorrente em diversas ocasiões, não existirem razões para ser posto em causa o cálculo da pensão que lhe estava a ser paga por aquela instituição, dela recorreu para este Tribunal, formulando, nas respectivas alegações, as seguintes conclusões:

"A) O recorrente recorreu do despacho 5-5-2000, da Presidente da Caixa de Previdência do Pessoal da Rádio Marconi, que negou a revisão do montante da pensão que lhe foi processada em Março de 2000 e foi exclusivamente deste acto que interpôs recurso.

B) O recorrente, no recurso interposto, não pediu a revisão das pensões que lhe haviam sido processadas anteriormente.

C) O processamento de vencimentos ou pensões é um acto autónomo, passível de recurso contencioso, como tem sido entendimento da jurisprudência dos tribunais administrativos e o recorrente interpôs, atempadamente recurso contencioso.

D) Sendo cada um dos actos de processamento mensal da pensão um acto autónomo, recorrível contenciosamente, o despacho de 5-5-2000, que decide da reclamação da pensão processada em Março de 2000, não pode constituir acto meramente confirmativo de qualquer despacho anterior.

E) O tribunal "a quo", ao decidir que o recorrente recorrera dos actos anteriores já firmados na ordem jurídica e não exclusivamente do montante da pensão que lhe foi processada em Março de 2000 e, ao considerar que o despacho de 5-5-2000 era um acto meramente confirmativo, fez uma errada interpretação dos factos".

A entidade recorrida formulou, por sua vez, nas respectivas contra-alegações, as seguintes conclusões:

"1 – Contrariamente ao que o recorrente pretende agora sustentar, constitui objecto do presente recurso o despacho de 5-5-2000 da recorrida, que rejeita a pretensão do recorrente de ver revisto o montante base de cálculo da pensão, que lhe é prestada por aquela;

2 – Com efeito, quando confrontado com a decisão do Tribunal "a quo", veio o recorrente interpor o presente recurso alegando uma errada interpretação do objecto do recurso por parte do Tribunal;

3 – Vem, então, o recorrente "esclarecer" que, na verdade, não havia recorrido para o Tribunal "a quo" do despacho de recusa de revisão das pensões anteriormente processadas ao recorrente – despacho proferido em 5-5-2000 pela recorrida –, mas tão só e apenas do acto de processamento da pensão relativa ao mês de Março;

4 – Não se entende, no entanto, o interesse especial que terá suscitado, no recorrente, o acto de processamento do salário do mês de Março relativamente aos actos de processamento de anteriores salários, também eles reclamados graciosamente;

5 – Pelo contrário, parece-nos que o recorrente, quando inteirado da inevitabilidade de qualificação do referido despacho como acto confirmativo, e logo insusceptível de recurso contencioso, procurou "remediar" a situação alegando uma errada interpretação do objecto do recurso pó parte do Tribunal "a quo";

6 – Todavia, afigura-se-nos inquestionável que o objecto do recurso contencioso interposto pelo recorrente consiste precisamente no despacho proferido pela recorrida em 5-5-2000, e não no acto de processamento do salário do recorrente relativo ao mês de Março;

7 – Desta forma, e atenta a identidade de objecto e sujeitos do referido despacho e bem assim o idêntico sentido da decisão que integra, não subsistem dúvidas sobre o facto de este consubstanciar um acto meramente confirmativo, que carece dos necessários requisitos de definitividade e executoriedade, indispensáveis ao reconhecimento legal da recorribilidade do acto;

8 – Natureza confirmatória que, aliás, resulta do próprio teor do despacho: "(...) assim sendo, entendemos, como, aliás, já o informámos em diversas ocasiões, não existirem razões para que seja posto em causa o cálculo da pensão que lhe está a ser paga por esta instituição (...)";

9 – O recorrente vem insistir numa questão que foi tornada perfeitamente clara na sentença do Meritíssimo Juiz do TAC.

10 – Face ao exposto, deverá ser liminarmente e NOVAMENTE rejeitado o presente recurso por manifesta ilegalidade da sua interposição".

Finalmente, o Digno Magistrado do Ministério Público junto deste TCA Sul emitiu douto parecer, no qual concluiu nos seguintes termos:

"*Vem interposto recurso jurisdicional da sentença do TAC de Lisboa, que rejeitou o recurso contencioso, por considerar meramente confirmativo o acto recorrido.*

Em última análise, o recorrente defende neste recurso jurisdicional que aquele acto não é meramente confirmativo porque: a) recorreu apenas do despacho de 5-5-2000, que lhe negou a revisão do montante da pensão que lhe foi processada em Março de 2000, e não pediu a revisão das pensões que lhe haviam sido processadas anteriormente; b) o processamento de vencimentos ou pensões é um acto autónomo passível de recurso contencioso.

É patente a falta de razão do recorrente, pois o despacho objecto do recurso contencioso limita-se a confirmar, como entendeu a sentença, a definição "ex professo" anteriormente feita sobre a não consideração no cálculo da pensão da indemnização recebida, do que o recorrente foi notificado sem que tenha reagido, mas que veio, de novo questionar a propósito do processamento alvo.

E nem sequer é contrariada pela sentença a tese de que o processamento de vencimentos ou pensões constitui acto administrativo contenciosamente impugnável, como é jurisprudência firmada do STA, ao entender que cada acto de processamento de vencimentos, gratificações e abonos constitui um verdadeiro acto administrativo, e não simples operação material, pois como acto individual e concreto que é, define a situação do funcionário abonado perante a Administração, consolidando-se, por isso, como "caso decidido" ou "caso resolvido", na ordem jurídica, se não for atempadamente impugnado, desde que aqueles actos definam inovatória e voluntariamente a situação jurídica do administrado "em determinado sentido e com determinado conteúdo" [a pura omissão não releva fora do condicionalismo do denominado acto tácito], e que o seu conteúdo seja notificado ao interessado [Cfr., entre outros, o Acórdão do STA, de 13-1-94, no Recurso n.° 32.425].

O que está em causa é, antes, saber se, no caso concreto, o acto de processamento da pensão que o recorrente questiona é meramente confirmativo ou é autonomamente lesivo.

A irrecorribilidade dos actos meramente confirmativos resulta de não terem capacidade lesiva própria, pois essa capacidade deriva directamente do acto confirmado, ao qual o acto meramente confirmativo nada tira nem põe. Por outro lado, havendo prazos de recurso a respeitar, a definição jurídica estabelecida pelas decisões administrativas consolida-se na ordem jurídica como caso resolvido ou caso decidido se o recurso contencioso não é interposto no prazo estipulado; não faria, assim, sentido que pudesse estar na livre disponibilidade dos interessados o prolongamento desse prazo através da provocação de novas decisões que nada inovassem.

É assim que a jurisprudência e a doutrina entende que, havendo identidade de sujeitos, de objecto e de decisão e não se tenham alterado os pressupostos ou circunstâncias desta, o acto confirmativo não é contenciosamente recorrível, a menos que o acto confirmado não tenha sido notificado ao interessado [Cfr., v.g., os Acórdãos do STA, de 27-10-2004, processo n.° 0856/02, de 16-6-2004, processo n.° 01565/03, de 19-1-99, processo n.° 42.259, e de 11-6-97, processo n.° 40.197; M. Caetano, Manual... II, 9ª ed., págs. 1328 e segs., e Freitas do Amaral, Direito Administrativo, III, pág. 218; e artigo 55.° da LPTA].

Ora, vistos os factos assentes, é meramente confirmativo o acto de processamento em referência, porque se conforma com a definição já feita anteriormente sobre o valor processado, sem que tenha acrescentado algo de novo lesivo da esfera jurídica do recorrente.

Porém, ainda que aquele acto de processamento da pensão fosse autonomamente lesivo – e não é –, deve ainda anotar-se que nem sequer foi impugnado esse acto, mas aquele que se pronunciou sobre a reclamação facultativa feita contra ele, sem nada inovar, com efeitos também meramente confirmativos desse acto de processamento.

Improcede, pois, a meu ver, o presente recurso jurisdicional".

Colhidos os vistos legais, vem o processo à conferência para julgamento.

II. A sentença recorrida considerou provada a seguinte factualidade:

i. O recorrente, em finais de Outubro de 1994, pediu à Caixa de Previdência da CPRM o cálculo da pensão de reforma a que teria direito em 01.11, desse ano, com vista a negociar a sua reforma;

ii. Pela dita Caixa de Previdência foi-lhe entregue a nota de cálculo constante do doc. 2 a fls. 10, da qual consta que o requerente com 4 diuturnidades teria direito a uma pensão de reforma de Esc. 161.760$00;

iii. Requereu então a realização de uma junta médica com vista à passagem à reforma negociada com a Marconi;

iv. Em 2-8-95, tendo já passado à situação de reforma, e o seu contrato extinto por via da mesma, recebeu uma nova nota de cálculo da sua pensão que era agora de Esc. 140.640$00 – doc. 3 a fls. 11;

v. Por requerimento de 8-10-96, o recorrente pediu à Srª Presidente da CA da Caixa de Previdência, a documentação de suporte de atribuição da pensão, nomeadamente as folhas de retribuição – doc. 4 a fls. 12;

vi. O recorrente, por carta de 8-2-99, dirigida aquela Srª Presidente, onde pedia a reanálise

do seu processo de determinação e fixação da pensão de reforma – doc. 7 a fls. 15/16;

vii. Em resposta, recebeu ofício de 22-2-99, informando-o de que a pensão atribuída em 1-8-95, fora calculada de acordo com as normas em vigor tendo sido actualizada anualmente com base na legislação publicada para o efeito, não havendo motivos para a reanálise do seu processo – fls. 17;

viii. Por carta de 31-3-99, o requerente informava a Caixa de que recebera do Centro Regional de Segurança Social de Évora carta pela qual lhe era dito que fora remetido para a Caixa de Previdência de esclarecimento, pedia esclarecimentos e mencionava que se tal não acontecesse recorreria às vias judiciais – doc. 8 a fls. 18;

ix. Por ofício 92/99, de 7-4-99, a Srª Presidente da CA comunicava ao recorrente e com referência a esta carta e ao ofício do CRSS do Alentejo, informava que nada mais tinha a acrescentar ao que lhe fora comunicado pelo ofício de 22 de Fevereiro. E dizia não conhecer o espírito nem a letra do acordo celebrado pelo recorrente no processo judicial, não podendo por isso opinar sobre ele – doc. 8 a fls. 19;

x. E, por ofício n.º 349/99, de 21-10-99, dirigida ao recorrente pela entidade recorrida, e fazendo referência à exposição do Senhor Secretário de Estado da Segurança Social que lhe fora remetida para resposta, era dito nada mais haver a acrescentar ao que já lhe fora comunicado através do ofício 38/99, de 22 de Fevereiro – doc. 9 a fls. 24;

xi. Por requerimento datado de 19-8-99, o recorrente dirigiu requerimento ao Senhor Secretário de Estado da Segurança Social, no qual expunha a sua situação de cálculo da pensão de reforma, pedindo que mandasse a Caixa de Previdência do Pessoal da RM, rever a sua pensão de reforma, tendo por base os montantes efectivamente auferidos [incluídos os Esc. 12.000.000$00 pagos judicialmente] pelo requerente nos dez anos anteriores à sua passagem à reforma – doc. 9 a fls. 20 e segs.

xii. O recorrente, em 31-3-2000, dirigiu à mesma Senhora Presidente da CA da Caixa de Previdência do Pessoal da CPRM, o requerimento junto a fls. 25 como doc. 10, no qual refere que em Março desse ano lhe foi pago de reforma a pensão de Esc. 164.090$00, mas que tem direito a receber pensão de Esc. 200.640$00, acrescida de actualizações.

xiii. Refere ter passado à reforma em 1-8-95, e ter celebrado com a CPRM, em 24-9-98, acordo judicial, pelo qual esta lhe pagou a título de remunerações várias em atraso, a quantia de Esc. 12.000.000$00, valor esse que devia ser considerado como remuneração.

xiv. Mais pedia a inclusão esse montante no cálculo da pensão do reclamante desde 1-8-95, até ao presente, e como salário dos últimos melhores anos, pedindo que fosse revista a sua pensão, acabando por pedir de pensões vencidas e juros o montante de Esc. 4.044.961$00 – citado doc. 10.

xv. Por ofício datado de 5-5-2000, respondeu a Sr. Presidente da CA, dizendo, além do mais que "Assim sendo, entendemos, como aliás já o informámos em diversas ocasiões, não existirem razões para que seja posto em causa o cálculo da pensão que lhe está a ser paga por esta Instituição".

xvi. "Por último e a título meramente informativo, esclarecemos que o artigo 113.º do Decreto n.º 45.266, de 23 de Setembro de 1963, que invoca, foi revogado pelo Decreto Regulamentar n.º 12/83, de 12/2" – doc. 1 a fls. 8 e segs.

III. Com base na factualidade acima enunciada, a sentença recorrida rejeitou o recurso contencioso interposto pelo recorrente, fundamentando-se, para tal, no seguinte discurso jurídico:

"*Determina o artigo 55.º da LPTA – "O recurso só pode ser rejeitado com fundamento no carácter confirmativo do acto recorrido quando o acto anterior tiver sido objecto de notificação ao recorrente, de publicação imposta por lei ou de impugnação deduzida por aquele".*

E, nos termos do artigo 25.º, n.º 1 da LPTA – "Só é admissível recurso dos actos definitivos e executórios". Resultando do disposto no artigo 268.º, n.º 4 da CRP que este preceito deva ser interpretado mais no sentido da lesividade imediata do acto administrativo, ou seja, dos sus efeitos perniciosos na esfera jurídica do particular, estando esgotada a via administrativa, quando é a última palavra da Administração.

E dispõe o artigo 150.º, n.º 1 do CPA, "Não são executórios: (...) d) os actos confirmativos de actos executórios".

"O acto confirmativo pressupõe a prática de acto administrativo anterior, com as características de acto lesivo, e contenciosamente recorrível, que definiu já a situação jurídica do interessado e com o conhecimento deste, sendo de rejeitar o recurso contencioso interposto do segundo acto.

Pressupõe ainda que os dois actos – confirmado e confirmativo – tenham sido praticados ao abrigo das mesmas normas jurídicas, e que entre ambos haja identidade de sujeitos, de fundamentos e de efeitos jurídicos" – cfr. Acórdão do STA, de 17-6-99, Recurso n.º 44.716.

Ou ainda: "Um acto é confirmativo de outro quando – sem que tenha havido alteração das circunstâncias ou pressupostos de facto e das normas de direito e que haja identidade de sujeito, objecto e decisão – se limita a manter a decisão já tomada, sem nada acrescentar ou tirar ao conteúdo do acto anterior" – Acórdão do STA, de 16-12-86, in BMJ n.º 362, pág. 575.

Na doutrina, diz o Prof. Marcello Caetano, in Manual de Direito Administrativo, I Vol., 10ª Ed., reimpressão, a fls. 452: "Quando um novo acto se limita a confirmar outro acto anterior que seja executório, sem nada acrescentar ou tirar ao seu conteúdo, a confirmação equivale a mandar executar esse acto ou a prosseguir a sua execução. De forma que o acto confirmativo não tem força própria: não tira nem põe nas situações criadas pelo acto confirmado".

E o Prof. Freitas do Amaral, in Direito Administrativo, III vol. 1989, págs. 230, distingue entre actos confirmativos e actos meramente confirmativos. No sentido de que "a confirmação de um acto não definitivo constitui ou pode constituir, ela mesma, um acto definitivo; ao passo que a confirmação de uma acto definitivo constitui um acto não definitivo".

No entender deste mestre são actos meramente confirmativos os actos administrativos que mantêm actos definitivos anteriores, e que são actos horizontalmente não definitivos por serem posteriores à pratica de acto definitivo.

Acrescentando que estes, não sendo definitivos, são insusceptíveis de recurso contencioso: isto para evitar que os particulares possam protelar à sua vontade os prazos de recurso contencioso.

1.2. De posse destes elementos vejamos o que se passa no caso concreto.

Porque bem elaborado, diremos desde já concordar inteiramente com a posição do EMMP manifestada no seu PARECER.

Apesar de tal não acontecer de uma forma claramente expressa, tomando por base a concreta posição do recorrente, e todo o procedimento e comunicações existentes entre "as partes", temos por líquido que o recorrente teve conhecimento, muito antes do que lhe foi comunicado pelo ofício que em seu entender corporiza o concreto acto aqui recorrido, da posição de indeferimento da sua pretensão por parte da autoridade recorrida.

Aliás o próprio ofício em causa refere expressamente que tal posição da entidade recorrida já fora manifestada em diversas ocasiões ao recorrente, e este mesmo vem dizer nas suas alegações – o artigo 11.° da p. i. – que a Caixa de Previdência tem vindo sistematicamente a recusar-se a rever a pensão da reforma do recorrente.

O que, apenas vem confirmar o teor daquele ofício que refere tal comunicação da posição de não revisão do cálculo da pensão do recorrente.

E tal resulta expressamente do teor, nomeadamente do ofício mencionado em x. da matéria de facto supra, onde, na sequência do pedido formulado pelo recorrente ao Sr. Secretário de Estado – ponto xi. – e comunicando tal facto à entidade recorrida, é notificado por esta de que não há qualquer motivo para a revisão da pensão, como já informara antes.

Verifica-se por isso que a entidade recorrida, nessa ocasião fora já confrontada com o pedido do recorrente, no mesmo sentido de que a revisão incluísse nomeadamente os montantes resultantes do acordo judicial que obtivera.

Não existe por isso, entre o acto que ora lhe foi comunicado de negação da revisão da pensão e aquelas anteriores comunicações de que nenhum motivo havia para alterar o cálculo de fixação da pensão, qualquer dado ou circunstância nova relevante, que permita não concluir, como o faz a entidade recorrida e com muitos mais consistentes argumentos de facto e de direito, o EMMP.

Estamos pois, perante um acto meramente confirmativo do acto [dos actos] anterior(es) de indeferimento da pretensão do recorrente, na medida em que existe identidade de objecto, identidade de sujeitos e é do mesmo sentido o teor de ambas as decisões a confirmada e a confirmativa, não restando sequer dúvidas quanto ao teor deste ao remeter expressamente para posição semelhante anteriormente comunicada, sem que tal seja rebatido, antes confirmado.

Acresce que o acto comunicado anteriormente de indeferimento do pedido de revisão do cálculo da pensão, mormente pelo ofício de 21-10-99 – ponto x. supra – era por si só e desde logo definitivo e potencialmente lesivo dos direitos e/ou interesses do recorrente, sendo por isso e desde logo recorrível.

Não o tendo sido, consolidou-se a decisão da ordem jurídica, não podendo vir agora sindicar-se o acto que subsequente àquele se limita a confirmar o seu conteúdo.

O acto ora comunicado e recorrido nada inovou relativamente ao anterior, mantendo-se dentro dos parâmetros e do objecto daquele, e por isso que não possa recorrer-se dele que, como se disse, apenas confirma este, não havendo qualquer franja de actuação autónoma que pudesse, por lesiva, por si só, permitir recurso contencioso autónomo.

Só nestes casos, ou quando o objecto do novo acto consubstancia conteúdo diferente daquele, pode falar-se em "nova manifestação de vontade da administração", e, nesta perspectiva, nesta inovação, total ou parcial, ser recorrível.

Não foi, como dissemos, o caso.

2. E não pode o recorrente socorrer-se de que com o processamento mensais da pensão de reforma se renova o acto e não se consolidou. No caso, tal processamento tem por base uma concreta tomada de posição sobre o momento em que houve o respectivo cálculo e dos subsequentes actos que expressamente referem não haver qualquer motivo para alterar tal método e modo de cálculo, nomeadamente com fundamento nos motivos invocados pelo recorrente, v.g. tomando em conta o montante que o recorrente obteve por via do acordo judicial celebrado com a Companhia Rádio Marconi.

Por isso quem nesta vertente e tal como defende o EMMP não exista qualquer acto autónomo que permita ou recurso autónomo contencioso ou entender como não tendo ocorrido a consolidação na ordem jurídica daquele acto confirmado, nos termos ditos.

Assim sendo, porque meramente confirmativo do acto administrativo anterior, esse sim definidor, em termos definitivos e executórios, da situação jurídica do recorrente, este último não reúne as características de lesividade dos seus direitos e/ou interesses, nos termos em que vem definido o acto administrativo – artigo 120.° do CPA e a sua recorribilidade contenciosa nos termos conjugados dos artigos 25.° da LPTA e 268.°, n.° 4 da Constituição.

Pois, como se disse, eventualmente lesivo seria o anterior que definiu a situação jurídica do caso concreto, traduzindo a última palavra da Administração sobre a concreta situação que lhe foi posta".

* * * * * *

Face à factualidade apurada, constata-se que a sentença recorrida fez um correcto enquadramento jurídico dos mesmos.

Com efeito, o acto impugnado nos presentes autos, consubstanciado no ofício de fls. 8, provém da mesma entidade que já se havia pronunciado sobre a pretensão do recorrente, e nenhuma inovação vem trazer, na medida em que se limita a manter na ordem jurídica a anterior decisão, ou seja, a de continuar a "*não existirem razões para que seja posto em causa o cálculo da pensão que lhe está a ser paga por esta Instituição*", sem nada lhe acrescentar ou retirar.

Por outro lado, não colhe a argumentação constante das conclusões a), b) e c) das alegações do recorrente, no sentido de que recorreu do despacho 5-5-2000, que negou a revisão do montante da pensão que lhe foi processada em Março de 2000, e que foi exclusivamente deste que interpôs recurso, já que não pediu a revisão das pensões que lhe haviam sido processadas anteriormente.

Com efeito, da análise dos diversos requerimentos que dirigiu à entidade recorrida, é possível constatar que o recorrente sempre considerou que o cálculo da pensão de reforma estava incorrecto face à nota de cálculo que aquela Caixa de Previdência lhe havia remetido – e que constitui fls. 10 dos autos –, e que determinou a sua intenção de passar à reforma, pedindo a reanálise do respectivo processo de determinação e fixação da pensão, o que nunca foi atendido pela entidade recorrida, que sempre considerou que a pensão atribuída ao recorrente em 1-8-95 havia sido calculada de acordo com as normas em vigor [cfr. em particular o requerimento de fls. 15/16 e a resposta que sobre o mesmo recaiu, constante de fls. 17].

Ora, a resposta constante a esse pedido concreto do recorrente, no sentido da reanálise do processo de determinação e fixação da pensão de reforma, era-lhe desfavorável, porque de indeferimento desse pedido, sendo pois imediatamente recorrível contenciosamente.

De resto, a análise literal do teor do requerimento de 31-3-2000, que veio a culminar com o despacho objecto do recurso contencioso, permite concluir que mais uma vez o recorrente quis que a entidade recorrida procedesse a novo cálculo da pensão – e não só a referente ao mês de Março de 2000, a que o recorrente faz referência nos dois primeiros parágrafos, para exemplificar a existência de um diferencial significativo entre aquilo que lhe estava a ser pago e aquilo a que se julgava com direito –, nomeadamente quando refere que "*...deve, assim, a Caixa de Previdência incluir esse montante no cálculo da pensão do reclamante, desde 1 de Agosto de 1995, até ao presente*" e que "*...assim, a inclusão desse montante nos salários dos últimos melhores anos, para efeitos do cálculo da pensão, é obrigatória, [...], pelo que a Caixa de Previdência não se pode recusar a fazê-lo*".

Obviamente, que o recorrente, com o requerimento que dirigiu à entidade recorrida em 31-3-2000, não estava apenas a reclamar do valor da pensão desse mês, mas sim a pedir um novo cálculo da pensão, desde a respectiva fixação, de acordo com o valor a que se julgava com direito, pelo que a resposta ao mesmo, nada inovando na esfera jurídica do recorrente, revestia a característica de acto meramente confirmativo, logo irrecorrível.

Sendo assim, o recurso contencioso interposto pelo recorrente só podia ter sido rejeitado, como o foi, posto que o acto consubstanciado no ofício de fls. 17 já se mostrava apto a desencadear não só o efeito garantístico da determinação do termo "*a quo*" do prazo de recurso contencioso, como também o efeito estabilizador da situação jurídico-administrativa que se desencadearia com a inércia do recorrente durante esse tempo.

Consequentemente, improcedem todas as conclusões das alegações do recorrente.

IV. Nestes termos, e pelo exposto, acordam em negar provimento ao presente recurso jurisdicional, mantendo a sentença recorrida.

Custas a cargo do recorrente, com taxa de justiça e procuradoria, que se fixam em € 180,00 e € 60,00, respectivamente.

Lisboa, 25 de Maio de 2006

Rui Fernando Belfo Pereira
Mário Frederico Gonçalves Pereira
Magda Espinho Geraldes

Recurso n.º 6380/2002

PREJUÍZO DE DIFÍCIL REPARAÇÃO. SUA DETERMINAÇÃO PELO TRIBUNAL. CONCURSO DA CARREIRA DE INSPECÇÃO TRIBUTÁRIA.

(Acórdão de 25 de Maio de 2006)

I – O prejuízo de difícil reparação constitui um conceito indeterminado, em relação ao qual o Tribunal goza de uma ampla margem de livre apreciação.

II – Verificando-se que a opositora a um concurso da carreira de inspecção tributária possuía as habilitações previstas no Aviso de Abertura, tendo obtido aproveitamento nas provas realizadas, a sua exclusão do subsequente estágio probatório constitui prejuízo de difícil reparação.

III – Com efeito, em tal caso a recorrente só poderá iniciar tal estágio mais, com a inerente repercussão na antiguidade, e só poderá ser nomeada num lugar posto a concurso, o que implica uma situação de desigualdade relativamente aos demais oponentes aprovados nas mesmas provas.

ACORDAM NO 2.º JUÍZO DO TCA SUL

1. RELATÓRIO

Sónia ...., Técnica de Administração Tributária Adjunta, nível I, do quadro de pessoal da Direcção Geral dos Impostos, requereu no TAF de Almada, contra o Ministério das Finanças e da Administração Pública, o decretamento provisório da providência de suspensão de eficácia do acto de exclusão do concurso interno de acesso ao estágio para ingresso na categoria de Inspector Tributário nível 1, grau 4, da carreira de inspecção tributária do grupo de pessoal da administração, aberto por aviso publicado no D.R. II série de 18.03.05, de que foi excluída. Requereu, ainda, que fosse decretada, provisoriamente, a sua admissão à prova escrita de conhecimentos; a ter lugar "no próximo dia 17.12.2005"

Por despacho de 15.11.05, o Mmo. Juiz notificou a requerente para indicar os concorrentes contra-interessados, o que a requerente veio fazer em 21.12.2005.

Por decisão de fls. 52 a 54 dos autos, confirmada a fls. 139 a 143 foi decretada a admissão da requerente às provas escritas, mas apenas no sentido de serem classificadas e essa classificação notificada à requerente.

Por sentença final, de 27.02.06, o Mmo. Juiz "a quo" confirmou as providências decretadas a título provisório, mantendo na ordem jurídica o resultado dos exames realizados pela requerente, e indeferiu o pedido de suspensão da eficácia do acto que excluiu a requerente do concurso.

Inconformada, a requerente interpôs recurso jurisdicional para este T.C.A., na parte em que foi mantida a sua exclusão do concurso, formulando nas suas alegações as conclusões de fls. 213.

2. MATÉRIA DE FACTO

A sentença recorrida considerou indiciariamente adquirida a seguinte factualidade:

a) Através de Aviso n.º 2840/2005, publicado no D.R. II Série, de 18.03.05, foi publicitada a abertura de concurso interno de admissão a estágio para ingresso na carreira de inspecção tributária do grupo de pessoal da administração tributária (GAT), do quadro de pessoal da Direcção Geral dos Impostos, lendo-se aí e entre o mais:

"4. Requisitos de admissão – poderão candidatar-se os funcionários e agentes nos termos do art. 6.º do Dec. Lei n.º 204/98, de 11 de Julho, que reunam os requisitos gerais de admissão estabelecidos no n.º 3 do art. 29.º do Dec. Lei n.º 204/98, de 11 de Julho, habilitados com a licenciatura em Auditoria, em Auditoria Contabilística, em Controlo de Gestão, em Economia (desde que inclua as disciplinas de Contabilidade Geral e Contabilidade Analítica, ou equivalentes), em Gestão, em Gestão e Ciência Fiscal, em Gestão Comercial e Contabilidade, em Gestão de Empresas, em Gestão Financeira e em Organização e Gestão de Empresas, com o curso Superior de Gestão, com o bacharelato em Contabilidade, em Contabilidade e Administração, em Economia (desde que inclua as disciplinas de Contabilidade Geral e Contabilidade Analítica, ou equivalentes), em Gestão e Ciência Fiscal, em Gestão Comercial e Contabilidade e em Gestão e Finanças da Empresas, conforme o despacho n.º 12329/ /2003, do Director Geral dos Impostos, publicado no D.R., 2ª Série, n.º 147, de 28.05.03, na sequência do disposto no n.º 5 do art. 29.º do Dec. Lei 557/99, de 17 de Dezembro.

(...)

8.2. Elementos do preenchimento obrigatório constantes do modelo de requerimento:

(...)

d) Habilitações literárias (curso, grau académico, data da conclusão e estabelecimento de ensino e se a habilitação integra as disciplinas de Contabilidade Geral e Contabilidade Analítica.

b) A requerente foi opositora ao referido concurso, tendo sido excluída com a indicação do seguinte fundamento: "Cursos Superiores não contemplados no Aviso de Abertura – doc. de fls. 10 a 13 dos autos

c) A requerente, em 19.06.95, concluiu o curso de Bacharelato em Gestão de Empresas, ministrado pela Escola de Tecnologia e Gestão do Instituto Politécnico de Beja doc. de fls. 14 e 15 dos autos).

d) Do referido curso concluído pela recorrente fazem parte as disciplinas de Contabilidade Geral e Contabilidade Analítica

e) O Curso de Gestão Ministrado na Escola Superior Agrária do Instituto Politécnico de Beja, aprovado pela Portaria n.º 397/89, de 5 de Junho, passou a designar-se por curso de Gestão de Empresas a partir do ano lectivo 1995/1996;

f) O plano de estudos do curso de Gestão que conferia o grau de bacharel ministrado na Escola Superior Agrária do Instituto Politécnico de Beja, foi aprovado pela Portaria n.º 397/89 de 5 de Junho.

g) A requerente obteve aprovação nas provas realizadas no âmbito do concurso indicado em a) – doc – fls. 168 a 177 dos autos.

3. DIREITO APLICÁVEL

O objecto do presente recurso cinge-se à parte da decisão recorrida que indeferiu o pedido de suspensão da eficácia do acto que a excluiu do concurso de admissão ao estágio para ingresso na carreira de inspecção tributária, supra identificado.

A decisão recorrida entendeu que o facto da requerente não continuar a frequentar a fase subsequente do procedimento concursal – o estágio – não é susceptível de criar qualquer facto consumado ou situação de difícil reparação, pois que em caso de procedência da acção principal, sempre poderá frequentar novo estágio e, caso obtenha provimento, poderá ingressar nos quadros de pessoal para que foi aberto concurso, conforme prevê o art. 173.º n.º 4 do C.P.T.A.

Concluiu, assim, o Mmo. Juiz "a quo", que "através da realização dos exames do concurso e respectiva avaliação, ficou afastado o perigo que poderia advir, em caso de procedência da acção principal, para a utilidade da decisão aí a proferir.

O Digno Magistrado do MºPº, no douto parecer que antecede, acompanhou este entendimento, acentuando, nomeadamente, que o início do estágio feito em momento posterior aos dos demais oponentes ao concurso não é suficiente para, só por si, acarretar prejuízos de difícil reparação e, no que tange à antiguidade, esta estará sempre dependente do referido estágio.

Além disso, ainda segundo o Ministério Público, a recorrente não terá alegado com suficiente precisão, quaisquer danos não patrimoniais decorrentes da imediata execução do acto suspendendo, cujo ónus de prova lhe competia.

Por sua vez, a recorrente alega que a decisão recorrida, ao não suspender na integra a eficácia do acto de exclusão da mesma de concurso, inviabilizando que a recorrente inicie o estágio probatório com os demais oponentes ao concurso, violou o disposto no art. 120.º n.º 1, al. c) do CPTA.

Esta norma permite a adopção de uma providência cautelar no caso de fundado receio de uma situação de facto consumada ou da produção de prejuízos de difícil reparação para os recorrentes, no tocante aos interesses que este pretende ver reconhecidos no processo principal.

O prejuízo de difícil reparação é um conceito indeterminado, em relação ao qual o tribunal goza de uma ampla margem de livre apreciação para a concretização respectiva (cfr. Freitas do Amaral, "Direito Administrativo", vol. IV, 1988, p. 310 e 311), sendo certo que "não há grandes diferenças a assinalar no regime adoptado pelo novo Código, relativamente àquele que era o regime jurídico do incidente de suspensão de eficácia de um acto administrativo na legislação anterior" (cfr. Freitas do Amaral, "As providências cautelares no novo contencioso administrativo", Cadernos de Justiça Administrativa", n.º 43, p. 4 e seguintes).

No caso concreto, a decisão re corrida reconheceu a existência do requisito do "fumus boni juris" previsto na alínea c) do n.º 1 do art. 120.º, uma vez que a recorrente, caso não fosse a alteração da denominação do curso de que é titular, preencheria os requisitos estabelecidos nos pontos 4 e 8.2 do Aviso de Abertura.

Quanto ao "periculum in mora", a mesma decisão entendeu que a recorrente já realizou as provas a que tinha de se submeter, pelo que teria deixado de existir uma situação de urgência.

Salvo o devido respeito discordamos, dado parecer evidente que, se não for permitida à recorrente a realização do estágio probatório juntamente com os demais opositores aprovados nas provas, aquela só poderá vir a iniciar tal estágio mais tarde, ou muito mais tarde, não podendo recuperar a antiguidade assim perdida, uma vez que o estágio tem natureza probatória, não sendo aplicável a regra do n.º 4 do artigo 173.º do C.P.T.A (cfr. alíneas d) e e) das conclusões da recorrente).

Ou seja, só após ser aprovada no estágio é que a recorrente poderá ser nomeada num lugar posto a concurso, o que a nosso ver tipifica uma situação de "prejuízo de difícil reparação", com a existência de um dano profissional e moral de relativa intensidade.

Houve, pois, violação do artigo 120.° n.° 1, al. c) do CPTA.

4. DECISÃO

Em face do exposto, acordam em revogar a sentença recorrida e em deferir o pedido de suspensão de eficácia do acto que excluiu a requerente do concurso

Sem custas em ambas as instâncias.

Lisboa, 25 de Maio de 2006

António de Almeida Coelho da Cunha (Relator)
Maria Cristina Gallego dos Santos
Teresa Maria Sena Ferreira de Sousa

Recurso n.° 01584/06

PROCESSO DISCIPLINAR. SUSPENSÃO PREVENTIVA. COMPETÊNCIA. RATIFICAÇÃO-SANAÇÃO. PRESIDENTE DA CÂMARA. INCOMPETÊNCIA RELATIVA. PERDA DO OBJECTO. REJEIÇÃO DO RECURSO CONTENCIOSO.

(Acórdão de 20 de Abril 2006)

SUMÁRIO:

I – Ocorrendo a ratificação-sanação de um acto administrativo, o acto secundário, que visou substituir na ordem jurídica um acto anterior, determina, em regra, a perda de objecto do recurso contencioso interposto do acto primário.

II – O acto praticado pelo Presidente da Câmara Municipal de Barcelos, datado de 6-7-2001, ainda antes da interposição do recurso contencioso, que visou sanar a ilegalidade – incompetência relativa – do acto praticado pelo Vereador da mesma autarquia, datado de 22-5-2001, e que constituía objecto do recurso contencioso onde veio a ser proferida a decisão recorrida, mantendo o mesmo conteúdo, determina a perda originária de objecto do recurso desse acto.

III – Este entendimento apenas poderá ser alterado, isto é, no sentido da não rejeição do recurso contencioso, se neste processo sobrevier o conhecimento da interposição de recurso contencioso do acto integrativo da ratificação, por vícios próprios, em termos do respectivo provimento poder vir a determinar a repristinação do acto primário, pois que, em tal hipótese, os vícios deste deveriam ser apreciados no recurso dele interposto.

IV – Admitindo que a competência para aplicar ao recorrente a medida cautelar da suspensão preventiva, prevista no artigo 54.° do ED, não era do Presidente da Câmara, mas sim desta última, o despacho do presidente, visando ratificar o despacho do vereador que aplicara aquela medida cautelar, não se mostra inquinado de vício gerador de nulidade, mas sim de mera anulabilidade, por ser esta a forma de invalidade correspondente ao vício de incompetência por falta de competência [ou incompetência relativa].

V – Por isso, o despacho do Presidente da Câmara Municipal de Barcelos a que se alude em II., mostrava-se, quando muito, também ferido de idêntico vício, gerador não da forma mais grave de invalidade – a nulidade – mas sim de mera anulabilidade.

VI – O presidente de uma câmara municipal é o órgão singular executivo desta, atento o extenso rol de competências próprias que a lei lhe atribui, pelo que tal hipótese prefigura a prática de um acto por órgão [não competente] da mesma pessoa colectiva, logo, um acto viciado por incompetência [relativa ou por falta de competência], cuja forma de invalidade seria a anulabilidade.

VII – Sendo tal acto apenas anulável, ele é apto a produzir todos os seus efeitos típicos, até à respectiva revogação ou anulação contenciosa por sentença transitada em julgado.

VIII – Não estando demonstrada nem uma nem outra realidade, embora viciado por incompetência relativa, o acto a que se alude em II. veio privar originariamente de objecto o recurso contencioso interposto, que assim só podia ter sido rejeitado, como foi, pela decisão recorrida.

ACORDAM, EM CONFERÊNCIA, NO 1.° JUÍZO DO TRIBUNAL CENTRAL ADMINISTRATIVO SUL

I. F(................), com os sinais dos autos, inconformado com a sentença do TAC do Porto, que rejeitou liminarmente, por carência de objecto, o recurso contencioso que havia interposto do despacho do ***Vereador da Câmara Municipal de Barcelos***, de 22-5-2001, dela recorreu para este Tribunal, formulando, na respectiva alegação, as seguintes conclusões:

"A) Vem o presente recurso interposto da sentença que rejeitou, por falta de objecto, o recurso contencioso de anulação do despacho datado de 22-5-2001, que determinou a suspensão preventiva do recorrente, do Vereador da Câmara Municipal de Barcelos, José Maria Rodrigues, interposto pelo ora recorrente;

B) Salvo o devido respeito, afigura-se que a sentença recorrida não fez correcta interpretação e aplicação das normas legais atinentes;

C) A incompetência relativa, geradora de anulabilidade do acto administrativo e sanável, surge, como refere Esteves Oliveira, Direito Administrativo, pág. 557 [cit. por Santos Botelho e outros no Código do Procedimento Administrativo Anotado, Almedina, pág. 436], da invasão da esfera de poderes de poderes de outro órgão da mesma pessoa colectiva, ou seja, a incompetência relativa pressupõe a prática de um acto por um órgão de uma pessoa colectiva e que esse acto extravase o âmbito de competências desse órgão e invada a esfera de poderes de outro órgão da mesma pessoa colectiva;

D) No caso concreto, não estamos perante um acto de um órgão de uma pessoa colectiva, mas sim perante um acto de um membro – Vereador – do órgão executivo do município de Barcelos – a Câmara Municipal;

E) A competência para suspender preventivamente das suas funções um funcionário da administração local é do órgão executivo – Câmara Municipal – e não, como por lapso se referiu na petição de recurso, do seu Presidente ou dos seus vereadores, sendo certo que tal competência é indelegável em qualquer dos membros que compõem aquele órgão executivo, como decorre do disposto no artigo 54.° do Estatuto Disciplinar [aprovado pelo DL n.° 24/84, de 16/1];

F) O acto praticado pelo vereador referido [que é apenas um membro do órgão câmara municipal] é, por isso, um acto inexistente por falta de um dos elementos essenciais – sujeito – ou requisitos de existência do acto administrativo, ou seja, o sujeito do acto não tem, na situação em apreço, existência jurídica ou, como refere o Prof. Sérvulo Correia, in Noções de Direito Administrativo, a actuação do mesmo não traduz "o exercício de um poder de autoridade", pelo que é insusceptível de produzir efeitos jurídicos;

G) Sem conceder, ainda que o acto referido não fosse inexistente, sempre o mesmo seria nulo nos termos do n.° 1 do artigo 133.° do CPA;

H) Nos termos do artigo 137.° do CPA, não são susceptíveis de ratificação os actos nulos ou inexistentes, pelo que o acto impugnado era insusceptível de ratificação, nomeadamente pelo Presidente da Câmara Municipal de Barcelos, que aliás não tem competência para suspender preventivamente um funcionário da autarquia;

I) O acto impugnado, ao contrário do que se defende na sentença recorrida, não carece, pois, de objecto.

J) A decisão recorrida, ao rejeitar o recurso interposto pelo recorrente por falta de objecto violou o disposto nos artigos 137.°, n.° 1, e 133.°, n.° 1, do CPA, e o artigo 54.°, n.° 1, do Estatuto Disciplinar, pelo que deve ser revogada, declarando-se inexistente ou, se assim se não entender, nulo o acto recorrido".

O recorrido contra-alegou, concluindo pela improcedência do recurso, uma vez que o acto recorrido era susceptível de ratificação pelo que, feita esta antes da entrada da petição de recurso, o acto recorrido desapareceu da ordem jurídica.

O Digno Magistrado do Ministério Público emitiu parecer, no qual conclui nos seguintes termos:

"*[...]*

A meu ver a decisão recorrida não merece qualquer censura, dado haver feito correcta interpretação e aplicação da lei à factualidade que, com pertinência, vem fixada.

É notório, de resto, que nenhuma das conclusões finais das alegações do recorrente subsiste no confronto com a judiciosa argumentação doutamente explanada na sentença do TACP, em suporte de ilações inversas.

Procedeu na verdade acertadamente o M.° Juiz, ao considerar que o despacho do Vereador da Câmara Municipal de Barcelos configura um acto administrativo, tal como o Código do Procedimento Administrativo o define [artigo 120.°], a doutrina o entende, e a jurisprudência o confirma.

Todavia, inserindo-se o acto praticado pelo Vereador na área das competências do Presidente da edilidade [vd. artigos 54.° do Estatuto Disciplinar, e 68.°, n.° 2, alínea a) da Lei n.° 169/99, de 18 de Setembro], e não tendo havido delegação de poderes, a situação envolveria o vício de incompetência relativa – tornando-se patente a anulabilidade do despacho, bem como a correspondente possibilidade de ratificação.

Deste modo [e conforme é assinalado na sentença], a ratificação-sanação operada pelo Presidente da autarquia em 6-7-2001, por retroagir ao momento da prática do acto primário [efeito "ex tunc"], fez desaparecer o despacho do Vereador da ordem jurídica.

E tendo tal ratificação ocorrido antes da interposição do recurso contencioso, não surpreende que a sentença recorrida se decidisse pela rejeição liminar daquele, por carência de objecto.

Face ao exposto e sem necessidade de maiores considerações, emito o seguinte parecer:

Deve negar-se provimento ao recurso jurisdicional, assim se confirmando a sentença impugnada".

Colhidos os vistos legais, vem o processo submetido à Conferência para julgamento.

II. A sentença recorrida considerou provada a seguinte factualidade:

"*i. O recorrente é guarda-nocturno no Mercado Municipal de Barcelos;*

ii. No âmbito de processo disciplinar instaurado contra o recorrente, por despacho do Vereador José Maria Rodrigues, datado de 22-5-2001, foi determinada a sua suspensão preventiva – Cfr. doc. de fls. 4 do Processo principal e 27 do Processo administrativo apenso, aqui dado por integralmente reproduzido [acto recorrido];

iii. Em 31-5-2001, o recorrente interpôs perante a Câmara Municipal de Barcelos recurso hierárquico do despacho antecedente – cfr. doc. de fls. 25 e 26 do Processo instrutor;

iv. Mediante despacho do Presidente da Câmara Municipal de Barcelos, datado de 6-7-2001, indeferiu o recurso hierárquico apresentado pelo recorrente e ratificou o despacho objecto do recurso – Cfr. doc. de fls. 14 e segs. do Processo instrutor; e

v. Dou por reproduzido para todos os efeitos legais do teor do despacho do Presidente da Câmara Municipal de Barcelos, datado de 1-8-2000, constante de fls. 17 e segs. [Delegação e subdelegação de competências]".

III. Como acima se deixou dito, a sentença recorrida rejeitou liminarmente, por carência de objecto, o recurso contencioso que o recorrente havia interposto do despacho do Vereador da Câmara Municipal de Barcelos, datado de 22-5-2001, que determinou a respectiva suspensão preventiva.

Para chegar a tal conclusão, a sentença recorrida estribou-se na seguinte fundamentação:

"*Como supra se deixou dito, imputa o recorrente ao acto administrativo, objecto do recurso, o vício de inexistência jurídica.*

Alega para o efeito, em síntese, a prática do acto impugnado por membro do órgão câmara municipal sem competência própria.

Na contestação, a entidade pública recorrida contrapõe que a falta de competência do autor do acto administrativo recorrido para a sua prolação não configura um caso de inexistência jurídica, mas antes o vício de incompetência e, no caso de incompetência relativa, por-

que praticado por órgão fora dos poderes que lhe foram delegados mas dentro das atribuições da pessoa colectiva a que pertence, o que determina a sua anulabilidade e, bem assim, a sua susceptibilidade de ratificação, como ocorreu no caso dos autos, ratificação essa que implica a inutilidade superveniente da lide, por perda de objecto.

Cumpre decidir.

Em conformidade com o estabelecido no disposto no artigo 6.° do ETAF, salvo disposição legal em contrário, os recursos contenciosos são de mera legalidade e têm por objecto a declaração de invalidade [rectius, a declaração de nulidade ou declaração de inexistência jurídica] e de anulação dos actos recorridos.

Assim, tendo por objecto o recurso contencioso, entre outros, a declaração de invalidada dos actos administrativos e inserindo nesta quer a inexistência jurídica quer a nulidade, importa conhecer da alegada inexistência jurídica do acto impugnado.

No caso dos autos, no âmbito de processo disciplinar instaurado contra o recorrente, por despacho do Vereador José Maria Rodrigues, datado de 22-5-2001, foi determinada a sua suspensão preventiva – Cfr. doc. de fls. 4 do Processo principal, e 27 do Processo administrativo apenso [acto recorrido].

Por acto administrativo entende-se a conduta voluntária da Administração definidora duma determinada situação jurídica individual e concreta, susceptível de lesão de direito ou interesse legítimo de um particular.

Assim constituem elementos essenciais do acto administrativo:

a) Uma conduta voluntária proveniente de um autor cuja declaração é perfeita independentemente do concurso das vontades de outros sujeitos;

b) O exercício do poder administrativo, por parte de um órgão da Administração pública; e,

c) A definição inovatória de uma situação jurídico-administrativa concreta [Cfr., neste sentido, os Prof. Drs. Freitas do Amaral, in Direito Administrativo III, 66 e segs., Sérvulo Correia, in Noções de Direito Administrativo, 350 e segs.].

Ora, no caso vertente, estamos perante uma conduta voluntária dimanada de uma autoridade administrativa, proferida no exercício do poder administrativo, e é definidora duma situação jurídica concreta.

Assim, estamos perante um acto administrativo.

O que acontece é que, na falta de delegação de poderes, a autoridade recorrida, Vereador da Câmara Municipal de Barcelos, não possui competência para a prolação do acto impugnado, sendo certo, porém, que tal competência pertence a um outro órgão da mesma pessoa colectiva pública, no caso o Presidente daquela edilidade – Cfr. artigo 54.° do DL n.° 24/84, de 16.JAN.

Assim sendo, estamos perante um caso de incompetência relativa, a que corresponde, em sede de invalidade jurídica, a anulabilidade.

Tal acto foi, entretanto, objecto de ratificação, por despacho do Presidente da Câmara Municipal de Barcelos, datado de 6.JUL.01.

Por ratificação entende-se o acto administrativo pelo qual o órgão competente decide sanar um acto anulável, anteriormente praticado, suprindo a ilegalidade que o vicia, sendo insusceptíveis de ratificação os actos nulos ou inexistentes – Cfr. artigo 137.° do CPA, e os Profs. Marcello Caetano, in Manual de Direito Administrativo, 558 e segs. e Diogo Freitas do Amaral, in Lições de Direito Administrativo, III vol, 414 e segs..

No caso dos autos, perante a anulabilidade, por vício de incompetência relativa do despacho do Vereador José Maria Rodrigues, datado de 22.MAI.01, que determinou a suspensão preventiva do recorrente, o Presidente da Câmara Municipal ratificou, por despacho datado de 6.JUL.01, aquele despacho anulável.

E configurando a ratificação-sanação um acto sobre actos, os seus efeitos vão-se repercutir sobre os efeitos do acto ratificado, produzindo-se "ex tunc", ou seja retroagindo ao momento da prática do acto cuja ilegalidade visam sanar – Cfr. neste sentido o Prof. Dr. Diogo Freitas do Amaral, in Lições de Direito Administrativo, III vol, 415.

Tal significa também que uma vez prolatado o acto de ratificação, o acto ratificado ou sanado desaparece da ordem jurídica.

Foi o que aconteceu, no caso dos autos, com o despacho do Vereador José Maria Rodrigues, datado de 22.MAI.01, que determinou a suspensão preventiva do recorrente – o acto recorrido – proferido que foi o Presidente da Câmara Municipal, datado de 6.JUL.01, que ratificou aquele.

Assim sendo, o presente recurso contencioso carece de objecto, porquanto à data da entrada em juízo da petição de recurso – 17.SET.01 – já havia sido proferido o despacho do Presidente da Câmara Municipal de Barcelos, datado de 6.JUL.01, que ratificara o despacho impugnado ou seja o despacho do Vereador José Maria Rodrigues, datado de 22.MAI.01, que determinou a suspensão preventiva do recorrente – o acto recorrido – pelo que este já não vigorava na ordem jurídica.

Nestes termos procede a questão prévia da carência de objecto, o que importa a rejeição do recurso – Cfr. artigo 838.° do CA".

* * * * * *

O acto objecto do recurso contencioso, rejeitado liminarmente pelo Senhor Juiz "*a quo*", por carência de objecto, consistia no despacho do Vereador José Maria Rodrigues, da Câmara Municipal de Barcelos, datado de 22-5-2001, que, no âmbito de processo disciplinar instaurado contra o recorrente, determinou a sua suspensão preventiva, ao abrigo do disposto no artigo 54.° do Estatuto Disciplinar.

Sucede que na sequência de recurso hierárquico interposto pelo recorrente para a Câmara Municipal de Barcelos, veio o respectivo Presidente, por despacho datado de 6-7-2001, a indeferir o mesmo e a ratificar o despacho que o recorrente elegeu como objecto do recurso contencioso que interpôs no TAC do Porto, ainda antes da entrada desse recurso contencioso em juízo, que ocorreu em 17-9-2001 [cfr. fls. 1 dos autos].

Ora, constitui jurisprudência pacífica do STA o entendimento de que o acto secundário que vise substituir um anterior na ordem jurídica, determina, em regra, a perda de objecto do recurso contencioso interposto do acto primário [***Cfr., a propósito, os Acórdãos do STA, de 15-4-98, proferido no âmbito do recurso n.° 39.804, de 19-12-89, proferido no âmbito do recurso n.° 21.186, de 2-5-2000, proferido no âmbito do recurso n.° 43.091, de 15-6-2000, proferido no âmbito do recurso n.° 45.493, de 18-10-2000, proferido no âmbito do recurso n.° 44.817, e de 1-3-2001, proferido no âmbito do recurso n.° 46.565***].

Assim, o acto do presidente da Câmara Municipal de Barcelos, datado de 6-7-2001, que visou sanar a ilegalidade – incompetência relativa – do acto praticado pelo Vereador da mesma autarquia, datado de 22-5-2001, e que constituía objecto do recurso contencioso onde veio a ser proferida a decisão recorrida, mantendo o mesmo conteúdo, havendo de ser qualificado como acto de ratificação ou ratificação-sanação, veio substituir na ordem jurídica aquele primeiro acto, ainda antes da interposição do recurso contencioso, determinando a perda originária de objecto do recurso desse acto.

No entanto, como se referiu no ***Acórdão do STA, de 15-4-98, proferido no âmbito do recurso n.º 39.804***, este entendimento apenas poderia ser alterado, isto é, no sentido de a instância no recurso do acto primário ser suspensa [em vez de extinta], se neste processo sobreviesse o conhecimento da interposição de recurso contencioso do acto integrativo da ratificação, por vícios próprios, em termos do respectivo provimento poder vir a determinar a repristinação do acto primário, pois que, em tal hipótese, os vícios deste deveriam ser apreciados no recurso dele interposto [***cfr., também no mesmo sentido, o Acórdão do STA, de 29-5-2003, proferido no âmbito do recurso n.º 0367/03, da 1ª Subsecção do CA***].

Contudo, não é essa a situação que se verifica nos presentes autos.

Com efeito, a perda originária do objecto do recurso do acto do vereador – acto primário – só não se verificaria se fosse de todo evidente a nulidade do acto secundário – despacho do Presidente da Câmara Municipal de Barcelos que ratificou o acto primário –, posto que tal nulidade poderia e deveria, desde logo, ser oficiosamente conhecida pelo tribunal "*a quo*".

Mas, não obstante o esforço dispendido pelo recorrente jurisdicional para convencer do contrário, essa nulidade não só não é evidente como é inexistente.

Assim, mesmo admitindo que a competência para aplicar ao recorrente a medida cautelar da suspensão preventiva, prevista no artigo 54.º do ED, não era do Presidente da Câmara, mas sim desta última, o despacho do presidente, visando ratificar o despacho do vereador que aplicara aquela medida cautelar, não se mostrava inquinado de vício gerador de nulidade, mas sim de mera anulabilidade, por ser esta a forma de invalidade correspondente ao vício de incompetência por falta de competência [ou incompetência relativa] – ***Neste sentido, cfr. Freitas do Amaral, Curso de Direito Administrativo, Vol. II, 2001, págs. 420***.

Por isso, o despacho do Presidente da Câmara Municipal de Barcelos, datado de 6-7-2001, que visou sanar o vício – incompetência por falta de competência – do acto do vereador da mesma câmara, objecto do recurso contencioso interposto pelo recorrente no TAC do Porto, mostrava-se, quando muito, também ferido de idêntico vício, gerador não da forma mais grave de invalidade – a nulidade – mas sim de mera anulabilidade.

Com efeito, é preciso ter presente que o presidente de uma câmara municipal é o órgão singular executivo desta, atento o extenso rol de competências próprias que a lei lhe atribui, pelo que tal hipótese prefiguraria sempre a prática de um acto por órgão [não competente] da mesma pessoa colectiva, logo, um acto viciado por incompetência [relativa ou por falta de competência], cuja forma de invalidade seria a anulabilidade.

E, sendo tal acto apenas anulável, seria ele apto a produzir todos os seus efeitos típicos, até à respectiva revogação ou anulação contenciosa por sentença transitada em julgado. Ora, não estando demonstrada nem uma nem outra realidade, embora viciado por incompetência relativa, o certo é que o acto do Presidente da Câmara Municipal de Barcelos, datado de 6-7-2001, veio privar originariamente de objecto o recurso contencioso interposto pelo recorrente, que assim só podia ter sido rejeitado, como foi, pela decisão recorrida.

Donde, e em conclusão, improcedem todas as conclusões das alegações do recorrente.

IV. Nestes termos, e pelo exposto, acordam em negar provimento ao recurso, confirmando a sentença recorrida.

Custas a cargo do recorrente, com taxa de justiça e procuradoria, que se fixam em € 250,00 e € 80,00, respectivamente.

Lisboa, 20 de Abril de 2006

Rui Fernando Pereira
Magda Espinho Geraldes
António Paulo de Vasconcelos

Recurso n.º 07159/2003

PROFESSORES DE ENSINO PORTUGUÊS NO ESTRANGEIRO. CONCURSO. VALIDADE. CONTRATAÇÃO LOCAL.

(Acórdão de 22 de Junho de 2006)

SUMÁRIO:

I – Dado que no biénio de 1996-1998 não se realizou qualquer concurso para a colocação de professores do ensino português no estrangeiro, como o atesta a Circular n.º 8/DEB/NEPE/GA/96, de 5-3-96, embora existissem vagas para preencher, de acordo com o disposto no artigo 5.º do DL n.º 519-E/79, as mesmas deveriam ser preenchidas pelos candidatos constantes da lista ordenada, seguindo-se, para o efeito, a graduação dos mesmos.

II – Tal decorre não só do próprio aviso de abertura do concurso anterior – de acordo com o ponto 18.8 do Despacho Conjunto n.º 15-A/SERE/ /SEEBS/93, que ordenou a respectiva abertura, as listas definitivas de ordenação considerava-se válidas até à realização de novo concurso, podendo ser chamados, por ordem do seu posicionamento naquelas listas, candidatos não colocados para o preenchimento de futuras vagas –, como também na norma transitória constante do artigo 32.º do DL n.º 52/95, de 20/3.

III – Aquela norma fixou um regime transitório dos professores de português no estrangeiro, determinando que, nos anos lectivos de 1994-1995 e 1995-1996, continuaria a caber ao Departamento

de Educação Básica do Ministério da Educação a colocação de professores, num primeiro momento, através da recondução, para o ano lectivo de 1995-1996, dos docentes que se encontrassem a exercer funções no ano lectivo de 1994-1995 e que estivessem interessados em se manter naquela situação (cfr. artigo 32.°, n.° 2 do DL n.° 52/95) e, num segundo momento, através do recurso, pelo Instituto Camões, aos instrumentos de mobilidade da lei geral (idem, artigo 32.°, n.° 3 do DL n.° 52/95).

IV – Assim, atenta a especificidade da carreira docente, os instrumentos de mobilidade referidos no n.° 3 do artigo 32.° do DL n.° 52/95, só podiam ser os previstos no respectivo estatuto, aprovado pelo DL n.° 139-A/90, de 28/4 (Estatuto da Carreira dos Educadores de Infância e dos Professores dos Ensinos Básico e Secundário], ou seja, o concurso, a permuta, a requisição, o destacamento e a comissão de serviço [cfr. artigo 64.° do DL n.° 139-A/90, de 28/4), ficando de todo vedado o recurso à contratação local de professores para o preenchimento de horários, fossem eles completos ou não.

V – Em consequência, os despachos de homologação anulados pela sentença recorrida, na medida em que sancionaram a contratação local de professores nos cursos de Língua e Cultura Portuguesa, na área consular de Genéve, Suiça, quando ainda se mostrava válido o concurso aberto para o biénio 1993-1995, bem como a respectiva lista definitiva de ordenação, violaram efectivamente os artigos 5.° e 19.° do DL n.° 519-E/79, de 28/12, os Pontos 18.8 e 19. do Despacho Conjunto n.° 15-A/SERE/SEEBS/93, de 27/2, e ainda o n.° 3 do artigo 32.° do DL n.° 52/95, de 20/3.

ACORDAM EM CONFERÊNCIA NO 1.° JUÍZO LIQUIDATÁRIO DO TRIBUNAL CENTRAL ADMINISTRATIVO SUL

I. O ***Director do Departamento de Educação Básica do Ministério da Educação***, inconformado com a sentença do TAC de Lisboa, datada de 12-11-2002, que concedeu provimento ao recurso contencioso interposto por Maria da Graça Madeira Gomes, os actos de homologação por aquele praticados, em nome próprio ou em seu nome por delegação, de sete contratos de prestação eventual de serviço docente, celebrados localmente, para exercício de funções em cursos de ensino português no estrangeiro, área consular de Genebra, na Suiça, dela veio interpor o presente recurso jurisdicional.

Nas suas alegações conclui nos seguintes termos:

"A. O concurso regulado pelo Despacho Conjunto n.° 15-A/SERE/SEEBS de 27 de Fevereiro era válido para o biénio de 1993-95.

B. A ora recorrida não veio a ser colocada na sequência desse concurso, ou seja no ano de 1993/94 e 1994/95 por falta de vaga.

C. O Decreto-Lei n.° 52/95 de 20 de Março que veio produzir reajustamentos na estrutura do Instituto Camões estabeleceu no artigo 32.° um regime especial e transitório no que se refere à colocação de docentes no estrangeiro para o ano de 1995/96.

D. De acordo com esse regime a colocação dos docentes era promovida pelo DEB e seria assegurada através da recondução para o ano lectivo de 1995/96 dos docentes que já se encontravam em exercício efectivo de funções no ano lectivo de 1994/95, sendo as eventuais vagas que se verificassem preenchidas pelo Instituto Camões mediante recurso aos instrumentos de mobilidade geral (n.° 3 do artigo 32.°).

E. Para execução do disposto no n.° 3 do artigo 32.° do Decreto-Lei n.° 52/95 foi acordado entre o Instituto Camões e o DEB que o preenchimento das vagas seria realizado através de contratações locais [cfr. Ofício-Circular n.° 2/DEB/95, junto aos autos em 25 de Março de 1997].

F. As contratações locais a que se refere a recorrida foram, assim, celebradas no âmbito deste regime especial transitório.

G. Encontrando-se esgotado o prazo do concurso e derrogados quaisquer efeitos da regulamentação estabelecida pelo Despacho Conjunto n.° 15-A/SERE/SEEBS/93 pela entrada em vigor do regime contido no Decreto-Lei n.° 52/95, as referidas contratações, bem como os respectivos actos homologatórios não violaram qualquer determinação do aludido despacho, nem o disposto no artigo 19.° do Decreto-Lei n.° 519-E/79.

H. Mas limitaram-se a seguir as disposições do referido diploma e as normas regulamentares que, em sua execução, foram estabelecidas para o ano lectivo de 1995/96, designadamente no que se refere ao preenchimento das vagas.

I. Sendo irrelevante, neste contexto, para a decisão, apesar de amplamente debatida nos autos, a questão da qualificação de completos ou incompletos a atribuir aos horários sobre que incidiam tais contratos, pois efectivamente não estavam em causa as regras do concurso.

J. Consequentemente não se verifica nenhum dos vícios de violação de lei, arguidos pela ora recorrida.

L. Sendo os referidos contratos locais celebrados nos termos do regime provisório legalmente estabelecido para o ano de 1995/96 e, por isso inteiramente válidos os actos homologatórios que sobre eles recaíram.

M. Ao decidir em contrário a douta sentença recorrida não atendeu às prescrições legais e regulamentares vigentes em matéria de colocação de docentes do ensino português no estrangeiro para o ano lectivo em causa, pelo que deve ser revogada e substituída por outra que considere válidos os actos homologação dos contratos em causa e consequentemente improcedente o recurso contencioso de anulação intentado pela ora recorrida".

Por seu turno, nas contra-alegações que apresentou, a recorrida [recorrente contenciosa] formulou as seguintes conclusões:

"I. A aqui recorrida submeteu-se, em 1993, ao concurso para preenchimento de lugares de professor de ensino português no estrangeiro de nível não superior, regulado pelo Despacho Conjunto n.° 15-A/SERE/SEEBS/93, de 27 de Fevereiro, tendo ficado na 199.ª posição na respectiva lista definitiva de ordenação;

II. Nos termos do ponto 18.8 do supra citado despacho, aquela lista definitiva de ordenação considera-se válida até à realização de novo concurso, pelo que, para o ano lectivo de 1995/96, não tendo sido realizado novo concurso, a aqui recorrida devia ter sido chamada para ocupar uma das vagas existentes;

III. Ao invés, o Departamento de Educação Básica preencheu as vagas existentes através do recurso a contratações locais, apesar de anteriormente não ter posto em causa a validade daquela lista definitiva de ordenação, alegando que a aqui recorrida não obteve colocação porque para aquele ano lectivo não existia nenhum horário completo de 22 horas;

IV. O regime transitório para os anos lectivos de 1994/95 e de 1995/96, previsto no artigo 32.º do Decreto-Lei n.º 52/95, de 20 de Março, não confere ao Departamento de Educação Básica liberdade para promover a colocação de docentes mediante contratações locais;

V. Nas colocações no ano lectivo de 1995/96, o Departamento de Educação Básica estava obrigado à observância das disposições legais relativas ao preenchimento de lugares de professores de ensino português no estrangeiro, designadamente o disposto nos artigos 5.º e 19.º do Decreto-Lei n.º 519-E/79;

VI. Assim, as vagas existentes no ano lectivo de 1995/96 deviam ter sido preenchidas, em primeiro lugar, pelos docentes constantes da supra referida lista definitiva de ordenação, que era o caso da recorrida; só no caso de inexistência de candidatos graduados tinha a entidade recorrida possibilidade de recorrer a outros instrumentos de mobilidade e também à contratação local;

VII. Pelo que, no entender da recorrida, os actos de homologação dos contratos locais em causa violaram o disposto nos artigos 5.º e 19.º do Decreto-Lei n.º 519-E/79, e nos pontos 18.8 e 19 do Despacho Conjunto n.º 15-A//SERE/SEEBS/93".

Neste TCA Sul, a Digna Magistrada do Ministério Público emitiu parecer, onde conclui nos seguintes termos:

"[...]

Segundo a sentença recorrida, a contratação dos recorridos particulares violou o disposto no artigo 19.º do DL n.º 519-E/79, visto que tal contratação apenas seria admissível se da lista de ordenação do concurso de 1993 e ainda válida para o ano lectivo de 1995/1996 não constassem candidatos em condições de serem requisitados nos termos do artigo 5.º do mesmo diploma; a circunstância dos recorridos particulares terem sido contratados para um horário de 21 horas não justifica a postergação dessa primazia, nomeadamente porque tal horário se deve considerar completo atendendo a que ultrapassa o horário de 18 horas lectivas previsto no artigo 11º, alínea a) do DL n.º 519-E/79.

Segundo a entidade recorrida, ora agravante, o concurso a que a recorrente concorreu e no qual ficou classificada em 199.º lugar e regulado pelo Despacho Conjunto n.º 15-A/SERE/SEEBS, de 27 de Fevereiro, era válido para o biénio de 1993-95, não tendo a mesma ficado colocada nesse biénio, por falta de vaga; o DL n.º 52/95, de 20/3, veio produzir o reajustamento da estrutura interna do Instituto Camões, atribuindo-lhe competência para a orientação global do ensino da língua portuguesa no estrangeiro. Neste âmbito, o artigo 32.º prevê um regime especial e transitório no que se refere à colocação de docentes no estrangeiro para o ano de 1995/96. Nos termos deste dispositivo legal, os professores que exerciam funções no ano lectivo anterior foram reconduzidos, sendo as eventuais vagas que se verificassem, preenchidas pelo Instituto Camões mediante recurso aos instrumentos de mobilidade geral.

Assim, a contratação levado a cabo, insere-se no citado regime especial transitório, não violando quer o artigo 19.º do DL n.º 519-E/79, quer o referido Despacho Conjunto, quer o DL n.º 52/95, sendo irrelevante a qualificação de completos ou incompletos a atribuir aos horários sobre que incidiam tais contratos pois não estavam em causa as regras do concurso.

Parece-me, efectivamente, que a razão está com a entidade recorrida, posição que de forma semelhante foi também tomada pelo magistrado do M.º P.º junto da primeira instância.

Na verdade, é manifesto que a recorrente, à data em que os contratos foram celebrados, já não tinha nenhuma expectativa juridicamente tutelada de vir a ser colocada ao abrigo do concurso regulado pelo despacho conjunto n.º 15-A/SERE/SEEBS/93, de 27/2.

De facto, tal concurso apenas foi válido para o biénio 1993-95 e não já para o ano lectivo de 1995/1996 a que dizem respeito os contratos impugnados.

Que o concurso em análise era válido apenas para dois anos lectivos, resulta claramente do artigo 1.º do DL n.º 519-E/79, de 28/12, nos termos do qual "o preenchimento dos lugares docentes para o magistério em curso do ensino básico e secundário no estrangeiro, será feito mediante concurso documental a realizar bienalmente".

Deste modo, o período de validade da lista definitiva de ordenação do concurso em análise teria que ser o mesmo deste, pelo que a referência contida no ponto 18.8 do Despacho Conjunto referido, de que tal lista se considerava válida até à realização do novo concurso só se pode interpretar no sentido de que tal validade dependia do novo concurso, ter lugar nos termos legais, daí a dois anos.

Isto, sob pena de tal Despacho Normativo violar o n.º 1 do DL n.º 519-E/79, o que, de todo o modo, implicaria a sua inaplicabilidade por ilegal.

Ora, não há dúvida, por outro lado, que a contratação de professores é um dos instrumentos de mobilidade geral, nada impedindo que a Administração, pelo menos em termos transitórios recorresse à contratação de professores em vez de abrir novo concurso, conforme se depreende do já citado artigo 35.º do DL n.º 52/95, de 20/3, e também do DL n.º 519-E/79.

Do mesmo modo, não decorre, quer deste último Decreto-Lei, quer da Portaria n.º 818/90, de 11/9, quer ainda do DL n.º 18/88, de 21/1 [este aplicável ao caso, conforme decorre do preâmbulo da citada Portaria bem como do seu artigo 23º], que a contratação se destina apenas à atribuição de horários incompletos.

Assim, para além de se nos afigurar que a recorrente carecia de legitimidade para impugnar os contratos em referência [por o concurso onde ficou posicionada já não ser válido à data da sua celebração, bem como à data da respectiva impugnação], a celebração dos mesmos não viola qualquer das normas invocadas pela recorrente e referidas na sentença e, nomeadamente, os artigos 5.º e 19.º do DL n.º 519-E/79, e também – embora a sentença não o refira expressamente – o n.º 18.8 do Despacho Conjunto n.º 15-A/SERE/SEEBS/93, de 27/2.

Termos em que, de acordo com o exposto, emito parecer no sentido de ser revogada a sentença recorrida, com o que se concederá provimento ao presente recurso jurisdicional".

Colhidos os vistos legais, vem o processo à conferência para decisão.

II. A sentença recorrida considerou provada a seguinte factualidade:

i. A recorrente candidatou-se, em 1993, ao concurso para preenchimento dos lugares de professor de Ensino Português no Estrangeiro de nível não superior, ficando graduada no 199.° lugar na lista final, publicada no DR, II Série, n.° 167, de 19 de Julho de 1993;

ii. Por carta de 14-6-95, a recorrente manifestou ao Director do Departamento de Educação Básica a sua disponibilidade para ocupar vaga, na Suíça, no âmbito do concurso referido em a), para o ano lectivo de 1995/96;

iii. Com data de 28-8-95, José Carlos Sousa Godinho, declarando ser representante legal do Ministério da Educação, celebrou os seguintes "*contratos de prestação eventual de serviço docente*", com validade de 28-8-95 a 29-6-96, para o preenchimento de um horário de 21 horas lectivas semanais, com Maria Eduarda Domingos Lopes da Silva, contrato esse homologado em 2-10-1995, em nome do Director-Geral da Educação Básica, por delegação conferida pelo Despacho n.° 47/ /GD/94, de 20 de Maio, com Possidónio José Rosado Cachapa, homologado em 6-10-1995, pelo Director-Geral do Departamento da Educação Básica, e com Maria Manuela Leite Jarrais de Araújo, homologado em 26-9- -1995, em nome do Director-Geral da Educação Básica, por delegação conferida pelo Despacho n.° 47/GD/94, de 20 de Maio;

iv. Com data de 30-8-95, o mesmo José Carlos Sousa Godinho, invocando a qualidade referida na alínea anterior, celebrou idênticos contratos, com validade de 30-8-95 a 29-6-96, para o preenchimento de um horário de 21 horas lectivas semanais, com Paulo Jorge Bizarro Morgado, homologado em 26-9-1995, em nome do Director-Geral da Educação Básica por delegação conferida pelo Despacho n.° 47/GD/94, de 20 de Maio, e com Guida Maria Pires Reis Neto, homologado em 14-11-1995, em nome do Director-Geral da Educação Básica, por delegação conferida pelo Despacho n.° 47/GD/94, de 20 de Maio;

v. E, com data de 24-10-95, José Carlos Sousa Godinho, invocando a qualidade anteriormente referida, celebrou idênticos contratos, com validade de 30-8-95 a 29-6-96, para o preenchimento de um horário de 21 horas lectivas semanais, com Álvaro da Cunha Oliveira, homologado em 9-10-1995, em nome do Director-Geral da Educação Básica, por delegação conferida pelo Despacho n.° 47/GD/94, de 20 de Maio e com Teresa de Jesus Mariz Elias Bruttin, homologado em 6-10-1995, pelo Director-Geral do Departamento da Educação Básica;

vi. No acto lectivo de 1995/96 a recorrente não obteve colocação no âmbito do concurso referido em i.;

vii. Em 27-2-97, a Embaixada de Portugal em Berna [Serviços de Ensino] emitiu uma certidão cujo teor é o seguinte:

"*1. No ano lectivo de 1992/93, havia 46 [quarenta e seis] professores requisitados em serviço na Suíça. Os horários por eles leccionados tinham a seguinte componente lectiva: 28 [vinte e oito] horários de 21 [vinte e uma] horas; 11 [onze] horários de 22 [vinte e duas] horas; 2 [dois] horários de 20 [vinte] horas; 3 [três] horários de 18 [dezoito] horas; 1 [um] horário de 23 [vinte e três] horas; 1 [um] horário de 9 [nove] horas, completado com serviço administrativo no Consulado-Geral de Genebra.*

2. No ano lectivo de 1993/94, havia 55 [cinquenta e cinco] professores requisitados em serviço na Suíça. Os horários por eles leccionados tinham a seguinte componente lectiva: 43 [quarenta e três] horários de 21 [vinte e uma] horas; 9 [nove] horários de 22 [vinte e duas] horas; 2 [dois] horários de 19 [dezanove] horas; 1 [um] horário de 6 [seis] horas, completado com trabalho administrativo no Consulado-Geral de Genebra.

3. No ano lectivo de 1994/95, havia 57 [cinquenta e sete] professores requisitados em serviço na Suíça. Os horários por eles leccionados tinham a seguinte componente lectiva: 49 [quarenta e nove] horários com 21 [vinte e uma] horas; 5 [cinco] horários com 22 [vinte e duas] horas; 1 [um] horário com 18 [dezoito] horas; 1 [um] horário com 20 [vinte] horas; 1 [um] horário com 14 [catorze] horas, atribuído a um dirigente sindical.

4. No ano lectivo de 1995/96, havia 51 [cinquenta e um] professores requisitados em serviço na Suíça. Os horários por eles leccionados tinham a seguinte componente lectiva: 40 [quarenta] horários com 21 [vinte e uma] horas; 2 [dois] horários com 22 [vinte e duas] horas; 2 [dois] horários com 18 [dezoito] horas; 4 [quatro] horários com 20 [vinte] horas; 1 [um] horário com 17 [dezassete] horas; 1 [um] horário com 19 [dezanove] horas; 1 [um] horário com 14 [catorze] horas, atribuído a um dirigente sindical.

No ano lectivo de 1996/97, há 57 [cinquenta e sete] professores requisitados em serviço na Suíça. Os horários por eles leccionados têm a seguinte componente lectiva: 42 [quarenta e dois] horários com 21 [vinte e uma] horas; 6 [seis] horários tinham 21 [vinte e uma] horas, mas sofreram reduções variadas por terem sido atribuídas funções de enquadramento pedagógico ou outras aos seus titulares; 2 [dois] horários com 22 [vinte e duas] horas; 2 (dois) horários com 20 [vinte] horas; 1 [um] horário com 23 [vinte e três] horas; 1 [um] horário com 19 (dezanove) horas; 2 (dois) horários com 16 (dezasseis) horas; 1 [um] horário com 12 [doze] horas, atribuído a um dirigente sindical.

2. No ano lectivo de 1992/93, a professora requisitada Maria da Graça Madeira Gomes leccionava um horário de 21 [vinte e uma] horas.

3. No ano lectivo de 1996/97, foi-lhe atribuído um horário de 21 horas, posteriormente entregue a uma professora contratada, Edite Maria da Silva Fernandes Oliveira, por terem sido atribuídas funções pedagógico-admnistrativas à sua titular; esse horário sofreu uma alteração posterior para 22 horas".

Por se mostrarem também com interesse para a decisão, ao abrigo do disposto no artigo 712°, n.° 1, alínea a) do CPCivil, aditam-se à matéria de facto fixada na decisão da 1ª instância, os seguintes factos:

viii. Com data de 21-8-95, o Director do Departamento de Educação Básica do Ministério da Educação remeteu às Coordenações Gerais de Ensino e às Coordenações de Ensino o Ofício/Circular n.° 2/DEB/95, com o seguinte teor:

"*ASSUNTO: PREENCHIMENTO DE HORÁRIOS PARA 1995/96*

Na sequência do acordado na reunião de 10-8-95 com o Instituto Camões, os horários não preenchidos por professores reconduzidos nos termos do n.° 3 do Decreto-Lei n.° 52/95,de 20 de Março, serão preenchidos por contratações locais.

No caso de inexistência de candidatos a contratação para suprir as necessidades, deverá ser comunicado ao DEB, o n.° e características dos horários não preenchi-

dos" [Cfr. fls. 83 dos autos, cujo teor aqui se dá por integralmente reproduzido].

ix. Com data de 5-3-96, a Directora do Departamento de Educação Básica do Ministério da Educação remeteu às Coordenações Gerais de Ensino, às Coordenações de Ensino e aos Professores a Circular n.º 8/DEB/NEPE//GA/96, com o seguinte teor:

"*ASSUNTO: Orientações sobre:*

1. Colocação de Professores para o biénio 96/98;

2. Rede de Cursos.

"*Estando prevista, para muito em breve, a publicação de legislação relativa à transferência da tutela do ensino do português no estrangeiro para o Ministério da Educação e considerando que urge reformular toda a estrutura legal em que se tem desenvolvido este subsistema de ensino, tendo em vista a sua estabilização e introdução de mecanismos que possibilitem a melhoria das suas condições de funcionamento e que, para tanto importa dispor de um período de tempo suficiente para tal reformulação, levo ao conhecimento de V. Exª as orientações definidas por Sua Excelência a Secretaria de Estado da Educação e Inovação:*

1. Não se realizará este ano o concurso previsto para o biénio 96/98;

2. A colocação de professores será feita, de acordo com o número de lugares decorrentes da respectiva rede, observando, sucessivamente, os seguintes procedimentos:

a) Renovação da requisição por dois anos lectivos, dos docentes que se encontrem na situação de requisitados no corrente ano lectivo e que manifestem, até ao dia 31 de Maio de 1996, o seu interesse em se manter nessa situação;

b) Requisição, por dois anos lectivos, dos candidatos constantes das listas do anterior concurso;

c) Contratação local;

3. A rede de cursos não deverá sofrer alargamento, a não ser em circunstâncias excepcionais e que serão apreciadas caso a caso.

Destas orientações deverá ser dado conhecimento imediato aos docentes" [Cfr. fls. 40 dos autos, cujo teor aqui se dá por integralmente reproduzido].

x. Com data de 23-8-96, a Directora do Departamento de Educação Básica do Ministério da Educação remeteu ao embaixador de Portugal em Berna o ofício n.º 23178, com o seguinte teor:

"*ASSUNTO: Nomeação em regime de requisição*

Para os efeitos tidos por convenientes comunico a V. Exª que, por despacho de 12-8-96, de Sua Excelência o Secretário de Estado da Administração Educativa, de acordo com a circular n.º 8/DEB/NEPE/GA/96, de 5 de Março, e na sequência do concurso regulamentado pelo Despacho Conjunto n.º 15-A/SERE/SEEBS/93, foi nomeado em regime de requisição, nos termos do Decreto-Lei n.º 139-A/90, de 28 de Abril, o professor(a) Maria da Graça Madeira Gomes, pertencente à (ao) Escola Secundária Rainha D. Leonor, para exercer funções docentes nos cursos de Língua e Cultura Portuguesa, na área consular de Genéve, Suiça, no biénio 96/98, com efeitos a partir de 1-9-96" [Cfr. fls. 125 dos autos, cujo teor aqui se dá por integralmente reproduzido].

III. Com base em tal factualidade, a sentença recorrida concedeu provimento ao recurso contencioso, estribando-se no seguinte discurso jurídico:

"*O objecto do presente recurso é constituído por um núcleo de sete contratos celebrados entre os recorridos particulares e Departamento de Educação Básica do Ministério da Educação, homologados pelo ou por delegação respectivo Director-Geral, actos que na tese da recorrente padecem do vício de violação de lei.*

Não assim para a autoridade recorrida, para quem tais contratos são legais, visto que incidiam sobre horários incompletos, não estando assim submetidos ao regime do DL n.º 519-E/79, de 28 de Dezembro, mas outrossim ao previsto na Portaria n.º 818/90, de 11 de Setembro.

Em nosso entender o recurso à figura do horário incompleto constituiu, salvo o devido respeito, um subterfúgio para evitar a requisição de professores graduados no concurso referido supra na alínea a). De facto, não só se apurou que horários inferiores a 22 horas não impediram a contratação de professores em circunstâncias idênticas às da recorrente – tendo ela própria leccionado num horário de 21 horas – como a singularidade de todos os contratos sindicados terem sido celebrados para horários de 21 horas e de tal horário representar 95,5% de um horário completo permite extrair a conclusão acima referida.

Tanto mais que o artigo 11.º do DL n.º 519-E/79 prevê, expressamente, três horários diferentes – 22, 18 e um mínimo de quatro horas lectivas semanais – não dependendo a atribuição de cada um deles da situação do docente, ou seja, não prevê que essa atribuição se faça em função da requisição ou da contratação local.

De todo o modo, a partir de 1 de Setembro de 1979, as colocações e contratos dos docentes de ensino português no estrangeiro passaram a ser regulados pelas normas deste decreto-lei e de acordo com os direitos adquiridos por concurso [artigo 19º], isto é, conferiu-se primazia aos professores graduados em concurso – como é o caso da recorrente – e durante o prazo de validade do mesmo sobre os professores contratados, aos quais se aplica o disposto no artigo 8.º, n.º 1.

Concluiu-se, pois, que a contratação dos recorridos particulares violou o disposto no artigo 19.º do DL n.º 519-E/79, visto que tal contratação apenas seria admissível se da lista de ordenação do concurso de 1993 e ainda válida para o ano lectivo 1995/1996 não constassem candidatos em condições de serem requisitados nos termos do artigo 5.º do mesmo diploma.

A circunstância dos recorridos particulares terem sido contratados para um horário de 21 horas não justifica a postergação dessa primazia, não só porque tal horário se deve considerar completo atendendo a que ultrapassa o horário de 18 horas lectivas previsto no artigo 11º, alínea a) do DL n.º 519-E/79, mas também porque a Portaria n.º 818/90, de 11 de Setembro constitui diploma regulamentar do artigo 8.º deste diploma, como expressamente dela consta, não se relacionando com o DL n.º 18/88, de 21 de Janeiro, diploma que nem sequer se aplica aos professores requisitados ou contratados nos termos do DL n.º 519-E/79 (cfr. artigo 1.º do DL 18/88).

Em face do exposto, procede a arguição do vício de lei invocado pela recorrente, pelo que os actos impugnados terão de ser anulados [artigo 135.º do CPA]".

* * * * * *

Conforme decorre, em síntese, do respectivo discurso legitimador, a sentença recorrida considerou que o(s) acto(s) recorrido(s), ao homologar sete contratos de prestação eventual de serviço docente, celebrados localmente, para exercício de funções em cursos de ensino português no estrangeiro, área consular de Genebra, na Suiça, violava o disposto no artigo 19.° do DL n.° 519-E/79, de 28/12, na exacta medida em que este normativo dispunha que, a partir de 1 de Setembro de 1979, as colocações e contratos dos docentes de ensino português no estrangeiro passavam a ser regulados pelas normas contempladas nesse DL e de acordo com os direitos adquiridos por concurso.

Contra tal entendimento, insurge-se a entidade recorrida, para quem o concurso aberto pelo Despacho Conjunto n.° 15-A/SERE/SEEBS/93 e, por maioria de razão, as respectivas listas de ordenação, caducou com a entrada em vigor do DL n.° 52/95, de 20/3, por força do regime transitório previsto para o ano lectivo de 1995-1996 no seu artigo 32.°.

Vejamos se assiste razão ao recorrente jurisdicional.

O DL n.° 519-E/79, de 28/12, veio regular o procedimento concursal para preenchimento dos lugares docentes para o magistério em cursos de ensino básico e secundário no estrangeiro, estabelecendo que o mesmo seria documental e de realização bienal [cfr. artigo 1.°].

Por outro lado, o artigo 5.° do citado DL n.° 519-E/79 determinava que "*se durante o período de validade do concurso surgirem vagas, as mesmas serão preenchidas por candidatos constantes das lista ordenada, seguindo-se, para o efeito, a graduação dos mesmos*".

O concurso a que se reportam os autos – preenchimento dos lugares de professor de Ensino Português no Estrangeiro de nível não superior – foi aberto e regulamentado pelo Despacho Conjunto n.° 15-A/SERE/SEEBS/ /93, de 27/2, publicado no DR, II Série, n.° 49, de 27-2-93, estatuindo-se no seu ponto 18.8 que "*as listas definitivas de ordenação se consideram válidas até à realização de novo concurso, podendo ser chamados, por ordem do seu posicionamento naquelas listas, candidatos para preenchimento de futuras vagas*", continuando-se no ponto 19. que "*dos candidatos constantes das listas definitivas será convocado o número necessário para o preenchimento de horários completos*".

Tal concurso foi aberto para preenchimento dos referidos lugares para o biénio de 1993/95 e, como se viu, a recorrente contenciosa e aqui recorrida foi opositora ao mesmo, vindo a constar das listas ordenadas definitivas à fase de colocação com o n.° 199, não tendo contudo logrado obter colocação nem nesse ano nem no seguinte.

Contudo, como acima se deixou expresso, dado que no biénio de 1996-1998 não se realizou qualquer concurso, como o atesta a Circular n.° 8/DEB/NEPE/GA/96, de 5-3-96 [cfr. ponto ix. do probatório], embora existissem vagas, a questão a colocar seria a de saber se, de acordo com o disposto no artigo 5.° do DL n.° 519-E/79, tais vagas deveriam ser preenchidas pelos candidatos constantes da lista ordenada, seguindo-se, para o efeito, a graduação dos mesmos, ou, como sustenta o recorrente jurisdicional, se nesse caso o concurso já havia caducado, mostrando-se assim legitimado o recurso à contratação local de professores.

Em nosso entender, a resposta à questão enunciada encontrava-se não só no próprio aviso de abertura do concurso em causa – de acordo com o ponto 18.8 do Despacho Conjunto que determinou a abertura daquele concurso, as listas definitivas de ordenação consideravam-se válidas até à realização de novo concurso, podendo ser chamados, por ordem do seu posicionamento naquelas listas, candidatos não colocados para o preenchimento de futuras vagas –, como também na norma transitória que o recorrente jurisdicional convoca em defesa da sua tese, ou seja, o artigo 32.° do DL n.° 52/95, de 20/3.

Com efeito, aquela norma fixou um regime transitório dos professores de português no estrangeiro, determinando que, nos anos lectivos de 1994-1995 e 1995-1996, continuaria a caber ao Departamento de Educação Básica do Ministério da Educação a colocação de professores, num primeiro momento, através da recondução, para o ano lectivo de 1995-1996, dos docentes que se encontrassem a exercer funções no ano lectivo de 1994-1995 e que estivessem interessados em se manter naquela situação [cfr. artigo 32.°, n.° 2 do DL n.° 52/95] e, num segundo momento, através do recurso, pelo Instituto Camões, aos instrumentos de mobilidade da lei geral [idem, artigo 32.°, n.° 3 do DL n.° 52/95].

Assim, atenta a especificidade da carreira docente, os instrumentos de mobilidade referidos no n.° 3 do artigo 32.° do DL n.° 52/95, só podiam ser os previstos no respectivo estatuto, aprovado pelo DL n.° 139-A/90, de 28/4 [Estatuto da Carreira dos Educadores de Infância e dos Professores dos Ensinos Básico e Secundário], ou seja, o concurso, a permuta, a requisição, o destacamento e a comissão de serviço [cfr. artigo 64.° do DL n.° 139-A/90, de 28/4].

Ora, sendo assim, estava de todo vedado o recurso à contratação local de professores para o preenchimento de horários, fossem eles completos ou não, na exacta medida em que ainda se encontrava plenamente válido o concurso aberto pelo Despacho Conjunto n.° 15-A/ /SERE/SEEBS/93, de 27/2, bem como a respectiva lista definitiva de ordenação.

A demonstrá-lo está o reconhecimento expresso desse facto, constante da Circular n.° 8/DEB/NEPE/GA/96, de 5-3-96, remetida pela recorrente jurisdicional às Coordenações Gerais de Ensino, às Coordenações de Ensino e aos Professores, onde, a propósito das orientações para a colocação de professores para o biénio 96/98, era referido o seguinte:

"*A colocação de professores será feita, de acordo com o número de lugares decorrentes da respectiva rede, observando, sucessivamente, os seguintes procedimentos:*

a) Renovação da requisição por dois anos lectivos, dos docentes que se encontrem na situação de requisitados no corrente ano lectivo e que manifestem, até ao dia 31 de Maio de 1996, o seu interesse em se manter nessa situação;

b) ***Requisição, por dois anos lectivos, dos candidatos constantes das listas do anterior concurso****;*

c) Contratação local" (sublinhado e negrito nosso).

E, tal como decorre do ponto x. do probatório, foi o que veio efectivamente a acontecer com a recorrida jurisdicional, que foi nomeada, em regime de requisição, nos termos do DL n.° 139-A/90, de 28 de Abril, para exercer funções docentes nos cursos de Língua e Cultura Portuguesa, na área consular de Genéve, Suiça, no biénio 96/98, com efeitos a partir de 1-9-96.

Em consequência, os despachos de homologação objecto do recurso contencioso interposto pela recorrente – e anulados pela sentença recorrida –, na medida em que sancionaram a contratação local de professores nos cursos de Língua e Cultura Portuguesa, na área consular de Genéve, Suiça, quando ainda se mostrava válido o concurso aberto para o biénio 1993-1995, bem como a respectiva lista definitiva de ordenação, violaram efectivamente os artigos 5.º e 19.º do DL n.º 519-E/79, de 28/12, os Pontos 18.8 e 19. do Despacho Conjunto n.º 15-A/SERE/SEEBS/93, de 27/2, e ainda o n.º 3 do artigo 32.º do DL n.º 52/95, de 20/3.

Em conclusão, e de acordo com a fundamentação ora aportada, a sentença recorrida é de manter.

IV. Em face do exposto, acordam em negar provimento ao presente recurso jurisdicional, confirmando, embora com fundamentação não totalmente coincidente, a sentença recorrida.

Custas, atenta a isenção de que goza o recorrente jurisdicional.

Lisboa, 22 de Junho de 2006

Rui Pereira
Magda Geraldes
Gonçalves Pereira

Recurso n.º 6911/2003

PROVIDÊNCIA CAUTELAR. CONTESTAÇÃO. NOTIFICAÇÃO DA JUNÇÃO DE DOCUMENTOS AO REQUERENTE DA PROVIDÊNCIA.

(Acórdão de 4 de Maio de 2006)

SUMÁRIO:

I – Em cumprimento dos princípios do contraditório e da igualdade das partes, expressos nos artigos 3.º e 3.ºA do CPC e aplicáveis à jurisdição administrativa por força do artigo 1.º do CPTA, o requerente da providência cautelar tem direito a ser notificado do teor dos documentos juntos com a contestação.

II – Deverá ser anulada a sentença que foi proferida sem o cumprimento dessa prévia notificação, estribada no preceituado no artigo 118.º n.º 3 do CPTA.

ACORDAM OS JUIZES DO 2.º JUÍZO, 1ª SECÇÃO, DO TRIBUNAL CENTRAL ADMINISTRATIVO SUL:

1. ASC – António da Silva Campos, Lda., com os sinais dos autos, veio recorrer da sentença lavrada a fls. 102 e seguintes dos autos no TAF de Castelo Branco, que indeferiu o pedido de suspensão da eficácia do acto de adjudicação da empreitada da construção do Observatório da Ribeira Grande à contra interessada HABIPAX – Construções Civis, SA, em consequência da deliberação, de 27/7/2005, da Câmara Municipal de Fronteira.

Em sede de alegações, formulou as seguintes conclusões:

1 – O princípio do contraditório, de modo especial no processo administrativo, confere a garantia de que não sejam admitidas *provas,* nem proferidas pelo tribunal quaisquer *decisões desfavoráveis* a um sujeito processual, sem que este seja ouvido sobre a matéria (cfr. art. 3.º do CPC) em termos de lhe ser dada previamente ampla e efectiva possibilidade de a discutir, sendo certo que o princípio é de observar mesmo nos processos urgentes.

2 – O princípio da economia processual, sendo uma manifestação do princípio da tutela efectiva, é por natureza um princípio relativo, devendo ceder face à necessidade de salvaguarda dos direitos e princípios (tal como o contraditório).

3 – Assistia à requerente, ora recorrente, o direito de se pronunciar sobre os 8 documentos juntos com a contestação à providência, de que a requerente apenas conhecia 2 (os únicos que a entidade requerida a havia notificado).

4 – Assistia à requerente o direito de não ser surpreendida com uma decisão desfavorável, baseada em documentos e factos em relação aos quais se não pôde pronunciar.

5 – Todavia, o contraditório não foi assegurado, pois a contestação e seus documentos apenas lhe foram notificados em simultâneo com a sentença de indeferimento da providência, sendo certo que o tribunal valorou em termos probatórios alguns desses documentos e neles baseou a sua decisão, o que é gritantemente ofensivo do contraditório e do princípio da igualdade das partes.

5A – A sentença violou o disposto nos artigos 3.º n.º 3 e 3.º A do CPC e artigo 6.º do CPTA, pelo que deve ser revogada.

6 – A recorrente, por força do direito fundamental à tutela judicial efectiva constitucionalmente consagrado no n.º 4 do art. 266.º da Constituição da República, tem direito que o Tribunal aprecie a pretensão deduzida em juízo neste procedimento cautelar – onde se inclui o seu direito à prova.

7 – No nosso sistema jurídico, e por respeito ao princípio do contraditório, só em casos excepcionais se admite que o Juiz não proceda à produção da prova, por desnecessidade da mesma, sendo aqueles em que já se verificam os requisitos para o decretamento da providência, por prova documental, por confissão ou por admissão insusceptível de ser destruída pela produção dos meios de prova propostos pelo requerente ou oficiosamente ordenados pelo juiz: o que não é o caso dos autos.

8 – Antes de qualquer decisão quanto ao mérito da sua pretensão, teria sempre de ser admitida a produção da prova por si requerida, já que alegara factos que deveriam ter sido sujeitos a prova.

9 – De facto, e para além do mais, para que o tribunal possa fazer a ponderação de interesses públicos e privados em presença a que se refere o art. 132.º n.º 6 do CPTA é essencial que o requerente da providência alegue e prove, ainda que indiciariamente, factos concretos que permitam tal ponderação (o que não ocorreu).

10 – A requerente alegou factos que foram absolutamente desconsiderados pelo tribunal, e que a produção de prova poderia ter tornado em factos atendíveis para a decisão.

11 – O disposto no artigo 118.º n.º 3, aplicável por remissão do n.º 3 do artigo 132.º do CPTA, não permite dispensar a produção de prova quando a requerente alegou factos que, a provar, podem ser atendíveis para o

decretamento da providência e, nomeadamente para a ponderação de interesses que o n.º 6 do artigo 132.º ordena que se faça.

12 – A interpretação do n.º 3 do artigo 118.º do CPTA, no sentido de que o julgador pode, sem produção de qualquer prova, indeferir o procedimento cautelar, considerando que os danos dela resultantes para os interesses que a Entidade Requerida representa seriam superiores aos prejuízos para a Requerente, da sua não adopção, é materialmente inconstitucional por violação do direito à prova, o qual emana do princípio constitucional do contraditório.

13 – Não pode (não podia) o Tribunal recorrido, sem admitir a produção de prova referente a factos alegados pela requerente e que a produção de prova poderia ter tornado atendíveis, indeferir o presente procedimento, como o fez.

14 – Violou a sentença recorrida o disposto no artigo 118.º n.º 3 do CPTA e artigos 20.º n.º 4 e 266.º n.º 3 da CRP.

15 – A sentença em crise não procede à total fixação dos factos materiais da causa, ou seja, os fundamentos de facto não se encontram *todos* especificados na sentença, na dita "fundamentação de facto", em clara violação do disposto no artigo 94.º n.º 2 do CPTA.

16 – Os factos provados discriminados na sentença *são menos* do que aqueles que a sentença considera (e em que, afinal, se baseia), faltando, por isso, sustentação fáctica para quase todas as conclusões a que o tribunal chega.

17 – Ora, a não especificação dos fundamentos de facto que suportam o juízo jurídico emitido pelo Tribunal traduzido no comando que configura o direito do caso concreto constitui causa de nulidade de sentença – art. 668.º n.º 1 b) CPC, *ex vi* art. 140.º CPTA.

18 – Incorre neste vício a sentença que se apresenta (total ou parcialmente) omissa de probatório e, por isso, insusceptível de fundamentar de facto a decisão jurídica da causa.

19 – Pelo que se requer a V.Exª ordene a baixa dos autos ao Tribunal recorrido por impossibilidade de o Tribunal *ad quem,* em substituição, reapreciar o julgamento da matéria de facto provinda da 1ª instância e o ali julgado – arts. 712.º n.º 1 a) e n.º 4 CPC, *ex vi* art. 140.º CPTA.

Sem prescindir, e por cautela,

20 – A alínea a) do n.º 1 do art. 120.º do CPTA é uma norma excepcional que apresenta o *fumus boni juris* como o único factor relevante para a decisão de adopção da providência cautelar, tendo o Tribunal que adoptar a providência independentemente do receio de facto consumado, de difícil reparação do dano ou mesmo dos prejuízos que daí possam resultar para o interesse público ou para os contra – interessados, apenas pelo facto de ser evidente a pretensão material do requerente da providência.

21 – A questão jurídica subjacente está sobejamente discutida na nossa jurisprudência e já não é controversa.

22 – Pelo que, estando a questão mais do que significativamente discutida na jurisprudência dos tribunais administrativos superiores, tal como se constata da petição inicial, se verifica o pressuposto legal p. na al. a) do art. 120.º do CPTA.

23 – Apenas haveria que apurar, perfunctoriamente, se esse vício ocorreu, nomeadamente se a introdução da fórmula e da escala aritmética alterou ou deturpou as regras constantes do programa de concurso (o que só através da produção de prova poderia ser feito, em respeito do contraditório), sendo certo que, sempre dentro dos limites próprios de uma tutela cautelar.

24 – Do que se vem de expor, é forçoso concluir que na classificação dos critérios Preço e Prazo, a Comissão de análise das propostas foi para além do Programa de concurso, o que é o mesmo que dizer que não foi respeitado o disposto nos artigos 66.º n.º 1 al. e) e 100.º n.º 2 do DL n.º 59/99, de 2 de Março, tanto mais que a "dita" fórmula foi decidida ou criada *após* o conhecimento das propostas.

25 – Pelo que, mal andou o Tribunal *a quo* ao indeferir a providência, violando estes normativos, bem como a al. a) do n.º 1 do artigo 120.º do CPTA.

26 – No que tange ao requisito específico do contencioso pré – contratual a que se refere o art. 132.º n.º 6 do CPTA, para que o tribunal pudesse fazer a ponderação de interesses públicos e privados em presença era essencial que permitisse ao requerente da providência provar, ainda que indiciariamente, factos concretos que permitissem tal ponderação.

27 – Tal oportunidade, porém, não lhe foi concedida (como se viu acima), pelo que, e salvo o devido respeito todos os considerandos do Mmo. julgador a propósito deste requisito devem ser anulados, pois que carecem em absoluto de fundamentação de facto, sendo nula a sentença.

28 – A sentença, nesta parte é uma ficção (de factos provados).

29 – Mas para além da falta de fundamentação de facto da decisão, incorre a sentença ainda numa flagrante contradição.

30 – Apesar de defender que o juízo de probabilidade a efectuar tem de ter por base *prejuízos efectivos reais,* não é nos prejuízos efectivos e reais que o julgador baseia o seu juízo, mas nos interesses envolvidos, abstractamente considerados.

31 – Assim, é não só manifesta a falta de fundamentação de facto da decisão, como é ainda manifesta a oposição ou contradição entre a decisão e os seus fundamentos de direito, o que a nulidade da sentença e se invoca nos termos do artigo 668.º n.º 1 alíneas b) e c) do CPC, aplicável por força do n.º 1 do art. 140.º do CPTA.

Contra alegou a autoridade recorrida, pugnando pela confirmação do julgado.

O Exm.º Procurador Geral Adjunto neste Tribunal pronuncia-se pelo improvimento do recurso.

Em cumprimento do disposto nos artigos 668.º e 744.º n.º 1 do CPC, o Senhor Juiz *a quo* rebateu as nulidades assacadas à sentença que proferiu.

2. OS FACTOS

Com fundamento na documentação junta e interesse para a decisão, mostram-se provados nos autos os factos seguintes:

a) Em 5/11/2005, ASC – António da Silva Campos, Lda. veio requerer ao TAF de Castelo Branco uma providência cautelar, em que formulou os seguintes pedidos (fls. 1 a 20):

Ser decretada a suspensão da eficácia da deliberação municipal de 27/7/2005, adjudicando à 2ª requerida a empreitada da construção do Observatório da Ribeira Grande.

Ser a 1ª requerida condenada a se abster de celebrar o contrato. Ou, subsidiariamente, serem ambas as requeridas condenadas a absterem-se de executar o contrato.

Juntou documentos e arrolou testemunhas.

b) Contestou apenas a C.M. Fronteira, defendendo a improcedência dos pedidos (fls. 63 a 99).

Também juntou documentos e arrolou testemunhas.

c) Por sentença de 9/12/2005 (fls. 102 a 112) foi considerado não ser necessário produzir prova para além da documental, decidindo a final indeferir os pedidos formulados.

3. O DIREITO

Começa a recorrente por se insurgir contra a inobservância dos princípios do contraditório e da igualdade das partes, previstos nos artigos 3.º e 3.º A do CPC, aplicáveis por força do artigo 1.º do CPTA, e 6.º deste último diploma legal.

Tanto a recorrida como o Senhor Juiz *a quo* estribam-se no preceituado no artigo 118.º n.º 3 do CPTA para defender a não aplicação daqueles princípios em processo cautelar.

Vejamos quem tem razão.

Preceitua o n.º 2 do citado artigo 118º:

"2 – Nas contestações, a entidade requerida e os contra interessados podem oferecer meios de prova".

Acrescentando-se no n.º 3:

"3 – Juntas as contestações ou decorrido o respectivo prazo, o processo é concluso ao juiz, que pode ordenar as diligências de prova que considere necessárias.

Este enunciado legal serve para a Câmara recorrida se opor à argumentação da empresa recorrente, que reclamou do facto de não ter sido notificada do teor dos documentos juntos com a contestação, tendo-lhe sido desfavorável o resultado da providência.

Efectivamente, não se pronuncia a norma em análise sobre a pretendida notificação da contestação ou documentos anexos à parte contrária, mas isso não significa que possa ser desrespeitado o contraditório, mesmo no caso concreto da formulação de um juízo perfunctório, próprio das providências cautelares.

A fls. 595 do seu Comentário ao CPTA, o Prof. Mário Aroso de Almeida e o Cons. Carlos Cadilha, admitem a existência de um articulado suplementar, não previsto no artigo 118.º n.º 3, que proporcione ao requerente da providência a possibilidade de responder às excepções deduzidas nas contestações.

Como dizem aqueles comentadores, "não é invocável o imperativo da celeridade na resolução do processo, porquanto esse imperativo é primacialmente imposto no interesse do requerente, atenta a função específica dos processos cautelares, que é a de dar resposta (célere) a situações de *periculum in mora* na esfera de quem procura a tutela cautelar (*ibidem*,pgs. 596).

Se os princípios do contraditório e da igualdade das partes, previstos nos artigos 3.º e 3ºA do CPC como estruturantes do desenvolvimento do litígio, implicam a existência de um novo articulado para o requerente poder responder às excepções suscitadas pelos requeridos nas contestações, maior razão haverá para permitir-lhe que se pronuncie sobre os documentos juntos pela contra parte, principalmente quando essa omissão pode influir na decisão da causa.

Por isso, ao partir declaradamente para a decisão final sem primeiro ter facultado à requerente o direito de se pronunciar sobre os documentos que acompanhavam a contestação, o Tribunal recorrido cometeu a nulidade prevista nos artigos 201.º n.º 1 do CPC e 1.º da CPTA.

Quanto à 2ª nulidade invocada pela recorrente (falta de produção da prova testemunhal oferecida pelas partes), parece evidente que o juiz da causa é livre de a admitir ou não, ou até de suscitar a produção de outra prova, no exercício do princípio do inquisitório, que hoje lhe é reconhecido.

Mas, nesse caso, e na hipótese de indeferimento da providência, terá de assumir a irrelevância dessa prova, solicitada mas não produzida, para o desfecho da causa.

Mostrando-se, assim, procedentes as conclusões n.ºs 1 a 5, terá a sentença recorrida que ser anulada, bem como os actos a ela subsequentes, enquanto não forem notificados à requerente os documentos juntos aos autos com a sua contestação da requerida.

4. Pelo exposto, acordam no 2.º Juízo, 1ª Secção, do TCAS em conceder provimento ao recurso interposto por ASC – António da Silva Campos, Lda., anulando-se a sentença recorrida por falta de notificação à requerente dos documentos juntos com a contestação da edilidade requerida, e com prejuízo das demais questões suscitadas no recurso.

Sem custas, por não serem devidas.

Lisboa, 4 de Maio de 2006

Mário Gonçalves Pereira
Rogério Martins
António Coelho da Cunha

Recurso n.º 1417/06

REPOSIÇÃO DE VENCIMENTOS. EXTEMPORANEIDADE. ACEITAÇÃO DO ACTO. LEGITIMIDADE.

(Acórdão 18 de Maio de 2006)

SUMÁRIO:

I – Ordenada a reposição das diferenças de vencimento auferidas pelas recorrentes do escalão 1 para o escalão 2, índice 470, de 1-1-92 a 31-12-94, e do escalão 1 para o escalão 3, índice 500, de 1-1-95 a 31-7-95, e do escalão 2 para o escalão 3, índice 500, desde 1-8-95 até 18-3-96, por despacho datado de 19-3-96, notificado àquelas em 9-4-96, e tendo sido requerida, em 30-4-96, ao abrigo do disposto no artigo 30.º da LPTA, certidão do acto, com menção do local da publicação da delegação de poderes, omisso na notificação inicial, a qual lhes foi passada em 13-5-96 e que receberam em 23-5-96, o prazo de 2 meses que tinham para interpor recurso contencioso desse despacho – vd. artigo 28.º, n.º 1,

alínea a) da LPTA –, terminou no dia 23-7-96, ou seja, em plenas férias judiciais de Verão.

II – Assim, o respectivo termo transferiu-se para o primeiro dia útil após as férias judiciais, ou seja, para o dia 16-9-96, já que o dia 15-9-96 correspondeu a um domingo.

III – Nos termos do disposto no artigo 47.° do RSTA, não pode recorrer quem tiver aceitado, expressa ou tacitamente, o acto administrativo, depois de praticado, mas a aceitação dos aspectos favoráveis de um acto administrativo, não prejudica, sem mais, a impugnação da parte desfavorável do acto.

IV – Dado que a aceitação do acto recorrido por parte das recorrentes não foi integral e sem reservas, antes tendo sido condicionada pela necessidade de evitar, desde logo, o aspecto mais desfavorável da sua imediata execução – a reposição da totalidade das quantias indevidamente processadas desde 1-1-92 –, não colhe a argumentação defendida pela recorrente jurisdicional de que essa aceitação retirou legitimidade às recorrentes contenciosas para impugnarem o acto que ordenou a dita reposição.

ACORDAM EM CONFERÊNCIA NO 1.° JUÍZO LIQUIDATÁRIO DO TRIBUNAL CENTRAL ADMINISTRATIVO SUL

I. O ***Conselho Directivo do Centro Regional de Segurança Social de Lisboa e Vale do Tejo*** interpôs o presente ***RECURSO JURISDICIONAL*** da sentença do Tribunal Administrativo do Círculo de Lisboa, que concedeu provimento ao recurso contencioso de anulação que ***Aida Maria Costa Amaro Galvão Pisco e outra*** interpuseram do despacho do vogal daquele Conselho Directivo, datado de 19-3-96, que decidiu mandar repor diferenças de vencimento com fundamento em incorrecto posicionamento em escalões retributivos da sua categoria.

Em alegações de recurso apresentou as seguintes conclusões:

"1ª – O requerimento das ora recorridas, apresentado em 30 de Abril de 1996, respeita ao despacho datado de 7 de Fevereiro do mesmo ano, do qual não foi interposto recurso contencioso.

2ª – Tendo o acto recorrido contenciosamente [despacho de 19 de Março de 1996] sido notificado às recorrentes em 9 de Abril seguinte e o recurso dado entrada em juízo em 16 de Setembro, foi o mesmo interposto extemporaneamente, dado que a respectiva interposição ultrapassou em muito o prazo estabelecido na alínea a) do n.° 1 do artigo 28.° da LPTA, sendo tal extemporaneidade de conhecimento oficioso pelo Tribunal.

3ª – O recurso contencioso deveria, em consequência, ter sido rejeitado por extemporâneo.

Quando assim se não entenda:

4ª – Segundo a disposição do Corpo e do § 1.° do artigo 47.° do Regulamento do Supremo Tribunal Administrativo, aprovado pelo Decreto n.° 41.234, de 20 de Agosto de 1957, não podem recorrer aqueles que tiverem aceitado expressa ou tacitamente o acto administrativo depois de praticado, entendendo-se como aceitação tácita a que deriva da prática, espontânea e sem reserva, de facto incompatível com a vontade de recorrer.

5ª – A manifestação de qualquer reserva quanto à aceitação do acto recorrido que, aliás, só releva para o caso de aceitação tácita, tem de ser anterior à interposição do recurso contencioso, como resulta da própria "natureza das coisas".

6ª – As ora recorridas proferiram, antes da interposição do recurso contencioso, expressões que demonstram inequivocamente que estavam conscientes de que tinham sido posicionadas erradamente na escala remuneratória da função pública, pelo que tinham recebido retribuições superiores às que lhes eram devidas e que, desse facto, derivava para elas a obrigação de repor o indevidamente recebido, o que expressamente declararam, depois de ter sido praticado o acto recorrido.

7ª – Assim o declararam, com efeito, em vários requerimentos dirigidos aos Senhores Ministro das Finanças e Director do Serviço Sub-Regional de Setúbal do CRSS de Lisboa e Vale do Tejo, o que fizeram sem qualquer reserva expressa ou implícita.

8ª – Tendo aceitado expressamente, como deriva claramente das afirmações por elas produzidas, o acto recorrido depois de praticado, perderam as ora recorridas legitimidade para dele recorrerem.

9ª – Quando se entenda que a aceitação do referido acto, por parte das ora recorridas, foi tácita, então não poderá deixar de se entender que a mesma deriva da prática espontânea – não foi solicitado às recorridas que produzissem os requerimentos que produziram – e sem reservas, pois que dos aludidos escritos não transparece sequer que as recorridas entendessem que não tinham obrigação de proceder às reposições que lhes tinham sido determinadas, pelo que o seu comportamento caberá na previsão do citado § 1°.

10ª – Não se alcança, aliás, qual seria o mal maior que os requerimentos produzidos pelas ora recorridas pretendia evitar, nem a douta sentença recorrida o caracteriza em termos de se perceber qual seria o mesmo, louvando-se apenas numa afirmação meramente conclusiva, produzida pelas recorridas, sem qualquer suporte factual, na alegação que apresentaram em sede de recurso contencioso, com total esquecimento de que o acto administrativo definitivo e executório e, por isso, recorrível contenciosamente, goza da presunção de legalidade, tanto quanto aos seus elementos de facto, como quanto aos de direito, e invertendo totalmente esta presunção a favor das, agora, recorridas.

11ª – As recorrentes no recurso contencioso, aqui recorridas, não tinham, pois, legitimidade para o interpor e, por isso, o mesmo deveria ter sido rejeitado por ilegal interposição.

12ª – Não tendo rejeitado o recurso por extemporânea interposição nem julgado como se refere na conclusão precedente, violou a douta decisão recorrida as citadas normas da LPTA e do Corpo e § 1.° do artigo 47.° do RSTA, pelo que, mediante o provimento do presente recurso de decisão jurisdicional, deve ser revogada e substituída por douto acórdão que declare extemporânea ou ilegal a interposição do recurso contencioso e o rejeite".

As recorridas não apresentaram contra-alegações.

O M.° Juiz manteve a decisão.

Neste TCA Sul, o Digno Magistrado do Ministério Público pronunciou-se pela manutenção do decidido em 1ª instância.

Colhidos os vistos legais, vem o processo à conferência para julgamento.

II. A sentença recorrida deu como provada a seguinte factualidade:

"*a) As recorrentes iniciaram o estágio na categoria de técnico superior de informática de 2ª classe em 21-3-91 e foram nomeadas definitivamente em 3-8-92;*

b) Mas, como dos seus processos individuais constava como data de nomeação na categoria 6-10-97, ao transitarem para os quadros do CRSSLVT, foram posicionadas no escalão 2, índice 470, desde 1-1-92;

c) Por despacho de 27-4-95, foi autorizado o seu posicionamento no escalão 3, índice 500, em 1-1-95;

d) Por despacho do Vogal do CD, Joaquim Coelho Lima, proferido por delegação de poderes do Conselho Directivo, de 7-2-96, foi autorizada a rectificação da antiguidade na categoria e na carreira para 21-3-91, com base no tempo de serviço;

e) Em 19-3-96, o Vogal do C.D, Joaquim Coelho Lima, ao abrigo de delegação de poderes do Conselho Directivo, exarou numa informação/proposta para reposição das diferenças de vencimento auferidas pelas recorrentes do escalão 1 para o escalão 2, índice 470, de 1-1-92 a 31-12-94, e do escalão 1 para o escalão 3, índice 500, de 1-1-95 a 31-7-95, e do escalão 2 para o escalão 3, índice 500, desde 1-8-95 até 18-3-96, o seguinte despacho "Concordo";

f) As recorrentes foram notificadas desse despacho em 9-4-96;

g) Mas, porque não lhes foi notificada o local da publicação da delegação de poderes, requereram em 30 de Abril, ao abrigo do artigo 30.º da LPTA, certidão do acto, com menção desse elemento, que lhes foi passada em 13-5-96 e receberam em 23-5-96;

h) A delegação referida em d) e e) supra foi publicada no DR, II Série, n.º 289, de 13-12-93".

III. Como se viu, a autoridade recorrida sustenta nas suas alegações que a sentença recorrida decidiu mal, por não ter rejeitado o recurso interposto pelas aqui recorridas com fundamento na sua extemporaneidade ou, caso assim se não entendesse, por ilegitimidade das recorrentes, alegando que estas, através de requerimentos que formularam, ao requererem o pagamento em prestações das quantias cuja reposição fora ordenada pelo acto recorrido, demonstraram que o aceitaram de forma expressa, espontaneamente e sem reservas.

Comecemos pela extemporaneidade na interposição do recurso.

Face à matéria de facto dada como provada na sentença recorrida, a invocada alegação da extemporaneidade na interposição do recurso contencioso não tem qualquer fundamento.

Com efeito, o despacho a ordenar a reposição das diferenças de vencimento auferidas pelas recorrentes do escalão 1 para o escalão 2, índice 470, de 1-1-92 a 31-12-94, e do escalão 1 para o escalão 3, índice 500, de 1-1-95 a 31-7-95, e do escalão 2 para o escalão 3, índice 500, desde 1-8-95 até 18-3-96, data de 19-3-96, tendo sido notificado àquelas em 9-4-96. No entanto, dado que não lhes foi notificado o local da publicação da delegação de poderes, as recorrentes contenciosas requereram, em 30-4-96, ao abrigo do disposto no artigo 30.º da LPTA, certidão do acto, com menção desse elemento, certidão essa que lhes foi passada em 13-5-96 e que receberam em 23-5-96.

Sendo de 2 meses o prazo que tinham para interpor recurso contencioso desse despacho – vd. artigo 28.º, n.º 1, alínea a) da LPTA –, o mesmo terminou no dia 23-7-96, ou seja, em plenas férias judiciais de Verão, pelo que aquele se transferiu para o primeiro dia útil após o respectivo termo, isto é, 16-9-96, já que o dia 15-9-96 correspondeu a um domingo.

Assim, tendo o recurso contencioso dado entrada em juízo no dia 16-9-96, a sentença recorrida ajuizou bem ao julgar improcedente a questão prévia – extemporaneidade do recurso – suscitada pela aqui recorrente, assim improcedendo as conclusões 1ª a 3ª das alegações da recorrente.

* * * * * *

Defende também a recorrente jurisdicional que a sentença recorrida decidiu mal ao não rejeitar o recurso com fundamento na manifesta ilegitimidade das recorrentes, já que as mesmas aceitaram o acto recorrido, tanto mais que até requereram o pagamento das quantias cuja reposição havia sido ordenada pelo despacho recorrido em prestações.

A tal alegação contrapuseram as recorrentes que apenas requereram esse tipo de pagamento para evitar males maiores, sendo que desde logo evidenciaram o propósito de impugnar o acto em causa.

E, neste particular, ou seja, para chegar à conclusão de que as recorrentes tinham legitimidade, a sentença recorrida estribou-se na seguinte argumentação:

"*[...]*

As recorrentes foram notificadas em 9 de Abril de 1996 do despacho recorrido, que ordenou a reposição de vencimentos; em 30 do mesmo mês requereram certidão, com fundamentação integral, do aludido despacho, uma vez que a notificação não mencionava a publicação da delegação de competências, expressamente referindo que pretendiam interpor recurso contencioso por entenderem que o acto era ilegal.

Posteriormente, formularam dois requerimentos, um a pedir a relevação da reposição das quantias que lhes eram exigidas e outro a pedir o alargamento das prestações do pagamento faseado que lhes foi concedido.

A nosso ver, esta atitude não pode ser vista como aceitação espontânea, expressa e sem reservas, do acto recorrido. Com efeito, os dois aludidos requerimentos não podem ser interpretados isoladamente, antes se impõe que sejam encarados no contexto de toda a conduta das requerentes após terem sido notificadas do acto recorrido. E, por isso, a declaração de que dele pretendiam interpor recurso contencioso constitui insofismável manifestação de reserva em relação à sua aceitação, pelo que, ao requerem a relevação do pagamento e, depois, o alargamento do respectivo prazo, apenas perspectivaram atenuar as consequências que para si implicaria o pagamento imediato e por uma só vez [assim, Acórdão do STA, de 11-11-99, Recurso n.º 45.242].

O que traduz, quando muito, uma aceitação condicionada do acto, com objectivos precisos, que não retira legitimidade para o recurso contencioso, conforme se decidiu no Acórdão da 2ª Secção do STA, de 9-6-98, Recurso n.º 43.618.

Isto é, a conduta das recorrentes não tem um significado unívoco de manifestação de vontade de não recorrer pelo acatamento da determinação contida no acto, tanto mais que não lhes cabia a oportunidade de execução deste, pelo que não se verifica o "venire contra factum proprium", que subjaz ao artigo 47.º do RSTA.

Improcede, pois, a questão prévia da ilegitimidade das recorrentes".

Vejamos, pois, se tal julgamento é de manter.

Nos termos do disposto no artigo 47.° do RSTA, não pode recorrer quem tiver aceitado, expressa ou tacitamente, o acto administrativo, depois de praticado.

Ora, em primeiro lugar, de harmonia com o quadro normativo vigente, designadamente, de acordo com o supracitado preceito legal do Regulamento do Supremo Tribunal Administrativo, só a aceitação expressa posterior à prática do acto assume relevo jurídico para o efeito em análise.

Acresce ainda que, conforme tem vindo a ser uniformemente entendido pela Jurisprudência do STA, a aceitação dos aspectos favoráveis de um acto administrativo, não prejudica, sem mais, a impugnação da parte desfavorável do acto.

Por isso, a aceitação do acto – de acordo ainda com o entendimento generalizado da jurisprudência do STA – "*é apenas a que deriva da prática espontânea e sem reservas, de facto incompatível com a vontade de recorrer, devendo tal comportamento ter um significado unívoco, sem deixar quaisquer dúvidas do seu significado de acatamento integral do acto, de acatamento das determinações nele contidas*" (Cfr., neste sentido, os Acórdãos do STA, de 17-1-2002, proferido no âmbito do recurso n.° 47.033, de 16-1-97, proferido no âmbito do recurso n.° 37.735, e de 14-3-2002, proferido no âmbito do recurso n.° 48.085).

No caso em análise, tal como considerou a sentença recorrida, "*a conduta das recorrentes não tem um significado unívoco de manifestação de vontade de não recorrer pelo acatamento da determinação contida no acto, tanto mais que não lhes cabia a oportunidade de execução deste, pelo que não se verifica o "venire contra factum proprium", que subjaz ao artigo 47.° do RSTA*", traduzindo, quando muito, "*uma aceitação condicionada do acto, com objectivos precisos, que não retira legitimidade para o recurso contencioso, conforme se decidiu no Acórdão da 2ª Secção do STA, de 9-6-98, Recurso n.° 43.618*".

Por conseguinte, dado que a aceitação do acto recorrido por parte das recorrentes não foi integral e sem reservas, antes tendo sido condicionada pela necessidade de evitar, desde logo, o aspecto mais desfavorável da sua imediata execução – a reposição da totalidade das quantias indevidamente processadas desde 1-1-92 –, não colhe a argumentação defendida pela aqui recorrente de que essa aceitação retirou legitimidade às recorrentes contenciosas para impugnarem o acto que ordenou a dita reposição.

Donde, e em conclusão, a sentença recorrida fez uma correcta interpretação e integração da factualidade relevante às normas jurídicas aplicáveis, assim improcedendo também as conclusões 4ª a 12ª das alegações da recorrente jurisdicional.

IV. Termos em que acordam em negar provimento ao presente recurso jurisdicional, confirmando a sentença recorrida.

Sem custas, atenta a isenção de que goza a recorrente.

Lisboa, 18 de Maio de 2006

Rui Pereira
Mário Gonçalves Pereira
Magda Geraldes

Recurso n.° 6272/2002

REQUISITOS DA APOSENTAÇÃO. REVOGAÇÃO DO DL 116/85, 19.04 PELA LEI 1/04, 15.01. PROIBIÇÃO DE RETROCESSO SOCIAL. VIOLAÇÃO DE DIREITOS ADQUIRIDOS.

(Acórdão de 22 de Junho de 2006)

SUMÁRIO:

I – O art. 1.° n.° I do DL 116/85, de 19 de Abril, estabeleceu um regime excepcional e derrogatório do regime geral de aposentação de funcionários e agentes da administração central, regional e local "(..) com direito à pensão completa, independentemente de apresentação a junta médica e desde que não haja prejuízo para o serviço, qualquer que seja a sua idade, quando reunam 36 anos de serviço (..)".

II – Alteração ao regime geral justificada no preâmbulo da referida lei onde é referido que "(..) a Lei do Orçamento para 1985 consagrou como medida de descongestionamento da Administração Pública a possibilidade de aposentação voluntária dos funcionários e agentes que possuam 36 anos de serviço, independentemente da respectiva idade e de submissão a junta médica. (..)".

III – O regime excepcional do Decreto-Lei n.° 116/85 foi revogado pelo artigo 3.° da Lei n.° 1/2004, de 15 de Janeiro.

IV – No tocante à problemática da sucessão de leis no tempo, o legislador optou por remeter para a lei nova todos os procedimentos administrativos de aposentação entrados na Caixa Geral de Aposentações a partir de 01.01.2004, inclusive – cfr. art. 1.° n.os 6 e 7 da Lei n.° 1/2004 de 15.01.

V – Não estando em causa o direito à aposentação nos termos gerais mas a aposentação nos termos excepcionais de antecipação da idade dos 60 anos com direito à pensão completa, a revogação do DL 116/85 de 19.04 e remissão para o regime da Lei 1/2004 de 165.01 de todos os procedimentos administrativos de aposentação entrados na CGA a partir de 01.01.2004, não configura a aniquilação do o núcleo essencial do direito à aposentação dos trabalhadores da Função Pública.

VI – Pelo que o art. 1.° n.os 6 e 7 da Lei n.° 1/2004 de 15.01 não evidencia a violação do princípio da proibição de retrocesso social, na vertente da violação de direitos adquiridos.

ACORDAM EM CONFERÊNCIA NO 1.° JUÍZO LIQUIDATÁRIO DO TRIBUNAL CENTRAL ADMINISTRATIVO SUL

MARIA DA GLÓRIA SANTOS MENDÃO PEIXE, com os sinais nos autos, inconformada com o acórdão proferido pelos

Mmos. Juízes do Tribunal Administrativo e Fiscal de Almada, dele vem recorrer concluindo como segue:

1 – A decisão recorrida, ao fundamentar-se no regime resultante do **n.° 6 do art. 1.° da Lei n.° 1/2004, de 15 de Janeiro, e sendo esta norma inconstitucional** nos termos conjugados dos arts. 2.°, 266.°, n.° 2 e 277.° da C.R.P., viola ela mesma o art. 204.° da CRP, pelo que deverá ser substituída.

2 – Para além de inconstitucional, a referida norma **é também ilegal por violar o art. 12.°, n.° I do C.C., bem como o art. 4.° do C.P.A.**, pelo que o tribunal *a quo* se deveria ter abstido de a aplicar, devendo antes ter condenado a entidade recorrida a deferir o pedido de aposentação da Recorrente.

3 – Nestes termos e nos demais de direito, com o douto suprimento de V.ª Ex.ª se requer que seja declarada a inconstitucionalidade e ilegalidade da referida norma, anulando-se o despacho da CGA de indeferimento do pedido de aposentação da Recorrente, por se basear nessa mesma norma, e que seja dado provimento ao presente recurso, anulando-se a douta decisão recorrida, e em consequência seja reconhecido o direito à Recorrente de se aposentar ao abrigo do DL 116/85, de 19.04, devendo a CGA deferir o pedido da Recorrente com efeitos à data do mesmo pedido, ou à data do despacho favorável do membro do Governo.

* * *

A Recorrida Caixa Geral de Aposentações contra-alegou, concluindo como segue:

A. Não merece censura a *Decisão* do douto Acórdão recorrido, que se decidiu pela improcedência do pedido formulado pela Autora, nela se conjugando as razões de facto e de direito que permitem claramente apreender as razões que sustentam a decisão proferida.

B. O que está em causa nos presentes autos/ é que o pedido de aposentação antecipada ao abrigo do regime aprovado pelo Decreto-Lei n.° 116/85, de 19 de Abril, formulado pela impetrante, não foi enviado dentro do prazo legalmente estabelecido no n.° 6 do art. 1.° da Lei 1/2004, de 15 de Janeiro (ou seja, até I de Janeiro de 2004), o que motivou a devolução do seu processo, por parte da CGA, ao Chefe de Serviços de Recursos Humanos da Direcção Regional de Educação de Lisboa, através do ofício com ref.ª SAC312AC428894, datado de 2004-03-01.

C. Como bem se refere no Acórdão recorrido, *"As novas regras resultantes da entrada em vigor da Lei n.° 1/2004, de 15 de Janeiro, só não são aplicáveis, nos casos previstos no* (...) *n.° 6* [do art. 1.° da citada Lei], *aos processos de aposentação que forem enviados para a CGA até 01/01/2004, data de entrada em vigor dessa Lei".*

D. Ora, de acordo com a decisão recorrida, resultou provado – alínea d) – que o processo de aposentação da Autora foi enviado à CGA apenas em 2004-01-21.

E. Argumenta a impetrante, no art. 8.° das suas alegações de recurso, que a data do envio do pedido por parte do Ministério da Educação para a CGA "...*é alheia à Recorrente, a qual não pode ser prejudicada...".*

F. Certo é que, como bem fundamenta a douta decisão do Tribunal *a quo, "...não é essa a declaração expressa da Lei n.° 1/2004, de 15 de Janeiro, que, no seu art. 1.°, n.° 6, elegeu a data do envio dos pedidos de aposentação para a CGA como sendo o marco delimitador da aplicação entre o antigo e o novo regime".*

G. Ou seja, o legislador não atribuiu qualquer relevância à data em que os interessada formularam o pedido de aposentação junto do seu serviço, mas apenas à data do seu envio para a CGA.

H. Acresce referir que, nos termos do art. 43.° do Estatuto da Aposentação, *o regime de aposentação é fixado com base na lei em vigor e na situação existente à data/ em que seja proferido o despacho que a concede*, pelo que, face a essa regra geral, o despacho a proferir, neste caso concreto, sempre teria de ser no sentido do seu indeferimento, uma vez que, na data em que este teria lugar, o Decreto-Lei n.° 116/85 tinha já sido revogado.

I. Pelo que a CGA limitou-se a cumprir o que está legalmente consagrado, não tendo cometido qualquer ilegalidade, sendo completamente alheia às razões que levaram o serviço do A. a enviar o seu pedido de aposentação apenas em 2004-01-21.

J. Quanto à inconstitucionalidade invocada pela recorrente, é por demais manifesto que o entendimento por si propugnado é totalmente forçado e deslocado.

K. Um dos casos que a doutrina e a jurisprudência tem comummente entendido como estando abrangido pela aplicação da lei nova é o da situação estatutária dos funcionários (que abrange o estatuto da aposentação).

L. Aqueles encontram-se numa situação estatutária e objectiva, modificável a todo o tempo pela lei, pelo que os direitos e deveres que integram a situação estatutária são em cada momento aqueles que a lei define, ou seja, os direitos invocáveis são os que decorrem da lei vigente, não havendo ofensa do princípio da confiança, por contra essa aplicação não serem invocáveis direitos ou expectativas fundadas em legislação anterior.

M. Por outro lado, impõe-se que as alterações sejam proporcionadas, não podendo atingir o núcleo essencial dos direitos constitutivos daquele estatuto, sob pena de ofensa, aí sim, do princípio da confiança.

N. Ora, as alterações introduzidas pela Lei n.° 1/2004, de 15 de Janeiro, ao Estatuto da Aposentação não atingiram o conteúdo essencial do direito à aposentação da recorrente, seja nos termos gerais, (art. 37.°, n.° 1 e 2 do EA), seja na nova modalidade de aposentação antecipada (prevista no art. 37.°-A do EA).

* * *

O EMMP junto deste Tribunal Central Administrativo Sul emitiu parecer no sentido que se transcreve:

"(..)

Constitui objecto do presente recurso jurisdicional o Acórdão que julgou improcedente a acção administrativa especial e absolveu a demandada CGA do pedido para que essa entidade fosse condenada a apreciar a sua pretensão à aposentação.

Sustenta a recorrente que a decisão judicial recorrida viola o artigo 204.° da Constituição, ao fundamentar-se no regime do n.° 6 do art. 1.° da Lei 1/2004, de 15/1, que é inconstitucional nos termos dos artigos 2.°, 266.°, n.° 2, e 277.°, n.° 2, da Constituição; que também é ilegal por violar o artigo 12.°, n.° 1, do C. Civil, e o art. 4.° do CP A.

Pretende assim, que seja revogado o Acórdão recorrido e reconhecido o direito da recorrente a aposentar-se ao abrigo do DL 116/85, de 19/4, devendo a CGA deferir o pedido de aposentação com efeitos à data deste ou à data do despacho favorável do membro do Governo.

Escreveu-se no Acórdão do Tribunal Constitucional 467/03, de 14.10.2003: "Da jurisprudência do Tribunal Constitucional decorre, de forma clara, que, fora do Direito Penal (e também do domínio das leis restritivas de direitos, liberdades e garantias) "uma lei retroactiva não é, em *si mesma,* inconstitucional", embora possa sê-lo «*se essa retroactividade se traduzir na violação de princípios ou de disposições constitucionais autónomas".*

Mas, então, tanto nos casos de retroactividade não previstos no n.° 3 do artigo 18.° da Constituição, como nos de retroactividade inautêntica ou mera retrospectividade, a afectação de expectativas daí resultante só é inaceitável, para utilizar as expressões do Acórdão n.° 156/95 já citado, *"se implicar nas relações e situações jurídicas já antecedentemente constituídas, uma alteração inadmissível, intolerável, arbitrária, demasiado onerosa e inconsistente".*

Como se afirmou no Acórdão n.° 486/97 já citado, «(..) Uma *norma retrospectiva* é uma norma que prevê consequências jurídicas para situações que se constituíram antes da sua entrada em vigor mas que se mantêm nessa data (cf. o Acórdão n.° 232/91, publicado nos *Acórdãos citados,* volume 19°, páginas 341 e seguintes).

Uma *lei retrospectiva* não levanta o problema da retroactividade da lei. Coloca, porém, como se anotou – e semelhantemente ao que acontece com as *leis retroactivas* que não sejam leis penais, nem leis restritivas de direitos liberdades e garantias – a questão da eventual *violação do princípio da confiança,* que vai ínsito *no princípio do Estado de Direito,* consagrado no artigo 2.° da Constituição.

Mas essa violação só se verifica, se a lei atingir "de forma inadmissível, intolerável, arbitrária ou desproporcionadamente onerosa aqueles mínimos de segurança que as pessoas, a comunidade e o direito têm que respeitar" (cf. Acórdão n.° 365/91 publicado nos *Acórdãos citados,* volume 19°, páginas 143 e seguintes) ou seja, «a ideia de segurança, de certeza e de previsibilidade da ordem jurídica (cf. citado Acórdão n.° 232/91).

E tal sucede, quando os destinatários da norma sejam titulares de direitos ou de expectativas legitimamente fundadas que a lei afecte de forma "inadmissível, onerosa ou demasiadamente onerosa".

Nos dizeres do citado Acórdão n.° 232/91, **"uma *norma retrospectiva* só deve ser havida por constitucionalmente ilegítima quando a confiança do cidadão na manutenção da situação jurídica com base na qual tomou as suas decisões for violada de forma intolerável, opressiva ou demasiado acentuada** (..).

E se acrescentou no Acórdão 156/95, também já citado:

"(..) Haverá, assim, que proceder a um justo balanceamento entre a protecção das expectativas dos cidadãos decorrente do princípio do Estado de direito democrático e a liberdade constitutiva e conformadora do legislador, também ele democraticamente legitimado, legislador ao qual, inequivocamente, há que reconhecer a licitude (senão mesmo o dever) de tentar adequar as soluções jurídicas às realidades existentes, consagrando as mais acertadas e razoáveis, ainda que elas impliquem que sejam «tocadas» relações ou situações que, até então, eram regidas de outra sorte.

Um tal equilíbrio, como o Tribunal tem assinalado, será alcançado nos casos em que, ocorrendo mudança de regulação pela lei nova, esta [não] vai implicar, nas relações e situações jurídicas já antecedentemente constituídas, uma alteração inadmissível, intolerável, arbitrária, demasiado onerosa e inconsistente, alteração com a qual os cidadãos e a comunidade não poderiam contar, expectantes que estavam, razoável e fundadamente, na manutenção do ordenamento jurídico que regia a constituição daquelas relações e situações.

Nesses casos, impor-se-á que actue o sub-princípio da protecção da confiança e segurança jurídica que está implicado pelo princípio do Estado de direito democrático, por forma a que a nova lei não vá, de forma acentuadamente arbitrária ou intolerável, desrespeitar os mínimos de certeza e segurança que todos têm de respeitar.

Como reverso desta proposição, resulta que, sempre que as expectativas não sejam materialmente fundadas, se mostrem de tal modo enfraquecidas "que a sua cedência, quanto a outros valores, não signifique sacrifício incomportável" (cfr. Acórdão n.° 365/91 no *Diário da República,* 2ª Série, de 27 de Agosto de 1991), ou se não perspectivem como consistentes, não se justifica a cabida protecção em nome do primado do Estado de direito democrático.(..)".

E na mesma linha, disse-se no Acórdão n.° 222/98 de 04/03/1998 (publicado no *Diário da República 2ª* série de 25 de Julho de 1998) o seguinte:

«Sequentemente... o princípio do Estado de direito democrático há-de conduzir a que 'os cidadãos tenham, fundadamente, a expectativa na manutenção de situações de facto já alcançadas como consequência do direito em vigor".

Todavia, isso não leva a que seja vedada por tal princípio a estatuição jurídica que tenha implicações quanto ao conteúdo de anteriores relações ou situações criadas pela lei antiga, ou a que tal estatuição não possa dispor com um verdadeiro sentido retroactivo.

Seguir entendimento contrário representaria, ao fim e ao resto, coarctar a «liberdade constitutiva e a autorevisibilidade do legislador características que são típicas ainda que limitadas» da função legislativa (cf. **Vieira de Andrade**, *Os Direitos Fundamentais na Constituição da República Portuguesa,* p. 309).

Haverá, assim, que proceder a um justo balanceamento entre a protecção de expectativas dos cidadãos decorrentes do princípio do Estado de direito democrático e a liberdade constitutiva e conformadora do legislador também ele democraticamente legitimidado, legislador ao qual, inequivocamente, há que reconhecer a legitimidade (senão mesmo o dever) de tentar adequar as soluções jurídicas às realidades existentes, consagrando as soluções mais razoáveis, ainda que elas impliquem que sejam 'tocadas' relações ou situações que até então eram regidas de outra sorte.

Um tal equilíbrio, como o Tribunal tem assinalado, será postergado nos casos em que, ocorrendo mudança de regulação pela lei nova, esta vai implicar nas relações e situações jurídicas já antecedentemente constituídas uma alteração inadmissível, intolerável, arbitrária, demasiado onerosa e inconsistente, alteração com a qual os cidadãos e a comunidade não poderiam contar, expectantes que estavam, razoável e fundadamente, na manutenção do ordenamento jurídico que regia a constituição daquelas relações e situações.

Nesses casos impor-se-á que actue o subprincípio da protecção da confiança e segurança jurídica que está implicado pelo princípio do Estado de direito democrático, por forma que a nova lei não vá, de forma acentuadamente arbitrária ou intolerável, desrespeitar os mínimos de certeza e segurança que todos têm de respeitar».

Ora, não parece, no caso dos autos, que o preceito em causa tenha atingido, de forma "inadmissível, intolerável, arbitrária, demasiado onerosa e inconsistente" as legítimas expectativas daqueles que podiam requerer a pensão de aposentação, de características excepcionais, prevista no Decreto-Lei n.º 362/78.

Na verdade, tendo até em conta que o DL 116/85 se anunciava, em primeira linha como medida conjuntural "de descongestionamento da Administração Pública", dependente de não haver "prejuízo para o serviço", e não como o reconhecimento incondicional de um direito dos funcionários à aposentação antecipada, era expectável a sua alteração quando se modificassem as circunstâncias da adopção da medida legislativa.

Tanto mais que as dificuldades orçamentais da segurança social e as formas de as vencer são tema recorrente do debate político-social nos últimos anos, apontando no sentido de prolongar o tempo de serviço activo com descontos para a aposentação.

E daí que a Lei n.º 32-B/2002, de 30 de Dezembro (Orçamento de Estado para 2003), através do n.º 3 do art. 9.º, tenha revogado aquele DL.

E não é o facto de, entretanto, ter sido considerada inconstitucional com força obrigatória geral, por razões formais, pelo Ac. do TC n.º 360/2003, de 8.07.2003, que tornou menos previsível a alteração do status quo relativo à aposentação antecipada.

Em face do exposto, parece-me que não só o preceito legal aplicado pelo Acórdão recorrido não permitia interpretação diversa da adoptada, como não padece da inconstitucionalidade ou da ilegalidade que lhe vem imputada, devendo, assim, improceder o recurso. (..)".

* * *

Colhidos os vistos legais e entregues as competentes cópias aos Exmos. Juízes Desembargadores, vem para decisão em conferência.

* * *

A matéria de facto julgada provada em sede de acórdão recorrido é a que se transcreve:

a. A A. é professora do Quadro de Nomeação Definitiva do 5° Grupo da Escola EB 2,3 Bocage, em Setúbal – docs. de fls. 3 e 4 e de fls. 27, ambos do P.A., que se dão por reproduzidos;

b. Em 18/11/2003, a A. requereu junto da Escola Básica 2° e 3° Ciclos de Bocage, a "aposentação voluntária de acordo com o DL n° 116/85, de 19.04" – cfr. doc. de fls. 27 do P.A., que se dá por reproduzido;

c. Em 30/12/2003, a Directora Regional Adjunta da Direcção Regional de Educação de Lisboa despachou favoravelmente o pedido de aposentação que a A. formulou ao abrigo do regime aprovado pelo DL n.º 116/85, de 19 de Abril – docs. de fls. 16 e 17 dos autos, que se dão por reproduzidos;

d. Em 21/01/2004, o Ministério da Educação enviou o pedido de aposentação da A. para a Caixa Geral De Aposentações – doc. de fls. 18 dos autos, que se dá por reproduzido;

e. Através de ofício datado de 01/03/2004, a CGA devolveu o pedido de aposentação da A. à Direcção Regional de Educação de Lisboa, lendo-se no referido Ofício que:

"O Decreto-Lei n.º 116/85, de 19 de Abril, foi revogado pelo n.º 3 do artigo 1.º da Lei n.º 1/2004, de 15 de Janeiro.

Tendo presente que o pedido de aposentação não foi enviado a esta Caixa dentro do prazo estabelecido no n.º 6 do art. 1.º da citada Lei, junto se devolve por falta de fundamento legal – Cfr. doc. de fls. 19 dos autos, que se dá por reproduzido.

DO DIREITO

O discurso jurídico fundamentador em sede de acórdão recorrido é o que se transcreve:

"(..)

Nos termos do n.º 1 do art. 1.º do DL n.º 116/85, de 19 de Abril, "os funcionários e agentes da administração central, regional e local, institutos públicos que revistam a natureza de serviços personalizados ou de fundos públicos e organismos de coordenação económica, seja qual for a carreira ou categoria em que se integrem, **poderão aposentar-se, com direito à pensão completa**, independentemente de apresentação a junta médica e **desde que não haja prejuízo para o serviço, qualquer que seja a sua idade, quando reúnam 36 anos de serviço**:"

Tratava-se de um regime especial que facultava aos funcionários e agentes da administração central, regional e local, o direito a aposentarem-se, com direito à pensão completa e independentemente da respectiva idade, desde que se verificassem duas condições:

– reunissem 36 anos de serviço;

– não houvesse prejuízo para o serviço.

* * *

Quanto à tramitação do pedido de aposentação, dispunha o art. 3.º do referido diploma que:

"I – Os requerimentos solicitando a aposentação nos termos do n.º 1 do artigo 1.º devem dar entrada nos departamentos onde os funcionários e agentes prestam serviço, acompanhados dos necessários documentos comprovativos do tempo de serviço prestado.

2 – No prazo de 30 dias a contar da data da entrada, os processos serão informados pelo respectivo departamento, designadamente quanto à inexistência de prejuízo para o serviço, e submetidos a despacho do membro do Governo competente, o qual, concordando, determinará o seu envio para a Caixa Geral de Aposentações

3 – No prazo de 30 dias a contar da data de entrada na Caixa Geral Aposentações, os processos deverão ser submetidos a despacho, para efeitos de desligação para aposentação e fixação da pensão provisória.

* * *

Tal regime foi revogado pelo n.º 3 do art. 1.º da Lei n.º 1/2004, de 15 de Janeiro que, entre o mais, veio alterar o Estatuto da Aposentação, estabelecendo novas regras.

Dispõem os n.º 6 e o n.º 7 do art. 1.º da Lei n.º 1/2004, de 15 de Janeiro, a título de direito transitório, que:

"6 – O disposto nos números anteriores **não se aplica** aos subscritores da Caixa Geral de Aposentações cujos processos de aposentação sejam **enviados a essa Caixa**, pelos respectivos serviços ou entidades, **até à data de entrada em vigor deste diploma,** desde que os interessados reúnam, nessa data, as condições legalmente exigidas para a concessão da aposentação, incluindo aqueles cuja aposentação depende da incapacidade dos interessados e esta venha a ser declarada pela competente junta médica após aquela data.

7 – Tratando-se de antigos subscritores da Caixa Geral de Aposentações, **o disposto no número anterior aplica-se aos requerimentos recebidos nessa Caixa até à data de entrada em vigor desta lei**."

* * *

As novas regras resultantes da entrada em vigor da Lei n.º 1/2004, de 15 de Janeiro, só não são aplicáveis, nos casos previstos no transcrito n.º 6, aos processos de aposentação que forem **enviados para a CGA até 01/01/2004, data de entrada em vigor dessa Lei.**

Vem o A. defender a tese de que o que é relevante para aferir da aplicabilidade do regime especial de aposentação aprovado pelo DL n.º 116/85, de 19 de Abril, é a data de entrada do seu pedido de aposentação na Direcção Regional de Educação de Lisboa.

Como se viu, não é essa a declaração expressa da Lei n.º 1/2004, de 15 de Janeiro, que, no seu art. 1.º, n.º 6, elegeu a data do envio dos pedidos de aposentação para a CGA como sendo o marco delimitador da aplicação entre o antigo e o novo regime.

Ficou provado que só em 21/01/2004 é que o Ministério da Educação enviou o pedido de aposentação da A. para a Caixa Geral de Aposentações pelo que, aplicando-se a tal pedido as alterações introduzidas no ordenamento jurídico pela Lei n.º 1/2004, não podia a A. aproveitar do regime especial de aposentação aprovado pelo DL n.º 116/85, de 19 de Abril por esteja se encontrar revogado e não lhe poder ser aplicado face às citadas normas.

* * *

Verifica-se, no entanto, que, tendo o Ministério da Educação enviado o pedido de aposentação da A. para a CGA em 21/01/2004, violou o prazo de trinta dias previsto no n.º 2 do art. 3.º do DL n.º 116/85, de 19 de Abril.

É que, tendo a A requerido a aposentação junto dos serviços do Ministério da Educação em 18/11/2003, o referido **prazo de trinta dias** para o processo ser informado pelo respectivo departamento, designadamente quanto à inexistência de prejuízo para o serviço e ser submetido a despacho do membro do Governo competente, para, em caso de deferimento, ser enviado para a Geral de Aposentações, terminou em **05/01/2004** (art. 72.º do CPA).

Esta data, porém, é já posterior à da entrada em vigor da Lei n.º 1/2004, de 15 de Janeiro e, portanto, também por esta via não pode a tese da A proceder. (..)"

* * *

Diga-se, desde já, que o julgado é para confirmar.

Em face do disposto nas normas de direito transitório formal configuradas no art. 1.º n.ºs 6 e 7 da Lei 1/2004 de 15.01, supra transcritos, a revogação do regime excepcional da aposentação antecipada com pensão completa dos trabalhadores da Função Pública (funcionários e agentes) surte efeitos jurídicos nos procedimentos administrativos de aposentação antecipada já requeridos e instruídos no domínio do DL 116/85 de 16.01, na medida em que o regime da aposentação excepcional não lhes é aplicável se entrados na Caixa Geral de Aposentações depois de 01.JAN.2004.

Ou seja, no tocante à problemática da sucessão de leis no tempo, o legislador optou por remeter para a lei nova, Lei 1/2004, todos os procedimentos administrativos de aposentação entrados na CGA a partir de 01.01.2004, inclusive.

Assaca a Recorrente de inconstitucional esta opção do legislador por violadora dos princípios da segurança jurídica, da protecção da confiança e da boa fé, tendo por pano de fundo o respeito pelos direitos adquiridos. – art. 266.º n.º 2 CRP.

Ao fim e ao cabo, na medida em que o Recorrente se esteia na **teoria dos direitos adquiridos**, o que está em causa **é saber se a revogação do DL 116/85** com efeitos a uma data qualquer, seja ela a da entrada em vigor da Lei 1/2004 ou outra, **viola o princípio da proibição de retrocesso social, princípio da democracia económica e social.**

* * *

Diz-nos a Doutrina que esta proibição do retrocesso social "(..) também tem sido designada como proibição de "contra-revolução social" ou de "revolução reaccionária" Com isto quer dizer-se que os direitos sociais e económicos (..) **uma vez obtido um determinado grau de realização, passam a constituir, simultaneamente, uma garantia institucional e um direito subjectivo. A "proibição de retrocesso social" nada pode fazer contra as recessões e crises económicas** (reversibilidade fáctica) **mas o princípio em análise limita a reversibilidade dos direitos adquiridos** (ex. segurança social, subsídio de desemprego, prestações de saúde) em clara violação do princípio da protecção da confiança e da segurança dos cidadãos no âmbito económico, social e cultural e do núcleo essencial da existência mínima, inerente ao respeito pela dignidade da pessoa humana. (..) **Não se trata, pois, de proibir um retrocesso social captado em termos ideológicos** ou formulado em termos gerais **ou de garantir em abstracto um *status quo* social**, mas de proteger direitos fundamentais sociais sobretudo no seu núcleo essencial. (..)"[1]

No caso não se verifica a desconformidade com o acervo de princípios constitucionais, na medida em que não é o direito à aposentação que está em causa, mas o **direito à aposentação antecipada no tocante ao requisito idade do requerente, com pensão completa**.

De acordo com o n.º 1 do art. 1.º do Decreto-Lei n.º 116/85, de 19 de Abril, "os funcionários e agentes da administração central, regional e local (...), poderão aposentar-se, com direito à pensão completa, independentemente de apresentação a junta médica e desde que não haja prejuízo para o serviço, qualquer que seja a sua idade, quando reúnam 36 anos de serviço."

Como se verifica do normativo em questão estamos perante um regime excepcional e derrogatório do regime geral de aposentação que vem consagrado no n.º 1 do artigo 37.º do Estatuto da Aposentação (EA), aprovado pelo Decreto-Lei n.º 498/72, de 9 de Dezembro, com a redacção dada pelos Decretos-Lei n.ºs 191-A/79, de 25 de Junho e n.º 503/99, de 20 de Novembro, onde é referido que "a aposentação pode verificar-se, independentemente de qualquer outro requisito, quando o subscritor contar, pelo **menos 60 anos de idade e 36 de serviço**".

Assim, de acordo com o regime geral de aposentação, para que um funcionário ou agente se possa aposentar, terá de se verificar a conjugação do elemento subjectivo, ou seja, a manifestação da sua vontade, com os elementos objectivos que decorrem da lei e que neste caso são a idade (tem de ter, pelo menos 60 anos de idade) e o tempo de serviço (tem de ter pelo menos 36 anos de serviço).

Estando reunidos os elementos objectivos para a aposentação, esta, para se verificar, apenas necessita da manifestação da vontade do interessado.[2]

De forma diferente vem regulamentado o direito à aposentação no Decreto-Lei n.º 116/85, de 19 de Abril

[1] J. J. Gomes Canotilho, *Direito constitucional e teoria da constituição*, 7ª edição, Almedina/2003, págs. 339/340.

[2] José Cândido de Pinho, *Estatuto da Aposentação, Anotado, Comentado, Jurisprudência*, pág. 129.

que faz depender a possibilidade de pedir a aposentação de dois requisitos: que o candidato tenha 36 anos de serviço e que não haja prejuízo para o serviço.

Esta alteração ao regime geral vem justificada no preâmbulo da referida lei onde é referido que "(..) a **Lei do Orçamento para 1985** consagrou como medida de descongestionamento da Administração Pública a possibilidade de aposentação voluntária dos funcionários e agentes que possuam 36 anos de serviço, independentemente da respectiva idade e de submissão ajunta médica.

Independentemente de outras medidas de descongestionamento selectivo que a situação da Administração possa vir a justificar (...) entendeu-se dever avançar desde já com aquela, não só por razões de rejuvenescimento (..)."

Ou seja, pretendeu-se através do referido Decreto-lei proceder ao descongestionamento da Administração Pública, dando a possibilidade de funcionários mais antigos poderem ser substituídos por mais novos, o que teria como consequência um rejuvenescimento dos quadros.

Os requerimentos a solicitar a aposentação nos termos referidos anteriormente deveriam dar entrada nos departamentos onde os funcionários ou agentes prestam serviço (n.° 1 do artigo 3.°) acompanhados dos necessários documentos comprovativos do tempo de serviço prestado, devendo os mesmos, nos termos do n.° 2 do mesmo artigo, e no prazo de trinta dias a contar da data de entrada, serem informados pelo respectivo departamento, designadamente quanto à inexistência de prejuízo para o serviço e submetidos a despacho do membro do Governo competente, o qual, concordando, determinará o seu envio para a Caixa Geral de Aposentações.

De notar que a possibilidade de aposentação antecipada que vem sendo referida foi revogada pelo n.° 3 do artigo 9.° da Lei n.° 32-B/2002 de 30 de Dezembro que, por sua vez, foi alvo de declaração de inconstitucionalidade em sede de apreciação sucessiva, por parte do Tribunal Constitucional.

O regime excepcional do Decreto-Lei n.° 116/85 apenas foi revogado pelo artigo 3.° da Lei n.° 1/2004, de 15 de Janeiro, já numa situação clara de insuficiência de arrecadação de impostos, um dos meios financeiros para suportar os encargos com o pagamento das pensões da Função Pública, sendo que o outro meio é a contracção pelo Estado de empréstimos no exterior – que no fundo vai dar ao mesmo, ou seja, aos impostos, pois os empréstimos externos também têm de se pagar, e com juros.

* * *

Não está em causa a aposentação do Recorrente nos termos gerais mas a aposentação do Recorrente nos termos excepcionais de antecipação da idade dos 60 anos para se aposentar com a pensão completa.

Pelo que vem dito, pela revogação do DL 116/85 de 19.04 e remissão para o regime da Lei 1/2004 de 165.01 de todos os procedimentos administrativos de aposentação entrados na CGA a partir de 01.01.2004, inclusive, não se entende que o legislador tenha aniquilado o núcleo essencial do direito à aposentação dos trabalhadores da Função Pública.

* * *

Improcedem, assim, as questões de inconstitucionalidade assacadas nas conclusões de recurso, bem como de desconformidade legal face aos arts. 12.° n.° 1 C. Civil e 4.° CPA.

Termos em que acordam, em conferência, os Juízes Desembargadores da Secção de Contencioso Administrativo do Tribunal central Administrativo Sul em negar provimento ao recurso e confirmar a sentença recorrida.

Custas a Cargo da Recorrente.

Lisboa, 22 de Junho de 2006

Cristina dos Santos
Teresa de Sousa
Xavier Forte

Recurso n.° 1486/06

VISTO DO TRIBUNAL DE CONTAS. INEFICÁCIA E ILEGALIDADE.

(Acórdão de 1 de Junho de 2006)

SUMÁRIO:

I – Em conformidade com o n.° 2 do artigo 1.° do Decreto-Lei n.° 146-C/80, de 22 de Maio «O visto do Tribunal de Contas tem por fim verificar se os documentos a ele sujeitos estão conformes com as leis em vigor...» o que significa a prolação de um juízo sobre a legalidade do acto, sem quaisquer limites de cognição.

II – Assim, não é correcto afirmar que o efeito da recusa do visto se traduz na mera ineficácia do acto, sem contender com a respectiva validade.

III – Quando o artigo 20.° do Decreto-Lei n.° 146-C/ /80, de 22 de Maio preceitua que «A recusa do visto pelo Tribunal de Contas determina a ineficácia dos respectivos diplomas ou despachos» tem o intuito de reforçar e não de degradar a força de caso julgado material daquele tipo de decisão jurisdicional, proferida por um Tribunal de Contas que é "supremo" na sua ordem de jurisdição e cujas decisões não podem ser neutralizadas por decisões antagónicas dos Tribunais Administrativos.

ACORDAM EM CONFERÊNCIA NO TRIBUNAL CENTRAL ADMINISTRATIVO SUL (1.° JUÍZO LIQUIDATÁRIO):

Maria M. Torres veio interpor recurso sob a forma de agravo, da sentença do Tribunal Administrativo de Círculo de Coimbra que negou provimento ao recurso contencioso do despacho proferido em 4 de Janeiro de 2002 pelo Vereador com competências delegadas para a gestão e direcção de recursos humanos da C. M. Coimbra.

Na alegação de recurso a Recorrente formulou as seguintes conclusões:

1 – Sendo o visto do Tribunal de Contas condição da eficácia do acto de nomeação, não é no entanto condição da sua validade, e, sobretudo, jamais a recusa do

visto implicaria a sua inexistência (confronte-se o mui douto aresto a fls. 5 *in fine*), logo,

2 – A recusa do visto não podia fazer caso julgado sobre a matéria da aplicação ao caso da recorrente do disposto no art. 6.° do DL n.° 409/91, de 17/10, alterado por ratificação pela Lei n.° 6/92, de 29/4.

3 – O STA no Acórdão de 6/5/98, proc. n.° 38.305, 1ª secção, 3ª subsecção e no de 1/7/99, proferido no proc. n.° 40.321-Z, 1ª secção, 1ª subsecção decidiu que não seria justo nem justificado que o tempo de serviço entre contratos ao abrigo do art. 44.° do DL n.° 247/87, de 17/6, não relevasse como tempo de exercício de funções para efeitos daquela norma por falta de título ou título adequado.

4 – Mesmo que por hipótese tivesse existido interrupção a doutrina apontaria no sentido da não exigência da prestação ininterrupta de funções no período de mais de três anos como refere o Professor Marcelo Rebelo de Sousa em parecer publicado na Revista de Direito Público, ano VIII, n.° 16, páginas 27 a 35.

5 – Aliás, será esta concerteza, uma das razões que levaram o STA a uniformizar a sua jurisprudência no sentido de se considerar o visto do Tribunal de Contas mera condição de eficácia do acto.

6 – De outro forma como se explicaria que nomeações visadas viessem a ser anuladas pelos Tribunais Administrativos ao julgarem a validade dos concursos de provimento respectivos.

7 – Por outro lado, além da já aludida doutrinária sobre a natureza do Tribunal de Contas, a decisão do TC no que ao visto da nomeação diz respeito (como em outras matérias), é uma decisão formal na perspectiva da despesa pública não da relação jurídica de emprego.

8 – Quando não, teríamos uma intervenção de um Tribunal, oficiosa, no âmbito de um processo que não tem estrutura de salvaguarda do contraditório que têm processos como o presente, o que se afiguraria inconstitucional.

9 – A decisão do Tribunal de Contas que negou o visto à nomeação da recorrente não fazia caso julgado quanto à validade substancial da nomeação da reclamante.

10 – Também não podia fazer caso julgado em relação à aplicação ao caso da recorrente de posterior processo de regularização decorrente de regime legal expressamente refere aplicar-se a situações de pessoal que entretanto ingressou nos quadros com salvaguarda de regimes mais favoráveis.

11 – Como é que, depois de oito anos de exercício das funções de arquitecto, sob a autoridade e direcção da Câmara Municipal, correspondente, consequentemente, a prestação de trabalho da recorrente a necessidades permanentes do serviço esta, em 10/1/96 fosse tão só uma arquitecta estagiária!? (confronte-se o art. 6.°, n.° 2 do DL n.° 184/89, de 2/6).

12 – Por outro lado, o DL n° 81-A/96 e 195/97 fazem parte de um processo legislativo com um escopo conjunto.

13 – O legislador entendeu não só regularizar a situação dos funcionários fora do quadro mas também de pessoal que entretanto entrou para o quadro.

14 – Basta atentar no âmbito do DL n.° 195/97, de 31/7 para se compreender que o DL n.° 81-A/96 integra o mesmo escopo regularizador.

15 – Daí que o disposto no art. 6.° daquele diploma pode e deve ser conjugado com o art. 9.° deste, ou seja, a salvaguarda de regimes legais mais favoráveis é conjugável com a contagem de tempo de serviço a que se reporta o art. 6.° do DL n.° 195/97.

16 – A recorrente sabe que em 10/1/96 estava contratada em regime de contrato administrativo de provimento. Todavia, resulta com clareza do n.° 2 do art. 6.° do DL n.° 195/97 que o regime do, digamos, "pacote legislativo" com o objectivo de regularização acima referido, se aplica retroactivamente ao pessoal que já tinha ingressado no quadro por concurso mas que antes do ingresso desempenhou funções correspondentes a necessidades dos serviços com sujeição hierárquica e horário completo como é o caso.

17 – De onde, com o devido respeito, ser conciliável e justíssimo (tenha-se em conta que até trabalho não retribuído a recorrente prestou) que o tempo de serviço efectivamente prestado pela recorrente até ao ingresso no quadro importasse não só para efeitos de promoção mas também de progressão. Constituindo o concurso condição impreterível da promoção não pode agora a reclamante ver aquele tempo potenciado para este efeito.

18 – A este propósito veja-se o que refere Manuel Tavares, in, Função Pública, Regime Jurídico Ampliado e Actualizado, Federação Nacional dos Sindicatos da Função Pública, Volume I pág. 701: "...Trata-se de uma cláusula de salvaguarda de soluções mais favoráveis e já existentes em lei (...) para as matérias objecto deste Decreto-Lei (e, pensamos nós, dos diplomas que o desenvolvem ou lhe dão execução. (...) Também se houver disposições legais que em matéria de contagem de tempo de serviço sejam mais amplas e favoráveis do que as diploma, devem ser aquelas e não estas as aplicadas...".

19 – Assim, o mui douto aresto recorrido viola o art. 6.° do DL n.° 409/91, de 17/10, alterando por ratificação pela Lei n.° 6/92, de 29/4 e o art. 9.° do DL n.° 81-A/96, de 21/6, porquanto, se, segundo a doutrina dominante, a recorrente era abrangida pelo art. 6.° daquele diploma, na redacção daquela lei, disposição mais favorável da que viria a ser posteriormente consagrada, em concreto, o art. 6.° do DL n.° 159/97, de 3/7, então o regime do citado art. 6.° do DL n° 409/91 devia ter-lhe sido aplicado.

O Recorrido contra alegou conforme fls. 87.

O Ministério Público emitiu douto parecer desfavorável ao provimento do recurso.

Cumpre decidir.

FUNDAMENTAÇÃO
DE FACTO

Na sentença foram assentes os seguintes factos:

1. A recorrente foi admitida ao serviço do Município de Coimbra no dia 04-01-1988, através de contrato de trabalho a prazo, nos termos do art. 44.° do DL n.° 247/87, de 17-06, que tinha como objecto o exercício de funções de arquitecto, com a duração de 24 meses.

2. Em 04-01-1990, celebrou com a Câmara Municipal de Coimbra, novo contrato a prazo, de 6 meses, com o mesmo objecto.

3. Em 12-07-1990, celebrou com a CMC, novo contrato a prazo, de 6 meses, para o exercício das mesmas funções, com início em 04-07-90.

4. Os serviços de pessoal da CMC enviaram este último contrato para o Tribunal de Contas, a fim de ser visado, o qual só veio a produzir efeitos após a publicação do visto no DR, II série, ou seja, em 28-11-1990.

5. No período compreendido entre 05-07-90 e 28-11-90, a recorrente manteve-se no exercício de funções de

arquitecta, cumprindo horário completo e prestando trabalho subordinado, sem receber qualquer abono.

6. No dia 28-11-90, a recorrente celebrou com a CMC mais um contrato de trabalho a prazo, com início em 30-05-91 e termo em 31-12-91, com o objecto dos anteriores.

7. Por despacho do Presidente da CMC de 06-09-93, foi nomeada no lugar de arquitecta de 2ª classe.

8. Por decisão do Tribunal de Contas notificado à CMC em 17-01-94, foi recusado o visto à nomeação da requerente.

9. Pelo Vereador do Pelouro dos Recursos Humanos, foi pedida a reapreciação da recusa do visto, pedido este liminarmente indeferido por despacho do Conselheiro do processo.

10. Deste despacho de indeferimento, o Presidente da CMC recorreu para o Plenário do TC e por acórdão de 10 de Maio de 1994, o recurso viria a ser improvido.

11. Após, foi celebrado com a recorrente um contrato de avença, continuando esta a desempenhar e exercer as mesmas funções, nos termos que até aí vinha desempenhado, em horário completo.

12. Na sequência da aprovação em concurso externo para arquitecto estagiário em 21-12-95, foi celebrado um contrato administrativo de provimento nos termos e para os efeitos do disposto no art. 5.º, do DL 265/88, de 28-07, sendo a recorrente nomeada definitivamente, como arquitecta de 2ª classe em 12-05-97, nomeação esta visada pelo Tribunal de Contas em 19-06-97 e, tomando posse em 25-08-97.

13. Em 14-01-2000, a recorrente toma posse no lugar de arquitecta de 1a classe.

14. No dia 16-10-2000, a recorrente dirigiu ao Presidente da Câmara Municipal de Coimbra, o requerimento cuja cópia constitui fls. 17 a 22, através do qual requereu fosse revisto o seu posicionamento na estrutura salarial da carreira e abonadas as consequentes diferentes salariais, tudo com base nos fundamentos ali constantes.

15. Por despacho do Vereador da CMC, com competências delegadas para a gestão e direcção dos recursos humanos, proferido em 04-01-2002, foi indeferido o pedido formulado pela requerente, com base nos fundamentos constantes do parecer do Departamento Jurídico e da Divisão de Recursos Humanos – cfr. 14 a 16 dos autos.

Consideram ainda assente, além dos factos supra descritos, o conteúdo dos documentos constantes dos autos e do processo administrativo anexo que venham a ser mencionados neste acórdão.

DE DIREITO

Como resulta do processo administrativo (fls. 24) por despacho do Presidente da Câmara Municipal de Coimbra de 6 de Setembro de 1993, a Recorrente foi nomeada para um lugar de Arquitecto de 2ª Classe do quadro de pessoal da mesma Câmara Municipal, ao abrigo do disposto no artigo 6.º do DL 409/91, de 17/10.

Porém, o Tribunal de Contas recusou o visto a tal nomeação, com fundamento no facto de a Recorrente não somar 3 anos de serviço ininterruptos à data da entrada em vigor do referido DL 409/91, ou seja, por não estarem reunidos os requisitos necessários para aplicação ao caso do dispositivo legal que fundamentara a dita nomeação.

Formulado um pedido de reapreciação de recusa do visto, veio o mesmo a ser liminarmente indeferido por despacho do Exm.º Conselheiro Relator.

Finalmente, em Plenário da 1ª Secção, os Juízes do Tribunal de Contas acordaram em negar provimento ao recurso interposto pelo Presidente da Câmara Municipal de Coimbra contra o despacho de indeferimento liminar referido (cfr. fls. 26/33 do processo administrativo).

Significa isto que se esgotou a via impugnatória da decisão de recusa do visto. Quais as consequências que daí decorrem para a relação jurídico/administrativa visada?

Sobre este tema debruçou-se o acórdão de 18-06-2003, da 3ª Subsecção do CA do Supremo Tribunal Administrativo, Proc. 041969, citado no parecer do Ministério Público nestes autos, deste modo:

«...o Tribunal de Contas enquanto "órgão supremo de fiscalização da legalidade das despesas públicas", ao conceder ou recusar o visto, fá-lo ao abrigo de uma competência jurisdicional própria, sendo as suas decisões, nomeadamente no tocante à fiscalização da "legalidade e regularidade das receitas e das despesas públicas" obrigatórias para todas as entidades públicas e privadas, prevalecendo sobre as de quaisquer outras entidades (cfr. nomeadamente artigos 208.º e 216.º da CRP (terceira revisão constitucional – Lei constitucional n.º 1/92, de 21.11.92, bem como os artigos 5.º da Lei 86/89, de 8 de Setembro, e art. 1.º da Lei 98/97, de 26 de Agosto).

Daí que a recusa do visto pelo Tribunal de Contas, ainda que essa recusa possa sofrer de eventuais ilegalidades, por ser da competência jurisdicional exclusiva desse tribunal, não pode ser questionada fora dos mecanismos legalmente previstos nem essas eventuais ilegalidades de que eventualmente padeça podem ser neutralizadas por decisão de outro tribunal, nomeadamente pelo STA.

Em suma, não é legalmente possível questionar em sede de jurisdição administrativa matéria que se prende com a recusa do "visto" a acto administrativo, por se tratar de matéria da competência de outro Tribunal. (...)

Pelo que, perante a impossibilidade de obter o Visto do Tribunal de Contas para a nomeação dos recorrentes (...) não pode tal decisão ser questionada fora das competências do TC, nomeadamente perante os Tribunais Administrativos.

E, sendo o Visto do Tribunal de Conta na situação em apreço, porque obrigatório, um requisito da eficácia do acto administrativo, por a decisão do TC que recusou o visto se impor à administração fica esta condicionada na sua actuação no que respeita à pretendida publicação no DR, da nomeação dos AA ...»

* * *

Contrapõe a Recorrente que se trata de uma "decisão formal na perspectiva da despesa pública não da relação jurídica de emprego".

O verdadeiro alcance da crítica formulada pela Recorrente projecta-se na sua conclusão seguinte: «Quando não» – subentenda-se, se os Tribunais Administrativos não pudessem apreciar e decidir um litígio sobre a mesma relação jurídica de emprego público de forma incompatível com a decisão do TC – «teríamos uma intervenção de um Tribunal, oficiosa, no âmbito de um processo que não tem estrutura de salvaguarda do contraditório que têm processos como o presente, o que se afiguraria inconstitucional.»

Sobre isto escreveu magistralmente Sousa Franco (Finanças Públicas e Direito Financeiro, 3ª edição, pág. 413): «Nada obsta que o processo de visto não seja contraditório, mas inquisitório, pois nos parece que basta a imparcialidade e independência, aliadas à função de mera aplicação do Direito, para caracterizar a função jurisdicional (embora não "judicial") e os actos jurisdicionais.»

Por outro lado, a perspectiva da "legalidade da despesa pública" que a Recorrente minimiza é a marca do carácter especial do Tribunal de Contas como "órgão supremo de fiscalização da legalidade das despesas públicas" (artigo 214.º/1 da Constituição). Ora, se a orgânica e o processo do Tribunal de Contas não respeitassem os ditames constitucionais em matéria de administração da justiça, a solução seria a invocação de tais inconstitucionalidades na sede própria, ou seja, no processo pendente nesse Tribunal.

Igualmente errado seria pensar que o Tribunal de Contas aprecia os actos administrativos geradores de despesas numa óptica formalista e restritiva, quiçá meramente contabilística ou financeira. Nada mais errado. Na realidade, conforme o n.º 2 do artigo 1.º do Decreto-Lei n.º 146-C/80, de 22 de Maio (aplicável aos factos destes autos *rationae temporis*) «O visto do Tribunal de Contas tem por fim verificar se os documentos a ele sujeitos estão conformes com as leis em vigor...», o que significa a prolação de um juízo sobre a legalidade do acto, sem quaisquer limites de cognição.

Coloca-se enfim, nesta sequência argumentativa, a questão do alcance da decisão do Tribunal de Contas, asseverando-se que meramente contenderia com a *eficácia* e já não com a *validade* do acto administrativo apreciado.

Trata-se de um argumento que, embora errado, fez alguma carreira a partir da redacção do artigo 20.º do citado Decreto-Lei n.º 146-C/80, de 22 de Maio: «A recusa do visto pelo Tribunal de Contas determina a ineficácia dos respectivos diplomas ou despachos». Sucede que este preceito tem o intuito de reforçar e não degradar a força de caso julgado material daquele tipo de decisão jurisdicional. É intuitivo que as decisões do TC cairiam no limbo das inutilidades jurídicas se fosse lícito relançar pela via do contencioso administrativo, a pretexto da discussão da legalidade, os efeitos jurídicos dos despachos "ineficazes" por recusa de visto.

Na realidade, aquela "ineficácia" mais não é do que a necessária consequência do juízo ilegalidade proferido por um Tribunal que é "supremo" na sua ordem de jurisdição (o Tribunal de Contas), e cujas decisões não podem ser neutralizadas por decisões antagónicas dos Tribunais Administrativos.

Nesta matéria, é de novo útil recorrer à lição de Sousa Franco (obra citado, pág. 414 e 415) ao refutar com bons e desenvolvidos argumentos a corredia ideia de que os efeitos de recusa do visto são a "mera ineficácia e não a anulação" do acto, "porque a recusa do visto representa uma declaração jurisdicional da ilegalidade (...) do acto" e, sendo assim, "produzirá os efeitos correspondentes ao vício que fere o acto".

Quanto às hipotéticas situações de injustiça que possam ocorrer para os destinatários do acto de boa fé, trata-se de problema há muito tempo diagnosticado e por vezes "remediável" pela via de acção com fundamento no enriquecimento sem causa (artigos 473.º e seguintes do C. Civil), quando para tanto estejam reunidos os necessários pressupostos, como aliás se dá nota na contra alegação apresentada pelo Recorrido.

Deste modo e em suma, ao indeferir o requerimento da Recorrente em conformidade com a decisão do Tribunal de Contas, o acto recorrido não incorreu na violação do referido artigo 6.º do DL 409/91, de 17/10, e a sentença decidiu nesta matéria com acerto.

A Recorrente imputa ainda à sentença a violação do artigo 9.º do DL 81-A/96, de 21/6, e artigo 6.º do DL 195/97, de 31/7, como se vê da síntese constante da derradeira conclusão:

«Assim, o mui douto aresto recorrido viola o art. 6.º do DL n.º 409/91, de 17/10, alterando por ratificação pela Lei n.º 6/92, de 29/4 e o art. 9.º do DL n.º 81-A/96, de 21/6, porquanto, se, segundo a doutrina dominante, a recorrente era abrangida pelo art. 6.º daquele diploma, na redacção daquela lei, disposição mais favorável da que viria a ser posteriormente consagrada, em concreto, o art. 6.º do DL n.º 159/97, de 3/7, então o regime do citado art. 6.º do DL nº 409/91 devia ter-lhe sido aplicado.»

Quanto ao regime previsto DL 81-A/96, exarou-se na sentença que "em 10 de Janeiro de 1996 (....) a recorrente exercia apenas as funções de arquitecta estagiária (cfr. n.º 12 dos factos provados) pelo que, nesta data não se encontra em nenhuma das situações previstas nos artigos 4.º e 5.º do referido DL". Ora, este passo da fundamentação da sentença não foi impugnado pela Recorrente, pois para o ser de forma relevante teria que indicar qual dessas normas, ou outras do mesmo diploma legal, teriam sido violadas, em conformidade com o ónus do artigo 690.º/2, a), do CPC. De todo o modo não foi alinhada nem se vislumbra nenhuma razão de discordância aceitável relativamente àquele passo do discurso fundamentador da decisão.

Ao invocar, com referência ao DL 81-A/96, a violação apenas do seu artigo 9.º, a Recorrente pretende a prevalência do regime mais favorável balanceado entre os regimes do artigo 6.º do DL 409/91 e artigo 6.º do DL 195/97 (veja-se de novo a conclusão final). Sobre a inaplicabilidade do artigo 6.º do DL 409/91, já se disse tudo. Quanto ao mais, ou seja, quanto à inaplicabilidade ao caso do regime previsto no artigo 6.º do DL 195/97, também não foi aduzido qualquer argumento capaz de infirmar a fundamentação da sentença. Na verdade, como nesta se diz, «se por um lado, o n.º 1 apenas manda relevar o diploma para efeitos de promoção, aposentação e sobrevivência, e por outro lado, o n.º 4 do citado artigo exclui o direito à percepção de retroactivos, quando o que a recorrente pretende, é precisamente, que lhe sejam pagas as diferenças salariais respeitantes à progressão na carreira» forçoso será concluir «pela não verificação do alegado vício de violação de lei». Aliás, neste sentido se pronunciaram inequivocamente os doutos pareceres do Ministério Público, em ambas as instâncias.

Assim, improcedem as conclusões formuladas pela Recorrente.

DECISÃO

Pelo exposto, acordam em negar provimento ao recurso.

Custas pela Recorrente, fixando-se em 200 € a taxa de justiça e 50% a procuradoria.

Lisboa, 1 de Junho de 2006

João Beato de Sousa
António Forte
Carlos Araújo

Recurso n.º 12612/03

2.ª Secção (Contencioso Tributário)

CIRC. CUSTOS DE EXERCÍCIO. RECURSO. PROVA NÃO DOCUMENTAL. ÓNUS DA PROVA.

(Acórdão de 3 de Maio de 2006)

SUMÁRIO:

I – Nos termos do art. 23.º do CIRC, consideram-se custos do exercício os que comprovadamente foram indispensáveis para a realização dos proveitos ou ganhos e no âmbito de tal comprovação, é possível o recurso à prova não documental (designadamente à prova testemunhal) para comprovar que certo lançamento se reporta a um custo efectivo.

II – Cabendo à AT o ónus de provar a verificação dos pressupostos legais vinculativos da sua actuação, compete-lhe, no caso de liquidação adicional de IRC por falta de reconhecimento de facturas contabilizadas pelo contribuinte, o ónus de provar que estão verificados os pressupostos legais que legitimam a sua actuação ao abrigo do art. 23.º do CIRC.

ACORDAM, EM CONFERÊNCIA, OS JUÍZES DA SECÇÃO DE CONTENCIOSO TRIBUTÁRIO (2ª SECÇÃO) DO TRIBUNAL CENTRAL ADMINISTRATIVO SUL:

RELATÓRIO

1.1. Alphabita – Sociedade de Projectos, Construção e Compra e Venda de Propriedades, Lda., recorre da sentença que, proferida pelo Mmo. Juiz do TT de 1ª Instância de Coimbra, lhe julgou improcedente a impugnação judicial deduzida contra a liquidação de IRC referente ao exercício de 1993 e respectivos juros compensatórios.

1.2. Alega e formula as Conclusões seguintes:

A) A ora alegante é uma sociedade comercial por quotas, como consta da sua petição e da douta sentença ora em recurso, tendo oportunamente impugnado a determinação da matéria colectável para efeitos de liquidação de IRC e juros compensatórios do ano de 1993, bem como essas liquidações.

B) As correcções fiscalmente levadas a efeito, basearam-se na presunção irreal e não demonstrada de que a ora alegante, havia utilizado facturação fictícia na sua contabilidade e, com base nela, contabilizado custos, a que possivelmente não teria direito.

C) O processo, quer através da prova documental feita, quer dos depoimentos das testemunhas arroladas, demonstra iniludivelmente, em relação à Urbanização da Quinta do Viso, aqui em causa, que as correcções fiscalmente levadas a efeito não têm qualquer fundamento, pelo que não pode servir de base à liquidação do IRC e juros compensatórios em causa.

D) Os sócios e gerentes da ora impugnante eram procuradores do dono da Urbanização, com poderes para vender lotes de terreno, receber sinais e dar quitações, o que também ficou provado no processo.

E) Por isso tal dono da obra encarregou individualmente tais gerentes de procederem às obras necessárias para completar a urbanização e eram estes gerentes que recebiam os valores dos sinais dos lotes que prometiam vender.

F) Todos os movimentos eram devidamente contabilizados sendo emitidos a factura e o respectivo recibo.

G) Várias vezes ao ano eram acertadas as contas entre o dono da urbanização e os gerentes da ora alegante.

H) Não era devida a escrituração dos sinais pela venda dos lotes na contabilidade da alegante uma vez que os procuradores do dono da urbanização eram os gerentes da alegante e não a alegante.

I) Não se verificaram quaisquer irregularidades relativamente à conta "caixa", tendo-se justificado todos os cheques referidos no relatório.

J) A urbanização engloba uma área de vários hectares, tendo sido feitos trabalhos iguais por empresas diferentes, em locais também diferentes, não tendo a Fiscalização Tributária feito qualquer deslocação ao local para efeitos de confirmação ou não desses trabalhos.

K) Os esgotos feitos por Empreendimentos M. Batista, Lda., estão inutilizados e enterrados no solo, tendo sido substituídos pelos feitos por SPAD, 24, Lda., pelo que existem na Urbanização dois colectores estando apenas um a ser utilizado.

L) A Spad 24, Lda., executou obras de lancis, passeios e escadas que estão à vista, cujos preços de execução foram actualizados por acordo com a ora alegante, tendo o Eng. responsável pelo projecto feito os cálculos da escadaria em metros lineares tendo sido estes adjudicados a Spad 24, Lda...

M) Quaisquer diferenças entre os valores recibos e os cheques de pagamento foram pagas em numerário ou com cheques de terceiros e os descontos financeiros correspondem á realidade e foram acordados livremente pelas partes.

N) Não existe qualquer sobre facturação de qualquer subempreitada, pelo que não existem razões fundamentadas para se considerarem fictícias ou falsas quaisquer das facturas apresentadas à alegante pelos subempreiteiros.

O) Para além da Spad 24 todos os subempreiteiros que prestaram serviços à alegante, tais como Empreendimentos M. Batista, Lda., ENELEL, Lda., Mota Santos, Lda., e José Manuel Rama Cardoso existiam e estavam em funcionamento, pelo que é materialmente infundado o juízo da Administração Tributária sobre esta matéria, conforme Ac. de 7/5/2002 do TCA.

P) A alegante juntou uma planta do loteamento, onde sob várias cores, assinalou as obras e trabalhos postos em causa pela Fiscalização Tributária referentes aos vários subempreiteiros com a indicação de que alguns desses trabalhos estão enterrados no solo sendo necessárias pequenas escavações para que sejam visíveis.

Q) No que respeita ao ónus da prova, que a ora alegante não teria logrado fazer, demonstrando o que alegou na sua petição, segundo a douta sentença ora em recurso, com o devido respeito também se discorda de tal douta apreciação.

R) As provas produzidas no processo, quer documentais, quer testemunhais, parecem-nos idóneas e suficientes para que delas resultem no mínimo, fundadas dúvidas acerca da quantificação da matéria colectável determinada e originária da liquidação de IRC e juros compensatórios, tudo aqui em causa, pelo que, face a tais dúvidas, com o devido respeito, deveria a impugnação ter sido julgada procedente, contrariamente ao que aconteceu.

S) Por isso, face a tais dúvidas, com a devida vénia, deveria também o acto tributário de determinação e quantificação da matéria colectável, tudo aqui em causa, ter sido anulado.

T) Assim, na douta sentença ora em recurso, julgando improcedente a nossa impugnação, foram violadas, entre outras, as disposições a alínea f) do art. 97.°, a alínea a) do art. 99.° e o art. 100.°, estes do CPPT, razões pelas quais deve tal douta sentença ser revogada.

Termina pedindo a revogação da sentença e que seja julgada procedente a impugnação com a consequente anulação da determinação da matéria colectável levada a efeito para IRC e juros compensatórios, bem como a liquidação desse IRC e juros dela resultantes, face, no mínimo, às dúvidas fundadas sobre a quantificação dessa matéria colectável e, por se verificarem as ilegalidades que serviram de fundamento à impugnação.

1.3. Não foram apresentadas contra-alegações.

1.4. O EMMP emite parecer onde se pronuncia pelo não provimento do recurso.

1.5. Correram os Vistos legais e cabe decidir.

FUNDAMENTOS

2. A sentença recorrida teve por provados os factos seguintes, ora subordinados a alíneas:

a) A tributação da impugnante, relativamente aos anos de 1991, 1992 e 1993 resultou, de se haver considerado que acrescera aos custos fiscais e deduzira imposto com base em facturação que não corresponde a efectivas prestações de serviços;

b) A facturação em causa foi emitida por:

SPAD 24 – Sociedade Portuguesa de Arruamentos e Desaterros, Lda.;

Empreendimentos de Construção Civil e Obras Públicas de M. Baptista, Lda.;

José Manuel Rama Cardoso;

c) Em relação à SPAD 24 – Sociedade Portuguesa de Arruamentos e Desaterros, Lda., é manifesta a disparidade entre os valores dos recibos emitidos e os valores efectivamente pagos através de cheque;

d) Descontos consideráveis de pronto pagamento – 30% – referidos a uma antecipação de 180 para 60 dias, correspondentes a uma taxa nominal de 90% ao ano;

e) Contabilização de pagamento por caixa, sem que haja qualquer cheque emitido para o efeito;

f) Utilizando como "documento" nota de lançamento;

g) Considerando apenas os autos de medição anexos às facturas da SPAD 24, os trabalhos facturados em alguns casos ultrapassam os trabalhos previstos;

h) Na factura n.° 580, vg., sem auto anexo, os trabalhos aí contidos não cabem no projecto de loteamento, nem na proposta da empreitada;

i) A facturação não é, de todo, conforme à realidade, havendo rubricas facturadas em excesso e outras não totalmente facturadas;

j) Apesar de existirem trabalhos por realizar, como é o caso das calçadas e escadas de desnível, a facturação ultrapassa o valor acordado;

l) O total das facturas com os n.ºs 580, de 31/12/91; 253, de 30/6/93; e 254, de 30/6/90 aproxima-se da diferença entre o valor facturado e os pagamentos (cfr. processo de impugnação com o n.° 54/96);

m) As facturas n.ºs 580 (doc. de fls. 61), 253 (doc. de fls. 71) e 254 (doc. de fls. 74) evidenciam que as condições de pagamento nelas constantes é de 30 dias, sem que tenham qualquer referência a desconto por pagamento antecipado (cfr. processo de impugnação com o n.° 54/96);

n) Sem referência explícita a acordo de 30% para o pagamento antecipado de 60 dias;

o) A factura n.° 580, de fls. 61 dos Autos, por cotejo com as facturas de fls. 71 e 73 está processada por tipo de letra diferente, não tendo sido emitida pelo programa de facturação de contabilidade, como as restantes (cfr. processo de impugnação com o n.° 54/96);

p) Os valores do quadro de fls. 12 do relatório representam valores superiores ao acordo de adjudicação considerado;

q) Enquanto os valores pagos por cheque e constantes do quadro de fls. 14 cumprem sempre tal clausulado;

r) Em relação à facturação de Empreendimentos de Construção Civil e Obras Públicas de M. Baptista, Lda., evidenciam os autos que esta empresa se encontrava em estado de falência técnica e abandono, desde 1990;

s) Em abandono e inactiva, sem equipamento e meios capazes de executar qualquer trabalho;

t) Os trabalhos de infra-estruturas de urbanização facturados foram da responsabilidade e execução da SPAD 24, Lda, conforme consta do processo de alvará n.° 15/90;

u) A descrição das facturas limita-se a referências gerais, sem qualquer meio de suporte e sem autos de medição;

v) Os trabalhos referidos nas facturas a caberem no processo de loteamento sobrepor-se-iam aos executados pela SPAD 24, Lda., pela ENELEC, Lda. e pela Mota e Santos, Lda.;

x) De acordo com o proprietário do loteamento, a empresa M. Baptista, Lda., não executou qualquer trabalho, com excepção de um colector de esgotos proveniente do loteamento das 4 Torres, junto à estrada de Tavarede;

z) Que atravessou a propriedade agora objecto de urbanização, mas que nada tem a ver com as infra-estruturas actuais em causa;

a1) As facturas em causa possuem impressões antigas, encontram-se desprovidas de número de contrbuinte da empresa e espaço para o do cliente, não fazendo referência à tipografia que as elaborou;

b1) Não existindo já o número de telefone em 1989;

c1) Em todos os meios de pagamento, relativamente a todas as facturas contabilizadas foi também contabilizado o pagamento por caixa, sem emissão de cheques;

d1) No contrato de fls. 58, celebrado entre a impugnante e a SPAD 24, Lda., na cláusula primeira, não é referido qualquer outro contrato, mas sim o celebrado em 12 de Agosto de 1991, referenciado a fls. 50 (cfr. Processo de impugnação 54/96);

e1) Neste nada é referido a "benfeitorias" executadas por M. Baptista, Lda.;

f1) Aquele contrato de fls. 50 refere-se a "eventuais benfeitorias", redactorial e conceitualmente diverso das obras que a impugnante declara como feitas;

g1) Conforme documento de fls. 108 – Auto de medição da ENELEC, Lda. – é esta sociedade que executa o "posto de transformação em alvenaria";

h1) Por sua vez, no que respeita a José Manuel Rama Cardoso, encontra-se inactivo desde 1990/1991, altura em que constituiu a empresa «Construções Rama, Lda.» e desde meados de 1991 que não envia declarações periódicas de IVA;

i1) Em fiscalização anterior àquela sociedade, por si constituída e a este sujeito passivo, foi verificado que quer a empresa, quer este não possuíam bens de equipamento, nem pessoal ao seu serviço com os quais pudessem efectuar os trabalhos facturados;

j1) As facturas em causa referem trabalhos descritos de forma genérica colidindo e sobrepondo-se aos executados por outras empresas;

l1) Sendo que uns não cabem no projecto de loteamento, e outros não se encontram executados, como é o caso das zonas verdes;

m1) Na análise dos meios de pagamento da empresa, verifica-se que todos os recibos relativos às facturas em causa foram contabilizados através de Caixa, sem emissão de cheques de pagamento;

n1) Apenas tendo sido emitido um cheque de 750.000$00;

o1) A factura de fls. 127 não contém o quantum dos trabalhos executados, nem se apoia em Autos de Medição, como é tradição da impugnante, em relação às obras efectivas efectuadas e que todos os outros fornecedores lhe entregaram

p1) Comparando as facturas, vg. de fls. 128 e 129, evidencia-se que a primeira se refere a «arranjo de zonas verdes» e a segunda com «fornecimento e transporte de terras vegetais para arranjos de zonas verdes» em assinalável diferenciação de prestações de serviços (cfr. processo de impugnação com o n.° 54/96);

q1) O que, conceitualmente, foi confirmado pelo seu emitente;

r1) Todos os pagamentos que se referem a efectivas prestações de serviços foram pagos com cheques;

s1) Foi possível a quantificação directa e exacta das correcções ao lucro tributável;

t1) Assim, também, se assinalando divergência entre factos e valores constantes do contrato de subempreitada e da facturação e formas de pagamento;

u1) Divergências entre os pagamentos efectivos (cheques) e os recibos emitidos;

v1) Divergências entre os trabalhos previstos no projecto e na proposta de subempreitada com os trabalhos facturados;

x1) Existência de trabalhos por realizar, mas facturados;

z1) Entradas e saídas de cheques de caixa sem justificação;

a2) Existência de saldos em caixa que não correspondem à realidade;

b2) Depósito de cheques de proveniência desconhecida;

c2) Contabilização como custo de valores constantes de facturas que não correspondem a serviços realizados nem a custos efectivamente suportados;

d2) Contabilização como custo de despesas particulares dos sócios.

3.1. Para julgar a impugnação improcedente, a sentença recorrida considerou, além do mais, o seguinte: «Ora, na circunstância os factos assinalados no probatório, por emergência processual, equacionam à saciedade, divergências entre factos e valores constantes do contrato de subempreitada e da facturação e formas de pagamento; divergências entre os pagamentos efectivos (cheques) e os recibos emitidos; ainda, divergências entre os trabalhos previstos no projecto e na proposta de subempreitada com os trabalhos facturados; existência de trabalhos por realizar, mas facturados; do mesmo modo, entradas e a saídas de cheques de caixa sem justificação; existência de saldos em caixa que não correspondem à realidade; depósito de cheques de proveniência desconhecida; contabilização como custo de valores constantes de facturas que não correspondem a serviços realizados nem a custos efectivamente suportados; contabilização como custo de despesas particulares dos sócios.

Tal quadro táctico não pode deixar de determinar o corte até como «correcção técnica» de custos assim, reveladamente, como não imprescindíveis à obtenção de proveitos, por parte da impugnante, para, assim, se poder tributar o lucro real e efectivo – cfr. arts. 51.° e 52.° do CIRC. (Do mesmo modo, cortar o direito à dedução de IVA contido em operações «simuladas», ou em que tenha sido simulado o preço constante da factura – cfr. art. 19.° n.° 3 do CIVA).

Assim, também, a dúvida que implica a anulação do acto impugnado não pode considerar-se fundada se assentar na ausência ou inércia probatória das partes, sobretudo da impugnante. Esta não deve limitar-se a alegar factos que ponham em dúvida a existência e quantificação do facto tributário. Cabe-lhe o ónus de tais factos. Só mediante a prova concludente de tais factos é que é possível concluir-se pelo fundamento daquela dúvida.

E tal, como os Autos evidenciam, não foi logrado pela impugnante.»

3.2. Do assim decidido discorda a recorrente sustentando, como se viu, em síntese, que pela prova (documental e testemunhal) produzida no processo ficou demonstrado que, em relação à Urbanização da Quinta do Viso, aqui em causa, as correcções fiscalmente levadas a efeito não têm qualquer fundamento, pelo que não podem servir de base à liquidação do IRC e juros compensatórios em causa.

A questão a decidir no recurso é, portanto, a de saber se a sentença enferma de erro de julgamento de facto e de direito, nomeadamente, por da factualidade cuja ampliação se ordenou no acórdão de fls. 467 a 485, resultar a prova da efectiva realização de obras e prestação de serviços constantes das facturas desconsideradas pela AT.

4. Como acima se relatou, nos autos fora já proferido o acórdão de fls. 467 a 485, que, anulando a sentença então recorrida, ordenou que fosse completada a instrução dos autos e fosse proferida nova decisão.

Baixados os autos à 1ª instância e realizadas as diligências de instrução que tinham sido referidas, foram reinquiridas as testemunhas (acta de fls. 496 a 509), foi feita uma inspecção judicial ao local – à urbanização aqui em questão (cfr. auto de fls. 510/511) – e foi junto o doc. de fls. 495 (planta com sinalização a vermelho dos trabalhos que teriam sido realizados pela empresa M. Batista, Lda. e com sinalização a verde e azul dos que teriam sido realizados pelos outros referidos prestadores de serviços).

Todavia, apesar da efectivação destas diligências, o Mmo. Juiz do tribunal recorrido manteve ipsis verbis a matéria já anteriormente especificada como provada na anterior sentença (que fora anulada).

4.1. Ora, fazendo agora a avaliação crítica das provas produzidas, vê-se, quer pelos depoimentos das testemunhas inquiridas, quer pelo auto de inspecção, que não pode julgar-se provada a factualidade constante das als. x) e z) do Probatório (atinente à realização das obras pela empresa M. Batista, Lda., que a recorrente indica como sendo as sublinhadas a vermelho na planta ora junta a fls 495).

Na verdade, pela primeira testemunha inquirida, foi dito não saber que trabalhos fez tal empresa, apesar de afirmar ter trabalhado no local (Quinta do Viso), as oitava e nona testemunhas afirmaram que os trabalhos realizados pela dita empresa foram executados, mas antes de 1989, na primeira fase do projecto (que aqui não está em causa), sendo que aquela (oitava testemunha) declarou que era então empregado da dita empresa e tinha sido o primeiro a trabalhar no local (Quinta do Viso).

Assim, de acordo com a prova produzida, a factualidade que se julga provada relativamente à que consta das citadas alíneas x) e z) do Probatório, é a seguinte:

A empresa M. Batista, Lda., executou na urbanização do Viso algumas infra-estruturas, não claramente especificadas, na fase inicial do projecto de urbanização, em data anterior de 1989.

4.2. Quanto aos trabalhos alegadamente prestados por José Manuel Rama Cardoso (alíneas p1) e q1) do Probatório), – facturas de fls 80 e 81 dos autos –, veio este a ser inquirido (sendo a 1ª testemunha – depoimento a fls 497 e 498), esclarecendo não ter prestado serviços de arranjos em "zonas verdes", como nas facturas consta, mas que ao abrigo de tais facturas forneceu e transportou areia de Quiaios para a Quinta do Viso, para enchimento dos taludes, e efectuou fornecimento e transporte de terras para arranjo de zonas verdes e para construção de muros de suporte, tendo recebido cerca de 30.000 contos no total, em dinheiro, pois se encontrava inibido de usar cheques.

Esquece contudo, que a factura por si emitida em 20/4/1992 (cuja cópia consta a fls 127 dos autos), e que aqui não se encontra em causa, se refere a movimento de terras, abertura de valas e execução de muros de suporte, no valor de 18.000 contos. Fica, pois, por esclarecer se tal transporte de areia e construção de muros de suporte são, ou não, os constantes desta factura, e não já daquelas desconsideradas pela AT.

Por outro lado, não explica porque é que afirmou aos agentes fiscalizadores que não prestara aqueles serviços, mas sim que passara facturas de favor à impugnante, por atravessar uma fase difícil, sendo que do auto de inspecção também nada se retira de tais invocadas prestações de serviços.

Assim, ao invés do que consta das alíneas p1) e q1) do Probatório especificado na sentença, não se pode julgar provada a efectiva prestação dos serviços mencionados em tais facturas, ficando estas alíneas com a redacção seguinte:

– «Não se prova que ao abrigo das facturas emitidas por José Manuel Rama Cardoso cujas cópias constam a fls. 127 a 129 dos autos, tenham sido prestados quaisquer serviços ou fornecidos quaisquer bens à Impugnante.»

4.3. E quanto à prova documental ora junta pela recorrente (cópia do invocado projecto de urbanização da Quinta do Viso, onde fez preencher, a cores, os trabalhos e obras que cada uma das empresas terá realizado), como documento particular que é (da autoria da própria impugnante) e não sendo, como se viu, complementado pelos depoimentos das testemunhas, a sua força probatória é de livre apreciação pelo tribunal (art. 376.º do Código Civil), não podendo por isso, a nosso ver, só com base nesse documento, julgar-se como provados a realização de tais trabalhos e obras.

Em suma, não ficou provada a realização dos questionados trabalhos e obras, razão pela qual se altera o Probatório fixado na sentença recorrida, ficando a redacção das respectivas alíneas x), z), p1) e q1), a ser a que acima se especificou.

5. Como acima se disse, a recorrente discorda do decidido na sentença recorrida (que não aceitou a consideração como custos para efeitos de IRC, dos montantes inscritos nas facturas desconsideradas pela AT, por as considerar simuladas) invocando ter feito a prova da efectiva realização das operações subjacentes.

Refira-se que sobre esta mesma matéria e relativamente à mesma recorrente e A idêntica factualidade, já o TCA emitiu pronúncia por diversas vezes (nos acs. de 30/9/2003, rec. 6880/02; de 11/11/2003, rec. 280/03; e de 10/5/2005, rec. 281/03, neste tendo tido intervenção como adjunto o presente relator) e que, por se concordar com o ali decidido,em parte seguiremos de perto a fundamentação deles constante.

5.1. Para julgar improcedente a impugnação, a sentença recorrida considerou em suma, que não se prova a efectiva realização das obras e serviços mencionados nas facturas aqui em causa, que assim são simuladas, não podendo os montantes aí mencionados serem considerados como custo fiscal do respectivo exercício.

Como se refere em tal acórdão de 10/5/2005, citando A. Borges e outros, «Elementos de Contabilidade Geral», Rei dos Livros, pag. 62, «Os factos patrimoniais registados pela contabilidade são descritos e comprovados por meio de escritos comerciais – os documentos – base de todo o registo contabilístico, sem os quais o mesmo não se poderá processar. Aliás, as empresas podem incorrer em sanções se procederem ao registo de factos não devidamente documentados.

Anteriormente, na norma do art. 26.º do CCI, não havia formulação directa de qualquer exigência de suporte documental condicionante da qualificação de verbas como custos, como a que hoje se infere dos arts. 23.º e 41.º n.º 1, h) do CIRC.

Estas, de acordo com tais preceitos, exigirão a demonstração efectiva da (ocorrência) do sacrifício; a sua indispensabilidade para a realização dos proveitos ou ganhos sujeitos ao imposto e para a manutenção da fonte produtora. Fazendo apelo à existência, por um lado, da sua concreta verificação ou acontecimento do mundo real (que efectivamente se suportaram), e, por outro, de um nexo de causalidade com os proveitos ou manutenção da fonte produtora, para que as verbas sejam qualificadas como custos, logo de tais preceitos se intuirá que a evidenciação de tais realidades se terá de materializar em quaisquer instrumentos formais de suporte que apenas poderiam ser, atento o princípio da praticabilidade que enforma o direito fiscal, os documentos.

E tais documentos terão de conter, tendo em vista tal função de qualificação de custos, os elementos necessários àquela determinabilidade ou seja têm de externar a existência do sacrifício patrimonial, a sua extensão (montante), e a sua causa, donde resultará a aferição sobre se o proveito será dela resultado. Por outro lado, também, ao enunciar o modo de determinação do lucro tributável, no art. 17.° do CIRC reportando-o à soma algébrica do resultado líquido do exercício e das variações patrimoniais positivas e negativas verificadas no mesmo exercício e não reflectidas naquele resultado, determinados com base na contabilidade, está o legislador a exigir um suporte documental dos ganhos e perdas, pois que tal resultado só pode repousar sobre uma realidade formalizada e não só realmente pressuposta. Temos, pois, por assente que as verbas contabilizadas pelo contribuinte na conta de resultados hão-de transparecer da sua escrita formal e que esta tem de estar organizada em termos de possibilitar fácil, clara e precisamente, as operações (exigência do art. 29.° do C.Comercial) e fortuna dos comerciantes, como de evidenciar a causa, natureza e montante das operações aqui de modo, não só, a permitir a sua arrumação contabilística (segundo o POC) como a determinação dos ganhos, perdas, proveitos e custos).

Quanto às categorias dos documentos aptos a preencher os requisitos, no domínio da contribuição industrial, era entendido que os documentos teriam a quota de credibilidade que emergir dos termos em que se encontrar organizada a contabilidade, face à imposição legal dos referidos arts. 51.° e 22.° do CCI e 29.° do C.Comercial, exigindo-se que tal contabilidade permita o apuramento e também o controlo claro e inequívoco do lucro tributável. Se a escrituração comercial estiver organizada em termos de apenas perante ela, se poder efectuar a prognose das operações efectuadas e do lucro tributável, evidente é que se terá de atribuir eficácia probatória ao documento de suporte, a menos que se indicie não corresponder à realidade.

Se o documento se encontra inserido numa escrita organizada, nos termos sobreditos, dando a conhecer os elementos necessários ao desempenho da sua função fiscal, terá de se lhe atribuir o crédito de confiança correspondente. Era a contrapartida legal da imposição de uma escrita organizada aos contribuintes do grupo A, decorrente dos citados preceitos legais (Cfr. neste sentido o acórdão do então Tribuna! Tributário de 2ª Instância de 16/02/1993).

E hoje, face às citadas normas do CIRC o sistema em termos de exigibilidade dos correspondentes suportes documentais para demonstração das operações subjacentes, não poderá deixar de ser, ao menos, igual ao então vigente quanto à contribuição industrial.

Sendo mesmo mais exigente quanto ao IVA no tocante ao direito à dedução do imposto suportado pelo sujeito passivo, em que só as facturas passadas na forma legal conferem tal direito – arts. 19.° n.° 2 e 35.° do CIVA.

Mas, em sede de IRC, na falta de tais suportes documentais, ou das menções supra, não podem, ter automaticamente os mesmos efeitos que no âmbito deste imposto (IVA), logo pela singela mas não menos lógica razão de que nenhuma norma deste CIRC o sanciona, sendo tal sanção o vício formal da respectiva desconsideração do montante aí

inscrito, específica deste imposto, atenta a sua estrutura de dedução de tais montantes de IVA inscrito nas facturas no imposto a entregar, funcionando como notas de crédito (Cfr. em sentido semelhante o acórdão deste Tribunal de 29/6/99, recurso n.° 318/97).»

5.2. Segundo o art. 23.° do CIRC consideram-se custos os que comprovadamente forem indispensáveis para a realização dos proveitos, nomeadamente os encargos com aquisição de serviços e mão-de-obra e de natureza financeira. Estes encargos devem estar contabilizados e documentados (arts. 17.° e 98.° do CIRC), presumindo-se a veracidade da contabilidade devidamente organizada (art. 78.° do CPT). Ou seja, são dois os requisitos que permitem a aceitação dos custos para efeitos de imposto: a comprovação, mediante documentos emitidos nos termos legais, e a indispensabilidade para a realização dos proveitos.

A regra geral do apuramento da matéria tributável dos contribuintes é a do apuramento com base na respectiva declaração destes. A AT só pode recorrer ao apuramento através de correcções ou através de métodos indirectos quando o contribuinte não cumpre os deveres de cooperação a que está obrigado, designadamente o de ter a contabilidade organizada nos termos da lei comercial e fiscal ou o da entrega da respectiva declaração periódica de rendimentos.

Isto porque se presume a veracidade dos dados e apuramentos constantes da contabilidade, caso o contribuinte disponha de contabilidade organizada segundo a lei comercial e fiscal e porque essa presunção de veracidade só cessa se se verificarem erros, inexactidões ou outros fundados indícios de que ela não reflecte a matéria tributável efectiva do contribuinte (cfr., ao tempo, os arts. 76.° e 78.° do CPT).

Ora, como quem tem a seu favor uma presunção estabelecida na lei está dispensado da prova do facto presumido (cfr. os arts. 349.° e 350.° n.° 1 do CCivil), o contribuinte, se tiver a sua escrita organizada conforme as exigências legais, não precisa de provar que são verdadeiros os dados dela decorrentes. Só assim não será no caso de, como se disse, se verificarem erros, inexactidões ou outros indícios fundados de que ela não reflecte a matéria tributável efectiva: neste caso, cessa a presunção, mesmo que a escrita esteja organizada de acordo com a lei. E isso é o que se verifica quando a contabilidade, apesar de estar formalmente organizada, for avaliada do ponto de visto técnico-contabilístico e se verificar então que omite operações efectuadas ou inclui operações não efectuadas.

A este respeito escreve-se no ac. do STA, de 24/4/02, no Rec. n.° 102/02, que a lei se basta com a exigência de indícios fundados, não impondo à AT «a prova provada de que por detrás dos documentos não está a realidade que normalmente reflectem e comprovam, basta-se com indícios fundados para fazer cessar a presunção a favor do contribuinte. E a este, desprovido do escudo protector da presunção, não resta senão demonstrar a veracidade dos seus elementos contabilísticos, e respectivos suportes, destarte posta em crise, face àqueles fundados indícios».

Por outro lado, como se realça no acórdão do mesmo STA, de 17/4/02, no Rec. n.° 26635 (onde se analisa, de forma exaustiva, embora reportando a liquidação de IVA, a questão do ónus probatório), o cumprimento do ónus de prova atribuído à AF «basta-se com um juízo administrativo de adequação entre os factos e valorações em que a administração diz, formalmente, suportar a sua actuação e o resultado desse juízo» no sentido de se lhe afigurar que devem ser feitas correcções e com a prova perante o tribunal da pertinência desse juízo, ou seja, com a prova perante o tribunal da existência dos elementos que torna possível ter como adequada a consideração por si feita.

«É nesta perspectiva que se poderá, de algum modo, falar que a administração apenas terá de fazer a prova, em tribunal, do bem fundado da formação das suas presunções de inexistência dos factos tributários e que, na falta dessa prova, essa questão ou seja a questão relativa à legalidade do seu agir praticando o acto tributário terá que ser resolvida contra ela», o que se encontra em «sintonia com o princípio da veracidade que está assumido no art. 78.° do CPT. (...)».

«Não importa só que a administração se diga convencida, mas também que diga porque é que se deixou convencer e que este resultado possa ser objectivamente apreciado e controlado pelo tribunal à luz dos critérios adequados.

«E sendo assim, para emitir o seu juízo sobre se se deve ter por materialmente fundamentada a consideração da administração, o tribunal não se pode ater apenas à existência de uma fundamentação formal e aos elementos nela externados (...), mas terá formar o seu próprio juízo probatório sobre a correspondência à realidade fáctico-jurídica dos elementos em que a administração disse apoiar a sua consideração e aferir, então, sobre eles se esta deve ter-se por correcta.

«À administração caberá, assim, o ónus de provar, também em tribunal, os pressupostos de facto suficientes, dentre os afirmados na fundamentação do acto, para que o tribunal possa ajuizar sobre se o juízo administrativo se deve ter por, objectiva e materialmente, fundamentado. (...)».

Esta argumentação é, igualmente, aplicável em termos de liquidações de IRC, como sucede no caso presente.

E, assim, porque cabe à AT o ónus da prova da verificação dos pressupostos legais vinculativos da sua actuação, compete-lhe, no caso de liquidação adicional de IRC por falta de reconhecimento de facturas contabilizadas pelo contribuinte, o ónus de provar que estão verificados os pressupostos legais que legitimam a sua actuação ao abrigo do art. 23.° do CIRC, demonstrando, quer (i) «a existência de declaração formal fundamentadora do seu juízo subjectivo quanto à indevida documentação dos custos consubstanciados em tais facturas», quer (ii) «a pertinência desse juízo, que tem de se mostrar objectiva e materialmente fundamentado, através de elementos fáctico-jurídicos aptos a convencerem sobre a adequação e correcção desse juízo, isto é, pela enunciação e prova de indícios sérios que traduzam uma probabilidade elevada relativamente à veracidade dos factos afirmados pela AT, ou seja, que traduzam uma probabilidade elevada de que as operações referidas nas facturas assim desconsideradas, são simuladas».

«Se não conseguir fazer essa prova, designadamente a da realidade dos elementos em que apoiou o seu juízo quanto à inexistência de tais custos ou a da adequação entre esses elementos e o juízo que formulou, a questão relativa à legalidade do seu agir terá que ser resolvida contra ela, não por força do disposto no art. 121.° do CPT, que não logra aplicação ao caso dado que não é a AT que está a afirmar a existência de factos tributários, mas porque tem de ser ela a suportar a desvantagem de não ter cumprido o ónus de prova que sobre si impendia, de não ter convencido o tribunal quanto à verificação dos pressupostos legais que lhe permitiam agir.

«Na verdade, o regime previsto no art. 121.° do CPT (de que a dúvida quanto à existência e quantificação do facto tributário deve ser decidida contra a AT) só é aplicável quando seja a própria AT a afirmar, através da liquidação, a existência dos factos tributários, e não quando a liquidação deriva da não aceitação de factos tributários declarados pelo contribuinte.

«Tal como resulta da orientação jurisprudencial sustentada no citado Ac. do STA de 17/04/02 e que secundamos, o regime da fundada dúvida instituído no art. 121.° do CPT «não abrange os actos da administração que se traduzam no não reconhecimento das deduções declaradas pelos contribuintes quando a dúvida diga respeito não à legalidade da actuação da administração mas da existência dos factos tributários que são afirmados pelo contribuinte como tendo acontecido e em que funda essa dedução de imposto. O ónus consagrado contra a administração no art. 121.° n.° 1 do CPT apenas existe quando seja ela a afirmar a existência dos factos tributários e a respectiva quantificação e não quando esta cabe ao contribuinte.

«A situação será diferente quando o imposto liquidado adicionalmente ao contribuinte diga respeito não a deduções consideradas indevidas, mas a operações cuja existência o contribuinte não declarou e a administração, todavia, afirma como realmente acontecidas. Neste caso, já caberá à administração a prova da existência dos factos tributários, devendo ela sofrer as consequências jurídicas desse ónus de prova. É a esta dimensão da problemática do ónus da prova que se refere o art. 121.° do CPT.

«Após aquela prova pela AT, passa a competir ao contribuinte o ónus de demonstrar a existência dos factos tributários que alegou como fundamento do direito à dedução do imposto nos termos do art. 19.° do CIVA.»

5.3. No caso, a não aceitação dos questionados montantes como custos de actividade (ou seja, desconsiderados como custo fiscal pela AT) funda-se além do mais, nas circunstâncias de os invocados prestadores dos serviços se encontrarem inactivos nos exercícios em causa, de os pagamentos terem sido feitos a dinheiro, de serem genéricas as descrições dos serviços invocados, de haver sobreposição dos trabalhos com os realizados por outras empresas, trabalhos que não cabem no projecto de loteamento, de haver facturação por valores superiores aos das adjudicações.

Ora, como entendeu a sentença recorrida, esta factualidade apurada e provada nos autos, consubstancia a existência de omissões e irregularidades na escrita (e documentos de suporte) e a existência de indícios sérios e credíveis da referida inexistência das operações subjacentes a tais facturas. Isto é, esses elementos indiciários parecem-nos, no caso e face à globalidade da prova dos autos, suficientes para chegar ao juízo a que a AT chegou quanto à desconsideração das ditas facturas.

E, por outro lado, como se viu, também é esse o sentido da prova testemunhal produzida nos autos.

Do exposto resulta, assim, que a factualidade aduzida pela AT na declaração fundamentadora do seu juízo quanto à inexistência dos custos documentados pela facturas se mostra apta a convencer sobre a adequação e correcção desse juízo, dados os apontados indícios que traduzam uma probabilidade elevada de que as operações referidas nas facturas em questão sejam simuladas, tanto mais que a impugnante não conseguiu abalar esse juízo com a prova que produziu em tribunal.

5.4. Acresce que a «dúvida fundada» a que alude o acima referido art. 121.° do CPT (hoje o art. 100.° do CPPT), que implica a anulação do acto impugnado, não pode assentar na ausência ou inércia probatória das partes, sobretudo do impugnante (Cfr. ac. do STA, de 15/1/1997, rec. n.° 17914). Ou seja, só releva para a anulação da liquidação do imposto a dúvida legítima ou fundada sobre a existência e quantificação do facto tributário (quando aquela dúvida não seja imputável ao impugnante). No caso, cabia à recorrente ter alegado e provado factos certos e concludentes para prova da existência daquelas operações subjacentes aos referidos documentos. Ou que no caso, haviam ocorrido circunstâncias especiais que levaram a que os mesmos tivessem sido emitidos nos termos em que o foram, mas que os seus montantes consistiam exactamente nos montantes pagos na aquisição de tais bens e prestações de serviços.

O contribuinte não deve limitar-se a alegar factos que ponham em dúvida a existência e quantificação de facto tributário. Cabe-lhe o ónus da prova de tais factos, sem embargo de o juiz, no âmbito do seu poder-dever inquisitório, diligenciar também comprová-los. Só mediante a prova concludente de tais factos é que é possível pelo fundamento daquela dúvida, até porque, estando a produção de prova associada à alegação, quem tem de alegar os factos tem também em princípio, o ónus de fazer a prova respectiva (art. 342.° do CCivil).

No caso, a impugnante pretendia anular o acto de liquidação adicional do referido exercício, por terem tido lugar aquelas concretas prestação de serviços. Cabia-lhe, por isso, para obter a pretendida anulação da liquidação, ter provado que as facturas correspondem aos exactos fornecimentos e que os pagou.

Diga-se, por último, que não está aqui em causa a falsidade ou simulação, com os exactos contornos que tais figuras revestem no direito civil, mas tão só se tais facturas têm ou não aderência com a realidade, isto é se se tratam de meros papéis ou se correspondem à realidade aí descrita.

6. Por tudo o exposto e face ao disposto no art. 23.° do CIRC, a sentença decidiu de acordo com a lei, não se verificando os erros de julgamento de facto e de direito que a recorrente lhe imputa.

Improcedem, portanto, todas as Conclusões do recurso.

DECISÃO

Termos em que acordam, em conferência, os juizes da Secção de Contencioso Tributário deste Tribunal Central Administrativo em, negando provimento ao recurso, confirmar a sentença recorrida.

Custas pela recorrente com taxa de justiça que se fixa em 5 (cinco) UC.

Lisboa, 3 de Maio de 2006

Casimiro Gonçalves
Ivone Martins
Lucas Martins

Recurso n.° 279/03

CONTRA-ORDENAÇÃO ADUANEIRA. NOTIFICAÇÃO EDITAL DA DECISÃO DE APLICAÇÃO DE COIMA. PRESCRIÇÃO DO PROCEDIMENTO.

(Acórdão de 20 de Abril de 2006)

SUMÁRIO:

I – É possível conhecer da prescrição do procedimento contra-ordenacional em sede de recurso da decisão que julgou extemporânea a impugnação da decisão que aplicou a coima;

II – O procedimento contra-ordenacional por ilícito aduaneiro praticado em 1993 prescreve decorrido que seja o prazo de prescrição acrescido de metade.

ACORDAM, EM CONFERÊNCIA, OS JUÍZES DA SECÇÃO DE CONTENCIOSO TRIBUTÁRIO (2ª SECÇÃO) DO TRIBUNAL CENTRAL ADMINISTRATIVO SUL:

A. O RELATÓRIO

O Recorrente vem apresentar recurso de agravo para este Tribunal do despacho que não lhe admitiu, por extemporâneo, o recurso/impugnação da decisão de 95.04.06, proferida pelo Director-Geral das Alfândegas e pela qual, por ilícito de descaminho p.p. no artigo 35.°, n.° 1 do RJIFA, aprovado pelo DL 376-A/89, de 25/10, lhe foi aplicada a coima de 8.000.000$00 (39.903,83 €), acrescida de custas no montante de 350$00, para o que apresenta as seguintes

Conclusões:

1 – A embarcação é propriedade de empresa cuja actividade é a locação de embarcações, conforme registo;

2 – A embarcação e um director e funcionários da empresa proprietária deslocaram-se para o Algarve com o propósito único de prospectarem o possível desempenho desta actividade, aliás já desenvolvida no sul de Espanha.

3 – A embarcação ficou legalmente introduzida no consumo em 1/1/93, não carecendo ser redeclarada, conforme ilegal exigência das autoridades aduaneiras.

4 – A mera formulação de «declaração de introdução no consumo», não tituladora de um facto tributário previsto no art. 1.° do CIVA, não dá lugar ao pagamento do IVA.

5 – A transacção de embarcações opera-se por escritura pública ou pela emissão da bill of sale (DL 150/88, de 28/4, art. 3.°), e a emissão de factura apenas serve para prova do valor aduaneiro.

6 – Todos os actos anómalos em que incorreu o recorrente foram ditados por imposição da Alfândega de Faro.

7 – As Alfândegas sempre souberam que o recorrente era director da Exclusive Yatch Charter, que contra elas litiga desde 1993 e cuja moradas sobejamente conhecem.

8 – A douta sentença omite que sendo as Alfândegas sabedoras de, pelo menos, três moradas para onde contactar o recorrente nunca foi enviada qualquer notificação postal para tais moradas.

9 – A notificação postal precede a notificação pessoal e a notificação edital, como instrumento legal de citação ou de notificação de decisões processuais ou administrativas.

10 – Só podendo lançar-se mão da notificação edital após realizadas todas as diligências legalmente admissíveis, e dado não ter sido realizada qualquer notificação por via postal – a primeira e mais importante do ponto de vista dos direitos e garantias dos arguidos e da própria justiça –, é manifestamente ilegal a citação edital efectuada: art. 335.°, n.° 1, Código de Processo Penal, *a contrario.*

11 – Ainda que se entendesse ter sido a notificação edital efectuada sem violação do disposto no cit. art. 335.°, n.° 1 CPP, continuaria aquela notificação a violar a lei, designadamente o n.° 4 do art. 335.° CPP, pela aplicação subsidiária do preceituado no art. 248.°, n.° 4 do CPCivil:

• estamos muito longe de um caso de diminuta importância (8.000.000$00!),

• e não tem sentido a equiparação do caso presente a um processo sumaríssimo, atento inclusive o art. 397.°, n.° 2 CPP.

12 – O art. 59.°, n.° 3 do Dec. Lei 433/82 é materialmente inconstitucional, se seguirmos a interpretação que dele faz o douto Tribunal recorrido, por violação do art. 32.°, n.os 1 e 8 da Constituição da República Portuguesa: o prazo de recurso de 20 dias conta-se do conhecimento da decisão pelo arguido. Tal conhecimento tem de ser efectivo e não meramente presuntivo.

Preceitos Violados;

• os referidos nas conclusões.

Termos em que deve ser dado provimento ao presente recurso, anulando-se em consequência a douta decisão, por erro de pronúncia, violação de lei e aplicação de norma materialmente inconstitucional.

Foi admitido o recurso para subir imediatamente, nos próprios autos, com efeito suspensivo (fls. 345-v).

O DPR contra-alegou, não tendo apresentado conclusões. Todavia, lê-se nas alegações o seguinte:

“”(...)

VIII. No quem respeita à suscitada inconstitucionalidade material do art. 59.°, n.° 3 do DL 433/82, por violação do disposto no artigo 32.°, n.os 1 e 8, da CRP, na pressuposição de que o conhecimento pelo arguido da decisão condenatória seja presumido, como é evidente e já foi salientado jamais pode colher, no caso concreto.

Parece-nos óbvio que a argumentação que o Recorrente pretende trazer à liça, se mostra inconsistente e inaceitável, de acolher.

Dispõe o art. 59.°, n.° 3 do Dec-Lei 433/82, na dada pelo Dec-Lei 244/95, de 14 de Setembro: «O recurso será feito por escrito e apresentado à autoridade administrativa que aplicou a no prazo de 20 dias após o seu conhecimento pelo arguido, devendo constar de alegações e conclusões”.

O arguido Cornelis, quando recorre, em 15.4.97 já tinha extravasado, em muito, o prazo de 20 dias para impugnar a decisão, pois o terminus da regular e formalmente legal notificação edital que lhe foi efectuada completou-se em 24.9.96, perfeccionando-se, então, nessa altura, pelo menos, o conhecimento pelo arguido, da decisão condenatória da Autoridade Administrativa.

Não existe, pois, qualquer alegado conhecimento “presumido” que possa atentar contra os direitos fundamentais exarados na CRP, de modo a poder configurar-se a existência da inconstitucionalidade do normativo citado, o qual não é violador de qualquer direito essencial do cidadão arguido e apresenta-se material e formalmente irrepreensível!

IX. Em tal sequência e como consta dos autos, o arguido tomou conhecimento da decisão que aplicou a coima no dia 23 de Outubro de 1996 e a petição de recurso foi apresentada à autoridade administrativa em 15 de Abril de 1997, pelo que haver-se-á que entender que a mesma foi apresentada com violação do n.° 3 do art. 59.° do Decreto-Lei n.° 433/82 de 27 de Outubro, com a alteração do DL244/95, verificando-se que, naquela data, já havia caducado o direito de impugnar

X. Comungamos, pois, integralmente da decisão consubstanciada no douto despacho do Mm° Juiz que conduziu à **rejeição por extemporaneidade** do recurso, em apreço, sendo que, nenhum dos argumentos, ora, invocados pelo mandatário do arguido, logra abalar tal convicção, concluindo-se que, porque apresentou o recurso fora do prazo de 20 dias previsto no art. 59.° n.° 3 do DL 433/82, o arguido não o fez em tempo e, por isso, de harmonia com o estatuído no art. 63.° n.° 1 do citado DL n.° 433/82, o mesmo foi correctamente **rejeitado por extemporâneo, pelo M° Juiz**.

FACE A TODO O EXPOSTO, somos de parecer que nestes termos e nos mais que, superiormente, serão supridos, por V. Exªs Senhores Conselheiros, **deve ser o recurso interposto rejeitado, por extemporaneidade, confirmando-se, em consequência a douta decisão do Mmo Juiz “a quo”, de fls. 305 a 310.** (...) “”

O Mmo Juiz a quo manteve a decisão recorrida (fls. 398-v)

Os autos foram com vista ao M.P., que acompanhou a posição expressa em sede de contra-alegações pelo Ministério Público no Tribunal “a quo” , a fls. 361-371 (fls. 400-v).

Entretanto, já neste Tribunal, em 02 de Julho de 2001, o Recorrente veio arguir a prescrição do procedimento contra-ordenacional, atento o disposto no artigo 121°, n.° 3 do CP.

Colhidos os vistos legais, importa decidir.

B. FUNDAMENTAÇÃO

As questões a decidir são as seguintes: Se se pode conhecer neste TCA da prescrição do procedimento invocada pelo Recorrente e, podendo, se a mesma prescrição ocorreu e, não tendo ocorrido se, à data em que foi apresentado o recurso/impugnação da decisão que aplicou a coima já tinha decorrido o prazo para apresentar tal recurso.

MATÉRIA DE FACTO

Na decisão recorrida deram-se como provados os seguintes factos, que indicamos sob alíneas:

a) O arguido, em 15JUN93, apresentou DU onde se dava por residente na Marina de Vilamoura (fls. 8). E apresentou um passaporte do Reino dos Países Baixos que indicava Koog aan de Zaan (Zaanstad) como residência (fls. 14 e 15).

b) Em 19JUL94 foi pessoalmente notificado, na Marina de Vilamoura, da selagem da embarcação (fls 20).

c) Datada de "Vilamoura, 19DEZ94", emitiu uma autorização a favor de Rudi Van Stralen para tratar da manutenção do navio, tendo-se o Van Stralen apresentado perante as autoridades aduaneiras munido dessa autorização (fls. 45 e 46).

d) Esse mesmo Van Stralen se arrogou a representação do arguido para informar não pretender o mesmo – dado como residente em férias na Quarteira – prestar declarações no processo de contra-ordenação 4.014/94 (fls. 50)

e) Em 20JUL94, o arguido compareceu, acompanhado de intérprete, nos serviços aduaneiros, tendo sido confrontado com a situação e tendo o mesmo apresentado as explicações que entendeu adequadas (fls. 58 e 59).

f) Em JAN95, JeroenVan Den HoeK, invocando autorização do arguido passada em papel timbrado de 'Exclusive Yacht Charter BV e em que assina na qualidade de director da mesma, vem solicitar ao Director da Alfândega de Faro autorize se proceda à venda da embarcação (fls. 62 e 63).

g) Nesse mesmo mês o advogado Mário BismarcK Soares, invocando, sem comprovação, procuração do arguido, veio apresentar requerimento ao processo (fls. 70). E, em 1FEV95, interpôs recurso hierárquico necessário do despacho que lhe indeferiu o requerimento; nesse recurso dá-se o arguido como morador em Elzeboom, 10.045RP, Koog Adn Zaan, Holanda (fls 74).

h) Proferida a decisão condenatória foi solicitada à GNR a notificação no Cais 17 da Marina de Vilamoura (fls. 87).

i) Entretanto surge nos autos a referência de que o arguido reside em Zuiddijk 4H, 1504 CA Zaandam (fls 101).

j) Solicitada a notificação às autoridades aduaneiras holandesas a mesma não foi possível; mas foi dada indicação de que o arguido tinha mandatário em Portugal – o já referido advogado (fls. 104 e 105).

l) O mesmo advogado compareceu na Direcção Geral das Alfândegas a solicitar informações acerca dos autos, mas quando confrontado com a possibilidade de ser notificado da decisão, ficou de contactar o arguido para que este o habilitasse com procuração para o efeito (fls. 106).

m) Não tendo sido junta qualquer procuração, procedeu-se à notificação por afixação de editais na Direcção Geral das Alfândegas, Alfândega de Faro, Posto Aduaneiro de Vilamoura e Junta de Freguesia de Quarteira, em 12AGO96 (fls176, 178, 179 e 180).

n) Em requerimento de 20MAR97, a advogada Maria João Mendes, fazendo juntar procuração do arguido, vem requerer seja o mesmo notificado na sua pessoa das decisões proferidas no processo; tendo-lhe sido respondido ter a notificação já ocorrido.

De nossa iniciativa e nos termos do disposto no artigo 712.°, n.° 1, al. a), do CPC, acrescentam-se ainda os seguintes factos:

o) Com a resposta indicada na alínea n), a ER remeteu cópias dos editais e da decisão condenatória (fls. 202 a 205).

p) A mesma resposta foi recebida no dia 7/4/1997 (fls. 204).

q) Em data não apurada, o Recorrente pediu, no Tribunal Fiscal Aduaneiro de Lisboa, a intimação do Senhor Director-Geral das Alfândegas a receber-lhe a petição de recurso/impugnação da decisão pela qual lhe foi aplicada a coima (fls. 207 e 216 a 239).

r) Alegando ter tido conhecimento de que iria ser notificado pela DGA para juntar cópia do recurso de interposição de recurso da decisão de aplicação de coima, o Recorrente apresentou, em 10/7/1997 o requerimento de fls. 259 a 260 à qual junta cópia do referido requerimento de interposição de recurso mas na qual apenas consta a data de entrada no dia 10-07-1997 (fls. 261 e ss.).

s) O documento de fls. 218, dirigido ao Senhor Juiz de Direito do Tribunal Fiscal Aduaneiro de Lisboa, é constituído por um requerimento do Recorrente onde se lê: "(..) vem requerer que seja dada entrada à impugnação por aquele deduzida, em virtude de o Gabinete do Exm.° Director-Geral das Alfândegas se ter recusado, nesta data, a proceder à recepção da mesma.

Porque a recusa da impugnação se pode prender com a execução ilegítima da decisão condenatória e da cobrança aduaneira, cujo pagamento por precaução foi requerido ao abrigo do D.L. 124/96, requer se digne intimar a D.G.A. de se abster de criar uma situação de facto consumado o que, aliás, induziria em complicações diversas, designadamente de ordem diplomática.

Lisboa, 15 de Abril de 1997. (...)

t) No requerimento de fls. 218 não consta qualquer carimbo com a data de recepção do mesmo no Tribunal, nem qualquer data ou número de entrada aposta pelo Tribunal.

u) Dos autos não consta o original do requerimento de interposição de recurso da decisão de aplicação da coima.

v) O Recorrente não junta quaisquer documentos nem requereu qualquer diligência de prova para comprovar a alegada recusa de recebimento do requerimento de interposição de recurso/impugnação da decisão que aplicou a coima.

DE DIREITO

Como se disse acima, já neste Tribunal, em 02 de Julho de 2001 (fls. 472), o Recorrente veio arguir a prescrição do procedimento contra-ordenacional, atento o disposto no artigo 121.°, n.° 3 do CP.

Quid juris? A eventual prescrição pode ser conhecida nesta sede? Porque a prescrição é de conhecimento oficioso, entendemos que se deve conhecer da prescrição alegada – Cfr. Ac. do STA, de 22/5/92, proc. 14170, Ap. DR de 22/2/95, pag. 1619. Por outro lado, se se entender que a prescrição operou, fica prejudicado o conhecimento do mérito do despacho recorrido, pelo que passamos de imediato a conhecer da alegada prescrição.

Na decisão da ER, de fls. 80 a 86, consta que através da conduta descrita o arguido C.A. Kalfsvel constituiu-se agente do ilícito de descaminho p. e p. no art. 35.°, n.° 1 do RJIFA, aprovado pelo Dec-Lei n.° 376-A/89, de 25/10 e que a moldura penal vai de 10.000$00 a 10.000.000$00, nos termos do artigo 35.°, n.° 1 do RJIFA. Por outro lado, nessa decisão, foi aplicada ao arguido uma coima de 8.000.000$00.

O DL 433/82 de 27/10 só é aplicável subsidiariamente, isto é, quando o RJIFA não trate determinada questão, que não é o caso da prescrição do procedimento contra-ordenacional, já que a mesma está prevista no art. 20.°, n.º 1 do RJIFA, ainda que se tenha que recorrer ao DL 433/82 para efeitos de contagem do respectivo prazo.

Dispõe este artigo 20.º, n.º 1 do RJIFA que:

"O procedimento por contra-ordenação aduaneira extingue-se por efeito da prescrição, logo que sobre a prática da mesma sejam decorridos os seguintes prazos:

a) dois anos, quando se trate de contra-ordenação punida com coima superior a 100.000$00;

b) Um ano, nos restantes casos"

Apesar de o legislador ter empregue na alínea a) a expressão "punida", o que o mesmo pretendeu dizer, salvo melhor opinião, foi "punível", isto é, o que importa para efeitos de prescrição é o valor aplicável e não o aplicado porque, de contrário, não se estaria a tratar de prescrição do "procedimento" mas sim da prescrição da "coima" uma vez que só se sabe o valor concreto da coima depois de a mesma estar aplicada. Todavia, no caso dos autos, a questão é irrelevante face ao montante da coima aplicada, isto é, de 8.000.000$00.

Importa, então, ver se, à luz do disposto no n.º 1 do art. 20.º acima transcrito, ocorreu a prescrição do procedimento.

À data do facto contra-ordenacional, em 1993, o DL 433/82 não dispunha de qualquer norma sobre suspensão do prazo de prescrição, uma vez que o artigo 27-A foi introduzido pelo DL 244/95, de 14/9, com a seguinte redacção:

"A prescrição do procedimento por contra-ordenação suspende-se, para além dos casos previstos na lei, durante o tempo em que o procedimento não puder legalmente iniciar-se ou continuar por falta de autorização legal."

Sendo assim, deve entender-se que, à data da prática do facto e mesmo à data da instauração do processo de contra-ordenação não estava prevista qualquer causa de suspensão do prazo de prescrição para as contra-ordenações aduaneiras – cfr. Ac. do STA de 22/9/2004, Proc. 0570/04, in www.dgsi.pt/jsta.

Por seu lado, o artigo 28.º dispunha então que:

"1 – A prescrição do procedimento por contra-ordenação interrompe-se:

a) Com a comunicação ao arguido dos despachos, decisões ou medidas contra ele tomadas ou com qualquer notificação;

b) Com a realização de quaisquer diligências de prova, designadamente exames e buscas, ou com o pedido de auxílio às autoridades policiais ou a qualquer autoridade administrativa;

c) Com quaisquer declarações que o arguido tenha proferido no exercício do direito de audição.

2 – (.......).

Em matéria de direito sancionatório, vale o princípio constitucional da aplicação do regime globalmente mais favorável ao infractor que, embora apenas previsto expressamente para as infracções criminais (art. 29.º, n.º 4, da C.R.P.), é de aplicar analogicamente aos outros direitos sancionatórios.

Ora, pela Lei 109/2001, de 24/12, foi introduzido um n.º 3 ao artigo 28.º acima transcrito, que passou a dispor que:

A prescrição do procedimento tem sempre lugar quando, desde o seu início e ressalvado o tempo de suspensão, tiver decorrido o prazo da prescrição acrescido de metade.

Por outro lado, pela mesma lei, o artigo 27.º-A passou a ter a seguinte redacção:

1 – A prescrição do procedimento por contra-ordenação suspende-se, para além dos casos especialmente previstos na lei, durante o tempo em que o procedimento:

a) Não puder legalmente iniciar-se ou continuar por falta de autorização legal;

b) Estiver pendente a partir do envio do processo ao Ministério Público até á sua devolução à autoridade administrativa, nos termos do artigo 40.º;

c) Estiver pendente a partir da notificação do despacho que procede ao exame preliminar do recurso da decisão da autoridade administrativa que aplica a coima, até á decisão final do recurso.

2 – Nos casos previstos nas alíneas b) e c) do número anterior, a suspensão não pode ultrapassar seis meses.

Tendo em conta estas normas legais, vejamos se o procedimento contra-ordenacional já prescreveu.

Os factos ocorreram no dia 15 de Junho de 1993 (al. a) dos factos provados) e, no dia 20/7/1994, o arguido compareceu, acompanhado de intérprete, nos serviços aduaneiros, tendo sido confrontado com a situação e tendo o mesmo apresentado as explicações que entendeu adequadas (fls. 58 e 59 e al. e) dos factos provados) *pelo que, nesta data, o prazo de prescrição interrompeu-se nos termos do transcrito artigo 28.º da LQCO, começando a correr novo prazo de dois anos, os quais se completariam em 20/7/1996.*

O Recorrente teve, de novo, intervenção nos autos em 19/12/1994, com a permissão, escrita, de fls. 46, a favor de Rudi Van Stralen a fim de este entrar no barco apreendido. Todavia, salvo melhor opinião, este acto não é idóneo para interromper o prazo de prescrição uma vez que não foi praticado pelo arguido no exercício do direito de audição.

Ora, salvo melhor opinião, no caso dos autos não se aplicaria qualquer das causas de suspensão previstas no n.º 1 do artigo 27-A, com a redacção da Lei 109/2001 e, portanto, aplicando o n.º 3 do artigo 28.º, com a redacção introduzida pela mesma lei, o procedimento tem-se por prescrito no dia 15 de Junho de 1996, ou seja, quando, sobre a data do facto, se verifica ter decorrido o prazo de prescrição (dois anos) acrescido de metade *(cfr., quanto à suspensão, o Ac. do STJ, de 17-1-2002, para fixação de jurisprudência n.º 2/2002, in DR, 1ª S, de 5/3/2002).*

Mas, ainda que não tivesse sido introduzida a alteração no artigo 28.º, ainda assim se deveriam aplicar as normas penais, nomeadamente a do artigo 121.º, n.º do CP – Cfr. Ac. deste Tribunal de 04-05-99, Proc. 0194/97 e de 29/09/98, proc. 61745 e Ac. do STA de 22/9/2004 acima indicado.

Tal significa que, à data em que se procedeu à notificação edital do recorrente, em 12/8/1996, o procedimento já se encontrava prescrito, uma vez que a prescrição se verificou em **15/6/1996**, como acima se disse.

Por maioria de razão se deve entender que, mesmo que se considere válida, como notificação ao arguido, a notificação da decisão de aplicação da coima que foi feita à Mandatária do Recorrente, a pedido da mesma, e cuja recepção teve lugar no dia 7 de Abril de 1997, nesta data o procedimento contra-ordenacional já se encontrava prescrito, pois já tinham decorrido quase quatro anos sobre a prática dos factos.

Deste modo, porque o procedimento contra-ordenacional se encontra prescrito, fica prejudicado o conhecimento do recurso no que respeita ao mérito do despacho recorrido.

C. A DECISÃO

Nestes termos, acorda-se, em conceder provimento ao recurso e em julgar prescrito o procedimento contra-ordenacional.

Sem custas.

Lisboa, 20 de Abril de 2006

Ivone Martins
Jorge Lino
Pereira Gameiro

Recurso n.º 655/98

CRÉDITO AGRÍCOLA DE EMERGÊNCIA. PRESCRIÇÃO. PAGAMENTO POR CONTA.

(Acórdão de 11 de Julho de 2006)

SUMÁRIO:

I- O crédito agrícola de emergência constitui um empréstimo feito em condições especiais pelo Estado. Embora esteja em causa um crédito do Estado, o mesmo não tem natureza fiscal ou parafiscal, pelo que, em matéria de prescrição, aplica-se-lhe o Código Civil, mais concretamente o artigo 309.º, segundo o qual o prazo de prescrição é de 20 anos.

II- A prescrição é interrompida pelo reconhecimento do direito, efectuado perante o respectivo titular por aquele contra quem o direito pode ser exercido (art. 325.º, n.º 1 do C.C.) e a interrupção inutiliza para a prescrição todo o tempo decorrido anteriormente, começando a correr novo prazo a partir do acto interruptivo, ficando a nova prescrição sujeita ao prazo da prescrição primitiva (artigo 325.º, n.ºs 1 e 2 do C.C.).

III- Quando, além do capital, o devedor estiver obrigado a pagar juros, a prestação que não chegue para cobrir tudo o que é devido, presume-se feita por conta, sucessivamente dos juros e do capital e a imputação no capital só pode fazer-se em último lugar, salvo se o credor concordar em que se faça antes (art. 785.º do CC).

ACORDAM, EM CONFERÊNCIA, OS JUIZES DA SECÇÃO DE CONTENCIOSO TRIBUTÁRIO (2ª SECÇÃO) DO TRIBUNAL CENTRAL ADMINISTRATIVO SUL:

A – O RELATÓRIO

António Marrafa Travassos, inconformado com a improcedência da oposição por si deduzida à execução fiscal n.º 1635009000062 proferido pela Mma. Juiz do Tribunal Administrativo e Fiscal de Castelo Branco, veio da mesma interpor recurso para este Tribunal, apresentando alegações e onde formula as seguintes

CONCLUSÕES:

I – O Crédito da C.A.E., em causa, encontra-se prescrito por decorridos mais de 20 anos desde o respectivo vencimento (Art. 309.º do C. Civil).

II – O Recorrente, por ter pago de C.A.E. (Capital) a quantia de Esc: 200.000$00, só deveria referente a Capital a quantia de Esc. 187.978$70 por perdoados os juros nos termos do Despacho N.º 18.639/99 de 09.09.1999 do Sr. Ministro das Finanças.

Caso em Que:

POR MERA CAUTELA DE PATROCÍNIO;

III – O Recorrente, face aos circunstancialismos referidos na Conclusão II, anterior, após cálculo exacto do capital em dívida, subtraída a quantia de Esc: 200.000$00 que pagou, perdoados os juros nos termos do aludido Despacho Ministerial, **deverá ser notificado, para querendo, no prazo de noventa dias**, pagar a quantia em dívida, nestes termos calculada, sem juros (Despacho N.º 18.639/99 do Sr. Ministro das Finanças),

Nestes termos e nos demais de Direito, deve o presente Recurso ser julgada procedente por provado, revogando-se a Sentença recorrida, nos termos das conclusões que antecedem, assim se fazendo

JUSTIÇA

O recurso foi admitido para subir imediatamente, nos próprios autos, com efeito devolutivo (fls. 153).

A Recorrida Fazenda Pública não apresentou contra-alegações.

A EMMP junto deste Tribunal deu o seguinte douto parecer a fls. 172:

“”Não nos merece censura a sentença recorrida.

Com efeito, tal como aí se refere, embora tenham decorrido mais de 20 anos entre a data da constituição da dívida e a instauração da execução, o certo é que, antes do decurso desse prazo o recorrente reconheceu a dívida.

Assim, nos termos dos artigo 325 e 326 do Código Civil interrompeu-se o prazo da prescrição, tendo o prazo recomeçado nessa data. Consequentemente, não se verifica a prescrição.

Também não tem razão em relação ao montante da dívida.

Com efeito, não tendo pago a dívida quando para tal foi notificado, não pode beneficiar do perdão dos juros a que se reporta o despacho ministerial citado nos autos.

Somos de parecer que o recurso não merece provimento. “”

Foram colhidos os vistos dos Exmos Adjuntos.

B – FUNDAMENTAÇÃO

A questão decidenda consiste em saber se a dívida exequenda, relativa a Crédito Agrícola de Emergência, já está prescrita e, não estando, se se deve descontar ao capital a quantia paga por conta no montante de 200.000$00, e após ser o Recorrente notificado para pagar a diferença, em noventa dias, sem juros.

FACTOS

Na decisão recorrida fez-se o seguinte julgamento da matéria de facto.

III – <u>CONCLUSÃO FÁCTICO-JURÍDICA</u>

Mostram-se provados, *com interesse para a decisão da causa,* os factos que a seguir se indicam:

a) Na Repartição de Finanças de Campo Maior corre termos um processo de execução fiscal com o n.º 1635-00/ /100271.6 contra o executado António Marrafa Travassos (cfr. fls. 11 destes autos);

b) A dívida exequenda tem o valor de 1.633.357$00 e acrescidos legais, por dívida ao Estado (Crédito Agrícola de Emergência) no ano de 1981 (fls.11);

c) Em 23-02-1982, foi subscrito pelos responsáveis da Campagro-Cooperativa Agro-Pecuária de Campo maior, CRL e pelo próprio oponente um documento da Comissão de Análise do Crédito Agrícola de Emergência, com o saldo em dívida de Esc. 387.978$00 (fls.27 e sgs);

d) Em 24-05-1982 a Comissão de Análise do CAE informa através de Ofício que não aceita a proposta de pagamento subscrita pelo devedor (fls.30);

e) Em 07-12-1987 a Cooperativa Campagro, CRL, através de ofício emite Balancete de devedores reportado à data de 31-12-86, do qual consta o oponente (fls. 32 e sgs);

f) Em 4.3.2000 a Direcção-Geral do Tesouro envia Ofício ao oponente indicando-lhe as condições que tinham sido estabelecidas na regularização dos créditos ao Estado no âmbito do CAE, nomeadamente o perdão de juros compensatórios e moratórios aos devedores que se dispusessem a pagar de imediato o capital em débito (fls36);

g) Em 20 de Fevereiro de 1984 o oponente pagou ao C.A.E. a quantia de Esc. 200.000$00 para liquidação de parte do seu débito (fls. 85);

h) A petição inicial da presente oposição deu entrada na Repartição de Finanças de Campo Maior no dia 22.9.2000.

Os factos provados assentam na análise critica dos elementos constantes dos autos, nomeadamente dos títulos executivos, das informações oficiais, dos documentos juntos e dos depoimentos das testemunhas inquiridas.

Não se provaram outros factos com relevância para a decisão. “”

Nos termos do disposto no artigo 712.º, n.º 1, al. a) do CPC, aditam-se os seguintes factos:

i) O pagamento efectuado em 20.2.84 pelo Recorrente, referido na al. g), foi imputado aos juros vencidos até à data do mesmo pagamento, conforme documento de fls. 94.

j) O crédito agrícola de emergência em causa nos autos foi concedido em data anterior a 1981, sendo que os últimos créditos desta natureza se venceram no ano de 1979, tudo conforme documentos de 26 a 36 relacionados com o depoimento de Francisco Luís Pinheiro Caldeira, que foi Director da Cooperativa Campagro nos anos de 1977/78 e 1978/79 – fls. 61 a 62.

C – O DIREITO

O Recorrente alegava vários fundamentos na petição inicial, entre os quais a prescrição da dívida de capital. Ainda arguia, também, e à cautela, para o caso de se entender que ainda devia qualquer quantia de C.A.E., que os juros, para além dos cinco anos, com referência à data da propositura da acção (16.08.00), estariam prescritos nos termos do artigo 310.º al. d) do CC.

Em sede de alegações escritas, pré-sentenciais, o Recorrente ainda alegou e provou ter entregue por conta do seu débito à Cooperativa Campagro a quantia de 200.000$00 pelo que, no seu entender, sempre teria que se deduzir tal montante do valor da dívida de capital sendo agora notificado para pagar a diferença em falta, continuando a beneficiar do perdão dos juros (fls. 79 a 84).

A oposição foi julgada improcedente “à excepção de parte dos juros exequendos e ao montante destes que se encontra prescrita, tomando-se em consideração o montante entretanto pago e imputado nos juros, com as legais consequências”.

Ou seja, a oposição foi julgada improcedente quanto a todos os fundamentos invocados, à excepção do que respeita à prescrição dos juros dos últimos cinco anos, nos precisos termos da decisão e, dos fundamentos invocados na petição inicial, o Recorrente mantém apenas, em sede de recurso, o fundamento da prescrição da dívida e ainda a questão quer da imputação do pagamento de 200.000$00 por conta no capital quer que os juros de mora se devem ter como considerados perdoados, concluindo então que:

“I – O Crédito da C.A.E., em causa, encontra-se prescrito por decorridos mais de 20 anos desde o respectivo vencimento (Art.º 309 do C. Civil).

II – O Recorrente, por ter pago de C.A.E. (Capital) a quantia de Esc: 200.000$00, só deveria referente a Capital a quantia de Esc. 187.978$70 por perdoados os juros nos termos do Despacho N.º 18.639/99 de 09.09.1999 do Sr. Ministro das Finanças.

Caso em Que:

POR MERA CAUTELA DE PATROCÍNIO;

III – O Recorrente, face aos circunstancialismos referidos na Conclusão II, anterior, após cálculo exacto do capital em dívida, subtraída a quantia de Esc: 200.000$00 que pagou, perdoados os juros nos termos do aludido Despacho Ministerial, **deverá ser notificado, para querendo, no prazo de noventa dias**, pagar a quantia em dívida, nestes termos calculada, sem juros (Despacho N.º 18.639/99 do Sr. Ministro das Finanças)“”

Apreciando:

Quanto à prescrição da dívida de capital:

Nos autos está em causa um crédito agrícola de emergência, ou seja um empréstimo feito em condições especiais pelo Estado. Embora esteja em causa um crédito do Estado, o mesmo não tem natureza fiscal ou parafiscal e, em matéria de prescrição, aplica-se-lhe o Código Civil, mais concretamente o artigo 309.º, segundo o qual o prazo de prescrição é de 20 anos.

Está provado nos autos que o crédito exequendo se venceu em data anterior a 1981, eventualmente em 1979 uma vez que foi no Verão de 1979 que se venceram os últimos créditos desta natureza. Por outro lado, o Recorrente reconheceu a dívida em 1982 e fez um pagamento por conta em 1984, o qual foi imputado aos juros vencidos até à data do referido pagamento, de 200.000$00, cujo pagamento constitui também uma forma de reconhecimento da mesma dívida.

Ora a prescrição é interrompida pelo reconhecimento do direito, efectuado perante o respectivo titular por aquele contra quem o direito pode ser exercido e, no artigo 326.º do C.C. dispõe-se que a interrupção inutiliza para a prescrição todo o tempo decorrido anteriormente, começando a correr novo prazo a partir do acto interruptivo, ficando a nova prescrição sujeita ao prazo da prescrição primitiva (artigo 325.º, n.ºs 1 e 2 do C.C.).

E, nos termos do disposto no artigo 323.º, n.º 1 do CC, a prescrição interrompe-se pela citação. Também nos termos do disposto no artigo 327.º, n.º 1 do C.C., se a interrupção resultar da citação (...) o novo prazo de prescrição não começa a correr enquanto não passar em julgado a decisão que puser termo ao processo.

Ou seja, o prazo de prescrição interrompeu-se por duas vezes antes de efectuada a citação do recorrente para a execução e voltou a interromper-se com a citação. O Recorrente foi citado no dia 19 de Agosto de 2000 (fls. 11), portanto dentro do prazo de prescrição e, como tal, sem necessidade de mais considerações, é manifesto que a dívida exequenda, de capital, ainda não está prescrita.

Sendo assim, bem andou a Mma. Juiz a quo em não julgar a oposição procedente quanto ao fundamento da prescrição.

O recurso também não pode deixar de improceder quanto à forma de imputação do pagamento por conta, no montante de 200.000$00.

A este respeito, o Recorrente conclui que, por ter pago de C.A.E. (Capital) a quantia de Esc: 200.000$00, só deveria referente a Capital a quantia de Esc. 187.978$70 por perdoados os juros nos termos do Despacho N.° 18.639/99 de 09.09.1999 do Sr. Ministro das Finanças.

O Recorrente não tem razão, contudo, por duas razões:

Por um lado, dispõe o artigo 785.° do C.C. que:

1. Quando, além do capital, o devedor estiver obrigado a pagar despesas ou juros, ou a indemnizar o credor em consequência da mora, a prestação que não chegue para cobrir tudo o que é devido presume-se feita por conta, sucessivamente das despesas, da indemnização, dos juros e do capital.

2. A imputação no capital só pode fazer-se em último lugar, salvo se o credor concordar em que se faça antes.

Ora o Recorrente não provou que o credor, o Estado, concordou em imputar aquele pagamento por conta à dívida do capital, provando-se aliás o contrário, como resulta do ofício de fls. 94, já que tal pagamento foi imputado nos juros de mora vencidos à data do pagamento.

Por outro lado, o Despacho N.° 18.639/99 do Sr. Ministro das Finanças foi posterior ao dito pagamento por conta e, como tal, quando o despacho foi proferido, em 1999, aquele pagamento já estava imputado nos juros de mora, na medida em que a imputação tem de se considerar feita à data do pagamento por conta.

Também tem de improceder a III conclusão, quanto ao perdão dos juros e, quanto à notificação para o pagamento da diferença. o Recorrente conclui que:

"III – O Recorrente, face aos circunstancialismos referidos na Conclusão II, anterior, após cálculo exacto do capital em dívida, subtraída a quantia de Esc: 200.000$00 que pagou, perdoados os juros nos termos do aludido Despacho Ministerial, **deverá ser notificado, para querendo, no prazo de noventa dias**, pagar a quantia em dívida, nestes termos calculada, sem juros (Despacho N.° 18.639/99 do Sr. Ministro das Finanças)."

Ora, pelas razões acima aduzidas, a imputação do pagamento por conta foi feita nos juros de mora vencidos à data do pagamento por conta e, quanto ao perdão dos juros, a conclusão tem também de improceder pelo facto de os mesmos juros só poderem ser perdoados nos precisos termos do despacho em causa. Isto é, os juros só seriam perdoados se o pagamento tivesse sido efectuado nos termos e no prazo previstos no despacho referido, o n.° 18.639/99, como consta da notificação efectuada ao Recorrente e que ele mesmo juntou aos autos (fls. 86).

Ora constava dessa notificação que:

""(...) Nossa referência N.° 7950 DRRF/CAE

Assunto: REGULARIZAÇÃO DO CRÉDITO CONTRAÍDO NO ÂMBITO DO PROGRAMA DESIGNADO "CRÉDITO AGRÍCOLA DE EMERGÊNCIA" (CAE), POR INTERMEDIO DE CAMPAGRO – COOP. AGRO PEC. DE CAMPO MAIOR

Pelo Despacho n.° 18 639/99, de 09-09-1999, do Senhor Ministro das Finanças, publicado no Diário da República, II Série, na. 226, de 27-09-99, foram estabelecidas as condições a observar na regularização dos créditos do Estado no âmbito do CAE.

De entre estas condições, destacamos que foi estabelecido perdoar (remitir) os juros, compensatórios e moratórias, aos devedores que se disponham a pagar de imediato o capital em débito.

O prazo para este pagamento termina, impreterivelmente, em 27-04-2000, de acordo com o referido despacho do Senhor Ministro das Finanças, já com a prorrogação dada pelo Senhor Secretário de Estado do Tesouro e das Finanças por Despachos na. 746/2000, de 23-12--1999, e na. 3266/2000, de 26-01-2000, publicados no Diário da República, II Série, na. 8, de 11-01-2000 e na. 34 de 10-02-2000, respectivamente.

Assim e para que se verifique este perdão, o devedor terá de fazer o pagamento do capital em débito até 27-04-2000. No caso de V.Ex[a]., o capital a pagar é Esc.: 387.978 $ e o respectivo pagamento poderá ser feito por cheque, enviado e à ordem da Direcção-Geral do Tesouro, para a Rua da Alfândega, na. 5 – 10. 1100-016 LISBOA, até ao próximo dia 27-04-2000. (Para eventuais esclarecimentos complementares poderá dirigir-se, pessoal ou telefonicamente, aos nossos serviços junto do Ministério da Agricultura D.R.Pescas, na Praça do Comércio, Telef. 2134600.

Informamos ainda que, nos termos do citado despacho, decorrido este prazo, que é definitivo, serão desencadeadas as consequentes execuções fiscais, agora incluindo capital mais juros, compensatórios e moratórias, para cobrança da dívida total. (...) ""

Ou seja, porque o Recorrente não efectuou o pagamento do capital em dívida até 27/4/2000, terá, agora, de pagar todo o capital em dívida, na quantia de 387.978$70 (€1.935,23), acrescido dos respectivos juros vencidos e não prescritos (portanto sem prejuízo, como é óbvio, dos anulados nos termos da decisão da 1ª Instância que, nessa medida, transitou em julgado) e dos juros de mora vincendos.

Como tal, não pode deixar de se negar provimento ao recurso.

C – A DECISÃO

Termos em que, acordam os Juizes da Secção de Contencioso Tributário do TCAS, em negar provimento ao recurso, confirmando a sentença recorrida.

Custas pelo recorrente com duas UC de TJ.

Lisboa, 11 de Julho de 2006

Ivone Martins
Casimiro Gonçalves
Pereira Gameiro

Recurso n.° 00521/05

EMBARGOS DE TERCEIRO. POSSE. IDENTIDADE DO BEM PENHORADO. VERDADE MATERIAL. INCONSIDERAÇÃO DE ELEMENTOS DE FACTO ESSENCIAIS. ANULAÇÃO DA SENTENÇA.

(Acórdão de 3 de Maio de 2006)

SUMÁRIO:

I – Posse é o poder real e efectivo que se manifesta quando se actua sobre uma *coisa*, por forma correspondente ao exercício de um direito juridicamente provido de tutela possessória, como, por exemplo, o direito de propriedade.

II – Em *embargos de terceiro*, a *coisa* aludida em I. há-de ter uma *identidade* essencial com o *bem penhorado* – tem de ser fisicamente o *mesmo* bem.

III – A identidade essencial aludida em II. não sai prejudicada, *v. g.*, pela *diferenciada nomeação ou descrição predial* que seja referida ao *mesmo prédio*.

IV – Em *processo tributário*, seja qual for a fase processual, deve o Tribunal oficiosamente realizar ou ordenar todas as diligências necessárias ou úteis à descoberta da *verdade material* relativamente ao *objecto do processo* – de acordo com os termos do disposto nos artigos 99.° da Lei Geral Tributária, e 13.° do Código de Procedimento e de Processo Tributário.

V – A *falta de elementos de facto* indispensáveis à boa decisão da causa – como, *v. g.*, em *embargos de terceiro*, os constantes do auto de penhora relativos à identidade do bem penhorado – determina a *anulação* da sentença recorrida, e a remessa do processo ao Tribunal *a quo*, para nova decisão assente em melhor apuramento da *matéria de facto* pertinente.

SECÇÃO DE CONTENCIOSO TRIBUTÁRIO

1.1 O Ministério Público, e a "Caixa Geral de Depósitos, SA", com identificação no processo, vêm interpor recurso jurisdicional da sentença do Tribunal Tributário de 1.ª Instância de Lisboa, de 9-5-1996, proferida nos presentes autos de embargos de terceiro, em que são embargantes Júlio Francisco, e mulher, devidamente identificados nos autos – cf. fls. 58 e seguintes.

1.2 Em alegação, o Ministério Público recorrente formula as seguintes conclusões – cf. fls. 72 a 77.

a) Foi preterida pelo M.mo Juiz *a quo* a formalidade legal de audição do Ministério Público, o que gera nulidade que inquina a própria sentença, como vício que se situa a montante desta, capaz de influir no exame e decisão da causa [artigos 201.° do Código de Processo Civil e 2.°, alínea f), do Código de Processo Tributário].

b) Termos em que deve ser anulado o processado a partir do despacho de fls. 57/v, inclusive (ou seja, na prática, devem ser anulados o aludido despacho e a sentença que se lhe seguiu).

1.3 Por sua vez, a recorrente "Caixa Geral de Depósitos, SA", em alegação, formula as conclusões que seguem – cf. fls. 65 a 70.

a) O prédio penhorado não é o mesmo que o prédio objecto dos embargos de terceiro.

b) Não está provado que tenha sido ofendida a posse do prédio objecto dos embargos.

c) Os embargantes não são proprietários ou possuidores do prédio penhorado e não têm a seu favor qualquer registo de propriedade ou de mera posse referente a esse mesmo prédio.

d) Os embargantes não têm a posse do prédio penhorado.

e) Ainda que porventura academicamente a posse dos embargantes tivesse sido ofendida, nunca a mesma poderia prevalecer sobre a posse do executado – e, por via disso, a posse da embargada –, visto que tem ele um registo do direito de propriedade a seu favor sobre o prédio penhorado e aqui embargante um registo de penhora a seu favor.

1.4 Os embargantes contra-alegaram, para defender a sentença recorrida – cf. fls. 82 a 84.

1.5 O Ministério Público neste Tribunal emitiu o parecer seguinte – cf. fls. 90 verso.

«*Afigura-se-nos que a recorrente Caixa Geral de Depósitos tem razão na parte em que diz que o prédio penhorado não coincide com o prédio objecto dos presentes embargos e que os embargantes não são proprietários ou possuidores do referido prédio penhorado.*

Na verdade, não vemos como pode o M.mo Juiz a quo dar como provado que o prédio penhorado é o mesmo que os embargantes alegam ser o que possuem. É que não só os ditos embargantes não têm qualquer registo a seu favor de tal prédio, como ainda por cima aquele se encontra registado a favor do executado. Por outro lado, quer da prova testemunhal, quer das escrituras de partilha junta a fls. 12 pelos embargantes, não resulta provada a identidade de tais prédios, sendo evidente a disparidade quanto às confrontações.

Pelo exposto, entendemos que não foi feita prova, ao contrário do decidido, de que os prédios sejam os mesmos e deste modo deverão os embargos improceder, neste sentido se revogando a sentença recorrida, dando-se, assim, provimento ao recurso».

1.6 Colhidos os vistos, cumpre decidir, em conferência.

Em face das conclusões das alegações do recurso, as questões que aqui se colocam são as seguintes:

a) saber se foi, ou não, preterida a formalidade legal de audição do Ministério Público;

b) e, resolvida esta de modo negativo, saber se o prédio em relação ao qual os embargantes, ora recorridos, reclamam posse é, ou não é, o mesmo prédio sobre o qual recaiu a penhora;

c) e, na eventualidade de uma resposta afirmativa à anterior, saber se os embargantes, ora recorridos, tinham posse sobre o prédio penhorado, à data da penhora, ou não tinha.

2. Nos termos do artigo 319.°, n.° 1, do Código de Processo Tributário, os embargos de terceiro regem-se pelos preceitos relativos à oposição.

Na oposição, o legislador manda seguir o que para o processo de impugnação se prescreve a seguir ao despacho liminar (artigo 293.º, n.º 1, do Código de Processo Tributário).

No processo de impugnação judicial, antes da Secção dedicada à sentença, consta o artigo 140.º do Código de Processo Tributário, que tem por título "vista ao Ministério Público" e por conteúdo o seguinte: «Apresentadas as alegações ou findo o respectivo prazo e antes de proferida a sentença, o juiz dará vista ao Ministério Público para, se pretender, se pronunciar expressamente sobre as questões de legalidade discutidas no processo».

Por outro lado, diremos que os embargos de terceiro mantiveram durante longo tempo a caracterização de um meio meramente possessório. A restrição dos embargos de terceiro à posse ficou a dever-se ao facto de se entender que não seria aconselhável que alguém pudesse ser despojado num procedimento sumário das vantagens inerentes à sua posição privilegiada como possuidor e às correspondentes facilidades de prova – pelo que a questão da propriedade só num procedimento ordinário poderia ser apreciada.

O Decreto-Lei n.º 329-A/95 de 12-12, porém, veio deslocar os embargos de terceiro para os incidentes de intervenção de terceiros (artigos 351.º a 359.º do Código de Processo Civil), e alargou os fundamentos invocáveis pelo embargante, embora não lhes tenha retirado o possível carácter possessório. Com efeito, dispõe o artigo 351.º do Código de Processo Civil (na redacção actual) que, se qualquer acto, judicialmente ordenado, de apreensão ou entrega de bens ofender a posse ou qualquer direito incompatível com a realização ou o âmbito da diligência, de que seja titular quem não é parte na causa, pode o lesado fazê-lo valer, deduzindo embargos de terceiro. E o n.º 2 do artigo 357.º do mesmo Código de Processo Civil diz que, quando os embargos apenas se fundem na invocação da posse, pode qualquer das partes primitivas, na contestação, pedir o reconhecimento, quer do seu direito de propriedade sobre os bens, quer de que tal direito pertence à pessoa contra quem a diligência foi promovida.

Os embargos de terceiro fundamentam-se, portanto, numa posse ou num direito que é incompatível com a realização ou o âmbito da penhora.

Assim, em termos analíticos, esses embargos podem ser deduzidos com um dos seguintes fundamentos:

– a posse de um terceiro sobre os bens penhorados, ainda que ela não exclua a propriedade do executado sobre eles;

– o direito de um terceiro sobre os bens penhorados que é incompatível com o direito do executado em que se baseia a penhora.

O problema reside em determinar qual o critério pelo qual se deve aferir a incompatibilidade daquela posse ou daquele direito com a penhora. Os direitos reais de garantia que terceiros possuam sobre os bens penhorados não são incompatíveis com a penhora, porque aqueles justificam a reclamação dos créditos garantidos na execução pendente – cf. o n.º 1 do artigo 865.º do Código de Processo Civil. Quanto aos outros direitos de terceiro sobre os bens penhorados, a incompatibilidade com a penhora é, aparentemente, fácil de definir: são direitos incompatíveis aqueles que impedem que os bens penhorados possam ser incluídos naqueles que, por pertencerem ao património do executado, devem responder pela dívida exequenda – cf. a este respeito Miguel Teixeira de Sousa, *Processo Executivo*, Lisboa, 1998, pp. 376 e seguintes.

Como é sabido, a posse apresenta-se como um poder de facto manifestado numa actuação correspondente ao exercício do direito de propriedade ou de outros direitos reais – cf. os termos do artigo 1251.º do Código Civil. A posse de um bem há-de inferir-se do exercício real e efectivo, em relação a esse bem, das faculdades ou poderes inscritos em tal direito. A posse é, assim, para o fim que aqui nos interessa, um poder de facto manifestado através de acto ou de actos concretos em relação a um bem (o bem penhorado), em termos de um direito juridicamente provido de protecção possessória. Para efeitos de tutela possessória, a posse é uma realidade autocéfala e autónoma em relação ao direito de propriedade. O possuidor, ou possuidor em nome próprio, pode agir por força do direito real de que é titular, caso em que a sua posse é uma projecção ou expressão de um *jus in re* existente. Tal posse não é então uma posse autónoma, pois constitui uma faculdade jurídica secundária do direito subjectivo. Chama-se a essa posse posse causal, porque tem causa no direito. Mas o possuidor pode também agir sem direito real nenhum (ou porque nunca intentou adquiri-lo, ou o intentou adquirir por acto inválido ou inexistente), posto aja, mesmo assim, como se o tivesse. Tem então uma posse sem fundamento, sem causa, num direito dado, uma posse autónoma a que se chama posse formal. É esta posse formal ou autónoma que constitui um fenómeno jurídico *sui generis*, fonte de consequências de direito que não logram imputar-se senão a ela e só a ela. É esta posse autónoma que aqui nos interessa – cf. o que acaba de dizer-se em Orlando de Carvalho, *Introdução à Posse*, na *Revista de Legislação e de Jurisprudência* n.º 3781, p. 105.

A relação possessória há-de conter um elemento que estabeleça uma ligação material da pessoa com a coisa (*corpus*) e tem de estar impregnada de um elemento espiritual (*animus*) que signifique a intenção de exercer um direito no próprio interesse – cf. Manuel Rodrigues, *A Posse*, 3.ª edição, n.º 36. A lei não se contenta com a mera possibilidade física de agir directamente sobre a coisa, exigindo antes a prática efectiva de actos capazes de exprimirem o exercício do direito – cf. Pires de Lima e Antunes Varela, *Código Civil Anotado* III, p. 22. É que o direito não se confunde com o seu exercício, antes se distinguem um do outro: pode existir o direito, e não haver um exercício dele; como pode haver o exercício correspondente a um determinado direito, e este direito não existir no caso – cf. a propósito o acórdão desta Secção do Tribunal Central Administrativo, de 2-6-1998, no recurso n.º 583/98.

A tutela da posse é, todavia, uma tutela provisória. O possuidor só será mantido na posse enquanto não for convencido na questão da titularidade do direito – cf. os termos do n.º 1 do artigo 1278.º do Código Civil. Na verdade, a decisão fundada na posse não impede uma posterior (e, por vezes, divergente) decisão baseada no próprio direito (*petitorium absorvet possessorium*). Há casos, no entanto, em que o reconhecimento do direito de propriedade não importa a improcedência do pedido formulado pelo embargante. É o que acontece sempre que a um simples possuidor precário é facultado, mesmo contra o proprietário, o exercício das acções possessórias, como acontece com o locador, o parceiro pensador, o comodatário, e o depositário, de acordo, respectivamente, com os n.º 2 dos artigos 1037.º, 1125.º, 1133.º, e 1188.º do Código Civil – cf. a este respeito Pires de Lima, e Antunes Varela, no *Código Civil Anotado*, III, 1972, em nota 3. ao artigo 1278.º.

De outra banda, devemos dizer que à identidade de qualquer coisa, e, assim, também à identidade de um prédio, interessa mais, e decisivamente, a própria coisa em si, o prédio na sua realidade material, na sua especificidade ontológica e individualidade física, e menos o nome que lhe for dado, e, muito menos ainda, a caracterização ou a descrição que lhe possa ter sido emprestada nas repartições públicas. Um prédio, por hipótese, pode ter duas ou mais descrições no registo predial, e, mesmo assim, seguramente que continua a ser um só e o mesmo prédio; e pode acontecer que dois prédios, ou mais, eventualmente tenham no registo uma só (e a mesma) descrição, e nem por isso, estaremos em presença de um prédio só – porque importante, e essencial, é a própria coisa, a individualidade ou a identidade da própria coisa real, e, embora não despicienda, a nomeação ou a descrição que dessa coisa se faça importa menos. A este respeito pode ver-se, entre outros, o acórdão deste Tribunal Central Administrativo, de 2-11-1999, proferido no recurso n.º 1723/99, e, especialmente, o acórdão também deste Tribunal Central Administrativo, de 30-5-2000, proferido no recurso n.º 1505/98.

Diremos ainda que o princípio do inquisitório é uma das características fundamentais do processo fiscal, de acordo com o artigo 13.º do Código de Procedimento e de Processo Tributário, que dispõe que aos juízes dos tribunais tributários incumbe a direcção e julgamento dos processos da sua jurisdição, devendo realizar ou ordenar todas as diligências que considerem úteis à descoberta da verdade material.

Esse poder deve ser levado à prática e exercido em qualquer fase do processo, portanto, também, e sobremaneira, na fase de recurso jurisdicional, em que seja necessário investigar factos ou recolher prova – cf., a este respeito, por exemplo, o acórdão da Secção de Contencioso Tributário do Supremo Tribunal Administrativo, de 2-7-1997, proferido no recurso n.º 2102; e, também neste sentido, entre outras deste relator, as decisões sumárias dos recursos n.º 4829-01, 6104-01, 6886-02, 7068-02, 7110-02, e 7205-02, desta Secção deste Tribunal Central Administrativo; e ainda, por mais recente, pode consultar-se o acórdão desta Secção deste Tribunal Central Administrativo, de 8-6-2004, proferido no recurso n.º 1196-03, publicado na *Antologia de Acórdãos do Supremo Tribunal Administrativo e Tribunal Central Administrativo*, ano VII, n.º 3, pp. 322 a 324.

De resto, a omissão na averiguação e fixação de factos relativos à boa decisão da causa, de que sofra a sentença, conduz à anulação desta, e determina a remessa do processo ao Tribunal recorrido, para melhor investigação e nova decisão – de harmonia com os termos do disposto no artigo 712.º, n.º 2, do Código de Processo Civil, por força dos artigos 792.º e 749.º do mesmo diploma, e artigo 2.º, alínea e), do Código de Procedimento e de Processo Tributário.

No caso *sub judicio*, o Ministério Público recorrente conclui que «foi preterida pelo M.mo Juiz *a quo* a formalidade legal de audição do Ministério Público, o que gera nulidade que inquina a própria sentença, como vício que se situa a montante desta, capaz de influir no exame e decisão da causa [artigos 201.º do Código de Processo Civil e 2.º, alínea f), do Código de Processo Tributário]»; «termos em que deve ser anulado o processado a partir do despacho de fls. 57/v, inclusive (ou seja, na prática, devem ser anulados o aludido despacho e a sentença que se lhe seguiu)».

É que o Ministério Público, ora recorrente, havia promovido, a fls. 57 e verso dos presentes autos de embargos de terceiro, «as diligências necessárias à junção aos autos de cópia certificada do auto de penhora, a fim de que se possa proceder à respectiva inspecção», por reputar «essencial à boa decisão da causa a inspecção do auto de penhora», e «dado que o processo de execução não se encontra junto».

É manifesto que o Ministério Público, ora recorrente, com a sobredita promoção, estava muito simplesmente a comunicar que da sua banda havia uma impossibilidade material de «se pronunciar expressamente sobre as questões de legalidade discutidas no processo», por inexistir no processo o devido auto de penhora, e ser «essencial à boa decisão da causa a inspecção do auto de penhora», daí que tivesse promovido a «junção aos autos de cópia certificada do auto de penhora, a fim de que se possa proceder à respectiva inspecção».

A sobredita promoção do Ministério Público, de junção do auto de penhora, foi, no entanto, despachada no Tribunal *a quo* do seguinte modo: «Aguarde termos. Indefiro a promoção que antecede, por ilegitimidade» (cf. fls. 57 verso).

É evidente que, no caso, o Ministério Público, ora recorrente, teve oportunidade de, nos termos da lei, «se pronunciar expressamente sobre as questões de legalidade discutidas no processo».

Mas não o pôde fazer, ou não o quis fazer, em face dos (falhos) elementos de facto constantes do processo em relação à identificação do prédio penhorado.

Assim sendo – e uma vez que foi dado efectivo cumprimento ao disposto no artigo 140.º do Código de Processo Tributário (vista ao Ministério Público), e, não se verificando no caso «a prática de um acto que a lei não admita, bem como a omissão de um acto ou de uma formalidade que a lei prescreva» (artigo 201.º do Código de Processo Civil) –, não ocorre, segundo julgamos, a nulidade processual invocada, de falta de audição do Ministério Público.

No entanto, o Ministério Público recorrente não deixa de ter inteira razão, quando na sobredita promoção lembra ao Tribunal *a quo* que é «essencial à boa decisão da causa a inspecção do auto de penhora» (que inexiste no processo).

E a existência desse auto de penhora no processo afigura-se tanto mais importante quanto é certo que, de momento, a questão essencial a resolver neste processo é a de saber se o prédio em relação ao qual os embargantes, ora recorridos, reclamam posse é, ou não é, o mesmo prédio sobre o qual recaiu a penhora.

Só depois de tomarmos conhecimento do específico bem que foi penhorado é que é possível iniciar o caminho de saber se esse preciso bem é o mesmo em relação ao qual os embargantes, ora recorridos, se dizem ofendidos pelo acto da penhora na respectiva execução fiscal – e tudo isso só pode ser feito na base dos termos do pertinente auto de penhora.

E daí estarmos também inteiramente ao lado do Ministério Público neste Tribunal quando diz, embora em diferente contexto, que «não vemos como pode o M.mo Juiz a quo dar como provado que o prédio penhorado é o mesmo que os embargantes alegam ser o que possuem». Mas, na ausência do atinente auto de penhora, não vemos, de igual modo, como é que poderia dar-se como provado que o prédio penhorado não é «o mesmo que os embargantes alegam ser o que possuem».

A identidade ou inidentidade do prédio objecto dos presentes embargos de terceiro com a do prédio objecto da penhora no respectivo processo de execução fiscal há-de procurar-se no plano da verificação, ou não, de uma real identidade, ou completa identificação física desses objectos um com o outro (considerados distintos apenas em abstracto e meramente para efeitos de análise e melhor compreensão da realidade aparente).

Mas o respectivo auto de penhora, como está bem de ver, há-se ser sempre o ponto de partida de uma tal análise e verificação de (in)identidade – e, na realidade, o necessário auto de penhora não se encontra junto ao processo, muito embora o Ministério Público recorrente tenha promovido a sua junção (o que foi indevidamente indeferido).

Por conseguinte, é forçoso concluir que a sentença recorrida omitiu por completo a ponderação de matéria de facto imprescindível à correcta decisão do pleito.

Assim, a sentença recorrida deve ser anulada, e o processo remetido ao Tribunal a quo, para nova decisão baseada na devida averiguação da factualidade, e instrução, necessárias ao conhecimento da questão de saber se o prédio em relação ao qual os embargantes, ora recorridos, reclamam posse é, ou não é, o mesmo prédio sobre o qual recaiu a penhora – ficando, deste modo, prejudicado o conhecimento de qualquer outra questão.

De todo o exposto podemos extrair, entre outras, as seguintes proposições, que se alinham em súmula.

I. Posse é o poder real e efectivo que se manifesta quando se actua sobre uma *coisa*, por forma correspondente ao exercício de um direito juridicamente provido de tutela possessória, como, por exemplo, o direito de propriedade.

II. Em *embargos de terceiro*, a *coisa* aludida em I. há-de ter uma *identidade* essencial com o *bem penhorado* – tem de ser fisicamente o *mesmo* bem.

III. A identidade essencial aludida em II. não sai prejudicada, v. g., pela *diferenciada nomeação ou descrição predial* que seja referida ao *mesmo prédio.*

IV. Em *processo tributário*, seja qual for a fase processual, deve o Tribunal oficiosamente realizar ou ordenar todas as diligências necessárias ou úteis à descoberta da *verdade material* relativamente ao *objecto do processo* – de acordo com os termos do disposto nos artigos 99.° da Lei Geral Tributária, e 13.° do Código de Procedimento e de Processo Tributário.

V. A *falta de elementos de facto* indispensáveis à boa decisão da causa – como, v. g., em *embargos de terceiro*, os constantes do auto de penhora relativos à identidade do bem penhorado – determina a *anulação* da sentença recorrida, e a remessa do processo ao Tribunal a quo, para nova decisão assente em melhor apuramento da *matéria de facto* pertinente.

3. Termos em que se decide anular a sentença recorrida, e ordenar a remessa do processo à 1.ª instância para nova decisão, com preliminar ampliação da matéria de facto, após a aquisição de prova, conforme acima se indica.

Sem custas.
Lisboa, 3 de Maio de 2006

Jorge Lino
Pereira Gameiro
Gomes Correia

Recurso n.° 3211-00

EXECUÇÃO DA SENTENÇA NOS TERMOS DO ART. 173.° DO CÓDIGO DE PROCESSO DOS TRIBUNAIS ADMINISTRATIVOS. CADUCIDADE DO DIREITO À EXECUÇÃO DO JULGADO.

(Acórdão de 27 de Junho de 2006)

SUMÁRIO:

I – Por força do n.° 4 do artigo 5.° da Lei n.° 15/2002, de 22 de Fevereiro, que aprovou o vigente CPTA, as novas disposições respeitantes à execução das sentenças são aplicáveis aos processos executivos que sejam instaurados após a entrada em vigor do novo Código, esse normativo tem de ser interpretado como respeitante aos processos instaurados mas que o tenham sido tempestivamente.

II – Tendo a sentença que julgou parcialmente procedente a impugnação pelo que a sentença cuja execução se pede sido proferida em 19/06//2000 e, assim, ainda na vigência da LPTA e do DL 256-A/77, de 17/06, que regulavam o regime de execução das sentenças proferidas pelos tribunais administrativos e porque o CPTA só entrou em vigor em I de Janeiro de 2004 como se alcança do artigo 7.° da Lei n.° 15/02, de 22 de Fevereiro, com a redacção dada pela Lei n.° 4-A/2003, de 19-02 era aplicável a LPTA.

III – Na falta de execução espontânea da sentença por parte da Administração o requerimento de execução, nos termos do artigo 5.° do DL n.° 256-A/77, de 17 de Junho, podia ser apresentado no prazo de 3 anos a contar do trânsito em julgado da sentença junto do órgão que praticou o acto (cfr. o artigo 96.° n.° 1 da LPTA).

IV – E consoante o artigo 5.° n.° 1 do DL n.° 256-A/77, de 17 de Junho, se a execução da sentença não tivesse sido efectuada espontaneamente no prazo de 30 dias a contar do trânsito em julgado podia ser requerida a sua execução pelo interessado, e, como estatuía o art. 6.° n.° 1 do mesmo diploma legal a sentença devia ser executada pela Administração no prazo de 60 dias a contar da apresentação deste requerimento, salvo se houver causa legítima de inexecução.

V – Assim, caso não fosse invocada causa legítima por parte da Administração nem desse cumprimento à sentença naquele prazo de 60 dias o interessado podia requerer ao tribunal a declaração de inexistência de causa legítima de inexecução no prazo de um ano.

VI – Havendo a Administração considerado que cumpriu a sentença ou, pelo menos, informado o recorrente de que tinha dado cumprimento à mesma, não tem cabimento o pedido dirigido ao tribunal no prazo de um ano a pedir a declaração de inexistência de causa legítima mas sim o prazo máximo de 3 anos acima referido.

VII – E visto que a sentença foi notificada em 28-06--2000 a mesma terá transitado em 11 de Julho de 2000 (terça feira) pelo que havendo o recorrente apresentado o requerimento de execução da sentença em 14-11-2003, já há muito que tinha expirado aquele prazo de 3 anos.

VIII – Os prazos referidos no artigo 96.° da LPTA são prazos de caducidade e por isso se extinguiu o direito de pedir a execução da sentença, sendo que não é aplicável o regime do artigo 279.° do CC porquanto o prazo antigo já tinha decorrido, até porque tanto a LPTA como o DL n.° 256-A/77, de 17 de Junho, foram revogados pelo artigo 6.° da Lei n.° 15/2002, de 22 de Fevereiro (diploma que aprovou o CPTA).

IX – A declaração da procedência da excepção da caducidade de tal direito o conhecimento das demais questões suscitadas nos autos já que obsta ao prosseguimento do processo cfr. art. 89.° n.° 1 al. g) do Código de Processo dos Tribunais Administrativos, o que o mesmo é dizer, impede a discussão da questão de fundo ou seja se a Administração deu ou não cumprimento à sentença.

ACORDAM NESTA SECÇÃO DO CONTENCIOSO DO TRIBUNAL CENTRAL ADMINISTRATIVO SUL:

I – RELATÓRIO

I – SILVINO JACINTO DA SILVA, com os sinais identificadores dos autos, veio recorrer da sentença proferida nestes autos de execução instaurada nos termos dos arts. 173.° e ss do Código de Processo dos Tribunais Administrativos que julgou verificada a caducidade do direito de acção, formulando as seguintes conclusões:

1ª Nos termos do n.° 4 do art. 5.° da Lei 15/2002 de 22/02 aos presentes autos aplica-se o CPTA.

2ª O prazo de 6 meses a que se reporta o art. 176.° n.° 2 do CPTA conta-se não só do termo do prazo para execução espontânea, mas também da notificação da invocação de causa legítima de inexecução.

3ª Por que houve transição de leis – LPTA e CPTA –, temos pela aplicação do art. 297.° do CC.

4ª Daí que o prazo do art. 176.° do CPTA, estivesse em vigor aquando do requerimento de execução, estando em curso o seu termo inicial em qualquer das situações a que o mesmo se reporta.

5ª De qualquer forma, a execução espontânea da sentença pela Administração Fiscal, que obriga a <u>nova</u> liquidação, só podia ser conhecida pelo impugnante aquando da notificação da liquidação, e daí começar-se a contar o prazo a que alude o art. 96.° da LPTA e art. 176.° n.° 2 do CPTA, o que aconteceu em 03/11/2003 e, posteriormente, em 17/12/2003 e 12/02/2004.

Termos em que entende que deverá ser concedido provimento ao recurso, considerando-se tempestiva a execução.

Não houve contra-alegações.

Subidos os autos a este Tribunal Central Administrativo Sul o EPGA pronunciou-se no sentido de que o recurso deve improceder, pelas seguintes razões de facto e de direito:

"1 – O recorrente conclui em resumo nas suas alegações pela aplicação do CPTA nos termos do n.° 4 do artigo 5.° da Lei n.° 15/2002, de 22-02 e que o prazo de 6 meses a que se reporta o artigo 176.° n.° 2 do CPTA conta-se não só o termo do prazo para execução espontânea, mas também da notificação da invocação de causa legítima de inexecução.

2 – Efectivamente diz o n.° 4 do artigo 5.° da Lei n.° 15//2002, de 22 de Fevereiro, que aprovou o actual CPTA, que as novas disposições respeitantes à execução das sentenças são aplicáveis aos processos executivos que sejam instaurados após a entrada em vigor do novo Código.

Contudo tal preceito não pode deixar de ser entendido como respeitante aos processos instaurados e que o tenham sido tempestivamente.

A data em que foi proferida a sentença cuja execução se pede estava ainda em vigor a LPTA e o DL 256-A/77, de 17/06, que regulavam o regime de execução das sentenças proferidas pelos tribunais administrativos.

O CPTA apenas entrou em vigor em 1 de Janeiro de 2004 por força do artigo 7.° da Lei n.° 15/02, de 22 de Fevereiro, com a redacção dada pela Lei n.° 4-A/2003, de 19-02.

Refere o artigo 96.° n.° 1 da LPTA que na falta de execução espontânea da sentença por parte da Administração o requerimento de execução, nos termos do artigo 5.° do DL n.° 256-A/77, de 17 de Junho, pode ser apresentado no prazo de 3 anos a contar do trânsito em julgado da sentença junto do órgão que praticou o acto.

Refere também o artigo 5.° n.° 1 do DL n.° 256-A/77, de 17 de Junho, que quando a execução da sentença não tenha sido efectuada espontaneamente no prazo de 30 dias a contar do trânsito em julgado pode ser requerida a sua execução pelo interessado.

E a sentença deve ser executada pela Administração no prazo de 60 dias a contar da apresentação deste requerimento, salvo se houver causa legítima de inexecução (art. 6.° n.° 1).

Se não for invocada causa legítima por parte da Administração nem der cumprimento à sentença naquele prazo de 60 dias o interessado pode requerer ao tribunal a declaração de inexistência de causa legítima de inexecução no prazo de um ano.

Ora a Administração deu cumprimento à sentença ou pelo menos (sem discutir a questão de fundo) informou o recorrente de que tinha dado cumprimento à mesma pelo que não tem cabimento o pedido dirigido ao tribunal no prazo de um ano a pedir a declaração de inexistência de causa legítima mas sim o prazo máximo de 3 anos acima referido.

Ora tendo a sentença sido notificada através de carta registada datada de 28-06-2000 (fls. 112 verso do P. de Impugnação) a sentença terá transitado em 11 de Julho de 2000 (terça feira) pelo que tendo o recorrente apresentado o requerimento de execução da sentença de fls. 8 junto do Chefe do Serviço de Finanças de Sintra – I, em 14-11-2003, já há muito que tinha expirado aquele prazo de 3 anos.

Como os prazos referidos no artigo 96.° da LPTA são prazos de caducidade conforme jurisprudência do STA caducou o direito de pedir a execução da sentença.

Não tem aqui cabimento a aplicação do artigo 279.° do CC porquanto o prazo antigo já tinha decorrido, pelo que não há que analisar qual dos prazos o aplicável (se o da lei antiga se o da nova).

Também a conclusão 5.° das suas alegações cai por terra porquanto implicaria discutir a questão de fundo ou seja se a Administração deu ou não cumprimento à sentença.

Refira-se que quer a LPTA quer o DL n.° 256-A/77, de 17 de Junho, foram revogados pelo artigo 6.° da Lei n.° 15/2002, de 22 de Fevereiro (diploma que aprovou o CPTA).

3 – Face ao exposto deve o recurso improceder."

Notificadas nos termos e para os efeitos do art. 146.° n.° 2 do Código de Processo dos Tribunais Administrativos, vieram as partes pronunciar-se nos seguintes termos:

A A:

Reafirma tudo o que já disse nas alegações de recurso, não havendo necessidade de repetição, mas apenas que, porque se afigura importante e novo, não pode concordar que o prazo de 3 anos para apresentação do requerimento de execução da sentença se conte desde o trânsito em julgado da sentença já que não havia qualquer fundamento para requerer a execução.

E porque tal notificação só ocorreu em 03/11/2003 bem como em 17/12/2003 e 12/02/2004, temos que só a partir de tais datas se tomou conhecimento de uma execução defeituosa e, daí a tempestividade do requerimento de execução.

A não ser assim, criar-se-ia um precedente absurdo, pois que os executados teriam que requerer a execução de sentença sem saber se tal execução foi cumprida ou não... o que conduziria a um non sense pois que a Administração Fiscal sempre poderia responder que a mesma foi executada mas ainda não notificados os actos de execução, o que faria improceder o requerimento de execução por falta de objecto e interesse em agir (e além disso, quem é que vai pedir à A.F. que execute sentença que implica liquidação e pagamento de imposto, quando tal inacção da AF joga a seu favor por força dos institutos da caducidade e prescrição?)

Nestes termos deverá o presente recurso proceder, admitindo-se a execução de sentença.

A FªPª:

Concorda inteiramente com as posições nele manifestadas quanto à caducidade do direito de pedir a execução da sentença, de 19 de Junho de 2000, do Tribunal Tributário de 1ª instância de Lisboa.

De resto as justificações apresentadas pela Administração Fiscal (fls26 a 32), sobre a interpretação dada à sentença proferida no processo de impugnação e respectiva execução, parecem isentas de censura e adequadas à realização dos interesses – público e privado – em presença satisfazendo simultaneamente a pretensão do Estado à cobrança da receita tributária devida e do sujeito passivo à anulação parcial da obrigação tributária que fora objecto de impugnação.

Os autos vêm à conferência com dispensa de vistos.

II – DA FUNDAMENTAÇÃO:

2.1. – DOS FACTOS:

Para julgar verificada a caducidade do direito de pedir a execução de sentença, foi na decisão recorrida considerada a seguinte factualidade que se reelabora tendo em conta o art. 712.° do CPC, aplicável "ex vi" do art. 140.° do Código de Processo dos Tribunais Administrativos:

a) No processo de impugnação deduzida pelo recorrente contra a liquidação adicional de IRS referente ao ano de 1991, foi em 19/06/2000 proferida sentença que julgou parcialmente procedente a impugnação e, em consequência anulou «...o acto tributário (...) impugnado, na medida em que considerou uma matéria colectável/ lucro tributável corrigido onde a percentagem das perdas em tubo PVC foi de 15%, o qual deve ser substituído por outro acto de liquidação que apure imposto e competentes acréscimos, sobre a matéria colectável determinada pelos métodos indiciários e nos termos anteriormente efectuados, considerando, contudo, que a percentagem de perdas em tubo de PVC ascendeu a 50%" – vd. págs. 104 a 110 dos autos de impugnação apensados.

b) A sentença foi notificada através de carta registada datada de 28-06-2000 (fls. 112 verso do P. de Impugnação).

c) Pelo ofício n.° 16357, de 3/11/2003, constante de fls. 7, o recorrente foi notificado para, com fundamento em que o processo de impugnação, a que se refere ao processo de execução fiscal n.° 1562-97/300015.0, ter sido deferido parcialmente, efectuar o pagamento do restante do mesmo processo executivo, mais se notificando de que, não sendo efectuado o pagamento no prazo concedido, prosseguiria a execução seus termos normais, nomeadamente penhora.

d) O recorrente apresentou o requerimento de execução da sentença de fls. 8 junto do Chefe do Serviço de Finanças de Sintra – I, em 14-11-2003, em que, considerando que a sentença que recaiu sobre a impugnação já referida foi anulada, decidindo-se que o acto fosse substituído por outro acto de liquidação, termina apedir que se dê integral e correcto cumprimento ao decidido, declarando-se a ineficácia da notificação dita em c) pois, tendo sido anulada a liquidação, nulo é o processado posterior, abrangendo o processo executivo e a própria notificação contra a qual reage.

d) Por despacho de 15/12/2003, o Sr CSF, com fundamento em que em consequência se procedeu à anulação parcial ficando a liquidação válida pelo exacto montante que resulta da sentneça, visando o procedeimento adoptado a simplificação dos procedimentos e reproduzir em tudo o resultado que se obteria da anulação total da liquidação e a realização da nova liquidação, devendo, no entanto, permitir ao contribuinte efectuar o pagamento do montante devido em virtude da sentença com total isenção de juros de mora e custas de processo o que acarretava a nulidade da notificação referida em c) –, foi indeferido o requerimento apresentado em 14/11/2003 e ordenada a notificação para, no przo de 30 dias a contar da notificação efectuar o pagamento do IRS de 1991, conforme determinado na sentneça, com dispensa do pagamento de juros de mora e de custas de processo – cfr. fls. 1.

e) Essa notificação foi efectuada pelo ofício n.° 19575, de 17/12/2003 que se encontra a fls. 9.

f) Em 24/03/2004 o recorrente veio requerer a presente execução de sentneça ao abrigo dos arts. 173.° e ss do Código de Processo dos Tribunais Administrativos "ex vi" do art. 102.° da LGT – vd. petição de fls. 4 e ss.

2.2. – DO DIREITO:

O M.° Juiz «a quo» julgou verificada a caducidade do direito de pedir a execução o que, consequentemente, não permitia que a causa seja apreciada, por extemporâneo, determinando a absolvição do R. do pedido, com a seguinte fundamentação:

"Suscita-se nos autos a questão prévia da tempestividade do pedido de execução de sentença, atento o disposto no art. 96.° da LPTA e art. 5.° do Dec-Lei n.° 256-A/77, face ao transito em julgado da decisão em que se fundamenta o pedido. Vejamos se procede a invocação da caducidade do requerimento de execução. A data da sentença a que se refere o fundamento da petição, proferida em 19.06.2000 vigorava efectivamente a LPTA e o Dec-Lei n.° 256-A/77, de 17.06. que regulava a matéria da execução de sentença proferida em contencioso administrativo, sendo que o novel CPTA apenas entrou em vigor em I de Janeiro de 2004, por força do disposto no art. 7.°, da lei n.° 15/ 2002, de 22.02., sendo certo que nos termos do n.° 4, do art. 5.° da mesma Lei, as novas disposições respeitantes à execução das sentenças só são aplicáveis aos processos instaurados após a entrada em vigor daquele Código. Consideremos a situação jurídica face àqueles dois diplomas que a regulam.

Nos termos do art. 96.° da LPTA, conjugado com o art. 5.° do Dec-Lei n.° 256-A/77, resultava que a Adm. Fiscal, espontaneamente ou a pedido do interessado deveria proceder à execução da sentença em causa, e caso assim não o fizesse, o requerimento a apresentar pelo interessado teria de ser deduzida no prazo de três anos a contar do transito da sentença que anulou o acto tributário Face ao transito em julgado da decisão que se pretende executar, em 13.07.2000, o requerimento de execução, nos termos do disposto art. 5.° daquele Dec-Lei, deveria ser peticionada à autoridade recorrida naquele prazo de 3 anos (consubstanciava então um verdadeiro ónus do interessado e que funcionava como pressuposto processual do direito à execução da sentença de anulação), sendo que a acção poderia ser apresentada no tribunal competente no prazo previsto no art. 96.°, n.° 2, da LPTA, ou seja dentro de um ano a contar do termo do prazo de 60 dias para a Adm. executar a sentença, a contar da apresentação daquele requerimento – cfr Ac. do STA, de 20.01.2000, proferido no Proc. n.° 29923-A. Portanto, requerido em 14.11.2003, a execução da sentença junto da autoridade recorrida, ainda assim não o fez naquele prazo de 3 anos a contar daquele trânsito em julgado, pelo que operou-se a caducidade do direito de formular aquele pedido face àqueles diplomas. Já em relação ao novel diploma que veio regular tal matéria e ainda que fosse aplicável aos presentes autos face àquela norma transitória, atento a sua instauração após a sua entrada em vigor, resulta do disposto nos arts. 173.°, 174.° e n.° 1, do art. 175.°, todos do CPTA, o encurtamento substancial daqueles prazos, e em que a Adm. deve executar a sentença de anulação no prazo de 3 meses a contar do respectivo transito em julgado (cfr art. 160.°, n.° 1, do CPTA), e se este dever não for cumprido o interessado deve solicitar directamente ao Tribunal a condenação da Adm nesse cumprimento, no prazo de 6 meses a contar do termo daquela execução espontânea, (prazo peremptório), o que na situação sub Judice se encontrava igualmente, há muito ultrapassada."

Aderindo por inteiro, à fundamentação da sentença, há que confirmar esta por remissão, acolhendo em reforço argumentativo o discurso jurídico constante do douto parecer do EPGA, ao demonstrar que é incorrecto o entendimento do recorrente ao concluir pela aplicação do CPTA nos termos do n.° 4 do artigo 5.° da Lei n.° 15/ /2002, de 22-02 e que o prazo de 6 meses a que se reporta o artigo 176.° n.° 2 do CPTA conta-se não só o termo do prazo para execução espontânea, mas também da notificação da invocação de causa legítima de inexecução.

Assim, se é certo que por força do n.° 4 do artigo 5.° da Lei n.° 15/2002, de 22 de Fevereiro, que aprovou o vigente CPTA, as novas disposições respeitantes à execução das sentenças são aplicáveis aos processos executivos que sejam instaurados após a entrada em vigor do novo Código, esse normativo tem de ser interpretado como ***respeitante aos processos instaurados mas que o tenham sido tempestivamente***.

Como decorre do probatório, no processo de impugnação deduzida pelo recorrente contra a liquidação adicional de IRS referente ao ano de 1991, foi ***em 19/06/ /2000*** proferida sentença que julgou parcialmente procedente a impugnação pelo que a sentença cuja execução se pede foi proferida ainda na vigência da LPTA e do DL 256-A/77, de 17/06, que regulavam o regime de execução das sentenças proferidas pelos tribunais administrativos.

Ora, o CPTA só entrou em vigor em 1 de Janeiro de 2004 como se alcança do artigo 7.° da Lei n.° 15/02, de 22 de Fevereiro, com a redacção dada pela Lei n.° 4-A/ /2003, de 19-02.

Sendo aplicável a LPTA, determinava o seu artigo 96.° n.° 1 da LPTA que na falta de execução espontânea da sentença por parte da Administração o requerimento de execução, nos termos do artigo 5.° do DL n.° 256-A/77, de 17 de Junho, podia ser apresentado no prazo de 3 anos a contar do trânsito em julgado da sentença junto do órgão que praticou o acto.

E o artigo 5.° n.° 1 do DL n.° *256-A/77*, de 17 de Junho, dispunha que quando a execução da sentença não tivesse sido efectuada espontaneamente no prazo de 30 dias a contar do trânsito em julgado podia ser requerida a sua execução pelo interessado, e, como estatuía o art. 6.° n.° 1 do mesmo diploma legal a sentença devia ser executada pela Administração no prazo de 60 dias a contar da apresentação deste requerimento, salvo se houver causa legítima de inexecução.

Nesse conspecto, caso não fosse invocada causa legítima por parte da Administração nem desse cumprimento à sentença naquele prazo de 60 dias o interessado podia requerer ao tribunal a declaração de inexistência de causa legítima de inexecução no prazo de um ano.

Mas, como emerge do probatório, o recorrente foi notificado para, com fundamento em que o processo de impugnação, a que se refere ao processo de execução fiscal n.° 1562-97/300015.0, ter sido deferido parcialmente, efectuar o pagamento do restante do mesmo processo executivo, mais se notificando de que, não sendo efectuado o pagamento no prazo concedido, prosseguiria a execução seus termos normais, nomeadamente penhora.

Reagiu o recorrente mediante a apresentação, em 14-11-2003, do requerimento de execução da sentença, em que, considerando que a sentença que recaiu sobre a impugnação já referida foi anulada, decidindo-se que o acto fosse substituído por outro acto de liquidação, termina apedir que se dê integral e correcto cumprimento ao decidido, declarando-se a ineficácia da notificação dita em c) pois, tendo sido anulada a liquidação, nulo é o processado posterior, abrangendo o processo executivo e a proória notificação contra a qual reage.

Por despacho de 15/12/2003, o Sr CSF, com fundamento em que em consequência se procedeu à anulação parcial ficando a liquidação válida pelo exacto montante que resulta da sentneça, visando o procedeimento adoptado a simplificação dos procedimentos e reproduzir em tudo o resultado que se obteria da anulação total da liquidação e a realização da nova liquidação, devendo, no entanto, permitir ao contribuinte efectuar o pagamento do montante devido em virtude da sentença com total isenção de juros de mora e custas de processo o que acarretava a nulidade da notificação referida, foi indeferido o requerimento apresentado em 14/11/2003 e ordenada a notificação para, no przo de 30 dias a contar da notificação efectuar o pagamento do IRS de 1991, conforme determinado na sentneça, com dispensa do pagamento de juros de mora e de custas de processo, notificação que foi efectuada pelo ofício n.º 19575, de 17/12//2003.

Assim, a Administração deu cumprimento à sentença ou pelo menos (sem discutir a questão de fundo) informou o recorrente de que tinha dado cumprimento à mesma pelo que não tem cabimento o pedido dirigido ao tribunal no prazo de um ano a pedir a declaração de inexistência de causa legítima mas sim o prazo máximo de 3 anos acima referido.

Visto que a sentença foi notificada em 28-06-2000 a mesma terá transitado em 11 de Julho de 2000 (terça feira) pelo que havendo o recorrente apresentado o requerimento de execução da sentença de fls. 8 junto do Chefe do Serviço de Finanças de Sintra – I, em 14-11-2003, já há muito que tinha expirado aquele prazo de 3 anos.

Os prazos referidos no artigo 96.º da LPTA são prazos de caducidade pelo que caducou o direito de pedir a execução da sentença, sendo que não é aplicável o regime do artigo 279.º do CC visto que o prazo antigo já tinha decorrido, até porque tanto a LPTA como o DL n.º 256-A/77, de 17 de Junho, foram revogados pelo artigo 6.º da Lei n.º 15/2002, de 22 de Fevereiro (diploma que aprovou o CPTA).

O facto de a execução da sentença impugnação ter sido deduzida para além do prazo para o efeito determina, sem mais, a caducidade do direito de a pedir.

Na verdade, *o prazo fixado para requerer a execução*, porque aparece como extintivo do respectivo direito potestativo de atacar judicialmente a legalidade do acto, **é um prazo de caducidade.**

Por outro lado, **a caducidade do direito de pedir a execução é de conhecimento oficioso,** porque estabelecida em matéria (prazos para o exercício do direito de sindicar judicialmente a legalidade do acto) que se encontra excluída da disponibilidade das partes (art. **333.º do** CC).

O prazo para requerer a execução do julgado é peremptório, de caducidade e de conhecimento oficioso, por versar direitos indisponíveis quanto à Fazenda.

Assim sendo, confirmando a sentença, impõe-se-nos declarar a procedência da excepção da caducidade de tal direito, declaração que prejudica o conhecimento das demais questões suscitadas nos autos já que obsta ao prosseguimento do processo cfr. art. 89.º n.º 1 al. g) do Código de Processo dos Tribunais Administrativos, o que o mesmo é dizer, impede a discussão da questão de fundo, ou seja, se a Administração deu ou não cumprimento à sentença.

Destarte, pelos fundamentos expressos na douta sentença recorrida e que na plenitude se acolheram e com os subsídios que em complementaridade se aduziram, improcedem «in totum» as conclusões recursivas.

3 – DECISÃO

Termos em que todo o decisório e respectiva fundamentação da sentença recorrida é confirmada inteiramente e sem declaração de voto por este Tribunal, pelo que, nos termos do art. 713.º/5, 749.º e 762.º/1 do CPC, este se limita a negar provimento ao recurso e a remeter para os fundamentos da decisão impugnada.

Assim, nega-se provimento ao recurso.

Custas pelo recorrente.

Lisboa, 27 de Junho de 2006

Gomes Correia
Casimiro Gonçalves
Ascensão Lopes

Recurso n.º 1189/06

EXECUÇÃO DE SENTENÇA. ANULAÇÃO. JUROS INDEMNIZATÓRIOS. PEDIDO DE JUROS.

(Acórdão de 11 de Julho de 2006)

SUMÁRIO:

I – Na execução do julgado anulatório, a AT deve reconstituir a situação que existiria se a ilegalidade que determinou a anulação não tivesse ocorrido, não lhe bastando repor a situação anterior ao cometimento daquela ilegalidade.

II – Ainda que na sentença que anulou a liquidação do imposto não se tenha ordenado o pagamento de juros indemnizatórios, nada obsta a que no pedido de execução do julgado se formule pedido de juros de mora, sendo o processo de execução do julgado meio próprio para apreciar a legalidade dos actos da AT em execução de sentença que anulou o acto tributário impugnado.

III – A não restituição do montante anulado no prazo legalmente previsto para o efeito implica o pagamento de juros de mora, se forem pedidos.

IV – Os juros indemnizatórios e os juros de mora coincidem no ressarcimento dos danos provocados (a perda do rendimento do capital resultante da sua privação), mas não se referem ao

mesmo período: os primeiros são a contar desde a data do pagamento até ao termo do prazo para o cumprimento voluntário da sentença e os juros de mora desde esta última data até ao efectivo pagamento.

ACORDA-SE, EM CONFERÊNCIA, NA 2ª SECÇÃO DO TCAS:

1 – RELATÓRIO

1.1 Por apenso ao processo de impugnação judicial instaurado pela **PEGOP – ENERGIA ELÉCTRICA S.A.**, contra as liquidações de IRC referente aos anos de 1996 e 1997 no qual, por sentença de 11/11/2003, foram anulados aqueles acto tributários, sentença que foi confirmada por Acórdão do Tribunal Central Administrativo Sul de 23/11/2004, veio aquela sociedade requerer ao Tribunal Administrativo e Fiscal de Leiria nos termos dos arts. 146.º do CPPT, 102.º da LGT e 157.º e ss do CPTA a execução da sentença pedindo o pagamento imediato, por conta dotação orçamental inscrita à ordem do Conselho Superior dos Tribunais Administrativos e Fiscais a que se refere o art. 172.º do Código de Processo dos Tribunais Administrativos, de 555.481,30 Euros, como restituição do valor do imposto pago, juros indemnizatórios (vencidos e vincendos) a que a PEGOP tem direito, à taxa de lei, desde 21/12/2002 até efectivo e integral pagamento (art. 43.º da LGT) e de juros de mora, devidos a partir do prazo da execução espontânea do presente julgado, até efectivo e integral pagamento, nos termos do art. 102.º, n.º 2 da LGT.

1.2 Aquele Tribunal, ordenou a notificação do ERFP para no prazo de 20 dias pagar ou deduzir oposição, nos termos do art. 171.º do CPTA, o qual veio deduzir oposição dizendo, em substância, que a presente execução para pagamento de quantia certa carece de eficácia e de exequibilidade já que a exequente não prova que já tenha decorrido o prazo da execução espontânea, estando a AT a diligenciar pelo reembolso dos impostos pagos indevidamente pela exequente, o que ocorrerá nos próximos dias; por outro lado, a exequente não peticionou o pagamento de quaisquer juros indemnizatórios na respectiva impugnação judicial, limitando-se a sentença condenatória tão só a ordenar a anulação das liquidações impugnadas, não se mostrando reunidos os pressupostos legais para pagar à exequente quaisquer juros indemnizatórios.

1.3 O Juiz do Tribunal Administrativo e Fiscal de Leiria julgou a oposição à execução não provada e improcedente e, em consequência, decidiu *«...restituir ao contribuinte o valor do imposto pago, acrescido de juros indemnizatórios, à taxa legal, desde 26/12/2002, até integral pagamento»* e *»ordenar o pagamento de juros de mora a partir do termo do prazo para execução espontânea, ou seja, desde 22/03/2005»*.

1.4 Inconformado com essa sentença, o ERFP dela veio recorrer para este Tribunal Central Administrativo, apresentando alegações com as seguintes conclusões:

1.ª Não se discute o reconhecimento pela sentença recorrida do direito ao pagamento de juros indemnizatórios a favor da Recorrida, não obstante estes só terem sido peticionados em sede de execução de julgados;

2.ª Já se discorda, porém, que a mesma sentença tenha ordenado o pagamento de juros indemnizatórios ("até integral pagamento") e de juros moratórios C' – a partir do termo do prazo para execução espontânea") no mesmo período temporal, ou seja, entre o termo do prazo para a execução espontânea e a data do pagamento.

3.ª Quando, na verdade, deve haver lugar ao pagamento de juros indemnizatórios até à data da execução espontânea e o pagamento de juros moratórios só deve ocorrer a partir daquela data e até à data do integral pagamento. L.G.T.

4.ª Sob pena de serem violados os Arts. 43.º, 100.º e 102.º da L.G.T.

Termos em que deve o presente recurso ser considerado procedente e provado e por via dele ser revogada a sentença recorrida do segmento sob censura.

Como é de justiça.

1.5 A entidade Recorrida não contra alegou.

1.6 O Procurador – Geral Adjunto neste Tribunal emitiu a fls. 96/97, o seguinte douto parecer:

"1 – Vem a FP recorrer da douta sentença concluindo que discorda da mesma quando ordenou o pagamento de juros indemnizatórios e de juros moratórios no mesmo período temporal, ou seja, entre o termo do prazo para a execução espontânea e a data do pagamento.

Mais conclui que deve haver lugar ao pagamento de juros indemnizatórios até à data da execução espontânea e o pagamento de juros moratórios só deve ocorrer a partir daquela data e até à data do integral pagamento.

2 – A douta decisão, conforme se alcança de fls. 62, decidiu:

a) Restituir ao contribuinte o valor do imposto pago, acrescido de juros indemnizatórios, à taxa legal, desde 26-12-2002, até integral pagamento;

b) Ordenar o pagamento de juros de mora a partir do termo do prazo para execução espontânea, ou seja, desde22-03-2005.

3 – Concordamos com as conclusões da FP.

Efectivamente e de acordo com a sentença há uma duplicação de juros indemnizatórios e moratórios desde 22-03-2005 até integral pagamento, o que como bem refere a FP conduziria a um enriquecimento sem causa por parte do exequente, ora recorrido.

Refere o n.º 2 do artigo 102.º da LGT que no caso de a sentença implicar a restituição de tributo já pago, **serão devidos juros de mora, a pedido do contribuinte, a partir do termo do prazo da execução espontânea.**

Resulta assim claro que os juros de mora são apenas devidos a partir do prazo para a execução espontânea, ou seja, no presente caso, a partir de 22-03-2005.

Referem Diogo Leite de Campos e Outros na sua LGT Anotada 2.º Edição a fls. 454 que decorrido o prazo de 60 dias o credor da restituição de tributo pago "(nele incluídos, evidentemente, os juros indemnizatórios a que tenha direito)", terá direito a juros de mora.

Relativamente aos juros indemnizatórios refere o artigo 43.º n.º 1 da LGT que são devidos juros indemnizatórios quando em reclamação graciosa ou impugnação judicial, se determine que houve erro imputável aos serviços e de que resulte pagamento da dívida tributária em montante superior ao legalmente devido.

O artigo 100.º também da LGT diz que a AT está obrigada, no caso de procedência de reclamação graciosa, impugnação judicial ou recurso a favor do sujeito passivo, à imediata e plena reconstituição da legalidade do acto ou situação objecto de litígio, compreendendo o pagamento de juros indemnizatórios, se for caso disso, **a partir do termo do prazo da execução da decisão.**

Não é muito feliz a redacção desta parte final. O n.° 6 do artigo 24.° do CPT referia que:

"Os juros serão contados desde a data do pagamento do imposto indevido até à data da emissão da respectiva nota de crédito."

Refira-se que perante este Código não havia lugar a juros de mora, que foram introduzidos pelo artigo 102.° da LGT.

Ora como bem refere o digno representante da FP a melhor interpretação que resulta dos 100.° e 102.° da LGT é aquela "que entende que **devem ser pagos juros indemnizatórios sobre o imposto pago e não devido desde a data do pagamento (26.12.2002) até ao termo do prazo para cumprimento voluntário da sentença (21.03.2005)** e devem ser pagos juros moratórios a partir de 22-03-2005 até à data do efectivo pagamento."

Referem expressamente os n.os III e IV do sumário do douto Ac. do STA de 11-02-2004 proferido no P. n.° 01731/03 o seguinte:

"III – Os juros indemnizatórios são devidos até ao termo do pagamento da execução espontânea por parte da Administração Fiscal, face ao disposto no art. 102.°, 2, da LGT.

IV – A partir daí são devidos juros de mora."

Mais se refere neste Ac. que os juros indemnizatórios serão contados **desde a data do pagamento do imposto indevido** até à data da emissão da nota de crédito ou seja o termo do prazo da sua execução espontânea, sendo a partir daí devidos juros de mora.

No mesmo sentido vejam-se os doutos Acs. deste TCAS de 21-06-2005, 08-03-2005 e 30-03-2004 proferidos nos processos n.os 00055/05,00205/04 e 00889/03.

4 – Face ao exposto deve ser dado provimento ao recurso."

Os autos vêm à conferência com dispensa de vistos.

2. FUNDAMENTAÇÃO

2.1 DE FACTO

A sentença recorrida deu como provados os seguintes factos:

1. A sociedade PEGOP impugnou as liquidações de IRC dos anos de 1996 e 1997, as quais foram anuladas por sentença proferida no tribunal tributário de Santarém, proferida em 11/11/2003.

2. Interposto recurso para o TCA, aquela sentença foi integralmente confirmada (fls. 163 e segs. e 213 e segs. do processo de impugnação apenso cujo conteúdo se dá por integralmente reproduzido).

3. O processo foi remetido ao Serviço de Finanças por ofício n.° 1052, recepcionado naquele serviço em 17/2/2005 (fls. 228 do processo de impugnação cujo conteúdo se dá por integralmente reproduzido).

4. Veio devolvido de novo a este tribunal, em 21/2//2005, para que a secção procedesse à devolução da taxa de justiça paga (fls. 229 cujo conteúdo se dá por integralmente reproduzido).

5. E novamente foi remetido ao Serviço de Finanças em 25/2/2005, recepcionado neste serviço no dia 28/2//2005 (fls. 231 cujo conteúdo se dá por integralmente reproduzido).

6. Em 26/12/2002 a impugnante procedeu ao pagamento das liquidações impugnadas 6420003274 e 6420003275, nos termos do Decreto – Lei n.° 248/-A/02, de 14 de Novembro. Os valores pagos foram E 150.902,76 e 404.578,54, respectivamente, tudo totalizando a quantia de E 555.481,30 (fls. 238 da impugnação e 9 deste processo cujo conteúdo se dá por integralmente reproduzido).

7. Na petição inicial de impugnação não foram pedidos juros indemnizatórios, nem posteriormente foi apresentada qualquer alteração ao pedido inicial formulado.

FACTOS NÃO PROVADOS.

Com interesse para decisão da causa, não houve.

MOTIVAÇÃO.

A convicção do Tribunal baseou-se na ponderação dos documentos juntos aos autos, referidos nos «factos provados» com remissão para as folhas do processo onde se encontram.

2.2 DE DIREITO

A questão sob recurso, suscitada e delimitada pelas conclusões do Recorrente, é a de saber se a sentença recorrida julgou ou não correctamente quando considerou que a ora recorrida tem direito a juros de mora e a juros indemnizatórios.

Por sentença do TT 1ª Instância de Santarém, transitada em julgado, a ora recorrida obteve a anulação das liquidações de IRC dos anos de 1996 e 1997.

Em 26/12/2002 a impugnante procedeu ao pagamento das liquidações impugnadas 6420003274 e 6420003275, nos termos do Decreto-Lei n.° 248/-A/02, de 14 de Novembro. Os valores pagos foram E 150.902,76 e 404.578,54, respectivamente, tudo totalizando a quantia de E 555.481,30 (fls. 238 da impugnação e 9 deste processo cujo conteúdo se dá por integralmente reproduzido).

Na petição inicial de impugnação não foram pedidos juros indemnizatórios, nem posteriormente foi apresentada qualquer alteração ao pedido inicial formulado.

Na sentença recorrida foi decidida a restituição ao contribuinte do valor do imposto pago, acrescido de juros indemnizatórios, à taxa legal, desde 26/12/2002, até integral pagamento e ordenar o pagamento de juros de mora a partir do termo do prazo para execução espontânea, ou seja, desde 22/3/2005.

Para concluir que a Administração estava obrigada ao pagamento de juros indemnizatórios, ainda que não tenham sido pedidos na impugnação, fundamentou o M.° Juiz que o Art. 61.° do CPPT parece pressupor que o pagamento de juros indemnizatórios está subordinado ao seu tempestivo pedido, regendo quanto a essa matéria o Art. 43.°/1 da LGT ao estatuindo que *são devidos juros indemnizatórios quando se determine, em reclamação graciosa ou impugnação judicial, que houve erro imputável aos serviços de que resulte pagamento da dívida tributária em montante superior ao legalmente devido.*

E para o M.° Juiz, louvando-se no ensinamento de *Diogo Leite de Campos, Benjamim Silva Rodrigues e Jorge Lopes de Sousa, "Lei Geral Tributária", 3ª ed. Vislis, pp. 199,* o *erro imputável aos serviços que operaram a liquidação fica demonstrado quando procederem a reclamação graciosa ou a impugnação dessa mesma liquidação.*

Mais sustenta o M.° Juiz que esta norma não exige a formulação de qualquer pedido, embora a jurisprudência se mostre dividida, como dá conta Jorge Lopes de Sousa in "Código de Procedimento e de Processo Tributário", 4ª ed., 2003, pp. 299, vindo a jurisprudência mais recente a admitir a possibilidade de os juros indemnizatórios serem pedidos em execução de julgado, quando não houve condenação no processo de impugnação, corrente jurisprudencial que se filia no disposto no Art. 100.° LGT que impõe que, em caso de procedência da impugnação, a administração tributária está obrigada *à imediata e plena reconstituição da legalidade do acto ou situação objecto do litígio, compreendendo o pagamento de juros indemnizatórios, se for caso disso, a partir do termo do prazo da execução da decisão.*

Diz ainda o M.° Juiz que a articulação do Art. 43.° com este Art. 100.° LGT, justifica que a interpretação correcta impõe o pagamento dos juros indemnizatórios *ainda que não tenham sido pedidos pelo contribuinte,* sendo também esta interpretação que possibilita a reconstituição plena, na esfera do sujeito passivo, da situação que existiria antes do pagamento, desta maneira repondo o equilíbrio perdido com o pagamento indevido pois, a posição adversa traduziria um enriquecimento da Administração na exacta medida do empobrecimento do contribuinte.

Assim, na senda do *Ac. do STA n.° 01052/04 de 30-11-2004* que também refere numerosa jurisprudência no mesmo sentido (in http://wwwdgsi.pt), *sendo a causa da anulação do acto tributário, em consequência de cuja prática ocorreu o pagamento do tributo, um erro imputável aos serviços, por abarcado nos efeitos jurídicos constituídos pela sentença se tem também esse concreto efeito jurídico em virtude de se terem de dar por satisfeitos todos os pressupostos de cuja existência aquele art. 43.°, n.° 1, da LGT o faz depender». Pressuposto da obrigação de pagamento de juros indemnizatórios é, como se viu, que tenha havido erro imputável aos serviços de que resulte pagamento da dívida tributária.*

A FªPª insurge-se contra este enqudramento por considerar que a sentença ordenou o pagamento de juros indemnizatórios e de juros moratórios no mesmo período temporal, ou seja, entre o termo do prazo para a execução espontânea e a data do pagamento.

O EPGA concorda com a recorrente FªPª no sentido de que, de acordo com a sentença há uma duplicação de juros indemnizatórios e moratórios desde 22-03-2005 até integral pagamento, o que como bem refere a FP conduziria a um enriquecimento sem causa por parte do exequente, ora recorrido.

Assim, a questão sob recurso, suscitada e delimitada pelas conclusões da Recorrente, é a de saber se a sentença recorrida julgou ou não correctamente quando considerou que por a AF ter procedido à anulação das liquidações a recorrente tinha direito a juros de mora e a juros indemnizatórios, o que passa por indagar qual a legislação aplicável e se proferida decisão anulatória de uma liquidação, em processo de impugnação judicial, o impugnante pode, em execução do julgado, pedir juros indemnizatórios e (eventualmente) moratórios que lhe sejam devidos, mesmo que a decisão proferida no processo de impugnação judicial não se pronuncie a esse propósito.

Atente-se, antes de tudo, que o Recorrente faz apelo à LGT sendo certo que na sentença proferida na impugnação se fez apelo ao art. 24.° do CPT e não ao art. 43.° da LGT.

A atribuição de juros indemnizatórios, traduz-se na efectivação de responsabilidade civil extra contratual sendo por isso regulada pela lei vigente no momento do facto gerador dessa responsabilidade.

O art. 100.° da LGT, é aplicável à situação *sub judice*, pois a decisão anulatória – a citada sentença do TT 1ª Instância – foi proferida em 11/11/2003 (cfr. n.ºs 1 e 2 do probatório), já no âmbito da vigência da LGT, aprovada pelo Decreto-Lei n.° 398/98, de 17 de Dezembro, e que, nos termos do art. 6.° do mesmo diploma, entrou em vigor em 1 de Janeiro de 1999.

Tendo isso presente, nos termos do art. 100.° da LGT, que reproduz a doutrina constante dos arts. 5.° e segs. do Decreto-Lei n.° 256-A/77, de 17 de Junho, e foi posteriormente reafirmada nos arts. 95.° e 96.° da DL n.° 267/85, de 16 de Julho – Lei de Processo nos Tribunais Administrativos – e 145.° do Código de Processo Tributário.):

«A administração tributária está obrigada, em caso de procedência total ou parcial de reclamação, impugnação judicial ou recurso a favor do sujeito passivo, à imediata e plena reconstituição da legalidade do acto ou situação objecto do litígio, compreendendo o pagamento de juros indemnizatórios, se for caso disso, a partir do termo do prazo da execução da decisão».

Tal como explicitam Diogo Leite de Campos, Benjamim Silva Rodrigues e Jorge Lopes de Sousa, *Lei Geral Tributária Comentada e Anotada,* 2.ª edição, nota 1 ao art. 100.°, pág. 440, este normativo *«representa um simples postulado do princípio constitucional que dispõe que as decisões dos tribunais transitadas em julgado são obrigatórias para todas as entidades públicas e privadas e prevalecem sobre as de quaisquer outras autoridades (art. 205.° da Constituição)».* Como assim, *«Anulado o acto ilegal, e porque a anulação produz efeitos ex tunc, o acto deixa de existir e tudo se deve passar como se ele nunca tivesse sido praticado»* (Freitas do Amaral, *A execução das Sentenças dos Tribunais Administrativos,* 2.ª edição, pág. 60.).

No concernente à execução da sentença, estabelece o art. 102.° da LGT:

«1. A execução das sentenças dos tribunais tributários e aduaneiros segue o regime previsto para a execução das sentenças dos tribunais administrativos.

2. Em caso de a sentença implicar a restituição de tributo já pago, serão devidos juros de mora, a pedido do contribuinte, a partir do termo do prazo da sua execução espontânea».

Como se disse expende no acórdão do Supremo Tribunal Administrativo de 19 de Dezembro de 2001, proferido no recurso com o n.° 26.608, acórdão que, «abriu caminho a uma jurisprudência que pode já ter-se por firme» (Cfr. acórdão do Supremo Tribunal Administrativo de 6 de Novembro de 2002, proferido no recurso com o n.° 1077/02 e cujo texto integral está disponível no *site* da Direcção-Geral dos Serviços Informáticos do Ministério da Justiça (www.dgsi.pt) e que, com a devida vénia, passamos seguir, transcrevendo-o, *«destes preceitos resulta, pois, sem sombra de dúvida, que o contencioso tributário é um contencioso de anulação e que, em caso de procedência da impugnação judicial (que foi o meio judicial onde foi proferido o acórdão exequendo), a administração está obrigada a reconstituir a situação jurídica hipotética que existiria caso não tivesse sido praticado o acto tributário anulado. Destarte, quando o objecto da impugnação judicial tenha sido um acto tributário, o cumprimento do julgado não pode deixar de passar, em primeiro lugar, pela devolução ou restituição do que indevidamente foi pago em cumprimento da sua imperatividade jurídica. Dir-se-á, na linha da decisão recorrida, que a administração, em tal circunstância, apenas a tanto estará obrigada, face àquele preceito do art. 100.° da*

LGT, dado o mesmo incluir apenas expressamente nessa reconstituição da legalidade do acto "os juros indemnizatórios, se for caso disso, a partir do termo do prazo da execução da decisão". Os juros indemnizatórios vencidos até ao termo do prazo da execução da decisão anulatória estariam fora do âmbito do cumprimento do julgado. Uma leitura deste preceito no sentido de o cumprimento do julgado envolver apenas os juros indemnizatórios quando, tendo havido o pagamento do tributo, o pagamento dos juros estivesse consignado na sentença anulatória, por apego à sua expressão verbal de "juros indemnizatórios, se for caso disso, ..." corresponderia a pôr o mesmo preceito em frontal oposição com o comando constante do n.° 1 do art. 43.° da mesma LGT, relativo à mesma hipótese de ter havido pagamento do tributo, porquanto ali se manda computar os juros indemnizatórios apenas "a partir do termo do prazo da execução da decisão" e aqui se diz, também, expressamente, que "são devidos juros indemnizatórios quando se determine, em reclamação graciosa ou impugnação judicial, que houve erro imputável aos serviços de que resulte pagamento da dívida tributária em montante superior ao devido". [...] Todavia, [...] os mencionados preceitos podem ser interpretados de forma harmónica, regendo o art. 43.° para as situações nele previstas e o art. 100.° para as demais hipóteses. [...] Num tal entendimento, quando ocorram as hipóteses constantes do art. 43.° (todas envolvendo o pagamento do tributo), falar-se-á de juros indemnizatórios até ao termo do prazo de execução espontânea da decisão e de juros moratórios depois de tal momento, quando, tendo havido o seu pedido de pagamento, ocorra uma situação de mora da administração. Mas se só são devidos os juros moratórios quando estes tenham sido pedidos, de acordo com este preceito, não pode deixar de ser assim também para o caso dos juros indemnizatórios. [...]

Porém, tal vontade [de que sejam pagos os juros indemnizatórios que a lei reconhece], no caso de estar pago o imposto cuja liquidação se sindica, tanto poderá, no domínio da Lei Geral Tributária, ser manifestada no processo de impugnação judicial como posteriormente. [...] Na verdade, tendo a LGT feito uma clara opção pelo regime de execução dos julgados administrativos, como resulta do acima exposto, e decorrendo deste que a administração tenha de reconstituir a situação hipotética que existiria actualmente se não fora a prática do acto ilegal, e contando-se, entre essa reconstituição, também a relativa aos danos advindos directamente do acto anulado e, por outro lado, cifrando-se os danos emergentes do pagamento indevido da prestação tributária satisfeita por força da imperatividade jurídica do acto de liquidação/ tributário anulado por razões de ilegalidade substantiva nos juros indemnizatórios, não poderá a administração deixar de os pagar ao lesado quando este lhe manifeste essa pretensão. [...] No caso de já ter sido manifestada essa intenção no processo de impugnação judicial, seja por pedido efectuado logo na petição inicial, seja posteriormente, em ampliação do pedido inicialmente efectuado, em consequência do eventual pagamento do imposto entretanto efectuado, e de a sentença aí proferida ter determinado o seu pagamento, a execução do julgado deve abranger logo o pagamento dos juros indemnizatórios. Não constando da sentença essa injunção jurídica, a execução do julgado não tem inicialmente de abarcar também o pagamento dos juros indemnizatórios, devendo este ser efectuado posteriormente, depois de ter sido formulado o respectivo pedido, salvo se entre o momento do trânsito em julgado da sentença e o da execução espontânea pela administração o contribuinte lho tenha feito. Não há aqui necessidade da existência de uma sentença judicial que expressamente comine essa concreta obrigação jurídica, porque ela representa actualmente, à face do disposto no art. 43.° da LGT, um efeito jurídico que se constitui pelo simples facto de o acto tributário ter sido anulado graciosa ou contenciosamente e isso aconteça por razões de legalidade imputadas aos serviços da administração. Sendo a causa da anulação do acto tributário, em consequência de cuja prática ocorreu o pagamento do tributo, um erro imputável aos serviços, por abarcado nos efeitos jurídicos constituídos pela sentença se tem também esse concreto efeito jurídico em virtude de se terem de dar por satisfeitos todos os pressupostos de cuja existência aquele art. 43.°, n.° 1, da LGT o faz depender. Como dizem Diogo Leite de Campos, Benjamim Silva Rodrigues e Jorge de Sousa, "o erro imputável aos serviços que operaram a liquidação fica demonstrado quando procederem a reclamação graciosa ou a impugnação dessa mesma liquidação» (cfr. Lei Geral Tributária comentada e anotada, 2a edição, 2000, págs. 181)».

Volvendo ao caso concreto, resulta do julgado pelo TT 1ª Instância no processo de impugnação apenso que ao proceder à análise e fiscalização interna das declarações de IRC, a administração fiscal está obrigada, de acordo com os princípios da legalidade, da justiça e da boa-fé, a proceder à conferência de todos os aspectos relevantes para o estabelecimento da obrigação tributária. Deve considerar todas as incorrecções, erros ou omissões praticados pelo declarante independentemente de redundarem ou não em prejuízo do fisco; tanto deve considerar as que prejudicam o fisco, como as que prejudicam o contribuinte.

E quanto aos juros indemnizatórios, considera o M.° Juiz que, independentemente de se considerar agora as características do erro que legitima o direito a tais juros, é evidente que existe um erro notório por banda da administração fiscal, pelo menos, a partir do momento em que a impugnante deduz reclamação contra a liquidação.

E porque entendeu que se verificava a existência de erro relevante para efeitos do art. 43.° da LGT, decretou a sentença que tem a impugnante direito aos questionados juros relativamente às importâncias que haja pago a mais.

É que do artigo 43.° n.° 1 da LGT decorre que são devidos juros indemnizatórios quando em reclamação graciosa ou impugnação judicial, se determine que houve erro imputável aos serviços e de que resulte pagamento da dívida tributária em montante superior ao legalmente devido.

E, por injunção do n.° 2 do artigo 102.° da LGT, quando a sentença implicar a restituição de tributo já pago, **serão devidos juros de mora, a pedido do contribuinte, a partir do termo do prazo da execução espontânea;** logo, os juros de mora são apenas devidos a partir do prazo para a execução espontânea, *«in casu»*, a partir de 22-03-2005.

Decorrido o prazo de 60 dias o credor da restituição de tributo pago "(nele incluídos, evidentemente, os juros indemnizatórios a que tenha direito)", terá direito a juros de mora – cfr. *Diogo Leite de Campos e Outros na sua LGT Anotada 2.° Edição a fls. 454.*

O artigo 100.° da LGT obriga a AT, no caso de procedência de reclamação graciosa, impugnação judicial ou recurso a favor do sujeito passivo, à imediata e plena reconstituição da legalidade do acto ou situação objecto de litígio, compreendendo o pagamento de juros indemnizatórios, se for caso disso, **a partir do termo do prazo da execução da decisão.**

Como salienta o EPGA no seu douto parecer, "Não é muito feliz a redacção desta parte final. O n.° 6 do artigo 24.° do CPT referia que:

"Os juros serão contados desde a data do pagamento do imposto indevido até à data da emissão da respectiva nota de crédito."

Refira-se que perante este Código não havia lugar a juros de mora, que foram introduzidos pelo artigo 102.° da LGT."

Assim sendo, assiste razão à FªPª ora recorrente ao defender que a melhor interpretação que resulta dos 100.° e 102.° da LGT é aquela "que entende que **devem ser pagos juros indemnizatórios sobre o imposto pago e não devido desde a data do pagamento (26.12.2002) até ao termo do prazo para cumprimento voluntário da sentença (21.03.2005)** e devem ser pagos juros moratórios a partir de 22-03-2005 até à data do efectivo pagamento."

E isso é assim porque, conforme se expendeu no *Ac. deste TCAS de 30-03-2004 proferido no processo n.° 00889/03*, relatado pelo relator desta formação, destinando-se os juros indemnizatórios e os juros de mora ressarcir o mesmo dano, «in casu», a perda do rendimento do capital decorrente da sua privação, é manifesto que não poderá ser reconhecido o direito aos dois tipos de juros relativamente ao mesmo período de tempo, sob pena de converter a interpelação do devedor numa fonte ou causa legal autónoma de uma obrigação de juros.

Acresce que a contagem desses juros, cuja taxa é igual à dos juros compensatórios (art. 43.°, n.° 4, da LGT), bem como dos juros moratórios, deve ser feita tendo em conta as taxas que sucessivamente vigoraram desde a data do pagamento indevido do tributo, quer porque estas exprimem a medida legal considerada idónea para a mensuração do dano respeitante a uma obrigação pecuniária quer porque essa é a solução que decorre da regra do art. 12.°, n.° 2, da LGT relativo à aplicação das leis no tempo.

Sendo assim, como é, a sentença recorrida, merece censura nos termos pretendidos pela recorrente dos quais resulta que não fez correcta interpretação e aplicação da lei, devendo ser pagos juros indemnizatórios sobre o imposto pago e não devido desde a data do pagamento (26.12.2002) até ao termo do prazo para cumprimento voluntário da sentença (21.03.2005) e devem ser pagos juros moratórios a partir de 22-03-2005 até à data do efectivo pagamento.

3. DECISÃO

Face ao exposto, os juizes da Secção do Contencioso Tributário deste Tribunal Central Administrativo Sul acordam, em conferência, em conceder provimento ao recurso, revogar a sentença recorrida ordenando o pagamento à recorrente do reembolso do imposto e dos juros nos exactos termos supra referidos.

Custas pela recorrida na 1ª instância e em função do seu decaimento.

Lisboa, 11 de Julho de 2006

Gomes Correia
Casimiro Gonçalves
Ascensão Lopes

Recurso n.° 1258/06

IA. AQUISIÇÃO DE VEÍCULO USADO. DL 43/93, DE 18/2 COM REDACÇÃO INTRODUZIDA PELA L 85/2001, DE 4/8.

(Acórdão de 20 de Junho de 2006)

SUMÁRIO:

I – A L 85/2001, de 4/8, pelo seu artigo 8.°, acrescentou dois novos números – 12 e 13 – ao artigo 1.° do decreto-lei n.° 40/93:
Em opção à aplicação da tabela constante do n.° 7 do art. 1.° do Decreto-Lei n.° 40/93, de 18/2, o proprietário do veículo importado podia solicitar a utilização de um método alternativo, baseado no valor comercial do veículo, a determinar por comissões de peritos, em que o imposto a pagar seja igual ao IA residual incorporado em veículos da mesma marca, modelo e sistema de propulsão ou, na sua falta, de veículos idênticos ou similares, introduzidos no consumo em Portugal no mesmo ano da data de atribuição da primeira matrícula, atento o disposto nos n.ºˢ 12 e 13, introduzidos pela L 85/ /2001, de 4/8.

ACORDAM, EM CONFERÊNCIA, OS JUIZES DA SECÇÃO DE CONTENCIOSO TRIBUTÁRIO (2ª SECÇÃO) DO TRIBUNAL CENTRAL ADMINISTRATIVO SUL:

A. O RELATÓRIO

O ERFP, inconformada com a sentença proferida pela Mma. Juiz do TAF de Lisboa que julgou procedente a impugnação do Imposto Automóvel interposta Jorge Manuel Gameiro Augusto Folgado, dela recorreu para este Tribunal Central Administrativo do Sul, para o que apresentou alegações (fls. 68 a 70) e onde formulou as seguintes conclusões que se submetem a números:

1ª Ao tempo da liquidação do IA estava em vigor o método alternativo.

2ª A sentença ao não ter em conta esta legislação (Lei 85/2001 e Portaria 1291/2001), faz uma má interpretação da Lei.

3ª O particular podia ter optado por este método, pelo que "sibi imputet" eventuais desvantagens que colheu.

4ª Ao caso não se aplica a doutrina do TJCE.

Termos em que deve ser revogada a sentença mantendo-se a liquidação efectuada.

* * *

O recurso foi admitido no efeito meramente devolutivo (fls. 62).

O Recorrido apresentou contra-alegações (fls. 75 a 82) onde formula as seguintes:

CONCLUSÕES

1. A jurisprudência do TJCE emanada do ac. de 22.02.2001, no recurso prejudicial do caso António Gomes Valente continua a ter aplicação ao caso sub judicio, pois que as normas aplicadas ao acto tributário de liquidação do IA não excluem que, em qualquer caso, os produtos importados não sejam tributados mais gravosamente do que os produtos importados.

2. O caso sub judicio tem de ter idêntica solução à que o TJCE e este STA consideraram adequada para o caso Gomes Valente (e tantos outros) pela simples razão de que não estamos perante uma situação diversa suscitada no acórdão que motivou aquele reenvio prejudicial, por não se reportar à interpretação de diferentes normas jurídicas.

3. O facto de o art. 1.° do DL n.° 43/93, de 28 de ter sido alterado pelo art. 8.° da Lei n.° 85/2001, de 4 de Agosto, mediante o aditamento de dois novos números (12 e 13), por forma a ser – criado o chamado "método alternativo", posteriormente desenvolvido pela Portaria n.° 1.291/2001, de 16 de Novembro e pelo seu Regulamento de Aplicação, associado ao facto de o impugnante não ter optado pela aplicação deste novo método de liquidação do IA, não produz o efeito de o acto sindicado não padecer de ilegalidade por erro nos pressupostos de direito.

4. Tal método alternativo não garante que o montante do devido não excede, em caso algum, o montante do imposto residual incorporado no valor dos veículos similares já matriculados no território nacional e, por isso, também ele viola o §.1 do art. 90.° do TR e contraria a jurisprudência do TJCE e deste STA.

5. Foi exactamente para encontrar uma solução compatível com o DC que o art. 34.° da Lei n.° 32-B/2002, de 30 de Dezembro – Lei do Orçamento para 2003 – que não estava ainda em vigor a data da liquidação do imposto impugnado, veio dar nova redacção ao art. 1.° do DL 40/93, de 18 de Fevereiro, aditando o n.° 9. O que significa que, até à entrada em vigor desta Lei, o legislador reconhecia que as alterações entretanto introduzidas ao DL 40/93 pela Lei n.° 85/2001 e pela Portaria n.° 1291/2001 não tinham sido suficientes para restabelecer a plena conformidade com o direito interno com o DC.

6. As normas contidas nos n.os 2 do art. 1.°, n.° 1 do art. 2.° e als. b) e c) do n.° 1 e o n.° 3 do art. 14.° do seu Regulamento de Aplicação são inconstitucionais, não podendo ser aplicado ao caso concreto, para definir os efeitos jurídicos do acto tributário praticado pela AT.

7. A sentença recorrida fez correcta interpretação e aplicação das disposições aplicáveis, designadamente do § 1 do art. 90.° do TR, da invocada jurisprudência do TJCE e deste STA, bem como dos n.os 1 e 3 do art. 8.°, os n.os 2 e 3 do art. 103°, a al. i) do n.° 1 do art. 165°, o n.° 2 do art. 202.°, os n.os 2 e 3 art. 205.° da CRP, o art. 9.° do CC e os art. 8.° e 43.° da LGT.

Termos em que, e nos do douto suprimento, deve o recurso ser julgado improcedente, mantendo-se a douta sentença recorrida, com as legais consequências.

Os autos foram com vista ao DPGA junto deste Tribunal, que deu o seu douto parecer de fls. 89, onde se lê:

""Não obstante toda a argumentação desenvolvida pelo recorrente Fazenda Pública nas suas alegações de fls. 71 a 73, entende o Ministério Público que não lhe assiste razão.

Na verdade concorda-se com a douta sentença ora em crise dado que a mesma fez uma correcta aplicação e interpretação da lei.

Pelo exposto, deve ser mantida, na ordem jurídica, a decisão recorrida, negando-se provimento ao recurso.

Foram colhidos os vistos dos Exmos Adjuntos.

Questões decidendas: As questões a decidir nestes autos consistem em saber se à importação do veículo identificado nos autos se se aplica o disposto no DL 40/93, de 18/2, com a redacção introduzida apela Lei 85/200, de 4/8 e a Portaria 1291/2001, de 16/11.

B. FUNDAMENTAÇÃO

OS FACTOS

Na sentença recorrida foi feito o seguinte julgamento da matéria de facto:

""São os seguintes os factos provados relevantes:

1. Em 08.03.2002 foi entregue na Alfândega do Jardim do Tabaco, entre outros documentos, a "declaração aduaneira de veículo" a que foi atribuído o n.° 2002/014010118, referente a um veículo ligeiro de passageiros, de marca Volkswagen, modelo Golf, de 1 896 cc. de cilindrada, a gasóleo, adquirido pelo impugnante na Alemanha pelo preço de € 9000,00 (fls.3).

2. Na sequência dessa apresentação, foi, em Março de 2002, liquidado o imposto automóvel no montante de € 4 419, 91 (fls.3).

3. Tal imposto foi calculado pela aplicação da taxa de € 8,31 por cada centímetro cúbico, abatendo-se ao total obtido a parcela de € 8 246, 38 sem ter sido tida em conta a depreciação real e efectiva do veículo (fls. 3).

4. O imposto liquidado foi pago em 21.03.2002 (fls.26).

5. O veículo supra identificado teve a sua primeira matrícula atribuída na Alemanha em 13.01.1998 que foi cancelada em 27.02.2002 (fis.3 e 25).

6. Na data da liquidação do imposto aqui em causa, o dito veículo apresentava uma desvalorização relativamente ao seu valor novo, de cerca de € 7 983,00 (fls. 28)

7. No acto de apresentação da "declaração aduaneira de veículo" o impugnante não referiu se optava pelo método da tributação assente na determinação do Imposto Automóvel (IA) a pagar, de acordo com o tempo de uso e cilindrada do veículo, se pelo método alternativo introduzido pela Lei n.° 85/2001, de 4 de Agosto (fls.3).

8. O impresso destinado à "declaração aduaneira de veículo" não reflecte, no conteúdo dos campos a preencher, nenhuma das opções concedidas ao contribuinte quanto ao método de tributação do IA (fls.3).

9. No ponto 06 do referido impresso "Regime do IA", o impugnante escreveu geral (fls.3).

10. A Administração concluiu que o impugnante tinha optado pelo método do regime geral (fls. 25 a 29).

Nada mais se provou de relevante para a decisão da causa.

A convicção do Tribunal foi adquirida a partir da análise de todos os documentos constantes dos autos, em especial dos referidos em cada um dos números do probatório.

C. O DIREITO

O Mmo. Juiz fundamentou a procedência da impugnação do seguinte modo:

"A questão a decidir é a de saber se o art. 1.° do Dec-Lei n.° 40/93, de 18 de Fevereiro, na redacção que tinha à data da liquidação do IA (a dada pela Lei n.° 109B/2001, de 27 de Dezembro – Lei de Orçamento para 2002), é, ou não, contrário ao Direito Comunitário por violar o art. 90.° do Tratado de Roma em cujo § 1° se lê: "Nenhum Estado membro fará incidir, directa ou indirectamente, sobre os produtos dos outros estados membros imposições internas, qualquer que seja a sua natureza, superiores às que incidem directa ou indirectamente, sobre produtos nacionais similares."

No caso dos autos, o imposto impugnado foi liquidado por aplicação do art. 1.° do Dec-Lei n.° 40/93, de 18 de Fevereiro, cuja redacção tem sido sucessivamente alterada pelas leis de orçamento para cada ano, mas que, à data da liquidação impugnada, tinha apenas em conta, no que respeita à liquidação de IA por ocasião da matrícula de veículos usados, originários ou em livre prática em estados membros da União Europeia, o tempo de uso dos mesmos (n.° 7 o referido normativo), entendendo se por tempo de uso, nos termos do n.° 8 do mesmo artigo, o período compreendido entre a atribuição da primeira matrícula e respectivos documentos pela entidade competente do estado de origem até ao termo da sua validade.

A questão sub judice foi já submetida à apreciação do Tribunal de Justiça das Comunidades Europeias (TJCE) a título prejudicial, ao abrigo do art. 177.° do Tratado, hoje art. 234.°, e a jurisprudência que se firmou e tem sido, sempre, seguida pelo Supremo Tribunal Administrativo é no sentido de que o art. 1.° do Dec-Lei n.° 40/93, de 18 de Fevereiro, é contrário ao disposto no art. 95.°, hoje art. 90.°, do Tratado de Roma.

Decidiu o T JCE no Acórdão de 22 de Fevereiro de 2001 (Proc. N.° G 398/98) que,

"... O art. 95.°, primeiro parágrafo, do tratado, só permite a um Estado – Membro aplicar aos veículos usados importados de outros Estados – Membros um sistema de tributação em que a depreciação do valor efectivo dos referidos veículos é calculada de modo geral e abstracto, com base em critérios ou tabelas fixas determinados por uma disposição legislativa, regulamentar ou administrativa, se esses critérios ou tabelas fixas determinados por disposição legislativa, regulamentar ou administrativa, forem susceptíveis de garantir que o montante do imposto devido não excede, ainda que apenas em certos casos, o montante do imposto residual incorporado no valor dos veículos similares já matriculados no território nacional".

Convém, ainda, salientar do mesmo douto aresto o seguinte:

"Ora, mesmo se o Governo português indicou na audiência que uma tributação podia sempre ser contestada nos tribunais, não conseguiu demonstrar a existência, no sistema de tributação em causa no processo principal, de um direito de o contribuinte fazer prova da inadequação da tabela fixa para determinar o valor efectivo do veículo usado que importou. E mais, os factores com base nos quais foram determinadas as percentagens de redução do imposto não vêm indicados no Decreto-Lei n.° 40/93.

Tendo em conta as considerações anteriores e a jurisprudência relativa ao art. 95.° do Tratado evocada nos n.ºs 21 a 23 do presente acórdão, de onde resulta que o montante máximo do imposto aplicável aos veículos usados importados é determinado pelo do imposto residual incorporado no valor dos veículos usados similares já matriculados no território nacional, um sistema de tributação como o do processo principal não é susceptível de garantir que o montante do imposto devido pela importação de um veículo proveniente de outro Estado-Membro não exceda, ainda que apenas em certos casos, o do imposto residual incorporado num veículo equivalente já matriculado no território nacional. Tal sistema não exclui portanto que, em qualquer caso, os produtos importados não sejam tributados mais gravosamente que os produtos nacionais".

Como afirma o Excelentíssimo Magistrado do Ministério Público, "segundo a jurisprudência do STA, é contrária ao primeiro parágrafo do art. 95.°, actual art. 90.°, do Tratado CE, a legislação relativa a imposto automóvel que não garante que o montante do imposto devido pela introdução no consumo de um veículo automóvel usado, proveniente de outro estado membro da Comunidade, nunca é superior ao residual incorporado no valor dos veículos usados similares já matriculados no território nacional e, por isso, a tabela anexa ao DL n.° 40/93, de 18 de Fevereiro, que apenas atende ao número de anos de uso do veículo (não tendo em consideração a depreciação real e efectiva do veículo usado), não é conforme com o direito comunitário", E, no seguimento da Jurisprudência do TJCE, tem decidido o STA em sucessivos Acórdãos, entre outros no Acórdão de 21.11.2001, Proc. n.° 022365 e no Acórdão de 13. 11.2002, Proc. N.° 01033/ /02, relativamente ao art. 1.° do Dec-Lei n.° 40/93, de 18 de Fevereiro que, "atendendo a que os critérios e as tabelas do referido normativo não são susceptíveis de garantir que o montante do imposto devido não excede, ainda que apenas em certos casos, o montante do imposto residual incorporado no valor dos veículos similares já matriculados no território nacional, a norma em causa viola o direito comunitário."

Aliás, exactamente para encontrar uma solução compatível com o Direito Comunitário, veio o art. 34.° da Lei n.° 32-8/2002, de 30 de Dezembro – Lei de Orçamento para 2003 – que não estava ainda em vigor à data da liquidação do imposto impugnado, dar nova redacção ao art. 1.° do Dec-Lei n.° 40/93, de 18 de Fevereiro, em cujo n.° 9 passa a ler-se:

"Sempre que o proprietário do imposto residual incorporado em veículo idêntico ou similar, introduzido no consumo no ano da primeira matrícula do veículo em apreço, terá de requerer ao director da alfândega, no prazo de 15 dias após a apresentação da declaração aduaneira do veículo (DAV), a avaliação do veículo, tendo em vista a liquidação definitiva do IA de acordo com a seguinte fórmula:

$$IA = \frac{VxIR}{VR}$$

Em que: IA é o montante do imposto a pagar;

V é o valor comercial do veículo a determinar pelo director da alfândega, após avaliação, em concreto, do seu estado de conservação, tendo como referência, designadamente, o valor constante de publicações ou revistas da especialidade utilizadas no sector, apresentadas pelo interessado;

IR é o imposto automóvel incidente sobre o veículo de referência no ano da primeira matrícula do veículo a tributar;

VR é O preço de venda ao público de um veículo de referência no ano da primeira matrícula do veículo a tributar, apresentado pelo interessado.

'Veículo de referência' é o veículo automóvel da mesma marca, modelo e sistema de propulsão, ou, no caso de este não constar de informação disponível, de veículo similar, introduzido no mercado nacional, no mesmo ano em que o veículo a regularizar foi matriculado pela primeira vez."

* * *

A Recorrente FP vem pedir a revogação da sentença recorrida, alegando que ao tempo da liquidação do IA estava em vigor o método alternativo (1ª conclusão), que a sentença ao não ter em conta esta legislação (Lei 85/2001 e Portaria 1291/2001), faz uma má interpretação da Lei (2ª), que o particular podia ter optado por este método, pelo que "sibi imputet" eventuais desvantagens que colheu (3ª) e que ao caso não se aplica a doutrina do TJCE (4ª).

Como se vê dos factos provados, em 08.03.2002 foi entregue na Alfândega do Jardim do Tabaco, entre outros documentos, a "declaração aduaneira de veículo" a que foi atribuído o n.° 2002/014010118, referente a um veículo ligeiro de passageiros, de marca Volkswagen, modelo Golf, de 1 896 cc. de cilindrada, a gasóleo, adquirido pelo impugnante na Alemanha pelo preço de € 9000,00 (fls.3) (1.) e na sequência dessa apresentação, foi, em Março de 2002, liquidado o imposto automóvel no montante de € 4 419, 91 (fls.3) (2.), tendo tal imposto sido calculado pela aplicação da taxa de € 8,31 por cada centímetro cúbico, abatendo-se ao total obtido a parcela de € 8 246, 38 sem ter sido tida em conta a depreciação real e efectiva do veículo (fls. 3) (3.).

Verifica-se, assim, que à data da importação do veículo em causa nestes autos, estavam em vigor a Lei 85/ /2001, 4/8 e a Portaria 1291/2001, de 16/11. Todavia, na sentença recorrida, nem sequer se fala em tais diplomas. Por outro lado, como se vê também pela matéria de facto provada, o Recorrido, podendo fazê-lo, não fez a opção pelo método alternativo, pelo que o valor comercial do veículo nunca poderia ter sido encontrado através de Peritos, como se prevê em tais diplomas legais. Para além disso ainda, com a publicação dos diplomas legais referidos, Lei 85/2001, 4/8 e a Portaria 1291/2001, de 16/11, pretendeu-se evitar a incompatibilidade do sistema até então vigente com o direito comunitário pelo que, à data da importação do veículo em causa nestes autos já não se verificava incompatibilidade com o direito comunitário. Assim sendo, como se verá, a sentença não se poderá manter na ordem jurídica. Sobre a questão dos autos existe muita jurisprudência e, por todos, o Ac. do STA de 8/6/2005, Rec. 0492/05, que passamos a transcrever:

3.1. Sobre a questão a resolver no presente recurso jurisdicional é abundante e firme a jurisprudência deste Tribunal.

De entre muitos acórdãos que se debruçaram sobre o tema podem ver-se os de 8 de Julho de 2004, e 11 e 25 de Maio de 2005, nos recursos n.os 1991/03, 36/05 e 339/05, respectivamente, sendo que no recurso n.° 36/05 era recorrente a mesma sociedade que aqui ocupa essa posição processual.

Ainda desta vez não vêm aduzidos argumentos que aconselhem a que se altere o rumo da dita jurisprudência.

3.2. De acordo com o que expressa o Exm° Procurador-Geral adjunto, «a jurisprudência do TJCE pronunciou-se no sentido de que "o art. 95.°, primeiro parágrafo, do Tratado, só permite a um Estado-Membro aplicar aos veículos usados importados de outros Estados-Membros um sistema de tributação em que a depreciação do valor efectivo dos referidos veículos é calculada de modo geral e abstracto, com base em critérios ou tabelas fixas determinadas por uma disposição legislativa, regulamentar ou administrativa, se esses critérios ou tabelas forem susceptíveis de garantir que o montante do imposto devido não excede, ainda que apenas em certos casos, o montante do imposto residual incorporado no valor dos veículos similares já matriculados [5]no território nacional (acórdão TJCE 22.02.2001 processo C-398198)»

Na sequência desta interpretação, e ainda conforme se lê no parecer do mesmo Exm° Procurador-Geral Adjunto, «a jurisprudência do STA tem sustentado o entendimento de que os critérios e a tabela constantes do art. 1.° n.° 7 DL n.° 40/93,18 Fevereiro não prestam essa garantia, considerando que na redução do IA apenas atribuem relevância aos anos de uso do veículo (acs. STA 26.04.2001 rec. n.° 22 365;4.07.2001 rec. n.° 22 770; 24.10.2001 rec. n.° 22 364;13.03.2002 rec. n.° 22 698)»

Na verdade, o Tribunal de Justiça da Comunidade Europeia (TJCE), várias vezes solicitado por tribunais portugueses interpretou o artigo 95.° (actual 90.°) do Tratado de Roma em termos dos quais resulta a incompatibilidade com ele da norma do artigo 1.° n.° 7 do decreto-lei n.° 40/93, de 18 de Fevereiro.

Este artigo 95.°, na redacção dada pelo Tratado de Amesterdão, em que tomou o n.° 90, dispõe que "Nenhum Estado-Membro fará incidir, directa ou indirectamente, sobre os produtos de outros Estados-Membros imposições internas, qualquer que seja a sua natureza, superiores às que incidam, directa ou indirectamente, sobre produtos nacionais similares. Além disso, nenhum Estado-Membro fará incidir sobre os produtos dos outros Estados-Membros imposições internas de modo a proteger indirectamente outras produções".

Levantada perante os tribunais nacionais a questão da compatibilidade do imposto automóvel incidente sobre os veículos usados provenientes de outros Estados-membros, face àquele artigo 95.°, o TJCE, chamado a interpretar o |direito comunitário, em reenvio prejudicial, pronunciou-se no sentido de só considerar impedida pelo artigo 95.° do Tratado CEE a cobrança, por um Estado-membro, de um imposto sobre os veículos usados provenientes de outro Estado-membro, "quando o montante do imposto, calculado sem tomar em conta a depreciação real do veículo, exceda o montante residual do imposto incorporado no valor dos veículos automóveis usados semelhantes já matriculados no território nacional" – cfr. o acórdão de 9 de Março de 1995 proferido no processo C-345/93, em reenvio prejudicial provocado por este ST A no recurso n.° 14542, mediante acórdão de 26 de Maio de 1993.

E a jurisprudência nacional, partindo da interpretação feita pelo TJCE do direito comunitário, vinha entendendo que o IA só defrontaria o artigo 95.° do Tratado CEE se o seu montante excedesse o residual do imposto incorporado no valor dos veículos automóveis usados semelhantes já matriculados em Portugal – vd. os acórdãos deste ST A de 14 de Fevereiro de 1996, I de Abril, I de Julho, 30 de Setembro, 14 e 28 de Outubro, e 2 e 9 de Dezembro de 1998, proferidos nos recursos n.os 15467, 22372, 22396, 22365, 22451, 22645, 22374 e 22452, respectivamente, que traduzem jurisprudência ao tempo uniforme do Tribunal. Em acórdãos posteriores, manteve o TJCE, interpretando o actual artigo 90.° do Tratado CE (anterior artigo 95.° do Tratado de Roma), e retomando o que já afirmara no acórdão de 9 de Março de 1995, que é contrária ao artigo 95.° do Tratado a cobrança de um imposto, em caso semelhante ao dos autos, que não tome em conta a depreciação real do veículo, e exceda o montante residual do imposto incorporado no valor dos veículos usados semelhantes já matriculados em Portugal.

Porém, a jurisprudência do TJCE não se manteve estática. Em acórdão de 22 de Fevereiro de 2001 passou a ir mais longe do que fora no de 9 de Março de 1995. Enquanto no mais antigo destes arestos o TJCE só considerava haver contrariedade com aquele artigo 95.° do Tratado nos casos em que o montante residual do imposto incorporado no valor dos veículos usados semelhantes já matriculados em Portugal fosse inferior ao cobrado aquando da importação de um veículo usado proveniente de um Estado-membro, agora, no acórdão de 22 de Fevereiro de 2001, entende que é desconforme com aquele mesmo artigo 95.° uma tabela que não garanta "que o montante do imposto devido não excede, ainda que apenas em certos casos, o montante do imposto residual incorporado no valor dos veículos similares já matriculados no território nacional" Todavia, admitiu o TJCE «que uma tabela fixa que, embora reflectindo a evolução geral da depreciação dos veículos, só o fizesse de modo impreciso, poderia apesar de tudo ser julgada compatível com o art. 95° do Tratado, se acompanhada da possibilidade de o proprietário de um veículo importado contestar em juízo a aplicação desta tabela ao seu veículo», ou seja, se fosse conferida ao contribuinte a faculdade de «fazer prova da inadequação da tabela fixa para determinar o valor efectivo do veículo usado que importou» – veja-se o acórdão de 22 de Fevereiro de 2001 no processo C – 398/98.

Confessadamente atento a esta pronúncia do TJCE, o legislador nacional emitiu, em 4 de Agosto de 2001, a lei n.° 85/01, à qual se seguiu, em 16 de Novembro seguinte, a portaria n.° 1291/01.

A lei, pelo seu artigo 8.°, acrescentou dois novos números – 12 e 13 – ao artigo 1.° do decreto-lei n.° 40/93:

«12 – Em opção à aplicação da tabela constante do n.° 7, o proprietário do veículo admitido pode solicitar a utilização de um método alternativo, baseado no valor comercial do veículo, a determinar por comissões de peritos, em que o imposto a pagar seja igual ao IA residual incorporado em veículos da mesma marca, modelo e sistema de propulsão ou, na sua falta, de veículos idênticos ou similares, introduzidos no consumo em Portugal no mesmo ano da data de atribuição da primeira matrícula.

13 – As comissões de peritos referidas no número anterior são constituídas por um representante da Direcção-Geral de Alfândegas e dos Impostos Especiais sobre o Consumo, por um representante da Direcção-Geral de Viação e pelo proprietário do veículo ou por representante por ele nomeado».

A portaria aprovou o Regulamento de Aplicação do método alternativo de cálculo do Imposto Automóvel dos veículos automóveis usados provenientes da União Europeia. E explicitou que se pretendia evitar a incompatibilidade do sistema até então vigente com o direito comunitário, obstando a que o imposto liquidado aquando da importação do veículo usado excedesse o residual efectivo incorporado num veículo semelhante já antes lançado no consumo, referindo que a solução "expressa na inclusão de um método alternativo no sistema de tributação globalmente considerado, pretende acolher a interpretação do Tribunal de Justiça das Comunidades Europeias, que resultou do Acórdão proferido em 22 de Fevereiro de 2001". Assim, e após a lei n.° 85/01, o regime legal vigente em Portugal passou a conformar-se com o direito comunitário. Não porque o legislador e o regulamentador o dizem, mas porque esse regime ultrapassa o ponto de colisão com o artigo 90.° do Tratado, nos termos em que o interpreta o TJCE, dando a possibilidade de provar o "valor efectivo" do veículo usado importado, de modo a que no cálculo do imposto se atenda ao «valor comercial do veículo», e que aquele não exceda o montante do imposto residual incorporado no valor dos veículos similares já matriculados no território nacional: «o proprietário do veículo admitido poderá solicitar a utilização de um método alternativo, baseado no valor comercial do veículo, a determinar por comissões de peritos, em que o imposto a pagar seja igual ao IA residual incorporado em veículos da mesma marca, modelo e sistema de propulsão ou, na sua falta, de veículos idênticos ou similares, introduzidos no consumo em Portugal no mesmo ano da data de atribuição da primeira matrícula».

3.3. No nosso caso, a recorrente não usou da prerrogativa que lhe dá o n.° 12 do artigo 1.° do decreto-lei n.° 40/93, de 18 de Fevereiro, na redacção dada pela lei n.° 85/01, de 4 de Agosto, abstendo-se de apelar à aplicação do falado método alternativo.

E, na sequência, ainda como aponta o Exm.° Procurador-Geral Adjunto, «a norma constante do art. 1.° n.° 13 DL n.° 40/93,18 Fevereiro (aditado pelo art. 8.° Lei n° 85/2001, 4 Agosto) não foi aplicada na sentença nem constitui fundamento jurídico mediato das liquidações impugnadas, na medida em que o valor comercial dos veículos importados, base de incidência do IA, não foi determinado por comissão de peritos».

Deste modo, a questão de constitucionalidade que a recorrente suscita, a ser aqui apreciada, além de alheia à economia do recurso, traduzir-se-ia numa pronúncia sobre a inconstitucional idade em abstracto, face à não aplicação da norma pela Administração e pelo tribunal, que também não recusou essa aplicação.

Como se pode ver no sumário do acórdão de 25 de Maio do corrente ano, citado:

«Não tendo o impugnante suscitado um pedido de utilização de método alternativo, previsto no n.° 12 do art. 1.° da Lei n.° 85/2001, de 4/8, e concretizado pela Portaria n.° 1291/2001, de 16/11 e pelo seu Regulamento de Aplicação, não é possível apreciar jurisdicionalmente a constitucionalidade do n.° 13 do artigo 1.° do DL 40/93 de 18/2, aditado pelo artigo 8.° da Lei 85/2001 no ponto em que contempla a presença de dois representantes do Estado Português contra apenas um representante do proprietário»

3.4. A questão relativa à não incidência de imposto sobre as transacções de veículos usados já introduzidos no consumo em Portugal tem merecido, também, resposta clara e uniforme da jurisprudência.

O imposto em apreço incide uma única vez sobre os veículos, aquando da sua introdução no consumo. Penaliza, pois, a importação de veículos, quer sejam novos, quer usados. Mas não recai sobre transacções internas, porque, se tal acontecesse, esses veículos estariam a sofrer multiplamente a incidência do imposto. Assim, ao contrário do que entende a recorrente, não é a falta de incidência do imposto sobre estas transacções internas que discrimina negativamente os veículos importados – o contrário, ou seja, a incidência (ou a falta de incidência aquando da importação de veículos usados) *é* que discriminaria, pela positiva, os veículos introduzidos no consumo no estado de usados.

Como se lê no acórdão proferido por este Tribunal no recurso n.º 1264/04, em 16 de Junho de 2005, «O imposto automóvel é, como se sabe, um imposto interno, especial, monofásico, variável em função da cilindrada dos veículos automóveis. Recai sobre o seu consumo, quer nele sejam introduzidos novos quer usados, sendo devido aquando dessa introdução, independentemente do país em que foram fabricados ou montados.

Deste modo, o imposto não incide sobre as transacções internas de veículos automóveis, ou seja, sobre as transacções de veículos usados já antes introduzidos no consumo. Mas só daí não resulta que os veículos usados importados sejam penalizados relativamente aos também usados já introduzidos no consumo. Todos os veículos novos pagam IA, quando introduzidos no consumo, quer tenham sido fabricados ou montados em Portugal, quer no exterior, uma vez que esse é o momento em que o imposto é devido, por incidir, não sobre as transacções de veículos, mas sobre a sua introdução no consumo.

Assim, os veículos já introduzidos no consumo seriam penalizados relativamente aos usados importados se, aquando da sua transacção como usados, fosse novamente exigido IA. Por seu turno, os usados importados, que nunca suportaram IA, sairiam beneficiados se, quando introduzidos no consumo, ficassem fora do âmbito de abrangência do imposto».

3.5. A apontada jurisprudência do TJCE, repetidas vezes secundada por este Tribunal, e reflectida pelo legislador no regime legal aplicável ao caso, faz com que se nos não coloque nenhuma dúvida acerca da interpretação de normas jurídicas comunitários, inexistindo, pois, razão para interpelar de novo aquele Tribunal. (...)

Concordamos em absoluto com o decidido pelo STA no Ac. atrás transcrito parcialmente, para além de que as situações em causa são similares pois, como se disse acima, quanto ao caso dos autos, verifica-se que à data da importação do veículo em causa nestes autos, já estavam também em vigor a Lei 85/2001, 4/8 e a Portaria 1291/2001, de 16/11 e, como se vê também pela matéria de facto provada, o Recorrido também não fez a opção pelo método alternativo, e, como tal, o valor comercial do veículo importado, base de incidência do IA, não foi, nem poderia ter sido, por motivo imputável ao recorrido, determinado por comissão de peritos. Para além disso, pelos motivos também indicados no douto Ac. transcrito, também não há necessidade de proceder ao reenvio pedido pelo Recorrido. Assim, com base na fundamentação do douto Ac transcrito, que se aplica totalmente ao caso dos autos, entendemos que a sentença recorrida deve ser revogada e, em consequência, deve a impugnação ser julgada improcedente, mantendo-se a liquidação impugnada na ordem jurídica.

Deste modo, salvo melhor opinião, o recurso interposto pelo ERFP merece provimento.

D. DECISÃO

Termos em que acordam os Juizes da Secção de Contencioso Tributário deste Tribunal Central Administrativo do Sul, em conferência, em conceder provimento ao recurso e, em consequência, revogar a sentença recorrida, julgando-se a impugnação improcedente.

Custas pelo Recorrido nas duas instâncias, sendo nesta com três UC de Taxa de Justiça.

Lisboa, de 20 de Junho de 2006

Ivone Martins
Jorge Lino
Pereira Gameiro

Recurso n.º 00082/04

IMPUGNAÇÃO DE IVA. CONHECIMENTO DA PRESCRIÇÃO DA DÍVIDA NO PROCESSO DE IMPUGNAÇÃO.

(Acórdão de 6 de Junho de 2006)

SUMÁRIO:

I – Constituindo a prescrição uma excepção peremptória, em que o facto relevante (decurso de determinado prazo) dá origem à extinção do efeito jurídico inicialmente pretendido (cumprimento da obrigação tributária), nada obsta a que possa ser invocada em impugnação, atacando não o acto formal de liquidação mas a obrigação tributária, independentemente de esta ter dado azo ou não a uma liquidação.

II – Este é aliás o entendimento jurisprudencial dominante no sentido de que o facto da lei evidenciar a prescrição como fundamento de oposição falando de «prescrição da dívida exequenda», não quer dizer que a prescrição releve apenas em relação a uma obrigação tributária liquidada.

III – No caso em que a liquidação acaba sendo atingida por via da obrigação tributária originária estar prescrita, tal situação é compreensível, na harmonia do sistema tributário, pois que não teria qualquer sentido estar-se em sede de impugnação a avançar com a apreciação contenciosa de uma liquidação cuja originária obrigação tributária se encontra prescrita, devendo assim ser sentenciada em sede de execução fiscal quando esta exista. A inutilidade da lide em sede de impugnação é pois patente.

IV – Desta forma, haverá que declarar a obrigação tributária em causa prescrita, com todas as consequências legais, v.g. relativamente a eventual execução fiscal instaurada e, consequentemente, julgar extinta a instância por inutilidade superveniente da lide à luz do disposto no art. 287.º, alínea e) do C.P.C., "ex vi" dos arts. 2.º do C.P.P.T. e da L.G.T., o que prejudica o conhecimento do objecto do recurso.

V – **À falta de norma que reguladora do conflito sucessivo das normas dos arts. 27.° do CPCI e do art. 34.° do CPT, que veio encurtar para 10 anos o prazo de 20 anos fixado pelo primeiro, apesar de princípio da legalidade impedir a aplicação analógica do art. 297.°, n.° 1, do CC, há que resolver tal conflito mediante o apelo ao princípio geral de Direito consagrado naquela norma de acordo com o qual a lei que estabelecer, para qualquer efeito um prazo mais curto do que o fixado na lei anterior é também aplicável aos prazos que estiverem em curso, mas o prazo só se conta a partir da entrada em vigor da nova lei, a não ser que, segundo a lei antiga, falte menos tempo para o prazo se completar.**

VI – **Assim e tendo também presente o disposto nos arts. 27.° do CPCI, 34.° do CPT, 48.° da LGT, e 5.°, n.° 1, do DL n.° 398/98, de 17 de Dezembro, que aprovou a LGT, respeitando a obrigação tributária a IVA de 1987, 1988 e 1989, o prazo de prescrição dessa obrigação no regime do CPCI é de vinte mas a contar de 1 de Janeiro de 1988, 1989 e 1990, no regime do CPT é de dez anos a contar de 1 de Julho de 1991 e no regime da LGT é de oito anos a contar de I de Janeiro de 1999, pelo que é aplicável o regime estabelecido no CPT.**

VII – **Nos termos do art. 34.°, n.° 3, do CPT, a prescrição das obrigações tributárias interrompe-se com a instauração da execução fiscal e/ou da impugnação, mas o efeito interruptivo derivado da instauração cessa com o facto de o processo executivo estar parado durante mais de um ano por facto não imputável ao contribuinte, passando a somar-se para o efeito da prescrição o tempo decorrido até à data da instauração ao tempo que sucedeu ao termo daquele prazo de mais de um ano.**

VIII – **Sendo o *dies a quo* do prazo prescricional 1 de Julho de 1991, tendo a execução fiscal sido instaurada em 26.06.1992 e tendo estado parada por mais de um ano desde 16.10.1992 o *dies ad quem* já ocorreu.**

IX – **E porque a lei não prevê interrupções sucessivas da prescrição, deve somar-se todo o tempo que decorrer após o período de um ano de processo parado com o período que tiver decorrido até à data da autuação, não podendo o prazo interromper-se de novo, designadamente por efeito da dedução de impugnação judicial (cfr. art. 34.° n.° 3 do CPT).**

X – **Doutrinalmente, a *interrupção da prescrição* supõe uma causa que inutiliza o tempo decorrido anteriormente; produz-se quando dadas certas circunstâncias se inutiliza o tempo decorrido para a prescrição, tendo como efeito inutilizar todo o tempo anterior, podendo, todavia, iniciar-se uma nova prescrição.**

XI – **Já a *suspensão da prescrição* supõe que existe uma causa que obsta ao curso da prescrição. Havendo suspensão, a prescrição corre enquanto ela não cessar, mas, cessada a causa da suspensão, volta a correr, somando-se ao tempo ulterior o que decorrera antes da suspensão.**

XII – **O regime dos citados normativos é claramente de suspensão: – a paragem dos processos aí referidos tem o efeito de suster a contagem do tempo da prescrição, não se incluindo no prazo desta o espaço de tempo durante o qual ocorreu a suspensão. O vencimento do prazo é, assim, prorrogado pelo tempo em que a prescrição esteve suspensa.**

XIII – **A prestação da garantia não constitui causa interruptiva ou suspensiva da prescrição por não caber na previsão normativa do art. 34.° do CPT.**

XIV – **Ainda que a sentença recorrida tenha sido proferida antes de verificada a prescrição, dado que o seu conhecimento é oficioso, tem o tribunal de recurso que declarar prescrita a obrigação exequenda, se entretanto esta ocorreu e, consequentemente, tem que julgar extinta a instância impugnatória por inutilidade superveniente da lide (cfr. art. 287.°, alínea e) do C.P.C., "ex vi" dos arts. 2.° do C.P.P.T. e da L.G.T.).**

ACORDA-SE, EM CONFERÊNCIA, NA 2ª SECÇÃO DO TCAS:

I – RELATÓRIO

1. **O Excelentíssimo Representante da Fazenda Pública,** inconformado com a sentença do M.° Juiz do TT 1ª Instância de Viana do Castelo julgou procedente a impugnação deduzida por **Galpedras – Indústria Transformadora de Pedras de Portugal, Ldª,** contra a liquidação de IVA e respectivos juros compensatórios, relativa aos anos fiscais de 1987, 1988 e 1989, com os sinais dos autos, veio recorrer concluindo a sustentar que:

1. As situações relevantes, verificadas e relatadas pela inspecção tributária, constituem pressupostos objectivos, tipificados no art. 51.°, als. a) e d) do CIRC, aplicáveis *in casu* por via do art. 84.°, n.° 1 do CIVA, como fundamentos da decisão de tributação por recurso a métodos indirectos.

2. As deficiências verificadas quanto à falta de controlo da produção do s.p., como empresa industrial, de extracção e transformação de pedra, designadamente a falta de sectorização dos custos e de indicadores da matéria-prima extraída nas pedreiras, implicam, até por não contestados ou esclarecidos, um juízo de censura quanto ao valor informativo necessário da contabilidade (geral) do s.p., tendo em vista o apuramento do IVA e o seu controle (art. 44.°, n.° 1 do CIVA), impõe do mesmo passo, a comprovação e a quantificação directa e exacta dos elementos indispensáveis à determinação da matéria tributável (n.° 2 do art. 51.° do CIRC).

3. Os vícios detectados na contabilidade do s.p., uns formais, outros substanciais, impossibilitam, dentro do razoável, sem custos administrativos irrazoáveis para a sua correcção administrativa, um adequado controlo da produção e, por isso, das vendas, condicionando um juízo do valor informativo necessário e exigível à contabilidade, descredibilizando-a externamente.

4. Os vícios da contabilidade, sumariados em 6., permitem assegurar, com um grau de certeza mínimo, porque pressupostos objectivos, que a decisão de tributar por via de métodos indirectos está fundamentada, no âmbito da motivação e justificação, à qual o s.p. reagiu,

mostrando-se ciente do itinerário cognoscitivo e valorativo de quem decidiu e facultando, do mesmo modo, um adequado convencimento e controlo judicial.

5. A fixação do IVA, por avaliação indirecta, resulta da impossibilidade (prática) de o determinar clara e directamente através dos registos contabilísticos, facultados peto s.p. e, necessários àquela determinação, sendo que a contabilidade (geral) do s.p. a não permitiu.

6. É legitima, por fundada, a conexão entre os factos indiciadores e os indiciados quanto à decisão de recorrer a métodos indirectos e à consequente quantificação administrativa do imposto liquidado, pelo que as liquidações impugnadas se devem manter na ordem jurídica, por fundadas, válidas e legais.

Termos em que, concedido provimento ao recurso, deve a douta sentença recorrida ser revogada e substituída por outra que julgue a impugnação improcedente

Contra-alegou a recorrida para concluir:

1ª A matéria de facto dada como provada e não provada, não foi posta em causa e terá de ser dada como definitivamente assente.

2ª Os agentes fiscalizadores limitam-se a colocar uma hipótese, a lançar uma suspeita – "podem ter servido" – mas não demonstram com a segurança necessária, nem sequer alinham indícios suficientes que permitam estruturar objectivamente qualquer conclusão no sentido pretendido.

3ª Os agentes da administração fiscal utilizaram, nos seus cálculos, uma percentagem de desperdícios que não corresponde à realidade e que dela se afasta em muito.

4ª Com efeito, ficou provado que a taxa de desperdícios da impugnante se situa, pelo menos, nos 50% enquanto os peritos só consideraram uma taxa de 25% e aplicada sobre o produto acabado, sendo certo que tais desperdícios, não são, na generalidade, comercializáveis.

5ª Esta circunstância constitui um erro no método utilizado para estimar o real volume de negócios da impugnante o qual retira a credibilidade ao resultado obtido e destrói a base do recurso ao método presuntivo para apuramento do IVA (neste sentido, veja-se o Ac. TCA 20 Mar. 2001, Processo 2803/00)".

6ª Pelo que nada a apontar à douta decisão, ao considerar ilegal a determinação da matéria colectável através do recurso a métodos indiciários e, em consequência ilegais as liquidações impugnadas.

Termos em que deve ser mantida a douta decisão recorrida.

A EPGA emitiu a fls. 297/298 o seguinte douto parecer:

"Vem interposto recurso da sentença proferida no Tribunal Tributário de 1ª instância de Viana do Castelo – fls 266 a 273 dos autos – que julgou totalmente procedente a impugnação deduzida pela recorrida com consequente anulação das liquidações impugnadas.

As alegações constam a fls 281 a 285 dos autos.

Não constam contra – alegações.

Estamos em crer que assiste razão à Fazenda Pública.

Na verdade,

Nos termos do artigo 98.° do CIRC as empresas são obrigadas a dispor de contabilidade organizada nos termos da lei comercial e fiscal por forma a permitir o controlo do seu lucro tributável.

O não cumprimento desta obrigação e o facto de haver indícios de que a contabilidade não reflecte a exacta situação patrimonial e o resultado obtido pela empresa legitima o recurso aos métodos indiciários de acordo com o disposto na d) do n.° 1 do artigo 51.° do CIRC.

No mesmo sentido o artigo 44 do CIVA.

A liquidação do imposto é feita pelo contribuinte.

Mas como forma de controlar esse normal dever do contribuinte, o artigo 76.° do CIVA atribui à Administração Fiscal um poder /dever de fiscalização.

No caso dos autos os serviços de Inspecção Tributária concluíram que a contabilidade da ora recorrida não apresentava credibilidade dadas as inexactidões e omissões existentes – vejam-se relatórios da Inspecção tributária de fls 210 a 227 dos autos.

Existiam razões e fundamentos para que a Administração Fiscal tenha usado o mecanismo previsto no artigo 82.° do CIVA e artigo 51.° n.° 1 alínea d).

O recurso ao método indiciário resulta legitimado.

Por outro lado e face aos elementos constantes dos autos, não foi possível provar que os resultados apresentados pela Administração Fiscal são infundados e inexactos.

E tal ónus competia à ora recorrida.

Caberia à recorrente o ónus probandi de que a realidade era distinta do resultado a que conduziu a utilização das referidas regras e que o critério utilizado foi desacertado ou inaceitável.

Encontram-se reunidos os pressupostos para o recurso ao método indiciário.

Resultam demonstrados os indícios que levaram à determinação da matéria colectável através dos referidos métodos.

A liquidação teria que ser mantida ao contrário do decidido.

A liquidação está devidamente fundamentada, indicando os critérios em que se baseia.

A mesma está estabelecida de acordo com o critério do artigo 51.° do CIRC.

Assim sendo o Ministério Público entende que:

1. deve ser dado provimento ao presente recurso,

2. deve ser revogada a sentença recorrida."

A fls. 302/303 foi proferido despacho em que, com fundamento em que este se trata de um processo urgente nos termos do n.° 4 do art. 8.° do Dec. Lei n.° 325/ /2003, de 29/12 e da Portaria n.° 1418/2003, de 30/12 e que, atento o disposto no art. 34.° do CPT e porque a liquidação versa sobre factos tributários ocorridos nos anos de 1987, 1988 e 1989, poderiam estar prescritas as obrigações tributárias, foi ordenada a notificação das partes para juntarem elementos que permitissem conhecer dessa questão cuja procedência acarretaria a inutilidade do conhecimento do objecto desta impugnação.

Colhidos oportunamente os Vistos legais, cabe decidir.

2. – FUNDAMENTAÇÃO:

2.1. – DE FACTO:

Na sentença recorrida consignou-se a seguinte matéria de facto provada, não provada e respectiva motivação:

a) Até 31 de Dezembro de 1988, a impugnante encontrava-se tributada pela Repartição de Finanças de Viana do castelo em Contribuição Industrial – Grupo A, pelo exercício da actividade de "Fabricação de cantarias e outros artigos" – CAE 3699.5.0.

b) A impugnante dedica-se igualmente à extracção de granito e rochas afins.

c) Em termos de IVA encontra-se enquadrada no regime normal de periodicidade mensal.

d) Em 5 de Julho de 1991, a impugnante foi objecto de uma visita de fiscalização levada a cabo pelos Serviços de Fiscalização Tributária da Direcção de Finanças de Viana do Castelo.

e) Dessa acção inspectiva foi elaborado o Relatório que consta de fls. 228 a 248 e cujo teor aqui se dá por reproduzido.

f) Tal acção foi antecedida de uma outra cujo Relatório consta de fls. 210 a 227 e cujo teor aqui se dá por reproduzido.

g) No Relatório referido na alínea a) ficou, entre o mais, exarado o seguinte: " Conclusões:

1. Pelo que atrás ficou relatado resulta que a empresa "Galpedras – Indústria Transformadora de Pedras de Portugal, Limitada", (...) não possui, ou se possui não facultou;

1.1. indicadores sobre a matéria prima extraída das suas pedreiras;

1.2. Sectorização dos custos, nomeadamente quanto aos gastos efectuados nas pedreiras;

2. Tendo-se verificado mais as seguintes anomalias:

2.1. Deficiente contabilização da movimentação da matéria-prima (subsidiária);

2.2. Índices de rentabilidade díspares e muito abaixo dos normais obtidos na actividade desenvolvida, dada a sua dimensão;

2.3. Consumos anormais de matéria-prima face à produção (vendas);

2.4. Falta de documentos de transporte em arquivo (guias de remessa e acompanhamento) que poderiam ter titulado transmissões de bens que posteriormente não foram facturados.

3. Por todos estes factores reunidos ressalta que existe um evidente propósito em ocultar elementos, como o fim de não evidenciar a verdadeira produção da empresa, pelo que se procedeu à correcção das vendas seguindo o método de aplicação dos rácios respeitantes à actividade e aplicados ao valor obtido para a formação do preço dos produtos".

h) Os agentes fiscalizadores, nos cálculos a que procederam tomaram em consideração uma percentagem de desperdícios de 25% e fizeram-na incidir sobre o produto acabado.

i) A taxa de desperdícios da impugnante é, pelo menos, de 50% e a generalidade dos mesmos não é comercializada.

j) *k*) Em resultado destas conclusões, os serviços da administração fiscal organizaram o processo administrativo para apuramento do imposto sobre o valor acrescentado com recurso a métodos indiciários.

l) A impugnante foi notificada, em 7 de Outubro de 1991, para pagar o IVA apurado com referência aos anos de 1987, 1988 e 1989, nos montantes de 3.969.083$00; 4.522.212$00 e 25.229.671$00, respectivamente e correspondentes juros compensatórios de 3.709.114$00, 3.035.083$00 e 10.934.050$00, respectivamente.

m) Em 4 de Novembro de 1991, a impugnante apresentou reclamação contra a liquidação nos termos do art. 84.° do Código de Processo Tributário.

n) Tal reclamação foi desatendida tendo o Presidente da Comissão de Revisão fixado os valores de imposto originariamente liquidados.

Ao abrigo do art. 712.° n.° 1 do CPC aditam-se os seguintes factos com relevância para apreciar e decidir a questão da prescrição:

o) A presente impugnação foi instaurada em 14.09.1992 – cfr. carimbo aposto na 1ª página da p.i..

p) Por sentença proferida em 20.12.1993, foi declarada a caducidade do direito de impugnar – cfr. fls. 158 e v°.

q) Dessa sentença a impugnante interpôs recurso para o STA, o qual foi motivado e admitido – cfr. fls. 160 a 169.

r) Os autos subiram ao STA e o recurso foi tramitado até ficar concluso para julgamento em 9.12.1994 – cfr. fls. 173 a 178.

s) O processo foi inscrito para julgamento por despacho do Exm.° Conselheiro Relator exarado em 5.6.1996 – vd. fls. 178 v°.

t) Em 26/06/1992 foi instaurado processo de execução n.° 234819920101532.0 para cobrança coerciva de dívidas provenientes de IVA dos anos de 1987, 1988 e 1989, cujas liquidações estão impugnadas nestes autos – vd. fls. 308,312 e 313/314).

u) Em 02.07.1992 foi efectivada a citação da executada (fls. 308, 312, 314 e 315).

v) Em 13/.10.1992 foi feita a penhora referida a fls. 308 e 312 e formalizada no auto de fls. 316-318.

x) Em 16/10/1992 foi decretada a suspensão da execução até à resolução da impugnação – fls. 308, 312 e 317.

Não há factos relevantes para a discussão da causa que importe registar como não provados.

A decisão sobre a matéria de facto baseou-se nas informações oficiais e nos documentos juntos aos autos e nos depoimentos das testemunhas inquiridas David Silva Ramos, Francisco Oliveira Carvalho, Arnaldo Barbosa Isolino Gomes e Adérito Abreu Cardoso, as quais revelaram conhecimento dos factos.

2.2 DE FACTO E DE DIREITO

2.2.2 DA PRESCRIÇÃO DA DÍVIDA EXEQUENDA

O Dec.-Lei n.° 398/98 de 17 de Dezembro, que veio aprovar a nova Lei Geral Tributária, estipula no n.° 2 do seu art. 5.° que "Aos impostos já abolidos à data da entrada em vigor da lei geral tributária (1/1/1999) aplicam-se os novos prazos de prescrição, contando-se para o efeito todo o tempo decorrido, independentemente de suspensões ou interrupções de prazo".

Por sua vez o art. 48.° da citada Lei Geral Tributária, consagra que as dívidas tributárias prescrevem no prazo de oito anos contados, "nos impostos periódicos, a partir do termo do ano em que se verificou o facto tributário e, nos impostos de obrigação única, a partir da data em que o facto tributário ocorreu."

No caso em apreço, uma vez que o imposto em causa não foi abolido e não se mostra paga a dívida a ele inerente, pelo que da conjugação dos dois preceitos com a data do facto tributário, *prima facie,* não estaremos face a uma obrigação tributária prescrita.

Porém, à partida, não poderá dizer-se que a prescrição não pode ser atendida em sede de impugnação, por aqui se discutirem as ilegalidades inerentes à liquidação e, no caso, o instituto da prescrição nada ter a ver com a liquidação, pois que se situa para além dela.

Com efeito, constituindo a prescrição uma excepção peremptória, em que o facto relevante (decurso de determinado prazo) dá origem à extinção do efeito jurídico inicialmente pretendido (cumprimento da obrigação tributária), nada obsta a que possa ser invocada em impugnação, atacando não o acto formal de liquidação mas a obrigação tributária, independentemente de esta ter dado azo ou não a uma liquidação.

Este é aliás o entendimento perfilhado no douto Ac. do S.T.A. de 22-10-97 (recurso n.º 21.813) onde expressamente se refere: "O facto da lei evidenciar a prescrição como fundamento de oposição falando de «prescrição da dívida exequenda», não quer dizer que a prescrição releve apenas em relação a uma obrigação tributária liquidada..."

* * *

"Mas isso não quer dizer que a causa de extinção por prescrição não possa situar-se em momento anterior ao do acto da liquidação ... e, como tal, não possa ser invocada, em outros campos como em sede de impugnação judicial ... como fundamento de ilegalidade da dívida cujo cumprimento então se exija e cuja legalidade se queira, então, controverter".

Ora, sendo efectivamente possível a apreciação da prescrição da obrigação tributária em sede de impugnação, vejamos como ela se concretiza no caso em apreço.

A *ratio* do instituto da prescrição liga-se a razões de certeza, de segurança e de paz jurídica, pelo qual se extingue a obrigação tributária.

Nos autos está em causa obrigações proveniente de IVA dos anos de 1987, 1988 e 1989, pelo que se nos impõe determinar qual o regime legal aplicável, visto que desde essas datas até hoje se sucederam três regimes diversos e que se elencam:

- o do art. 27.º do Código de Processo das Contribuições e Impostos (CPCI), que vigorou desde as datas a que se reportam algumas das dívidas até 1 de Julho de 1991, altura em que se verificou a sua revogação por força do disposto nos arts. 2.º, n.º 1, e 11.º, do DL n.º 154/91, diploma que aprovou o Código de Processo Tributário (CPT);
- o do art. 34.º do CPT, cuja vigência se manteve no período compreendido entre 1 de Julho de 1991 e 1 de Janeiro de 1999, data em que entrou em vigor a Lei Geral Tributária (LGT), cujo diploma de aprovação, o DL n.º 398/98, de 17 de Dezembro, revogou expressamente aquele preceito (cfr. arts. 2.º, n.º 1, e 6.º do referido DL);
- o dos arts. 48.º e 49.º da LGT, desde 1 de Janeiro de 1999 até à presente data.

No diploma legal que aprovou o CPT não encontramos norma correspondente à do art. 5.º, n.º 1, do referido DL n.º 398/98, de 17 de Dezembro, e que preceitua que ao novo prazo de prescrição estabelecido na LGT se aplica o disposto no art. 297.º do CC, mas a jurisprudência passou a perfilhar o entendimento uniforme de que era aplicável, quanto à sucessão de leis relativamente ao art. 34.º do CPT, a solução que veio a ser consagrada naquela norma de direito transitório.

Dada a flagrante equiparação das obrigações fiscais às civis, impõe-se a observância das regras do art. 297.º do CC na área do direito fiscal e, concretamente, na zona da **prescrição** das dívidas[1].

Sendo assim, na hipótese vertente, estarão prescritas as obrigações tributárias referentes aos anos de 1987, 1988 e 1999, pois embora não haja decorrido o prazo de 20 anos fixado pela lei antiga (CPCI – art. 27.º), já ocorreu o de 10 anos estabelecido pela lei nova (CPT – art. 34.º, n.º 1), contado este a partir de 1 de Julho de 1991, data da entrada em vigor dessa lei (art. 2.º, n.º 1, do DL n.º 154/91, de 23/4)?

Na verdade, é forçoso concluir que o regime prescricional aplicável à situação *sub judice* é o do art. 34.º do CPT, tanto mais que, por força do princípio geral de Direito em matéria de sucessão de leis, segundo o qual a lei que estabelecer, para qualquer efeito um prazo mais curto do que o fixado na lei anterior é também aplicável aos prazos que estiverem em curso, mas o prazo só se conta a partir da entrada em vigor da nova lei, a não ser que segundo a lei antiga, falte menos tempo para o prazo se completar.

Vale isto por dizer que, em atenção ao caso concreto, no regime fixado no CPCI o prazo da prescrição era de 20 anos, a contar de I de Janeiro de 1992, início do ano seguinte àquele em que ocorreram os factos tributário nos termos do corpo do art. 27.º, 2ª parte, daquele código; no regime do CPT, o prazo conta-se com início também em 1 de Janeiro de 1992 (isso em geral pois, tratando-se o IVA de imposto de obrigação única, o termo «a quo» é o da data da ocorrência do facto tributário) e é de 10 anos e no regime da LGT, o prazo conta-se com início em I de Janeiro de 1999 e é de 8 anos.

Para aquilatar se tal prazo atingiu já o seu termo, importa aferir se ocorreu facto que determine a sua interrupção ou suspensão.

Nesse sentido, emerge do art. 34.º, n.º 3, do CPT, que a prescrição das obrigações tributárias se interrompe com a reclamação, o recurso hierárquico, a impugnação e a instauração da execução fiscal, mas o efeito interruptivo derivado dessa instauração cessa com o facto de o processo executivo estar parado durante mais de um ano por facto não imputável ao contribuinte, passando a somar-se para o efeito da prescrição o tempo decorrido até à data da instauração ao tempo que sucedeu ao termo daquele prazo de mais de um ano.

---

[1] Como bem refere Oliveira Coutinho, na anotação a paginas 277 do Cód. Proc. das Contrib. e Impostos, editado por Jornal do Fundão, em 1969, a interrupção consagrada no n.º 1 do art. 34.º do Cód. Proc. Tributário já tinha o mesmo regime no CPCI, no art. 27.º, onde era pacificamente entendido e interpretado como se de suspensão se tratasse.

Oliveira Coutinho, é claro ao afirmar que o legislador deveria ter usado o termo de "suspensão" e não interrupção, pois é de suspensão que se trata, com regime especial, e com o prazo máximo de um ano.

Chama-se ainda à colação o Conselheiro Dr. Alfredo José de Sousa, no Cód. Proc. das Contribuições e Impostos, Editado por Almedina, 2ª Edição, Coimbra, a pag, 147 em anotação ao art. 27.º, dizendo que é peremptório em manter a interpretação de que a figura é de suspensão e não de interrupção.

Em termos jurisprudenciais parece ser esta também a jurisprudência do S.T.A., conforme Acórdão proferido no processo n.º 15.804, publicado em Apêndice ao D. R. de 30-04-96, citado por Diogo Leite de Campos e Benjamim Rodrigues, Lei Geral Tributária, Vislis Editores, em anotação ao art. 49.º da LGT.

Tudo isso para concluir que não pode haver dúvidas de interpretação de que o prazo da prescrição pode ser suspenso, pelo prazo máximo de um ano, traduzindo-se na prática o prazo de 10 em 11 anos, quando ocorra um dos factos suspensivos, que, no caso concreto, foi a instauração de processo de execução.

Na verdade, doutrinalmente, a *interrupção da prescrição* supõe uma causa que inutiliza o tempo decorrido anteriormente; produz-se quando dadas certas circunstâncias se inutiliza o tempo decorrido para a prescrição, tendo como efeito inutilizar todo o tempo anterior, podendo, todavia, iniciar-se uma nova prescrição – *cfr. Vaz Serra, Prescrição e Caducidade, 58 e M. Brito, CC Anot., 1º-410).*

Já a *suspensão da prescrição* supõe que existe uma causa que obsta ao curso da prescrição. Havendo suspensão, a prescrição corre enquanto ela não cessar, mas, cessada a causa da suspensão, volta a correr, somando-se ao tempo ulterior o que decorrera antes da suspensão – idem.

E o regime dos citados normativos é claramente de suspensão: – a paragem dos processos aí referidos tem o efeito de suster a contagem do tempo da prescrição, não se incluindo no prazo desta o espaço de tempo durante o qual ocorreu a suspensão. O vencimento do prazo é, assim, prorrogado pelo tempo em que a prescrição esteve suspensa.

Assim, tendo em atenção que a execução fiscal para cobrança das dívidas cujas liquidações estão aqui impugnadas foi instaurada em 26/06/1992 e que, após efectivação de penhora, em 16/10/1992 foi decretada a suspensão da execução até à resolução da impugnação (alíneas t) a x) do probatório); que a presente impugnação foi instaurada em 14.09.1992; que, por sentença proferida em 20.12.1993, foi declarada a caducidade do direito de impugnar; que dessa sentença a impugnante interpôs recurso para o STA, o qual foi motivado e admitido; que os autos subiram ao STA e o recurso foi tramitado até ficar concluso para julgamento em 9.12.1994 e que o processo foi inscrito para julgamento por despacho do Exm.° Conselheiro Relator exarado em 5.6.1996 (cfr. alíneas p) a s) do probatório), dúvidas não restam de que os dois processos estiveram parados por mais de uma ano por causa não imputável ao contribuinte, e que, assim, podemos concluir que as obrigações tributárias que estão em cobrança coerciva já prescreveram.

Na verdade, embora a prescrição se tenha interrompido em 26/06/1992, por efeito da instauração da execução, como esta esteve parada bem mais de um ano, cessou o efeito interruptivo um ano após a paragem dos processos, havendo que somar-se o tempo decorrido após esta data com o que decorreu até à data da autuação, verificando-se que o *dies ad quem* já ocorreu e, portanto, que está já excedido o prazo de 10 anos do art. 34.° do CPT.

Como a instauração da execução foi o primeiro facto interruptivo, é este que releva para efeitos do art. 34.° do CPT, irrelevando qualquer outro que ocorresse posteriormente (o que se verificou pois, como se viu, o processo de impugnação esteve parado no STA por mais de um ano, concretamente entre 09.12.1994 e 05.06.1996).

Assim, tendo em atenção que a execução fiscal foi instaurada em 26.06.1992 (a data da instauração do processo é, na ausência de despacho lavrado no respectivo título executivo, aquela em que o processo foi autuado pelo serviço de finanças competente (cfr. art. 272.°, n.° 1, de CPT, aplicável à data) e que o processo esteve parado desde 16/10/1992, em virtude de nele não ter praticado qualquer acto, podemos concluir que a obrigação tributária que está em cobrança coerciva prescreveu em 1 de Julho de 2002.

Na verdade, embora a prescrição, cuja contagem se iniciou em 1 de Julho de 1991 peloas razões que se disseram, se tenha interrompido em 26.06.1992, por efeito da instauração da execução, como a execução esteve parada desde 16 de Outubro de 1992 até hoje, bem mais de um ano, cessou o efeito interruptivo em 06 de Outubro de 1993 (um ano após a paragem do processo), havendo que somar-se o tempo decorrido após esta data com o que decorreu até à data da autuação. Ou seja, há que somar o tempo decorrido entre 1 de Julho de 1991 (data em que entrou em vigor o CPT) ao tempo decorrido entre 16 de Outubro de 1993 (data em que se completou um ano de paragem na execução fiscal) e o dia de hoje, e, portanto, sem necessidade de mais considerações, que está já excedido o prazo de 10 anos do art. 34.° do CPT.

É porque a lei não prevê interrupções sucessivas da prescrição, deve somar-se todo o tempo que decorrer após o período de um ano de processo parado com o período que tiver decorrido até à data da autuação, não podendo o prazo interromper-se de novo, designadamente por efeito da dedução de impugnação ou qualquer outro processo com virtualidade interruptiva da prescrição (cfr. art. 34.° n.° 3 do CPT).

Acresce que, como se expendeu no *Acórdão do Tribunal Central Administrativo Sul de 30-05-2006 – CT – 2.° Juízo, Recurso n.° 1111/06*, no âmbito da aplicação do CPT, a prestação da garantia não constitui causa interruptiva ou suspensiva da prescrição.

Fundamentando, diz-se nesse douto aresto e em concomitância com o nosso ponto de vista, que "... no âmbito da aplicação da norma do art. 34.° do CPT, como anteriormente no âmbito da aplicação do art. 27.° do CPCI, a prestação de garantia pelo executado ou a realização da penhora na execução fiscal, não constituem causa interruptiva ou suspensiva da contagem deste prazo prescricional, por a lei a não prever, redundando mesmo em se alcançar um efeito perverso, se a um executado que a tivesse prestado, tendo actuado diligentemente, o prazo prescricional se suspendesse indefinidamente, nunca se completando, relativamente àquele outro que a não prestara e que poderia ver o mesmo prazo se completar, solução que o legislador não pode ter querido, tendo em conta o comando contido na norma do art. 9.° n.° 3 do Código Civil.

Assim, tendo sido ultrapassado o aludido prazo prescricional, como referimos supra, estaremos face a uma situação em que a liquidação acaba sendo atingida por via da obrigação tributária originária estar prescrita, situação aliás compreensível, na harmonia do sistema tributário, pois que não teria qualquer sentido estar-se em sede de impugnação a avançar com a apreciação contenciosa de uma liquidação cuja originária obrigação tributária se encontra prescrita, devendo assim ser sentenciada em sede de execução fiscal caso esta existisse. A inutilidade da lide em sede de impugnação é pois patente.

Desta forma, por todo o exposto e sem necessidade de mais considerações, ao abrigo do já citado art. 34.° do CPT., declara-se a obrigação tributária em causa prescrita, com todas as consequências legais, v.g. relativamente a eventual execução fiscal instaurada e, consequentemente, julgo extinta a instância por inutilidade superveniente da lide à luz do disposto no art. 287.°, alínea e) do C.P.C., "ex vi" dos art.s 2.° do C.P.P.T. e da L.G.T., o que prejudica o conhecimento do objecto do recurso.

3. DECISÃO

Face ao exposto, os juizes da Secção do Contencioso Tributário deste Tribunal Central Administrativo acordam, em conferência em, por via da prescrição da obrigação tributária, julgar extinta a instância por inutilidade superveniente da lide.

Sem custas.

Lisboa, 06 de Junho de 2006

Gomes Correia
Casimiro Gonçalves
Ascensão Lopes

Recurso n.° 6469/02

IMPUGNAÇÃO JUDICIAL. IMPOSTO DE SELO. ELEMENTOS TÍPICOS.

(Acórdão de 4 de Abril de 2006)

SUMÁRIO:

I – Sempre que estejam verificados em concreto os *elementos típicos* previstos na lei como geradores do direito do Estado ao imposto – mas só em tal caso – deve a Administração Fiscal proceder à *liquidação* que for pertinente.

II – O *imposto do selo* recai sobre todos os «documentos, livros, papéis, actos e produtos» designados na Tabela Geral do Imposto do Selo – segundo o artigo 1.° do Regulamento do Imposto do Selo.

III – De harmonia com este artigo 1.° e o artigo 54.° daquela Tabela Geral, os *actos de constituição de dívida* (empréstimos, suprimentos, etc.) *só quando formalizados por contrato escrito* estarão sujeitos a imposto do selo – princípio da *expressão formal dos actos tributáveis em imposto do selo.*

IV – Sofre de *ilegalidade*, por violação das disposições legais ditas em III., o *acto de liquidação* em imposto de selo incidente sobre actos de constituição de dívida não titulados por contrato escrito.

ACORDA-SE, EM CONFERÊNCIA, NA 2ª SECÇÃO DO TCAS:

1.1 "Parinter-Sociedade Gestora de Participações Sociais, SA", devidamente identificada nos autos, vem interpor recurso jurisdicional da sentença do Tribunal Tributário de 1.ª Instância de Braga, de 23-5-2000, que julgou improcedente a impugnação judicial por ela deduzida contra a liquidação de imposto de selo, e juros compensatórios, com referência aos anos de 1994 e 1995, respectivamente nos montantes de 1.083.741$00 e 357.129$00, e 407.322$00 e 68.932$00 – cf. fls. 56 e ss..

1.2 Em alegação, a recorrente formula conclusões que se apresentam do seguinte modo – cf. fls. 65 a 67.

a) Da redacção dos artigos 54.° e 16.°, alínea d), da Tabela, vigente à data dos factos, resulta que a constituição de suprimentos por forma oral não estava incluída naquele artigo, nem havia disposição que a equiparasse à forma escrita, como posteriormente veio a verificar-se.

b) Tão-pouco se estabelecia a obrigação de apresentar qualquer declaração ou participação.

c) Isso reflectia uma das características do imposto do selo: ser um imposto sobre documentos, como claramente se verifica dos anexos à Proposta de Lei do Código do Imposto de Selo.

1.3 Não houve contra-alegação.

1.4 O Ministério Público neste Tribunal emitiu o parecer constante de fls. 70 verso.

1.5 Colhidos os vistos, cumpre decidir, em conferência.

Em face do teor das conclusões da alegação, e da posição do Ministério Público, a questão essencial que aqui se põe é a de saber se no caso há ou não lugar a tributação em imposto de selo.

2.1 Com interesse para a decisão julgamos provada a seguinte matéria de facto.

a) No dia 17-6-1997 a sociedade impugnante, ora recorrente, foi notificada para, no prazo de 30 dias, efectuar o pagamento da importância de 1.917.124$00 de imposto de selo «a que se refere o artigo 54.° da TGIS» – cf. o documento de fls. 12.

b) No dia 14-10-1997 a impugnante, ora recorrente, apresentou impugnação judicial da liquidação dita em a) – cf. o carimbo de entrada a fls. 2.

c) A liquidação dita em a) é «proveniente da falta de entrega do referido imposto nos cofres do Estado, aquando aquela empresa obteve dois créditos do seu accionista Le Gros: um no valor de 216.748.100$00, em 30-12-94, outro no montante de 81.464.370$00, em 15.12.95» – cf. o documento de fls. 12.

d) A conclusão assente em c) tirou a Administração Fiscal «em resultado das verificações à situação fiscal da contribuinte» – cf. o relatório da Inspecção de Finanças a fls. 35.

Não se prova que os direitos de créditos referidos em c) tenham sido objecto de formalização escrita, seja por documento público, seja por documento particular.

2.2 O acto tributário tem que ter por base uma situação de facto ou de direito, concreta, prevista abstracta e tipicamente na lei fiscal como geradora do direito ao imposto. Tal base é, pois, o pressuposto de facto ou o facto gerador da imposição – cf. Cardoso da Costa, *Curso de Direito Fiscal*, 1972, p. 266.

No Direito Fiscal vigora o princípio da tipicidade, que se traduz no brocardo latino *nullum tributum sine lege*, ou *nullum vectigal sine lege*, paralelo àquele outro, vigente no Direito Penal, *nullum crimen sine lege*. Assim como não há crime que não corresponda a uma definição legal, a um tipo legal, também não haverá imposto que não corresponda a uma definição legal, a um tipo legal. Nisto consiste a tipicidade do imposto.

O facto tributável, com ser um facto típico, só existe como tal, desde que na realidade se verifiquem todos os pressupostos legalmente previstos, que, por esta nova óptica, se convertem em elementos do próprio facto, bastando a não verificação de um deles para que não haja, pela ausência de tipicidade, lugar à tributação – cf. Alberto Pinheiro Xavier, *Conceito e Natureza do Acto Tributário*, p. 342.

No Direito Tributário, a tipologia é dominada não só por um princípio de taxatividade como também por um princípio de exclusivismo. Opera-se o fenómeno que a lógica jurídica designa por implicação intensiva. Verifica-se a implicação intensiva sempre que os elementos enunciados no pressuposto não são apenas suficientes, mas ainda necessários para a verificação da consequência: se esses elementos se verificarem, segue-se a consequência, mas esta só se segue se eles se verificarem – cf., sobre o princípio da tipicidade em Direito Fiscal, Alberto Pinheiro Xavier, *Conceito e Natureza do Acto Tributário*, p. 263 e ss., onde, a p. 327, cita Castanheira Neves, *Questão-de-facto-Questão-de-direito*, p. 264.

A tributação resulta, assim, da verificação concreta de todos os pressupostos tributários, como tais previstos e descritos, abstractamente, na lei de imposto.

O diploma fundamental em matéria de imposto do selo é ainda o Regulamento do Imposto do Selo, aprovado pelo Decreto n.º 12 700 de 20-11-1926 – o qual tem sofrido constantes e sucessivas alterações, de molde a que as suas normas possam acompanhar, dentro do possível, as vicissitudes da conjuntura económica a que tendem a aplicar-se.

O Regulamento do Imposto do Selo fixa a incidência do respectivo imposto por remissão para a Tabela Geral do Imposto do Selo, aprovada pelo Decreto n.º 21 916 de 28-11-1932 – também ela frequentemente alterada.

Segundo o artigo 1.º do Regulamento do Imposto do Selo, o imposto do selo recai sobre todos os «documentos, livros, papéis, actos e produtos» designados na Tabela Geral do Imposto do Selo.

Tal indicação poderá deixar a ideia de uma extrema variedade de matéria colectável. Mas, por vezes, essa variedade é mais de forma que de fundo. Através do imposto do selo, propriamente dito, visa-se tributar circulações de riqueza, de bens, de valores, sobretudo quando tais valores ou bens não tenham podido ser tributados por outra via – cf. Soares Martinez, *Direito Fiscal*, 7.ª edição, Almedina, p. 597.

O imposto do selo «é um imposto geralmente sobre documentos, mas que constitui uma amálgama de tributação directa e indirecta» – cf. Teixeira Ribeiro, *Lições de Finanças Públicas*, 2.ª edição, p. 295.

Segundo o artigo 54.º da Tabela Geral do Imposto do Selo, na redacção anterior àquela que lhe foi dada pelo artigo 10.º da Lei n.º 71/93 de 26-11, está sujeita a tributação em imposto do selo a «confissão ou constituição de dívida, incluindo a inerente aos contratos de mútuo e usura, conforme o valor».

Na tributação em imposto do selo ter-se-ão em consideração os conceitos que o Regulamento do Imposto do Selo e a Tabela Geral do Imposto do Selo nos fornecem, ainda que eventualmente se afastem dos consignados na lei civil; tendo também sempre presente que, se a tributação se reporta à própria expressão formal dos actos, é evidente que essa forma se torna indispensável para que surja a obrigação de imposto. Assim, os contratos de suprimentos só estão sujeitos a imposto do selo, quer do acto, quer do instrumento, quando titulados por autos e termos judiciais, escrito particular, escritura ou instrumento notarial avulso. Não sendo os contratos titulados por qualquer destas formas, não é devido nenhum selo. Portanto, os contratos de suprimento só estarão sujeitos a imposto do selo devido nos termos do artigo 54.º da Tabela, desde que os referidos contratos sejam devidamente formalizados – cf. Herculano Madeira Curvelo, e Joaquim dos Santos Costa, em *Imposto do Selo, Regulamento e Tabela, Comentados e Anotados*, Almedina, 1994, pp. 24 e 345.

Pelo que «só deverão ser sujeitos a imposto do selo os suprimentos titulados por contrato escrito»; e isto, quer antes, quer depois, da entrada em vigor da alteração introduzida pelo artigo 33.º da Lei n.º 52-C/96 de 27-12 ao artigo 54.º da Tabela Geral do Imposto do Selo – segundo é entendimento da própria Administração Fiscal, manifestado na circular n.º 13/97 de 9-10, proc. 12/54, L.º 11/684, da Direcção Geral das Contribuições e Impostos, a propósito de operações de obtenção de crédito sujeitas a imposto do selo.

E, assim, o artigo 54.º da Tabela Geral do Imposto do Selo só faz incidir imposto do selo sobre contratos que sejam formalizados por escrito, quer na redacção em vigor até 31-12-1996, quer na que lhe sucedeu [pois a nova redacção do artigo 54.º da Tabela Geral do Imposto do Selo, com as alterações constantes do artigo 33.º da Lei n.º 52-C/96 de 27-12 (Orçamento do Estado para 1997) visou apenas clarificar o conteúdo da norma]. A doutrina emanada pela Administração Fiscal através da circular n.º 13/97 de 9-10 confirma na íntegra o entendimento supra exposto.

Cf., neste sentido, o acórdão desta Secção deste Tribunal Central Administrativo, de 18-1-2000, proferido no recurso n.º 145/97.

A respeito do imposto de selo, cf. com algum proveito o acórdão desta Secção deste Tribunal Central Administrativo, de 28-9-1999, proferido no recurso n.º 418/97, e publicado na *Antologia de Acórdãos do Supremo Tribunal Administrativo e do Tribunal Central Administrativo*, ano III, n.º 1, pp. 290 a 293; e também o acórdão desta mesma Secção, de 26-6-2001, proferido no recurso n.º 2027/99.

2.3 No caso sub judicio – conforme se retira do probatório, e melhor se colhe dos autos – a sociedade impugnante, ora recorrente, «em resultado das verificações à situação fiscal da contribuinte», foi notificada para, no prazo de 30 dias, efectuar o pagamento da importância de 1.917.124$00 de imposto de selo «a que se refere o artigo 54.º da TGIS», «proveniente da falta de entrega do referido imposto nos cofres do Estado, aquando aquela empresa obteve dois créditos do seu accionista Le Gros: um no valor de 216.748.100$00, em 30-12-94, outro no montante de 81.464.370$00, em 15.12.95».

Mas o que é facto é que não se prova que os créditos aludidos tenham sido objecto de formalização escrita, seja por documento público, seja por documento particular. Na verdade, quanto à formalização, ou não, dos aludidos créditos, a Administração Fiscal diz simplesmente que, «em resultado das verificações à situação fiscal da contribuinte», a impugnante, ora recorrente, «obteve dois créditos».

Como assim – por não se ter demonstrado que os referidos contratos de crédito tenham sido de algum modo formalizados –, forçoso é concluir que não concorre no caso um dos pressupostos imprescindíveis à incidência em imposto do selo: titulação formalizada por meio de instrumento público ou particular.

Deste modo, à questão decidenda apontada em 1.5, responderemos que no presente caso não há lugar a tributação em imposto de selo – pelo que deve ser revogada a sentença recorrida que assim o não entendeu, consequentemente, devendo, do mesmo passo, ser anulada a liquidação impugnada.

2.4 De todo o exposto podemos extrair, entre outras, as seguintes proposições, que se alinham em súmula.

I.– Sempre que estejam verificados em concreto os *elementos típicos* previstos na lei como geradores do direito do Estado ao imposto – mas só em tal caso – deve a Administração Fiscal proceder à *liquidação* que for pertinente.

II.– O *imposto do selo* recai sobre todos os «documentos, livros, papéis, actos e produtos» designados na Tabela Geral do Imposto do Selo – segundo o artigo 1.º do Regulamento do Imposto do Selo.

III.– De harmonia com este artigo 1.º e o artigo 54.º daquela Tabela Geral, os *actos de constituição de dívida* (empréstimos, suprimentos, etc.) *só quando formalizados por contrato escrito* estarão sujeitos a imposto do selo – princípio da *expressão formal dos actos tributáveis em imposto do selo.*

IV.– Sofre de *ilegalidade*, por violação das disposições legais ditas em III., o *acto de liquidação* em imposto de selo incidente sobre actos de constituição de dívida não titulados por contrato escrito.

3. Termos em que se decide:
– conceder provimento ao recurso;
– revogar a sentença recorrida;
– julgar procedente a impugnação;
– e anular a liquidação impugnada.
Sem custas.
Lisboa, 4 de Abril de 2006

Jorge Lino
Pereira Gameiro
Lucas Martins

Recurso n.º 4353-00

IMPUGNAÇÃO JUDICIAL. IVA. MÉTODOS INDICIÁRIOS. PRESSUPOSTOS.

(Acórdão de 9 de Maio de 2006)

SUMÁRIO:

I – A avaliação fiscal ou estimativa (recurso a *métodos indiciários*, ou outras designações para a mesma forma de actuação administrativa) constitui sempre uma <u>*ultima ratio fisci*</u>: a Administração Tributária só deve recorrer a avaliações ou estimativas, quando estas se tornam o *único método possível* de calcular a dívida fiscal.

II – A utilização de *métodos indiciários* para determinação do *IVA* tem como *pressuposto* ou fundamento legal a demonstração, sem margem para dúvidas, da *verificação de omissões ou inexactidões* no registo e na declaração de compras, vendas e serviços prestados.

III – Não se verificam os *pressupostos de apuramento do imposto devido por meio de métodos indiciários*, quando, simplesmente, se verifica «que a margem apresentada e respectiva rentabilidade são muito baixas para a actividade exercida e que a firma vem mantendo permanentemente situação de crédito de imposto de IVA e os investimentos terem sido de muito reduzido valor», sobretudo se também se verifica que «a firma possui contabilidade devidamente organizada de acordo com as leis comercial e fiscal, encontrando-se a escrita em dia».

ACORDA-SE, EM CONFERÊNCIA, NA 2ª SECÇÃO DO TCAS:

1.1 "Freire & Freire, L.da", devidamente identificada nos autos, vem interpor recurso jurisdicional da sentença do Tribunal Tributário de 1.ª Instância de Santarém, de 27-6-2002, que julgou improcedente a impugnação judicial por ela deduzida contra a liquidação de IVA e juros compensatórios referente ao ano de 1993 – cf. fls. 123 e seguintes.

1.2 Em alegação, a recorrente formula conclusões que se apresentam do seguinte modo – cf. fls. 143 a 152.

a) A Administração Fiscal não apresentou fundamentos nem provas consistentes no sentido de poder recorrer à aplicação de métodos indiciários.

b) Apresentando a recorrente contabilidade organizada e em dia, capaz de espelhar o apuramento dos resultados da sua actividade no exercício de 1993.

c) A Administração Fiscal avançou de modo ligeiro e crédulo para a determinação dos rendimentos da impugnante, sem a verificação do quadro apertado e devidamente fundamentado em que é possível aplicar o regime legal previsto no artigo 51.º do Código do IRC.

d) Ao aceitar esta realidade a douta sentença incorreu em erro de interpretação e aplicação do regime previsto no artigo 51.º do Código do IRC, pelo que deve ser revogada e substituída por outra que aceite a contabilidade da recorrente e anule em consequência a liquidação em causa neste processo.

1.3 Não houve contra-alegação.

1.4 O Ministério Público neste Tribunal emitiu o parecer de que o recurso não merece provimento – cf. fls. 158.

1.5 Colhidos os vistos, cumpre decidir, em conferência.

Em face do teor das conclusões da alegação, bem como da posição do Ministério Público, a questão que aqui se põe – ficando prejudicado o conhecimento de qualquer outra, em caso de resposta afirmativa a esta – é a de saber se, ao nível dos respectivos pressupostos, a liquidação impugnada sofre, ou não, de ilegalidade, por violação das regras de determinação do valor tributável, por meio de métodos indiciários.

2.1 Com interesse para a decisão julgamos provada a seguinte matéria de facto.

a) A presente impugnação judicial diz respeito à liquidação de IVA, e respectivos juros compensatórios, no montante global de 419.920$00, relativamente ao ano de 1993 – cf. mormente a petição inicial.

b) A dita liquidação foi efectuada após despacho do Director de Finanças lavrado sobre relatório da Fiscalização Tributária do seguinte teor – cf. fls. 15:

«Os cálculos levados a efeito nos consumos de farinha comprovam, nitidamente, a incoerência do volume de negócios contabilístico, incompatível com a real dimensão da produção e venda.

Assim, considero justificada a adopção de métodos indiciários, tipificados na alínea d) do n.º 1 do artigo 51.º do Código do IRC, pelo que aprovo tal prática.

De igual forma, concordo com o critério a que se recorreu para atingir os resultados líquidos/fiscais para fixação, relativamente aos exercícios de 1993/94, com subsequentes reflexos em sede de IVA».

c) Na base da «adopção de métodos indiciários, tipificados na alínea d) do n.º 1 do artigo 51.º do Código do

IRC», conforme se diz em b), está, ainda nas palavras da Administração Fiscal, «a margem apresentada e respectiva rentabilidade são muito baixas para a actividade exercida e que a firma vem mantendo permanentemente situação de crédito de imposto de IVA e os investimentos terem sido de muito reduzido valor»; e que, «face ao exposto o volume de negócios deverá ser determinado por métodos indiciários conforme previsto no artigo 52.° do Código do IRC» – cf. fls. 17 do relatório da Fiscalização Tributária, de fls. 15 a 19.

d) Segundo a Administração Fiscal, «a firma possui contabilidade devidamente organizada de acordo com as leis comercial e fiscal, encontrando-se a escrita em dia» – cf. fls. 17 do relatório da Fiscalização Tributária, de fls. 15 a 19.

2.2 Os problemas que se colocam no IVA, de avaliação ou estimativa do imposto devido, por se considerar que a declaração do contribuinte não pode servir de base à liquidação, são apenas uma particularização da questão mais geral da legitimidade das avaliações.

A avaliação fiscal, ou estimativa (recurso a métodos indiciários, ou outras designações para a mesma forma de actuação administrativa) constitui sempre uma ultima ratio fisci. A Administração Fiscal só deve recorrer às avaliações, quando estas se tornam o único método de calcular a dívida fiscal, quando a liquidação não pode assentar, como sucederá na grande maioria dos casos, nos elementos fornecidos pelo contribuinte.

Ora, é desta natureza da avaliação que necessariamente decorrem alguns dos pressupostos básicos da sua legitimidade.

O primeiro, é que a avaliação tem o claro recorte de uma medida excepcional. É um método indispensável, mas apenas perante a existência de declarações fraudulentas.

O segundo, é que o recurso a métodos indiciários constitui sempre uma sanção pela violação, que deverá ter existido, de deveres de cooperação do contribuinte, sobremaneira a violação das obrigações legais acessórias de declaração, de facturação e de escrituração.

Uma vez que os métodos actuais de tributação assentam na cooperação dos contribuintes, as leis fiscais estabelecem necessariamente uma complexa descrição das suas obrigações acessórias. Obrigações estas que têm um carácter instrumental, na medida em que se destinam simultaneamente a permitir o cálculo da dívida pelo contribuinte, e o eventual controlo destas operações pela Administração.

O recurso à avaliação tem como pressuposto que a violação destes deveres de cooperação tornem o controlo impossível. Violados estes, incorrendo o contribuinte em algum dos comportamentos omissivos ou afastados dos comandos legais, a Administração procede a uma avaliação da dívida.

E opera-se por esta forma uma verdadeira inversão material do ónus da prova. A partir daqui, é sobre o contribuinte que, materialmente, recai o ónus da prova de que a avaliação não tem bases suficientemente sólidas.

Cf. tudo o que vem de ser dito em José Luís Saldanha Sanches, *As Avaliações do IVA e os Deveres de Cooperação dos Retalhistas*, na revista *Fisco* n.° 2 de 15-11-1988.

Diz o n.° 1 do artigo 82.° que o Chefe da Repartição de Finanças procederá à rectificação das declarações dos sujeitos passivos, quando fundamentadamente considere que nelas figura um imposto inferior ou uma dedução superior aos devidos, liquidando-se adicionalmente a diferença.

O n.° 2 do mesmo artigo 82.° refere que as inexactidões ou omissões praticadas poderão resultar directamente do seu conteúdo, do confronto com declarações respeitantes a períodos de imposto anteriores ou com outros elementos de que disponha, designadamente os relativos ao IRS ou ao IRC (ou os relativos aos correspondentes impostos já abolidos: o imposto profissional e a contribuição industrial).

Relativamente à utilização de métodos indiciários, presuntivos, ou por estimativa, para determinação do IVA, prescreve o n.° 4 do artigo 82.° do Código do IVA que «proceder-se-á à tributação do ano em causa com base nas operações que o sujeito passivo presumivelmente efectuou», «se for demonstrado, sem margem para dúvidas, que foram praticadas omissões ou inexactidões no registo e na declaração a que se referem, respectivamente, a alínea a) do n.° 2 do artigo 65.° e a alínea c) do n.° 1 do artigo 67.°».

A alínea a) do n.° 2 do artigo 65.° do Código do IVA refere-se a livros de registo de compras, vendas e serviços prestados; e a alínea c) do n.° 1 do artigo 67.°, também do Código do IVA, diz respeito à declaração anual relativa a aquisições efectuadas no ano civil anterior.

O n.° 4 do artigo 82.° do Código do IVA estabelece, por conseguinte, que «se for demonstrado, sem margem para dúvidas», terem sido praticadas omissões ou inexactidões no registo de compras, vendas e serviços, ou omissões e inexactidões na declaração relativa a aquisições efectuadas no ano civil anterior, «proceder-se-á à tributação do ano em causa com base nas operações que o sujeito passivo presumivelmente efectuou».

O artigo 84.°, n.° 1, do Código do IVA reza ainda que, se houver necessidade de recorrer a presunções ou estimativas por carência de elementos que permitam apurar claramente o imposto, «poderão os contribuintes ou o Representante da Fazenda Pública reclamar para o Chefe da Repartição de Finanças competente nos termos das disposições seguintes».

Como se vê, o artigo 82.° do Código do IVA contém um regime para as avaliações que, nas suas linhas fundamentais, corresponde ao que tinha sido definido, por exemplo, para a passagem para a avaliação fiscal, em vez da contabilidade, como base da liquidação da contribuição industrial (determinação da matéria colectável de contribuinte do grupo A pelas regras próprias do grupo B, por métodos indiciários, de estimativas e presunções).

Assim, os controlos administrativos começam por demonstrar, sem margem para dúvidas, que os elementos contabilísticos, que deveriam servir de base à liquidação, não merecem confiança. Ou, como se diz no artigo 84.° do Código do IVA: por carência de elementos que permitam apurar claramente o imposto, haverá necessidade de recorrer a presunções ou estimativas.

Às vezes, sem que haja qualquer fraude, o contribuinte é incapaz (por exemplo, por debilidade organizacional, estrutural) de reproduzir de forma satisfatória a sua história financeira. Mas é preciso um comportamento culposo do contribuinte: tem que haver fraude ou negligência.

E é preciso ainda que a Administração Fiscal indique factos concretos, verificados, donde possa concluir-se pela existência dos pressupostos legais dos quais depende o apuramento do imposto pelo método presuntivo.

Pode conferir-se a este respeito, por todos, o acórdão do Tribunal Tributário de 2.ª Instância de 12-5-1992, na *Ciência Técnica e Fiscal* n.º 368, p. 234 a 247; e também, entre muitos outros, os acórdãos desta Secção de Contencioso Tributário deste Tribunal Central Administrativo de 22-9-1998 e de 16-3-1999, na *Antologia de Acórdãos do Supremo Tribunal Administrativo e do Tribunal Central Administrativo*, ano II, respectivamente n.º 1, pp. 300 a 302, e n.º 2, pp. 288 a 291.

Relativamente à fundamentação da decisão de tributação por métodos indiciários ou por presunções, diz o artigo 81.º do Código de Processo Tributário, que essa decisão, para além de especificar os motivos da impossibilidade de comprovação e quantificação directa e exacta da matéria tributável, indicará os critérios utilizados na sua determinação.

Nesta fundamentação, a Administração Fiscal tem o ónus de remoção da dúvida fundada sobre a existência e a quantificação do facto tributário, já que, se esta existir, o acto deverá ser anulado – artigo 121.º, n.º 1, do Código de Processo Tributário.

O n.º 2 deste artigo afirma, no entanto, que, em caso de aplicação de métodos indiciários, não se considera existir dúvida fundada, se o fundamento desta consistir na inexistência ou desconhecimento, por recusa de exibição, da contabilidade ou escrita e demais documentos legalmente exigidos ou a sua falsificação, ocultação ou destruição, mesmo que sejam invocadas razões acidentais.

De qualquer modo, a Administração Fiscal continuará a ter o ónus da remoção da dúvida fundada quanto à verificação dos pressupostos de facto de aplicação dos métodos indiciários.

Nos termos do n.º 3 do artigo 121.º do Código de Processo Tributário, o disposto no n.º 2 não prejudica a possibilidade de o sujeito passivo (o ónus agora é seu) demonstrar na impugnação judicial o erro ou manifesto excesso na matéria tributável quantificada – cf. André Salgado de Matos, *Código do IRS Anotado*, em nota 3. ao artigo 38.º.

De outra banda, António Lima Guerreiro diz, na *Lei Geral Tributária Anotada*, Rei dos Livros, em nota 3. ao artigo 84.º, que não apenas a decisão de avaliação deve fundamentar os critérios utilizados como, nos casos em que, à luz desses critérios, sejam utilizados simultaneamente vários factores, deve enunciar a medida em que cada um deles foi ponderado na determinação do valor finalmente apurado. Não basta, pois, a mera descrição abstracta dos critérios utilizados na avaliação, sendo igualmente necessária a indicação do peso relativo com que cada um deles influenciou o resultado final. Só por meio dessa ponderação relativa é garantida ao contribuinte a possibilidade de atacar contenciosamente a decisão de avaliação, garantia que depende do conhecimento completo do itinerário cognoscitivo da entidade decisora.

2.3 No caso sub judicio, a Administração Fiscal fundamenta a liquidação aqui em causa essencialmente do seguinte modo: «a firma possui contabilidade devidamente organizada de acordo com as leis comercial e fiscal, encontrando-se a escrita em dia»; «verifica-se que a margem apresentada e respectiva rentabilidade são muito baixas para a actividade exercida e que a firma vem mantendo permanentemente situação de crédito de imposto de IVA e os investimentos terem sido de muito reduzido valor»; «face ao exposto o volume de negócios deverá ser determinado por métodos indiciários conforme previsto no artigo 52.º do Código do IRC» (cf. fls. 17 do relatório de fls. 15 a 19).

Como se vê, a Administração Tributária não põe em causa a regularidade dos elementos contabilísticos da impugnante, ora recorrente.

A Administração Tributária, para sustentar a liquidação em causa, por métodos indiciários, a bem dizer, limita-se a concluir, sem demonstrar, que «a margem apresentada e respectiva rentabilidade são muito baixas para a actividade exercida», e a insinuar irregularidade, que também não demonstra, na situação, que diz, mas não comprova, de «crédito de imposto de IVA».

O que é certo, porém, é que – conforme acima se deixou dito – relativamente à utilização de métodos indiciários, presuntivos, ou por estimativa, para determinação do IVA (como é o caso da liquidação impugnada) só pode proceder-se à tributação com base nas operações que o sujeito passivo presumivelmente efectuou, se for demonstrado, sem margem para dúvidas, que foram praticadas omissões ou inexactidões no registo e na declaração de compras, vendas e serviços prestados.

E, claramente, é essa demonstração que a Administração Tributária não faz no presente caso.

Concluímos, deste modo, que a liquidação impugnada sofre de ilegalidade, por violação das regras de determinação da matéria colectável, ao nível dos pressupostos (que no caso não se verificam) de utilização de métodos indiciários para o apuramento do valor tributável.

Pelo que deve ser revogada a sentença recorrida, que não laborou neste entendimento.

Cf., aliás, com o mesmo resultado, o acórdão desta Secção deste Tribunal Central Administrativo, de 23-9--2003, proferido no recurso n.º 457-03, em que a mesma aqui recorrente obteve vencimento em relação a IVA do ano de 1994 baseado no mesmo relatório da Fiscalização Tributária.

2.4 Do exposto podemos extrair, entre outras, as seguintes proposições, que se alinham em súmula.

I. A avaliação fiscal ou estimativa (recurso a *métodos indiciários*, ou outras designações para a mesma forma de actuação administrativa) constitui sempre uma ultima ratio fisci: a Administração Tributária só deve recorrer a avaliações ou estimativas, quando estas se tornam o *único método possível* de calcular a dívida fiscal.

II. A utilização de *métodos indiciários* para determinação do *IVA* tem como *pressuposto* ou fundamento legal a demonstração, sem margem para dúvidas, da *verificação de omissões ou inexactidões* no registo e na declaração de compras, vendas e serviços prestados.

III. Não se verificam os *pressupostos de apuramento do imposto devido por meio de métodos indiciários*, quando, simplesmente, se verifica «que a margem apresentada e respectiva rentabilidade são muito baixas para a actividade exercida e que a firma vem mantendo permanentemente situação de crédito de imposto de IVA e os investimentos terem sido de muito reduzido valor», sobretudo se também se verifica que «a firma possui contabilidade devidamente organizada de acordo com as leis comercial e fiscal, encontrando-se a escrita em dia».

3. Termos em que decide:
– conceder provimento ao recurso;
– e, em consequência, revogar a sentença recorrida;
– julgar procedente a impugnação judicial;

– e anular a liquidação impugnada.
Sem custas.
Lisboa, 9 de Maio de 2006

Jorge Lino
Pereira Gameiro
Gomes Correia

Recurso n.º 458/03

IMPUGNAÇÃO JUDICIAL. PRESCRIÇÃO. FACTORES INTERRUPTIVOS DA PRESCRIÇÃO.

(Acórdão de 9 de Maio de 2006)

SUMÁRIO:

I – Não sendo fundamento de impugnação judicial, o conhecimento da prescrição da liquidação impugnada só poderá ter como fim a extinção da instância por inutilidade superveniente da lide e isto pelo facto de a Fazenda Pública jamais poder exigir do contribuinte o cumprimento da obrigação tributária depois de prescrita.

II – As normas de prescrição são normas de direito substantivo, pelo que as mesmas só se aplicam, em princípio, a factos posteriores à entrada em vigor das mesmas.

III – Em caso de alteração legislativa, as novas normas aplicam-se mesmo a factos já constituídos. Todavia, o novo prazo só começa a correr a partir da entrada em vigor da respectiva norma, aplicando-se então a norma ao abrigo da qual a obrigação tributária prescreva mais cedo – art. 297.º, 1 do CC.

IV – Nos termos do disposto no n.º 3 do mesmo artigo 34.º do CPT, "a reclamação, o recurso hierárquico, a impugnação e a instauração da execução interrompem a prescrição, cessando, porém, esse efeito se o processo estiver parado por facto não imputável ao contribuinte durante mais de um ano, somando-se, nesse caso, o tempo que decorrer após este período ao que tiver decorrido até à data da autuação. "

V – Qualquer um dos meios processuais referidos no n.º 3 do art. 34.º do CPT tem a virtualidade de interromper a prescrição, pelo que o primeiro processo a ser instaurado é o que interrompe o prazo de prescrição.

VI – Face ao disposto no n.º 3 do art. 34.º do CPT, o prazo de prescrição só se interrompe uma vez, ainda que seja autuado mais do que um processo com virtualidade de interromper o prazo de prescrição e ainda que o processo, cuja autuação interrompeu o prazo de prescrição, venha a estar parado de novo após ter recomeçado a correr o prazo de prescrição. Como tal, é irrelevante o facto de que, com base na execução fiscal, o prazo de prescrição ainda não tenha decorrido, na medida em que o que importa é a contagem do prazo com base no processo cuja autuação interrompeu o prazo de prescrição.

ACORDAM, EM CONFERÊNCIA, OS JUIZES DA SECÇÃO DE CONTENCIOSO TRIBUTÁRIO (2ª SECÇÃO) DO TRIBUNAL CENTRAL ADMINISTRATIVO SUL:

A. O RELATÓRIO

A Recorrente, identificada nos autos, inconformada com a sentença proferida pelo Mmo. Juiz do Tribunal Administrativo e Fiscal de Castelo Branco, que julgou improcedente a impugnação judicial deduzida pela Recorrente, vem da mesma interpor recurso para este Tribunal apresentando alegações onde formula (fls. 169), para tanto, as seguintes:

Conclusões

A) Como não foi notificado à impugnante a informação oficial constante do segundo Relatório da Divisão de Inspecção Tributária, todos os actos subsequentes à falta de notificação desse segundo relatório devem ser declarados nulos – arts. 119, n.º I b); 129; 134, n.º 3 do CPT.

B) Como a sentença recorrida, na parte final, referiu que os pressupostos de quantificação do primeiro relatório de fiscalização questionados na Reclamação e Impugnação foram integralmente alterados no segundo relatório e constando da sentença que"... os autos não indicam que a fundamentação do acto tivesse sido notificada à impugnante", deveria a sentença, necessariamente, declarar nulos todos os actos posteriores à falta de notificação desse segundo relatório (art. 668, n.º I, c) do CPC) e 144 do CPT.

C) Apesar de constar da sentença que a impugnante foi notificada da Acta da Comissão de Revisão em 13/10//1997 (fls. 73 e 74 do apenso da Reclamação) – deve tratar-se de algum lapso do MM juiz a quo, pois a impugnante não foi notificada dessa acta. Logo na impugnação arguiu esta nulidade, não se tendo a sentença recorrida pronunciado sobre a mesma, devendo este Tribunal Central verificar e confirmar a não notificação da impugnante e declarar nulos todos os actos posteriores a esta falta. – arts. 194, 195; 196; 202; 494 b); 495; art. 668.º, n.º I, d) do C. P. Civil e 144 do CPT.

D) Decorreram, já, pelo menos, já **8 anos, 11 meses e 13 dias** desde o termo do ano em que se verificou o facto tributário tendo já prescrito a divida tributária em causa (art. 48 e 49 da Lei Geral Tributária e 496 do C.P. Civil).

E) Apesar de a contribuinte não os ter impugnado por impossibilidade objectiva, os novos cálculos constantes da sentença, que remete para esse segundo relatório, baseiam-se em pressupostos anacrónicos que não têm sentido pois misturam ovos com dúzias (12) de ovos subtraindo aos 69.515 **ovos** a granel as 36.600 **dúzias** (439.200 ovos), ou seja faz uma operação impossível – art. 668.º, n.º I d) e c).

F) Dos autos constam todos os elementos de prova (documentais e testemunhais), suficientes e necessários, para ser dado como provado o seguinte facto complementar (art. 712, n.º I, a) e b) do CPC): A produção de ovos no aviário do ex-casal era em 1994 insignificante, o que está em oposição clara com o referido na sentença a fls.147:"...pressupomos que os ovos produzidos pelo sujeito passivo A e imputados ao sujeito passivo B, no total de 75.314 dúzias..." (903.768 ovos????, quase um milhão de ovos???), facto este que não tem qualquer motivação ou comprovativo fáctico.

G) A oposição de pressupostos, lógica, métodos e cálculos entre o 1° Relatório e o 2°, evidencia a falta de rigor do trabalho efectuado pela AF demonstrando uma afrontosa discricionariedade persecutória, que põe em causa a segurança da impugnante e da generalidade dos cidadãos contribuintes. Sabendo todos nós que a discricionariedade é proibida neste ramo do direito e tendo em conta a aprovação dos argumentos (que pôde apresentar) a impugnante e a respectiva prova produzida, resultou, pelo menos, a fundada dúvida sobre a existência e quantificação do facto tributário em causa – art. 121.° do CPT.

Pelo que, com mais que vossas Excelências se dignarão suprir, deve dar-se provimento ao presente recurso,

a) Declarando-se que já prescreveu a dívida tributária em causa nestes autos;

b) Subsidiariamente, caso não proceda o requerido na al. a), requer-se seja declarada nula a sentença recorrida;

c) Subsidiariamente, caso não proceda o requerido em a) e b), deve declarar-se a anulação de todos os actos subsequentes à falta de notificação das informações oficiais referidas – segundo relatório;

d) Subsidiariamente, caso não proceda o requerido em a), b) e c), devem declarar-se nulos todos os actos posteriores à falta de notificação da Acta da Comissão de Revisão;

e) Subsidiariamente, caso não proceda o requerido em a), b), c) e d), deve revogar-se a sentença recorrida e substituir-se por outra que anule o acto impugnado.

f) Subsidiariamente, caso não proceda nada do atrás requerido deve o acto impugnado ser declarado ineficaz com todas as consequências legais.

Pois só assim se fará justiça.

*****

Foi admitido o recurso, para seguir imediatamente, nos próprios autos, com efeito devolutivo (fls. 158).

*****

O ERFP contra-alegou de fls. 199 a 203, em cujas alegações formula as seguintes:

Conclusões

A – A Agravante vem, nas suas alegações, e de novo, defender a tese da ilegalidade, por vício de forma, da liquidação em causa, alegando não se mostrar devidamente fundamentada a decisão da Comissão de Revisão referindo que a própria sentença recorrida reconhece que os autos não indicam que a fundamentação do acto tivesse sido notificada à impugnante;

B – Mais refere que o acto não notificado teria sido o Relatório da Divisão de Inspecção Tributária de 24/06/ /1997 e que só após a leitura da sentença de que agora recorre soube que existiu este segundo relatório da inspecção tributária,

C – Porém, tal não corresponde, em absoluto, à verdade pois, como muito bem se salienta na douta sentença recorrida "a ausência de fundamentação, na notificação, apenas confere ao interessado o direito de requerer a notificação dos elementos omitidos ou a passagem de certidão que os contenha – artigo 22.°, do CPT"!

D – Na sentença em apreço mais se afirma que a ausência de fundamentação, na notificação, é questão que respeita à eficácia subjectiva ou oponibilidade do acto mas que não inquina a sua validade – artigo 132.° do CPT, <u>não constituindo, sequer, fundamento de impugnação em processo judicial tributário</u>;

E – Não assiste razão à recorrente ao afirmar que "não imaginou que houvesse um segundo relatório, pois foi o próprio vogal indicado pela contribuinte quem subscreveu a Acta da Reunião da Comissão de Revisão, datado de 09 de Outubro de 1997, e realizada na sequência do processo de reclamação por aquela apresentado (autuado sob o n.° 3/97);

F – O vogal em questão era, até, o contabilista da Reclamante, Impugnante e ora Recorrente, subscrevendo aquele, sem qualquer ressalva ou reserva, a Acta em questão, na qual se escreve, expressamente, que foram ponderados os elementos constantes do processo, incluindo os "do relatório da Divisão de Inspecção Tributária de 24 de Junho de 1997"!

G – Contrariamente ao sustentado pela recorrente, não houve qualquer lapso do juiz a quo ao dar como provado que a impugnante foi notificada da acta da comissão de revisãoem 13/10/1997, pois,

H – Consta dos Autos, na peça processual "Apreciação da Impugnação", numerada de fls. 78 a 81, que "a impugnante, em 13/10/97, foi notificada da acta final da reunião da Comissão de Revisão do art. 84.° do Código de Processo Tributário, de harmonia com o <u>ofício n.° 7862 de fls. 73 e AR a fls.74 do processo em apenso (nosso</u> sublinhado), como consta a fls. 80 da peça em questão;

L – Em tal peça processual encontram-se vertidos alguns termos e considerandos, com os n.ºs 12 a 14, que o Representante da Fazenda Pública subscreve e aos quais adere;

J – Vem, agora, em sede de recurso, a impugnante, alegar a <u>prescrição da dívida tributária</u> em causa, <u>facto novo nunca antes arguido por aquela,</u> o que é contrário à letra e ao espírito dos arts. 684 e 684-A do Código de Processo Civil, normas aplicáveis ex vi do art. 2.°, al. e) do Código de Procedimento e de Processo Tributário, não podendo, assim, tal arguição ser aceita, tendo-se os seus termos por não escritos; mas, dir-se-á, por mera cautela que;

K – Não colhe o argumento da prescrição, precisamente por força dos normativos expressamente citados pela recorrente – os arts. 48.° e 49.° da Lei Geral Tributária –, pois ao longo do processado ocorreram diversos factos, aliás referidos pela recorrente, que interromperam ou suspenderam a prescrição alegada, havendo que dos mesmos extrair as legais consequências, quer em sede de interrupção, quer em sede de suspensão, nos termos da lei civil e, particularmente, do art. 326.° do Código Civil.

POR TODO O EXPOSTO E SEMPRE CONFIANDO NO DOUTO SUPRIMENTO DE V. Ex.^{a}s, DEVERÁ O PRESENTE RECURSO, EM QUE É AGRAVANTE A IMPUGNANTE, SER JULGADO IMPROCEDENTE, MANTENDO-SE NOS SEUS PRECISOS TERMOS A DOUTA SENTENÇA RECORRIDA.

*****

Os autos foram com vista ao EMMP que deu o seu douto parecer a fls. 21°, que se dá por reproduzido, e onde se lê:

"Não nos merece censura a sentença recorrida.

Com efeito, a falta ou irregularidade da notificação, tal como é jurisprudência geral e uniforme, porque posterior à liquidação não tem qualquer efeito sobre a validade desta, mas apenas, se for o caso, sobre a sua eficácia.

Assim, não é o processo de impugnação, destinado a apreciar a legalidade da liquidação e não dos actos posteriores, o meio idóneo.

Também não é meio idóneo para a apreciação da prescrição da dívida, a não ser que, se a prescrição ocorrer, apenas para efeitos de inutilidade superveniente da lide.

Não é o caso dos autos, pelo que não é de conhecer de tal excepção.

De qualquer modo, a prescrição não ocorreu, já que a instauração da impugnação tem por efeito suspender tal prazo, nos termos do artigo 49.º da Lei Geral Tributária.

Em face do relatório dos serviços de fiscalização, encontra-se perfeitamente justificado o recurso ao método indirecto e a fórmula utilizada não merece qualquer reparo.

Aliás a recorrente não apresenta outro método alternativo que pudesse ser utilizado. Somos de parecer que o recurso não merece provimento. “”

*****

Foram colhidos os vistos dos Exmos Adjuntos.

*****

As questões a decidir são as seguintes: Saber se e em que termos pode ser conhecida a prescrição em impugnação judicial e, podendo, como e quando se interrompe a prescrição face ao disposto no artigo 34.º do CPT.

B. A FUNDAMENTAÇÃO

“Com interesse para a decisão a proferir” foi fixada na sentença recorrida a seguinte matéria de facto:

1. A impugnante dedica-se à actividade de comércio de ovos a retalho, CAE 52 120, encontrando-se colectada em IRS (categoria C) e enquadrada no regime normal trimestral do IVA (fls. 38 do apenso de reclamação);

2. No seguimento de um pedido de reembolso de IVA referente ao período de 9406T, na importância de 2.100.000$00, foi efectuada uma visita de fiscalização à impugnante abrangendo o ano de 1994;

3. Que concluiu com a elaboração do *relatório,* datado de 16/06/1994, que constitui fls. 67 a 74 dos autos e aqui se dá por integralmente reproduzido face à sua extensão;

4. Nesse relatório foram propostas correcções, por métodos indiciários, à matéria tributável da impugnante;

5. No seguimento das correcções propostas foi alterado o rendimento declarado da impugnante, de 501.500$00 para 10.227.310$00 (fls.48e ss.);

6. Ao cônjuge da impugnante, Carlos José da Trindade, que se dedica à actividade de produção de ovos e com quem ela mantém, segundo a fiscalização, relações empresariais cruzadas, foi fixado, no seguimento de correcções propostas por métodos indiciários, o rendimento de 16.355.742300 (fls. 47 e ss. e 59 a 66);

7. A impugnante foi notificada da decisão de fixação do rendimento líquido conjunto para o ano de 1994, por carta registada com A/R, recebida em 09/12/1996 (fls. 53 e 54);

8. Reclamou para a Comissão de Revisão do acto de fixação do rendimento líquido conjunto para o ano de 1994, no valor global de 26.583.052$00, em 09/01/1997 (apenso de reclamação);

9. Na sequência da reclamação apresentada, foi alterado o rendimento global líquido para o montante de 14.888.888$00, correspondendo 7.534.645$00 ao rendimento líquido da impugnante (fls.71,do apenso de reclamação);

10. Consta da Acta da Comissão de Revisão n.º 86, datada de 09/10/1997, textual, expressa e designadamente, o seguinte:

«Tendo sido ponderados os elementos constantes, quer do relatório da Divisão de Inspecção Tributária de 24 de Junho de 1997, quer da reclamação apresentada pela contribuinte, acordam os vogais, sem qualquer objecção do presidente, alterar o volume de negócios para o total de 59.909.844$000 e correcção do CEVC, de acordo com o proposto naquele relatório, como se indica:

	S.P.A	S.P.B	TOTAL
VENDAS	21.283.150$00	38.626.694$00	59.909.844$00
CEVC	12.700.042$00	29.986.875$00	42.686.917$00
Res.Bruto	8.639.819$00	8.639.819$00	17.222.927$00
Desp. Gerais	1.228.865$00	1.105.174$00	2.334.039$00
Rend. Liq. (Cat. C)	7.354.243$00	7.534.645$00	14.888.888$00

11. A impugnante foi notificada da Acta da Comissão de Revisão em 13/10/1997 (fls. 73 e 74 do apenso de reclamação);

12. Com base no rendimento fixado pela Comissão de Revisão foi efectuada a liquidação adicional de IRS/ /94 n.º 5333280269, de 24/10/1997, no montante de 4.803.742$00, correspondendo 4.699.956$00 a imposto e 103.786$00 a juros compensatórios, com prazo de pagamento voluntário até 26/12/1997 (fls. 50 e 51);

13. A presente impugnação deu entrada na Repartição de Finanças da Guarda em 26/03/1998 (fls. 2).

*****

Factos não provados: Com interesse para a decisão, nada mais se provou.

Motivação: Assenta a convicção do tribunal no conjunto da prova produzida, com especial destaque para a *documental* assinalada.

*****

De nossa iniciativa e nos termos do disposto no artigo 712.º, n.º 1, al. a), do CPC, acrescentam-se ainda os seguintes factos:

14. A notificação referida no número 11 supra foi remetida em nome de CARLOS JOSE TRINDADE E MARIA LICÍNIA PIRES BARBOSA para a Quinta Gonçalo Martins – Marmeleiro – 6300 GUARDA, conforme documentos de fls. 73 a 74 da reclamação apensa;

15. A impugnante reside na Quinta Gonçalo Martins – Marmeleiro – 6300 GUARDA, conforme se lê na procuração de fls. 5, que se dá por reproduzida;

16. No lugar da assinatura no aviso de recepção de fls. 74 da reclamação apensa encontra-se, no lugar da assinatura, aposta a palavra “Pires”;

17. Dá-se por reproduzido o documento de fls. 6, constituído pela primeira página de uma petição inicial dirigida ao Mmo. Juiz de Direito do Tribunal Judicial da Comarca da Guarda, e pela qual a impugnante intentou contra seu marido, Carlos José Trindade, acção litigiosa de separação de pessoas e bens;

18. A referida petição entrou no Tribunal no dia 28 de mês, ilegível, do ano de 1996, conforme carimbo aposto na mesma p.i. de fls. 6;

19. Não foi alegado nem provado que a impugnante tenha optado pela entrega de declaração de rendimentos separada da do seu marido, nos termos do n.º 2 do artigo 59.º do CIRS.

20. A impugnação esteve parada de 06.04.1998 até 30.04.1999 e de 04.10.2002 a 17.12.2003, conforme documentos de fls. 40 a 44, conjugados entre si e de fls. 130 a 131, também conjugados entre si.

21. Porque a Recorrente e o marido não procederam ao pagamento da liquidação impugnada, foi emitida certidão de dívida em nome dos dois devedores **e instaurada, em 23 de Maio de 1998, execução fiscal a que coube o n.º 1228981008072,** para a qual os executados foram citados em 13-07-1997, conforme fotocópia integral do respectivo processo que consta de fls. 215 a 317 (ver citações a fls. 239 e 241);

22. A Recorrente nomeou à penhora em 16-07-1998, um veículo, um prédio rústico e o montante de 3.522.101$00, remanescente de uma venda de um bem comum do casal no processo n.º 195-A/96, do Tribunal Judicial de Tondela, mas só puderam ser e foram efectuadas penhoras sobre o veículo e sobre o prédio rústico, em 31-07-1998 – fls. 247 a 260;

23. A execução fiscal não teve qualquer tratamento entre 30 de Setembro de 1999 e 23-04-2003 – fls. 284 a 285;

24. Não foi prestada garantia na execução fiscal e a quantia exequenda não se encontra paga;

25. No dia 10 de Abril de 2004 foi penhorada na execução fiscal um prédio urbano, para habitação, inscrito na matriz sob o artigo matricial 1020 da freguesia do Marmeleiro – Guarda, conforme Auto de Penhora de fls. 291 a 292;

26. Entretanto, **em 28 de Janeiro de 1997**, o então marido da Recorrente, Carlos José Trindade, apresentara requerimento de regularização de dívidas nos termos do disposto no art. 14.º, n.º 1 do DL 124/96, de 10/8, onde incluíra o IRS de 1994, mas, até 30 de Setembro de 1999, não efectuou qualquer pagamento – fls. 284.

B. O DIREITO

Na conclusão formulada sob a al. D), a Recorrente vem arguir a prescrição da liquidação impugnada concluindo que "*Decorreram, já, pelo menos, **8 anos, 11 meses e 13 dias** desde o termo do ano em que se verificou o facto tributário tendo já prescrito a divida tributária em causa (art. 48 e 49 da Lei Geral Tributária e 496 do C.P. Civil).*

A ERFP contra-alegou concluindo que:

J – Vem, agora, em sede de recurso, a impugnante, alegar a prescrição da dívida tributária em causa, facto novo nunca antes arguido por aquela, o que é contrário à letra e ao espírito dos arts. 684 e 684-A do Código de Processo Civil, normas aplicáveis ex vi do art.º 2, al. e) do Código de Procedimento e de Processo Tributário, não podendo, assim, tal arguição ser aceita, tendo-se os seus termos por não escritos; mas, dir-se-á, por mera cautela que,

K – Não colhe o argumento da prescrição, precisamente por força dos normativos expressamente citados pela recorrente – os arts. 48.º e 49.º da Lei Geral Tributária –, pois ao longo do processado ocorreram diversos factos, aliás referidos pela recorrente, que interromperam ou suspenderam a prescrição alegada, havendo que dos mesmos extrair as legais consequências, quer em sede de interrupção, quer em sede de suspensão, nos termos da lei civil e, particularmente, do art. 326.º do Código Civil.

Apreciando:

Efectivamente a impugnante vem arguir, em sede de recurso, pela primeira vez, a prescrição da dívida de IRS cuja legalidade da liquidação está a ser impugnada neste processo, sendo certo que, em princípio, não se pode conhecer, em sede de recurso da sentença, de fundamentos que não tenham sido alegados e discutidos na primeira instância. Para além disso, a Recorrente vem alegar as normas legais da LGT que, como se verá adiante, são inaplicáveis à situação sub judice.

Por outro lado, a prescrição não é fundamento de impugnação, uma vez que a prescrição não tem a ver com a legalidade do acto de liquidação, antes respeita à eficácia do mesmo acto, pois que a verificação da prescrição não implica a anulabilidade do acto, antes extingue a obrigação tributária. Isto é, verificada que seja a prescrição, o credor, neste caso a Fazenda Pública, não pode mais exigir do contribuinte a obrigação tributária declarada e se a exigir, o contribuinte pode negar-se a satisfazê-la com o fundamento de que está prescrita.

E, não sendo fundamento de impugnação judicial, o conhecimento da prescrição da liquidação impugnada só poderá ter como fim a extinção da instância por inutilidade superveniente da lide e isto pelo facto de a Fazenda Pública jamais poder exigir do contribuinte a obrigação tributária prescrita.

Todavia, a prescrição da obrigação tributária (e só pode prescrever o que ainda não foi pago) é de conhecimento oficioso, nos termos do disposto no artigo 175.º do CPPT, que corresponde ao art. 259.º do CPT, cabendo ao Juiz declará-la se a AT não o tiver ainda feito.

Por este motivo, no caso de a obrigação tributária ainda não estar paga e ser inquestionável, face aos elementos constantes do processo, a prescrição da obrigação tributária, deve-se conhecer, salvo melhor opinião, da mesma prescrição em sede de impugnação, maxime em sede de recurso, mas apenas com vista à extinção da instância por inutilidade superveniente da lide.

Dos autos consta fotocópia integral da execução fiscal, pelo que, salvo melhor opinião, o processo contém todos os elementos para se apreciar a questão. Como tal, passamos a conhecer em primeiro lugar da alegada prescrição na medida em que, ocorrendo a prescrição, torna-se inútil conhecer dos restantes vícios alegados pela Recorrente.

A liquidação impugnada respeita a IRS do ano de 1994 e estamos em Maio de 2006. Por outro lado, porque as normas de prescrição são normas de direito substantivo, as mesmas só se aplicam, em princípio, a factos posteriores à entrada em vigor das mesmas normas. Porque o imposto aqui em causa respeita ao ano de 1994 e então estava em vigor o CPT, aplica-se à relação subjacente o mesmo Código no que respeita à prescrição, em cujo artigo 34.º se dispunha que o prazo de prescrição era de 10 anos, salvo se outro mais curto estivesse fixado na lei (o que não era o caso do IRS), contando-se o prazo de prescrição desde o início do ano seguinte àquele em que tiver ocorrido o facto tributário – art. 34.º, n.ºs 1 e 2 do CPT.

Portanto, no caso dos autos, porque o IRS impugnado, de obrigação periódica, respeita ao ano de 1994, o prazo de prescrição começou a correr no dia 1 de Janeiro de 1995.

Também é certo que, em caso de alteração legislativa, as novas normas aplicam-se mesmo a factos já constituídos. Todavia, o novo prazo só começa a correr a partir da entrada em vigor da respectiva norma, aplicando-se então a norma ao abrigo da qual a obrigação tributária prescreva mais cedo – art. 297.º, 1 do CC.

Porque a LGT, em cujo artigo 48.º se dispõe que o prazo de prescrição é de oito anos, apenas entrou em vigor em 1 de Janeiro de 1999, só a partir desta data começou a correr o prazo de 8 anos e, como é bom de ver, por uma simples operação aritmética, ainda não decorreu o referido prazo de 8 anos (e não está em causa um imposto abolido) – arts. 5.º do DL 398/98 de 17/12 e 297.º, 1 do CC.

Como se disse acima, porque o IRS impugnado, de obrigação periódica é de 1994, o prazo de prescrição começou a correr no dia 1 de Janeiro de 1995. Contudo, nos termos do disposto no n.º 3 do mesmo artigo 34.º do CPT, "a reclamação, o recurso hierárquico, a impugnação e a instauração da execução interrompem a prescrição, cessando, porém, esse efeito se o processo estiver parado por facto não imputável ao contribuinte durante mais de um ano, somando-se, nesse caso, o tempo que decorrer após este período ao que tiver decorrido até à data da autuação."

No que respeita à liquidação impugnada, a presente impugnação deu entrada no dia 26 de Março de 1998, enquanto a execução fiscal só foi autuada no dia 23 de Maio do mesmo ano. Porque, salvo melhor opinião, qualquer um dos meios processuais referidos no n.º 3 do art. 34.º do CPT tem a virtualidade de interromper a prescrição, a interrupção opera com a autuação do primeiro processo instaurado e, no caso sub judice, foi esta impugnação, porque foi o primeiro processo a ser instaurado, que interrompeu o prazo de prescrição.

Nos termos do disposto no artigo 34.º, n.º 3 do CPT, acima transcrito, parado que esteja o processo por mais de um ano, sem culpa do contribuinte, o efeito de interrupção cessa e soma-se, nesse caso, o tempo que decorrer após este período (de um ano) ao que tiver decorrido até à data da autuação do processo que teve a virtualidade de interromper o prazo de prescrição. Isto é, a interrupção degrada-se em suspensão – Cfr. Benjamim Silva Rodrigues, a Prescrição no Direito Tributário in Problemas Fundamentais do Direito Tributário, pag. 259 e ss.. Por outro lado, salvo melhor opinião, e face à letra do transcrito n.º 3 do art. 34.º do CPT, o prazo de prescrição só se interrompe uma vez, ainda que seja autuado mais do que um processo com virtualidade de interromper o prazo de prescrição e ainda que o processo, cuja autuação interrompeu o prazo de prescrição, venha a estar parado de novo após ter recomeçado a correr o prazo de prescrição.

Ora, quanto à liquidação impugnada, quer o processo de impugnação quer o da execução fiscal estiveram parados por mais de um ano por motivos não imputáveis à Recorrente: <u>Esta impugnação</u>, de 06.04.1998 até 30.04.1999 e de 04.10.2002 a 17.12.2003, conforme documentos de fls. 40 a 44, conjugados entre si e de fls. 130 a 131, também conjugados entre si, <u>e o processo de execução fiscal</u> entre 30 de Setembro de 1999 e 23-04-2003 (período em que não teve qualquer tratamento, nomeadamente para penhora de outros bens) – fls. 284 a 285.

No que respeita à execução fiscal, porque a Recorrente não prestou garantia e nem todos os bens nomeados à penhora puderam ser penhorados, os que o foram mostraram-se insuficientes para garantir a dívida, de tal modo que, já em 2004, foi penhorado um prédio urbano, para habitação, a instância na execução fiscal nunca chegou a estar suspensa e, por outro lado, porque não se mostra que a Recorrente tenha apresentado requerimentos dilatórios, em qualquer dos processos, a paragem de ambos os processos não pode ser assacada à Recorrente.

Deste modo, no caso dos autos, temos que o prazo de prescrição se interrompeu com a autuação da impugnação judicial em 26-03-1998 (fls. 1). Todavia, porque o processo esteve parado de 1998-04-06 até 1999-04-30, isto é, durante um ano e vinte e quatro dias, o prazo de prescrição começou de novo a correr, decorrido que foi um ano sobre 1998-04-06.

Sendo assim, e atento o disposto no transcrito n.º 3 do art. 34.º do CPT, temos que ao período decorrido desde 06-04-1999 até 03-05-2006, *ou sejam sete anos e vinte e nove dias*, <u>se deve somar o tempo decorrido desde 1 de Janeiro de 1995 até à autuação da impugnação, em 26-03-1998</u>, *ou sejam três anos, dois meses e vinte e seis dias*, **pelo que, até esta data já decorreram dez anos, três meses e vinte e cinco dias.**

Todavia, se se tomasse em consideração o processo de execução fiscal, o resultado já não seria idêntico. Com efeito, como se viu acima, a execução foi autuada em 23 de Maio de 1998 e esteve parada entre 30 de Setembro de 1999 e 23-04-2003. No dia 30 de Setembro de 2000 perfez um ano de paragem. Desde essa data até 3 de Maio de 2006, decorreram portanto cinco anos, sete meses e três dias. De 1 de Janeiro de 1995 até 23 de Maio de 1998 decorreram três anos, quatro meses e vinte e três dias. Somando <u>aqueles</u> cinco anos, sete meses e três dias a <u>estes</u> três anos, quatro meses e vinte e três dias, **decorreram apenas oito anos, 11 meses e vinte e seis dias, prazo inferior ao prazo de dez anos.**

Contudo, como se defendeu acima, e face à letra do transcrito n.º 3 do art. 34.º do CPT, o prazo de prescrição só se interrompe uma vez, ainda que seja autuado mais do que um processo com virtualidade de interromper o prazo de prescrição e ainda que o processo, cuja autuação interrompeu o prazo de prescrição, venha a estar parado de novo após ter recomeçado a correr o prazo de prescrição. Como tal, é irrelevante o facto de que, com base na execução fiscal, o prazo de prescrição ainda não tenha decorrido, na medida em que o que importa é a contagem do prazo com base no processo cuja autuação interrompeu o prazo de prescrição. É que, se assim não fosse, poderia interromper-se o prazo vezes sem conta e passarem-se décadas sem que a prestação tributária alguma vez prescrevesse.

Deste modo, a liquidação impugnada já se mostra prescrita e a Fazenda Pública não mais pode exigir da contribuinte, aqui Recorrente, o pagamento da mesma e, como tal, a instância nesta impugnação mostra-se inútil por facto superveniente, mostrando-se também desnecessário conhecer dos restantes fundamentos invocados no recurso pela Recorrente.

D. A DECISÃO

Face ao exposto, os Juizes da Secção de Contencioso Tributário deste Tribunal Central Administrativo do Sul acordam, em conferência, em, por via da prescrição da obrigação tributária, julgar extinta a instância por inutilidade superveniente da lide.

Sem custas.

Lisboa, 9 de Maio de 2006

Ivone Martins
Pereira Gameiro

Jorge Lino (Vencido. A obrigação tributária respeita a IRS do ano de 1994. Em 23-5-1998 foi instaurada execução fiscal para cobrança da dívida decorrente dessa obrigação. Não se prova que o processo de execução tenha estado parado por mais de um ano por facto não imputável à obrigada executada. Não se prova, assim, que a Administração Fiscal esteja fora de prazo para exigir a obrigação tributária em causa. Pelo que, em meu entender, não se verifica a prescrição da obrigação tributária – de harmonia com o disposto no artigo 34.° do Cód. Proc. Tributário.

Razão por que não posso acompanhar o presente douto acórdão).

Recurso n.° 673/2005

IRC. CRÉDITOS DE COBRANÇA DUVIDOSA. PROVISÕES. TAXA A APLICAR NOS JUROS COMPENSATÓRIOS.

(Acórdão de 6 de Junho de 2006)

SUMÁRIO:

I – Face à definição de critérios objectivos de constituição ou reforço das provisões definidas nos artigos 33.° a 35.° e à periodização do lucro tributável definida no n.° 1 do artigo 18°, a constituição de provisões é obrigatória para efeitos fiscais, pelo que, quando o sujeito passivo não constitua a provisão que, de acordo com os critérios definidos, deveria ter constituído, originará a não aceitação para efeitos fiscais, no exercício em que se vier a efectivar, do custo ou perda não objecto de provisão.

II – A taxa a aplicar no cálculo dos juros compensatórios de IRC do ano de 1994 é a indicada nos números 1 e 2 do artigo 80.° do CIRC, ou seja, a taxa básica de desconto do Banco de Portugal em vigor à data da entrega da declaração, acrescida de cinco pontos percentuais.

ACORDAM, EM CONFERÊNCIA, OS JUIZES DA SECÇÃO DE CONTENCIOSO TRIBUTÁRIO (2ª SECÇÃO) DO TRIBUNAL CENTRAL ADMINISTRATIVO SUL:

A. O RELATÓRIO

Auto Mecânica Rossiense, Ld.ª., inconformada com a sentença proferida pelo Mmo. Juiz do Tribunal Tributário de 1ª Instância de Santarém que julgou improcedente a impugnação de IRC e respectivos Juros compensatórios, dela recorreu para este Tribunal Central Administrativo do Sul, para o que apresentou alegações (fls. 104 a 119) e onde formulou as seguintes:

Conclusões:

1) Na parte narrativa da sentença, sob o título de Factos Provados, o Senhor Juiz *"a quo"* deixou de forma não perfeitamente descrita, ou omitiu com relevo para a questão a julgar, os seguintes:

I.a) Os contactos desenrolaram-se pela Impugnante para receber o valor de Esc.: 5.180.639500, desenrolaram-se durante os anos de 1990, 1991, 1992 e ainda 1993;

I.b) Na declaração Modelo 22 do ano de 1994, a Alegante considerou a título de provisões para cobranças duvidosas a quantia de Esc.: 18.189.954$00.

2) Nos exercícios de 1991, 1992 e 1993 a sociedade Recorrente nunca teve resultados negativos mas, isso sim, positivos, que geraram o pagamento de impostos pela Impugnante, em todos estes anos – doc. I, 2 e 3, ora juntos.

3) A sentença proferida *"a quo"* não apreciou com profundidade o comportamento concreto-contabilístico da Impugnante, quanto ao ano de 1994, orientando-se antes e exclusivamente, isso sim, pela alusão a normas abstractamente aplacáveis a todos os sujeitos passivos.

4) A sociedade incluiu o valor aludido na conclusão 1ª (I.a), na conta 69 (custos e perdas extraordinários) de forma consciente e voluntária, mas também bem sabendo que a mesma cabia na coluna das provisões para créditos de cobrança duvidosa.

5) A sociedade só lançou contabilisticamente no ano de 1994 aquela rubrica – Esc.: 5.180.639$00 – porque foi esse o momento em que concluiu, com segurança, com base nos elementos disponíveis, que já a não receberia.

6) O resultado fiscal real deste exercício será sempre o mesmo, independentemente de aquele valor ser lançado como: custos e perdas extraordinários; créditos incobráveis, ou sob o desígnio de provisões para créditos de cobrança duvidosa, conforme opinião expressa em audiência controvertida pelo Revisor Oficial de Contas.

7) O princípio da Especialização dos Exercícios, jamais pode ser aplicado se desse acto resultar alteração, ou modificação grave e deturpada da – REAL – verdade material.

8) Na sentença nada ficou escrito-sentenciado que evidencie que, pelo facto de a sociedade ter considerado aquela rubrica (Esc.: 5.180.639$00) sob a conta de custos e perda extraordinários, se verificou um resultado diferente do que ocorreria se esse lançamento corresse na conta dos créditos incobráveis, ou na das provisões, para créditos de cobrança duvidosa.

9) O dever de fundamentar uma decisão e notificar a mesma, com expressa alusão de tais fundamentos constitui regra básica dos agentes da Administração Fiscal, ficando como última reserva e pura medida de excepção o que está(va) estatuído no art. 22.° do C.P.T.

10) A sentença não pode deixar de pronunciar sobre as questões que lha são expressamente colocadas e optar por mera adesão a uma das teses, porquanto se auto-anula, enquanto justa aferidora de conflitos.

11) A taxa única aplicada de 15,50% é ilegal, devendo a mesma ser, isso sim, variável, em consonância com as flutuações ocorridas no dia a dia.

12) A sentença não considerou, nem apreciou, a culpa como um dos elementos necessários para que sejam liquidados juros compensatórios, atenta a real natureza sancionatória que estes têm no Ordenamento Jurídico Fiscal Português.

13) O prazo máximo pelo qual os Juros Compensatórios seriam devidos é, isso sim, de 180 (cento e oitenta)

dias, em face do tempestivo e pronto cumprimento, por banda da Recorrente, das obrigações a que estava vinculada – art. 80.º n.º 4 do C.I.R.C..

IV. Do Pedido:

Que a final seja proferido Acórdão que modificando o sentido julgador, expresso na sentença do Tribunal "a *quo"* revogue e anule esta e a substitua, por decisão que dando provimento ao peticionado inicialmente na Impugnação anule os actos de liquidação e exigência do pagamento da quantia de 3.057.768$00, por banda da Impugnante.

A Impugnante juntou às alegações quatro documentos para provar que teve lucro nos exercícios de 1991 a 1994, alegadamente na sequência da fundamentação constante na sentença recorrida.

* * *

O recurso foi admitido no efeito meramente devolutivo (fls. 100).

* * *

A ERFP apresentou contra-alegações (fls. 124 a 129) onde formula as seguintes **CONCLUSÕES** que se submetem a números:

1 – A douta sentença apreciou a totalidade da prova produzida no processo.

2 – O Meritíssimo Juiz "a quo" apreciou livremente a prova, tendo decidido segundo a sua prudente convicção, limitando-se a aplicar objectivamente os normativos legais adequados.

3 – Os factos objectivamente provados apenas concernem à anulação de encargos bancários debitados a clientes.

4 – Nos termos do art° 18° do Código do IRC, os proveitos e os custos são imputáveis ao exercício a que respeitam, de acordo com o princípio da especialização do exercício.

5 – O art. 23.º do Código do IRC descrimina e delimita os custos fiscalmente aceites para cada exercício.

6 – A alínea h) do n.º 1 do art. 23.º do Código do IRC permite o custo relacionado com provisões.

7 – A alínea a) do n.º 1 do art. 33.º permite a constituição de provisões para a cobertura de créditos de cobrança duvidosa, desde que estejam evidenciados como tal na contabilidade.

8 – O n.º 1 do art. 34.º do Código do IRC regula a forma de constituição das provisões para cobrança duvidosa.

9 – O n.º 2 do art. 34.º do Código do IRC delimita, temporalmente, as constituições das provisões.

10 – Por estrita e objectiva aplicabilidade dos normativos acima relevados aos factos tributários *subjudice* verifica-se a total legalidade da posição da Administração Fiscal e das suas correcções.

11 – A douta sentença do Meritíssimo Juiz "a quo" não merece censura.

Nestes termos deve o presente recurso ser julgado improcedente, mantendo-se a douta sentença do Meritíssimo Juiz "a quo".

O M.P. teve vista nos autos (134-v).

Foram colhidos os vistos dos Exmos Adjuntos.

Questões decidendas: As questões a decidir nestes autos consistem em saber se **"com relação ao exercício de 1994**, o montante total de 5.180.639$00 que a Ite declarou/indicou, no quadro 28 – Custos e Perdas Extraordinários (rubrica 8.2 "Outros"), da respectiva declaração mod. 22 de IRC, o foi correctamente, o que equivale a questionar se tal quantia deve ou não ser considerada como custo no exercício" e, ainda, se a Recorrente tem razão no que alega quanto aos juros compensatórios, quer quanto à alegada falta de fundamentação da liquidação, quer quanto á taxa aplicada.

B. FUNDAMENTAÇÃO

OS FACTOS

Na sentença recorrida foi feito o seguinte julgamento da matéria de facto:

1. A Ite encontrava-se, em 1994 e 1995, pelo exercício da actividade principal de reparações de automóveis e, ainda, de venda de automóveis, combustíveis, peças e acessórios, colectada em IRC (regime geral de tributação), área da 2ª RF de Abrantes, tendo, com referência ao exercício de 1994, apresentado, em 1.6.1995, a declaração mod. 22 de IRC (fls. 49 a *52 do apenso de reclamação graciosa).*

2. Nesta, além do mais, declarou/indicou, no respectivo quadro 28 – Custos e Perdas Extraordinários – (rubrica 8.2 "Outros"), o montante total de 5.180.639$00.

3. Na sequência de análise interna a tal declaração mod. 22, anexos e restantes documentos que a integravam, os SPIT II de Santarém, visando o exercício supra referenciado, solicitaram, à Ite, por ofício datado de 13.2.1998, **que, *entre o demais constante do documento junto a fls. 29 dos autos apensos e que aqui se tem por integralmente reproduzido,*** justificasse o montante aludido em 2.

4. À solicitação aludida em 3., respondeu, a Ite, pela forma vertida ***no documento junto a fls. 30 do apenso e que aqui se tem por reproduzido,*** indicando, especificamente, que o valor de 5.180.639$00 correspondia à "anulação de encargos debitados a clientes em anos anteriores e que os mesmos após inúmeras tentativas se recusaram a pagar".

5. Considerando o teor desta resposta, os SPIT reputaram o custo ou perda em causa dispensável para a realização dos proveitos e como o valor em causa não foi acrescido no quadro 17 – Apuramento do Lucro Tributável, apontaram para a violação do art. 23.º n.º 1 do CIRC.

6. Em resultado da sequente elaboração do mapa de apuramento mod. DC-22 ***(fls. 47/48 do processo apenso),*** o lucro tributável, do exercício de 1994, foi alterado para 8.610.829$00, em vez do declarado de 3.430.190$00, tendo, no seguimento e em 30.7.1998, sido efectuada liquidação adicional de IRC, n.º 8310010611, do ano de 1994, no valor total a pagar de 3.057.768$00.

7. O termo do prazo de cobrança voluntária da liquidação em apreço fixou-se em 23.9.1998, incluindo o valor total a pagar, o montante de 1.006.235$00 referente a juros compensatórios.

8. Notificada desta liquidação adicional e após lhe haver sido entregue, em 26.11.1998, certidão de teor "de diversos elementos" constantes da mesma, a Ite, com data de 24.2.1999, apresentou reclamação graciosa, a qual veio a ser parcialmente deferida, por decisão notificada àquela em 18. I .2001.

9. O deferimento parcial aludido em 8. motivou, postos os cálculos vertidos a fls. 64/65 dos autos apensos (que aqui se têm por reproduzidos), a anulação do montante dos juros compensatórios, fixados na liquidação

identificada em 6., em 2.613$00; estes (juros) foram, então, fixados em 1.003.622$00.

10. Do valor indicado em 2., o montante de 5.140.710$00 respeita à dívida total, para com a Ite, do seu cliente Paulo Jorge Lopes Sobral, empresário em nome individual, com o n.° 810.161.079.

11. O restante valor, 75.929$00, corresponde à dívida do também cliente da Ite, António Dias Paulo.

12. O valor destas dívidas resultou de vendas efectuadas pela Ite e não cobradas e/ou de notas de despesas por esta apresentadas e não pagas.

13. Na contabilidade da Ite, as dívidas do tipo das destes dois clientes eram inscritas numa conta 69, de custos e perdas extraordinárias.

14. Os responsáveis e funcionários da Ite desenvolveram vários contactos pessoais, escritos, telefónicos e via fax, por período superior a um ano/exercício, com os devedores identificados em 10. e 11., por forma a obter dos mesmos a satisfação integral dos seus créditos.

15. Com relação a Paulo Jorge Lopes Sobral, a Ite diligenciou no sentido de apurar se este possuía bens que permitissem assegurar o pagamento dos seus créditos, tendo-lhe sido informado, pela 2ª RF de Abrantes e pela Junta de Freguesia do Rossio ao Sul do Tejo, a inexistência de quaisquer imóveis em nome próprio e o não conhecimento de bens na área da freguesia.

FACTOS NÃO PROVADOS

Para a decisão da causa, sem prejuízo dos factos prejudicados pelos provados dos sem interesse, das conclusões ou alegações de matéria de direito, aduzidos na p.i., nada **mais se provou, nomeada e concretamente, o invocado nos seus arts. 16, 18, 19 e 25,**

* * *

A convicção do Tribunal no estabelecimento deste quadro factológico fundou-se, em primeira linha, no teor da informação de fls. 56 segs. (dos autos apensos) conjugado com o dos documentos que a acompanham, bem como no conteúdo da demais documentação disponível em ambos os processos, alguma já supra circunstancialmente referida, com o complemento do depoimento, analisado criticamente, da testemunha inquirida nestes autos.

Acresceu, ainda, a ponderação da factualidade que a Ite reputou expressamente, provada, em sede de alegações escritas, a fls. 62 a 64 deste processo de impugnação judicial. “”

*****

A Recorrente vem alegar nas conclusões 1), 1.a), 1.b) e 2 que:

1) Na parte narrativa da sentença, sob o título de Factos Provados, o Senhor Juiz *"a quo"* deixou de forma não perfeitamente descrita, ou omitiu com relevo para a questão a julgar, os seguintes:

I.a) Os contactos desenrolaram-se pela Impugnante para receber o valor de Esc.: 5.180.639500, desenrolaram-se durante os anos de 1990, 1991, 1992 e ainda 1993;

I.b) Na declaração Modelo 22 do ano de 1994, a Alegante considerou a título de provisões para cobranças duvidosas a quantia de Esc.: 18.189.954$00.

2) Nos exercícios de 1991, 1992 e 1993 a sociedade Recorrente nunca teve resultados negativos mas, isso sim, positivos, que geraram o pagamento de impostos pela Impugnante, em todos estes anos – doc. I, 2 e 3, ora juntos.

Contudo, compulsando os autos, verifica-se que da prova produzida nos autos, documental e testemunhalmente, não se prova o alegado nas conclusões 1.a) e por outro lado, o alegado nas conclusões 1.b) e 2. não tem relevância para a discussão do mérito da causa, pelo que concordamos integralmente com a matéria de facto fixada pelo Mmo. Juiz a quo.

Todavia, porque existem elementos na reclamação, nos termos do disposto no artigo 712.°, n.° 1 al. a) do CPC, ex vi artigo 2.°, e) do CPPT, aditam-se ao probatório os seguintes factos, para esclarecer a matéria de facto fixada pelo Mmo. Juiz a quo:

16) – A dívida, de António João Dias Paulo, na importância de 75.929$00, respeita a encargos bancários, liquidados em 31/12/1991, relativos ao aceite do mesmo devedor e saque da Recorrente, com vencimento em 13/3/ /1992, conforme documento de fls. 31 da reclamação apensa;

17) – Consta da respectiva nota de débito que a data limite de pagamento da dívida em causa é 31/12/1991;

18) – A Recorrente pediu ao devedor o pagamento da referida dívida, por cartas de 24-05-1992, 20/08/ /1992, 30/10/1992 e 25/6/1994, a cujas cartas não obteve resposta, conforme documentos de fls. 32 a 34 da Reclamação;

19) – No que respeita ao devedor Paulo Jorge Lopes Sobral, *as diligências referidas no ponto 15) dos factos provados, relativamente à Repartição de Finanças, tiveram lugar em 1999,* conforme documentos de fls. 37 a 39 da Reclamação apensa, desconhecendo-se quando tiveram lugar as diligências junto da Junta de Freguesia do Rossio ao Sul do Tejo, conforme documento de fls. 40 da Reclamação, que não está datado.

C. O DIREITO

Como se referiu acima, a Recorrente juntou às alegações quatro documentos alegadamente para provar que teve lucro nos exercícios de 1991 a 1994, e portanto que não teria sido por causa de eventuais prejuízos que não constituiu provisão para créditos de cobranças duvidosas nesses anos de 1991 a 1993. Alega também que a junção é feita na sequência da fundamentação constante na sentença recorrida. Importa, portanto, tomar posição sobre o assunto.

Como se decidiu no Ac. deste Tribunal de 25/3/2003, Rec. 7452/02, “os recursos configuram-se como meio de impugnação das decisões dos tribunais inferiores e visam modificar as decisões recorridas e não apreciar questões não decididas pelo tribunal «a quo», ou seja, são meios de obter a reforma daquelas decisões e não vias jurisdicionais para alcançar decisões novas, como resulta, aliás, do disposto nos arts. 676.°, n.° 1, 680.°, n.° 1 e 690.°, todos do CPC. O seu objecto tem de cingir-se, em regra, à parte dispositiva da decisão (n.° 2 do art. 684.° do CPC) e encontra-se, portanto, objectivamente limitado pelas questões postas ao tribunal recorrido (cfr. A. Reis, CPC anot. V, 211; A. Varela, Manual Processo Civil, 1ª ed., 52; Castro Mendes, Recursos, 1980, 14; Acs. do STJ, de 23/2/78, BMJ, 274, 191 ss. e de 25/2/93, CJ – Acórdãos do STJ, Ano I – Tomo I, 151 ss.; cfr., também, Acs. do STA, de 12/05/93, Rec. n.° 15.478 e de 6/05/92, Rec. n.° 10.558).

Assim, na fase de recurso não pode ser atendido um documento, só então junto, que não se destine a provar facto alegado pelo recorrente (cfr. neste sentido o Ac.

do STJ, de 4/12/79, BMJ, 292, 313 ss. e o Ac. RP, de 18/6/79, CJ 3°, 989 ss.).

Com efeito, em sede de recurso, só dentro dos limites indicados no n.° 1 do art. 524.° do CPC ou só no caso de a junção se tornar necessária em virtude do julgamento proferido na 1ª instância, é que as partes podem juntar documentos às alegações, tudo nos termos nos n.os 1 e 2 do art. 706.° do mesmo Código, onde se dispõe:

«1. As partes podem juntar documentos às alegações, nos casos excepcionais a que se refere o artigo 524.° ou no caso de a junção se tornar necessária em virtude do julgamento proferido na 1ª instância.

2. Os documentos supervenientes podem ser juntos até se iniciarem os vistos aos juizes; até esse momento podem ser também juntos os pareceres de advogados, professores ou técnicos.» Nesse sentido, veja-se o Ac. STJ, de 12/1/94, BMJ 433, 467 e ss., em que se expende: «Os documentos destinados a fazer prova dos fundamentos da acção ou da defesa devem ser juntos ao processo com os articulados em que se aleguem os factos correspondentes.

Não o sendo, a parte pode juntá-los até ao encerramento da discussão em 1ª instância mas será condenada em multa a não ser que prove que não pode oferecê-los com o articulado (art. 523.° do CPC). Após o encerramento da discussão na 1ª instância são admitidos, conforme dispõe o n.° 1 do art. 524.° do mesmo diploma, no caso de recurso, os documentos cuja apresentação não tenha sido possível até àquele momento. O n.° 2 daquele artigo permite que os documentos destinados a provar os factos posteriores aos articulados, ou cuja apresentação se tenha tornado necessária por virtude de ocorrência posterior, podem ser oferecidos em qualquer estado do processo.

Mas, a frase *«em qualquer estado do processo»* significa, conforme diz José Alberto dos Reis, que os documentos em referência podem ser juntos mesmo depois de encerrada a discussão em 1ª instância, mas, como é evidente, na 1ª instância (vide Código de Processo Civil Anotado, Vol. IV, pag. 18).

No que diz respeito ao recurso de apelação, o artigo 706.° do Código de Processo Civil prescreve no seu n.° 1 que «as partes podem juntar documentos às alegações, nos casos excepcionais a que se refere o artigo 524.° ou no caso de a junção apenas se tornar necessária cm virtude do julgamento proferido na 1ª instância». Relativamente à primeira parte daquele número, é necessário, para que a junção seja lícita, que a parte demonstre que não lhe foi possível juntar os documentos até ao encerramento da discussão na 1ª instância. Relativamente à última parte do mesmo número, a lei não abrange, conforme referem Antunes Varela, J. Miguel Bezerra e Sampaio e Nora, a hipótese de a parte se afirmar surpreendida com o desfecho da acção (ter perdido, quando esperava obter ganho de causa) e pretender, com tal fundamento, juntar à alegação documento que já poderia e deveria ter apresentado na 1ª instância.

O legislador quis, manifestamente, cingir-se aos casos em que, pela fundamentação da sentença ou pelo objecto da condenação, *se tornou necessário provar factos com cuja relevância a parte não podia razoavelmente contar antes de a decisão ser preterida* (vide Manual de Processo Civil. 2ª ed., pags. 533 e 534). O advérbio «apenas», usado na disposição legal significa que a junção só é possível se a necessidade do documento era imprevisível antes de proferida a decisão na 1ª instância.

Assim a junção de documentos às alegações da apelação só poderá ter lugar se a decisão da 1ª instância *criar pela primeira vez a necessidade de junção de determinado documento quer quando se baseie em meio probatório não oferecido pelas partes, quer quando se funde em regra de direito com cuja aplicação ou interpretação os litigantes não contavam* (vide Antunes Varela, RLJ, ano 115.°, pág. 95)».

Ora, no caso dos autos, os documentos são constituídos por parte das declarações Modelo 22 e visam contradizer a sentença recorrida quando na mesma, e sobre a dedução daquela importância como custo ou perda apenas no exercício de 1994, se diz

""Na tentativa de resposta à pergunta formulada no art. 57.° do mesmo articulado inicial, estamos a recordar-nos da hipótese/possibilidade de que nos exercícios de 1991 a 1993 já se registarem prejuízos que afastassem a possibilidade de tributação, sendo inconsequentes os derivados da não cobrança dos créditos em causa, o que poderia não suceder no exercício de 1994, por os resultados aí serem positivos e, por isso, ser adequado atenuar a respectiva expressão com a inscrição total do custo que deveria ter sido deferido!""

Salvo melhor opinião, para a decisão de mérito, a junção dos documentos será inócua uma vez que a acção não foi julgada improcedente pelo facto de nos anos em causa a recorrente ter apresentado prejuízos. Sendo assim, tais documentos não fazem falta no processo.

Todavia, reconhece-se que os ditos documentos terão sido entregues pelo que se diz na sentença recorrida e, assim, entendemos que não é caso de mandar desentranhar os mesmos e também se entende que a Recorrente não deverá ser condenada em custas pela junção nesta fase pelo mesmo motivo.

****

Quanto ao mérito da causa, e vista a matéria de facto fixada, o que está em causa é saber se **"com relação ao exercício de 1994**, o montante total de 5.180.639$00 que a Ite declarou/indicou, no quadro 28 – Custos e Perdas Extraordinários (rubrica 8.2 "Outros"), da respectiva declaração mod. 22 de IRC, o foi correctamente, o que equivale a questionar se tal quantia deve ou não ser considerada como custo no exercício" e, ainda, se a Recorrente tem razão no que alega quanto aos juros compensatórios.

Relativamente ao alegado nas conclusões 3) a 8) e 10), o Mmo. Juiz a quo fundamentou assim a improcedência da impugnação:

""A apreciação judicial do mérito desta causa circunscreve-se, em primeira linha, à determinação de se, com relação ao exercício de 1994, o montante total de 5.180.639$00 que a Ite declarou/indicou, no quadro 28 – Custos e Perdas Extraordinários (rubrica 8.2 "Outros"), da respectiva declaração mod. 22 de IRC, o foi correctamente, o que equivale a questionar se tal quantia deve ou não ser considerada como custo no exercício

Para a declarante/Ite, tal procedimento mostra-se tecnicamente correcto e recebe o apoio do disposto nos arts. 15.° n.° 1 al. a) e 46.° n.° 1 do CIRC *(considerando-se as redacções vigentes à data dos factos tributários).*

No pólo oposto, a AF/AT defende que a verba em causa não pode ser aceite como custo do exercício em análise, porquanto o procedimento correcto e legal a adoptar teria sido o de, perante a existência de (comprovada e assumida) mora nos recebimentos, constituir, nos prazos previstos no art. 34.° do CIRC, provisões para créditos de cobrança duvidosa, assim seria, por outro lado, conferida acutilância ao princípio da especialização dos exercícios, positivado no n.° 1 do art. 18.° do citado diploma.

Posta a divergência, não se olvidando que a Ite *(bem como o seu TOC – cfr. fls. 59)* defende a tese de que o CIRC não obriga o sujeito passivo de imposto a constituir provisões específicas para créditos incobráveis, impõe-se dirimir o antagonismo, desde já, avançando, com o devido respeito, a prevalência e conformidade legal do entendimento defendido pela AT.

Em sede de IRC, consideram-se, nos termos do **art. 23.° n.° 1 do CIRC,** custos ou perdas **"os que comprovadamente forem indispensáveis para a realização dos proveitos ou ganhos sujeitos a imposto ou para a manutenção da fonte produtora".**

Segue-se, nas diversas alíneas em que se desdobra este n.° 1 do art. 23.°, uma indicação, exemplificativa, não taxativa, de encargos que assumem a categoria de custos ou perdas para efeitos do versado tributo.

Neste caso, encontramos a indicação dos encargos relativos à produção ou «aquisição de quaisquer bens ou serviços, encargos de distribuição e venda, abrangendo os de transportes, publicidade e colocação de mercadorias, encargos de natureza administrativa, como as ajudas de custo ou **as provisões – cfr. al. h).**

Complementarmente, os **arts. 33.° n.° 1 al. a) e 34.°** do mesmo CIRC fixam os contornos do regime de constituição das provisões, susceptíveis de funcionarem como custos, em cada exercício e de serem, por tal motivo, fiscalmente dedutíveis.

No n.° 1 do art. 34.°, é fornecida uma definição de créditos de cobrança duvidosa, para cuja cobertura podem ser constituídas provisões, no sentido de que são aqueles em que o risco de incobrabilidade se considere devidamente justificado", apontando-se, de seguida, três núcleos de situações/casos em que se verifica, ocorre, o relevante risco de incobrabilidade, sublinhando-se a respectiva al. c) *(as situações previstas nas ai. a) e b), objectivamente, não calham à hipótese em apreço, independentemente, da questão da obrigatoriedade ou não de constituição deste tipo de provisões)* onde se confere a qualidade/condição de créditos em risco de incobrabilidade aos que "... estejam em mora há mais de seis meses, desde a data do respectivo vencimento e existam provas de terem sido efectuadas diligências para o seu recebimento". Importa, ainda realçar que, com relação a estes créditos, " montante anual acumulado da provisão" tem de respeitar (sob pena de não aceitação) as percentagens firmadas nas quatro alíneas do n.° 2 do mesmo art. 34.°.

Referenciado este quadro legislativo, não obstante a inexistência de uma expressa menção legal de obrigatoriedade de constituição de provisões "específicas" para cobertura de créditos de cobrança duvidosa *(só nesta medida restrita podemos concordar com a Ite quando defende tal não obrigatoriedade),* apresenta-se-nos pouco questionável que o legislador nesta cédula de IRC arquitectou um específico esquema/método que, com segurança, não só para o credor, como para o atingir da verdade fiscal, pudesse salvaguardar a consideração fiscal dos créditos resultantes da actividade normal de um qualquer contribuinte/empresa que no fim de cada exercício se apresentassem como de questionável, duvidosa cobrança; se esta cobrança não vier a ocorrer o credor estará irremediavelmente privado de, mais do que obter um eventual lucro, conseguir a remuneração dos factores de produção que utilizou e com cujo preço teve de arcar.

Doutro modo, para que este tipo de situação possa merecer o tratamento de custos ou perdas, em IRC, impõe-se a verificação dos condicionalismos vindos de apontar supra, sob pena de, entre outras implicações, se cair num esquema mais ou menos casuístico de tratamento e relevação deste tipo de perdas, o que não é sustentável. A constituição c tratamento deste tipo de provisões (para créditos de cobrança duvidosa) tem, necessariamente, de conformar-se com outros princípios e regras básicas de funcionamento do quadro geral e lato do IRC, com destaque para o princípio da especialização dos exercícios – cfr. art. 18.° n.° 1 do CIRC e a regra da organização da contabilidade de acordo com a normalização contabilística, leia-se com o POC – art. 17.° n.° 3 al. a) do mesmo diploma.

Assim entendemos e relevamos as referências ao "... fim do exercício...", a "... evidenciados como tal na contabilidade" – art. 33.° n.° 1 al. a), bem como a necessidade de respeito pelas percentagens apontadas no n.° 2 do art. 34.°.

Acresce o entendimento que surpreendemos no douto **Ac. STA de 21.11.01, rec. 26.080,** apontando que as componentes negativas do lucro tributável *(leia-se, restritivamente, "custos ou perdas"')* são imputáveis ao exercício a que digam respeito (...); concretizando que uma vez considerados determinados créditos como sendo de cobrança duvidosa e como tal contabilizados, não se pode falar de imprevisibilidade da necessidade de constituição das provisões respectivas. Isto é, noutra leitura, a forma específica e legal de tratar os custos derivados da existência de créditos de cobrança duvidosa é a constituição de provisões no exercício em que esses apresentam um risco de incobrabilidade devidamente justificado pelas coordenadas avançadas no art. 34.° do CIRC.

Na situação dos autos, a Ite, embora as dívidas dos dois identificados clientes se tenham arrastado por período superior a um ano/exercício, topou por declarar fiscalmente, somente no exercício versado de 1994, a totalidade dos montantes em falta, jamais tendo constituído qualquer provisão, destinada a cobrir o existente risco de incobrabilidade; não se olvide que o valor destas dívidas resultou, ***na indicação feita pela Ite à AT – cfr. fls.*** *32,* de notas de despesas (veja-se, letras de câmbio) por esta apresentadas e não pagas.

Manifestamente, face ao anteriormente identificado como legal e adequado procedimento a adoptar em ordem a que a verba discutida tivesse sido considerada como custo fiscal, não assiste razão à Ite em ver abatida tal quantia aos resultados do exercício de 1994.

Mesmo sustentando que a situação aprecianda derivou na ocorrência de um prejuízo *(assumindo-se que a Ite jamais recebeu o montante total dos débitos em causa),* aqui entendido em sentido não técnico e não fiscal, ou seja, enquanto objectiva diminuição patrimonial, não pode calhar à previsão dos coligidos, como apoiantes da tese da Ite, arts. 15.° n.° 11 al. a) 1) e 46.° n.° 1 do **CIRC.**

Para estes normativos relevam somente os "prejuízos fiscais", como é o caso específico dos "créditos incobráveis", aqui restringidos à categoria dos custos ou perdas do exercício em que a respectiva incobrabilidade resulte dos processos judiciais/jurisdicionais expressamente apontados no art. 37.° *(nenhum destes foi apontado haver existido, na situação em apreço – o que é suficiente para, sem mais delongas, afastar a possibilidade da respectiva relevância).* Registe-se que, mesmo aqui, não se pode descurar a compatibilização do regime destes "outros encargos" – cfr. epígrafe da subsecção V, com o relativo à constituição de provisões para créditos de cobrança duvidosa, nos termos e por imposição explícita da parte final do citado art. 37.° CIRC.

Em apontamento breve e sintético, não podemos conceder que se verifica aqui qualquer situação de "Abuso de Direito Público por parte do Estado" – cfr. art. 55.° da p.i, porquanto a liquidação adicional foi efectivada em concordância com o pertinente enquadramento legal. Eventualmente, a Ite foi mal aconselhada, na vertente técnica fiscal da questão em apreço, pelo que, terá de exigir as decorrentes responsabilidades contratuais (?)

Na tentativa de resposta à pergunta formulada no art. 57.° do mesmo articulado inicial, estamos a recordar-nos da hipótese/possibilidade de que nos exercícios de 1991 a 1993 já se registarem prejuízos que afastassem a possibilidade de tributação, sendo inconsequentes os derivados da não cobrança dos créditos em causa, o que poderia não suceder no exercício de 1994, por os resultados aí serem positivos e, por isso, ser adequado atenuar a respectiva expressão com a inscrição total do custo que deveria ter sido deferido! (...) ""

*****

Começando pelas conclusões 8) e 10) em que a Recorrente conclui que:

8) Na sentença nada ficou escrito-sentenciado que evidencie que, pelo facto de a sociedade ter considerado aquela rubrica (Esc.: 5.180.639$00) sob a conta de custos e perda extraordinários, se verificou um resultado diferente do que ocorreria se esse lançamento corresse na conta dos créditos incobráveis, ou na das provisões, para créditos de cobrança duvidosa.

10) A sentença não pode deixar de pronunciar sobre as questões que lha são expressamente colocadas e optar por mera adesão a uma das teses, porquanto se auto-anula, enquanto justa aferidora de conflitos.

É um facto que o Juiz não pode deixar de se pronunciar sobre as questões que lhe são colocadas pelas partes, sob pena de omissão de pronúncia. Todavia, no caso dos autos, entendemos que não existe omissão de pronúncia, como se verifica pela transcrição da fundamentação que esteve na base da improcedência da impugnação. O que se passa é que o Mmo Juiz não disse expressamente que a identidade de resultados era irrelevante para a situação sub judice. Todavia, é o que resulta de toda a fundamentação e, como tal, não existe omissão de pronúncia. Quando muito poderia haver, que não há, salvo melhor entendimento, é erro de julgamento.

Quanto às conclusões 3) a 7): A Recorrente não constituiu provisões para as dívidas aqui em causa, no montante de 5.180.639$00 (cfr. artigos 30.° a 36.° da p.i. e alegação g) deste recurso, apesar da dúvida em receber os respectivos créditos.

Segundo as considerações técnicas do POC, a constituição de provisões deve respeitar apenas às situações a que estejam associados riscos e em que não se trate apenas de uma simples estimativa de um passivo certo. A constituição de provisões baseia-se nos princípios contabilísticos da especialização e da prudência. Estabelece o primeiro que os proveitos e os custos são reconhecidos quando obtidos ou incorridos independentemente do seu recebimento ou pagamento, devendo incluir-se nas demonstrações financeiras dos períodos a que respeitam, e o segundo que é possível integrar nas contas um grau de precaução ao fazer as estimativas exigidas em condições de incerteza sem, contudo, permitir a criação de reservas ocultas ou provisões excessivas ou a deliberada quantificação de activos e proveitos por defeito ou de passivos e custos por excesso. A não constituição ou a constituição por montante inferiores de provisões num determinado exercício poderá fazer deslocar para exercícios futuros custos ou perdas pertencentes a este e, em contrapartida, a constituição de provisões desnecessárias ou em montante excessivo difere a tributação dos resultados. – Cfr. CIRC, comentado e anotado, da DGCI, 1990, pag. 176.

Ora, se a Recorrente pretendia que tal quantia fosse considerada como custo fiscal, e se entendia que estavam reunidos os pressupostos para que fosse considerado custo fiscal, deveria ter constituído oportunamente a devida provisão já que, nos termos do artigo 33.°, n.° 1 al. a) do CIRC, podiam ser deduzidas para efeitos fiscais as provisões que tivessem por fim a cobertura de créditos resultantes da actividade normal que no fim do exercício pudessem ser considerados de cobrança duvidosa e fossem evidenciados como tal na contabilidade, sendo que no n.° 2 do mesmo artigo se dispunha que ""As provisões a que se referem as alíneas a) a c) do número anterior que não devam subsistir por não se terem verificado os eventos a que se reportam e as que forem utilizadas para fins diversos dos expressamente previstos neste artigo considerar-se-ão proveitos do respectivo exercício.""

Dispunha também o art. 34.°, n.ºs 1 e 2 do CIRC que:

"1. Para efeitos da constituição da provisão prevista na alínea do n.° 1 do artigo anterior, são créditos de cobrança duvidosa aqueles em que o risco de incobrabilidade se considere devidamente justificado, o que se verificará nos seguintes casos:

a) O devedor tenha pendente processo especial de recuperação de empresa e protecção de credores ou processo de execução, falência ou insolvência;

b) Os créditos tenham sido reclamados judicialmente;

c) Os créditos estejam em mora há mais de seis meses desde a data do respectivo vencimento e existam provas de terem sido efectuadas diligências para o seu recebimento.

2. O montante anual acumulado da provisão para cobertura dos créditos referidos na alínea c) do número anterior não poderá ser superior às seguintes percentagens dos créditos em mora:

a) 25% para créditos em mora há mais de 6 meses e até 12 meses;

b) 50% para créditos em mora há mais de 12 meses e até 18 meses;

c) 75% para créditos em mora há mais de 18 meses e até 24 meses;

d) 100% para créditos em mora há mais de 24 meses; "

Ora, no caso dos autos, só está provada a dívida de António João Dias Paulo, no montante de 75.929$00 (fls. 31 da Reclamação). Mesmo quanto a este devedor, a Recorrente não poderia constituir a respectiva provisão no exercício de 1994. Com efeito, o que está provado é que a dívida é de 1991 e que a Recorrente tentou cobrar a dívida em 1992, mediante três cartas, de Maio a Outubro e, já em 1994, mediante outra carta.

Não está provado que o alegado devedor tivesse pendente processo especial de recuperação de empresa e protecção de credores ou processo de execução, falência ou insolvência ou que o crédito tenha sido reclamado judicialmente. Aliás, o que resulta dos autos é precisamente o contrário.

Para que a Recorrente pudesse constituir provisão, restava o último requisito, previsto na al. c) do artigo 34.° do CIRC, ou seja que o crédito estivesse em mora há mais de seis meses desde a data do respectivo vencimento e existam provas de terem sido efectuadas diligências para o seu recebimento.

E, quanto a este último requisito, a prova que foi feita é que, desde 1992 que a Recorrente tinha elementos mais do que suficientes para considerar tal crédito como de cobrança duvidosa, face às diligências que fez durante esse exercício.

Só que, em relação a este crédito, na medida em que a incobrabilidade do crédito já era fortemente previsível em Novembro de 1992, uma vez que o Recorrente não obteve resposta às cartas que escreveu ao devedor em Maio, Agosto e Outubro, todos de 1992, sempre haveria o problema da especialização de exercícios pois, salvo melhor entendimento, tal importância deveria ser imputada ao exercício de 1992 e não ao de 1994, já que os proveitos e custos, assim como as outras componentes positivas ou negativas do lucro tributável, são imputáveis ao exercício a que digam respeito, de acordo com o princípio da especialização dos exercícios e as componentes positivas ou negativas consideradas como respeitando a exercícios anteriores só são imputáveis ao exercício quando na data de encerramento das contas daquele a que deveriam ser imputadas eram imprevisíveis ou manifestamente desconhecidas.

Para além disso, para efeitos de aplicação do princípio da especialização dos exercícios, os proveitos relativos a prestações de serviços consideram-se em geral realizados, e os correspectivos custos suportados, na data em que o serviço é terminado, excepto tratando-se de serviços que consistam na prestação de mais de um acto ou numa prestação continuada ou sucessiva, em que deverão ser levados a resultados numa medida proporcional à sua execução – artigo 18.°, n.ºs 1, 2 e 3, al. b) do CIRC.

Assim sendo, ainda que a Recorrente tivesse constituído provisão no exercício de 1994, a impugnação também não poderia deixar de improceder, salvo melhor opinião, por violação do princípio da especialização.

Quanto ao outro alegado devedor, Paulo Jorge Lopes Sobral, não se sabe, sequer, a que respeitam as dívidas nem em que ano foi feita a respectiva facturação e, como tal, também não se sabe quando é que as dívidas se venceram. Como tal, não se sabe se tais créditos são resultantes da actividade normal da Recorrente e, ainda que resultem, como não se sabe a que ano respeitam, nem quando se venceram, nem quando é que a Recorrente teve elementos para os considerar como sendo de cobrança duvidosa, ainda que a Recorrente tivesse constituído provisão, também não poderia aceitar-se a mesma sem mais esclarecimentos.

Por outro lado ainda, em relação a este seu alegado cliente, também se verifica que, em relação ao crédito da Recorrente:

a) O devedor não tinha pendente processo especial de recuperação de empresa e protecção de credores ou processo de execução, falência ou insolvência;

b) O crédito não tenha sido reclamado judicialmente.

Assim, se a Recorrente optou, sem mais, por anular as dívidas aqui em causa contabilizando-as em Custos e Perdas Extraordinárias, na rubrica 8.2 "Outros", quando poderia e deveria ter percorrido o caminho normal, fazendo as respectivas provisões nos termos legais, incluindo em termos de especialização de exercícios, e ainda se, ao preencher a declaração Mod. 22, não indicou no quadro respectivo aquela importância, bem andou a AF em considerar tal custo ou perda como dispensável, tal como bem andou o Mmo. Juiz a quo em julgar a impugnação improcedente. É que, face à definição de critérios objectivos de constituição ou reforço das provisões definidas nos artigos 33.° a 35.° e à periodização do lucro tributável definida no n.° 1 do artigo 18°, a constituição de provisões é obrigatória para efeitos fiscais, pelo que, quando o sujeito passivo não constitua a provisão que, de acordo com os critérios definidos, deveria ter constituído, originará a não aceitação para efeitos fiscais, no exercício em que se vier a efectivar, do custo ou perda não objecto de provisão – ob. cit. pag. 176.

Improcedem, assim, as conclusões 1) a 7).

Quanto às conclusões 11) a 13), relativas aos juros compensatórios: O Mmo. Juiz a quo fundamentou a improcedência da impugnação do seguinte modo:

“"Remanesce o tratamento da liquidação dos juros compensatórios.

É que, não estamos perante uma situação de "... erro do contribuinte evidenciado na declaração". Em primeiro lugar, para a Ite, na tese que supra apontamos, não existiu qualquer erro; a verba/custo em causa tinha de ser declarado como o foi.

Em segundo lugar, embora a situação versada se tenha despoletado na sequência de análise interna à declaração mod. 22, anexos e restantes documentos que a integravam, atempadamente apresentados pela Ite, o erro na indicação da verba excluída dos custos e aditada aos proveitos só pôde ser assumida após o fornecimentos de esclarecimentos suplementares da Ite e do respectivo tratamento por parte dos SPIT II de Santarém; ou seja sem a realização desta diligência o erro não estava evidenciado, sem mais, na competente declaração anual de rendimentos.

Com relação à eventual falta de indicação dos fundamentos da liquidação destes juros – cfr. art. 80. segs. da p.i., competia à Ite lançar mão do meio facultado pelo art. 22.° n.° 1 do C.P.T. (à data em vigor) ...

Por fim, versando o vício imputado à taxa de juro aplicada e ao montante relevante para o cálculo (ponto 115. segs.), considerando a correcção que foi levada a cabo, em sede de reclamação graciosa e documentada a fls. 64/65 dos autos apensos, que aqui temos por assumida, concluímos não assistir razão à Ite.

Destarte, visto que a Ite no tratamento fiscal, em sede de IRC, de créditos que detinha sobre clientes, não procedeu à constituição de provisões para cobertura dos mesmos quando se mostravam de cobrança duvidosa, actuou em desconformidade com o estatuído, maxime, no art. 34.º n.º 2 do CIRC, mostrando-se, portanto, justificada a correcção efectuada pelos serviços da AF/AT no sentido de não considerarem como custo do exercício de 1994 o montante de 5.108.639$0, acrescido dos competentes juros compensatórios.

Nesta conformidade, sem mais aturadas considerações, por a elas não haver lugar em função da pretensão formulada nestes autos, impõe-se desatender o pedido formulado pela Ite, subsistindo, consequentemente, por conforme com a lei, a liquidação efectuada em resultado das correcções aos resultados declarados por aquela, concernentemente ao visado exercício. (...)""

Concordamos com o decidido pelo Mmo. Juiz a quo.

Com efeito, quanto à exigência de juros compensatórios, os mesmos não poderiam deixar de ser exigidos, uma vez que o retardamento da liquidação se ficou a dever à Recorrente, pelo menos por negligência, uma vez que não seguiu as normas do POC e do CIRC.

Quanto ao período em são devidos juros, os mesmos não podem deixar de o ser durante o período defendido pela AT na reclamação (fls. 64 a 65), a qual foi, nesta matéria, deferida parcialmente, porque o erro não estava evidenciado na declaração. A prova disso é que a AT teve de pedir esclarecimentos à Recorrente e só depois de prestados os mesmos pode decidir se aceitava ou não tal importância como custo.

No que respeita à fundamentação da liquidação destes juros, se a Recorrente não ficou contente com o teor das certidões que lhe foram entregues, deveria ter lançado mão da intimação para passagem de certidão, e, pelos vistos, não o fez – cfr. fls. 23 e ss da Reclamação apensa. Aliás, a Recorrente não junta sequer as certidões que lhe foram entregues ou, pelo menos não junta documentos com essa indicação e nenhum dos documentos que juntou na Reclamação está certificado, pelo que se desconhece qual o teor das mesmas certidões. Assim, o que poderia constituir nulidade, salvo melhor opinião degradou-se em irregularidade que já se encontra sanada.

No que concerne à taxa aplicada, a mesma foi aplicada nos termos do disposto nos números 1 e 2 do artigo 80.º do CIRC, ou seja, à taxa básica de desconto do Banco de Portugal em vigor à data da entrega da declaração, acrescida de cinco pontos percentuais – fls. 64 a 65 e 83 da Reclamação apensa – indicando a AT até o n.º do Aviso do Banco de Portugal, sendo que, em virtude de o erro se dever à recorrente, a data da entrega da declaração coincide com a data em que se iniciou o retardamento da liquidação.

E, se a recorrente alega que a taxa aplicada é ilegal pelo facto de no artigo 80.º n.º 2 do CIRC se dizer que os juros contam-se dia a dia, não significa que a taxa a aplicar seja alterável em consonância com as flutuações ocorridas no dia a dia, porque a isso se opõe o n.º 1 do mesmo preceito legal. Aliás, este regime acabou por ser extensivo aos outros impostos a partir da alteração do art. 83.º do CPT, pelo art. 1.º do DL 7/96, de 7 de Fevereiro, que adicionou um n.º 4 ao referido artigo 83.º do CPT.

Assim, improcedem as conclusões 11) a 13).

Deve, assim, negar-se provimento ao recurso.

D. DECISÃO

Termos em que acordam os Juízes da Secção de Contencioso Tributário deste Tribunal Central Administrativo do Sul, em conferência, em negar provimento ao recurso e em consequência, confirmar integralmente a sentença recorrida.

Custas pela Recorrente, com quatro UC de Taxa de Justiça.

Lisboa, 6 de Junho de 2006

Ivone Martins
Lucas Martins
Pereira Gameiro

Recurso n.º 00461/03

IVA. OPERAÇÕES SIMULADAS.

(Acórdão de 19 de Julho de 2006)

SUMÁRIO:

I – Para que haja direito à dedução do IVA mencionado nas facturas e documentos equivalentes, além de ser necessário que estes estejam passados em forma legal – n.º 2 do art. 19.º e art. 35.º do CIVA), também é necessário que as operações ali constantes se tenham realizado e pelo preço aí referido, não podendo deduzir-se imposto que resulte de operações simuladas ou em que seja simulado o preço constante da factura ou documento equivalente (n.º 3 do art. 19.º CIVA).

II – À Administração Tributária cabe o ónus de prova da verificação dos requisitos estabelecidos no art. 82.º n.º 1 do CIVA para que possa liquidar adicionalmente o IVA respeitante a deduções indevidas, mas já não a existência dos factos contra ela afirmados pelo contribuinte, traduzidos na existência dos factos tributários e sua expressão quantitativa.

ACORDAM, EM CONFERÊNCIA, OS JUIZES DA SECÇÃO DE CONTENCIOSO TRIBUTÁRIO (2ª SECÇÃO) DO TRIBUNAL CENTRAL ADMINISTRATIVO SUL:

RELATÓRIO

1.1. Isocar – Caixas Térmicas, Lda., contribuinte n.º 502173289, com sede em Sever do Vouga, recorre da sentença que, proferida pela Mma. Juíza do TT de 1ª Instância de Aveiro, lhe julgou improcedente a impugnação que deduziu contra a liquidação adicional de IVA relativa ao exercício de 1994 e respectivos juros compensatórios, no montante global de Esc. 382.091$00.

1.2. A recorrente alegou o recurso e termina formulando as Conclusões seguintes:

A – A ora alegante é uma sociedade comercial por quotas, como consta da sua petição e da douta sentença ora em recurso, tendo oportunamente impugnado os valores tributáveis e as liquidações de IVA e juros compensatórios, bem como essa liquidação.

B – No que respeita ao ónus da prova, que o ora alegante não teria logrado fazer, demonstrando o que alegou na sua petição, segundo a douta sentença ora em recurso, com o devido respeito também se discorda de tal douta apreciação.

C – É que, tal ónus incumbe a ambas as partes intervenientes no processo e, face ao que dispõe o art. 121.° do CPT, acerca da dúvida fundada sobre a existência e quantificação dos factos tributários que determina a anulação do acto impugnado, parece-nos que, neste caso, à Fazenda Pública que fixou tal matéria, incumbe demonstrar a certeza sobre tal quantificação da matéria colectável e, ao impugnante, bastará que da prova produzida resultem dúvidas fundadas sobre essa quantificação.

D – Por isso, a nossa interpretação desse dispositivo legal, também está em desacordo com a doutamente expressa na sentença, ora em recurso.

E – As provas produzidas no processo, quer documentais, quer testemunhais, parecem-nos idóneas e suficientes para que delas resultem no mínimo, fundadas dúvidas acerca da quantificação dos valores tributáveis e das liquidações de IVA e juros compensatórios, tudo aqui em causa, pelo que, face a tais dúvidas, com o devido respeito, deveria a impugnação ter sido julgada procedente, contrariamente ao que aconteceu.

F – Por isso, face a tais dúvidas, com a devida vénia, deveria também o acto tributário de determinação e quantificação dos valores tributáveis, tudo aqui em causa, ter sido anulado.

G – Assim, na douta sentença ora em recurso, julgando improcedente a nossa impugnação, foram violadas, entre outras, as disposições do n.° 1 do art. 2.° do Dec. Lei n.° 154/91, de 23 de Abril, que aprovou o Código de Processo Tributário, bem como o art. 3.°, a alínea b) do art. 118.°, a alínea a) do art. 120.° e o art. 121.°, estes do CPT, razões pelas quais deve tal douta sentença ser revogada, o que se requer.

Termina pedindo que seja revogada a sentença e a impugnação julgada procedente, com a consequente anulação da determinação dos valores tributáveis levados a efeito para IVA e juros compensatórios, bem como a liquidação de IVA e juros, face, no mínimo, às dúvidas fundadas sobre a quantificação dessa matéria colectável e, por se verificarem as ilegalidades que serviram de fundamento à impugnação.

1.3. Não foram apresentadas contra-alegações.

1.4. O MP emite Parecer no qual se pronuncia pelo não provimento do recurso.

1.5. Corridos os Vistos legais, cabe decidir.

FUNDAMENTOS

2.1. A sentença julgou provados os factos seguintes:

I) – Em consequência de exame à escrita levada a cabo pelos Serviços de Prevenção e Inspecção Tributária – I, foi elaborada em Maio de 1995 a informação/relatório que se encontra documentada a fls. 5 e segs. da documentação apensa, cujo teor integral aqui se dá por reproduzido e onde consta, com interesse, o seguinte:

«I.I. – DRESCRIÇÃO DA ACTIVIDADE EXERCIDA

Trata-se duma colectividade de utilidade pública aprovada por despacho do Sr. Primeiro-Ministro de 2/01/86 (...).

Dedica-se essencialmente à organização de provas desportivas no âmbito do auto e rally cross, organizando normalmente por ano 4 provas (Junho/Julho/Outubro e Novembro).

Os seus proveitos derivam essencialmente das quotas dos associados, donativos, subsídios, publicidade, ingressos e inscrições nas provas efectuadas.

(...)

4.1.2. – FISCALIZAÇÃO CRUZADA

Conforme o já exposto, o contribuinte não possui relativamente aos anos de 1991 e 1992, ou pelo menos não nos exibiu, os duplicados dos recibos emitidos, com especial referência para a publicidade.

Na análise aos elementos que nos foram fornecidos para efeitos de esclarecimentos dos anos de 1993 e 1994, detectamos a existência de duas pastas com documentos, registos e outros elementos relativos ao movimento financeiro do Vouga e referentes aos exercícios de 1991 e 1992 – ver fotocópias de 124 a 143 e 176 a 198.

Por outro lado, e da informação dos serviços que fiscalizavam a firma (...) e (...) tínhamos a certeza da existência de recibos emitidos nestes dois anos, para além de que os recibos emitidos pelo Vouga para a empresa (...) não constavam do arquivo. Era, pois nossa convicção que outros recibos existiriam em outras empresas.

Assim, deslocamo-nos à pista sita no Alto de Roçario, Talhadas, Sever do Vouga, cujo direito de superfície pertence ao clube, para verificarmos quais as empresas que lá estavam representadas. Com base nesse controlo, análise dos dossiers das provas e outros elementos, elaboramos uma relação de todas as empresas ligadas à colectividade, tendo relativamente às empresas com sede no Distrito (...) sido visitadas com vista à recolha de elementos, nomeadamente recibos de publicidade que estariam contabilizados na conta de custos das empresas ali referidas.

(...)

4.1.2.2. – CONTROLO DOS MOVIMENTOS FINANCEIROS

a) Verifica-se através dos extractos bancários do Vouga que era normal que logo após um depósito de elevado montante, havia no período posterior à disponibilidade do cheque depositado, um levantamento de um valor um pouco inferior;

b) Também se verifica que nas contas correntes do Vouga relativas aos anos de 1991 a 1994, em vez de entradas pelo total dos recibos emitidos era registada uma importância muito inferior, para além de outras situações que se concluem da análise a esses elementos;

c) Acresce ainda que nos duplicados dos cheques emitidos pelo Vouga foram feitas anotações das quais se infere que esses cheques foram emitidos com o propósito da devolução de dinheiro anteriormente entrado nos cofres do clube;

d) Pelo duplicado do cheque n.° 70419471 do B.F.B. de 12/01/93, no montante de 1.800.000$00 cuja fotocópia nos foi fornecida, verificamos que o beneficiário do mesmo foi o Sr. Manuel Fernando Magalhães Teixeira, sócio-gerente da firma AC + COGER – Sociedade de Congelação, Lda., firma esta que havia emitido um cheque de 2.000.000$00 ao Vouga e que foi depositado em 6/01/93 na conta do clube;

e) Outra conclusão que se extrai é que sempre que os recibos são pagos a dinheiro não existe qualquer rasto dos mesmos nos elementos do Vouga, ou seja, não são depositados na conta do Vouga nem são registados nos elementos de apoio;

f) Nos exercícios de 1993 e 1994 em que o clube declara ter os elementos, verifica-se a omissão de duplicados de recibos emitidos, bem como recibos emitidos com os mesmos números.

4.1.2.3. – OUTRAS SITUAÇÕES IRREGULARES

4.1.3. – ANÁLISE INDIVIDUAL ÀS EMPRESAS OBJECTO DE FISCALIZAÇÃO CRUZADA

Pelo que resulta dos pontos anteriores, toma-se evidente que o Vouga Sport Clube no período analisado tem comportamento que podemos classificar no mínimo de duvidoso no que concerne à sua relação entre recibos emitidos como "serviços de publicidade" e as empresas que lhe efectuaram os "pagamentos". Assim e partindo dos elementos disponíveis, nomeadamente:

– a escrita particular do Vouga;

– extractos bancários da conta do Vouga;

– duplicados dos cheques emitidos pelo Vouga, procedeu-se a uma análise empresa a empresa, da qual resultou:

ISOCAR – Caixas Isotérmicas, Lda. – Sever do Vouga

N° Doc.	Data	Total do recibo	Valor constante no Vouga	Valor contab. na firma utiliz.	Valor omit.o no Vouga	Valor omitido na firma utilizadora
Sem doc.	15-10-93	15.000.000$	0	15.000.000$	15.000.000$	0
167	6-12-93	c) 150.000$	c) 150.000$	150.000$	0	0
26	7-7-94	d) 2.000.000$	d) 2.000.000$	2.000.000$	0	0
47	29-8-94	c) 150.000$	c) 150.000$	150.000$	0	0
88	30-12-94	d) 2.000.000$	d) 2.000.000$	e)	2.000.000$	
	TOTAIS	19.300.000$	4.300.000$	17.300.000$00	17.000.000$	0

c) Donativos para apoio do corredor Luís de Almeida

d) Sobre esta importância foi liquidado 320.000$00 de IVA, pelo que o total ilíquido do recibo é de 2.320.000$

e) desconhece-se.

ANÁLISE

1° – (...)

2° – O recibo 26 de 7-7-94, de 2.320.000$00 foi pago pelo cheque 40466252 do BFE. Verificamos que foram emitidos pelo Vouga os cheques a seguir identificados, nos quais foi averbado que se tratavam de restituições à ISOCAR:

- 0991275579 – 08-07-94 – BFB – 1.000.000$00 – ANULADO;
- 8891275581 – 08-07-94 – BFB – 650.000$00;
- 9791275580 – 07-07-94 – BFB – 350.000$00
- 1698598313 – 14-10-94 – BFB – 350.000$00
- 7798598317 – 07-10-94 – BFB – 300.000$00

Segundo a cópia dos duplicados dos cheques atrás referidos em poder do Vouga e que aqui se dão por reproduzidos de fls. 414 a 417, esta entidade devolveu à ISOCAR 1.650.000$00.

Assim e na decorrência do exposto será de efectuar as seguintes correcções:

IRC – Não consideração como custo da verba de 1.650.000$00, sendo nesta data elaborado um DC 22 com o valor da correcção (...);

IVA – Tendo a firma deduzido 320.000$00 de imposto correspondente ao valor do recibo x 16%, somente terá direito ao valor do IVA relativo ao montante efectivamente pago, ou seja, 56.000$00 (350.000$00 x 16%), pelo que a diferença terá de ser liquidada através da emissão do 382.

3.º – No que se refere aos recibos dos donativos, não nos merecem qualquer referência.»

2) – Em consequência desta informação foi preenchida a nota de apuramento Mod. 382 e efectuada a liquidação adicional de IVA no montante de 264.000$00 bem como juros compensatórios relativos ao 3.º e 4.º trimestres de 1994 e mês de Abril de 1995, nos montantes de 25.775$00, 10.463$00 e 81.853$00, respectivamente, tudo no valor total de 382.091$00, as quais foram notificadas à impugnante em 18-09-95 com termo de prazo para pagamento voluntário em 3-10-95 (cfr. docs. juntos a fls.13 e segs. e inform. de fls. 56 dos autos);.

3) – Não contendo a notificação efectuada à impugnante a fundamentação da liquidação, esta requereu a passagem de certidão de teor dessa fundamentação ao abrigo do disposto no art. 22.º do CPT, que deu origem à entrega de uma primeira certidão incompleta em 15-11-95 e de uma segunda certidão em 3-01-96, vindo a presente impugnação a ser deduzida em 1-02-96 (cfr. docs. juntos aos autos a fls. 21 e segs. e informação de fls. 56);

4) – Dá-se aqui por reproduzido o teor da guia de receita n.º 26 no valor de 2.320.000$00 (onde se inclui 320.000$00 de IVA) que se encontra documentada a fls. 43, da nota de lançamento n.º 4562 relativa ao seu pagamento e do cheque n.º 40466252 do BFE que se encontram documentados a fls. 44 e 45;

5) – Dá-se aqui por reproduzido o teor das cópias dos cheques juntos aos autos a fls. 64/67;

6) – A impugnante era patrocinadora do Vouga Sport Club e nessa medida efectuava-lhe donativos e pagava-lhe a publicidade que este lhe fazia nos painéis existentes no seu circuito, nos cartazes e números de competição e nas folhas oficiais das provas.

2.2. Quanto a factos não provados e respectiva fundamentação, exarou-se na sentença:

«Não se provaram quaisquer outros factos alegados na petição (não se considerando as conclusões de facto e de direito aí vertidas), sendo que a não consideração desses factos resulta da insuficiência da respectiva prova.»

2.3. E em sede de fundamentação dos factos provados exarou-se:

«Quanto aos factos provados, a convicção do Tribunal alicerçou-se no teor dos documentos expressamente mencionados junto da respectiva matéria táctica, bem como, quanto ao ponto 6., no depoimento das testemunhas inquiridas que revelaram ter dele conhecimento.»

3.1. Com base nesta factualidade, a sentença julgou improcedente a impugnação.

Para tanto, fundamenta-se, em síntese, em que:

a) Não ocorre o alegado vício de desvio de poder, porque o acto impugnado não foi praticado no uso de um poder discricionário [a liquidação teve a sua origem no exercício de um poder vinculado (liquidação adicional feita na sequência de correcção efectuada com base no relatório elaborado pelos Serviços de Fiscalização nos termos do art. 82.° do CIVA e juros compensatórios calculados nos termos do art. 89.° do mesmo Código) por a AT ter concluído que apesar de a impugnante ter pago ao V.S.C. o recibo n.° 26 no valor de 2.320.000$00 (com inclusão de 320.000$00 de IVA), havia-lhe sido posteriormente restituído o montante de 1.650.000$00 sem que tivesse sido efectuada a rectificação relativa ao IVA que deduzira sobre o valor inicial, o que determinou a liquidação adicional do IVA a mais deduzido, ou seja 264.000$00]. E visto que o acto impugnado teve a sua origem no exercício de um poder vinculado torna-se irrelevante indagar dos fins promovidos pelo órgão que o praticou (se a AT tributou sem motivo justificado e infundadamente, como alega a impugnante, tal não configura um vício de desvio de poder mas sim um vício de violação de lei por o acto ter sido praticado em desconformidade com os requisitos e pressupostos legais). Daí que, como reconhece a doutrina e a jurisprudência, seja inadmissível a arguição conjunta dos vícios de violação de lei e de desvio de poder, que se excluem necessariamente. Ou há vinculação e não pode ser invocado desvio de poder, ou há discricionariedade e não pode arguir-se a violação de lei (cfr. E. Oliveira, in "Manual de Direito Administrativo", pág. 560).

b) Também não há vício de violação de lei.

Com efeito, os pressupostos que levaram a AT a considerar que a impugnante devia o IVA a que se reporta a liquidação impugnada são os seguintes:

– a impugnante pagou ao V.S.C., através do cheque n.° 40466252 do BFE, o recibo n.° 26, de 7/7/94, no valor de 2.320.000$00 (com inclusão de IVA de 320.000$00);

– porém, deste valor pago veio a ser restituída à impugnante a quantia total de 1.650.000$00 através de 4 cheques sacados pelo V.S.C, sobre o BFB (cheque n.° 8891275581, de 8/7/94, no valor de 650.000$00, cheque n.° 9791275580, de 7/7/94, no valor de 350.000$00, cheque n.° 1698598313, de 14/10/94, no valor de 350.000$00 e cheque n.° 7798598317, de 7/10/94, no valor de 300.000$00;

– tendo a impugnante deduzido o IVA de 320.000$00 correspondente ao valor inicialmente pago e não tendo efectuado a correcção inerente à restituição posterior, foi-lhe feita a liquidação do IVA a mais deduzido, ou seja, 264.000$00 (1.650.000$00 X 16%) por só ter direito a deduzir o IVA relativo ao montante efectivamente pago.

Portanto, ao contrário do que sustenta a impugnante na PI, a correcção que lhe foi feita pela AT e que originou a liquidação impugnada, não resultou da desacreditação dos custos que suportou com publicidade e donativos, nomeadamente de todos os recibos emitidos pelo V.S.C., sendo assim irrelevante tudo o que alegou para demonstrar que pagou todas essas despesas tituladas pelas guias de receita n.os 241, 242, 243, 167, 47, 87 e 88. E daí que apenas interesse apurar se existe ou não alguma justificação plausível para o pagamento daquela quantia de 1.650.000$00 pelo V.S.C, à impugnante que não seja a devolução de parte do montante de 2.000.000$00 que esta lhe havia pago.

Ora, sabido que a liquidação do IVA efectuada com base naquele pressuposto goza da presunção de legalidade (tal como é reconhecido pela doutrina e pela jurisprudência) que é extensível aos respectivos pressupostos, competia à impugnante provar os factos constitutivos da ilegalidade invocada como fundamento da pretendida anulação, isto é, competia-lhe demonstrar que ela assentou em pressupostos de facto errados por não lhe ter sido parcialmente devolvida a quantia de 2.000.000$00, isto é, que o montante de 1.650.000$00 que aquele Clube lhe pagou através dos cheques acima mencionados nenhuma relação tinha com aquele pagamento, não traduzindo a restituição parcial deste valor.

Contudo, apesar de a impugnante contestar esse pressuposto, alegando que nunca lhe foram restituídos quaisquer dos valores que pagou ao Clube, o certo é que a prova testemunhal e documental que apresentou não foi suficiente para convencer o Tribunal sobre a inexistência daquele pressuposto ou, sequer, para o colocar em fundada dúvida.

Com efeito, a impugnante não apresentou qualquer justificação para aquele pagamento de 1.650.000$00 que o V.S.C, lhe efectuou através dos 4 cheques emitidos pouco depois de ter recebido a quantia de 2.000.000$00 da impugnante (um deles até no próprio dia), não tendo demonstrado a existência de erro nos pressupostos de facto. A circunstância, provada, de a impugnante ser patrocinadora do V.S.C., efectuando-lhe donativos e pagando-lhe a publicidade que este lhe fazia, não implica que não tenha havido restituição parcial de alguns dos montantes pagos para publicidade (sabido que, conforme resulta do teor do relatório da fiscalização, não lhe foram postos em causa os valores de donativos que efectuou).

Em suma, a posição da AT encontra-se devidamente sustentada e justificada e não tendo a impugnante provado a existência de erro nos pressupostos de facto, não pode ver a liquidação anulada com tal fundamento.

E pelo mesmo motivo, também não lhe assiste razão quando afirma inexistir fundamento para as presunções que serviram de base às correcções efectuadas. É que, tal como resulta do que ficou exposto, o relatório da fiscalização é claro e inequívoco quanto aos fundamentos que levaram à correcção, enunciando os pressupostos concretos que a determinaram, não tendo havido recurso a quaisquer presunções ou estimativas. E face ao teor desse mesmo relatório, ter-se-á de concluir igualmente pela inexistência do alegado vício de falta ou insuficiência de fundamentação, pois que esta é expressa, clara, suficiente e congruente, dando a conhecer aos interessados os motivos por que se decidiu no sentido adoptado no acto e não noutro qualquer, sendo certo que, tal como é expressamente reconhecido no art. 125.° do C.P.A. ou no art. 1°, n.° 2 do DL n.° 256-A/77, a fundamentação pode consistir em mera declaração de concordância com os fundamentos de anteriores pareceres, informações ou propostas, que, nesse caso, constituirão parte integrante do respectivo acto.

3.2. Do assim decidido discorda a recorrente sustentando, como se viu, que a sentença erra no julgamento feito quanto ao ónus da prova, dado que tal ónus incumbe a ambas as partes intervenientes no processo e, face ao que dispõe o art. 121.° do CPT, quanto à dúvida fundada sobre a existência e quantificação dos factos tributários, caberá à Fazenda Pública que fixou a matéria tributável, demonstrar a certeza sobre tal quantificação da matéria colectável e, ao impugnante, bastará que da prova produzida resultem dúvidas fundadas sobre essa quantificação.

Ora, para a recorrente, as provas documentais e testemunhais produzidas no processo, parecem idóneas e suficientes para que delas resulte, no mínimo, fundada dúvida acerca da quantificação dos valores tributáveis e das liquidações de IVA e juros compensatórios, pelo que deveria a impugnação ter sido julgada procedente.

A questão a decidir no presente recurso é, portanto, a de saber se, no caso, a sentença errou no julgamento de facto e de direito, quanto a esta referida matéria do ónus da prova e da fundada dúvida quanto à quantificação do valor tributável e da consequente liquidação de IVA e juros compensatórios.

Vejamos.

4.1. A factualidade relevante nos autos apenas é questionada pela recorrente na citada vertente relativa à matéria do ónus da prova e à valoração para efeitos da fundada dúvida quanto à quantificação do valor tributável e da consequente liquidação de IVA e juros compensatórios.

Ora, quanto à alegação da recorrente, no sentido de que nunca lhe foram restituídos quaisquer dos valores que pagou ao Clube, concordamos com a sentença quando conclui que a prova testemunhal e documental apresentada pela recorrente não foi suficiente para convencer o Tribunal sobre a não ocorrência da restituição daquelas quantias ou, sequer, para colocar em fundada dúvida aquela restituição.

Na verdade, tal como diz a sentença, a recorrente não apresentou, por um lado, qualquer justificação para o pagamento da quantia de Esc. 1.650.000$00 que o V.S.C lhe fez através dos 4 cheques emitidos pouco depois de dela ter recebido a quantia de 2.000.000$00 (e um deles até no próprio dia) e, por outro lado, a circunstância de ter provado (n.º 6 do Probatório) ser patrocinadora do V.S.C., efectuando-lhe donativos e pagando-lhe a publicidade que este lhe fazia (sendo apenas essa a factualidade que pode julgar-se provada atendendo à prova documental apresentada pela recorrente) não implica que não tenha havido restituição parcial de alguns dos montantes pagos para publicidade (sendo certo que, como também se diz na sentença, resulta do teor do relatório da fiscalização que não lhe foram postos em causa os valores de donativos que efectuou). Acresce que da prova testemunhal também não resulta que não tivesse havido aquela mencionada restituição: as testemunhas (cfr. depoimentos a fls. 90/91) limitam-se a afirmar (as testemunhas Juvenal Leitão, consultor da recorrente e José Rocha, chefe dos serviços administrativos da recorrente), em termos genéricos, que não houve retorno dos pagamentos à recorrente (que os pagamentos foram efectuados e o dinheiro saiu da empresa, entrando os respectivos recibos e que não houve retorno desse dinheiro para a empresa) e a testemunha Bartolomeu Amaral (funcionário do V.S.C.) a afirmar que pouco ou nada sabia quanto à contabilidade do V.S.C. e não sabe se o V.S.C. restituía aos patrocinadores parte do dinheiro investido em publicidade, mas pensa que não, atendendo à grandiosidade da obra.

Ora, tendo a AT apurado que a recorrente pagou ao V.S.C. (cheque n.º 40466252 do BFE), o recibo n.º 26, de 7/7/94, no valor de 2.320.000$00 (com inclusão de IVA de 320.000$00) e que através de 4 cheques sacados pelo V.S.C, sobre o BFB [cheque n.º 8891275581, de 8/7/94, no valor de 650.000$00, cheque n.º 9791275580, de 7/7/94, no valor de 350.000$00, cheque n.º 1698598313, de 14/10/94, no valor de 350.000$00 e cheque n.º 7798598317, de 7/10/94, no valor de 300.000$00, veio a ser restituída à recorrente a quantia total de 1.650.000$00 (sendo certo que a recorrente tinha deduzido o IVA de 320.000$00 correspondente ao valor inicialmente pago e não efectuou a correcção inerente à restituição posterior)], não parece que haja dúvidas sobre a ocorrência (documentada) de tal restituição.

Daí que se concorde integralmente com a valoração probatória, quanto aos factos provados e não provados, feita na sentença recorrida, acolhendo-se o Probatório nela fixado e especificado, sendo certo que, como aí se diz, sendo a liquidação impugnada relativa ao IVA a mais deduzido [264.000$00 (1.650.000$00 X 16%) por só ter direito a deduzir o IVA relativo ao montante efectivamente pago], não estamos perante liquidação decorrente de correcções por qualquer desconsideração de custos com publicidade e donativos, sendo, então, irrelevante a factualidade alegada no sentido da demonstração do pagamento das despesas tituladas pelas guias de receita n.ºs 241, 242, 243, 167, 47, 87 e 88.

4.2. No caso, a questão é a de saber se o montante de 1.650.000$00 que o Clube pagou à recorrente através dos cheques acima mencionados, tinha ou não relação com o anterior pagamento de 2.000.000$00 que esta fizera àquele (guia de receita n.º 26), isto é, se aquele pagamento de 1.650.000$00 traduziu a restituição parcial do valor de 2.000.000$00 e tudo não passou de mera simulação.

Ora, é sabido que mesmo no caso em que só estão em causa correcções técnicas derivadas da desconsideração fiscal de montantes incluídos em facturas – no caso uma guia de receita, a n.º 26 – e tratando-se, como se disse, de desconsideração do montante relativo à dedução do IVA, por a AT ter entendido que, afinal, aquele pagamento de 2.000.000$00 foi simulado), basta, para legitimar a actuação da AT, a existência de indícios sérios de que as operações tituladas pela respectiva factura (aqui guia de receita) não são verdadeiras, cabendo depois ao contribuinte demonstrar que o são.

Aliás, no que respeita a esta questão, e como se escreve no ac. de 22/5/01, deste TCA, Rec. 4665, na citação de Manuel de Andrade, dada a dificuldade de prova nesta matéria, mesmo no direito comum, a prova da simulação tem de ser feita, quase sempre, por meio de indícios ou presunções. E estes indícios sérios da inexistência das operações tituladas no documento, podem mesmo, se face à contabilidade do sujeito passivo não for possível obter outros elementos, comprovar-se também por elementos externos à contabilidade de quem arquivou e relevou contabilisticamente tal documento, já que não é a regularidade formal dessa escrita que confere autenticidade às operações documentadas.

Constituindo a factura, além do mais, o documento demonstrativo das operações efectuadas entre o comprador e o vendedor, tendo por finalidade a comprovação das transacções ou serviços prestados por parte de quem a emite, por forma a permitir que a fiscalização tributária possa controlar os componentes do lucro tributável e os respectivos impostos, e competindo à AT fiscalizar a conformidade da actuação dos contribuintes com a lei (art. 107.° do CIRC; cfr., também, o art. 76.° do CIVA), a AT, sempre que se lhe suscitem dúvidas legítimas quanto à veracidade das transacções referidas nas facturas, pode e deve solicitar esclarecimentos e documentos complementares por forma a aferir da legalidade da contabilização das despesas como custo do exercício e, não obtendo tais esclarecimentos e documentos complementares junto da escrita do contribuinte, ou com recurso a «outros elementos de que disponha», pode, à luz do disposto no citado art. 83.° do CIRC, rectificar as declarações respectivas.

É verdade que a regularidade formal da escrita constitui presunção da sua veracidade – estendida aos seus elementos de apoio (art. 78.° do CPT – cfr., actualmente, o art. 75.° da LGT). Mas, essa presunção cessa no caso da existência de indícios sérios de que as operações escrituradas se não realizaram. Por isso é que, provando a AT a existência de indícios sérios e credíveis de que tais operações não são verdadeiras, cabe ao contribuinte o ónus da prova da veracidade das mesmas.

Sobre esta matéria escreveu-se no Acórdão do STA, de 24/4/2002, Rec. 0102/02:

«Vigorava, ao tempo dos factos, o princípio do art. 78.° do CPT: "quando a contabilidade ou escrita do sujeito passivo se mostre organizada segundo a lei comercial ou fiscal, presume-se a veracidade dos dados e apuramentos decorrentes, salvo se se verificarem erros, inexactidões ou outros indícios fundados de que ela não reflecte a matéria tributável efectiva do contribuinte".

Ora, como quem tem a seu favor uma presunção estabelecida na lei está dispensado da prova do facto presumido (cfr. os arts. 349.° e 350.° do CCivil), a recorrente, tendo a sua escrita organizada conforme as exigências legais, não precisa de provar que são verdadeiros os dados decorrentes.

A não ser que se verifiquem erros, inexactidões ou outros indícios fundados de que ela não reflecte a matéria tributável efectiva.

Quer dizer, a presunção cessa quando, estando, embora, a escrita ou contabilidade organizada de acordo com a lei, enferme de erros ou inexactidões, ou haja "indícios fundados" de que, apesar da sua correcta organização, não reflecte a matéria tributável efectiva.

Cabe nesta previsão, claramente, o caso de a contabilidade, impecavelmente organizada, se avaliada do ponto de visto técnico-contabilístico, no entanto omitir operações efectuadas; e cabe o caso inverso – o de incluir operações não efectuadas. Este último é aquele que correntemente se vem chamando de "facturas falsas", isto é, a contabilidade considera (e trata de forma contabilisticamente correcta) documentos emitidos na forma legal, mas que não correspondem a qualquer realidade, porque as operações que era suposto reflectirem, na verdade, não tiveram lugar.

E, aqui, a lei não exige senão "indícios fundados", ou seja, não impõe à Administração a "prova provada" de que por detrás dos documentos não está a realidade que normalmente reflectem e comprovam, basta-se com indícios fundados para fazer cessar a presunção a favor do contribuinte. E a este, desprovido do escudo protector da presunção, não resta senão demonstrar a veracidade dos seus elementos contabilísticos, e respectivos suportes, destarte posta em crise, face àqueles "fundados indícios".

De todo o modo, quando seja a Administração Fiscal a praticar um acto, designadamente, um acto tributário de liquidação, fundado na existência de determinado facto tributário, por hipótese não revelado pela escrita do contribuinte, não deixa de ser ela a ter que provar tal existência, pressuposto da sua actuação. É isto corolário do princípio da legalidade administrativa, de acordo com o qual a Administração só pode agir se isso lhe permitir a lei, e não pode fazê-lo contra ela. Os pressupostos da sua actuação são, pois, factos constitutivos do seu direito a agir, cuja prova lhe compete, por isso que é o agente.

Porém, no caso vertente, a Administração Fiscal não actuou baseada na existência de qualquer facto tributário, nomeadamente, liquidando o correspondente imposto. Antes, obstou ao exercício, por parte da recorrente, do seu direito à dedução do IVA constante das facturas em causa, baseada no entendimento de que, face aos indícios recolhidos, não se teriam, realmente, realizado as operações comerciais que tais facturas, supostamente, titulavam.

Como assim, o caso, aqui, é diverso, também para os efeitos de saber a quem cabe provar a ocorrência dos factos em que assenta o direito à dedução: é a recorrente quem se arroga um direito que pretende exercer – o direito à dedução do IVA –, que não é reconhecido pela Administração Fiscal.

Destarte, não é a Administração que afirma um facto positivo com consequências tributárias – é o contribuinte que invoca o seu direito à dedução do IVA pago a montante. Por isso, é ele quem deve provar a verificação dos pressupostos em que assenta tal direito.

Conforme se diz no recente – 17 de Abril de 2002 – acórdão deste mesmo Tribunal, proferido no recurso n.° 26635, "da conjugação das normas dos arts. 82.° n.° 1 e 19.° do CIVA resulta, assim, que não caberá à administração o ónus de prova da inexistência dos factos tributários cujo imposto considerou fundamentadamente deduzido ilegalmente por parte do contribuinte, mas que caberá ao próprio contribuinte o ónus de prova da existência dos factos tributários em que fundou a dedução que declarou. Digamos (...) que (...) à administração cabe o ónus de prova da verificação dos requisitos estabelecidos no art. 82.° n.° 1 do CIVA para que possa liquidar adicionalmente o IVA respeitante a deduções indevidas, mas já não a existência dos factos contra ela afirmados pelo contribuinte, traduzidos na existência dos factos tributários e sua expressão quantitativa. Os requisitos legalmente estabelecidos para que seja permitida a dedução do imposto pago a montante não constituem, nesta óptica, também requisitos que estejam legalmente previstos enquanto requisitos de legitimação da actuação da administração. Relativamente a esta matéria, a lei basta-se com um juízo administrativo de adequação entre os factos e valorações em que a administração diz, formalmente, suportar a sua decisão e o resultado desse juízo no sentido de se lhe afigurar ter sido declarado uma dedução superior à devida, e com a prova perante o tribunal da pertinência desse juízo ou seja, com a prova, perante o tribunal, da existência dos elementos que tornam possível ter como adequada a consideração por si feita de que o contribuinte declarou uma dedução superior à permitida pela lei".

Neste aresto faz-se, aliás, uma exaustiva análise da questão do ónus probatório na matéria, concluindo-se, lapidarmente, no seu sumário, que "quando o acto de liquidação adicional do IVA se fundamente no não reconhecimento das deduções declaradas pelo contribuinte cabe à administração apenas a prova da verificação dos pressupostos legais que legitimam a sua actuação, constantes do art. 82.° n.° 1 do CIVA e ao contribuinte o ónus de prova da existência dos factos tributários que alegou como fundamento do seu direito de dedução do imposto nos termos do art. 19.° do CIVA".».

4.3. A doutrina fixada no acórdão acabado de citar é inteiramente aplicável no presente caso, sendo que a tal não obsta a circunstância de não estarmos perante uma factura, mas perante uma guia de receita (recibo), àquela equivalente.

Na verdade a AT considerou que a dita guia de receita existente na contabilidade da recorrente tem aquelas citadas características, apoiando-se, para tal juízo, na factualidade que os serviços de fiscalização apuraram e que, a nosso ver, é suficiente para o suportar

Com efeito, segundo dispõe o art. 82.° do CIVA, o chefe de repartição de finanças procederá à rectificação das declarações dos sujeitos passivos quando fundamentadamente considere que nelas figure um imposto inferior ou uma dedução superior aos devidos, liquidando-se adicionalmente a diferença, sendo que as inexactidões ou omissões praticadas nas declarações poderão resultar directamente do seu conteúdo, do confronto com declarações de substituição apresentadas para o mesmo período ou respeitantes a períodos de imposto anteriores, ou ainda com outros elementos de que se disponha, designadamente os relativos a IRS, IRC ou informações recebidas no âmbito da cooperação administrativa comunitária e da assistência mútua e poderão igualmente ser constatadas em visita de fiscalização efectuada nas instalações do sujeito passivo, através de exame dos seus elementos de escrita, bem como da verificação das existências físicas do estabelecimento.

Ora, perante este regime legal e tendo a recorrente alegado que nunca lhe foram restituídos quaisquer dos valores que pagou ao Clube, concordamos, como acima se disse, com a sentença quando conclui que a prova testemunhal e documental apresentada pela recorrente não foi suficiente para convencer o Tribunal sobre a não ocorrência da restituição daquelas quantias ou, sequer, para colocar em fundada dúvida aquela restituição.

E cabendo à AT o ónus de prova da verificação dos requisitos estabelecidos no art. 82.° n.° 1 do CIVA para que possa liquidar adicionalmente o IVA respeitante a deduções indevidas, mas já não a existência dos factos contra ela afirmados pelo contribuinte, traduzidos na existência dos factos tributários e sua expressão quantitativa, sendo que relativamente a esta matéria, a lei se basta com um juízo administrativo de adequação entre os factos e valorações em que a administração diz, formalmente, suportar a sua decisão e o resultado desse juízo no sentido de se lhe afigurar ter sido declarado uma dedução superior à devida, e com a prova perante o tribunal da pertinência desse juízo ou seja, com a prova, perante o tribunal, da existência dos elementos que tornam possível ter como adequada a consideração por si feita de que o contribuinte declarou uma dedução superior à permitida pela lei, no caso vertente, pelas razões expostas, entende-se que, tal como decidido, a AT fez a prova daqueles requisitos.

E a recorrente, por sua vez, não infirmou aquela factualidade apurada e documentada pela AT e também não fez prova da materialidade subjacente à questionada guia de receita, ou seja, de que os serviços subjacentes a tal pagamento (2.000.000$00) tiveram efectivamente lugar e não houve posterior devolução dessa quantia.

4.4. E, por outro lado, só releva para a anulação da liquidação do imposto a dúvida legítima ou fundada sobre a existência e quantificação do facto tributário, ou seja, quando aquela dúvida não seja imputável ao impugnante. Esta dúvida fundada a que se refere o art. 121.° do CPT (actual art. 100.° do CPPT) é uma dúvida de facto e não uma dúvida de direito e não pode assentar na ausência ou inércia probatória das partes, sobretudo do impugnante (Cfr. ac. do STA, de 15/1/1997, rec. n.° 17914).

No caso dos autos, a prova produzida pela recorrente não logrou, como decorre do Probatório e como acima se expôs, infirmar nem os factos constantes do relatório da Fiscalização, nem os pressupostos em que assentou a decisão de não aceitação do direito à dedução do IVA liquidado no documento contestado.

Não há, portanto, qualquer «non liquet» quanto à concreta existência de factos tributários (transacções ou serviços prestados) nem quanto à quantificação da matéria colectável que possa subsumir-se ao disposto (à data) no art. 121.° do CPT.

5. De tudo o exposto se conclui, portanto, que a sentença recorrida, ao julgar improcedente a impugnação, decidiu de acordo com as normas aplicáveis e não enferma dos erros de julgamento de facto e de direito que lhe são imputados pela recorrente e não violou o disposto nas disposições do n.° 1 do art. 2.° do DL n.° 154/91, de 23/4, que aprovou o CPT, nem o art. 3.°, a al. b) do art. 118.°, a al. a) do art. 120.° e o art. 121°, todos do CPT.

Improcedem, portanto, todas as Conclusões do recurso.

DECISÃO

Termos em que acordam, em conferência, os juizes da Secção de Contencioso Tributário deste Tribunal Central Administrativo em, negando provimento ao recurso, confirmar a sentença recorrida.

Custas pela recorrente, com taxa de justiça que se fixa em 3 (três) UC.

Lisboa, 19 de Julho de 2006

Casimiro Gonçalves
Ascensão Lopes
Lucas Martins

Recurso n.° 2894/99

IVA. RECUSA DE EXIBIÇÃO DA ESCRITA. RECURSO A PRESUNÇÕES.

(Acórdão de 3 de Maio de 2006)

SUMÁRIO:

I – A não exibição da escrita e a não comprovação de furto de elementos contabilísticos, nomeadamente livros de balanços, diário e razão, equivale à recusa de exibição da escrita.

II – A recusa de exibição da escrita é fundamento para o recurso a presunções para determinação da matéria colectável.

III – A questão de aplicação pela AF da taxa de 17% de IVA em vez da aplicação de taxa de 8% de IVA não está abrangida pelo "erro na determinação da matéria colectável", pelo que a reclamação nos termos do artigo 74.° do CPT não era condição sine qua non para se sindicar a legalidade da aplicação da taxa de 17%.

IV – Em caso de recusa de exibição da escrita pelo contribuinte, a AF tem de aplicar a taxa normal do IVA a toda a matéria tributável quantificada, por não ter elementos para determinar quais as importâncias a que se aplica cada uma das taxas normal, reduzida e agravada.

ACORDAM, EM CONFERÊNCIA, OS JUIZES DA SECÇÃO DE CONTENCIOSO TRIBUTÁRIO (2ª SECÇÃO) DO TRIBUNAL CENTRAL ADMINISTRATIVO SUL:

A. O RELATÓRIO

Rocha Brito & Vigoço, Ld.ª, id. nos autos, inconformada com a sentença proferida pelo Mmo. Juiz do Tribunal Tributário de 1ª Instância do Porto que julgou improcedente a impugnação do IVA dos anos de 1993 e 1994 e respectivos juros compensatórios, dela vem recorrer para este Tribunal, apresentando alegações e onde formula as seguintes

Conclusões:

A – O art. 84.° do CPT, aplicável aos factos em apreço, não faz precludir o direito de questionar em impugnação judicial os pressupostos de facto do recurso aos métodos indiciários, quando não tenha havido reclamação do acto de fixação da matéria colectável – *que é* uma questão diferente da "quantificação da matéria tributável".

B – A matéria de facto foi erradamente apreciada, ao dar-se indevidamente como provada a "recusa" do sócio-gerente Manuel João Ribeiro em apresentar os livros de escrita à funcionária encarregue da visita de fiscalização, quer a 16.02.96, quer a 05.03.96 (data da segunda visita de fiscalização), e ao não se dar como assente que tais livros e documentos foram furtados em 1995.

C – A decisão de tributar o volume de negócios à taxa normal encontra-se viciada por insuficiência de fundamentação em infracção dos arts. 21.°, e 82.° do CPT, uma vez que não indica o preceito legal que sustenta tal decisão.

D – A recusar-se a conhecer da questão relativa à taxa aplicada, pelo motivo de tal respeitar à "quantificação da matéria tributável", o Tribunal errou, ao confundir a escolha da taxa com a quantificação da matéria tributável.

Ao julgar improcedente a impugnação deduzida, a douta sentença recorrida não efectuou correcta interpretação e aplicação dos artigos 84.°/3, 136.°/1, 21.° e 82.° do CPT, e artigos 18.°, n.° 1 e 19.° do CIVA.

Revogando-a, pois, e substituindo-a por outra que altera a matéria de facto nos termos acima referidos e julgue procedente a Impugnação, far-se-á **JUSTIÇA.**

Foi admitido o recurso para subir imediatamente, nos próprios autos, com efeito devolutivo (fls. 255).

*****

A Fazenda Pública não contra-alegou.

Os autos foram com vista ao MP, cujo DPGA deu o seguinte douto parecer a fls. 266:

I – "Rocha Brito e Vigoço, Lda" interpõe recurso da sentença do Mmo Juiz do TT de 1ª Instância do Porto que julgou improcedente a impugnação deduzida com o fundamento no art. 84.° do CPT, por ter considerado não poder o Tribunal conhecer do mérito da causa, por não ter havido dedução de prévia reclamação da liquidação.

Invoca a seu favor nas conclusões do recurso, as razões que aqui se dão por reproduzidas.

II – A reclamação para a comissão de revisão a deduzir nos termos do art. 84.° do CPT, é condição "sine qua non" do direito de impugnar judicialmente o acto de liquidação, constituindo uma condição de procedibilidade do mesmo.

Porque se trata de um pressuposto processual, da sua verificação dependerá a possibilidade legal de o juiz conhecer e se pronunciar sobre o mérito da causa.

Nos presentes autos o recorrente não deduziu em tempo oportuno a referida reclamação, o que gera impedimento para a respectiva apreciação judicial do acto de liquidação impugnado, tendo-se este tornado "caso decidido ou resolvido", sendo inviável a sua apreciação judicial.

III – Pelo exposto, bem se decidiu pela improcedência da impugnação que foi interposta sem a verificação da referida condição de procedibilidade.

Entende-se que a sentença recorrida deve ser mantida, por ter feito uma correcta avaliação dos elementos de facto e uma correcta integração dos mesmos aos preceitos legais aplicáveis, devendo ser negado provimento ao recurso.

* * *

Colhidos os vistos legais, importa decidir.

B. A FUNDAMENTAÇÃO

Questões decidendas: São as de saber se, em caso de não haver reclamação nos termos do disposto no artigo 84.° do CPT, o contribuinte pode discutir em sede de impugnação judicial da liquidação os pressupostos para o recurso a presunções para determinação da matéria colectável, bem como saber se, não tendo havido aquela reclamação, o contribuinte pode discutir a taxa de IVA aplicada à matéria colectável fixada por recurso a presunções.

MATÉRIA DE FACTO

Na sentença recorrida deram-se como provados os seguintes factos, com base nos " elementos contidos nos autos – documentos, informações oficiais, relatório da fiscalização e depoimentos":

I – A impugnante tem como actividade principal a exibição de cinema e espectáculos de teatro; como actividade acessória procede à exploração de bufete e restaurante;

1.1 Aquela firma foi objecto de fiscalização por parte dos SPIT entre 16/02/96 e 24/05/96 – cfr. o relatório de fls. 36-38, cujo teor aqui se dá por reproduzido para todos os efeitos;

1.2 Tal acção inspectiva abrangeu o período de 01/01/93 a 31 /I 2/94;

1.3 Em 16/02/96 o agente da fiscalização deslocou-se à sede do SP, tendo notificado o sócio-gerente, Manuel João Ribeiro, para apresentar os livros de escrita;

– No dia marcado nada foi exibido;

– Após tal data, aquele agente da fiscalização encetou diversas diligências com intuito de obter acesso à contabilidade da empresa, tendo-se deslocado à sede da firma, sita na Rua de Sá da Bandeira, 108;

– O referido sócio-gerente recusou-se a facultar esse acesso;

– Perante a recusa de exibição da escrita foi entendido não ser possível o conhecimento claro e inequívoco dos elementos necessários ao cálculo do imposto, bem como ao seu controlo, pelo que se considerou indevidamente deduzido o IVA constante das declarações periódicas enviadas nos anos de 93 e 94-cfr. fls. 36, parte final e 37;

1.4 Foram então elaborados os mod. 382 para apuramento de IVA nos termos dos arts. 82.° e 84.° do CIVA – cfr. fls. 47 –, tendo sido encontrado imposto em falta nos montantes de 2.712.704$00 e de 4.247.905$00, respectivamente, acrescidos dos juros compensatórios respectivos, num total de 9.480.865$00;

2 – Desta decisão de fixação dos valores tributáveis foi a aqui impugnante notificada em 31/12/96;

3 – E, em 31/01/97, aquela apresentou reclamação graciosa que foi indeferida por extemporaneidade – fls. 52-53;

4 – esta impugnação foi apresentada em *27/*10/97;

5 – As instalações da impugnante foram objecto de assalto no ano de 1995; tal deu origem à apresentação na Polícia Judiciária de uma queixa-crime, que esteve na base do processo n.° 10.910/95OTD, da 5ª Secção dos Serviços do Ministério Público – cfr. fls. 119-121, 128-129, 139-152 e 161-220, cujo teor aqui se dá por reproduzido para todos os efeitos.

Nos termos do disposto no artigo 712.°, n.° 1, al. a) do CPC, aditam-se ao probatório os seguintes factos:

6 – Das declarações periódicas enviadas ao SAIVA pela Recorrente, as bases tributáveis dividem-se pela taxa reduzida, normal e agravada;

7 – A AF, considerando a recusa de exibição de escrita pela Recorrente, tributou o volume de negócios corrigido desta pela taxa normal de 17%.

8 – A Recorrente apresentou, **em 18/07/1996, no processo crime n.° 9.316/95.5JAPRT**, instaurado por furto em 26/05/1995, um documento, subscrito por Maria Rosa Teixeira Ribeiro em representação da Recorrente, junto por fotocópia a fls. 160, com o seguinte teor:

“”(..) Vem, em complemento da participação à margem identificada declarar que aquando do assalto ao escritório da sociedade na Rua Sá da Bandeira, 108, no Porto, foram furtados além dos que foram indicados, um conjunto de livros selados da sociedade e de outras sociedades com os mesmos sócios, por se encontrarem então guardados num armário nos escritórios, só agora, ao deles necessitar, por motivos de serviço, verificou a sua falta.

Tais livros eram livros de balanços, diário e razão da sociedade "Rocha Brito & Vigoço, Ld.ª " (...) “”

O DIREITO

O Mmo. Juiz a quo fundamentou, de direito, a improcedência da impugnação do seguinte modo:

“”Como se viu, a impugnante veio pedir a anulação das liquidações adicionais de IVA dos anos de 1993 e 1994.

Importa apreciar e decidir.

Porém a questão a enfrentar em 1° plano é a que tem a ver com a consequência da falta de reclamação graciosa da decisão que fixou a matéria tributável "subjudice".

A este propósito resulta dos autos que as liquidações impugnadas foram apuradas com base em métodos indiciários.

Na óptica da peticionante não havia base legal para a fixação da matéria colectável por esta via.

Alegou, a esse respeito, a falta de pressupostos legais para o recurso a essa metodologia.

E aventou ainda a existência de erro na interpretação e aplicação do disposto nos arts. 18.°, n.° 1, al. a), 19.°, n.° 2, 82.° e 84.° do CIVA, o que se traduz numa errada aplicação de taxas, na medida em que, numa parte substancial do volume de negócios da impugnante não há lugar à aplicação da taxa normal de 17%, mas sim da de 8%.

Ora, este 2° argumento contende com a quantificação da matéria tributável, traduzindo-se, em termos de fundamentação, em errónea quantificação da matéria tributável, nos termos dos arts. 84.° n.° 3 e 89.° n.° 1 do CPT (diploma então em vigor).

A este propósito ficou demonstrado que dos valores tributáveis fixados – 2.712.704$00 e 4.247.905$00 – foi a ora impugnante notificada em 31/12/96, tendo a mesma apresentado reclamação graciosa em 31/01/97, a qual foi rejeitada por intempestividade.

Ora, estando em causa a quantificação da matéria colectável apurada com recurso aos métodos indiciários (indirectos), há que ter presente o estatuído no citado art. 84.°.

Efectivamente em caso de erro nos pressupostos da determinação indirecta da matéria tributável, a impugnação judicial da liquidação depende de prévia reclamação da decisão de fixação da matéria tributável, dirigida à comissão de revisão; dito por outras palavras, esta reclamação graciosa é sempre condição da impugnação judicial da subsequente liquidação, com base em erro na quantificação da matéria colectável – n.° 3 do mesmo art. 84.°.

Na hipótese em apreço, a impugnante deduziu essa reclamação fora de prazo (o que equivale à falta de apresentação da mesma), pelo que a quantificação da matéria colectável tornou-se caso decidido, resolvido; ficou, assim, precludida a possibilidade de ser apreciada nesta sede de impugnação judicial – cfr. o art. 89.° n.° 1 do CPT – "o acto de fixação da matéria tributável não é susceptível de impugnação judicial autónoma, salvo se não der origem à liquidação de imposto" (sublinhado nosso), condicionalismo este que no caso vertente não se verifica.

Neste sentido, cfr. A.J. de Sousa e J. da S. Paixão, in CPT anotado, 3ª ed., pág. 176 "as decisões da DGCI que fixem ou alterem o quantitativo da matéria colectável, utilizando quaisquer dos métodos legais, devem ser objecto de reclamação graciosa... para a comissão de revisão..."; e acrescenta-se "tais decisões não são susceptíveis de impugnação judicial autónoma, embora na impugnação judicial da subsequente liquidação possa ser invocada qualquer ilegalidade nelas praticada".

Pretende-se que o contribuinte esgote os meios administrativos previstos para as situações de revisão da matéria tributável.

Logo, a impugnação dessa avaliação indirecta não pode ter lugar na falta da falada prévia reclamação.

Este mecanismo foi também consagrado na LGT – art. 86.° n.° 5 – que, no seu art. 91.°, se concretiza com um procedimento de revisão da matéria colectável.

Nestes termos, ou seja, dado que a impetrante não usou de tal faculdade, ficou absoluta e irremediavelmente comprometida a possibilidade de deduzir impugnação judicial com fundamento em erro na quantificação ou nos pressupostos da determinação indirecta.

Como tal, está prejudicado o conhecimento das demais questões acima assinaladas – n.os 2 a 4.

Mas, mesmo que assim não fosse entendido, sempre a pretensão da autora estaria votada ao insucesso.

Efectivamente aquela pôs em causa os pressupostos de facto que fundamentaram o recurso aos métodos indiciários, alegando que, contrariamente ao que consta da nota de fundamentação das correcções efectuadas pela DGCI, não houve qualquer "recusa de exibição de escrita"; o que sucedeu foi que nessa altura houve um assalto nas suas instalações durante o qual foram subtraídos tais livros, o que se traduz na impossibilidade de apresentação dos mesmos.

Ora, o material fáctico trazido aos autos não permite tal conclusão.

É que, pese embora a factualidade contida no ponto n.° 5 do probatório e a documentação para a qual aí se remete, o certo é que nenhuma referência alguma vez aí (em sede criminal) foi feita aos livros da escrita comercial da empresa impugnante, ou seja, estes nunca foram incluídos no rol dos objectos furtados ou apreendidos ou sequer referidos na participação.

Por outro lado ficou provado que no decurso da fiscalização de que a impugnante foi alvo, o agente respectivo notificou o sócio-gerente, Manuel João Ribeiro, para apresentar os livros de escrita, o que este não fez, apesar das diversas diligências encetadas para o efeito.

Ora, perante a falta de exibição da escrita, ficou justificado o recurso a presunções/métodos indiciários, implicando como implicou, em sede de IVA, que fosse considerado indevidamente deduzido o imposto constante das declarações periódicas apresentadas nos anos de 93 e 94, dada a impossibilidade de conhecimento claro e inequívoco dos elementos necessários ao cálculo desse imposto, bem como ao seu controlo – arts. 19.°, n.° 2, 44.°, 82.° e 84.° do CIVA.

Daqui ressalta que a administração tributária provou (como era seu ónus) a verificação dos pressupostos legais (vinculativos) da sua actuação ou seja, fez a prova da existência dos factos de que dependeu legalmente que ela devesse agir ou pudesse agir em certo sentido.

De facto, trata-se de factos constitutivos do direito de agir, cuja existência é demandada pelo princípio da legalidade administrativa, em qualquer das suas acepções (de precedência e de reserva de lei) – ac. do STA n.° 26 635, de 17/04/2002-. E adianta este acórdão "face ao actual entendimento do princípio da legalidade, este deixou de surgir como um mero limite à actividade da administração, para passar a ser o fundamento de toda a sua actividade", de tal modo que, "quando o acto da administração se traduza na afirmação da prática pelo contribuinte do facto tributário e da sua expressão quantitativa é a ela que incumbe a prova da sua verificação, devendo a dúvida ser resolvida pelo tribunal contra ela".

É que, subjacente a todas as situações em que a matéria colectável é fixada por métodos indiciados se encontra, ou a inexistência de elementos de escrituração, ou a sua não idoneidade para comprovarem o lucro revelado pela escrita do contribuinte. No entanto, a este propósito adianta Nuno Sá Gomes, in "Manual de Direito Fiscal" que "na medida em que a aplicação dos métodos indiciários tem carácter sancionatório, isto é, porque se trata de reacções legais a situações anómalas e irregularidades imputáveis aos contribuintes, parece que a respectiva aplicação não viola o princípio da generalidade da tributação e da capacidade contributiva implícitos na 2ª parte do n.° 1 do art. 106.° nem o disposto no n.° 2 do art. 107.°, ambos da CRP, pois o Estado só não tributa o rendimento real, por factos imputáveis aos próprios contribuintes".

Voltando à hipótese "subjudice" e justificado que está o método adoptado, não há que discutir os valores em falta presumidos, pela razão que já acima se deixou exposta, isto é, uma vez que um dos pressupostos legalmente estabelecidos para o efeito, qual seja o de o Sujeito Passivo ter apresentado em tempo oportuno a falada reclamação, não se mostra preenchido.

Nestes termos improcedem os fundamentos do pedido (cfr. os pontos acima assinalados sob os n.os 3 e 4) e mantêm-se os actos de liquidação impugnados.

Pelo exposto, julga-se a presente impugnação improcedente, por não provada.""

Apreciando:

Salvo melhor opinião, a Recorrente tem razão quanto às conclusão A e D, isto é, quando entende que ""O art. 84.° do CPT, aplicável aos factos em apreço, não faz precludir o direito de questionar em impugnação judicial os pressupostos de facto do recurso aos métodos indiciários, quando não tenha havido reclamação do acto de fixação da matéria colectável – *que é* uma questão diferente da "quantificação da matéria tributável" e quando entende que o Tribunal errou ao recusar-se a conhecer da questão relativa à taxa aplicada, pelo motivo de tal respeitar à "quantificação da matéria tributável", por confundir a escolha da taxa com a quantificação da matéria colectável.

Com efeito, a reclamação prevista no artigo 84.° do CPT era condição da impugnação judicial quando estivesse em causa "erro na quantificação da matéria tributável". Tal que significa que o contribuinte poderá impugnar a liquidação com base em alegada violação dos pressupostos de facto do recurso aos métodos indiciários, mesmo que não tenha apresentado a dita reclamação ou, tendo-a apresentado, a mesma tenha sido indeferida por extemporânea, uma vez que os pressupostos do recurso a presunções é uma questão anterior à quantificação da matéria colectável. Por outro lado, porque a aplicação da taxa do IVA à matéria colectável determinada é uma questão que só se coloca depois de quantificada a matéria colectável, o contribuinte pode sempre sindicar a taxa de IVA aplicada em concreto, mesmo que não tenha apresentado aquela reclamação ou tenha visto a mesma também indeferida por extemporânea.

No caso dos autos, contudo, não só se verificam todos os pressupostos para recurso aos métodos indiciários, como também a AF não podia deixar de aplicar a taxa normal, isto é, a de 17%, pelo que o Recurso, salvo melhor opinião, não pode deixar de improceder, como se verá de seguida.

Ao contrário do que alega a Recorrente *na conclusão B, a matéria de facto*, salvo melhor opinião, *encontra-se bem fixada no que respeita à recusa do sócio-gerente Manuel João Ribeiro em apresentar os livros de escrita à funcionária encarregue da visita de fiscalização, quer a 16.02.96, quer a 05.03.96* (data da segunda visita de fiscalização) e ao não se dar como assente que tais livros e documentos foram furtados em 1995.

É que, nos termos do disposto no artigo 342.° do CC, cabia à Recorrente fazer prova de que, efectivamente, os elementos da contabilidade foram subtraídos aquando do assalto às instalações da Recorrente em Junho de 1995 e essa prova não foi minimamente feita. Aliás, a própria Recorrente, como se pode ver pelas alegações constantes dos artigos 4.° e 5.° da sua douta p.i., não tem sequer a certeza do alegado furto pois se limita a alegar:

4. O que sucedeu é que, antes dessa data (em Junho de 1995), havia ocorrido um assalto nas instalações da Impugnante, que aliás motivou a apresentação de uma queixa, na Polícia Judiciária do Porto, dando origem à instauração do processo n.° 10.910/95.00 TDPRT, que pende no Agente Cardeal.

5. Essa circunstância foi comunicada à funcionária encarregue da visita de fiscalização logo no dia 16.02.96, tendo sido efectuadas buscas com vista a encontrar os livros de escrituração solicitados, tendo-se porém concluído que tais livros teriam sido subtraídos durante o referido assalto – o que igualmente foi comunicado à dita funcionária, aquando de uma segunda visita, em 5.03.96.

Por outro lado, o Mmo. Juiz a quo fez várias diligências no sentido de obter todos os elementos relativos à queixa apresentada na sequência do alegado furto e o que se verifica é que, nesse "assalto" de 17 de Junho de 1995, não foram furtados quaisquer documentos de contabilidade, na medida em que o assaltante foi detido com todos os objectos e valores furtados e dos mesmos não constavam quaisquer documentos da contabilidade da Recorrente, como se pode comprovar pelos documentos de fls. 116 a 118, 119 a 122 **(ver participação dos Agentes Autuantes de fls. 120 a 120-v)** e declarações do Gerente da Recorrente de fls. 128 a 129-v.

Assim sendo, não tendo sido apresentada a escrita, e não se tendo provado o furto da mesma, tem de se concluir pela recusa de exibição da mesma.

Certamente face ao facto de não conseguir provar o dito furto, a Recorrente apresentou o douto requerimento de fls. 132 a 133, em **29-01-2001**, alegando que se enganou no n.° do processo crime, por ter tido mais do que um furto nesse ano de 1995, e que o número correcto é o **9.316/95.5JAPRT**. Todavia, compulsada a certidão de fls. 140 a 152, o que se verifica é que o furto em causa teria ocorrido em 26 de Maio de 1995 e, para além disso, na participação inicial só foi denunciada a falta de valores (dinheiro), bem como de um alfinete de ouro amarelo e branco, duas máscaras de teatro e duas esferográficas (fls. 142 a 143), cuja participação foi confirmada em 24/11/95 (fls. 145 a 146).

Mais tarde, em **27/11/2001**, a recorrente veio alegar, de novo, que o número do processo em causa é efectivamente o **10.910/95.00 TDPRT**, pedindo que o Tribunal solicitasse certidão de todo o processo, no qual estaria um documento onde se encontram os factos alegados na p.i. Essa certidão consta de fls. 162 a 220 e da qual consta que o processo foi arquivado – fls. 202 a 202-v. Contudo, de todo o processo crime não consta um único indício de que tenham sido furtados as pastas e/ou quaisquer documentos da contabilidade da Recorrente, para além de que, como se disse acima, todos os objectos furtados estão relacionados no respectivo auto de apreensão (o suspeito foi detido na posse dos mesmos), os quais foram entregues aos respectivos donos – fls. 165, 185, 197, 199 e 200.

Posteriormente, **ainda em relação ao processo crime n.° 9.316/95.5JAPRT**, a Recorrente veio, em **14/12/2001**, juntar à impugnação novo requerimento ao qual juntou um documento, por fotocópia, de fls. 160, **entregue no processo crime em 18-07-1996**, por Maria Rosa Teixeira Ribeiro em representação da Recorrente, com o seguinte teor:

""(..) Vem, em complemento da participação à margem identificada declarar que aquando do assalto ao escritório da sociedade na Rua Sá da Bandeira, 108, no Porto, foram furtados além dos que foram indicados, um conjunto de livros selados da sociedade e de outras sociedades com os mesmos sócios, por se encontrarem então guardados num armário nos escritórios, só agora, ao deles necessitar, por motivos de serviço, verificou a sua falta.

Tais livros eram livros de balanços, diário e razão da sociedade "Rocha Brito & Vigoço, Ld.ª" (...) ""

Este documento, contudo, não pode ser tido em conta no sentido de provar o furto de tais documentos, pois, se tais elementos contabilísticos tivessem sido efectivamente furtados, decerto que a Recorrente teria dado pela sua falta. Se não imediatamente, pelo menos nos dias seguintes. Com efeito, como é que se compreenderia que tais elementos contabilísticos tivessem sido furtados em Maio de 1995 e, só mais de um ano depois, se desse pela sua falta? Mas, por outro lado, a Recorrente não apresenta qualquer prova de que, tal requerimento tenha dado lugar a qualquer acusação, e muito menos condenação, do arguido pelo participado furto.

Com efeito, em qualquer um dos dois processos crime a que a Recorrente faz referência e acima identificados, não se indicia, sequer, o alegado furto. Aliás, o que resulta dos autos em causa, é que os suspeitos, em qualquer dos dois furtos, pretendiam furtar alguns valores, dinheiro ou outros. Não pretendiam furtar elementos contabilísticos com cujo furto não teriam o menor proveito e, como se disse, nem sequer o documento de fls. 160 prova o que quer que seja. Deste modo, bem andou o Mmo. Juiz a quo em não dar como provado o furto dos mesmos elementos. E, se a recorrente não apresentou elementos credíveis à AF, demonstrativos de que os livros e outros documentos foram furtados – tal como não os apresentou em tribunal – outra conclusão não se pode tirar, salvo melhor opinião, que não seja o da recusa da exibição da escrita por parte da recorrente. **E, havendo recusa de exibição da escrita, estão preenchidos os**

pressupostos para o recurso aos métodos indiciários para determinação da matéria colectável.

Como tal, não obstante seja possível sindicar os pressupostos do recurso a presunções para quantificação da matéria colectável, ao contrário do que foi entendido pelo Mmo. Juiz a quo (conclusão A), tem de improceder a conclusão B.

Quanto às conclusões C, em que a Recorrente alega falta de fundamentação da aplicação da taxa de 17% quando a Recorrente apresentou declarações periódicas em que as bases tributáveis se dividiam pela taxa reduzida, normal e agravada, entendo que, salvo melhor opinião, aquela aplicação se encontra suficientemente fundamentada.

A fundamentação há-se ser expressa, através duma exposição sucinta dos fundamentos de facto e de direito da decisão; clara, permitindo que, através dos seus termos, se apreendam com precisão os factos e o direito com base nos quais se decide; suficiente, possibilitando ao administrado ou contribuinte um conhecimento concreto da motivação do acto, ou seja, as razões de facto e de direito que determinaram o órgão ou agente a actuar como actuou, e congruente, de modo que a decisão constitua conclusão lógica e necessária dos motivos invocados como sua justificação, envolvendo entre eles um juízo de adequação, não podendo existir contradição entre os fundamentos e a decisão.

Podendo consistir em mera declaração de concordância com os fundamentos de anterior parecer, informação ou proposta, que, neste caso, constituirão parte integrante do respectivo acto (fundamentação por adesão; ou remissão). Pelo que, em tal caso, o despacho integra nele próprio o parecer, informação ou proposta que, assim, em termos de legalidade, terão de satisfazer os mesmos requisitos da fundamentação autónoma.

Por outro lado, é equivalente à falta de fundamentação, a adopção de fundamentos que, por obscuridade, contradição ou insuficiência, não esclareça concretamente a motivação do acto. O que tudo constitui jurisprudência e doutrina correntes (cfr. Acórdão STA, de 06.11.96, in Ciência e Técnica Fiscal, 385/338).

No caso dos autos, salvo melhor opinião, a recusa de exibição de escrita pela Recorrente, é suficiente para fundamentar a tributação do volume de negócios corrigido desta pela taxa normal de 17%, na medida em que, havendo recusa de exibição, era impossível controlar qual a parte a que se poderia aplicar cada uma das taxas, normal, reduzida e agravada.

Sendo assim, improcede a conclusão C.

Quanto à Conclusão D, embora, como se entendeu acima, o Mmo. Juiz a quo devesse ter conhecido da questão, a questão por não estar abrangida pelo "erro na quantificação da matéria tributável", a verdade é que, por causa da recusa de exibição da escrita pela Recorrente, a AF não podia deixar de aplicar a taxa normal, de 17%, a toda a matéria colectável quantificada, na medida em que não havia possibilidade de controlar qual a base tributável de cada uma das taxas, normal, reduzida e agravada.

Deve, assim, ser negado provimento ao recurso, sem necessidade de mais considerações, ainda que com fundamentação diferente da do tribunal a quo.

C. A DECISÃO

Termos em que, acordam os Juizes da Secção de Contencioso Tributário do TCAS, em negar provimento ao recurso e, em consequência, ainda que com fundamentação diferente, manter na ordem jurídica a sentença recorrida.

Custas pela Recorrente, com sete UCs de T.J..

Lisboa, 3 de Maio de 2006

Ivone Martins
Lucas Martins
Pereira Gameiro

Recurso n.º 7287/02

MAIS-VALIAS. CONCEITOS.

(Acórdão de 16 de Maio de 2006)

SUMÁRIO:

O conceito de mais-valias utilizado no n.º 2 do art. 7.º do DL 495/88, de 30/12, não é homólogo do conceito de mais-valias que é definido no art. 42.º do CIRC e que é pressuposto do art. 44.º do mesmo CIRC.

ACORDAM, EM CONFERÊNCIA, OS JUIZES DA SECÇÃO DE CONTENCIOSO TRIBUTÁRIO (2ª SECÇÃO) DO TRIBUNAL CENTRAL ADMINISTRATIVO SUL:

RELATÓRIO

1.1. A Fazenda Pública recorre da sentença que, proferida pela Mma. Juíza da 2ª secção do 2.º Juízo do TT de 1ª Instância do Porto, julgou procedente a impugnação, deduzida pela Figest, Gestão de Participações Financeiras, Sociedade de Controlo, SA., com os sinais dos autos, entretanto denominada Sonae Investimentos – Sociedade Gestora de Participações Sociais, SA., em virtude de fusão por incorporação, contra a liquidação de IRC relativo a 1990, no montante de 115.789.580$00.

1.2. A recorrente Fazenda Pública alegou o seu recurso e termina formulando as Conclusões seguintes:

1. A douta sentença sob recurso julgou procedente a presente impugnação, por haver concluído padecer de ilegalidade a liquidação adicional de IRC relativo a 1990, entendendo que: "a compra das ditas acções chegou a constituir elemento do Activo Imobilizado corpóreo da impugnante e, nessa medida podendo beneficiar do regime de exclusão de tributação das mais-valias previsto no art. 44.º, n.º 1 do CIRC, por remissão do art. 7.º, n.º 2 do DL n.º 495/88 de 30/12".

"Por outro lado (...) não obstante a venda das acções se ter processado antes de decorrido um ano sobre a respectiva compra, quer pelo objectivo social da impugnante, quer pelas importâncias dispendidas, quer pelo número de acções envolvidas na compra e venda, somos em concluir que a respectiva operação alcança a natureza de aplicação a médio e longo prazo, ou seja, o carácter de permanência inerente à conta de Investimentos Financeiros."

2. Não foi aceite pela Administração Fiscal, a dedução ao Lucro Tributável de IRC de 1990, dos ganhos obtidos na alienação de Acções da PRAEDIUM e CFI, considerados pela impugnante como Mais-Valias contabilísticas abrangidas pelo Benefício Fiscal decorrente da conjugação do art. 44.° do CIRC e art. 7.°, n.° 2 do DL n.° 495/88 de 30 de Dezembro.

3. A Administração Fiscal considerou, com base num Relatório da Inspecção-Geral de Finanças, que para se usufruir deste Benefício Fiscal, os ganhos obtidos nas referidas transacções só poderiam ser considerados mais-valias se proviessem de elementos do activo imobilizado nos termos do art. 42.° do CIRC, o que não foi o caso destes ganhos, pois resultaram de venda de acções adquiridas para revenda a curto prazo, já que não tinham a natureza de imobilizações, pois não foram "adquiridas pela empresa com carácter permanente para rendimento ou controle de outras empresas" (POC – DL n.° 27/87 de 14 de Janeiro), nem com o objectivo de gestão a que se refere o art. 1.° do DL n.° 495/88 de 30 de Dezembro.

4. O art. 1.° do Decreto-Lei n.° 495/88 exclui do objecto contratual das SGPS, as participações com carácter ocasional, considerando estas, como dispõe no seu n.° 3, as que são detidas por um período inferior a um ano. O art. 5.° deste Decreto veda expressamente às SGPS a alienação de acções antes de decorrido um ano sobre a aquisição, excepcionando na alínea e) do n.° 1, as situações em que tal pode ocorrer, mas em nosso entender, para não ficarem sujeitas às sanções do art. 13.° do mesmo Diploma e não para qualificar como imobilizado as acções detidas há menos de um ano. Esta qualificação resulta da normalização contabilística, vigorando à data das operações, o Plano Oficial de Contabilidade do DL n.° 27/87 de 14 de Janeiro.

5. O fundamento dum Benefício Fiscal assenta na prossecução de um interesse público relevante, que se sobrepõe ao sistema de tributação regra, "in casu" a gestão de participações sociais, de forma a fomentar o investimento financeiro e o fortalecimento do tecido empresarial português, para o qual é determinante o carácter de permanência na detenção dessas mesmas participações.

6. O art. 7.°, n.° 2 do DL n.° 495/88 estabelece que se aplica às SGPS, o Regime Fiscal previsto no art. 44.° do CIRC, que permite a exclusão da tributação das mais-valias "realizadas mediante transmissão onerosa de elementos do activo imobilizado corpóreo..."

Dado que as participações sociais não são imobilizado corpóreo mas sim imobilizado financeiro, o art. 18.° do Decreto-Lei n.° 215/89 de 1 de Julho – Estatuto dos Benefícios Fiscais, vem alargar o âmbito do art. 44.° do CIRC aplicando o seu regime também às Imobilizações Financeiras, mas impondo como condição para dele beneficiar, a detenção das acções que originaram os ganhos, por um período não inferior a doze meses, como se depreende dos seus n.os 1 e 3.

7. A política fiscal que norteou o legislador nos investimentos financeiros, foi uniforme no sentido de impor um período mínimo de I ano de detenção das acções pelas entidades alienantes, para que os referidos ganhos possam usufruir da exclusão de tributação, como se depreende da conjugação do art. 7.° do DL n.° 495/88 com os artigos 44.° do CIRC e 18.° do EBF – DL n.° 215/89.

8. Mais relevante do que averiguar se os ganhos decorrentes da alienação das acções em causa, integram ou não o conceito de mais-valias, porque provenientes do activo imobilizado, nos termos do art. 42.° do CIRC, é determinar se os mesmos integram o conceito de mais-valias subjacente ao regime fiscal previsto nos normativos legais acima descritos.

9. Para integrar este último conceito e independentemente da contabilização das Acções à data da aquisição como Imobilizações Financeiras, ou como Investimentos Financeiros a médio ou curto prazo, o que releva é se as acções à data da alienação se encontravam na posse dos alienantes há mais de 1 ano, como claramente decorre da alínea a) do n.° 1 do art. 18.° do DL n.° 215/89, alargando o âmbito de aplicação do art. 44.° do CIRC às Imobilizações Financeiras.

10. A impugnante alienou as ditas acções antes de decorrido um ano sobre a aquisição, como factualmente provado nestes autos, atentando-se no caso das acções da PRAEDIUM, que foram vendidas no mesmo dia em que foram adquiridas – 27 de Dezembro de 1990 – o que além de demonstrar o carácter ocasional das operações e intuito de revenda a curto prazo, se torna impeditivo, pelas razões e normativos apontados, de beneficiar do Regime de Exclusão de tributação em IRC dos ganhos obtidos com as ditas alienações.

11. A douta sentença sob recurso violou os arts. 1.° e 7.° do Decreto-Lei n.° 495/88 de 30/12, o art. 44.° do Código do IRC e o art. 18.° do Decreto-Lei n.° 215/89 de 1/07 – Estatuto dos Benefícios Fiscais.

Termina pedindo que seja dado provimento ao presente recurso e se revogue a decisão recorrida.

1.3. Contra-alegou a recorrida, pugnando pela confirmação do julgado e rematando a sua alegação com a formulação das Conclusões seguintes:

1ª – As acções relativas ao capital social da PRAEDIUM e da CFI adquiridas pela FIGEST foram correctamente contabilizadas pela empresa como "Imobilizações Financeiras" mau grado não terem sido detidas pelo período de um ano, dado estar amplamente provado que a actuação da FIGEST se pautou por uma lógica de controlo, visando obter presença e intervenção activas na sociedade participada, e não por uma lógica de obtenção de ganhos através da revenda no curto prazo;

2ª – De acordo com o POC, a classificação como "Imobilizações Financeiras" não é posta em crise pelo facto de as acções não serem detidas pelo período mínimo de um ano, apenas se exigindo que a aquisição seja presidida pela intenção de vir a conservá-las, "com carácter permanente, para rendimento ou controlo de outras empresas";

3ª – Como os ganhos conseguidos com a venda das referidas acções têm a natureza de mais-valias à luz dos critérios próprios do CIRC (veja-se o respectivo art. 42.°), não pode subsistir qualquer dúvida séria sobre a aplicabilidade ao caso do benefício fiscal previsto no n.° 2 do art. 7.° do DL 495/88;

ACRESCE QUE,

4ª – Uma participação, não obstante ser detida por uma SGPS por menos de um ano, pode ser considerada um elemento do activo imobilizado, desde que a alienação seja "por troca ou o produto da alienação for reinvestido no prazo seis meses noutras participações", conforme estatui a al. e) do n.° 1 do art. 5.° do DL 495/88;

PELO QUE,

5ª – A compra das acções PRAEDIUM e CFI chegou a constituir elemento do activo imobilizado corpóreo da

FIGEST e, nessa medida, pode beneficiar do regime de tributação das mais-valias previsto no art. 44.º n.º 1 do CIRC, por remissão do art. 7.º n.º 2 do Dec.-Lei n.º 495/88, visto que o produto da alienação foi aplicado nos seis meses seguintes em participações abrangidas pelo art. 1.º, n.º 2, deste diploma legal;

SEM PRESCINDIR

6ª – O benefício do n.º 2 do art. 7.º do DL n.º 495/88 aproveitaria à FIGEST ainda que as aludidas acções da PRAEDIUM e da CFI constituíssem, por hipótese, "títulos negociáveis" e não imobilizações financeiras, pois a expressão "mais-valias" é ali usada no sentido de ganhos, sem que exija que os bens em causa pertençam ao activo imobilizado da empresa (o conceito de mais-valias utilizado no DL 495/88 significa simplesmente "ganhos obtidos com a revenda de um bem a um preço superior ao custo de aquisição");

7ª – O acto praticado pela Administração fiscal é ainda ilegal pois desconsidera, no apuramento da matéria tributável, a existência de uma doação na aquisição das acções da PRAEDIUM;

8ª – A existência de uma doação implica que o custo de aquisição das 502.239 acções da PRAEDIUM para efeitos do apuramento do lucro tributável em IRC seja de 1.004.478.000$00, com a consequência de que a ulterior venda daquelas acções por 1.000.000.000$00 gerou, para efeitos de IRC, não um proveito mas uma menos-valia;

9ª – Os fundamentos invocados no acto impugnado são irrelevantes para a integração de um lote de acções numa dada categoria contabilística, visto que não se referem à intenção que presidiu à aquisição das acções.

Termina pedindo que se negue provimento ao recurso e se confirme a decisão recorrida.

1.4. O MP emite Parecer no qual sustenta que deve ser negado provimento ao recurso.

1.5. Correram os Vistos legais e cabe decidir.

FUNDAMENTOS

2.1. A sentença julgou provados os factos seguintes, ora submetidos a alíneas:

a) A impugnante tem como objecto social a gestão de participações sociais de outras sociedades como forma indirecta de exercício de actividade económica.

b) Na sequência de uma inspecção de que foi objecto veio a ser-lhe efectuada a liquidação adicional ora em crise, relativa ao 1RC do exercício de 1990, com a seguinte fundamentação:

«As correcções efectuadas baseiam-se no relatório de 10/2/92 (...) no qual se refere (...) que a empresa adquiriu e vendeu na mesma data (27/12/90) acções da empresa "Praedium", adquiridas pelo preço de 502.259 contos e vendidas pelo preço de 1.000.000 contos; a empresa movimentou a conta 41 – Investimentos Financeiros e considerou o ganho obtido uma mais-valia contabilística que deduziu ao lucro tributável; idêntica situação ocorreu com a transacção de acções da empresa "CFI", sendo o ganho obtido de 23.169 contos, tendo sido dado o mesmo tratamento contabilístico fiscal.

Entende-se que tais ganhos não são enquadráveis no conceito de mais-valia estabelecido no artigo 42.º do CIRC uma vez que se trata de aquisições de acções para revenda a curto prazo e como tal deveriam ter sido contabilizadas na conta 16 – Títulos Negociáveis que de acordo com o POC, inclui os títulos adquiridos com o objectivo de aplicação de tesouraria a curto prazo».

c) Por contrato datado de 15/10/990, a impugnante outorgou com Belmiro Mendes de Azevedo num contrato promessa, pelo qual aquela prometia comprar e este prometia vender, pelo preço global de 502.259 contos, 502.259 acções da «Praedium, Sociedade de Gestão e Investimento Imobiliário, SA», correspondentes a 35,5% do respectivo capital social.

d) Em 27/12/990 realizou-se o contrato prometido e, nesse mesmo dia, a impugnante vendeu as acções compradas por 1.000.000 contos, obtendo um ganho de 497.741 contos,

e) Em 2/4/990 e 4/4/990, a impugnante adquiriu, respectivamente, 10.000 e 5.000 acções representativas do capital social da «CFI, Companhia Financeira Internacional, SA» pelos preços globais de, respectivamente, 15.248.399$00 e 7.624.200$00, correspondentes a 30% do seu capital social.

f) A impugnante veio a vender estas acções da CFI em, respectivamente, 4/4/990 e 31/7/990, pelos preços de 29.551.500$00 e 16.490.459$00, obtendo um ganho global de 23.169.360$00.

g) A impugnante contabilizou os ganhos assim obtidos como "mais-valias".

h) Entre 27/12/990 e 27/7/991, a impugnante efectuou as seguintes aquisições:

– Em 28/12/990, 231.666 acções representativas do capital social da «CLÍNICA MIRADOURO, SA», com o capital social de 750.000.000$00, pelo preço de 231.666.000$00.

– Em 31/12/990, 84.640 acções representativas do capital social da «EFISA, Engenharia Financeira, SA», com o capital social de 750.000.000$00, pelo preço de 253.920.000$00.

– Em 2/1/991, 352.692 acções representativas do capital social da «PROADEC, SA», com o capital social de 950.010.000$00, pelo preço de 862.289.168$00.

– Em 25/2/991, 97.000 acções representativas do capital social da «SAG, Sociedade de Apoio à Gestão, SA», com o capital social de 100.000.000$00, pelo preço de 242.500.000$00.

– Em 28/3/991, 146.950 acções representativas do capital social da «EFANOR, Empresa Fabril do Norte, SA», com o capital social de 4.325.000.000$00, pelo preço de 146.950.000$00.

– Em 2/5/991, 999 acções representativas do capital social da «EUROFONE, Telecomunicações Móveis, SA», com o capital social de 5.000.000$00, pelo preço de 999.000$00.

i) A impugnante contabilizou todas as acções objecto do reinvestimento como "investimentos financeiros".

j) Em 15/1/1990, a «PRAEDIUM» denominava-se «QUORUM – SGII, Sociedade de Gestão e Investimento Imobiliário, SA», tendo um capital social de 600.000.000$00, representado por 600.000 acções, no valor nominal de 1.000$00 cada.

k) Dessas 600.000 acções, 279.500 pertenciam a «QUORUM, Gestão e Promoção Imobiliária, SA», e as restantes 320.500 a Raimundo Pinto Madeira Durão, Maria Lucinda Oliveira Leal Durão, Maria Teresa Leal Madeira Durão, Maria Joana Oliveira Leal Durão e Maria Lucinda Oliveira Leal Madeira Durão.

l) Estas 600.000 acções vieram a ser vendidas a Belmiro Mendes de Azevedo, em 15/1/990, sendo as 279.500 acções da QUORUM pelo preço de 279.500.000$00 e as 320.500 das pessoas singulares ao preço de

1.020.500.000$00 do que resultou um custo unitário médio de 2.166$00, correspondente a uma valorização global da então QUORUM de 1.300.000.000$00 e sendo certo que o referido Belmiro de Azevedo lhe atribuía um valor não inferior.

m) Belmiro de Azevedo aceitou pagar 1.020.500.000$00 pelas 320.500 acções pertencentes às pessoas singulares apenas porque lhe era dada a possibilidade de adquirir as demais 279.500 acções ao preço de 279.500.000$00.

n) Em 16/6/990, a assembleia geral da QUORUM – SGII adoptou diversas deliberações, designadamente:

– alterar a denominação social para PRAEDIUM, Sociedade de Gestão e Investimento Imobiliário, SA;

– aumentar o capital social para 1.500.000.000$00, através da emissão de 900.000 novas acções com o valor nominal unitário de 1.000$00, a realizar, quer mediante entradas em dinheiro no montante de 307.272.000$00, quer mediante entrada de diversos imóveis, cujo valor totalizava 592.728.000$00.

o) A marcha dos negócios sociais da PRAEDIUM foi lucrativa durante o ano de 1990, não tendo ocorrido qualquer evento susceptível de acarretar diminuição do seu património e antes se tendo assistido à respectiva valorização, vindo ela a reavaliar o seu património em mais 1.228.740.436$00, do que resultou valerem as suas acções, segundo as contas de 1990, cerca de 1.900$00.

p) Tendo em conta o ingresso de novos bens consequente ao aumento do capital, quer o aumento de valor dos imóveis, o património líquido da PRAEDIUM ascendia, em 27/12/990 (da mesma forma que em 15/10/990), a aproximadamente 3.000.000.000$00, pelo que cada uma das 1.500.000 acções que a partir de 15/10/990 passaram a representar o seu capital social valia cerca de 2.000$00.

q) Aquando do contrato promessa outorgado em 15/10/ /1990, atrás referido, ambos os outorgantes sabiam que cada acção da PRAEDIUM valia cerca de 2.000$00.

r) Em 15/10/990, Belmiro de Azevedo era titular de 91,42% do capital social da FIGEST.

s) Ao prometer vender por 502.259.000$00 as acções que valiam cerca de 1.004.518.000$00, Belmiro de Azevedo teve a intenção de beneficiar gratuitamente a FIGEST em montante equivalente a essa diferença, o que era também do conhecimento desta.

t) Não havia cotação oficial para as acções da PRAEDIUM nem da CFI.

u) A aquisição definitiva das acções PRAEDIUM só não ocorreu em 15/10/990 porque, estava pendente o processo de registo do aumento de capital a que diziam respeito, pelo que a transmissão definitiva teve de esperar a conclusão do respectivo processo, sendo que a intenção que determinou a administração da impugnante já estava formada desde a data do contrato promessa.

2.2. Quanto a factos não provados, a sentença exarou:

«**FACTOS NÃO PROVADOS**

Inexistem. As demais asserções insertas na douta petição integram antes considerações pessoais da impugnante e conclusões de facto e/ou direito.»

2.3. E em sede de fundamentação dos factos provados e não provados, exarou-se:

«Alicerçou-se a convicção do Tribunal na consideração dos factos provados no teor dos documentos de fls. 20 a 189, 230 a 264 e 270 a 349, bem como nas declarações das testemunhas inquiridas a fls. 223/228 e 265/ /269, as quais demonstraram conhecimento directo dos factos pelas relações profissionais que tinham com a impugnante, e mereceram credibilidade.»

3.1. Enunciando como questão a decidir a da errónea qualificação dos factos, ou seja, saber se o ganho auferido pela impugnante e resultante da compra e venda das acções da PRAEDIUM e da CFI constitui ou não uma mais-valia e, nessa medida, se foi ou não bem contabilizada na conta "Investimentos Financeiros", a sentença respondeu afirmativamente a tal questão e, em consequência, julgou procedente a impugnação.

Para tanto, fundamenta-se, em síntese, em que pode extrair-se da factualidade apurada – quer pelas importâncias dispendidas, quer pelo número das acções envolvidas na compra e venda –, que a respectiva operação alcança a natureza de aplicação a médio ou longo prazo, pois que, de acordo com as regras da experiência, os volumes de acções e as importâncias dispendidas, indicam tratar-se de uma transacção com o objectivo de obter uma posição relevante ou de controlo das sociedades em causa, e não uma mera operação de especulação financeira de investimento no mercado de valores mobiliários.

Por outro lado, tal objectivo enquadra-se perfeitamente no objecto social da impugnante, a gestão de participações sociais de outras sociedades e o art. 44.° do CIRC, ao excluir as mais-valias da tributação, desde que reinvestidas nas condições aí prescritas, integra um benefício fiscal de incentivo ao investimento, objectivo esse também perseguido com o diploma regulamentador das SGPS como claramente se extrai do respectivo preâmbulo:

A divergência da AT surgiu exactamente em função do tipo especial de sociedade que é a impugnante (como dá nota a informação de fls. 359 a 376 dos autos, com base na qual foi efectuada a correcção).

E embora à primeira vista, e de acordo com o regime específico das SGPS (DL 495/88, de 30/12), para que uma participação possa ser considerada (no caso específico das SGPS) elemento do activo imobilizado corpóreo, ela deve ser detida pelo menos durante um ano e atingir pelo menos 10% do capital com direito a voto da sociedade participada, o que não era manifestamente o caso da operação subjacente à criação das mais-valias aqui em causa, uma vez que não estiveram na sua posse durante um ano, há, contudo, que atender ao disposto no art. 5.° n.° 1 al. e) daquele mesmo diploma: "Às SGPS é vedado (...) antes de decorrido um ano sobre a sua aquisição, alienar ou onerar as participações abrangidas pelo n.° 2 do art. 1°, excepto se a alienação for feita por troca ou o produto da alienação for reinvestido no prazo de seis meses noutras participações abrangidas pelo citado preceito". Ou seja, conjugando o art. 1.° n.ºs 2 e 3 e o art. 5.° n.° 1 al. e) do DL 495/88 resulta que, afinal, uma participação, não obstante ser detida por menos de um ano, pode ainda ser considerada elemento do activo imobilizado corpóreo duma SGPS, em duas situações: A alienação seja feita por troca; o produto da alienação seja reinvestido no prazo de 6 meses noutras participações que obedeçam aos requisitos do art. 1.° n.ºs 2 e 3.

E, nesta perspectiva, já a compra e venda das acções por parte da impugnante reúne os requisitos necessários para ser considerada um seu elemento do activo imobilizado corpóreo, já que de acordo com a factualidade provada, o ganho obtido com a venda das acções da PRAEDIUM e da CFI foi aplicado na compra de participações sociais da CLÍNICA MIRADOURO, EFISA, PROADEC, SAG, EFANOR e EUROFONE, no prazo de 6 meses após a venda e reinvestimento esse que a impugnante conservou na sua posse.

Portanto, a compra das ditas acções chegou a constituir elemento do activo imobilizado corpóreo da impugnante e, nessa medida, podendo beneficiar do regime de exclusão de tributação das mais-valias previsto no art. 44.° n.° 1 do CIRC, por remissão do art. 7.° n.° 2 do DL 495/88, de 30/12.

3.2. É do assim decidido que a recorrente discorda, imputando à sentença erros de julgamento de facto e de direito, dado que, no entender da Fazenda Pública, mais relevante do que averiguar se os ganhos decorrentes da alienação das acções em causa, integram ou não o conceito de mais-valias, porque provenientes do activo imobilizado, nos termos do art. 42.° do CIRC, é determinar se os mesmos integram o conceito de mais-valias subjacente ao regime fiscal previsto nos normativos legais acima descritos e, para integrar este último conceito e independentemente da contabilização das Acções à data da aquisição como Imobilizações Financeiras, ou como Investimentos Financeiros a médio ou curto prazo, o que releva é se as acções à data da alienação se encontravam na posse dos alienantes há mais de 1 ano, como claramente decorre da alínea a) do n.° 1 do art. 18.° do DL n.° 215/89, alargando o âmbito de aplicação do art. 44.° do CIRC às Imobilizações Financeiras (cfr. Conclusões 8ª e 9ª do recurso). Ora, tendo a recorrida alienado as ditas acções antes de decorrido um ano sobre a aquisição, como factualmente provado nestes autos (sendo que as acções da PRAEDIUM foram vendidas no mesmo dia em que foram adquiridas – 27 de Dezembro de 1990 – o que além de demonstrar o carácter ocasional das operações e intuito de revenda a curto prazo, se torna impeditivo, pelas razões e normativos apontados, de beneficiar do Regime de Exclusão de tributação em IRC dos ganhos obtidos com as ditas alienações) a sentença violou os arts. 1.° e 7.° do DL 495/88 de 30/12, o art. 44.° do CIRC e o art. 18.° do EBF (cfr. Conclusões 10ª e 11ª).

3.3. Só esta discordância factual (na Conclusão 10ª) quanto à demonstração do carácter ocasional das operações e intuito de revenda a curto prazo, determina, aliás, a competência do TCA, em razão da hierarquia, para conhecer do recurso, já que, nas restantes Conclusões do recurso, a recorrente apenas suscita matéria de direito.

Vejamos.

4.1. Contradizendo a tese da recorrente, a recorrida alega que as acções questionadas foram correctamente contabilizadas como "Imobilizações Financeiras", apesar de não terem sido detidas pelo período de um ano, dado estar amplamente provado que a actuação da Figest se pautou por uma lógica de controlo, visando obter presença e intervenção activas na sociedade participada, e não por uma lógica de obtenção de ganhos através da revenda no curto prazo.

Mais alega que o acto praticado pela AT é ainda ilegal pois desconsidera, no apuramento da matéria tributável, a existência de uma doação na aquisição das acções da Praedium (a existência de uma doação implica que o custo de aquisição das 502.239 acções da Praedium para efeitos do apuramento do lucro tributável em IRC seja de 1.004.478.000$00, com a consequência de que a ulterior venda daquelas acções por 1.000.000.000$00 gerou, para efeitos de IRC, não um proveito mas uma menos-valia) e que os fundamentos invocados no acto impugnado são irrelevantes para a integração de um lote de acções numa dada categoria contabilística, visto que não se referem à intenção que presidiu à aquisição das acções.

4.2. Como se viu, a recorrente Fazenda questiona a conclusão fáctica relativa à intenção que presidiu à aquisição das acções (a intenção de com a transacção a recorrida obter uma posição relevante ou de controlo das sociedades Praedium e CFI, e não uma mera operação de especulação financeira de investimento no mercado de valores mobiliários).

E, na verdade, concordamos com a sentença, quanto ao julgamento de que, da factualidade provada se pode extrair – quer pelas importâncias despendidas, quer pelo número das acções envolvidas na compra e venda, quer pela factualidade constante da al. m) do probatório, que, de acordo com as regras da experiência, estamos em presença de uma transacção com o objectivo (que se enquadra no objecto social da recorrida – a gestão de participações sociais de outras sociedades) de obter uma posição relevante, activa e de controlo das sociedades em causa, e não de transacção com vista à obtenção de ganhos através da revenda no curto prazo.

E, assim sendo, acolhe-se na totalidade o Probatório especificado na sentença.

5.1. Dispõe o art. 1.° do DL 495/88 de 30/12, que:

«1 – As sociedades gestoras de participações sociais (...), têm por único objecto contratual a gestão de participações sociais de outras sociedades, como forma indirecta de exercício de actividades económicas.

2 – Para efeitos do presente diploma, a participação numa sociedade é considerada forma indirecta de exercício da actividade económica desta quando não tenha carácter ocasional e atinja, pelo menos, 10% do capital com direito de voto da sociedade participada, quer por si só, quer conjuntamente com participações de outras sociedades em que a SGPS seja dominante.

3 – Para efeitos do número anterior, considera-se que a participação não tem carácter ocasional quando é detida pela SGPS por período superior a um ano.

4 ... ».

E a al. e) do n.° 1 do art. 5.° do mesmo diploma estabelece que:

«1 – Às SGPS é vedado:

e) Antes de decorrido um ano sobre a sua aquisição, alienar ou onerar as participações abrangidas pelo n.° 2 do art. 1.°, excepto se a alienação for feita por troca ou o produto da alienação for reinvestido no prazo de seis meses noutras participações abrangidas pelo citado preceito;»

Por seu lado, sob a epígrafe «Regime fiscal», o art. 7.° do mesmo DL estatui:

«1 – Às SGPS é aplicável o disposto no n.° 1 do artigo 45.° do Código do Imposto sobre o Rendimento das Pessoas Colectivas (IRC), sem dependência dos requisitos aí exigidos quanto à percentagem de participação e ao prazo em que esta tenha permanecido na sua titularidade.

2 – Às mais-valias e menos-valias obtidas pelas SGPS, mediante a venda ou troca das quotas ou acções de que

sejam titulares, é aplicável o disposto no art. 44.º do Código do Imposto sobre o Rendimento das Pessoas Colectivas (IRC), sempre que o respectivo valor de realização seja reinvestido, total ou parcialmente, na aquisição de outras quotas, acções ou títulos emitidos pelo Estado, no prazo aí fixado.»

O n.º 1 deste art. 44.º do CIRC dispõe que «não concorre para o lucro tributável do exercício a que respeitar, na parte que tenha influenciado a base tributável, a diferença positiva entre as mais-valias e as menos-valias realizadas mediante transmissão onerosa de elementos do activo imobilizado corpóreo (...) sempre que o valor da realização correspondente à totalidade dos referidos elementos seja reinvestido na aquisição, fabricação ou construção de elementos do activo imobilizado corpóreo até ao fim do segundo exercício seguinte ao da realização.»

Por sua vez, os n.os 1 e 4 do art. 45.º deste mesmo código (CIRC) dispõem:

«1 – Para efeitos de determinação do lucro tributável das sociedades comerciais ou civis sob forma comercial, cooperativas e empresas públicas, com sede ou direcção efectiva em território português, será deduzida uma importância correspondente a 95% dos rendimentos, incluídos na base tributável, correspondentes a lucros distribuídos por entidades com sede ou direcção efectiva no mesmo território, sujeitas e não isentas de IRC ou sujeitas ao imposto referido no artigo 6, nas quais o sujeito passivo detenha directamente uma participação no capital não inferior a 25%, e desde que esta tenha permanecido na sua titularidade durante dois anos consecutivos ou desde a constituição da entidade participada, contanto que neste último caso a participação seja mantida durante aquele período.»

(...)

«4 – O disposto no n.º 1 é igualmente aplicável às sociedades de participações sociais, nos termos da respectiva legislação, bem como a outros tipos de sociedades, de acordo com o Estatuto dos Benefícios Fiscais.»

5.2. Como se diz no ac. de 3/4/2001, rec. 3814/00, deste TCA, junto, aliás, a fls. 418 e sgts., nos termos do disposto no art. 17.º do CIRC, o lucro tributável é constituído pela soma algébrica do resultado líquido do exercício e das variações patrimoniais positivas e negativas verificadas no mesmo período e não reflectidas naquele resultado, determinados com base na contabilidade e eventualmente corrigidas nos termos do Código, «o que equivale a dizer, em conjugação com o disposto no art. 18.º do Código que estabelece a periodização do lucro tributável, que este se reportará ao saldo revelado pela conta de resultados do exercício ou de ganhos e perdas, elaborada em obediência a sãos princípios de contabilidade, e consistirá na diferença entre todos os proveitos ou ganhos realizados no exercício anterior àquele a que o ano fiscal respeitar e os custos e perdas imputáveis ao mesmo exercício.

«Nos termos dos artigos 42.º e 44.º do CIRC e em vista do caso concreto, não contam para a determinação do lucro tributável as mais-valias contabilísticas, ou seja a resultante da diferença entre o valor da alienação (a título oneroso) e o valor por que os bens figuravam no balanço final do ano imediatamente anterior ao da alienação. Os ganhos obtidos pela alienação de bens constantes do activo imobilizado ou de valores mantidos em reserva ou para fruição nunca são de tributar em IRC, devendo ser deduzidos ao saldo da conta de ganhos e perdas, se, como é evidente, as importâncias a deduzir tiverem nele sido incluídas.

«Concretamente, no art. 44.º referido consagra-se uma exclusão da tributação das mais-valias líquidas, realizadas mediante transmissão onerosa de elementos do activo imobilizado corpóreo sempre que o respectivo valor de realização seja reinvestido em bens da mesma natureza, até ao fim do segundo exercício seguinte ao da realização.

«Há nestas situações um tratamento fiscal privilegiado que se traduz num incentivo ao investimento, em ordem a garantir a continuidade de exploração das empresas, estando a aplicabilidade de tal regime dependente do reinvestimento do valor de realização, na aquisição, fabricação ou construção de elementos do activo imobilizado corpóreo, até ao fim do segundo exercício seguinte ao da realização.

«Mas para que tenha aplicação a norma excludente é necessário que sejam imobilizações, como tal registadas na conta 41 do POC as aquisições e alienações das acções. Ora esta conta trata de «Imobilizações financeiras», incluindo as participações de capital e outros títulos adquiridos pela empresa para rendimento ou controle de outras empresas.

«Esta classe inclui os bens de utilização contínua e que não se destinam a ser vendidos no decurso normal das operações da empresa.

«Imobilizações é o termo utilizado para caracterizar todos os elementos patrimoniais activos, corpóreos, utilizados pela empresa por períodos de tempo superiores a um ano, servindo quer meios de produção quer como aplicação financeira.

«Diga-se a propósito que a conta 41 POC integra as aplicações financeiras de carácter permanente, existindo em termos gerais alguma semelhança entre a conta em epígrafe e a conta de Títulos Negociáveis. Todavia as circunstâncias e o objectivo são bem diferentes. Na conta Títulos negociáveis registam-se aplicações financeiras de curto prazo, com vista a rentabilizar excedentes momentâneos de tesouraria. Ao invés, na conta de Investimentos financeiros contabilizam-se aplicações financeiras de médio e longo prazo. O objectivo destas aplicações já se prende com realidades diferentes, podendo ir desde o controlo de empresas, ao financiamento de outras empresas e até á constituição de fundos (cfr. POC Comentado, in Contabilidade e a Prestação de Contas, de António Borges e Martins Ferrão, 7ª edição, pág. 197).»

5.3. A recorrida deduziu para efeitos de apuramento do lucro tributável o ganho obtido aqui questionado, ganho este que reinvestiu nos termos, prazos e quantitativos que constam do Probatório.

A AT entendeu que uma vez que a recorrente adquiriu as referidas acções com o propósito de as revender, aquelas não podiam ter sido contabilizadas como imobilizado financeiro mas apenas como títulos negociáveis, não podendo assim, o ganho obtido com as mesmas ser considerado mais-valias para efeitos de IRC.

Isto porque, é seu entendimento o de que para efeitos de mais-valias apenas podem ser considerados os ganhos obtidos com a venda de imobilizado financeiro face ao disposto no citado n.º 1 do art. 42.º do CIRC.

E na verdade este art. 42.º estabelece um conceito de mais valias, definindo estas como sendo todo e qualquer ganho obtido relativamente a elementos do activo imobilizado mediante transmissão onerosa, qualquer que seja o título por que se opere.

No caso, apesar de a recorrida ter levado à conta «41 – investimentos financeiros» o montante questionado nos autos, a AT entendeu dever corrigir esse enquadramento contabilístico devido às circunstâncias especificadas na fundamentação das correcções, tal como com da al. b) do Probatório, ou seja: «As correcções efectuadas baseiam-se no relatório de 10/2/92 (...) no qual se refere (...) que a empresa adquiriu e vendeu na mesma data (27/12/90) acções da empresa "Praedium", adquiridas pelo preço de 502.259 contos e vendidas pelo preço de 1.000.000 contos; a empresa movimentou a conta 41 – Investimentos Financeiros e considerou o ganho obtido uma mais-valia contabilística que deduziu ao lucro tributável; idêntica situação ocorreu com a transacção de acções da empresa "CFI", sendo o ganho obtido de 23.169 contos, tendo sido dado o mesmo tratamento contabilístico fiscal.

Entende-se que tais ganhos não são enquadráveis no conceito de mais-valia estabelecido no artigo 42.º do CIRC uma vez que se trata de aquisições de acções para revenda a curto prazo e como tal deveriam ter sido contabilizadas na conta 16 – Títulos Negociáveis que de acordo com o POC, inclui os títulos adquiridos com o objectivo de aplicação de tesouraria a curto prazo».

Ora, sendo certo que a expressão «mais-valias» não tem na lei um sentido unívoco (veja-se, por exemplo, que no âmbito do CIRS se consideram mais-valias os ganhos obtidos que, não sendo considerados rendimentos comerciais, industriais ou agrícolas, resultem da alienação de um conjunto de bens, entre os quais figuram, também, as partes sociais e outros valores mobiliários), o n.º 2 do art. 7.º do DL 495/88 refere-se expressamente a mais-valias obtidas pelas SGPS «mediante a venda ou troca das quotas ou acções de que sejam titulares», sem que seja feita qualquer menção sobre a necessária pertença das mesmas às imobilizações financeiras.

Conforme vem provado, as aquisições de acções aqui em questão, não foram detidas pelo menos durante um ano e, assim, à partida, não poderiam ser consideras aplicações financeiras de carácter permanente, contabilizáveis como aplicações de médio e longo prazo.

Todavia, por um lado, como consta da sentença, a recorrida logrou demonstrar o facto de o seu objectivo ser, com tal aquisição, de obter o controlo das sociedades Praedium e CFI.

Mas, por outro lado, face ao disposto na citada al. e) do n.º 1 do art. 5.º do DL 495/88, tem de concluir-se que uma participação, não obstante ser detida por menos de um ano, pode ainda ser considerada elemento do activo imobilizado corpóreo duma SGPS em duas situações:

– no casos em que a alienação seja feita por troca;

– ou no caso em que o produto da alienação seja reinvestido no prazo de 6 meses noutras participações que obedeçam aos requisitos dos n.os 2 e 3 do seu art. 1.º

Ora, tendo em conta que se provou que a impugnante adquiriu, respectivamente, em 2/4/90, 4/4/90 e 27/12/90, 10.000 e 5.000 acções representativas do capital social da CFI, SA, e 502.259 acções representativas do capital social da Praedium, que vendeu, também respectivamente, em 4/4/90, 31/7/90 e 27/12/90 (vendendo-as, portanto, antes de decorridos 6 meses) e aplicou o ganho obtido com tais vendas na aquisição de participações enunciadas na al. h) do Probatório, que conservou na sua posse, dúvidas não sobram de que a compra das nomeadas acções chegou a constituir elemento do activo imobilizado corpóreo da impugnante e, nessa medida podendo beneficiar do regime de exclusão de tributação das mais-valias previsto no art. 44.º n.º 1 do CIRC, por remissão do art. 7.º n.º 2 do DL n.º 495/88, de 30/12.

Acresce que, como já atrás se referiu, não obstante a venda das acções se ter processado em prazo inferir a 6 meses, ficou também provado que o que se pretendia era obter o controlo das sociedades Praedium e CFI, ou seja, o carácter de permanência inerente à conta de "Investimentos financeiros".

5.4. A respeito de questão idêntica, escrevemos no ac. (TCA) de 27/3/2001, rec. 685/98:

«Se atentarmos no disposto no n.º 1 do art. 7.º, do DL 495/88, vemos que a lei, pretendendo estender às SGPS o benefício constante do n.º 1 do art. 45.º do CIRC (dedução da importância correspondente a 95% dos rendimentos ali indicados, para efeitos de determinação do lucro tributável) o faz indicando que tal benefício opera «sem dependência dos requisitos aí exigidos quanto à percentagem de participação e ao prazo por que esta tenha permanecido na sua titularidade» (relativamente às sociedades em geral este prazo é fixado, naquele n.º 1 do art. 45.º do CIRC, em 2 anos consecutivos).

«Ou seja, o benefício do art. 7.º, n.º 1, do DL n.º 495/88, o de os dividendos percebidos por SGPS não contarem, para efeitos de IRC, senão em 5% intervém ainda que esteja em causa a titularidade de acções adquiridas, como títulos negociáveis, para revenda no curtíssimo prazo, de nenhum modo se exigindo que as mesmas acções integrem os investimentos financeiros da SGPS.

«Pergunta-se, então: se neste caso a lei, remetendo para o benefício fiscal constante do CIRC, define que este é aplicável às SGPS e explicita simultaneamente um regime específico (diferente do que consta no CIRC) quanto aos pressupostos para a aplicação daquele benefício a estas sociedades, porque há-de entender-se que no n.º 2 daquele mesmo artigo 7.º foi diferente o pensamento do legislador?

«Ou seja, porque é que há-de entender-se que o legislador – remetendo para o benefício fiscal constante do art. 44.º do CIRC (não concorrência para o lucro tributável do exercício a diferença positiva entre as mais-valias e as menos-valias realizadas (...) sempre que o valor da realização correspondente à totalidade dos referidos elementos seja reinvestido na aquisição, fabricação ou construção de elementos do activo imobilizado corpóreo até ao fim do segundo exercício seguinte ao da realização) e explicitando, simultaneamente, que, para o caso das SGPS, são diferentes os pressupostos da aplicação de tal benefício (ou seja, que a mais-valia aqui em causa para efeitos da aplicação daquele benefício é a gerada não apenas pela transmissão onerosa de elementos do activo imobilizado corpóreo, mas sim a mais-valia gerada «mediante a venda ou troca das quotas ou acções de que» as SGPS «sejam titulares») – quis, afinal, como pretende a recorrente AF, dizer que era apenas a mais-valia a que se refere o art. 44.º do CIRC (gerada «mediante transmissão onerosa de elementos do activo imobilizado corpóreo») e não esta explicitada no DL 495/88?

«Mesmo admitindo que na interpretação das normas referentes a benefícios fiscais, e porque estes podem, para certa corrente doutrinal, ser caracterizados como elementos negativos do tipo de incidência, vigora o princípio da proibição da integração analógica, embora seja admitida a interpretação extensiva, importa atentar em que o art. 9.° do Código Civil impõe a reconstituição do pensamento legislativo a partir dos textos, tendo sobretudo em conta a unidade do sistema jurídico, as circunstâncias em que a lei foi elaborada e as condições específicas do tempo em que é aplicada, não podendo, contudo, ser considerado o pensamento legislativo que não tenha na letra da lei um mínimo de correspondência verbal, ainda que imperfeitamente expresso.

«Ora, procurando o elemento teleológico, vemos que o preâmbulo do DL 495/88 esclarece que o diploma visou «criar condições favoráveis, designadamente de natureza fiscal, que facilitem e incentivem a criação de grupos económicos, enquanto instrumentos adequados a contribuir para o fortalecimento do tecido empresarial português.»

«Ou seja, tal como com a exclusão das mais-valias da tributação, desde que reinvestidas nas condições aí prescritas (benefício previsto no art. 44.° do CIRC), se visa o objectivo fiscal de incentivo ao investimento, também esse é o objectivo perseguido com o diploma regulamentador das SGPS (DL 495/88): «(...) que sejam dados outros passos mais significativos no sentido de criar condições favoráveis, designadamente de natureza fiscal, que facilitem e incentivem a criação de grupos económicos, enquanto instrumentos adequados a contribuir para o fortalecimento do tecido empresarial português.»

«(...) o DL 495/88 explicita, ainda, no seu preâmbulo, que «... visa, em conformidade, proporcionar aos empresários um quadro "jurídico que lhes permita reunir numa sociedade as suas participações sociais, em ordem à sua gestão centralizada e especializada».

«Trata-se, pois, de «fomentar a concentração de empresas, permitindo que os empresários acedam às vantagens concomitantes sem custos fiscais proibitivos ou fortemente desincentivadores, como eram os associados à interposição de um novo ente societário (a holding) entre tais empresários e as sociedades operacionais, no quadro legal anterior ao Dec.-Lei n.° 495/88.

«Repare-se em que a admissibilidade de um objecto social que se contivesse na mera detenção e gestão de uma carteira de títulos resultava do art. 11.°, n.° 5, do CSC, pelo que os empresários dispunham já da possibilidade técnico-jurídica de "reunir numa sociedade as suas participações sociais, em ordem à sua gestão centralizada e especializada". Essa possibilidade técnica, enquanto tal, pre-existia, portanto, ao Dec.-Lei n.° 495/88, consistindo o apport deste diploma na viabilização dessa reunião de participações sociais do ponto de vista fiscal.

«Ora o art. 7.°, n.° 1, do referido diploma, mostra que a intenção do legislador foi a de assegurar a neutralidade fiscal das SGPS pelo que toca a quaisquer acções ou quotas por elas detidas, independentemente, como se viu, de que as mesmas constituam investimentos financeiros ou títulos negociáveis e independentemente, até, de que tais valores representem 10% ou mais de 10% do capital com direito de voto da sociedade participada e possam, portanto, pertencer ao "núcleo duro" da actividade das SGPS, qual seja a de gerir participações sociais noutras sociedades "como forma indirecta do exercício de actividades económicas».

«A aceitar-se a interpretação da recorrente AF, «... o art. 7.°, n.° 2, não permitiria isentar da tributação os ganhos obtidos com a alienação de acções e quotas que uma SGPS detivesse como títulos negociáveis, mas, em contrapartida, todos os ganhos decorrentes da alienação de acções ou quotas pertencentes às imobilizações financeiras das SGPS seriam merecedores do tratamento de favor, ainda que essas acções ou quotas alienadas não integrassem uma participação representativa de, pelo menos, 10% do capital com direito de voto da sociedade participada, e não fossem, portanto, instrumento do exercício indirecto de actividades económicas que constitui o objecto contratual exclusivo das SGPS, nos termos do art. 1°, n.° 1, do Dec.-Lei n.° 495/88.

«Ora não há nenhuma razão plausível capaz de justificar que os ganhos obtidos com a venda de acções ou quotas representativas de menos de 10% dos votos correspondentes ao capital social da sociedade participada estejam ou não isentos de tributação consoante integrem, em conformidade com uma correcta contabilização, as respectivas imobilizações financeiras ou antes a rubrica dos títulos negociáveis.

«No contexto do art. 44.° do CIRC, por exemplo, as mais-valias excluídas da tributação não são todas as resultantes da alienação de bens corpóreos, mesmo que incluídos no activo imobilizado da sociedade. É preciso que se trate de mais-valias relativas a "elementos do activo imobilizado corpóreo", o que deixa de fora, por exemplo, edifícios não afectos à actividade operacional da empresa, ainda que detidos com continuidade ou permanência (e portanto, imobilizados) os quais deverão ser contabilizados como "Investimentos em imóveis" (conta 414), que é, segundo o POC, uma das sub-categorias dos "Títulos e outras aplicações financeiras" e integra, por conseguinte, os Investimentos financeiros (não o imobilizado corpóreo) da sociedade.

«Isto, aliás, bem se compreende, à luz da ratio da disposição, que atende à continuidade da exploração empresarial e à necessidade de reinvestimento permanente que ela exige, desonerando, portanto, a reposição do activo imobilizado afecto a essa exploração isto é, do activo imobilizado corpóreo e apenas desse. Quanto aos demais bens, mesmo que corpóreos, a lei não vê inconveniente de maior em que o espectro da tributação das mais-valias conduza à sua manutenção no património da empresa, uma vez que daí não advirá nenhum efeito negativo (ao menos directo) para a exploração empresarial, e é esta que a lei pretende preservar em primeira linha.

«O art. 7.°, n.° 2, do Dec.-Lei n.° 495/88, reitera-se, não faz qualquer distinção entre as imobilizações financeiras afectas à exploração empresarial e as outras (entendendo-se pelas primeiras as iguais ou superiores a 10%, isto é, aquelas por cujo intermédio a SGPS cumpre, afinal, o seu objecto contratual); esse preceito e o art. 44° do CIRC nunca poderão ser considerados preceitos homólogos ou aparentados (salvo na medida em que ambos aportam a um benefício fiscal), nada impondo, assim, que as expressões comuns a ambos revistam, num e noutro, rigorosamente o mesmo alcance.»

«(...) a comparação entre o benefício constante deste n.° 2 do art. 7.° do DL 495/88 e o que, em termos genéricos, constava do art. 18.° do EBF: o objectivo visado por este último comando era, sobretudo, o de fomentar e de recompensar o investimento duradouro em quotas, acções e títulos do Estado Português e para esse efeito o legislador não estendia a aplicabilidade do art. 44.° do CIRC a imobilizações financeiras tout court, pois estas abrangem acções ou quotas que o órgão de gestão destine em dado momento designadamente, aquando da sua aquisição ao serviço prolongado da empresa, nada obstando a que, subsequentemente, mesmo no curto prazo, ocorra uma mudança de posicionamento e a que as mesmas venham, portanto, a ser alienadas. Daí, que os n.os 1 e 3 daquele art. 18.º do EBF exigissem, adicionalmente, que as imobilizações financeiras tivessem sido detidas por um período não inferior a doze meses. E em matéria do objecto do reinvestimento, valiam considerações similares. Ao contrário do que sucedia no quadro do art. 44.º, n.º 1, do CIRC, o art. 18.º do EBF não se bastava, nesta sede, com uma continuidade ou permanência meramente intencionadas, e antes obrigava à efectiva detenção dos valores mobiliários adquiridos para fins de reinvestimento "até ao fim do segundo período de tributação posterior ao da sua aquisição". Mas, em vez disso, o art. 7.º, n.º 2, do DL 495/88 requer simplesmente que o valor de realização seja reinvestido "na aquisição de outras quotas, acções ou títulos do Estado", sem exigir, por conseguinte, que esses valores possuam o carácter de imobilizações financeiras, e, muito menos, que a SGPS os conserve por um qualquer período pré-definido.»

Esta fundamentação que respigamos do dito ac. de 27/3/2001, que relatámos, é aqui inteiramente aplicável.

Aliás, a fazer fé na referência feita no art. 78.º da PI ao entendimento administrativo constante do proc. n.º 2.1.44, sob o registo n.º 1096/90, com despacho final do Sub-DGCI, seria a própria DGCI que, ao afirmar a inaplicabilidade genérica do art. 18.º do EBF à SGPS, costumava salientar que o regime especial vertido no art. 7.º do DL n.º 495/88 se singularizava, precisamente, pela «dispensa dos prazos mínimos de permanência exigidos pelo art. 18.º do EBF.

A unidade do sistema jurídico, como regra de interpretação, não indicia, pois, que se possa entender a "mens legis" como assimilando o conceito de mais-valia constante do n.º 2 do art. 7.º do DL 495/88 (ganho obtido mediante a venda ou troca das quotas ou acções de que as SGPS sejam titulares), aqueloutro constante do art. 44.º do CIRC (ganho gerado «mediante transmissão onerosa de elementos do activo imobilizado corpóreo»).

E as condições em que a lei foi elaborada e as condições específicas do tempo em que é aplicada, conduzem, de igual modo, a conclusão idêntica.

Ou seja, a interpretação pretendida pela recorrente Fazenda não encontra apoio nos critérios de interpretação da norma jurídica, antes se devendo concluir que tais critérios de interpretação (literal, sistemático e teleológico) não apontam no sentido de que o conceito de mais-valias utilizado no n.º 2 do art. 7.º do DL 495/88, de 30/12, seja homólogo do conceito de mais-valias que é definido no art. 42.º do CIRC e que é pressuposto do art. 44.º do mesmo CIRC.»

E face à matéria de facto que vem provada, nomeadamente face à prova de que o objectivo da recorrida, com a aquisição, era o de obter o controlo das sociedades Praedium e CFI, de que estamos perante operação que alcança a natureza de aplicação a médio ou longo prazo, que se enquadra no objecto social da mesma recorrida e de que o ganho obtido com a venda das acções da Praedium e da CFI foi aplicado na compra de participações sociais da Clínica Miradouro, Efisa, Proadec, Sag, Efanor e Eurofone, no prazo de 6 meses após a venda e reinvestimento esse que a impugnante conservou na sua posse (verificando-se, assim, o reinvestimento preconizado no art. 5.º, 1. e) do DL), e, ainda, uma vez que a aplicação do disposto no n.º 2 do art. 7.º do DL 495/88 não exigia o requisito da permanência das participações da impugnante na sociedade participada, ou seja, não exigia que tais participações só pudessem ser consideradas se não tivessem carácter ocasional, a liquidação impugnada sofre de ilegalidade já que os ganhos em causa estavam incluídos no regime fiscal previsto no art. 44.º do CIRC.

A sentença recorrida decidiu, pois, de acordo com as normas legais aplicáveis e sem violação do disposto nos arts. 1.º, 7.º, n.º 2 do DL 495/88, 42.º e 44.º do CIRC.

Improcedem, portanto, todas as Conclusões do recurso.

DECISÃO

Termos em que acordam, em conferência, os juizes da Secção de Contencioso Tributário deste Tribunal Central Administrativo em, negando provimento ao recurso, confirmar a sentença recorrida.

Sem custas, atenta a qualidade da recorrente Fazenda Pública.

Lisboa, 16 de Maio de 2006

Casimiro Gonçalves
Ascensão Lopes
Lucas Martins

Recurso n.º 6177/02

NOTIFICAÇÃO DA LIQUIDAÇÃO POR CARTA REGISTADA COM AVISO DE RECEPÇÃO. PRESUNÇÃO DE NOTIFICAÇÃO.

(Acórdão de 27 de Junho de 2006)

SUMÁRIO:

I – Fazendo-se a notificação da liquidação por carta registada com aviso de recepção, o n.º 5 do art. 39.º do CPPT impõe que, no caso de o aviso de recepção não ter sido levantado no prazo previsto no regulamento dos serviços postais, a notificação deverá ser efectuada nos 15 dias seguintes à devolução, por nova carta registada com aviso de recepção, só nesse caso se presumindo a notificação se a carta não tiver sido recebida ou levantada, sem prejuízo de o notificando poder provar justo impedimento ou a impossibilidade de comunicação da mudança de residência no prazo legal.

II – Provando-se que a notificação questionada foi feita por carta registada com aviso de recepção, para a morada fiscal, mas que foi devolvida com indicação de «não reclamado» e não resultando dos autos que tenha sido remetida, no prazo de 15 dias, a referida segunda carta

registada com aviso de recepção, por forma a que se operasse aquele efeito jurídico da presunção de notificação, não pode a mesma notificação ter-se como efectuada no prazo legal.

ACORDAM, EM CONFERÊNCIA, OS JUIZES DA SECÇÃO DE CONTENCIOSO TRIBUTÁRIO (2ª SECÇÃO) DO TRIBUNAL CENTRAL ADMINISTRATIVO SUL:

RELATÓRIO

1.1. Agro – Bentz, Lda., com o NIPC 501.931.929 e sede na Courela do Morgado, Alcácer do Sal, recorre da sentença que, proferida pelo M. Juiz do TAF de Beja, lhe julgou improcedente a oposição deduzida à execução fiscal n.º 2135200301000926, para cobrança coerciva de dívida proveniente de IRC, referente aos exercícios de 1997, 1998, 1999 e 2000, bem como dos respectivos juros de mora, no valor total de € 181.165,56.

1.2. A recorrente alega o recurso e termina formulando as Conclusões seguintes:

A) Vem o presente recurso interposto da douta sentença que julgou improcedente a oposição à execução fiscal "uma vez que não se verifica a falta de notificação da liquidação do tributo no prazo de caducidade" .

B) Foi considerado como facto provado que, a Oponente ora Recorrente foi validamente notificada da fixação do lucro tributável "em 2002 e 25-07-2003" (vide sentença, III. FUNDAMENTAÇÃO: FACTOS PROVADOS: D)).

C) A notificação de 2002 foi uma notificação por edital, e mostra-se insuficiente atento o teor da Lei.

D) Na realidade, a Recorrente não foi informada "dos meios de reacção contra o acto notificado", nem do prazo para reagir contra a referida notificação, como prescrevem os arts. 36.º e ss. do Código de Procedimento e de Processo Tributário (CPPT).

E) A Recorrente, viu-se, assim, privada do exercício legítimo do direito de impugnar a fixação do lucro tributável.

F) A Recorrente não foi, ainda, validamente notificada da liquidação do tributo, facto que a impediu de impugnar a liquidação.

G) Quanto à notificação efectuada em 25.07.2003, é na realidade uma citação para o processo de execução que motivou a presente oposição, sendo certo que nesta fase do processo já não era possível impugnar a liquidação.

H) Importa saber em que data é que foi notificada a Recorrente da liquidação do imposto, facto relevante para efeitos de caducidade ou prescrição.

I) Só com a fixação das referidas datas, poderá verificar-se, se as notificações da liquidação do tributo efectuadas à ora Recorrente, foram efectuadas no prazo legal.

J) Assim, não tem razão a douta sentença recorrida, quando considera que não se verifica a falta de liquidação do tributo no prazo de caducidade.

H) Só uma decisão, considerando toda a factualidade do caso, poderá permitir uma justa aplicação do direito aos factos, e propugnar pela justiça do caso concreto.

Termina pedindo o provimento do recurso e a procedência da oposição.

1.3. Não foram apresentadas contra-alegações.

1.4. O MP emite Parecer no qual se pronuncia pelo provimento do recurso.

Sustentando, além do mais, a improcedência da argumentação da recorrente, no que respeita à questão da alegada falta de audição (já que a recorrente se deve considerar notificada para esse efeito no dia 12/8/2002), o MP entende, todavia, que o recurso deve proceder por se verificar o fundamento de oposição consubstanciado na inexigibilidade das dívidas em causa e que é definitiva (falta de notificação das liquidações no prazo de caducidade nos termos do n.º 1 do art. 33.º do CPT e n.ºs 1 e 4 (1ª parte) do art. 45.º da LGT).

Isto porque, nos termos do art. 39.º n.º 5 do CPPT, no caso de o aviso de recepção não ter sido levantado no prazo previsto no regulamento dos serviços postais a notificação será efectuada nos 15 dias seguintes à devolução por nova carta registada com aviso de recepção, presumindo-se a notificação se a carta não tiver sido recebida ou levantada, sem prejuízo de o notificando poder provar justo impedimento ou a impossibilidade de comunicação da mudança de residência no prazo legal. Mas, no caso, não resulta dos autos que tenham sido remetidas, no prazo de 15 dias a partir de 6/12/2002, data da recepção da devolução das cartas de fls. 58 a 61, novas cartas registadas com aviso de recepção. Pelo que, resulta dos autos que a recorrente não foi devidamente notificada até hoje das liquidações do IRC dos exercícios de 1997 a 2000.

1.5. Corridos os Vistos legais, cabe decidir.

FUNDAMENTOS

2.1. A sentença recorrida julgou provados os factos seguintes:

A) Contra a Oponente foi instaurada execução fiscal n.º 2135200301000926, para cobrança coerciva de dívida proveniente de IRC, referente aos exercícios de 1997, 1998, 1999 e 2000, bem como dos respectivos juros de mora, no valor total de € 181.165,56 (cento e oitenta e um mil, cento e sessenta e cinco euros e cinquenta e seis cêntimos) (cfr. fls. 8 a 22, 54 dos autos, cujo teor aqui se dá por integralmente reproduzido);

B) Embora fora de prazo, a Oponente procedeu à entrega da declaração de IRC, referente aos exercícios de 1997, 1998, 1999 e 2000 (cfr. fls. 32 a 47 dos autos, cujo teor aqui se dá por integralmente reproduzido);

C) Em 2002-08-28, com base na informação de 2002-08-23, foi decidido proceder-se à tributação do sujeito passivo, ora Oponente, nos termos ai propostos (cfr. fls. 54 dos autos, cujo teor aqui se dá por integralmente reproduzido);

D) Da fixação do lucro tributável foi a Oponente notificada em 2002 e 2003-07-25, não tendo exercido o direito de audição (cfr. fls. 54-v, 8 a 20, 55 a 82 dos autos, cujo teor aqui se dá por integralmente reproduzido);

E) A Oponente tem a sede e o domicílio fiscal na Courela do Morgado, Alcácer do Sal (cfr. fls. 1, 2, 8 e 54 dos autos, cujo teor aqui se dá por integralmente reproduzido);

F) Todas as notificações efectuadas à Oponente, designadamente a relativa à liquidação da quantia aqui em causa, foram efectuadas, quer por carta registada, quer por Edital, para essa morada (cfr. fls. 8 a 22, 54 a 82 dos autos, cujo teor aqui se dá por integralmente reproduzido);

2.2. Quanto a factos não provados a sentença exarou: «Não se provaram outros factos com interesse para a decisão de mérito.»

2.3. E em sede de fundamentação dos factos provados e não provados, exarou-se que os provados foram assim considerados «Em face dos elementos juntos aos autos, e com base no teor dos documentos identificados em cada uma das (...) alíneas, bem como nas regras de experiência comum...».

3.1. Com base nesta factualidade a sentença julgou improcedente a oposição, com fundamento em que:

– tratando-se, no caso, de liquidação de quantias exequendas devidas a titulo de IRC, a respectiva notificação deveria ter sido efectuada por carta registada com aviso de recepção (art. 55.° n.° 2 do CIRC, art. 38.° n.° 1 do CPPT, e art. 45.° n.° 1 da LGT);

– e em face da factualidade provada foi isso que sucedeu no caso, pois como se extrai das als. A) a F) do Probatório, a AT logrou fazer prova da notificação da liquidação das quantias exequendas, que aliás, foi efectuada para o domicílio fiscal da oponente, por carta registada com aviso de recepção. Por isso, só pode extrair-se a conclusão de que a liquidação em causa foi notificada à oponente e, nessa medida, não vinga a oposição pois existe a notificação dentro do prazo de caducidade do imposto (cfr. arts. supra citados, art. 204.° n.° 1 al. e) e art. 43.°, todos do CPPT);

– improcede, assim, a oposição, por não se verificar a falta de notificação da liquidação do tributo no prazo de caducidade.

3.2. Do assim decidido discorda a recorrente alegando, como se viu, que a sentença, ao afirmar que a notificação da liquidação foi feita no prazo de caducidade, erra no julgamento de facto e de direito, já que a factualidade dos autos aponta para uma decisão diversa.

Por um lado, a notificação de 2002 foi uma notificação por edital e mostra-se insuficiente atento o teor da Lei, já que a recorrente não foi informada "dos meios de reacção contra o acto notificado", nem do prazo para reagir contra a referida notificação, como prescrevem os arts. 36.° e ss. do CPPT, tendo ficado privada do exercício legítimo do direito de impugnar a fixação do lucro tributável e não tendo exercido o direito de audição que lhe assistia, nos termos do art. 45.° do CPPT.

Quanto à notificação feita em 25/7/2003, é na realidade uma citação para o processo de execução que motivou a presente oposição, sendo certo que nesta fase do processo já não era possível impugnar a liquidação.

A sentença diz que a oponente foi validamente notificada da fixação do lucro tributável "em 2002", ficando sem se saber se a notificação foi ou não efectuada tempestivamente. Ora, segundo o art. 45.° da LGT, o direito de liquidar os tributos caduca se a liquidação não for validamente notificada ao contribuinte no prazo de 4 anos e, no caso, importa saber em que data é que a recorrente foi notificada da liquidação do imposto, facto relevante para efeitos de caducidade ou prescrição e só com a fixação das referidas datas é que se poderá verificar se as notificações da liquidação feitas à recorrente foram efectuadas no prazo legal, ou, se, pelo contrário, caducou o direito à liquidação dos tributos.

A única questão a decidir é, pois, a de saber se ocorre este alegado erro de julgamento de facto e de direito, ou seja, se a recorrente foi devidamente notificada da liquidação exequenda dentro do prazo de caducidade do direito à liquidação.

Vejamos.

4.1. A oponente funda a oposição na inexigibilidade da dívida, por não ter sido validamente notificada do acto de liquidação adicional de IRC.

A sentença, afirmando, embora, que a notificação deveria ter sido efectuada por carta registada com aviso de recepção (art. 55.° n.° 2 do CIRC, art. 38.° n.° 1 do CPPT, e art. 45.° n.° 1 da LGT), entendeu (com base na prova de que a recorrente tem a sede e o domicílio fiscal na Courela do Morgado, Alcácer do Sal e de que todas as notificações, designadamente a relativa à liquidação da quantia aqui em causa, foram efectuadas, quer por carta registada, quer por Edital, para essa morada), que a AT logrou fazer prova da notificação da liquidação das quantias exequendas.

Todavia, dos elementos documentais dos autos resulta, além da factualidade já especificada como provada na sentença, também que as cartas registadas relativas às notificações das liquidações das quantias exequendas aqui em causa (IRC de 1997 a 2000), remetidas em 11/11/2002, foram devolvidas, em 5/12/2002, com indicação de «não reclamado» – cfr. fls. 58 a 61.

E tal factualidade, face à alegação discordante da recorrente, mostra-se relevante para a decisão do recurso.

Pelo que, nos termos do disposto no art. 712.° do CPC, se aditam ao Probatório fixado na sentença, os seguintes factos que também ora se julgam provados:

G) Das notificações referidas na al. F) do Probatório, as relativas às liquidações das quantias exequendas aqui em causa, remetidas em 11/11/2002, por carta registada com aviso de recepção, para a morada da Courela do Morgado, Alcácer do Sal, foram devolvidas, em 5/12/2002, com indicação de «não reclamado» – cfr. fls. 58 a 61.

4.2. Ora, em face desta factualidade, entendemos que a decisão recorrida não pode manter-se.

Com efeito, tal como refere o MP, o n.° 5 do art. 39.° do CPPT impõe, referindo-se à notificação, que, no caso de o aviso de recepção não ter sido levantado no prazo previsto no regulamento dos serviços postais, a notificação deverá ser efectuada nos 15 dias seguintes à devolução, por nova carta registada com aviso de recepção, só nesse caso se presumindo a notificação se a carta não tiver sido recebida ou levantada, sem prejuízo de o notificando poder provar justo impedimento ou a impossibilidade de comunicação da mudança de residência no prazo legal.

Ora, no caso, provando-se que as notificações questionadas foram feitas por carta registada com aviso de recepção, para a morada da Courela do Morgado, Alcácer do Sal e que foram devolvidas em 5/12/2002 com indicação de «não reclamado» e não resultando dos autos que tenham sido remetidas, no prazo de 15 dias a partir de 6/12/2002, data da recepção da devolução das ditas cartas de fls. 58 a 61, as referidas segundas cartas registadas com aviso de recepção, por forma a que se operasse aquele efeito jurídico da presunção de notificação, não podem as mesmas notificações ter-se como efectuadas no prazo legal.

E o facto de a AT ter procedido a notificação edital, não afasta a preterição daquela formalidade (remessa de uma segunda carta registada com AR), sendo que, a admitir-se, a notificação edital só seria legalmente viável face à incerteza da identidade ou do paradeiro da pessoa a notificar (veja-se que até nos casos de citação edital se impõe, no n.° 2 do art. 192.° do CPPT, que esteja estabelecido que a residência do citando é desconhecida, ou que se acha em parte incerta, ou que não é encontrado pelo distribuidor postal, ou seja, só perante a verificada impossibilidade de um contacto pessoal ou postal é que o legislador prescinde da citação por mandado a cumprir por um funcionário ou por via postal).

Pelo que, resulta dos autos que a recorrente não foi devidamente notificada das liquidações do IRC dos exercícios de 1997 a 2000.

A inexigibilidade da dívida exequenda, por falta de notificação da liquidação do tributo no prazo de caducidade é fundamento oposição à execução nos termos da al. e) do n.º 1 do art. 204.º do CPPT.

Não tendo assim decidido, a decisão recorrida fez errada interpretação da lei aplicável e o recurso tem que proceder.

DECISÃO

Termos em que acordam, em conferência, os juizes da Secção de Contencioso Tributário deste Tribunal Central Administrativo em, dando provimento ao recurso, revogar a sentença recorrida e julgar procedente a oposição.

Sem custas.

Lisboa, 27 de Junho de 2006

Casimiro Gonçalves
Ascensão Lopes
Lucas Martins

Recurso n.º 1154/06

RECLAMAÇÃO DE CRÉDITOS. CRÉDITOS DE IRS E CONTRIBUIÇÕES PARA A SEGURANÇA SOCIAL. HIPOTECA. INCONSTITUCIONALIDADE DO PRIVILÉGIO IMOBILIÁRIO GERAL. PENHOR.

(Acórdão de 20 de Abril de 2006)

SUMÁRIO:

I – A *hipoteca* confere preferência creditória sobre os demais credores que não gozem de privilégio especial ou de prioridade de registo, bem como assegura os acessórios do crédito que constem do registo, de acordo com os artigos 686.º, n.º 1, e 693.º, n.ºs 1 e 2, do Código Civil.

II – Por acórdão do Tribunal Constitucional, de 17-9-2002, publicado no *Diário da República* de 16-10-2002, 1.ª série, foi proferida a declaração judicial, com força obrigatória geral, e sem qualquer limitação dos respectivos efeitos, de *inconstitucionalidade* das normas segundo as quais o *privilégio imobiliário geral conferido à Segurança Social* (e ao IRS) preferia à hipoteca.

III – O *penhor* confere ao credor o direito à satisfação do seu crédito, bem como dos juros, com preferência sobre os demais credores pelo valor da coisa empenhada, de acordo com o n.º 1 do artigo 666.º do Código Civil.

IV – Se à respectiva graduação concorrerem, para além do *crédito pignoratício*, créditos por *impostos* ao Estado e *créditos da Segurança Social*, devem ser graduados, em primeiro lugar os créditos por impostos; em segundo lugar, os créditos da Segurança Social; e, em terceiro lugar, o crédito pignoratício –, por força do disposto nos artigos 1.º do Decreto-Lei n.º 512/76 de 3/7, e 10.º do Decreto-Lei n.º 103/80 de 9/5, dispositivos que, por assumirem natureza especial, prevalecem sobre os artigos 666.º e 747.º do Código Civil.

ACORDAM, EM CONFERÊNCIA, OS JUIZES DA SECÇÃO DE CONTENCIOSO TRIBUTÁRIO (2ª SECÇÃO) DO TRIBUNAL CENTRAL ADMINISTRATIVO SUL:

1.1 A "Caixa Geral de Depósitos, SA", devidamente identificada no processo, vem interpor recurso jurisdicional na medida em que discorda da sentença do Tribunal Tributário de 1.ª Instância de Lisboa, de 29-5-1998, proferida nos presentes autos de verificação e graduação de créditos – cf. fls. 94 e ss..

1.2 Em alegação, a recorrente formula conclusões, onde, a final, diz que «deveria ter sido decidido pela Meritíssima Juiz do Tribunal Tributário de 1.ª Instância de Lisboa, efectuar a graduação de créditos, nos termos seguintes» – cf. fls. 134 a 156.

a) quanto ao bem imóvel vendido:

– em 1.º grau, os créditos da Segurança Social (nos termos da sentença);

– em 2.º grau, os créditos da CGD (nos termos definidos na douta sentença),

– em 3.º grau, os demais créditos da CGD, garantidos pela hipoteca celebrada em 20.05.1982, e registada, de 15.116 contos e respectivos juros, até ao limite de três anos, à taxa de 26% ao ano a até ao montante de 27.511.120$00;

– em 4.º grau, os créditos dos demais credores bancários (nos termos constantes da sentença);

– e, em 5.º grau, o crédito exequendo, da CGD, na parte não paga pelas garantias hipotecárias, acrescido de juros de mora, à taxa contratual de 31% ao ano.

b) quanto aos bens móveis vendidos:

– em 1.º lugar, os créditos da Segurança Social (nos termos constantes da douta sentença);

– em 2.º lugar, o crédito exequendo da CGD e juros de mora, até ao limite de 17.000 contos e respectivos juros e, ainda, de 15.116 contos e respectivos juros;

– em 3.º lugar, o crédito do Banco Nacional Ultramarino (nos termos definidos na douta sentença);

– e, em 4.º lugar, os créditos da Fazenda Pública (nos termos definidos na douta sentença).

1.3 Não houve contra-alegação – apesar de todos os credores reclamantes terem sido notificados para o presente recurso jurisdicional (cf. fls. 155 e ss.).

1.4 O Ministério Público emitiu o parecer de que o recurso merece provimento, e que «a sentença deverá ser revogada, graduando-se os créditos em conformidade», dizendo ainda o seguinte – cf. fls. 157 v. e 158, e 171.

1. Conforme é jurisprudência unânime deste Supremo Tribunal Administrativo, sendo as dívidas resultantes de empréstimos concedidos pela CGD de direito privado, estando na disponibilidade das partes, a prescrição não é de conhecimento oficioso (cf. ac. de 8.6.98, rec. n.º 21724).

2. A CGD tem a seu favor não só as garantias mencionadas na decisão recorrida, mas também as que vêm invocadas, conforme se verifica pelas certidões de fls. 190 e ss. e pelos docs. de fls. 42 e 45 e ss..

1.5 Colhidos os vistos, cumpre decidir, em conferência.

A questão essencial que aqui se põe é a de saber se está, ou não, correcta a graduação de créditos operada pela sentença recorrida.

2.1 Com interesse para a decisão julgamos provada a seguinte matéria de facto.

a) O presente apenso de reclamação de créditos diz respeito à execução fiscal, instaurada em 18-10-1983, e em que é exequente a "Caixa Geral de Depósitos, Crédito e Previdência", e executada "Plastiguel, Fábrica de Plásticos de S. Miguel, L.da", ambas devidamente identificadas nos autos – cf. o processo principal a fls. 2 e ss..

b) O processo de execução fiscal aludido em a) foi instaurado para cobrança coerciva da quantia de 50.333.167$00, respeitante a três empréstimos, a que acrescem os juros diários, conforme tudo consta das respectivas certidões e notas de débito – cf. o despacho de fls. 74 no processo principal.

c) No mesmo processo de execução fiscal, nos dias 9-1-1984, 16-5-1984, 6-7-1984, 6-6-1988 e 13-6-1988 procedeu-se à penhora de bens móveis e imóveis, os quais foram vendidos nos dias 28-11-1984, e 29-11--1989 – cf. o processo principal de fls. 177 a 181, fls. 217 e 218, fls. 246, 247, 249, 252, 253, 255, 256, 259, 263, 264 e 265, fls. 333 a 336, e fls. 378 a 391.

d) Sobre o valor dos bens vendidos, vieram reclamar créditos o "Banco Fonsecas & Burnay, EP", a "União de Bancos Portugueses, EP", o "Banco Totta & Açores, EP", o "Banco Português do Atlântico, EP", o "Banco Nacional Ultramarino", a "Câmara Municipal de Leiria", e a Fazenda Pública – cf. fls. 2, 19, 26, 56, 58, 87, e 89 do presente apenso de reclamação de créditos.

e) Os créditos reclamados pela Fazenda Pública são referentes a imposto de circulação do ano de 1984; a imposto de transacções do ano de 1983; a imposto profissional do ano de 1984; e a contribuições à Segurança Social – cf. fls. 89 e 90.

f) Os créditos reclamados pelas entidades bancárias ditas em d) gozam de hipotecas sobre o imóvel vendido, registadas todas no dia 14-12-1982, à excepção da hipoteca do "Banco Fonsecas & Burnay, EP", que foi registada no dia 18-12-1982 – cf. fls. 18 a 32 e 194 do processo principal.

g) O "Banco Nacional Ultramarino", dito em d), goza ainda sobre a máquina de produção de calçado vendida, de marca "Ottogalli", de penhor mercantil constituído por contrato de 30-9-1980 – cf. fls. 82 e 84 do processo principal.

h) A ora recorrente "Caixa Geral de Depósitos, SA", goza do penhor constituído em 19-11-1975, «para garantia do empréstimo de 17.000 contos» «e dos seus correspondentes juros e despesas», nos termos do contrato de fls. 42 a 53 do processo principal.

i) A ora recorrente "Caixa Geral de Depósitos, SA", goza ainda da «garantia hipotecária e penhor» sobre o imóvel e os móveis vendidos, conforme os termos do contrato de 20-5-1982, de fls. 55 a 59 do processo principal.

j) A «garantia hipotecária» referida em i) foi registada no dia 7-7-1982 – cf. o documento de fls. 64 do processo principal.

k) Dos créditos reclamados «não se reconhece o crédito reclamado pela Câmara Municipal de Leiria», conforme sentença a fls. 117.

l) Por estarem «garantidos por hipotecas voluntárias registadas e por privilégio creditório imobiliário», julgaram-se «reconhecidos e verificados» «os créditos reclamados por todos os Bancos enunciados no petitório (BFB, UBP, BPA, BTA, e BNU) e pela Fazenda Pública», conforme a sentença recorrida, a fls. 117.

2.2 Os credores que gozem de garantia real sobre os bens penhorados podem reclamar, pelo produto destes, o pagamento dos respectivos créditos – cf. os artigos 865.º do Código de Processo Civil, e 329.º, n.º 1, do Código de Processo Tributário.

Os bens objecto de execução são transmitidos livres dos direitos de garantia que os oneram, mesmo que tais direitos se tenham constituído ou hajam sido registados em momento anterior à feitura ou registo da penhora – cf. os artigos 824.º do Código Civil, e 336.º, n.º 1, do Código de Processo Tributário.

Os direitos que caducarem com a venda em execução transferem-se para o produto da venda dos bens sobre que incidiam – cf. o artigo 824.º, n.º 3, do Código Civil.

Com a venda judicial, portanto, o titular do direito real de garantia vê caducar esse direito, ao mesmo tempo que, em sua substituição, adquire um direito de preferência no pagamento pelo produto da venda dos bens sobre que incidia a sua garantia real.

A aquisição de tal direito de preferência no pagamento depende, porém, de o respectivo crédito haver sido reconhecido e graduado na execução – o que pressupõe que o credor tenha formulado oportunamente a reclamação a que alude o artigo 865.º do Código de Processo Civil, ou o artigo 329.º do Código de Processo Tributário.

A improcedência ou a omissão da reclamação por parte do credor, em face da caducidade da garantia real, e uma vez que o seu crédito não se encontra reconhecido e graduado na acção executiva, obviamente, implica que ele não possa ser pago na execução pelo produto da venda.

Assim, os credores vêm ao processo executivo, não tanto para fazerem valer os seus direitos de crédito e obterem pagamento (como acontecia no Código de Processo Civil de 1939), como para fazerem valer os seus direitos de garantia sobre os bens penhorados – cf. José Lebre de Freitas, *A Acção Executiva*, 1993, p. 250.

Privilégio creditório é a faculdade que a lei, em atenção à causa do crédito, concede a certos credores, independentemente do registo, de serem pagos com preferência a outros – cf. o artigo 737.º do Código Civil.

Os créditos da Segurança Social e respectivos juros gozam de privilégio mobiliário geral e de privilégio imobiliário, nos termos do artigo 10.º e 11.º do Decreto-Lei n.º 103/80 de 9/5. Nos termos deste artigo 11.º, os créditos pelas contribuições para a Segurança Social, independentemente da data da sua constituição, e os respectivos juros de mora, gozam de privilégio sobre os bens imóveis existentes no património das entidades patronais à data da instauração do processo executivo, graduando-se logo após os créditos referidos no artigo 784.º do Código Civil, ou seja, imediatamente após os créditos do Estado e das autarquias locais pela contribuição predial autárquica, pela sisa, e pelo imposto sobre as sucessões e as doações.

O Tribunal Constitucional, porém, decidiu declarar, sem qualquer limitação dos efeitos da declaração, a inconstitucionalidade, com força obrigatória geral, por violação do princípio da confiança, ínsito no princípio do Estado de direito democrático, consagrado no artigo 2.° da Constituição da República, das normas constantes do artigo 11.° do Decreto-Lei n.° 103/80 de 9-5, e do artigo 2.° do Decreto-Lei n.° 512/76 de 3-7, na interpretação segundo a qual o privilégio imobiliário geral nelas conferido à Segurança Social prefere à hipoteca, nos termos do artigo 751.° do Código Civil – cf. o acórdão do Tribunal Constitucional, de 17-9-2002, no *Diário da República*, de 16-10-2002, 1.ª série.

Por acórdão da mesma data, publicado no mesmo *Diário da República*, o Tribunal Constitucional proferiu idêntica declaração de inconstitucionalidade em relação ao privilégio imobiliário geral conferido por lei aos créditos de IRS.

A hipoteca confere preferência creditória sobre os demais credores que não gozem de privilégio especial ou de prioridade de registo, bem como assegura os acessórios do crédito que constem do registo, entre os quais se contam, designadamente, os juros relativos a três anos, de acordo com os artigos 686.°, n.° 1, e 693.°, n.os 1 e 2, do Código Civil.

Os créditos do Estado e das autarquias locais têm privilégio mobiliário geral para garantia dos créditos por impostos indirectos; e também gozam de privilégio mobiliário geral os impostos directos, inscritos para cobrança no ano corrente na data da penhora e nos dois anos anteriores – cf. o disposto no artigo 736.° do Código Civil.

O penhor confere ao credor o direito à satisfação do seu crédito, bem como dos juros, com preferência sobre os demais credores pelo valor da coisa empenhada, de acordo com o n.° 1 do artigo 666.° do Código Civil.

Os créditos pignoratícios preferem aos do Estado que gozem de privilégio mobiliário geral, nos termos da base XII, n.° 2, da Lei 1/73 de 2/1, e artigo 735.°, n.° 2, do Código Civil – cf., neste sentido, por todos, o acórdão do Supremo Tribunal Administrativo de 6/3/91 no *Apêndice ao Diário da República* de 15/10/92, pp. 259 e ss.. Porém, se à respectiva graduação concorrerem, para além do crédito pignoratício, créditos por impostos ao Estado e créditos à Segurança Social, devem ser graduados, em primeiro lugar os créditos por impostos, em segundo lugar os créditos à Segurança Social, e em terceiro lugar o crédito pignoratício, por força do disposto nos artigos 1.° do Decreto-Lei n.° 512/76 de 3/7, e 10.° do Decreto-Lei n.° 103/80 de 9/5, dispositivos que, por assumirem natureza especial, prevalecem sobre os artigos 666.° e 747.° do Código Civil – cf. neste sentido, por exemplo, os acórdãos do Supremo Tribunal Administrativo de 21/4/93, no *Apêndice ao Diário da República* de 30/4/96, pp. 1133 e ss.; e de 23/11/94, nos *Acórdãos Doutrinais* n.° 400, pp. 467 e ss.; cf. ainda o acórdão do Tribunal Tributário de 2.ª Instância de 29/11/94, na *Ciência Técnica e Fiscal* n.° 376, pp. 306 e ss..

O exequente, salvo nos casos especialmente previstos na lei, adquire pela penhora o direito de ser pago com preferência a qualquer outro credor que não tenha garantia real anterior, nos termos do artigo 822.° do Código Civil.

Os créditos com privilégio imobiliário graduam-se, em princípio, pela ordem do artigo 748.° do Código Civil.

Por regra, os créditos com privilégio mobiliário graduam-se pela ordem do artigo 747.° do Código Civil.

De harmonia com o artigo 10.° do Decreto-Lei n.° 49168 de 5/8/69, as dívidas provenientes de juros de mora das dívidas ao Estado e às autarquias locais gozam dos mesmos privilégios que por lei sejam atribuídos às dívidas sobre que recaem – cf. a este respeito F. Correia das Neves, *Manual dos Juros, estudo de utilidade prática*, 1989, p. 185 e ss..

Haver-se-ão como reconhecidos, nos termos do artigo 4.° do artigo 868.° do Código de Processo Civil, os créditos que não forem impugnados.

2.3 No caso <u>*sub judicio*</u>, a sentença recorrida, depois de decretar que «não se reconhece o crédito reclamado pela Câmara Municipal de Leiria», julgou «reconhecidos e verificados» «os créditos reclamados por todos os Bancos enunciados no petitório (BFB, UBP, BPA, BTA, e BNU) e pela Fazenda Pública», por estarem «garantidos por hipotecas voluntárias registadas e por privilégio creditório imobiliário».

Assim, e um vez que tal não vem impugnado, está decidido, com trânsito em julgado, e nos dizeres da sentença recorrida, o não reconhecimento do «crédito reclamado pela Câmara Municipal de Leiria», e o reconhecimento dos «créditos reclamados por todos os Bancos enunciados no petitório (BFB, UBP, BPA, BTA, e BNU) e pela Fazenda Pública»

Deste modo, e tal como já foi indicado, a questão essencial que aqui se põe é a de saber se está, ou não, correcta a graduação de créditos operada pela sentença recorrida – uma vez que a exequente ora recorrente "Caixa Geral de Depósitos" (e apenas esta) vem pôr em causa tão somente a graduação de créditos operada pela sentença.

A sentença recorrida, dos créditos que reconheceu, decidiu graduá-los do seguinte jeito.

IMÓVEIS

1.° Os créditos reclamados pela Fazenda Pública por contribuições junto da Segurança Social e juros de mora de dois anos;

2.° o crédito exequendo da Caixa Geral de Depósitos e juros de mora de três anos à taxa hipotecária de 26%, sem ultrapassar o máximo garantido de 30.940.000$00;

3.° os créditos reclamados por todos os Bancos enunciados no probatório, decorrentes da escritura de 14.12.82, acrescidos de juros de mora de três anos à taxa hipotecária de 27%, sem ultrapassar os máximos garantidos referidos nos qq. 11, 14, 17, 20 e 23;

4.° O crédito exequendo da Caixa Geral de Depósitos por juros de mora de dois anos, excedentários à garantia hipotecária, à taxa contratual de 31%/ano.

MÓVEIS

1.° Os créditos reclamados pela Fazenda Pública por contribuições junto da Segurança Social e juros de mora de dois anos;

2.° O crédito exequendo da Caixa Geral de Depósitos e juros de mora de cinco anos, sem ultrapassar o limite garantido de 17.000.000$00 pelo penhor de 19.11.75, q. 4;

3.° O crédito reclamado pelo Banco Nacional Ultramarino EP, no valor de 11.725.000$00 e juros de mora de cinco anos, sem ultrapassar o limite garantido de 12.000.000$00 pelo penhor de 30.9.80, q. 24;

4.º Os créditos reclamados pela Fazenda Pública por imposto profissional, de circulação e transacções e juros de mora de dois anos.

Vista a graduação acabada de transcrever, *ipsis verbis*, feita pela sentença recorrida, logo se vê do seu confronto com a lei, a doutrina e a jurisprudência apontadas supra no ponto 2.2, que a sentença em causa não operou de modo correcto a graduação dos créditos que reconheceu.

Com efeito, a graduação dos créditos em presença faz-se, segundo julgamos, essencialmente pelo modo apontado e requerido pela ora recorrente "Caixa Geral de Depósitos" – sendo que a favor da ora recorrente deve ainda considerar-se a intervenção entretanto havida do Tribunal Constitucional, como já se disse, de declarar a inconstitucionalidade, com força obrigatória geral, das normas segundo as quais o privilégio imobiliário geral conferido à Segurança Social preferia à hipoteca – sem qualquer limitação dos efeitos de tal declaração de inconstitucionalidade.

Conseguintemente, deve ser revogada a sentença recorrida, que, não tendo laborado em tal conformidade, procedeu a uma incorrecta graduação dos créditos que reconheceu.

2.4 De todo o exposto podemos extrair, entre outras, as seguintes proposições, que se alinham em súmula.

I. A *hipoteca* confere preferência creditória sobre os demais credores que não gozem de privilégio especial ou de prioridade de registo, bem como assegura os acessórios do crédito que constem do registo, de acordo com os artigos 686.º, n.º 1, e 693.º, n.ºs 1 e 2, do Código Civil.

II. Por acórdão do Tribunal Constitucional, de 17-9--2002, publicado no *Diário da República* de 16-10-2002, 1.ª série, foi proferida a declaração judicial, com força obrigatória geral, e sem qualquer limitação dos respectivos efeitos, de *inconstitucionalidade* das normas segundo as quais o *privilégio imobiliário geral conferido à Segurança Social* (e ao IRS) preferia à hipoteca.

III. O *penhor* confere ao credor o direito à satisfação do seu crédito, bem como dos juros, com preferência sobre os demais credores pelo valor da coisa empenhada, de acordo com o n.º 1 do artigo 666.º do Código Civil.

IV. Se à respectiva graduação concorrerem, para além do *crédito pignoratício*, créditos por *impostos* ao Estado e *créditos da Segurança Social*, devem ser graduados, em primeiro lugar os créditos por impostos; em segundo lugar, os créditos da Segurança Social; e, em terceiro lugar, o crédito pignoratício –, por força do disposto nos artigos 1.º do Decreto-Lei n.º 512/76 de 3/7, e 10.º do Decreto-Lei n.º 103/80 de 9/5, dispositivos que, por assumirem natureza especial, prevalecem sobre os artigos 666.º e 747.º do Código Civil.

3. Termos em que se decide:

– revogar a sentença recorrida;

– e, em consequência, sendo que as custas da execução saem precípuas, graduar os créditos exequendos e os reconhecidos pelo modo seguinte.

A) *quanto ao produto do bem imóvel vendido*

– em 1.º lugar, os créditos hipotecários exequendos da "Caixa Geral de Depósitos", e respectivos juros (por gozarem de hipoteca registada no dia 7-7-1982);

– em 2.º lugar, os créditos hipotecários reclamados da "União de Bancos Portugueses", do "Banco Totta & Açores", do Banco Português do Atlântico", e do "Banco Nacional Ultramarino", e respectivos juros (por gozarem de hipoteca registada no dia 14-12-1982);

– em 3.º lugar, os créditos hipotecários reclamados do "Banco Fonsecas & Burnay", e respectivos juros (por gozarem de hipoteca registada no dia 18-12-1982);

– em 4.º lugar, os créditos reclamados da Segurança Social, e respectivos juros (por gozarem de privilégio imobiliário geral);

– em 5.º lugar, os créditos não hipotecários exequendos da "Caixa Geral de Depósitos", e respectivos juros (que gozem apenas da garantia da penhora);

B) *quanto ao produto dos bens móveis vendidos*

– em 1.º lugar, os créditos de impostos reclamados da Fazenda Pública, e respectivos juros (por gozarem de privilégio mobiliário);

– em 2.º lugar, os créditos reclamados da Segurança Social, e respectivos juros (por gozarem de privilégio mobiliário);

– em 3.º lugar, os crédito pignoratícios exequendos da "Caixa Geral de Depósitos", e respectivos juros (por gozarem de penhor constituído no dia 19-11-1975);

– em 4.º lugar, os créditos pignoratícios reclamados do "Banco Nacional Ultramarino", e respectivos juros (por gozarem de penhor constituído em 30-9-1980);

– por fim, todo e qualquer crédito exequendo da "Caixa Geral de Depósitos", e respectivos juros (por gozar da garantia da penhora);

– deste modo se concedendo provimento ao recurso.

Sem custas.

Lisboa, 20 de Abril de 2006

Jorge Lino
Pereira Gameiro
Lucas Martins

Recurso n.º 2915/99

RECLAMAÇÃO DE CRÉDITOS. GARANTIA REAL: ARRESTO E PENHORA. CONTRIBUIÇÃO AUTÁRQUICA: PRIVILÉGIO CREDITÓRIO.

(Acórdão de 20 de Abril 2006)

ACORDAM, EM CONFERÊNCIA, OS JUIZES DA SECÇÃO DE CONTENCIOSO TRIBUTÁRIO (2ª SECÇÃO) DO TRIBUNAL CENTRAL ADMINISTRATIVO SUL:

1.1 Peter Howard Walker, e mulher, devidamente identificados no processo, vêm interpor recurso jurisdicional na medida em que discordam da sentença do Tribunal Administrativo e Fiscal de Loulé, de 21-2-2005, proferida nos presentes autos de verificação e graduação de créditos – cf. fls. 288 e ss..

1.2 Em alegação, os recorrentes formulam conclusões, onde, a final, dizem que «deve ser concedido provimento ao presente recurso e, em consequência, ser revogada a sentença recorrida, substituindo-se por outra em que sejam julgados os seguintes créditos, que devem ser assim graduados: em primeiro lugar, os créditos exequendos e reclamados, relativos a contribuição autárquica e os dois últimos anos de juros de mora; em segundo lugar, o crédito reclamado e garantido pelo arresto e os respectivos juros de mora; e, em terceiro lugar, o crédito exequendo relativo a IRS e os respectivos juros de mora» – cf. fls. 319 a 333.

1.3 A Fazenda Pública contra-alegou para defender a sentença recorrida – cf. fls. 338 a 347.

1.4 O Ministério Público emitiu o parecer de que o recurso deve «ser julgado procedente» – cf. fls. 354 e 355, e 373.

1.5 Colhidos os vistos, cumpre decidir, em conferência.

A questão essencial que aqui se põe é a de saber se está, ou não, correcta a verificação e graduação de créditos operada pela sentença recorrida.

2.1 Com interesse para a decisão julgamos provada a seguinte matéria de facto.

a) O presente apenso de reclamação de créditos diz respeito à execução fiscal, instaurada em 15-12-1998, e em que é exequente a Fazenda Pública, e executada a sociedade "F.L.Fithett-Construção (Portugal), L.da", devidamente identificada nos autos – cf. o processo principal a fls. 2 e ss..

b) O processo de execução fiscal aludido em a) foi instaurado para cobrança coerciva da quantia de 1.282.907$00, e respectivos juros de mora, respeitante a contribuição autárquica do ano de 1997, e a IRS dos anos de 1994, 1995 e 1996 – cf. o processo principal.

c) No mesmo processo de execução fiscal, no dia 21-2-2000, procedeu-se à penhora, registada no dia 24-3-2000, do prédio inscrito na respectiva matriz predial sob o n.º 4549, o qual foi vendido judicialmente no dia 10-1-2001 – cf. o processo principal, a fls. 9 e 10, 52, e 116.

d) Sobre o valor do prédio vendido, dito em c), vieram reclamar créditos os ora recorrentes, e a Fazenda Pública – cf. o presente apenso de reclamação de créditos.

e) Os créditos reclamados pela Fazenda Pública são referentes a contribuição autárquica do ano de 1998, respeitante ao prédio penhorado vendido dito em c); e a dívidas de contribuições para a Segurança Social referentes a meses dos anos de 1994 e 1995 – cf. o presente apenso de reclamação de créditos.

f) Os créditos reclamados pelos ora recorrentes gozam de arresto, registado no dia 29-9-1999, do prédio penhorado vendido dito em c) – cf. o processo principal, de fls. 109 a 117.

2.2 Os credores que gozem de garantia real sobre os bens penhorados podem reclamar, pelo produto destes, o pagamento dos respectivos créditos – cf. os artigos 865.º do Código de Processo Civil, e 329.º, n.º 1, do Código de Processo Tributário.

Os bens objecto de execução são transmitidos livres dos direitos de garantia que os oneram, mesmo que tais direitos se tenham constituído ou hajam sido registados em momento anterior à feitura ou registo da penhora – cf. os artigos 824.º do Código Civil, e 336.º, n.º 1, do Código de Processo Tributário.

Os direitos que caducarem com a venda em execução transferem-se para o produto da venda dos bens sobre que incidiam – cf. o artigo 824.º, n.º 3, do Código Civil.

Com a venda judicial, portanto, o titular do direito real de garantia vê caducar esse direito, ao mesmo tempo que, em sua substituição, adquire um direito de preferência no pagamento pelo produto da venda dos bens sobre que incidia a sua garantia real.

A aquisição de tal direito de preferência no pagamento depende, porém, de o respectivo crédito haver sido reconhecido e graduado na execução – o que pressupõe que o credor tenha formulado oportunamente a reclamação a que alude o artigo 865.º do Código de Processo Civil, ou o artigo 329.º do Código de Processo Tributário.

A improcedência ou a omissão da reclamação por parte do credor, em face da caducidade da garantia real, e uma vez que o seu crédito não se encontra reconhecido e graduado na acção executiva, obviamente, implica que ele não possa ser pago na execução pelo produto da venda.

Assim, os credores vêm ao processo executivo, não tanto para fazerem valer os seus direitos de crédito e obterem pagamento (como acontecia no Código de Processo Civil de 1939), como para fazerem valer os seus direitos de garantia sobre os bens penhorados – cf. José Lebre de Freitas, *A Acção Executiva*, 1993, p. 250.

Privilégio creditório é a faculdade que a lei, em atenção à causa do crédito, concede a certos credores, independentemente do registo, de serem pagos com preferência a outros – cf. o artigo 737.º do Código Civil.

Os créditos por contribuição predial autárquica, inscritos para cobrança no ano corrente da data da penhora e nos dois anteriores, têm privilégio sobre os bens cujos rendimentos estão sujeitos àquela contribuição, nos termos do artigo 744.º n.º 1 do Código Civil – cf. o n.º 1 do artigo 24.º do Código da Contribuição Autárquica (Decreto-Lei n.º 42-C/88 de 30.11).

Os créditos da Segurança Social e respectivos juros gozam de privilégio mobiliário geral e de privilégio imobiliário, nos termos do artigo 10.º e 11.º do Decreto-Lei n.º 103/80 de 9/5. Nos termos deste artigo 11.º, os créditos pelas contribuições para a Segurança Social, independentemente da data da sua constituição, e os respectivos juros de mora, gozam de privilégio sobre os bens imóveis existentes no património das entidades patronais à data da instauração do processo executivo, graduando-se logo após os créditos referidos no artigo 784.º do Código Civil, ou seja, imediatamente após os créditos do Estado e das autarquias locais pela contribuição predial autárquica, pela sisa, e pelo imposto sobre as sucessões e as doações.

O Tribunal Constitucional, porém, decidiu declarar, sem qualquer limitação dos efeitos da declaração, a inconstitucionalidade, com força obrigatória geral, por violação do princípio da confiança, ínsito no princípio do Estado de direito democrático, consagrado no artigo 2.º da Constituição da República, das normas constantes do artigo 11.º do Decreto-Lei n.º 103/80 de 9-5, e do artigo 2.º do Decreto-Lei n.º 512/76 de 3-7, na interpretação segundo a qual o privilégio imobiliário geral nelas conferido à Segurança Social prefere à hipoteca, nos termos do artigo 751.º do Código Civil – cf. o acórdão do Tribunal Constitucional, de 17-9-2002, no *Diário da República*, de 16-10-2002, 1.ª série.

Por acórdão da mesma data, publicado no mesmo *Diário da República*, o Tribunal Constitucional proferiu idêntica declaração de inconstitucionalidade em relação ao privilégio imobiliário geral conferido por lei aos créditos de IRS.

O exequente, salvo nos casos especialmente previstos na lei, adquire pela penhora o direito de ser pago com preferência a qualquer outro credor que não tenha garantia real anterior, nos termos do artigo 822.° do Código Civil.

E os efeitos da penhora são também extensivos ao arresto – nos termos do artigo 622.° do Código Civil.

Os créditos com privilégio imobiliário graduam-se, em princípio, pela ordem do artigo 748.° do Código Civil.

De harmonia com o artigo 10.° do Decreto-Lei n.° 49168 de 5/8/69, as dívidas provenientes de juros de mora das dívidas ao Estado e às autarquias locais gozam dos mesmos privilégios que por lei sejam atribuídos às dívidas sobre que recaem – cf. a este respeito F. Correia das Neves, *Manual dos Juros, estudo de utilidade prática*, 1989, p. 185 e ss..

Haver-se-ão como reconhecidos, nos termos do artigo 4.° do artigo 868.° do Código de Processo Civil, os créditos que não forem impugnados.

2.3 No caso *sub judicio*, a sentença recorrida, depois de não reconhecer os créditos reclamados pelos ora recorrentes, decidiu graduar os créditos que reconheceu do jeito seguinte:

a) em primeiro lugar, os créditos reclamados pela Fazenda Pública e exequendos por contribuição autárquica e os respectivos juros de mora, sem qualquer limitação temporal;

b) em segundo lugar, os créditos reclamados pela Fazenda Pública por contribuições para a Segurança Social e os respectivos juros de mora, sem qualquer limitação temporal;

c) por fim, os créditos exequendos por IRS e os respectivos juros de mora, sem qualquer limitação temporal.

Ora, do confronto do teor da sentença com a lei, a doutrina e a jurisprudência apontadas supra no ponto 2.2, logo se vê que a sentença recorrida não andou bem, não só quando não reconheceu os créditos reclamados, garantidos por arresto, dos reclamantes, ora recorrentes, como também não andou bem quando operou, do modo como o fez, a graduação dos créditos que reconheceu.

Com efeito, e segundo julgamos, no caso, deverá, não só reconhecer-se os créditos reclamados pelos ora recorrentes, como igualmente deverá proceder-se à graduação dos mesmos essencialmente pelo modo requerido e apontado em 1.2 supra.

Conseguintemente, deve ser revogada a sentença recorrida que não laborou em tal conformidade.

2.4 De todo o exposto podemos extrair, entre outras, as seguintes proposições, que se alinham em súmula.

I. No *arresto*, tal como na *penhora*, o respectivo beneficiário adquire o direito de ser pago com *preferência* a qualquer outro credor que não tenha *garantia real* anterior, nos termos dos artigos 622.° e 822.° do Código Civil.

II. Os créditos por *contribuição predial autárquica*, inscritos para cobrança no ano corrente da data da penhora e nos dois anteriores, têm *privilégio* sobre os bens cujos rendimentos estão sujeitos àquela contribuição, nos termos do artigo 744.° n.° 1 do Código Civil.

3. Termos em que se decide:

– revogar a sentença recorrida;

– e, em consequência, reconhecer os créditos reclamados pelos ora recorrentes;

– e graduar os créditos exequendos e os reclamados pelo modo seguinte, sendo que as custas da execução saem precípuas.

– em 1.° lugar, os créditos exequendos e os reclamados de contribuição autárquica, e respectivos juros (por gozarem de privilégio imobiliário especial);

– em 2.° lugar, os créditos reclamados dos ora recorrentes, e respectivos juros (por gozarem sobre o imóvel vendido da garantia real de arresto registado no dia 29-9--1999);

– em 3.° lugar, os créditos exequendos de IRS, e respectivos juros (por gozarem da garantia real da penhora registada no dia 24-3-2000);

– por fim, os créditos reclamados da Segurança Social, e respectivos juros (que gozam apenas de privilégio imobiliário geral).

– deste modo se concedendo provimento ao recurso.

Sem custas.

Lisboa, 20 de Abril de 2006

Jorge Lino
Pereira Gameiro
Lucas Martins

Recurso n.° 1023-06

TRIBUTAÇÃO DAS EMPRESAS. RENDIMENTO REAL. REGIME SIMPLIFICADO. OPÇÃO DO CONTRIBUINTE.

(Acórdão de 6 de Junho de 2006)

SUMÁRIO:

I – A tributação das empresas incidirá fundamentalmente sobre o seu rendimento real (art. 107.°, n.° 2 da CRP) isto é, em princípio, sobre os lucros efectivamente verificados em cada ano. Mas de acordo com o regime previsto no art. 28° do CIRS e no n.° 2 do art. 81.° da LGT, em caso de regime simplificado de tributação, a lei atribui relevância à vontade do contribuinte, podendo este optar pelo regime que considera mais favorável.

II – A tributação pelo regime simplificado não afronta os princípios constitucionais, mormente por violação do disposto naquele art. 107.° da CRP.

ACORDAM, EM CONFERÊNCIA, OS JUIZES DA SECÇÃO DE CONTENCIOSO TRIBUTÁRIO (2ª SECÇÃO) DO TRIBUNAL CENTRAL ADMINISTRATIVO SUL:

RELATÓRIO

1.1. Orlando Henrique Vicente Cavaco, com os sinais dos autos, recorre da sentença que, proferida pelo Mmo. Juiz do TAF agregado de Ponta Delgada, lhe julgou improcedente a impugnação que apresentou contra a liquidação adicional de IRS do ano de 2002.

1.2. O recorrente apresentou alegações com as seguintes Conclusões:

1 – A douta sentença recorrida não apreciou a questão fundamental e relevante da injustiça grave e notória cometida pela Fazenda Pública de Ponta Delgada ao determinar a tributação dos rendimentos empresariais do Recorrente pelo método indirecto do Regime Simplificado quando este possui contabilidade organizada e todos os seus rendimentos e as despesas se encontram devidamente contabilizadas, registadas e comprovadas;

2 – A falta de pronúncia sobre questão tão fundamental e que o Meritíssimo Juiz "a quo" devia conhecer constitui nulidade da sentença;

3 – A decisão de tributação pela Fazenda Pública pelos métodos indirectos carece de qualquer fundamentação sobre os motivos de impossibilidade da comprovação e quantificação directa e exacta da matéria tributária, pelo que é nula e de nenhum efeito;

4 – Constitui injustiça grave e notória o rendimento fixado pela Administração fiscal ao Recorrente com recurso aos métodos indirectos do Regime Simplificado que não tem em atenção à aplicação de coeficientes específicos para cada sector de actividade torna os rendimentos apurados totalmente irreais, ilusórios, utópicos e fundamentalmente gravemente injustos e violadores dos direitos à certeza e segurança jurídica, constituindo um claro, nítido e objectivo abuso do poder, vendo-se o Recorrente na contingência de ter que pagar 8.287,79 € quando de acordo com o método da contabilidade organizada devia pagar 562,10 €, ou seja, apenas uma diferença de 1.374,43 € % a mais!

5 – Ao não entender assim a douta sentença recorrida violou, entre outros, o disposto nos arts. 125.° do CPPT, 77.° n.° 4 da LGT e 107.° n.° 2 da Constituição da República Portuguesa.

Termina pedindo a revogação da sentença, a ser substituída por outra que ordene o pagamento do imposto devido pelo recorrente segundo os métodos da contabilidade organizada.

1.3. Não foram apresentadas contra-alegações.

1.4. O MP emite douto Parecer no qual sustenta, em síntese, o seguinte:

– Não há nulidade da sentença por omissão de pronúncia, pois a questão da tributação dos rendimentos empresariais do recorrente pelo método indirecto do Regime Simplificado quando este possui contabilidade organizada, foi apreciada pela sentença que longamente se debruçou sobre o assunto e concluiu que o recorrente, relativamente ao ano de 2002, não apresentou nos termos do art. 28.° n.° 4 al. b) do CIRS, ou seja até ao fim de Março de 2002, a declaração a optar pelo regime de contabilidade organizada, pelo que passou ao Regime Simplificado, já que a declaração de 9 de Maio de 2001 a optar pelo regime de Contabilidade Organizada só valia para esse ano de 2001.

– Quanto à fundamentação do recurso ao método indirecto.

Conforme resulta do art. 28.° n.° 4 al. b) do CIRS, a opção pelo regime de contabilidade organizada deve ser feita "Até ao fim do mês de Março do ano em que pretendem utilizar a contabilidade organizada como forma de determinação do rendimento, mediante a apresentação de declaração de alterações."

A declaração de 9/5/2001 não serve para o ano de 2002 nem para os anos seguintes.

Na presente situação o recorrente não fez esta declaração de opção relativamente ao ano de 2002 até 31 de Março desse ano, pelo que voltou ao Regime Simplificado na medida em que o valor de vendas e o valor líquido dos restantes rendimentos desta categoria não ultrapassam os referidos nas als. a) e b) do n.° 2 do CIRS.

Também não existe preceito legal que o obrigue a ter contabilidade organizada nos termos do n.° 3 deste mesmo preceito, pelo que lhe é aplicável o Regime Simplificado.

A determinação do rendimento colectável deste regime simplificado está prevista nos artigos 31.° e seguintes do CIRS e a sua determinação por métodos indiciários resulta deste próprio preceito ao estabelecer os coeficientes aplicáveis, de acordo com os diversas actividades, até ser publicada a Portaria do MF referida no seu n.° 4, pelo que está a AF dispensada de justificar a sua aplicação. Não existindo contabilidade (a existente não foi considerada face ao acima exposto) não restava outra alternativa à AF senão o cálculo através do método indirecto, característico do regime simplificado.

– Quanto à errónea qualificação e quantificação da matéria tributável.

A determinação do rendimento colectável resulta, nos termos do artigo 31.° n.° 1 do CIRS, da aplicação de indicadores objectivos de base técnico-científica para os diferentes sectores da actividade.

Como estes indicadores ainda não foram aprovados por Portaria do MF (n.° 4 deste artigo) o rendimento colectável é nos termos do n.° 2 deste artigo 31.° o resultante da aplicação do coeficiente de 0,20 ao valor das vendas de mercadorias e de produtos e do coeficiente de 0,65 aos restantes rendimentos provenientes desta categoria.

Ora o recorrente é um pequeno empresário em nome individual com a actividade de fabricação de portas, janelas e elementos similares em metal, pelo que se lhe aplica o coeficiente de 0,65.

E foi este o coeficiente aplicado ao seu rendimento declarado (fls. 19 do processo administrativo apenso) conforme o recorrente refere no artigo 10° da sua petição inicial e como resulta da declaração oficiosa a fls. 25 do processo administrativo apenso.

E assim sendo não existe o invocado erro na qualificação e quantificação da matéria tributável.

1.5. Correram os Vistos legais e cabe decidir.

FUNDAMENTOS

2.1. Na sentença recorrida deu-se como assente a seguinte matéria de facto:

1) Relativamente ao exercício de 2002 foi o ora impugnante objecto de correcções nos rendimentos da categoria B que apresentara em 30 de Abril de 2003, relativos à respectiva actividade empresarial, que assim passaram a ficar abrangidos pelo regime simplificado de tributação, por não ter o mesmo feito entrega da declaração de alterações para o regime de contabilidade organizada para tal exercício até ao fim do mês de Março de 2002 (vide os documentos de fls. 14 a 17 dos autos e 23 a 29 do processo administrativo apenso).

2) Assim dando origem a um acréscimo de matéria colectável num valor de 32.391,20 (trinta e dois mil, trezentos e noventa e um euros e vinte cêntimos), resultante da diferença entre o valor declarado (de 7.631,28: sete mil, seiscentos e trinta e um euros e vinte e oito cêntimos) e o dos rendimentos presumidos (de 40.022,48: quarenta mil e vinte e dois euros e quarenta e oito cêntimos) – (vide os documentos de fls. 16 dos autos e 23 a 29 do apenso).

3) E a uma liquidação adicional de imposto (IRS) e juros compensatórios no valor global de 8.699,22 (oito mil, seiscentos e noventa e nove euros e vinte e dois cêntimos) – (vide a liquidação n.º 5004074353, datada de 14 de Setembro de 2004, que agora constitui o documento de fls. 9 dos autos).

4) Em vez da colecta de 562,10 (quinhentos e sessenta e dois euros e dez cêntimos), que anteriormente havia sido liquidada (vide fls. 18 dos autos).

5) Aquela liquidação adicional tinha um prazo de pagamento voluntário até 02 de Novembro de 2004, conforme o mesmo documento de fls. 9 dos autos.

6) A presente impugnação judicial foi depois deduzida a 12 de Janeiro de 2005 (vide o carimbo de entrada aposto a fls. 2 dos autos).

7) Entretanto, em 08 de Janeiro de 2004 apresentara o contribuinte recurso hierárquico para o Exmo. Senhor Director de Finanças de Ponta Delgada (vide o articulado que agora constitui fls. 54 a 56 do processo administrativo apenso).

8) O qual lhe fora indeferido por despacho de 12 de Março de 2004 (vide o documento de fls. 73 a 74 desse mesmo apenso).

9) E notificado ao recorrente a 18 de Março seguinte (vide os documentos de fls. 70 a 72 do mencionado apenso).

10) Em 09 de Maio de 2001 havia o contribuinte apresentado a declaração de alterações que ora constitui o documento de fls. 11 a 13 dos autos, cujo teor aqui dou por integralmente reproduzido, a optar então pelo regime de tributação da contabilidade organizada.

2.2. Em sede de fundamentação dos factos provados a sentença exarou que os factos se mostram provados «De acordo com as informações prestadas no processo e os documentos juntos aos autos».

3.1. Enunciando como questão a decidir a de saber se, uma vez apresentada pelo contribuinte a declaração de opção pelo regime de tributação por contabilidade organizada, ele vale para os exercícios subsequentes ao dessa apresentação, sem necessidade de renovação anual, como entende o impugnante – ou não havendo essa renovação, passa automaticamente ao regime da tributação pelo regime simplificado, como entenderam os Serviços da AF, a sentença, com base naquela factualidade, julgou improcedente a impugnação com fundamento, em síntese, em que:

Nos termos estabelecidos no art. 28.º, n.º 2, al. b) do CIRS, ficam abrangidos pelo regime simplificado os sujeitos passivos que, não tendo optado pelo regime de contabilidade organizada, no período de tributação imediatamente anterior, não tenham atingido na sua actividade valor superior a 20.000.000$00 (99.759,58 euros). E, segundo a al. b) do seu n.º 4, essa opção pelo regime de contabilidade organizada deve ser formalizada pelos sujeitos passivos "até ao fim do mês de Março do ano em que pretendem utilizar a contabilidade organizada como forma de determinação do rendimento, mediante a apresentação de declaração de alterações".

A determinação do rendimento da categoria B (empresarial e profissional) com base no Regime Simplificado de tributação é um método indirecto de apuramento introduzido pela Lei n.º 30-G/2000, de 29/12 – OE para 2001 –, aplicável a partir do exercício de 2001 e o seu "modus operandi" encontra-se definido nos vários números do art. 31.º do CIRS.

O impugnante havia apresentado tal declaração de alterações a optar pelo regime de tributação da contabilidade organizada em 9/5/2001 (e podia fazê-lo nesse ano até 30 de Junho). O problema é que nos anos seguintes tinha que cumprir o estabelecido na al. b) do n.º 4 do mencionado art. 28.º do CIRS, isto é, apresentá-la "até ao fim do mês de Março do ano em que pretendem utilizar a contabilidade organizada como forma de determinação do rendimento.

Assim, terá pretendido o legislador que isso fosse feito anualmente. Não o tendo, porém, o contribuinte feito no exercício de 2002, caducou a declaração do ano anterior e passou de novo ao regime simplificado de tributação. É isto o que consta da lei, não se vendo modo de daí fugir – note-se que nos termos que vêm previstos no art. 9.º, n.º 2 do CCivil, "não pode, porém, ser considerado pelo intérprete o pensamento legislativo que não tenha na letra da lei um mínimo de correspondência verbal, ainda que imperfeitamente expresso"; e, segundo o seu n.º 3, "na fixação do sentido e alcance da lei, o intérprete presumirá que o legislador consagrou as soluções mais acertadas e soube exprimir o seu pensamento em termos adequados". É isso, portanto, que nos tem que nortear.

E é ainda bem sabido que ao legislador ordinário é dada a possibilidade de estabelecer "modus operandi" de princípios constitucionais, densificá-los, torná-los exequíveis e, como assim, desde que previstos os correspondentes meios de defesa efectiva dos cidadãos visados (designadamente pelo recurso às instâncias jurisdicionais de controlo, nos termos do n.º 4 do art. 268.º da CRP), não há qualquer violação constitucional na fixação deste tipo de métodos indirectos de apuramento da matéria colectável do contribuinte – sendo, naturalmente, certo que a regra é a da tributação do rendimento real, segundo o artigo 104° da Constituição (e os métodos indirectos não deixam de ser ainda uma aproximação, tanto quanto possível, ao rendimento real), também não pode ser esquecido que o dever de pagar impostos se erige igualmente em princípio de natureza e dignidade constitucionais (seu artigo 103.º, n.º 1).

Desta feita, não pode o contribuinte queixar-se da actuação dos Serviços que lhe determinaram a matéria tributável do exercício de 2002, na parte relativa à sua actividade empresarial, por recurso àquele modo específico de tributação indirecta que conduziu à liquidação adicional de imposto e juros compensatórios ora objecto da impugnação judicial, não padecendo tal liquidação, ao contrário do que vem alegado, de qualquer "errónea qualificação dos factos tributários ou rendimentos que lhe estão subjacentes".

3.2. Discorda o recorrente sustentando, como se viu:

– que a sentença é nula, por omissão de pronúncia sobre a questão fundamental e relevante da injustiça grave e notória cometida pela AT ao determinar a tributação dos rendimentos empresariais do recorrente pelo método indirecto do Regime Simplificado quando este possui contabilidade organizada e todos os seus rendimentos e as despesas se encontram devidamente contabilizadas, registadas e comprovadas (Conclusões 1ª e 2ª);

– que a decisão de tributação pelos métodos indirectos carece de qualquer fundamentação sobre os motivos de impossibilidade da comprovação e quantificação directa e exacta da matéria tributária, pelo que é nula e de nenhum efeito, constituindo injustiça grave e notória o rendimento fixado pela AT com recurso aos métodos indirectos do Regime Simplificado que não tem em atenção a aplicação de coeficientes específicos para cada sector de actividade e torna os rendimentos apurados totalmente irreais e, fundamentalmente, gravemente injustos e violadores dos direitos à certeza e segurança jurídica, constituindo um claro, nítido e objectivo abuso do poder.

Vejamos.

4. Apreciando prioritariamente, como compete, a invocada nulidade da sentença, por omissão de pronúncia (cfr. arts. 125.° do CPPT e 668.° do CPC), dir-se-á, desde já, que não ocorre tal nulidade.

Com efeito, a questão da tributação dos rendimentos empresariais do recorrente pelo método indirecto do Regime Simplificado quando este possui contabilidade organizada, foi exaustivamente apreciada pela sentença, que, inclusivamente, por apelo ao estatuído no art. 9.° do CCivil, concluiu que o legislador terá pretendido que a respectiva opção fosse feita anualmente e, igualmente, concluiu que ao legislador ordinário é dada a possibilidade de estabelecer "modus operandi" de princípios constitucionais, densificá-los, torná-los exequíveis e, como assim, desde que previstos os correspondentes meios de defesa efectiva dos cidadãos visados (designadamente pelo recurso às instâncias jurisdicionais de controlo, nos termos do n.° 4 do art. 268.° da CRP), não há qualquer violação constitucional na fixação deste tipo de métodos indirectos de apuramento da matéria colectável do contribuinte – sendo, naturalmente, certo que a regra é a da tributação do rendimento real, segundo o artigo 104.° da Constituição (e os métodos indirectos não deixam de ser ainda uma aproximação, tanto quanto possível, ao rendimento real), também não pode ser esquecido que o dever de pagar impostos se erige igualmente em princípio de natureza e dignidade constitucionais (seu artigo 103.°, n.° 1).

Ora, alegando o que o recorrente que a omissão de pronúncia se refere à questão da injustiça grave e notória cometida pela AT, parece claro que a sentença (tendo apreciado a questão da legalidade da tributação dos rendimentos empresariais pelo método indirecto do Regime Simplificado mesmo quando o contribuinte, possuindo contabilidade organizada, não faça, até ao fim do mês de Março do ano em que pretendem utilizar a contabilidade organizada como forma de determinação do rendimento, aquela opção), afasta a ocorrência daquela injustiça grave.

A falta de pronúncia sobre questões que o juiz deva apreciar, só se verifica quando o tribunal deixa de conhecer de questão que devia ser conhecida e não quando deixa de apreciar qualquer argumento produzido pela parte. E questões para este efeito são «todas as pretensões processuais formuladas pelas partes que requerem decisão do juiz, bem como os pressupostos processuais de ordem geral e os pressupostos específicos de qualquer acto (processual) especial, quando realmente debatidos entre as partes (cfr. A. Varela, RLJ, 122.°, 112) e não podem confundir-se «as questões que os litigantes submetem à apreciação e decisão do tribunal com as razões (de facto ou de direito), os argumentos, os pressupostos em que a parte funda a sua posição na questão» (cfr. Alberto dos Reis, CPC Anotado, Vol. V, 143).

No caso, tendo a sentença apreciado, como se disse, concretamente a questão da tributação dos rendimentos empresariais pelo método indirecto do Regime Simplificado mesmo apesar de o recorrente possuir contabilidade organizada, e concluído pela legalidade da actuação da AT, não ocorre a invocada nulidade da sentença.

Improcedem, portanto, as Conclusões 1ª e 2ª do recurso.

5.1. Quanto à questão de saber se a decisão de tributação pelos métodos indirectos do regime simplificado carece de fundamentação sobre os motivos de impossibilidade da comprovação e quantificação directa e exacta da matéria tributária, nomeadamente devendo ter em atenção a aplicação de coeficientes específicos para cada sector de actividade.

Não sofre dúvida que do art. 104.°, n.° 2 da CRP resulta que a tributação das empresas incide fundamentalmente sobre o seu rendimento real.

Todavia, como a sentença refere, importa não esquecer o regime previsto no art. 28.° do CIRS e no n.° 2 do art. 81.° da LGT: «Em caso de regime simplificado de tributação, o sujeito passivo pode optar pela avaliação directa, nas condições que a lei definir.»

E, como refere o Prof. Saldanha Sanches (Fiscalidade, Julho/Outubro de 2001), «o regime simplificado tem sempre como pressuposto uma opção do contribuinte que renuncia ao seu direito subjectivo de ser tributado com base na contabilidade. E que, procedendo a uma estimativa de custos que vai suportar e declarar, opta pela dedução estandardizada.»

«Temos desde modo uma daquelas situações em que a lei atribui relevância à vontade do contribuinte e em que este pode optar pelo regime que considera mais favorável».

No caso, foi a inexistência desta opção por parte do contribuinte, em ser tributado com base na contabilidade, que determinou a tributação de acordo com o regime simplificado.

Com efeito, resulta do art. 28.° n.° 4 al. b) do CIRS que a opção pelo regime de contabilidade organizada deve ser feita até ao fim do mês de Março do ano em que se pretende utilizar a contabilidade organizada como forma de determinação do rendimento, mediante a apresentação de declaração de alterações.

Ora, porque, por um lado, a declaração que o recorrente apresentou em 9/5/2001 não serve para o ano de 2002 nem para os anos seguintes e porque, por outro lado, não fez a declaração de opção relativamente ao ano de 2002 até 31 de Março deste, o recorrente voltou a estar integrado no Regime Simplificado na medida em que o valor de vendas e o valor líquido dos restantes rendimentos desta categoria não ultrapassam os referidos nas als. a) e b) do n.° 2 do mesmo artigo. Não existindo preceito legal que o obrigue a ter contabilidade organizada nos termos do n.° 3 do mesmo preceito, é-lhe aplicável o Regime Simplificado.

E, como diz o MP, a determinação do rendimento colectável deste regime simplificado está prevista nos arts. 31.° e segs. do CIRS e a sua determinação por métodos indiciários resulta deste próprio preceito ao estabelecer os coeficientes aplicáveis, de acordo com os diversas actividades, até ser publicada a Portaria do MF referida no seu n.° 4, pelo que está a AT dispensada de justificar a sua aplicação. Nestes casos de aplicação de regime simplificado de tributação, a matéria tributável resulta directamente de factores previstos na lei, sendo efectuada uma avaliação indirecta da matéria tributável.

E não existindo contabilidade (a existente não foi considerada face ao acima exposto) não restava outra alternativa à AT senão o cálculo através do método indirecto, característico do regime simplificado.

E não se nos afigura que tenha sido violado o princípio constitucionalmente consagrado de que «a tributação deve incidir sobre o rendimento real», dado que a legitimidade dos regimes simplificados de tributação decorre, precisamente do princípio constitucional consagrado no art. 104.°, n.° 2 da CRP, pois que este é um princípio constitucional claramente moderador (veja-se que a lei utiliza o advérbio de modo «fundamentalmente», o que significa, como se conclui no ac. n.° 84/2003, do Tribunal Constitucional, que «a tributação das empresas pelo seu rendimento real constitui um princípio ou uma regra que permite, excepcionalmente, desvios ou excepções.»

«(...) o que o legislador constituinte quis em 1976, e contínua a querer em 2001, é que, na sua concretização legal, o nosso sistema de tributação das empresas se aproxime tanto quanto possível do ideal, ou seja, consagre uma tributação das empresas que incida fundamentalmente sobre o seu rendimento real. Isto significa que o legislador fiscal se encontra constitucionalmente vinculado à instituição da regra, do princípio, da tributação das empresas pelo seu rendimento real. O que não implica que não haja qualquer outra possibilidade de tributação das empresas. Com efeito, o legislador não deixa de ter aí uma razoável dose de liberdade conformadora, traduzida em múltiplas faculdades, muitas delas, decorrentes do próprio âmbito do princípio constitucional em análise (art. 104.°, n.° 2 da CRP)» – Casalta Nabais, O Quadro Constitucional da Tributação das Empresas, pág. 359, cit. no ac. do TCAS, de 9/5/2006, rec. n.° 01096/06.

E uma vez que o recorrente poderia ter exercido o direito de opção pelo regime de contabilidade organizada, evitando a avaliação indirecta com as inerentes consequências em termos de quantificação próprias do regime simplificado de tributação, mas não o fez, irreleva, então, nos termos em que é feita, a alegação, feita pelo recorrente, de ocorrência de injustiça grave e notória cometida pela AT (uma vez que, como acima se disse, o regime simplificado tem como pressuposto uma opção fiscal do contribuinte que renuncia ao seu direito de ser tributado de acordo com as regras contabilísticas, estamos perante uma daquelas situações em que a lei atribui relevância à vontade do contribuinte, podendo este sempre optar pelo regime que mais lhe convém).

Assim, o acto impugnado não sofre de qualquer tipo de ilegalidade ou inconstitucionalidade, tanto mais que a própria CRP legitima a aplicabilidade do regime simplificado de tributação ao não obrigar a exclusividade da tributação segundo o rendimento real (art. 104.° n.° 2 da CRP). O princípio constitucional consagrado neste n.° 2 do art. 104.° da CRP, sendo o regime regra, admite excepções, que são precisamente o regime simplificado de tributação e o recurso a métodos indirectos.

Consequentemente, não tendo o recorrente optado pelo regime da contabilidade organizada, a AT ao proceder à liquidação do IRS impugnado, respeitou a opção por ele tomada, tributando-o pelas regras do regime simplificado de determinação do lucro tributável. E, nesse contexto, a AT agiu em estrita obediência à lei, não sofrendo, por isso, a liquidação impugnada de qualquer ilegalidade.

5.2. Quanto à invocada errónea quantificação da matéria tributável.

A determinação do rendimento colectável resulta, nos termos do art. 31.° n.° 1 do CIRS, da aplicação de indicadores objectivos de base técnico-científica para os diferentes sectores da actividade.

Como estes indicadores ainda não foram aprovados por Portaria do MF (n.° 4 deste artigo) o rendimento colectável é nos termos do n.° 2 deste art. 31.° o resultante da aplicação do coeficiente de 0,20 ao valor das vendas de mercadorias e de produtos e do coeficiente de 0,65 aos restantes rendimentos provenientes desta categoria.

Ora, sendo o recorrente um pequeno empresário em nome individual com a actividade de fabricação de portas, janelas e elementos similares em metal, aplica-se-lhe o coeficiente de 0,65. E foi este o coeficiente aplicado ao seu rendimento declarado (fls. 19 do processo administrativo apenso; cfr. também o art. 10.° da PI e a declaração oficiosa a fls. 25 do processo administrativo apenso).

Daí que não ocorra o invocado erro na quantificação da matéria tributável.

Improcede, portanto, também a Conclusão 4ª do recurso.

6. E, deste modo, concluímos que a sentença recorrida não enferma dos erros de julgamento que o recorrente lhe imputa, por violação do disposto nos arts. 125.° do CPPT, 77.° n.° 4 da LGT e 107.° n.° 2 da CRP.

DECISÃO

Termos em que acordam, em conferência, os juizes da Secção de Contencioso Tributário deste Tribunal Central Administrativo em, negando provimento ao recurso, confirmar a sentença recorrida.

Custas pelo recorrente.

Lisboa, 6 de Junho de 2006

Casimiro Gonçalves
Ascensão Lopes
Lucas Martins

Recurso n.° 1022/06

Índice

SUPREMO TRIBUNAL ADMINISTRATIVO PLENO

1.ª SECÇÃO

2.ª SECÇÃO

ACÓRDÃOS DO SUPREMO TRIBUNAL ADMINISTRATIVO

1.ª SECÇÃO

2.ª SECÇÃO

TRIBUNAL CENTRAL ADMINISTRATIVO

1.ª SECÇÃO

2.ª SECÇÃO

Boletim de Assinatura

Antologia de Acórdãos
do
Supremo Tribunal Administrativo
e
Tribunal Central Administrativo

Solicito a assinatura anual de "Antologia de Acórdãos do STA e TCA", constituída por três números dos seguintes anos:

					N.º 1	N.º 2	N.º 3
Ano I	☐	€ 50,00	N.º Avulso	€ 20,00	☐	☐	☐
Ano II	☐	€ 50,00	N.º Avulso	€ 20,00	☐	☐	☐
Ano III	☐	€ 50,00	N.º Avulso	€ 20,00	☐	☐	☐
Ano IV	☐	€ 50,00	N.º Avulso	€ 20,00	☐	☐	☐
Ano V	☐	€ 50,00	N.º Avulso	€ 20,00	☐	☐	☐
Ano VI	☐	€ 50,00	N.º Avulso	€ 20,00	☐	☐	☐
Ano VII	☐	€ 50,00	N.º Avulso	€ 20,00	☐	☐	☐
Ano VIII	☐	€ 50,00	N.º Avulso	€ 20,00	☐	☐	☐
Ano IX	☐	€ 50,00	N.º Avulso	€ 20,00	☐	☐	☐

Os exemplares devem ser enviados para:

Nome: ....

Morada: ....

Código Postal: .... Localidade: ....

N.º de Contribuinte: ....

Telefone: .... Fax: .... E-mail: ....

O recibo deve ser emitido em nome de:

Nome: ....

Morada: ....

Código Postal: .... Localidade: ....

Telefone: .... Fax: .... E-mail: ....

O pagamento pode ser efectuado:
Por cheque em nome da Livraria Almedina
Por transferência bancária para:
Banco Espírito Santo – NIB 000702020038396000144

Enviar para:

Livraria Almedina
Arco de Almedina, 15
3004-509 Coimbra

Telefone: 239 851900
Fax: 239 851901
www.almedina.net

Encontram-se disponíveis todos os números publicados